Kommission zur Denkmalpflege Wien

Kunst-Topographie des Herzogtums Kärnten

Kommission zur Denkmalpflege Wien

Kunst-Topographie des Herzogtums Kärnten

Inktank publishing, 2018

www.inktank-publishing.com

ISBN/EAN: 9783747770511

KUNST-TOPOGRAPHIE

DES

HERZOGTHUMS KÄRNTEN.

HERAUSGEGEBEN

VON DER

K. K. CENTRAL-COMMISSION FÜR ERFORSCHUNG UND ERHALTUNG VON KUNST- UND HISTORISCHEN DENKMALEN.

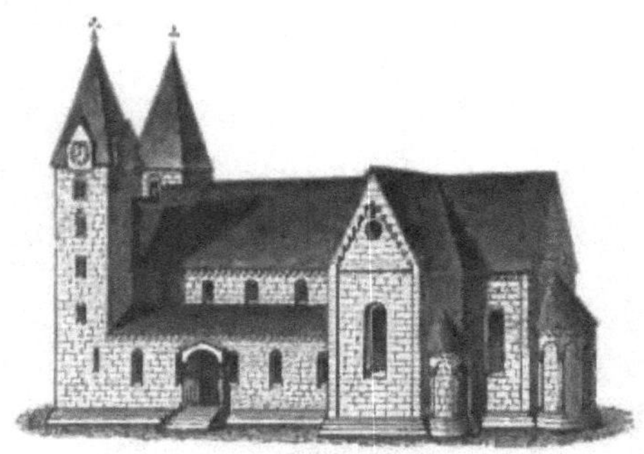

St. Paul.

WIEN, 1889.

IN COMMISSION BEI KUBASTA & VOIGT.

AUS DER K. K. HOF- UND STAATSDRUCKEREI.

„Wo man den Kunſtdenkmalen des Landes Aufmerkſamkeit zu ſchenken begann, iſt man überall früher oder ſpäter zur Ueberzeugung gekommen, daſs als Grundlage aller auf dieſem Gebiete zu entfaltenden Thätigkeit eine möglichſt vollſtändige Conſtatirung deſſen dienen müße, was von Objecten dieſer Art noch vorhanden und wo es zu finden ſei." Mit dieſen Worten wurde im Jahre 1881 *) jenes Unternehmen oder vielmehr jene Reihe von Unternehmungen der Oeffentlichkeit voraus bekannt gegeben, als deren erſtes reifes und abgeſchloſſenes Ergebnis der gegenwärtige Band der Kunſt-Topographie von Kärnten in die Welt tritt.

Dieſelbe wurde dadurch eingeleitet, daſs der hochwürdigſte Fürzbiſchof von Gurk auf ein dienſtliches Begrüßungsſchreiben des Centralcommiſſions-Präſidenten ſeinen Seelſorge-Clerus durch das Diöceſan-Blatt auf das Unternehmen aufmerkſam machte und demſelben die Förderung desſelben ans Herz legte. Die Folgen zeigten ſich bald in der erfreulichſten Weiſe. Zwar waren bis zum Mai 1880 von 301 ausgeſandten Fragebogen erſt 153, alſo wenig über die Hälfte, ausgefüllt zurückgelangt; was aber eintraf, war faſt durchwegs ſchätzenswerth. „Die Beantwortung der Fragen", ſo ſprach ſich damals der Referent Miniſterial-Secretär Dr. *Lind* aus, „macht dem kärntniſchen Curat-Clerus alle Ehre." Wenn man von einigen ſehr kurzen Beantwortungen und von den wirklich kunſtarmen Joſephiniſchen Kirchenbauten abſah, enthielten die eingeſendeten Fragebogen eine ungeahnte Menge von werthvollen Angaben und Mittheilungen, die ſehr häufig auch in archäologiſch fachmänniſch richtiger Weiſe vorgebracht wurden. Wahrhaſt überraſchend war es, auf welche große Anzahl von bisher unbekannten Flügel-Altären oder deren Reſten, von Wandgemälden und bedeutenderen mittelalterlichen Glasgemälden, von alten Paramenten, Römerſteinen u. dgl. in dieſen Beantwortungen aufmerkſam gemacht wurde. Allerdings war dies nur der Anfang der Aufgabe; die eingelaufenen Bemerkungen konnten nur zum Anlaß fachmänniſcher Inaugenſcheinnahme und Prüfung dienen, deren endgiltiges Ergebnis ſeinerzeit zu verwerthen

*) Oeſterreichiſche Kunſttopographie von *Joſ. Alex. Freih. v. Helfert.* Wien, 1881.

war. Nach mancherlei Vorarbeiten und einer vorläufigen Bereifung der kunfthiftorifch fo wichtigen Orte Friefach, Villach und Klagenfurt und deren Umgebung, die Dr. Karl *Lind* im Jahre 1879 unternahm, beantragte derfelbe im Juli 1880 eine fyftematifche Durchforfchung des Landes Kärnten in kunfthiftorifcher und archäologifcher Hinficht, die auf mehrere Jahre zu vertheilen und in eine Anzahl von Partien, auf deren jede nach Anhandgabe der eingelaufenen Fragebogen etwa 15 bis 20 archäologifch wichtige Orte entfallen follten, zu zerlegen wäre. Die Durchprüfung diefer Partien, wobei der Unterfchied der deutfchen von den flovenifchen Bezirken nicht außeracht gelaffen werden durfte, war zum Theil der fchon genannte Referent felbft zu übernehmen erbötig, theils follten hiefür geeignete jüngere Kräfte ausgewählt und ausgefandt werden. In folcher Weife waren thätig im Jahre 1880 Dr. *Karl Lind*, die Architekten *Emanuel Pippich*, *Heinrich Holitzky* und *Vincenz Raufcher*, 1881 *Pippich* und *Holitzky*, 1882 *Lind* und *Pippich*, 1883 *Lind*, *Pippich* und *Raufcher*, 1884 *Lind* und Ingenieur *Milan Sunko*, 1885 *Lind* und *Pippich*, 1886 *Lind*, 1887 *Lind*.

Die Aufgabe diefer Ausfendungen war nicht allein die Conftatirung, Charakterifirung und präcifes Skizziren der archäologifch oder kunfthiftorifch zu beachtenden Objecte, fondern auch die künftlerifche Aufnahme wichtigerer derartiger Denkmale, namentlich Wandmalereien, wenn diefe, wie es leider mit den höchft intereffanten Darftellungen im Donjon zu Friefach der Fall ift, einem allmähligen Verfall entgegenzugehen fchienen. Mit diefer Aufgabe, fowie mit der Aufnahme der Wandgemälde am Karner zu Metnitz und der Fresken an der Außenfeite der Kirche zu Millftatt wurde der akademifche Maler *Max Pirner*, vom Profeffor *Mathias Trenkwald* hiefür empfohlen, im Sommer 1880 betraut und hat feine Miffion in einer fo befriedigenden Weife durchgeführt, dafs ihm von der Central-Commiffion die volle Anerkennung ausgefprochen wurde. Die überaus gelungenen Aufnahmen haben bereits bei wiederholten Ausftellungen das Auge des Kenners erfreut und bilden ein werthvolles Depofitum in den Mappen der Central-Commiffion.

Von den Mitgliedern der Central-Commiffion haben vom Anfang bis zu Ende Dr. *Matthäus Much* das prähiftorifche und Director Dr. *Friedrich Kenner* das claffifch-römifche Gebiet, fofern das Land Kärnten davon betroffen war, im Auge gehalten und dadurch dem Unternehmen höchft dankenswerthe Dienfte geleiftet. Die Einzelnarbeit in diefen beiden Richtungen hat der Grätzer Univerfitäts-Profeffor Dr. *Fritz Pichler* auf fich genommen, wozu ihm die wiederholten mit Unterftützung des k. k. Minifteriums für Cultus und Unterricht unternommenen Bereifungen und Durchforfchungen der Stätte des alten Virunums, heutigen Zollfeldes, reichlichen Anlaß und Gelegenheit boten.

Die Anordnung und Formulirung des von fo vielen Seiten und verfchiedenen Kräften zufammengetragenen Materiales war felbftverftändlich die mühevolle Arbeit des erkorenen Referenten, des mittlerweile zum k. k. Sectionsrath beförderten

Dr. *Karl Lind.* Zu Seiten ſtanden ihm dabei und vielfach werthvolle Winke, Ergänzungen, Berichtigungen lieferten die ſehr verdienten kärntniſchen k. k. Conſervatoren: *Adolph Stipperger, P. Norbert Lebinger, Karl Freiherr v. Hauſer* und *Matthäus Größer* und der Kärntner Vereins-Archivar *Auguſt Ritter v. Jakſch.* Der kärntniſche Landeskanzleidirector *Marcus Freiherr v. Jabornegg,* der k. k. Fachſchuldirector *Ernſt Pliwa* in Villach, der Correſpondent der Central-Commiſſion *Ferdinand Ritter v. Staudenheim* in Feldkirchen haben ebenſalls in dankenswerther Weiſe dieſes Unternehmen gefördert.

Obwohl die Vorbereitungen zum Druck ſchon gegen Ende 1886 den Anfang genommen hatten, konnte mit der Ausgabe des erſten Heftes dennoch erſt mit Beginn 1888 der Reigen eröffnet werden, in deſſen weiterer Folge ſo ziemlich im Abſtande von ſechs zu ſechs Wochen die Hefte 2 bis 8 der Oeffentlichkeit übergeben wurden.

Bei Beſprechung der einzelnen Orte iſt auf deren Wichtigkeit als prähiſtoriſche Fundorte, auf deren antike und mittelalterliche Denkmale Rückſicht genommen worden, wobei gewöhnlich das 18. Jahrhundert den Abſchluß bildet. Zahlreiche Illuſtrationen, theils aus dem älteren Vorrathe der Central-Commiſſion, theils neu angefertigt, zieren das Werk; auf die beſtehende maßgebende Literatur wurde durch Berufung möglichſt eingehend hingewieſen.

* * *

Als in den Jahren 1879—1880 das kunſt-topographiſche Unternehmen im Schoße der Central-Commiſſion zuerſt berathen wurde, kamen gewiſſe Grundzüge zur Sprache, die bei der Ausführung desſelben als Richtſchnur zu dienen hätten. Dieſelben finden ſich in meinem eingangs erwähnten Vortrage S. 9—10. Im Fortgange der Arbeiten für die kärntniſche Kunſt-Topographie haben ſich jedoch bezüglich einzelner dieſer Grundzüge andere Anſchauungen geltend gemacht, die unſerer Sache nicht eben zum Abbruch und Nachtheil gereichen dürſten.

Eine der erwähnten Beſtimmungen lautete: „Illuſtrationen ſeien nur ausnahmsweiſe und in der Regel noch nicht publicirte beizugeben, nämlich dort, wo ſelbe zur beſſeren und kürzeren Erklärung der Sache beitragen". Nicht bloß im Schoße der Central-Commiſſion ſelbſt, ſondern auch von berufenen Stimmen aus dem Lande Kärnten wurde indeß in Erwägung gezogen, ob es ſich nicht in mehr als einer Hinſicht empfehlen dürfte, den reichen Vorrath an Holzſtöcken, der ſich ſeit einer Reihe von dreieinhalb Decennien im Beſitze der Central-Commiſſion aufgeſpeichert hat, zur Illuſtration der einzelnen Artikel zu verwenden, was nicht bloß einem ſonſt ziemlich trockenen Werke mancherlei Anziehungskraft verleihen, ſondern auch zur nutzbaren Anſchaulichkeit des im Texte Auseinandergeſetzten ſehr dankenswerthe Dienſte leiſten müßte. Die Stimmen die gleich nach Hinausgabe der erſten Lieferung über dieſelbe laut wurden, haben in der That gezeigt, daſs der eingeſchlagene Weg als der richtige erkannt wurde. Es darf hier nicht unerwähnt bleiben, dass durch die reichliche Ausstattung mit Illustrationen die ursprüngliche Beigabe eines Atlanten der Kunstdenkmale Kärntens entfallen konnte.

Im Punkte 7 der ursprünglich aufgestellten Grundsätze war von Sammlungen die Rede, „die sich in Händen von Privaten befinden, die daher den Besitzer wechseln oder wohl gar aufgelöst werden können, und die sich daher nur im Anhange bringen ließen". Von dieser Bestimmung ist in dem vorliegenden Handbuche darum kein Gebrauch gemacht worden, weil sich kein hiezu ausreichender Anlaß ergeben hat. Die ständigen, sei es dem Lande, sei es einzelnen Körperschaften, namentlich Kirchen und Klöstern angehörigen Sammlungen wird man in geziemender Weise berücksichtigt finden.

Aehnliches, nämlich dass es an einem genügenden Anlasse dazu fehlte, ist bezüglich der lateinischen Inschriften der Römerzeit zu sagen, von denen der 8. Punkt der ursprünglichen Bestimmungen handelte.

Als vor nahezu acht Jahren die Grundzüge für die Durchführung der Kunst-Topographie festgestellt wurden, hatte man in dieselben auch die Bestimmung aufgenommen, dass alle vorgeführten Gegenstände ihrer Bedeutung nach in vier Gruppen einzufügen seien, und zwar Denkmale von allgemein kunstgeschichtlichem Werthe; dann solche, die vermöge ihrer künstlerischen Wichtigkeit, stylistischen Eigenthümlichkeit oder um ihrer historischen Erinnerung willen, für die Geschichte der Gegend oder des Ortes einen hervorragend großen Werth haben; ferner solche, die im allgemeinen eine Kunst-Epoche oder Stylrichtung bemerkenswerth repräsentiren; und endlich solche Denkmale, die ihres Kunst- oder historischen Werthes willen Gegenstand einer besonderen Aufmerksamkeit der Central-Commission seien.

So werthvoll eine derartige Classirung der Denkmale ohne Zweifel wäre, so verlockend es auch schien, auf eine solche Charakterisirung einzugehen, so boten sich doch der Durchführung so bedeutende Schwierigkeiten, dass ein allseitig befriedigendes Resultat kaum gewärtigt werden konnte, daher die Central-Commission von einer während der Vorbereitung zur Publication schon ziemlich weit ausgearbeiteten Classirung schließlich abzusehen beschloß.

Ist es doch Aufgabe der Central-Commission, für die Erhaltung eines jeden wichtigeren Denkmales einzutreten, demnach sie zwischen solchen, die in die I. oder in die IV. Gruppe zu classiren wären, einen praktischen Unterschied zu machen überhaupt nicht in die Lage kommen dürfte.

Ohne eine Classirung durchzuführen, unterliegt es gewiß keinem Zweifel, dass der *Dom zu Gurk* durch seine Bauzeit, die sich in seiner ganzen Anordnung und Decoration widerspiegelt, durch die Krypta-Anlage, durch seine hochmerkwürdigen Wandgemälde in der Vorhalle und im Frauen-Chor, durch seine romanischen Altarmensen, durch die *R. Donner*'sche Bleigruppe und noch vieles andere in jene Gruppe gehört, welche Denkmale von allgemeiner kunstgeschichtlicher Bedeutung und hoher Wichtigkeit umfasst — also in die I. Gruppe.

Blicken wir in Kärnten nach weiteren Denkmalen so hoher Bedeutung umher, so wird uns vielleicht keines mehr von gleich eminenter Wichtigkeit entgegentreten; doch finden sich einige von ganz hervorragender archäologischer Bedeutung, so dass sie wohl auch noch in dieselbe Gruppe einbezogen werden müßten. Wir rechnen dahin die romanische hoch interessante Abteikirche zu St. Paul; das kostbare romanische, von der Kaiserin Adelheid gespendete große Reliquienkreuz und drei romanische Kirchengewänder in der dortigen Schatzkammer; die wenn auch durch spätere Umbauten geschädigte alte romanische Stiftskirche zu Millstatt sammt Kreuzgang und großem Außengemälde; den Donjon mit den merkwürdigen Wandmalereien in der Burg ober Friesach u. s. w.

Würde die Classirung durchgeführt worden sein, so hätten sich genug Denkmale gefunden, die vermöge ihrer künstlerischen Bedeutung, stylistischen Eigenthümlichkeit oder geschichtlichen Wichtigkeit in die II. Gruppe gesetzt werden könnten. Wäre es nicht ganz richtig, die herrliche gothische Kirche zu Maria-Saal mit dem nebenstehenden Octogon, die schöne Marienkirche zu Waitschach, die typisch sich als Cistercienser-Bau charakterisirende Kirche zu Viktring und deren Glasgemälde, die große Stadtpfarrkirche zu Villach, die beiden Kirchen zu Völkermarkt, die so fein angelegte und durchgeführte Kirche zu Heiligenblut mit dem Flügel-Altar, die zu St. Leonhard ober Wolfsberg im Lavantthale mit ihrem ganz besonderen Glasgemäldeschmuck, die Kirche zu Hohenfeistritz, die Fresken im Karner zu Pisweg, die am Karner zu Metnitz, die St. Wolfgangskirche zu Grades, die Dominicanerkloster-Kirche zu Friesach, das Schloß zu Spital, die Burg Hoch-Ostrowitz, die Ruine des Schlosses in Straßburg, das *Schoreel*'sche Altarbild zu Ober-Villach und vieles andere in die zweite Gruppe zu stellen?

Für die III. Gruppe wäre nicht geringeres Materiale vorhanden; wir könnten die Kirchen zu Wolfsberg, Berg und St. Veit mit ihren romanischen Portalen, die gothische Kirche zu Maria-Wörth mit ihrer Krypta, die merkwürdigen Befestigungsbauten um die Kirchen zu Diex, Grafenbach und Greutschach, die Stiftskirche zu Griffen, die große Kirchenanlage sammt Krypta zu Eberndorf, die Kirche zu Maria-Gail und noch genug andere nennen.

* * *

Die Central-Commission ist überzeugt, dass mit dieser ersten, man könnte sagen versuchsweisen Publication weder eine Vollständigkeit in den aufgeführten Orten und Denkmalen Kärntens erreicht wurde, noch dass einzelne der Angaben nicht einer Correctur bedürfen sollten; sie kann sich jedoch beruhigen, dass sie so viel als nur möglich Sorgfalt aufgewendet hat, um ein in seinen Nachrichten verläßliches Buch zu schaffen. Es darf dabei nicht übersehen werden, dass während der mehrjährigen Sammlung des Materials so manche Veränderungen an den Objecten vorgegangen sein mögen, denen in dieser Publication nicht mehr Rechnung getragen werden konnte. In einem am Schluße des Buches angefügten Nachtrage wird den während des Druckes in dieser Richtung gemachten Wahrnehmungen thunlichst Rückficht getragen.

So möge denn die „Kunst-Topographie von Kärnten" als erstes durch die k. k. Central-Commission für Kunst- und historische Denkmale ins Leben gerufene Unternehmen dieser Art unter glücklichen Wahrzeichen in die Oeffentlichkeit treten und in weitesten Kreisen jenen Einfluß üben, vor allem jene verständnisvolle Werthschätzung heimischer Kunstdenkmale verbreiten und festigen, welche die Grundlage und den Ausgangspunkt für deren Schonung und pietätvolle Erhaltung bildet. In Erfolgen solchen Charakters und Umfanges werden jene Männer, die mit großem Eifer und nicht ohne mannigfache Opfer an Zeit und Mühe dieses Werk zustande zu bringen bestrebt waren, gewiss ihren schönsten Lohn finden.

Wien, 23. März 1889.

Helfert.

Erklärung der Abkürzungen.

Aep. = Archaeologiſch-epigraphiſche Mittheilungen aus Oeſterreich. Wien 1877—1885.

Afk. = Archiv für vaterländiſche Geſchichte und Topographie. Klagenfurt 1 (1849), 2 (1850), 3(1856), 4(1858), 5—9(1860—1864), 10(1866), 11 (1867) u. ſ. w., 16 Bände bis 1886.

AfköG. = Archiv für Kunde öſterreichiſcher Geſchichtsquellen 1848 f.

Ank. = Ankershofen, Handbuch der Geſchichte des H. Kärnten. Klagenfurt 1 (1850), 2 (1851).

B.A.V. = Berichte und Mitthlgn. des Alterthums-Vereines zu Wien. 1854—1882.

Bid. = Bidermann: Die Romanen in Oeſterreich. Graz 1877.

Car. = Carinthia. Wochenblatt u. ſ. w. Klagenfurt 1811—1885.

E. = Ephemeris epigraphica. Rom Berlin. 1872 bis 1884, 5 Bde.

GRA = Geologiſche Reichsanſtalt. Jahrbuch und Verhandlungen, 1851—1882. Die Erklärung der Zeichen im Kopfe des General-Regiſters eben dieſes Jahrbuches.

Hn. = Hermann. Text zu Wagner's Anſichten aus Kärnten. Klagenfurt 1845.

J. = Joanneum in Grätz.

Jab. = Jabornegg. Kärnten's römiſche Alterthümer. Klagenfurt 1870.

Jab. Chr. = Jabornegg und Chriſtalnigg. Kärntens römiſche Alterthümer. Klagenfurt 1 (1843), 2 (1845).

J. B. = Jahrbuch der k. k. Centr.-Com. z. Erf. u. Erh. der Baudenkmale, I.—V. Bd. 1856—1861.

Jb. = Jahrbuch des naturhiſtoriſchen Landes-Muſeums von Kärnten. Klagenfurt 1852—1884. 32 Jahrgänge.

Jung = Jung. Römer und Romanen in den Donauländern. Innsbruck 1877.

K. = Landes-Muſeum in Klagenfurt. Die Nummer bezeichnet die fortlaufende Zahl der Monumenten-Halle nach Jabornegg's „Ueberſicht" 1868 bis Nr. 118, nachmals fortgeſetzt über 207.

Kml. = Kaemmel, Entſtehung des öſterreichiſchen Deutſchthums. Leipzig 1 (1879).

Kr. Gr. = Krones. Grundriſs der öſterreichiſchen Geſchichte. Wien 1882.

Kr. HG. = Krones, Handbuch der Geſchichte Oeſterreichs. Berlin 1876—1879. 5 Bde.

K. Ztſch. = Kärntneriſche Zeitſchrift. Klagenfurt. 1 (1818), 2 (1820), 3 (1821), 4 (1823), 5 (1826), 6 (1831), 7 (1832), 8 (1835).

M. = Mittheilungen der k. k. Central-Commiſſion zur Erf. u. Erh. d. Bau-Denkmale (ſ. K. u. hiſt. Denkmale) 1856—1874, Bd. 1—19; n. F. 1875 bis 1885, Bd. 1—12.

Meg. = Megiſer, Annales Carinthiae. Leipzig 1612.

Mi. anth. = Mittheilungen der anthropologiſchen Geſellſchaft in Wien. 1871—1884.

Mi. nat. = Mittheilungen des naturwiſſenſchaftlichen Vereines für Steiermark. Graz 1863 bis 1884, 20 Bde.

M. f. ö. G. = Mittheilungen des Inſtituts für öſterr. Geſchichtsforſchung.

Mo. = Mommſen Corpus inscriptionum latinarum III, 2. Berlin 1873. S. 587—625, 692—695, 703, 742 ff., 1046—1049. Nr. 4712—5100, 5702 bis 5713, 6490—6528 beziehungsweiſe. Vgl. III, ſ. S. XIX f., 26 f.

mp. = millia passuum.

Mu. CN. = Muchar, altceltiſches Noricum, in St. Ztſch. 1, 3; 2, 1; 3, 1; 4, 1.

Mu. RN. = Muchar, das römiſche Noricum. Grätz 1823—1826, 2 Bde.

Mu. St. = Muchar, Geſchichte des H. Steiermark. Grätz 1844—1874. 9 Bde.

Oe. Bl. f. L. = Oeſterreichiſche Blätter für Literatur und Kunſt. 1846.

Or. = Orelli (Henzen): Inscriptionum lat. sel. ampl. collectio. Zürich 1828—1856, 3 Bde.

Pr. = Prunner, Splendor antiquae urbis Salae. Klagenfurt 1691.

R. = Ranke. Alpenreiſen, deutſch-öſt. Alpenverein. 1881.

Rep. = Pichler, Repertorium der ſteieriſchen Münzkunde. Grätz 1865—1875, 3 Bde.

RStud. = (G. M. Polatſcheck) Römer-Studien nach der Natur. Wien 1882, I. Teurnia, II. Teurnia-Juvavum, III. Santicum.

Sitzb. = Sitzungsberichte der k. Akademie der Wiſſ. hiſtor.-phil. Claſſe, 1848 f.

Sitzb. m. = Sitzungsberichte der k. Akademie der Wiſſ. mathem.-naturw. Claſſe.

St. Ztſch. = Steiermärkiſche Zeitſchrift. Grätz 1821 bis 1834, Bd. 1—12; 1834—1845, 1—8 u.

V. = Villacher Gymnaſial-Sammlung.

Valv. = Valvaſor, Topographia archiducatus Carinthiae. Nürnberg 1688

WJb. = Wiener Jahrbücher der Literatur. 1818 Regiſterbde. 127, 128 (1849).

I. Abtheilung.

Kunsttopographisch wichtige Orte mit Ausnahme von Klagenfurt.

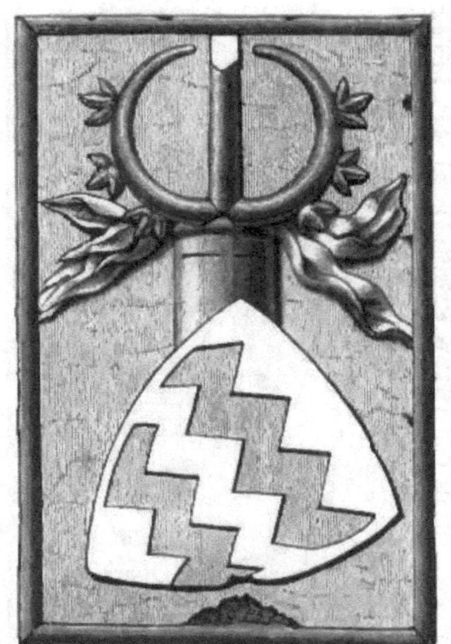

St. Marein, Grabstein in der Kirche (s. S. 193).

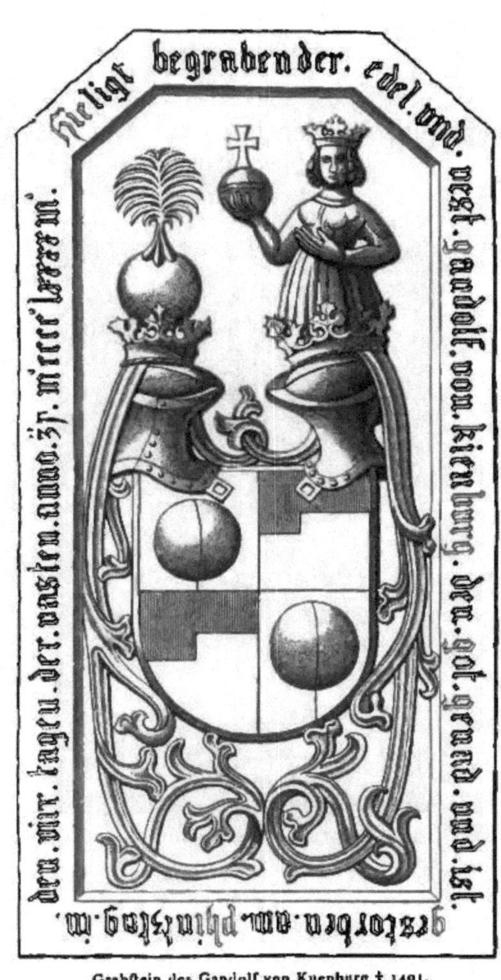

Grabstein des Gandolf von Kuenburg † 1491.

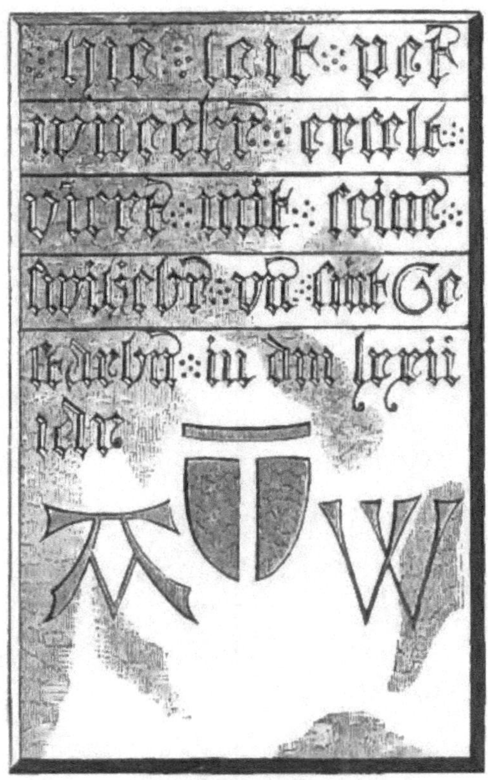

Grabstein des Peter Wucherer † 1472.

Zur Seite 101.

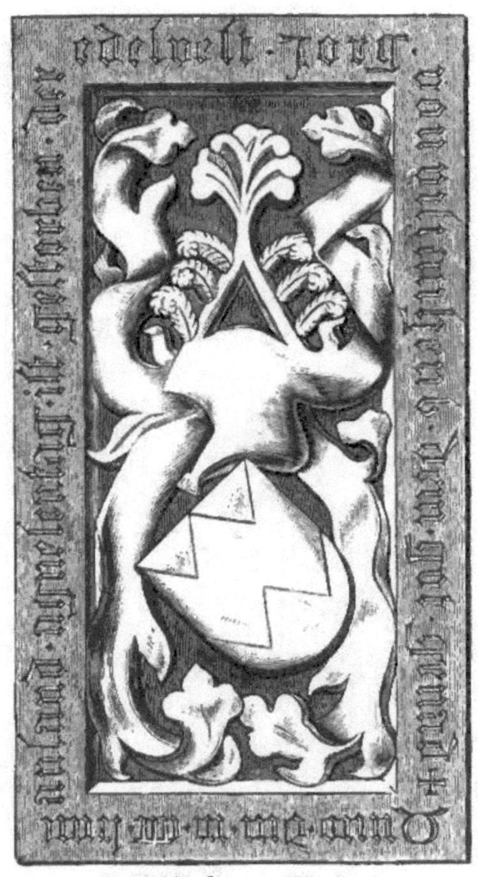

Grabstein des Jorg von Villanders †

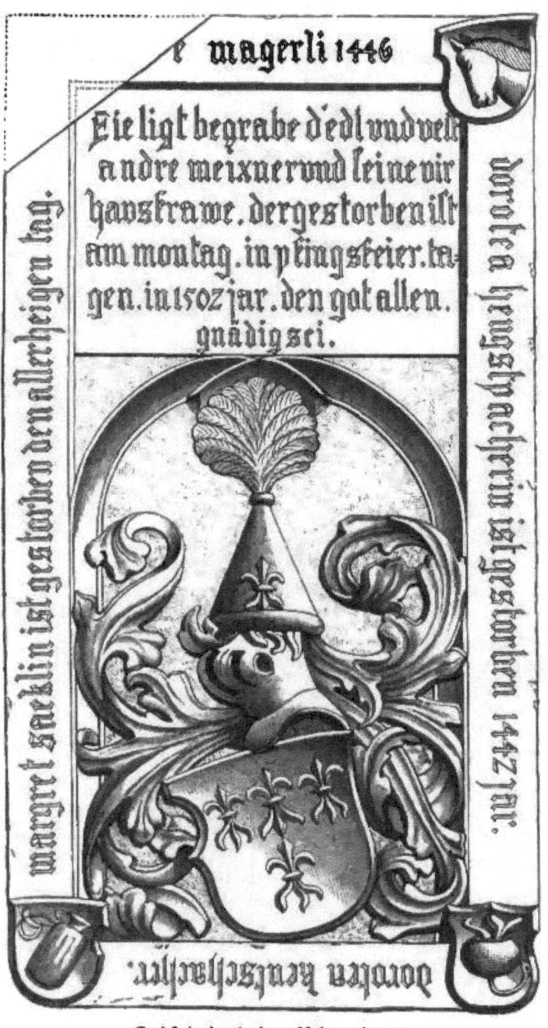

Grabstein des Andreas Meixner † 1502.

II. Abtheilung

der kärntnischen Kunsttopographie.

Klagenfurt.

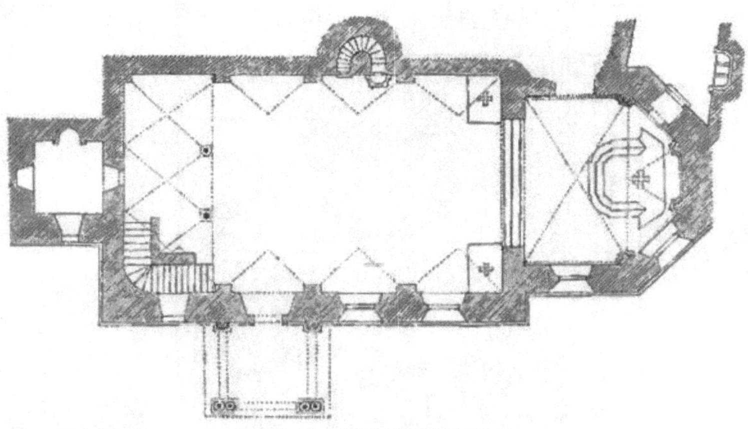

Fig. 456. (Heil. Geist Kirche.)

A.

Abtei, ſ. St. Leonhard in der Abtei.

Achomitz bei Feiſtritz an der Gail, Ortsgemeinde Hohenthurn. Den römiſchen Grabſtein VITALI*, aus der Zeit um 190 n. Chr., ergrub man hier im Jahre 1879 in der Andritſch-Wieſe, nahe an der Südſeite des theils lehmigen, theils felſigen Hügels, in der Tiefe von 1 Meter, nebſt behauenen Marmorſteinen und Kalkmörtel. Grabungen in der Schütt des Erdbebens nach 1345, angeſtellt um 1800, ergaben Mauern und Menſchenſkelette. (K. 195. Car. 1815, 1880, 343. Aep 4,209,6. M. VI. n. F. p. VIII und VII. n. F. p. XLVI.)

Ad Silanos, ſ. Arnoldſtein.

Afritz. Pfarrkirche St. Nicolaus. Die Kirche iſt mittelgroſs, urſprünglich gothiſch, gegenwärtig moderniſirt. Der Chor trägt eine ziemlich flache rundbogige Tonnenwölbung mit je zwei kurzen Lunetten zu beiden Seiten und drei anderen im dreiſeitigen Oſtſchluſſe. Vier Fenſter noch im Spitzbogen, doch ohne Maſswerk, davon die drei Fenſter im Oſtſchluſſe mit Butzenſcheiben. Der Eingang in die nördlich gelegene Sacriſtei hat die dreiſeitige Schrägung und im Uebergang zum geraden Sturz eine Krümmung nach der Eſelsrückencontour. In der Mitte des Abſchluſſes überdies ein ausgebogener Schild. Auch der ſtattliche Scheidebogen iſt ſpitzbogig und dreiſeitig abgefaſt. Das Schiff, gleich hoch mit dem Chor, zeigt nur eine caſſetirte flache Decke. Das Vorhandenſein von vier kräftigen eingeſetzten Strebepfeilern an den Seitenwänden ſcheint darauf hinzuweiſen, daſs ſich einſt im Schiff wie im Chor Gewölbe mit Rippen befunden haben, da die erwähnten Wandpfeiler an den Vorderflächen mit runden Dienſten verbunden ſind, welche gegenwärtig in den hölzernen Plafond direct eingreifen. Etwas ähnliches bemerkt man auch bei dem urſprünglich gewölbten oder zum Einwölben beabſichtigten Orgel-Chor, wo auf den emporſtrebenden und plötzlich abgebrochenen Arcadenbögen die flache Decke der Orgelbühne aufgelegt erſcheint. Doch iſt es möglich, daſs es zum Einwölben des Schiffes gar nicht gekommen iſt, wie in ſo mancher anderen Landkirche Kärntens mit caſſetirter Holzdecke. Die Dienſte ſind im oberen Drittel faſt ſo dick wie an der Baſis. Fenſter wie im Chore ſpitzbogig, ohne Maſswerk. Der ſteinerne achtſeitige, mehr ſchlanke Taufſtein trägt die Jahreszahl 1681. Zwei Strebepfeiler an der ſüdlichen Schiffswand, ein dritter an derſelben Seite des Chores, umlaufender Sockel.

Außen Spuren eines Chriſtoph-Bildes.

Der Hoch-Altar wurde im Jahre 1723 errichtet wie die chronographiſche Inſchrift über dem groſsen Altarbilde « In loco iſto Deus ſua munera largitur » angibt; er iſt in ſeinen Dimenſionen wohl ſehr ſtattlich, aber in der Formgeſtaltung entſchieden baroken Charakters. Die drei Altäre mit je zwei Altarbildern, einem hohen und darüber einem runden und quer-ovalen. Der Hoch-Altar nimmt die ganze Breite des Chores ein. Vier Säulen mit corinthiſchen Capitälen und glatten nach oben verjüngten Schäften ſtehen zu beiden Seiten des Altarbildes, die entfernteren etwas tiefer als die zwei dem Bilde am nächſten ſtehenden; das äuſserſte Gebälk iſt von zwei Säulen mit gewundenen Schäften getragen, zwiſchen welchen und dem eigentlichen Altar das Licht durch zwei Seitenfenſter des Oſtſchluſſes frei in den Chor fällt. Die Seiten-Altäre ſind gebaut wie der mittlere Theil des Hoch-Altars; es fehlen nur die gewundenen Säulen, das Gebälk iſt viel einfacher, nicht ſo phantaſtiſch geknickt und gebrochen.

Die hölzerne Kanzel ſteht auf einem vierſeitigen hölzernen Fuſse, durch welchen ihr unterer Rand mit vier roh gearbeiteten geſchweiſten hölzernen Trägern verbunden erſcheint.

Ein Abendmals-Bild an der nördlichen Wand des Schiffes, Oelgemälde, wahrſcheinlich von Brandſtätter.

Es finden ſich zwei Steinmetzzeichen:

In der Sacriſtei eine alte Meſſingampel mit durchbrochener Wandung und drei

* Bedeutet immer „mit keltiſchen Namen".

Büstenansätzen, daran die Kettchen eingehängt werden können.

Im Norden des Schiffes gränzt ein capellenartiger Anbau mit runder Tonne in einem Joch und rundem Scheidebogen gegen das Schiff. Dieser Raum dient aber nicht als Capelle, sondern als Zugangs-Halle von der Ostseite des Friedhofs und zur Aufstellung des heiligen Grabes zu Ostern.

An der Nordseite des Triumphbogens ein eingesetzter Grabstein, mit Inschrift: »Frav Anna Catharina Himmelbergerin Geborne Schbarzin Pflegerin Alda Ihres Alters 31 Jahr so den 7. Jenner des 1682.... Jahr entschlaffen«.

Der sehr kräftige viereckige Thurm ist mit der Westfront verbunden, unten eine rund unterwölbte Vorhalle bildend, welche zwei schmälere Eingänge im Norden und Süden und einen breiteren Eingang an der Westseite besitzt. Zwei haben rundbogigen, einer spitzbogigen Abschluß und dreiseitig geschrägte Gewände. Der innere Kirchen-Eingang ist außerdem noch mit Hohlkehlen und Rundstäben profilirt. Unter dem zopfigen Zwiebelhelm einfache rundbogige Schallfenster. Der Thurm, in dem sich vier Glocken befinden, wurde im Jahre 1716 erbaut.

St. Agatha an der Gurk (Pfarre St. Georg unter Straßburg; M. XII. n. F.), kleines einschiffiges Kirchlein mit gerade geschlossenem Chor, die Grate des Gewölbes ruhen auf rohen Eckpfeilern, Fenster modernisirt. Links ein sehr beachtenswerther Flügel-Altar. Im Schreine Maria mit dem Kinde, Katharina und Barbara, Renaissance-Umrahmung. Auf den Flügeln innen Johannes Ev., Katharina Siena, Prisca, Katharina Alex., außen Christoph, Vitus, Georg, Johannes. Am Untersatz das Veronica-Schweißtuch, dabei drei Schilde. Am Altar-Abschluß Maria Verkündigung, theilweise ist daselbst noch das Fialen-Ornament erhalten. Sehr schöne Meßgewänder, eines mit gesticktem Rückenkreuze und Figuren (Maria Verkündigung, Barbara, Magdalena), ein grünes mit gesticktem Rückenkreuze, darauf Christus, herum Petrus, Paulus, Bartholomäus und Martinus. Sehr schönes Antipendium von Leder mit Stickerei. Reste eines Flügel-Altars zu Ehren der heiligen Agathe. Ein Votivbild von 1622 (Urban Sumper).

St. Agnesen, Filiale von St. Ruprecht, bei Völkermarkt (M. XI. n. F. p. CXXVII). Ursprünglich romanisch mit flacher Decke, im östlich gelegenen Thurme das Presbyterium, weiterer Umbau im 16. Jahrhunderte und dritter Umbau in jüngerer Zeit, wahrscheinlich 18. Jahrhundert. Dreischiffig. (Fig. 1.) Jedes Schiff mit anderer Breite. $3^1/_2$ Joche, die Arcadenpfeiler achtseitig, die Arcadenbögen spitzbogig; im nördlichen Schiffe die Rippenanläufe auf Wandconsolen. Die Gewölbe durchwegs neu. Der spätgothisch schön profilirte Triumphbogen liegt außer der Thurmachse. Die Kanzel an dem südlichen Mittelschiffpfeiler beim Triumphbogen stammt ebenfalls aus dem 15., vielleicht 16. Jahrhundert, steht auf achtseitigem Fuße mit Steinparapett. Das Presbyterium ist mit einem Kreuzgewölbe überdeckt, hat tellerförmigen Schlußstein; die Rippen einfach. Topfförmige Wandconsolen. Südlich und nördlich je ein Fenster, das letztere mit Maßwerk im Dreipaß und zweitheilig, das nördliche vermauert, an der östlichen Wand Kaffgesims, unter welchem in einer hohen spitzbogigen, durch das zu beiden Seiten vortretende Kaffgesims gegliederten Mauernische eine Thür. Oberhalb ebenfalls das Maßwerk eines vermauerten Fensters sichtbar. Im Presbyterium nördlich ein Sacraments-Häuschen mit Eselsrücken von Fialen flankirt, die auf gewundenen Säulchen stehen, der Eselsrücken in doppelte Kreuzblume ausgehend. Im Bogenfeld das Schweißtuch mit nimbirtem Christuskopf. Am Bankgesims unten ein Manneskopf. Das Gitter aus Spangen mit Rosettchen. Ueber dem Presbyteriumgewölbe ist der alte rundbogige Triumphbogen sichtbar, und scheint das Presbyterium ebenfalls eine flache Decke gehabt zu haben. Taufstein aus dem Achteck; am oberen Rande Köpfe. (Fig. 2.) Am südlichen Seitenschiff Strebepfeiler. Vorgebaute Vorhalle. Großer Christoph an der Südseite gemalt.

Am Thurme außen angefügte Strebepfeiler (16. Jahrhundert). Der Thurm mit hohem Pyramidendach war in seiner ursprünglichen Gestalt niedriger und datirt der Aufbau — der an der Einziehung erkennbar — aus dem 16. Jahrhundert. Die romanischen gekuppelten Thurmfenster theilweise vermauert. Diese Fenster sind durch ein Pfeilerchen mit einfachem Blattcapitäl getheilt. Die Fenster in der Glockenstube im stumpfen Spitzbogen.

In der Sacristei zwei Meßgewänder (17. Jahrhundert), eines derselben hat im Mitteltheile Stoff (gelb) mit eingewirkten Blumen, die Seitentheile aus schwerem mohnrothem Taffet, reichen Ranken mit Blumen und Blättern aus aufgenähten ungedrehten nebeneinander gelegten Seidenfäden, ferner ein schön geformter Kelch (16. Jahrhundert) mit schönem Linienornamente am Fuße und Nodus.

Zwei Grabsteine lehnen im Innern der Kirche an der Südwand:

1. Bart. Cafelius Parochiae praefuit 36 añ. Obiit 20. Aug. 1697 añ 69.

2. Kleiner weißer Grabstein mit Doppelkreuz zwischen zwei Blumen, mit welchen es sich aus einem Herzen erhebt. Umschrift deutsch, nicht mehr leserlich.

Der südöstlich gelegene Karner ist ein Rundbau aus dem 13. Jahrhundert mit späteren Zuthaten, innen sechseckig, die Gewölbe-Rippen einfach mit großem Tellerschlußstein in der Mitte. In der kleinen Concha unter der Tünche einige Fragmente von Figuren in rothen Linien sichtbar. Außen entsprechen Strebepfeiler den Rippen im Innern, die Concha zieht sich in ringförmigen Absätzen nach unten ein. Südlich der Eingang in die Gruft mit kreisförmigem Tonnengewölbe auf rundem Mittelpfeiler aufruhend, nördlich ein Luftschlauch.

Aichelburg, Ruine, s. Damtschach.

Altendorf bei St. Michael, Fund von römischen Baurésten, eines Thontopfes um 1838 (Afk. 5, 177).

Altenmarkt bei Weitensfeld. (M. x. p. CIV; VI. n. F. p. CXI.) Hier stand auf der Heerstraße von Virunum nach Ovilaba oder Ovilia (Wels) die Poststation für Nachtherberge in Mutacaium (B. A. v. XI. 90).

Die Pfarrkirche zum heiligen Aemilian, ein einfacher großer gothischer, stark modernisirter Bau, bestehend aus dem vierjochigen Langhause und dem Presbyterium (zwei Joche und polygoner Schluß). Ersteres mit rautenförmigem, letzteres mit Netzgewölbe überdeckt, die Rippen ruhen im Chore auf Diensten, die mit kelchförmigen Capitalen geziert bis zu zwei Drittel der Wand herabreichen und consolenartig abschließen. Im Schiffe Wandpfeiler mit vorgelegten Halbsäulen. In einem Schlußsteine: das Antlitz Christi, im anderen die segnende Hand. In den drei Fenstern des Chorschlusses Maßwerk. Spitzbogiges Portal mit reicher Profilirung, Orgelchor-Einbau theilweise gothisch. Dreimal abgesetzte Strebepfeiler am Chor. Glasgemälde mit der Verkündigung Mariens. Außen Ostseite ein Wandgemälde: das jüngste Gericht (16. Jahrhundert), dann: Auferstehender Christus, sehr schadhaft. Achtseitiger niederer Taufstein. Hübsche Renaissance-Altäre, altes Kirchen-Gestühl (1573) mit Flachschnitzerei und Inschriften. Alte Lavabo-Vorrichtung (Zinnguß). Reste alter Grabmale. Der Thurm rechts an die Kirche angebaut,

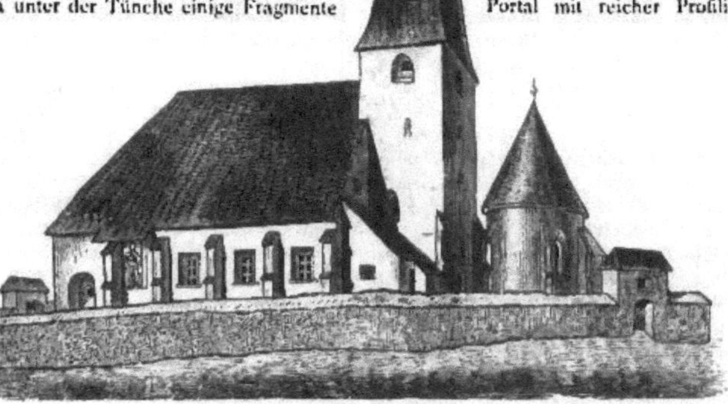

Fig. 1. (St. Agnesen.)

enthält zu unterſt die Sacriſtei, ſchließt im Achteck mit Giebeln, Eckthürmchen und Spitze (1873). Am Friedhof eine einfache Rundcapelle (1532). (M. n. 110.) Die Kirche mit einer Ringmauer umgeben.

Althofen [1]) am Krapfelde:

An der Kirche: P AELIVS*, Relief, weibliche Geſtalt, nackt, mit Traube und Korb, auf der anderen Seite: weibl. Geſtalt, nackt, mit Meſſer und Taube, ſchönſter Styl des 1. Jahrhundertes. Fund vor 1534. (Jab. 281, Mo. 5023. Aep. IV. 216); DM COMMODI, aus c. 250, Fund 1828 (Jab. 282, Mo. 5024. Aep. IV. 216.). Ein Römerſtein in der Sacriſtei freiſtehend.

Im alten Friedhofe um die Kirche: C GALLIVS*, ausc. 160—220, Fund 1858. (Jab. 284, Mo. 5025 ad, S. 1047.)

Am Forſthauſe im unteren Markte: DM VIBENA, c. 240, Fund vor 1822 in Silberberg. (Jab. 283, Mo. 5035. Aep. IV. 216. Sitzgb. d. AW. Bd. 80, 523, 527, 590. M. VI. n. F. p. CLIII.)

Im Juli 1885 c. 180 Bronze-Seſterzen, beſtimmt 1 Veſpaſian, 2 Nerva, 14 Traian, 35 Hadrian, 1 Aelius, 28 Pius, 11 Fauſtina ſ., 5 j., 10 M. Aurel, 1 Verus, 1 Lucilla, nicht wohl Aurelian. K. 95 Stück. (Klagenſt. Ztg. 1885, S. 1574. M. XI. n. F. p. CXXXVI.)

Die Pfarrkirche zum heiligen Thomas, auf einem ziemlich hohen Hügel liegend und daher weit ſichtbar, mittelgroße einſchiffige einheitliche Anlage, einfach gothiſcher Bau des 15. Jahrhunderts. Der Chor einjochig, fünfſeitig geſchloſſen, der letzte Jochtheil iſt um zwei Stufen über dem Schiffe, der durch das Speisgitter geſchloſſene Schlußtheil wieder um zwei Stufen höher als jener, ſomit vier Stufen höher als das Schiff gelegen; die Rippen des Kreuzgewölbes laufen auf runden ſchmächtigen Dienſten an, die in circa ein Drittel Wandhöhe über dem Fußboden mit Conſolen ſchließen. Capitäle und Conſolen zeigen Blätterſchmuck und Masken, in den Schlußſteinen Pelikan und Löwe mit Jungen. Hohe zweitheilige Fenſter mit ſpätgothiſchem Maßwerke, Glasmalerei-Reſte. An den Seiten des Presbyteriums rundbogige Wandniſchen. Strebepfeiler mit drei Abſätzen. Das Schiff kurz, mit zwei Jochen, einfache Kreuzgewölbe, die Rippen tief herabreichend und theils auf Dienſten, theils auf Conſolen, beide mit Blattcapitälen. In den Schlußſteinen Sculpturen: Lamm und eine Roſette, beſtehend aus drei im Kreiſe gelegten Männerköpfen, deren Haare und Bart ineinanderlaufen (Symbol der Trinität). Gothiſcher Muſikchor im erſten Joche auf vier elegant profilirten Pfeilern ruhend, in den kleinen Schlußſteinen der ſechs Felder die Symbole der vier Evangeliſten mit Spruchbändern, Lamm mit Fahne und Roſette. An den Capitälen der beiden vorderen Pfeiler je ein kleiner gegen den Chor ſchauender ſteinerner Wappenſchild, worauf Spuren von Malerei, auf einem noch die Figur eines Rades wiederholt erkennbar. Bei einem Wappenſchild an der Verbindung mit dem Capitäl zu beiden Seiten aufrechtſtehender Löwe und Löwin in Relief, gleichſam wie Träger des Schildes. Die drei ſpitzbogigen Scheidebögen gegen das Schiff mit Krabben und Kreuzblumen reich decorirt, ſehr verſtümmelt, Kreuzroſen und die Brüſtung abgeſchlagen wegen eines hölzernen Vergrößerungsbaues.

Sehr intereſſant wird die Façade durch das große Radfenſter mit Vierpaſſ-Conſtructionen und das Portal mit Spitzbogenſchluß und profilirter Gewandung, mit Fialen und einer gemalten Pieta im Tympanon, ſchlecht reſtaurirt. Merkwürdig iſt die Eckquaderſtützung an der Façade durch den eingebauten prachtvoll ſculptirten Römerſtein. An der Nordſeite des Orgelchores die Heiligen-Kreuz-Capelle, klein, mit Kreuzgewölbe und unmittelbarem Rippenanlauf, Schlußſtein mit Roſette. Die Sacriſtei an der Nordſeite beſteht aus einem ſchmalen der Kirche parallelen Raume, welcher das Erdgeſchoß eines kleinen Thurmes mit Stiege und ein Joch mit niedrigem Kreuzgewölbe und flachem Schlußſtein, von wo ein ſchmales ſpitzbogiges Fenſter in den Friedhof mündet, umfaßt. Aus letzterem führt eine Thür in die dreiſeitig geſchloſſene mit einfachen Streben und Gratgewölbe verſehene ſogenannte Modeſtus-Capelle. Aus der Sacriſtei führt eine kleine ſpitzbogige Thüre mit hübſchem Profil in das Schiff der Kirche. Der Thurm an der Südweſtſeite mit großen Schalllöchern und neuem recht unſchönem Spitzhelm. Das Taufbecken beſteht aus drei Steinen, der vierſeitigen Baſis, dem vierſeitigen Schafte und der ſechsſeitigen Schale. Auf den vier Seiten des Schaftes eine etwas plumpe figurale Decoration, deren römiſcher Urſprung wohl ſehr zweifelhaft iſt. Auf der

[1]) Die Stätte Althofen-Treibach an der Straße von Virunum nach Noreja gelegen, wird für die Station Matucaium gehalten.

Vorderſeite ein Füllhorn, aus welchem ein Drache emporſteigt, links in der Mitte abgebundene ſtyliſirte Blumen, rechts ein Vierblatt mit Roſette in der Mitte.

Grabſteine, innen: des Adam Siegfried Gſchwind de Peckſtein, † 25. März 1676, — des Salzburger Vicedoms-Secretary Georg Samitz, † 1584, außen: der Walburg Eberlein, † 1584, des Ferd. v. Katzenſtein, † 1656, und des Adam Ehrenreich, Steuereinnehmers, † 1707.

Vor dem Tauſſteine auf dem Boden gothiſche Grabplatte mit eingegrabenem Kreuz ohne Inſchrift.

Eine Glocke von 1538, Glockengießer Benedict Fuernig in Völkermarkt, eine zweite von 1521, eine dritte von 1538. Steinmetzzeichen im Thurm: [Steinmetzzeichen] und [Steinmetzzeichen], in einem Schlußſteine [Steinmetzzeichen].

Unter dem Chore der Kirche achtſeitiges Beinhaus von kurzem achtſeitigen Mittelpfeiler getragen.

Von alten Befeſtigungen beſteht an der Südſeite des oberen Ortes ein noch gut erhaltener viereckiger Thurm ſammt Mauerreſten.

Die untere Kirche im Markte, der heiligen Cäcilia geweiht, hat im ehemals flachgedeckten Schiffe ein niedriges Gratgewölbe mit fünf Jochen, ſchmale ſpitzbogige Fenſter, einen gekehlten Scheidebogen, Spuren zweier romaniſcher Fenſter; der Chor mit geradem Schluße, Sterngewölbe, die Rippen auf Eckconſolen, mit Schlußſteinen und ſpitzbogigem Fenſter. Gothiſcher Flügel-Altar, im Schreine die Figur der heiligen Maria, umgeben von Margaretha und Cäcilia. Auf den Flügeln in Relief Katharina und Barbara. Ueber dem Schreine Chriſtus am Kreuze, Maria und Johannes. Außen St. Wolfgang und Martin, St. Sophia und Kunigund (Gemälde). Auf der Predella vorn: Chriſtus und die Apoſtel, rückwärts das Schweißtuch Chriſti; ſchöner einfacher Faltenwurf, beachtenswerthe Malerei. Der Tabernakel-Einbau ſtammt von 1693. An der Außenſeite ein großer Chriſtoph (1524) gemalt. Bei der Opferniſche und über dem Thürſturze des Südportals Spuren älterer Malerei (Chriſtus am Kreuze, Maria, Johannes).

Grabſteine: Wolfg. Pruggersdorf, † 1662, Hieronymus von Neppelsberg, † 1667.

Kanzel von 1693. Im linken Seiten-Altar am Unterſatze eine gothiſche Tafelmalerei: Chriſtus, Johannes, Maria nach der Kreuzabnahme, wie ein Knieſtück; Maria hat die rechte Hand des Herrn in ihren Händen, Johannes wendet weinend das Haupt weg. Auch das Altarbild auf Leinwand: Chriſtus im Schoße Mariens iſt nach alter Weiſe gedacht. Der Altar iſt aus 1689 von Hanns Georg Pimiller, mit Wappen. Ein gothiſches Holzkreuz ſteht auf der Menſa. An einem anderen Seiten-Altar iſt eine Muttergottes-Statue am Throne ſitzend, 16. Jahrhundert.

Sechsſeitiger Karner mit ſpitzbogigem Gratgewölbe, vier ſchmalen Fenſterſchlitzen

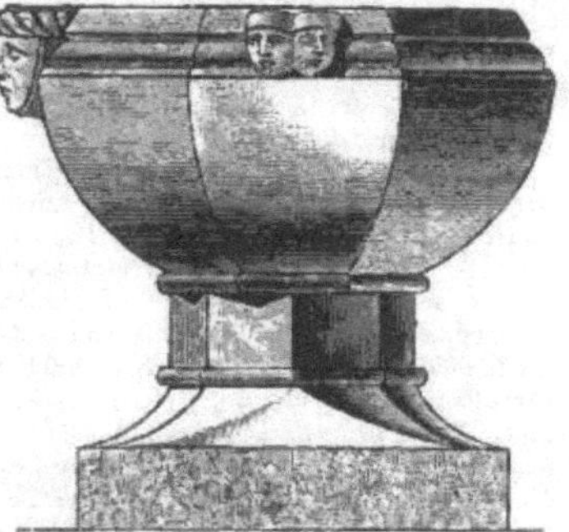

Fig. 2. (St. Agneſen.)

und einem kleinem Rundfenſter, halbkreisförmige Niſche. Spitzdach aus Steinplatten.

Zu Althofen gehört noch die Calvarienberg-Capelle, ein recht origineller dreiſchiffiger Terraſſenbau aus dem 17. Jahrhundert. 21 Stufen in mehreren Abſätzen führen innerhalb des flachgewölbten Raumes zur gerade geſchloſſenen Niſche des Haupt-Altares, die Chriſtus am Kreuze zwiſchen St. Johannes und St. Maria in einem Oelgemälde zeigt, welches mit einem breiten geſchnitzten, oben flachgerundeten Rahmen abgeſchloſſen wird. Die Mauer- und Gewölbeflächen ſind in vertiefte mit Perlſtab eingefaßte Felder getheilt, zum Theile mit Malerei ausgeſtattet. Außen iſt der Bau mit einer röthlichen Quaderimitation an den Ecken und Umfaſſungen decorirt, achtſeitiger Dachreiter.

St. Andre in der Ebene, kleines Kirchlein mit einem gothiſchen Chor, ſehr langem

Schiffe, der Thurm an der Nordſeite (M. vII. n. F. p. cxvI).

St. Andreä im Lavantthale. Fundſtücke ſind die Bronzemünze Pius, aus dem Graben nördlich von der Stadt, 1880 (K.) und der Grabſtein DM SVPERIS*, c 220, Fund etwa um 1779, in der Krypta der Kirche. (Mo. 5094.) Grabſtein EPON·—ERIAE*, c. 150, gef. an der Bahnhof-Zufahrt, December 1885 innerhalb des Schwibbogens der Stadtmauer an der Bahnhofſtraße. (Klagenſtr. Ztg. 1885, S. 2564.) Aus Zolfeld ſind in die Biſchof-Reſidenz, nun das Jeſuitenkloſter, ſeit etwa 1772—1774 gebracht: AVARO*, aus c. 250 (Jab. 328, Mo. 4966) und MONTISSIVS, aus c. 140 (Jab. 329, Mo. 4944). In der Kirche findet ſich im Fußboden der Sacriſtei ein römiſcher Inſchriftſtein, der jedoch durch die Mitte faſt ganz abgeſchliffen iſt.

Die Gründung des regulirten Chorherren-Stiftes (ſeit 1859 Jeſuiten-Collegium) datirt von 1212 durch Eberhard II., Erzbiſchof von Salzburg. Die urſprüngliche Bauart der Kirche hat ſich leider nicht erhalten. Heute ſtellt ſie ſich als eine große dreiſchiffige Anlage mit einfach gothiſchen Gewölben im Chor und gleich hohem Mittelſchiffe, mit etwa halb ſo breiten Seitenſchiffen, die um ein Drittel niedriger erſcheinen und ohne Zweifel in ſpäterer Zeit ganz umgewölbt wurden, dar. Früher befanden ſich in den Oberwänden des Mittelſchiffes eigene Spitzbogen-Fenſter, wovon man ſich vom Dachbodenraume aus durch Ausblick auf dieſe vermauerten Stellen überzeugen kann. Somit beſaßen einſt die Abſeiten ſelbſtſtändige Pultdächer, welche in ſpäterer Zeit einem gemeinſchaftlichen Satteldache Platz gemacht hatten. Daſs die Abſeiten auch anders gewölbt waren, davon zeugen einige Ueberreſte von Conſolen an den früheren Anlaufspunkten der Gewölberippen. An die Stelle der gothiſchen Gewölbe ſind rundbogige Renaiſſance - Wölbungen getreten. Während die alte Wölbungsart des Hauptſchiffes ſo ziemlich intact geblieben iſt, ging man bei der erwähnten Umgeſtaltung der Nebenſchiffe nicht ſonderlich rückſichtsvoll zu Werke. Es wurden nämlich ſtatt der früheren vier ſpitzbogigen Scheidebögen an jeder Seite des Hauptſchiffes je zwei ungemein breite rundbogige Scheidebögen conſtruirt, welche der Tiefe zweier Haupt-Schiffjoche entſprechen; demgemäß bekamen auch die zwei maſſiven Trennungs-Pfeiler eine neuartige Phyſiognomie. Sie ſind quadratiſch (1·30 M. pr. Seite) und erſcheinen zu beiden Seiten der Schiffe als hochgehende Renaiſſance-Pilaſter mit niedrigen und breiten Capitälen behandelt. Von dieſen letzteren ſteigen nun im Hauptſchiffe die Diagonal-Rippen des alten Spitzgewölbes wie von einem gothiſchen Tragſtein hinauf. Jene Rippen aber, welche oberhalb der Scheitel der neueröffneten Scheidebögen zuſammenlaufen, ſieht man plötzlich im Laufe abgebrochen, weil die dem vollkommenen Anlaufe dienenden früheren Zwiſchenpfeiler der Moderniſirung zum Opfer fielen. Nicht einmal durch einfache Conſolen an den abgebrochenen Stellen hat man die Maskirung des geſchaffenen Uebelſtandes verſucht. Beſſer ſieht es mit dem dreijochigen und aus fünf Seiten des Achteckes conſtruirten Chore aus. Hier laufen ſämmtliche Rippen ungebündelt auf großen Conſolen an, die mit plump übertünchten kauernden Menſchenfiguren beſetzt ſind. Nur im Chor-Schluße gehen ſie tief herab als runde Dienſte, die in halber Wandhöhe von Conſolen getragen werden. Sonſt ſind die Gewölbe jenen im Hauptſchiffe ganz gleich. Wie hier, bemerkt man auch dort runde, zum Theile undeutlich verzierte Schlußſteinſcheiben. Von gothiſchen Fenſtern ſind nur drei im Chor-Schluſſe in ihrer Urſprünglichkeit erhalten; ſie haben ſpätgothiſches Maßwerk. Der ſehr hohe und ſchmale Triumphbogen iſt unvollkommen entwickelt. Was die Länge der Nebenſchiffe anbelangt, ſo reichen dieſelben jetzt nur ſo weit wie das Hauptſchiff. Früher gingen ſie aber längs des Presbyteriums bis etwa zum Beginn des dreiſeitigen Schluſſes. Dieſe Abkürzung, reſpective Unterbrechung der Nebenſchiffe zeigt ſich als eine ſchlimme Folge des Umſtandes, daſs man (1586) Verbindungs-Gänge und ein Stiegenhaus zum neuen Oratorium theils von dem anſtoßenden Pfarrhof, theils vom Corridor des Stiftes herführend, in unſchöner Weiſe unmittelbar bis in die Nebenſchiffe einbaute. Aus den noch übriggebliebenen Räumen entſtand dann am Oſtende der ſüdlichen Abſeite eine Verbindungs-Halle zwiſchen Chor und Sacriſtei, und am Oſtende der nördlichen Abſeite eine dreiſeitig geſchloſſene dürftige Capelle.

Während diese im Osten gelegenen Abseiten-Schlüße schon modernisirt erscheinen, d. h. neue Rundgewölbe tragen, zeigen die westlich gelegenen Theile bis in die Tiefe des Triumphbogens noch die alten schwungvollen gothischen Kreuzgewölbe auf kräftigen Consolen, von denen einige mit Menschenmasken geziert sind, Reste eines großartigen gothischen Baues.

Dem Langhause vorgeschoben erscheint ein westlicher Vorbau, bestehend aus zwei Partien: der inneren einjochigen Verbindungs-Halle nebst zwei Capellen gegen Nord und Süd und der äußeren offenen dreijochigen Vorhalle. Ueber der südwestlichen Capelle erhebt sich der mächtige viereckige ursprüngliche Thurm mit großen gothischen Schallfenstern darin Maßwerk, mit vier Spitzgiebeln und achtseitigem modernen Helme. In jüngerer Zeit, wahrscheinlich unter Bischof Georg III. Stobaeus (1584 bis 1618), wurde ein zweiter Thurm an der Nordseite des Langhauses angefügt; doch ist derselbe niedriger und in seinen Dimensionen schmäler als der erstere. Der ursprüngliche Orgel-Chor über der westlichen Verbindungs-Halle hat sich als zu klein erwiesen, und so hat man ihm gegen das Hauptschiff einen zopfigen Anbau auf Rundsäulen vorgelegt, was einen höchst unschönen Eindruck macht.

Die offene dreijochige West-Vorhalle wurde erst im Jahre 1876 errichtet, ein ganz überflüßiger Zubau.

Außer den drei Seiten-Capellen sind noch als spätere Anbauten anzuführen: die zu beiden Seiten des Chores im Obergeschoße angelegten Oratorien mit je drei Oeffnungen.

Der Haupt-Altar ist groß, und entschieden barock, er füllt den ganzen Chor-Schluß aus, wodurch das Maßwerk der Fenster verdeckt wird. An beiden Seiten des Chores hat man große prächtig geschnitzte Chor-Stühle in reichem Barock-Styl aufgestellt. Jeder ist für sieben Sitzplätze eingerichtet und an den Täfelungen auch mit Intarsien versehen. Ueber der hohen Rücklehne lauft ein großes baldachinförmiges Gesimse. An dem nördlichen Chor-Stuhl ist 1761 als Entstehungszeit angegeben.

Von den sieben Seiten-Altären im Zopf-Styl sind die an den Ost-Abschlüßen der Abseiten am stattlichsten; können jedoch wegen ihrer übertriebenen Decorirung unmöglich schön genannt werden. Schlichter

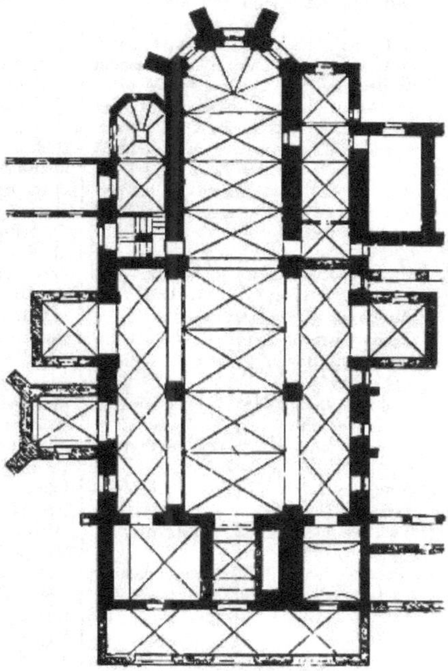

Fig. 3. (St. Andrä im Lavant-Thale.)

sind die in den Seiten-Capellen aufgestellten Altäre, doch haben sie ebenfalls weder im Aufbau noch in den Bildern irgend einen Kunstwerth. In der nördlichen Seiten-Capelle steht ein Taufstein im Renaissance-Style.

Grabsteine kommen in größerer Anzahl vor und zwar: Im Innern der Kirche:

a) In der nordwestlichen Eck-Capelle ein großer Grabstein, darauf das Bild eines Ritters in voller Rüstung im vertieften Felde, ringsum eine theilweise zerstörte Inschrift (1517).

b) In derselben Capelle ein mittelgroßer Stein oben mit dem Wappen, unten die Inschrift, die einen Wolfgang prinntnek nennt (1540).

c) In der nördlichen »Kreuz-Capelle« unter dem Thurme ein sehr großes Epitaphium im Barock-Style mit langer lateinischer Inschrift, lautend auf den dort beigesetzten Bischof von Lavant des Namens: »Philipp II. Karl, Landgraf von Fürstenberg, welcher 1708 bis 1718 regierte. Gespendet von seinem Bruder Frobenius Fürstenberg« — oben am Gesims die Büste in Marmor. In der südwestlichen Eckcapelle an der Westwand weißer Stein mit der Inschrift: Hic quiescunt viscera R. et S. Episcopi et Principis de Lavant et Fürstenberg.

d) In derselben Capelle eine Inschrifttafel bezugnehmend auf den Bischof Johann III. Baptist Grafen v. Thurn-Valsassina, und zwar: Joann . Bap : D: C : Episc: Lavant:S. R. J. Princ : ex. Comitibus. De Turri Vallsasina et Taxis. Metrop. Salisb. Canon. Capit. † III Juny. (Bischof Johann III. regierte 1754—1762.)

e) Grabstein in der südlichen Abseite mit einfach vertiefter Arbeit, für die gewesene Priorin Catharina Jacobe Andreanin † 7. Debris 1682.

f) Grabstein des Fürstbischofen Theobald Sweinpek (1446—1463).

g) Grabstein des Bischofs Leonhard Pewrl (1508—1533).

h) Grabstein des Bischofs Philipp Renner (1533—1555). (f. Ig. Orozen »Philipp Renner, Fürstb. v. Lavant« im 18. H. d. Mitth. d. H. V. f. Steierm. pag. 132.)

i) In der südlich an den Chor stoßenden Verbindungs-Halle die großen marmornen Grabsteine zweier Pröpste, vorzüglich gearbeitet — der eine bezieht sich auf »Martinus Sani huius cathedralis ecclesiae ord : canonicor. pp.« u. f. w. † 1689, der andere Stein auf: »Joannes. Gambazig . luganensis . PPosit . archid. lavantin« u. f. w. obijt.an.dm.MD.C.LXII. die.XIV.marcij«. — Am Fuße der stark erhabenen Arbeit stehen die Worte: »Philibertus Pacobel Fecit.«

k) An der Nordseite der Abseite (nahe am Altar) ein mittelgroßer Grabstein mit ovalem Wappenfeld, unten mit großem Inschriftfeld, für »Joan. Baptista . a. Dornsperg. † 18. octobris 1686.«

l) Am Triumphbogen an derselben Seite ein mittelgroßer Stein aus rothem Marmor für Joannis Antonius L. B. a. Rueftorff.«

m) An der Außenseite des nördlichen Thurmes ein Stein mit Relief-Bild, darstellend: Tod Mariä, umgeben von den Aposteln. In der größtentheils unleserlichen Unterschrift kommt die Jahreszahl 1480 vor.

n) Am Boden vor dem Kirchthurme die Reste eines alten Grabsteines mit gothischen Majuskeln.

Noch wäre eines sehr großen Fresco-Bildes, das erst in jüngster Zeit von dem überdeckenden Mörtel befreit wurde, zu erwähnen; doch hat es sich in den einzelnen Partien nicht gleich und deutlich erhalten. Es befindet sich in der Halle zwischen der Sacristei und dem Chor, ist 3·40 M. breit, etwa doppelt so hoch und in neun Felder eingetheilt. Im Hauptfelde I läßt sich noch gut die Darstellung: Christi Geburt, erkennen. (Maria beim Kinde, das am Boden auf Stroh liegt; hinter ihr und auch ganz im Hintergrunde einige Hirten, links im Vordergrund einer der morgenländischen Weisen mit seinem Geschenke, ferner nach links im Hintergrund die Köpfe vom Rind und Esel; ganz oben schwebende Engelsgestalten.) Feld II verblaßt. Feld III wahrscheinlich Jesus am Oelberg. Feld IV ein Eber schwimmt durch ein Wasser. Feld V ein Heiliger tritt in einen Tempel. Feld VI eine Heilige mit einem Reh oder Lamm. Feld VII der symbolische Adler. Feld VIII Inschriftreste. Feld IX der symbolische Löwe. Die einzelnen Borduren tragen durchgehends Inschriften, Sprüche aus der heiligen Schrift. Ganz unten im breiteren Rahmen die Widmungs-Inschrift, aus welcher hervorgeht, daß dieses Gemälde ein Decan der hiesigen Kirche, Namens Christianus Fux im Jahre 1.5.4.5. hat machen lassen.

Die Kirche steht nicht von allen Seiten frei. Einerseits stößt die Nordseite des Chores ein vom benachbarten Stiftsgebäude des Jesuiten-Ordens führender, ganz primitiver Verbindungs-Corridor an, anderseits schließt sich an die Südseite das Pfarrgebäude und dessen viereckiger Arcaden-Hof an. Ganz frei stellen sich nur die kürzeren Fronten, nämlich die Ost- und Westseite dar.

Eine Glocke ſtammt aus 1553, eine zweite aus 1554. (M. I. 123. n. F. x. p. cxxvi. Abbildung: Fig. 3: Grundriſs.)

St. Andreä bei Poggersdorf (Pfarre Windiſch-Michael bei Grafenſtein) an der Straſse von Juenna (Globasnitz) nach Virunum, gemeiſselte Steine mit Umrahmungen, geſ. vor 1870. (Jab. 385.)

St. Andre bei Pfannsdorf, einſchiffige Kirche ſpätgothiſchen Charakters mit viereckigem kleinen Thurme. (M. vii. n. F. p. cxvii.)

St. Andreä bei Seltenheim, Pfarre Tultſchnig. An der Kirche Römerſteine, Relief: Mann, lebhaft bewegt, nach links gewendet, rſ. mit Feſton (Jab. 379. K. 72); Blumen-Arabesken (Jab. 380). Bruſtbilder von Mann und Weib (Jab. 380).

Die Filial-Kirche, ein ſpätgothiſcher Bau, der Chor beſteht aus drei Seiten des Achteckes. In dieſem Raume ſtützen ſich die gothiſchen Rippen des einfachen Spitzbogengewölbes auf Conſolen und laufen oben in einer Schluſsſtein-Scheibe mit der Pelikandarſtellung zuſammen. Die Conſolen ſind polygon geſtaltet und verjüngt, dabei profilirt. An der Evangelienſeite eine kleine Sacramentshäuschen-Wandniſche, unten viereckig, oben mit gothiſchem Abſchluſs und geblendetem Dreipaſs. Zwei Fenſter in der dreieckigen Oſtwand, ſchmal und ſpitzbogig, ein drittes an der Südſeite mit Mittelpfoſten und Maſswerk in einfacher Contour. Das Schiff, ein ſpäterer Zubau, zählt vier Joche, wovon aber blos die zwei an den Chor anſtoſsenden in der Stylform mit dem Chor übereinſtimmen, einfache gothiſche Kreuzgewölbe, welche auf Dienſten ohne Capitäl aufruhen. Die beiden Weſtjoche zeigen blos ſcharfgratige Gewölbe. Zum Kirchenbaue dürften wohl viele Römerſteine verwendet worden ſein.

Ein Grabſtein im Fuſsboden unterm Orgelchor hat folgende Inſchrift: »anno dm̄. M.CCCC.LXXX»,... hie.leit.fraw.elſpet.hanſsen.des.neidhaupt.ſelige.tochter....«. Ein zweiter Grabſtein, theilweiſe verſteckt hinter der Orgelchor-Stiege, lautet auf den Namen des »Herrn Wolff Andrae von Staudach, gehöſter Haubtmann... † 1679«, mit einem Wappen in neuérer Form. Ein dritter Grabſtein iſt an der Südwand des Triumphbogens eingeſetzt, ſtammt aus dem Jahre 1601 und bezieht ſich auf die »Frav Katharina Pužin, geborne Zotin«, ein vierter ohne Jahreszahl: Frau Maria Eliſabeth von Staudach gebornne vo̅n Hagn frayn.

Der viereckige Thurm mit gekuppelten Zwillingsfenſtern, die nach romaniſcher Art durch einfache Zwiſchenpfeiler getrennt ſind, trägt als Bedachung eine vierſeitige kräftige Pyramide ohne die üblichen Spitzgiebel.

St. Anna ob St. Lorenzen (Filiale von St. Lorenz zu Reichenau), ein kleines einſchiffiges Kirchlein, flachgedeckt, mit halbkuppeligem Altarraume, kleine ſchmale Fenſter mit breiter Laibung (Reſt eines romaniſchen Baues).

St. Anna bei Villach, der Grabſtein MARC·TVL SEVERIN um 190, bekannt vor 1813 bis in die Peutinger-Zeit, iſt gegenwärtig nicht nachweisbar (Jab. 442, Mo. 761).

St. Anna, Filiale von Maria Wörth. Einſchiffige ſpätgothiſche Kirche mit Thurm an der Nordſeite, welcher mit Sockel und zwei Waſſerſchlägen gegliedert iſt. Die Schallfenſter ſchlieſsen im Halbkreis; über den breit abgeſchrägten Ecken des Geſimſes der mit vier Giebeln verſehene und achtſeitige mit Schiefer gedeckten Helm. Das Weſtportal mit Eſelsrücken auf Säulchen, durch einen Rundbogen unterfangen.

Auſsen bemerkt man unter der Tünche die Worte: ADAM PRABANT. Am Giebel: 1697.

Innen an einem Schilde: . Zwei Glocken vom Jahre 1744 von Franz Anton Mayer gegoſſen.

St. Anton auf dem Tauern (Pfarre Oſſiach). Capellenartige Anlage im Halbkreiſe, flach gedeckt, die Fenſter klein, ſchmal, ſpitzbogig. Der Hoch-Altar von 1675. Drei groſse Votivbilder: Maria Himmelfahrt, Chriſti Auferſtehung und Himmelfahrt Chriſti, letzteres Bild nach Art eines Flügel-Altars (vom Maler *Sebaſtian Starnberger*). Sehr ſchöne Renaiſſance-Kanzel, reich geſchnitzt in Naturholz.

Arndorf bei Maria-Saal. Bei dieſem, an der Höhenlehne zwiſchen Maria-Saal und Töltſchach belegenen Dorfe zog ſich der ſüdweſtliche Stadtrand von *Virunum* gegen die Bahn- und Straſsenlinie, der ſüdöſtliche gegen Töltſchach. Die zugehörigen Grundſtücke, durch welche die Heerſtraſse in der Richtung Herzogſtuhl-Karnburg gegangen ſein mochte, reichen bis Ort Zolfeld und hinaus gegen den Glanfluſs. Beim Kogel gegen den Kaiſerweg ergrub man im Jahre 1690 ein Capitäl mit Bleiguſs, überhaupt mehrere Blei- und Bronzegeräte; ein groſses Quaderſtück mit Blei und Eiſen, wurde nächſt der dreifachen Linde im obgenannten Jahre aufgefunden, nun in der Mauer des Kirchthurmes. Ein Grab mit einem zierlichen Bronzegriffel iſt um 1845 aufgedeckt worden. Auf dem Feldgrunde gegen Maria-Saal fand man 1818 ein Holzfutteral, ein Rechteck, ſchwarzlackiert, mit Figuren (zwei doppelhenkelige Urnen, theils vergoldet, Opfergefäſs, Urne, Schriftzeichen), lang 1′3″, breit 3½″, mit bronzener verſchmolzener Hülſe (Sammlung Roſenegger am Birglſtein). (Jab. S. 62, 3.)

Von den **Münzen** des Zolfeldes muſs eine erhebliche Anzahl aus Arndorf ſtammen.

Unter den 14 **Stein-Denkmälern** befindet ſich ein Relief, darſtellend einen Drachen neben zwei ähnlichen Geſtalten. Das jetzt in der Korenn-Hube Nr. 5 als Fenſterſtein eingemauerte Stück läſst auf mindeſtens zwei nach rechts und zwei nach links gehende geflügelte »Lindwürmer« ſchlieſsen und ſtammt aus dem töltſchacher Schloſsacker, inmitten zwiſchen Arndorf und dem Prunnerkreuze, gefunden vor 1817 (Car. 1820 Nr. 41, Jab. in 117. E. 1. 17).

Eine Steinkiſte, deren Fundſtelle hinſichtlich des Stadt- und Gräberrayons ſehr wiſſenswert wäre, aufgedeckt in oder vor 1838, barg eine Glasurne, darin ein Thränenfläſchchen? (Jab. S. 16, 35, R. Stud. 3, 53).

Von den 13 Schriftſteinen ſind 3 Weihſteine.

DVOBVS SI(LANIS), dem Dolichenus, drei Stücke, in der Mitte einer Viereckmulde, aus c. 189, Fundſtelle nördlich von Arndorf, beim Prunnerkreuze, ſüdlich vor demſelben, im Blaſi-Acker (jetzt zu Schloſs Töltſchach), gef. 1838 (K. 68. Jab. 1, Mo. 4789, Sitzb. d. Ak. d. W. 12, 53).

MI(IN S)OLO*, dem Mithras? von mindeſtens 20 Widmern, aus c. 120, auf einem Acker im Zolfelde 1838 gefunden (K. 121. Jab. 45, Mo. 4816).

TEMPLVM, dem Mithras?, Zeit um 200, auf einem Acker vor 1785, dann als Hausſtufe (Jab. 14, Mo. 4821).

Die 10 Grabſteine ſind:

AGGAEO, dem hexarchus alae celerum, dem pfeilbewehrten Reiter, aus c. 200, in einem Keller, auf gefärbter Baſis gefunden 1826 (K. 53. Jab. 20, Mo. 4832).

DM SESTIA*, mit veteranus leg. II ital., zwiſchen 200 bis 240, vielleicht unweit des Rudnigger-Hauſes vor 1785 (K. 50. Jab. 21 Mo. 4853).

BAVSO*, aus c. 180, auf einem Acker, 1838 (K. 3. Jab. 44, Mo. 4889).

CVPITVS*, aus c. 180, gef. nach 1785, um 1796 (Jab. 42, Mo. 4905).

IVCVNDO, aus c. 160, gef. vor 1785, nach Frieſach, Propſteihof, vor 1817 gebracht (Jab. 265, Mo. 4922).

TI IVLIO, aus c. 250, vielleicht unweit Ort Zolfeld bei Wernhammer und Schmiedkeuſche, vor 1785 gefunden (K. 10. Jab. 77, Mo. 4931).

LICINIVS, zwiſchen 170—220, gef. nach 1785, um 1796 (Jab. 40, Mo. 4935).

ATTASAON*, aus c. 140, gef. vor 1785 (Jab. 39, Mo. 4942).

(SA)TVRNINA, aus c. 160, gef. nach 1785, um 1796 (Jab. 41, Mo. 4974).

ADO E. SER aus c. 170, vor 1870, vormals als Stufe im Voſtl-Hauſe Nr. 10 (Jab. 43, Mo. 5009).

Römiſche Stufen liegen bei Nr. 6 hinter der Kirche; auch in der Lackenwirths-Scheune ſind derlei eingemauert. Ein Statuentheil (Frauenkopf) ſcheint im Jahre 1853 auf Adlaſniggs Acker gefunden (K.).

Dieſes Dorf, von welchem an bis zur Lindwurmgrube, gegen Oſt bis Roſendorf und weſtwärts an den Glanfluſs, der Sage nach, die Stadt Sala ſich erſtreckt hat, taucht im Mittelalter als Arbindorf, Erbendorf, Arbendorf juxta ſolium (1087, 1136, 1253) wieder auf.

Die Kirche hat eine einſchiffige Anlage mit Netzgewölbe im fünfſeitig geſchloſſenen Presbyterium, die Rippen ruhen auf Conſolen mit Schildern. Im Schluſsſteine die Keutſchacher Rübe. Sacriſtei-Portal und Haupteingang ſpitzbogig. Steinmetzzeichen auf einer Conſole: , dann: .

In der Kirche befand ſich ein Flügel-Altar; derſelbe wurde reſtaurirt und in die Kirche Maria-Saal transferirt. Auf der Rückſeite des Hoch-Altares: ANO 1643 Andre planer maller.

Drei ſehr alte Glocken, eine mit unleſerlichen, die anderen mit folgenden Majuskeln: SIDOGR + PSROHDGMIS☆

Steinernes Wegkreuz gegen Maria-Saal.

Arnoldstein, an der Heerſtraße von Aquileia nach Virunum. (Valv. S. 13; Car. Nr. 18; 1850, 304, 1883, 155. M. a. V. xi. p. 135. Note, M. v. n. F. p. clxiii., vii. n. F. p. lv.)

An der Vorderſeite der Kloſterkirche zwei Relief-Bruſtbilder — Mann mit Buch oder Beutel und Frau mit Schmuck auf ein und demſelben Steine (weiſſer Marmor, mit Reſten voller Bemalung), ein zweiter Römerſtein mit einem Drachen (oder Fiſche) mit ſtachelförmigem Schweife in Relief (Jab. 429. 430); L. Tapurio (Mo. 5702).

Die Kirche der auf dem iſolirten Felſen gelegenen ehemaligen Benedictinerabtei geſtiftet durch den Bamberger Biſchof Otto aus dem Hauſe Andechs um 1107 und aufgelöſt 1783, brannte im Auguſt 1883, angezündet durch einen im am Felſenfuſſe gelegenen Dorfe entſtandenen Brand, ſammt den ſie umgebenden Baulichkeiten gänzlich ab. Obgleich heute alles in Ruine liegt, ſei doch die Beſchreibung des Bauwerkes beigegeben, wie es kurz vor dieſem Elementarereigniſſe beſtand.

Die ganze Anſiedlung hat eine eigenthümliche Lage. In Folge Anſteigens des Felſen-Plateaus liegt das Presbyterium dieſer übrigens kleinen Kirche um 10 Stufen höher als das Schiff, demnach unter dem erſteren eine Krypta mit dem Eingange in der Mitte der Chorſtiege beſteht. Die Kirche hatte viele Umgeſtaltungen durchzumachen, nur das Presbyterium iſt ſpät-gothiſch mit reichem Netzgewölbe, die drei Fenſter im Schluſſe ſpitzbogig ohne Maſswerk. Eine kleine Sanctuariums-Niſche mit Gitter links neben dem Hochaltar. Das jüngere Schiff beſteht aus einem oblongen Raume mit Netzrippen-Ueberwölbung. Der charakteriſtiſche Thurm iſt niedrig, dem Schiffe vorgebaut und gehört in die romaniſche Zeit. In der Kloſterkirchen-Ruine keine Glocken, keine Grabſteine mehr, ſie iſt ganz ausgeräumt.

Das Stiftgebäude, bis an den Rand des Felſens hinausgebaut, umgibt als Mauerwerk die in dem engen ovalen Hof freiſtehende Kirche. Im Gebäude, namentlich in den Gängen gothiſche Anklänge. Vor dem Eingange in das Stift befanden ſich zwei große romaniſche Löwen aus weißem Marmor, der eine ſitzend, der andere (ſchadhafte) auf einem Lamme ſtehend, beide ſind jetzt entfernt.

Die Kirche im Orte, am Fuſſe des Berges, ein beſcheidener Bau mit ſpätgothiſchem Presbyterium ſammt Netzgewölbe, Sanctuarium-Niſche mit Gitter. Am Seitenaltare rechts zwei gute Bilder des 18. Jahrhundertes, vorſtellend die heilige Apollonia und Lucia. (M. 1881, lv.) Schöne Monſtranze, Uebergang der Gothik in die Renaiſſance. Eine Glocke von 1475, eine zweite von 1477, darauf ſieben Münzen und eine von 1751 (M. Röder), die vierte von Lansman 1674. (Jab. 3, BA. V., Bd. xi., 135, Note 1. Sitzber. d. Ak. d. Wiss., 1880, 552. M. v. n. F. p. clxiii und vii n. F. p. lv, n. F. viii. p. 20 und xiii. n. F. p. clxxxii). In der Thurmhalle vier Grabmonumente aus der Kloſterkirche 1885 über-

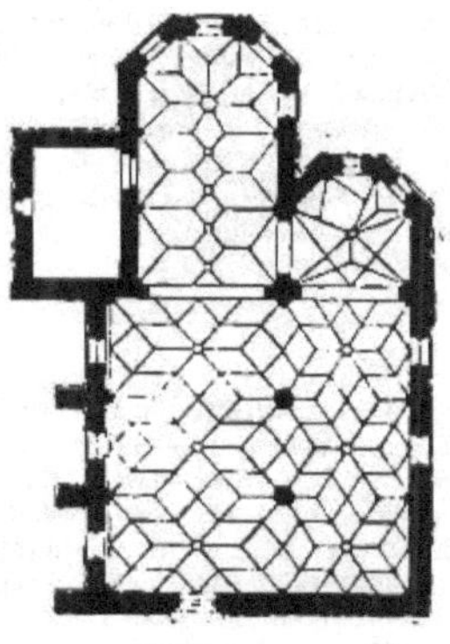

Fig 4 (Baldramsdorf.)

tragen, ſie beziehen ſich auf Abt Thomas 1481 (mit Figur), auf Abt Chriſtoph 1415, Abt Petrus Römer 1478 und Abt Benedict 1583, ferner der Grabſtein des Jörg Taxer, † 1534.

Aus dem ehemaligen Schatze der Abtei-Kirche eine ſehr werthvolle Inſel (14. Jahrhundert) im öſterreichiſchen Muſeum. einige Paramente im Muſeum zu Villach. (M. n. F. viii. p. 20.)

Arriach. Die Pfarrkirche St. Philipp und Jacob. Ueber dem runden Scheidebogen, welcher das Presbyterium vom Schiffe trennt, ſind drei Jahreszahlen angebracht: 1414, 1692 und 1883. Aus jener urſprünglichen Bauperiode ſtammt aber gegenwärtig kaum ein Kirchenbestandtheil mehr. Die ganze Kirche ist jetzt mit einheitlichen runden Kreuzgewölben eingedeckt. Der Chor vielleicht in den Umfangmauern in das 15. Jahrhundert zurückreichend, besteht aus zwei Jochen und dem dreiseitigen Schluße und an den Wänden mit modernisirten Fenstern. Der Haupt-Altar zeigt im Mittelbilde die beiden Kirchenpatrone: Philipp und Jacob, sehr gut restaurirt. Das Schiff in drei Jochen mit modernen Wandpfeilern. Fenster modernisirt, Musik-Chor primitiv. Die Portale gegen Westen und Süden schön spitzbogig, mit Stab, Kehlung, Sockel und Schräge im gothischen Styl. Ein viereckiger Thurm an der Westseite mit drei Glocken, die größte und kleinste aus dem 16. Jahrhunderte.

Augsdorf im Ober-Rosenthal (M. n. F. x. p. xx), dreischiffige Kirche, Thurm an der Westseite. Dreischiffige Anlage mit vier runden niederen Pfeilern, rundbogige Arcaden gegen die Seitenschiffe, Tonnengewölbe mit Schildern, das Presbyterium spätgothisch mit dreiseitigem Schluße, Sterngewölbe, capitällose Dienste, kein Maßwerk in den Fenstern. Westportal spitzbogig, darüber ein vermauertes Rundfenster.

Ausser-Teichen. Die Pfarrkirche zum heiligen Rupert, mittelgroße einschiffige Anlage mit doppeljochigem, dreiseitig geschlossenen Chore und vierjochigem Schiffe. Beide Räume sind gleich hoch, gleich breit und gleich überwölbt mit Tonnengewölbe und Stichkappen. Im Chor Dreiviertel-Pfeiler mit Blattcapitälen als Stützen für ein ehemaliges und beseitigtes Rippengewölbe. Im Chorschluße ein Spitzbogenfenster mit Maßwerk. Sacramentshäuschen-Nische mit Maßwerk-Verzierung und Gitterverschluss, beiderseits Fialen. Im Schiffe ebenfalls die Dienste aus halbrunden Säulen mit Capitälen des früheren Rippengewölbes. Hübsch profilirtes Westportal im Spitzbogen. Ueber dem Taufstein ein achtseitiger spitziger Deckel mit Malereien. Der viereckige Thurm an der Chor-Nordseite mit spitzbogigen Doppel-Schallfenstern, Spitzgiebeln und hohem Spitzhelme.

B.

Baldramsdorf. Die Pfarrkirche zum heiligen Martin (Fig. 4), ein größerer spät gothischer Hallenbau mit Haupt- und rechtem Seitenschiffe (1522). Das Hauptschiff ist 7, das Nebenschiff 5 Meter breit. Das interessante Netzgewölbe in beiden Schiffen ist nach demselben Systeme ausgeführt. Die Schiffe sind durch zwei achteckige Pfeiler in je drei Travees getheilt. Die Gewölberippen laufen sich einfach an den Pfeilern todt. Das Gewölbe der Schiffe und des großen Presbyteriums ist sehr regelmäßig, streng constructiv und schön ausgeführt. Im Chore des Seitenschiffes auf dem Schlußsteine des Gewölbes ein gutes Bild der heil. Katharina. Die kleine Seitencapelle ist unregelmäßig gewölbt. Im mittleren Presbyteriumfenster ist das Maßwerk noch erhalten, die übrigen Fenster sind ausgebrochen. Zum Presbyterium führen zwei Stufen hinan. Im Netzfelde ober dem Triumphbogen befindet sich folgende Inschrift gemalt: «Laurenz Rieder Maister der dieses Gewölb hat gemacht». Dazwischen das Steinmetzzeichen in gelb und blauem Felde als Wappenschild. Als Glockenthurm dient ein von der Kirche circa 20 Schritte entfernter viereckiger alter Wartthurm, der 1885 restaurirt und mit Spitzhelm versehen wurde. Im Kirchenfußboden befindet sich ein Grabstein aus dem Jahre 1492, mit einem einfachen Kreuze im Felde und folgender nur theilweise mehr leserlichen Schrift in gothischen Minuskeln: Anno dm mcccc . . . obiit andreas neymarkter plebanus (?) . . . feria . . . po Erhardi requ. in pace. In der Sacristei kleines gothisches Rauchfäßchen und silbernes vergoldetes Reliquiarium mit sechsblätterigem Fuß, worauf das Wappen der Grafen von Cilli und Ortenburg (1377), darauf Glascylinder, welcher das Heiligthum enthält und von einem sechsseitigen Spitzdache gekrönt, welches mit rund und gerade abschließenden Dachblättchen verziert erscheint. 20 Ctm. hoch, 6 Ctm. in der Mitte, 8 Ctm. am Fuße breit. Im Seitenschiffe wird ein interessantes Fastenbild aufbewahrt, welches in 39 viereckigen Feldern von 1 Meter Höhe und 88 Centimeter Breite die wichtigsten Momente der Heilslehre vor der Erschaffung der Welt bis zum jüngsten Gericht zur Anschauung bringt. Auf der Leinwand rückwärts die Jahrzahl 1555. Ein kleines Temperabild: Maria im Kreise der Apostel sterbend v. 1522.

An der Außenwand der Kirche lehnt ein einfacher glatter Grabstein mit der Inschrift:

AN : MDXCIII : II . M
OBIIT . RD . ANDREA
KRENDL . CAPEL : INOR
TEN : VIR OPT : ME
RITUS . CVIVS AN
IMA DEO VIVAT.

Unter dieser Schrift ein Meßkelch und unter diesem ein Schild mit dem Monogramme AK also »Andreas Krendl«. An der Außenwand ist auch die alte Predella eines Flügel-Altares angebracht. Derselbe stammt aus dem Jahre 1619. Dieses Stück ist aber ganz zerstört und nun bereits ohne jeden Wert. An der Außenwand der Vorhalle der Kirche ein zerbrochener Grabstein mit Wappen und Helmdecken. Von der Schrift ist nur leserlich »...intag vor Andreas Tag anno domini 1443.«

Im Schiff der Kirche auf der Evangelienseite der Grabstein der »Justina Juliana Rosalia Albina Freiin von Rosenheim, geborene von Küssenstein, welche den 8. Mai 1716 in Gott seeliglich verschieden ihres Alters 59 Jahr«.

St. Barbara in Sagrado bei Maria am See (Prävali). Am Bergfuße zeigten sich um das Jahr 1860 an zwanzig Kalksteine (Platten, Gesimse u. dgl. eines rundlichen »Heidentempels«); das Relief: Genius mit Kästchen neben Manne mit phrygischer Mütze, ist vor 1870 in die Sammlung Rosthorn zu Klagenfurt übergegangen (Jab. 337, Taf. 9). Unterhalb der Kirche im Miesflusse hob man 1870 den Sarkophag mit FECERVNT, welcher seither als Bank im nahen Wirtshause dient. Die Thürstaffel scheinen Steindeckel gewesen zu sein.

Auf dem schmalen an den Abhängen bewaldeten Vorsprunge einer Terrasse auf dem rechten Ufer der Mieß die dreischiffige niedrige Kirche mit profilirtem spitzbogigen Westthore, niedrigem geschrägtem breitem Triumphbogen, Chor mit einem Joche und dreiseitigem Abschluß. Drei Fenster im Schluße. Mittelfenster zweitheilig, Seitenfenster einfach, mit Maßwerk. Außen am Chor, gegenüber den Diensten schmale lisenenartige, dreifach gestufte, in der Mitte eine Kante bildende steinerne Streben, welche beinahe bis an das Gesims hinaufreichen. Netzgewölbe. Rippen laufen aus sieben runden Schlußsteinen, deren mittlerer das griechische Kreuz aufweist, auf runde Dienste mit polygonen Knäufen.

Beliandrum, vgl. Friesach.

Berg. Die Pfarrkirche, Decanat Ober-Drauthal, erscheint 1292 urkundlich, der Bau gehört noch theilweise der romanischen Zeit an. Der Grundriß (Fig. 5) zeigt ein breites Langhaus von drei Jochen mit sehr reichem Netzgewölbe, das jedoch in den

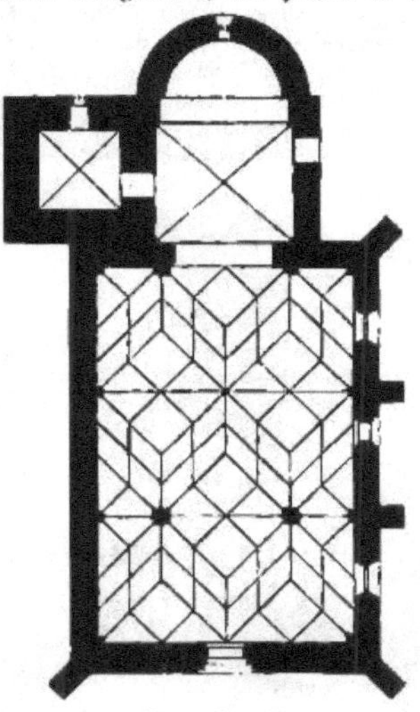

Fig. 5. (Berg.)

letzten Decennien eine ausgiebige Aenderung durchzumachen hatte. Es bestand nämlich in Mitte zwischen dem ersten und zweiten Joche ein achteckiger Pfeiler, auf dem sich das Netzgewölbe fächerförmig auflagerte. Dieser Pfeiler wurde 1851 cassirt und das Netzgewölbe theilweise entsprechend erneuert. Zwischen dem zweiten und dritten Joche stehen zwei solche Pfeiler, die zugleich den Orgelchor mittragen, der auch auf schönem Netzgewölbe ruht. Auf der Südseite dreitheilige Strebepfeiler. An der Südseite des Langhauses drei spitzbogige Fenster ohne Maßwerk und ein kleines spitzbogiges Portal. Das romanische Haupt-Portal an der Façade verengt sich zweimal mit dazwischengelegten romanischen

Säulen mit Würfelcapitälen, geradem Sturz und halbrundem Schluße. (Fig. 6.)

Das Presbyterium besteht aus einem Quadrate (daneben der Thurm mit der Sacristei im unteren Geschoße) und außen halbrunden Schluße (einem ausgesprochen romanische Bautheile), starke rohe flache Rippen. In der Apsis waren zwei kleine rundbogige Fenster; das südöstliche ist nun vermauert, das östliche wurde verbreitert und höher hinaufgerückt. Die Apsis hatte ehemals eine Bemalung, denn die reliefirten Heiligenscheine sind unter der Tünche noch zu erkennen; ein Nimbus hatte in der Mitte eine Krone.

Der Thurm scheint zum größten Theil der romanischen Zeit anzugehören, hat rund-

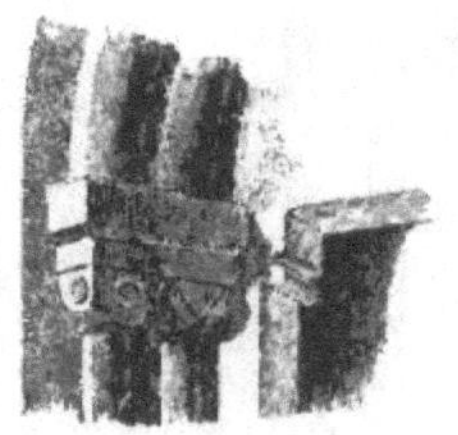

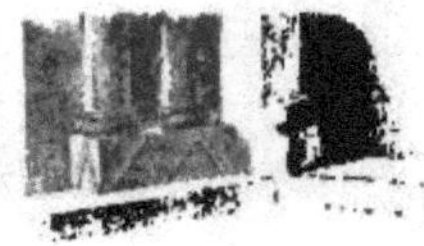

Fig. 6. (Berg.)

bogige Doppelfenster mit Theilungssäulen, die Fenster der Glockenstube dagegen spitzbogig, mit vier Giebeln und einem achtseitigen Helm. An einem schmiedeisernen Gitter eines Thurmfensters die Jahreszahl 1501. Auf der Nordseite der Kirche, deren Mauer mindestens 2 Meter höher ist als die der Südseite, oberhalb des Gewölbes Schießlucken und Pechnasen, auf der Südseite eine Pechnase, auf der Ostseite über der Apsis ebenfalls Schießlucken.

In der Kirche findet sich das Grabmal des Hans Gänsler, Pflegers in Rottenstein 1589, des Ulrich Mayerl zum Jordanhof am Stein 1606 (Reliefbild, vor dem Kreuze kniet ein Ritter mit zwei Frauen); des Oswald v. Muleth, 1685 Pfleger von Greifenburg, endlich der Frau Lucia der Ungnadin, des Herrn Ulrich v. Weispriach Gemahlin 1444 (Wappen der Weispriach).

Die Michaels-Capelle, ein mit Strebepfeilern gestützter Rundbau (Fig. 7) mit aus dem Halbkreise construirten Concha, nördlich der Kirche am Friedhofe gelegen. Der Unterraum dient als Beinhaus. In der Apsis drei, im Rundbau ein Fenster. Der Eingang ins Beinhaus von außen. An der Außenseite der Capelle Reste alter roher Malerei: Christus mit den schlafenden Jüngern am Oelberge. Im Innern am Schlußsteine das Lamm gemalt, die Rippenbemalung schon sehr zerstört. An den sechs Gewölbekappen erkennt man: Gott-Vater, darunter Maria-Verkündigung, ein feueriger Strahl geht von Gott-Vater gegen Mariens Stirn, endet mit der Taube, im Strahl schwebt ein Kindlein abwärts: die Auferstehung der Frommen, das himmlische Jerusalem, Christus als Weltrichter, Auferstehung der Verdammten und die Hölle. Links steht neben der Apsis in gothischen Minuskeln: Hoc opus fecit Johannes Kupiteller et uxor sua Elizeb. inch. sub anno 1428 et completum est proxima feria secunda post ascensionem domini. Rechts neben der Apsis unleserliche Inschrift mit der Jahreszahl 1428 und unter derselben 1569 oder 1596, auf eine Renovirung des alten Gemäldes bezüglich.

Zur Kirche in Berg gehört als Filiale die Athanasius-Kirche, außerhalb des Ortes gelegen, woselbst man Mauerreste einer älteren Anlage findet. Schlank und schön baut sich das Presbyterium mit seinem dreiseitigen Schluße auf, mit den feingegliederten Strebepfeilern und mit seinem zierlichen Netzgewölbe, dessen Rippen auf runden Diensten ruhen. An den Wänden findet sich die Legende des heil. Athanasius, gute Malerei aus der Renaissance-Zeit. Das Schiff ist niedrig und mit einer alten Holzdecke versehen, deren Verschalung sich an den profilirten Triumphbogen anschließt. Der Sockel an der Kirche sein profilirt. In der Sacristei ein schöner gothischer Kelch von Silber. Volle Höhe 20 Ctm., Höhe der Cuppa 11 Ctm., Breite des Fußes $12\frac{1}{2}$ Ctm., des Nodus 7 Ctm., der Cuppa 10 Ctm. Cuppa in Schale von silbernen Buckeln mit einem Bande von gegossenem gothischen Blattwerk; Nodus sechsseitig, getrieben und ciselirt, ober- und unterhalb auf den fechs Feldern des Stengels in blauem Email Jefus und Maria. Der Fuß ift glatt. Fig. 8: Grundriß des Presbyteriums der Athanafius-Kirche, an deren Außenfeite ein Römerftein eingemauert ift.

Berg, eine Filiale von Techelsberg. Die St. Bartholomäus-Kirche, kleine einfchiffige Kirche mit gothifchem Chor und flachgedecktem Schiffe, die Chorrippen auf Wandconfolen. Der Chor befteht aus einem Joche und dem fünffeitigen Chlorfchluße, modernifirte Fenfter. Scheidebogen und Sacriftei-Eingang fpitzbogig. Der Eingang an der Weftfeite profilirt, fpitzbogig. In der Thür zeigt man eine befchädigte Stelle, die aus der Türkenzeit ftammen foll. An der Oftfeite einfache Strebepfeiler mit zwei Abftufungen. Hölzerne Dachthürmchen mit Spitzhelm.

Bernaich bei St. Veit. (Klagenftr. Ztg. 1884, S. 2617.) Marmorner Grabftein

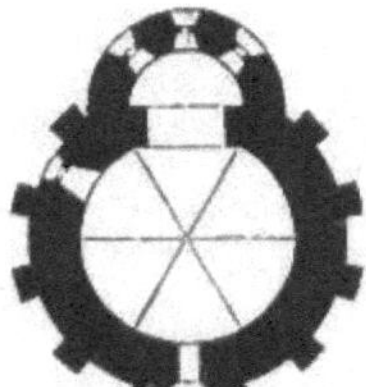

Fig. 7. (Berg.)

FIRMINO mil. leg. II ital. p. f., um 200. K. Relief, Mann mit Stab 319, Reiter 300, mit Chlamys, Baum. Gef. nächft der Capelle mit Schädel.

Besendellach (bei Thörl); am Fuße des Berges Kapin fand man den Henkel eines größeren beckenartigen Bronze-Gefäßes, geformt als Delphinenpaar. (V. 1873.)

Bichl, St. Peter am (bei Zweikirchen), mittelgroße einfchiffige Kirche mit polygonem kleinen Chor, darüber der Thurm, noch in die romanifche Zeit gehörig, mit den charakteriftifchen gekuppelten Rundfenftern fammt Theilungsfäulchen. Auch im Chorfchluß ein Fenfter mit romanifchem Charakter. Flachgedecktes Schiff. Ein Grabftein aus 1543, ftark zerftört. 1858 wurde die Kirche im Schiffe erweitert. Mehrere Grabfteine und mehrere romanifche Fragmente in den Giebel der Kirchenfaçade eingemauert. Bei dem Erweiterungsbau der Kirche wurden in den Mauern zwei Reliefsteine römifchen Urfprunges gefunden, welche nun außen über dem Wefteingange eingemauert find. Eine früher in der Kirche gewefene Grabplatte mit einfachem Kreuze in Nimbus wurde nun außerhalb derfelben vor dem Eingange auf dem Boden angebracht.

Bleiberg-Nötsch. 1874 fand man zwei Bronzemünzen Auguftus. V. (Car. 1856, 148; 1882, 192, 1883, 58.)

Bleiburg. Im Terraffen-Diluvium gegen Jaunftein, gegen Narrenbüchel oberhalb des Teiches, unter Sonneck, bei Loibach u. a. liegen alte Baurefte des Gebietes von Juenna. Man fand namentlich beim

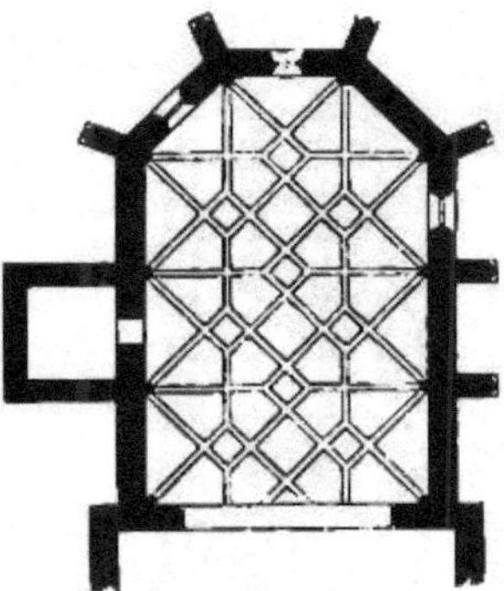

Fig. 8. (Berg.)

Bahnbaue 1860 Bronzemünzen von Auguftus, Maximian, Diocletian (K.), einen Steintorfo, ein Säulencapitäl, zwei Lampen von Rotthon, die eine mit dem Stempel CRESCES (Mo. S. 623. Afk. VII. 1461. Car. 1875, 193. M. m. n. F.)

Die Stadt-Pfarrkirche, ein fpätgothifcher Bau von zweifchiffiger Anlage (Hauptfchiff und linkes Seitenfchiff; Fig. 9). Gefammtlänge 40 Meter, Chorbreite 7 Meter, Schiffbreite 12 Meter, Chorhöhe 9 Meter. Das Presbyterium mit dem erfteren gleich breit und hoch, befteht aus 4 Jochen und dem dreifeitigen Schluße, das fpätgothifche Netzgewölbe (Rauten) ift etwas gedrückt, daher die Rippen nicht genug kräftig. Wanddienfte ungleichftarken Wandpfeilern vorgelagert ohne Capitälunterlage, fpitzbogige Fenfter ohne Maßwerk, rechts die Sacriftei mit Vorbau und daneben der Thurm. Das etwas höhere Langhaus in beiden Schiffen mit je 4 Jochen, die fich mit Ausnahme des Netzgewölbes, das ein anderes Rippengeflecht zeigt (Sterngewölbe), nicht von jenen des Presbyteriums unterfcheiden. Gegen das an der Nordfeite gelegene etwas niedrigere und bedeutend fchmälere Seitenfchiff tragen zwei achtfeitige Pfeiler die fpitzbogigen Arcaden-Wölbungen. Dem Seitenfchiffe ift ein Joch fammt dreifeitigem Abfchluffe gewiffermaßen als Nebenchor, der in gleicher Linie

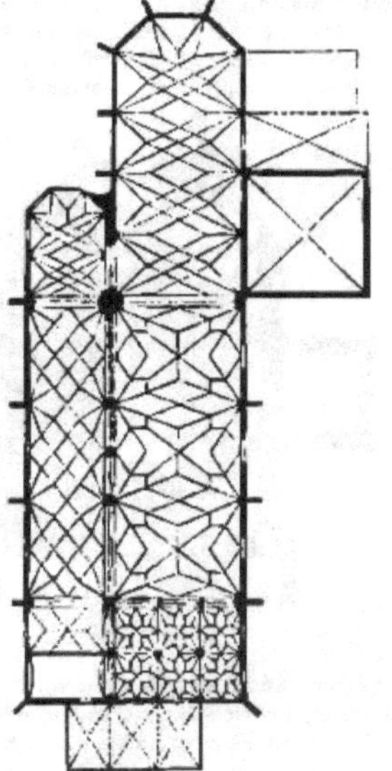

Fig. 9. (Bleiburg.)

mit dem Chor des Hauptschiffes, um zwei Stufen fich erhebend, beginnt, angefchloffen und fteht auf diefer Seite, da eine Arcade fich gegen das Mittelfchiff hin öffnet, der Triumphbogen-Pfeiler (dritter Pfeiler) frei. Die Fenfter des Langhaufes fpitzbogig. In das letzte Joch des Schiffes ift der in fechs kleine Joche getheilte und von dichtem Rippenwerk getragene fteinerne Orgelchor eingebaut. Die kleinen Pfeiler find theils von achtfeitiger, theils bündeliger Grundform. Der achteckige Tauffein gothifch. Die Kirche aufsen modernifirt. Der Thurm mit zopfigem Helme. Zwifchen dem Thurm und der Sacriftei eine offene Halle mit Rippen, im Schlußfteine ein Schild von einem Engel getragen: Bruftftück eines feuerfpeienden Löwen (Wappen ähnlich den Perneckern). Eine Glocke von 1691, die ältere von 1670, die kleinere von 1771. Im Schloffe intereffante Möbel. (M. n. F. VII. p. LV.)

Blindendorf bei St. Michael, antike Baurefte, gef. vor 1844; eine Goldmünze in Finfters Grunde um 1691. (Ank. I 504. Pr. 87.)

Brandlhof (Brantlhof) im Zolfeld. An der Berglehne knapp am Zolfelde zwifchen Tanzenberg und Niederdorf mögen manche Fundftücke der Ebene zufammengetragen worden fein; dies gilt insbefondere feit mehr als 330 Jahren von der fchon feit Jahren exfecrirten und zum Befitze des Brandlhofes gehörenden Ortscapelle, einem romanifirenden Baue mit runder Apfis, aus Römerfteinen gebaut.

Die Relieffteine enthalten:

Vexillumträger, Schildträger zu Pferde, zwei gleiche Steine, roh, gefunden vor 1818, nach Pruner S. 28 aus dem Grazerkogel. (Jab. S. 58, 112. K. 4, 5?) Reiter r. g., Oberleib fehlt, Schild erfichtlich, Pferdekopf-Theil, Greif l. hockend (Car. 1883, 151. Vgl. Jab. S. 58, 112, 116). Priefter ftehend mit Krug und Tuch. (Jab. S. 58, 113. K. 22.) Pferd gefattelt, mit Führer, rückwärts Schild. (Jab. S. 59, 114. K. 119?) Bruftbilder eines Ehepaares mit Kind. (Jab. S. 59, 115 K.) Bruftbilder eines Ehepaares. (Jab. zu 115.) Blumen-Arabeske, ein Theil fehlt, (Jab. 116) nebft gekehlten Fragmenten (Car. 1883, 151). Auffatz zwifchen zweien Greifen. (Jab. 116 K.) Ara, menfchliche Geftalt mit Fifchfchweifen. (Jab. 116 K. 99.) Drache, Bruchftück. (Jab. 117 K.)

Infchriftfteine (Weihdenkmale): DSI IVVENTINVS, dem Mithras, aus c. 260 bis 310, bekannt feit 1752. (Jab. 48, Mo. 4801 K.)

VICTORIAE, Ara durch den fingularis confularis alae auguftae (I Thracum) und jenen der cohors I aelia Britonum, des Jahres 238, die Statue fehlt, bekannt feit c. 1527, jetzt feit c. 1840 mit 2 anderen Steinen aus der brantlhofer Capelle zu Zolfeld, Wirtshaus-Kuhftall. (Jab. 30, Mo. 4812 BA. V. XI. B. 137. Sitzgsb. d. Ak. d. W. 74, 472. Car. 1840. 110.)

Grabsteine: DM IVLIO*, ein Cippus mit Delphin, aus c. 140, bekannt seit 1551 (Jab. 49, Mo. 4927, K. 1, Valv. 128).

DM SARTVRONIVS*, Delphin, aus c. 220 (Jab. 46, Mo. 4972, K. 49, Valv. 128).

VS | TVS | VET* aus c. 200, bekannt seit 1551 (Jab. 99, Mo. 5003).

SEQ aus c. 60, gef. vor 1881, nun in der Brantlhof-Capelle (Car. 1883, 161).

NON, aus c. 60, gef. vor 1818 (Jab. 47, Mo. 5010. Vgl. Aep. 9, 260. WA. V. XI, 137).

Ein großer früher quadratischer Stein, darauf noch zwei Pferdefiguren erkennbar, nun Gewichtstein der Mostpresse am Brandlhofe.

Bodenthal, vor dem Loibl die heilige Wand mit Quelle, Grotte und Inschrift (drei Zeichen) Car. 870. 344.

Breitenegg im oberen Lavantthal (M. n. F. IX. p. LXIV). Die St. Nicolauskirche einschiffig, mit dreiseitigem Chor und Thurmanlage zwischen Langhaus und Chor; jenes sehr niedrig mit flacher Decke, dieser hoch und wie die Thurmhalle mit Netzgewölbe, Fenster spitzbogig ohne Maßwerk, Consolen als Rippenunterlage. Zwei große Oelbilder, vorstellend altes und neues Testament, dann zwei kleine Oelbilder, s. Isidor, s. Nothburga v. 1743. Gothisches profilirtes Portal mit flachem Sturze, in der Kehlung Rosetten. Sacraments-Nische rechts neben dem Hoch-Altar, klein, unten rechteckig, oben mit geblendetem Dreipaße, im Spitzbogen geschlossen. Am Thurme gepaarte Schallfenster.

Brückl, vgl. St. Johann am.

Brugga bei Mölbling nächst Treibach. Eine Sigillata-Schale mit CANTARRO gef. im Jahre 1868 (K).

Buch, vgl. Maria-Buch.

C.

Candalice, vgl. Hüttenberg.

St. Cantian im Geräuth, bei Finkenstein, locale Seeinsel, prähistorische Grabhügel (Mi. w. anth. XV. B.; M. XI. n. F. LXII. Klagf. Ztg. 1884, S. 2090). Man ergrub dort Knochen, Erd- und Felsengräber, Steinkisten von Viereckplatten mit Bronzegeräthen, goldene Ohrringe. In neuester Zeit fand man unter anderen Sachen eine Fibula in Gestalt eines Hahnes (Fig. 10). Einfache spätgothische Kirche mit eingemauerten römischen Reliefsteinen. (M. XIX. 39.)

St. Cantian in **Sack** (Decanat Unter-Gailthal). In der Pfarrkirche enthält eine an der Evangelien-Seite des Chores hoch oben angebrachte kleine Gedenktafel die Jahreszahl: Ao. M.D.XVIII., muthmaßlich die Zeit der Entstehung der Kirche.

Schiff und Chor bestehen aus je drei Jochen mit spätgothischen Netzgewölben. Im ersteren Raume entspringen die Rippen nahe an der Decke aus starken Halbsäulen, die an der Stelle der Capitäle nur Wulstringe tragen. Der Beginn der Rippen ist durch kleine Engelsköpfe markirt, welche aber in Folge des derben Anstriches ziemlich unkenntlich wurden. Im Chor-Raume zeigen sich ganz andere Verhältnisse: die Joche sind wenig tief und der Anlauf der Rippen geschieht erst in der halben Raumhöhe auf Consolen mit Menschenmasken. Deshalb drückt sich im Rippenwerk der Spitzbogen viel entschiedener aus; im Schiffe unten stumpf abgebrochene Wanddienste. In zwei Schlußsteinen Sculpturen: Antlitz Christi und die segnende Hand. Außen ringsherum Strebepfeiler. Die vorhandenen Fenster wohl noch spitzbogig, aber ohne Maßwerk. Der Thurm nördlich am Chorhause bildet eine Vermittlungs-Halle gegen den Chor von der Sacristei aus, spitzbogige Schallfenster. In der Sacristei ein Lavabo aus schwarzem Marmor (M. n. F. IX. p. CXXXII).

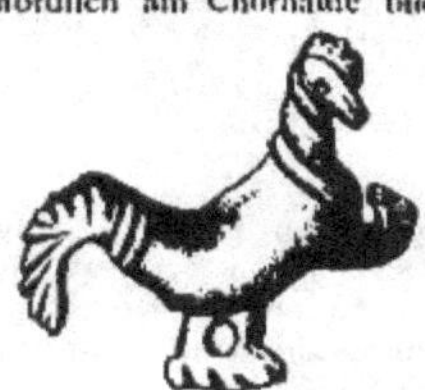

Fig. 10. (St. Cantian.)

St. Cantian (Decanat Eberndorf) Pfarrkirche. Wenn laut Gedenkbuch die Kirche aus dem Anfange des 16. Jahrhunderts (1518) stammen soll, so wird damit zweifelsohne nur der dem spätgothischen Style angehörende östliche Theil gemeint

2

ſein. Das groſſe dreiſchiffige Langhaus in der Form einer modernen Baſilika iſt ein neuer Anbau (1849—1850).

Bei der gegenwärtigen Anlage erſcheint das im Weſten des Thurmes ſich anſchlieſſende rechtwinkelig abgeplattete Presbyterium als eine kaum mehr als zwei Meter tiefe Niſche. Zwei Eingänge führen neben dem Hoch-Altare vorbei, von dort in die quadratiſche Thurmhalle und die dahinterliegende Sacriſtei, was alles ehemals unzweifelhaft zuſammen das Presbyterium bildete, das mit drei Seiten aus dem Achtecke ſchlieſst. In der Thurmhalle findet ſich ein Stern-, im Schluſſe ein reiches

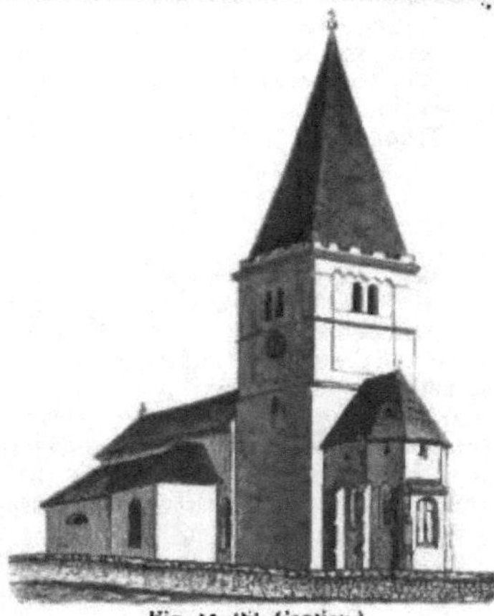

Fig. 11. (St. Cantian.)

Netzgewölbe. Der Thurm iſt jedenfalls der älteſte Theil, von ſeiner Halle führt zum Abſchluſsraume ein Rundbogen, durch den der frühere Spitzbogen untermauert erſcheint. Im Schluſſe fünf Fenſter, drei davon ſpitzbogig ohne Maſswerk. Die drei Schiffe des Langhauſes ſind durch zwei Pfeilerpaare getrennt und umfaſſen zuſammen neun Gewölbejoche, von denen nur die vier Eckgewölbe-Joche gleich ſind. Die Seitenſchiffe ſind niedriger, die Rippen ſitzen auf Conſolen auf.

Den Thurm deckt eine hohe vierſeitige Pyramide, im Glockenhauſe rundbogige Doppel-Schallfenſter. Auſsen um den Chor fechs ſchwache und nicht hoch hinanſteigende Strebepfeiler. Ueber der Wölbung unter dem Dache in jeder Schildwand ein Guſsloch (Fig. 11: Anſicht, Fig. 12: Grundriſs der Kirche; M. VIII. n. F. p. XXXV).

Chum (auch Kum). Der Grabſtein: (O)M(IVLIA SE)CVNDA, Zeit um 340, gef. zwiſchen 1869 bis 1873 (Mo. 6492). Die Kirche zu St. Chriſtoph, Filiale von Roſeg, beſitzt ein gothiſches Presbyterium, beſtehend aus Joch und Chor-Schluſs, ſpitzbogige Kreuzgewölbe, flachgedecktes Schiff, auſsen ein Chriſtoph-Bild. (M. X. n. F. p. XXV.)

St. Claus, vgl. St. Veit.

St. Clementen bei Kappel im Krappfelde, wird ſchon 1404 urkundlich genannt, kleines gothiſches Kirchlein mit ſehr ſchönem Chor, der aus einem Joche und dem polygonen Schluſſe beſteht. Die Rippen ruhen auf runden Dienſten ohne Capitäl, welche in einer Drittelhöhe auf Conſolen abſchlieſſen.

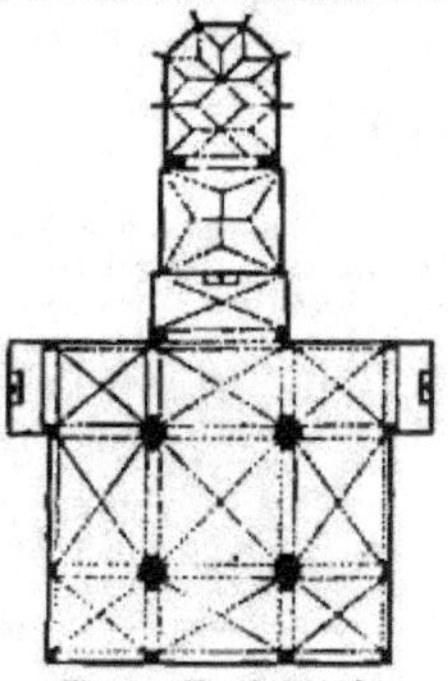

Fig. 12. (St. Cantian.)

Schluſsſteinſcheiben. Das Langhaus niedrig, dreiſchiffig, das Mittelſchiff höher, ſpitzbogiges Gratgewölbe. Fenſter mit einfachem Maſswerke, Reſte von Glasmalerei. Portal gothiſch, doch rundbogig. Am Hoch-Altar die Figur des heiligen Clemens (1711). Viereckiger Thurm ſüdlich des Schiffes, ſpitzbogige Schalllöcher, Barokhelm. In der Sacriſtei ein ſchön geformtes gothiſches Partikelkreuz.

St. Cosmas (Filiale von St. Stephan am Krappfeld), hübſche ſehr hohe und neueſtens ſehr ſorgfältig renovirte ſpätgothiſche Kirche. Im Chore (drei Joche und polygoner Schluſs), durchaus Netzgewölbe. Die Rippen auf Wanddienſten mit Capitälen, die in der Eindrittel-Höhe ober dem Fuſsboden auf Tragſteinen mit Menſchenmasken ruhen. In den Schluſsſteinen:

Lamm Gottes, Antlitz Christi. Im Schiffe dichte Rautengewölbe über den vier Jochen, die Rippen ruhen auf derben Halbsäulen vor den eingebauten Strebepfeilern, Triumphbogen sehr hoch und spitzbogig, reich profilirt. Fünf Fenster mit Maßwerk. Der Thurm enthält in seinem Erdgeschoße die Sacristei, hat gekuppelte spitzbogige Schallfenster, theilweise mit Maßwerk. Süd- und Nordeingang ist spitzbogig mit profilirter Gewandung. Am Schiffe Strebepfeiler, zweimal abgesetzt mit Giebeln und Fialen. An der Außenwand im Süden ein Römerstein mit Ornamenten. Im Friedhof ein Stein mit der Aufschrift: Pest 1730.

D.

Damtschach. (M. x. n. F. p. xxv.) Die Kirche war ursprünglich Schloß-Capelle und wurde erst 1787 zur Curatie erhoben; ursprünglich soll hier nur ein befestigter Maierhof gestanden haben, zu dem nahen in Ruinen liegenden Schlosse Aichelburg gehörig, daraus man dann die Kirche machte. Am Haupt-Altarbild werden Johann M. Graf Galler und Maria Isabella Gräfin Gallerin, geb. Freiin von Staudach 1684 als Stifter genannt. Auf einem kleinen Votivbilde: M. Isab. Gräfin Gallerin 1680.

St. Daniel im Ober-Gailthal. Der Grabstein ACVTO, dem Quatuorvir aedilicia potestate, quatuorvir iure dicundo, praefecto iure dicundo, aus c. 100; gef. vor 1818, an der südlichen Friedhofsmauer verkehrt eingemauert (Jab. 433, Mo. 4719, Car. 1862, 105, Aep. 4, 214. M. vi. n. F. 57). Aelteste Pfarre im Gailthal. Die Pfarrkirche ein kleiner schlichter gothischer Bau. Das Presbyterium zopfig, nach der schwerfälligen und massigen Anlage möglicherweise aus der romanischen Form umgestaltet. Eine Thurmglocke von 1668 (si deus pro nobis quis contra nos est) gegossen von Adam Sterzer. In der Kirche eine Holztafel aus dem 18. Jahrhundert mit einer auf die Türken-Invasion bezüglichen Inschrift.

Danielsberg im Möllthale. An der Straße von Teurnia nach den Goldminen des Malnitzthales fanden sich auf der Berghöhe Quadern, an der Capellen-Nordseite in einem Erdloche allerlei Knochen und eine fingerhutartige Bronze (1875) K., am östlichen Bergrücken ein Beil (1865) K.; dann zwei Reliefs: Krieger mit Schwert und Stock, Blumen - Arabeske, alsdann Krieger, unten Greif, sämmtlich an der Kirche. Ebenda die nachfolgenden Weih- und Grabsteine:

HERCVLI, aus c. 240, Fund vor 1534 (Jab. 484, Mo. 4726).

C RHESIO*, um 150, Fund vor 1534 (Jab. 485, Mo. 4727. Jab. S. 6, Ank. 1. 637, Afk. 4. 5. Car. 1864, 245; 1882, 73; M. II. p. 24; n. F. III. p. CVIII. Kämmel, Entstehung des östenr. Deutschthums 1879. 1, 95).

Die Kirche zum heiligen Georg, von der man erzählt, sie sei auf den Trümmern eines Herculestempels, wahrscheinlich schon im 7. Jahrhundert, erbaut worden, dürfte ein weit jüngerer Bau (vielleicht 11. Jahrhundert) sein. (M. II. 24.) Jetzt vollständig modernisirt. An der Thurmthüre neben dem Hoch-Altar ein sehr schönes Reliefbild des heil. Nicolaus (lebensgroß) aufgenagelt.

Deinsberg, vier Römersteine in der Kirche. (M. n. F. x. p. cv.) VICTOR, schöne Schrift, um 120. (M. x. n. F. p. CIV, Aep. 9, 261.) (D)IM, Aep. 9, 260. DM SATVRIO(NI). (Aep. 9, 261.) DM VALENTI. (Aep. 9, 261.) Die Kirche (St. Jacob am D., Krappfeld), kleiner einschiffiger Bau mit hohem einfach gothischen Chor, der aus Joch und polygonem Ostschluß besteht. Die birnförmigen Rippen ruhen auf schwachen Diensten, die bei der Fenstersohlbank mit Consolen abschließen. Kräftiger Triumphbogen im Spitzbogen, hatte einst wahrscheinlich eine flache Decke, die Spuren eines Frieses und die Balkenlöcher darüber sind noch sichtbar. Das Schiff gleich hoch und breit mit dem Presbyterium, neu eingewölbt. In einem zweitheiligen östlichen Maßwerk-Fenster prachtvolle Glasmalereien (10 Apostel), Sacraments-Nische mit schönem Gitter. Alter Chorstuhl. Der Hoch-Altar von 1699. Einfacher Taufstein. Haupteingang spitzbogig, die Thür mit alten Eisenbeschlägen. Der Thurm an der Chorsüdseite mit doppelten rundbogigen Schalllöchern, nur eines spitzbogig mit Maßwerkresten und dem Zeichen [Zeichen]. An den Chorecken dreimal abgesetzte

Strebepfeiler. Glocke aus dem 13. Jahrhundert.

Karner, rund mit kleiner Oft-Apsis, flacher Decke, Spuren einer Wandbemalung aus dem 14. Jahrhundert, wahrfcheinlich die Verklärung Chrifti vorftellend. Flügel-Altar-Refte. Auf den Flügeln Heilige in fchöner Malerei (Goldgrund). Innen: Petrus und Erasmus, Oswald, Andreas, Nicolaus. Außen: Florian, Katharina; Barbara, Georg; das Schweißtuch (Predella). An den feftftehenden Außenfeiten: Wolfgang, Oswald, Rupert und Chriftoph; unten das Beinhaus, kegelförmiges Dach. (M. n. F. XII. p. XXXI.)

Deinsdorf, öftlich von Pottendorf. Im Wornig?-Grunde ftieß man im Jahre 1859 auf einen großen eifernen Nagel, ein Stück Steingefäßes, einen Schriftftein mit B (Mo. 5017, K. Afk. 174).

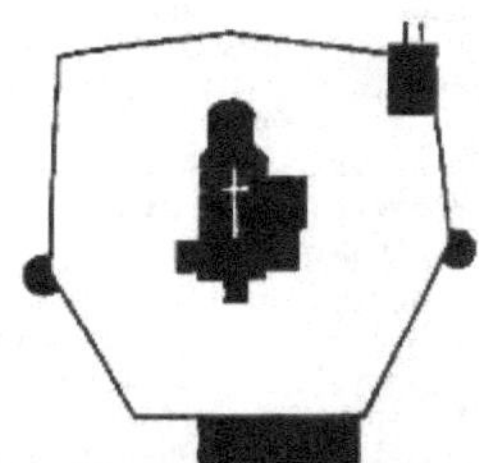

Fig. 13. (Diex.)

Dellach im Gailthale. Beil aus Jadeit, gef. vor 1870? mit Bronzen, feit 1871 in der Sammlung des Fürften Windifch-Grätz zu Wien. (Correfpbl. d. d. anth. Gef. 1881, 35; 1882, 22), vgl. Kaltwaffer.

Die Kirche, eine Filiale von Melweg, eine einfchiffige kleine Anlage, die Rippen des dreifeitigen Chores auf einfachen Confolen, fchmale Fenfter mit Kleeblatt-Bogen, flachgedecktes Schiff. (M. IX. n. F. p. CXXXII.)

Deutsch-Bleiberg. An der Pfarrkirche hat fich das Presbyterium noch als einfacher gothifcher Bau mit fpitzbogigen Fenftern und Reften von Strebepfeilern erhalten, die Gewölbe neu. An den Seitenaltären gute Bilder, «der gegeifelte Heiland» von Emil Mühlbacher und «die Verkündigung» von Jof. Aug. Mühlbacher. Glocke aus dem 16. Jahrhundert, wahrfcheinlich 1531 von Hier. Egger in Villach.

Dietrichstein bei Feldkirchen. In einem Acker fand fich vor 1849 eine Silbermünze Licinius (K. Afk. 1, 30. Rep. 1, 203).

Die Vefte Dietrichftein feit (984) 1103 urkundlich.

Diex, Berg bei Völkermarkt, der kärntifche Brocken. Auf diefen, fchon 895 als Diećles, Diehshe wiederholt genannten Höhen zeugen für den Cours der Kelten-Münzen gegen Auslauf des 2. Jahrhundertes eine dafelbft vor Juni 1847 gefundene Barbaren-Münze mit (?) je einem Bronzeftücke von Pius, M. Aurel (K.). Der Grabftein MAGIOMARVS*, vorfindig vor 1880, an einem Bauernhaufe (Rofchanz), möchte der Zeit um 150 angehören (Aep. IV, 212, 12).

Die Pfarrkirche zum heil. Martin repräfentirt fich mit den fie umgebenden Bauten als eine fehr intereffante Baugruppe. Die Kirche fteht nämlich innerhalb einer ausgedehnten Befeftigungs-Anlage (Fig. 13). Leider wurde an der Kirche ftark umgeändert, der ältere Bau ftammt aus dem 15., der neuere aus dem 17. Jahrhundert. Eine einfchiffige Anlage mit zwei mächtigen Thürmen an der Weftfeite. Von der alten Kirche ift nur mehr übrig eine Wand gegen den linken Thurm, in diefer befindet fich gegen die Thurmhalle gewendet das alte Hauptportal mit reich profilirter Leibung, geradem Sturz auf Eckträgern, von Fialen flankirt, mit Efelsrücken, Krabbenbefatz und doppelter Kreuzblume, ferner das erhalten gebliebene alte Presbyterium mit Netzgewölben, heute Thurmhalle, darauf der andere Thurm fteht; der Triumphbogen ift abgefchrägt, aufsen an den Ecken diefes Thurmes Strebepfeiler. Zwifchen beiden Thürmen mit im Rechteck gewendeter Achfe befindet fich nun die heutige Kirche. Eine Glocke von 1600 (Mathias Fiering), eine andere von 1732 (Mathes Zehentner).

Die Befeftigung ift noch gut erhalten, fie befteht aus einer Ringmauer, darin eingefügt zwei Rundthürme und eine mächtige Thorbaute; recht intereffant find die an den Mauern aufgefetzten Mordgänge mit Pultdächern. An dem Thor innen ein Wappen, aufsen ein Kreuzigungs-Bild, an dem Thorflügel ein altes Schlofsblech. An der Straße fchöne gothifche Lichtfäule von 1629 und dabei ‡ (M. n. F. XI. p. LXXII). (Fig. 14: Anficht der Kirche, Fig. 15: Partie der Befeftigungsmauern.)

Dobrawa bei Unter-Drauburg. An der Straße nach Tscherberg, am Plateau-Abfall gegen die Drau, im Walde steht ein vielleicht vortürkenzeitlicher Rundwall, Durchmesser 40 M., der Wall 3, der Graben 11, das Plateau 12 M., von der Straße angeschnitten. In der Nähe zwei Zwillingswälle, der eine mit Doppelwehr, fast in Form eines Hufeisens, größte Linie 100 M. (M. VII. n. F. p. LXXVII, Car. 1881, 53.)

Die Kirche zu Barthelmä, eine Filiale von Hainburg, kleiner romanischer orientirter Bau aus Bruchstein, mit flacher Holzdecke im Schiff, im Presbyterium mit rundem Abschluß und halber Kuppel in Tonnenform übergehend, die zugleich den Triumphbogen bildet, zwei Fenster, deren eines rechts im Spitzbogen, das andere in der Achse rund abgeschlossen. Fenster modernisirt; außerdem vermauertes Fenster am Musik-Chor (derselbe von Holz). Ein Stein mit fünf kreisrunden Löchern, deren Kanten sauber abgefaßt und zum Aufnehmen von Lämpchen bestimmt, ist in der kleinen Wandnische an der Evangelienseite des Presbyteriums eingemauert.

Die Eingangsthür mit geradem Sturz. Thür aus Schmiedeisenplatten mit diagonal aufgenieteten Eisenschienen von großer Stärke, die Felder mit in S- und C-Form gebogenen Eisenblättchen ausgefüllt, und sind selbe mit parallel laufenden Linien geziert. Die Nietköpfe kugelrund. Vorgebaute Laube. Alles aus Bruchstein.

Döbriach im Decanate Gmünd. Die kleine Kirche ist nur mehr in ihrem Presbyterium ein in die Spät-Gothik zurückreichendes Bauwerk, dasselbe besteht aus einem Joche und dem dreiseitigen Chorschluße, mit einem Netzgewölbe überdeckt und mit Maßwerk gezierten Fenstern (Fig. 16). Das Schiff flachgedeckt. Eine Glocke trägt die Jahreszahl 1491. In der Sacristei ein einfacher gothischer Meßkelch. Auf dem rechten Seiten-Altar zwei Schnitzwerke von einem älteren Altare (Tod Mariens in der gewöhnlichen Darstellung und die 14 Nothhelfer) aus circa dem 16. Jahrhundert stammend, alte Messingampel außer Gebrauch (M. VIII. n. F. CXXXII).

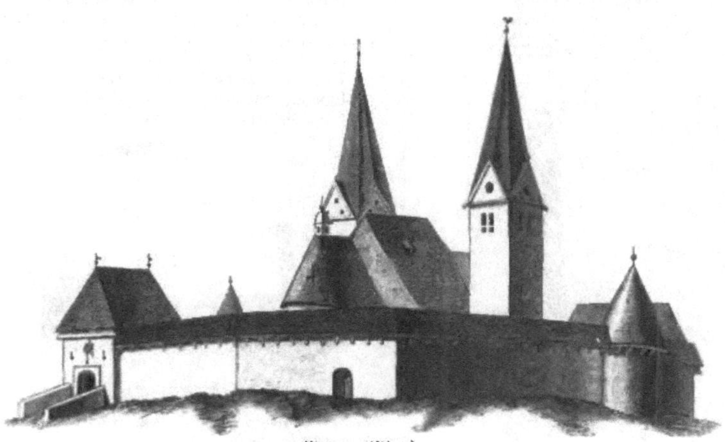

Fig. 14. (Diex.)

Döchmannsdorf, auf den Hügelhöhen östlich von der Bahnstation Zolfeld. Oestlicher Stadtrand von Virunum. Zahlreiche Baureste. Am westlichen Abhange des Töltschacher Berges, an der Kratzer-Halt (Weide) stieß man auf zwei Mauern, fand eine Goldkette, schwer 25 Dukaten (an 86·25 Gr.), einen Goldring, einen Silberring vergoldet (1845). Von den 4 Schriftsteinen sind 2 Weih-, 2 Grabmäler, wol alle aus zolfelder Gründen, gef. vor 1818:

CENI(O), Ara mit Schüffel, Zeit um 200 (K. 107. Jab. 2, Mo. 4783). LVNAE, Ara, um 120. (K. 67. Jab. 7. Mo. 4793). TI CLAVDIO mit miles cohortis I Afturum und decurio alae I Thracum, um 120. (K. 61. Jab. 22. Mo. 4839). TI IVLIVS, um 120 (K. 36. Jab. 51, Mo. 4924. Jab. S. 16, S. 61, Nr. 1).

Döllach im Möllthale. Uralter Goldbau an der Seitenftraße nach Heiligenblut, über die Tauern nach Gaftein und heraus über den Ifelsberg gegen Aguontum (Lienz) und von Winklern durch Ober-Vellach nach Teurnia (St. Peter im Holz).

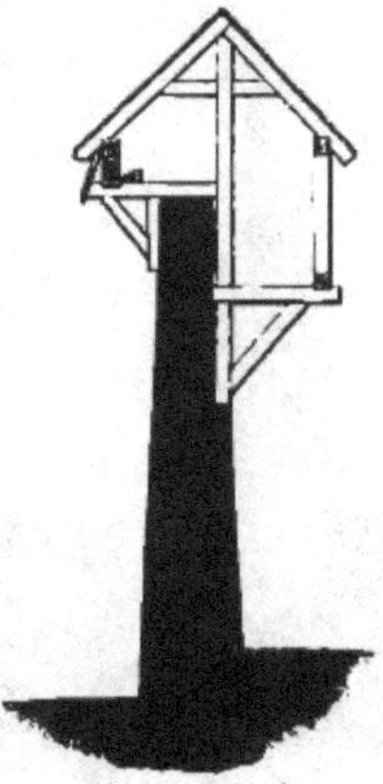

Fig. 15. (Diex.)

Der Grabftein NONIA*, ausc. 160, gef. im Hofe des Frauenklöfterls 1847. (K. 23. Jab. 491, Mo. 4725).

Die Pfarrkirche ein einfchiffiger Bau. Im Presbyterium ein einfaches fchön conftruirtes Netzgewölbe mit zarten Rippen. Im Schiffe eine flache verputzte Holzdecke. An den Fenftern im Presbyterium fowie im Schiffe find die Spitzbogen vermauert und die Oeffnungen viereckig gemacht. Der Thurm ift in das Kirchenfchiff eingebaut. Die Thurmhalle, zu der einige Stufen hinabführen, ift nicht als Sacriftei benützt, fondern ift diefe rückwärts an das Presbyterium angebaut. Die Kirche hat zwei nahezu gleiche Portale aus fchönem Serpentin. Das fpitzbogige Haupt-Portal ift mit einem Rundbogen umfangen und hat gekreuztes Stabwerk, auf der Südfeite ein zweites Portal, beim erften die Jahreszahl 1535, beim anderen 1538. Faft auf jedem Steine ift dasfelbe Steinmetz-Zeichen [Zeichen] zu finden. Sämmtliche Altäre und die Kanzel aus der Zopfzeit. Die Altar-Bilder, befonders das Oelbild am Hoch-Altar, ziemlich gut. Im Zubau an die Kirche find viele fculpirte Steine eines älteren gothifchen Baues verwendet (M. VII. n. F. p. XCI). (Fig. 14: Grundriß des Presbyteriums.)

Im Orte Döllach, im Haufe Nr. 73—74, befand fich im erften Stocke ein ganz getäfeltes Holzzimmer in deutfcher Renaiffance. Der Plafond hat Caffetten mit flach aufgelegtem Ornament.[1]) Thüren und Fenfternifchen mit reichen Intarfien und Befchlägen. In den Friefen der beiden Thüren die Infchrift: Emanuel Steinberger 1623. Im Orte finden fich noch mehrere Wohnhäufer aus dem

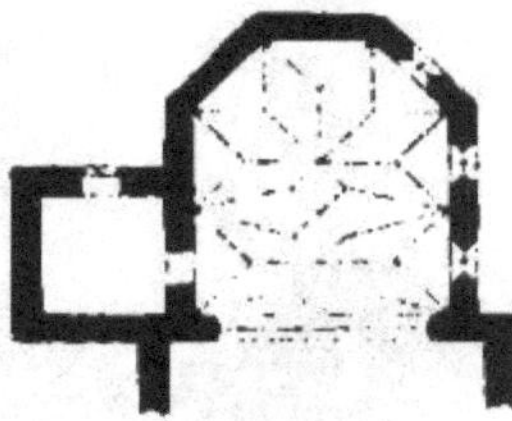

Fig. 16. (Döbriach.)

16. Jahrhundert, darunter ebenfalls eines mit rundbogigem Stein-Portal aus Serpentin; im Portal-Gewölbe dasfelbe Steinmetzzeichen, wie an den Portalen der Kirche.

An der Straße gegen Heiligenblut das Schloß Großkirchheim, jetzt ein Bräuhaus, darin ein fchön getäfeltes Zimmer mit Caffetenplafond, ein Zimmer mit alten Tapeten mit Goldornamenten, ein alter großer Ofen.

St. Donat (Dec. St. Veit), von Ottmanach und dem Helenenberge 2 Stunden entfernt, vom virunenfer Stadtgebiete 1 Stunde, fteht diefes Pfarrdorf am Nordfchluße des Zolfeldes.

Bronzemünzen, zwei unbenannte (1847) K. von Carinus, gef. im J. 1858, von Conftantin im Jahre 1855, fcheinen von daher oder dem Grazerkogel zu rühren, woher

[1]) Wurde leider verkauft.

auch einige der Relief- und Schriftsteine (an der Außenseite der Kirche):

An der Kirche sind folgende Römersteine:

1. An der Westseite sechs Steine ganz niedrig eingemauert:

a) links vom Eingange, Mann mit Tafel in der erhobenen rechten Hand (Stein unter dem Bauch abgebrochen);

b) rechts vom Eingange, weibliche Figur mit langem Gewande, in der erhobenen rechten Hand runder Spiegel, in der linken Hand Tuch über die Schultern geworfen;

c) stehende männliche Figur mit Kleid bis an die Waden, Krug in der erhobenen rechten Hand; unter demselben lehnt rundes Becken mit nach oben gerichteter Handhabe; in der linken Hand Tuch über die Schulter geworfen;

d) stehende männliche Figur mit Kleid bis an die Waden, Krug in der rechten Hand; mit linker Hand Tuch über die Schulter;

e) Stein mit zwei Bildern, die durch eine Anschwellung von einander getrennt sind; links Vase mit herzförmigen Blumen; rechts weibliche Figur mit langem Kleid, das Cingulum mit langen Dependenzen; in der rechten Hand runder Spiegel mit langem Stiel, in der linken Hand Tuch nach unten;

f) stehende männliche Figur mit Kleid bis an die Waden, mit Tafel in der linken, Griffel (?) in der rechten Hand.

2. An der Südseite acht Steine:

a) Dm. Valerius mit miles leg. II italicae, männliche und weibliche Bruftbilder aus c. 200, seit 1751. (Jab. 154, Mo. 4856.)

b) Ueberlebensgroße bekleidete sitzende Gestalt. Ein nicht dazugehöriger Kopf über dem Halse eingemauert und mit demselben durch Mörtel verbunden;

c) rechts neben dem Kopf erwähnter Statue schöne Figur von weißem Marmor, die Füße bis zum Bauch abgebrochen, bekleidet. Kopf sehr ausdrucksvoll, mehr jugendlich (ziemlich gut erhalten), zwar abgebrochen, doch mit dem Halse fest verbunden, über dem Torso eingemauert (Höhe etwa 18 Zoll);

d) rechts daneben kleine Statue, Kopf, frazzenartig, sehr verstümmelt;

e) schöne weibliche stehende Figur mit langem Kleide und geöffnetem Käftchen in der linken Hand;

f) schöne lebensgroße männliche Büste mit Rolle, dabei D M Aur Primula aus c. 180, seit 1752 (Jab. 155, M. 4882);

g) Speerträger führt ein Roß mit der linken Hand am Zügel;

h) kleine weibliche stehende Figur mit langem Kleid, in der rechten Hand Spiegel, in der linken Tuch.

3. An der Ostseite des Thurmes neben dem Eingang in das Oratorium ziemlich niedrig angebracht: Stein mit Einfassung, auf welchem eine doppelhenkelige Vase, woraus eine Blattranke. (Liegend eingemauert. 2 Fuß lang, 1 Fuß breit.)

4. Rechts innerhalb des Einganges in das Oratorium Stein mit drei sehr stark hervortretenden Büsten, deren Nasen verstümmelt. Mittlere weiblich mit Halsband, die anderen männlich. Linke hält drei Finger der rechten Hand wie zum Schwure, rechte

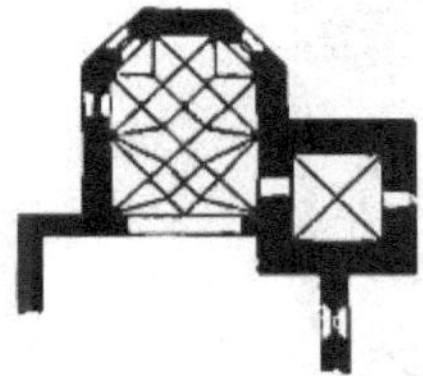

Fig. 17. (Döllach.)

hält diese Finger auf eine Rolle in der Linken.

5. Vor der Friedhofsthüre oberhalb der Hauptstraße liegt auf dem Boden das linke Stück eines großen Giebelsteines, der gewiß 3 M., vielleicht 4 M. lang war, worauf ein in starken Krümmungen flatterndes Band, ausgehend von einer an einem Kranze angebrachten Schleife, von welchem auch noch ein Stück zu sehen.

6. VITALIS*, aus c. 190, seit 1752, aus dem Pfarrgarten nach Klagenfurt. (Jab. 156, K. 40, Mo. 4996.)

7. LXXX, Grabbau, aus c. 100, seit 1817, am Osterwitzer-Wege. (Jab. 157. Mo. 5005, M. n. F. VI. p. CLII.)

8. OIIV um 150, im Boden, das nicht gewiß römische T—O an Thürschwelle (Aep. 7. 152).

Kleine einschiffige Kirche mit zweijochigem Schiffe (Kreuzgewölbe) und zweijochigem Presbyterium sammt polygonem

Chorfchluffe, der fpitzbogig überwölbt, Confolen als Rippenträger. Spitzbogiger Triumphbogen. Stark modernifirter Bau. Zweiabfätzige Strebepfeiler. Thurm an der Schiffsnordfeite, fpitzbogige Schallfenfter. Grabfteine: des Erasmus Siegfried de Ehrneck ab Ehrnfels et Mariae conjugis natae ab Ehrnthal 1696 — des Ulrich Steger zu Rofegg † 1657; des Leop. Jof. v. Hallerftein, des Georg v. Hallerftein und der Barbara Schneideifin Sohn, † 1776, gefetzt von feiner Frau Maximiliana v. Kaiferftein.

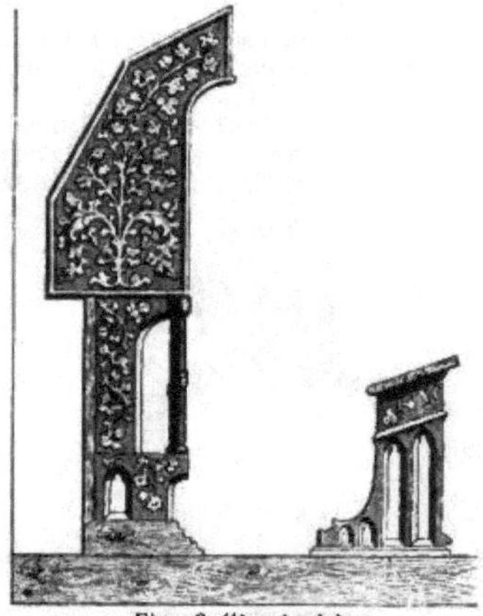

Fig. 18. (Dornbach.)

Dönhof, Schlößchen, ein fehr alter Bau, ehemals mit vier flankirenden Thürmen, jetzt einem runden mit einem Erkervorfprung und einem viereckigen, darin die Capelle. Zwifchen den Thürmen ehemals Arcaden, davon noch Refte. Im Inneren verwahrloft. Hübfche Thürverfchalung (Renaiffance), Holzdecke und fchöner grüner Kachelofen.

Dornbach bei Gmünd: In der Schloß-Capelle war ein dreifitziger Chorftuhl aus Nußbaumholz, fpätgothifch.[1] (Fig. 18.) Im Schloffe mehrere Holzplafonds aus der Renaiffance-Zeit, zwei Statuen aus 1778 und 1779 (M. VIII. n. F. p. CXXII).

Dornbacher-Alm bei Gmünd, unter der Bartlmon-Höhe, etwa 400 Schritte über der Ebene gegen den Felsblock, ftehen 40 längliche Erdhügel am «Heiden-Freithof», lang 126—189 Ctm. (4—6'), breit 63 Ctm. (2'), hoch an 32 Ctm. (über 1'); oberhalb des Felfenkammes 80—100 Hügel, bisher ohne Inhalt. (Carinthia 1866, p. 61.)

[1] Leider verkauft.

Dornach, Kirche. Es geht die Sage, dafs diefelbe auf dem Dache einer alten verfchütteten Kirche ftehe. Diefe Kirche hatte auch den Namen «unferer lieben Frau an der Schütt». Eingeweiht 1491 durch Conradus, Bifchof zu Belluno. Das Schiff zählt drei Travées mit Netzgewölben, die auf ftarken Dienften auflaufen. Das Presbyterium ift von dem Schiff durch einen Triumphbogen und fünf Stufen getrennt und in Folge deffen um 0·90 Meter höher. Die Rippen fetzen fich dafelbft auf runden Dienften mit einfachen Capitälen ab. Die Fenfter im Schiff fowohl als im Presbyterium zweitheilig mit einfachem Fifchblafen-Maßwerk. Die Sacriftei befindet fich im Erdgefchoße des an der Südfeite an das Presbyterium angebauten Thurmes, welcher einen Zwiebelhelm trägt. Die Altäre ftammen aus der Zopfzeit, desgleichen der hölzerne Orgel-Chor. Zu erwähnen ift noch das in der Axe der Kirche liegende fpitzbogige profilirte hübfche Portal (M. VII. n. F. p. XCI). (Fig. 19: Grundriß der Kirche.)

Drauburg, Ober-. Bei der Trögernwand hinter Rofenberg, gewöhnlich Heidenwand genannt, zwei Grotten mit der Sage der Heidenfrauen. Der Schatzbüchl, alter Bergbau. In der Thalenge zog die Heerftraße nach Aguontum (Lienz) und Littamum (Innichen) an die Weftgränze Noricums, nach Teurnia (St. Peter im Holz) öftlich, nach Loncium (Mauten) und Aquileia füdlich.

Der Meilenftein PERPETVIS der Kaifer Diocletian, Maximian, Conftantius, Abftandszahl 8 mp. von Aguontum, Zeit 305—311, aus Talkfchiefer, wurde 303·43 Meter (160 Klafter) öftlich von der Tyroler Gränze 1870 gefunden, der thatfächliche Abftand ift 12 mp. (Mo. 6528, Eph. 2, 446, Nr. 993 Aep. 4, 217. K. 191, M. III. n. F. p. CIV. Jab. S. 6.)

Gleichwie diefes Einbruchsthor den Wanderzügen der Kelten im 5. und 7. Jahrhunderte v. Chr. und dem Verkehre deutfcher Coloniften um die Mitte des 7. Jahrhundertes n. Chr. gedient haben kann, fo ift es für die Slavenzüge weftwärts feit 592 und für die ladinifchen Einflüße hinfichtlich des Obergailthales von Wichtigkeit. (*Bidermann*,

Romanen in Oesterreich 1878. *Jung*, Römer und Romanen 251.)

Die Pfarrkirche ist ein einfacher Bau aus 1819. Nur der freistehende viereckige Thurm ist nahezu unverändert geblieben, Spitzbogenfenster ohne Maßwerk. Im Presbyterium ein gut erhaltenes Speisegitter von besserer Schlosser-Arbeit. (M. xi. 53; n. F. viii. p. xcix.)

Eine kleine Rundcapelle sammt Unterraum innerhalb des Kirchhofes, sie könnte vielleicht noch in die romanische Zeit zurückreichen, doch fehlen beim Abgange jeglicher Details sichere Anhaltspunkte.

Das Städtchen hat noch vieles vom alten Charakter, die Gebäude reihen sich unregelmäßig aneinander, haben häufig die kleinen mittelalterlichen Luglöcher und Erker, ohne besonderen architektonischen Schmuck, doch mit Reminiscenzen später Gothik und der Renaissance. Die Befestigungen sind bis auf einen alten Thorthurm verschwunden. Altes Schloßgebäude.

Drauburg, Unter-. Die im Markt gelegene St. Veits-Kirche besteht aus einem einschiffigen Langhause, dem Chor-Quadrat als Thurm-Unterbau und dem flachgeschlossenen Presbyterium. Der ganze Bau stark modernisirt. Am mächtigen niedrigen Thurme von unstreitig romanischem Charakter-Doppelfenster. Als Kanzelfuß dient eine romanische Steinsäule, wahrscheinlich einem Thurmfenster entnommen. Die Thurmhalle mit einem Rippen-Kreuzgewölbe. In der Kirche ein schmiedeiserner Luster. (M. n. F. ix. p. xxvii.)

Die außerhalb des Marktes gelegene Probstei- und Pfarrkirche zum heil. Johannes, ein dreischiffiger Bau mit langem Presbyterium und in das erste der vier Langhausjoche eingebautem Thurme aus der Renaissancezeit. Spätrenaissance-Chorstühle. Am Thurme ein großes spitzbogiges Schallfenster.

Von der Ruine Unter-Drauburg nur wenige Mauerreste, darunter die eines Donjons.

Die kleine Filial-Kirche zum heiligen Sebastian ist ein interessanter zweischiffiger Bau und besteht aus zwei vollständig an einander gebauten Kirchen. Beide sind in den Dimensionen einander vollkommen gleich, nur in der Einwölbung differiren sie. Den ältesten Theil bildet unzweifelhaft die vordere Hälfte der südlichen Kirche; diese ist spitzbogig überwölbt und durch einen halbkreisförmigen Scheidebogen von den beiden Jochen der hinteren Hälfte getrennt. Die kräftigen Rippen des dreiseitigen Chor-Schlußes und der beiden Joche ruhen auf Consolen mit Masken und Schildern. Drei große, theilweise ornamentirte Schlußsteine. Das rippenlose Gratgewölbe der anderen Hälfte lauft unmittelbar an die Mauer an. Beide Kirchen sind mittelst fünf Rundbogen miteinander verbunden. Das Gewölbe des ganzen Raumes ist höchst einfach. Die Fenster im gothischen Baue sind spitzbogig, theil-

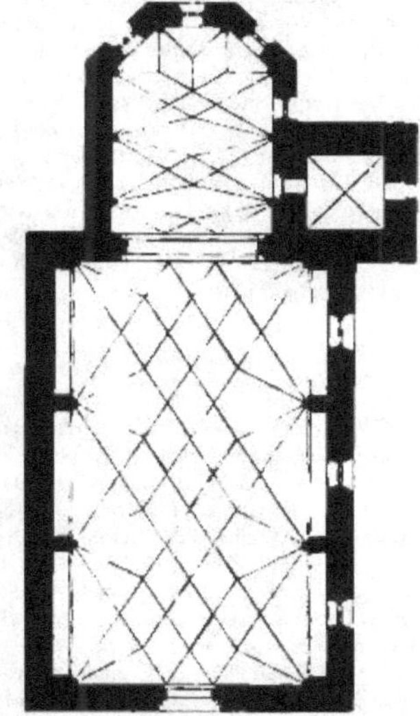

Fig. 19. (Dornach.)

weise mit Maßwerk, auch finden sich an diesem Baue Strebepfeiler; Thurm und Sacristei unbedeutend. (M. ix. n. F. p. xxvii.)

Dreifaltigkeit, vgl. Kreugerberg.

Dropolach (Tröpelach, Dec. Unter-Gailthal). Die jetzige Anlage der Pfarrkirche stammt aus der spät-gothischen Zeit und ist im quadratischem Chore zum Theile modernisirt. Ueber demselben erhebt sich ein starker Thurm mit vier Spitzgiebeln und achtseitigem Zeltdach (1780). Von der früheren Unterwölbung sind noch die vier Eck-Consolen erhalten, dagegen sind die Rippen abgeschlagen worden, die Fläche ist heute mit einem unbedeutenden Deckengemälde (1858) geziert. Im fünfjochigen Schiffe finden sich dichte Netzgewölbe auf runden Wanddiensten noch in der ursprünglichen Gestalt. Fenster und Triumphbogen sind modernisirt, keine Strebepfeiler. (M. IX. n. F. p. CXXXI.)

Duel bei Feistritz-Paternion, Fels-Platte mit etruskischartiger oder römischartiger Schrift oder Bergbau-Marken. (Klgftr. Zeitg. 1883. 911. M. 1884 p. CCVI.)

Dürnstein bei Friesach. Unterhalb des Ortes auf kärntischem Gebiete Bronzemünzen: Lucilla, Chlorus (K). Im Pfarrhofgarten ein Römerstein (Jab. 109, 271). AVRELIA, weibliche Büste, rechts Eichenkranz, die Linke an der Brust, Zeit um 200, gefunden knapp an der Poststraße 1823 bei der Sensenschmiede. Urkunden nennen Dirnensteine 1182. (Car. 1847, 213.)

Die Kirche zum heil. Stephan, ein Werk aus dem Jahre 1759, ohne irgend eine Bedeutung, nur der marmorne Taufstein gehört einer älteren Zeit an. Am Friedhofe steht ein spätgothischer Karner, bestehend aus zwei Jochen und einem dreiseitigen Schluße, Netzgewölbe mit einfachen Wandconsolen, zwei schmale spitzbogige Fenster. Halb unter der Erde als Untergeschoß das Beinhaus, über dem mit geschweiftem Bogen überdeckten Eingange die Jahreszahl 1522.

Dürnfeld. Die St. Pankraz-Kirche, eine Filiale von St. Peter bei Taggenbrunn, einschiffige Anlage neuerer Zeit mit alten Resten. Der Chor und das vorgebaute Joch, darauf der Thurm ruhet, alt, drei spitzbogige schmale Fenster, Strebepfeiler. Hölzernes Epitaphium für Christoph Steurer am Dürnfeldt 1580, Bild mit dem obgenannten und drei Söhnen, dann dessen Gattin Maria Ditchilmin mit vier Töchtern. Am linken Seiten-Altare (1671) ist im Mittelfeld eine Holzschnitzerei, darstellend die Geburt Christi; Joseph und Maria, zwei Engel in der Mitte tragen auf blaubedecktem Korbe das Jesukind; im Hintergrunde des Stalles Ochs und Esel, auf dessen Dache zwei aus einem Buche singende Engel. Zwei alte Glocken, eine von 1751, eine aus dem 16. Jahrhundert.

E.

Ebenthal. Die Curatial-Kirche enthalt das Grabmal ihres Erbauers Probst Anton Puecher, † 1767. Die Altarbilder gut. Das Plafondbild von Gregor Lederwasch 1766. Interessant ist ein Weihwasser-Becken (c. 1520) in Form eines Taufsteines, es mag auch als solcher in einer anderen Kirche gedient haben. Die Schale achtseitig mit vier Schildern besetzt. (M. n. F. IX. p. CIV.)

Am Schlosse Ebenthal eine Inschrift, die den Christoph von Neuhaus 1567 nennt; stark modernisirter Bau.

Eberndorf, das ehemalige Augustiner-Chorherren-Stift, aufgelöst 1604 und nach vielfachen Besitz-Uebergängen heute ein Dotationsgut des Benedictiner-Stiftes St. Paul, ist eine ansehnliche, unregelmäßig gruppirte, auf einer sanften Anhöhe sich erhebende Bauanlage, deren Hauptfronten gegen Westen und Süden gerichtet sind. Der minder bedeutende nördliche Flügel ist zum Theil durch Wald verdeckt, die östliche Seite nehmen Oekonomie-Gebäude ein. Durch besondere Höhe zeichnet sich die westliche, durch malerische Gruppirung die südliche Front aus. Das von Westen gegen Osten ansteigende Terrain hindert die Fortführung des unteren Geschosses aus dem drei Stockwerke hohen westlichen nach dem niedrigeren doch ausgedehnteren südlichen Flügel. Diese Ausdehnung entsteht durch die im Südosten angelegte Kirche, die durch einen in Südwesten freistehenden Vorbau, das sogenannte Beneficiaten-Gebäude, theilweise verstellt erscheint. Durch die in diesem Vorbaue befindliche Haupt-Eingangshalle gelangt man in den Vorhof, welchen im Norden das eigentliche Stiftsgebäude, im Osten die Kirche, im Westen ein Theil einer Ringmauer begrenzen. Ein zweiter Ringmauertheil reicht von außen senkrecht bis an die Vorbaufluchten, er ist zinnengekrönt und mit Schießscharten versehen. (M. I. p. 122, VIII. n. F. p. XXXVII.)

Als Stifter dieser Canonie kann Graf Cacelin angenommen werden, der den Brüdern, die da »Gott dienten«, wo er begraben sein wollte, all sein Gut vermachte. Patriarch Ulrich I. von Aquileja ließ dessen Leiche in die Marien-Kirche in »Jun« überführen und daselbst eine größere Kirche bauen (1106).

An einen befestigten Wohnsitz erinnern auch der an der nordwestlichen Ecke des

Stiftsgebäudes vorspringende runde Thurm und die zu beiden Seiten des erwähnten Haupt-Portales angebrachten großen Schießscharten. Das Portal ist im Rundbogen geschlossen, mit kräftigem Schlußsteine versehen und mit einer derben Quaderumrahmung verziert. In einem das Ganze bekrönenden Giebelfelde tritt eine rechteckige Tafel hervor, worin die Worte: Regnantibus F. II. F. III. und A°MDCXXXIIII stehen.

Die in runden Kreuzgewölben gedeckte Eingangshalle und der Vorhof zeigen kein bemerkenswerthes Detail. Beachtenswerther erscheint der sehr geräumige, innere, beinahe quadratische Hof, der mit dem Vorhofe durch eine zweite Eingangshalle verbunden ist. In zwei Stockwerken laufen hier stattliche Arcadengänge mit Kreuzgewölbe-Feldern auf starken Pfeilerstützen herum. Ostwärts des südlichen Ganges vermittelt die große Sacristei den Zugang ins Innere der Kirche. Die Sacristei bildet zwei quadrate Räume mit schönen Sterngewölben.

Das Kirchengebäude hat eine Länge von $23^1/_2$ Klft. und eine Breite von $6^1/_2$ Klft., wovon auf den Chor $7^1/_5$ Klft. Länge und 4 Klft. Breite kommen. Es erscheint also der Chor-Raum im Verhältnisse zum einschiffigen Langhause zu kurz; er ist auch niedriger als das Schiff, hat aber den streng gothischen Charakter des endenden 14. Jahrhunderts; das spitzbogige Gewölbe durchziehen einfache Diagonal-Rippen, welche in zwei Jochen und in dem aus fünf Seiten des Achteckes gestalteten Schlusse auf Wandsäulchen übergehen, die auf einem Kaffimse aufsitzen. Drei kleine flache Schlußsteine. In den Netzgewölben des fünfjochigen Schiffsraumes nimmt man eine Anzahl geschwungener Zwischenrippen wahr, die ein reiches Netz bildend, an den Pfeilern und zwar auf deren weit in das Schiff hineinragenden Dreiviertel-Säulchen - Vorlagen zusammenlaufen. Die Ungleichheit des gothischen Bau-Charakters in den beiden Haupträumen weiset auf einen zweiperiodigen Umbau und es dürfte sich die oberhalb des Triumphbogens der Chorseite befindliche Inschrift zweifelsohne auf die spätere Umgestaltung des Schiffes beziehen. Die Inschrift lautet:

Valentinus Fabri de Conobits huius loci praepositus et reformator, iunensis et sauniae vallium archidiaconus A. MDVI. R^dus^ ADM ac nobilis in Christo pater et Dnus Dnus Sebastianus Kobellius huius loci praepositus tricesimus quintus, archidiaconus vallis iunensis, nec non serenissimi archiducis Austriae Ferdinandi consiliarius fecit quod potuit. A. MDC.

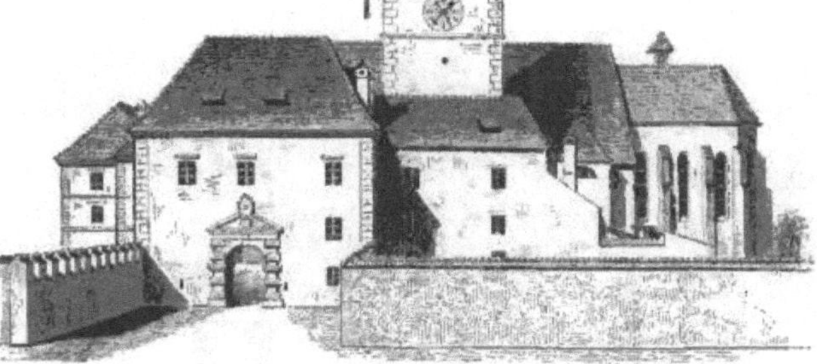

Fig. 20 (Eberndorf.)

Das Schiff gehört in seiner Anlage noch dem Baue aus dem 12. bis 13. Jahrhundert an und war früher flachgedeckt, die heutige Einwölbung und Verstärkung der Pfeiler zu Gewölbe-Auflagern stammt aus dem 16. Jahrhundert. Die durch die eingebauten Wand- und Strebepfeiler gebildeten Nischen im Schiffe sind in halber Raumhöhe mittelst Wandgurten überspannt und dadurch zu schmalen Emporen eingerichtet, welche mit der Höhe der Orgel-Empore correspondiren. Die letztere ist durch 10 schlanke Pfeilerchen verschiedener Form geſtützt. Sie ſind theils cylindriſch, theils achtſeitig gebündelt, theils mit Hohlkehlen gegliedert, dabei verſchiedene Sockel. Die Gewölberippen bilden ein dichtes Netz und liegen auf die Säulchen unmittelbar auf. Die Brüſtungen der Seiten-Emporen ſind blos durch ein Fuſſ- und ein Kopfgeſimſe markirt, jene des Orgel-Chores durch ein ſpät-gothiſches Blend-Maſſwerk mit Dienſten. Der Schluſſ des niedrigen und ſchlecht profilirten Triumphbogens und das weſtliche Portal,

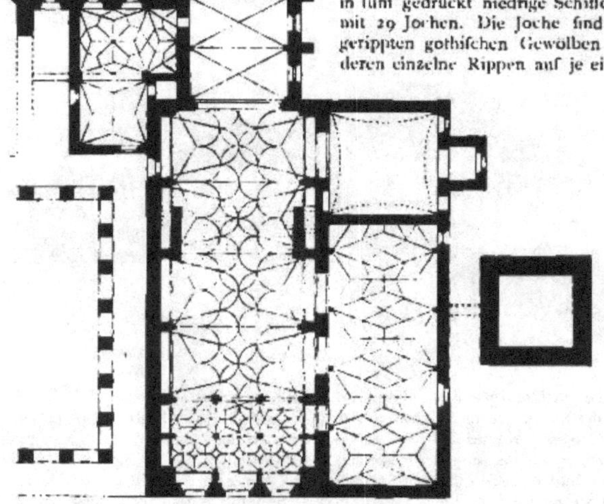

Fig. 21. (Eberndorf.)

welches faſt romaniſchen Charakter hat, nähern ſich dem Rundbogen.

So wie der Chor gehört auch die unter demſelben angelegte Krypta der erſten gothiſchen Bauperide (14. Jahrhundert) an; ſie nimmt nicht nur den ganzen Raum unter dem Chore ein, ſondern erſtreckt ſich noch in der Tiefe zweier Schiffsjoche weſtwärts. Dieſe übermäßige Ausdehnung erweiſt ſich in der Oberkirche als ein beträchtlicher Uebelſtand, denn die wegen der Niveau-Verhältniſſe des Fuſsbodens im Chor und Schiff nothwendig gewordene 2 Meter hohe Verbindungstreppe mit 12 Stufen markirt in unorganiſcher Weiſe die Untertheilung in ein vorderes und ein hinteres Schiff. Es iſt kein Zweifel, daſs dieſer Theil des Schiffes urſprünglich ein Chor-Quadrat war, das aber bis auf die Spuren unterm Dache verſchwunden iſt. Ueber einige wenige Stufen zweier Seitenſtiegen kommt man in die Gruft. Die Krypta beſteht aus einem ſchmäleren, dem Ausmaſſe des Chores entſprechenden und einem breiteren Theile, der ſich unter dem Schiffe ausdehnt. 12 ſchlanke Trennungspfeiler des Vorder- und acht ſolche des Hinterraumes von verſchiedenem Durchmeſſer theilen den erſten in drei, den zweiten in fünf gedrückt niedrige Schiffe, zuſammen mit 29 Jochen. Die Joche ſind mit kräftig gerippten gothiſchen Gewölben eingedeckt, deren einzelne Rippen auf je eine Seite des achteckigen Pfeilers meiſt ohne Capitäl anlaufen. An den Seitenwänden einfache ſtarke Conſolen und ſieben kleine ſtylloſe Fenſteröffnungen. Die Pfeiler charakteriſiren ſich als in das 14. Jahrhundert gehörig, haben quadratiſchen oder achteckigen Sockel, einer ſteht ohne Sockel unmittelbar am Boden.

Das Langhaus iſt an der Südſeite mit drei ungleich breiten ſpitzigen Bogen gegen einen ſehr langen Capellen-Raum geöffnet, ein nicht viel ſpäterer Zubau (vielleicht Mitte des 16. Jahrhunderts) als das umgeſtaltete

Langhaus. Er zeigt noch das Sterngewölbe des Verfall-Styles, während eine zweite quadratiſche in der öſtlichen Fortſetzung der erſteren aufgebaute Capelle ſchon barocke Formen hat. Dieſe kleinere Capelle liegt in gleicher Höhe mit dem Vorderſchiffe und iſt im Fundamente als Gruft eingerichtet, welche von der gröſseren Capelle zugänglich iſt, wahrſcheinlich urſprünglich die Familiengruft des freiherrlichen Geſchlechtes von Ungnad, das im 15. und 16. Jahrhunderte Beſitzer der nahen Burg Sonegg war.

Den Namen Sonegg trägt auch die Inſchrift des groſsartigen ſarkophagartigen Grabdenkmales, welches am Oſtende der groſsen Capelle frei aufgerichtet ſteht. Auf der in der Mitte auf 0·14 M. vertieften Oberfläche des 1·1 M. hohen 1·30 M. breiten und 2·56 M. langen Monuments aus rothem Marmor liegt die ganze Figur eines Ritters in voller Rüſtung, deſſen eine Hand eine gerollte Fahne umfaſst, die andere das Schwert beim Gefäſse an den Leib drückt. Die Haltung der Figur weicht nicht von der conventionellen Darſtellungsweiſe ab, die ſich insbeſondere in den auseinandergeſtellten Füſsen charakteriſirt. In den Ecken des vertieften Feldes je ein geſchweifter Schild, von denen zwei zinnenweiſe getheilt ſind und zwei je einen ſpringenden Wolf zeigen. Auf den Längsſeiten je drei ähnliche gröſsere Wappenſchilder, von denen nur die zwei mittleren Wappenbilder aufweiſen; das eine drei Reihen ſpitze Zinnen, das andere zwei mit dem Rücken gegeneinander gekehrte, aufrechtſtehende Wölfe mit Halsbändern und Leinen daran. An den Schmalſeiten je ein Schild; auf dem öſtlichen aufrechtſtehendes gezäumtes Pferd mit wolfähnlichem Schweif und Hinterleib; auf dem weſtlichen zwei dürre aufrechtſtehende Aeſte mit abgeſtutzten Zweigen. Auf der abgeſchrägten Kante folgende Inſchrift in Minuskeln:

»Hie ligt begraben der edl wolgeporē her Kriſtof Ungnad her zu Sunek dem got gnad und iſt geſtorben nach kriſti gepurt M.CCCC.und.i.LXXXX.jar am.pfinstag nach der heiligen drei kunig.«

Daneben auf dem Boden weiſse Grabplatte, 2·20 M. lang, 0·80 M. breit, enthaltend in ſtarkem Hochrelief das Wappen der Ungnade mit Wolf und Zinnen und zwei Helmen, darüber ein geſchweifter Wimperg mit Krabben, welcher in eine Kreuzblume endigt. In den Ecken zwiſchen der Umrahmung und dem Wimperg mit der Kreuzblume je ein bekleideter geflügelter Engel, welcher mit dem Zeigefinger einer Hand auf ein vom Knauſe der Kreuzblume herabwallendes Spruchband weiſet, das folgende Legende trägt: »Got mag ſich (?) erparmen yber die ſel des armen«. Ringsum auf dem Rande des Steines folgende Schrift in gothiſchen Minuskeln: nach.Criſti.gepurt.M.cccc.lxviii.Jare.an.ſant.angneſen.tag.iſt.geſtorben.der.edell.HeR.her.lorig.ungnad.heR.zu.Suñegk.dem.Got.genedig.sey.Amen.

In der Mitte der Südwand dieſer Capelle iſt ein 2·04 M. hoher und 0·97 M. breiter Grabſtein eingemauert, der der ganzen Höhe nach die Geſtalt einer Frau in faſt nonnenhaftem Gewande aufweiſt, jedoch ſo ſtark überkalkt iſt, daſs von der ringsum laufenden Minuskelſchrift nur geleſen werden konnte: Hie iſt begraben die . . . tugendhafte Frau . . . . . . welliche geſtorben iſt am Charfreitag 1532 jar.

Der Capellenraum bekommt durch eigene, das Schiff nur durch dieſe und drei oberhalb der ſüdlichen Empore befindliche gedrückt-ſpitzbogige Fenſter ungenügend Licht. Die ſieben Chorfenſter ſind wahrſcheinlich durch ſpätere Moderniſirung in rundbogige umgewandelt und dabei iſt jede Spur eines Maſswerkes verwiſcht worden.

Am weſtlichen Ende der Süd-Capelle iſt in der Schiffwand ein 2·75 M. hoher und 1 M. breiter Denkſtein eingelaſſen, darin in Flach-Relief die Geſtalt eines Propſtes in vollem Ornat mit Stab und Mitra. Ueber dem bekrönenden ſchwachen Sims eine niedrige Tafel, welche folgende lateiniſche Inſchrift enthält:

«Anno Dni MDXXXII vocatus erat rndus pr. et Dñs Dns Andreas Lochner de eccleſia collegiata divae Marie Magdalene in Volkhinmarckt atque in prepoſitum huius monſterii electus et rebus omnibus feliciter proviſis tandem in Deo vita eſt defunctus Anno .M.D.XLIIII. vigeſima ſeptima die marty cuius anima in dei.opt.max.pace.quieſcat.»

Unterhalb der Figur ſteht die Jahreszahl 1540 als Anfertigungszeit des Denkmals.

Gegenüber dieſem gut erhaltenen Steine ſteht der Taufſtein aus lichtgrauem Marmor (Renaiſſance-Zeit); die anderen kirchlichen Gegenſtände, namentlich Altäre, Kanzel, Bilder und Paramente ſind ohne Kunſtwerth, ausgenommen eine gothiſche Marien-Statue auf dem Hoch-Altar und die Reſte eines Flügel-Altars zu Ehren Mariens in der Sacriſtei.

Der maſſive Thurm ſteht in einer Entfernung von 2·60 M. an der Südſeite und miſst mit jeder Seite des quadratiſchen Grundriſſes 8·9 M., die Höhe iſt nicht bedeutend und der Abſchluß ein ſtumpfes Walmdach; im Glockenraume doppelte rundbogige Schalllöcher, der Zugang von der Empore der Kirche mittelſt eines in neuerer Zeit gemachten hölzernen Verbindungsganges; der urſprüngliche Eingang von außen wurde vermauert. (M. 1. 122.) Fig. 20: Anſicht der

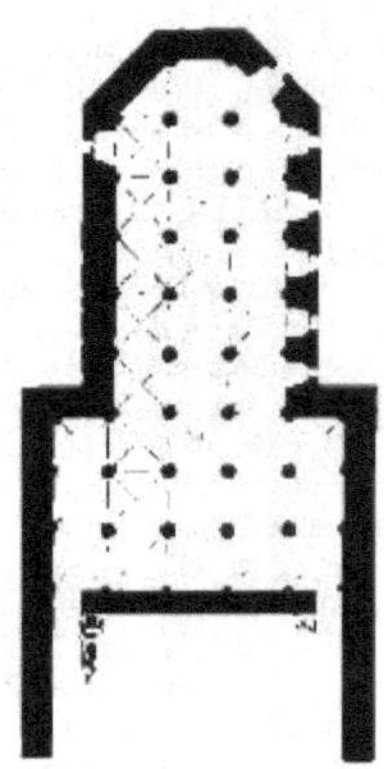

Fig. 22. (Eberndorf.)

Kirche von Eberndorf, Fig. 21: deren Grundriß, Fig. 22: Grundriß der Krypta und Fig. 23: Einblick in das Langhaus.

Oſtwärts, von Eberndorf nur 5 Minuten entfernt, ſteht die größte Filiale, die Kirche am Marienberge, zugleich Friedhofskirche. Eigenthümlich erſcheint es, daſs im Eberndorfer Gedenkbuche die Erbauungszeit in die Jahre 1703—1716 geſetzt wird, dagegen an der äußeren Kirchenthür die auch nicht entſprechende Jahreszahl 1667 ſteht, da die Kirche bedeutend älter iſt. Eine einſchiffige Kirche im ſpätgothiſchen Styl ohne Trennung des Schiffes vom um zwei Stufen erhöhten Chor. Der letztere iſt dreiſeitig geſchloſſen und hat in den Ecken und an den Wänden, wie auch das Schiff Dreiviertel-Säulchen mit ringförmigen Capitälen, an welchen ſich die Rippen des dichten Netzwerkes, das an jenes der Gewölbe in der Stiftskirche erinnert, vereinigen. In den Schildwänden ſpitzbogige, ſehr hohe Fenſter ohne Maßwerk. Als Seitenſtützen der Gewölbe überall Strebepfeiler. Ein viereckiger Thurm mit einfachen ſpitzbogigen Schalllöchern und Kuppelhelm an der Weſtſeite der Kirche. Das Untergeſchoß bildet die Vorhalle. Rundbogiges Portal, ſpitzbogiger Sacriſtei-Eingang. Auf einem Votivbilde: 1649. Grabmale: Val. Meyritſch, Pfarrer, † 1697, J. Gottſ. Ebner, Verwalter, † 1695; Joh. Ebin von Lerchenfeld, geb. Nigerin von Mechling, Gemalin des Mathies Raditſchnig von Lerchenfeld, Hofrichters zu Ebersdorf, † 1685.[1])

Eberstein. An einer virunenſer Seitenſtraße gelegen, von Reichhardt für Matucaium gehalten. Das Schloſs ſteht angeblich auf Reſten eines römiſchen Caſtells. Grabſtein SVRVS*, aus c. 220, bekannt ſeit 1867, im Schloſshofe, wo auch ein Reliefſtein.

Die Kirche zum heiligen Georg dürfte urſprünglich eine doppelgeſchoſſige Schloß-Capelle geweſen ſein. Das Schiff zeigt noch gothiſche Formen. Wie aus dem halbvermauerten Spitzbogen der nördlichen Kirchenthür zu erkennen, war dieſe Schifffront der Kirche ehemals frei. Jener Schloßtract, der den ſüdweſtlichen Theil mit dem öſtlichen verbindet, entſtand ſpäter und verſtellt die Kirche. Das Schiff beſteht aus drei Jochen mit eingebauten Strebepfeilern, davor runde Dienſte ohne Capitäl, dichtes Netzgewölbe. Schlußſteine. Sehr beachtenswerth iſt das Abſchlußgitter an der rechten Seitencapelle (1744). Der Hoch-Altar von 1760. Davor zwei abgetretene Römerſteine. Schöner Kelch mit eingravirten Figuren im ſechsblättrigem gothiſchen Fuße (16. Jahrhundert). (M. VI. n. F. p. CLIII.)

Ebriach im Decanate Eberndorf. Die St. Johannes-Kirche iſt ein mittelgroßes Gebäude ſpätgothiſcher Zeit mit kleiner Apſis, hölzerner Decke im Schiffe und viereckigem über der Sacriſtei errichteten Nordthurme mit vierſeitiger Spitze. An der Nordoſtecke desſelben eine weit ausladende Strebe, einfach

[1]) Franz Eng. von Raditſchnig, Dr. com. pal., des Churfürſten in Bayern Protonotarius, der Edelknaben Hofmeiſter, † 11. März im Jahre des Friedensſchluſſes mit Ungarn; Grabſtein in der Friedhof-Capelle.

geſtuſt mit ſchönem Waſſerſchlage und Sockel, auf welcher eine kleine Maske.

Die mittlere Schildwand der polygonen Apſis iſt bedeutend breiter als jede der vier übrigen Schildwände (267 Ctm. zu 167 Ctm.). Rippen vereinigen ſich in drei Schlußſteinen mit Schildern und laufen auf mehrſeitigen Topfconſolen an. In der mittleren Schildwand zweitheilige Fenſter mit Maßwerk (Dreipaß), darin Ueberreſte von Glasmalereien (Blumenroſetten), Theilſtab herausgenommen. In der ſüdöſtlichen Schildwand einfaches kleines ſpitzbogiges Fenſter mit Kleeblatt, in welchem Glasgemälde: Erſcheinung des Herrn (nur zwei Könige) und darüber zwei gegenüberknieende nimbirte weibliche Figuren in langen Gewändern; oberes Drittel hat Putzenſcheiben und Spuren von Malereien. Außen am Chore vier weit ausladende zweifach geſtufte Streben, der obere Theil zu einer Kante geſchrägt. Auf demſelben die Steinmetzzeichen . Ueber der Sacriſteithüre an der Oſtwand des Thurmes unter Schutzdach ein in den oberen Theilen gut erhaltenes Chriſtoph-Bild alter Art. Von den Zweigen des Baumes flattert ein Spruchband mit der Jahrzahl 1525 und der Legende in gothiſchen Minuskeln: Ego ſum lux mundi. In der Kirche ziemlich großer achtſeitiger Taufſtein auf achtſeitigem gedrehtem Stiele und vierſeitigem Fuße; darauf ein Schild mit dem Zeichen und dem Steinmetzzeichen . In der Filial-Kirche St. Leonhard altes Meßkleid von 1584 mit Hochſtickerei und Näharbeit. Im Mitteltheile Chriſtus auf grünem Rankenkreuze, Magdalena umfaßt den Fuß desſelben. Die Geſtalt Chriſti aus weißem Seidenſtoffe, die Magdalenen's aus verſchiedenfarbigem Seidenſtoffe genäht, die Haare aus geringeltem, ſehr feinen braun und gelblich überſponnenen Drahte; beide Figuren bis zu einem Centimeter erhöht. Am Orgel-Chor 1633 (M. VII. n. F. p. CXVII).

Egg. (M. IX. n. F. p. CXXXI.) Die Pfarrkirche ſoll ſchon 1394 beſtanden haben. Die gegenwärtige einſchiffige Anlage gehört der beſſeren gothiſchen Zeit an, wovon die am Weihkeſſel ſtehende Jahreszahl 1424 deutliches Zeugnis gibt. Leider wurde ſie im Jahre 1835 an der Chor-Decke grauſam moderniſirt, in welchem Jahre Maler Brandſtätter von Hermagor die Gewölberippen herunterſchlagen ließ, um für ſeine Kunſt (?) freies Feld zu gewinnen. Die ſchönen Sterngewölbe des dreijochigen Schiffes ſind glücklicherweiſe unbeſchädigt geblieben. An den Wänden des Chores und im dreiſeitigen

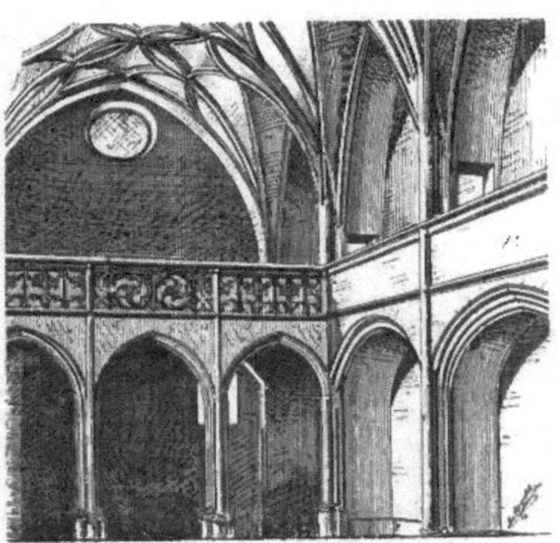

Fig. 23. (Eberndorf.)

Schluſſe ſind noch die urſprünglichen Dreiviertel-Säulchen mit ihren Wulſt-Capitälen erhalten; an dem Schiffs-Säulchen bemerkt man entwickeltere Capitäle (zwei Wulſte, dazwiſchen Hohlkehle). Südlich des Schiffes und Chores zwei Capellen anſcheinend gleichen Alters, mit gothiſchen Sternrippen, in den Fenſtern Maßwerk, die Strebepfeiler erſcheinen als über Eck geſtellte Leſenen (Fig. 24). In den Fenſtern der an der Südoſtecke abgeſchrägten Marien-Capelle ſehr hübſche Glasmalereien mit Figuren- und Wappenbildern. Im dreitheiligen erſten Fenſter ſind im Mittelfelde zu oberſt erhalten: »Chriſtus am Kreuze« (Mittelfeld), darunter die »schmerzhafte Mutter und Johannes«, zu unterst: die »heilige Barbara«. Zu beiden Seiten des letzteren Feldes: Rechts ein Ritter in voller Rüstung, links seine Gemalin, beide knieend dargestellt. Die Umschriften an den Wappenbildern nennen uns »Gandolf von Khünburg 1490« und »Dorothea, seine Hausfrau, geb. v. Lind, 1490«. Von den Glasgemälden des zweiten Fensters ist nur die oberste Tafel im unversehrten Zustande (heiliger Bartholomäus und Jacobus) erhalten. Zwei andere in Trümmern, vor einigen Jahren vom Sturme eingedrückt, sind im Pfarrhofe deponirt. Zusammengestellt ergeben sie das Wappen und die Worte »Sigmund von Khuenburg 1490«, »Margareth, seine Hausfrau, geborne Himmelberg«.

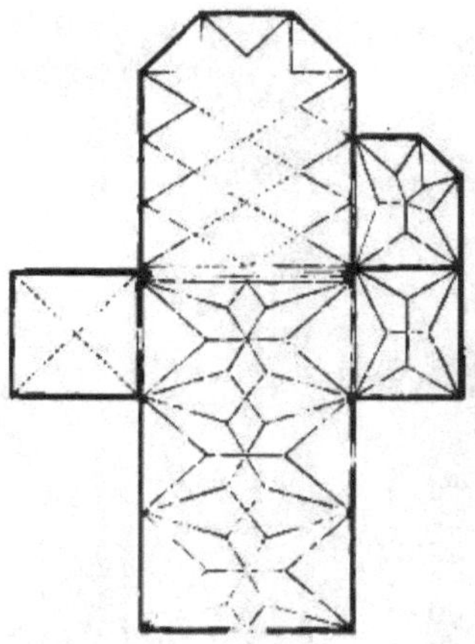

Fig. 24. (Egg.)

In der Marien-Capelle der Grabstein des obgenannten Grafen Gandolf. Der Stein hat die gewöhnliche Plattenform, an den oberen Ecken abgestutzt und enthält folgende Randschrift: Hie ligt begraben der edel und vest gandolf von Kienburg den got genad und ist gestorben am phintztag in den virr tagen der vasten anno dom. m cccc l xxxxii. Im Mittelfelde das Wappen von zwei Helmen bedeckt. In den Glasgemälden sind diese Wappen-Figuren in Roth und Silber ausgeführt.

Daneben der Grabstein des »edl und vest Cristoph von Khuenburg zu khienegk pfleger auf oberlachtenburg der am freittag vor georgii im 1.5.4.2 jar gestorben und seiner frav sibilla von silberwerg den got gnedig sein wolle amen.« Der Ritter in ganzer Figur, gerüstet, kniet vor dem Crucifix, an beiden Seiten die Wappenschilde mit den obbezeichneten Figuren.

Ein alter Kirchenstuhl in der Marien-Capelle ebenfalls von der Khuenburger Familie herstammend. Auf der hohen Lehne sieht man ein gemaltes Bild, das uns das Innere einer spätgothischen Kirche zeigt, worin eine größere Anzahl Angehöriger der Familie Khuenburg in betender Stellung. Unten sind deren Namen aufgeführt, oben wieder die beiden Wappen-Figuren: Scheibe und Stufe, gespalten in Roth und Silber. Zwei flatternde Spruchbänder tragen die Inschrift:

»Kandolf . von Kyenburg«
»Dorothea . sein . havsfrav . gep . von . lindt .
1ᛟ91.«

Der Hochaltar im besseren Barock-Styl (Bild: heiliger Michael, die Seelen wägend) wurde im Jahre 1837 modernisirt. Auf einem Seitenaltar die Jahreszahl 1648. An der Nordseite des Schiffes der viereckige Thurm mit vier Spitzgiebeln und einem schlanken achtseitigen Helmdach. Eine Thurmglocke mit 1492. Die Strebepfeiler als übereckgestellte Lesenen. In der Sacristei war bis vor kurzer Zeit ein gothischer Kelch. Im Pfarrhause ein zierlich gearbeiteter Thürklopfer.

Von dem unweit der Kirche auf einer kleinen Anhöhe stehenden Khuenburg'schen Schlossgebäude Kienegg ist in Folge Modernisirung vom Alten nicht viel mehr übrig. Es ist wohl zweistöckig, doch ohne jeden charakteristischen Schmuck. Im Umkreise ziehen sich Reste von alten Ringmauern, die an der Nordseite zinnenförmig bekrönt sind und in der Südwestecke an einen runden Thurm stoßen. Schießscharten sind an mehreren Punkten noch vorhanden.

St. Egiden im oberen Rosenthale (M. x. n. F. p. xxii), einfacher spätgothischer Chor, zum Theile noch erhalten, Triumphbogen, Netzgewölbe auf Consolen, die Rippen profilirt, Sacristeithür spitzbogig mit Eisenbeschlägen.

Ehrenegg, Schloss. Großer quadratischer Bau mit vier Eckthürmchen (vom Terrain bis zur Höhe des Dachsaums). Die

Mittelsäle in jedem Stockwerk, durch die ganze Tiefe des Baues reichend, mit hübschem Barock-Plafond (Stucco duro). Ueber dem Portal das Dietrichstein'sche Wappen mit den Rebenmessern und der gekrönten Schlange, dabei schadhafte Inschrift und Jahreszahl 1673.

In der Einfahrt, in Manneshöhe, an der linken Wand von einer nackten männlichen Figur gehalten zwei Wappen auf Cartouchecken und die Inschrift: der Edl. und Vest. Eberhardt. Erdtl v̄o. Hainstadt und Prisca eingeborne Waschlin sein Eheliche Hausfrav. haben dißs gepew von gruenem wasen auf angefangen zu Pauen anno Domini 1586.

Am Fuße des mäßig aufsteigenden Berges ein steinernes Feldkreuz in Form eines verschobenen Vierecks mit vier vertieften Nischen und Pyramidendach aus der ersten Hälfte des 16. Jahrhunderts. Dasselbe theilt sich in drei Abtheilungen, deren jedes cassettenförmig vertiefte Nischen hat, das heißt, die glatten Seitenflächen bilden in einer Tiefe von circa 15 Ctm. einen Rahmen, in dessen Mittelraum sich ehemals gewiß Bildchen befunden haben mögen, da derartige Spuren zu erkennen sind. Das oberste Stockwerk ladet auf einen Karnies aus.

Die St. Colomans-Kirche im Orte Ehrenegg (M. XII. n. F. p. LXXVII), eine Filiale von Markt Griffen, kleiner geosteter Bau aus dem 17. Jahrhundert mit gothisirenden Reminiscenzen, außen Strebepfeiler mit einer Abstufung und Wasserschlag. Presbyteriums-Fenster stumpf-spitzbogig. Die Inschrift über dem Westeingange lautet: Deo ter opt. max. mag. Matri ejus, S. S. Paulo et Columano Hoc Sacellum e fundamento exstruxit Rssms. D. Paulus Memminger Abbas, S. Pauli hujus Ecclesiae monrio incorporatae Advocatus et Patronus a. 1643.

Ehrenvest, Ruine oberhalb Pölling, Fundort römischer Münzen.

Eichforst bei Molzbüchl, die Magdalenakirche, ein kleiner gothischer Bau mit flacher Holzdecke im Schiffe und mit Grathgewölbe im Chor. Einfaches spitzbogiges Portal.

Eichwald bei Latschach, Fund einer Bronze-Spitze. (M. XI. n. F. p. LXII.)

Eiersdorf. An der Kirche der Grabstein QVARTO mit Urbines, Zeit um 170. (M. n. F. VIII. p. CXIV). Filial-Kirche von Tainach einschiffig, gothisch überwölbt, spätgothische Netzgewölbe, der Chor höher, dreiseitiger Schluß. Dreiviertel-Säulchen auf Consolen verschiedener Form, die Capitäle theils mit Masken, theils mit Figuren [1]) oder paarweisen Schildern. An einem ein Steinmetzzeichen wie an der Wabelsdorfer Kirche, daher anzunehmen ist, daſs ein und derselbe Meister beide Kirchen ausgeführt hat. Besonders beachtenswerth sind ferner einige symbolische Bilder an den Schlußstein-Scheiben des Chor-Gewölbes: das Opferlamm Christi mit dem Kreuzpanier, ein Christuskopf, drei Männerköpfe en profil, mittelst Bart und Haare in einen Ring verbunden (Dreieinigkeit). An den Wänden des Schiffes capitällose Säulchen mit directem Rippenanlauf. Das mittlere Chor-Fenster mit Mittelpfosten und einfachem Vierpaß, die Seitenfenster schmäler. An den Aufsätzen der Seiten-Altäre die Jahreszahlen 1.6.2.9 und 1.6.8.3, die Altäre barock, neu gefaßt, wobei die Jahreszahlen ausgelöscht wurden. Aelteren Datums blos die geschnitzte Figur des Kirchen-Patrons (Rupertus) in der Mittel-Nische des Haupt-Altars (im Bischofsgewand, in der Rechten sein Attribut, ein Salzfäßchen, in der Linken den Stab, in dessen Krümmung: der heilige Georg den Lindwurm tödtend). In die Zeit des Aufbaues der Kirche (zweite Hälfte des 15. oder Anfang des 16. Jahrhunderts) fällt das Gemälde, den heiligen Christoph darstellend, an der äußeren Schiffssüdseite, mit Spruchband, woran noch zu lesen «sanct Christus» in Minuskeln; die sonst noch übliche Jahreszahl fehlt. Der viereckige Thurm über der Sacristei an der Chor-Nordseite mit vierseitigem Spitzhelm und einfachen spitzbogigen Schallöchern. An den Ecken des Chores schwache Strebepfeiler in der seltener vorkommenden Form mit fünf Seiten aus dem Achtecke. Hübsch profilirtes Westthor mit gestreiftem Spitzbogen. (M. IX. n. F. p. XCVIII.)

Einersdorf, Filiale von Bleiburg, mit sehr hohem streng gothischen Chore (2 Joche und dreiseitiger Schluß), Netzgewölbe, Wanddienste, Kaffgesimse. Das Schiff aus neuerer Zeit. Der mit dem Chore gleich alte Thurm mit vierseitigem Spitzdache; Reste von Glas-

[1]) Drei mit Händen und Füßen in einander verschlungene kleine Figuren, drei Masken, Brustfigur mit an die Seite gedrückten Armen und Beinen, die Ellbogen nach rückwärts gedrückt, zwei auf Händen und Füßen übereinander kauernde, nach entgegengesetzter Seite gewendete menschliche Figuren, zwei liegende und miteinander ringende Figuren, drei hockende Figuren mit kurzem Leibe und übergroßen Köpfen, zwei ringende Figuren, der Länge nach um das Capital gelegt etc.

malereien und Maßwerk. (M. VII. n. F. p. LVI.)

Eis bei Lavamünd. Im Erdgrunde unweit Tiefenbachers Keufche ftieß man im Jahre 1857 auf einen Thontopf mit vielen Silbermünzen. Es mögen deren mindeftens 22 Stück, wenn nicht Sorten gewefen fein. Zwei Didrachmen, Kopf rf. und Reiter mit ATTA, dann Kopf mit Haube rf. und Reiter, Hammer, NEME, befitzt das k. k. Münzen- und Antiken-Cabinet zu Wien; eben-

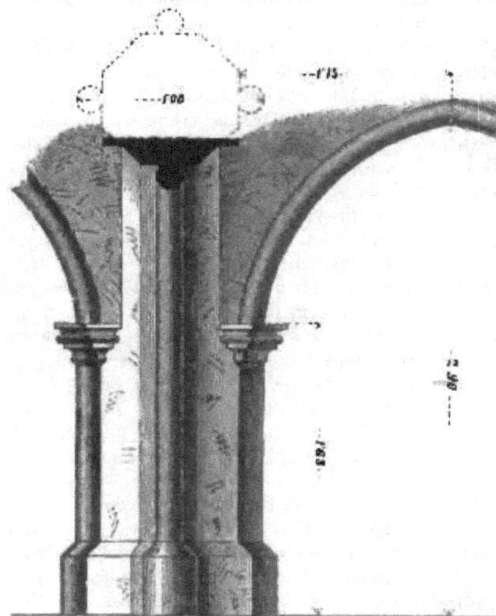

Fig. 25. (Eifenkappel.)

fo 7 kleinere Silberftücke, deren Zeichen Buckel mit Streifen, Köpfe u. dgl. find. Sechs Kleinfilberftücke, wovon 4 in Erbfengröße mit erhabenen Punkten, eines etwas größer (K).

Eisenerzberg bei Semlach, vgl. Semlach.

Eisenkappel, Kappel bei Eberndorf, an der Seitenftraße von Juenna über den Seeberg nach Emona. Römifche Münzen und Steine wurden in verfchiedenen Zeiten gefunden, eine Fauftina j. Br. (K.) In der Nähe die fchatzbergende Grotte Usova mit Tropffteinen. (Jab. S. 138.)

Die Pfarrkirche zu St. Michael ift ein anfehnlicher dreifchiffiger Hallenbau aus der fpätgothifchen Zeit. Der bedeutend höhere Chor hat in zwei Travéen und dem fünffeitigen Schluffe einfache, in den Schiffen zufammengefetzte Spitzbogen-Gewölbe. Mit der großen Chor-Höhe fteht jedoch die Höhe des Gewölbes nicht im rechten Einklang, in Folge des zu hoch angefetzten Bogenanfanges wurde den Kappen nur in unzureichendem Maße Entwicklungsfreiheit gewährt; daher zeigen auch die Rippen einen ins Rundliche übergehenden Schwung. Für den Anfall der ziemlich ftarken Diagonal-Rippen von gewöhnlichem gothifchen Profil findet fich nicht Raum auf der Deckplatte jedes Dienftcapitäls und müßen diefe fich daher unmittelbar auf die Hinterwand ftützen.

In den vier Ecken des Chor-Schluffes und neben dem Triumphbogen find Halbfäulchen angebracht, deren Kelch-Capitäle auf den Schäften fich aufftützen, was einen unharmonifchen Anfchluß an das Vorderjoch zur Folge hat. An und für fich kommt aber der Spitzbogen-Charakter im Schlußjoche entfchiedener zur Geltung. Der profilirte Triumphbogen zeigt einen unfchönen Wechfel zwifchen Hohlkehlen und Leiften. Das ftattliche Langhaus zerfällt in drei quadratifche Travéen des Mittelfchiffes und je drei längliche Joche in den Nebenfchiffen. Die Trennung wird durch 0·74 M. ftarke achtfeitige Pfeiler mit an vier Seiten geftellten Säulchenvorlagen beforgt, deren Ringcapitäle zur Aufnahme der Lang- und Querrippen dienen; die Diagonal-Rippen ftoßen an die anderen vier Seiten der Pfeiler an. Die zwifchen den Trennungspfeilern gefpannten ziemlich gedrückten Scheidebögen behalten das dreifeitige Profil, wobei an der unteren Seite das Profil der Säulchenvorlage mitläuft. An den Seitenwänden treten dreifeitig abgefchrägte Halbpfeiler etwa 0·79 M. vor, die zugleich die an den Außenfeiten fehlenden Strebepfeiler erfetzen; den Wandpfeilern liegen, wie den Trennungspfeilern eigene Dienfte vor. Nur links und rechts des Triumphbogens, dann an der Empore und Thurmfeite übergehen die Rippen auf Confolen, die theils mit Schilden, theils Ornamenten befetzt find. Bei den gedrückt fpitzbogigen Fenftern kommt weder im Langhaus noch im Chor eine Maßwerkfüllung vor. Die weftlichen Joche werden zum größeren Theile vom Orgel-Chor, im füdweftlichen Theile von dem eingebauten kräftigen Thurm eingenommen; der Orgel-Chor ruht auf zwei einfach gothifch gewölbten Travéen, die fich gegen das Langhaus in zwei niedrigen Spitzbögen öffnen. Der Thurm ift mäßig hoch und mit einem aus dem Quadrat in das Achteck übergehenden mislungenen Spitzhelm eingedeckt, ftammt aus neuefter Zeit. Der feitliche Einbau des Thurmes, welcher nicht einmal als Eingangshalle unterwölbt wurde, macht im Innern wie auch außen einen recht ftörenden Eindruck.

Die Seiten-Altäre und die Orgel find neu, der Hoch-Altar barock. Durch diefen ift zu zwei Drittel eine hübfche gothifche Wandnifche, wahrfcheinlich ein ehemaliger Priefterfitz, verftellt. Höhe 2 M., Breite 1 M., der Kleeblattfchluß ftark befchädigt.

den 22. Octobris Ao. 1751«. Ein zweiter Grabftein einer »Frau Maria Clara Gappin von Tamerburg, eine geborne Jurhatin von

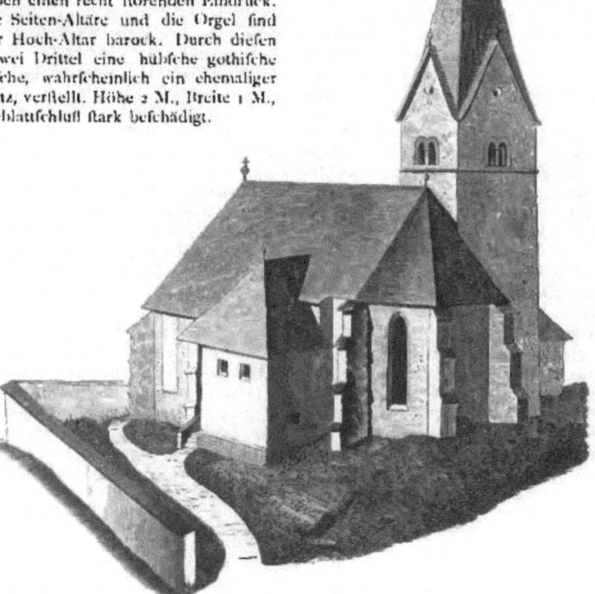

Fig. 20. (Maria Dorn.)

Die Sacrifteithür ift gothifch profilirt, die Emporen-Oeffnungen im Stichbogen gefchloffen. Die Emporen-Räume find neueren Datums und gefchmacklos.

Von Grabfteinen erfcheinen nennenswerth: Ein Grabftein des »Graffen von Chryftalnig von unt zu Grillnftain, Freiherrn von Oeberftäin und Wäfenberg etc. geftorben

Hartenftain gewefte Einnemberin in der Capl, welche den 10. Juni in 1691ften Jahr in Gott feelig verfchiden«. Ein Grabftein mit dem Wappen der von Hagenegg (Ochfenkopf) wurde vor kurzem abgemeißelt und als Auftrittftein beim Hauptportale verwendet. Außen an der Chormauer Grabftein des Schulmeifters von Ebendorff And. Resnofchnigg, † 1676.

3*

In der Sacriftei eine Monftranze von 1629, ein fehr kleiner Meßkelch von Silber und vergoldet. An den fechs Seiten ober und unter dem Nodus Hefus Maria; auf dem fechsblätterigen Fuße I H S Maria S.ana.peit vns 1538. Fig. 15: Arcaden-Conftruction.

Stammhaus der Kappel mit Fresken, zwei Hochgerichtspfeiler beim Türkenkopf, Trümmer der Paßfefte.

Die außer dem Markte Eifenkappel nahe an der Eberndorferftraße fchön gelegene Friedhofs-Kirche Maria Dorn gehört ebenfalls der fpätgothifchen Periode an. (Fig. 16.) Doch fällt der Bau fchon in jene Zeit, wo der Compofition die künftlerifche Ruhe gänzlich abhanden gekommen ift. Damit ift aber nur das beinahe quadratifche und durch einen einzigen mächtigen Trennungspfeiler fcheinbar in zwei gleiche Schiffe getheilte Langhaus gemeint. Der mit demfelben gleich hohe Chor hat in einem Joche und dem eckigen Schluße das einfache gothifche Kreuzgewölbe, worin die Rippen ununterbrochen und gebündelt bis zu dem unter den Fenftern laufenden Kaffims gehen. Am Scheitel kreuzen fie fich in runden Schlußftein-Platten, die nicht mehr erkennbare Relief-Verzierungen (Rofette, Chriftuskopf mit Kreuznimbus?) enthalten. Die fpitzgefchloffenen ziemlich großen Fenfter ohne Maßwerk.

Durch den in die Mitte des Langhaufes geftellten Pfeiler wurde offenbar eine Untertheilung in vier Travées beabfichtigt. Charakteriftifch find in diefer Beziehung die vom Pfeiler nach vier Seiten ausgehenden fehr gedrückten Gurtbögen, deren dreifeitiges Profil dem in der Pfarrkirche fchon angewendeten Vorbilde nachgeahmt wurde. Die zwei weftlichen Joche haben Sterngewölbe, die eine vollkommene Entwicklung zeigen. An der Nordfeite des Langhaufes ift ein moderner Capellen-Zubau, nördlich am Chore der mit ihm gleich alte mächtige Thurm angebaut. Derfelbe befitzt ein fchlankes achtfeitiges Zeltdach, vier Spitzgiebel an den Umfaffungsmauern und gekuppelte gothifche Schalllöcher. Die Eingänge im Spitzbogen conftruirt. Derbe Strebepfeiler reichen bis zum ausladenden Dachfaum. Außen neben dem Südthore Refte von Wandmalereien. (M. VII. n. F. p. CXVII.)

Eisentratten, im Türkenhaus eine Sonnenuhr al fresco 1592. Am Thore des Hochofens ein längliches Relief in Eifenguß mit der Jahreszahl 1566, dabei zwei Figuren in mittelalterlicher Kleidung (M. XIII. n. F. p. CLXXXVI).

Emersdorf an der alten Straße von Tigring nach Zolfeld. Bronzemünzen M. Aurel um 177—178, Gordianus, Viminacium an III und Julianus, securitas reipub (Coh. II. 368, 73) in Sammlung Ritter von Hempel zu Grätz feit 1881. Außer einem Gefimsftücke, als Stufe verwendet, treffen wir den Grabftein AELIO* mit SECVNDINA, Zeit um 120, feit 1814, an der Filial-Kirche nächft dem Schloffe. (Jah. 378 und S. 3, 4. Mo. 4874, R. Stud. 3, 54, M. III n. F. p. CIX.)

Eppersdorf. Die Kirche zu St. Peter, eine Filiale von Brückel, fpätgothifcher kleiner Bau mit Netzgewölben im polygonen Chor und dreijochigem Schiff, die Rippen des erfteren ruhen auf kleinen Tragfteinen; die im Schiffe auf Dreiviertel-Pfeilern. Chor-Schifffenfter fpitzbogig, erftere mit einfachem Maßwerk; Votivbild von 1676 (Maria mit dem Kinde). Wefteingang fpitzbogig, reich profilirt, gerader Sturz, im Tympanon Blendmaßwerk.

F.

Faak, an der Südfeite der Kirche ein Chriftoph-Bild von coloffaler Dimenfion. Der Heilige in ritterlicher Kleidung, am Gürtel ein Sack mit Brot und Zwiebeln. Im Waffer Krebfe, Sirenen, Fifche, ein Seeungeheuer, darauf eine weißgekleidete Nonne fitzt. Reiche bunte Umrahmung des Bildes. Eine fehr beachtenswerthe Malerei der deutfchen Renaiffance mit Holbein'fchem Einfluß. (M. V. n. F. XXXVIII, Dr. Ilg.)

Falkenstein, Schloß, die Mauern aus Tuffquadern, Thurm vierftöckig, Capelle.

Faning (Filialkirche von Tigring), kleines Kirchlein mit einem Chriftophbild an der Außenfeite. Innen fpitzbogiges Gewölbe ohne Rippen, Apfis im Halbkreife.

Faschaunerthörl im Maltathal, Saumweg zum Lungauer-Paße gegen St. Michael, Taferneralm, Leisnitzgraben, Mauterndorf u. f. w. Die Rädernwand mit dem Frauenwandl, einem Steinblocke grobkörnigen Glimmerfchiefer-Kalkes mit Quarzit-Schichten, enthält Schriftzeichen wie etruskifche, einmal $4^1/_2$ Zeilen, dann etwa 10 Zeichen, ferner allerlei Kreuze und Doppelkreuze. (M. VI. n. F. 51 und 52. Oberziner JReti, Rom 1883, S. 208 f. Vgl. Fels-Sculpturen beim Königsfee, Zeitfch. f. Ethnl. 1884, 574.)

Faschendorf bei St. Peter im Holz, rechtes Drau-Ufer. Nächft dem Feldwege ergrub man um 1850 (vor 1861) zwei Reliefsteine: Weibliche Büfte mit Wulfthaube im Kreisrahmen, darunter vier Quadrate mit Blumen. Weibliche Büfte mit umlaubtem Kopfe etc., Quadrate mit Blumen. Beide zu Spital, Schlofshof. (Jab. 481, Taf. 13.) Rechter Fuß eines rechtswärts Laufenden, Einrahmung, im Acker füdlich der Drau, 1882. M. 1883. p. LXXI.

Feistritz an der Gail. Die Kirche zu St. Martin befteht aus einem dreijochigen einfchiffigen Langhaufe und kleinem dreifeitig gefchloffenen Chor mit zwei Jochen mit gleichen fpätgothifchen Netzgewölben überfpannt. Beide Räume find durch einen hohen Triumphbogen abgetrennt, die Gewölbejoche durch runde Wanddienfte markirt. Die Confolen beftehen aus Eichenblattwerk, großen Masken mit aufgeblafenen Baken, Thierfiguren (Löwen etc.). Die Fenfteröffnungen und Wölbungskappen erfcheinen modernifirt. An der füdlichen Schiffsfeite neben der Sacriftei ein Capellen-Zubau, ebenfalls mit gothifchen Rippen, an allen Außenfeiten Strebepfeiler. Auch die Unterwölbung der Halle des vor der Weftfeite ftehenden viereckigen Thurmes und die Geftaltung des Kirchen-Einganges find im gothifchen Style durchgeführt. Ueber der Thüre ein gefchweifter Wimperg mit Krabben, Kreuzblume und Fialen. Die ganze Kirche ift aus Kalktuff erbaut. Am weißmarmornen, aber nun weiß und blau angeftrichenen Haupt-Altar die Jahreszahl MDCCLXII. Ein Weihwaffer-Becken mag einft als Taufftein gedient haben; oben achtfeitig verfchmälert es fich nach unten in halbkugelige Form, welche von einem kräftigen als vierfeitige Pyramide auffteigenden Fuße geftützt wird. Charakteriftifch find die vier Schilder, die an den Seiten des Fußes kräftig auffitzen. Eine der Beckenfeiten zeigt die Jahreszahl 1646. (M. IX. 114; n. F. IX. p. CXXXV.) Die Kirche brannte 1885 ab.

Die zweitgrößte Glocke ftammt aus 1492, die dritte aus 1542 (gegoffen von Jeromim Egher in Villach), die vierte von 1586 (gegoffen von Erasmus Staffel in Villach). In der Kirche das Grabmal des Chriftian Proy von Burgwalden zu Wafferleonburg, † 24. Juli 1625 «im gehalten Befchau des Confin u. Alm Strittes in der Göriacher Albm von Anrainenden Canallern überfallen mit einer Pandhacke tödtlicher verwundt.»

Die kleine Magdalena-Capelle ift ähnlich wie die Pfarrkirche mit zufammengefetzten Netzgewölben überdeckt, jedoch nach einer vorhandenen Infchrift fchon aus der erften Hälfte des 16. Jahrhunderts ftammend. An der inneren Weft-Seite oberhalb des Orgel-Chores ftehen nämlich die Worte: «Ih Mayfter . andre . kamich . Stamez . von . Eckh . hab . das . paw . verpracht, 1 . 5 . 2 . 2.» Kleine Fenfter mit Spitzbogen, der fpitzbogige Trennungsbogen einfach profilirt, Strebepfeiler fehlen.

Feistritz im Glanthale. Vermuthete Stelle für Noreia. Zwei Grabfteine C C ANTONIO*, mit miles cohortis I. und cohortis XI practoriae, aedilicius, fchwerlich um 47—69, wol um 150, bekannt feit 1819, jetzt in der Friedhofmauer zu Pulft (Jab. 237, Mo. 4838). CAMVLIANO*, um 215, feit 1819?, am Wegkreuze (Mo. 4893, M. XI. n. F. p. LXII.)

Die Kirche zu St. Martin in der Feiftritz (eine der älteften kirchlichen Gründungen Kärntens 1131) befteht aus einem gothifchen Presbyterium und einem einfachen Langhaufe neuerer Zeit. Ober der Sacrifteithür 1524, zunächft des Hoch-Altars 1537. Im fünffeitigen Presbyterium die Strebepfeiler theilweife nach innen gefchoben. Zwei Fenfter mit Maßwerk. An der Evangelien-Seite eine Sanctuariums-Nifche. Der Fuß des Taufsteines alt. Der Hoch-Altar ftammt aus 1757—1767, die Seiten-Altäre aus 1675 und 1693. Die Bemalung des Presbyteriums aus 1856. (M. II. 110.) Der Plafond des Langhaufes mit Fresco-Malereien, vorftellend die Auferftehung, die vier Kirchenlehrer und Johannes den Täufer. In der Sacriftei ein fpätgothifcher Kelch, Refte einer gothifchen geftickten Cafula. Der Thurm fteht auf der Nordfeite zunächft dem Presbyterium, unten vier-, oben achteckig. Drei Glocken aus dem 18. Jahrhundert, eine vierte ohne Infchrift weit älter. Im unteren Gefchoß des Thurmes die Sacriftei. Bemerkenswerth das Gemälde in der Vorhalle: Epitaphium des Vicarius Bernhard David Pichler zum Andenken an feine Eltern und Gefchwifter (1685), vorftellend die Kreuzigung und Goliath's Tödtung. Neben der Kirche der fechseckige gothifche Karner.

Feistritz, Drauthal, an der teurnenser Straße von Kellerberg nach Paternion. Die Erdwall-Grundmauern am rechten Drau-Ufer nordwärts um die Fläche, ein Viereck-Bau, genannt «in der Görz, auf der Goritzen», lang 569 bis 758 Meter (300 bis 400 Klafter), breit an 380 Meter (200 Klafter) bis Duel (M. x. n. F. p. cxcvi, R. Stud. I. p. 84, 86, 89) mit dem Hinweisen auf eine alte Stadt oder ein Wehrlager, wohl auch mit römischen Bausteinen, Mauerresten von Bruchsteinen, Gewölben, Mühlsteinen, einem «Goldbrunnen» erinnern an Vergils norische Castelle, norica castella in tumulis, und die eugippischen Vesten. Im Kohlengraben eine Steinplatte mit etruskischen Zeichen (kl. Zeit. 1883. p. 1547. Car. 1884, 53).

Der Grabstein AV(REL)IVL., Zeit um 240, beim Thore eines Hauses (Mo. 4757. Jab. S. 6, S. 180. Ank. 1, 307. 515).

Die Pfarrkirche zum heiligen Georg, ein Bau aus dem Anfange des 16. Jahrhunderts. Das flache Netzgewölbe des Presbyteriums und der Seitencapelle gut. Das Schiffgewölbe spät und mangelhaft. Das Gewölbe der Orgelbühne jünger mit vermehrtem reichverschlungenen Astwerke von Wulstrippen netzförmig verflochten, getragen von zwei schön gearbeiteten achteckigen Pfeilern mit eigenartig gestellten Sockeln. Der Triumphbogen spitzbogig mit gekehlten Schrägen bis zur Spannung, welche über kleinen Consolen im Rippenprofil erscheint. Spitzbogige Sacristeithüre, profilirt. Taufstein achteckig mit Schildern, Strebepfeiler. Außen Spuren von Bemalung (Christus am Kreuze, himml. Jerusalem, Auferstehung). Thurm an der Westseite, spätgothisch. Grabstein des Pfarrers Joh. Neukircher (1526).

Außerhalb an der Nordwand der Capelle war eine Art Epitaphium in Grau gemalt mit in die Mauer vertieften Contouren, die mit schwarzer Farbe markirt waren. Der linke Theil ist durch das Ausbrechen eines Fensters zerstört worden. Auf demselben Tod Christi am Kreuze, seine Auferstehung, Stadt Ninive und von dem zerstörten Theile rechts noch eine nackte Figur, welche die Hände bittend zu Christus emporhält. Bei den einzelnen Bildern Legenden: Ninive; Hilff mir o lieber Gott in meiner noth; Ich bin die Auferstehung und das Leben; Disce mori; Unser Leben währet 70 Jar und wen es hoch Kumbt so sind es 80 Jar. PSALM XC. Darunter die in den Contouren noch wohl erhaltene Schrift: Christan Raupperthichter alhie starb in Gott sellig Anno. Dōi 1574 | seines alters in 88 Jars Und ligt allda begraben sambt sein Ehefraūe Agnesn | weiland Jacobn Mandre Amptman alhie Eliche tochter Gott gnade inen und | † 15 † uns allen Amen † 76 †.

Feldkirchen, an der Seitenstraße von Tiffen nach Feistritz, von Santicum her nach Virunum. Metall- und Thongegenstände zeigten sich beim Bahnbaue 1867: Blei, Gefäßtheile, Randstücke; Bronze, Fibel, eine Nadel (K. 1882), Münzen; alsdann eine schwarzgrauthönerne Urne mit Menschenknochen, eine rothe Lampe mit VIBIANI, eine Lampe in Pinienapfel-Form, am Bauche zwei Naben (Sammlung L. v. Hueber). Außer dem noch gleichzeitig gefundenen korinthischen Säulencapitäl, Säulenschaft (sämmtlich K), sind zu verzeichnen:

Die Grabsteine DMAVREL TERTIVS, mit miles leg II italicae, Zeit um 238, gefunden an der Bahnlinie 1868 (Jab. 408. Mo. 4836 a., K. 6). NIVS (PRO) CVLVS mit centurio leg. II italicae, um 200, gef. im Friedhofe 1858 (Jab. 405. Mo. 4861. K. 59). DMAVR SVRA*, um 238, bekannt seit circa 1508—1520 an der Michaels-Kirche (Jab. 404, Mo. 4883). DM BARBIE, um 238, beim Bahnbaue (Jab. 407, Mo. 4885 a, K. 38). DM VALER, um 200, beim Bahnbaue 1867, mit den Stein-, Bronze- und Thonsachen (Jab. 406, Mo. 4990 b, K. 44). CVPITVS*, um 220, an der Bahnstation gleich den folgenden 1868 (Mo. 6498, S. 1047, Eph. 2, 437, Nr. 948, K. 148). IVNIO*, um 150 (Mo. 6503, Eph. 1, 438, Nr. 952, K. 129). SEXTVS*, um 250. (Mo. 6506, Eph. 2. 438, Nr. 953. K. 149. M. m. n. F. p. cx.) Nach Römerzeiten taucht der Ort als Veltchirchn (888) wieder auf.

Am Abhange des Pollanitz-Berges, südliche Hochfläche, Gräber mit Thongefäßen, 1 Bronze-Figürchen, 1 eisernen Helm und 2 Schwertern. (M. xi. n. F. p. lxii.)

Die Pfarrkirche (Maria-Dorn), eine große dreischiffige Anlage in ihren Theilen in verschiedene Zeiten zurückreichend. Das Langhaus mag ehemals eine Basilika-Anlage mit flacher Decke gehabt haben, jetzt ein spätgothischer Bau; im Inneren des Dachbodens erkennt man noch die vermauerten Lichtgadenfenster. Dichtes Rippengewölbe im Mittelschiff. Die Rippen verlaufen in die Mauer, nur in den Ecken Tragsteine mit

Schildern. Die Seitenschiffe sind Zubauten, das nördliche (die alte Kirche genannt) mit Sterngewölbe gehört in die Spätgothik, das südliche und kürzere ist neueren Datums mit gedrücktspitzbogigen Gratgewölben, beide bedeutend niedriger als das Hauptschiff. Im nördlichen Seitenschiffe quadratische Schlußsteine und Dreiviertel-Säulchen als Rippenträger. Zwischen den drei Schiffen niedere rundbogige Arcaden mit quadraten Pfeilern. An das Langhaus schließt sich die Thurmhalle an mit halbrunden Scheidebögen. Der Chor niedrig, einjochig, fünfseitig geschlossen, gothisches Kreuzgewölbe, die Rippen ruhen auf Wanddiensten, die in Dreiviertel-Wandhöhe mit Consolen abschließen. In den Schlußsteinen die segnende Hand und eine Rosette. Die Fenster im Chorschlusse spitzbogig ohne Maßwerk. Zu beiden Seiten des Hoch-Altars Wandnischen für Priestersitze. Die Seitenschiffe schließen polygon ab. Außen hohe einfache Strebepfeiler an den Chorecken und der Südseite. Beim südlichen Portale romanische Säulchencapitäle. Sechzehnseitiger Taufstein aus Marmor mit leeren Schildern. Der Hochaltar barock. Gothische Monstranze. Glocke von 1734.

In und an der Kirche viele Grabmale. In der nördlichen Abseite eine große Grabtafel mit zopfiger aber sehr schöner Verzierung, des Joh. Lorentz von Jovio † 1720 und seiner Frau Maria Lucia, geb. Leitner von Leitenau † 1733. Außen: (gelbgrauer Marmor) der Cordula Seelin, verehlichte Scheit † 1524. — Des Christoph Scheitt (deren Gattin), Bamberg'scher Rath, † 1554, — (lichter Marmor) Name unleserlich, 1496, soll sich beziehen auf Lorenz Hämerle, im Schilde drei Hämmer, — für die Ehefrau des Georg Rubinig 1696, — dann für Justina Rubinigin † 1623, — dann für Christianus Rubenig † 1724, — dann für Michael Pilgram von Widweg † 1730 (drei Muscheln im Schilde), — ein Stein von 1519 mit einer Eidechse im Schilde des Andre Staudacher, — eine Marmorplatte, die Schrift unleserlich, Jahreszahl 1490, zwei Wappen, dazwischen ein Kreuz, in einem Schilde ein Pfeil, dieser auch am Fluge, im anderen ein Fallhammer, derselbe mit Hahnenbusch am Helme; in der Vorhalle eine Marmorplatte, darauf am obersten Theile zwei Wappen ohne Helme (ein Huhn und eine Hausmarke), Umschrift abgetreten (vielleicht Hendtl), 1459.

Am Friedhofe, der theilweise befestigt und mit Eckthürmen versehen ist, ein runder Karner mit Kuppelgewölbe und kleinen Fenstern, stark modernisirt. Darunter das Beinhaus.

Die Filialkirche zum heiligen Michael, kleine einschiffige Anlage, dreiseitig geschlossen, zweijochiges Schiff und ein Joch im Chor. Die Rippen des Chores abgeschlagen, das Schiff neu überwölbt. An der Südseite ein Römerstein (s. oben). Strebepfeiler an den Chorecken, je einer an der Süd- und Nordseite. In der Sacristei ein Kelch von Joh. Lor. von Jovio 1717. Orgel von 1745.

Feldsberg nächst dem Lurnfelde. Eines der alten Castelle des Eugippius, Sect. 25. (M. III n. F. p. XCVI.)

Ferlach. Eine Bronzemünze Claudius II., um Jahr 1850; vielleicht auch Pius und Mamaea, Valentinian S. 1845. (K.) Thonreste? (Afk. 2, 93 vgl. 6, 173. Car. 1845, 207; 1850, 304.) Bronzereste an der Loiblstraße. (Klagenfr. Ztg. 1885, 1117.)

Ferlach (Unter-). Die Filial-Kirche zum heiligen Gregor ist klein und niedrig, einfach, im Chor spitzbogig überwölbt und dreiseitig geschlossen, das Schiff aus neuerer Zeit. An dem Chor capitällose Dienste, daselbst vier kleine spitzbogige Fenster. Dachreiter; in der Sacristei ein Kasten von 1745.

Ferndorf. Die kleine, aus dem 16. Jahrhundert stammende Kirche hat ein gothisches Presbyterium (ein Joch und polygoner Schluß) mit einfachem Kreuzgewölbe aus stark profilirten Rippen, die auf Consolen ruhen, Schlußstein mit Rosette, der Triumphbogen spitzbogig, spitzbogige Fenster mit Nasen. Das Schiff von neuerer Bauart. Ein vermauertes gothisches Fenster ist noch sichtbar. Die Decke flach. Sehr schöner Barock-Altar; hölzerner Dachreiter. In der Sacristei befindet sich ein Kelch aus dem 17. Jahrhundert. An der Südseite der Kirche außen al fresco St. Christof mit dem Christkinde, welches den Welt-Apfel hält. An der Presbyteriumwand Christus am Kreuze mit Maria, Johannes und Magdalena, neben Johannes steht Pilatus, auch die Schächer sind dargestellt. Darunter etwas kleiner gemalt die Donatoren. Rechts die Kreuzabnahme, links Christus am Oelberge. Die Gemälde sind sehr stark ruinirt, jedoch noch sehr gut zu erkennen. Dieselben stammen von keinem Künstler, sind aber nicht übermalt (16. Jahrhundert). Die große Glocke aus dem Jahre 1648 trägt die Inschrift: »Im Namen Gottes pin ich geflossen,

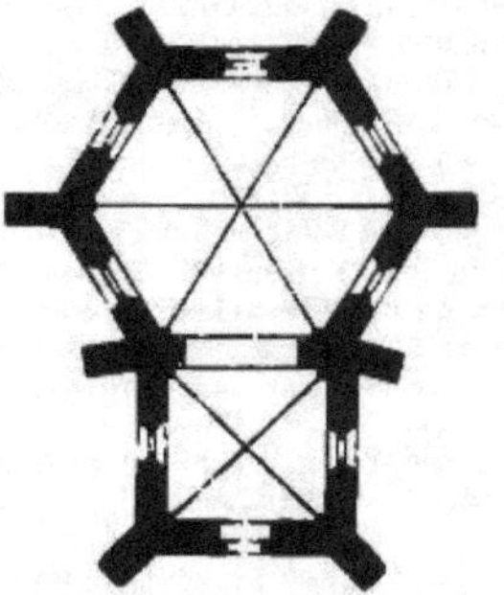

Fig. 27. (Außer-Fragant.)

David Polster in Villach goß mich. J. N. R. J. S. Paulus pit vir uns derzeit. Christian Steierer.« Die kleine Glocke ist auch sehr alt, doch ohne Inschrift. Die Altäre der Kirche stammen aus dem Jahre 1617.

Feuersberg. Die dem heil. Stephan geweihte Pfarrkirche dürfte noch im 15. Jahrhundert entstanden sein, besteht aus einem großen breiten dreijochigen Schiffe und einem Presbyterium (oblonges Joch und fünfseitiger Schluß) mit schöner Netzrippen-Ueberwölbung, Dreiviertelsäulchen als Wandstützen, doch haben nur die im Chor eigene Capitäle, davon zwei und eine Console mit Gesichtsmasken. Die Fenster spitzbogig, doch nur das Mittelfenster im Chor-Schluße mit Maßwerk. Die Brüstung des Orgel Chores theils mit Relief-Figuren: St. Stephan und Laurenz, wie sie zwei knienden Armen Almosen spenden, theils mit verschlungenem Blend-Maßwerk geziert. Der Triumphbogen ist mit drei Seiten aus dem Achteck profilirt. Der Taufstein ist insofern beachtenswerth, als sich in eigenthümlicher Weise die Windung der Säule auch am Becken fortsetzt. Außen Strebepfeiler um die ganze Kirche. Der Thurm steht an der Westfront und dient im Erdgeschoße als Vorhalle, hat doppelte spitzbogige Schalllöcher, ein achtseitiges Zeltdach und vier Giebel. (M. VIII. n. F. p. LXI.)

Außen an der Friedhofmauer ein Reliefstein (Figur mit langem Gewande).

An der südlichen Kirchenmauer, hart am Boden, ein Inschriftstein, 89 Ctm. lang, 73 Ctm. hoch, gerundet, mit folgenden Worten:

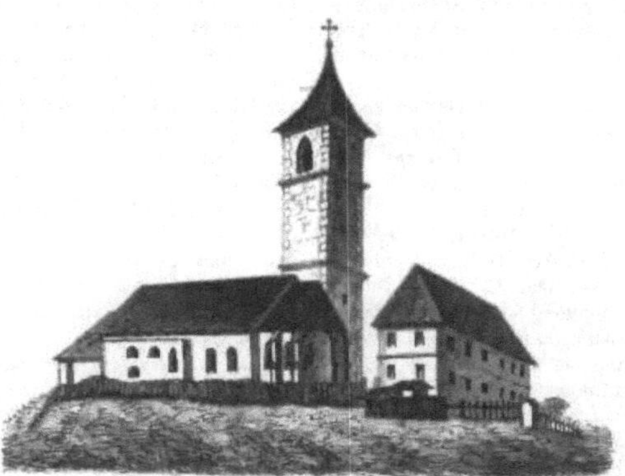

Fig. 28. (Fresach.)

L.BARBIO.VER
CATO.AEDILICO
ET.BARBIAE.SVAD
VLLAE.VXORI.V.ET.L
BARBIO.VERANO.MIL.
COH.P.PRAETORIAE.F.F.F.

Finkenstein. Das Schloß als Vinchenstain circa 1143 bekannt. Die Pfarrkirche zu St. Stephan (M. I. 125) ist ein einfacher gothischer Bau aus dem Jahre 1477, sie wurde durch Meister Jörg, den Steinmetz aus Klagenfurt erbaut, in neuerer Zeit aber arg restaurirt. An der Friedhofmauer zwei interessante spätgothische Hochreliefs, vorstellend das Martyrium des heil. Stephan in vier Bildern und den englischen Gruß in zwei und den heil. Michael in einem Bilde, unter schwerem Giebelaufsatze sammt Fialen und Kreuzblumen. In einer kleinen Capelle ein Flügel-Altärchen. (M. VII. n. F. p. LIII.)

Firnitz, vgl. Simontitsch.

Fischering (M. x. n. F. p. CXXVII). Filiale von St. Andrae, Kirche zum heiligen Martin aus neuerer Zeit. Einige Beachtung verdienen zwei an der Süd- und Nordseite des Schiffes hängende größere Oelgemälde aus der Renaissance-Zeit. An der Nordseite: Darstellung des jüngsten Gerichtes. Die Todten stehen von ihren Gräbern auf, die Seligen werden von Engeln empfangen und zur Himmelspforte geleitet, dagegen die Verdammten von Teufeln in die Hölle geschleppt. Das Himmelreich ist symbolisirt durch die Mittelgruppe von Jesus, Maria und Johannes, umgeben vom Engel-Chor, auf Wolken thronend, und begleitet von Nebengruppen, die aus Aposteln, Evangelisten, Propheten u. a. m. bestehen. Im Hintergrunde erscheint die Hölle als ein feuerspeiender Krater, in dessen Tiefe sich die Teufel herumtummeln. In der Composition sind die Einzelnheiten trefflich vertheilt, in der Zeichnung wohl hie und da verfehlte Partien, was jedoch verschwindend wirkt im Vergleich zum guten Haupteindruck des Ganzen. Das Colorit ist noch ziemlich frisch und harmonisch. Das zweite Bild, an der Südseite hängend, stellt Christi letzten Gang nach Golgatha dar.

Flatnitz (Flatnitzalpe). Der uralte Saumweg scheint nach dreien Richtungen zu leiten: 1. Altenmarkt, Leffenberger, Dorferecken. 2. Glödnitz, Laas, Schleichen. 3. Heidner zu Spitalein, Meisenberg, Böseneckеn; eiserne Schiffsringe am Kubenkogl.

Die Kirche ist ein Rundbau mit Kuppelgewölbe, gegen Osten erweitert sich derselbe zu drei radianten gothischen Capellen mit eckig abschließendem Altarraume, darin Kreuzgewölbe, Thurm über der Sacristei an der Nordseite; eiserne gothische Wandleuchter, Glocke aus dem 16. Jahrhundert, gothischer Kelch. (M. n. F. XI. p. XXIII.)

Flitschl, an Stelle alter Bleierzschmelzen wird der Ort Larix vermuthet.

In der Kirche war ein kleiner schadhafter Flügel-Altar mit zwei drehbaren und zwei feststehenden Flügeln (1514), darauf St. Rochus, St. Anna mit Maria und dem Kinde, St. Sebastian auf Goldgrund gemalt, rückwärts Maria Verkündigung, an der Predella die Donatoren, eine davon benannt als Hema Staudacherin, im Schreine St. Christoph und St. Maurus, jetzt befindet sich dieser Altar in St. Primus. (M. IX. n. F. p. CXXVIII.)

Föderlach, zwei Reliefplatten, die eine mit dem Bilde eines Reiters (obere Hälfte), die andere, einen Mann mit einem

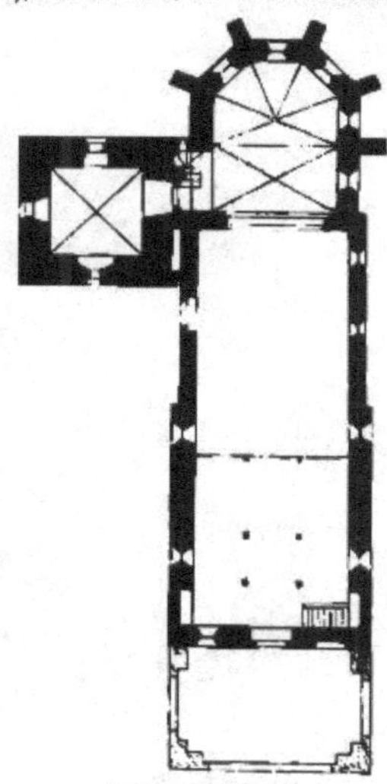

Fig. 29. (Fresach.)

Fische unterm Arm darstellend, wurden beim Kirchenbaue gefunden.

Förolach (Unter-Gailthal). Nächst der Capelle in Presseggen, zwischen welcher und der Straße noch Mauerreste erscheinen, kennt die Sage eine verschüttete Stadt: Obervillach (M. IX, 122).

Die Pfarrkiche, ein kleines Gebäude mit spätgothischem Netzwerke im zweijochigen Chor und im dreiseitigen Abschluße. Das Schiff neu. Im Chor Dreiviertel-Säulchen als Rippenträger, keine Strebepfeiler, Fenster spitzbogig, desgleichen der Triumphbogen. Thurm über der Sacristei an der Chor-Nordfeite, mit hohem Spitzhelm. Am Presbyterium ein Criftoph-Bild von 1521. Ueber dem Eingang 1767 als Chronogramm. (M. x. n. F. p. xx.)

Forstheim bei Rofeck. Der Grabftein DM ACCEPTIANO*, Zeit um 350, nach 1869 aus der Schloßruine in die Pfarrkirche übertragen. (Mo. 6493).

Fragant. Eine Höhenftelle, genannt der Wall. Der hiefige Tauern heißt auch Goldberg-Tauern. Die Gruben reinften Kupfers bei Groß-Fragant fcheinen uralt (Much in Mitth. d. w. anthr. Vrs. 1879). Alter cylindrifcher Schmelzofen, 6 Zoll tief im Erdreich am Heftenberge (Klft. Zeitg. 1883, p. 521).

Fragant (Ausser-), eine Capelle von fechseckiger Form mit Strebepfeilern fammt kleinem Vorbaue, der Zeit der Gothik entftammend, in neuefter Zeit durchgreifend, aber nicht gelungen reftaurirt. Fig. 27: Grundriß der Capelle. (M. vii. n. F. p. xcii. Badhaus alter Holzbau vor 1626.)

St. Franciscus Xav. am Salfelde die «verfunkene Stadt», durch Ausbruch des Sees oberhalb St. Ulrich zerftört. Der Grabftein DM VIBENI*, Zeit um 200, aus Lambrechtsberg, bekannt feit 1869, an der Kirche. (Jab. 299. Mo. 4993). Diefelbe ein zopfiger Bau. Bemerkenswerth ein Flügel-Altärchen aus dem 16. Jahrhundert und ein Rahmen mit Malereien.

Frauenberg. Die Filial-Kirche mit einem einfachen fpätgothifchen Presbyterium, Sacraments-Nifche. (M. ix. n. F. p. civ.)

Frauenstein. Relief: Ehepaar (Jab. 232). Eine der fchönften und befterhaltenen Ritterburgen Kärntens mit Ringmauern, Thurm, Erker, Bogengängen und intereffanter Einrichtung. (Valv. p. 47, Kn. p. 40.) Gothifche Capelle, ein Fenfter mit Pfoften und Fifchblafe, Portal gothifch mit flachem Sturz (dabei 1521).

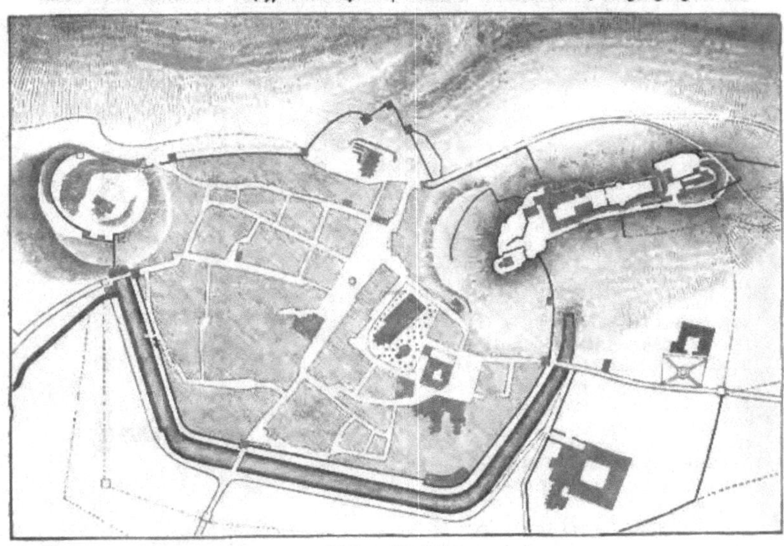

Fig. 30. (Friefach.)

Fresach. Eine kleine Kirche mit roh gewölbtem gothifchen Presbyterium, polygone Topfconfolen und flachgedecktem romanifchen Schiffe. Im Chorfchlußfteine ein fegnender Chriftus mit einem Buche. Im Presbyterium ift noch ein Fenftermaßwerk vorhanden. Der Thurm der Kirche ift jünger und fteht circa 0·60 M. davon ab, ift aber durch Ausfüllungsmauerwerk mit derfelben in Verbindung. Ueber dem weſtlichen Thurmfenſter iſt 1523 in den Sturz gemeißelt, ſonſt finden ſich noch: 1515 und 1521. Der Thurm, welcher urſprünglich vier Giebel und einen ſpitzen Helm hatte, iſt gegenwärtig ganz flach mit einem Holzdach bedeckt.

In der Sacriſtei ein ſilbervergoldeter Kelch, Nodus und Fuß getrieben, auf punktirtem Grunde ſich ſtark erhebende Blatt-Ornamente, achteckiger Fuß; der gothiſche Anklänge zeigende Kelch mag früheſtens in das Ende des 16. Jahrhunderts gehören; übrigens mag die Kuppa jünger ſein.

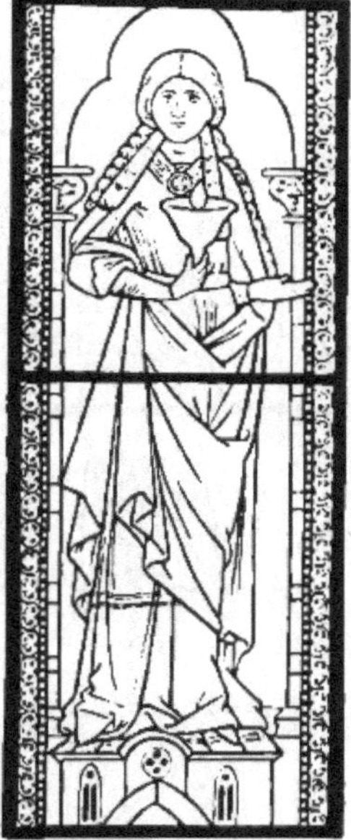

Fig. 31. (Frieſach.)

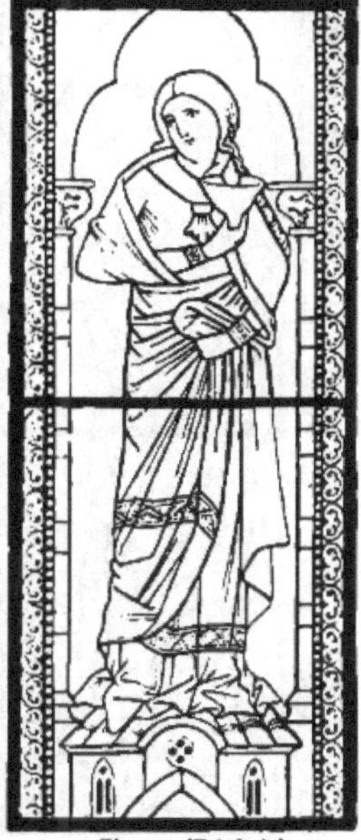

Fig. 32 (Frieſach.)

Spuren von Wandmalerei im Schiffe. Chriſtus am Oelberge, am Kreuze und die Grablegung in zierlicher Blattumrahmung, meiſtens übertüncht.

An der Kirche die Steinmetzzeichen:

Am Presbyterium außen ein Frescogemälde aus dem 16. Jahrhundert, darſtellend: Jeſus Salvator, dem Grabe entſteigend, rechts und links mehrere Figuren, nicht deutlich erkennbar. Auf der äußerſten Rechten die heilige Katharina, auf der linken der Erzengel Michael mit der Seelenwage. Das ganze Gemälde ſehr ſtark ruinirt. Auf der Nordſeite der Kirche ein Frescobild in drei übereinander liegenden Feldern, zuſammen 2·00 M. breit, 5·00 M. hoch, darſtellend: Oben Chriſtus am Oelberge, zu ſeiner Rechten drei Jünger ſchlafend. Rückwärts durch die Gartenthür tritt Judas ein, den Geldbeutel in Händen. Im mittleren Bilde Chriſtus und die Schächer am Kreuze; zu Füßen Maria und Johannes und noch andere Figuren, jedoch nicht mehr zu erkennen. Im unterſten Bilde war jedenfalls die Grablegung Chriſti dargeſtellt, ein Stück Sarkophag, des Heilands Füße und mehrere trauernde Figuren ſind noch deutlich zu erkennen. Sämmtliche Bilder ſind ziemlich roh gemalt. Außen an der Nordwand des Presbyteriums: Chriſtus am Kreuze und Maria (Gemälde). Im Thurme befinden fich einige hölzerne ftark ruinirte Heiligenftatuen, darunter eine gute Engelsfigur aus dem 16. Jahrhundert, welche nun ins Pfarrhaus gefchafft wurde (Fig. 27: Anficht, Fig. 28: Grundriß der Kirche). Die Kirche wurde 1885 gut reftaurirt.

Fresnitz, öftlich von St. Peter im Holz, im ebenen Stadtgebiete von Teurnia.

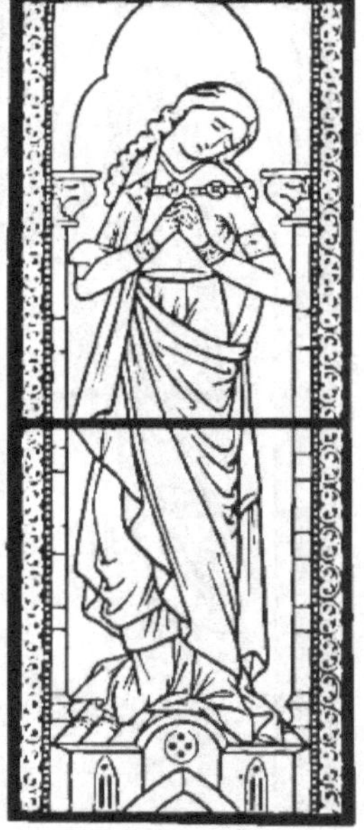

Fig. 33. (Friefach.)

Der Meilenftein PERPETVO, Zeit um 284 bis 311, bekannt feit 1819, fteht feit 1876 mit Zugehörftück im Pfarrhofe St. Peter (Jab. 472. Mo. 5713. M. III. n. F. S. CIX, XCVII. RStudien, 42). Den Nemefis-Stein von hier fieh unter St. Peter im Holz, SYRASC. Urkundlich erfcheint der Ort Frezna nach 1062, vielleicht von breza, Birke, gleich Friefach.

Fresslitz (bei St. Johann am Brückl), fchöne mittelgroße fpätgothifche Kirche, Chor und Schiff gleich hoch, erfterer zweijochig, dreifeitig gefchloffen, Netzgewölbe, die Rippen auf Dienften mit Confolen in halber Wandhöhe in der Krönung canellirt, Schlußfteine, letzteres ebenfalls zweijochig, Netzgewölbe, deren Rippen nebeneinander auf breiten Pfeiler-Vorlagen ohne Capitäl anlaufen, fcheibenförmige Schlußfteine. Im Presbyterium zweitheilige fpitzbogige Fenfter mit Maßwerk. Spitzbogiger Sacriftei-Eingang.

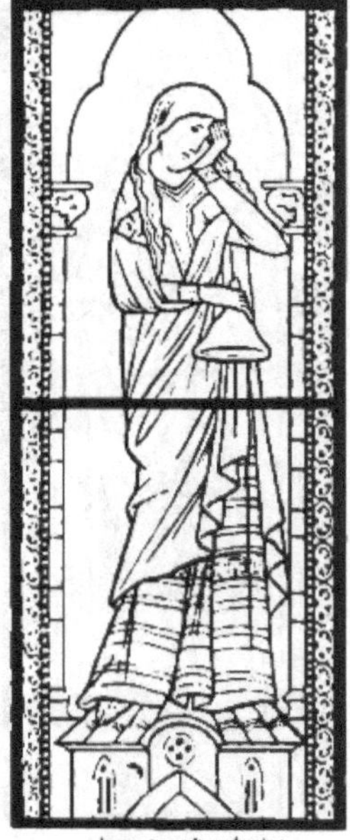

Fig. 34. (Friefach.)

An der Rückfeite des Hoch-Altars: Math. Grafenfteiner 1688. — Zwei nahezu lebensgroße gothifche Figuren: Petrus und Paulus auf Poftamenten im Presbyterium. An der Sacrifteithüre und am Triumphbogen die Steinmetzzeichen [Steinmetzzeichen]. Außen Strebepfeiler in zwei Abfätzen. Am Chor gegen Often ein Römerftein D. M. SEXTILIAE.

Freudenberg bei Timenitz, Gemeinde St. Thomas. Im Torfmoore der Hochebene gegen Windifch-Sanct-Michael ftaken ein

Hipparion-Zahn und von Bronzen: ein Kelt, ein Meffer mit Stiel und Nietlöchern fammt Ring, eine Nadel mit flachem Kopfe, eine Fibel, gefunden feit 1870, in der Tiefe von 158 Ctm. (5'), auch eine Münze (Julia Augufti), feit 1845 (Sämmtlich K. Car. 1845, 69; 1870, 348; 1880, 241, 242). Ein Grabftein, gefunden im Bachrinnfal des Schloffes, um 1870, foll noch im Schloffe fein.

Filial-Kirche St. Martin (von Timenitz im Decanat Teinach). Von den beiden Haupträumen hat nur das ftattliche fehr hohe, in drei Jochen nebft dreifeitigem Schluffe fpätgothifch überwölbte Presbyterium Bedeutung. Das Schiff ift dagegen fehr kurz, ein fpäterer Zubau. Die Dreiviertel-Säulchen des Chores tragen fünffeitige Capitäle und den darauf fliefsenden Rippenanlauf; die grofsen Fenfter mit Mittelftock und theilweife minder ftrengem Maßwerk. Einige Säulchen-Capitäle tragen angeheftete Schilder mit Steinmetz-Abzeichen (je ein Hammer, Winkeleifen u. dgl.) im Relief. Der barocke Hoch-Altar füllt den ganzen Chorfchluß aus und zeigt am verkröpften Gebälke die Jahreszahl 1704. Das Presbyterium ift durch Strebepfeiler hervorgehoben. (M. IX, n. F. p. CIV.)

In dem vor der Weftfeite fich erhebenden mit einem achtfeitigen Spitzhelm bedachten Thurme befinden fich vier Glocken, von denen die ältefte mit «fancte . martine . ora . pro . nobis» und 1 . 5 . 5 . 6 charakterifirt.

An der füdlichen Außenfeite der Grabftein des «Georg Ferdinand Freiherrn von Kulmer † 29. Jänner 1706 und feiner Gemalin Freiin Kulmer † 1704.»

Friedlach. Vor der Kadöller-Schmiede liegt ein mächtiges römifches Säulen-Capitäl (2 Fuß im Durchmeffer). Die Kirche ein einfacher niedriger fpätgothifcher Bau, einjochiges Presbyterium mit dreifeitigem Schluffe. Das Schiff ift gleich hoch mit dem Chore, dreijochig mit ftark einfpringenden Strebepfeilern. Die ganze Kirche mit einem rippenlofen Gratgewölbe überdeckt, die Graten nach Mufter von Sterngewölben geordnet. Stumpffpitzbogiger Triumphbogen, der jedoch nicht in der Achfe der Kirche liegt. Nur mehr ein Altar von 1716, Taufftein alt, der Thurm an der Weftfeite mit Spitzbogen-Schallfenftern, am Fuße das Wappen der Ernau. Strebepfeiler in zwei Abfätzen am Chor. Auf einem Weihbrunnkeffel 1664. In der Kirche zwei Grabfteine: der eine des Joh. Fried. Freiherrn von Seenus, † 1664, und feiner Gemalin Maria Sabina, geb. v. Mefsheim, † 1662, und der andere für einen Angehörigen der Familie Ernau (1528). Diefe Familie hatte eine Gruft im Kirchenfchiffe, der Gruftftein ift erhalten. Unter dem nur vier Stufen erhobenen Chore

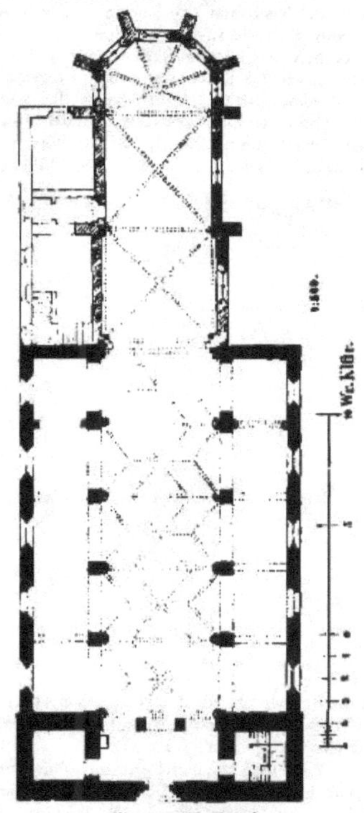

Fig. 35 (Friefach.)

ein Beinhaus. Zu erwähnen ift das Bild einer feltfamen und feltenen Heiligen: St. Canera Vicharztin. Am Hoch-Altar ein gefchnitztes Antipendium. Im Pfarrarchiv (jetzt im Kärnt. Gefchichtsvereine) Urkunden vom 14. Jahrhundert an. (M. VI. n. F. p. CLII, Car. 1882, p. 137, 169.)

Friesach an der Heerftraße von Virunum nach Noreia (I. II als Gränze des unteren und oberen Vororte-Gebietes) und oberhalb deren Abzweigung nach Graviacum, Immurio, Tamaſicum (*Mommſen* und *Mannert*) finden hier die Station Candalicae, *Reichart* Noreia (D. *Jabornegg* Beliandrum.

An dem angeblichen keltiſchen Heerwege des Conſuls Cn. Pap. Carbo gegen die Cimbern und Teutonen bei Noreia, 113 v. Chr. (Strabo 5, 148, Livius 63) hat ſich wahrſcheinlich eine mittlere Niederlaſſung gebildet, nicht unwichtig durch die nahen Erzgruben für Hammerbruch. Darauf weiſen die Sage vom Heidentempel beim Heidenthörl unter dem Virgilienberge, ſowie die Metall- und Steinfunde. Dieſe ſind: Blei, Gefäßſtücke:

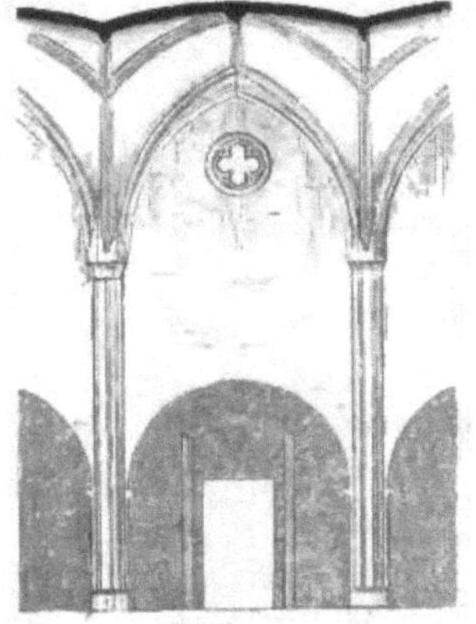

Fig. 36. (Frieſach.)

Bronze, Armringe oder Geſchirrhenkel, Haken, an der Bahnlinie 1868; mit einer Urne ſchwarzgrauen Thones (ſämmtlich K.).

Von den, unter dem Fund- oder Standorte Frieſach bekannten 11 Inſchrift- und Reliefſteinen ſind 5 von auswärts herbeigetragen, von den übrigen ward keiner nachweislich — (trotz Valvaſor 51) — vor 1752 hierſelbſt geſehen. Von dieſen 8 Schriftſteinen iſt der erſtgenannte ein Weihſtein, die anderen ſind Grabſteine: TERMVNIBVS durch den conductor ferrariarum noricarum, Bauleiter Caius Julius Hermes, Zeit um 100, bekannt 1752, am Poſthauſe (Jab. 264. Mo. 5036. S. 618, Sitzgsb. d. Ak. d. Wiſſ. 80, 558). SVBITIO, um 120, ſeit 1819, Poſthaus (Jab. 266, Mo. 5037). VERTRON*, um 170, nicht am Geiers- oder Petersberge, nicht im Stadtgraben (Oſtmauer) vorhanden, gehört er vielmehr nach Igg in Krain (Jab. 268, Mo. 5038, ad, S. 1047). ATERO FESTI*, um 220, aus St. Veit im Walde nächſt St. Stephan bei Dürnſtein, 1828 in den Propſteihof (Jab. 269, Mo. 5042). IVCVNDO*, um 160, aus Arndorf, bis 1845 in der Friedhof-Capelle, dann Propſteihof (Jab. 265, Mo. 4922). DMS DVRRIVS, um 230, ſeit 1551 bekannt, fehlt auf dem Geiersberge (Jab. 267, Mo. 3892). DM PRIMITIVA, um 300—350, aus Judendorf bei Dürnſtein, um 1828 in den Propſteihof (Jab. 270, Mo. 5039). AVNON BE*, um 160, aus St. Stephan bei Dürnſtein vor 1847? in den Propſteihof (Jab. 272, Mo. 5027). Drei Relief-Medaillons: Manns- und Frauenbüſte (Opferprieſter), im Rathauſe (Jab. zu 272). Zwei Frauen, Bärenwirt (Jab. zu 272). Mann und Weib. Propſteihof (Jab. zu 272. Mo. S. 618. Sitzgsb. d. Ak. d. Wiſſ. 74, 472, 391. Jab. S. 5, S. 105. M. VIII. 150, 152). Ferner befinden ſich in der Steinſammlung bei der Mauer des Canonicatshauſes, wohin auch die oberwähnten Steine des Propſthofes gebracht wurden, folgende Inſchriftſteine:

1. AURELIA aurelian. V. F. aurelio, oben das Relief eines männlichen Bruſtbildes mit Kranz (chriſtlich).

2. . . . . AE
. . . . VII.
. . . NC
. . . . E
. . . . NENS.

In neueſter Zeit fand man beim Abtragen eines Erkers am Petersberge das Fragment eines römiſchen Inſchriftſteines:

I O N
E R·E T
N D A E
G I
I No

Der Ort erſcheint ſeit 861, als Dorf 928, als Markt 1015, Stadt 1072, Friſah, Vrieſah. Die erſte Kirche verſetzt man in das Jahr 850. (M. I. 124. VIII. p. 164. u. f. (Eſſenwein), dann XVIII. 109.)

Frieſach, ſeit 1043 unter ſalzburgiſcher Landeshoheit geſtanden, iſt im Halbkreife von Bergen, die fich zum Theil mit fchroffen Felfenwänden gegen die Stadt wenden, umgeben. Einft wohlbefeftigt durch doppelte Mauern und Waffergräben und durch einige, die Spitzen der fie umgebenden Berglehnen bekrönende Burgen oder mächtige Thürme (Geiersberg, Virgiliusberg und rothe Thurm), die untereinander durch einen Mauerzug verbunden waren, heute ein befcheidenes, reizend gelegenes Landftädtchen von der Geftaltung nahezu eines Vierecks, dem feine Mauern gleich einem lofen Gürtel zu weit geworden find. Burgen und Wehrthürme find verfallen, die Stadtthore verfchwunden, die Stadtmauern, die uns wohl noch die Anlage von 1134 repräfentiren, im Abbruche, der Waffergraben ftellenweife erhalten (Fig. 30: Grundriß von Friefach).

Die Häufer der Stadt bergen viel Intereffantes, namentlich find an denfelben, wie erwähnt, einzelne Römerfteine eingelaffen, die in übertriebener Reinlichkeitsforge leider auch geweißt wurden.

Das alte Canonicatshaus trägt einen einfachen romanifchen Erker an einer quadratifchen Thurmcapelle mit Oftnifche, ein Rundbogenfenfter darin, gegen Nord ein viereckiges Doppelfenfter, Eckconfolen, hohes Gratgewölbe, rundbogiges Portal mit einer Viertelwulft auf Sockel. Der gegenwärtige Canoniker-Hof führt folgende Infchrift: Maximilianus Gandolphus dei gratia Archiepiscopus Salisburgenfis Sanctae sedis Apoftolicae Legatvs Natvs Comes de Kvenberg has Ædes Fvnditvs Ædificavit Anno domini M.DCLXXIII, darüber das

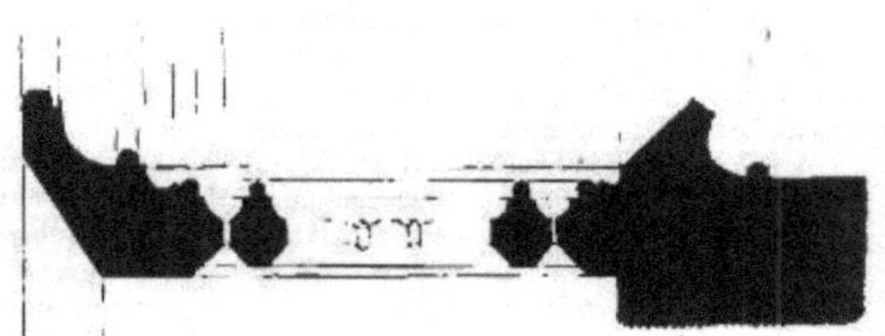

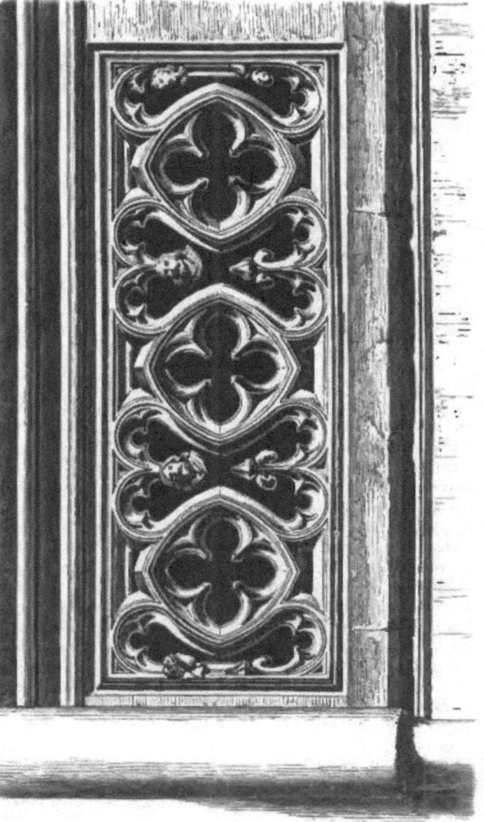

Fig. 37. (Friefach.)

Wappen. Ueber dem Renaiſſance-Doppelfenſter M.DCII.pax.pia.sit cunctis iſtas intrantibus aedes. Ober dem Thore: et bonis patens ista malis esto occlvsa. Früher gehörte es der Familie Thonhauſen. Der Hof der Propſtei iſt durch ſeine Spätrenaiſſance-Arcaden-Gallerie ſehenswerth. In einem Hauſe am Platze iſt eine Steinplatte mit der Inſchrift: «1466 Laurenz Tewinger» angebracht.

Die Bartholomaeus- oder Propſtei-Kirche, die Haupt-Kirche der Stadt auf dem Markte freiſtehend, ein ſehr intereſſantes Bauwerk, das in ſeinem älteren Theile, d. i. mit dem dreiſchiffigen Langhauſe ſammt den kleinen Rundfenſtern daſelbſt, theilweiſe mit dem Triumphbogen und mit der Façade, nämlich den beiden flankirenden Thürmen der Weſtſeite, dem alten romaniſchen Portal und der Vorhalle dazwiſchen in das

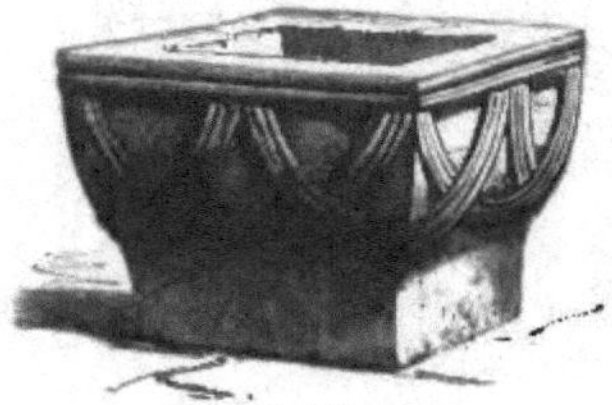

Fig. 38. (Frieſach.)

13. Jahrhundert zurückreicht und im 14. Jahrhundert durch den Zubau eines gothiſchen fünfſeitigen Presbyteriums mit einfachem Kreuzgewölbe erweitert und auch im Innern durch die Einfügung des Netzgewölbes ſtatt der flachen Decke im Hauptſchiffe und der Kuppelgewölbe in die Seitenſchiffe und durch Anfügung von Wandverſtärkungen in Folge des Gewölbe-Baues, dann ſpäter durch Hebung des Bodens, durch unſchöne Erweiterung, reſp. Umgeſtaltung der Fenſter, endlich durch die Emporen-Anlage über den Seitenſchiffen und die Verbreiterung des Daches über das ganze Langhaus umgeſtaltet oder eigentlich verunſtaltet wurde. Der ganze Bau trägt in ſeiner Schlichtheit doch noch den Charakter des Impoſanten an ſich. Die Dimenſionen ſind bedeutend, die Anlage ausgedehnt, die Sculptur enthält noch Reſte aus der romaniſchen Zeit, die Zuthaten der Gothik ſind intereſſant, dagegen jene der Zopfzeit durch ihre abſolute Disharmonie, Plumpheit und Unzierlichkeit verſtimmend. Der rechtsſeitige Thurm iſt nahezu Ruine. (M. VI. n. F. p. LXXIII.)

Das Langhaus beſteht aus einem 32 Fuß breiten Mittelſchiffe und den beiden ſchmalen Seitenſchiffen, die durch je eine Reihe einfacher romaniſcher Pfeiler von quadratiſchem Grundriſſe als Träger von rundbogigen Arcadengewölben vom erſteren getrennt ſind, das öſtlichſte Pfeilerpaar iſt oblong. Die Orgelchor-Brüſtung mit dem gothiſchen, durchbrochenen Ornament intereſſant. Im Presbyterium als Dienſte einfache Säulchen, die in halber Wandhöhe auf Conſolen ruhen. Die ſpitzbogigen Fenſter ſchmal. Credenzniſche. Die Glasmalereien im Presbyterium ſind ſehr werthvoll, ſtammen jedoch

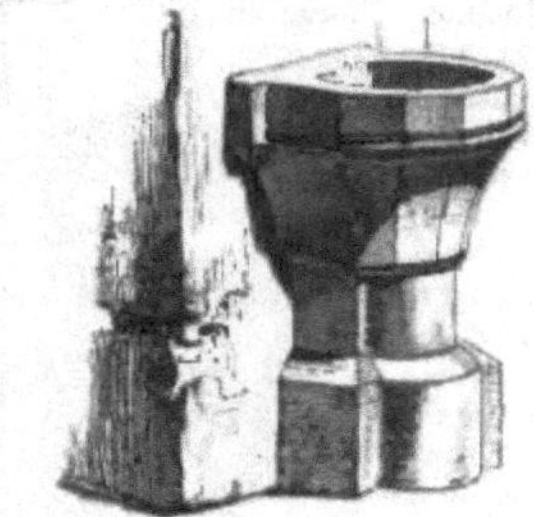

Fig. 39. (Frieſach.)

aus der heil. Blut- und aus der Dominicanerkirche, darunter die Vorſtellungen aus dem Leiden Chriſti, der klugen und thörichten Jungfrauen.[1]) An einem Fenſter im nördlichen Seitenſchiffe drei kleine Glasbildchen,[2]) ein romaniſches groſſes Taufbecken aus Kalkſtein, ein Weihbrunnkeſſel aus Stein im gothiſchen Style. Die Thüre mit ſchönem Eiſenbeſchläge.

Ueberraſchend iſt die groſſe Anzahl von alten Grabdenkmalen, die allenthalben die Wände und den Fuſsboden zieren, wie des Biſchofs Johannes von Lavant † 1363 (Rothmarmor-Platte, Figur in Contouren), des Gurker Biſchofs Gerold † 1333 (ſtark abgetretene Figur auf rothmarmorner Platte vor dem Hoch-Altar), des Georg Schafmann, der durch 28 Jahre Rath und Vicedom zu Frieſach war † 1572 (groſſes Monument in der Wand, Renaiſſance-Umrahmung, innen

[1]) Einige dieſer Glasgemalde im Muſeum zu Klagenfurt. (Fig. 31—34.)

[2]) Vorſtellend die Biſchofe Rupertus und Virgilius, mit Bezug auf den Salzburger Biſchof Joh. Jac. 1565 und auf Michael Zauchenberger von und zu Meyerhofer 1661.

die ſtehende Ritterfigur mit der Lehensfahne, dabei acht Wappen, darunter Leininger, Zantner, Lang, Schafman, Minch). Seltener Weiſe iſt an dieſem Monument der Künſtler genannt: Jeremias Franck, Bildhauer; des Canonicus Sebaſtian Perkheimer † 1541 (Beiſchrift: Allhernach), des Erhart Ueberacker † 1470 (mit ſchöner Wappenſculptur), des Canonicus Chriſtoph Dachs † 1507 (mit ganzer Figur), Cyprian Lyreſius praep. † 6. Mai 1593, Peter Stickehlperger praep. † 19. Nov. 1684, Joh. Jacob de Badajo in pravnsberg. praep. † 10. Octbr. 1598, des Canonicus Virgil Brunnmeiſter † 1524 (mit ganzer Figur), des Joh. Laſſer vom Zollheimb † 1734, des Canon. Pet. Thuretſch. † 1555 (mit Bruſtbild), Alb. Findenigg, fürſtl. ſalzb. Officier u. gew. Stadtrichter, † 2. Mai 1695 (M. VIII. n. F. p. 38). Am Weſtportale ein Grabſtein als Stufe, mit Inſchriftreſten: anno.dom.m.cccxl.vi (Fig. 35: Grundriß der Kirche, Fig. 36: Querſchnitt, Fig. 37: Orgelchorbrüſtung, Fig. 38: Taufſtein, Fig. 39: Weihwaſſerſtein).

Zunächſt der Nordſeite der Bartholomaeuskirche, alſo links des Presbyteriums ſtand ein **Karner**, der 1845 der Straßenverbreiterung weichen mußte. Er war dem heil. Michael geweiht und dürfte nach den erhaltenen Reſten ein mehr als gewöhnlich geziertes Bauwerk geweſen ſein. Die wenigen Reſte ſind neben dem Pfarrhofgarten zuſammengeſtellt. Wir ſehen dort das Portal, in deſſen rundbogigem Tympanon der ſegnende Chriſtus mit der Fahne, als Bruſtbild, eine hochintereſſante romaniſche Sculptur (11. Jahrhundert). Das Portal verengt ſich in zwei rechtwinkeligen Abſätzen mit in die Ecken geſtellten Säulchen, darauf Blätter-Capitäle. Die eiſenbeſchlagene Thür (Fig. 40) iſt noch vorhanden. In dieſem Garten werden auch einige Römerſteine bewahrt, einer war an der Michaels-Capelle eingemauert. Außerdem befinden ſich im Pfarrhofgarten drei Judengrabſteine aufgeſtellt (Sara des Abraham Gattin 1358?, 1361 und Joſeph Trutt des Rabi Sohn 1533).

Im Poſthauſe befindet ſich ein romaniſcher ſitzender Löwe aus Sandſtein, möglicherweiſe ſtammt er von derſelben Capelle.

Die Kirche zum heil. Blut zunächſt des Roththurmes (auch Seminarkirche) befindet ſich in einem ſehr ſchlimmen Zuſtande. Ein kleiner einfacher einſchiffiger Bau, in ſeiner Ausdehnung kaum mehr als eine Capelle gothiſchen Styles mit drei quadratiſchen Kreuzgewölben und einem einfachen Achteckſchluß, von 88′ Länge und 24′ Breite, der aber gar viele Reſtaurirungen durchmachen mußte. Dennoch und ungeachtet der unverantwortlichen Vernachläſſigungen im Innern und Aeußern iſt er heute noch ein beachtenswerthes Denkmal. Vom Dominicaner-Orden zwiſchen 1217 und 1246 erbaut, folgten, nachdem die Mönche ihr noch gegenwärtiges Kloſter erhalten hatten, 1258 Ciſtercienſerinnen

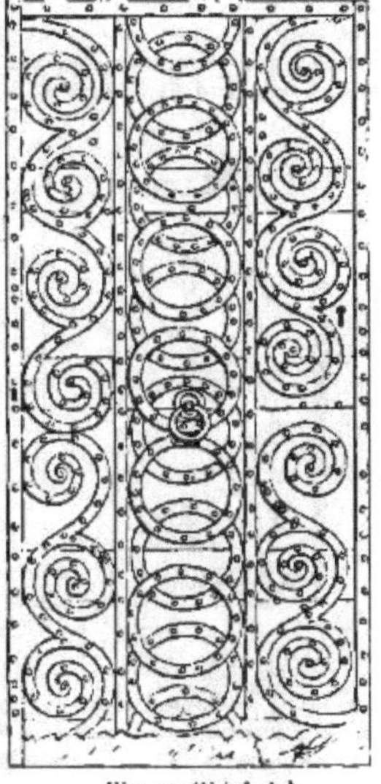

Fig. 40. (Frieſach.)

im Beſitze, die, aus Oberſteiermark kommend, das Kloſter für 150 Mark Silber erwarben; die letzte Aebtiſſin Katharina Peyer ſtarb um 1608, worauf ſich der Convent auflöſte. Vom alten Baue mögen höchſtens jene Säulchen herrühren, auf denen der Nonnenchor ruht und welche dem Style des beginnenden 13. Jahrhunderts entſprechen. Der heutige Bau gehört dem 14. Jahrhundert (nach 1309) an. Unter der maſſiven ſteinernen Chorſtiege lag ein halbvermorſchtes Schnitzwerk, den gekreuzigten Heiland vorſtellend, das Kreuz fehlte bereits, eine gute Schnitzarbeit vielleicht

4

noch des 14. Jahrhunderts.[1]) Am Hoch-Altare zwei sehr schöne spätgothische Holzfiguren: St. Bartholomaeus und St. Katharina, dann eine Figur St. Florian aus dem 16. Jahrhundert. Auf einem Seiten-Altar ein spätgothisches ciborienförmiges Reliquiar. (M. I. 124, VIII. 195, n. F. VI. p. LXXIV.) Fig. 41: Grundriß, Fig. 42: Reliquiar.

Den Virgiliusberg, der zur Stadt gehört, bekrönen die weithin sichtbaren Ruinen des Presbyteriums der gleichnamigen ehemaligen Collegiatkirche, eines schlichten gothischen Bauwerks aus dem 14 Jahrhundert; 1786 entweiht, zerstörte 1816 ein Brand das Gebäude. Die Dienste im Innern gehen nicht bis an den Boden, sondern setzen auf

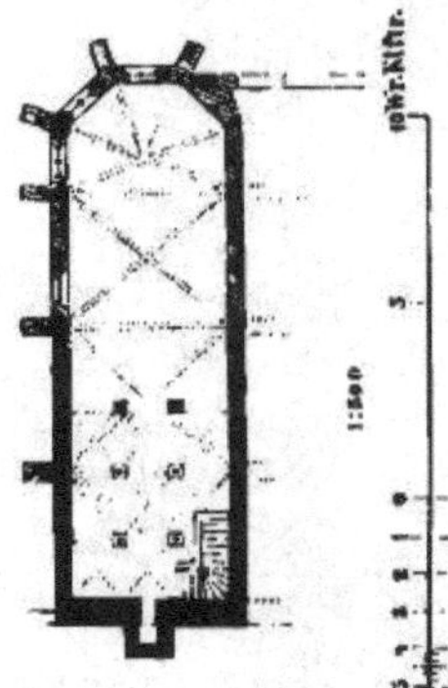

Fig. 41. (Friesach.)

Consolen auf. Das Capitel dieser 1219 entstandenen Stiftung brachte es weder zu irgend einer Bedeutung noch zu Vermögen. Fig. 43: Aussenansicht.

Das deutsche Haus. Der deutsche Orden besitzt in Friesach eine Niederlassung seit 1216, in welchem Jahre der Erzbischof Eberhard II. von Salzburg demselben das Spital übergab, wahrscheinlich bei St. Magdalena am jetzigen Lavantschlößel. Der nunmehrige Besitz besteht aus einem grossen schloßartigen Wohnhause, dem ehemaligen Commendegebäude und einer geräumigen Kirche, die mit dem Wohngebäude durch einen Gang verbunden ist. Früher bestand auch noch ein weitläufiger Wirthschaftshof, der aber als überflüssig und baufällig im Jahre 1880 abgetragen und dessen Grund dem Garten einverleibt wurde (M. v. n. F. p. LXXV, Car. 1885, 113).

In eben diesem Jahre ließ der deutsche Orden Kirche, Haus und Garten mit grossen Kosten zu einem Deutsch-Ordens-Schwesternhause sammt Spital auf 24 Betten, worin Kranke auf Kosten des Ordens von den Deutschen-Ordens-Schwestern ganz unentgeltlich verpflegt werden, adaptiren.

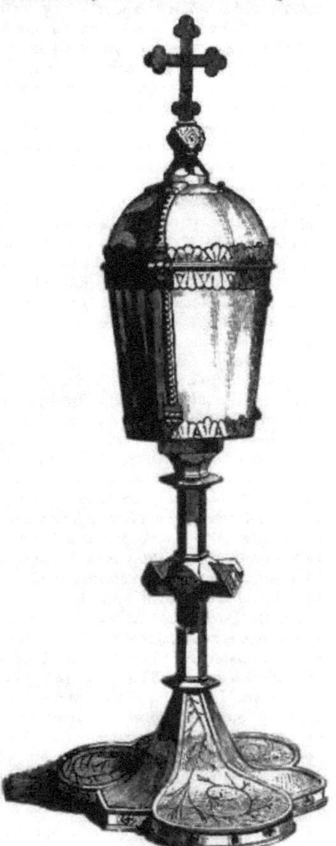
Fig. 42. (Friesach.)

[1]) Jetzt zu Kreuzenstein bei Wien.

Bei dieser Gelegenheit wurde leider auch der alte Gang, der das Wohnhaus mit der Kirche verband, ein ſpätgothiſches Bauwerk auf zwei Bögen mit kleinen Erkern über den Pfeilern und kleinen ſchießſchartenartigen Fenſtern, wegen gänzlicher Baufälligkeit

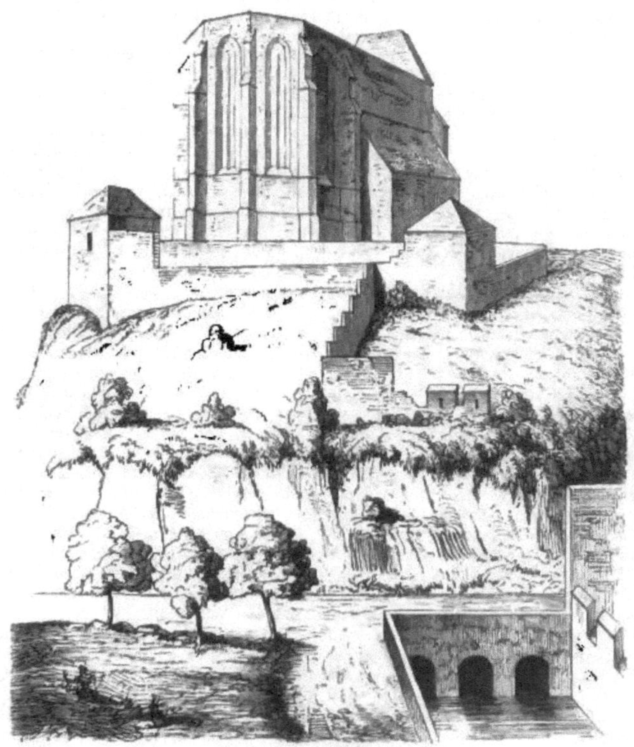

Fig. 43. (Frieſach.)

abgebrochen und durch einen neuen unmittelbar in den Schweſtern-Chor führenden erſetzt.

Die Kirche hat eine einſchiffige Anlage mit einem mächtigen der Façade vorgebauten Thurme; das Presbyterium gehört dem 15. Jahrhundert an und iſt ein ausgeſprochener gothiſcher Bau mit ſchönen ſpitzbogigen Kreuzgewölben, deren birnförmig profilirte Rippen ſich gebündelt an den Wänden herabſenken, und in halber Wandhöhe auf Conſolen ruhen. Zunächſt des Triumphbogens ſind die Conſolen mit figuralen Bruſtbildern geziert. In dem polygonen Chorſchluſſe ſitzen die Rippen auf den Baldachinen der dort angebrachten Figurenniſchen auf, darin ſich Statuen der Heiligen: Petrus, Johannes, Thomas, Paulus und Ste-

4*

phanus, letztere beide aus der besten Zeit der Gothik, befinden. An der Evangeliumseite des Presbyteriums eine breite seicht vertiefte Nische mit einer Reihe kleiner Spitzbogen bekrönt, im Nischenfelde drei Reihen von Wappenschildern auf Blech gemalt, der Landcomture der Deutsch-Ordens-Ballei Oesterreich, beginnend mit dem des Johannes von Pammersheim 1440 und endend mit jenem des Grafen Eugen von Haugwitz, gestorben 1867; ferner noch ein gothisches Reiterbild des heiligen Georg. Gegenüber befinden sich fünf schmale Nischen. In den Nischengruppen beiderseits sind jetzt Chorstühle aufgestellt. Auf der Evangeliumseite in der Höhe des Altares befindet sich in der Mauer eine Steinnische, welche, wenn sie zur Aufbewahrung des Allerheiligsten gedient hat, wegen ihrer Dreitheilung auffallend ist. An der Epistelseite eine fast gleiche Nische mit einer Vorrichtung für das Lavabo.

Das Langhaus hatte früher eine hölzerne Decke und ein viel niedereres Dach, wie die noch vorhandenen deutlichen Spuren zeigen. Die heutige Kirche wurde laut alter Aufschreibung am Sonntag vor St. Margaretha (8. Juli) 1492 vom Bischofe Erhard von Lavant geweiht, was sich jedoch nur auf das Presbyterium beziehen dürfte. 1725 wurde die Kirche unter dem Comtur Christian von Stubenberg renovirt und scheint zu jener Zeit statt der ehemaligen Holzdecke das jetzige Tonnengewölbe im Langhause eingesetzt worden zu sein, denn die Kirche war ursprünglich ein romanischer Bau. Unter dem Dache sind Reste einer alten Bordure-Malerei erhalten. Der Triumphbogen dürfte ebenfalls der ersten Bauzeit angehören. Der gegenwärtige Thurm stammt auch aus dieser Zeit. 1781 unterzog der damalige Landcomtur der Ballei Oesterreich Karl Graf und Herr von Zinzendorf und Pottendorf diese Kirche einer neuerlichen Restaurirung, wobei dieselbe mit einer neuen Roccoco-Kanzel und zwei solchen Altären versehen wurde. Bei der Restaurirung im Jahre 1880 wurden diese schon verfallenen Altäre wieder entfernt und durch alte gothische ersetzt.

Der jetzige Haupt-Altar wurde 1883 aus der an dem Ossiacher See gelegenen, dem Verfalle anheim gegebenen ehemaligen Wallfahrts-Kirche zur heiligen Dreifaltigkeit am Heiligengestade erworben und mit großen Kosten vollständig stylgerecht restaurirt. Derselbe, ein spätgothischer Flügel-Altar schönster Art, enthält im Schreine die lebensgroße Statue der heiligen Gottesmutter mit dem Kinde und der heiligen Margaretha und heiligen Katharina; im feingeschnitzten Aufsatze befinden sich die Krönung Mariä, sowie der heilige Blasius, dem die Kirche geweiht, und die Ordens-Patrone St. Georg und St. Elisabeth. Die beiden Flügel enthalten innen und außen Gemälde aus der Geschichte des alten und neuen Bundes. Auf der Rückseite die Vorbilder Mariens.

Im Schiff auf der Epistelseite steht ein anderer Flügel-Altar aus Frankfurt am Main stammend, dessen Schrein den als Richter wiederkommenden auf dem Regenbogen thronenden Heiland mit Maria und Johannes dem Täufer vorstellt; der Aufsatz enthält die Figuren des heiligen Blasius, heiligen Laurentius und heiligen Anton des Einsiedlers. Die Flügelthüren enthalten auf der Innenseite die halberhaben geschnitzten Figuren der heiligen Agatha und der heiligen Dorothea, auf der Außenseite in tempera gemalt die heilige Katharina und heilige Agnes.

In der Kirche selbst befindet sich noch das ehemalige Altarbild, den heiligen Blasius vorstellend, sowie eine größere Menge von hölzernen Aufschwör- und Todtenschilden von Deutsch-Ordens-Rittern aus dem 16. bis 18. Jahrhundert. Einige hievon betreffen in der Ordens-Kirche feierlich eingekleidete Professritter oder solche, die hier ihre Ruhestätte fanden. Die meisten aber stammen aus dem ehemaligen Hauptsitze des Ordens Mergentheim. Unter diesen letzteren befindet sich der Aufschwör-Schild des ersten Hoch- und Deutschmeisters Walter von Kronberg 1515, sowie der des Hoch- und Deutschmeisters Johann Caspar von Ampringen (gestorben 1684).

Im Verbindungsgange befinden sich zwei Bilder, die an Deutsch-Ordens-Ritter erinnern; das erste stellt den Heiland als Weltrichter mit Maria und Johannes, darunter den Donator Gabriel Kreyzer, Rath, Ritter und Landcomtur der Ballei Oesterreich 1546, dar, das zweite, gewidmet vom Deutsch-Ordens-Comtur Georg Leonhard von Staudach, 1639 eingekleidet, hat zum Vorwurfe nebst dem Donator den »Menschen«, der im alten Bunde nicht volle Befriedigung für feine Seele findet, fondern erft im neuen, daher die Darftellung eines zur Hälfte verdorrten (alter Bund, durch eine Reihe von Bildern bezeichnet) und zur Hälfte grünenden Baumes (neuer Bund, gleichfalls durch Bilder fymbolifirt), an deffen Fuß ein nackter Menfch fitzt.

Weiters ift auf dem Gang zur Kirche ein 3 Fuß hohes Steinbild, die fchmerzhafte Gottesmutter mit dem Leichnam Chrifti im Schoß von frühromanifchem Charakter, das dem Erzbifchofe Thiemo von Salzburg zugefchrieben wird.

Im Jahre 1884 fand man bei Anlage einer Gruft im Presbyterium unter demfelben den alten Chorraum der früheren romanifchen Kirche, ebenfalls als Gruft benützt. Diefer Gebäudetheil charakterifirt fich als einfacher romanifcher Bau, der noch heute Spuren von Wandbemalung in Form von Bordüren zeigt.

Auf dem Marktplatze fteht ein hochintereffanter Steinbrunnen. Derfelbe ftand früher auf dem Schloffe Tanzenberg, wo er 1563 von Leonhard von Keutfchach errichtet wurde. 1804 kam er nach Friefach. Er ift in den Formen der Renaiffance ausgeführt

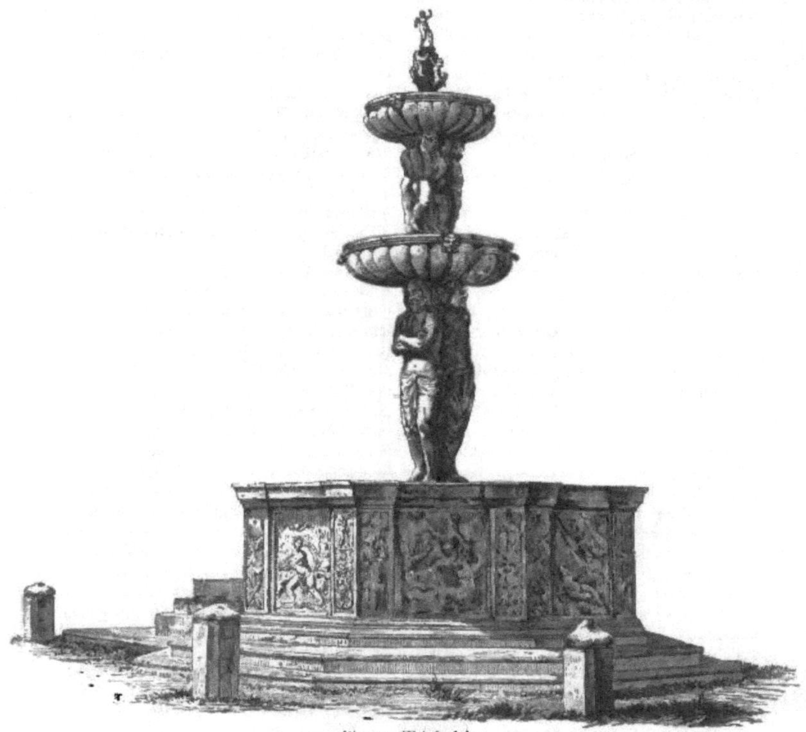

Fig. 44. (Friefach.)

und durch die Jahreszahl 1563 (darauf eingehauen) datirt, gilt im Volksmunde für römisch. Ein achteckiger Waſſertrog auf drei Stufen, an den Ecken Pilaſter und in den Flächen Reliefs: Neptun mit dem Viergeſpann, die Verwandlung des Aktaeon, Raub der Europa, Befreiung der Andromeda, Neptun und Amphitrite nebſt Tritonen, Hercules und Heſione, Leda, Caſtor und Pollux, Raub der Proserpina. In Mitte des Troges drei Männer, die eine runde Schale tragen, daran vier Köpfe als Waſſerſpeier, darüber eine Knabengruppe mit einer kleineren Schale. Endlich ein zierlicher Aufſatz mit kleinen Knaben und einem Delphin zu oberſt. (M. XVIII. p. 112.) Fig. 44: Abbildung des Brunnens.

Außerhalb der ehemaligen Stadtmauer, zunächſt des verſchwundenen Neumarkter Thores ſteht das durch ſeine Baulichkeiten hoch intereſſante Dominicaner-Kloſter, eine uralte Ordensanſiedlung, heute von Nonnen dieſer Ordensregel bewohnt. Obgleich nicht mehr an der Stelle der urſprünglichen Niederlaſſung in Frieſach (ſ. Seminarkirche), reicht doch die heutige Kloſteranlage bis über die Mitte des 13. Jahrhunderts zurück. Der Bau wurde hauptſächlich deshalb unternommen, weil die erſte Anſiedlung im Raume zu beengt war für die ſich zahlreich meldenden Schüler des heil. Dominicus. Den Baugrund und viele weitere Area gab Ritter Heinrich von Silberberg. 1251 beging man die feierliche Weihe von Kirche und Kloſter. Die aus Bruchſtein und nur mit Zuhilfenahme weniger behauener Steine für die Conſtructionstheile erbaute Kirche hat ſich Dank der Armuth des Kloſters und dem geringen Sinn der dortigen Gläubigen für die jeweiligen zeitüblichen Moderniſirungen faſt in ihrer urſprünglichen Gänze und ſchlichten Einfachheit bis heute erhalten (M. I. 124; VIII. 198; V. n. F. p. CVIII).

Die Kirche 234′ lang und 64′ breit, beſteht aus einem dreiſchiffigen Langhauſe, deſſen niedrige und ſchmale Abſeiten mit je einer Capelle gegen Oſten enden. Das Presbyterium, das in einzelnen Abſtänden ſtufenweiſe anſteigt, ſchließt ſich, durch einen gegliederten Triumphbogen vermittelt, in gleicher Breite an das Mittelſchiff an und iſt mit ſtylgemäßem Rippengewölbe überdeckt. Die Ueberwölbung des Langhauſes iſt weit jüngeren Datums, im rohen Kreuzſchnitte ausgeführt und ruht im Mittelſchiffe auf italieniſch-modernen Wandanſätzen. Dieſe jüngere Ueberwölbung erſetzt den drei Schiffen die urſprüngliche Flachdecke, die noch in ihren Auflagern über dem Gewölbe im Dachraume mit Spuren eines farbigen Frieſes an der Längenmauer zu erkennen iſt. Die weit offenen Arcaden gegen die Seitenſchiffe ſind gedrückt ſpitzbogig. Die Pfeiler, je vier beiderſeitig, oblong, nicht ſehr kräftig, durch ein einfaches Geſimſe belebt und ohne vorgelegte Verſtärkungen, was, ebenſo wie der Mangel an Strebepfeilern mit der älteren Balkendecke übereinſtimmt. An die Südſeite des Langhauſes iſt eine unregelmäßige Capelle angebaut, die ein Netzgewölbe überdeckt und im 16. Jahrhundert entſtanden ſein mag. Für eine Thurm-Anlage findet ſich nicht die geringſte Andeutung. Fig. 45: Grundriß.

Das Presbyterium, das vielleicht noch Ende des 13. oder höchſtens im erſten Decennium des folgenden Jahrhunderts entſtanden ſein mag und aus drei oblongen Jochen und dem Chorſchluße beſteht, zeigt ſchon mehr architektoniſche Details in den Gliederungen der Rippen, in den Schlußſteinen, in den Auflagerungen an den Wänden (darunter intereſſante Capitäle der Uebergangszeit), die ſelbſt wieder theils in der Höhe der Fenſterſohlbänke auf Conſolen mit figuraler Decoration verlaufen, theils bis zum Boden herab auf Sockeln frühgothiſchen Charakters auflagern. Alle dieſe Details enthalten noch viele romaniſche Anklänge, dahinein ſich jedoch auch ſo manche bereits entſchieden gothiſcher Eigenart mengen. Eine Doppel-Mauerniſche an der Epiſtelſeite mit gemeinſamem Spitzbogenfelde gehört zu den Zierden des Presbyteriums.

Die beiden Capellen in der Verlängerung der Seitenſchiffe tragen wohl die architektoniſchen Details des Presbyteriums an ſich, wenn gleich etwas älteren Charakters, dasſelbe iſt bei der Prioratscapelle der Fall, jetzt Sacriſtei. Dieſe ſtößt an das letzte Joch und den Chorſchluß links an, beſteht aus zwei ehemals flachgedeckten Quadraten und einem überaus zierlichen Chörlein (14. Jahrhundert), gebildet aus einem oblongen Joche und dem fünfſeitigen Schluſſe, der nach außen gleich dem Presbyterium durch kräftige Pfeilerführungen geſtützt wird. Die Sacriſteipforte zum Presbyterium iſt im

Vergleich zur Kirche in der Gewandung reich decorirt.

An der ſüdlichen Kirchenmauer das Steinmetzzeichen: .

Sowohl die Fenſter des Presbyteriums, der Capellen, der Sacriſtei und des Langhauſes ſind in ihrer ſpitzbogigen Geſtaltung erhalten. Das Maßwerk verblieb nur wenigen, wie den je drei Fenſtern im Chorſchluße und in der Sacriſtei, dann bei einem im rechten Seitenſchiffe. Noch ſind die kleinen mit Vierpaßmaßwerk gezierten Kreisfenſter zu erwähnen, die in der Höhe des Mittelſchiffes angebracht ſind und das groſſe Spitzbogenſenſter in der ſchmuckloſen Façade. In die Weſtſeite des Langhauſes iſt eine große Empore eingebaut.

Die Nebengebäude enthalten nur wenig alte Reſte. Der Kreuzgang hat nichts bemerkenswerthes, nur das Capitelhaus (Hyacinth-Capelle) zeigt noch den alten ſpitzbogigen Eingang und beiderſeits intereſſant geſtaltete dreitheilige Fenſter mit kleeblattförmigen Abſchlüßen unter einem gemeinſam darüber geſpannten Rundbogen.

In der Sacriſtei ſteht eine 6 Fuß hohe Madonnenſtatue aus Sandſtein von ganz beſonderem Kunſtwerthe, aus dem 14. Jahrhundert, ebenfalls dem kunſtreichen Biſchof Thiemo vermeintlich zugeſchrieben. In der Kirche iſt der Mitteltheil eines ſehr reichen und zierlich geſchnitzten Schrein-Altars mit zwei Flügelthüren (zu Ehren Johannis) erhalten; er ziert gegenwärtig mit allerlei Zuthaten verſehen und in unpaſſender Zuſammenſetzung und Verſetzung der Bilder einen barocken Altar. Die Thürflügel ſind verkehrt angeſetzt, die Heiligenfiguren des Schreines verſchwunden, drei andere (St. Florian, Georg und der auferſtandene Heiland) ſtehen nun in demſelben, wohin ſie gewiß nicht, wohl aber auf den Abſchluß des Aufbaues gehören. Die acht Frauengeſtalten (Magdalena, Agatha, Apollonia, Urſula, Anna, Martha, Barbara, Dorothea), von den Flügel-Rückſeiten ſtammend, ſind vom Goldgrunde abgelöſt und auf eine Holzplatte aufgeklebt. Auf der Predella der Tod Mariens in Relief, auf den Flügeln Darſtellungen aus dem Leben des Apoſtels Johannes; die zarten Bildtheile des Schreines ganz zerſtört. Ueber der Thür zum Betchor eine alterthümliche Heiligenfigur. An der Sacriſteithüre eine intereſſante Bemalung und

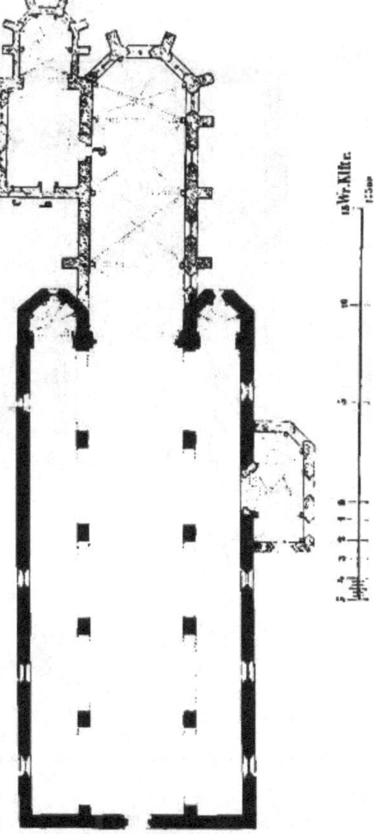

Fig. 45. (Frieſach.)

reiches Schloſsbeſchläge. Die Thür iſt mit Pergament überzogen und zeigt außen die Figur des heil. Nicolaus in Contouren und als Umſchrift: † reſpice de celis cuſtos

Nicolae.. nte porterva demonis enerva vim virtutis coacerva (Fig. 46).

Kirche und Kreuzgang enthalten eine Reihe intereſſanter Grabdenkmale; davon ſind hervorzuheben: In der ſüdlichen Capelle neben dem Seitenſchiffe, woſelbſt mehrere Mitglieder der Familie Tanhauſer beſtattet ſind, daher ſie auch nach dieſer Familie benannt wird, das Grabmal des Ritters Balthaſar Tanhauſer zu Thiernſtein, Hauptmann zu Frieſach † 28. Juli 1516. Eine rothmarmorne Platte an der Wand, darauf die Figur des Ritters mit der Fahne in der rechten Hand, auf einem liegenden Löwen ſtehend. Auf der Fahne das Wappen, außerdem noch drei Schilde (M. n. F. VI. p. 24). An der Wand im ſüdlichen Seitenſchiffe ein intereſſantes Votivbild in Relief, vorſtellend einen Ritter und eine Frau vor der ſitzenden Madonna knieend, dahinter zwei Engel. Rechts der Schild mit einem Ambos, am Helme der Ambos und Federbuſch, ohne Inſchrift. Im Kreuzgange die Grabmale des Heinrich von Silbereck † 1416, des Chriſtoph von Silberberg † 1505, des Pilgrimus Cellerarius † 1276, ſeines Sohnes Pilgrimus † 1330 und ſeines anderen Sohnes Ulrich von Grades † 1327, des Gottfried Truchs † c. 1284, des Ulbrich von Lichtenberg und ſeiner Hausfrau Richza † c. 1350, des Max von Staudach † 1544, des Chriſtoff Pevſſer von Leonſtein und ſeiner Gattin Genofeva von Staudach Töchterlein Amelie † 1559, des Johann Steinpacher von Velſegg † 1670 u. and. (M. VIII. n. F. p. 104). Die beiden Glocken von 1699.

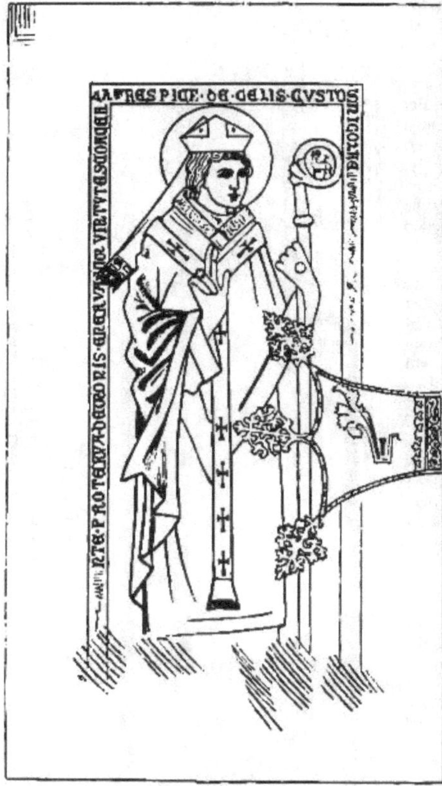

Fig. 46. (Frieſach.)

Schloß Lavant. Gegen Norden liegt über Frieſach auf einer ziemlich bedeutenden und zur Stadt hin ſteil abfallenden Anhöhe die Veſte Petersberg mit dem Schloſſe Lavant und der Peterskirche. Von Gebhard v. Helfenſtein, Biſchof von Salzburg (1073) erbaut, wurde die Burg von Erzbiſchof Conrad v. Abensperg (1134) weſentlich verſtärkt und mit den ebenfalls von ihm errichteten Befeſtigungsbauten um die Stadt in fortificatoriſche Zuſammenſtimmung gebracht.

Dieſes feſte Schloß war wiederholt die Reſidenz ſalzburgiſcher Erzbiſchöſe, darunter zählt auch Leonhard Keutſchach, der (1448—1519) viele bauliche Aenderungen vornehmen ließ. Eine Inſchrift ſammt Wappen an dem nördlichen Burgthore bewahrte durch lange Zeit das Andenken an dieſen Kirchenfürſten. Eine andere Inſchrifttafel ober dem Eingange in jenem Theil des Gebäude-Complexes, der als Schloß Lavant bezeichnet wird, nennt uns: «Hercules d. g. episc. lavent: Ferdinandi. rom. imp. a. consiliis auguste et prixen. eccles. canonicus 1561.» Die schützende Hand hat sich seit nahe einem Jahrhundert von all den ausgedehnten Baulichkeiten abgewendet, Verfall und Armuth sind eingezogen. Die Umfangsmauern sind größtentheils verschwunden und die Wohnräume in ihrer Oede zu unheimlichen Höhlen geworden, darin Noth und Elend hausen. In den meisten Theilen des Gebäudes, namentlich gegen den sogenannten Brunnhof hin finden sich noch Reste romanischer Bauweise aus dem 12. und 13. Jahrhundert, zierliche Doppelfenster mit ein oder zwei Theilungssäulchen (ehemals der Pallas), aber auch spätgothische Formen. Die unter dem Namen Schmelze erhaltene Schloßküche ist den Küchen in älteren Burgen ähnlich. [1])

An der Umfassungsmauer stellenweise opus spicatum. Im Hofe, wohin der alte Pallas mündet, eine aus dem 16.—17. Jahrhundert erhaltene Front mit offenen Laubengängen in zwei Geschoßen. Fig. 47: Grundriß des Schlosses am Petersberge.

Ein hochwichtiges und zugleich das älteste Baudenkmal dieser ganzen Anlage ist der mächtige Donjon, ein Werk des 12. Jahrhunderts, heute ohne Untertheilung und Bedachung, der ungeachtet seiner äußerst soliden Bauweise in neuerer Zeit dem Verfalle rasch entgegengeht. Im zweiten Stockwerke befand sich die Capelle aus zwei oblongen Jochen bestehend, ehemals mit Kreuzgewölben überdeckt, durch einen auf Halbsäulen ruhenden Zwischengurt-Bogen untertheilt; das Gewölbe ist eingestürzt, doch sind die Auflager noch vorhanden, auch die einfachen Würfel-Capitäle sind noch ziemlich gut erhalten, ebenso die Halbsäulen mit Basen von hohem steilen Profil, daran Eckwarzen. An

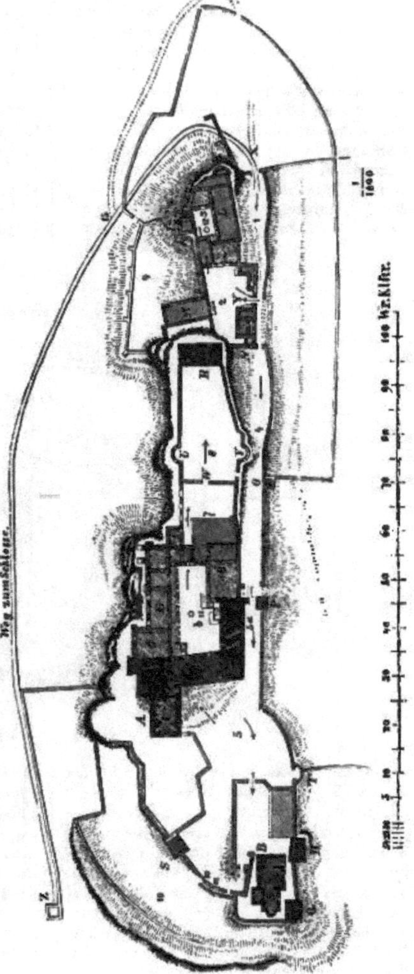

Fig. 47. (Friesach.)

[1]) An einem Thurm war ein kleiner romanischer Erker, der wegen Baufälligkeit abgetragen wurde.

der Oſtſeite eine kleine jedoch über die Außenmauer nicht heraustretende Niſche als Altarraum, die Säulen der Bogengliederung ſind ſchlanker. Das Spitzbogen-Fenſter iſt von jüngerer Zeit, daneben kleine Niſchen für die heil. Gefäße. Die Capelle war an den Wänden mit Malereien geziert; ſie ſind wohl ſchon ungemein ſchadhaft, allein man erkennt immerhin noch die meiſten Darſtellungen und ihre unzweifelhafte Verwandtſchaft mit den Gemälden im Frauenchor zu Gurk. Man erkennt noch die Darſtellung des Abendmales, rechts über einer kleinen Thüre, die Figuren mit eingeriſſenen Contouren, die Nimben in Starkrelief. Rechts der Altarniſche ein Biſchof, links ein Heiliger mit einem Schwerte. An der Wand gegenüber eine ſitzende Figur auf einem von Löwen umgebenen Throne und unter einem Rundbogenfries Bruſtbilder von Heiligen (ſ. die Tafel). Auf einer Seite kann man eine Kreuzigung vermuthen (13. Jahrhundert). Auf dem Reſte des Gurtbogens eine Anzahl Bruſtbilder von Heiligen mit Nimben in Relief. Die unteren Partien mit Wellen-Ornament in grellen Farben bemalt. An den Wänden in der Höhe der Capitäle ein Streifen und tiefer ein weiterer, wodurch das Bildfeld der Wände abgegränzt wird. Im Bildfelde neben der Altarniſche je ein Biſchof, der ein Kirchenmodell gegen den Altar hält (Virgilius, Rupertus?), etc. Die Fenſter waren von einer Baldachin-Architectur umfaſst, auf den Feldern des Spitzbogens Figuren. Ueber der Capelle befand ſich noch ein hohes geräumiges Gemach durch rundbogige Doppelfenſter erhellt, in der Ecke Reſte eines Kamines (M. I. 124, II. 166, VIII. 190. n. F. I).

Die nordweſtlich auf einem Felſenplateau, aber tiefer als die Veſte ſtehende und von ihr gänzlich abgeſchiedene, mit Befeſtigungsanlagen umgebene Peterskirche iſt ein ſchlichtes romaniſches Bauwerk, das ſchon 1115 urkundlich erſcheint. Die Kirche beſteht aus dem flach überdeckten Schiffe mit einem quadraten Raume ſammt halbrunder gewölbter Apſis als Presbyterium. Die Fenſter einfach, halbrund mit ſchräger Senkung. In der Sacriſtei drei alte Meſsgewänder aus dem 16. Jahrhundert mit Stickereien, auf einem — dem jüngſten — der gekreuzigte Heiland in Stickerei, auf dem andern, das mit breiter Stickerei in Kreuzform belegt iſt, der Ecce homo und darunter Maria, am dritten ebenſo die Mutter Gottes, darunter Petrus und Paulus; dann ein Gemälde

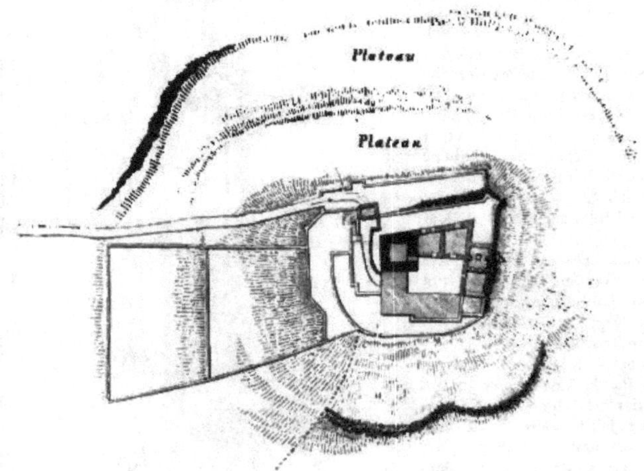

Fig. 48. (Frieſach.)

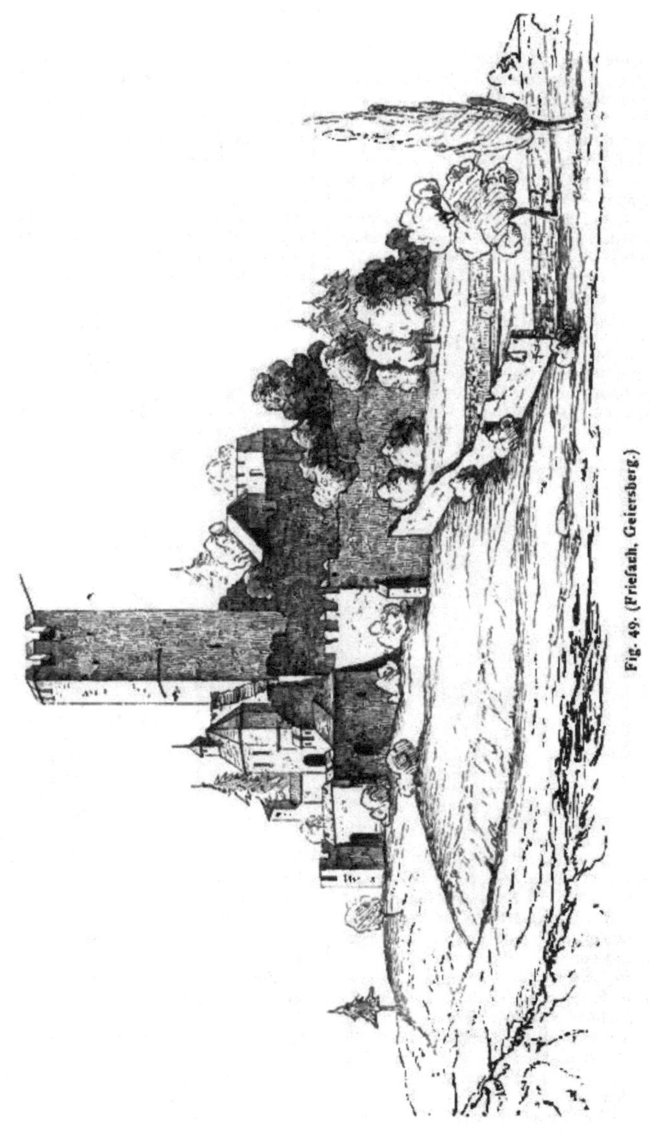

Fig. 49. (Friesach, Geiersberg.)

vom Jahre 1525, österreichische Schule. Der Rest eines Altarwerkes, vorstellend die Familien der drei Marien. Die Nebenbilder des ersteren zeigen, wie der heil. Joachim wegen seiner Unfruchtbarkeit vom Hohenpriester vom heil. Opfer weggestoßen wird, die Verheißung der Geburt Mariens an Joachim und Anna, die Geburt Mariens. Ein anderes Bild mit zwei Bischöfen. Ferner ein schönes Holzschnitzwerk: Maria und Anna, dazwischen das Jesukind, dabei die Jahreszahl 1526. In der Sacristei sechs gothische schmiedeiserne Leuchter. Zwei alte Glocken von 1699 (M. I. 124. II. 167, VI. n. F. LXXV. und CXXXVII, M. VIII. 197. 198).

Die Bergveste **Geyersberg** bildet gegen Norden den Abschluß der Friesacher Befestigungsanlagen, ist aber ein ganz isolirter Vertheidigungspunkt. Auf der Nordseite unzugänglich, schützt die Anlage an den übrigen Seiten ein Mauergürtel, dessen Mittelpunkt ein Gebäude im Viereck und ein mächtiger Thurm aus dem 12. Jahrhundert bildet, der 18 Klafter hoch und im Gevierte erbaut, noch in seiner alten Kraft emporragt, obwohl in seinem Innern schon arg verfallen. Theils runde, theils spitzbogige Fenster. Die charakteristische kleine Schloßkirche über dem Hauptthore, der heiligen Anna geweiht, dürfte dem 16. Jahrhundert angehören, hat eine getäfelte Renaissancedecke. Reste eines Flügel-Altares mit roh ausgeführten Darstellungen: Christi Beschneidung und Christus unter den Schriftgelehrten. Fig. 48: Grundriß, Fig. 49: Ansicht von Geyersberg.

Frögg bei Rosegg. (M. IX. n. F. p. CXI. und CXLVI; X. n. F. p. LXIII, XI. p. XXXV. und CXXXIV. Sitzb. m. LXXXIX. B., I. Ab. 1884, p. 364, Mi. anth. XIX. Bd., 1884, pag. 141.) Ein durch das Vorkommen bleierner Figuren ausgezeichnetes Gräberfeld aus der Hallstädter Periode. Dasselbe wurde im Herbste 1882 durch Zufall entdeckt und erstreckt sich über den bewaldeten Abhang eines Hügels, der sich hinter dem Thiergarten des fürstlich Liechtenstein'schen Schlosses südöstlich längs des Drau-Ufers hinzieht.

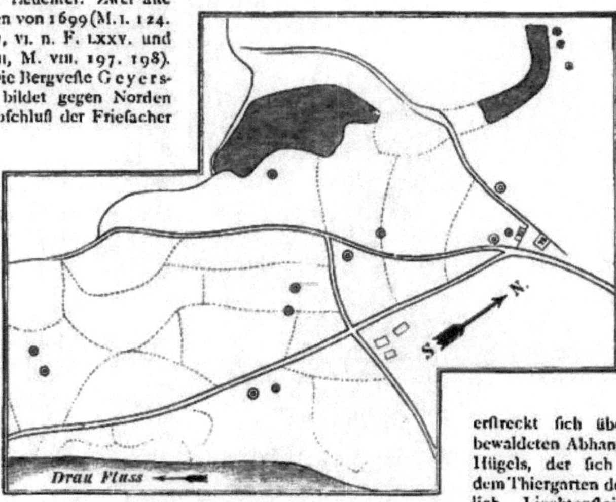

Fig. 50. (Frögg.)

Die wissenschaftliche Durchforschung geschieht seither seitens des kärntnerischen Geschichtsvereines durch jährliche von der k. k. Central-Commission für Kunst- und historische Denkmale subventionirte Ausgrabungen. Die Bestattungsweise ist ausschließend in Hügeln und durch Leichenverbrennung, die innere Construction der Gräber aber sehr verschieden, oft bloße Erdaufschüttungen ohne Steinkranz und Deckplatte. Fig. 50 gibt eine Planskizze des Gräberfeldes.

Die Fundstücke oder Bestattungsbeigaben, welche sämmtlich den Charakter der Hallstädter Periode tragen, verrathen einen mindern Wohlstand als die Gräber in Hallstadt und Krain, namentlich fehlt Gold und Bernstein fast gänzlich; dagegen kommt hier

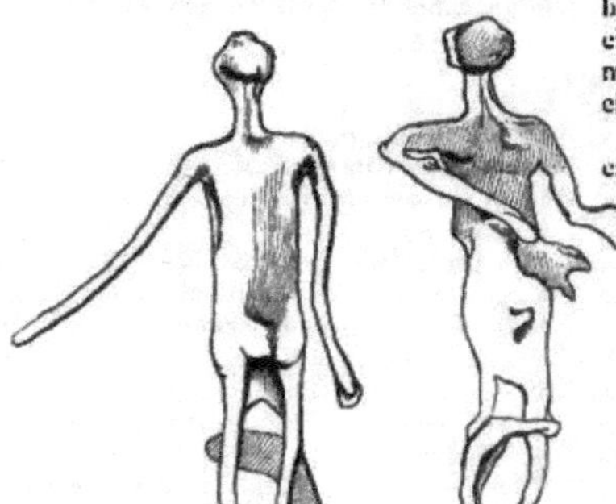

Fig. 51. (Frögg.)

eine ganz eigenthümliche Blei-Industrie, wahrscheinlich hervorgerufen durch die naheliegenden vorzüglichen Bleierze, vor. Ein

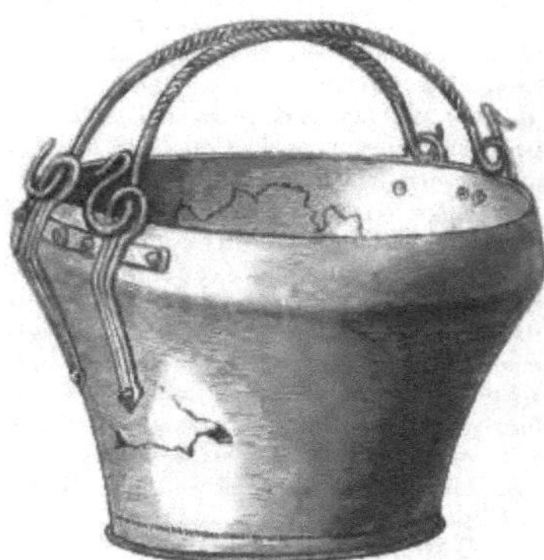

Fig. 52. (Frögg.)

Wagen (Car. 1885, 1), Reiter, Pferde, Vögel, ja selbst menschliche Gestalten (Fig. 51) kommen in rohen Gussformen aus Blei vor, welche meist flach als Ornamente irdener Töpfe oder auch freistehend zu nicht bestimmbaren Zwecken verwendet wurden.

Von anderen Fundgegenständen sind hervorzuheben zwei Bronzekessel mit Handhabe (Fig. 52 und 53), ein solcher mit Figurenbesatz (Fig. 54), eine schwarze Urne (Fig. 55), ein Bronzestäbchen mit Wirtel aus Emailmasse (Fig. 56), ein bronzener Armring (Fig. 57), eine rothe Thon-Urne (Fig. 58) u. s. w.

Nach den neuesten (1886) Ausgrabungsergebnissen scheint das Gräberfeld gegen

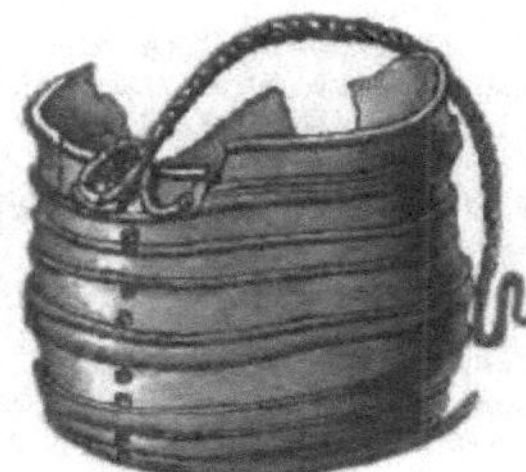

Fig. 53. (Frögg.)

Nordwesten noch viel weiter ausgedehnt zu sein als bisher angenommen wurde, jedoch

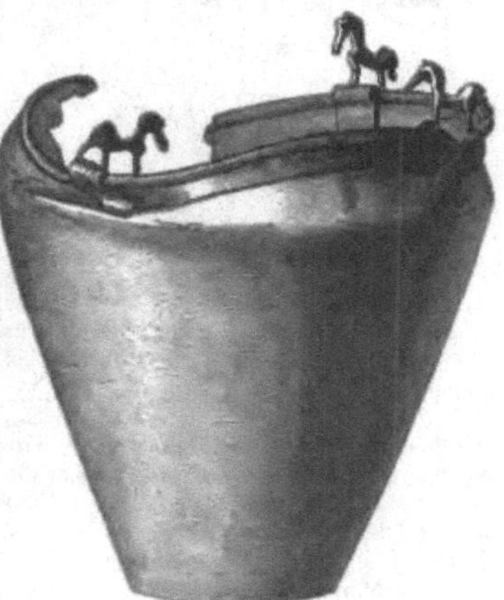

Fig. 54. (Frogg.)

zeigen die Funde dort schon Formen einer jüngeren Culturperiode.

Frojach. Die Bartholomaeus-Kirche, eine Filiale von Rossegg steht auf den Resten des Schlosses Hochkirchheim: ein kleines Gebäude, bestehend aus einem oblongen Raum und einer halbkreisförmigen Nische mit einer Halbkuppel überdeckt, in der Apsis zwei kleine rundbogige Fenster mit breiten Laibungen. An der Südseite die Sacristei mit Concha. Der Hauptraum beider ist mit der ursprünglichen Bretterdecke versehen (Fig. 58).

G.

Gajach, beachtenswerthe kleine Kirche mit Strebepfeilern, spitzbogigen Fenstern und Netzgewölben, kleiner gothischer Flügel-Altar.

Gailitz - Brücke nächst Fuggerau, vielleicht ein römischer Grundbau der Heerstraße von Santicum nach Lanx. (Afk. 8, 101.)

Gaisberg, St. Georg am (bei Friesach), Kirchlein mit romanischem Schiffe (neu überwölbt), halbrunde Scheidebogen, gothisches Presbyterium, bestehend aus einem Joche und dem polygonen Schluß, Sterngewölbe, Consolen mit Masken- oder Blätterverzierungen in der Fensterhöhe als Rippenträger. In den Schlußsteinen das Lamm,

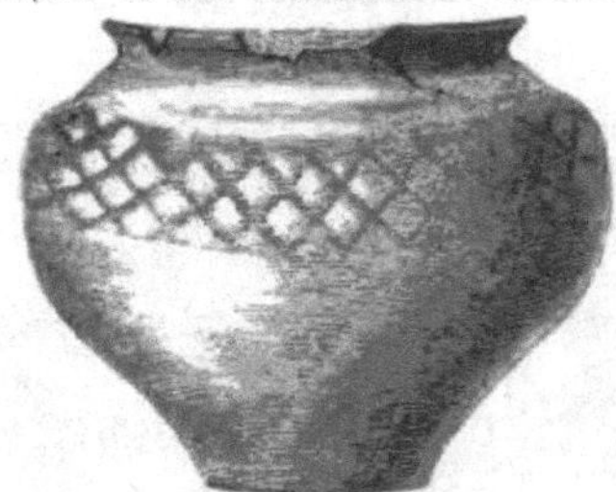

Fig 55 (Frögg)

der Löwe, das Antlitz Christi, der Pelikan u. s. w. Spitzbogige Sacristeithür. Sacraments-Nische mit Gitter, im Bogenfeld die Auferstehung und das Steinmetzzeichen: [Steinmetzzeichen], darüber ältere Malerei (Mannaregen). Drei Fenster mit Maßwerk, rechts eine Lavabo-Nische mit Dreipaßschluß. Im südlichen Chorfenster schöne Glasmalerei (s. Georg, Paul, Jacob . . . Dreifaltigkeit, Petrus, Andreas, Math. — Maria, Joh., Bartholom., Simon und Jacob). Der Thurm ober der Vorhalle. An den vier Chorecken zweimal abgesetzte Strebepfeiler. Eine Glocke von 1458, eine 1512, die dritte 1776 (Math. Kreuz goß mich in Klagenfurt). In der Sacristei ein altes Meßkleid und Reste von einem Flügel-Altar. An der Außenseite Spuren eines Gemäldes. Der Haupt-Altar stammt aus dem Jahre 1760, ein Chorstuhl aus 1679, der achtseitige Taufstein aus 1512.

Galizien (Decanat Eberndorf). Die Kirche zu St. Jacob ist ein mittelgroßes Gebäude mit schlecht gewölbtem kleinen Chore und dem unorganisch angeschlossenen, aus einem Hauptschiffe und einem um die Hälfte schmäleren nördlichen Seitenschiffe bestehenden Langhause. An der Südseite des Hauptschiffes über der Sacristei ein viereckiger Thurm mit Zeltdach (M. VII, n. F. p. CXVII).

St. Gandolph bei St. Veit, die dortige Kirche erscheint urkundlich um 1136, zweischiffige Langhaus-Anlage mit niedrigem dreijochigen und dreiseitig abschließenden Chor, darüber Netzgewölbe, das dreijochige Langhaus mit Kreuzgewölben. Der Triumphbogen spitzbogig, reich profilirt. Die Chorrippen ruhen in halber Wandhöhe auf polygonen Tragsteinen, in den Ecken auf Dreiviertel-Säulchen mit einfachen Capitälen. Zwei kleine spitzbogige zweitheilige Fenster im Chor mit Maßwerk (vermauert). In den beiden Schiffen ruhen die Rippen auf Diensten mit Capitälen. Die Schiffe werden durch spitzbogige Arcaden verbunden. Die Theilungswand ruhet auf zwei schmächtigen achteckigen Pfeilern. Im Chore und im Langhause Schlußsteine. Sacraments-Nische im Eselsrücken profilirt, mit Krabbenbesatz, Blendmaßwerk und Kreuzblume. Taufstein alt, achtseitig. Thurm an der südwestlichen Ecke, spitzbogige Schalllöcher, schön profilirtes spitzbogiges Hauptportal, keine Strebepfeiler. Zwei Glocken aus dem Jahre 1711 (M. VI. n. F. p. CLII).

Gamsenegg, oberhalb des Schlosses ein Wallbau, abgetragen (M. VII. n. F. p. LXXVII).

Gansdorf. Die Kirche zu St. Johann enthält eine Marienstatue mit dem Christkinde am Arme, selbe ist von Holz, am Gesichte Mariens sind zwei rothe Streifen zu sehen. Auf einem Oelbilde wird über diese Statue berichtet: Im jare Christi 1492, als die Türken des lands mit rauben morden und brennen grauſamb verhergeten, haben ſie auch unter anderen gottloſen thatten gegenwertige bildhus unſer lieben Frauen durch das Feuer zu vertilgen geſuecht. Alldiweilen aber ſolche in dem Feuer unverſehrt und unverletzt verblieben; haben ſie durch wiederholte ſchwertſtreiche ihre rache an ſolches ausgeübt, wie ſolches bei gegenwärtiger capell in dem Altar khan geſehen werden. Ex traditione 1710. (Car. 1886, p. 92.) Die Bauformen der Kirche zeigen Motive der beſſeren Renaiſſance. Eine Glocke von 1525 (M. IX. n. F. p. XXVI).

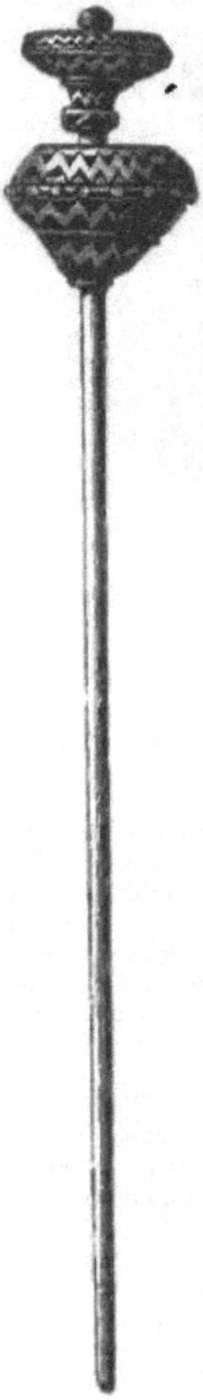

Gaudnitz, Dorf bei Frieſach, davon gilt der ſüdliche Theil im Verein mit Micheldorf als die manſio candalicae anſtatt Frieſach (Sitzb. 71, 367, 391).

Gendorf bei Spital. Eine dem St. Nicolaus geweihte ſehr kleine einſchiffige ſpätgothiſche Kirche aus dem Anfange des 16. Jahrhunderts. Das Schiff iſt neu gebaut mit einfacher flacher Holzdecke. Das Presbyterium enthält ein gutes Netzgewölbe.

Fig. 56. (Frögg.)

St. Georg vor dem Bleiberge. Die Tratten mit Linden und Volksſpiel, eine altſlaviſche Tempelſtelle (M. IX. 124). Die Pfarrkirche eine mittelgroße, im Schiff und Chor einheitlich ausgebildete, der Spätgothik angehörende Bauanlage. In zwei ziemlich tiefen Jochen des dreiſeitig geſchloſſenen Chores nehmen runde Wanddienſte die Rippen eines dichten Netzwerkes auf, die unten direct anlaufend am Scheitel in viereckigen Schlußſteinen zuſammentreffen. Um wenig größer als der Chor ſtellt ſich das Schiff aus drei Jochen zuſammengeſetzt dar, deren Trennung einwärts gekehrte Strebepfeiler nebſt vorgeſetzten Dienſten bewerkſtelligen. Auch bei dieſen fehlen wieder die Capitale. Jene eingebauten Pfeiler ſetzen ſich in ſpitzbogigen Wandgurten fort, und zwar in gleicher Höhe mit dem ähnlich geformten Triumphbogen. Zum einheitlichen Ganzen tragen große und ſchlank aufſtrebende Fenſter mit Maßwerk bei; neu ſind ein Capellenzubau an der Schiffs-Nordſeite und der Orgel-Chor. Die drei Chorfenſter haben Mittelſtock und einfaches ſpät-gothiſches Maßwerk. Haupteingang ſpitzbogig. An der ganzen Kirche Strebepfeiler. Ein guter Flügel-Altar, beſtehend aus dem Mittelſchreine und je zwei Seiten-Flügeln. Im Mittelſchreingrunde das Bild der heiligen Barbara mit Kelch, Schwert und Thurm, an den geöffneten Flügeln das Bild des heiligen Andreas und des heiligen Johannes, auf Goldgrund. Bei geſchloſſenen Flügeln zeigen dieſe außen ein gemeinſchaftliches Bild, Verkündigung Mariä, rechts die knieende Madonna, links den Engel, dunkelblauer Grund. Die unbeweglichen hinteren Flügel mit je einem Heiligen bemalt. Am Unterſatz: das Schweißtuch von den Apoſteln Petrus und Paulus gehalten. Urſprünglich war der Altar-Aufſatz von einem ornamentalen Schnitzwerk bekrönt; heute ſind davon geringe Ueberreſte erhalten, der größte Theil liegt zertrümmert in der Sacriſtei. Links an der Wand ein Oelgemälde, Votivbild für Wilhelm († 1536) und Michael Neumann von Waſſerleonburg, aufgerichtet von Anna Freyin zu Teuffenbach 1591.

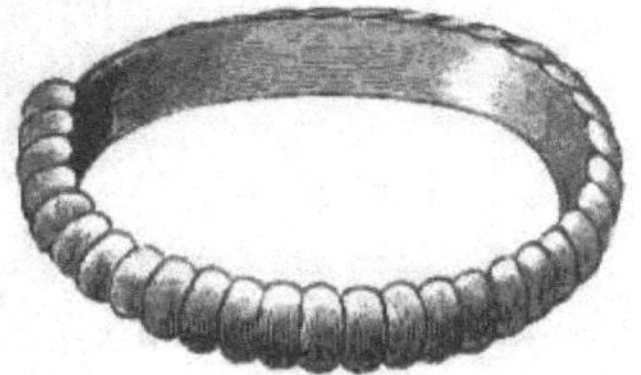

Fig. 57. (Frögg.)

Der alte gothiſch unterwölbte, im Aeußeren ſehr verwahrloſte Thurm ſteht links des Chors. Einer ſeiner vier Spitzgiebel trägt die Jahreszahl 1606, gekuppelte Schallfenſter. Eine Glocke: anno dom. M. V. XXVIII meyſter ceromine ecker. Eine zweite Glocke von 1698 (Math. Lantsmann in Klagenfurt).

St. Georgen am Bayesberg bei Waitſchach, 2 Glocken aus 1744 (*F. J. Cormatſchin* in St. Veit).

St. Georgen am Gundischberg. Zwei römiſche Grabſteine: PRIMVS* um 200, bekannt um 1774, Friedhofmauer (Jab. 332, Mo. 5095). SIRVS*, um 160—230, ſeit 1819, am Wegkreuz (Jab. 334, Mo. 5096).

Strebepfeilern dürfte einem älteren Baue (c. 1400) angehören. Zu erwähnen ſind einige Grabſteine von Aebtiſſinen (darunter der Afra v. Staudach, dann Juliana, geb. Geſchorrin † 1615, der cordula viſcherin † 1651, der Eleonora Frayn von Baſſay † 1711 u. ſ. w.), ein beachtenswerthes altes Relief den heiligen Georg vorſtellend. Die Inſchriftſteine mit Bezug auf die Gründer des Kloſters, beide eingemauert in der Kirche an der

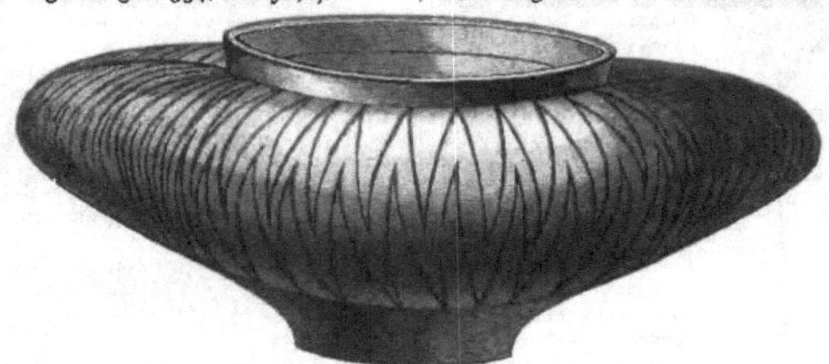

Fig. 58. (Frögg.)

St. Georgen am Längsee. (M. I. 122, M. VI. n. F. p. CLII, M. XI. n. F. p. CXXXV.) Bis zu Kaiſer Joſeph II. Kärntens älteſtes Frauenſtift (St. Benedicts-Orden), geſtiftet und ausgeſtattet von der Witwe Wichburg des Grafen Ottwin von Lurn (c. 1000),[1] aufgelöſt 1782. Das Stiftsgebäude ſehr groſs

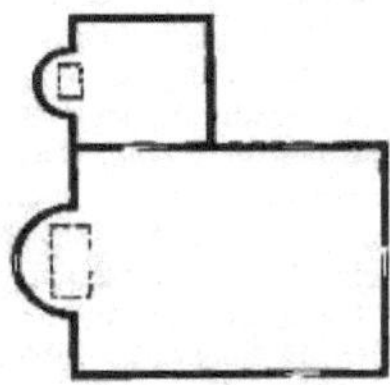

Fig 59. (Frojach.)

und ausgedehnt, architektoniſch nicht hervorragend. Der rückwärtige Theil dürfte bis 1546 zurückreichen. Ein Schriftſtein dortſelbſt erzählt: »Fraw Dorothea Rymphin hat diſes gepev laſſen machenn 1546.« Die Kirche faſt ganz neu erbaut (1721) oder doch ſtark renovirt, höchſtens die Nordſeite mit den

[1] S. hierüber die intereſſante Monographie des des Dr. Fritz *Pichler* in Car. 1885 und 1886.

Epiſtelſeite ſtammen aus dem 17. Jahrhundert. Der Thurm mit Blechhelm ſeit 1827, hintern Presbyterium, der Chor mit polygonem Schluße (M. I. 122).

Die Friedhof-Kirche zum heiligen Jacob, ebenfalls mit flachgedecktem Schiffe ein Bauwerk neueren Styles (1699). An derſelben ein Römerſtein, T CLVFENNIVS, um 190 und FIRMINO (M. XI. n. F. p. CXXXV), Cippus mit Weinblattzier. Der römiſche Grabſtein: TI IVLIVS wurde im Jahre 1886 als Balcontragſtein an der Gartenfront des alten Kloſtergebäudes wieder gefunden (Jab. 170, 171; Mo. 4844, 4897, Aep. 4. 215); T. FLAVIO um 120, ſeit 1823 im Schloſs-Corridor, ebenerdig (Jab. 172, Mo. 4913). Brunnenbecken mit reichem Blattornamente im Hinterhofe, drei Büſtenreliefs in den Hofgängen, neueſtens Fund eines Büſtenreliefs: Mann mit Faltenkleid in Medaillon, gefunden in den ſüdweſtlichen Grundmauern des Schloſses.

St. Georgen am Sandhof. Röm. Relief: Mädchen, r. Käſtchen, l. Rundſpiegel, Nebenbild eine Vaſe, Standort an der Kirche. (Jab. 381.) Die einſchiffige Kirche bewahrt noch romaniſche Reſte. Das Tonnen-Gewölbe mit Kappen im Schiffe ſtammt aus neuerer

Zeit. Das um eine Stufe höher gelegene Chor-Quadrat hat ein Kreuzgewölbe mit Rippen und im Schlußstein eine Rose, den Chor-Schluß bilden drei Seiten des Achteckes. Die Rippen des spitzbogigen Gewölbes ruhen auf Consolen mit roh gearbeiteten Köpfen. Im Schlußsteine ein Stern. Die ehemaligen spitzbogigen zweitheiligen Fenster haben nun flachen Sturz, nur an einem Fenster hat sich spätgothisches Maßwerk erhalten. Im Presbyterium eine kleine Wandnische mit Gitter.

Der Thurm, südlich an der Kirche, ist viereckig, hat romanische Doppelfenster mit Theilungssäule ohne Basis und Capitäl, aber mit breitem Kämpfer, vier Giebel und spitzen achteckigen Helm. Von den vier Glocken die kleinste ihrer Form nach sehr alt. Der Taufstein aus dem 16. Jahrhundert. Links im Presbyterium das Grabmal des Deutsch - Ordensherrn Joh. Fried. Freiherr v. Tschernembl 1677.

An der Südseite der Kirche der Karner, ein achtseitiger Bau mit dreiseitig ausspringender Apsis gegen Osten, mit umlaufendem Sockel, mit Schräg-, Kaff- und Kranzgesims aus hartem Kalktuff ausgeführt. Rippengewölbe mit Dreiviertel-Pfeilern als Dienste ohne Capitäle, runder Schlußstein. Das Fenster in der Apsis und die drei in der Rundung spitzbogig ohne Stab mit Nasen. Dieser Raum ist dem heiligen Oswald geweiht; darunter das Beinhaus ohne Apsis. An der Schwelle des spitzbogigen Einganges ein sehr zerstörter Grabstein aus dem 15. oder 16. Jahrhundert. Im Karner war ein Flügel-Altar von guter Arbeit, der sich jetzt restaurirt in Maria-Saal befindet. Der Karner ist mit einem Spitzdache bedeckt, die Apsis hat ein besonderes Dach derselben Construction (M. VII. n. F. p. LXXXVII).

St. Georg unter Stein. Auf dem Friedhofe in der Mauer ein Römerstein: PRIMVS SVRONIS (M. X. n. F. p. CXXVIII). Die Kirche ein mittelgroßer Bau mit langem schmalen flachgedeckten Schiffe, mit kleinem quadratischen Chore, darauf der derbe Thurm als ältester Theil steht. Der Chor ist mit einem spitzbogigen Kreuzgewölbe überdeckt, Diagonalrippen auf plumpen Tragsteinen mit menschlichen und Thierfratzen-Bildern gestützt. Glocke von 1639, Reste eines Flügel-Altars.

St. Georg am Sternberg, an der Kirche zwei Reliefsteine: Arabeske mit

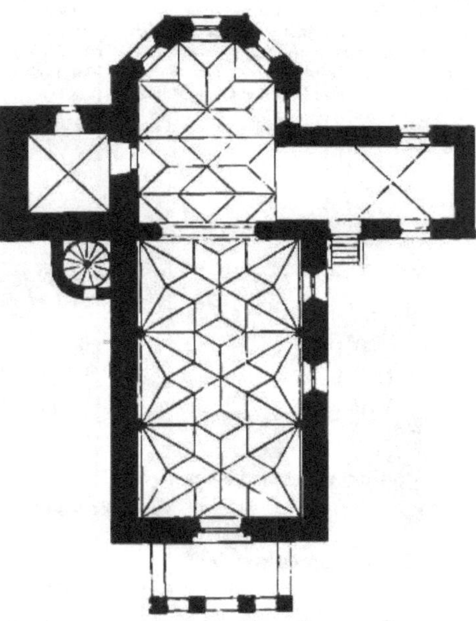

Fig. 60. (St. Georgen.)

Drachenformen, drei Büsten, zwei Männer (Ostwand) und ein Weib und der Weihstein: IVNONIBVS*, um 220, bekannt seit 1824 (Jah. 857, Mo. 4766), dann das Bruchstück eines abgetretenen umrahmten Schriftsteines.

Die Kirche, 20 M. lang, 6·33 M. breit, geostet, ist ein einschiffiger Bau, mit einem Chorquadrate unter dem Thurme und dem Chorschluße aus dem Achtecke. Capellenartige Zubauten erweitern den Schiffraum rechts und links. Durch eine mit flacher, quadratifch getäfelter Holzdecke verfehenen, im Weften von einem gekuppelten Doppelfenfter beleuchteten Vorhalle tritt man über drei im Halbkreife angelegte Stufen in das dreijochige Schiff. Das Sterngewölbe desfelben ruht auf dreiviertelrunden Wanddienften, welche auf einer rechteckigen an den Kanten gekehlten Vorlage anliegen. Die Fenfter zeigen zweitheiliges, an Fifchblafen mahnendes Maßwerk.

Ein kleines neu vermauertes Spitzbogenfenfter an der Südfeite deutet an, dafs beim Anbau des gothifchen Chores das ältere Schiff noch mit flacher Decke verfehen war. Der fpitze Scheidebogen, welcher find hier kräftig figural behandelt, ein Schlußftein ift noch mit Blumen bemalt; außen zieht fich ein Sockel um die Mauern und Strebepfeiler des Chores. Der Thurm ift mit einer modernen Blechkuppel bedacht.

An Inventar ift zu erwähnen: Der gothifche, achtfeitige Taufftein, deffen pyramidenförmiger bemalter Holzdeckel mit alter figuraler Malerei in acht Feldern gefchmückt ift (Anfang des 16. Jahrhunderts). Die Darftellungen enthalten in Bruftbildern eine Taufhandlung, der Kirchenpatron St. Georg, die Taufe Jefus durch Johannes und endlich Maria mit dem göttlichen Kinde (M. x. n. F. p. xxv).

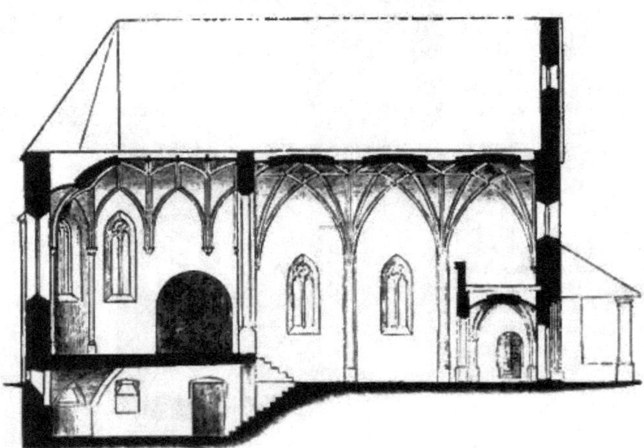

Fig. 61. (St. Georgen.)

in das fchmälere Chorquadrat führt, geht über dem quadratifchen Sockel durch Abfchrägung in die achtfeitige Gliederung über, die fich auch über dem alterthümlichen Capitälgefimfe in der Bogenlaibung fortfetzt. Das Kreuzgewölbe unter dem Thurme ftützt fich auf pyramidal verlaufende Confolen. Der Chorfchluß aus fünf Seiten vom Achteck gebildet, ift von vier Fenftern beleuchtet, von denen das öftliche zweitheiliges Maßwerk mit einem Vierpaße, die zwei feitlichen den einfachen fpitzen Kleeblattbogen zeigen, während das breitere Südfenfter modernifirt ift. Die Confolen des Gewölbes

Ein Faftentuch, welches 1629 Hanns Khevenhiller, Freiherr zu Aichelberg und Landskron im Vereine mit dem Pfarrer Blafius Poßnitfch und den Zechleuten Nikl Premifchlnigg und Primus Lichtbol hat »auffrichten laffen«.

Von den fünf Glocken ift nur jene von höherem Alter, welche 1806 von Landskron hiehergebracht wurde; fie hat 1549 Jeronimus Egker in Villach gegoffen (M. v. n. F. p. CLXI). Ein ledernes Meßkleid fammt Stola und Manipel ift noch gut erhalten. Auch erfreut fich die Kirche noch des Befitzes einer recht gut polychromirten St. Georgs-Statuette (0·80 Ctm.

hoch) und einer mit drei Engelsköpfen-gefchmückten fchönen Gufslampe.

Die einft mächtigen Grafen von Sternberg hatten hier ihre Burg; noch 1265 hatte Graf Ulrich von Sternberg die Güter bei Tiffen und Treffen in Pfand. Doch bald verarmten fie derart, dafs am 19. Februar 1311 die Stammburg an den Herzog Heinrich von Kärnten und 1329 auch das Lehensrecht dem Grafen Meinhart von Ortenburg verkauft wurde. Beim Kampfe um die reiche Erbfchaft der Cillier gab Kaifer Friedrich die Burg dem zu ihm übergetretenen Feldhauptmanne Witowec; als diefer aber wieder abfiel, zerftörte Friedrich die Burg, fo dafs nur wenige Mauerrefte, ein »opus fpicatum« darunter, bei der fogenannten Mauth, die Stelle des alten Schlofses anzeigen.

St. Georg unter Straßburg, eine kleine einfchiffige Kirche mit halbrundem Altarraume und Kuppelgewölbe darüber, Schiff flach gedeckt. Der Thurm an der Nordfeite mit fpitzbogigen Schalllöchern.

Rundbogiger Eingang in die Sacriftei im unteren Thurmgefchofse. Ein gothifches Südportal vermauert, die Thür fammt Schlofs und Befchlag erhalten, ebenfo ein alter Opferftock. Ein Sacrifteifchrank aus dem 17. Jahrhundert, ein achtfeitiger gothifcher Taufftein, Spätrenaiffance-Altar, Glocken von Anton Cormatfchin und von Thomas und Vinc. Gollner.

St. Georg bei Villach, Filiale von St. Martin, gew. 1488, einfacher gothifcher Bau (M. VII. n. F. LIII).

St. Georgen am Weinberge, Fundort eines bronzenen Henkeltheiles, geformt als Amorette, mit geöffnetem Blumenkelch, 11 Centimeter hoch (1844, jetzt K.).

Die Pfarrkirche, ein fpätgothifcher Bau (Fig. 60). Geoftet. Unter der Vorlaube das Portal mit reich profilirtem Steingewände im Spitzbogen. Thürfturz gerade auf gekehlten Tragfteinen mit je einem Schilde in den Ecken; das Bogenfeld mit Blend-Mafswerk. Das Schiff 11·30 M. lang, 6·15 M. breit, hat drei Joche mit Sterngewölben, deren Rippen unvermittelt in dreiviertel runde Wanddienfte verlaufen, welche auf einer rechteckigen, an den Kanten gekehlten Vorlage anliegen; als Bafis dient Wulft und Kehle für die Dienfte. An den 13 Rippenknoten Schildchen. Die Rippenbündel in den Ecken des Schiffes auf Schildern aufruhend. Der Orgel-Chor, zu dem eine Wendeltreppe mit rundbogiger und abgefafster Thüre hinaufführt, wird von drei Stumpf-Spitzbogen getragen, die auf achteckigen Pfeilern, deren Schrägen fich in der Laibung fortfetzen und einen einfach abgefafsten Sockel haben, ruhen. Sterngewölbe, deren Rippen von der halbachteckigen Vorlage an

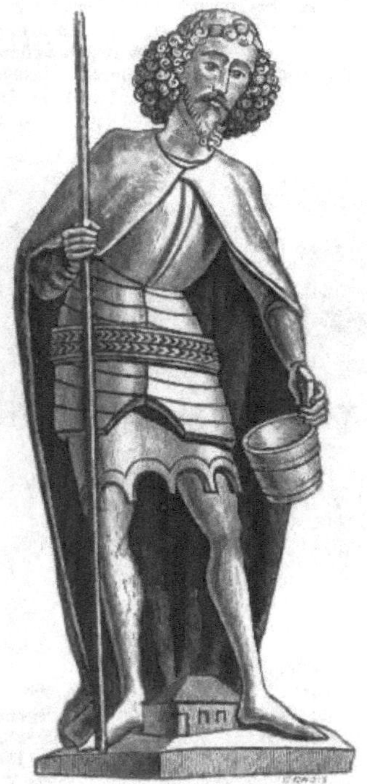

Fig. 61. (St. Georgen.)

der Wand fowie der Pfeiler aufgefangen werden. An der Stirnfeite des Orgel-Chores in Zwickeln je ein Schild, der eine leer, der andere mit der Jahreszahl 1536 und dem Steinmetz-Zeichen: , das vollkommen identifch mit jenem von St. Margarethen am Töllersberg. Die zwei auf die Südfeite gehenden Fenster mit Fischblasen und Vierpaß zweitheilig, theilweise noch Butzenscheiben.

Das Presbyterium liegt 1·10 Meter höher vom Schiff, und befinden sich unter dem spitzen abgeschrägten mit Wasserschlag versehenen Triumphbogen drei Stiegenarme, wovon der mittlere mit 11 Stufen in die Krypta, die zwei flankirenden mit je sechs Stufen ins Presbyterium führen, welches eine Breite von 5·01 Meter hat und aus dem dreiseitigen Chorschlusse und 2½ Jochen besteht. Sterngewölbe, große tellerförmige Schlußsteine. Die vier Fenster mit Mittelpfosten und Fischblasen-Maßwerk. Die Verglasung

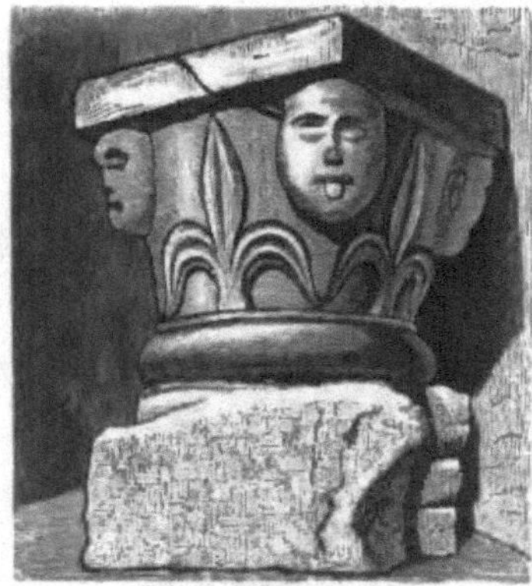

Fig. 63. (St. Georgen.)

zum Theile mit Butzenscheiben in farbiger Verbindung.

Links ober der Sacristeithüre, die das unterste Gemach des nördlich gelegenen Thurmes bildet, ein Spitzbogen-Fenster, jedoch nur das Bogenfeld. Eine Art Oratorium. Rechts ein Zubau aus späterer Zeit mit Tonnen- und Kreuzgewölbe, 6·28 lang, 2·83 breit. Außen an dem mit Sockel umfaßten Chorschlusse, den inneren Diensten entsprechend, Runddienste einmal abgebunden mit kegelförmiger Abdachung. Thurm viereckig, von mäßiger Höhe, an demselben einige römische Steinfragmente eingemauert.

Die Krypta (Fig. 61) erstreckt sich unter dem ganzen Presbyterium und rechts unter dem Zubau; links beim Eingang, 1 Meter vorspringend, 3·20 lang, ins Krypta-Gewölbe verlaufend, ein Mauervorsprung, doch nicht zum Thurmfundament gehörig. Sie hat dreiseitigen Abschluß, in jedem eine Gewölbekappe mit Spitzbogenschild. Ein Fenster in der Achse, eines rechts. Daselbst das gräflich Christallnigg'sche Familien-Begräbnis.

Im Schiffe rechts und links Altäre; rechts als Altarstufen-Deckplatte ein sehr gut erhaltener Grabstein mit folgender Legende: »hie . leit . pet . wuechr . ercelt . Viert, mit . seine . swilliebr . vn . sint . Gestorben . in . dem. lxxII . jar (1472)«. Am Fußboden des Schiffes zwei Grabsteine, leider ausgetreten mit einer Knaben- und Mädchen- (Kinder-) Figur. Beide in reicher Tracht des 16. Jahrhunderts, die Legende am ersteren noch ersichtlich: »hie ligt begraben der edel und gestreng. Jungher Hans Sigmundt von Spangstein« (ehemalige Besitzer vom nahen Schloß Waisenberg). Das übrige nicht mehr zu lesen. Grabstein des Fried. Lud. Comes ab Ankhenstain, † 1682.

In der Sacristei ein Kelch aus dem 16. Jahrhundert. Zwei Holzstatuen: St. Georg und St. Florian, zweites Viertel des 16. Jahrhunderts, bemalt, aber schlecht erneuert. Besonders St. Georg von trefflich lebendiger Arbeit (Fig. 62). Ein romanisches Capitäl dient als Weihbrunnstein (Fig 63).

An der Nordseite der Kirche, nahe der Westecke, hart über dem Boden und gegenüber auf der Südseite je ein Reliefstein, zwei sich jagende Hunde zwischen Bäumen (sehr gute Arbeit) und eine weibliche Figur in langem Gewande (Gesicht und Arme verstümmelt). Ein Schriftstein auf der Südseite, sehr verwittert, so daß nur einige Worte zu lesen.

St. Georg am Lamm, s. Lamm.

St. Georg am Zammelsberge, s. Zammelsberg.

St. Gertraud nächst Lurnfeld, Steinrelief; Hase, gegen links hockend bei Traube, an einem Bauernhause (RStud. 1. 22. 29. 31. 57).

St. Gertraud (M. n. F. x. p. LXXXIV) im Decanate Wolfsberg, schon 1289 genannt. Die Pfarrkirche, ein kleiner einschiffiger ziemlich hoher Bau (Fig. 64) mit einem Capellen-Anbaue an der Südseite aus dem Jahre 1679 und einem dreiseitig geschlossenen Presbyterium, hat eine Decke mit unregelmäßigem spätgothischen Netzwerke, dessen Rippen auf Consolen ruhen. Die Gewölbe im Schiffe von 1643 charakterifiren fich nur durch Grate zwifchen den Gewölbekappen, welche auf runden ftarken Dienften mit großen Capitälen ausladen. An zwei derfelben je ein Schild (Fig. 65), darauf je die Jahreszahl 1526, 1534. Im Presbyterium drei hohe fpitzbogige Fenfter ohne Maßwerk. In der Capelle ift ein hübfches Abfchlußgitter, deffen Oberlicht-Theile befonders elegante Zeichnung in den Schneckenwindungen und Durchflechtungen der Stäbe zeigt; außerdem finden fich daran einzelne gefchmackvoll vertheilte aus Eifenblech gefchnittene Ornamente (Fig. 66). Der Thurm hat fpitzbogige Schalllöcher, die

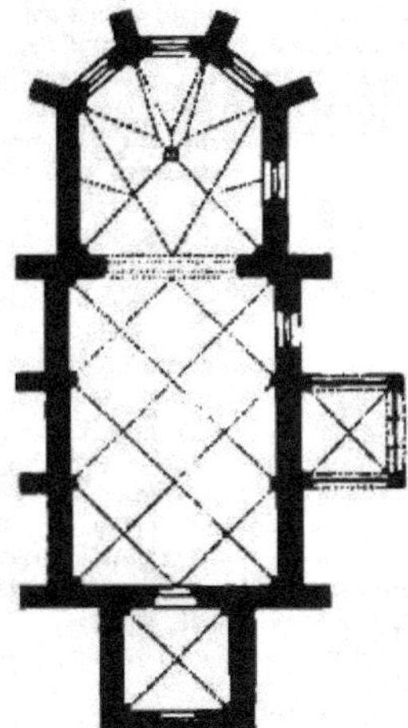

Fig. 64. (St. Gertraud.)

Thurmftiege fchön abgefaßt, tritt an der Façade heraus. Am Presbyterium fechs, am Langhaufe vier Strebepfeiler, fchön profilirtes Portal mit einem Vierpaß im Tympanon. Das Südportal mit geradem Sturze, profilirt. An der Kirche wiederholt das Steinmetzzeichen ⊢┬ .

Glanegg. Römerftein F · PRIMIGENIUS (M. XII. n. F. p. LXXXVI und CLXXIX), wahrfcheinliche Stelle eines römifchen Caftells). Die dem heiligen Urban geweihte Pfarrkirche dürfte 1477 entftanden fein, um welche Zeit fie bereits urkundlich bekannt erfcheint. Einfacher gothifcher Bau, am polygonen Chorfchluffe Strebepfeiler mit Wafferfchlägen, die Rippen der Kreuzgewölbe auf Wandfäulenbündeln, die Fenfter fpitzbogig mit Maßwerk. Am Portal 1524. Grabmal der Margaretha Gfchwindt † 1635 und der Maria Seenufs † 1645 geb. Egartnerin von Rauten (M. VI. n. F. p. CLII). Das Schloß dafelbft mit Thürmen und werthvoller Einrichtung.

Glanhofen. Die St. Lorenz-Kirche, durch den Brand 1851 zerftört und alsdann faft ganz neu erbaut, befitzt nur mehr in dem kleinen Presbyterium den Reft des früheren gothifchen Baues. Zwifchen Schiff und Chor fteht der maffige viereckige Thurm,

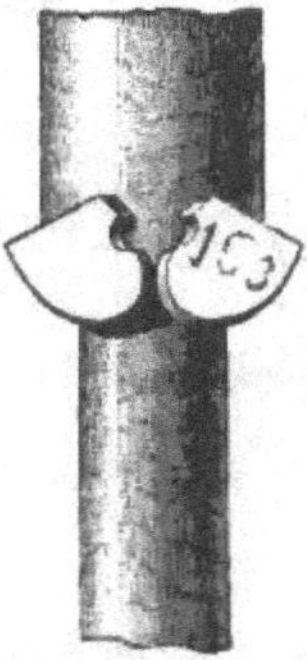

Fig. 65. (St. Gertraud.)

auch noch der alten Anlage angehörig, fpitzbogige profilirte Scheidebögen. Sacraments-Nifche im Spitzbogen mit Kreuzblume. Im Chor Netzgewölbe und an den Wänden Dreiviertel-Säulchen.

Glantschach. Die Andreas-Kirche, eine kleine einfchiffige Anlage mit zweijochigem Chore und polygonem Schluffe, fcharfgratiges Netzgewölbe. Das Schiff vierjochig mit eingebauten Strebepfeilern und Gurtenauflagern davor. Der Thurm an der Südfeite über der Sacriftei unten viereckig, dann achteckig. Strebepfeiler an den Chorecken, Bruchftück eines Grabfteines von 1414. Runder Karner mit Kegeldach und kleiner Laterne, halbrunder Apfis, vier rundbogigen Mauerfchlitzen und flacher Holzdecke, auf welcher Rofetten gemalt in der Art des

16. Jahrhunderts. In der Kirche am Seiten-Altare kleine sehr gut geschnitzte neuere Kreuzigungs-Gruppe.

Die Filialkirche zum heiligen Leonhard stammt aus der Uebergangszeit zur Gothik, hat zweijochiges Presbyterium und polygonen Schluss, Kreuzgewölbe, schmale hohe Spitzbogen-Fenster, flachgedecktes Schiff. Am Altare die Statuen des St. Leonhard, Anton und Bernhard. Interessante Messgewänder aus Stramin mit Stickerei.

Gleinach. Ein bronzener Henkel mit Pferd- oder Hirschkopf hier gefunden (K.) (Car. 1852, 86). Die St. Valentin-Kirche enthält ein einfach gothisches Presbyterium mit fünf Seiten des Achteckes und modernisirten Fenstern. Im Thurme eine Glocke von 1475. In der Sacristei ein hübscher Kelch.

Fig. 66. (St. Gertraud.)

Derselbe ist 0·22 M. hoch, aus Silber, vergoldet. Die Flächen sind fein gerippt, am Knaufe die gothischen Buchstaben: **mariab** vertheilt, am Ringe darunter: **a.m.g.p.d.t**; darüber: **m.a.r.i.h.s.** (Fig. 67.) Am Friedhof-Thor die Jahreszahl 1526. An der Aussenseite der Kirche ein Christoph-Bild (M. IX. n. F. p. XXV).

Gletschach. Die St. Thomas-Kirche (zu Griffen gehörig) geostet, kleiner romanischer Bau mit Presbyterium aus dem 16. Jahrhundert. Schiff mit flacher Decke, zwei alte romanische kleine Rundbogen-Fenster hoch oben nahe der Decke, davon eines vermauert. Der Triumphbogen rund. Presbyterium aus dem Achteck construirt, das in der Achse liegende Fenster im Presbyterium mit Dreipass spitzbogig, doch jetzt nur als Blende, der eigentliche Sturz gerade. Die Streben aussen bis an den Dachraum gehend. In der Vorlaube befinden sich Reste eines kleinen Altars, der ehemals innen gestanden haben mag, eine ausgezeichnete Arbeit der schönsten Deutsch-Renaissance, Ende des 16. Jahrhunderts. Jetzt als Aufsatz ober dem Opfertisch. Lichtblau gold, weiss und grün, alles noch ursprünglich, polychromirt. Das Dach wird von einem überaus schlanken Dachreiter überragt.

Globasnitz. Man fand hier, soviel seit etwa fünf Jahrzehnten erst bekannt worden ist: Glasgefässe, besonders Thränenfläschchen, Bronze-Fibeln, Eisengeräthe wie Opfermesser, Silber-Gegenstände (vor 1838 oder 1830 ein Schlange von Silberdraht), Münzen in Bronze und Silber; Thonsachen, wie Ziegel, Töpfe, eine grosse Urne schwarzgrauen Thones mit Verzierungen (Car. 1846, 212; 1847, 183). Das wichtigste möchte wohl sein ein bedeutender Fund von Silbergefässen um das Jahr 1740, völlig verschollen. Endlich drei Relief- und vier Schriftsteine, neben mancherlei Hausteinen und Gesimsen. Die Reliefs sind: Weibliche Gestalt, nackt, mit Schleier, r. Stab, l. Schild, nebenan je ein Kopf innerhalb eines Kreisrahmens. Gefunden in des Pfarrers Felde östlich vom Dorfe 1837 (K. Jab. 346, Taf. 10, Kml. 97). Mann nackt, r. Fruchtgehinde, l. Bandwerk; gefunden ebenda 1838 Pfarrhofstall (Jab. 347, Taf. 10). Jüngling nackt, l. gehend, mit Thyrsus und weitläufigem Schlingwerk, rechtsseitiger Pfarrhof-Stadel (M. VIII. n. F. p. CXIV).

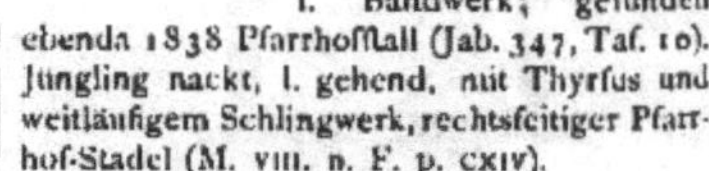

Von den vier Schriftsteinen ist der erste ein Weihstein:

IOM VOLCACIVS* Ara des beneficiarius consularis, dem Jupiter geweiht, um 170, gefunden vor 1837? (Jab. 102, gleich 344. Mo. 5072 ad, S. 1048. K. 118.)

C CRISPINIO, dem Aedilicier, Zeit um 120, gef. vor 1853?, jetzt Klagenfurt, Haus Rosthorn. (Jab. 340, Mo. 5074.)

DISOCNO* mit exbeneficiario?, Deckel zu einem Mauergrabe, viereckig, länglich, mit erhaltenem Skelette, Zeit um 220, gef. 1837. östlich vom Pfarrhofe, wie es scheint, neben zwei Reliefplatten, als Hauspilaster nun in Eberndorf. (Jab. 342, Mo. 5076, Car. 1838, 139.)

L TVRPILIVS, Büste bedeckt, Zeit um 280, gef. 1838, am Rundbaue des Friedhofes. (Jab. 343, Mo. 5081, Acp. 5 217.

Jab. S. 3, 131, 136, 138. B. A.-V. xi. 136. Mo. S. 591, S. 623. M. 3 n.)

Die Pfarrkirche besteht aus einem schmalen und sehr gedehnten Schiffe und dem damit gleich breiten und kurzen Chore, beides aus spätgothischer Zeit; der Chor bildet sich aus einem quadratischen Joche, das spitzbogig überwölbt ist, und dem fünfseitigen Schlusse mit neuer Ueberwölbung, aussen mit Strebepfeilern; die Fenster sind nach innen rechteckig modernisirt. Aussen ist noch die alte Fensterform erhalten, Mittelpfosten, Vierpassschluss, die schmalen südlichen Fenster mit Kleeblattschluss. Das Schiff zeigt in seiner Ueberwölbung das der letzten Zeit der Gothik eigenartige Rippengewirre, ähnlich der Marien-Kirche auf dem Friedhofe zu Eberndorf. Einige der Hauptrippen verlaufen auf Wandsäulchen, die Fenster der Nordseite sind spitzbogig, der Triumphbogen kalbkreisförmig. An der Ostseite des Schiffes der zur alten Anlage gehörige Thurm, der theils gepaarte theils einfache Schallfenster hat, und von vier Giebeln und einem achtseitigen Pyramiden-Dache bekrönt wird. Das Presbyterium gehört einer früheren gothischen Anlage an, der Zubau des Schiffes stammt aus der Zeit der Spät-Gothik. Die argen Modernisirungen dürften um 1698 geschehen sein, welche Jahreszahl wiederholt in der Kirche zu bemerken ist. Die Gedenksteine in der Kirche gehören geistlichen Personen an, stammen aus dem 17. und 18. Jahrhundert, sind künstlerisch werthlos. Der Taufstein noch aus dem 17. Jahrhundert.

Am Friedhofe bei der Kirche eine Todtenleuchte (im Volksmunde: Leuchtthurm), das viereckige und nach vier Seiten offene Lichthäuschen auf achtseitigen hohlen Steinpfeilern mit quadratischem Fuss, ist mit einem Schindeldache bedeckt, aus dem sich die steinerne Kreuzblume heraushebt und soll früher auf einem runden felsigen Hügel östlich vom Orte gestanden sein (Fig. 68).

Nördlich der Kirche eine Rund-Capelle aus der Uebergangszeit (Fig. 69), im Grundrisse zwei in einander geschobene Kreise, davon vom kleineren nur die Hälfte, vom grösseren drei Viertel frei blieben. Der Eingang spitzbogig, Kreuzrippen, kleine im Kleeblatt-Bogen geschlossene Fenster. Das Dach kegelförmig; unterhalb das Ossarium (M. viii. n. F. p. lxi).

Glödnitz, die Margarethen - Kirche, einschiffiger Bau mit zweijochigem und dreiseitig geschlossenem Chore, darin Kreuzgewölbe mit schlecht entwickelten Rippen, das Schiff vierjochig, Netzgewölbe aus Graten und auf plumpen Diensten. Die Chorschluss - Fenster spitzbogig, eines mit Masswerk vermauert. Seiten - Capelle aus neuerer Zeit. Am Chor Strebepfeiler, Reste eines Sacraments-Häuschens. Der Thurm an der Südseite. Casula aus dem 16. Jahrhundert. Theile eines gothischen Kelches. Reste eines Frescobildes: Jüngstes Gericht, auch Reste eines Bildes am Thurme. Südlich ein runder

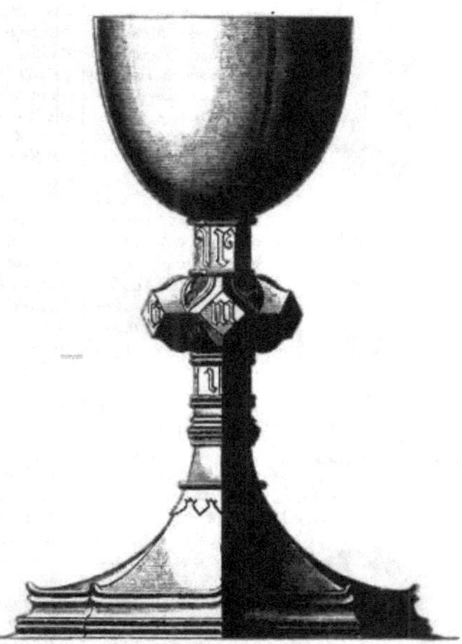

Fig 67. (Gleinach.)

Karner, spätromanisch, darunter ein Beinhaus. Die Friedhofmauer um die Kirche mit Schießscharten.

Gmünd. An der Straße von Teurnia nach Juvavum durch den Laisnitzgraben in den Lungau. Die Liefer, an deren linkem Ufer nach den westseitigen Berglehnen die Straße aus Teurnia von Fresnitz, MBüchel, Glanzfeld, Lieserhofen heru. s. w. leitet, ist als (goldsandführend) granis arenosis auri noch um 1172 bekannt (M. III. n. F. p. XCVII).

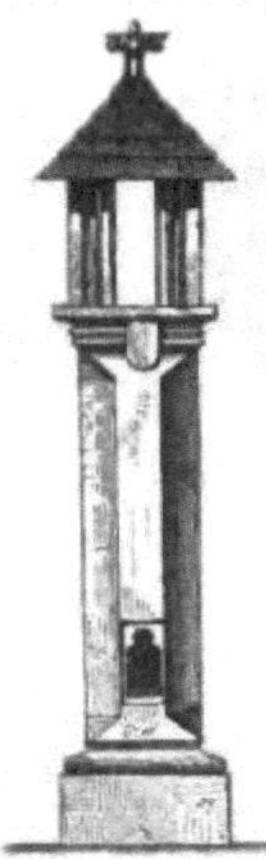

Fig. 68. (Globasnitz.)

Von den drei Grabsteinen scheinen zwei aus dem Lurnfelde herbeigebracht.

SABINIAE *, weiß. M., um 200, bekannt seit c. 1520 im Lurnfelde (Jab. 491, Mo. 4729, Aep. 2, 101, M. II. n. F. p. XXXVII, III. n. F. p. VII, XXXI. K. 134).

DMCLAMPRIDIVS, um 150, gefunden (im Lurnfelde?, nicht Petzen) um 1507 bis 1520 (Jab. 345, Mo. 4730).

IENTVMARO*, um 140, bekannt seit 1819, vor dem Pfarrhause (Jab. 492, Mo. 4731. Aep. 4, 214, mit Restitutae. Jab. S. 187, M. III. n. F. p. CX, Ank. t. 578).

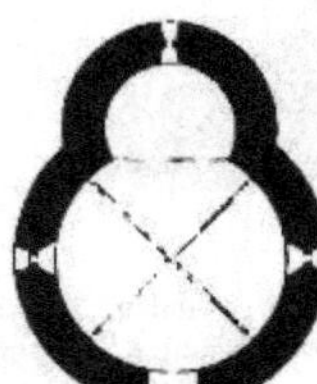

Fig. 69. (Globasnitz.)

Die Decanat- und Stadt-Pfarrkirche hat eine dreischiffige Anlage mit schönem Netzgewölbe überdeckt. Drei Paar achteckige Pfeiler tragen die Gewölbe, die in jedem Schiffe in je vier Joche zerfallen. An den Wänden erscheinen Dienste mit vorgelegten Dreiviertel-Säulen als Rippenträger; die Seitenschiffe mit je einer aus dem Achtecke construirten Apside. Das Presbyterium besteht aus zwei rechteckigen Jochen mit Kreuzgewölben und aus einem fünfseitigen Schluße. An den Chor ist eine kleine Sacristei angebaut, hinter dem Achteckschluße in der Achse eine moderne Capelle, die ebenfalls als Sacristei dient. Der Triumphbogen ist kräftig profilirt. Nicht minder schöne Profilirungen finden sich am Haupt-Portale und am Portale der rechten Seite. Nur im Schluße des Presbyteriums und der Seitenschiffe Strebepfeiler. Der Thurm ist links dem Langschiffe, eine Capelle rechts demselben angebaut (Fig. 70). Die ebenerdige Thurmhalle dient als Durchgang. Diese Capelle, worin die Taufen ertheilt werden, steht durch zwei Bogenöffnungen mit dem rechten Seitenschiffe in Verbindung und ist mit einem einfachen Netzgewölbe überdeckt. In der Sacristei findet sich ein hübscher gothischer Kelch.

In der Kirche alte Grabsteine, darunter einer des Phil. von Leobeneck mit fünf Wappen und der geharnischten Figur des Verstorbenen, errichtet von seinem Sohne Rudolph anno (MD?)LXXII(?). Neben jedem Seiten-Altare zwei, darunter einer von 1 ꭓ O? in den Boden eingelassen, ebenso einer von MCCCCLX? beim Seiteneingange etc. Außen an der Kirche eingemauert: Grabstein des Aug. und Christoph Reinbold 1555 mit Wappen in weißem Marmor, kreisrund; dann des Hans Weitmoser, † 8. August 1521, mit Wappen, in rothbraunem Marmor; am Boden liegend ein abgekanteter Stein mit einem Relief; dann Grabstein des Jacob Gaisberger, Einnehmers des Erzherzogs Karl, † 30. Jänner 1574, mit Wappen (Sandstein) und des Grafen Rudolph Raitenau 1633. Auch verdienen die vielen schönen schmiedeisernen Grabkreuze am Friedhofe um die Kirche besondere Erwähnung (M. VIII. n. F. p. CXXX).

An der Außenseite der Kirche der erwähnte Römerstein Sabinae, der zugleich als Grabstein der Kinder des Rudolph Weinzieher, Pflegers zu Gmünd, aus dem Jahre 1515 dient; die deutsche Inschrift läuft um den Steinrand (M. II. n. F. p. XXXVII).

Bei der Kirche ein Karner (Fig. 71), rund mit doppelter Aufgangsstiege von außen, das Beinhaus darunter, im Innern Fresken aus der besten Zeit des späten Mittelalters, auch Spuren von Malereien an der äußeren Stiegenwand; schöne gothische Predella und Figuren als Reste aus einem Kasten-Altar.

Im alten im Sommer 1886 theilweiſe ausgebrannten Schloſſe ſind beim Eingangsthore Steinkugeln eingemauert. Im ſogenannten Ritterſaale ein Kamin von grünlichem Stein mit der Jahreszahl 1555, dann eine Säule mit einfachem Capitäl, am Fuſse Eckwulſte in Form von kleinen Wappenſchildern, ein Spitzbogengewölbe tragend, an der Wand Spuren von Fresken.

Im Hofe führt eine offene Stiege zu einer Thür im erſten Stocke, der Thürſtock von demſelben grünlichen Steine mit der Jahreszahl 1556, an der Auſſenwand drei ſtarke Halbſäulen mit einfachen Capitälen, auf einem derſelben: 15 55 auf einem Bande.

In dem Zimmer an der Südweſtecke an der Wand al fresco die Wappen von Salzburg und Keutſchach, darüber biſchöfliche Inſignien und die Inſchrift (in deutſchen Lettern) in zwei Zeilen auf einem Spruchbande: »Erntzbiſchove Leonhart von Salltzburg hat das | Gſchloſſ laſſen bauen anno domini 1506«, ſchon ſtark verblichen, ein Wappen theilweiſe abgeſchlagen; im ſelben Raume hoch oben rechts die Rübe im Relief unter einem Fenſter.

Im neuen Schloſſe viele Lodron'ſche Familienbilder, mehrere Stammbäume, beim Garteneingang zwei Löwen aus der Barockzeit (?) angeblich aus einem anderen Schloſſe ſtammend.

Auf dem Platze Nr. 7 (Kohlmayer's Gaſthaus) Portal von grünlichem Steine und links vom Thorbogen je eine groſſe ſechsblätterige Roſe, darüber in zwei Zeilen: PROTEGAT HAS AEDES DIVINA POTENTIA SEMPER | ET PROCVL A NOBIS ARCEAT OMNE MALVM 1593.

Nr. 22 (Wallner's Gaſthaus) ſchief gegenüber, ähnliches Steinportal mit der Inſchrift in einer Zeile (deutſche Lettern): Mit Criſto tröſt dein Sel und Muſt | dem Kaiſer dien mit Leib und Bluett 1594.

Nr. 11½ im erſten Stocke an der Thür eine Wandniſche mit Stein-Intarſia: Pelikan die Jungen fütternd, dann ein ſchön geſchnitzter Plafond, in der Mitte ein ſtark nachgedunkeltes Gemälde mit einer Darſtellung aus dem Leben Chriſti.

Nr. 12 im erſten Stock ein Stuccoplafond, das Auge Gottes in einer hübſchen Einrahmung, verſchlungene Bänder darſtellend.

Zunächſt des Hauſes Nr. 49 ſteht eine gewundene Säule mit dem Wappen des Salzburger Erzbiſchofs Leonhard v. Keutſchach und der Jahreszahl 1510, urſprünglich nicht hieher gehörig.

Auf dem Platze eine Dreifaltigkeitsſäule mit der Inſchrift in ſechs Zeilen: Der Allerheiligſten Dreifaltigkeit zu Ewigem | Dank und Abwendung fernerer Straff | hat zur Zeit der erſchröcklichen Erdbidens | alſſ den 4. Octobris 1690 E. E. Magiſt. | der Stadt Gmundt dieſe Statuam verlobt | und aufrichten laſſen.

Am gemauerten Geländer der Brücke über die Malta eine Steintafel mit der Inſchrift: 1761 | F · F · E · H · V · H · | K K · B · O · E ·, unter dem gemauerten Bogen auf einem groſſen Steinblock 1579.

In der Lodron'ſchen Gruft am Calvarienberg zwei alte hölzerne Leuchter, circa 4 Fuſſ hoch, vergoldet, jeder mit einem vierfeldigen gemalten Wappen.

Die kleine gothiſche Pankraz-Capelle wird jetzt als Getreideſpeicher verwendet. Von den Befeſtigungsanlagen haben ſich einige Reſte, ſo ein Stadtthor beiderſeits mit ſpitzbogigen Oeffnungen, Theile der Stadtmauer mit Zinnen und Schieſſſcharten erhalten.

Gnesau. Die St. Leonhards-Kirche (Dec. Feldkirchen) in zwei verſchiedenen Bauzeiten entſtanden. Sie beſteht aus Chor, Langhaus und dem Thurmquadrate zwiſchen beiden. Im Chore drei Joche mit ſchablonenhaftem ſpätgothiſchen Netzgewölbe, deſſen Rippen auf Dreiviertel-Capitälchen mit Blattornament ruhen. Das Chorſchluſſ-Fenſter mit Maſſwerk. Das Thurmgewölbe neu. Das Langhaus dreiſchiffig zweijochig, einfache Gratgewölbe, die Grate ruhen an den Wänden auf Conſolen. Taufſtein achtſeitig, alt. Moderniſirte Strebepfeiler am Chore. In den Schiffswänden Schieſſſcharten, desgleichen an vielen Stellen in der alten Friedhofmauer. Eine Glocke von 1491.

Goding, St. Ulrich an der (M. x. n. F. p. CXXVIII). Urſprünglich ſtand hier nur eine gothiſche Capelle, iſt nun das Presbyterium der Pfarrkirche; es beſteht aus einem Joche und dem fünfſeitigen Oſtſchluſſe, im Gewölbe Diagonal-Rippen, die auf capitälloſen von ſechsſeitigen Baſen aufſteigenden Dienſten ruhen. In den drei Fenſtern Maſswerk. Das Langhaus und der Thurm neu.

Goggau (Canalthal). Die Kirche hat einen ſpätgothiſchen Chor mit unmittelbar anlaufenden Rippen, zwei runden Schlußſteinen, darin Roſette und Lamm Gottes, das Schiff neu. Die Sacriſtei ſpätgothiſch, darüber der Thurm mit ſpitzbogigen Schalllöchern. Sacraments-Niſche mit Gittern. Außen Strebepfeiler. Grabſtein des Adam Kindblach † 1645 (M. IX. n. F. p. LXVII).

Goldeck, Spuren römerzeitlicher Bergbaue (*Tangl* in Afk. Band 30. 1863).

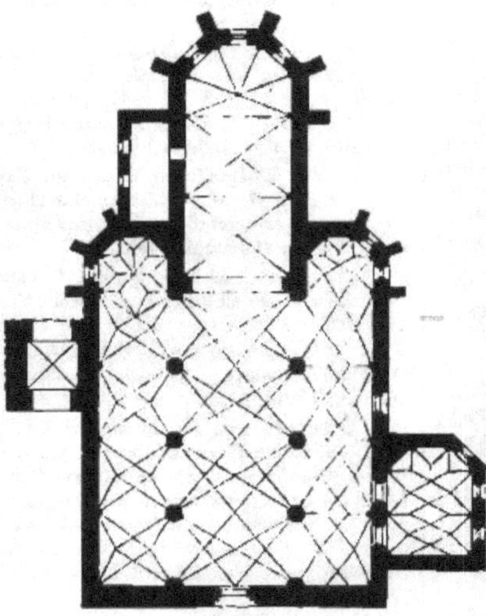

Fig. 70. (Gmünd.)

Göltschach. Die Curatie-Kirche zu St. Daniel beſitzt eine Glocke mit folgender Inſchrift in gothiſchen Majuskeln: Daniel † ora † pro nobis † anno † domini † 14 † unt † im † LXXX. iare (M. IX. n. F. p. XXIV).

Gorentschach. St. Nicolai-Kirche, kleiner geoſteter Bau, 16. Jahrhundert, mit flacher Schiffsdecke. Presbyterium mit Abſchluß aus dem Sechseck. Der Thurm ſüdlich angebaut, mit hübſchen Schallöffnungen (rundbogige Doppelfenſter in viereckiger Umrahmung), ſpätgothiſch, ebenſo die kleinen Fenſterchen in der Sacriſtei. Ueber dem rundbogigen Eingange in den Thurm, der mit Stein ſchön abgefaſst iſt, ein leeres Wappenſchildchen. Das Gewölbe im Presbyterium eine gekreuzte Tonne. Die Glocken mit Legende: I. Antonius Cosmatſch in Klagenfurth hat mich goſſen 1705, II. Taddeus Majer hat mich goſſen in Klagenfurth 1757.

Göriach (Unter-Gailthal). Die Kirchenſtiftung ging 1316 von Arnoldſtein aus, 1482 wurde die erſte Kirche zerſtört, 1489 erfolgte der Neubau, der 1516 zu Ende ging, welche Jahreszahl ſich außen am Presbyterium findet. Spätgothiſche einſchiffige Kirche. Das Presbyterium beſteht aus zwei Jochen und dem Schluße. Dichtes Netzgewölbe capitälloſe Rippen; weniger complicirte Rippengewölbe im Schiffe, die Dienſte mit Capitälen, daran Laub-Ornament und Masken; profilirter Triumphbogen, ſpitzbogige Fenſter ohne Maſswerk, an der Nordſeite des Chores noch ein zweitheiliges Fenſter mit Vierpaß. Prieſterſitz-Niſche mit ſpitzbogigem Schluße, ſchönes Sacriſtei-Portal; der Thurm an der Façade mit offener Halle. Seitenportal in Marmor von 1663, Hauptportal-Gewandung reich profilirt; zahlreiche Strebepfeiler, zum Theil übereckgeſtellt. Ciborium von 1630. Eiſerner Kerzenhalter, gothiſche Marien-Figur, neben der Kirche Karner mit Rippengewölbe, im viereckigen Schlußſteine das Meiſterzeichen [Meisterzeichen].

Gösseling, St. Michaels-Kirche, Filiale von St. Johann (Dec. St. Veit). Kleine einſchiffige Kirche, Thurm an der Südſeite mit ſpitzem achtſeitigen Thurmhelm und ſpitzbogigen Schalllöchern. Schiff ohne Strebepfeiler, vielleicht romaniſcher Bаureſt, gothiſcher zweijochiger Chor mit Netzgewölben aus dem 16. Jahrhundert. Derſelben Zeit gehört das Netzgewölbe im dreijochigen Schiffe an, das auf einſpringenden Wandpfeilern ruht. Schlußſtein leer. Die Chorgewölbe ruhen auf runden Wanddienſten mit abgeſchrägten Sockeln und einfachen Capitälen, runde Schlußſteine mit Schildern. Einfacher achtſeitiger kelchförmiger Taufſtein; in der Sacriſtei ein Engel, gutes altes Schnitzwerk. Im oberen Thurmgeſchoß ein gemalter Bogenfries. An einigen Fenſtern Maſswerkreſte.

Beim Portal ein ausgehöhlter Römerstein als Weihwasser-Becken. Auf der mittleren Glocke zwei Münzabdrücke und folgende Inschrift: »Gerechtigkeit † vnd gericht † thven † ist † pei † got pesser † als † die † opfer † 1554 Sancte michael †«. Dabei das Meisterzeichen des Glockengiessers Fiering in Völkermarkt (s. Kirchensch. 1880. s. 127).

Gottesthal. An der Kirche aussen zwei Reliefsteine: Blumen-Arabeske. Dann männliche Gestalt, unbekleidet. Drei Schriftsteine, Grabmäler, aus 1864. (K.)

(T)ERNO*, um 190—230, in der Pfarrkirchmauer als Grundstein. (Jab. 444, Mo. 4768. K. 7.)

P PETRO(NIVS), um 150, w. o. (Jab. 443, Mo. 4769. K. 13.)

PESSAE, um 150. (Jab. 445, Mo. zu 4769. Aep. 4, 214. K. 15? M. m. n. F. p. CIX.)

Die St. Margarethen-Kirche (M. n. F. x. p. XXII) ist ein Neubau, die frühere Kirche war im gothischen Style gebaut; sie stand bis 1862 und wurde wegen Baufälligkeit bis auf zwei Mitteljoche des Schiffes abgetragen. In der Sacristei hatte man das alte Sacraments-Häuschen in die Mauer eingesetzt. Der Neubau der Kirche entspricht annähernd dem Style des alten Bautheiles. In diesem geschieht der Rippen-Uebergang auf Dreiviertelsäulchen ohne Capitäle, die den nach innen gelegten Strebepfeilern angeschlossen sind. Der Chor ist alt, jedoch sehr klein, dreiseitig geschlossen, Diagonal-Rippen und in den Ecken Consolen mit Masken. Grabstein mit dem Bilde eines Kindes: des Sigmund Stephan, Sohn des Nicolaus Wernfritz, Bestandinhabers der Herrschaft Wernberg 1631.

Grabelsdorf, die St. Daniels-Kirche, einfacher Bau aus Bruchsteinen, Portal, Sterngewölbe, Fenstersteine und Schlusssteine regelmässige Steinmetzarbeit. Unter dem Orgelchore ein durchgebildetes Sterngewölbe; in den Schlusssteinen: ein Bischof, eine Heilige, Maria mit dem Kinde und Daniel mit dem Löwen. Am Chor einfache Streben mit Wasserschlag, Portal profilirt (1513).

Gradenegg. Die Pfarrkirche eine kleine einschiffige Anlage. Das Presbyterium sehr klein, ein Joch und der dreiseitige Abschluss, Kreuzgewölbe, das Schiff vierjochig mit stark vorspringenden Wandpfeilern ohne Capitälen. Der Thurm an der Westseite. Zwei Strebepfeiler am Chor. Einige alte Messkleider, darunter zwei von Leinwand mit aufgenähten Bildern. Glocke von 1510. Zwei Grabsteine am Triumphbogen (Maria Anna, Freiin von Lang † 1730 und Franz Freiherr von Aschau † 1680).

In der Filial-Kirche St. Johann in Freundsam hübsches Thürbeschläge.

In der Nähe die Ruine Gradenegg (M. v. n. F. p. CLII).

Grades. Der Meilenstein IMP CAES SEPTIMIVS, Zeit 201—203, ohne Abstandszahl (41 mp. von Virunum laut Tabula),

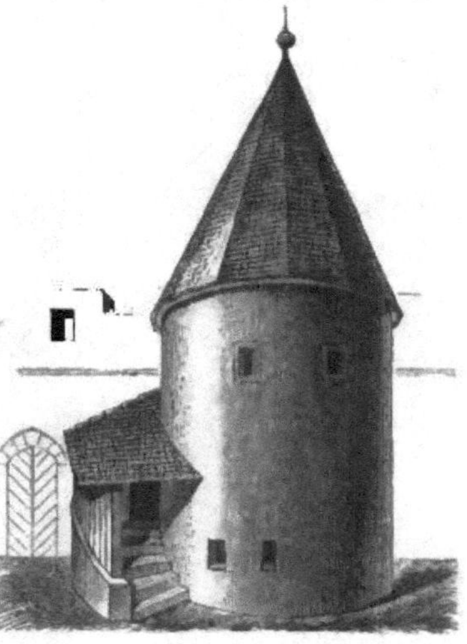

Fig. 71. (Gmünd.)

gefunden um 1676, verloren vor 1784, wird von Kleinmayrn ins Gurkthal verlegt (Jab. 260 S. 5, S. 104. BA. V. XI, 135. Sitzgsb. Mo. S. 622, Ask. 4. 55).

Einige Minuten ausserhalb des Marktes steht auf einem niedrigen Hügel ein sehr merkwürdiges, dem heiligen Wolfgang geweihtes Kirchlein, innerhalb eines durch eine befestigte Mauer wohl geschützten Raumes, ein einheitliches Bauwerk des 15. bis 16. Jahrhunderts. Der Grundplan zeigt an der Westseite die Thurmanlage mit offener Portalhalle und ein Treppenthürmchen, ein

10·7 Meter breites und 18·7 Meter langes Schiff, daran der dreifeitig gefchloffene Chor von 8·35 Meter Breite und 16 Meter Länge, endlich an deffen Nordfeite die Sacriftei. Das Presbyterium ift der ältere Theil. Die Thurmhalle ift nach vorn und gegen Often offen und mit fchönem Sterngewölbe verfehen, gegen Weften ift die Halle gefchloffen und nur ein Fenfter angebracht. Das Schiff zerfällt in drei Joche mit entsprechender Gewölbegliederung mit Graten und ohne Rippen und polygonen Dienften, denen an der Außenfeite abgetreppte Strebepfeiler entfprechen. Der Thurm ift in feiner urfprünglichen Anlage erhalten, hat im Glockenhaufe fpitzbogige einmal getheilte Fenfter. Der Helm ftammt aus neuerer Zeit.

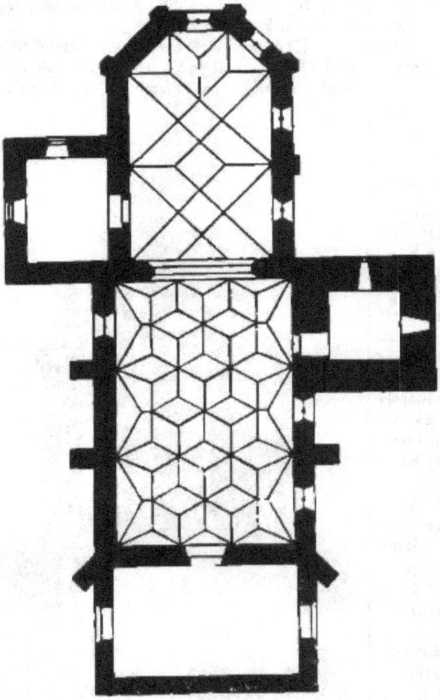

Fig. 72. (Grafenbach.)

Von befonderer Wichtigkeit ift die Gewölbebemalung, die noch beftimmt den gothifchen Charakter zeigt, wenn fie auch im Chor und Schiff nicht gleichzeitig ift. Die Flächen find licht gehalten. In den Winkeln der Rippenläufe finden fich Blumen auf kurzen Stengeln und mit Blättern, je drei in jeder Ecke. Das gleiche Motiv zeigt fich auch in den Wandfchildbogen. Die Bemalung im Schiffe ift ähnlich, aber mehr charakteriftifch fpatgothifch, auch erfcheint hier das Rippennetz nur in Malerei ausgeführt. Auf einem Schlußftein ober dem Mufikchor ift die Jahrzahl 1523 gefchrieben.

Nicht minder wichtig ift der Flügel-Altar, vielleicht der größte und reichfte in ganz Kärnten. Sein Aufbau ift der gewöhnliche, nämlich Predella, Schrein, Flügel und Krönung. Offen zeigt er nur Sculptur, und zwar von vorzüglichfter Art, gefchloffen, vorn und rückwärts Malerei. Im Schreine ftehen die Statuen St. Wolfgang, St. Stephan und St. Laurenz, auf den Flügeln Maria Verkündigung, Chrifti Geburt, die Kreuzigung und die Krönung Mariens. Im Abfchluße zwifchen reicher gothifcher Aeftung der blutende Heiland, St. Sebaftian und Rochus, St. Barbara, Katharina und zu oberft St. Chriftoph. An der Rückfeite findet fich als Gemälde dargeftellt St. Achaz und feine Genoffen in den Dornen, St. Hieronymus und St. Florian. Auf den Außenfeiten der Flügel in herrlicher Malerei: Scenen aus dem Leben eines Märtyrers (eines Bifchofs).

Bemerkenswerth ift noch die gothifche Steinkanzel, eine Wandnifche mit einfach gothifcher Umrahmung, ein Gemälde: Verkündigung Marias mit Rahmen aus dem 17. Jahrhundert, und eine Glocke von 1587.

Grabfteine: des Andre Staudacher † am 3. Thomastag vor weynachten 1437, der Gertraut Wachterin, geb. von Kuenburg zu Hungenspach † 1519. u. Maria Sald . . . geb. Gallin † 1512. (M. IV. 50.)

Grafenbach. Pfarrkirche zur St. Magdalena (M. n. F. XI. p. CXXIV), geoftet, Schiff

9·85 M. lang, 6·25 M. breit. Eingang durch eine ſpäter hinzugebaute Halle. Das Portal im Spitzbogen mit profilirtem Gewände, flankirt von äußerſt ſchlanken Dienſten mit Sockel und Capitäl. Eſelsrücken mit Krabben, Seiten-Fialen, der obere Theil durch die Vorhallen-Decke verdeckt. Das Tympanon mit Blend-Maßwerk auf Conſolen ruhend, auf dieſen kleine Turnier-Schildchen mit Werkzeichen, oben im Blend-Maßwerk ebenfalls ein ſolches. Das Schiff beſteht aus drei Jochen mit Sterngewölben, die Rippen auf Dreivierteldienſten mit einfacher Baſis und einfachem Capitäl, auf das in einer weiteren Fortführung des Dienſtes die Rippen auffitzen. Der Fenſter ſind ſüdlich zwei, nördlich eins, alle zweitheilig mit Fiſchblaſen-Maßwerk. Der Triumphbogen ſpitz abgeſchrägt. Das Presbyterium niedriger mit Netzgewölben, einfach rundem Schlußſtein auf Wanddienſten. Die Fenſter zweitheilig, einfach, der Mittelpfoſten durch zwei Halbkreiſe verbunden und fortlaufend bis zum Zuſammenfloß der beiden Bogenlinien. Den Gewölbsjochen entſprechend außen Strebepfeiler dreimal abgetreppt und vorne zwei in der Diagonale geſtellte Streben, durch die Vorhalle zur Hälfte verbaut. Am Presbyterium ſind dieſelben nur wenig vorſpringend, die Stirnfläche gebrochen, ſo daſs die zwei Flächen jeweilig mit den Chorſchlußmauern parallel laufen. Der Thurm mit ſpitzem Helm und dreieckigen Giebeln iſt an der Südſeite angebaut und bildet den älteſten ſichtbaren Theil, da in demſelben in der Dachſtuhl-Höhe noch ein frühgothiſches Doppel-Fenſter erhalten iſt. Die Glockenhalle iſt durch eine Geſimsleiſte markirt.

Die Sacriſtei enthält eine Caſula von ſchwerem Goldbrocat (als Fond) mit eingewobenen Grünſammtranken, daran Blätter und Blümchen in Blau mit gelbem Mittelknopf und in Roſa mit blauem Mittelknopf. Der Stoff iſt von wunderbarer Schönheit und vorzüglich erhalten (Renaiſſance mit noch gothiſirenden Motiven). Die älteſte Glocke, nach der Form und nach den Lettern der Inſchrift zu ſchließen iſt mit folgender Legende in gothiſchen Majuskeln verſehen: *o † Rex † glorie † veni † cum † pace.

Die Kirche liegt innerhalb des Friedhofes, der noch von einer vertheidigbaren Mauer umgeben iſt, der größte Theil derſelben iſt mit Mordgang und Schutzdach verſehen, den Zugang ſchützt ein mächtiger Befeſtigungsthurm, der ehemals mit rother Farbe (in Zikzak und mit quadraten Punkten) bemalt war. Fig. 72: Grundriß

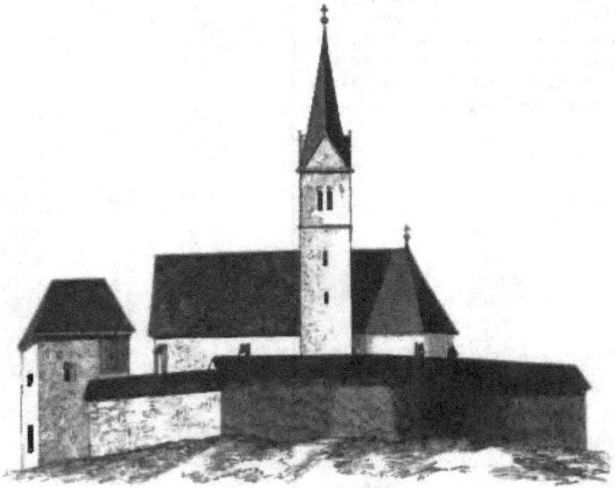

Fig. 73. (Grafenbach.)

der Kirche, Fig. 73: Anſicht derſelben, Fig. 74: Profil des Mordganges.

Grafendorf (Decanat Frieſach). Einſchiffige Kirche, dem heiligen Jacob geweiht, das Schiff mit Tonnengewölbe, ſpitzbogigem Scheidebogen, Chor aus zwei Jochen und dem Schluſſe, mit Netzgewölben, in den Schlußſteinen: Chriſtuskopf, Drache, Hand; die Fenſter ſpitzbogig mit wenig Maſswerk, Dienſte in halber Höhe auf Conſolen, kleine Wandniſche. Sacriſtei-Thüre mit ſchönem alten Beſchlage, Klopfer und Schluſsblech (Fig. 75). Lavabo-Niſche (Fig. 76). Alter vierſeitiger Taufſtein, ſchön profilirtes ſpitzbogiges Portal. In der Vorhalle zwei intereſſante Bilder mit ſchönem Rahmen. (*Springer*, öſterr. kirchliche Denkmale der Vorzeit.)

An dem Meſsnerhaus iſt ein Architekturtheil (zwei Wimperge) eingemauert, von guter

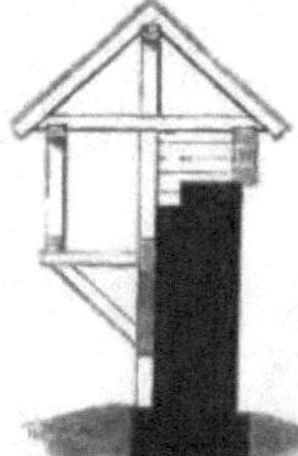

Fig. 74. (Grafenbach.)

Durchführung der Blätter und wird wohl für ein Wandſchreinchen beſtimmt geweſen ſein.

Grafendorf im Gailthale. Eine einfache gothiſche Kirche mit der Thurmanlage zwiſchen dem verballhornten Presbyterium und dem Schiffe, einfache Rippengewölbe, über dem Triumphbogen die Jahreszahl 1521 (M. n. F. VII. p. XLIII).

Grafenstein. Beim Bahnbaue ſtieſs man hier auf menſchliche Skelete, groſse Thierzehen, Bronzegeräthe (Afk. 5. 180, Afk. 29. 243).

Die St. Stephans-Kirche ein Barockbau. Als Reſte eines älteren Baues das ſpitzbogige Portal und die Sacriſtei-Pforte, ſpätgothiſches Sacraments-Häuschen als Wandniſche mit Eſelsrücken, an Stelle der Kreuzblume zwei ſchräg an einander ſtoſsende Schilder. In dem zwiſchen dem Chore und dem Schiffe ſituirten Thurme eine Glocke von 1569 mit intereſſanter Inſchrift: gegoſſen von Benedict Fiering. F.

Aus der früheren Kirche ſtammt wahrſcheinlich der Taufſtein (Fig. 77) mit oben achtſeitigem, gegen unten halbkugeligen Becken, das durch einen viereckigen, an den Kanten abgeſchrägten Fuſs getragen wird. Er iſt jedenfalls älter als die jetzige Kirche (M. IX. n. F. p. CIII).

Grafenstein (Decanat Tainach). Die Pfarrkirche zu St. Peter bei Grafenſtein

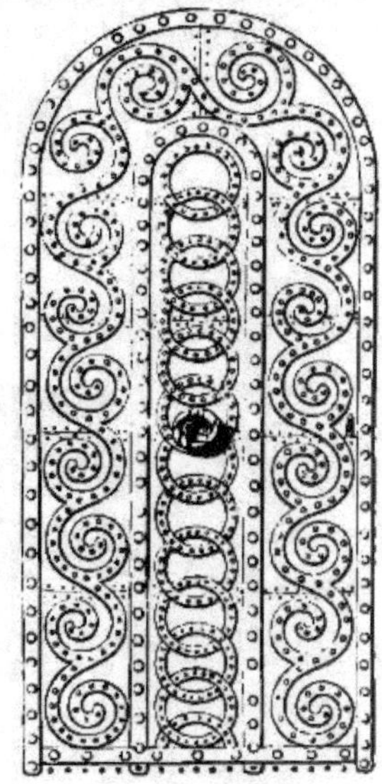

Fig. 75. (Grafendorf.)

genannt, ein mittelgroſser Bau, gehört zu den beſſeren ſpätgothiſchen Kirchenanlagen Kärntens und zwar zu jenen, welche ein gütiges Schickſal vor ſpäteren Umgeſtaltungen bewahrte. Der Chor zerfällt in zwei breitere Joche und den dreiſeitigen Oſtſchluſs, das Langhaus in vier ſchmälere Joche, ſo daſs in den Längen-Dimenſionen beider kein groſser Unterſchied vorherrſcht. Ueber beiden Räumen dichte gothiſche Netzwerke, die Wanddienſte im Schiffe reichen bis zum Fuſsboden, im Chore ſchlieſsen ſie in halber Höhe conſolenartig ab. Beſondere Capitäle ſind nicht ausgebildet. Die Anlaufstellen werden lediglich durch wulstförmige Ringe charakterisirt. Die Scheitelpunkte der Schiffsdecke sind mit runden Schlußsteinen bezeichnet. Einen recht vornehmen Eindruck macht der emporstrebende, an den Laibungen geschrägte Triumphbogen.

Die Netzwerke unterhalb des Orgel-Chores, der unterm ersten Joche angebracht

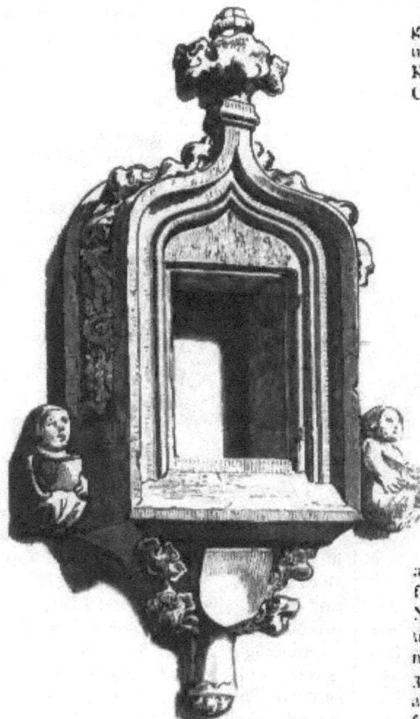

Fig. 76. (Grafendorf.)

ist, vertheilen sich auf drei kleine Joche, welche sich mit drei spitzigen Scheidebögen gegen das Schiff öffnen. An der Rückwand blos Consolen. Im Presbyterium eine Sacraments-Nische mit reicher gothischer Umrahmung mit zwei Seitenfialen und Kreuzblume und crenellirtem Abschluß. (Fig. 78.) In dem einen Seitenjoche die Wendeltreppe zu dem westlich vorgebauten Thurm, der im Erdgeschoß als Vorhalle gothisch unterwölbt ist, spitzbogige Schalllöcher und ein älteres vierseitiges Zeltdach hat. Eine Glocke v. 1688. Am alten Friedhofs-Eingange, im Schlußsteine des Rundbogens die Jahreszahl 1.6.2.5 und die Buchstaben I.F.G.D.P.V. Darüber zwei Schilder mit geistlichen Abzeichen.

Gratschach bei Landskron. An der Dorfcapelle einige römische Steinreste mit bauornamentaler Verzierung eingemauert.

Grebern, zwei Reliefs: Sonnengesicht zwischen zwei Greifen mit Flügel und Horn (der Hinterkörper fehlt), dann Krieger mit Helm, links Schild (Jab. 307, Car. 1832, 60).

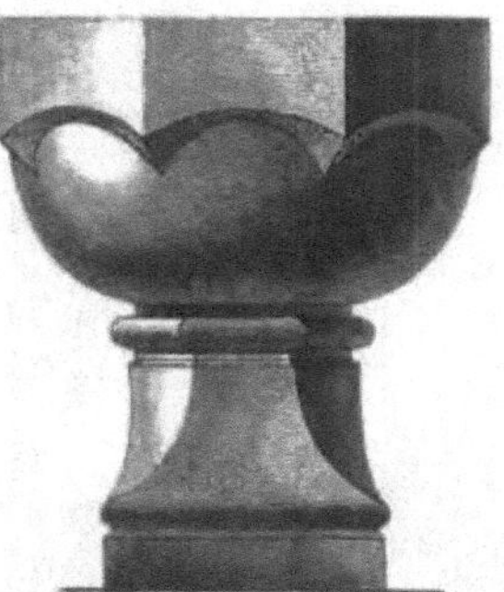

Fig. 77. (Grafenstein.)

Die dortige Filial-Kirche von Prebl (M. IX. n. F. p. LXV). Nach Urkunden aus dem 12. Jahrhundert hieß diese Kirche früher »Zum heiligen Wilhelm in Gräbern«. Nach der Zerstörung durch die Türken und nach ihrer Wiederaufbauung weihte man sie dem heiligen Jacob (Car. 1821, 365). Merkwürdig durch den Denkstein an Herzog Wilhelm v. Friesach und Zeltschah, Gatten der seligen Hemma, ein höchst unscheinbares Denkmal. Der Bau von zweischiffiger spätgothischer Anlage mit durchgehenden dichten Netzgewölben, die sich im dreiseitig geschlossenen Chore auf drei schmale, in dem nur wenig längeren Schiffe auf zwei beinahe quadratische Joche vertheilen. Die Südabseite hat zunächst zwei an das Hauptschiff angränzende und dann ein an das Presbyterium stoßendes Joch, das dreiseitig abschließend sich wie ein kleiner Nebenchor darstellt. Sowie das

Presbyterium vom Hauptschiffe, wird auch dieser Nebenchor von der Fortsetzung der Abseite durch einen hübsch profilirten Scheidebogen getrennt. Im Chore theils runde Dienste, die in Viertelhöhe vom Fußboden auf Consolen aufsitzen und oben in polygonen Capitälen enden, theils Consolen ohne Dienstschäfte mit mehrseitig ausgezackter Deckplatte. Im Hauptschiffe gehen an der nördlichen Wand die Dienste bis zum Fußboden herab, an der südlichen Wand finden sich nur Consolen, dagegen im Nebenschiffe wieder Dienste. Die drei Fenster des Chlorschlusses und zwei des Nebenschiffes sind mit gut erhaltenem Maßwerk von hübscher Zeichnung geziert, die übrigen Fenster kleiner und im Segment geschlossen. Bemerkenswerth ist ein als Wandnische behandeltes Sacramentshäuschen mit hübschem Gitter, das aus niedlichen Rosetten zusammengesetzt ist. Ein nach der Form eines Eselsrückenbogens gezeichnetes Blend-Maßwerk befindet sich über dem äußeren Eingange zur Sacristei; es ist dies ein Merkmal, daß auch die Sacristei als ein integrirender Bestandtheil der ursprünglichen Kirchenanlage zu betrachten sei. Dasselbe gilt von dem vor der Westseite sich erhebenden kräftigen Thurme; er zeigt in der Eingangshalle ein gothisches Sterngewölbe und hat oben doppelte Schallfenster und spitzen Helm. Die nur aus zwei Absätzen und ohne Bekrönung bestehenden Strebepfeiler sind nicht in completer Anzahl vorhanden; an der Abseite fehlen bis auf einen alle (Fig. 79). Am westlichen Strebepfeiler der Nordseite: Knabe mit Tunica, in der rechten erhobenen Hand eine Frucht gegen oben haltend, in der linken Hand ein Becken (?). Neben der südlichen Thüre ein Grabstein, gesetzt von Styckler, confirmirten Pfarrer in Kapfenberg, seinen Eltern (1696).

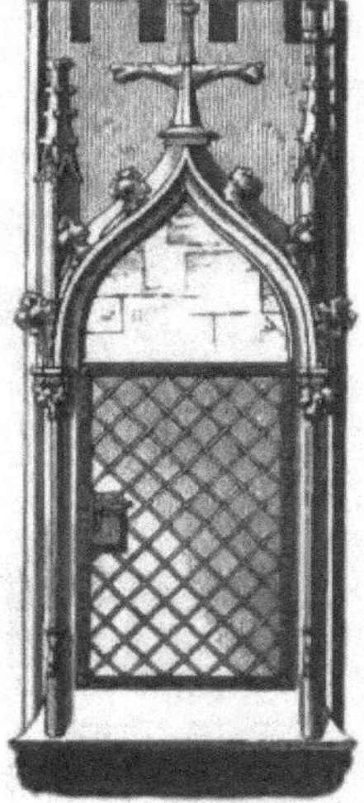

Fig. 78. (Grafenstein.)

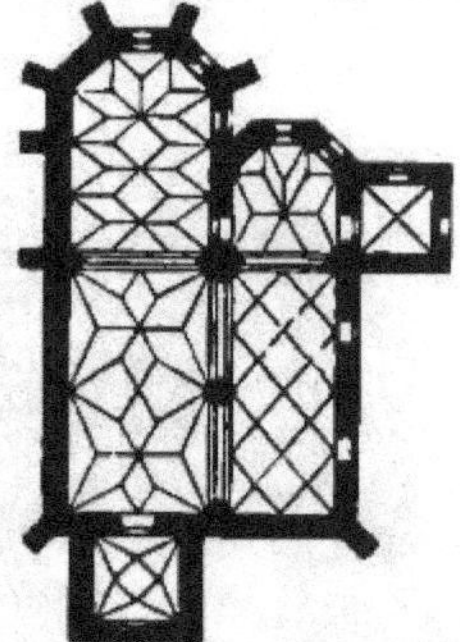

Fig. 79 (Grebern.)

Gregorn bei St. Johann am Brückl, kleines einschiffiges einfaches Kirchlein.

Greifenburg. Die dreischiffige Kirche ist nur im Presbyterium als spätgothischer Bau erhalten; er besteht aus einem Joche und dem dreiseitigen Chorschluße mit Netzgewölben und halbrunden Diensten als Rippenträgern. Drei verzierte Schlußsteine. Thurm links vom Presbyterium in seinem unteren Theile mit diesem gleichzeitig. Die Sacristei theilweise gothisch, desgleichen die beiden Portale. An der Thür des inneren Portales ein altes Beschläge mit Klopfer. Seitenschiff-Portal ebenfalls spitzbogig. In der Sacristei ein hübscher gothischer Kelch mit rundlichem Nodus (M. VIII. n. F. p. CI).

Im Friedhofe eine kleine gothische Kirche, daran der Grabstein CANTESTIVS*, etwa zwölfzeilig, aus c. 160, gef. 1849 (Mo. 4724, M. XI. 53, M. III. n. F. p. CIX, M. VI. n. F. p. 57, Jab. 482 und 483).

Greutschach (M. XI. n. F. p. CXXIII). Pfarrkirche zu St. Martin, geosteter Bau aus dem 13. Jahrhundert (Fig. 80). Das Schiff mag früher flache Decke gehabt haben, nun ist es mit einem Sterngewölbe versehen, dessen

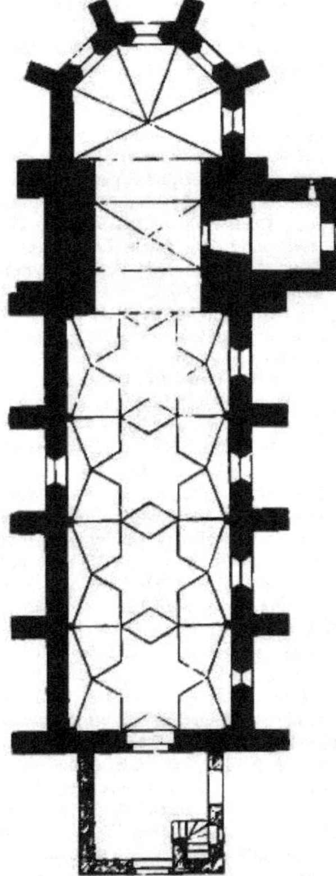

Fig. 80. (Greutschach.)

Rippen sich in Dreivierteldiensten mit rechtwinkeliger Vorlage verlaufen. Die Dienste mit einfachem Sockel (Wulst und Kehle), vier Joche. Zwischen zwei rundbogigen Gurtbögen liegt das Thurmquadrat, in das ein Kreuzgewölbe eingespannt, dessen Rippen auf spitzen profilirten Consolen aufsitzen. An dieses schließt sich das kleine Presbyterium an, dessen Gewölberippen in einen Schlußstein zusammenlaufen, an den Wänden jedoch auf Consolen aufruhen. Die Fenster im Presbyterium einfach, spitzbogig, im Schiff theilweise rund mit Spitzbogen abwechselnd. Restaurationen aus dem Ende des 15. auf 16. Jahrhundert.

Außen entspricht je ein Strebepfeiler den Gewölbejochen, sowie den Ecken des polygonen Presbyteriums, ebenso auch beim Thurm. Die Sockelprofile an den Strebepfeilern verstäben sich. Das Presbyterium war ehedem unter dem Thurm gelegen, welcher an der Nord- und Südseite zwei, an der Ost- und Westseite je drei spitzbogige

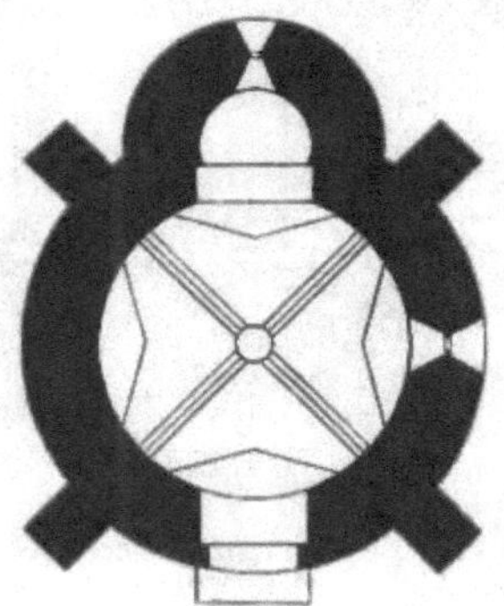

Fig. 81. (Greutschach.)

Schallöffnungen hat. Der Thurm ist massiv, mäßig hoch und schließt mit einem vierseitigen Helme ab. Die Sacristei lehnt sich an der Südseite des Thurmes, dahin ein Portal mit hübscher eiserner Thür führt. In der Sacristei zopfige Meßgewänder und Kelche, das übrige alles neu. Zwei gute Holzstatuen (weibliche Figuren) aus dem 16. Jahrhundert. Die Glocken sind aus dem 17. und 18. Jahrhundert und in Klagenfurt und Völkermarkt gegossen. Achtseitiger kelchartiger Taufstein.

Nördlich ein Karner mit Gruft, letztere nicht zugänglich (Fig. 81). Der Bau ist rund angelegt mit Kegeldach und kleiner Laterne darauf. Den Kreuzgewölberippen entsprechen von außen vier Strebepfeiler von geringer Dimension. Die Concha hat unten

6

ringförmige Einziehungen. Die rohen Gewölberippen auf Consolen mit Gesichtern anlaufend (Fig. 82). In der kleinen Concha

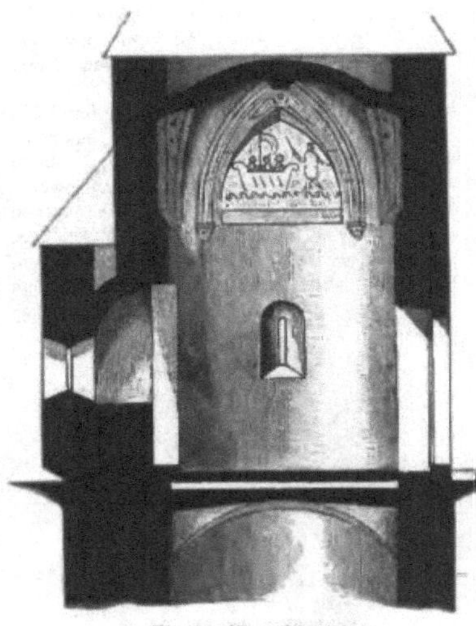

Fig. 82. (Greutschach.)

sieht man Reste von Wandmalerei in rothen Linien: Gott Vater und Christus am Kreuz, stark archaistisch. In den Gewölbekappen auf blauem Fond die vier Evangelisten-Zeichen; im Schlußsteine: Christuskopf; in den Bogenfeldern über der Concha: weibliche und männliche Figuren mit Krone, Nimbus und Scepter auf einem Thron, sich umschlungen haltend, mit Lilienstengeln, daneben zwei Engel mit Lilien, auch nimbirt; unterhalb in der Nähe der Rippe links: Bischof mit Buch, rechts gekrönte Frau mit Spruchbuch. Rechts im Bogenfeld: Schiff mit Schlafenden, gelbes Wasser, zwei Ruderer (Segelreffer) und ein Schlafender unter dem Mastbaume, am Ufer ein Bischof mit Nimbus. Unten bei den Rippen

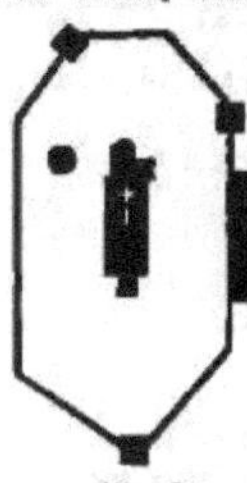

Fig. 83. (Greutschach.)

Engel auf Spruchband schreibend. Ueber der Thüre in farbiger Mandorla Christus (apocalyptisch) im rothen Kleid mit Wundmalen, Lilie und Schwert aus dem Mund, auf dem Regenbogen thronend, links und rechts Maria und Johannes, Engel mit Posaunen unten. In einem Theil der Gewölbskappe Engel mit Kreuz, Dornenkrone, Lanze und Ruthe. Links: ein Haus, darin drei betende Personen, außen ein Bischof im Ornat mit Inful und Pastoral, in der Hand einen goldenen Apfel einer der Frauen zum Fenster hinein reichend, unten bei den Rippen: gekrönte Frauen. Die Farben sind: Fleischocker, Indischroth, Blau, Gelb und Grün. Die Localtöne weiß. Die Malereien mögen aus dem Anfange des 16. Jahrhunderts stammen.

Die Kirche liegt innerhalb einer interessanten Befestigungsanlage, gebildet aus circa 4—5 M. hohen Mauern, sieben Ecken im Grundriß bildend, mit drei eingeschobenen Thürmen, herum Mordgänge (Fig. 83 und 84).

Griffen (Oberndorf, Grieventhal; M. I. 122 und II. 44). Die ehemalige Stiftskirche. (M. II. 43.) Der Beginn des Prämonstratenser-Klosterbaues wird um die Mitte des 13. Jahrhunderts (1236) angenommen. 1272 soll die erste Kirchweihe durch Bischof Herbord von Lavant erfolgt sein. Das Stift hatte zwei Kirchen nebeneinander.

Die aus Bruchstein erbaute Stiftskirche ist orientirt, eine dreischiffige Pfeiler-Basilika, mit einem etwas erhöhten Chor und einem geradlinig abgeschlossenen Presbyterium. Das Mittelschiff ist bedeutend höher und breiter als jedes der beiden Seitenschiffe und ist von diesen durch Arcaden mit viereckigen Pfeilern geschieden. Das Querschiff ist nur durch zwei Lesenen und je zwei Fenster angedeutet. Die halbrunden Arcadenbögen ruhen auf den einfach gegliederten Kämpfern der viereckigen Pfeiler. Das Gewölbe stammt durchwegs aus neuerer Zeit. Im Mittelschiffe bestand unzweifelhaft eine flache Decke. Am Gurtbogen romanische Gliederungen. Die Seitenschiffe setzen sich zu Seiten des Chores fort und schließen geradlinig ab; dem nördlichen Seitenschiffe ist überdies eine quadrate Capelle angebaut. Die Fenster sind sämmtlich im Rundbogen geschlossen. An der füdlichen Längfeite ift eine Capelle mit Kuppelgewölbe und Lefenen angefchloffen. Eine zopfige Reftaurirung hat die Kirche arg befchädigt. Außen fteht nur die Façade, die Südfeite und theilweife die Oftfeite mit der Apfis frei, wofelbft an den Ecken kräftige Strebepfeiler aufgebaut find und fich ein romanifch charakteriftifcher Sockel befindet. Der Façade' wurde fpäter ein Renaiffance-Giebel angefügt und damit ihr der urfprüngliche Charakter genommen. Der Anlage fehlen die Thürme, es befteht nur ein Dachreiter. Es ift kein Zweifel, dafs beiläufig im 17. Jahrhundert eine eingreifende Umgeftaltung an der Kirche vor fich ging, wobei der Gewölbe-Einbau erfolgte und vieles dem romanifchen Baue eigenthümliches verfchwand; Fig. 85 und 86.

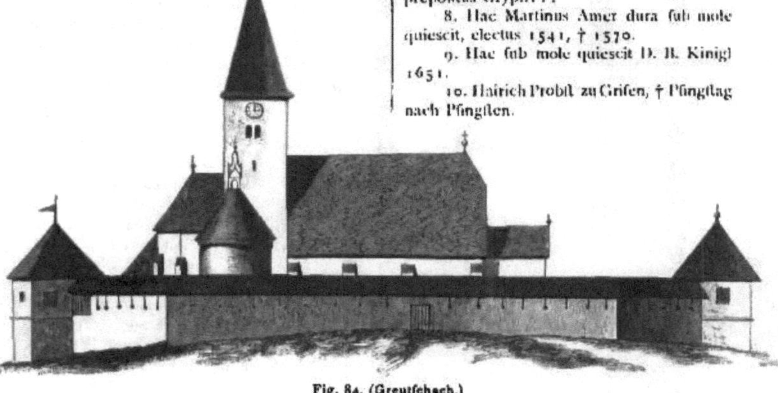

Fig. 84. (Greutfchach.)

Zahlreiche Grabfteine, befonders Epitaphien der Pröpfte des Stiftes Griffen, wovon die älteften mit großen Wappenbildern, kleiner gothifcher Minuskelfchrift und abgefchrägten Ecken theils gar nicht mehr, theils nur in wenigen Worten zu beftimmen. Erwähnt feien als die älteren:

1. Ehlfabeth ain geporne von Kolnitz des Franz (?) von Kiniglfeld (?) phleger auf Griven Hausfraw † 1538.

2. Frau Barbara Scheliesnig geborne Schmidin von Bamberg hochftiftl. Bamberg. Kaftnerin zu Griven † 1706.

3. Zacharias Scheliesnig . . . per annos 23 Granarius in Griphen † 1710.

4. Sub hoc lapide jacet pater ac D. D. Bartholomäus Praudiefch in oppido Gryphenn Praepofitus † 1667.

5. Jofephus hujus nom. primus, cognomine et nat. Carinthus in ordine Praefulum 41. vir mirae manfuetudinis ac patientiae † 1704.

6. Obiit Reverendus admodum dominus Johannes . . . hic fepultus anno dm. (fehlt die Zeit-Angabe).

7. Translata eft gloria mundi hujus . . . Georgius Greben, facer cognomine dictus . . . prepofitus Gryph . . .

8. Hac Martinus Amer dura fub mole quiescit, electus 1541, † 1570.

9. Hac fub mole quiescit D. B. Kinigl 1651.

10. Hairich Probft zu Grifen, † Pfingftag nach Pfingften.

11. Andreas Thaner hujus nom. alter † 1533.

12. Des Johann Khundtfchnakch Bamberg. Kaftners und Pflegers zu Griven auch Secretär des Clofters dafelbft Frau Maria Anna geborne Seitsdorferin † 1662.

13. Rechts vor der Kirchthüre als Opfertifch ein Grabftein mit folgender Infchrift:

In Gottes Namen Amen. Des Jars 1546 hat der edl und Ernveft Pernhart Peyerl derzeit Phleger in Wainberg im Laffentall diefen Grabftein Verteutfchen laffen wie Nachfolgt.

Nach der Geburt Jefu Chrifti 1405 Jar Ift geftorben Der Erwürdig Man Johannes

Pawerl an Sandt Mauritzen tag Des Heylligen Martrer welicher rue im Heylligen Fridt. Amen.

Als Opferstock ein Ueberrest aus romanischer Zeit, eigentlich ein Stück gegliedertes Thürgewände, in den Hohlkehlen

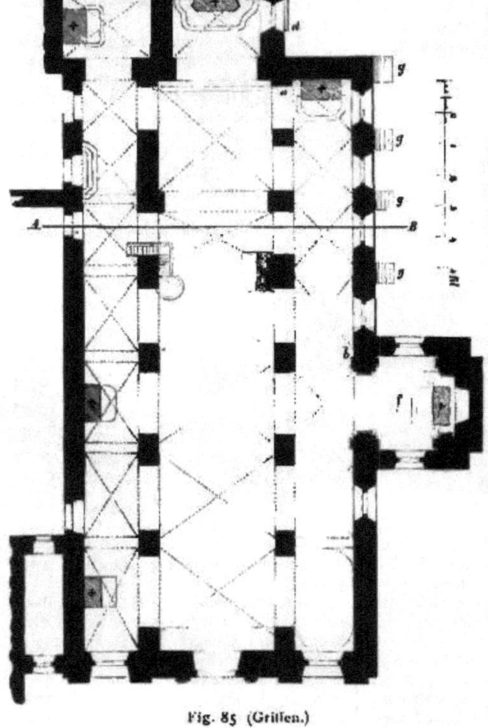

Fig. 85 (Griffen.)

mit Fünfblatt-Rosetten. Der obere Theil des Taufsteins spätgothisch, der untere romanisch? Am Sockel in den Flächen der abgeschrägten Ecken Köpfe (M. 1. 122, tt. 22; Fig. 87).

Im Kreuzgange des Stiftes vorzügliche große polychromirte Holzschnitzereien, darstellend in fünf figurenreichen Bildern die Geheimnisse des schmerzhaften Rosenkranzes.

Die Pfarrkirche von einschiffiger Anlage (Fig. 88: Grundriß), der im 16. Jahrhundert ein schmales niedriges spitzbogiges Seitenschiff mit Rippen-Kreuzgewölbe, kleinen Schildern und Kugelconsolen links sammt Sacristei angefügt wurde. Sie ist mit einem reichen Netzgewölbe überdeckt, das auf Wandpfeilern mit vorgelegten Dreiviertel-Säulen ruht, auf welchen die Rippen anlaufen. An der Westseite ist ein kleiner Musikchor eingebaut, der auf einer dreitheiligen spätgothischen, dem Eberndorfer ähnlichen, aus sich gegenseitig durchdringenden geschweiften Rippen bestehenden spitzbogigen Arcatur ruht. Auf der Nordseite drei lange spitzbogige zweitheilige Fenster mit Fischblasen und Dreipaß-Maßwerk; ein Fenster rundbogig. An das Langhaus schließt sich das Thurmquadrat an mit zwei Rundbogen von ungleicher Breite und Länge, welche auf einfach gegliederten Kämpfern ruhen (östlicher Bogen kleiner); dann das breitere Presbyterium, das aus einem oblongen Joche und dem fünfseitigen Schlusse besteht. Die spitzbogige Ueberwölbung wird von Kreuzrippen mit einfachen Schlußsteinen getragen, die Rippen ruhen auf halbrunden Diensten ohne Capitäle, welche ein rings um die Wand des Chores gehendes Kaffgesims durchdringend mit kleinen Sockeln bis auf den Boden reichen. Die drei Fenster in den Mittelfeldern des Schlusses sind spitzbogig mit Maßwerk, das vierte südlich, bei gleicher Höhe halbrund, scheint später ausgebrochen, da es auch nicht die Mitte der Schildwand einnimmt. Der Scheidebogen halbrund und niedrig.

Das Haupt-Portal in der Weftfront ift rundbogig mit geradem Sturz, darüber ein kleines eigenthümliches Rundfenfter im Fünfpaß, aus einem viereckigen Stein ausgehauen. Im Bogenfeld ein Kreuz. Außen an dem Schiffe und dem Chore, die linke Seite ausgenommen, dreiftufige, fehr weit ausladende Strebepfeiler, welche in der Wandhöhe mit einem Gefimfe abfchließen, auf welchem das Dach auflagert. Der maffive Thurm hat fpitzbogige Fenfter und einen hohen fpitzen Helm mit Seitengiebeln. Dem romanifchen Bau gehört das Thurmquadrat, ein Theil des Seitenfchiffes und das Portal in der Haupt-

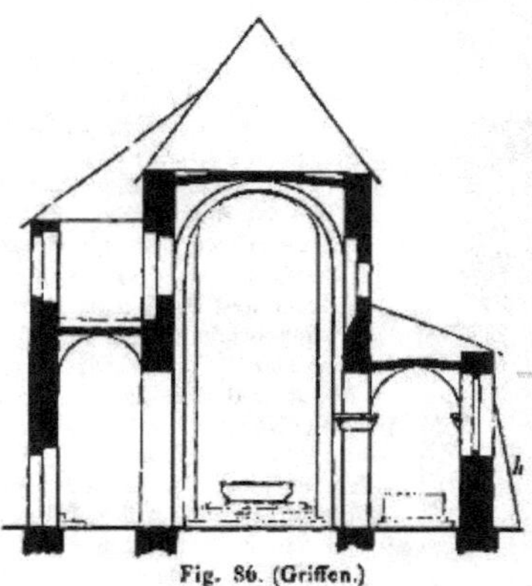

Fig. 86. (Griffen.)

façade (Fig. 89) fowie das Seitenportal an, welches viereckig ift und in der Kehlung kleine Rofetten trägt. Der Chor fammt Thurm ift ein Werk des 14. Jahrhunderts, das Langhaus aus dem 15. Jahrhundert, endlich das Seitenfchiff mit der Jahreszahl auf einem Gewölbeträger und Schlußfteine aus 1537 und 1538. An dem Ueberbaue der dem Seitenfchiffe vorgelegten niederen Laube ift ein romanifches Doppelfenfter mit Mittelftück erhalten. Das Capitäl fehr zierlich. An der Nordfeite des Thurmes Refte von Wandmalereien mit eingedrückten Nimben (M. II. p. 44, IX. p. 62; VIII. n. F. p. LXIII).

Der Friedhof ift mit einer Schutzmauer umgeben und an einer Ecke mit einem viereckigen maffiven Vertheidigungsthurm fammt bedachten Laufgängen hinter den Mauerzinnen verftärkt. An diefer Mauer beim Hofeingange ein Reliefbild in rothem Steine (die drei Könige; Fig. 90). Ein viereckiges Feldkreuz mit gefchwungenem Spitzbogen ftammt aus 1546.

Griffen, Markt. Pfarrkirche, faft ganz neuer Bau. Uebrig blieb nur der alte Thurm, welcher früher das Presbyterium enthielt, jetzt ift felbes vor dem Thurm erbaut, und wird derfelbe als Sacriftei benützt. Ueberwölbt ift deffen unteres Quadrat mit einem Kreuzgewölbe, runden Schlußftein, die Rippen mit einfachem Nafenprofile und geraden Wangen (M. I. 123).

Im Markte ift die Wand eines Baues zu fehen, der beftimmt einer Capelle angehörte, da man noch die abgefchrägten Laibungen von Fenftern erkennt, wie fie fich gegen einander neigen, jedenfalls einer Spitz-

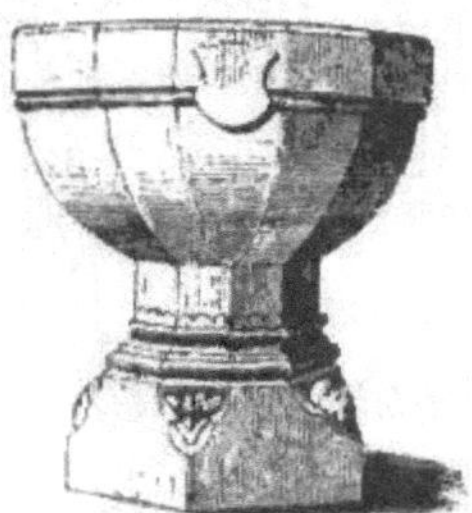

Fig. 87. (Griffen.)

bogenöffnung entfprechend; die Stirnmauer ift für das nebenftehende Haus als Feuermauer benützt und in den Winkel — der fenkrecht darauffloßenden oben befprochenen Mauer — werden die Anfätze zu einem Kreuzgewölbe fichtbar. In diefem Haufe wohnte ehemals der Bambergifche Kaftner und heißt dasfelbe noch gegenwärtig deshalb das Kaftneramt.

Als Thorftufe im Pfarrhaus und als Brunnenftufe in einem Gartenhaus zwei ganz gleich weißmarmorne Architekturtheile, deren fchmälere Wangen mit Wulft und Plättchen verfehen find. An der breiteren Fläche romanifches Ornament: Schlangenlinie mit herauswachfenden Blättern.

An der Villa des Herrn Pavlović find zwei rothe Sandfteinköpfe (einft Confolen) eingemauert. Diefelben find der Schloß-

Capelle Griffen entnommen und ift zu vermuthen, dafs auch die Architekturtheile derfelben angehören.

Griffen, Schloß. Coloffaler Bau, von den Bifchöfen von Bamberg erbaut (f. *Ankershofen*) und in mehreren Bauepochen entftanden. Der ältefte Theil davon am Gipfel des Kalkftein-Felfens gelegen. Die Capelle noch kennbar, auch find noch die Trämlöcher der Decke, refpective des Fußbodens der Capelle erhalten. In den Ecken Confolen aus rothem Sandftein mit figuraler Darftellung, Refte der Gewölberippen.

Gegen innen ift das öftliche Fenfter in ein Spitzbogen-Fenfter umgewandelt, gegen außen wird ein gekuppeltes Rundbogen-Fenfter fichtbar, ebenfo ein kleines Rundbogen-Fenfter in der nördlichen Wand, deffen Gewände und Bogen forgfältig in rothem Sandftein gearbeitet. Südliche Mauer fehlt. Ferner Mauerrefte aus forgfältig gehauenen Buckelquadern aus dem 14. Jahrhundert. Das übrige: Zubauten von Jahrhundert zu Jahrhundert, bis zum Verfalle unter Grafen Tad. v. Egger.

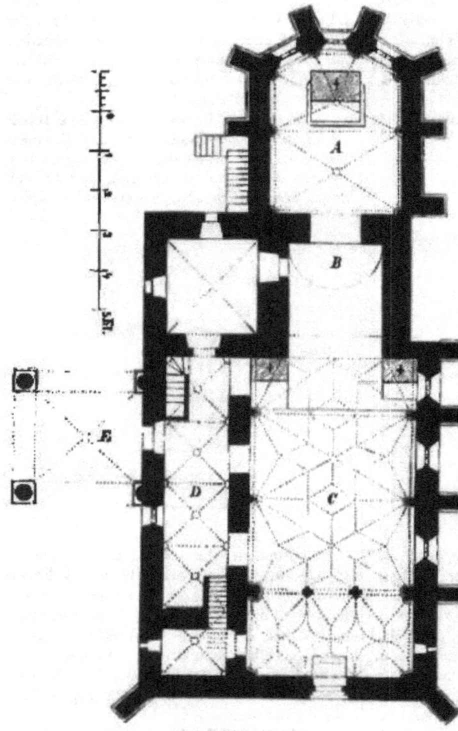

Fig. 88. (Griffen.)

Im Walde nördlich vom Schloßberge fand man um 1846 eine bronzene Fibel, einen Dolch ohne Griff. Auf einem Acker (1850) ein eifernes zweifchneidiges Schwert mit Kreuzgriff (5. bis 7. Jahrhundert) K. (Car. 1831, 13; 1847, 283; Ank. 1, 532; Afk. 2, 150; 4, 147; M. VII. n. F. p. CI.)

Groppenstein. Schloß in der Nähe von Ober-Vellach mit einem fehr gut erhaltenen Donjon; alle Stockwerke, Zimmer und Dach ganz intact, Wohngebäude nicht fo alt, dabei eine kleine Capelle mit runder Abfide und drei Travées, einfaches Netzgewölbe auf Dienften, die fich auf ftark einfpringende Pfeiler ftützen. In der runden Abfide fcheinen Gemälde al fresco gewefen zu fein, da man durch die Tünche einiges durchfieht. Auf der linken Seite erkennt man die große Figur eines reitenden Georgsritters. Die Capelle hat einen Holzplafond gehabt, da die Mauern bis über die Gewölbe verputzt find. Die jetzigen Gewölbe find ungefähr 1400 eingefetzt worden, in welcher Zeit ein Herr von Groppenftein auch die Fenfter einbaute (M. VII. n. F. p. LXXIX; Fig. 91).

Grünburg, Schloßruine bei Wieting. Außer dem Capellen-Gebäude nur mehr wenige Mauertrümmer und ein mit einem Kreuzgewölbe überfpannter Raum, da hinein eine rundbogige Thüröffnung führt. Die Capelle ift aber faft ganz erhalten, fie ift von Nordoft gegen Südoft gerichtet und enthält zwei Räume übereinander. Der untere, 4° 4' lang und 2° breit, besteht aus einem Schiffe und einer dreiseitigen Apsis, der Eingang im gedrückten Spitzbogen auf der Nordseite. Die drei Fenster rundbogig und schmal. Im Schiffe bestand eine flache Decke, die Apsis spitzbogig gewölbt, daselbst drei spitzbogige Fensterchen. Die obere Capelle ist der unteren ganz gleich, hat jedoch von außen keinen Eingang. Darüber ein Vertheidigungs- oder Wohnraum mit rundbogiger Thür nach außen, auf der Mauerbank Zinnen.

Einige hundert Schritte östlich davon steht der von einer polygonen Mauer umgebene kreisrunde Thurm von circa 12° Höhe und 18' Durchmesser bei einer Mauerdicke von 7'. Die Mauer hat theils Zinnen, theils Schießscharten, Spuren des Mordganges. Der Eingang zum Thurme circa 3° über dem Niveau. In der Thurmmauer nur ein Fenster und mehrere unregelmäßige Scharten, oben Zinnen. In der Höhe von 10° dürfte ein hölzerner Umgang bestanden haben, worauf eine dortige thürartige Oeffnung und Balkenlöcher deuten (M. II. 327).

Guggenberg bei Hermagor, Capelle seit 1685 (M. II. III; IX. 127).

Gumtschach. Die nach Göltschach gehörige Filial-Kirche, ein kleiner Bau mit früh-gothischem Chore, der nur mit zwei in eine Spitze zulaufenden Schrägseiten geschlossen ist. Die starken Diagonal - Rippen laufen tief herab, haben aber keine Consolen. Im Chorschluße zwei spitzbogige Fenster mit reichem färbigen Glasschmucke ohne Maßwerk. Im linksseitigen Fenster Maria mit dem Kinde, St. Anna, St. Georg, St. Paul und St. Jacob. Im Bogenfelde zwei musicirende Engel. Das andere Fenster ist nicht mehr vollständig erhalten, erkennbar nur St. Johannes und Christus am Kreuze. An der Außenseite der Kirche ein Christoph-Bild (M. IX. n. F. p. XXIV).

Gurina bei Dellach, oberes Gailthal, am Südhang des Berges Janken. Die Höhenreihe sammt dem Romaskofel ist ihrer Höhlen und Bergschätze wegen seit alten Zeiten vielfach aufgesucht. In den uralten Schlägen hat man Feuersetzungen, Einbaue von Galmei-Gruben mittels Meißelarbeit, so den »heidnischen Hoffnungsbau, die Heidenzeche, den Keller«, altes Werkzeug gefunden. Der Gurinahügel, circa 200 M. über der Thalsohle gelegen, nördlich vom Dorfe

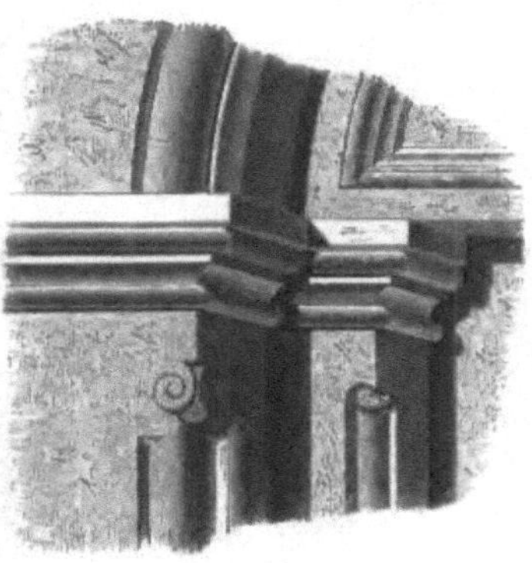

Fig. 89. (Griffen.)

Dellach am Fuße des Jaukenberges gelegen, ist gegen Süden terrassenförmig abgebaut und seit Jahren als Fundort römischer und vorrömischer Alterthümer bekannt. Hier

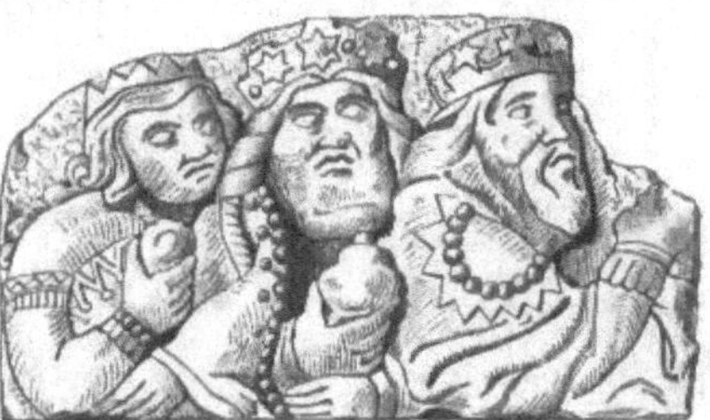

Fig. 90. (Griffen.)

soll nach *J. G. Seidl's* völlig ungerechtfertigter Behauptung (Archiv für Kunde öst. Gesch. Quellen VI. p. 222) das alte Ambidravium gestanden haben. In den Sammlungen des kärntnerischen Geschichtsvereines zu Klagenfurt befinden sich seit den Vierzigerjahren viele Gegenstände dieses Fundortes, welche durch die neueren Forschungen größere Bedeutung gewonnen

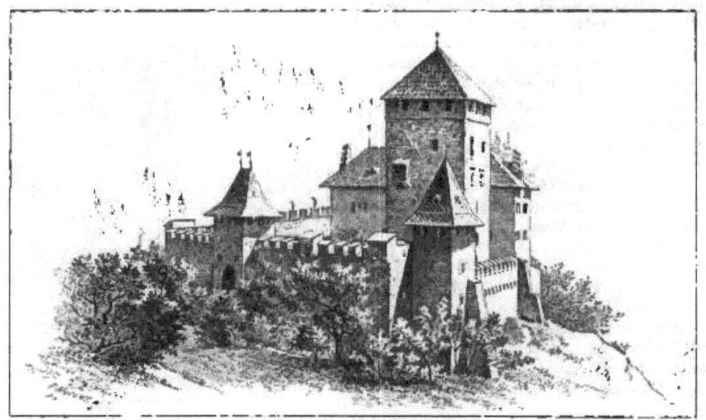

Fig. 91. (Groppenſtein.)

haben. Seit Auguſt 1884 werden nämlich dort ſyſtematiſche Ausgrabungen durch die anthropologiſche Geſellſchaft in Wien vorgenommen, deren erſten Fundbericht Dr. *A. B. Meyer* veröffentlicht hat. Auf dem Gipfel des Hügels, welcher kegelförmig freiſteht und nach Oſten und Weſten durch ſteile Auswaſchungen abgegränzt iſt, wurden die Grundmauern eines kleinen viereckigen Gebäudes blosgelegt, wahrſcheinlich eines römiſchen Tempels, welcher die einſtens über den ſüdlichen Abhang ausgebreiteten Wohngebäude krönte und die Ausſicht über das Thal weithin beherrſchte. Vor dieſem Gebäude fanden ſich Gräber und eine lange Mauer ſchloß den Platz gegen Norden ab. Aber auch jenſeits dieſer Mauer, dort wo der Weg über das Gebirge führt, kamen noch Fundſtücke vor und ſieht man ein altes Gemäuer wie von zwei Thorthürmen, welche den Zugang beherrſchten. Die Funde, deren die meiſten in dem unteren Theile der Gurina, dem ſogenannten Schmeißer-Grunde gemacht wurden, tragen das Gepräge ſehr verſchiedenen Alters und kommen die zeitlich entfernteſten Stücke unvermittelt nebeneinander vor, woraus man ſchließen muß, daſs Gurina ſehr lange ſtand (von der Hallſtädter Zeit bis an das Ende des 4. Jahrhunderts n. Chr.).

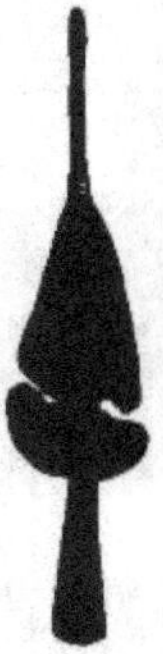

Fig 92. (Gurina.)

Man fand Palſtäbe, ein Bronzeſchwert, Waffen (Fig. 92) und Schmuck der La Tène-Zeit, Fibeln in großer Menge, Arbeitsgeräthe der Landwirthſchaft und Metallinduſtrie, Thongefäße und Münzen. Charakteriſtiſch aber für Gurina iſt das häufige Vorkommen kleiner Bronzefiguren, deren eine hier abgebildet iſt (Fig. 93), ſowie von beſchriebenen Täfelchen aus Bronze (Fig. 94), welche ſonſt nirgends in Kärnten gefunden wurden und die nach Dr. *C. Pauly* mit einem nordetruskiſchen (eſtenſiſchen) Alphabete, in einer indogermaniſchen Sprache, welche dem illyriſchen Zweige der Veneter zuzutheilen iſt, beſchrieben ſind. Dieſelben Schriftzeichen fanden ſich auch auf einer gegenüber Gurina auf dem linken Ufer des Gail-

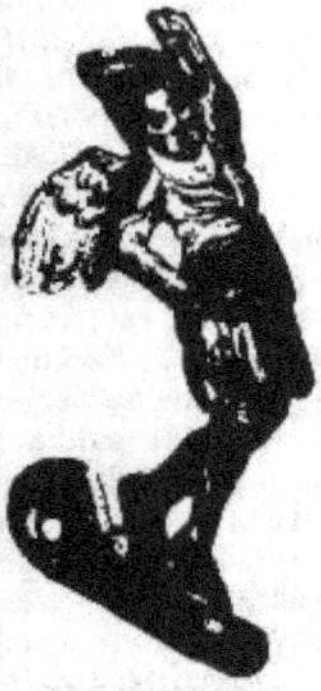

Fig. 93. (Gurina.)

flusses mitten im Walde gelegenen Felsenplatte, nächst der Ortschaft Würmlach vor.

Nach Dr. *A. B. Meyer* scheint die Straße über den Plöckenpaß, welche zur Römerzeit links vom Valentinbache über Loncium (das heutige Mauthen) nach Tyrol führte, ursprünglich rechts vom Valentinbache gegen Gurina geführt zu haben, wo sie an dem erwähnten Würmlacher Felsen vorüberzog, am jenseitigen Ufer bei Waidenburg die Thalsohle erreichte und gailabwärts zog.

Es scheint also die Zusammengehörigkeit der Würmlacher Inschrift mit den in Gurina gefundenen Schriftzeichen auch örtlich sich erweisen zu lassen und die Annahme gerechtfertigt zu sein, dass die Bewohner Gurina's mit der alten Bevölkerung Ober-Italiens ver-

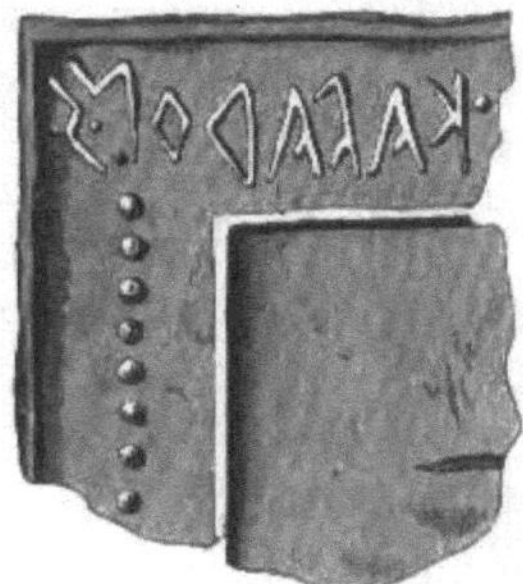

Fig. 94. (Gurina.)

wandt waren (*A. B. Meyer:* Gurina, Dresden 1885).

Gurk. Im Markte Gurk, Fundort einer Bronzemünze Constantius, bewahrt man den Reliefstein: zweifüßiger Drache mit Schweifringeln (Jab. 262) an der Gartenmauer und den Grabstein CACVSIVS* aus der Zeit um 160, herrührend aus St. Johann bei Gurk um 1818, beim Eingange in den Propsteihof; dann beim Grufteingange ein männliches Relief (Jab. 261, Mo. 5028. Unrömisch Mo. 244).

Der Dom (M. I. 22. 121. 129, M. v. n. F. p. XXXVI, Dr. *Ilg*), wenn auch einer verständigen Restauration sehr bedürftig, ist nicht nur als Bauwerk von hervorragendster Bedeutung unter den Domen Oesterreichs, sondern auch seiner Malereien wegen, mit denen Vorhalle und Nonnenchor geziert sind, ein Denkmal fast einzig in seiner Art.

Der heutige Bau, unter unleugbar italienischem Einflusse entstanden, dürfte gegen Ende des 12. Jahrhunderts (circa 1180) beendet gewesen sein und hat sich, mit Ausnahme

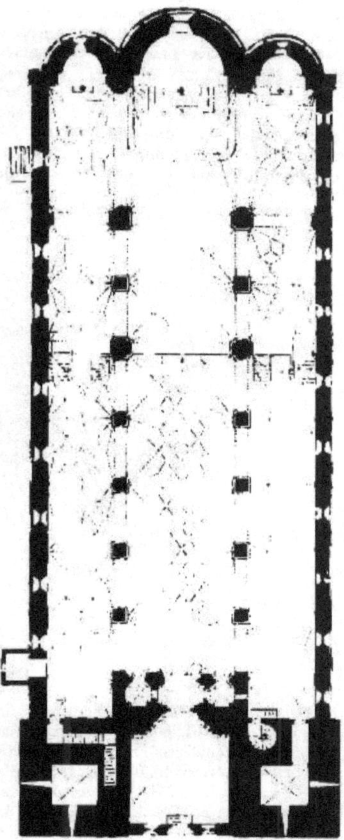

Fig. 95. (Gurk.)

weniger Umgestaltungen und der Thurmabschlüsse, bis heute unverändert erhalten (Fig. 95: Grundriß). Die Kirche besteht aus einem dreischiffigen Langhause mit zwei den Seitenschiffen an der Westseite vorgelegten

Thürmen, die durch eine urſprünglich offene Portalvorhalle und die darauf ruhende Mittelwand verbunden werden. Heute iſt die Vorhalle durch eine Mauer mit ſpitzbogigem Portal und zwei ſolchen Fenſtern geſchloſſen, die im 14. Jahrhundert entſtanden ſein dürfte (Fig. 96). An der Innenſeite befindet ſich das prachtvolle romaniſche Portal (Fig. 97) und dahinter ein kurzer Zubau mit drei nebeneinander geſtellten Jochen, welcher Zubau ſich mittelſt dreien Bögen gegen das Mittelſchiff öffnet. Die Seitenſchiffe ſind niedriger und ſchmäler als das Mittelſchiff (Fig. 98). In der Verlängerung gegen Oſten ſchließt ſich an das Langhaus ein im Fußboden-Niveau erhöhtes, ebenfalls dreiſchiffiges Presbyterium in den gleichen Breiteverhältniſſen des Langhauſes an. Einen Beſtandtheil des Presbyteriums bildet das Querſchiff, das ſich jedoch an der Außenſeite des Gebäudes nur durch ſeine mit dem Mittelſchiffe gleiche Höhe erkennbar macht. Jedes der Schiffe wird jenſeits des Querhauſes durch eine in der Achſe gelegene und für das Mittelſchiff größere und reicher gezierte Apſis abgeſchloſſen. Der Raum unterhalb des Presbyteriums, des Querhauſes, des erſten Schiffsjoches und der Mittelapſis iſt zu einer geräumigen Gruftkirche verwendet, zu jenem vielbewunderten hundertſäuligen Prachtbau (Fig. 99 und 100). Die zur Krypta führenden Stiegen befinden ſich im Innern der Kirche beiderſeits neben den zum Presbyterium hinanführenden Stufen. Vier freiſtehende Pfeilerpaare theilen das Langhaus in die erwähnten drei Schiffe. Das Mittelſchiff hat ſelbſtändige Oberlichten und war urſprünglich, da jede Andeutung von Gewölbeſtützen fehlt, gleich den Seitenſchiffen flach überdeckt. Von den drei Pfeilerpaaren des Presbyteriums iſt das erſte und dritte bedeutend ſtärker und dem letzteren entſpricht überdies an den Seitenwänden eine pfeilerartige Vorlage, auch iſt dieſes erſte Pfeilerpaar in der Querrichtung unter ſich durch Bögen verbunden. Daſelbſt erhebt ſich, neuerlich durch einen den Lettnern verwandten Aufbau gehoben und begränzt, der Kirchenfußboden, welche Anlage das Presbyterium charakteriſirt. Hier iſt das Querſchiff der ganzen Kirchenbreite nach eingeſchoben. Die Arcaden des Mittelſchiffes ſind mit der Schlußmauer über das Querſchiff hinüber durch einen mächtigen, die doppelte Arcadenbreite überſpannenden Spitzbogen, eine nahezu urſprüngliche Anlage verbunden.

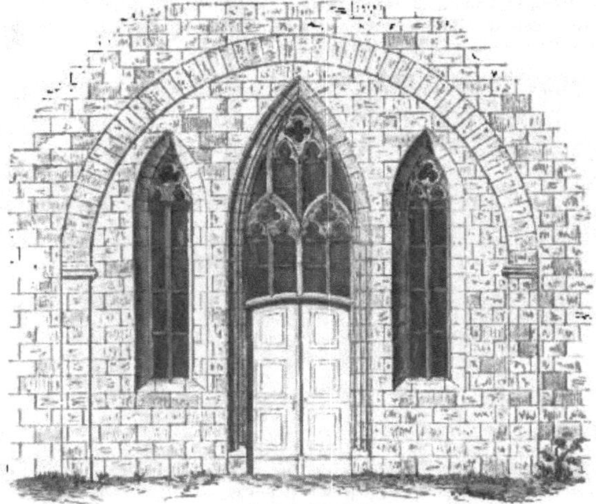
Fig. 96. (Gurk.)

Auch das Presbyterium war urſprünglich flach überdeckt. Die gegenwärtige Ueberwölbung ſtammt aus dem Jahre 1589. In neuerer Zeit fand man alte Wandgemälde unter der Tünche der Haupt-Apſis.

Vom Aeuſſern der aus Quadern erbauten Kirche iſt nur die rechte Seite und die Rückſeite von Bedeutung. Die Weſtſeite iſt kahl und ſchmucklos, die linke Auſſenſeite verbaut. Die frei gebliebene Längenſeite ſchmücken Rundbogen-Frieſe am Haupt- und Nebenſchiff; das Geſims beſteht aus Platte und Kehle (Fig. 101), bei letzterer überdies aus abwechſelndem Zahnſchnitt und Zikzak-Ornament mit eingeſetzten Kugeln. An dieſer Seite befindet ſich ein einfaches romaniſches Portal mit Chriſtus als Halbfigur im Bogenfelde. Die eine Hand zum Segen erhoben, hält er in der anderen ein aufgeſchlagenes Buch, darin die Worte:

† EG | HO
O.S | STI
V.M | VM.

Um das Bogenfeld läuft folgende merkwürdige Inſchrift: cvi.dextera.cor.pia.mite †intranti.rite.perdo.pascva.vie † intrat.et. hic.rite. Die Inſchrift des Sturzes iſt verkehrt geſchrieben. Dieſe in Majuskeln des 12. Jahrhunderts ausgeführte Legende dürfte ſo zu leſen ſein: Intranti rite per (me) — do pascua vite † Intrat et hic rite cui dextera cor pia mite (Fig. 102). Die Lapidar-Inſchrift des ſeitlichen Steines am Südportale lautet: Hic.exul.wido.I. psens.cepit.opvs.na..

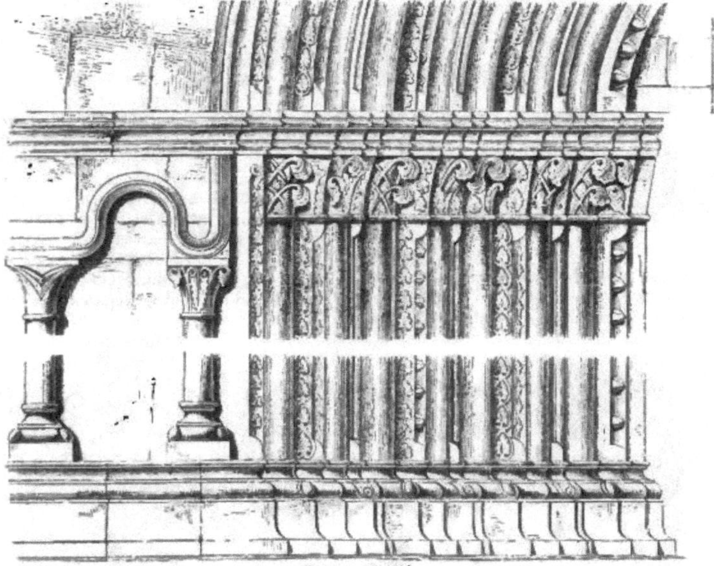

Fig. 97. (Gurk.)

Die Fenſter des Seitenſchiffes, ſowie des Hauptſchiffes ſind ſchmal und nicht beſonders hoch, die der Krypta klein, aber ſämmtlich rundbogig überſchloſſen. Intereſſant iſt die Behandlung der Auſſenmauer des Querſchiffes, das ſich nur in der Ausdehnung der Höhe des Mittelſchiffes über das Seitenſchiff charakteriſirt, während der Rundbogen-Fries, wenn auch durch ein Ornamentenband vermehrt, ſich ohne Unterbrechung fortſetzt. Zwei Pilaſter an den Ecken und drei Halbſäulen gliedern die obere Wand, die giebelförmig abſchlieſſend nach oben mit ſtufenförmigem Rundbogenfries geschmückt ist. Die mittlere Halbsäule trägt über ihrem Capitäl einen aus dem Rundstab gebildeten

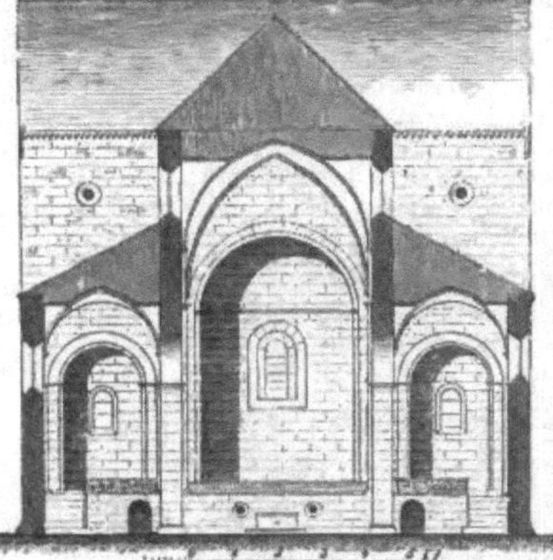

Fig. 98. (Gurk.)

Kreis als besonderes Ornament. Zwei größere Rundbogen-Fenster vermitteln die Beleuchtung des Querschiffes, an dessen Seiten sich

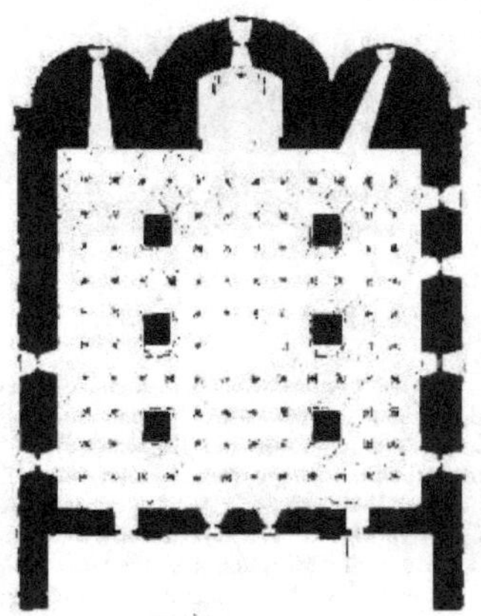

Fig. 99. (Gurk.)

der Bogenfries fortsetzt und an den Ecken mit schmucken kurzen Säulchen, die auf Consolen ruhen, geziert ist.

Der schönste Theil der Außenseiten der Kirche ist unstreitig die Rückseite, an welcher sich die drei aus dem Querhause unmittelbar entspringenden Apsiden darstellen, deren mittlere größer und reicher ausgestattet ist. Wir finden an jeder Nische ein in seinen Gewandungen reich gegliedertes Fenster, während Rundbogen-Fries mit Zahnschnitt (Fig. 103) und bildliche Darstellungen (Fig. 104) nur an der Mittelapsis verwendet wurden, wie auch daselbst die Zahl der Halbsäulen vermehrt ist und mehr Sorgfalt auf die Detailausschmückung verwendet wurde.

Anbelangend die Wandmalereien, so sei zuerst derer in der Haupt-Apsis gedacht, welche dieselbe bis zum Scheitel bedecken. Man vermuthet rechts die Darstellung der Geburt Mariens (leider sehr schadhaft), in der Mitte die Verkündigung (Maria, der Engel, oben Gott Vater), links der Tod Mariens. Unterhalb die Apostel in zwei Gruppen dargestellt. Zu oberst die Krönung Mariens durch Gott Vater und Sohn, darüber die Taube, beiderseits das Bild

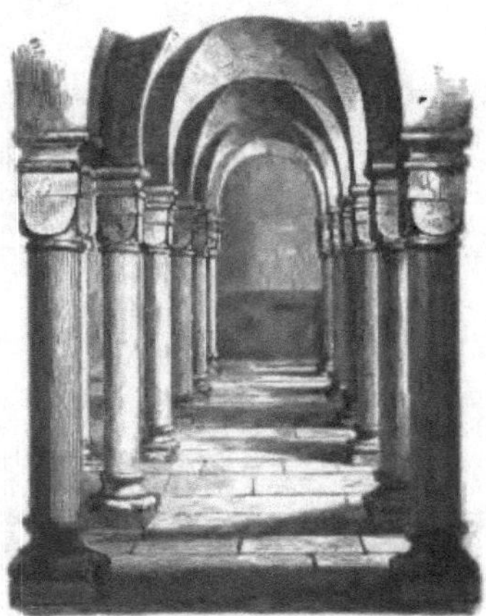

Fig. 100. (Gurk.)

eines Donators mit Spruchband: me tibi virgo pia Dei genitrix comendo Maria — virgo virginum decora Christ . tu. fil . pro nobis exora. Die Wandbemalung der Seitenabſiden wird durch die Altäre verdeckt. Die Malereien wurden von Anton Blumenthal, Maler und Bürger in Klagenfurt um 1598 angefertigt.

Von beſonderer Wichtigkeit ſind die Wandmalereien im ſogenannten Nonnenchore, die aus der Zeit gegen die Mitte bis zum letzten Viertel des 13. Jahrhunderts herrühren. Der Nonnenchor iſt jener Raum, in welchem die ſchon urſprünglich hier neben den Chorherren befindlichen Nonnen ihre canoniſchen Tagzeiten abhielten und dem Gottesdienſte beiwohnten. Derſelbe befindet ſich über der Portalvorhalle, den Raum zwiſchen den Thürmen einnehmend Jede der beiden Hälften der Halle enthält außer der Gewölbekuppel noch drei Wandflächen, wie das Schema (Fig. 106) zeigt. Die Wand *A* iſt mit einer Marien-Darſtellung: Maria mit dem Kinde am Throne, daneben je eine weibliche Figur: Veritas, Caritas, oben ſieben Tauben (die ſieben Gaben des heiligen Geiſtes). Am Fuße des Thrones zwei nimbirte Löwen. Beiderſeits des Hauptbildes ſtufenweiſe abermals je drei Rundbogenſtellungen, darin je eine weibliche nimbirte Figur mit einem Inſchriftbande und zu deren Füßen je zwei nimbirte Löwen. Unter Marien folgende Inſchrift: Ecce thronus magni ſulgescit regis et agni. In den Bogenzwickeln der Altarniſche je eine Biſchofſigur als Dona-

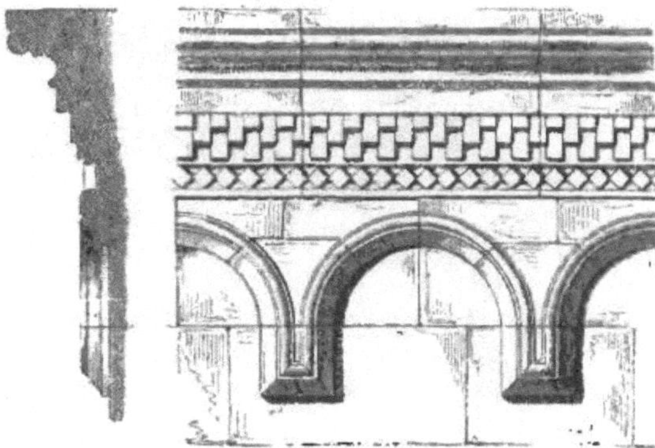

Fig. 101. (Gurk.)

(Fig. 105). Ein Gurtbogen theilt die Halle in zwei gleich große Theile und ſitzt beiderſeits auf einem Wandpfeiler auf. Zwei kuppelartige Gewölbe bedecken die Halle; die Conſolen in den Mauerecken und Reſte von Gewölbeanſätzen laſſen jedoch vermuthen, daſs urſprünglich Rippenanlagen beabſichtigt waren, aber infolge der maleriſchen Ausſtattung entweder nicht eingeſetzt oder entfernt wurden. Beleuchtung empfängt die Empore durch ein kleines Rundfenſter im Weſttheile und je ein Rundbogenfenſter beiderſeits. Gegen das Mittelſchiff öffnet ſich die Empore in einem großen Rundbogen mit ſchöner Profilirung und je drei kleine Fenſter beiderſeits. Die ganze Halle iſt an den Obertheilen der Wände und am Gewölbe mit Gemälden bedeckt. tor; doch iſt die rechts mit Stab und Inſel ausgeſtattet, die links hat dieſe Ehrenzeichen nur zur Seite. Die Inſchrift nennt den erſteren: Sis memor pro piu diterico virgo maria, den anderen: Otto electus. Die Bemalung der Kuppel *B* zeigt das irdiſche Paradies. Zu oberſt das Kreuz, dabei vier Engel, welche Gefäße ausgießen. Das Waſſer der Flüſſe des Paradieſes ſtrömt in vier Richtungen und theilt die Kuppel in vier dreieckige Bildfenſter, in denſelben erkennt man die Erſchaffung Adams, das erſte Gebot und den Sündenfall, das vierte Bild iſt verſchwunden. Das Gemälde im Schildbogen *G* zeigt die Verkündigung Mariens (Fig. 107), das im Schildbogen *H* iſt erloſchen. Im Kuppelgewölbe *I* ſehen wir das himmliſche

Jerufalem, leider fehr befchädigt, in den Schildbogen *L* und *K* den Einzug der drei Könige (lebensgroße Figuren zu Pferde) und den Einzug Chrifti in Jerufalem. Ringsherum find an den Bildern Prophetendarftellungen mit Schriftrollen vertheilt. Die Wand gegen die Außenfeite enthält die Darftellung der Verklärung Chrifti. Chriftus im ovalen Nimbus, Mofes und Elias beiderfeits, unten die fche Beigaben (Nimben, Bronze etc.) fehlen nicht (M. II. 294, IV. 21).

Spuren von Malerei finden fich auch an der Oberwand des Mittelfchiffes und in den Seitenfchiffen (M. XVI. 134).

Die Vorhalle ift mit Wandmalereien ganz bedeckt. Die Darftellungen beginnen mit der Schöpfung, behandeln das alte und neue Teftament in 32 Feldern. Als Um-

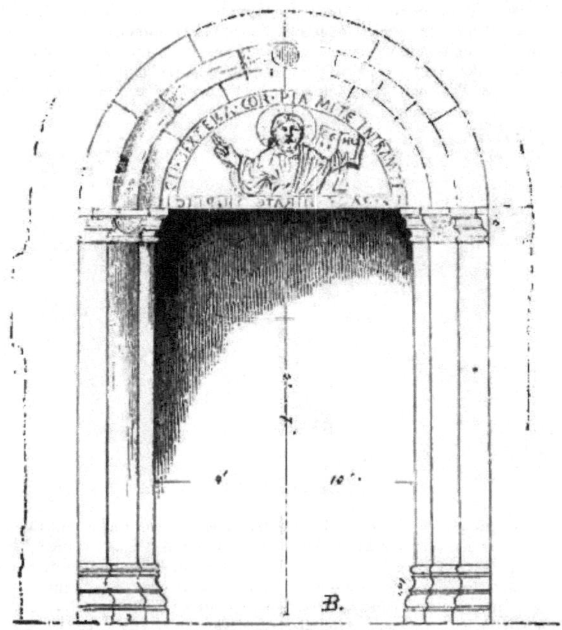

Fig. 102. (Gurk.)

fchlafenden Apoftel und ein kleines Figürchen (Donator oder Maler?). Unter den Gemälden der beiden Langfeiten ift nach Art einer Bordure eine Reihe von Medaillons mit Heiligen-Bruftbildern angebracht. Sämmtliche Bilder zeigen die kunftgeübte Hand eines in der Farbengebung tüchtigen Malers. Die einzelnen Figuren find farbig contourirt und dann ausgefüllt. Vergoldung und plafti-

fäumung des Portals fieht man die Bildniffe der Apoftel in 12 Medaillons, an der Weftwand die Verklärung Chrifti, die Heilung des Lahmen, den Abftieg zur Hölle. Die Thür mit Schnitzereien: Heilige, Engel, Chriftus am Throne, Ornamente. Holzfchnitzereien in fechs Feldern. Scenen aus der Gefchichte der heiligen Hemma in den Seitenfchiffen.

Der Hoch-Altar von Mich. Hähnel (1631), der Hemma-Altar von A. Coradini, entſtanden im Auftrage des Propſtes Franz Otto 1715 bis 1744 (M. u. 289). Ein Renaiſſance-Flügel-Epitaphium von gefälliger Form mit der Figur der Heiligen: Chriſtoph und Anna. In der Sacriſtei ein ſogenanntes Faſtentuch aus mehr als 100 Feldern beſtehend. Bilder von ſehr guter Zeichnung

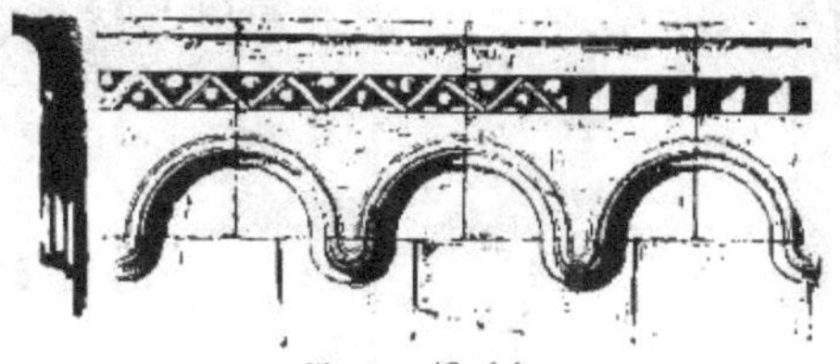

Fig. 103. (Gurk.)

aus dem 15. Jahrhundert. Nicht unbeſprochen darf bleiben, daſs ſich in der Krypta zwei gleiche romaniſche Altartiſche unverändert erhalten haben (Fig. 108). Sie beſtehen auf

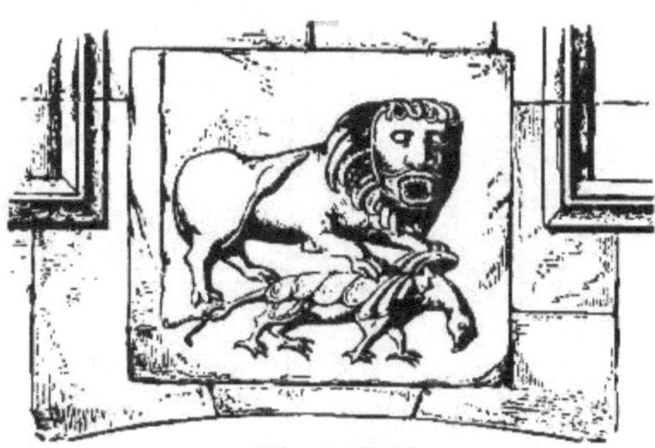

Fig. 104. (Gurk.)

je einer Deckplatte, die auf vier romaniſchen Säulen mit Würfelcapitälen ruht.

Merkwürdigerweiſe enthält dieſe Kirche, die doch der Sitz eines ſo mächtigen Biſchofs war, außer den Wandgemälden, der Bleigußgruppe Donner's: Chriſtus Leichnam im Schoſse ſeiner Mutter vorſtellend, keinerlei Kunſtdenkmale, ja ſelbſt Grabſteine finden ſich nur vereinzelt, wenn auch gerade jener des Wahlbiſchofs Diterich † 1278 durch die Art der Darſtellung der Beachtung würdig iſt (M. v. 326); am Pfeiler im ſüdlichen Seitenſchiffe das Grabmal des Domprobſten Kant von Grimming, des Stifters der Wandmalereien in den Apſiden (1598; M. u. 292). Vier Grabmale im nördlichen Seitenſchiffe am Boden. Sehr ſchöne Chor- und Beichtſtühle. In der Sacriſtei werden gezeigt der Hemmaring und ein handſpiegelartiges Kleinod, beide mit je einem großen Rauchtopas (?) in Goldfaſſung; daſelbſt ſchöne Renaiſſancekäſten, Kanne und Tauſſchüſſel aus Meſſing (16. Jahrhundert). Auf letzteren die Worte: aus. not. hilf. got.

An der Südſeite der Kirche folgende Steinmetzzeichen: ↑, Z, O, ſ.

Bemerkenswerth iſt die Lichtſäule, die auf dem die Kirche auf drei Seiten umgebenden Friedhofe ſteht. Sie iſt bereits ein ſpätgothiſches Werk, aber noch ziemlich gut erhalten (Fig. 109). Heute überdeckt die Spitze eine unſchöne Blechhaube.

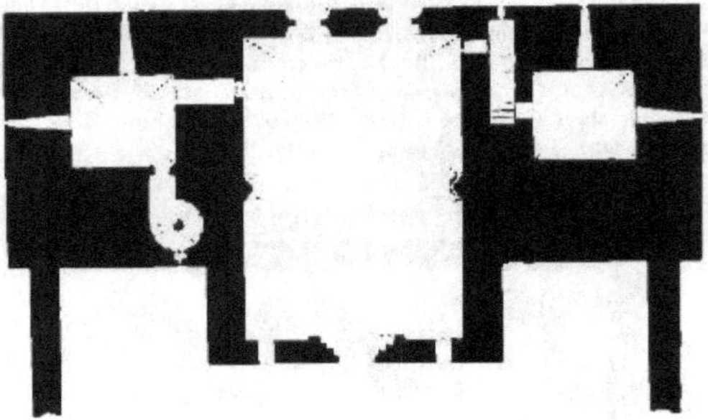

Fig. 105. (Gurk.)

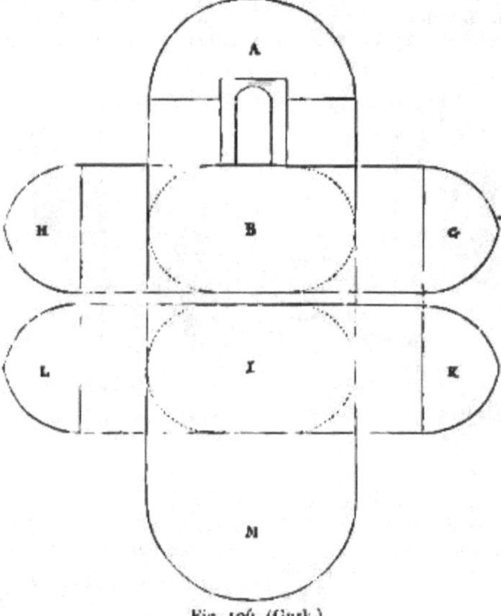

Fig. 106. (Gurk.)

In dem ſeit der Joſephiniſchen Stifts-aufhebung verödeten Gurk beſtand nebſt dem altehrwürdigen und merkwürdigen romaniſchen Dome noch die ſogenannte alte Pfarrkirche, der heiligen Maria Magdalena geweiht, aus dem 12. Jahrhundert; die letzte Wohnung der Gurker Nonnen, nun ebenfalls profanirt und als Scheuer verwendet. Es ist ein romanischer Bau mit vorgelegtem Presbyteriums-Quadrat und halbrunder Apside. Das Schiff hatte eine flache Decke, der Chor ein gedrückt-spitzbogiges Kreuzgewölbe. Die jüngere Empore ruhet auf

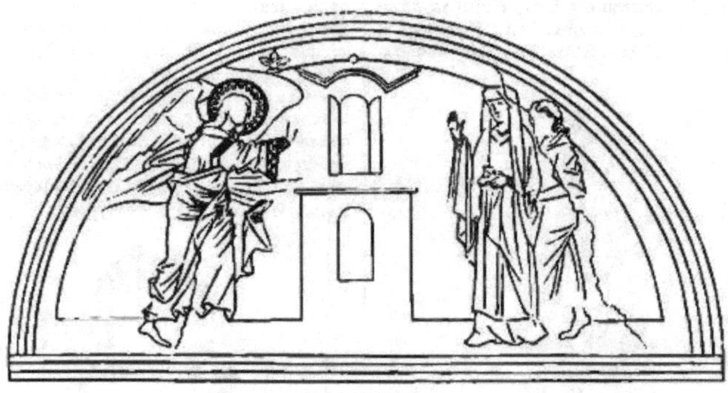

Fig. 107. (Gurk.)

einem Netzgewölbe ohne Rippen (M. I. 122, VI. n. F. p. CX; Fig. 109).

Gurnitz. Vor 1866 fand man eine Lanzenspitze und Beil aus Bronze (Sammlung Rosthorn). Die Kirche, ein Renaissance-

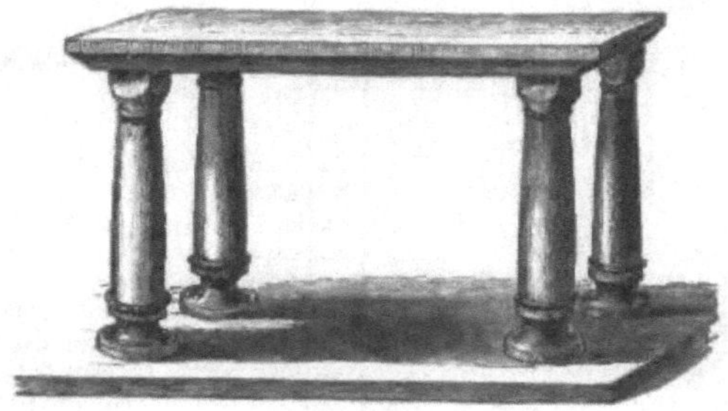

Fig. 108. (Gurk.)

Bau, einschiffig. Die einzelnen Joche im Schiffe sind in üblicher Weise durch Wand-Pilaster und runde Quergurten abgetheilt. Der Südseite des Schiffes ist eine kleine viereckige Capelle angeschlossen, wahrscheinlich die einstige Gruft-Capelle der Gurnitzer Schlossherren, die auf der schroffen Lehne über der Kirche ihren Wohnsitz hatten; heute eine wenig kenntliche Ruine. An der rechten Seite dieser Capelle der Grabstein »von des cristofn . kulmers . zvm . rosnbühl . der . zeit . bstandinhaber . von . gurnitz . vnd . grafnstein . mit . frawen . maria . gebornen . weltzerin . elichen . tochter . iunckfraw . regina . starb . am . XX . tag . oct . oberis . anno . 1587.« Ein zweiter sehr schöner Grabstein, rechts des Triumphbogens: desgeorg . sigmund . von . nevhavs . avf . greiffenvels . ehrnhavsen . ebental . vnd . rosegg . gewester . salzburgischer . rath . vnd . viztvmb . in . kahrinden . 1 . 600 . vnd . seiner . ehegemachel . elisabet . von . nevhavs . geborne . von khinburg . 1602.

An der Nordſeite des Schiffes der Grabſtein des Probſtes: »Joannes Joſephus Comes De Inzaghi Praepoſitus Gurnicenſis 1722.« Endlich an der Außenſeite des Schiffes ein weiſſer Marmorſtein, der ſich auf den Bauherrn bezieht: »Benedict Mitterholzer hvivs eccleſiae praepoſitus . . . fieri fecit anno 1640 obyt amen.« Ueber der Inſchrift Mitra und Stab und darüber ein Relief-Bild Chriſtus am Oelberge, hübſch ausgeführt. Der Taufſtein zeigt eine derbe und alterthümliche Form. Der Haupt-Altar ſtammt aus der Zeit 1782. Drei Glocken 1714 gegoſſen von Lor. *Röder* in Villach (M. IX. n. F. p. CI).

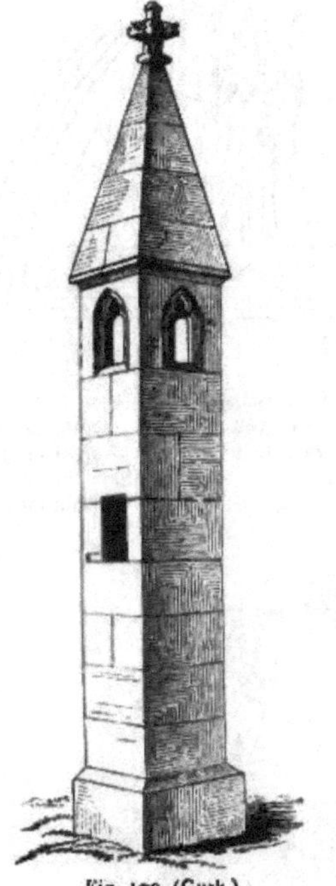

Fig. 109. (Gurk.)

Gutthal bei Döllach. Der Heidenweg durch dieſes Thal über das Hochthor auf den Melizerkogel wurde in ſeinen Spuren 4 M. breit befunden; noch begangen im 15. und 16. Jahrhundert (*May's* Glocknerbuch 1882).

Guttaring (Krappfeld). Der Ort Fundſtelle zweier Münzen (Car. 1844. 185). Die Kirche kommt urkundlich 1149 vor, wurde nach dem Brande 1728 mit möglichſter Schonung ihres gothiſchen Baucharakters wieder hergeſtellt. Sie gehört der Thurmanlage nach in das 13., der Chor und das Gewölbe in das 16. Jahrhundert, aus welcher Zeit auch noch ein Grabſtein erhalten iſt (Chriſtoph Zechner 1524). Das Presbyterium beſteht aus zwei Jochen und dem dreiſeitigen Schluſſe, hat Netzgewölbe. Runde Wanddienſte mit polygonen Capitälen

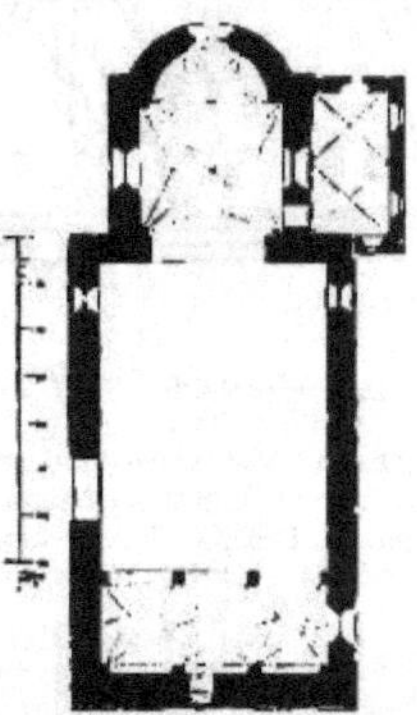

Fig. 110. (Gurk.)

ſind den Wandpfeilern vorgebaut, leere Schlußſteinſcheiben. Drei große ſpitzbogige zweitheilige Fenſter mit Maßwerk, ein viertes zweitheiliges mit Vierpaß im Maßwerke iſt 1886 dazu gekommen. Der Thurm erhebt ſich zwiſchen Chor und Schiff, hat eine neue Ueberwölbung in ſeinem Erdgeſchoſſe. Das niedrige Schiff, ehemals flachgedeckt, vierjochig, Netzgewölbe, Dreiviertel-Pfeiler als Rippenträger vor den in die Kirche hineinreichenden Strebepfeilern. Scheibenförmige Schlußſteine. An der Südſeite eine Capelle mit zwei Jochen. Achtſeitiger Taufſtein. An der Wand ein ſpätgothiſches Relief: Letztes Abendmal. Der Orgel-Chor ruht auf einem Netzgewölbe. Die Sacriſtei im Süden hat ein Kreuzgewölbe mit birnförmigen Rippen auf Conſolen und Schlußſtein mit Doppelconſolen. Der Südeingang geſchwungen ſpitzbogig. Bei der ſüdlichen Thüre finden ſich Reſte eines Wandgemäldes: Jüngſtes Gericht. Außen am Chore ſchwache Strebepfeiler in drei Abſätzen. An der Südſeite eine Freske:

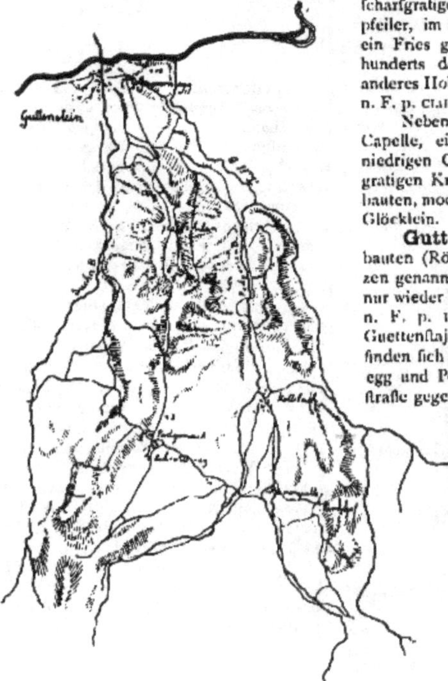

Fig. 111. (Guttenſtein.)

St. Chriſtoph. An der Kirche das Steinmetzzeichen und die , , am Chor. (Kirchenſchmuck 1881. s. 16.) An einem Grabſteine (M. VII. n. F. p. CLIII).

Die Glocken von 1728 (Math. Zechenter). Die Kirche beſitzt eine ſchöne Monſtranze, Ciborium und Kelch aus getriebener Arbeit mit Silberrelief, ein Altare portatile aus dem 16. Jahrhundert, ein gutes Altarbild von Euſtachius Gabriel (M. d. 18. Jahrhunderts), darſtellend Chriſtus am Kreuze, alte Lavabo-Vorrichtung, ſechs hohe Zinnguſsleuchter und einen Metallguſs-Oſterleuchter.

St. Gertraud-Capelle, im Chörlein ſcharfgratiges Gewölbe, einfache Strebepfeiler, im Schiffe eine Holzdecke, darunter ein Fries gemalt. Schnitzerei des 16. Jahrhunderts darſtellend ein Veſperbild; ein anderes Holzrelief zeigt St. Gertraud (M. v. n. F. p. CLII).

Neben der Kirche ſteht die Achazius-Capelle, ein einſchiffiger Bau mit engem niedrigen Chore, dreiſeitig geſchloſſen mit gratigen Kreuzgewölben, einfachen Strebebauten, modernem Dachreiter, darin ein altes Glöcklein.

Guttenstein. Man findet hier Wallbauten (Römerſchanzen, auch Türkenſchanzen genannt), vielleicht aus alten Zeiten und nur wieder benützt gegen die Türken (M. VII. n. F. p. LXXVII; Lannge landt Wer zu Guettenſtajnn mit Pöſteyn) (Fig. 111). Sie befinden ſich in der Richtung gegen Schrottenegg und Podgoriach. Spuren einer Pflaſterſtraſse gegen Loipach.

Die geweihte Pfarrkirche, ein zweiſchiffiger Hallenbau mit quadratiſchem Chore, darüber der Thurm, zu beiden Seiten des Schiffes je eine quadratiſche Capelle. Im Langhauſe ſtammen nur die Umfaſſungsmauern von einem gothiſchen Baue her, die Ueberarbeitung der Mittelſäulen und die Gewölbe gehören neuerer Zeit an. Die Fenſter ſchmal, ſpitzbogig und bis auf eines mit Maſswerk (Kleeblatt) geſchmückt. Im Presbyterium zweitheilige Fenſter ohne Maſswerk mit Theilſtab. In der nördlichen Seiten-Capelle die Ruheſtätte mehrerer Mitglieder der adeligen Familie Jabornegg, wie: »Joh. Karl Freiherr v. Jabornegg, in Ihr. röm. kaiſ. Maj. Spaniſch Dienſten, wie auch einer hochlöbl. Landſchaft Im Erzherzogthum Kärnten dero Ritterſchaft geweſter Leutnant zu Fuſs und Pferdt« † 1671, ferner das Grabmal des Pfarrers Caſpar Pillath, † 1706, des Mathias Sichten, † 1683, des Erbauers der Capelle, des Jacob Chriſtoph v. Steinberg, † 1763, des Gurker

7*

General-Vicars Sebaſtian Vinoſchich olim in Greich Präpoſitus, † 2. Februar 1659. Votivbild von 1667 (M. VIII. n. F. p. XXXV).

Die Friedhofs-Capelle (heil. Anton) mit niedrigem dreiſeitigen ſpätgothiſchen Chörlein, das Schiff jünger, im Chore drei zweitheilige Fenſter mit Maſswerk, Glasgemälde-Reſte (M. VII. n. F. p. LXII; über den Münzenfund von 1876 s. M. III. n. F. p. CXXXVIII).

H.

Haidach im Glanthal. Der nördliche Abhang des Polinik barg unter Thon, Chloritſchiefer und Erdſchutt in einer Tiefe von 31 Ctm. (1 Fuß) etliche Baureſte, eine Verbrennſtätte, Steinplatten und Schwarzthonſcherben von bauchigem Topfe mit Linienzier und Zikzak, und reichlich Quarzſand beigemiſcht, eine Anzahl von 16—20 bronzenen Gegenſtänden. Fundzeit 1864 (K. Car. 1864. S. 410, Afk. 2. 145; 9, 121; 10, 268, 271; Afkö. G. 38, 206).

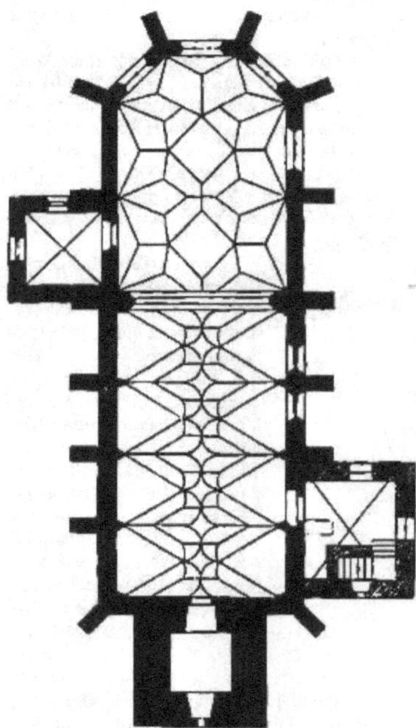

Fig. 112. (Haimburg.)

Haidkirchen (Filiale der Pfarre Kappel am Krappfelde) ſchon 1155 urkundlich genannt, kleines einſchiffiges Kirchlein mit fünfſeitigem Chorſchluſſe, Rippen ohne Wandſtützen, flachgedecktes Schiff. An der ſüdweſtlichen Kirchenmauer das Bruchſtück »(Secu)ndino« eines Römerſteines.

Uebrigens ſcheinen auch ſonſt noch mehrere Quadern von römiſchen Bauten an dem Kirchengebäude verwendet zu ſein (M. XII. n. F. p. CLXXIX).

Haimburg, auch Heunburg (ſ. St. Stephan bei Heunburg). Unter dem Schloße hin leitete vermuthlich eine römiſche Nebenſtraße aus dem Lavantthale über Griffen und Wind. St. Michael ins Zolfeld. Man ſtieß auf eiſerne Waffenſtücke, Urnenſcherben, um 1845 K. (Car. 1845, 110; vgl. 1860, 124 bis 126: altdeutſche Ortsnamen ſeit 1102).

Die Pfarrkirche daſelbſt iſt ein ſpätgothiſcher Bau mit vielleicht romaniſcher Grundmauer, geoſtet; die einzelnen Theile ſtammen aus verſchiedenen Bauzeiten, denn das Schiff iſt etwas jünger als das Langhaus: es iſt 14·30 M. lang und 8·30 M. breit, beſteht aus vier Jochen (Fig. 112: Grundriß). Die Ueberwölbung bildet ein combinirtes Kappengewölbe; die Rippen ruhen auf Wanddienſten. Der Orgel-Chor im erſten Joche ruhet auf drei Bögen, die von zwei Säulen und von Halbſäulen getragen werden. An den Wänden Spuren alter Wandmalerei. Das Presbyterium iſt ungewöhnlich groß, beſteht aus einem Joche und ſchließt mit fünf Seiten des Achtecks, darin Netzgewölbe mit Wanddienſten. Die Gewölbekappen desſelben enthalten intereſſante bildliche Darſtellungen von Engeln, Heiligenfiguren und ſymboliſchen Thieren mit Spruchbändern in gothischer Schrift: Decollatio Stae. Barbarae; S. Auguſtinus, S. Hieronymus, S. Gregorius, die letzteren zwei mit dem geflügelten Löwen und Adler, ſämmtlich in biſchöflichem Ornate in Chorſtühlen; Maria mit dem Kinde, Salvator mundi, ein Engel und ein geflügelter Stier als Symbole der Evangeliſten Matthäus und Lucas mit Spruchbändern, worauf die Anfangsworte der betreffenden Evangelien; viele muſicirende Engel in langen Gewändern, in einzelnen Feldern auch Blattarabesken. In den 14 kleinen Schlußſteinen Wappen, Sterne, Roſetten, Halbmond, Hand, doppelköpfiger Adler, Beil etc. im Relief. Die Rippen laufen auf den Auflagern unmittelbar an. Die Fenſter theils zwei-, theils dreitheilig mit Fiſchblaſen-Maßwerk, ſämmtlich mit zum Theile gerippten Putzenſcheiben verglast. Die Sacriſtei neben dem Presbyterium iſt alt, darin Kreuzgewölbe. An der Evangelienſeite ein ſehr ſchönes vierſeitiges Sacraments-Häuschen auf ſchlankem achtſeitigen Fuße von Stein, nahezu 5 M. hoch, mit herrlichen Wimpergen, Fialen und Kreuzblumen. Der Hoch-Altar, eine ſchöne Holzarbeit der Barocke mit dem Wappen des Stiftes Griffen. Außen Strebepfeiler; die am Presbyterium ſind dreimal abgeſtuft, die um das Schiff einfach, doch an den Ecken ſchräg geſtellt. Der Thurm an der Weſtſeite trägt eine achtſeitige Spitze. An der Südſeite ein Vorbau für den Eingang.

Zu erwähnen ſind *a)* mehrere ſchöne Schloßbleche und Klopfer an der Thür des Haupteinganges, der Sacriſteithüre und an jener in das Presbyterium, dann *b)* eine ſchöne Marien-Statue im Raume ober dem Vorbaue, endlich *c)* ein Grabſtein im Schiffe mit folgender Legende: an ſand agneſen tag iſt entſchlaffen der edel veſt jorg von Villanders deme got genadt † anno.dm.M.CCCC.LXIII (Der Name Villanders iſt jetzt nicht mehr leſerlich). An der Schwelle des ſüdlichen Einganges ein Grabſtein-Fragment; ferner *d)* ein großes Votivbild an der nördlichen Seite des Kirchenſchiffes, darſtellend die Auferſtehung mit der Inſchrift: allhie liegen begraben des edlen und geſtrengen Hrn. Hanſen Kemmeter zu Triwein, Pfandinhaber der Herrſchaft Hainburg mit der edlen Frauen Clara gebornen von Moshaim zu Preblau ſeiner ehelichen Gemachl erzeigte beede Khinder namens Hans Friedrich und Anna Katharina weliche beede geſtorben ſein im Monat

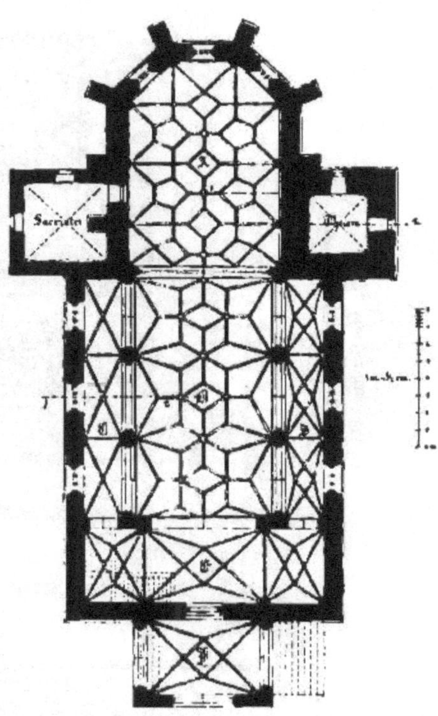

Fig. 113. (Heiligenblut.)

Jullio 1616 Jahres.... Aō 1617, beſtehend aus Predella und Mittelfeld; die Krönung iſt vor Jahren abhanden gekommen; *e)* ein großes Faſtentuch mit 36 Bildern, enthaltend Darſtellungen aus dem alten und neuen Teſtamente mit folgender Legende in gothiſchen Minuskeln: Das . tuch . iſt . gemacht . nach . chriſt . gepurtt . 1 . 5 . 0 . 4 iar . die . zeytt .

ſeindt . zechleitt . her . plaſſi . pfarrer . und . ruprecht . ſchtockner . und . naptznykt.

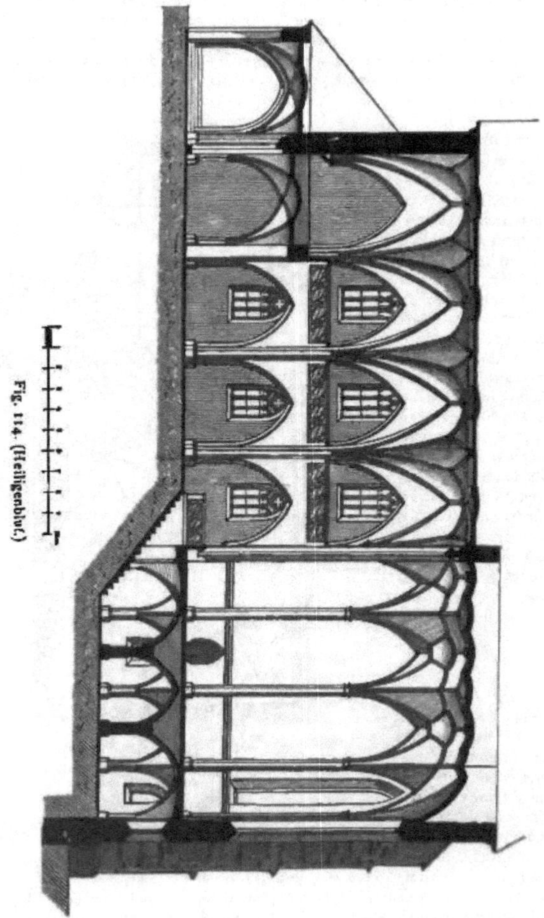

Fig. 114. (Heiligenblut.)

Unter dem Presbyterium eine Gruft von viereckiger Grundform mit Kreuzgewölbe. An deren Oſtwand eine Menſa. Früher führte eine Stiege aus der Kirche hinab, die jetzt vermauert.

Das alte Schloß Hainburg ſteht nahe der Kirche auf einem Felſen. Es war noch in dieſem Jahrhundert bewohnbar. Der weſtliche Theil iſt der ältere. Man erkennt daſelbſt noch die Capelle, die durch zwei Stockwerke reichte, Stucco-Decorationsreſte ſind noch erhalten.

Halleg (Halleck, Hallegg). An der unteren Straße von Virunum gegen Poppichl, Wölfnitz, Lendorf hinaus nach Krumpendorf. Ein Reliefstein (schreibender Mann) im Schloßhofe (Jab. 376). Geleise-Spuren in den Gründen (R. Stud. 3, 49).

Das Schloß 1198 urkundlich. Aufschrift daselbst: Herr Victor Welzer von Eberstein zu Halleg und Lemberg, Turnburg, Erzherzogen Carls zu Oesterreich etc. Rath und Frau Elsbeth Welzerin Ein geborne Khevenhüllerin die erbaueten diesen Stock im M. D. C. XXVI. Jahr.

Außen: Herr Moritz Welzer zum Frauenstein, Ritter, Frau Maria Tantzlin sein Hausfrau Erbauten das Haus Anno 1546 Jar.

Hausdorf. Drei Aufschüttungen, angeblich Gräber aus der Pestzeit 1715. Der Ort erscheint 1164 als Hawartesdorf.

Die Kirche, eine Filiale von Lieding, schon im 12. Jahrhundert urkundlich vorkommend, ein einfaches romanisches Bauwerk mit flacher Decke. Am Haupt-Altar Schnitzereien von 1684. Am Thurme zwei kleine Glocken mit gothischer Inschrift aus den Jahren 1453 und 1463. Die Kanzel aus 1563.

Heidenschlösser, eines gelegen bei Duel, zweifelsohne Reste eines römischen Castells; das zweite liegt bei Weissenfels, ebenfalls Reste einer römischen befestigten Warte (M. X. n. F. p. XCVII).

Heiligenblut. Im Gebiete der tauriskischen Goldbaue ein wahrscheinlich früh betretener Tauern-Uebergangsort. Die Umgebung bietet etwas Serpentin für Steingeräthe.

Die Kirche (M. VI. n. F. p. LXXXVII), ein gothischer Bau gegen Mitte bis Ende des 14. Jahrhunderts entstanden, doch ist das Presbyterium der ältere Theil. Die Anlage charakterisirt

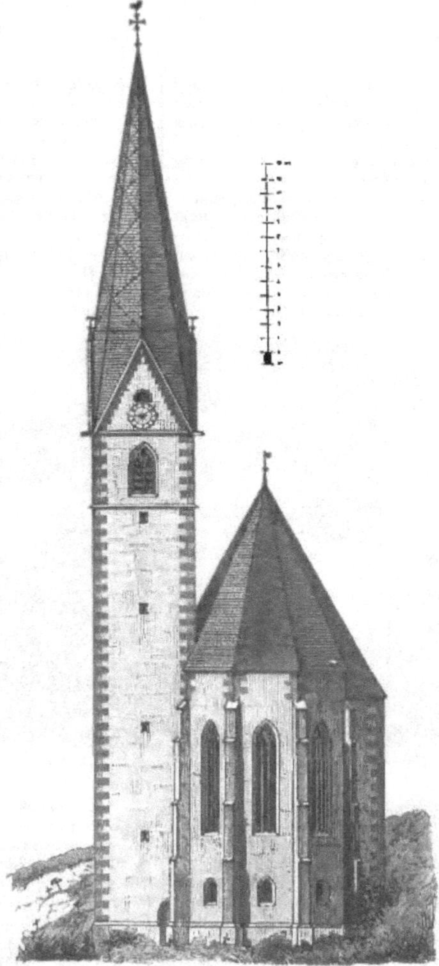

Fig. 115. (Heiligenblut.)

ein Langhaus mit zwei Abſeiten und einer Vorhalle, das Presbyterium, an deſſen Seiten die Sacriſtei und ihr gegenüber der Thurm (Fig. 113: Grundriſſ).

Das im Ganzen ſchlank angelegte Presbyterium beſteht aus zwei Jochen und dem fünfſeitigen Chorſchluſſe, darin drei Fenſter. Die dreitheiligen Wanddienſte tragen mittelſt einfacher Capitäle die Rippen des reichen Netzgewölbes. Unter der Fenſterſohlbank ein einfaches Theilungsgeſimſe, die Gewölbefelder theilweiſe bemalt, man erkennt: Maria mit dem Kinde auf rothem Grunde, die vier Evangeliſten auf blauem Grunde (15. Jahrhundert). Uebrigens ſieht man in ſo manchem Kappenfelde noch die alte Malerei durch die Tünche leuchten. Außen Strebepfeiler.

Das Langhaus beſteht aus vier Jochen, deren letztes der Orgel-Chor mit der Stiege im linken Seitenſchiffe einnimmt. Die Seitenſchiffe ſind ſehr ſchmal und in den drei erſten Jochen zu Emporen untertheilt. Die ſpitzbogigen Oeffnungen derſelben ſind mit ſchöner, gothiſch-durchbrochener Brüſtung geziert. Das Erdgeſchoß der Seitenſchiffe öffnet ſich gegen das Mittelſchiff ebenfalls im Spitzbogen. Beide Abtheilungen derſelben werden durch beſondere kleine ſpitzbogige Fenſter beleuchtet, ſelbe ſind dreitheilig und mit Maßwerk geziert. Die ſechs Pfeiler des Langhauſes, die ſomit nicht freiſtehen, ſteigen von Sockeln empor, ſind bündelförmig profilirt und nehmen ohne Capitälanſatz die Rippen des Sterngewölbes auf. Die Schlußſteine ſind theilweiſe verziert (Lamm, Weinlaub, Adler etc.). In den Seitenſchiffen ruhen ſie gegen die Fenſterſeite zu auf Conſolen. Im Erdgeſchoſſe Kreuz-, in den Emporen Sterngewölbe. Die Inſchrift am Triumphbogen: »Hans Hveber Werkhmaiſter zu Siegmundskron 1483« bezeichnet die Bauzeit des Langhauſes (Fig. 114: Längenſchnitt).

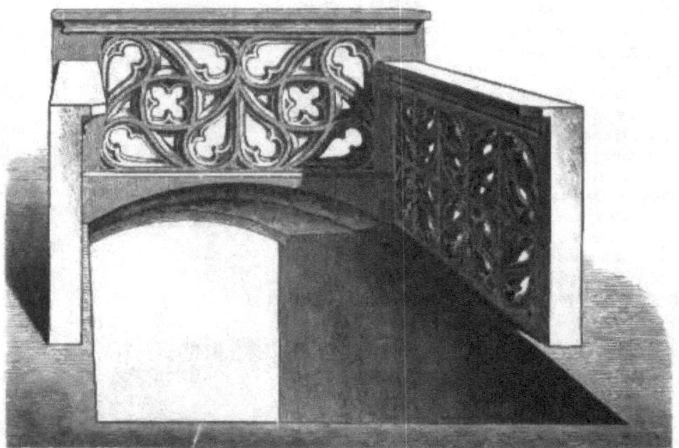

Fig. 116. (Heiligenblut.)

Die Vorhalle der Kirche macht mit ihrem Rippenwerk und beiden ſpitzbogigen Oeffnungen einen ernſten Eindruck, doch iſt ſie außen ſchmucklos.

Der ſehr ſchlanke Thurm von quadratiſchem Grundriſſe ſchließt mit einer Giebelbekrönung und ſpitzem achteckigen Helme. Großes ſpitzbogiges Schallfenſter. Im Untergeſchoß das Beinhaus (Fig. 115: Anſicht der Kirche).

Unter dem Presbyterium die mit dieſem gleich große Krypta, deren Eingang im Langhauſe vor dem Chor, eingefaßt von ſehr ſchönem Steingeländer (Fig. 116), angebracht iſt. Die Krypta iſt mit einem Sterngewölbe überdeckt und finden ſich daſelbſt zwei cylindrifche Mittelpfeiler in der Längenachfe und halbrunde Wandpfeiler ohne Capitäle. Schlußfteine ohne Ornament. Kleine Spitzbogen-Fenfter ohne Maßwerk (Fig. 117: Grundriß der Krypta).

An der Nordfeite des Thurmes, ebenfo an der dortigen Kirchen-Langfeite Spuren von Wandmalereien. Zunächft des Einganges ein fchönes Weihwafferbecken.

Als Hoch-Altar dient ein fehr werthvoller Flügel-Altar. Das Mittelftück der 5 Fuß 5 Zoll hohen, theilweife durch den Tabernakel verdeckten Predella heute leer, daneben kleine Figuren auf Confolen: Chriftoph und Pantaleon, fpätgothifches Ornament. An den Seitenwänden Holzfiguren: St. Georg und Euftachius und je ein kleiner Flügel mit einem Bifchofbilde (Blafius und Emmeram). Der Altar felbft erreicht eine Höhe von 13 Fuß 5 Zoll. Mitten über der Predella in einer oblongen Nifche die liegende Figur Jeffe's, aus deffen Seite fich der Stamm entwickelt und beiderfeits zum halbrunden Rahmen des Mittelbildes im Schreine ausbildet; er ift mit 12 Figuren geziert, Väter und Könige aus dem Stamme Chrifti. Im Schreine fieht man als Mittelgruppe die Krönung Mariens durch die Dreifaltigkeit, rechts den heiligen Vincenz, links Petrus. Die Theilung gefchieht durch Figuren gezierte Pfeiler. In den oberen Zwickeln des Kaftens die Verkündigung. Maria blickt dem Chriftkinde entgegen, das ihr mit dem Kreuze zufliegt. Der oberfte Altartheil, 15 Fuß 8 Zoll hoch, gliedert fich in drei Fialenaufbauten mit Figuren und zwar in der mittleren der Ecce homo und daneben Magdalena. Rechts Katharina, links Laurenz und darüber je ein Engel. Vor dem Ecce homo kniet der Donator. Auf den offenen Flügeln: die Geburt Chrifti, die drei Könige, die Auferftehung und Himmelfahrt in Relief. Ift der Schrein gefchloffen, werden die Seitenfiguren Florian und Achaz unter Baldachinen fichtbar. Die Flügel find doppelt und bemalt, man fieht vier männliche Heilige, Geburt Mariens, Maria Heimfuchung, Maria Empfängniß, Aufopferung, vier männliche, vier weibliche Heiligenfiguren auf Goldgrund.

Die Rückfeite des Altars ift architektonifch bemalt, in den Feldern der Mitte Petrus, Vincenz und Brictius, dabei die Infchrift. Seitwärts Marter und Tod des heiligen Vincenz, Taufe Chrifti, Johannes in der Wüfte. An der Rückfeite der Predella die Verwandtfchaft Chrifti. Die erwähnte Infchrift lautet: Andre jar, andre war, Schpricht Wolfgang Haller der hat das werk volendt anno domini MCCCCCXX jar.

Ein kleiner Schnitz-Altar findet fich auf der Empore. An der Predella die Bruftbilder dreier Figuren. Chriftus aus dem Grabe fteigend, von Maria und Johannes geftützt, dabei zwei Schilde (Henkelkrug und Steinbockhorn). Die Umrahmung aus Weinlaub. Im Hauptbilde das Veronicatuch zwifchen Peter und Paul in Schnitzerei, auf

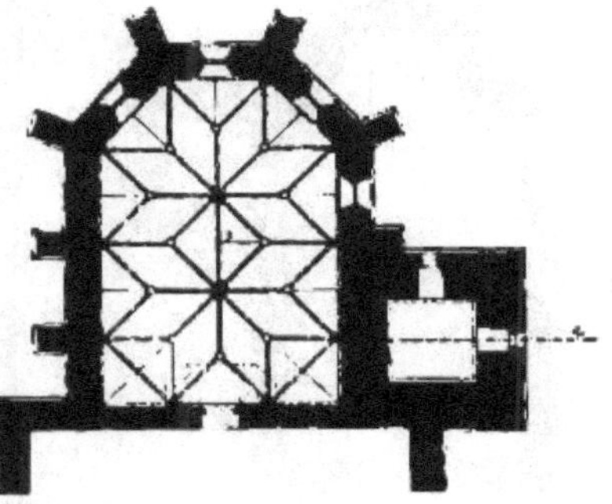

Fig. 117. (Heiligenblut.)

dem Flügel ein betender Jüngling (Daniel) zwifchen zwei Löwen und St. Brictius im Coftüme des 16. Jahrhunderts mit drei Aehren. Auf der Rückfeite Blafius und Apollonia auf Goldgrund gemalt. Zu oberft St. Katharina, umgeben von gefchmackvoll durchbrochenem Rankenwerk. Dabei die Wappen der Lazarini (Steinbockhorn) und Leininger (Krug). Daneben zwei ältere Figuren: Margaretha und ein männlicher Heiliger mit auf den Kopf genagelten Händen).

Vor dem Hoch-Altar hängt ein gefchnitzter großer Rofenkranz, bemalt und vergoldet, die Freuden Mariens darftellend.

Das Sacraments-Häuschen im dritten Joche des Chores, ein hoch bedeutendes Werk der üppigften Gothik, ift auf der Evangelienfeite aufgeftellt. Es ift aus weißem, dem

Marmor ähnlichen Kalkſteine angefertigt und erhebt ſich auf einem polygonen Säulenfuße, der auf mehreren Stufen ſteht, trägt alsdann die Capelle und ſchließt mit einem vierſtöckigen Aufbau in der Gewölbehöhe ab. Die Krönung ſehr ſchadhaft. Figurale Zuthaten finden ſich nur wenig (heiliger Brictius und der Pelikan, Engel). Der Oberbau iſt aus rauhem Sandſtein oder Tuff gefertigt, welcher wie künſtliche Gußmaſſe ausſieht. Auf dem ſchönen Eiſengitter-Thürchen (vergoldetes Eiſenblech) findet ſich zweimal die Jahrzahl 1496.

Zu erwähnen ſind die beſonders ſchönen Schloſſerarbeiten an den Thorflügeln des

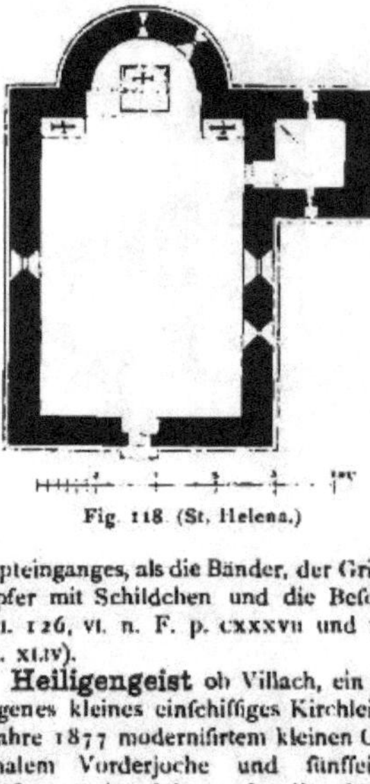

Fig. 118. (St. Helena.)

Haupteinganges, als die Bänder, der Griff und Klopfer mit Schildchen und die Beſchläge (M. I. 126, VI. n. F. p. CXXXVII und IX. n. F. p. XLIV).

Heiligengeist ob Villach, ein hochgelegenes kleines einſchiffiges Kirchlein mit im Jahre 1877 moderniſirtem kleinen Chore, ſchmalem Vorderjoche und fünfſeitigem Schluſſe, worin ſich noch die früheren ſchlanken fünfſeitigen Wanddienſte erhalten haben. Die Gewölberippen exiſtiren nicht mehr, die moderniſirende Zeit hat ſie in einfach ſcharſe Grate umgeändert. Spitzbogige Fenſter ohne Maßwerk. Es iſt noch heute wahrzunehmen, daſs der Uebergang der ehemaligen Rippen auf die Dienſte unvermittelt geſchah und daſs dieſe als Rippenbündel bis zum Fußboden fortgeſetzt waren.

Der Scheidebogen iſt noch ſpitzbogig, dreiſeitig abgefaſt. Das Schiff niedrig mit Holzdecke. Der Eingang in die nordſeitig angebaute Sacriſtei iſt ſpitzbogig geſchloſſen und dreiſeitig abgekantet. Fenſteröffnungen klein, ähnlich den Chorfenſtern. An der Apſide zwei Strebepfeiler mit doppelten Abſtufungen. Der Weſteingang ſpitzbogig, dreiſeitig abgeſchrägt. Vor demſelben eine offene hölzerne Vorhalle.

Heiligenstadt. Eine Filial-Kirche von Schwabegg, aus der erſten Hälfte des 17. Jahrhunderts, wie, abgeſehen vom Bauſtyle, aus der zweimal in der Vorhalle und an der Steinleibung des öſtlichen Thurmfenſters eingemeiſelten Jahreszahl 1627 zu entnehmen iſt. Die Glocke von 1518.

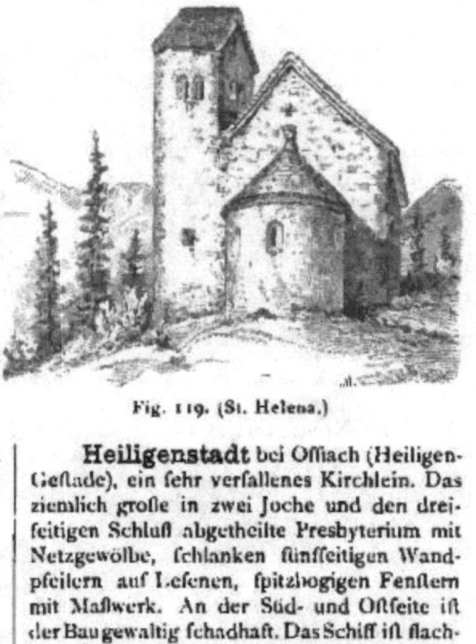

Fig. 119. (St. Helena.)

Heiligenstadt bei Oſſiach (Heiligen-Geſtade), ein ſehr verfallenes Kirchlein. Das ziemlich große in zwei Joche und den dreiſeitigen Schluß abgetheilte Presbyterium mit Netzgewölbe, ſchlanken fünfſeitigen Wandpfeilern auf Leſenen, ſpitzbogigen Fenſtern mit Maßwerk. An der Süd- und Oſtſeite iſt der Bau gewaltig ſchadhaft. Das Schiff iſt flachgedeckt, doch ſind durch die vorhandenen Wandpfeiler Andeutungen geblieben, daſs bei der erſten Anlage eine Einwölbung beabſichtigt war. Im Schiffe zwei gothiſche Fenſter. Spitzbogiger Scheidebogen. An der Weſtſeite der Thurm. Außen am Chor Strebepfeiler. An dem Gebäude findet man folgende Werkzeichen:

Der in diefer Kirche geftandene Flügel-Altar ift feit etlichen Jahren in der Deutfch-Ordens-Kirche in Friefach aufgeftellt (f. dafelbft). Im Presbyterium eine Quelle.

St. Heinrich im Geräuth (auch Bleiberg-Geräuth genannt). Die Kirche, ein in feinen Theilen nicht gleichzeitiger grofler Bau, einfchiffig, mit niedrigem Presbyterium und hohem Schiffe. Das erftere ein Reftaurationsbau aus 1630 und 1821 mit Benützung älterer Bautheile. Das Gewölbe erfcheint in der Form von zufammengefetzten Netzgewölben, welche fich über den zwei fehr fchmalen Vorderjochen und dem dreifeitigen Oftfchluffe ausbreiten. Die Rippen ruhen in halber Raumhöhe auf einfachen rund profilirten Tragfteinen, wovon zwei mit plumpen menfchlichen Köpfen und ein dritter mit einem kleinen Schild bedeckt find. Drei Schlufsfteinfcheiben mit aufgemalten Rofetten (feit 1870). Die fpitzbogigen Fenfter jetzt ohne Mafswerk. Sowohl der nordfeitig gelegene Sacriftei-Eingang als auch der Scheidebogen find fpitzbogig und dreifeitig abgefaßt. Das Schiff theilt fich ganz wahrnehmbar in zwei heterogene Theile, in den öftlichen aus drei Jochen und den weftlichen aus einem Joche beftehenden Theil. Ueber den erfteren Jochen kommen dichte gothifche Netzwerke vor, über dem letzteren ift eine rundgewölbte leere Tonne gefpannt. Diefer rückwärtige Theil ift es, der höchftwahrfcheinlich 1821 zu der früher ziemlich befchränkten Anlage hinzukam. Die Gewölberippen im Vordertheile fetzen fich auf kurze runde Wanddienfte herab, welche in halber Raumhöhe aufhören und hier von Tragfteinen in verkehrt pyramidaler Form geftützt werden. Die oberen Schlufsfteinfcheiben haben theils die quadratifche, theils die runde, theils die gefchweifte Schildform. Die Trennung zwifchen dem alten und dem neuen Schiffstheile wird durch einen halbkreisförmigen kräftigen Gurtbogen markirt, der auf zwei ftark vorgefetzten Wandpfeilern auffitzt. Am Ende des Weftzubaues befindet fich ein neuer hölzener Orgel-Chor auf fechs einfachen Stützpfeilern. Brüftung und Decke find flach und unverziert. Der Haupt-Eingang an der Weftfeite erfcheint im nachgeahmten gothifchen Styl decorirt, vielleicht mit Benützung älterer Portalbeftandtheile. Keine Strebepfeiler.

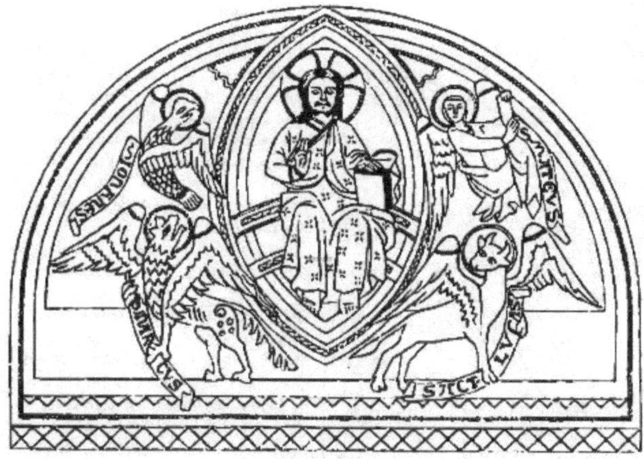

Fig. 120. (St. Helena.)

Der Thurm über der Sacriftei an der Chornordfeite zeigt im Glockenraume, worin fich eine ältere Glocke mit der Jahreszahl 1506 befindet, einfache fpitzbogige Schallöffnungen und als Bedachung einen vierfeitigen Pyramidenhelm. Ein Kelch von 1509.

St. Helena am Wiferberge. (M. I, 125, IX. p. 116; II. n. F. XLIII, VII. n. F. p. XLIII). Diefe kleine nach Grafendorf im Gailthale als Filiale gehörige Kirche, ein Bauwerk ausgefprochenen romanifchen Charakters, ungeachtet man 1474 wiederholt als das Erbauungsjahr angegeben findet, welche Zahl wahrfcheinlich nur die Zeit der Reftaurirung bezeichnet. Sie befteht aus einem oblong rechteckigen Schiffe, 10 M. lang 7 M. breit, mit flacher Decke, mit einem fpitzbogigen Fenfter und aus einer halbrunden zweifenfterigen Apfis mit halbem Spitzdach, darauf außen als oberfter Abfchluß

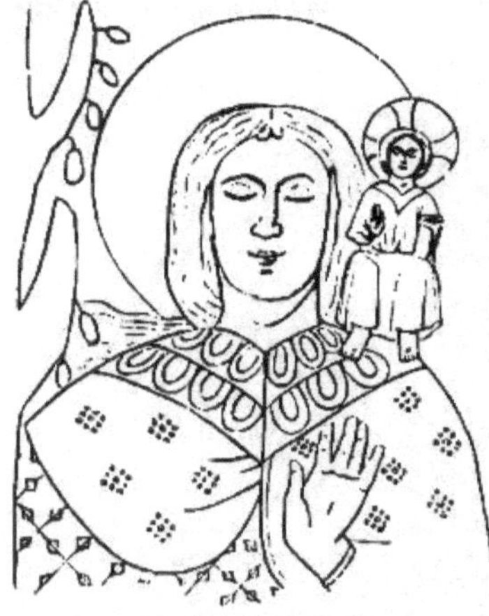

Fig. 121. (St. Helena.)

ein in Stein fehr primitiv gearbeiteter Kopf angebracht ift. Rechts neben dem Langhaufe der niedrige Thurm mit Satteldach, ungeachtet feines romanifchen Anfehens ein fpäterer Bau; ein fpitzbogiges Portal führt in denfelben (Fig. 118: Grundriß; Fig. 119: Anficht). In der Apfis ein Fresco-Gemälde: Chriftus als Weltenrichter (große Figur), umgeben von den Evangeliften-Symbolen, unterhalb die Apoftel in ganzen Figuren (Fig. 120: Gemälde). In der Leibung des Triumphbogens Heiligen-Bruftbilder. Auch die Wand am Triumphbogen zeigt Spuren von Figuren und Ornament. An der Außenwand der Kirche zunächft des Thurmes ein heiliger Chriftoph (ein noch romanifches Gemälde), zum Theil durch die Thurmmauer gedeckt (Fig. 121). Ein zweites Chriftophbild an der Südwand ift noch fehr gut erhalten, es trägt den Renaiffance-Charakter und zeigt eine jugendliche Rittergeftalt. Das Bild ift von bedeutenden Dimenfionen, 6 M. hoch, jedoch deffenungeachtet mit vielem Schwunge und mit Zartheit durchgeführt. Von Inneneinrichtung ift zu erwähnen ein älterer Taufftein, ein eiferner gothifcher Kerzenhälter (Fig. 122), ein Renaiffance-Glockenhälter und Wandleuchter. Im Chorfchlußfenfter Refte fehr früher bunter Glasgemälde. Refte eines fpätgothifchen Flügel-Altars.

St. Helenaberg (Magdalens-Berg zu Ottmanach im Decanate Tainach). Oftwärts vom Zolfelde, drei gute Gehftunden entfernt, fteigt über der Stufe von Ottmanach das wohlbegrünte Triasgebild bis zu einer Höhe von 1055 M. (3331 Fuß), 598 M. über die Thalfohle des Zolfeldes. Erratifche Blöcke vom Centralgneiß der Hochtauern liegen auf den geflächteren Hängen, Gletfcherfchliffe weifen im Grüntuff des Südabfalles die Schublinie und die Sage kennt hier auch die Karfunkelhöhle.

An der halben Höhe des Berges, wo diefer offener gegen den fonnigen Süden fich verbreitet, ftößt man auf Refte von Siedelftätten und es fcheint, als würden fich folche mehren, je näher man dem Gipfel mit feiner erfchöpfenden Rundficht kommt. Baurefte gruppiren fich zumeift im Süden, aber auch im Often, dann geringer und nur theilweife im Weften; der Nordtheil, abfchüffiger, rauher, wafferlos, ift gemieden, in den Wiefen und Aeckern wie im Walde.

Auf dem Kulm ein Fanum hingeftellt zu denken, liegt fehr nahe; thatfächlich ift die jetzige Wallfahrts-Kirche dafelbft von dicken Grundmauern umfangen. Im übrigen follen fich die Mauern in Trapezform um den Gipfel ziehen. Die ergiebigfte Fundftelle liegt füdlich von dem Kirchhügel, das ift Haus und Grund *Gradifchnigg*, erinnernd an einen Burgbau, an ein Caftell, welches man für die Römerzeiten an höchfter Stelle hat annehmen wollen. Die Wohnftätten einzelner Gewerksleute, der Eifenarbeiter, Schmiede, Bronzegießer, Töpfer, Maler wird man bei den füdfeitigen Anhängen zu fuchen haben, wenigftens zwei folche Bauten mit 2—4 Gelaffen will man im Süd und Südweſt erkannt haben. Was ſich ſonſt erſtreckte, iſt wohl eine Art Central-Friedhof um ein krönendes Heiligthum.

Die Maſſe der Bauwerke, welche ſich von Nordweſt hinzieht, gaſſenartig am Oſtkamm, vielleicht mit etwas Zuſammendrängung am Lugbichel, auch im Nordoſt vorfindig, ſtellt ſich dar als eine Reihe von Kammern, meiſt Rechtecken, von der Fläche 4 — 12 Quadratmeter; ſie ſind begränzt von Mauern, die, 126 bis 158 Ctm. (4—5 Fuſt) hoch der Thür- und Fenſtereinſchnitte zu entbehren ſcheinen, betüncht, bemalt, blauroth, weiß, der Sockel mit (auch gefärbtem) Tuff beſtellt, oder mit Kalkſteinplatten belegt. Der Boden mit Eſtrich bedeckt, theils mit geſchlagenem Lehm, zuweilen inmitten der Raum abgegränzt oder ſeitliche Niſchen für die Urnen oder für die (bis 4) Kaſten aus Thonplatten, darunter die Thonröhren-Leitung. Mitunter ſtanden auch ſeitlich die Wandbänke, darauf oder darunter jene Todtengaben in Bein, Glas, Metall, Thon lagen, welche neben dem römiſchen Hausrath vom Zollfeld eine der wichtigſten Abtheilungen des Landesmuſeums in Klagenfurt bilden. Deren Anzahl wird über 2000 Stück angeſetzt. Eine Grabkammer ſtand inmitten einer Art Herd aus Tuffſteinen; eine andere zeigte vier halbkreisförmige Fächer, deren Wände ſtrahlenartig auf den gemauerten Herd zugingen.

Ueber der Brand- und Aſchenſchichte von 5—10 Ctm., aus welcher bisher noch keine unverbrannte Leiche entnommen worden iſt, der Modererde, ſchwärzlich kohlig, hoch 31—94 Ctm. (1—3 Fuſt) und den Mauern oder deren Schutte lagert der Humus in einer Höhe von nur 31 — 63 Ctm. (1—2 Fuſt).

Von der allgemeineren Form des Vierecks weichen nur fünf Rundbauten ab, welche in dem, gewiſt vor dem Jahre 1820 ſchon auf Wohnreſte unterſuchten Terrain aufgedeckt worden ſind. Bis 1867 kannte man mindeſtens 37 Gebäude, bis 1876 über 100, vorwiegend Grabkammern.

Was Wohnſtätte ſchien an des Berges Süd- und Südoſtſeite gelegen, zeigte ſich durchweg ohne Treppenplatten, höchſtens mit einer Eſtrich-Staffel, auf 2—4 Gemächer, vielleicht mit Holzwand, berechnet, mit Thürdurchgang, anſcheinbar fenſterlos; es fehlte nicht Eſtrich, Moſaik (ſchwarz, weiß), Stucco-Zierrat, Geſimsleiſte, die übliche Farbwand wie in Virunum weiß, braunroth, ockergelb, einmal mit den Darſtellungen von Frauenkopf, Satyrkopf, Schwan (1874—1876); es zeigten ſich endlich der Herd mit Tuffplatten, Canäle mit Deckplatten. Die Form italiſcher Bauten iſt mehrmals willkürlich verändert. Was aber mangelt, das ſind die Heizziegel der Wohnzimmer, ein Hinweis auf Sommeraufenthalt. Eine Beſonderheit iſt die Ciſterne bei Gradiſchnigg, die Aufmauerung eines gleichartig hohlen Cilinders in der Höhe von 3—4 M. mit Holzreifen.

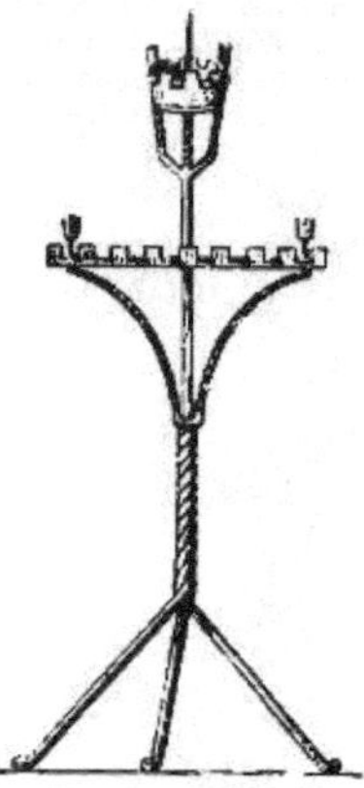

Fig. 122. (St. Helena.)

Beim Gradiſchnigg wurde im März 1885 in einer Höhe von 840 M. eine Grabſtätte aus behauenen Tuffſteinen mit einem Kindsſkelett gefunden.

Die Zeit der Verödung dieſer Hochſtätte zu beſtimmen, finden ſich ſo wenig Anhaltspunkte als für Virunum ſelbſt. Es iſt kein Anlaſt, dieſe viel vor 400 n. Chr. anzuſetzen oder bis in Odoaker's Tage um 568 hinauszudehnen. Etwas über Conſtantin's Zeiten dürſte die Münzenreihe gereicht haben; vereinzelte Stücke aus dem 6. oder gar 10. Jahrhunderte laſſen auf nichts Zuſammenhängendes ſchlieſſen.

Der Sommerweil- und Begräbnisort ſtand und fiel mit der Hauptſtadt; bergſchloſtartige Reſte mochten den ſlaviſchen

Ansiedlern in Erinnerung geblieben sein, dahin weist der Hubenname Gradischnigg, ähnlich Grazerkogel.

Als der wichtigste Fund auf dem Helenenberg ist die lebensgroße Bronzestatue eines Mercur (sog. Germanicus) aus dem 1. Jahrhundert v. Chr. stammend, jetzt in der Antikensammlung des Allerhöchsten Kaiserhauses in Wien, zu bezeichnen; sie wurde 1502 ausgepflügt. Zu einer verlorenen Apollostatue gehörte der herrliche bronzene

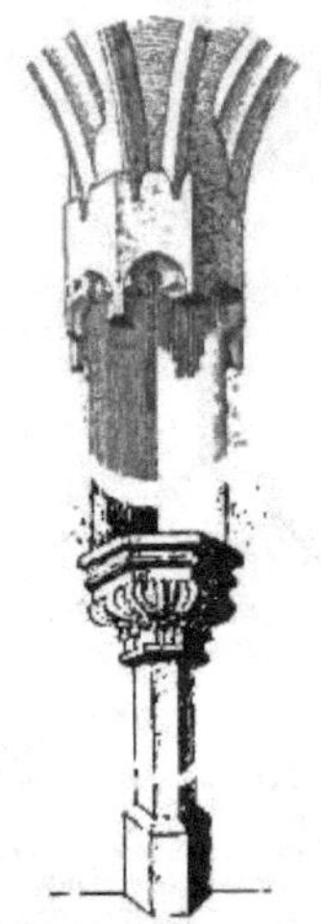

Fig. 123. (St. Helenaberg.)

Greif, gefunden 1843 am Südabhange bei der Wurzer Keusche (jetzt ebenda). Eigenthümlich ist der Reichthum an Geräthen und Werkzeugen aus Eisen, unter denen die Reste eines Ringelpanzers und zwei Kurzschwerter an erster Stelle zu nennen sind. Die Inschriften, 40 an der Zahl, gehören Grabmalen an und nennen überwiegend romanisirte Noriker. Die Münzen endlich waren theils norische, theils römisch republicanische und römisch kaiserliche; letztere reichen bis zum Ende des 4. Jahrhunderts[1]

[1] Siehe später bei Klagenfurt bei Besprechung der Sammlungen des karntnerischen Landes-Museums.

(Klag. Z. 1884, S. 615. Meg. S. 40. Valv. S. 4. Pr. 30. Car. 1823, Nr. 31. 1845, 147; 1856, 167, 1866 Nr. 3; 1867, 357; 1868, 261, 305; 1869, 232; 1870, 328; 1871, 148; 1881, 195 (Cisterne). Ank. I. 505, 622. Jab. Karte von 1868. Taf. III. S. 77, 83. B. 38, 203. Afkö. G. 13, 81. M. XI. p. XCVI. XVIII. 28; I. n. F. LX, III. n. F. p. XXXII. und CLVII, XI. n. F. p. 4. Franzisci Culturstudien 1879. S. 44. Aep. 2, 169. Kml. 145).

Die Lage der Wallfahrts-Kirche daselbst ist überraschend schön. Anfänglich eine Capelle, stellt sich die heutige Kirche als ein sehr geräumiger Bau mit dreischiffiger Erweiterung dar. Man könnte auch sagen: ein zweischiffiges hohes Langhaus mit je zwei Jochen und ein niedriger gleichfalls spätgothischer, aber unregelmäßig angeschlossener langer Chor und im Süden mit angefügter um die Hälfte niedrigeren Seiten-Capelle, der sogenannten »Magdalens-Capelle«, von der Tradition als der ursprüngliche Theil bezeichnet. Diese besteht gleichfalls aus zwei abgesonderten Theilen, dem Chor und dem zweijochigen Schiffraume, welche Theile in einem geschrägten Scheidebogen ihre Trennung haben. Der Altar-Raum schließt mit drei Seiten den langgedehnten großen Chor der Kirche ab. Derselbe besteht aus drei Jochen und ist stylistisch der beste Theil. In den Vorderjochen und den Ecken des Schlusses laufen die Rippen der Sterngewölbe schön fließend auf fünfseitigen kelchförmig gebildeten Consolen, etwa in Zweidrittel der Raumhöhe, an. Blos an zwei Stellen steigen vom Fußboden fünfseitige Dienste auf, die in halber Raumhöhe in großen auf der kelchförmigen Oberfläche mit herabhängenden Blättern verzierten Capitälen (Fig. 123) endigen. Das Capitäl dient zugleich als Basis einer Wandnische, über welcher ein fünfseitiger gothischer Baldachin hängt, der die Stütze der anlaufenden Gewölberippen bildet. Diese haben das gewöhnliche Profil und laufen im Netz dicht durcheinander. Schlußsteinscheiben fehlen. Zwei Fenster zweitheilig mit Maßwerk. Das Langhaus ist dreischiffig. Die Achse des Hauptschiffes geht nicht in Verlängerung der Chorachse, sondern ist nach rechts gerückt.

Das Hauptschiff, das mit dem Presbyterium gleich hoch ist und das nördliche Seitenschiff bilden einen überaus hohen

Hallenbau, der im Ganzen in fechs Joche zerfällt. Von den Trennungspfeilern ift nur einer vollkommen entwickelt, im Kerne achtfeitig und an vier Seiten mit runden Dienften verfehen; diefe fchließen oben mit fünffeitigen felbftändigen Capitälen, jedes fehr gedrückt aus. Das nördliche Seitenfchiff hat einen geraden Abfchluß, es ftößt an den Thurm, der wieder bis an das Presbyterium reicht. Die Scheidebögen gegen die Abfeite rechts find entfprechend der geringeren Höhe derfelben ebenfalls niedrig, dreifeitig

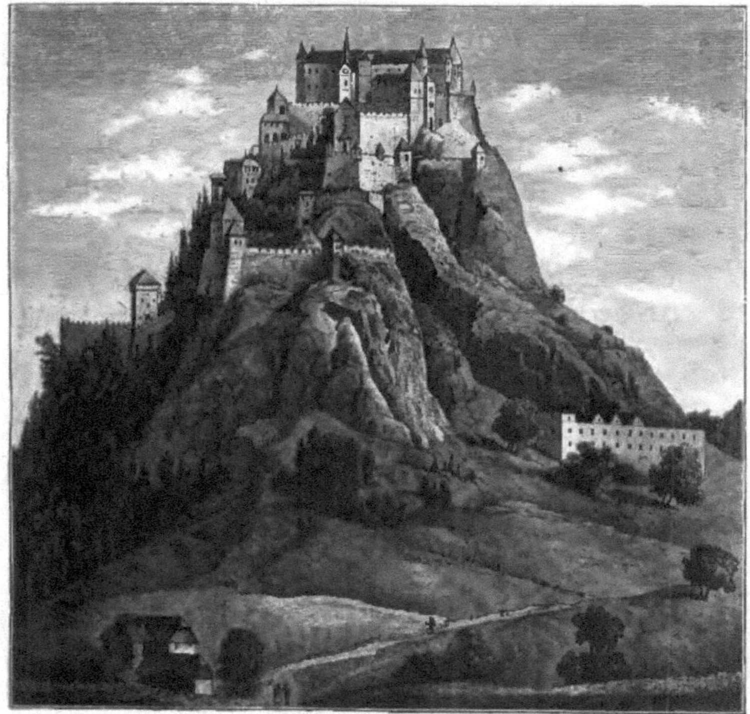

Fig. 124. (Hochofterwitz.)

zur Aufnahme einer Scheidgurte (dreimal gefchrägt) beftimmt. Zwifchen diefen je vier Quergurten der Joche wölbt fich ein gothifches Sternwerk, deffen Rippen leider ohne Vermittlung an den Trennungspfeilern anlaufen und zwar in viel bedeutenderer Höhe, als das Niveau jener vier Dienft-capitäle. Infolge deffen fehen alle Gewölbe gefchrägt, aber fchön fpitzbogig. Auch in diefer Abfeite kommen ähnliche Sterngewölbe und ein directer Anlauf der Rippen vor. Diefes Seitenfchiff fchließt mit einem befonderen mit drei Seiten in das Achteck auslaufenden Chörlein ab. Die hier vorhandenen Fenfter zeigen ein ftrengeres Maßwerk; hingegen befitzen die großen Chorfenster schon Fischblasen-Figuren. Der Orgel-Chor ruht auf zwei Pfeilern und ist in den drei Jochen mit Sterngewölben ausgeführt. Die Brüstung des Chores ist in fünf Felder getheilt, die von Rundstäben und Hohlkehlen umrahmt sind. Strebepfeiler

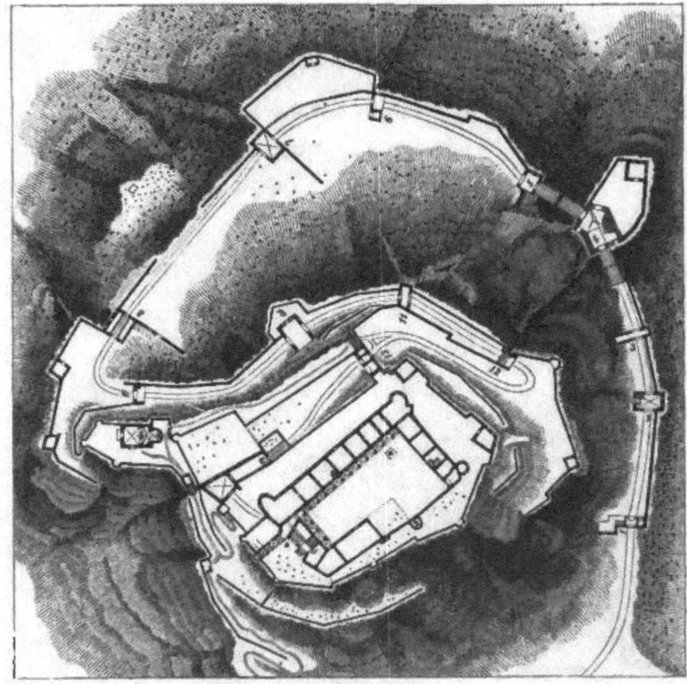

Fig. 125. (Hochosterwitz.)

finden sich aussen an der Kirche in voller Anzahl; die an den Chorecken sind übereckgestellt, sie sind alle sehr hoch, mit Spitzgiebeln und Resten von Fialen versehen, die an den Langseiten sind normal gestellt und einfach. Am Chor ein einfacher Sockel, an der Südseite ein gemalter Rundbogen-Fries.

Der hohe spitzbogige Westeingang ist mittelst dreier Hohlkehlen zwischen vier Rundstäben profilirt, hat geraden Sturz und Consolen für Statuen. Das Steinmetzzeichen [Steinmetzzeichen] kommt allenthalben vor.

Ins Innere der Kirche zurückkehrend, bemerkt man an der Stelle des Hoch-Altars einen älteren Flügel-Altar. Er ist der heiligen Helena gewidmet, welche durch eine geschnitzte Statue in der Nische des Schreines, Kreuz und Kirchenmodell haltend, vorgestellt wird. Auf den Flügeln Bilder zur Helenen-Legende. Hinter dem Tabernakel ein Gemälde: Maria am Throne. An der Predella und in vier Feldern der beiden Flügeln die Abbildung der Legende von der Kreuzauffindung. Am Altare die Jahreszahl 1502. Im Bekrönungs-Aufsatze zwischen ornamentirtem Schnitzwerk in der Mitte: Maria mit dem Kinde, rechts Magdalena, links Katharina, auf schlanken Postamenten und unter Baldachinen. Ganz oben der Heiland.

Noch ist zweier älterer Chorstühle zu erwähnen, die an ihrem hohen Rückgetäfel je fünf Felder geschnitzte Ornamente zeigen, im gothischen Verfallstyle, darüber ein schmaler Fries mit Zahnschnittsims. Seitenwände ausgeschweift. Dieselben befinden sich jetzt in der Kirche zu Maria-Saal.

In der Magdalena-Capelle der Altar mit der Statue dieser Heiligen, umgeben von fünf älteren Figuren.

Links vor dem Eingang, im Boden versenkt, ein merkwürdiger, anscheinend sehr alter Steinblock. Der Obertheil ist wie bei einem Weihwasser-Becken ausgehöhlt, der cylindrische Untertheil zeigt an drei Punkten Spuren früher vorhandener Menschenköpfe in Hochrelief.

Der ursprüngliche Thurm ist im Jahre 1571 ein Raub der Flammen geworden, »mit sambt den Glockhen«, wie es im Gedenkbuche heißt. Schon damals ist derselbe im Norden, bei der Abseite und dem Chor gestanden. Jetzt besitzt der Thurm gekuppelte spitzbogige Schalllöcher und vierseitigen niedrigen Spitzhelm. Eine Glocke aus dem Jahre 1703 (Ant. Čosmatschin in Klagenfurt).

Zehn Schritte südlich des Chores eine freistehende Capelle, etwa ein Karner, ganz verwüstet, mit dreiseitigem Schluß und gothischem Rippengewölbe, noch mit einer steinernen Altar-Mensa und einem einzigen spitzbogigen Fenster versehen (M. 1. 126, IX. n. F. p. II).

Hemmaberg. Im Jaunberg die Steiner-Höhle mit Quellen. In der Umgebung eine Bronzemünze von Maximian, gef. 1870, K. Zwischen dem Hemmaberg und Jaunstein in der Fläche ging die Hauptstraße aus Virunum von Eberndorf her nach Globasnitz. Auf der Wiese westlich von der Hemma-Kirche sah *Jabornegg* 1867 einige flache anstehende Felsen, Breccien-Conglomerat, aus deren zweien waren ausgemeißelt »Rechtecke in Form eines Sarkophages, tief 3—4 Fuß, breit 2 Fuß, lang 4—6 Fuß, am oberen Rande einige runde Löcher vom Durchmesser 4—5 Zoll, Felsengräber«.

An der Kirche zwei Grabsteine:

C...(S)ECVNDIN, um 250, gef. vor 1838, um 1772—1774? (Jab. 348, Mo. 5079).

L CASSIVS, Blumen-Arabeske, um 190, gef. um 1819 (Jab. 349, Mo. 5075).

Als römisch vermuthet wurden das Bassin der Rosalien-Grotte, die Kellerstufen des Mesnerhauses und mehrere Schriftsteine der Puschnigg-Hube, gegen St. Simon zu gelegen (Car. 1838, 144. AfköG. 1, Heft 2, S. 80, Nr. 95. Afk. 1, 15. Jab. zu 349. Klag. Z. 1884. S. 615. M. IX. n. F. 1).

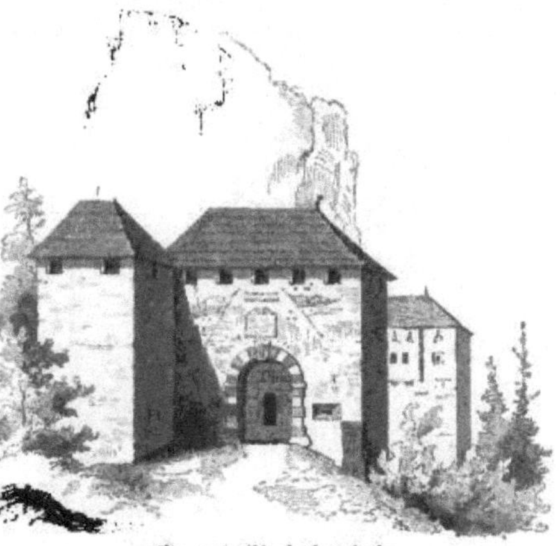

Fig. 126. (Hochosterwitz.)

Die Kirche am Rosaliaberge, Filial-Kirche von Globasnitz, mittelgroß, mit schönem spätgothischen Sterngewölbe im Chore und neuerem Schiffe, an dessen Nordseite ein moderner Capellen-Ausbau, an der Südseite der viereckige Thurm mit achtseitigem Zeltdach.

Hermagor. Die Sage kennt einen heidnischen slavischen Tempel auf dem Felsbüchel, ähnlich dem auf der Höhe nächst Mitschig (Heidenthurm), zu Radnik mit der Hube des Tscharra (wörtlich Zauberer) bei Tröpolach (M. IX, 124). Muthmaßliche Straßenlinie von St. Stephan, Wind. Höhe, Kreuzen, Niklasdorf, Paternion, auf Gitschthal-Drauburg. Grabhügel mit Bronze (Fibel), Eisen

8

(Meſſer), Thon (Topf), ſpät La-Tène (Meyer, Gurina S. 9, 35, 52 Nr. 13. Meyer Straßenzüge).

Die große Kirche zu Hermagor wird als ein ſehr alter Bau ausgegeben, ohne es zu ſein. Die Sage bezeichnet Balthaſar von Weisbriach als den Erbauer, was mit Rückſicht auf den Baucharakter nicht unmöglich wäre. Es iſt nämlich ein ſpätgothiſcher dreiſchiffiger Hallenbau von mäßigen Dimenſionen. Der Chor iſt ſehr gedrückt behandelt und jedenfalls der jüngſte Bautheil, der gegen das Langhaus mit einem faſt rundbogigen Triumphbogen abſchließt. Er bildet zwei Joche und den fünfſeitigen Schluß, die Rippen des Netzwerkes verlaufen ſich an den Wänden ohne Vermittlung. Quadratiſche Schlußſteine. Im Langhauſe drei Paar achtſeitige Pfeiler. Die zwölf Joche mit reichem Sterngewölbe überdeckt, die Rippen laufen theils auf den Pfeilern theils an den Wänden auf Conſolen an, bei den Pfeilern findet der Uebergang ohne Vermittlung ſtatt. Die Durchkreuzungsſtellen zieren viereckige Schlußſteine. Südlich vom Chor eine gothiſche Capelle, nördlich der Thurm mit ſpitzbogigen Schallöchern. Die Schiffſenſter ſind größer als im Chore, alle ſpitzbogig, doch ohne Maßwerk. Das ſpitzbogige Portal einfach profilirt. Am Chor Strebepfeiler. Der Taufſtein alt, ein achtſeitiges Becken auf einem verjüngenden Unterſatze mit kräftiger Baſis. In der Kirche große bronzene Renaiſſance-Leuchter. An der weſtlichen Schiffwand der dunkelrothmarmorne Grabſtein des Andreas Meixner † 1502 und ſeiner vier Hausfrauen, der Dorothea Hengſtbacherin † 1452, Dorothea Keutſchacher 1458, margret ſacklin . . ., magerli (?) 1446 (M. I. 125, IX. 114. IX. n. F. p. XXVII).

In der an die Südſeite des Chores anſchließenden Capelle ein ſchöner Grabſtein des Jörg von Malentein zum Brißnig † 4. Mai 1511 u. ſein Gemahl Martha, geb. Heymannin 21. Feb. 1536, darunter die Namen und Jahreszahlen Gundrichin † Treutelshoferin 1467, Maximilian Trautm. Sumerekr 1452, Martha Heymani 1538.

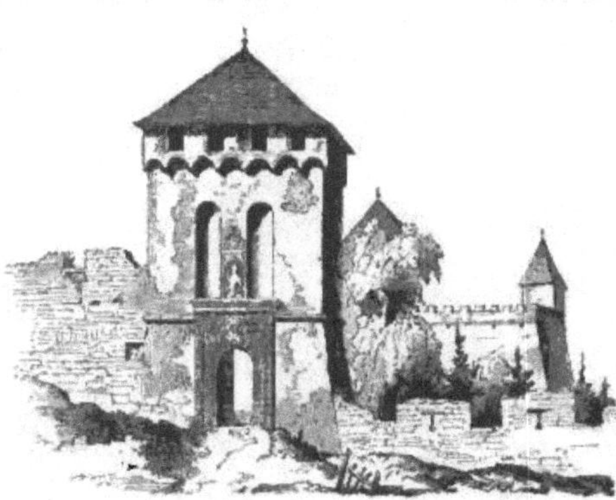

Fig. 128. (Hochoſterwitz.)

Himmelberg. Am Rande des Torfmoores (von 200 Joch) zog vielleicht eine römiſche Seitenſtraße von Feldkirchen abzweigend nach Gneſau, Reichenau, Turrach, Tamsweg.

Der Grabſtein T FL. RECEPTVS*, Zeit um 80—140, aus einer Tiefe von 190 Ctm. gehoben im Jahre 1852 nächſt der Friedhofmauer, befindet ſich an derſelben (Jab. 417, Mo. 4915. Ank. 1, 576).

Das Schloß ſeit 1196 erſcheinend.

Die Pfarrkirche St. Martin (Decanat Feldkirchen) wurde nach dem großen Brande 1711 im jetzigen Bauzuſtand hergeſtellt. Einſchiffige große Anlage mit Thurmquadrat und Chor, der gegen Oſten mit fünf Seiten aus dem Achtecke abgeſchloſſen iſt. Man erkennt noch an den vorſtehenden Graten die Stellen, wo einſt die gothiſchen Rippen gelaufen ſind. Ebenſo wie die Rippen ſind auch alle Wandſtützen gänzlich verſchwunden. Von den drei vermauerten Schlußfenſtern haben ſich nur die ſchrägen gothiſchen Leibungen mit dem ſpitzbogigen Schluße erhalten. Zwei moderne Seitenfenſter. Auch die beiden Scheidbögen des Thurmes, welcher zwiſchen Chor und Schiff hinaufragt, dürften einſt gothiſch geformt geweſen ſein. In der Thurmhalle ſelbſt bemerkt man ein einfaches ſpitzbogiges, doch rippenloſes Kreuzgewölbe. Im vierjochigen Schiffe ſind blos die drei öſtlichen Joche von der alten Anlage geblieben, das vierte letzte Joch iſt ein Zubau aus dem Jahre 1770 unter dem Pfarrer Andreas Malwegger, † 1774, deſſen Grabſtein links des nördlichen Seiten-Altars eingefetzt ift. Die gothifche Abftammung bekunden insbefondere die eingebauten dreifeitig abgefchrägten Strebepfeiler, von welchen in der ganzen Breite ihrer Ausladung fpitzbogige Wandgurten gegen die Decke hinaufreichen. Der gefchrägte Vordertheil der Pfeiler endet oben in neu aufgefetzten Capitälen, von denen breite Trennungsgurten ausgehen. Die Gewölbemitte erfcheint wie eine flachfpitzbogige Tonne, worin neue ausgedehnte Malereien angebracht wurden, vorftellend: Mariae Himmelfahrt, heilige Dreifaltigkeit, dann Jofeph und Maria mit dem Kinde. Der Orgel-Chor baut fich in zwei Etagen auf. An die Schiffs-Südfeite ftößt eine einjochige quadratifche Capelle mit rundbogigem Gewölbe an. Im Fußboden derfelben der Grabftein für Frau Rofina Beatrix von Monari, eine gebohrne Picklin, † den 24. X^bris 1742 und ihren Schwiegervater Johann Petrus Monari, gebornen Romaner. Ferner eine Grabtafel des Johann Georg Fidler, geweften Landrichters, † den 27. July 1715. Der viereckige Thurm mit runden Schallfenftern und feit neuefter Zeit mit achtfeitigem Spitzhelme. An den Chorecken noch die alten Strebepfeiler in drei Abfätzen (M. XI. n. F. p. XLV). In der Sacriftei eine rothfammtene Cafel mit reicher Stickerei aus dem XVII. Jahrhundert.

Höchenbergen bei Tainach. An der Heerftraße von Virunum nach Juenna. Hinter dem Schloffe in der Felswand eine viereckige Vertiefung für eine Infchrift, jedoch nur die Anfangsbuchftaben zweier Zeilen lesbar (M. VII. n. F. p. C).

Hochgosch. Berghöhe zwifchen Spital und dem Millftätter-See. Züge von Erdwällen ohne Bruchftein, unterfucht feit 1880 durch Hofrath Dr. *Langer* (Sitzb. Ak. d. W. 80, 569).

Hochosterwitz (M. IV. p. 171, V. 245. hift. Ver. f. Inner-Oe. 1848, p. 111), Burg auf einem von allen Seiten fteil auffteigenden bewaldeten Triaskalk-Kegel gelegen und im Befitze der gräflichen Familie Khevenhüller. Die großartigen Vertheidigungswerke für kleines Gefchütz und Thorthürme zwifchen 1575 und 1582 von Georg Freiherrn von Khevenhuller meiftens durch italienifche Arbeiter ausgeführt (Fig. 124. Anficht).

Der Auftieg zur Burg, eine breite bequeme Fahrftraße, ift in beftimmten Abfchnitten durch 14 befeftigte Thorgebäude unterbrochen (Fig. 125. Grundriß). Der erfte Thorbau, ein länglich viereckiges Gebäude mit kleinem vorfpringenden Seitenbau, der fich an den Felfen lehnt, mit Schußfcharten unter dem Dache, im flankirenden Seitenbau mit einer und im Thorbau mit zwei den Platz vor dem Thore beftreichenden Schußfpalten (Fig. 126). Der runde Thorbogen aus Grünftein und Kalkftein abwechfelnd zufammengefetzt. Im Schlußfteine des Thorbogens ein

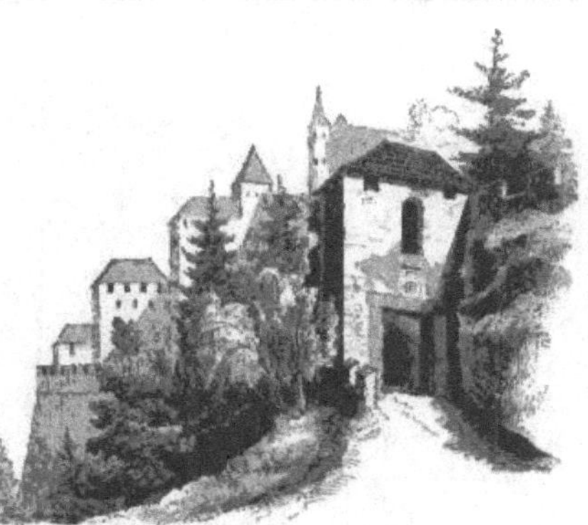

Fig. 129. (Hochofterwitz.)

Relief: das Jefukind mit Fahne und Lamm, dabei 1580. Darüber eine Infchrift religiöfen Inhalts und 1575. Eine zwar alte, aber erft in neuerer Zeit gleichfalls ober dem Thor eingemauerte Infchrift (wahrfcheinlich früher im Schloßhofe) lautet:

Georgius khevenhiller ab Aichelberg liber baro in Landskron
Dominus in alt Oftrowitz summusque Carinthiae praefectus Anno MDLXXV.

In der Thorhalle fchwache Spuren von Fresken. Auch die eifenbefchlagenen Thorflügel waren bemalt (Landsknechte mit Fahnen). An der linken Seite nahe am Boden ein länglich viereckiger Stein mit einfacher Confole und eben folchem Gefimfe eingemauert, darauf in Relief eine mehr als

8*

lebensgroße weibliche Bufte. Der 48 Schritt lange Weg zum zweiten Thorhause ift, wie der übrige Weg, durch eine gegen die Thalseite gerichtete crenellirte Mauer gedeckt.

Der zweite Thorbau ift an der Façade reichlich mit Schußfpalten und ober dem rundbogigen Thore mit einem Erker auf drei Tragfteinen verfehen. Im Erker zwei größere Fenfter, zwei kleine Schußfpalten und zwei Gußlöcher. Im Thorfchlußfteine ein Chriftus- und darüber ein Engelskopf, dabei J. N. R. J. pax nobis 1577 und zwei biblifche Sprüche.

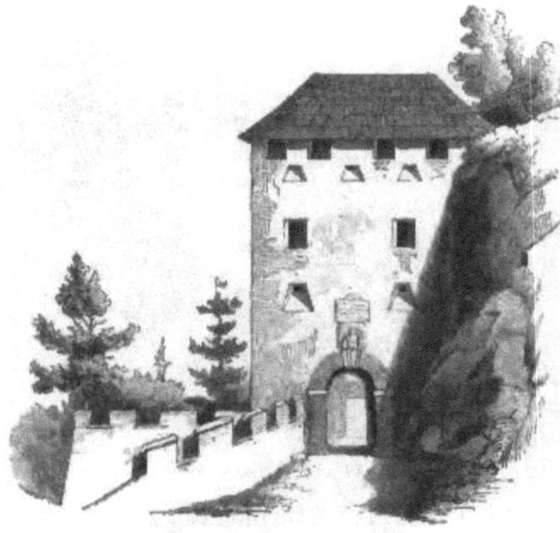

Fig 130. (Hochofterwitz.)

Das dritte Thorhaus fehr einfach mit geradliniger Oeffnung, darüber 1583 und ein frommer Spruch; Diftanz 28 Schritte.

Das vierte Thorhaus, das größte und vom früheren 29 Schritte entfernt, ehemals mit einer Zugbrücke über eine tiefe Schlucht verfehen. Im Schlußfteine des runden Thorbogens ein Engel mit Kreuz, an der Façade mehrere verfchieden geftaltete Schußlöcher, darunter auch folche für Gefchütz. Die Thorflügel waren bemalt. Auf der Abplattung des Felfens eine Art Waffenplatz.

Der fünfte Thorthurm (Diftanz 26 Schritte) hatte ebenfalls eine Zugbrücke, an der Façade etliche Schußfpalten. Die Thore als Ruftica in bunten Steinen ausgeführt, die Thorflügel bemalt. Ober dem Thore ein Kreuz, eine religiöfe Infchrift und Gott-Vater im Relief. Im Gemache ober dem Thorwege ein Kamin auf rothen Tragfteinen (Fig. 127).

Der fechfte Thorbau (Diftanz 86 Schritte) von einfacher Bauart, doch mit einer Gefchützfchußfpalte. Ober dem Thore: Memoriae perp. dni. Caroli Auft . Burg . Stir . karint . Carn . optimi principis locum hunc et sua praesentia ipsius et imagine ornantis docorantisq. Georg Khevenhiller l. baro praeses provinciae imperio illius bene precatus M. Q. T. P. C an. a Ch. n. 1578.

Das fiebente Thorhaus (Diftanz 57 Schritte) mit rundbogigem Thore in Ruftica aus Grünftein, darüber zwei Bogenblenden, nur mit Schußfcharten auf vorfpringender Galerie unter dem Dache. Am Thorbogen das Khevenhüller'fche Wappen in weißem Marmor, ein Löwenkopf und 1580, endlich ein Relief mit dem Bruftbilde eines Ritters. Infchrift: Georgius Khevenhiller l. baro praeses Carinthiae tempore pacis belli incommoda meditando arcem hanc patriae et sibi et suis adversus comm. hostem comm. propugnaculum extruxit an. a Chr. n. 1582 (Fig. 128.)

Der achte Thorthurm (Diftanz 122 Schritte) ein mächtiger, einfacher Bau über einer Schlucht aufgeführt. Das Thor viereckig mit rautenförmigen Quadern eingefaßt, darüber eine Thüre, die zu einem fchon befeitigten Balcon führte, gefchmückt mit dem Kärntnifchen Wappen, einer Infchrift auf Georg Khevenhüller bezüglich, darin die Jahreszahl 1570.

Der neunte Thorbau (81 Schritte Diftanz) ift klein, über dem viereckigen Thore eine Steintafel mit geflügelter Sanduhr, Wage und frommen Sprüchen (Fig. 129). Bis dahin waren am Wege überdies noch kleine Wachhäufer eingefügt, auch haben die Thorbauten noch Thorflügel und Schußlöcher gegen die Rückfeite. Nun wird der Weg zwifchen Mauern und Felfenwand zwingerartig.

Der zehnte Thorthurm (76 Schritte Diftanz), ein mächtiger Bau von drei Stockwerken mit drei Schußfcharten-Reihen und einer Zinnen-Galerie, rundbogigem Thore, darüber ein Bruſtbild von weiſsem Marmor und die Inſchrift: 1576 D. Maximilianus Caesarum Maximil. I. Ferd. IV. Philippi Reg. Qui cum hunc locum cum sua praesentia ornasset, ut absentis ergo hosp. benignitatisque praesens appareret quodam modo tacitam hanc sui effig. locari jussit. Georg Khevenhüller etc. (Fig. 130.)

Das eilfte Thorhaus (48 Schritte Diſtanz) iſt klein, die Thoröffnung niedrig, mit einem Guſserker darüber (Schrifttafel mit 1575).

Nach 45 Schritten das zwölfte Thorhaus, ebenfalls klein und unzierlich, die Thoröffnung viereckig. Das jetzige, vor einigen Jahren dem alten nachgeahmt, ganz neu.

Das dreizehnte Thorhaus, folgend nach 68 Schritten, iſt ebenfalls klein, mit rundbogigem Thore, an den Façaden Verzierungen in zweiförmigem Mörtel. Ueber dem Thorwege ein bewohnbarer Raum. Zahlreiche Schuſsſpalten in zwei Reihen. Die Inſchrift ober dem Thorbogen bibliſchen Inhalts 1598.

Nach 66 Schritten das vierzehnte Werk, eines der ſtärkſten und höchſten, mit ſtehender Brücke. Das Thor viereckig, mit einem rothen Steingewände. Daneben ein Schuſsloch, darüber ein Guſserker. Gegen die Thalſeite zwei Reihen Schuſslöcher. Ober dem Thorbogen eine auf Georg Khevenhüller bezügliche Inſchrift und 1576. Die Thorflügel bemalt. In der Mitte des Thorweges ein Fallgitter. Die Seitenwände des Thorweges zeigen Reſte von Gemälden, im Innern eine Handmühle (Fig. 131).

Das Hochſchloſs, ein längliches von Südweſt gegen Nordoſt laufendes Viereck, einſtöckig und höchſt einfach, mit zwei vorſpringenden halbrunden Eckthürmen gegen Nordweſt und einem gegen Oſten. Inſchrifttafeln enthalten die Jahreszahl 1575. Den Schloſshof ziert theilweiſe ein Gang mit niedrigen Arcaden auf kurzen viereckigen Pfeilern. Im Innern des Arcaden-Ganges eine lange Inſchrift auf den Erweiterungsbau des Schloſses unter Georg Khevenhüller bezüglich (1576). Eine zweite Tafel enthält einen frommen Spruch und die Jahreszahl 1579.

Die alte Capelle, wahrſcheinlich in der Hauptſache ein romaniſcher Bau, befindet ſich in dem einen runden Thurme. Der Eingang vom Hofe aus iſt rundbogig überwölbt, doch unverziert, Schloſs und Thürgriff ſind zierliche Schloſſerarbeit des 16. Jahrhunderts. Ein Gewölbe (fünf Lunetten im Tonnengewölbe, Rundſtabrippen), überdeckt den Raum, dasſelbe iſt bemalt (1576), Votivbilder der Familie Kulmer von Roſenthal über den Fenſtern. Die Fenſter ſchmal, rundbogig. Der Altar von 1673 mit einem gleichzeitigen Bilde, vorſtellend die Anbetung der drei Könige, auf Holz gemalt. Ein Oelgemälde auf Holz von 1570 zeigt Georg Khevenhüller, ſeine zwei Frauen und ſieben Kinder. In einem Betſtuhle befindet ſich deſſen hölzerne lebensgroſse Statue (knieend, ganz gerüſtet, ohne Helm), vorzügliche Arbeit. Der Helm aus Holz iſt noch vorhanden und liegt in der Rüſtkammer. Zunächſt der Capelle ein eingemauerter Römerſtein mit einer Inſchrift: BASSVS etc., auf der zweiten freien Seite ein Delphin.

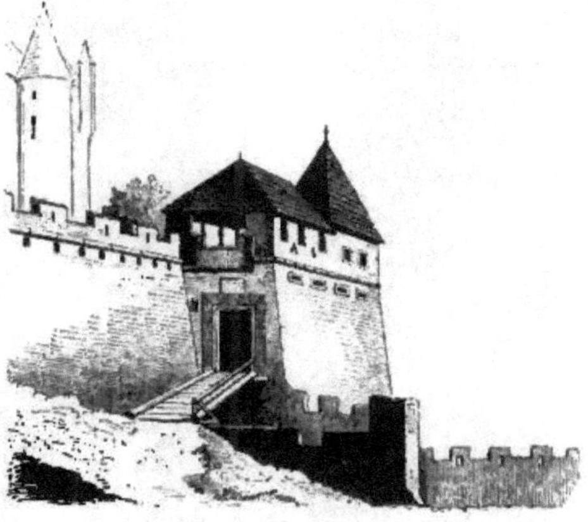

Fig. 131. (Hochoſterwitz.)

Die Zimmer einfach mit Reſten von Getäfel und eingelegten Thüren, das ſogenannte Nonnenzimmer mit Spuren ziemlich neuer Fresken, die Einrichtungsſtücke ſtammen aus neuerer Zeit, nur ein Doppelbett iſt älter, auf deren Decke das Jeſukindlein mit der Weltkugel gemalt.

Die Rüſtkammer enthält Knappenrüſtungen, Helme, Helmbarden, Schwerter, Armbruſte, einen runden Schild, darauf das Khevenhüller'ſche Wappen ſehr ſchön eingeätzt, zwei Halbrüſtungen mit Viſierhelmen, Panzerhemde, eine Feldſchlange u. ſ. w. Intereſſant iſt auch ein einfacher ſchwarzer Bruſtharniſch, darauf in Gold und Silber tauſchirt ein Katharinen-Rad. Hier finden ſich auch mehrere Löwenköpfe, ehemals Thorflügel-Beſchläge, Sprachrohre, das Holzmodell eines Thorbaues, eine Doppeltafel von 1548 mit den Bildniſſen Bernh. Khevenhüller's und ſeiner Frau Wandula, ein Porträt des letzten Raitenau, des Grafen Wolf Hannibal, eine Handmühle u. ſ. w. Eine lebensgroße Holzfigur bemalt, wahrſcheinlich Eva.

Am Gange liegen zwei eiſerne Feldſchlangen ohne Lafetten.

Die eigentliche große Schloßkirche, ein Bauwerk des ablaufenden 16. Jahrhunderts, ſteht von der Burg getrennt auf einem niedrigen Plateau unter derſelben; ſie iſt orientirt, bildet ein längliches Viereck von bedeutender Höhe mit dreiſeitiger um eine Stufe erhöhter Altar-Vorlage ohne Streben. Das Schiff wird durch zwei kräftige Wandpfeiler in zwei ungleiche Räume getheilt, iſt mit rippenloſen Kreuzgewölben überdeckt, einige Gräten ruhen auf Conſolen, darunter bei einem Matthäus, bei einem andern Johannes angeſchrieben. Der Haupt-Altar ohne Kunſtwerth. Der linke Seiten-Altar

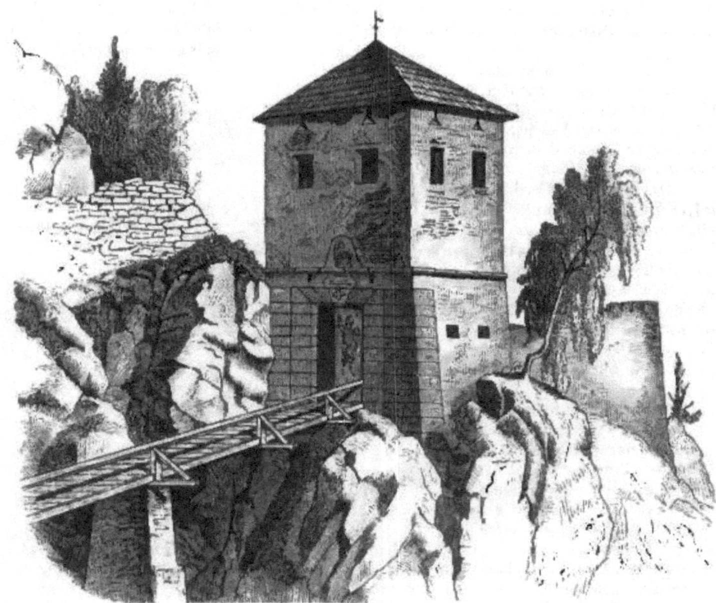

Fig. 127. (Hochoſterwitz.)

von vergoldeter Bronze, darauf die Auferstehung, ein Bronze-Relief — alles aus dem Ende des 16. Jahrhunderts. In der Kirche der Grabstein Franz Khevenhüller's † 1607 und seines gleichnamigen Sohnes, ferner die große Grabtafel der Amalie Freiin von Thannhausen (1607) mit hübschen Gemälden.

Die Außenseite der Kirche mit stellenweise doppelfarbigem Mörtelbewurf und der Dachreiter bieten baulich nichts bemerkenswerthes. Ueber dem Haupt-Eingange ein Relief: Christus und die zwölf Apostel zwischen zwei Greifen (1586). Neben dem Haupt-Eingange ein Relief — ein stehender bärtiger Mann mit Buch und Schwert, im anliegenden Gewande — auf der anderen Seite eine weibliche Figur mit einem Amulet auf der Brust, ein Buch haltend, beide Figuren mit einem Blatte von dem Bauche bis über das Knie hinab. Unter dem Manne ein Greif, unter dem Weibe ein Löwe mit doppeltem Schweif. Neben der Seitenthür zwei romanische Löwen.

Der Cisterne und des tiefen Schloßbrunnens ist noch zu gedenken.

Am Fuße des Berges das alte Gerichtshaus mit Spuren von figuralen Darstellungen in zweifarbigem Mörtel an der Außenseite.

Am Wege gegen Hochosterwitz ein altes Wegkreuz, acht- und vierseitig, mit vier halbrunden Nischen, mit Fresken (Heiligen-Gestalten), dabei Reste einer Inschrift; am Untersatze in einer Nische eine Sculptur: Christus im Elend (M. XII. n. F. p. LXXVIII).

Im Jahre 1884 fand man in unmittelbarer Nähe des Schlosses (Niederosterwitz) am Bergesfuße in der Humusschichte, etwa 1 M. tief, als Depotfund eine große Anzahl sorgfältig geschlichteter Bronzekelten von rohem Guße, alle fast gleich und mit den Gußnähten versehen, sie zeichnen sich durch ihre seltene primitive Form aus, indem sie keine Vorrichtung für die Schaftung, d. i. keine Schaftlappen noch Schaftröhren haben (M. XI. n. F. p. LXI).

Am Fuße des Berges ein kleiner regelmäßig gebildeter Hügel, offenbar durch Aufschüttung geschaffen, dessen Entstehen der Margaretha Maultasch zugeschrieben wird und nach welcher derselbe auch genannt wird. Sie soll ihn nach vergeblicher Belagerung der Burg haben errichten lassen, wahrscheinlich ist er, wie so viele ähnliche Hügel, vorchristlichen Ursprunges. Derselbe wurde in neuester Zeit untersucht, ohne dass irgend welcher positive Erfolg erzielt worden wäre, er ist daher als eine Art Kenotaphium zu betrachten. Auf dem Hügel steht ein 3·40 M. hohes Feldkreuz aus Stein, das vielleicht noch dem 14. Jahrhundert entstammt. An den vier Seiten Sculpturen (Reliefs): Gott-Vater, Geburt Christi, Kreuzigung, Auferstehung (Car. 1886, p. 203; M. XII. n. F. p. CLXXXI).

Ebenfalls in großer Nähe beim Burgberge zeigen sich drei Reihen von Erdwällen, welche das Plateau des Kremserkogels ringförmig übereinander umschließen, ähnlich vielen vorgeschichtlichen Erdwerken in den Alpen und insbesondere in Nieder-Oesterreich (s. auch Kremserkogel) (M. XII. n. F. p. CLXXXI).

Hoch-St. Paul. Diese Filial-Kirche der Pfarre Glanegg enthält in der polygonen Apsis und dem über dem Chorquadrat erbauten Thurme romanische und gothische Reste.

In der Kirche an der Nordwand die Bruchstücke eines Flügel-Altars mit einem figurenreichen Tempera-Gemälde in der Mitte, die Kreuzigung vorstellend, man will darin Meister Wohlgemuth erkennen. Zwei andere Bilder (Madonna und Salvator) tragen die Jahreszahl 1635. In der Sacristei ein einfacher schöner gothischer Kelch (M. VI. n. F. p. CLII).

Hof im Jaunthal. Die Grabsteine RO-MAN und ADNAMVS, um 240, gef. vor 1875 im Usey-Acker gegen Unter-Feistritz, zuletzt im Fußboden der St. Katharinen-Kirche. K. (Car. 1876, 31. M. II. n. F. p. XXVIII; III. n. F. p. XXXII. Aep. 2, 101; 4, 217. E. 4, 166, 583). Die St. Nicolaus-Kirche, Filiale von St. Michael bei Bleiberg besitzt einen spätgothischen Chor mit gleichaltem Thurm an der Chor-Nordseite (M. VII. n. F. p. LVI).

Hohenburg unter dem Trebach beim Hühnersberg (Huonaresperch nach 1063) bei Pusarnitz. Nächst der gelochten Felswand, der Heidengrotte oder dem Heidenloche mit langen unterirdischen Gängen, liegt das Schloß (Hohenburch um 1160), wohl eines der alten castella des Eugippius, sectio 25 (Car. 1869, 79. M. III n. F. p. XCVI). Fundort eines Steinbeiles (K. 5824).

Hohen-Feistritz (Dec. Krappfeld). Maria Feucht (Kirchenschmuck 1882 p. 124,

148. Mitth. des Inst. f. ö. Gesch.-Forsch. I 132.) Durch einen befestigten Thorbau betritt man den hochummauerten Friedhof. Schießscharten und Rundthurm sind Befestigungsbauten aus der Türkennoth Kärntens.

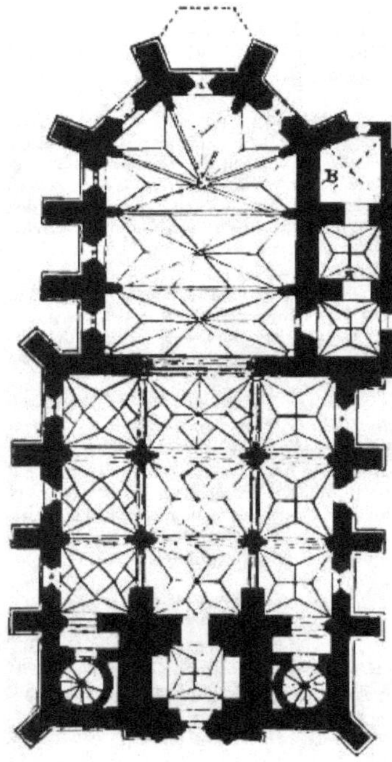

Fig. 132. (Hohen-Feistritz.)

Die orientirte Kirche hat eine Länge von 26 M. bei 11 M. Breite im Schiffe und 7½ M. im Chor. Hallenanlage (Fig. 132) mit drei gleich hohen Schiffen. Der Thurm an der Westseite fast ganz in die Kirche eingeschoben, was den Eindruck des Mittelschiffes abschwächt. Der Chor ist sehr breit und besteht aus zwei Jochen und dem dreiseitigen Schluße, er hat ein besseres Gesammtverhältnis als das zu kurze Langhaus. Am nördlichen Chorpfeiler folgende Inschrift: »anno dom MCCCC XL VI positvm est fvndamentvm hujus ecclesiae feria 3 post Jacobi apli ic.«

Vier achtseitige, stark profilirte Pfeiler mit Dienstvorlagen und Einkehlungen theilen das dreifache Schiff in je drei Joche mit Sterngewölben. Die Seitenschiffe haben in der Verlängerung gegen die Façade noch je ein Joch, correspondirend dem Thurmeinbaue im Mittelschiffe, woselbst sich je eine zum Musik-Chor führende Rundtreppe befindet. Die Rippen der Schiffsgewölbe ruhen auf verzierten Consolen mit Blattcapitälen. Am Scheidebogen beiderseits je eine Doppelnase. Die Rippen des Chores mit Doppelnasen ruhen auf Blattcapitälen der Wanddienste. Die Fenster schmal, zweitheilig mit Maßwerk. Die Nordseite des Presbyteriums ohne Fenster. An den Diensten 12 Nischen mit Baldachinen und Consolen. Besonders reich gehalten sind die beiden Baldachine am Triumphbogen. Reich ornamentirte Schlußsteine und verzierte ausgemeißelte Consecrationskreuze.

Der Musik-Chor nimmt das erste Joch jedes Schiffes ein, dessen Brüstung ist reich durchbrochen, mit Wappen etc. geziert.

Die Kirche war ursprünglich innen ganz bemalt, 1840 wurde sie ganz geweißt, doch blieben die Spuren der Bemalung erkennbar.

Außen ringsum Strebepfeiler, doch sind die des Schiffes einfacher und an der Westseite über Eck gestellt. Am Südportal 1618. Prachtvolles reichgegliedertes Hauptportal unterm Thurm in das Mittelschiff führend, im Tympanon drei Consolen und Malerei-Reste, dabei ein verblichener Spruch und die Jahreszahl 1620. Im Gewände Consolen mit Baldachinen, beiderseits je zwei Wappen. Als Abschluß eine mächtige Kreuzblume. Die Decoration des Thurmes bildet gewissermaßen die Fortsetzung der Decoration des Hauptportals und der Façade. An den Langseiten je ein kleines Portal. Das Nordportal einfach mit Eselsrücken, Krabben, Fialen, Kreuzrosen. Im Tympanon eine Combination aus Dreipäßen im Relief. Daselbst das Steinmetzzeichen [Steinmetzzeichen]. Der Thurm quadratisch, mit sechs Stockwerken, davon zwei Stockwerke über dem Kirchendache, ſie ſind durch kräftige, theilweiſe mit Vierpäßen gezierte Geſimſe geſchieden; die Glockenſtube mit großen ſpitzbogigen Fenſtern, darin Maßwerk. Das letzte Stockwerk eine geſchmackloſe Zuthat (1807). Achtſeitiger Helm, neu.

An der Rückſeite der Kirche außen eine kleine Marien-Statuette älterer Zeit in einer Capelle zwiſchen den Strebepfeilern. Außen an der Sacriſtei (der alten Capelle aus dem Anfang des 16. Jahrhunderts, welche aus zwei quadraten Räumen beſtehend ſich an die rechte Seite des Presbyteriums anſchließt) eine große Freske. In vier Reihen je ſieben 2 Fuß hohe und 1½ Fuß breite Felder, theilweiſe gut erhalten, theilweiſe ſehr beſchädigt. Wir ſehen die Verkündigung, Maria Heimſuchung, Geburt Chriſti, Beſchneidung, drei Könige, Opferung, Einzug in Jeruſalem, Fußwaſchung, Judas am Oelberge, Jeſus gibt ſich zu erkennen, Chriſtus heilt den Malchus, Petri Verleugnung, der hohe Prieſter zerreißt ſein Kleid, Jeſus vor Pontius Pilatus, Jeſus vor Herodes, Geißelung und Krönung, Jeſus und Barabas, Händewaſchung, Kreuztragung, Kreuzigung, Abnahme, Grablegung (zerſtört), Auferſtehung, Himmelfahrt, Jeſus als Richter. Dieſe Reſte laſſen mit Sicherheit annehmen, daſs ehemals auch die ganze Außenſeite der Kirche bemalt war. Leider wurden auch dieſe Malereien in den Vierziger Jahren überweißt (M. v n. F. p. CLXVI).

In der Kirche ein Holzſchnitzbild: Tod Mariens (16. Jahrhundert). Alte Glocke, darauf die Inſchrift: ave Maria gratia plena dominus tecum ben.

Der heutige Bau repräſentirt zwei Bauperioden: 1446 und infolge eines Brandes einen Wiederaufbau, der 1491 geweiht wurde.

Alte Capelle (M. I. 124) in einem runden Ringmauer-Thurm.

Hohenfeld, Pfarre, Gemeinde Straßburg, *Mannert's* Matucaium; Funde fehlen. Romaniſche Kirche mit altem Portale, Chorquadrat.

Hohenpressen (Decanat Krappfeld). Die Kirche ſchon 1590 beſtehend und 1708 erweitert, iſt ein mittelgroßer einſchiffiger Bau mit quadratiſchem Presbyterium, über welchem der Thurm ſteht, rundbogig eingewölbt, mit halbkreisförmigem Triumphbogen. Das Schiff dreijochig, Tonnengewölbe mit ſtarken neuartigen viereckigen Wandpfeilern mit modernen Capitälen. Gothiſche Thürbeſchläge, gothiſcher achtſeitiger Taufſtein. Altäre und Kanzel unbedeutend, Römerſtein an der nördlichen Triumphbogen-Leibung: SILVANO etc. Ein zweiter, der als Altarplatte dient; das Sepulchrum iſt ausgehauen. Die Inſchrift beginnt: FIRMITVS (Klagf. Zeitung 1885, S. 652, M. XI. n. F. p. XLV. u. XII. p. CLXXXVI).

Im Schiffs-Fußboden der Grabſtein für Balthaſar Prugger, Pfarrer zu St. Johann, † 1727. Im Pfarrhofe ſchöne Thürſchlöſſer mit Meſſing bekleidet und mit eingravirten Ornamenten verſehen, Spät-Renaiſſance.

Hohenstein bei Pulſt. Die Funde auf dem Acker des Bartelma Santner zwiſchen Pulſt und Hohenſtein im Jahre 1848 und jene am Schloßhügel nächſt dem Wege vor der Schloßmaierei nach Feiſtritz im Jahre 1850 haben zur Vermuthung eines Iſis-Tempels und ſelbſt des Standortes der (unteren) Noreia geführt. Baureſte zeigte ſchon im Jahre 1849, namentlich aber ſeit 1850, das Hochebene-Dreieck, die Leiten, zwiſchen der Schloßmaierei und dem Feiſtritzer Wege. Da gab es: Hauſteine, Ziegel, zwei parallel laufende Grundmauern, die am Fuße des Schloßhügels enden, dazu 1 Säulchen, 1 Säulenbaſe, 1 Statuettenbaſe (1849).

Metall: Bronzemünzen römiſcher Kaiſer in der Sammlung Rainer zu St. Veit. Eiſennägel (1849).

Schriftſtein: NOREIAE AV(GVSTAE), Cippus mit 5—7 Zeilen. Zeit um 240, gef. mit Hauſteinen auf dem Hügel zwiſchen Schloß Hohenſtein und Dorf Feiſtritz vor 1819, jetzt in der Senſenſchmiede Zeilinger im Feiſtritz-Graben unter Glantſchach (Globzah nach 954). (Jab. 242, Mo. 4807 und S. 618.)

Zwei Altäre waren zwiſchen dem Mauerpaare vorfindig:

NOREIAE AVG SACR, Ara mit Kugel für das Standbild, durch den Römer und Decurio der ala I augusta Thracum. Zeit um 140, gef. 1849, K. 97, (Jab. 240, Mo. 4806, B. A. V. 11, 137. Sitzb. d. Ak. d. W. 74, 472. Kml. 71).

ISIDI NOREI, Ara für das Heil des conductor ferrariarum noricarum p? d? und zweier procuratores ferrariarum durch den dritten; um 260, gef. 1849 (K. 104, Jab. 239, vgl. S. 99. Mo. 4809, S. 618. Kml. 91, 98). Vgl. das Noreia-Votiv zu Pulſt, Ulrichsberg, Weihmörting, um 244 (Mo. 5613, dann 5123, 5188, 5193, 5300, Sitzb. d. Ak. d. W. 80, 558).

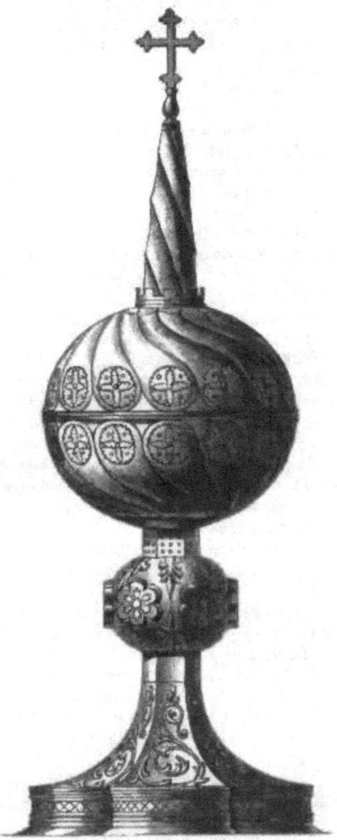

Fig. 133. (Hohenthurn.)

Statuariſch: Männliche Büſte, lebensgroß, gut gearbeitet. Die Naſe beſchädigt, im Santner-Acker 1849 (K. 1171. Afk. 1, 184; 2, 96 Bild. Jab. 241 Taf). Kleiner Kopf, verletzt (K.), Hände einer kleinen Figur, Vordertheil (K.). Zwei Finger einer Koloſſal-Statue (K.). Mauerkrone-Bruchſtück (K.).

Thon: Reliefplatte eines Iſis-Kopfes (1849) (Afk. 2. 96, Bild), Topfſcherben (Afk. 1. 185. 186. 95).

Das Schloß erſcheint um 1140 urkundlich. Daſſelbe, unweit von Pulſt auf einem mäßigen Hügel gelegen, wurde in neuerer Zeit in ein Oeconomie-Gebäude umgewandelt. Vom alten Bau ſtehen noch zwei flankirende runde Thürme und im kleinen Hof ein Arcaden-Gang. Die inneren Räumlichkeiten dienen heute als Heu- und Strohböden. Ueber einer verblaßten Sonnenuhr des Hof-Tractes die Jahreszahl 1591. Ueber dem äußeren Portal folgende Aufſchrift:

»Dies Gſhlos Hohenſtain iſt anſenkhlich von dem woledl geſtreng herrn Herman Kulmer anno 1 ✗ 37 erpaut und das predicat hohenſtain . . . gebraht nah volgents. Aber durch herrn Balthaſar Kulmer zum Roſenbihel Anno 1589 erkhauſt erweitert und garausgepaut . . . den zur . . . gedah . . . hat herr Chriſtoph Andre Kulmer als Po . . . diſem ſtain . . . laſſen Anno 1642«. Darüber ein gevierteter Wappenſchild, im erſten und dritten Feld je ein ſechsſtrahliger Stern, im zweiten und vierten je ein Adlerflug, in Stein gut ausgemeißelt. Rechtsſeitig des Hofes noch ein kleiner halbrunder Capellen-Ausbau, rundgewölbt mit Renaiſſance-Pilaſtern und drei Fenſter-Lünetten (M. XI. n. F. XLV).

Hohenthurn im Gailthal, genannt das Dorf der Wache, straia vas, ob eine römiſche oder ſlaviſche Wehr? (M. IX. p. CXXIII).

Der Thurm iſt ein ſehr alter Bau und wird im Volksmunde als Wehrthurm bezeichnet. Die offen gelaſſenen Gerüſtlöcher in der Höhe laſſen es nicht unmöglich erſcheinen, daſs ein hölzerner Wehrgang angebracht war. Der untere Theil bildet einen mit einem Kreuzgewölbe aus dem 15. Jahrhundert geſchloſſenen Raum mit gedrückter aus dem Zehneck conſtruirter Apſis. Die Seitencapelle der Filialkirche S. Cyriacus, an deren Südſeite der Thurm eben ſteht. Das Glockengeſchoß und ein ganz niedriges, augenſcheinlich proviſoriſches Zeltdach ſind jedenfalls nicht von der urſprünglichen Anlage. Die Capelle öffnet ſich mittelſt eines niedrigen, beinahe zwei Meter ſtarken Scheidebogens gegen das Schiff. Die Rippen der ſternförmigen Wölbung in der Thurmhalle gehen ſehr tief auf vier Eckſäulchen herab, die auf Conſolen ruhen und am Scheitel zeigen ſich viereckige Schlußſcheiben. Ein altes Bild, darstellend die Marter des heiligen Ciriacus, trägt am Rande die Jahreszahl 1588 und ist von besonders zierlicher Form.

Der Chor, aus Joch und fünf Seiten bestehend, gothisch, einfach, die Rippen auf Consolen, mit Menschenmasken. Im Schlußfenster Maßwerk, Sacraments-Nische. Einmal getheilte spitzbogige kleine Fenster (M. IX. p. 113). Schiffe und Umfangsmauern mit plumpen Strebepfeilern, alt, die Ueberwölbung neu, am Chore sind die Strebepfeiler nur durch Lesenen angedeutet. An der südlichen Außenseite Reste eines Christoph-Gemäldes.

In der Sacristei ein kupfernes vergoldetes Ciborium von besonders zierlicher Form, an einzelnen Stellen mit blauem und weißem Email und am Fuße mit Silberrosetten geziert (Fig. 133; M. IX. n. F. p. CXXXV).

Höllein. Die Kirche besitzt eine größere Glocke aus dem Jahre 1468 (M. I. p. CXXIV).

Hollenburg unweit der Seitenstraße von Virunum nach Emona, über Klagenfurt, Loibl. Felshöhlen. Zwei Grabsteine, ein Relief:

T TAPPONIVS mit II vir juri dicundo, um 200, gef. vor 1817. Schloß (Jab. 353, Mo. 4866).

C PRISCIVS, Cippus, Weib mit zwei Scheibchen, Mann mit Blatt, um 120, gef. vor 1820. Schloß (Jab. 352, Mo. 4951).

Relief-Cippus, Krieger mit Schild, Schwert, Lanze; Schild mit gekreuzten Lanzen; Sklave, r. Helm, l. Schild, im Schloße (Jab. 354). Das Schloß, in ein an Römerfunden auffällig armes enges Thalgebiet mit weitem Flußrinnsal sehend, ist 1142 urkundlich bekannt als Holenburch.

Holz oder **St. Peter im Holz** (M. III. n. F. p. XCV). Standort der Stadt Teurnia auf und nächst dem Kirchberge, bei Fresnitz und Lendorf, angeblich bis Mühldorf. Stadtmauerreste am Nordwesthang, Grabstätten östlich, unweit der Heerstraße von Santicum (Villach) nach Agnontum (Lienz) und Loncium (Mauten), auch ein Zweig nordwärts durch's Lieserthal nach Juvavum (Salzburg), auf der Taferner-Alm 28 milia passuum von hier abstehend. Das hierortige municipium Claudium Teurnia, seit 311 gewiß dem mittelländischen Noricum zugetheilt, mit seiner Beamtenschaft, den kirchlichen und weltlichen, meist Gewerkschafts-Bauten, bestehend über die Völkerzüge hinaus, erhielt sich noch nach 509 als Tiburnia, als Bischoffitz seit circa 400, gewissermaßen Noricums Vorort und verkam allmählich. Im 9. Jahrhunderte ist endlich Tyburnia, Tiburnia Kern der lurner Grafschaft. Den ersten Grabungen beim Kirchbau folgten jene bei Errichtung des spitaler Schloßes und nach anderen zuletzt solche um 1845 bis 1877. Bautheile als Grundsteine, Heizpfeiler, Estrich, Gewölbgänge, Wärme- und Wasserröhren, Säulen, Karniesse, Farbwände; Grabstätten mit Aschenschichte, Skelettheile von Mensch und Thier, sammt Beigaben. Ferner in Glas Gefäßstücke, weiß, grünlich, gelb; in Bronze Fibeln, Gerätheile, Geschmeide, Glöckchen, Handhaben, Idole, Kesselbügel, Nadeln, Plättchen, Radformen flach, Reiber, Ringe, Statuen-Obertheile, Thürklopfer, Waffen. In Eisen Dolchgriffartiges, allerlei Waffen etc. Die Münzen laufen von 200 oder 170 v. Chr. bis 565 n. Chr., indem ein Goldstater Alexander's, eine Tetradrachme von Macedonia beginnt, das keltische Silber mit Adnamati, Atta, Biatec, ΑΕΛΑΤ, AENET oder NEMET, auch Kleinstücke? fortsetzet und nach einzelnen römischconsularen die kaiserlichen mit 32 Sorten schließen. Das 3. Jahrhundert scheint vorwiegend vertreten.

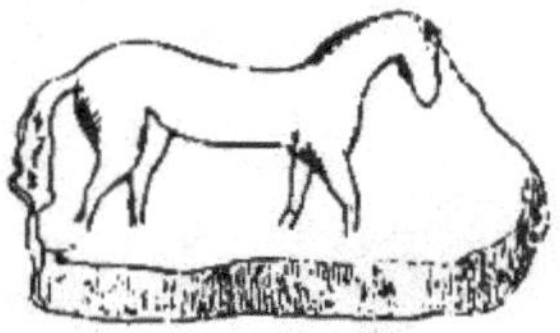

Fig. 134. (Holz.)

In Stein sind circa 32 Stücke hervorhebenswerth. Reliefs 14, als: Sargplatten, Sarg mit Deckel (SYRASC), die Darstellungen Urnator mit Schlauch; Mann mit Hippe; mit Beutel; Diana mit Ara und dreien Geißlern nebst Bär, weibliche Gestalt mit Körbchen, männliche und weibliche Figuren (auf dem verlornen Lollier-Steine); Bacchus und Götter; Hase bei Weintraube; Pfau; Pferd langsam gehend (Fig. 134). Dazu wohl Kleinreliefs der Edelsteine.

Schriftsteine 16: deren 5 Arae: CAVTI, um 210, gef. 1845, Schloß Spital. Mo. 4736. HERC, um 220, vor 1845? Pfarrhof

Mo. 4737. LVTIANO, um 250, vor 1551, Pfarrhof-Stiege Mo. 4740. NHV, gef. 1876, Pfarrhof. M. III n. F. p. CII. T POL(LIVS), um 200, gef. 1870, Lipp-Haus, 1 Arastück in dem Kirchfeld-Schutte. SANCTIVS, um 270, gef. um 1772—1774, Mo. 4739. (S)ATVRNINA (Fig. 133), um 150, gef. 1876, Pf. M. w. o. SYRASC und NEMESI Sargplatte w. o., um 250, gef. 1527 (1825?), seit 1836 Schloß Spital. Mo. 4738. MAC, um 200, gef. vor 1752. Pfarrhof-Thormauer, Mo. 4742. ATTONI*, um 150, vor 1551. Pfarrhof-Keller, Mo. 4743. INGENVO, um 200, vor 1752. Pfarrhof-Thormauer. L IVNIO L(F)*, um 150, vor 1551, im Altare? Mo. 4745. C LOLLIVS, zwei Büsten, um 180, gef. 1572, Schloß Spital Mo. 4746. IIMOG, um 150, um 1772—1774. Mo. 4747. (AMBI)DRA(B),

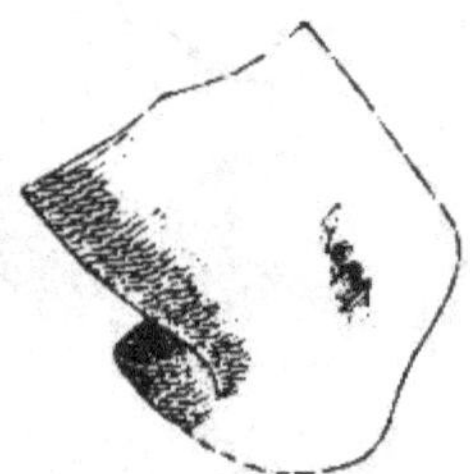

Fig. 135. (Holz.)

um 200, um 1772—1774, Pfarrhof-Thormauer, Mo. 4750. (M)EMMI, vor 100, gef. vor 1870, Pfarrhof-Stallthor, Mo. 4751.

Statuarisch: Rechten Fußes rechte Kniebughälfte, angehörend einer größeren Statue von circa 180 Ctm. Höhe, gef. auf dem Kirchberge vor 1854 (1845?)(Fig. 135), aus dem Pfarrhofe zu Ertl. M. w. o. Colossal-statue-Theile zuvor (M. III. n. F. p. CII).

Thon. Gefäßtheile: grau, theils mit Kerblinie, mit Band- und Reifzier; feines Randstück; Urnen-Scherben, roth, Lampe mit Relief, Lampe-Seitenwand, schwarz, Urnen-Scherben u. a. Sigillata-Stücke mit Reliefs: Band mit Festons, Candelaber, Medaillons mit Genien; ein Bodenstück mit Ritzschrift FIRMIANVS; ACAIO im Sigillata-Boden; APPON oder NIPPOM, geritzt; ᚠ zum Lampen-Relief; CSRCAR einer Amphora-Mündung; VIRATE, Gefäßboden geritzt, VV'' und AM eines Ziegels. Bauziegel vieler Formen, es fehlen Legionsziegel, daher trotz aller Veste-Spuren kein Garnisons-Ort der Römerzeit. Vgl. M. XIII. n. F. p. CIII.

Der hier beigegebene Situationsplan (Fig. 136) zeigt die Lage des auf der Stelle des römischen Teurnia gelegenen bescheidenen Ortes St. Peter im Holze, der zunächst des linken Drau-Ufers, aber einigermaßen erhöht über dasselbe sich ausbreitet. Zwischen dem Flusse und der Ansiedlung lauft der nach dem Pusterthal führende Schienenstrang. Die bisherigen zu verschiedenen Zeiten erlangten Grabungs- und Fundresultate zeigen in der Linie *a* die den Römerort einschließenden Mauern, der in der Linie *b* fortgesetzt vermuthet werden darf. Die Vierecke in *d* markiren die Stellen, wo man größere thurmartige Wehrbauten fand. Die Seite *d* bezeichnet die Anlage eines Hypokaustums, *e* den blosgelegten Rest eines unterirdischen Ganges, *f* die Stellen, wo man Grundmauern von Gebäuden, *g* wo man Begräbnisstätten fand (M. IX. n. F. p. LXXI).

Die Kirche zum heiligen Peter wurde Anfangs des 16. Jahrhunderts erbaut. Im vierjochigen Schiffe spitzbogiges Netzgewölbe. Das Presbyterium infolge Zerstörung durch Brand neugebaut. An der Evangelien-Seite eine Capelle aus 1737, Fenster sämmtlich modernisirt. Im Schiffe ein Grabstein ohne Jahreszahl, innerhalb des breiten Rahmens im vertieften Bildfelde ein Kreuz mit Kleeblattecken und langem Schafte, der aus einem Schild emporsteigt, beiderseits unter dem Kreuze M und 3, im Schilde [Zeichen]. In der Sacristei ein Meßkelch aus dem Ende des 16. Jahrhunderts, die Grundform in Fuß, Knauf und Cuppa gothisch, die ornamentalen Details in schönster deutscher Renaissance getrieben (M. XI. n. F. p. LXXII).

Hornburg, s. St. Paul.

Hornburg, St. Oswald ob — (Curatie, Decanat Krappfeld). Die Kirche wird in einem Urbarium schon im Jahre 1548 genannt. Das Presbyterium ist gothisch. Das Schiff flachgedeckt. Der massive Thurm steht über der Sacristei an der Nordseite. An derselben Seite eine kleine Sacramentshäuschen-Nische mit zierlichem Gitterverschluß. Schmale Fensterschlitzen im Chore. An den Seiten-Altären Reliefs. Reste von alten Flügel-Altären. Im Thurm eine Glocke aus dem 15. Jahrhundert. An den Chorecken Strebepfeiler. Die alte Hornburg ift bereits eine Ruine.

Hörzendorf nach einem Urbar von 1479 früher Herzogendorf genannt. (Pfarre-Decanat St. Veit). Die Seiten-Capelle ift aus Römerfteinen zufammengefetzt. Sichtbar find zwei Reliefs: Schild, Flügel, Kugel (Jab. 247). Eber und Hund. (Jab. 248.)

Von den vier Schriftdenkmälern ift eines ein Weihftein und drei find Grabfteine:

IOM D TIB CL*, dem Dolichenus, mit Relief-Spuren, Zeit um 180, gef. 1854; an der Capelle. (Jab. 246, Mo. 4790.)

MEMORIAE*, mit primopilaris legionis II italicae, dux et praepositus legionis III augustae; Valerius Claudius Quintus ift wohl geftorben zu Lambaefa in Numidien. Der Cippus mit dem Relief Genius (Krieger mit Schild), Zeit um 250, gef. um 1819, fteht an der Kirche (Jab. 243, Mo. 4855, Kml. 73, 74).

TI IVLIO PRIMIGENIO*, mit Accenten, Cippus mit Zierrat, Zeit um 130, gef. 1819, an der Kirche (Jab. 244, Mo. 4928).

QVARTO, um 160, gef. 1819, an der Kirche (Jab. 245, Mo. 4960, M. VI n. F. p. CLII fechs Römerfteine. Mu. RN. 1, 308).

Die Kirche zum heiligen Georg ift eine kleine einfchiffige, ehemals gothifche Anlage, wie noch die fpitzbogigen bereits rippenlofen Gewölbe bezeugen. Der Chor befteht aus einem Joche und dem fünffeitigen Schluß, früher mit einfachem gothifchen Kreuzgewölbe überdeckt, außen an demfelben vier zweifach geftufte Strebepfeiler, das gedrückte Schiff einft mit dichtem Netzgewölbe. Hier haben fich einige leere Schlußfteinfchilder erhalten.

Der rückwärtige Theil in jüngerer Zeit zugebaut mit rundem Tonnengewölbe. Die Fenfter modernifirt. An der Chor-Nordfeite die neuere gedrückt rundbogige Anna-Capelle mit einem barocken Altar, zugleich Tauf-Capelle. Der Tauffiein gothifch, aber plump.

An der Chor-Südfeite kleine Sacriftei, darüber der viereckige Thurm. Einige Schritte von der Südfeite der Kirche entfernt eine Capelle, fpätromanifch, öftlich halbrunde Apfis, drei kleine Fenfter, unten ein Beinhaus. Außen Spuren von Fresken. An der Weftfeite zwei Reliefsteine. Ueber der Thüre kurzgefchürzte Figur, Kästchen mit beiden Händen emporhaltend und über dem Rundfenfter bärtiger Männerkopf mit fchwachem Schulteranfatz.

In der Sacriftei ein gothifcher Kelch, 19 Ctm hoch, mit der Jahreszahl 1.5.9.2, fechsfeitig am Fuße. In den einzelnen Päffen Gravirungen: 1. S.IOHNS, darunter ein Kelch und drei Sterne; 2. S. PETER im Bruftbild; 3. S. PAULUS; 4. P.S, darunter Bruftbild des heiligen Johannes; 5. S. I und Bild des heiligen Georg, wie er den Drachen tödtet; 6. S. R mit einem Wappen in Renaiffance-

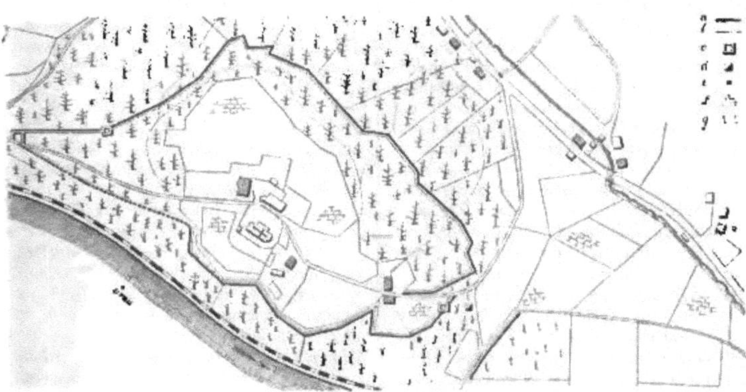
Fig. 136. (Holz.)

Form, im Schilde und am Helme ein laufender Hund. Der Kelch ist von Silber und vergoldet.

Hundsdorf bei Friesach. Pfarre und Gemeinde St. Salvator. Relief, zwei Büsten, Pirker-Haus über dem Hofthore (Vgl. Friesach, Jab. zu 272).

Hundskirchen bei Nikolsdorf, Felsenwand mit Inschriften und Zeichen, darunter links die Gestalt eines Hundes und einer Kirche. Manche Zeichen stammen aus neuerer Zeit, die kleineren Zeichen insbesonders sind weit älter, ähnlich denen von Gurina (M. x. n. F. p. CXCVIII).

Hungersbach (auch Bach bei St. Urban ob Glanegg. Das Schloß, auch Bach genannt, ist noch bewohnbar, ohne Befestigung (eine Pechnase ausgenommen), der nördliche Flügel um 1596 erbaut, daselbst zwei alte große Kachelöfen. Die Schloß-Capelle besteht aus zwei Theilen, der ältere Theil ist in fester Verbindung mit dem Hallengange auf der Ostseite des Schloßes, daran stößt der jüngere Theil des Presbyteriums mit eckigem Abschluß. In beiden Theilen Kreuzgewölbe. Der Altar entstanden nach 1629, die Votivtafel von 1681, dann ein altes Schnitzwerk, Grablegung Christi vorstellend. Von den drei Glocken eine von 1687 (M. VII. n. F. p. CLII).

Hüttenberg. Bei den meisten Bauernhäusern des Eisenbezirkes sind uralte Schlackenhalden gleich Hügelgräbern aufgeschichtet. Eine solche eisenreiche Halde am Gratzen-Moose in der Ziegelgrube zeigte unter der Abfolge von Grasdecke (Moos) Torfschichte von 31 Ctm. (1 Fuß), Lehm mit Schörlfels 190 Ctm. (6 Fuß), dann Hochofen-Schlacken, verwittert wie Braunerz, Baumstämme, zu unterst die bedeutsamen Thonröhren. Die Bruchstücke von dreien waren lang 10·5 Ctm. (4 Zoll), lichter Durchmesser 24 Mm. (11 Linien), Fleischstärke 13 Mm. (6 Linien); sie erschienen vorn geschmolzen, rückwärts ausgedreht, also Geblusröhren für kleine Schacht-Oefen. Steinplatten mit Lehmschichte, unten der nothwendige Sumpf, seitlich der Blasgang mit dem Thonrohre geben das Bild der Schmelzstätten in Gruben ohne Hochofen.

Unter den Funden in den Schlackenhaufen werden auch Scherben römischer Gefäße und römische Münzen aus der Zeit von Hadrian und den Antoninen erwähnt (*Hermann* Text 138, eine Bronzemünze K. Car. 1846, 106, 129) und hiedurch der Abbau und die Verhüttung der Hüttenberger Eisenerzlager in die Römerzeit hinaufgerückt, womit auch die Vorkommnisse anderer römischer Eisenschmelzen übereinstimmen (K. Ztsch. 3, 190. WSbücher 102, 15. Car. 1880, 252; 1865, 278 (*Seeland*). Correspblatt d. deut. anthrop. Ges. 1877, 151. *Münichsdorfer*, Gesch. des Erzberges). Durch den Fund eines bronzenen Palstabes im Jahre 1874 (Car. 1880, 242) ist ein schon in vorrömischer Zeit fallender Eisenwerksbetrieb nicht völlig erwiesen, in neueren Untersuchungen aber wieder eingehend besprochen worden (*Seeland*, Oesterr. Ztschr. f. Berg- u. Hüttenw. Jahrg. XXXIII).

Der Römerzeit zugeschrieben wird die Watsch-Grube, angeblich von einem Römersclaven zuerst bearbeitet, außerdem galten als älteste die Gänge an »Sonne« und »Scharfenstein«, als frühmittelalterlich die Gruben Altglück, Gestang, Altwolf, endlich auch die Stollen Burgenberg, Gaisberg und Waitschach, alle ohne Ausnahme mit Meißel und Schlägel bearbeitet.

Auch beim Schulhause am Knappenberge wurden Thonröhren gefunden.

Der Vorort für die ferrariae noricae, als Candalicae vermuthet (*Muchar*, *Knabl*, *Jabornegg*), war durch eine Seitenstraße mit Virunum verbunden und durch eine solche über Mölln längs der Sirbitzhöhe mit den Gebieten von Montana (Monate, Enzersdorf). Die das Eisenwesen speciell leitenden conductores und procuratores fallen in der Civität von Virunum laut der Steine zu Tiffen (Jab. 415, Mo. 4788), Hohenstein (Jab. 239, Mo. 4809), Friesach (Jab. 264, Mo. 5036) und Aquileia (Mo. V 810), wo der conductor Tib. Claud. Macro genannt ist. Vielfach das Montanwesen betraf die Procuratur mit dem Amtssitze zu Celeia.

Außer den genannten Münzen, einem Bronze-Meißel, tief 63 Ctm. (Ib. 1882, 201) und Thonscherben sind hier gefunden zwei Grabsteine:

DM RVFIVS*, Zeit um 240, gef. um 1818. Kirchthor (Jab. 286. Mo. 5033. Mu. R. N. 1, 182).

M IVVENTIVS*, Zei um 220, gef. um 1817. Kirche (Jab. 285. Mo. 5034. Mu. R. N 1, 273).

Die nächsten steierischen Fundstellen nach einer Weglinie sind Margarethen am

Silberberg, Mülln (Car. 1837, 142. 1868, ad Nr. 6. Ank. 1, 44, 50, 140, 566, 572, 600, 627, 745 Quellen 51. Aſk. 2, 10, 105. Jab. S. 4. Sitzgsb. d. Ak. d. W. 74, 391; 80, 524. M. IX n. F. p. LXIV; VI n. F. p. CLIII. Geolog. R. A. R. 16. V. 104. Jbuch ſ. K. 2, 169; 7, 163. Vgl. Eiſenerzberg Stmk. Ztſch. 5, 1, 3; 11, 1. Mu. R N. 1, 354. 382. G. 1, 87, 115, 122, 139. Index S. 143. M. 1864, p. LXVII Note 5. Mi. w. anth. 7, 278. Kml. 90, 147. Graſſauer L. Kunde 1875. 81. M. IX (1864) p. LXV (Montanweſen).

Achthundert Jahre nach der Zeit der ergrabenen Münzen erſcheinen die Orte des Eiſenbezirkes urkundlich; Zezze, Zezzen um 1074—1084, Zozen, Zozzen 1106 (der Kirchort), Brezin, Freſen um 1150.

Die Kirche, mittelgroße, einſchiffige Anlage, ſtammt aus 1491[1]), in den Umfaſſungsmauern mit decorirten Strebepfeilern, noch gothiſch. 1748 brannte ſie gänzlich ab. Das hölzerne Gewölbe ſtammt aus 1845, doch gehören dem gothiſchen Baue noch die fünfſeitigen Dreiviertelpfeiler mit Capitälen, denen zufolge der Chor früher in drei Joche und den Schluß getheilt war. Im Chor ſind dieſe Capitäle unverziert, die Schiffe ſind mit Blattornament reichlich verſehen. In den Fenſtern Maßwerk und an der Weſtſeite ein großes Rundfenſter ohne Maßwerk. Beſondere Beachtung verdient das Portal mit ſeinen Fialen, Niſchen, Wappen und Malereireſten, letztere auch am Südportal, geſchützt durch eine Vorhalle, die zwiſchen zwei Streben mit ſchönem gedrückten Netzgewölbe eingeſpannt iſt. Die Rippen haben noch die alte Bemalung, braunroth und gelb mit weißer Theilung, in den Feldern Blumen- und Blattornamente, in der Mitte Chriſtus am Kreuze, der heilige Johannes und mehrere Figuren in altdeutſcher Tracht, links iſt theilweiſe zu erkennen: die Kreuzabnahme. Weiter rechts ein Veſperbild. Unter dem großen Bilde Spuren des Dedicationsbildes. Dieſe Malereien wurden im Jahre 1886 wegen zu großer Schadhaftigkeit übertüncht. Am Portal in Schildern der Radgewerke einige Hausmarken und Steinmetzzeichen:

Spätgothiſcher Taufſtein zwölfſeitig. Der ſteinerne Orgel-Chor hat ſich ganz im urſprünglichen Zuſtand erhalten. Unten mit dichtem Netzgewölbe verſehen, öffnet ſich die Unterhalle in drei Spitzbogen gegen das Langhaus, zwei freiſtehende achtſeitige Pfeiler tragen die Bögen, denſelben entſprechen an den Wänden kräftige Conſolen, dabei Schilde; in einem drei Sterne, im andern gekreuzte Hämmer. In den Hohlkehlen der Orgelchor-Brüſtung Sculpturen. Der Thurm neu.

Am Chor ein Holzrelief, eine knieende Frau mit offenem Buche, neben ein Himmelbett, Stuhl mit Polſter und Rücklehne (M. Verkündigung). An der Nordwand ein Biſchofskopf, Sculptur (M. VI. n. F. p. CLIII).

[1]) Jahreszahl am äußeren Pfeiler.

J.

St. Jacob in Galizien. Die dortige Kirche wurde bereits bei dem Artikel Galizien (S. 62) beſprochen. In dem Nekrologium des ehemaligen Auguſtiner Chorherren-Stiftes Eberndorf von *Beda Schroll* (Arch. f. öſterr. Geſchichte, LXVIII. Bd., S. 265) wird hierüber bemerkt: Galizien am Vellachbache gehörte mit der Pfarre in das genannte Stift, dem ſie incorporirt war. Ihre Gründungszeit iſt unbekannt. Herzog Ernſt von Oeſterreich verleiht 1408 dem Propſte das Recht, die Habe des verſtorbenen Pfarrers von St. Jacob in Beſitz zu nehmen. Kaiſer Friedrich III. entſchied anläßlich eines Streites (1454) unter anderen, daſs der Propſt auch zu St. Jacob an der Vellach die Kirchtage behüten könne. Fig. 137 gibt die Anſicht der Pfarrkirche und deren Grundriß (M. VII. n. F. p. CXVII).

St. Jacob, Filiale von Griffen, eine gut erhaltene Kirche. Das Schiff älter, noch mit flacher Decke, im Presbyterium Sterngewölbe, die Rippen auf Wandconſolen lagernd, glatte Schlußſteine, Fenſter im Rundbogen, Altar im Barockſtyl mit dem Wappen von Griffen, Holzfigur St. Jacob (Ende des 15. Jahrhunderts). Hinter dem Altarblatte hängt der Rücktheil eines Meßkleides aus gepreſstem Sammt mit breitem Kreuze, der Balken beſteht aus einer Art geflochtenen Stoffes mit Goldfäden, darauf Hochrelief-Stickerei (Chriſtus gekreuzigt, Maria und Johannes). Den Kanzelfuß bildet ein antikes Marmor-Capitäl (M. XII. n. F. p. XXIX).

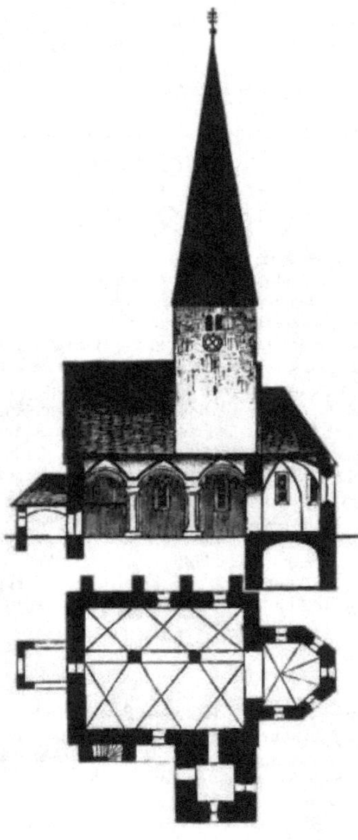

Fig. 137. (St. Jacob in Galizien.)

St. Jacob bei Klagenfurt. An der Strauß'ſchen Ziegelhütte ſtieß man im Jahre 1863 und ſchon zuvor in dem Thonlager, in einer Tiefe von 94—158 Ctm. (3 bis 5 Fuß) auf Metall- und Thongeräthe, als:

Bronze: große Fibel K.

Eiſen: 1 Griffel mit Oehr K., Nägel K., 1 Zange, anderes Eiſenzeug.

Thon: 1 graues Töpſchen, 1 rothgelbe halbgebrannte Urne mit engem Halſe und Henkel, 1 ſchwarzgraue Schale, dreifüßig, K. und 1 Schüſſel, ſchalenartig K.; Sigillata, 1 Schale. (Afk. 9. 160. Car. 863. p. 235).

Außer der mit Kugelſteinen eingeſriedeten Töpferſtätte erhielt man hier auch bei einer Brunnengrabung Reſte der alten Straßenſchichten, und zwar lagen dieſelben in einer Tiefe von 3·16 M. (10 Fuß); das wagrechte Steinpflaſter hielt jene Richtung ein, welche dem Wegeszuge von Ton zum Kreuzerhofe entſpricht (Jab. S. 154. Afk. 9. 160. AfköG. 38. 201. M. n. F. p. LV).

St. Jacob im Lessachthale. Die Pfarrkirche, ein kleiner gothiſcher Bau, angeblich von 1523, mit ſchadhaftem Netzgewölbe. In den Fenſtern des kleinen Presbyteriums noch Maßwerk. Am Hoch-Altare drei Figuren von einem Flügel - Altare ſtammend (St. Jacob, Andreas und Philipp) ſammt dem alten Schreine. Auch ein Stück alten durchbrochenen Ornaments blieb erhalten. Rechts und links ſtehen als freie Figuren die vom Grunde getrennten Reliefbilder des Flügel-Altars: Petrus und Paulus. Das Uebrige des Altars aus dem 16. Jahrhundert. Einfache Wandniſche als Sacraments-Häuschen (M. I. 125, M. XI. n. F. p. XLV).

St. Jacob im Ober-Rosenthal mit einer ſchön und hochgelegenen Pfarrkirche. Schon 1192 wird einer Capelle an dieſer Stelle erwähnt, 1267 erſcheint urkundlich eine Kirche. Die jetzige auf einem Hügel gelegene Kirche, ein einfacher Bau, beſteht aus dem fünfſeitigen, ſternförmig überwölbten Presbyterium ſammt einem vorgebauten Joche, deſſen Rippen auf verſchieden conſtruirten Trägern ruhen, vier ſpitzbogige Fenſter, im übrigen iſt dieſer Theil ſehr moderniſirt. Der Thurm ſteht zwiſchen Chor und Schiff, und zwar über dem Presbyteriums-Joche auf zwei Rundbögen. Im Glockenhauſe ſpitzbogige Schalllöcher, die Netzrippen der Halle ruhen auf zierlichen Conſolen, Schlußſteine. Das Schiff iſt in ſeiner erſten Anlage älter (13. Jahrhundert?), hat eine Holzdecke, vier ſchlanke gothiſche Fenſter, die jetzt oben vermauert ſind. Spitzbogiges Portal, desgleichen der Sacriſtei - Eingang. Außen schwache Chor - Strebepfeiler. Zwei große barocke Seiten-Altäre zeigen die Jahreszahl 1656, der Hoch-Altar neu. In der Vorhalle der Grabstein der Ursula, Hausfrau des Jacob Tirkh und ihres Sohnes Jörg, gestorben bei dem Hammer Roseckh 3. November 1553. Einfacher Taufstein mit viereckigem Sockel, daran Wasserschläge, becherförmige Schale. Am Chor außen Strebepfeiler, unten vierseitig, oben über Eck gestellt. In zwei Chorfenstern neue Glasgemälde (Kirch. Schmuck 1882 1).

Im Pfarrhofe eine kleine Capelle mit zwei interessanten Votivbildern: 1. die Erscheinung des heiligen Geistes (Georg W. Schweitzer, Abbas ossiacensis 1624), 2. die drei heiligen Frauen: Maria, Barbara, Katharina (1615; M. x. n. F. p. xxIII).

St. Jacob bei St. Paul ob Ferndorf, kleines roh gebautes Kirchlein, darin ein theilweise erhaltener Flügel-Altar. Die Predella ist offen, ohne Rückwand, bestehend aus sich durchschlingenden vergoldeten und versilberten Holzranken. Als Hauptbild St. Jacob in ganzer Figur. An den Flügeln innen auf Goldgrund St. Peter und Paul in sehr gutem Flach-Relief, auf den Außenseiten etwas derbe Malerei: Mariens Verkündigung. In der Bekrönung Christus die Wunden zeigend, Kniestück, der Fialenschmuck naturalistisches Astwerk.

Auf der linken Seite steht ein bedeutender Renaissance-Flügelaltar, doch lassen die Ornamente gothische Vorbilder erkennen. Im Mittelbilde Schiff auf Wellen, in dessen Mitte Crucifix bis auf den oberen Rand der Nische reichend mit sehr schön geschnitztem Christus; zu den Füßen des Kreuzes steht Maria mit dem Kinde, das den Apfel hält, mit Goldreifen im Haare, rechts drei weibliche stehende Figuren mit lang herabfließendem Haar, zwei mit Goldreifen, eine mit Krone auf demselben, links drei männliche Figuren, ein Papst mit Tiara, ein Diakon mit Chorhemd und grünem Baret und ein Bischof mit aufgeschlagenem Buche. Ueber dem Christus und den Figuren herrliche Holz-Arabesken mit Drachenköpfen. Auf dem linken Flügel St. Sebastian mit nacktem Körper in rothem Mantel, grünem Barrete auf langen blonden Haaren, Bolzen in den Händen und Wundmalen auf der Brust. Auf dem rechten Flügel ein Papst mit geschlossenem Buch in der linken Hand, auf welchem ein Rabe (?), in der rechten ein Bischofstab. Ueber dem schönen Gesimse ein im Halbbogen abschließendes Tympanon darin das Kreuz mit dem Schweißtuche. Darüber Mutter Anna mit Maria und dem Jesukinde auf dem Schoße. Ringsum wieder schöne Blatt- und Blumen-Arabesken mit Drachenköpfen, sämmtliche Figuren sehr schön ausgeführt in Flach-Relief. In der Predella wohl etwas derb gemalt der auferstehende Heiland mit der Kreuzesfahne, rechts und links desselben zahlreiche kniende Männer und Frauen, welche betend zu Christus aufblicken. Ueber dem Heiland die Jahrezahl 1553 und das Spruchband: Und umb Unser gerechtigkeit willen auferweckt. Außen auf dem linken Flügel gemalt Verkündigungsengel mit dem Spruchbande: Ave Maria gratia plena Dms. Auf dem andern Flügel das correspondirende Bild der Verkündigung. Maria die Hände über die Brust gekreuzt, über derselben dunkles Gewölke, aus welchem ein Lichtstrahl bricht, in dem das Christkind mit dem Kreuz im Arme abwärts schwebt; ihm zur Seite von einem Nimbus umgeben das Symbol des heiligen Geistes, die Taube. Dieser Altar verdient als ein in seiner Art merkwürdiger Gegenstand aufmerksame Beachtung und sorgsame Erhaltung (M. xi. n. F. p. xlv).

St. Jacob bei Wolfsberg. Der Reliefstein: Mädchen mit Spiegel haftet in der Friedhofmauer (Jab. 318). Der Grabstein (D)ONATVS, Zeit um 120, gef. 1819, im Kirchboden (Jab. 317, Mo. 5089). Die Schrift nicht mehr sichtbar.

Einschiffiger niedriger Bau mit einfachen Gewölben, drei Joche im Schiffe, ein Joch im Chor, polygoner Schluß. Im Chor laufen die Rippen auf Tragsteinen, im Schiffe auf Wandpfeilern an, die nur theilweise bis zur Erde reichen, theilweise aber in halber Höhe auf breiten Capitälen absetzen. Im Chorschluß-Fenster gutes Maßwerk, schöne Renaissance-Kanzel mit reich eingelegter Holzarbeit. Zu erwähnen auch zwei Oelgemälde: Mater dolorosa und am rechten Seitenaltare die heilige Barbara, mit der Jahreszahl 1720.

Jakling bei St. Andrä. Fundort mehrerer Bronzen (Jab. zu 335).

Jauken. Berg bei St. Daniel. Stollen aus vorrömischer Zeit für silberhältiges Blei (Jab. S. 171).

Jaunstein. Am rechten Drau-Ufer, zwischen hier und Hemmaberg in der Westlinie, alsdann Globasnitz und St. Stephan in der Ostlinie, erstreckt sich der Stadtbereich von Juenna, vermuthlich nur die weſtlichen Vororte. Die Straße aus Virunum, herkommend vom Kreuzerhof, unterhalb der zwei Teiche bei Tainach die Drau überſetzend, Eberndorf durchziehend, hielt unter Jaunſtein eine faſt weſtöſtliche Richtung ein bis gegen Unter-Loibach.

Die Stadt Juenna, laut der Tabula, entfernt von Virunum 23 mp, von Colatio

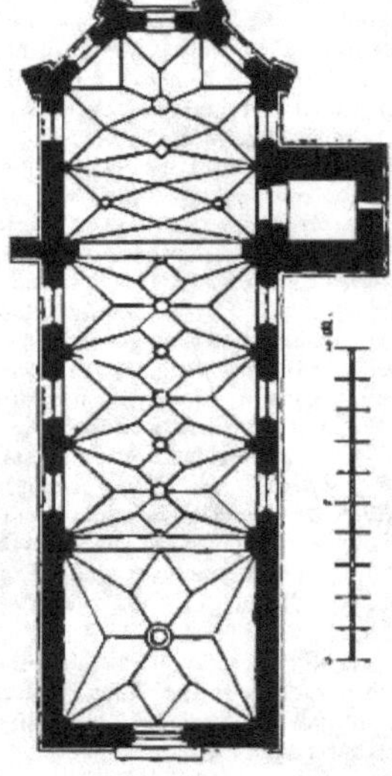

Fig. 138. (St. Johann B. zu Kornat.)

(Windiſchgrätz, Gradiſche, Altenmarkt) 22 mp, von Upellae (Weitenſtein) 38 mp, von Celeia 51 mp, zur respublica Virunum eingeſchrieben, verräth ſich durch einige bis hieher reichende Straßen- und Gebäudereſte, Pflaſterſpuren, Gräber, Steindenkmäler. Gemäuer, rohe Steinplatten, dazwiſchen ein Menſchen-Skelet, fanden ſich vor 1867 (und 1838?) im Baugrunde des Meßnerhauſes, weſtlich der Kirche St. Johann (ſlaviſch Juna).

Aus dem Jaunthale (Kriſtendorf?) ſtammen die Bronzemünzen von M. Aurel, Verus (Jahr 169), Fauſtina jun., aus Jaunſtein ſpeciell eine Bronzemünze Gordianus (gef. um 1864) ſämmtlich K.

Der Grabſtein ... ITICO, Zeit um 200, gef. vor 1838, befand ſich in der Kirche St. Johann, ſeit 1867 verſchwunden (Jab. 350, Mo. 5077). Die angebliche Juno-Statue vom Breccienfels-Jaunſtein zu Eberndorf iſt eine Marien-Statue.

Der Slavenzug nach Weſt 592 mag den Ort zum Untergang gebracht haben; um Juen, Jun, Juna, Juon trieb man Blei- und Silberbau wohl vor 1170 und 1100 (Jab. S. 2, S. 131, 138. Karte 3. Car. 1864, 196; 1838, 144. Vgl. Mo. S. 623. Mu. G. Stmk. 1, 85. Afkög. 26. 49. Kml. 67, 137. Kr. H. G. 5, 102. Jordan S. 82).

Die Filialkirche zum heiligen Johannes, ein kleiner einſchiffiger Bau, im Chore mit ſpitzbogigem Gratgewölbe und zierlichem gemauerten Dachreiter. Schiff flachgedeckt. An der Außenſeite des Chores 1678, des Schiffes 1735, der öſtlichen Sacriſteiwand 1717.

Ingolsthal. Die Fundloſigkeit dieſes erſten weſtlichen Thales neben dem Straßengebiete von Frieſach-Neumarkt bezeugt, daſs hierſelbſt eine abzweigende Seitenſtraße über die Grebenzen oder die Kuhalpe gegen die ſteieriſchen Orte Zeltſchach, St. Lambrecht oder Murau nicht anzunehmen ſei. Der Ingolsthal-Bach wird allerdings ſehr früh urkundlich genannt als Miſſe 898.

St. Johann am Brückl. Das Görſchitzthal, von hier aufwärts benannt nach der ſchon 831 urkundlich erſcheinenden Kurciza, iſt bis hinter Hüttenberg durch eine Seitenſtraße verbunden mit der Hauptlinie Kreuzerhof-Zolfeld. Eine bronzene Lanzenſpitze mit Schaftrohr, gef. um 1844 K., eine kleine Metallfigur, gef. 1845 K., eine Bronzemünze, gef. 1844 K., werden dieſem Orte zugeſchrieben.

Der Grabſtein SECVNDV*[1]), um 200, gef. vor 1829, an der Oſtſchlußſeite des Chores außen, 0.42 Ctm. hoch, 0·45 Ctm. breit (Jab. 292, Mo. 4977. Car. 1844, 201, 214; 1845, 208, M. xi. n. F. p. xxiii). Das Reliefbild mit vier Bruſtbildern, 1·15 M. breit, am Pfarrhausgiebel ſtammt aus St. Lorenzen (Hohenauer 283).

Die Pfarrkirche (Dec. St. Veit) iſt eine große hohe einſchiffige Anlage mit einheitlich ſpätgothiſcher Netz-Einwölbung im Schiff und Chor. Dieſer beſteht aus zwei

[1]) Leſungsverſuch: Secundv | s. adivto | ris. et. me lissa. rvati | e i. fili. fecc.

breiten Jochen und dem fünfseitigen Chorschluße. Die Rippen laufen an den Wänden sich unvermittelt gegenseitig überkreuzend herab. Das Schiff wird vom Chore durch einen verhältnismäßig niedrigen [1]) und flachspitzbogigen Triumphbogen mit profilirten Laibungen getrennt, besteht aus drei gleich breiten Jochen, die von einander durch capitällose Dreiviertel-Säulchen mit Wandlisenen auf Sockeln getrennt sind. Im letzten Westjoch, doch dasselbe nicht ganz ausfüllend, befindet sich der in drei Jochen gothisch eingewölbte Orgel-Chor mit einfachen Kreuz-Rippengewölben, gegen das Schiff mit drei spitzbogigen Scheidebögen geöffnet. Auf einer Kegel-Consule an der Westwand über der Empore ein Schild, in welchem die Jahrzahl 1535 eingehauen. Auf einem Schilde in der südöstlichen Schiffecke die Jahrzahl 1522 in Flach-Relief. Alle neun Fenster mittelhoch spitzbogig, im mittleren Ostschluß-Fenster einiges Maßwerk. Am Thürsturz des südlichen Einganges an den profilirten Gewänden zwei Schilder, wovon der eine das verkürzte Wort Maria, der zweite die Jahreszahl 1521 und das Steinmetzzeichen [Steinmetzzeichen] zwischen zwei Sternen trägt. Dasselbe Steinmetzzeichen findet sich auch nahe dem Sockel auf der inneren Seite der linken Wandung des West-Portales. Der westliche Haupt-Eingang, dahin 10 Stufen führen, ist sehr hoch gelegen. Die Thürgewände sind mit drei breiten Hohlkehlen und zwei Rundstäben profilirt und schließen im Spitzbogen ab, darüber sich die Stäbe theilweise astförmig kreuzen. Unter dem Dachsaum rechteckige gothisch abgefaßte Gucklöcher. An den Westecken schräg gestellte dreiabsätzige Strebepfeiler.

Der Thurm an der Chor-Südseite mit großen spitzbogigen Oeffnungen, vier Spitzgiebeln und achtseitigem Spitzhelm.

Taufstein alt, achtseitig, gothisch profilirt, am älteren Fuße sich kreuzende Rundstäbe, am Becken zwei Schilder, darauf die Jahreszahl 1535.

Von Grabsteinen nur einer im Chor-Fußboden durch die Mensa des Seiten-Altars zum Theile verdeckt. Man sieht noch einen Theil von der Figur eines Priesters mit Baret, Halskette und Mantel. Die Inschrift lautet: Venerabilis dominus Martinus Leittner praepositus in Drauburg, plebanus ad Setm. Johannem cujus anima requiescat in pace ML 34 [1]).

Am Arbeiterhaus in Brückel ein gelblicher Stein eingemauert mit einem Löwenkopfe sammt Ring im umrahmten Felde.

St. Johann auf der Flatnitzalpe, s. Flatnitz.

St. Johann an der Gözing (Filiale von Egg), kleine einschiffige Anlage mit

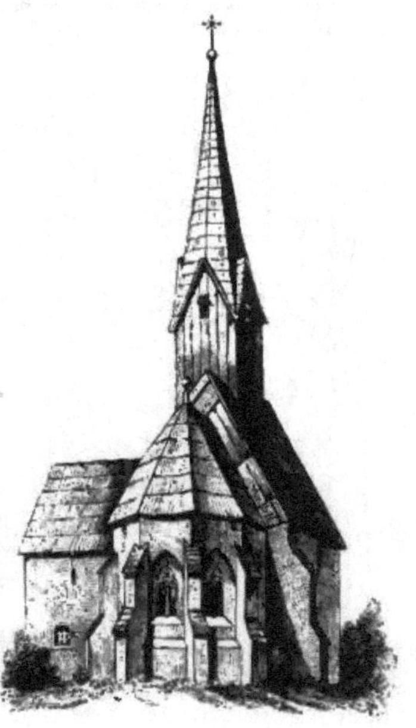

Fig. 139. (St. Johann bei Villach.)

dichtem spätgothischen Netzgewölbe im Chor und dreijochigem Schiffe, dessen ringförmige Consolen in halber Höhe als Rippenauflager, Fenster spitzbogig ohne Maßwerk, keine Strebepfeiler (M. IX. n. F. p. CXXXII).

St. Johann bei Gurk. Kleine aufgelassene Capelle mit einfachem romanischen Stein-Portal. Der Grabstein CACVSIVS*, um

[1]) Es war früher ein höherer.

[1]) Entweder ist D statt L, dann hieße es 1534 oder ist D ausgelassen, dann wäre 1584 anzunehmen.

160, gef. 1819 zu Gurk im Propfteihaufe (Jab. 261, Mo. 5028).

St. Johann B. zu Kornat im Lesfachthale mit einer beachtenswerthen fpätgothifchen Kirche; Schiff und Presbyterium find gleich breit und hoch und nur durch einen einfachen Triumphbogen getrennt, gut erhaltenes einfaches Netzgewölbe in beiden Räumen, vor dem Schiffe ein Vorbau mit Sterngewölbe, die Fenfter im Schiffe bereits ohne Maßwerk, doch ift dies in denen des Presbyteriums erhalten. An der Außenfeite des Presbyteriums fchwache über Eck geftellte Strebepfeiler. Die Sacriftei an der rechten Seite des Presbyteriums, über ihr der Thurm (Fig. 138; M. XII. n. F. p. LXXVII). Sehr freundlich restaurirt; neue gothische Kanzel und neue gothifche Altäre.

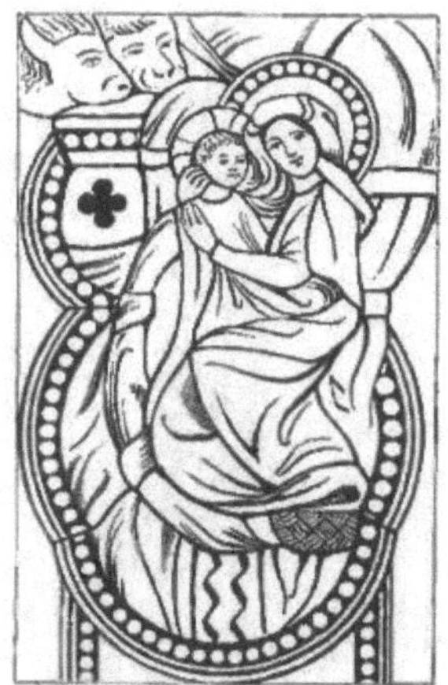

Fig. 140. (St. Johann bei Villach.)

St. Johann B. am Kienberge bei Unter-Drauburg, befitzt eine Kirche von einfach fpätgothifcher Bauart mit viereckigem Weftthurme. Sehr fchöner großer fteinerner achtfeitiger Tauffein über 1 M. hoch, an den vier vorderen Flächen des achtfeitigen Beckens je eine Engelsfigur kräftig ausgehauen, an den den Mauerfeiten zugekehrten Flächen Hoch-Reliefs, welche jedoch wegen der Dunkelheit und Enge des Raumes nicht erkennbar find, ebenfo auf jeder Fläche des ebenfalls achtfeitigen Fußes Hoch-Reliefs; achtfeitige Bafis von verhältnismäßig geringem Umfange. Eine Jahrzahl leider nirgends daran zu finden. In der Filialkirche zum heiligen Geift eine Glocke aus 1616.

St. Johann, eine Filialkirche von **St. Martin bei Villach** (Fig. 139), auf einem Hügel gelegen, einfchiffiger Bau mit flacher Decke und fünffeitigem Chörlein, die Fenfter zweitheilig mit einfachem Maßwerk und Reften

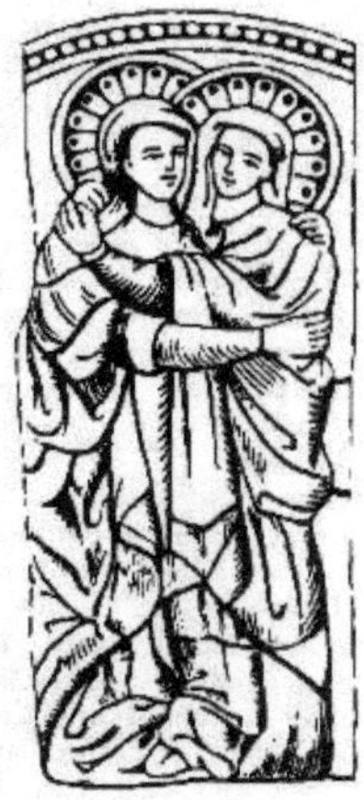

Fig. 141. (St. Johann bei Villach.)

von Glasgemälden aus dem 15. Jahrhundert, wie Chrifti Geburt und Maria Heimfuchung (Fig. 140 und 141). Der Thurm aus Holz neu, doch nach der urfprünglichen Form aufgeführt (M. IX. 113).

St. Johann im Rosenthale; in Betreff des in der Neben-Capelle befindlichen künftlerifch werthlofen Bildes fei erwähnt, dafs fich diefes wohl nur auf die Türkengräuel im Jahre 1478 beziehen kann (Car. 1886, p. 93).

St. Johann am Streinberg, bei Hörzendorf. Außer mehreren Reliefsteinen mit menfchlichen Geftalten, Arabesken, befindet fich an der Capelle noch das Bruchftück des großen Grabfteines (F)EC ET

SIBI, Zeit um 90, bekannt ſeit 1837 (Jab. 249, Mo. 5014).

St. Johann bei Wolfsberg. Drei Grabſteine, angeblich von der hierortigen Gränze der alten Stadt, enthält die Kirche.

M LÓNGINIO*, mit Accenten und quaestorius (Virunensium), um 120, geſ. 1832, die Kreuze der Menſaplatte chriſtlich (Jab. 319, Mo. 5092, S. 623. Car. 1832, 48. Aep. 4, 217. Klagf. Zeitung 1884, Nr. 214).

QVARTINVS und Kleinſchrift, um 200, geſ. 1832 (Jab. 321, Mo. 6519).

(TERT)VLLVS (SECVN)DINE*, um 180—220, geſ. 1832 (Jab. 320, Mo. 6521).

Die Kirche, ein ſpätgothiſcher Bau, beſtehend aus polygonem Schluſſe, einem Chorjoche, zwei älteren Schiffsjochen, daſelbſt zwei vermauerte Rundfenſter und aus einem neu zugebauten Joche. Netzgewölbe, Dreiviertel-Säulchen als Rippenträger, theils runde theils ſchildförmige Schlußſteine. Der Triumphbogen ſchön profilirt, an der Evangelienſeite eine fialengekrönte Sacraments-Niſche. Spitzbogige Chorfenſter, einfache Strebepfeiler mit Sockel. Der Thurm ſcheint aus drei Perioden zu ſtammen und iſt der unterſte Theil wahrſcheinlich älter als die Kirche. Grabmal des Chriſtian Freih. v. Silberberg † 1727, dann des Hans v. Siegersdorf ohne Jahreszahl, doch mit der Figur des Ritters. Inſchrift verſchüttet. Wiederholt vorkommendes Steinmetzzeichen . Eine Glocke aus dem Jahre 1711 (Ig. Lor. Röder in Villach).

Johannesberg bei St. Paul, daſelbſt eine Kirche zum heiligen Johannes, welche aus zwei Räumen von faſt gleicher Länge beſteht, einem unteren, der ſogenannten Gruſtkirche, in der Tonne gewölbt, auch durch einen meterbreiten Gurt in Schiff und Chor getheilt; und einem oberen, der eigentlichen Kirche, die aus einem gothiſchen einjochigen Chorraume mit dreiſeitigem Schluſſe und einem ärmlichen flachgedeckten Schiffe beſteht. Beachtenswerth zwei Oelgemälde, eines darſtellend die heilige Familie: der heilige Joſeph lehnt mit dem linken Arme über einen Seſſel und hält dem Chriſtkinde zwei Kirſchen vor; die heilige Maria ſtehend reicht dem auf einem Stuhle ſtehenden Chriſtkinde mit einem Löffel Milch dar. Das ziemlich verwitterte Bild iſt 1·20 und 1·10 M. groß. Das andere iſt eine Kreuzabnahme, ſehr gute Zeichnung und Compoſition, Farben etwas matt.

Josephsberg bei St. Paul. Daſelbſt eine ziemlich geräumige Kirche zum heiligen Joſeph aus dem 17. Jahrhundert. Im ziemlich breiten Felde zwiſchen Triumphbogen und Schiffdecke großes mehrere Meter langes Oelgemälde mit ſehr vielen Figuren, das himmliſche Jeruſalem darſtellend.

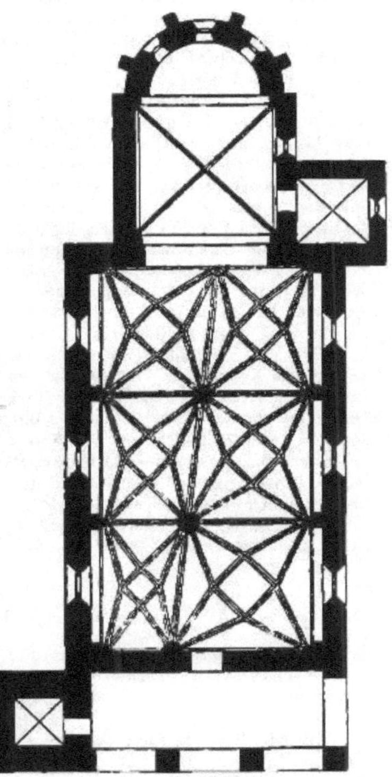

Fig. 142. (Irſchen.)

St. Joseph in der Tratten. In der Pfarrkirche, einem Bau von 1666, befindet ſich ein hübſches Votiv-Bild, dem Wappen nach aus dem Stifte Oſſiach ſtammend.

Irschen (Bzhſchſt. Spital). Die Pfarrkirche (Fig. 142) iſt von intereſſanter Anlage, das Presbyterium besteht aus einem Quadrate mit Kreuzgewölbe und schweren Rippen, aufruhend auf Viertelsäulchen in den Ecken (Eckknollen an den Basen), dann aus einer halbrunden Apsis, darin drei sehr schmale spitzbogige Fenster mit gothischem Stabwerk (an Stelle der alten romanischen Fenster). Das Langhaus zweischiffig, mit Netzgewölben in sechs Feldern, die Rippen laufen auf stark vorspringenden Diensten (nach innen geschobenen Strebepfeilern) und in der Mitte auf zwei runden Säulen an. Interessant ist die starke Verschiebung der Kirchen-Axe, daher die sechs Gewölbe keine regelmäßigen Vierecke bilden. Die Strebepfeiler sind außen schwach markirt. Die Fenstergestaltungen stammen aus neuerer Zeit. Der Thurm steht links der Façade, fast ganz isolirt und gehört der romanischen Zeit an, dreifach gekuppelte Fenster in der Glockenhalle, das Geschoß darüber mit dem Spitzbogenfenster und die Spitze mit den vier Giebeln gehören der Spätgothik an (M. VIII. n. F. p. CI).

In der Vorhalle ein Flügel-Altar, wahrscheinlich der ehemalige Hoch-Altar, bestehend aus Kasten und Predella, auf der letzteren Johannes Paulus und Florian, alle drei auf grünem Grunde gemalt und nimbirt. Am Kasten außen: ein Bischof mit einer Kirche und einer Hacke, ein Ritter auf ein Skelett (Teufel, Drachen) tretend, gemalt auf blauem Grunde; innen der heilige Andreas (am Flügel), ein Heiliger mit einem Kelche, die heiligen Dionysius und Leonhard (im Kasten) und ein König mit Scepter auf blauem Grunde (am anderen Flügel innen), die Flügelbilder in Schwach-, die Kastenbilder in Stark-Relief.

Iselsberg. Uebergang vom Möllthale ins Drauthal, von Winklern nach Dölsach, hoch 1111 M. Von Aguontum mag eine Seitenstraße geleitet haben nach Heiligenblut und den Tauernpfaden. Alte Pflasterungsstrecken sollen auf dem Iselsberge sichtbar sein, breite behauene Steine. Silbermünzen von Hadrian, wohl auf tyrolischer Seite, vor 1823? (K. Ztsch. 8, 30. *Mommsen*'s Karte. Mu. R. N. 1, 254, 293).

Judendorf. Ortsgemeinde Friesach, Pfarre St. Stephan bei Dürnstein. Wir haben in Kärnten fünf Judendorf, das größte bei Villach, Ortsgemeinde St. Martin, an der muthmaßlichen Straßenlinie St. Martin-Völkendorf-Warmbad-Federaun; dann folgt jenes bei St. Salvator, jenes bei Annabichl, jenes bei M.-Saal, alle bei wichtigen Handelsstraßen. Bei diesem Weiler vermuthet *Kenner* das Candalicae, welches absteht von Virunum 20 mp laut des Itinerars, von Monate (Enzersdorf) 18 mp laut des Itinerars, 30 mp laut der Peutinger-Tafel.

Der Grabstein DM PRIMITIVA, um 300—350, gef. vor 1826, ist nach Friesach gebracht worden und haftet im Propsteihofe (Jab. 270, Mo. 5039. Sitzb. 80, 586. Text z. arch. Karte Stmk. 1878, 21. R.-Stud. 3, 2, 4, 60, 59).

Juenna, s. Globasnitz, Jaunstein.

K.

Kading unterhalb Tanzenberg. Ein Relief, Schreiber, st., befindet sich über dem Mühlthore (Jab. 177, vgl. Möderndorf K. 196).

Kadöll bei Friedlach. Ueber das römische Säulen-Capitäl mit abgeschlagenen Blättern vor der Schmiede, s. Friedlach Seite 45.

Kaltwasser bei Raibl. Dieses Gebiet einer ziemlich reichlichen Triasflora lieferte aus dem Alluvium einen Steinhammer, 1821 (Car. 1886. K. 199).

Kammering (Decanat Unter-Drauthal). Am Drau-Ufer nächst dem Hochfeld bei Tragail will man 1881 Mauerreste, Brunnenschachte mit Menschen- und Thierbeinen, auch in den Fluß gestürzte Statuentheile bemerkt haben.

Die Kirche zu Maria Dornach genannt, enthält etliche gothische Reste im Presbyterium; in der Sacristei ein prächtig punzirter Kelch aus dem 17. Jahrhundert. Grabstein (außen) des Hanns Caspar Nenchinger von Neuching und Schönstadt in Bayern, 1601; im Orte ein interessantes gothisches Haus (M. XI. n. F. p. CCX).

Kamp (Decanat Wolfsberg). Die Pfarrkirche dieses hochgelegenen Ortes ist ein mittelgroßer gothischer Bau, innen sehr niedrig und gedrückt überwölbt. Im zweijochigen dreiseitig geschlossenen Chore finden sich einfache Kreuzgewölbe, im Schiffe Netzgewölbe, erſtere auf kurzen Dienſten über Conſolen, letztere auf Dreiviertel-Säulchen mit profilirten Capitälen. Auf den Conſolen, auf welche die Rippen zu beiden Seiten des Triumphbogens anlaufen, je ein Wappenſchild, welche beide zuſammen die Jahrzahl 1523 aufweiſen; auf dem nördlichen Wappenſchild 15, auf dem ſüdlichen 23. Am Chor vier doppelt geſtufte Streben; an der mittelſten Wand rückwärts unter dem Dache Reſte von alter Geſimsmalerei in Gelb, worin die Jahrzahl 1503.

Nicht ohne Intereſſe auf dem nördlichen Seiten-Altare ein Oelbild auf Blech 1·5 M. hoch und 1 M. breit: Maria Roſari. An einem Schlußſteine im Schiffe ein hölzernes Schildchen mit E. V. und einer Hausmarke. Die Marke kommt wiederholt vor (M. x. n. F. p. LXXXIV).

Am Wirthshauſe Sonnenuhr mit der Jahrzahl 1599.

Kaning (Decanat Gmünd); in der Kirche, einem Neubaue, ein altes Sacraments-Häuschen, dann ein einfacher gothiſcher Kelch mit kräftigem Nodus.

Kanker-Pass. Alte Straße durch das ſüdlichſte Thal Kärntens aus Emona über den Seeberg gegen Juenna, Eberndorf zur Drau-Linie, noch über das Mittelalter hinaus mehr benutzt als die nächſtweſtliche Loibl-Straße. Der nächſte Fundort in Krain ſcheint Mannsburg (Jab. S. 3, M. VI n. F. p. 54).

Kanzianiberg, ſ. St. Cantian im Geräuth. S. 17.

Kappel an der Drau, auch **Windisch-Kappel** (Decanat Unter-Roſenthal), die Pfarrkirche zu St. Zeno, eine Pfarre, die ſchon 1299 genannt wird, ſeit 1448 dem Stifte Viktring incorporirt geweſen, iſt ein Bau im Barockſtyl.

Kappel am Krappfeld. Das Relief, lebhaft bewegte kleine Ringer, an der Kirche (1881) zwei römiſche Sculpturſteine im Karner. Grabſtein: SABIN, c. 120, in der Laube am Pfarrhof nächſt dem Kirchthurme (Aep. VII. 152). Die Kirche wurde in jüngerer Zeit ſo umgebaut, daſs nunmehr ein Chorſchluß in Kleeblattform-Grundriſſe gegen Weſten dem gothiſchen Schiffe angefügt iſt. Dieſes zeigt noch Dreiviertel-Wandpfeiler mit Capitäl-Geſimſen, Netzgewölben und Strebepfeilern. Der Thurm findet ſich an der Oſtſeite, die ehemalige Sacriſtei gegen Süden. An der Kirche ein Grabſtein im Fußboden eingelaſſen, ſehr abgetreten, nennt Chriſtian Tomerler von Garzern. Am Pfarrhofthor die Inſchrift: Colomanus Brunmaiſter v. j. d. ppts h. eccle. pleb. totam de novo reparari fecit MDVI. In der Sacriſtei ein ſilber-vergoldetes Stehkreuz mit Gravirungen, Capellenknauf, Maria und Johannes auf Seitenäſten (15. Jahrhundert). Der Karner hat eine vorragende Altarniſche. An der Friedhofmauer iſt noch ein alter Wehrthurm erhalten. Bei einer uralten Linde ſteht eine gothiſche Capelle.

Karlsberg. Schloß und Dorf der Gemeinde Hörzendorf, Pfarre Projern. Zwei Grabſteine.

Q SAB(INIVS), Genius mit geſenkter Fackel, Zeit um 200, gef. 1819. Schloßcapelle (Jab. 250, Mo. 4967, Aep. 4, 216).

IALTNALV, Ara? um 230, gef. vor 1880 (K. 194. Aep. 4. 210. 9).

Die Burg erſcheint anfänglich als Charlsperch 1169.

Karnberg. Filiale von Projern am Nordabhange des Ulrichsberges, kleines Kirchlein mit flacher Decke, ſpitzbogigem Triumphbogen, fünfſeitigem Chor mit ſpitzbogigem Grätengewölbe. Rundbogiges Fenſter in der Mittelfläche desſelben vermauert, in der Südoſtfläche kleines gothiſches Fenſter ohne Maßwerk, hoch oben in der Oſtfläche ein Rundfenſter; dieſelben mit reinen weißen runden Putzenſcheiben mit farbiger Verbindung verglaſt. Im Schiffe links neben dem Triumphbogen einfacher Flügel-Altar. Auf der Predella ſchwer leſerliche Schrift (Hymne auf Gottes Allmacht und Barmherzigkeit?) mit der Jahrzahl 1620. Im Mittelfelde gekrönte Maria mit dem Kinde auf dem linken Arme, in Hoch-Relief; links und rechts davon in Flach-Relief St. Sebaſtian in langem Mantel mit Bolzen und St. Rochus. Auf den Seitenflügeln innerhalb Gemälde, links St. Katharina, rechts St. Margaretha, außerhalb auf den geſchloſſenen Flügeln die gewöhnliche Darſtellung von Mariä Verkündigung. Außen an der Kirchenmauer kleiner Römerſtein mit nackter Figur, welche mit einer Hand ein Tuch in einem Bogen geſchwungen über den Kopf hält; ſchön gearbeitet, doch etwas verwittert.

Karnburg. Beſiedelter Ort an der aquilejer Straße aus Krumpendorf über Emersdorf nach Zolfeld; daraufhin weiſen Umfangsmauern, welche im Weſten herunterlaufen, theils nach der Felsfteile, vom Nordhange einer Hochebene, welche an 759 M. (400 Klafter) lang, an 95 M. (50 Klafter) breit ift. Man will Graben und Wall gefunden haben, angelehnt an die Gehänge des Ulrichsberges, lang 40 bis 50 Schritte, entfprechend einem gleichen Caftelle auf dem Gratzerkogel. Bauíteine und Ziegel ergrub man befonders in der Winkelung des Walles, Mörtel und Schieferftein an der Quermauer im Often, diefes vor 1837, alsdann bei Flatfchacher um 1844.

Von einer bronzenen »groſſen Statue, im flachen Grunde vnder dem Pfarrhoff, davon ein groſſer Finger an Johann Karl Freiherrn Kemeter, feelig 1691« weiſs *Prunner* zu berichten, S. 34; ob der Finger nicht nur eine Deckelhandhabe, fei dahin geftellt. Die Reihe der Fundmünzen findet fich nirgends ausgeführt.

Die hiefigen Reliefs-Bruchftücke und Infchriften find an der Kirche angebracht; nämlich: Mann, der rechte Arm gehoben (Jab. 183); Weib, in jeder Hand eine Scheibe (Brod?), gef. vor 1821 (Jab. 184); Mann mit Krug (Aep. 7. 195).

PRIMIGEN*c 150, geh. vor 1883, (Aep. 7. 1886), Haus Patfchacher.

Die drei Grabfteine:

ALBANO, um 180, gef. vor 1821, Kirche (Jab. 182. Mo. 4875).

TIVL SOSSIVS, um 200, gef. vor 1821, Kirche (Jab. 181. Mo. 4930. Vermörtelt?).

TERTIVS IVNI*, Zeit um 100, gef. beim Pichelbauer-Grunde, aus der Burg?, 1837 (K. 60. Jab. 180. Mo. 4988. Kml. 311). Kleine Bruchftücke mit Infchriften um 1870.

Die Thongefäſse find nicht weiter unterfucht; um 1787 zeigten fich eine Menge Scherben, fchwarz, grau, roth, in dem Riede des Müllers Ehrlich, noch jetzt genannt der Trauergarten (Car. 1837, 212. Ank. 1, 51, 505. 558. 559. 622; 2, 111, 327. 419. 558. K. Ztfch. 3, 155, 165. Afk. 7, 20; 8, 138. Megifer S. 482 Bild, Hohenauer K. Gefch. 274, Car. 1871, 25; 1872, 156. 1862, 177, bef. 186. M. VII. 275. Jab. S. 4; 76 Kml. 145. 264. R. Stud. 3, 55).

Der frühmittelalterigen Stadt Karenta 888, Karantana 928, wird eine Ausdehnung von Krotendorf bis Karnburg (nächft Georgen am Längfee?) zugefchrieben; man wird fich mit einer Herzogs- und Königspfalz begnügen müffen, nachmals Caernperg 1259 geheiſsen.

Gleich dem nahen Ulrichsberg, mons Carentanus, hat das ganze Land und die Bewohnerfchaft von der keltifchen Wurzel karn für die Bezeichnung diefes Ortes feinen Namen, als deffen Formen erfcheinen Karantana, Charintariche, Karentani, Karigentini, Karintia, Carint(h)ia, Carantanien u. f. w., vgl. Carni. Für die keltifche, nicht flavifche Ableitung auch *Miklofich* (Ank. 2, 336, 808 u. v. a., Quellen S. 4 f., 113. Car. 1818. Nr. 31, Nr. 52; 1874, 37. Afk. 1, 129; 7, 41; 14, 1. *Krones* öfterr. Gefch. 1, 266; Grundriſs 1, 146. *Zahn* Urkdbuch JndS. 781. *Pauly* Reallex. Rep. d. ft. Mzkde. 1, 218, 219).

Die Pfarrkirche (einer Kirche überhaupt dafelbft wird 753 fchon gedacht) ift ein

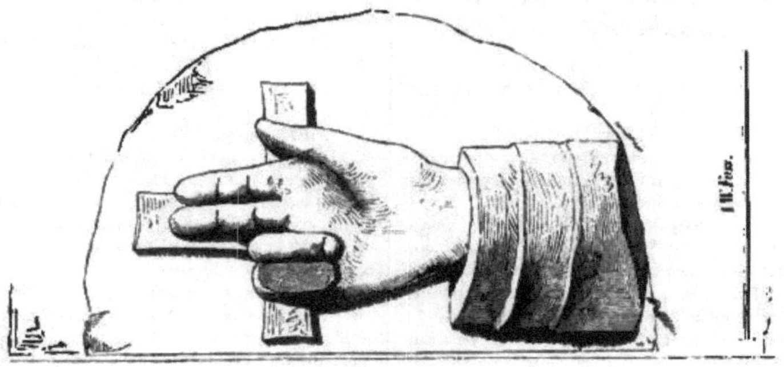

Fig. 143. (Karnburg.)

einfacher Bau aus Schiff und kleinem geraden Chorſchluß beſtehend, der mit einem Gratgewölbe bedeckt iſt. Im Schiffe flache Decke. Portal ſpitzbogig mit gegliedertem Gewände, die Thürflügel alt, mit Schienen beſchlagen, dazwiſchen zahlreiche Nägel. Ein antiker Stein als Opferſtock. Außen ein Chriſtoph-Bild. In der Vorhalle eine Predella (darauf die heilige Familie) und ein gothiſcher Schrank, eine Flügelthür, darauf innen ein Biſchof gemalt, außen St. Katharina.

Neben der Kirche gothiſcher Karner mit polygonem Chorſchluſſe, Gratgewölbe, ſpitzbogiger Thür, ein rund- und ein ſpitzbogiges Fenſter, unten Beinhaus. Am Thurme links an der Ecke eine Sculptur: die ſegnende Hand auf dem Kreuze, ehemals ein Tympanon (Fig. 143).

St. Katharina, Filialkirche von Klein-Kirchheim, ein kleiner Bau mit flachgedecktem Schiffe und rundgewölbten Chor. Die Orgelchor-Brüſtung in Fichtenholz ſehr ſchön geſchnitzt. Sie iſt ſechsfeldig, mit aufgelegten Ornamenten, im ſpätgothiſchen Style, Geflechte von Ranken, Diſtel und Weinblättern, Früchten, dabei Vögel vorſtellend; zur Zwiſchentheilung Rundſtäbe. Ein Seiten-Altar von 1688. Grabſteinfragment des And. Vorauer aus 1524 mit Kreuz und Schildchen, darin.

St. Kathrein bei Globasnitz. Drei Grabſteine:

ADNAMVS*, Zeit um 230—310, gef. 1870 in Uſey's Acker gegen Hof (Car. 1875, 287. Mo. 6517. K. 167. Vgl. Kml. S. 312, 313).

. . . RONIS*, Zeit um 180, gef. nach 1870 (E. 2, 440, 963).

CL|TET*, Zeit um 180, gef. nach 1870 (E. 2, 440, 964).

Kellerberg (Unter-Drauthal). An der Straſſe von Santicum nach Teurnia, falls dieſelbe nicht ſonnſeitiger gegen den Nordrand ſtreifte. Der Grabſtein NOVIAE mit RECONTI, Zeit um 180, gef. 1752, an der Kirche am Strebepfeiler (Jab. 455, Mo. 4758. R. Stud. 3, 35). In Urkunden Chellerberch 1263.

Von der ehemaligen Pfarrkirche iſt nur mehr das Presbyterium erhalten, das mit einfachem Rippengewölbe überdeckt iſt. Das Schiff neu (M. XI. n. F. p. LXXII).

Kerschdorf. Die Filialkirche St. Nicolaus nach St. Georg vor dem Bleiberg gehörig. Der kleine zweijochige Chor ſpätgothiſch eingewölbt, das Schiff flachgedeckt, im Chore capitällofe Dienſte. Die drei Chor-Fenſter haben Mittelſtock und einfaches ſpätgothiſches Maßwerk. Ein guter Flügel-Altar, beſtehend aus dem Mittelſchreine und je zwei Seiten-Flügeln. Im Mittelſchreingrunde das Bild der heiligen Barbara mit Kelch, Schwert und Thurm, an den geöffneten

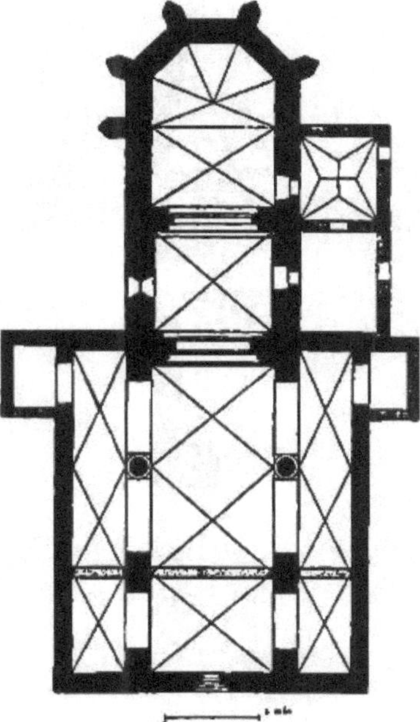

Fig. 144. (Keutſchach.)

Flügeln die Bilder des heiligen Andreas und des heiligen Johannes auf Goldgrund. Bei geſchloſſenen Flügeln zeigen dieſe außen ein gemeinſchaftliches Bild, Verkündigung Mariä, rechts die knieende Madonna, links der Engel, dunkelblauer Grund. Die unbeweglichen hinteren Flügel mit je einem Heiligen bemalt. Am Unterſatz das Schweißtuch von den Apoſteln Petrus und Paulus gehalten. Urſprünglich war der Altar-Auffatz von einem ornamentalen Schnitzwerk bekrönt; heute find davon geringe Ueberrefte erhalten, der größte Theil liegt zertrümmert in der Sacriftei. Haupt-Eingang fpitzbogig. An der ganzen Kirche Strebepfeiler. Außen ein St. Chrifloph-

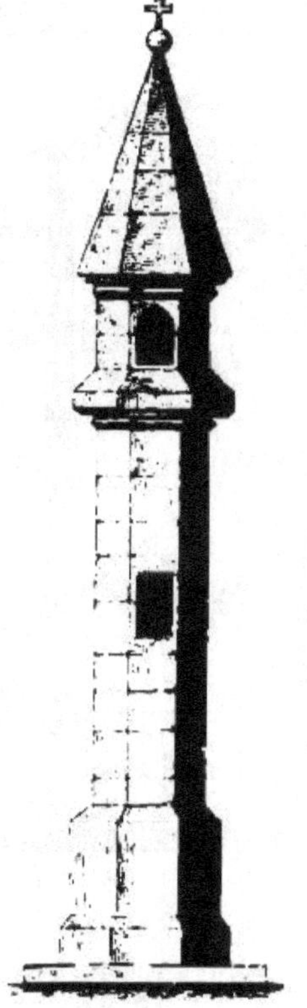

Fig. 145. (Keutfchach.)

Bild. Der Thurm mit doppelten Schalllöchern (M. IX. n. F. p. CXXXIII).

Keutschach. Das Wafferbecken des Plafchifchen-Sees unweit jenem des Turia-Sees gelegen, zeigt an der feichten eiförmigen Mittelftelle Spuren eines Pfahlbaues.

Der See hat eine Fläche von 172·64 Hektaren (300 Joch), eine Breite von 2086 M. (1100 Klafter), Länge 1043 M. (550 Klafter); die Höhenlage ift 508 M.? Im Mittelalter taucht Chevfach 1267 auf. Pfahlbauten dafelbft unterfucht 1865 und 1886. (Car. 1864, p. 453. 1865, p. 467, 1886, p. 204. Afk. 9. 129; 10, 255; 11, 171; 1874; 58. AfköG. 38. 198 f. Sitzb. d. Ak. d. W. math. 51, 1, 265. Mi. w. anth. 1, p. 321; 2, 270. 1884. 5. 10, Vhdlgn. Much, Befiedlgn. Jbuch f. K. 12, 64; Hauer 555. 85. Geolog. R.-A. 16 V8).

Zu Keutfchach beftand fchon 1248 eine Pfarrkirche. In ihrer Anlage ift die heutige Kirche eine Pfeiler-Bafilica aus der Uebergangszeit. Sie befteht aus einem dreifchiffigen Langhaufe, einem fogenannten Chor-Quadrat, das um eine Stufe höher liegt, darüber der Thurm fich erhebt, und dem um vier Stufen höheren an die Stelle der alten Apfis gebauten Presbyterium, gebildet aus Quadrat und fünffeitigem Schluße. Zwei längliche ungegliederte und zwei Säulenpfeiler trennen die niederen Abfeiten vom Mittelfchiffe. Sämmtliche Theile in jüngerer Zeit überwölbt. Der Triumphbogen wölbt fich vor dem Chor-Quadrat im ftumpfen Winkel mit romanifcher Gliederung und mit eingelegtem Wulft in der Kehlung. Er ruht auf einem gegliederten Dienfte mit eingefchobener Dreiviertel-Säule und mit Würfel-Capitäl. Die Gliederungen find roh und maffig, die Capitäle fchwach entwickelt. Der Raum mit einem rundbogigen Kreuzgewölbe überdeckt (Fig. 144).

Der Chor ift ein fpäter gothifcher Zubau und fpitzbogig überwölbt, Kreuzgewölbe mit Rippen im Quadratraume, Sterngewölbe im Schluße. In Folge des Umbaues entftand ein zweiter Triumphbogen, der in das Presbyterium führt. Er hat gothifche Gliederung auf polygonem Sockel. Im Chore eine kleine Wandnifche. Am Chore Strebepfeiler mit Uebereckftellung und Abftufung.

Die Fenfter find viereckig modernifirt, das Rundfenfter an der Weftfeite ift vermauert, doch fieht man Refte der Verglafung aus grünen Batzenfcheiben. Das füdliche Seitenfchiff hat Lünetten-Fenfter und ein Pultdach, das rechte ift gemeinfam mit dem Mittelfchiffe überdacht. Die Oberlichtfenfter des Mittelfchiffes auf diefer Seite find vermauert, aber noch erkennbar und charakteriftifch romanifch conftruirt.

Der Thurm hat einen achtfeitigen Helm und Giebel, gepaarte Schallfenfter im Kleeblattbogen. Das Weft-Portal fpitzbogig mit Hohlkehle und Birnftab.

Die Sacriftei links des Presbyteriums ift ein fpätgothifcher Bau mit Sterngewölbe, andere Zubauten erfolgten um 1720, damals löste man auch ein Pfeilerpaar im Schiffe aus und fetzte ftatt deffen die erwähnten Säulen mit breit vorladender Deckplatte ein. Helme. Eine vortretende Gefimsgliederung markirt das Lichthäuschen, das übrigens nur nach einer Seite fpitzbogig geöffnet ift. Im Schafte befindet fich noch eine zweite viereckige Aushöhlung. Die Säule mag noch dem 14. Jahrhunderte angehören (M. XIII. p. XXI; Fig. 145).

Die Filialkirche zum heiligen Nicolaus, ein einfchiffiger gothifcher Bau, mit fpitzbogigem Portal, fchmalen Fenftern, fteinerner Kanzel, gutem Renaiffance-Altar, zwei Glocken.

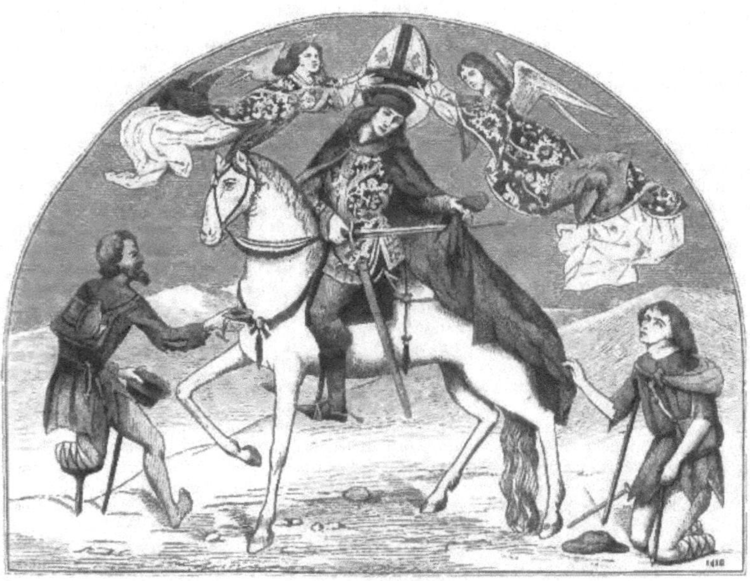

Fig. 146. (Kirchbach.)

Unterm Presbyterium und der Sacriftei befindet fich das Beinhaus, dahin der Eingang vom Friedhofe aus unter einem Stichbogen führt, dabei ein Weihwafferkeffel in der Mauer (M. VII. n. F. p. LXXXLII).

Von den Glocken ftammt die gröfste aus dem Jahr 1507, die mittlere von 1724, die dritte von 1455 und die vierte von 1712.

Am Friedhofe fteht eine 4 Klafter 3 Fufs hohe Lichtfäule von achteckigem fchlanken Aufbaue auf hohem Sockel mit fpitzem hohen

Kienberg, ein einfacher fpätgothifcher Bau mit viereckigem Weftthurme. In der Filialkirche zum heiligen Geift eine Glocke aus 1616 (M. IX. n. F. p. XXVII).

Kienegg, Schlofs, unweit von Egg auf einer Anhöhe gelegen, nicht glücklich modernifirt, zweiftöckig, nichts befonderes enthaltend. Im Umkreife ziehen fich Refte alter Ringmauern, die an der Nordfeite zinnenförmig bekrönt ſind und in der Südweſtecke an einen runden Thurm ſtoßen. Dieſelben ſind mit Schießſcharten verſehen (M. IX. n. F. p. CXXXII).

Kirchbach im Gailthale. An dem Außenrand des rundbogigen Kirchhof-Portales ein großes ziemlich gut erhaltenes Fresco-Gemälde, theils der italieniſchen Früh-Renaiſſance theils der Spätgothik angehörend, aber von vorzüglicher Schönheit. In einer ſtark vertieften halbkreisförmig überſchloſſenen Mittelniſche das Bild des heiligen Martin zu Pferd, ſeinen Mantel mit dem Schwerte unter zwei Bettler theilend; zwei Engel halten eine Mitra über ſeinem Haupte; im Hintergrunde eine einfache Gebirgslandſchaft (Fig. 146). Um das Bild eine reiche Umrahmung. Beiderſeits dieſes Bildes je ein kleineres zweitheiliges Bild, rechts St. Zacharias und St. Urſula, links Johannes Bapt. und Jacob der Aeltere, ganze Figuren auf gemuſtertem Hintergrunde. Sie ſind ſtehend in Niſchen und unter baldachinartiger Bekrönung mit Maßwerk gemalt. Die dabei befindliche Inſchrift iſt bereits erloſchen (M. IX. 114; VII. n. F. p. XLIV).

Kirchberg. Pfarrkirche zu Unſerer Lieben Frau am Kirchberg (Decanat Krappfeld). Dieſe Kirche iſt im Jahre 1837 abgebrannt, doch hat ſich die ſpätgothiſche Bauart am dreijochigen und dreiſeitig geſchloſſenen Presbyterium erhalten.

Die Rippen des Chor-Netzgewölbes ruhen auf runden Dienſten mit Capitälen, die mit Blättern umrankt und zum Theile auch mit Menſchenköpfen geziert ſind. In den Schlußſteinſcheiben ſymboliſche Figuren: Bär, Pelikan, Lamm, Roſetten, die ſegnende Hand u. ſ. f. Die Sacriſtei-Thüre im Eſelsrücken mit Krappen, Kreuzroſe und Lilien, rundbogig unterſangen.

An der Evangelien-Seite ein Sacraments-Häuschen mit Gitterverſchluß, profilirte Seiten, im Blendbogen Lamm Chriſti. Die drei Chorfenſter noch mit ſpätgothiſchem Maßwerk. Ueber der Sacriſtei an der Chor-Nordſeite ſteht der viereckige Thurm, gekuppelte ſpitzbogige Schallöcher. Ein großes Votivbild aus dem Jahre 1713 (M. VII. n. F. CLIII).

Unter dem Thurme ein Beinhaus. Nur an den Chor-Ecken dreimal abgeſetzte Strebepfeiler mit Spitzgiebeln und flachen Niſchen. An der Oſtſchlußſeite von außen ein gothiſch decorirter Opferſtock mit Fialen und Kreuzblume, eine Niſche bildend mit Kleeblattſchluß. Eine Chriſtoph-Figur an der Südſeite ohne Jahreszahl. Steinmetzzeichen: ,.

Klagenfurt. S. II. Abtheilung.

Klein-Glödnitz. Hier und im Wäldchen zwiſchen Rennſurt und Pirkenzehner »Türkenſchanzen«; ein Hügel oberhalb des Senſenwerkes (Car. 1817, Nr. 22. 1833, 81. urkundlich um 1167, Glodnizze 898).

Klein-Gradenegg (Klein-Kradnig; Filiale zum heiligen Peter von St. Urban ob Glanegg), an der Kirche einige reſtliche gothiſche Partien einfachſter Art, der Thurm über dem Schiffe. Eine Glocke ſtammt aus 1510, die andere von 1697. Die Schloßruine gleichen Namens beſteht nur aus wenig Mauerreſten.

Klein-Kirchheim. Die dortige Filialkirche, **St. Katharina im Bade** genannt, ſcheint 1542 erbaut worden zu ſein. Wir ſehen Netzgewölbe im Chore und Schiffe, welche ſich im erſteren über den drei Jochen ſammt dreiſeitigen Schluße und den drei Jochen des Schiffes verbreiten. In beiden Räumen finden ſich als Stützen runde Dienſte mit Ring-Capitälen, Schlußſtein-Scheiben, Fenſter mit Kleeblattſchluß. An der Rückſeite der Hochaltar-Menſa iſt zu leſen: Johannes Schneller 1573. Im hölzernen Dachreiter eine Glocke von 1475. Als Hoch-Altar dient ein Flügel-Altar mit Mittelniſche und zwei drehbaren und zwei feſtſtehenden Flügeln. Oben dichtes Maßwerk als Bekrönung. In der Mittelniſche: S. Barbara, Katharina und Vincenz. Die Seiten-Altäre in einfacher Renaiſſance-Form mit Säulchen und feinen Geſimſen. Der rechtſeitige zeigt im Retabulum die Jahreszahl MDCXXXX. Sehr hübſch ſtellt ſich die geſchnitzte Brüſtung des Orgel-Chores dar, in ſechs Feldern geſchlungene gothiſche Bänder, Blätterzweige u. ſ. w. in grün und roth auf ſchwarzem Grunde enthaltend. Auch das Stiegengeländer iſt ähnlich decorirt. An der nördlichen Seitenwand ein Fresco-Gemälde, das Martyrium der heiligen Katharina darſtellend. Unter der Kirche eine einfache Grufthalle, in deren nördlichen Wand die Heilquelle von ſtetigen 19 Graden Wärme fließt. Ein Meßbuch aus 1507 in Venedig gedruckt, mit dem Kentſchacher Wappen (M. XI. n. F. p. XXI).

Klein-St. Paul bei Wieting, oberhalb Hornburg (Hornberch 1159), Mauerwerk mit Knochen, darauf Ziegelreste mit Kohlen, Eisenschlacken, unter dem Boden in der Tiefe von 63 Ctm. (2 Fuß) gefunden 1869 südwestlich vom Dorfe (beim Lachatzer-Gut?). Wohl von dieser Stelle stammt der Reliefstein: Mann bekleidet, links Schild, Schwert, Lanze (Car. 1870, 183. K. 162).

dessen Rippen theils auf Wanddiensten, die bis zum Fußboden reichen, theils auf großen fünfseitigen Consolen ruhen. Runde Schlußsteinplatten mit Reliefs (Dreipässe, Schilder, Sterne, Antlitz Christi). Die Fenster im Chorschluße mit Fischblasen-Maßwerk. An der Chor-Nordseite eine spätgothische Capelle,

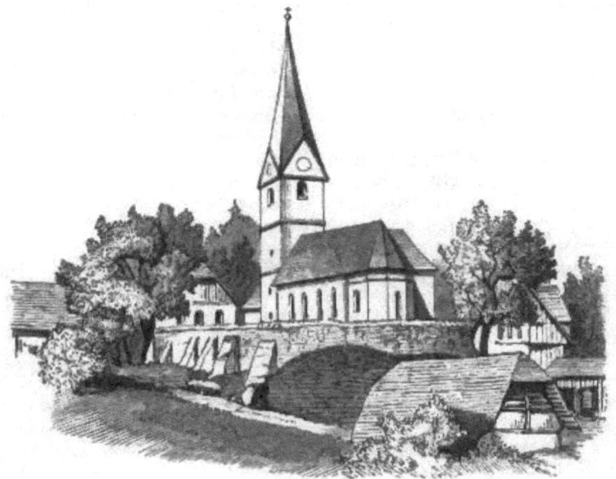

Fig. 147. (Klein-St. Veit.)

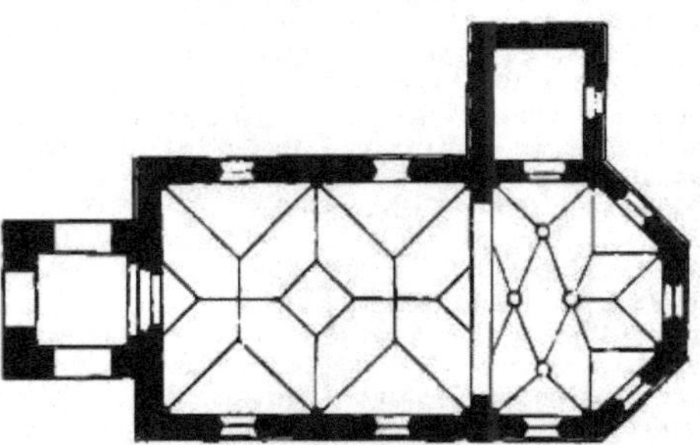

Fig. 148. (Klein St. Veit.)

Der Grabstein POIO*, Zeit um 160, gef. vor 1829, ist im Thorpfeiler des Pfarrhofes eingemauert. (Jab. 289, Mo. 5020).

Die Pfarrkirche von mittelgroßer einschiffiger Anlage mit spätgothischem Presbyterium, darüber ein dichtes Netzgewölbe,

heute durch Untertheilung in Sacristei und Oratorium geschieden, darin ein zweitheiliges Maßwerkfenster. Rechts führt eine spitzbogige Thür in das Thurmgemach. Spitzbogiger Triumphbogen, Schiff neu flachgedeckt. Taufstein achtseitig, alt. Großer ausgetretener

Grabſtein im Schiff-Fußboden. Schöner ſteinerner Weihbrunnen, aus dem Achteck conſtruirt, an der Waſſerſchale 1647 MP. Außen am Schiffe der Grabſtein des Wolfgang von Eroltzheim, des letzten des Hauſes, † am heiligen Dreikönigtag 1534 und ſeiner Frau Barbara von Hüttendorf. Schild mit dem Rade, in einem kleinen Schilde rechts drei Hufeiſen, links drei Winzermeſſer, der Thurm mit ſpitzbogigen Schalllöchern und achtſeitiger Spitze. Am Chor dreimal abgeſetzte Strebepfeiler. Am Thorgriffe 1546 T. P. Steinmetzzeichen ┼ ☓ (M. VII. n. F. CLIII).

Klein-St. Veit bei Feldkirchen. Der Grabſtein DM CAPITONIO*, um 240, gef. nach 1872, an der Kirche (Mo. 6496. Aep. 4, 217. K. 143). Der Ort urkundlich 1136.

Die Pfarrkirche ein kleiner einſchiffiger Bau, im Presbyterium mit ſpitzbogigen Gratgewölben und dreiſeitigem Schluß, im Schiff flachgedeckt, an der Südſeite des Schiffes ein gothiſches Fenſter mit Mittelpfoſten und einfachem Maßwerk, alle übrigen Fenſter im Schiff und Chor im Laufe der Zeit moderniſirt. Taufſtein in der üblichen maſſiven achtſeitigen Form. Unter dem Orgel-Chor ein älteres Bild: Maria mit dem Kinde, ſchon ſehr nachgedunkelt (Fig. 148 und 149).

An der Weſtſeite der viereckige Thurm mit vier Spitzgiebeln und einem achtſeitigen Pyramidenhelme bekrönt, einer jüngeren Bau-Periode angehörig. Beim Weſt-Eingange ein großer Grabſtein, darauf ein Kelch, ziemlich abgetreten, mit der Jahreszahl 1745. Unter dem Chor ein Beinhaus und an der Südſeite eine Chriſtoph-Figur. Drei ſchwache Strebepfeiler ohne Abſtufungen. In der Sacriſtei zwei ältere Kelche.

Klein-St. Veit, Filialkirche von **St. Georgen am Weinberge,** ein oblonger geoſteter Bau, das Langhaus romaniſch, doch ſind gegen das Presbyterium hin noch zwei Joche mit Kreuzgewölben angeſchloſſen, die Rippen auf halbrunden Dienſten, Schlußſteine, ſpitzbogiger Triumphbogen. Im Presbyterium Netzgewölbe, einfache Rippen (16. Jahrh.). Das Haupt-Portal profilirt, die Fenſter im Presbyterium ſpitzbogig zweitheilig. Sacramentsniſche mit Eſelsrücken. Schönes Schloßblatt an der Sacriſtei-Thüre. In der Seitenaltar-Menſa ein römiſcher Votivſtein, ein zweiter in der Sacriſtei-Mauer (C. M. XII. n. F. p. LXXVII).

Kliening. Alter Gold- und Silberbau (Car. 1875, 200. Mu. R. N. 1, 304. Jbuch 10, 28).

Köcking, kleine Filialkirche von Eberndorf mit gothiſchem Presbyterium, Rippen laufen aus einem großen runden flachen Schlußſtein todt an die Wand; daſelbſt ſchmale im Kleeblatt-Bogen geſchloſſene Fenſter. Die an der Wand des ſpitzigen Triumphbogens ſtehende Jahreszahl 1692 dürfte ſich auf den ſpäteren Zubau des Schiffes beziehen. Schiff mit flacher Decke, deren Caſſetten mit Bruſtbildern von Heiligen roh bemalt; zwei rundbogige Thüren, auf der Südſeite zwei hohe ſchmale ſpitzbogige Fenſter ohne Maßwerk mit Putzenſcheiben. In der Kirche das Votivbild des Probſtes Kobell von 1601.

Kolbnitz unter dem Danielsberge. Die römiſche Seitenſtraße von Teurnia nach Aguontum über den Iſelsberg ging von Mühldorf herauf, unter dem Danielsberge, rechtsſeitiges Möll-Ufer fort und Oberfalkenſtein nach Ober-Vellach u. ſ. w. (K. Ztſch. 8, 86.)

In der Kirche, welche neuerer Bau, Tafelgemälde auf geſchnittenem Goldgrunde, beſtehend aus rechteckigem Mittelſtücke und zwei Flügeln. Im Mittelfelde Dreifaltigkeit, links Maria mit dem Kinde, rechts St. Michael mit Schwert und Wage: auf der Rückſeite im Mittelfelde grünes Rankenwerk, auf den Flügeln St. Johannes Bapt. und St. Johannes Evang. auf färbigem Grunde.

Kollerhof unterhalb Stadt St. Veit. An der Andreä-Kirche der Schriftſtein verſchwunden, die Ara mit Blumen-Arabesken erhalten (Jab. 225).

Kolmaner-Graben unweit Griffen. Beim Schlotte am Haberberg (Zauberkogel) ein Spitzhügel, hoch 9—11·4 M. (5 bis 6 Klafter), vormals ſtand zuhöchſt eine Felsbaute, mauerartig, die Fronte gegen Oſt, breit an 380 Ctm. (2 Klafter), dick 78 bis 95 Ctm. (2½—3 Fuß), mit ſpitzwinkeliger Oeffnung. Jetzt iſt ein kleines Haus an die Stelle getreten (M. VIII. n. F).

Kolnitz, moderniſirte Ruine mit achtſeitigem Thurme.

Koralpe. Auf dem Fuße des Gößlerberges fand man 1848 einen Bronze-Kelt in der Tiefe von 316 Ctm. (10 Fuß). K. Der Fels Semmelſtritzel ſagenhaft, ähnlich dem Spitzelofen, am Westhange oberhalb St. Georgen am Steinberg. Diese Stelle in der Alpenschlucht am Raglbach beim Krakaberg mit senkrechten Urkalk-Wänden, für einen Felsentempel des Hercules gehalten, enthält die Felsschrift S SAXANO etc. dem Silvanus, Zeit um 200, bekannt seit 1819 (Jab. 333, Mo. 5093, Kml. 38, Nr. 6. Mu. R. N. 2, 11. Pauls Etrusk. S. 88, M. XII, n. F. p. CXXXII). Die Linien und Eindrücke unterhalb dieser Schrift in 10 bis 11 wagrechte Zeilen mit den Zeichen, welche zumeist aussehen wie I, II, N, Ↄ,) scheinen nicht etruskische Buchstaben, sondern Abmeisselungen, gleichzeitig mit der Römerschrift oder nach derselben. Aehnlich die Zeichen auf den tiefer vorgelegenen, meist unbeachteten Felsenblöcken wie +, A, Λ77I, revidirt 1879. Im Jahre 1860 gaben sich solche wie N2V+.[1])

Die nächste Fundstelle auf steierischer Seite ist das Bärenthal, daselbst man eine bronzene Lanzenspitze fand (Jbuch f. K. 2, 29. Car. 1848, 175; 1856, 22; vgl. 1840, 79; 1860, 26. M. VI. n. F. p. 47. Geolog. R. A. 29, 537. Ank. 1, 50, 637. Afk. 1, 57; 12, 51; 5, 91. M. V. n. F. p. 56. Kml. 27).

Kornat, s. St. Johann zu Kornat.

Korntauern. Vom Möllthale, mit den Fundorten Danielsberg und Ober-Vellach, Semslach, abzweigt nach Nord ins Malnitzthal am linken Bach-Ufer über den Korntauern (2528 M., 8000 Fuss) ins salzburgische Anlaufthal der Heidenweg oder Saumschlag. Vom Stapitz-See unter dem Ankogel westlich leitet der Pfad (mit alten Spuren) durch die Waldregion von den »Brunnen« weg. Darnach oberhalb der Alpenweiden erscheint der Weg 95—126 Ctm. (3—4 Fuss) breit, erst sanft ansteigend, dann im Zikzak gewunden durch das Geröll unter den Schein-Pretern bis zu den schroffen Felswänden gegen die Scharte, streckenweise unterbaut mit Steinmauern, 63—95 Ctm. (2—3 Fuss) hoch, gegen die Tiefe mit besonderen Stützmauern im »Kor« jenseits der Scharte; mörtellose Unterbauten wechseln ab mit einer durchgehenden Pflasterung von senkrecht eingesetzten Granitplatten. Das ist die Goldhandel-Strasse, welche jenseits des reichen Radhausberges nach Gastein und Lend leitet (Jab. S. 6, 187, 197. Car. 1838, 152; 1839, 169; 1858, 157; 1860, 61. Mu. R. N. 2, 29; 1, 292, 314. Afk. 6, 110. K. Ztsch. 8, 30, 107. *Sacken*, Hallstatt 147, 140, 149. *Richter*, salzb. Fundstellen S. 3, 8. Vgl. Radstätter-Tauern. M. VIII. p. 80; VII. n. F. p. CXI; V. n. F. p. XXXIV, XXXV; VI n. F. p. 55. Kml. 67, 90, 296. *Ranke*, Alpenreisen S. 343, 396, vgl. Schweizer Alpenstrassen in Mi. d. anth. Ges. Zürich, Bd. 11, M. a. G. n. F. VI. 71).

Korpitsch, Filialkirche der Pfarre St. Leonhard bei Siebenbrünn. Die kleine auf einem sanften Hügel stehende Kirchenanlage, der heiligen Agnes geweiht, datirt unzweifelhaft aus zwei Perioden. Das Presbyterium, im Osten dreiseitig geschlossen, hat noch die alte gothische Gestaltung mit unvermittelt anlaufenden Rippen und drei spitzbogigen Fenstern. An der West-Eingangsthür des Schiffes bemerkt man die Jahreszahl 1685, die auf den Zubau des Schiffes hinweist. Derselbe ist nur flach eingedeckt mit sichtbarer Holz-Construction. Eine andere Jahreszahl kommt auf einem im Presbyterium stehenden alten Schrank vor, nämlich 1696 und J. H. S. Die Umrahmungs-Ornamente, Füllungen und das Abschlussgesims mit doppeltem Zahnschnitt, theils aufgelegt, theils geschnitzt, noch im Uebergang-Styl. Dieser Kasten dient anstatt der fehlenden Sacristei zur Aufbewahrung der spärlichen Kirchenerfordernisse.

Ueber dem Schiffe vierseitiger hölzerner Dachreiter mit achtseitig zugespitztem schlanken Helm. Vor dem West-Eingange eine offene flachgedeckte Vorhalle.

An der Nordseite eine gut behandelte Christoph-Figur in colossalen Dimensionen mit gut erhaltenem Colorit, dabei die Jahreszahl 1754 (?)

Köstenberg. Die Pfarrkirche ist ein Bau des 16. Jahrhunderts und zum Theile gothisch. Im Chore und dem dreiseitigen Schlusse finden sich spitzbogige Rippengewölbe, an den Wänden Consolen. Die alten Fenster umgestaltet. An der Epistel-Seite ein nischenartiger Priestersitz mit zwei Spitzbogen. Neben dem Schiffe eine Abseite gegen Norden, beide gedrückt rundbogig überwölbt. Die Abseite endet mit einem dreiseitigen Schlusse; aussen Strebepfeiler, der Thurm an der Westseite dient in seinem unteren Geschosse als Vorhalle. Die Fried-

[1]) Von anderer Seite werden diese Zeichen nach einer im Jahre 1859 erfolgten Aufnahme folgendermaßen dargestellt:

NV, V, V+, 2, +

hofmauer mit Schufsfcharten. Eine Glocke von 1547, gegoffen von Hieronymus Egcker in Klagenfurt, Marke zwei gekreuzte Pfeile im Schilde, eine zweite von Erasmus Stampffl in Villach 1578 (M. x. n. F. p. xxii).

Kötschach. An der alten Heerftrafse von Aquileja über Tricesimum, Julium Carnicum über die Plöcken, welche von Mauten

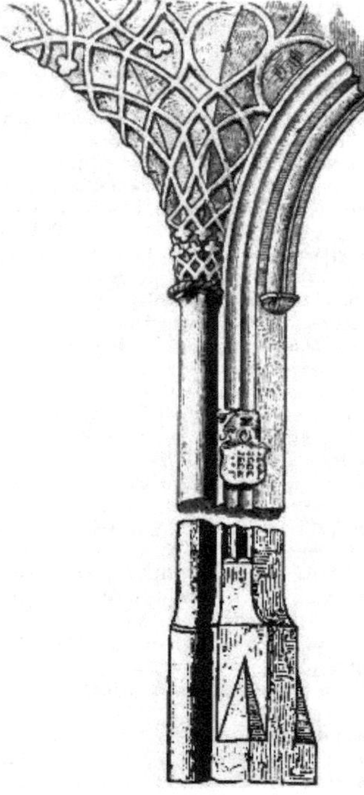

Fig. 149. (Kötfchach.)

(Loncium) über den Gailberg nach Ober-Drauburg und Lienz (Aguontum) mit 18 mp. leitete. Die Sage kennt Mauerrefte der alten Stadt »Gudina«. Eine Bronzemünze (oberhalb Conftantius, Roma, feit 1874 zu V. Das ganze Lefachthal, von da weftwärts, bisher fundlos (Ank. 1, 552. *A. B. Meyer*, die alten Strafsenzüge des Ob.-Gailthales).

Die Pfarr- und Klofterkirche gehört zu den bedeutenderen fpätgothifchen Bauten in Kärnten (aus circa 1452). Diefelbe ift in großen Dimenfionen angelegt, befteht aus einem breiten Mittelfchiffe und zwei ungleichen Seitenfchiffen, die Schiffe haben gleiche Höhe. Das Seitenfchiff auf der Epiftel-Seite ift nämlich nicht ausgebildet, fehr fchmal und hat eigentlich nur die Beftimmung, den Seitenfchub des großen Gewölbes zu vermitteln (Fig. 149). Urfprünglich war gewifs überall ein Rippengewölbe vorhanden. Das jetzige Gewölbe in den drei Schiffen zeigt zwar eine Netz-Conftruction, doch von folchen Verftrickungen und Durchwindungen, dafs das Ganze nur mehr decorativen Charakter hat, wie denn auch die Rippen nur aus Stucco

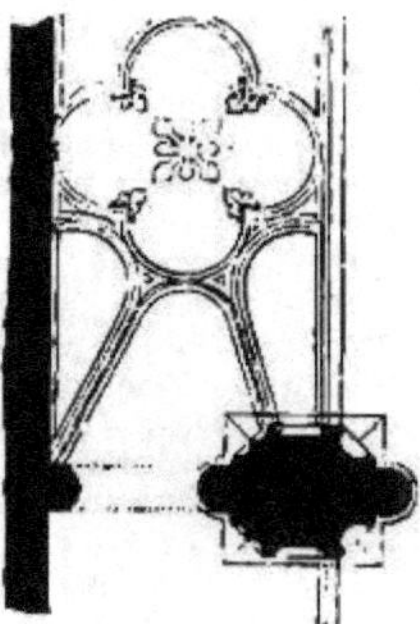

Fig. 150. (Kötfchach.)

ausgeführt find (Pfeiler, Fig. 150). Es fcheint, dafs die in der Kirche befindliche Jahreszahl 1518 fich auf die Gewölbe-Reftaurirung nach dem Brande bezieht. Der Triumphbogen mit Birn-Profil. Im Presbyterium ein modernifirtes Kreuzgewölbe ohne Rippen, welche wahrfcheinlich, um für die mittelmäßige Bemalung Platz zu erhalten, entfernt wurden; fie fitzen auf ein in der Drittelhöhe über dem Boden angebrachtes Kranzgefims auf und find meift mit zierlichen Eichenlaub-Capitälen und kleinen fünffeitigen Rofen mit Rahmen und gekehlten Seiten abgefchloffen. Das Orgelchor-Gewölbe gehört der älteren Bauzeit an, die Rippen des dichten Netzes find jedoch ebenfalls aus Stucco. An der Weftfeite ein tiefes fpitzbogiges Portal mit fchöner Profilirung. An der Südfeite ein Portal im gefchweiften

Spitzbogen mit Kreuzblume und rechtwinkeliger Umrahmung. Der Thurm an der Façade vor dem Mittelschiffe ist ein Werk des gothischen Styles und endigt mit einem Spitzhelm. In der Thurmhalle an der Westseite Netzgewölbe mit kräftigen Steinrippen auf runden Steindiensten in den Ecken und mit runden Schlußsteintheilen. Die Mauern der Kirche und die Strebepfeiler sind auffallend stark. Die Kirche ist von einem tüchtigen Meister geschaffen worden, was aus dem noch erhaltenen Maßwerk zweier Fenster im Presbyterium und in den Schallfenstern des Thurmes, wie überhaupt aus der großartigen Anlage zu entnehmen ist. Die Schallfenster sind je zwei im Giebelfelde, ein dreitheiliges und ein zweitheiliges übereinander angebracht.

Im vorderen linken Joche an der Fensterlaibung ein Doppelwappen mit drei Dolchen und dem Schachroggen, dabei die Jahreszahl 1518 (Fig. 151). Auf dem zweiten Pfeiler links ein Schild mit Fallgitter, darüber eine geöffnete Rolle mit 1527 und darunter das Zeichen 56.

Gegenwärtig liegt die Kirche tief unterm Straßen-Niveau, was wohl einzig und allein den vielen Ueberschwemmungen durch den Laaser- und Lammer-Bach zuzuschreiben ist.

An der Nordwand des Schiffes finden sich zwei Grabsteine: 1. des Caspar Mandorffer zu Mandorff, † 1618, und dessen Gemahlin, † 1619; 2. des Caspar von und zu Mandorf, Freiherrn, Herrn auf Pfanhofen und Wiesenau, bei 30 Jahre Einnehmer zu Mauten, † 1701. Ein dritter Grabstein ist an der Südwand des Chores, für Karl von Schönberg auf Fronturn, † 1667, fürstl. Portia'schen Pfleger.

Köttmannsdorf. Die einschiffige Kirche gehörte ursprünglich zum Stifte Viktring, dem sie schon frühzeitig incorporirt worden sein soll. Die jetzige Kirchenanlage ist nicht mehr die ursprüngliche. Der heutige Bau stammt fast ganz aus der Zeit der Gothik. Der dreiseitig geschlossene Chor ist sehr klein und stark modernisirt, die Tonnenwölbung neu. Die Presbyteriums-Fenster waren nach den erhaltenen Spuren ehemals spitzbogig mit Maßwerk, an dessen Außenseite Strebepfeiler. Im dreijochigen Schiffe spitzbogige Gewölbe mit Schlußsteinen und Rippen, welche sich auf eingebaute und tief eindringende, in der Höhe der Capitäle mit bloßen Wulstringen versehene, weit ausladende Strebepfeiler stützen. Außen am Presbyterium Sockel, Wasserschläge und Gesimsanlage. Das West-Portal einfach gothisch. Ueberdies ist dem Schiffe noch ein Joch mit Kreuzgewölbe vorgebaut. Die südliche Capelle am Schiffe stammt aus 1730, wodurch das Joch am spitzbogigen Triumphbogen stark gelitten hat, respective umgestaltet werden mußte. Der Thurm steht auf einem Gewölbe zwischen Chor und Presbyterium. Dieser quadratische Raum hat im Gewölbe nur scharfe Grate. Der Thurm unten vierseitig, oben achteckig, hat rundbogige Schallöffnungen. Die eine Glocke goß Benedict Viering in Völkermarkt 1583, darauf Münzabdrücke. Im Presbyterium das Sacraments-Häuschen, eine rundbogige Mauernische mit Blechthürchen in geschweiftem Spitzbogen, worauf zahlreiche Rosetten. Gegenüber kleine viereckige Nische mit Steinlaibung. Der

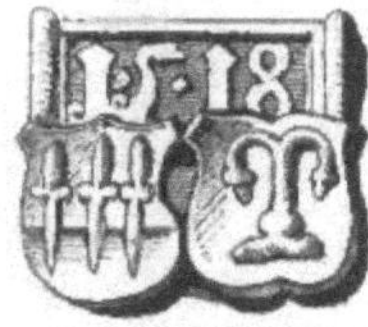

Fig. 151. (Kötschach.)

Taufstein spätgothisch, einfach, achtseitig auf vierseitigem Fuße. Zu beiden Seiten des Chor-Quadrates Räume, davon der südliche mit Netzgewölbe und dreiseitigem Schluße als Sacristei dient, links ein einfacher viereckiger Raum mit Kreuzgewölbe, wahrscheinlich die ehemalige Sacristei. In der Sacristei ein Kelch von 1660 (von Abt Wilhelm). Unter der Seiten-Capelle, in welcher ein Chorstuhl mit Intarsia steht, eine kleine Gruft mit Nischen.

Beim Aufgang zum Thurm ein Wandgemälde: St. Alexis von 1766 ohne Bedeutung, an der südlichen Außenseite des Schiffes ein colossaler Christoph (wahrscheinlich aus dem 15. Jahrhundert). Der Riese mit frommem milden Gesicht, sorgfältig gelockten Haaren und Bart, tragt einen rothen Rock mit blauen Sternen, einen grünen Mantel, blauen Gürtel mit gelbem Besatze. Das Christkind auf der rechten Schulter des Heiligen stehend im weißen Gewande mit blauen Sternen, gewundenem Gürtel, rothem Mäntelchen, mit rothem Kreuz-Nimbus im grünen Felde, in der Linken einen Apfel, in der Rechten ein Spruchband: Ego Svm refurrexio et vita. Unten im Waffer find Unholde, Seeweibchen etc. zu fehen. In der Umrahmung Medaillons mit Köpfen. Dabei folgende Infchrift: heiliger herr fand kriftof zu deiner genaden . . . hat welher . . . dich anfich, das . . . kain laid gefchich anno dni . . . jar.

Am Friedhofe, der mit einer crenellirten Mauer umgeben ift, eine Todtenleuchte, achtfeitig, mit fchwach heraus-

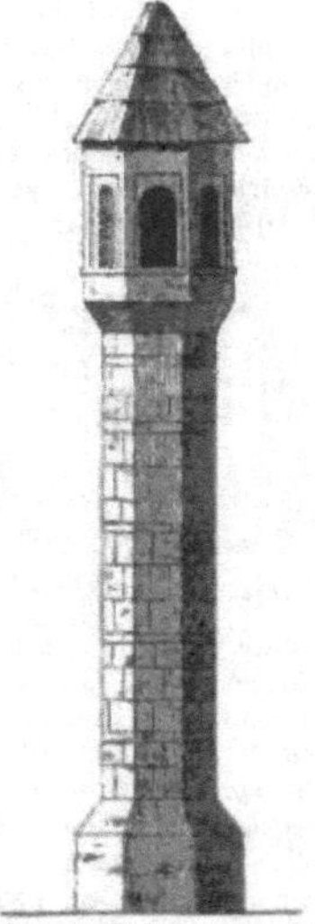

Fig. 152. (Kottmannsdorf.)

tretender Laterne, oben ein gefchweiftes, der Spitze beraubtes Spitzdach aus mehreren übereinander gelegten Steinplatten (Fig. 152; M. IX. n. F. p. XXIV). Fundort eines Steinbeiles aus Serpentin im Schotter am Drau-Ufer (B. 1821).

Köttelach. Pyramidenförmiges Bauwerk aus prähiftorifcher Zeit auf dem in der Nähe des Ortes befindlichen fogenannten Brefchengupf. Der die Mitte einnehmende und die Umgebung überragende Theil befteht aus einer abgeftutzten Pyramide, deren Plateau eine Breite hat von 17·30 M., eine Länge von 21 M. Diefelbe wird in einem Abftande von beiläufig 10 M. von einem mächtigen Walle im Viereck umfchloffen, worauf gegen auffen ein zweiter, aber etwas niederer Wall folgt (M. VII. n. F. LXXVII).

Kraig (Alt-Kreug). In der Nähe Höhlen. Ein Relief: Krieger nackt behelmt, links Lanze, unten Schild, in der Burg-Capelle (Jab. 227). Wichtiger Procurator-Stein VS VRBICVS, Zeit 68 MXII (Acp. 10. 232, Virunum. M. IX. n. F. p. LXIV, XII. n. F. CLXXXIV). Der Grabftein DM SECV(ND)IVS*, um 240, gef. 1866 im Keller (Jab. 226, Mo. 4976 ad S. 1046. K. 17. M. VI. n. F. p. CLII. Car. 1860, 162).

Die Vefte ift als Kriuvig, Chreich 1091 genannt.

Neu-Kreug. Bei Kulmberg und Seebichl ein ergiebiger wohl alter Quaderfteinbruch von Kryftallinkalk. Der Grabftein NEMETO*, um 150, vor 1860? auf einem gemauerten Wegkreuze, fehlt. Derfelbe? an der Pfarrkirchmauer, Oftfeite (Jab. 228. Mo. 4945). Zwei Reliefs mit menfchlichen Geftalten, noch 1882 an der Kirche.

Die dem heiligen Johann Baptift geweihte Propftei-Kirche weifet oberhalb der Eingangsthür die Jahreszahl 1·5·8·9, welche mit der Entftehung des jetzigen Gebäudes übereinftimmen dürfte.

Es ift dies eine mittelgroffe dreifchiffige aufferordentlich niedrige Hallenanlage, die nur im Presbyterium etwas höher eingewölbt ift. Das in allen drei Schiffen gleich hohe Langhaus wird durch vier fchlanke achtfeitige Trennungspfeiler in neun quadratifche Joche getheilt. Die von denfelben ausgehenden fchwächlichen Rippen der dichten fpatgothifchen Netzgewölbe find an vielen Stellen abgefchlagen und ift ihre frühere Richtung nur durch Bemalung markirt. In neuerer Zeit wurde überhaupt an der Kirche viel geändert. So fagt eine Auffchrift oberhalb des fpitzbogigen Triumphbogens:

»Durch Stiftung des feligen Engelbert Schwarz, Probften und Pfarrers allhier wurde diefe Kirche renovirt im Jahre 1839.«

Das Presbyterium ift in zwei fehr fchmale Joche und den dreifeitigen Schluft mit einfachem gothifchen Gewölbe getheilt. An der Epiftel-Seite waren einft, wie die Refte zeigen, nifchenartige Priefterfitze vorhanden. Später ift hier ein Fenfter ausgebrochen und hiebei auch der untere Theil der herabgehenden Rippen zum Theil abgefchlagen worden. Ebenfo an der Evangelium-Seite, wo ein Oratorium über der Sacriftei errichtet wurde.

Von den Fenftern hat nur jenes in Zweidrittelhöhe vermauerte an der Mittelfchlußwand noch den Spitzbogen im Bogenfelde. Die Schiffsfenfter zeigen bereits die moderne rechteckige Form mit Segmentbogen.

Den gothifchen Styl behielt auch der in drei Jochen unterwölbte Orgel-Chor. Doch zieht fich feine durchbrochene gothifche Vierpaß-Brüftung nicht mehr durch die ganze Breite des weftlichen Joches, fondern dort, wo der Orgel-Chor fich in das Mittelfchiff der Kirche hineinfchiebt, dort ift fie durch eine primitive hölzerne Brüftung erfetzt.

Von Grabfteinen, welche fich insgefammt in der nördlichen Abfeite befinden, ift zu erwähnen: der »des Hanß Kaidhaubt geweften Pflegers Auf Khreig 1566 jar.« Unter der Infchrift das Wappen. Ein kleiner Stein nur mit einem Kreuz, im Hintergrund ein flatterndes Band mit der Jahreszahl 1510. Großer Grabftein eines Probftes in vollem Ornat mit Kelch und der Jahreszahl 1493.

An der Oftfeite der Sacriftei außen die Jahreszahl 1535 nahe am Bodenfockel. Unter der Tünche bemerkt man Spuren von Fresken (desgleichen am Chor-Oftende).

Vor der Weftfront ift eine hübfche Renaiffance-Vorhalle auf acht fchlanken Säulchen angelegt.

Der fehr kräftige niedrige viereckige Thurm fteht ifolirt von der Schiffs-Nordfeite und hat füdlich eine kleine Capelle angefügt. Zwei von den großen Schalllöchern find fpitzbogig mit fpät-gothifchem Maßwerk. Oben vier Spitzgiebel und achtfeitiger Pyramidenhelm. Im Fundamente des Thurmes das Beinhaus.

Die hohen Strebepfeiler des Chores fehen fehr befchädigt aus. An den Schiffseiten find keine vorhanden.

Der Urfprung der kleinen Ulrici-Capelle, am Friedhofe, ift nicht genau bekannt. Kleiner Schiffsraum in drei Jochabtheilungen, Chor quadratifch mit einem einzigen gothifchen Kreuzgewölbe. In einem kleinen fpitzbogigen Fenfter einfacher Maßwerkfchluß. Der fpitzbogige Eingang einigermaßen profilirt, am Dache fchlanker Dachreiter.

In der Mauer der Kirche fowie der St. Johannes-Rundcapelle bei den Ruinen der drei Kraiger Schlößer Römerfteine.

In der Sacriftei eine kupferne vergoldete gothifche Monftranze mit Glas-Cylinder, in der Capelle eine Leder-Cafel aus dem 17. Jahrhundert, Glocke von 1563.

Krainberg bei Arnoldftein, Pfarre St. Leonhard. Vielleicht alte Straßenrefte der Linie nach zu den krainifchen Fundftellen bei Wurzen, Längenfeld, Birnbaum führend.

Krainer-Höhle bei Reineck (Görtfchitzthal), Wohnftätte der weißen Frauen, ähnlich der Lorenzi-Höhe bei St. Johann, Kultfchnigger-Wand in der Gutfchen, Steinwand in St. Oswald, Hüttenberg, Wieting (Car. 1878, 33).

Krainschütz, Filiale von St. Georg am Weinberge mit gothifchem Presbyterium, das aus zwei fchmalen Jochen und dem polygonen Schluß befteht, einfach profilirte Rippen, Wand-Confolen als Rippenträger, ftumpffpitzbogige Fenfter und folcher Triumphbogen. Das Schiff, ein fchlichter Neubau, fpitzbogiges Portal, mit profilirter Gewandung, Dachreiter, Glocke von 1608 (M. XII. n. F. p. LXXVII).

Kranzelhofen. Die Heerftraße Virunum-Santicum-Aquileia leitete von Töfchling her über Winklern, oberhalb Velden nach Lind u. f. w. (K. Ztfch. 4, 108, 110, 111. M. XVI. 63).

Die Pfarrkirche zum heiligen Nicolaus befteht aus einem kleinen beinahe quadratifchen Chor mit dreifeitigem Schluße mit fcharfgratigem Gewölbe, das von einigen, aber älteren plumpen Confolen ausläuft. Ein ftarker Thurm aus romanifcher Zeit fteht zwifchen dem Chor und dem Hauptfchiff und öffnet fich nach beiden Seiten mittelft zweier ftumpf fpitzbogigen Scheidebögen, eine Vermittlungshalle zwifchen den beiden Haupträumen und auch gegen die Sacriftei bildend, die an feine Nordfeite angebaut ift.

Das Langhaus befteht aus dem Hauptfchiffe und dem nördlichen Seitenfchiffe, das um die Hälfte fchmäler ift und durch die ftumpffpitzbogigen Arcaden damit in Verbindung fteht. Erfteres hat nur eine flache Decke, letzteres theilt fich in drei Joche, die mit runden Kreuzgewölben überdeckt find. Am Schloßgehäufe der Eingangsthür zur Abfeite findet fich die Jahreszahl 1·5·8·6. Sacraments-Häuschen an der Nordfeite,

10*

Tauffſtein mit gewundenem Schafte und achtſeitigem Becken. Von den Glocken eine aus 1455, dann je eine aus 1617 und 1676. Die Kirchenreſtaurirungen datiren aus 1560 und 1628 (M. x. n. F. p. xxii).

Krappfeld, auch **St. Stephan am Krappfeld**. Die Pfarrkirche iſt ein mittelgroſſer einſchiffiger Bau aus jüngerer Zeit (1766). Das Presbyterium iſt alt, quadratiſch angelegt, darüber erhebt ſich der viereckige Thurm mit ſtumpf ſpitzbogigem Kreuzgewölbe ohne Rippen in der unteren Halle, der Reſt des alten Gebäudes, das durch den Brand 1765 ſchwer beſchädigt worden war. An der Evangelien-Seite hat ſich ein hübſches Sacraments-Häuschen als Wandniſche erhalten. Die frühere Aufſchrift „pro s:oleis“ iſt bereits verſchwunden, die Seiteneinfaſſung aus ſchraubenförmig gewundenen Fialen gebildet, die mit Kreuzblumen endigen. Im Bogenfeld über dem Gitterverſchluſſ das Lamm Chriſti mit der Fahne und Kelch. Das Sockelgeſimſe der Niſche tragen an den Enden zwei verkrüppelte Zwerggeſtalten und in der Mitte geht noch ein runder Dienſt herunter, ſich ſtützend auf eine Menſchenmaske (M. vi. n. F. p. clii).

Grabſtein des »Andreas Mamberger, Canonicus Vicarius ad S. Stephanum in Krapfelt, † 1692« mit einem Kelch. Ein zweiter Grabſtein im Schiffe mit Kelch und Kreuz.

In der Sacriſtei Meſſkleider aus dem 16. Jahrhundert und ein gothiſches Thuribulum.

Krassnitz bei Straſsburg, Spuren eines vielleicht römiſchen Saumweges nächſt dem Prieger (Car. 1880, 268). In Urkunden Chraznizze 1118.

Krastowitz. Vielleicht eine alte Veſte gleich den Gradiſche, Grediſtje etc. »An einen Grund neben den Weeg« (ins Zolfeld) eine Bronze-Münze: M. Aurel um 168 1. (Pr. 72. Vgl. Mi. w. Alt. V. 11, 135. Car. 1826, 79). Im Teiche noch die Hauptpflanze der Pfahlbauzeit, Trapa natans.

Kremsalpe. Das einſchiffige kleine Kirchlein im Decanat Gmünd hat ein kleines Presbyterium, mit drei ſtumpfwinkeligen Seiten abgeſchloſſen, im Presbyterium ein einfaches Netzgewölbe mit Rippen, desgleichen ein ſolches Kreuzgewölbe in der Thurmhalle, am Presbyterium Strebepfeiler. Das Schiff hat zwei einfache Kreuzgewölbe ohne Rippen und dürfte ſpäteren Datums ſein, keine Strebepfeiler. Der Thurm iſt viereckig, mit vier ſteilen Giebeln und achteckigem Helm. Die Thurmthür im Presbyterium hat ein einfaches ſpät-gothiſches Schloſſ. Kirchenſtühle von 1676 (M. viii. n. F. p. cxxxiii).

Kremsbrücke. Die Kirche iſt dem heiligen Nicolaus geweiht und hat über dem Portale die Jahreszahl 1640. Die Kirche iſt jedoch ſpät-gothiſch (circa 1545), hat im Schiff drei Travées, im dritten Travée den Orgel-Chor von einem Segment-Bogen getragen. Das Presbyterium iſt gleich breit mit dem Schiffe, ſchlieſſt an daſſelbe ohne trennenden Triumphbogen an und iſt nur durch ein reicheres Netzgewölbe ausgezeichnet; die Rippen ſind von einfachen runden Dienſten ohne Capitäl getragen. Im Presbyterium drei ſpitzbogige Fenſter ohne Maſswerk. An der Epiſtel-Seite iſt der ſogenannte Luther-Chor angebaut, wo einſt die dortigen Proteſtanten ihre Andacht verrichteten. Das Haupt-Portal und die Sacriſtei-Thür ſind einfach profilirt. Der Thurm iſt viereckig mit gothiſchem Cordon-Geſimſe, im Glockenhauſe einfache Doppelfenſter durch rohe capitälloſe Säulen getheilt. Neben dem Eingange zum Friedhof ſtand eine Statue, den heiligen Nicolaus vorſtellend, aus Quarz, der Heilige mit Paſtorale, Mitra und den Aepfeln, wahrſcheinlich aus dem 15. Jahrhundert. Die Statue befindet ſich jetzt in einer Niſche der Giebelwand über dem Weſteingange.

Altes Miſſale in rothem Sammt (Antverpiae ex officina Plantiniana, Apud Joannem Moretum M.D.X.CIX). Die fünf Blätter des Canon ſammt Titelblatt desſelben der beſſeren Haltbarkeit wegen am unteren Rande mit 4 Ctm. breiten Pergamentſtreifen beklebt, darauf ſchöne Blattguirlanden aus Farbe und Gold.

Neben dem Portale der Grabſtein des Jacob Geilsperg aus dem 16. Jahrhundert. In der Kirche eine lederne Caſula aus dem 17. Jahrhundert, dann ein gothiſcher Kelch ſammt Patena, ſilbervergoldet, der Fuſſ im Sechsblatt mit durchbrochenem Sockelfries. 192 hoch. (15. Jahrh.)

Kremskogel. Drei Reihen Erdwälle, die das Plateau ringförmig und anſteigend umgeben, ſ. Hochoſterwitz (Car. 1886, p. 202).

Kreugerberg bei Ober-Mühlbach, Dreifaltigkeits - Capelle. Der Grabſtein

CVPITO BVRIANI*, um 190, gef. um 1819 beim »Hanen in Bredl«, in der Capellenwand (Jab 229, Mo. 4907. Car. 1840, 111).

Kreuschlach bei Kremsbrücken unweit Drehthal mit der Römerftraße. Funde von »Knochen der Heiden« (Car. 1867, 164. R. Stud. 2, 27).

Die Kirche, ein befcheidener Bau, zur Gmündner Mutterkirche gehörend, zeigt über dem Triumphbogen die Jahreszahl »1518, Ruiniert durch den großen Erdbiden den 4. xbris 1690, Repariert 1691« (Fig. 153). Die Kirche befteht aus einem Langhaufe mit zwei Jochen. Die Rippen des zierlichen Sterngewölbes mit nur zwei Schlußplatten an den zahlreichen Knoten, in welchen ein Kleeblatt und ein Vierpaß, ruhen auf runden Dienften, nur an einer Stelle vertritt eine Confole mit Schild den Dienft. Das Presbyterium fchließt dreifeitig, hat fechs Fenfter, wovon nur zwei alt fchmal fpitzbogig, die andern rundbogig, zum Theil verbreitert, mit Reften von Putzenverglafung. Am Schiffe und Chore haben fich abgeftufte Strebepfeiler erhalten, desgleichen blieben die fpitzbogigen Fenfter unverändert. Der Orgel-Chor ift neu. Die Sacriftei liegt im Erdgefchoffe des Thurmes, der rechts an das Presbyterium anfchließt. In deffen oberes Stockwerk führt eine Treppe von der Kirche aus. Die Strebepfeiler haben fpät-gothifche Wafferfchläge und find zweimal abgetreppt. In diefem Kirchlein finden fich fo manche beachtenswerthe Gegenftände: im Presbyterium Betftühle aus Fichtenholz, zierlich gearbeitet, etwa aus dem 17. Jahrhundert, ein fchönes Renaiffance-Abfchlußgitter, zwei Grabkreuze von derfelben Arbeit, am Thurm eine kleine Glocke von 1564, in der Sacriftei ein Meßkleid mit Flachftickerei, vorftellend den Gekreuzigten, Gott Vater, Maria Magdalena und Johannes, das Kreuz als grüner blättertragender Baum. Auf der Vorderfeite der Cafula drei Heilige in einer Reihe untereinander. Ein zweites Meßkleid mit dem gekreuzigten Heiland, Petrus und Paulus auf Goldgrund, Hochftickerei. Zu Füßen des Kreuzes Maria und Johannes und eine Aebtiffin (Donatrix). Diefe Cafula dürfte dem 15. Jahrhundert entftammen. Endlich ein drittes mit reicher Nadelmalerei geziertes Meßkleid aus dem 17. Jahrhundert und ein Polfter von gepreßtem Leder mit fchönen Renaiffance-Ornamenten beiläufig aus dem 16. Jahrhundert. Ein alter Grabftein mit einem Kreuze auf langem Schafte als Auftrittftein an der Kirchenthüre (M. VIII. n. F. p. CXXXI).

Kreuzberg. Monte Croce. Alte Straße von Aquileia nach Mauten (Loncium), Ober-Drauburg, Lienz (Aguontum). Siehe Plöcken (Jab. S. 6, 172. Car. 1844, 74 und Mittheilungen des Inftitutes f. öft. Gefchichsf. 1, 298 und Mi. anth. XVI, p. 62.)

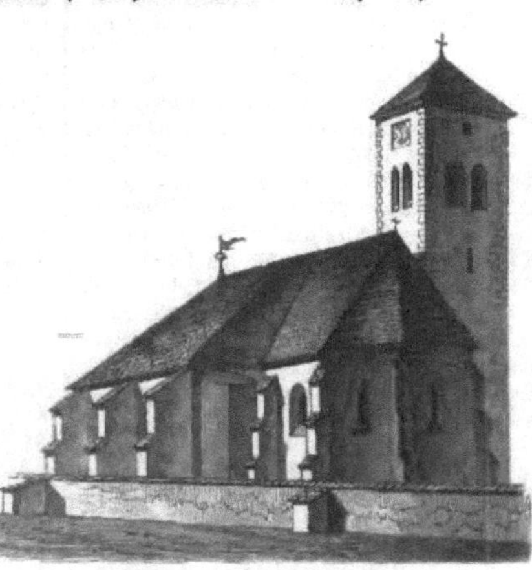

Fig. 153. (Kreufchlach.)

Kreuzbergl bei Klagenfurt. Gletfcherfchliffe in den Steinplatten mit der Richtung gegen Petzen und Großglockner. Eine kleine Bronze-Hand hob man hier aus dem Erdreich vor 1866, Sammlung Rofthorn Nr. 991 (Car. 1871, 148; 1873, 41. Afkög. 38, 202).

Kreuzen. Ein Thonfchieferblock mit nachrömifcher Schrift ift nach Paternion gekommen (Afk. 7, 123. M. f. öft. G. F. 1. 298, M. anth. XVI. 62).

Die Pfarrkirche, ein einfach gothifcher Bau mit dreifeitig gefchloffenem Chor und zweijochigem Schiffe, einfache Kreuzgewölbe, profilirter Triumphbogen, fpitzbogige Fenfter ohne Maßwerk, der Thurm neu, vor der Façade, profilirtes Haupt-Portal. In der Sacriſtei ein Meſſkelch von 1750. Auf dem Orgel-Chore eine Kirchenfahne von 1668 (M. XII. n. F. p. LXXVII).

Am Fuße des Calvarienberges bei Kreuzen ſteht das alte »Verweſerhaus« der Grafen Khevenhüller; ein ſchloſſartiges ſtattliches Gebäude mit an den zwei vorderen Ecken angebrachten großen runden Thürmen.

Kreuzerhof. Man ergrub im Jahre 1822 mehrere hundert Schritte vom Hofe links ab (ſüdöſtlich?) einen Meilenſtein, errichtet unter Septimius Severus M. Juventius Surus Proculus legatus pro praetore, Jahr 201 (K. 86. Jab. 386, Mo. 5712 und S. 623). Eine Nebenſtraße ging wahrſcheinlich über Unterbergen, durch den Saugraben zwiſchen Frankenberg und dem Hafengarten nach Winklern, Weiſenberg zum Lambrechtsberg (Ank. 1, 573. K. Ztſch. 4, 112. Jab. S. 3, S. 132. B. A. V. 11, 61. M. VII. n. F. p. C).

Kristendorf (im Jaunthale). Der Gabritz-Acker beim Forſthauſer lieferte im Jahre 1838 (und durch mehr als 30 Jahre) verſchiedene Kaiſermünzen: Hadrian, M. Aurel, Fauſtina Br. (Jab. S. 138. Car. 1838, 144).

Kronegg bei Malta, Bezirkshauptmannſchaft Gmünd. Schloſſ. Im Portal-Schluſſſteine die Jahreszahl 1590. Ueber dem Portale ein ſchönes Früh-Renaiſſance-Doppelfenſter.

Krumfelden bei Treibach, eine Viertelſtunde nordöſtlich zwiſchen Treibach und Althofen. Der Ort wird für die Station Matucaium gehalten (Knabl, Jabornegg), welche eigentlich 1 mp. ſüdlich vom Dorfe belegen, von Virunum abſteht 20 mp. (Tabula) an der Ovilava-Straße, 14 mp. (Tabula) an der Juvavum-Straße. Man fand im Jahre 1856 auf dem Knappitſch-Acker in einer Tiefe von 190 Ctm. (6 Fuſſ) an urſprünglicher Standſtelle einen Meilenſtein von K. Philipp, Jahr 244, Abſtandszahl 15 mp. welcher mit dem Abſtand vom Zollfelde übereinſtimmt (Jab. 275. S. 12, Mo. 5730 ad S. 1049. K. 87. Vgl. Treibach).

Der Grabſtein . . . AAII und drei Zeilen, etwa um 250, gef. vor 1870, im Schloſſ Töſcheldorf, Kegelſtätte (Jab. 276. Mo. 6514. Sitzb. d. Ak. d. W. 80, 527. Jab. S. 5, 11, 12. Afkög. 24, 282. M. II. 249). Vgl. Steier. Urkundenbuch 1, 93 Chrumpenveliwe (nicht Chrimpenochore) fraglich ob = Krumfelden.

Krumpendorf. Am Seerande gegen Pörtſchach zu Pritſchitz nächſt der Reichsſtraße zeigen ſich Gletſchertöpfe als gebogene Rinne, mit Mulde. Der Seerand, welcher die Seitenſtraße von Ton her (unter dem Spitalberge mit dem Anſchluße an die Aquilejer Hauptſtraße von Virunum her auf die untere) hierſelbſt durchſchnitt, muſſ vordem weiter ſüdlich vorgeſtreckt geweſen ſein. Da war um 1817 in einer Tiefe von mehreren Metern ein Steingewölbe ſichtbar geweſen, 12 bis 16 Schritte lang. Man ergrub in den Jahren 1753 oder zwiſchen 1780 bis 1813 Quadern, große eiſerne Kettentheile und den, von Seewaſſer beſpülten Meilenſtein (IMP CAE)S L (SEPTIMIVS) und 13 Zeilen, Zeit 213 bis 214, Abſtandszahl von Virunum 15 (Eichhorn 10) mp. (Jab. 402. Mo. 5704. K. 89. K. Ztſch. 4, 111. Car. 1838, 152. R.-Stud. 3. 11, 3. 27. 49).

L. MASCVLO, um 250, gef. um 1615? im Lanner'ſchen Gewächshauſe, ähnlich dem aus Zolfeld (Roſendorf?) rührenden Grabſteine zu Töltſchach (Gartenpfeiler 1870) (Jab. 50. Mo. 4940. Aep. 4, 216).

DOM. Weihſtein, dem Mithras, durch den beneficiarius? Urſulus, Zeit um 240, gef. 1835 zu Töſchling, Glashaus des oberen Schloſſgartens (Jab. 403. Mo. 4771. Aep. 4, 214. M. III. n. F. p. CIX, CX). Felsſchrift (Mayer-Gurina 95). Eine Bronze-Münze K. Car. 1846, 106. Der Ort wird, ähnlich Scalach, zwiſchen Krumpendorf und Pörtſchach, 888 als beſtehend anzunehmen ſein (Jbuch für Mineralogie 1878. Car. 1879, 63. Jab. S. 6, 159. Kml. 145).

Kühnburg bei Hermagor, Burgruine mit mächtigem Wartthurme (M. IX. 125).

Kühnsdorf bei Eberndorf, die St. Egydius-Kirche, eine Filiale von Eberndorf, einſchiffige Anlage, im Schiffe flache Decke, zwei Rundfenſter und zwei moderniſirte. Gothiſcher Scheidebogen, Chor aus drei Seiten des Achteckes gebildet.

Kuhweg bei Paternion, die Athanaſius-Capelle mit romaniſchem Presbyterium (M. II. 110).

St. Kunigunde, Filialkirche zu St. Marein, kleiner gothiſcher Bau, mit Rippengewölbe im Chörlein und Fenſtermaſſwerk, Strebepfeilern, flachgedecktem Schiffe. Die Jahreszahl 1552 wiederholt vorkommend, dürfte die Bauzeit bezeichnen.

L.

Laas. Die Kirche zum St. Andreas wurde im Jahre 1510 erbaut. Dieselbe ist einschiffig mit dem gewöhnlichen achtseitigen Chor-Abschlusse versehen, im Ganzen mit kräftig ausgesprochenem Charakter der Spät-Gothik (Fig. 154). Das Schiff besteht aus vier, das Presbyterium aus drei Travées, alles in mässigen Dimensionen. In der mittleren Achtecksfläche ober dem Hoch-Altar befindet sich die Inschrift: Meister partolomes fiertaler 1516 mit dem Steinmetzzeichen: ┌┼. Das die Kirche überspannende Gewölbe ist mit constructiv unmöglichen, daher auch nur aus Stucco angeputzten Rippen geziert, welche in bemalten Eicheln und Dreiblättern enden, ein reich verschlungenes Netzgewölbe fingirend. An den Knoten befinden sich als Schlussplatten 16 mit verschiedenen Wappenfiguren bemalte Schilder, 13 ähnliche sind im Netzgewölbe des Chores. Rippen laufen unvermittelt auf runden Diensten, welchen an den Kanten gekehlte Streben vorgelagert sind. Die drei Fenster im Chore zweitheilig, mit Masswerk aus Fischblasen und Dreipässen.

An der inneren Laibung des südöstlichen Chor-Fensters Doppelschild in Stucco mit denselben Wappenzeichen wie in Kötschach, darunter die Jahreszahl .1.5.1.0. Die Gewölbefelder des Schiffes sind mit sehr zartem naturalistisch angehauchten leichten Ornament bemalt. Auch das Presbyterium und die Schiffswände zeigen Spuren von Bemalung, sind aber vielfach übertüncht. Im Presbyterium befindet sich auf der Evangelien-Seite ein Sacraments-Häuschen im rothen Sandstein einfach ausgeführt (Fig. 155). Die Fialenbekrönung desselben ist weggeschlagen. Die Sacristeithüre ist ebenfalls aus rothem Sandstein, aber reicher entwickelt als das Sacraments-Häuschen, doch sind auch hier die Details etwas roh und gesellenhaft. Steinerner Kanzelfuss aus der Bauzeit der Kirche (Fig. 156). Das Süd-Portal reich gegliedert mit einem Masswerk-Ornament im Tympanon, darüber die Jahreszahl 1518 (Fig. 157).

Neben der Sacristei-Thüre befindet sich eine Abbildung des Erbauers der Kirche mit der Inschrift: Meister partholome Firtaler hat gmacht die kirchen 1535. Wir sehen den kunstreichen Meister knieend dargestellt in reicher Gewandung mit weitem Mantel sammt

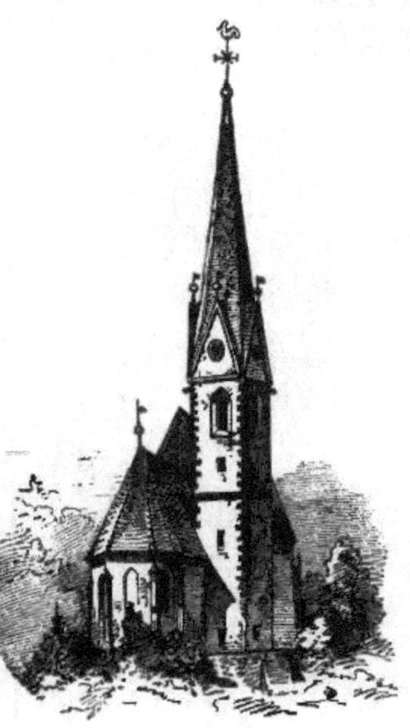

Fig. 154. (Laas.)

Pelzverbrämung und langen geschlitzten Aermeln, vor ihm sein Meisterzeichen: ein Winkelmass mit dem Kreuzeszeichen darauf (Fig. 158).

Gegenüber der Sacristei-Thüre befindet sich ein Frescobild, ein ganzes Travée des Presbyteriums ausfüllend, die heilige Dreifaltigkeit vorstellend. Die Malerei ist noch

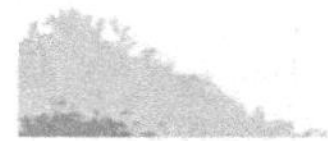

echt, jedoch fehr ftark ruinirt und in künftlerifcher Beziehung von geringem Werthe. Die im unteren Theile des Gemäldes befindliche Infchrift lautet: »Das gemall hat laffen machen der edl und feft Siegmunt von Kefenhull zu Aichlberg difer Zeit pfleger payder herfchafften pütterhperg und goldenftein und katerina von Gleinez fein Ehliche hausfrau Der heiligen Dreivaltikhait zue lob und Ere und ift befchehen im 1535 jar«. Die Schrift ift noch gothifch.

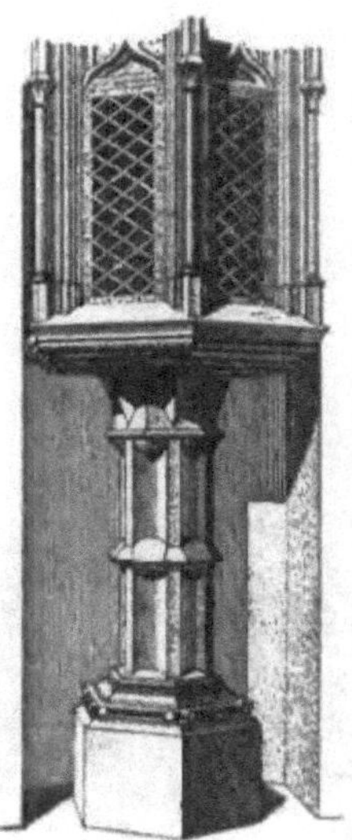

Fig. 155. (Laas.)

Die Altäre find zopfig. Rechts und links vom Hoch-Altar über den Durchgängen des Ambulatoriums ftehen zwei alte gothifche und echt künftlerifch ausgeführte freie Holzfiguren St. Georg und St. Florian. Diefelben find 1·20 M. hoch und dürften einft dem alten nun verfchwundenen Haupt-Altare angehört haben. Eiferner Charwochen-Leuchter (Fig. 159), fchöner Klopfer an der Sacrifteithür (Fig. 160). Der Thurm fteht auf der Evangelien-Seite, ift viereckig, mit vier einfachen Giebeln, einfachen fpitzbogigen Schallöffnungen und gedrehtem fpitzen achteckigen Helm. Die Strebepfeiler find mit rohen Details gefchmückt und gleich den Quadern des Thurmes aus rothem Sandftein. Auf dem Orgel-Chore eine gothifche Truhe.

Labegg bei St. Johann am Brückl. Der Fund, im Jahre 1877 gemacht, befteht aus einer bronzenen Sperrfpitze mit Schaftrohr K., aus 1 Haken, 1 Mefferklinge, Nägeln von Eifen, aus Topfftücken, grau und roth-

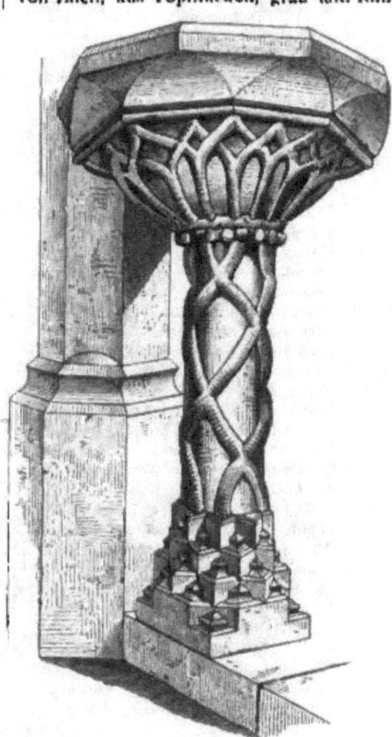

Fig. 156. (Laas.)

braun ohne Drehfcheibe, röthlichgrau mit Drehfcheibe gearbeitet, endlich verkohlter Gerfte Hirfe Roggen Weizen, in einer Tiefe von 316 Ctm. (10 Fuß). Eifen und Organifches wohl nachrömifch. (Car. 1877, 229.)

Lamberg. Eine Doppelfchanze auf dem gegen Süden gerichteten Steilabhange. Der von der größeren Schanze umfchloffene halbkreisförmige Raum hat eine Länge von 30 M. und eine Breite von 20 M. Der kleinere ebenfalls halbkreisförmige Theil ift

17 M. lang und 9 M. breit, der erftere ift von einem doppelten Walle und doppelten Graben, der andere nur einfach bogenförmig umfchloffen; die Wallkronen haben eine Breite von 3 M, die Breite und Tiefe der Gräben fchwankt zwifchen 5·5 M. und 10 M.

St. Lambert am Hart. Die Kirche, ein Bau aus dem 16. Jahrhundert, das Schiff flachgedeckt. Ein Oelbild, die Auferftehung Chrifti, als Epitaphium für Chriftina Schattnerin † 1610. Die Innenwände bemalt, die Kanzel von 1646. Tafel mit gefticktem Rückenkreuze von einer Cafula, eine Glocke von 1670 (Chriftoph Polfer in Villach).

St. Lambert und Marus bei St. Georgen am Weinberge. Die Bauteine, Mauerrefte, Säulenftücke, davon ein cannellirter Schaft in der Scheune unterhalb des Berges, laffen darauf fchließen, es fei diefe Höhe mit den Schutzmauern auf dreien Seiten und der angeblich durch den Berg reichenden Höhle durch ein Tempelchen des Dolichenus, nicht wohl der Venus, bekrönt gewefen. Außer einer Fibel aus Bronze (1856 K.) fand man hier feit 1880 eine Münze Pius Br., M. Aurel Br. (am Bergfuße), eine Conftantius II Br., fämmtlich K.

Drei Reliefs. Strahlenkopf, Adler, im Frontifpitz, Kopf mit Mondfichel, darunter zwifchen den cannellirten Säulen Krieger mit Doppelbeil rechts, ftehend auf dem nach links gewendeten Stiere, daneben eine weibliche Geftalt, bekleidet, rechts Kranz, ftehend auf dem nach rechts gewendeten Reh. Jetzt in Nieder - Trixen (Jab. 298, Taf. 8, Archäol. Zeitg. 1854, S. 210, 215).

Genius mit Fackel und Kranz an der Kirche (Jab. 297). Blumen-Arabeske. Desgleichen (Jab. 298).

Vier Grabfteine: CN·OCTAVIO, um 150, gef. vor 1819 an der Kirche (Jab. 294. Mo. 4947).

C·O. . .TATTVS*, um 150, gef. vor 1819. Desgleichen (Jab. 295. Mo. 4948).

. . KVMO*, um 200, gef. vor 1819. Desgleichen (Jab. 296. Mo. 4978. Car. 1882, 103).

PRIMVS, um 150, gef. 1880. (M. VII. n. F. p. CI. Aep. 6, 96, 2. Car. 1882, 256; 1883, 106).

CV. Säulenschaft Stück, 5 Zeilen, nicht Meilen-, fondern Votivftein.

Schädel, 2 M-Skellette in Gräbern, 1884, 1885 (M. XI. p. LXXVII, Klagftr. Ztg. 1885, p. 1117).

Die Kirche, vielleicht auf römifchen Grundbauten, dürfte, gleich dem nahen Trixen, (Truhsna 822, Truhfen), fchon um 1043 exiftirt haben; älter fcheint St. Lambert bei Pörtfchach, um 983 (AfK. 4, 148,

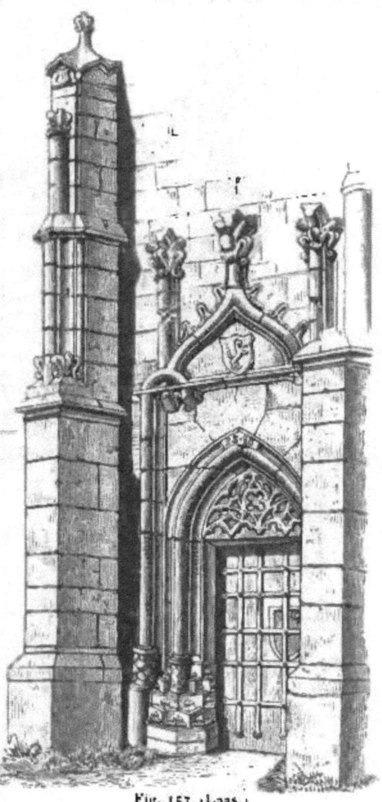

Fig. 157. (Laas.)

149: 7, 49. Car. 1866, 310; 1880, 221; 1882. 112. AfKöG. 29, 243. Kml. 266).

Kleiner Bau, geoftet mit hölzerner Vorhalle, im Schiffe flache Decke, hölzerner Sänger-Chor. Das Presbyterium etwas fchmäler als das Schiff, dafelbft das Kreuzgewölbe mit ftumpfen Spitzbogen und Wandfchildern. Die Rippen durch Mörtel-Putz verftärkt, eine

Rippe läuft am Scheitel der Länge nach; im Schluß, welcher dreifeitig ift, laufen die Rippen in eine große Schlußftein-Scheibe, aus Mörtel hergeftellt. Die Fenfter mit

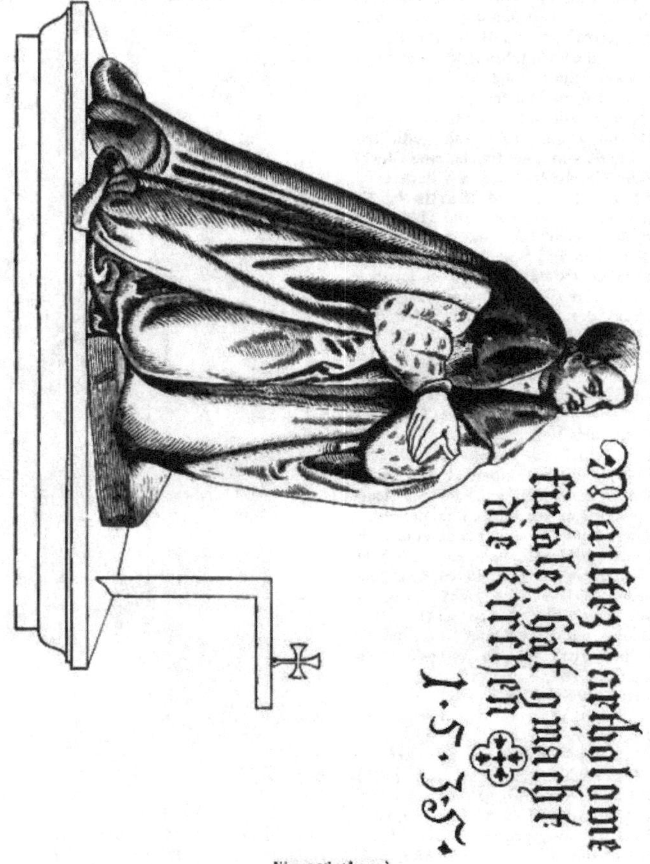

Fig. 158. (Laas.)

geradem Sturz, im Presbyterium mit Stumpf-Spitzbogen.

Der Triumphbogen rund, als Kämpfer antike Marmor-Architekturfragmente. Derfelbe ift nicht in der ganzen Mauerftärke ausgeführt, fondern nimmt nur zwei Drittel derfelben ein und geht die fenkrechte Mauerkante an beiden Seiten der Laibung des Triumphbogens im Presbyterium bis zum Gewölbe in die Höhe und läßt die Annahme zu, dafs der Triumphbogen ehemals höher gefeffen habe.

In der Vorhalle find an den zwei roh aufgemauerten Altartifchen als Platten, Fragmente von Römersteinen, sowie außen auch Reliefs in die Mauer eingefügt.

Im Sockel des Chorschlusses befinden sich Fries-Ornamentstücke (gestürzte und stehende »Akroterien«) im groben Marmor, doch von schöner schwungvoller Arbeit.

St. Lambrecht am Haimburger Berg (Filiale von Haimburg). Kleines romanisches Kirchlein, das bis auf einen Zubau (Vorhalle) gänzlich intact geblieben. Geostet. Durch die Vorhalle gelangt man über acht Stufen zum Portale, das nur einmal »abgetreppt« ist, die Oeffnung der Thüre mit geradem Sturz, jedoch im Rundbogen überspannt, ein ausgesprochenes spät-romanisches Portal. Das Schiff, 7·52 M. lang zu 5·14 M. breit, flachgedeckt, an der Südseite zwei Fenster, eines in neuerer Zeit erweitert, das andere alt, mit Steingeäder und Falz zum Einsetzen einer Verglasung. Der Triumphbogen rund, hat dreieckprisma-artige Kämpfer. Das Presbyterium ist rechteckig, mit einer Tonne überwölbt, 2·61 M. tief und 3·54 M. breit; südlich befindet sich ein Rundbogen-Fensterchen mit breiter Laibung und so weit in der niederen Tonne eingefügt, dass eine Schildkappe vonnöthen, an der Evangelien-Seite ebenso, nur ist dort ein Rundfenster angebracht.

An beiden Seiten des Altars sind kleine Quadratnischen; ebenso befindet sich eine Vertiefung von 25 Ctm. und 1·35 Ctm. Breite an der nördlichen Wand des Schiffes, in der südlichen Wand außer Fenstern eine quadratische Nische. Die Decke ist neuer (18. bis 19. Jahrhundert); doch erkennt man Reste der Einwölbung aus dem Ende des 15. Jahrhunderts. Der Haupt-Altar Ende des 16. Jahrhunderts. Ein hübscher Aufsatzrahmen aus dem 17. Jahrhunderte. Einige Figuren aus dem 15.—16. Jahrhundert.

St. Lambrecht am Lampertsberge, Filiale von Baldramsdorf, kleiner gothischer Bau, einschiffig mit polygonem Schlusse, das Schiff flach gedeckt, die Decke mit einfachem gothischen Ornament bemalt,

Fig. 159. (Laas.)

im Presbyterium auf der Flachdecke St. Lambrecht gemalt. In den Fenſtern auch Maßwerk. Unter dem Orgel-Chor noch Reſte einer Inſchrift. Reſte eines gothiſchen Flügel-Altars. Der Kaſten mit Maßwerk, aber leer, auf den Flügeln außen: St. Andreas und Johannes, St. Barbara und Eliſabeth, Urſula und St. Sebaſtian, Margaretha und Chriſtoph; innen: Maria Verkündigung, Chriſti Geburt, die drei Könige und die Auferſtehung, auf Goldgrund. Ueberdies ſind noch zwei weitere Altarflügel vorhanden, darauf St. Nicolaus und Leonhard, Petrus und Paulus, Apollonia und Gertrud, Walpurga und Katharina. Auf den Rückſeiten gothiſches Ornament. An der Wand eine Holzfigur: St. Lambrecht, wahrſcheinlich vom Flügel-Aaltar ſtammend (ſ. Khuen Gott: St. Lambrecht).

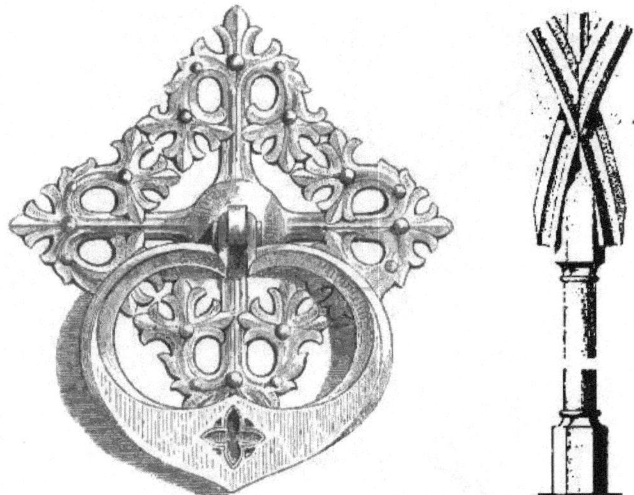

Fig. 160. (Laas.)

Fig. 161. (St. Lambrecht am Radsberge.)

St. Lambrecht am Radsberge (Dec. Teinach). Das auf der Hochebene eines Bergrückens prachtvoll gelegene Gotteshaus, ſchlimm reſtaurirt, die Chor-Gewölberippen zerſtört, an den Wänden Spuren der alten Dienſte und Conſolen. Der Chor beſteht aus zwei Jochen und dem dreiſeitigen Schluß, das unverſehrt gebliebene Langhaus mit Netzrippgewölben aus drei Jochen. Starke Dreiviertel-Säulchen, deren Schafte bis in die halbe Raumhöhe reichen (Fig. 161). Das letzte Joch wird von der gothiſch unterwölbten Orgelbühne ausgefüllt, das Gewölbe bildet drei kleine Joche mit Scheidebögen, daſelbſt zwei Trennungspfeiler. In Orgelchor-Höhe die ſteinerne Rundſtiege zum Thurm; ſämmtliche Fenſter moderniſirt, Taufſtein mit achtſeitigem Becken alt. Der Thurm weſtlich vorgebaut. Strebepfeiler nur an der ſüdlichen Schiffſeite, an den Chorecken über Eck geſtellt.

Südöſtlich vom Chore ſteht ein großer runder Karner mit kleiner Apſis, in das Beinhaus führt eine verfallene Stiege hinab.

Landschnicker Wald bei Feldkirchen. Die Sage weiß von ſeinen Goldſchätzen zu berichten. Aehnlich Latſchach, Maria-Elend, Stangalm (Car. 1860, 38).

Landskron. Nördlich von der aquilejer Straße bei Villach (Sianticum). Die Fundſtätte der beiden Schriftſteine iſt wahrſcheinlich das Zollfeld (Mo. 4776 und Jab. Nr. CXXIV).

EPONE, Ara des beneficiarius consularis, um 220—270, wohl aus Zolfeld, gef. vor 1783, hieher vor 1850, nach 1869 im Maierei-Hofe unter der Schloßruine, fehlt jetzt (Jab. 448 gleich 124, Mo. 4776, vgl. ad S. 1046).

VEGETONI*. um 150, gef. vor 1819, nach 1869 im Maierei-Hofe, fehlt. Civilis erscheint auf beiden diesen Fundorte zugeschriebenen Schriftsteinen (Jab. 449. Mo. 4763. R.-Stud. 1, 186. Jab. S. 6. AfK. 12, 35).

Ausgedehnte Ruine mit mächtigen Mauerzügen; bis vor beiläufig 60 Jahren stand der Bau des Bartolomäus Khevenhüller fast unverletzt, ein Brand zerstörte ihn, um nicht wieder zu erstehen.

Längsee bei St. Georgen, vormals erstreckt von Drasendorf bis Fimming, der untere südliche Theil später trocken gelegt. Jetzt ist die Fläche 103·59 Hektar (190 Joch), die Länge 1290 M. (680), Breite 967 M. (510 Klafter). Am östlichen Ufer sind an drei Stellen zahlreiche Pfähle seit circa 1784 bekannt und wohl neuzeitig, alt vielleicht jene am Nord-Ufer. Gleichwie die Pfahlbau-Spuren unsicher, so möchten auch die Kirschkerne, gefunden in der Tiefe von 95 Ctm. (3 Fuß), schwarze Topfscherben in der Tiefe von 63 Ctm. (2 Fuß), letztere namentlich mit Knochen im Torfmoore des Südendes, neuzeitig sein.

Der Lacus und Langensee ist seit 1162 urkundlich (AfK. 6. 125; 9, 135; 10, 255. Car. 1864, 453. 491, 495; 1869, 9. 1885, 1886. AfKöG. 38. 199. Sitzgb. d. Ak. d. W. nat. 51, 270. Mi. w. anth. 1, 322).

Langsdorf. Die Filialkirche St. Dionys mit gothischem Presbyterium, zwei schmale Fenster mit Dreipaßschluß. Im Chor-Schluße die Rippen auf Consolen, der Triumphbogen spitzbogig, flachgedecktes Schiff.

Larix, Larice, vgl. **Flitschl, Saifnitz.**

Lattachhof bei Wieting. An der Eisenstraße mehrere Urnen und andere Geschirre und römische Münzen vor 1821 gefunden (K. Ztsch. 3. 124).

Lausnitz- richtig **Leisnitz**graben, vgl. Taferner-Alm. Diese ist salzburgisch, die Leisnitz-Höhe oberhalb Frankenberg, Pfarre St. Peter im Katschthal, bildet aber die Gränze zwischen Kärnten und Salzburg.

Launsdorf, hoch über dem Einschnitte der Rudolphsbahn bei Otterwitz gelegen, erregt die Kirche schon von weitem einige Aufmerksamkeit; der schlanke Chor, der Thurm zwischen Schiff und Chor und das breite Dach des Langhauses deuten auf ein bedeutenderes Bauwerk. Die Kirche, zur Himmelfahrt Mariens geweiht, besteht zunächst aus einem nicht sehr großen, aber ziemlich hohen streng gothischen Chor (ein Joch mit dem fünfseitigen Ostschluße). Die Rippen des Sterngewölbes gehen an den Wänden und in den Ecken als Dreiviertel-Säulchen mit cylindrischen Aufsätzen herab. Zwei runde Schlußsteinscheiben mit neu bemalten Symbolen. Drei hohe und schlanke Fenster mit Mittelpfosten und einfachem gothischen Maßwerk. Nördlich noch ein nachgeahmtes kleines Spitzbogenfenster. Westlich des Chores die quadratische Thurmhalle in gleicher Gewölbehöhe mit dem Chore mit einem Sterngewölbe, im Schlußsteine ein Steinmetzzeichen. Vom Chore öffnet sich zur Thurmhalle ein bis zur Decke reichender dreiseitig geschrägter schlanker Scheidebogen, vom Schiffe dagegen ein ganz niedriger und nicht sehr breiter Spitzbogen, der durch seine geringe Höhe die Uebersicht des Chor-Raumes stört. Demgemäß ist auch das Schiff in geringer Höhe eingewölbt, und zwar in zwei Jochen mit einfach gothischen, tief herabgehenden Kreuzgewölben. Die Einwölbung ist eine spätere Zuthat zu dem noch aus romanischer Zeit stammenden Baue. Als Wandstützen kommen niedrige und kräftige Dienste ohne Capitäle vor. Eine Schlußsteinscheibe zeigt das Lamm Christi. Die Hochaltar-Mensa aus gelbem Sandstein schichtenartig aufgebaut. Zwei gute Statuen (Katharina und Barbara) gothisch; an einem Seiten-Altar solche kleine Figürchen.

An der Südseite der Thurmhalle eine etwas unregelmäßig angeschlossene Capelle sammt polygonem Chörlein mit einfach gothischem Rippengewölbe; wahrscheinlich ein gleichzeitiger Zubau mit der Schiffsumgestaltung (Fig. 162). Hinter dem primitiven Altar geht eine Stiege in ein Beinhaus herab, was, da sichtbar, einen ungünstigen Eindruck macht. Die Luft in diesem Raume ist schlecht und ungesund. Das mittlere Schlußfenster, schmal und spitzbogig, erscheint barbarisch durch einen Flügel eines Flügel-Altars ausgefüllt. Die Weihwasserschale beim westlichen Haupteingange trägt die Worte: „Pax Domini Vobiscum“

16 IHS 46, der Taufstein in geschweifter kelchförmiger Renaissance-Form. Die Cassettendecke der westlichen Eingangshalle stammt wahrscheinlich als ein Ueberrest von der ursprünglichen flachen Schiffsdecke her. Denn die Vorhalle selbst ist entschieden neuesten Datums. Die geschnitzen Bilder in den 28 Cassettenfeldern stellen theils indifferente Ornamente, theils bestimmt symbolische Figuren dar. Eine Jahreszahl kommt nicht vor, doch dürfte dieses Schnitzwerk bereits der Verfallszeit der gothischen Periode angehören. Einst bemalt in roth und gelb auf schwarzem Grunde, sind die Darstellungen heute stark verblasst. Man bemerkt darunter: eine vielstrahlige Sonnenfigur, umgeben von zahlreichen Sternen; den heiligen Geist als Taube; zwei Engelsfiguren, eine Monstranze haltend; einen Hirsch zwischen Baumzweigen; einen fächerförmigen Blumenstrauss; eine grosse vierblätterige Rosette; zwei combinirte Palmetten-Ornamente und geometrische und frei geschlungene Füllungs-Ornamente, sämmtlich etwa 2 bis 3 Mm. aus dem schwärzlichen Grunde herausgehoben. Auch in der Umrahmung drückt sich der gothische Typus aus; über knorrige Aeste winden sich schraubenförmig gelbrothe Bänder. Der Westeingang spitzbogig, einfach profilirt. Der viereckige Thurm hat in der mittleren Höhe je zwei schmale Schiesslöcher, oben grosse spitzbogige Schallfenster und einen zopfig geschweiften Helm. Strebepfeiler, zweimal abgesetzt, finden sich nur an den Chor-Ecken, wo eine Wand einen eingesetzten Kopf aus römischer Zeit birgt. Keine Grabsteine.

Die St. Sebastians-Filialkirche, ein regelmässiger Bau aus dem Ende des 15. Jahrhunderts (am Thurm die Jahreszahl 1500). Einschiffig, mit der Thurmanlage an der Westseite. Der Thurm mit Theilungsgesimsen zwischen den Stockwerken, dann spitzbogige grosse Schallfenster ohne Masswerk, Sacristei im Norden des Chores mit einer Empore gegen den Chor. Die Thurmhalle hat ein Kreuzrippengewölbe. An der Innenwand der Halle eine sehr schöne Nische für den Opferstock mit Stabumrahmung und Bekrönung aus Flechtwerk. Das West-Portal spitzbogig mit flacher Einfassung von gekreuzten Stäben. An der Thür schöne Eisenarbeit. Im dreijochigen Schiffe nimmt ein Joch den Musik-Chor ein, er ruht mit seinen drei Bögen auf zwei achteckigen gegliederten Pfeilern und hat eine Brüstung mit dreizehn Rundnischen. Das Schiff deckt ein erhöhtes Tonnengewölbe mit Graten. Den Abschluss des Schiffes bildet der spitzbogige Triumphbogen in schöner Profilirung. Der Chor besteht aus einem Joche und dem dreiseitigen Schlusse. Das Netzgewölbe in Verbindung mit halbrunden Wanddiensten, davon zwei auf Consolen

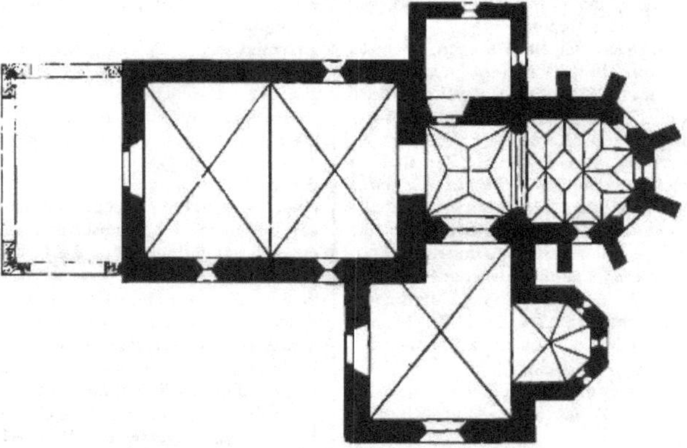

Fig. 162. (Launsdorf.)

enden. Die Chor-Fenster noch ursprünglich, zweitheilig mit Maßwerk. Die Kanzel von Stein, achteckig, in den Wänden der Schale Oelbilder. Taufstein becherartig, achtseitige Schale, die Seiten eingezogen und gewunden. Sacristei-Thür geschweift spitzbogig.

Am Wege gegen Hoch-Osterwitz steht ein altes Wegkreuz, achtseitig in der unteren, vierseitig in der oberen Hälfte, worin je eine halbrunde Nische. Darin und an den Seiten Reste von Fresco-Malereien, Heiligengestalten, wahrscheinlich die 12 Apostel. Außerdem Reste einer Inschrift und am Untersatze eine in kleiner Nische eingesetzte rohe Sculptur: Christus im Elend. Alles stark verwahrlost und beschädigt.

Lavamünd. Beim Fröhlichbauer oberhalb des Ortes bezeichnen marine Versteine-

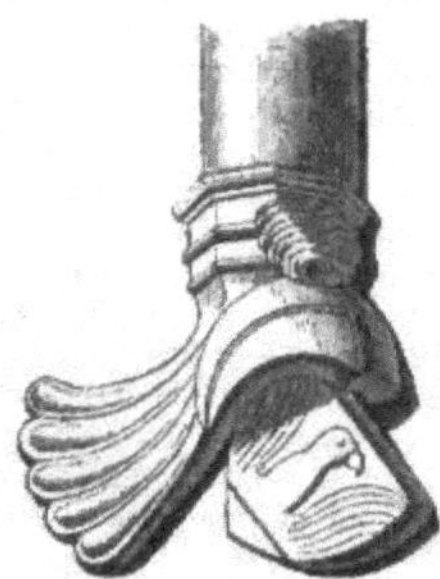

Fig. 163. (Lavamünd.)

rungen im Sand und Sandstein die Ränder des innersteierischen und mittelsteierischen Neogen-Beckens (M. VI. n. F. 48. Cat. 1858, 122; 1881, 161. Reichhard Orb. Perrai 1828. Sch. d. hist. Vsf. SOe. 19).

Die Marien-Kirche ist ein sehr bedeutendes Bauwerk. Sie besteht aus einem dreischiffigen Langhause, davon das Mittelschiff bedeutend höher ist. Daran schließt sich in gleicher Höhe der aus Joch und fünfseitigem Schluße bestehende Chor mit einfachem etwas gedrückten Kreuzgewölbe, in welchem zwei runde große Schlußsteine mit Christus-Kopf und Agnus Dei in Flach-Relief in Vereinigung der weitausladenden Rippen angebracht sind. Die schwachen Rippen laufen unvermittelt auf runde Dienste, welche etwa 10 Fuß über dem Boden in verschieden geformten Consolen enden: Helmdecke mit Busch, darunter Schild mit geflügeltem Vogelhals; gegenüber Blatt-Console mit kleiner Maske in der Mitte (Fig. 163, 164); dann Kugel, Masken, Figuren u. s. w. Die Fenster im Chor-Schluße haben theilweise ihre ursprüngliche Gestaltung behalten (Fig. 165), zwei dreitheilig und zwei zweitheilig mit spätgothischen Maßwerk, in welchem Reste alter Glasmalereien; außerdem zwei lange viereckige Fenster. Eigenthümlich ist die Behandlung des Triumphbogens; die gegen den Chor gekehrte Seite wölbt sich im Kreisbogen, die andere im Spitzbogen mit Profilirung an den Laibungen, die in halber Höhe sich verlieren. Das Langhaus, ein etwas jüngerer Bau, ist schmäler als der Chor, und enthält drei Joche (sammt dem Emporejoche vier) mit Netzgewölben im Mittelschiffe und in den Nebenschiffen. Die Pfeiler (zwei Paare) sind einfach achtseitig mit einfachen

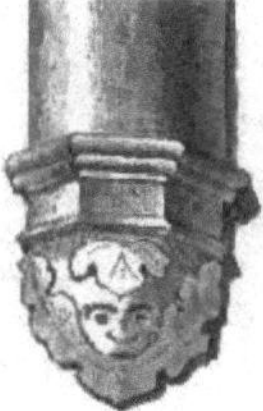

Fig. 164. (Lavamünd.)

Leisten-Capitälen, die zur Aufnahme der Profilirung der drei Scheidebogen auf jeder Seite dienen. Als Träger der Gewölberippen gegen das Mittelschiff steigen vom Capitäl aus dem Achtecke construirte Vorlagen hinan, im Seitenschiffe senken sich die Rippen bis zum Capitäl, unter welchem kleine Masken angebracht sind. An den Wänden und in den Ecken laufen die Rippen auf Consolen an. An einem Pfeiler das Steinmetzzeichen , auf einem Consolen-Schilde: . In der Sacristei-Thüre zwei Eisengitter von eleganter Arbeit; besonders schön das schmiedeiserne Speisgitter. In den spitzbogigen zweitheiligen Fenstern einfaches Maßwerk und Spuren von Glasmalerei. Der Orgel-Chor stammt aus neuerer Zeit. Außen einfache Strebepfeiler. Der ungemein starke Thurm an der Westseite dürfte der ältefte Bautheil fein, er hat romanifirende Doppelfenfter. Die Thurmhalle mit einem einfachen Kreuzrippen-Gewölbe auf derben Eck-Confolen (Kugel und Masken). In die Thurmhalle nördlich und weftlich einfach profilirter fpitzbogiger Eingang, aus derfelben reicher profilirter gedrückt fpitzbogiger Eingang in die Kirche. Schönes Weihwafferbecken.

Die Marktkirche wird durch die am Weihwafferbecken befindliche Jahreszahl 1658 beftimmt, mit rundem abgefchloffenen Presbyterium, Vierung mit Laterne und anfchließenden runden Capellen-Ausbauten gegen Nord und Süd nach Art eines Querfchiffes, dreijochiges Schiff. Viereckiger Thurm an der Nordfeite gegenüber die Sacriftei. Vor der Weft-Front eine rundbogige Vorhalle mit

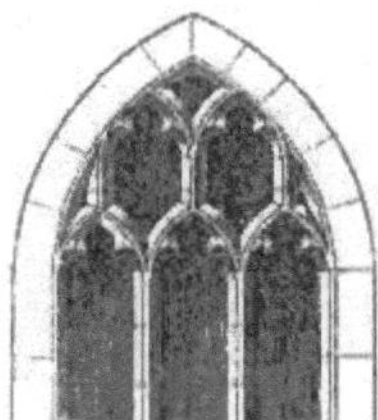

Fig. 165. (Lavamünd.)

drei Oeffnungen. Außerhalb des Ortes eine gothifche Wegfäule.

Lavantthal. Das durch die Tertiärflora der Braunkohlenflötze, die Petrefacte in Dachberg, Granitzthal, Leonhard, Wiefenau und feine goldführenden Wäffer bekannte Thal, war in feinem Terraffen-Diluvium durch einen nordfüdlichen Straßenzug durchfchnitten, verbindend Colatio (W. Grätz) mit Monate (bei Judenburg, Enzersdorf). Im oberen Gebiete ergrub man einen bronzenen Streitmeißel vor 1844? K., eine Bronzemünze um 1844, K., wahrfcheinlich im unteren eine Grabbau-Schrift (Q)VAE SVNT, um 220, gef. vor 1527, welche verloren ift (Jab. 335, Mo. 5100). Die flavifchen Anfiedelungen verrathen fich mehr in den kleinen Orten der Hügel und Berge, deutfch find die größeren Thalorte. Die deutfchen Bezeichnungen Labanta, Lauent, Lauental erfcheinen 861, 888, 1124 (Car. 1879, 18; 1869, 5; 1844, 201. Mu. R. N. 1, 303 (Pank-Weg). AfK. 5, 106; 2, 150, 152. Hermann Text 371. Ank. 1, 570. Kml. 139, 146).

Lebmach bei St. Veit. An der Kirche: Ein Relief-Stein mit zweien Vafen, dreien Greifen (Jab. 234).

Ein Baufchriftftein C | PO | MAT, die erfte Zeile 18 Ctm. (an 7 Zoll) hoch, Zeit um 50, gef. vor 1870 (Jab. 233, Mo. 5008). Der Ort zählt zu den älteften, feit 979, 1198.

Leibsdorf. Filial-Kirche St. Martin (zu Poggersdorf im Decanat Tainach gehörig) mit kleinem quadratifchen, alfo gerade abgefchloffenen Chore unterm Thurm, dem wahrfcheinlich im Laufe der Zeit die urfprünglich gothifche Einwölbung genommen wurde. An der Nordfeite des Chores eine Nifche im Spitzbogen. Blos die rechte Seite ift mit einem fchwächlichen Säulchen umrahmt, von welchem der noch erhaltene Theil des Spitzgiebels ausläuft. Im Presbyterium zwei Fenfter im Halbkreife. Scheidebogen im Halbkreife. Das dreijochige Schiff früher flachgewölbt, jetzt Tonnengewölbe, vier ftarke Wandpfeiler, gothifches Weft-Portal. Weiteingebauter Orgel-Chor auf vier Säulen ruhend. An der füdlichen Schiffswand das Bild des heiligen Chriftoph, gut erhalten, mit Spruchband; die Schrift darin „Sanct criftus. ihs." ift ziemlich deutlich, dabei die Jahreszahl 1.5.2. Der Thurm über dem Presbyterium hat gekuppelte Schalllöcher, vier Spitzgiebel, fpitzen Helm. Eine Thurmglocke zeigt gothifche Majuskel.

Leifling im Ober-Gailthal. Beim Cafutten-Acker römifche Baurefte, Mofaikboden 1868 (Meyer Gurina 9, Biedermann S. 205.).

Lendorf im Wölfnitzthal. Fünf Reliefs an der Kirche. Weibliche Büfte mit Kegelhut, Schleiern und Bruftgefchmeide (Jab. 374, Taf. 11). Drache (Jab. 375). Leopard, neben Vafe mit Weinftock (Jab. 375, Taf. 11, KStud. 3, 54, 56). Das Kirchlein befteht aus rundbogiger Concha, in welcher öftlich kleines fpitzbogiges Fenfter mit Kleeblatt, weftlich anfchließend vierfeitiger Thurm mit rundbogigen durch Rundfäulen getheilten Schallöffnungen und vierfeitigem Helm, deffen Halle mit Gräten-Netzgewölbe und einem kleinen fpitzbogigen Fenfter den Chor bildet; diefem weftlich vorgebaut ift das Schiff mit flacher Decke und zwei rohen einfachen fpitzbogigen Fenftern auf der Südfeite. Thor auf der Weftfeite fpitzbogig.

einfach profilirt. Kleine Glocke mit Majuskelinschrift.

Leoben ob der Nöring bei Gmünd. Die Schiefer-Felsschrift LVCIVS* und drei Zeilen, Zeit um 240, reliefirte Büste, bekannt seit 1819, ist jetzt abgesprengt (Jab. 493, Mu. R. N. 1, 294. Mo. 4728, Aep. 4, 214. M. vi. n. F. p. 47. Urkundlich Nöring 1117).

St. Leonhard in der Abtei. Eine hochgelegene kleinere Kirchenanlage mit rund geschlossenem, sehr beengtem quadratischen Chore und gleich breitem spätgothischen Schiffe. Das erstere hat im einzigen Joche neuartiges einfaches Kreuzgewölbe, das letztere in drei Jochen dichtes Netzwerk. Nach dem Memorabilienbuche „soll die Kirche im Jahre 1521 von einem Abte des Stiftes St. Paul erbaut worden sein".

Das Chor stammt aus einer neueren Bau-Periode, und aus der jüngsten Zeit (1859) der als Westvorhalle eingebaute starke Thurm. Ueberdies erscheint das ganze Aeussere, zumal die West-Façade, gründlich modernisirt, Strebepfeiler fehlen. Fenster sind scheitrecht geschlossen, die Gewölberippen in Wanddiensten fortgesetzt. Statt eigener Capitäle bloße wulstförmige Ringe (Fig. 166).

Ein sehr interessantes Tafelgemälde ziert die Aufsatzwand des nördlichen Seiten-Altars: Darstellung der Abnahme des Leichnams Jesu vom Kreuze, ein Bild mit 13 Figuren, im Style der Cranach'schen Schule; das Colorit ist erneuert worden, doch ist die Compositionsweise unverändert geblieben. Dimensionen: 1·20 M. breit, 1·60 M. hoch. In der Mitte das Kreuz, vor welchem die Mutter des Heilandes in blauem Gewande, gesenkten Kopfes und mit gefalteten Händen auf der Brust zu ihrem Sohne herabsieht, den im Vordergrund Joseph von Arimathia bei den Schultern unterstützend sanft zur Erde herablässt, unter dem Leichnam ein grosses weisses Tuch ausbreitet. Rechts Maria Magdalena in knieender Stellung und gebückt, die rechte Hand Christi mit Küssen bedeckend; links von Maria eine zweite Frau mit einem Tuche ihr Antlitz verhüllend, neben ihr als dritte Leidtragende eine Frau mit emporgehaltenen Händen und Jammer-Miene. Hinter der letzteren Nicodemus und Johannes Evangelist in ruhiger Theilnahme die schöne Gruppe schliessend. Links und rechts des Hintergrundes die gekreuzigten Schächer in zusammengekauerter Körperhaltung. Charakteristisch ist der den Hauptpersonen des Bildes gegebene Nimbus, der die Form einer vollen Scheibe hat. Diese ist stark vergoldet und zum Zwecke einer wirkungsvollen Hervorhebung von dem ebenfalls goldenen Hintergrunde mit concentrischen Strahlen markirt. Ganz im Vordergrunde rechts kniet der Donator mit Mitra und Stab und seitwärts angebrachtem Stiftswappen. Von den gefalteten Händen lauft ein Spruchband aus mit der Aufschrift: »misericordia dei miserere mei« in gothischen Minuskeln. Das auf dem Bilde angebrachte Wappen ist das des 29. Abtes von St. Paul

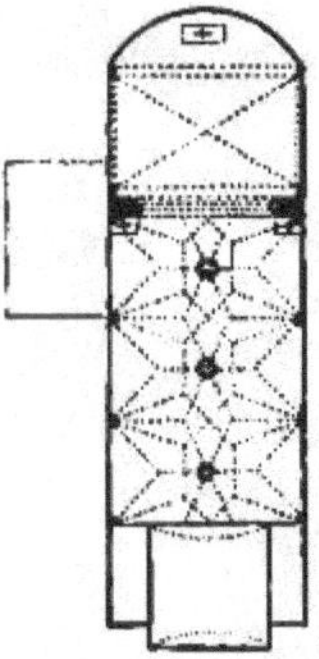

Fig 166. (St. Leonhard in der Abtei.)

Sigismund Jöbstl von Jöbstlberg ist (1488 bis 1498), der somit mit Sicherheit als Donator angenommen werden kann.

St. Leonhard im oberen Lavantthal. Auf einem Acker nächst der Stadt stieß man im Jahre 1880 auf ein Steinwerkzeug mit Schneide und Bohrloch (K. 5399). Alsdann sind von hier bis gegen die steierische Gränze stammend die (7) Silbermünzen: Severus, Geta, 2 Elagabalus? (1. principi iuventutis), Soaemias, Maesa, Orbiana, Gordianus, sämmtlich K. 1845.

Der Reliefstein, Vase mit Epheu, befindet sich im Schlosse Ehrenfels (Jab. 304).

Ebenda der Grabstein VERCAIVS*, Zeit um 170—240, gef. 1819 (Jab. 303, Mo. 5084. Kml. 106, 129, 310).

Der Grabstein (INGENV)AVX, Mannskopf, um 230, gef. 1819, im Gemeindehause (Jab. 303. Mo. 5083. Aep. 4, 217).

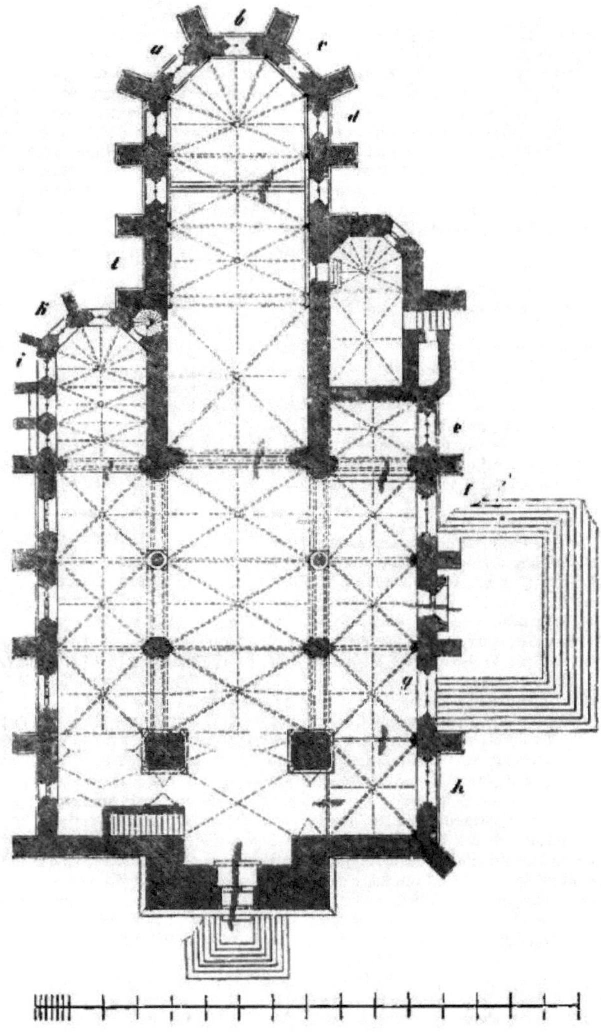

Fig. 167 (St. Leonhard im oberen Lavantthal.)

Der Grabſtein GEMINO, um 180, geſ. nächſt dem Flußbette in bedeutender Tiefe vor? 1819, iſt vom Staats-Hammerwerke verſchwunden vor 1870 (Jab. 302. Mo. 5082. Jbuch f. K. 13, 89. Car. 1845, 79; 1867, 103; 1880, 271; 1881, 161; Mu. R. N. 1, 303. M. vt. n. F. p. 48).

Die außer der Stadt auf einer Anhöhe gelegene gothiſche, dem heiligen Leonhard geweihte Kirche, ein für Kärnten hervorragendes gothiſches Baudenkmal aus dem 14. bis 15. Jahrhundert, auf der Stelle einer ſchon im 12. Jahrhundert beſtandenen Kirche, iſt aus Bruchſteinen und ſtellenweiſe nach Bedarf aus Quadern erbaut. Eine Feuersbrunſt im Jahre 1884 beſchädigte leider Kirche und Thurm ſehr arg.

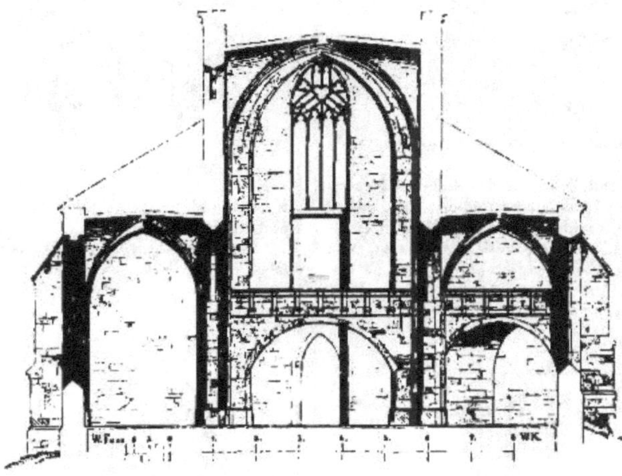

Fig. 168. (St. Leonhard im oberen Lavantthal.)

Dreiſchiffige orientirte Anlage (Fig. 167, Grundriß), jedes Schiff aus viereckigen Feldern beſtehend, das Mittelſchiff breiter und höher als die Seitenſchiffe (Fig. 168, Querſchnitt), im Weſten über dem erſten Mittelſchiff-Joche die Thurm-Anlage. In Verlängerung des Mittelſchiffes das Presbyterium, aus einem gleichſeitigen quadraten Joche, zwei rechteckigen ſchmalen Jochen und dem fünfſeitigen Chorſchluſſe beſtehend. Das rechte Seitenſchiff endigt in der halben Länge des Mittelſchiffes mit einem gerade ſchließenden Joche und der daranſtoßenden capellenartigen Sacriſtei mit dreiſeitigem Schluſſe, der älteſte, einem früheren Baue angehörige Theil der Kirche, vielleicht das ehemalige Presbyterium. Das linke Seitenſchiff endigt mit einer zierlichen zweijochigen fünfſeitig geſchloſſenen Capelle ſeitwärts des erſten Joches des Presbyteriums.

Die drei vorderen Schiffe des gegen Ende des 14. Jahrhunderts entſtandenen Langhauſes ſind durch ſpitzbogige Arcaden-Bögen in der Höhe der Seitenſchiffe verbunden, die Arcade des erſten Joches, darin der Muſik-Chor eingebaut, iſt etwas niedriger. Die Arcaden-Bögen ruhen auf Pfeilern, davon die zunächſt des Presbyteriums mit rundem, die übrigen mit polygonem Profil verſehen ſind. Die Rippen der einfachen Kreuzgewölbe mit ſtarken birnförmigen Anſätzen ruhen, zu einem kräftigen Dienſt vereint, theils oberhalb der Pfeiler auf einer Conſolen-Gliederung, theils und zwar bei den polygonen Pfeilern ziehen ſie ſich bis zum Boden herab. Schlußſteinſcheiben (Fig. 169). Das erſte Pfeilerpaar, das als Thurm-Unterlage dient, iſt viel kräftiger. Das Travée der Thurm-Anlage iſt mit einem Netzgewölbe überdeckt, eine der Rippen endet auf einer

11*

Confole, die mit einem Schilde geziert ift, darauf ein Monogramm (Steinmetzzeichen; Fig. 170).

In der Mauer über den Seitenfchiffen beiderfeits je drei reich profilirte und mit edlem Maßwerk verzierte Rundfenfter und an der Façade ein hohes dreimal getheiltes ebenfo reiches Spitzbogen-Fenfter.

Die Seitenfchiffe befitzen Kreuzgewölbe mit Rippen nach Art des Mittelfchiffes, doch

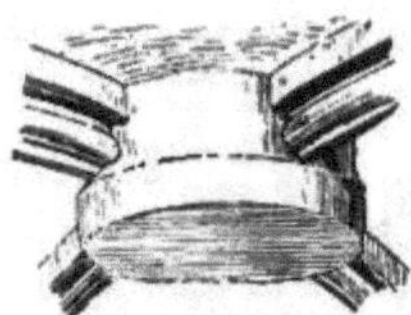

Fig. 169. (St. Leonhard im oberen Lavantthal.)

ift die Dienftgliederung des füdlichen Nebenfchiffes viel reicher und edler. Die Fenfter find breit, dreitheilig (eines fünftheilig), fpitzbogig und mit Maßwerk gefchmückt, das aus Drei-, Vier- und Fünfpäßen, oder nebeneinander geftellten Spitzbogen conftruirt ift (Fig. 171, 172, 173).

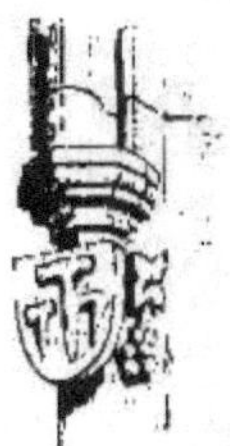

Fig. 170. (St. Leonhard im oberen Lavantthal.)

Das große Quadrat des Presbyteriums, vielleicht fchon zu Beginn des 14. Jahrhunderts erbaut, hat gegen Often eine fehr breite romanifirende Quergurte, dem Triumphbogen ähnlich, nur noch kräftiger, die Rippen der Kreuzgewölbe in diefem und den anderen wahrfcheinlich mit dem Langhaufe gleichzeitigen Jochen und im Chorfchluße haben ein birnenförmiges Profil und laufen faft alle bis zu dem in der Höhe der Fenfter - Sohlbank herumziehenden Kaffgefimfe herab. Die Schlußfteine find flach und ohne Verzierung. Im Chorfchluße fieben hohe und fchmale Fenfter mit ftarker Laibung und einmaliger Theilung und Maßwerkfchluß. Der quadrate Raum wird durch

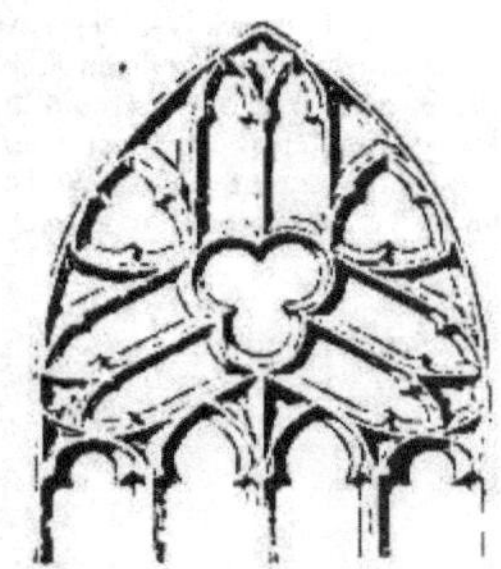

Fig. 171. (St. Leonhard im oberen Lavantthal.)

ein mit radförmigem Maßwerk geziertes Rundfenfter beleuchtet.

Einen hochwichtigen Schmuck der Kirche bilden die Glasgemälde, die freilich jetzt nur mehr den fpärlichen Reft großen

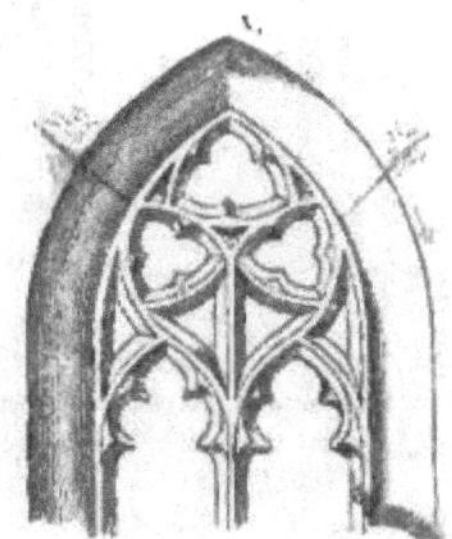

Fig. 172. (St. Leonhard im oberen Lavantthal.)

derartigen Reichthums darftellen, zumal in früheren Zeiten vieles entfernt und in den letzten Jahren vieles die Ungunft der Zeit zerftört hatte. Es machen fich zwei Perioden von Glasgemälden bemerkbar; folche aus dem 14. Jahrhundert in den Fenftern des nördlichen Seiten-Chores, des Hoch-Chores und an der Oftwand der Südfeite mit rein decorativem teppichartigen Charakter, Medaillon-

Einlagen auf musivischem Grunde, und solche aus der Spät-Gothik (Ende des 15. Jahrhunderts) in der Westseite des Süd-Chores mit Benützung perspectivischer Architecturen und characteristischer Stylisirung der Figuren. Der ganze noch erhaltene Schatz von Glasgemälden wurde durch die Innsbrucker Glasmalerei-Anstalt gereinigt und neu aufgestellt, wobei man nur so viel neue Figural- und Teppichfelder hinzufügte, um wenigstens die in den Haupttheilen erhaltenen Fenster durch diese unbedeutenden Ergänzungen zu vervollständigen. Diese Restaurirung kann als vollkommen gelungen bezeichnet werden. Leider haben beim letzten starken Brande der Kirche einige Glasgemälde Schaden gelitten. Die wichtigsten Fenster sind:

Das Chorschluß Fenster ist in Medaillon-Charakter decorirt, darstellend das Leben Christi von der Empfängnis bis zur Himmelfahrt. Die Form der Medaillons ist der gestreckte Vierpaß, von der Kante eines Rhombus durchsetzt, auf Bandwerksteppich aufgelegt. Der Grund erscheint blau mit großem Blattwerk damascirt. Die Compositionen sind einfach klar, in rein linearer Behandlung von leichtem Ueberzuge begleitet. In der Dornenkrönung ergreift Christus durch ungewöhnliche Hoheit und wirkungsvolle Pose. Das ganze Fenster ist ein echter Glasteppich. Die beigegebenen Abbildungen zeigen den englischen Gruß und die Gefangennahme Christi (Fig. 174), die anderen Vorstellungen beziehen sich auf die Geißelung, Kreuztragung und Kreuzigung, den Judaskuß, Christus vor Kaiphas, Christus seinen Jüngern erscheinend, die Taufe, und Christus lehrend, die drei Könige, Flucht nach Egypten, Maria Verkündigung, Anna und Maria, Christi Geburt.

Aus den zweitheiligen Hauptchor-Fenstern (südlich), welche mit Einzelfiguren in gestreckten Medaillons oder unter einfachen Tabernakeln besetzt sind, sind hervorzuheben: das Fenster an der Epistel-Seite enthaltend Scenen aus der Legende des heil. Leonhard, schön gedacht und klar angeordnet; der Fond durchaus blau. Im untersten Felde die Porträt-Figuren der knieenden Stifter Heinrich Chrogh und Sein Hausfraw Chunigunt.

Verwandt im Charakter sind die drei zweitheiligen Fenster des nördlichen Seiten-Chores, nur reicher und mehr belebt: wir sehen vorgestellt St. Heinrich, St. Radegundis, St. Elisabeth, St. Chunegundis, St. Martinus, St. Erasmus, St. Augustinus u. s. w.

Im fünftheiligen Schlußfenster am Musik-Chore, das in spät-gothischer Architektur mit perspectivischen Einbauten, Nischen, Bogenstellungen etc., die in größter Bunte und Mannigfaltigkeit der Construction gegliedert sind, ausgeführt ist, erscheinen die Figuren in primitiver Anordnung und linear arg zersetzter Ausführung. In der Gesammtwirkung, wo blau und grün vorherrschen, ziemlich bunt, ohne feineren Reiz; die betonten Architecturlinien sind in Weiß, Fleischviolett und leuchtendem Gelb gegeben; besonders schön sind das Saftgrün und Orange-Violet. Die Figuren erscheinen im Vergleich zu den Architecturen fließender und einfacher erhalten.

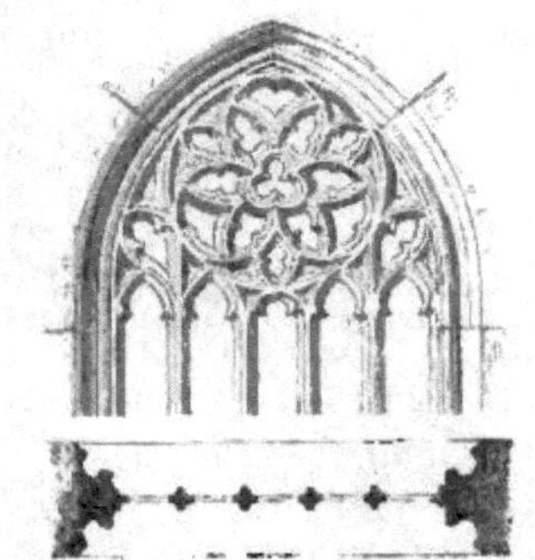

Fig. 173. (St. Leonhard im oberen Lavantthal.)

In den beiden Fenstern neben dem Süd-Portale sind noch die Hauptpartien vorhanden, beide spät-gothisch, circa 1470—1490, das eine mit einer durch alle drei Felder gehenden Bedachung; darunter Gott Vater den Gekreuzigten vor sich haltend, in den Seitenfenstern adorirende Engel. Nächste Reihe enthält inmitten die thronende Madonna mit dem Kinde, daneben je zwei weibliche Heilige unter Arcaden; unterste Reihe: männliche Heilige in gleicher Weise angeordnet — das linke Feld fehlt.

Das zweite Fenster ist mit einer durch alle drei Felder sich gleichmäßig wiederholenden spät-gothischen Architektur im terrassen- und galerieartigen Bau abgeschlossen,

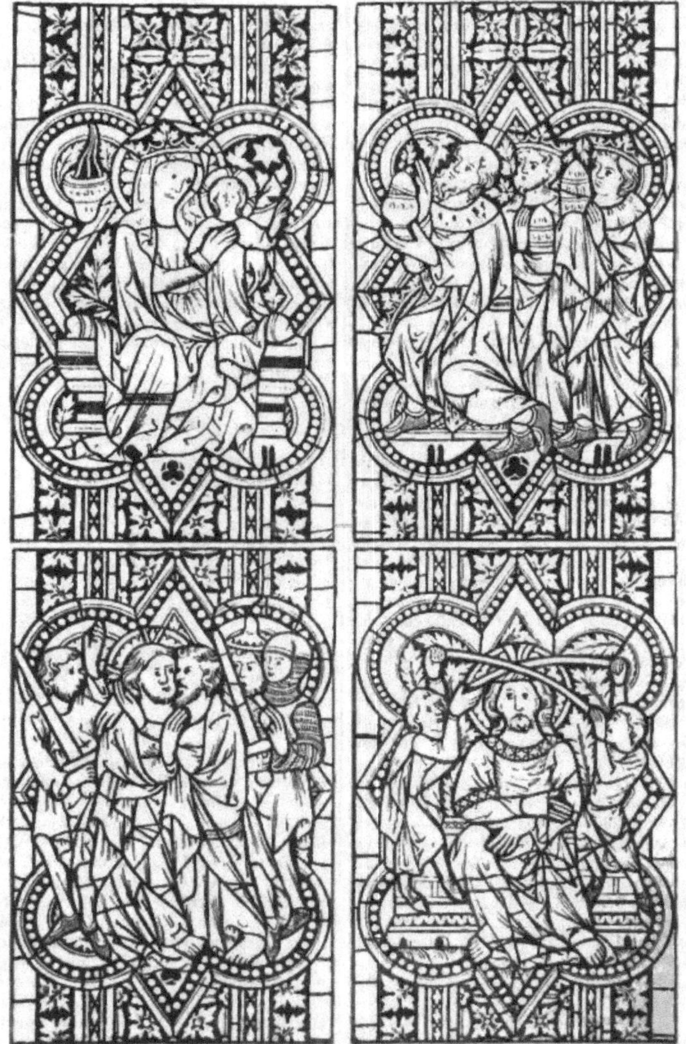

Fig. 174. (St. Leonhard im oberen Lavantthal.)

darunter im Mittelfelde Chriſtus als Leidensheiland auf ſeine Bruſtwunde und auf das Kreuz weiſend und von den Leidenswerkzeugen umgeben. Davor kniet ein Engel, das Kreuz umfaſſend und das Blut der Seitenwunde mit einem Kelche auffaſſend. In den Seitenfeldern Petrus mit dem Schlüſſel (ſ. die beigegebene Tafel), und wahrſcheinlich vis-à-vis Paulus (der ergänzt wurde), darunter wieder ſpät-gothiſche Architektur in ähnlichem Charakter; die figuralen Schlußfelder fehlen. Das Chriſtus- und Petrus-Feld ſind von außerordentlicher Schönheit, die Figuren innig empfunden und vornehm angeordnet. Darüber ſchließen die Architekturen mit rothen Gewölben, die mit gelben Sternen durchſetzt ſind; die Gliederung außerordentlich reich und mannigfaltig, faſt zu fein zerlegt; die perſpectiviſche Bedeutung und Wirkung der Farben iſt mit großem Geſchick verwerthet; die leuchtenden zarten Tinten in den Fronten, die ſchweren Falten in den rücktretenden Partien, in den Schrägen und Verkürzungen machen dieſe Glasgemälde zu den bedeutendſten ihrer Art aus alter Zeit.

Namentlich in den Violets iſt eine reiche Scala entwickelt, vom Roſaweiß bis zum tintigen Violet. Reizend iſt die Combination des kalten hellen Blau (Ton) mit kräftigem Saftgrün (auch rauchig) und hellem Purpurviolet; das Gelb, vorwiegend licht und grünlich, tritt nur in Abbindungen und Schattenpartien ſparſam in kräftigem Orange auf.

Ein Meiſterwurf iſt aber die durchgreifende Bedachung, ſie iſt von großartiger Anlage und voll von reizvollen Details kühn gedacht und ebenſo durchgeführt — ja die unteren Architekturen zerſtieben faſt durch den großen Reichthum heller Zierglieder.

Die Außenſeite der ziemlich hoch gelegenen Kirche in ihrer dunklen Steinfarbe beleben die der Anlage entſprechenden ringsherum heraustretenden zweimal abgeſtuften Strebepfeiler, die an dem Langhauſe mit einer Schräge ſchließen, während ſie am Chorſchluſſe ſich pyramidal zuſpitzen und eine Kreuzblume tragen. Nur bei der Sacriſtei — einem älteren Bauwerke — wölbt ſich ein Strebebogen über dieſe auf einen an deren Wand ſtehenden und darüber frei emporragenden kräftigeren Strebepfeiler, der durch Baldachine und Conſolen, darauf Heiligen-Figuren, Blendmaßwerk, reicher geziert iſt (Fig. 175). Den Chor ſchmückt ein reicheres Kaffgeſims, das Schiff ein einfacher Sockel. Zwei Portale führen in die Kirche, an der Weſt- und Südſeite, beide ſpitzbogig und letzteres in die Laibung mit Rundſtäben und Kehlungen profilirt, der hoch anſteigende Giebel mit durchbrochenem Maßwerke.

Der Thurm (erbaut in der zweiten Hälfte des 15. Jahrhunderts) tritt theilweiſe aus der Weſt-Façade heraus, theilt ſich nach ſeiner Verjüngung über dem Kirchendache in zwei Stockwerke, davon in dem obern jederſeitig (Doppelfenſter) flachgewölbte Fenſteröffnung mit Maßwerk. Die Bekrönung bildete zuletzt ein Zwiebeldach. Jetzt iſt nur ein ſtumpfpyramidales Nothdach aus Brettern am Thurme. An der Südſeite zwei eingemauerte romaniſche Sculpturen (Fig. 176).

In der Kirche Reſte zweier Flügel-Altäre aus der Uebergangszeit zur Renaiſſance, einer mit ſchönen Tafelmalereien, einer geſtiftet von Hans von Greiſſeneck 1513, auf den inneren Flügeln Scenen auf Joachim und Anna bezüglich, außen Heilige. Im Schrein Maria, Anna und Jeſus. Die Rückſeite des Kaſtens bemalt. Der andere Altar iſt dem heiligen Anton geweiht und fragmentirt. In der Sacriſtei ein ſpät-gothiſcher Kelch, eine ſilberne gothiſche Monſtranze und Reſte zweier geſtickter Cafeln, gothiſcher Taufſtein mit Inſchrift: ave maria (Fig. 177). Am großen Strebepfeiler folgende Inſchrift: diſen Khoſel (Weihwaſſerkeſſel) hat laſſn mache Matthes Perger 1615.

An dem ganzen Kirchengebäude zahlreiche Steinmetzzeichen (Fig. 178).

Bei der Altarſtufe im Presbyterium eine Grabſteinplatte aus Sandſtein, ſtark beſchädigt. Die Reſte der Inſchrift lauten: hie leit rueger der ric... geſtifft gepawen des jars... Anno dni mcccxiii iii all hernach in gotes nam amen. Rueger ſtiftete einen Leonhard-Altar ſammt ewigen Licht, Wochenmeſſe und Jahrtag (1397). Grabmal des Sigmund v. Pain † 1595 (weißen Mamor), des Caſpar v. Pain † 148., des Pfarrers Jacob Keſſelboden † 1530, des Gregor Joſtl zu Lind † 1548, der Stein 1604, des Wolfgang Alchinger † 1547, des Conrad Popp † 1593 und ſeiner zwei Frauen.

In der Kirche finden ſich zahlreiche Votivbilder, davon viele in das 17. Jahrhundert zurückreichen. Wir finden auch interessante Namen genannt, wie Georg Sigm. Freiherr von Siegersdorf (1670), Peter Paul Freiherr von Welfersheimb (1670) u. s. w.

Hinter dem Presbyterium der runde Karner mit Ostnische, einfacher romanischer Bau mit Spitzdach, unten das Beinhaus (Fig. 179). Das obere Portal rundbogig mit profilirter Gewandung, in der Kehlung Rosetten. Beim Eingange in dem Karner die Marke ⱶ.

(Fig. 180) wiedergegeben. Die Session ist leider schon sehr beschädigt.

St. Leonhard im Drauthal (Möllbruken). Die Kirche ist ein schöner einfacher Bau von schlanken Verhältnißen, einschiffig. Das Schiff besteht aus zwei quadratischen Jochen mit Sterngewölbe, aus kleinen Rippen gebildet, welche unvermittelt auf Dreiviertel-Säulen anlaufen, die den lisenenartig vorspringenden Streben mit tiefgekehlten Kanten vorgelagert sind. Die

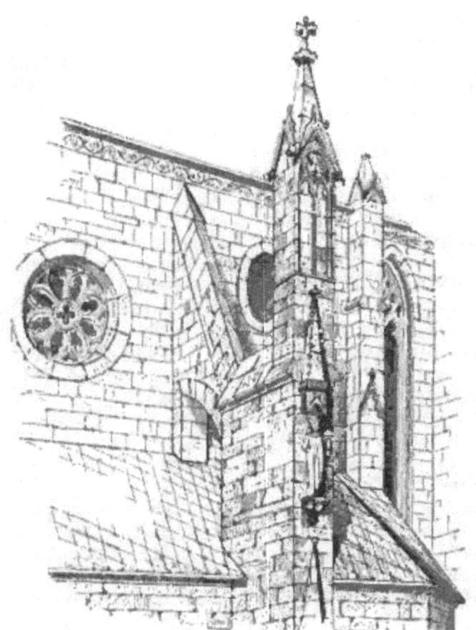

Fig. 175. (St. Leonhard im oberen Lavantthal.)

Die Kunigunden-Kirche im Markte ist nur mehr in wenigen und sehr unbedeutenden Resten ein alter Bau, sie wurde in neuerer Zeit fast ganz umgebaut. Kurze Strebepfeiler und ein Sacraments-Häuschen an der Evangelien-Seite, gegenüber Ueberreste eines einst prachtvoll gezierten gothischen Fensters, sowie eine kleine Nische als Priestersitz sind die erkennbaren Ueberbleibsel eines älteren Baues. Das erstere ist hier in Abbildung

Empore ist in das erste Joch eingebaut und nimmt etwas mehr als die Hälfte desselben ein; sie ruht auf zwei niederen achtseitigen Pfeilern, wovon vier Seiten gekehlt sind, mit glattem achtseitigen Sockel und auf Netzgewölben von Steinrippen. Ueber diesen Pfeilern an der Wandfläche der Empore-Brüstung je eine schöne Console mit Laubwerk verziert, an deren südlicher ein Schild, worauf Steinmetz- oder Meisterzeichen und

Jahrzahl gemalt: . Die Brüſtung der Empore als durchbrochenes Maßwerk aus Stucco. Der Chor beſteht 1. aus einem Joche mit Kreuzgewölbe und großem runden Schlußſteine, liegt um eine Stufe höher, und

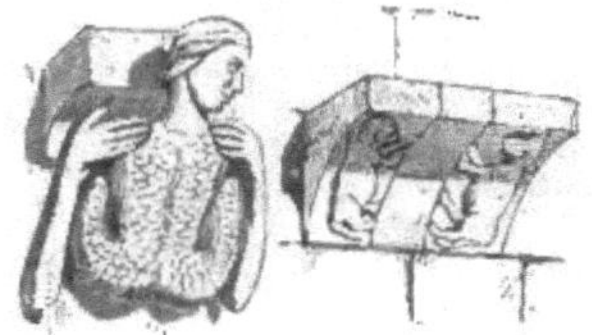

Fig. 176. (St. Leonhard im oberen Lavantthal.)

2. aus dann abermals um eine Stufe erhöhtem fünfſeitigen Schluße von gleicher Höhe mit dem Schiffe und iſt von demſelben durch den hohen ſchmalen profilirten Triumphbogen getrennt. Rippen laufen an den Kanten des Triumphbogens und des Schlußes unmittelbar in den Boden zwiſchen Joch und Schluß aber

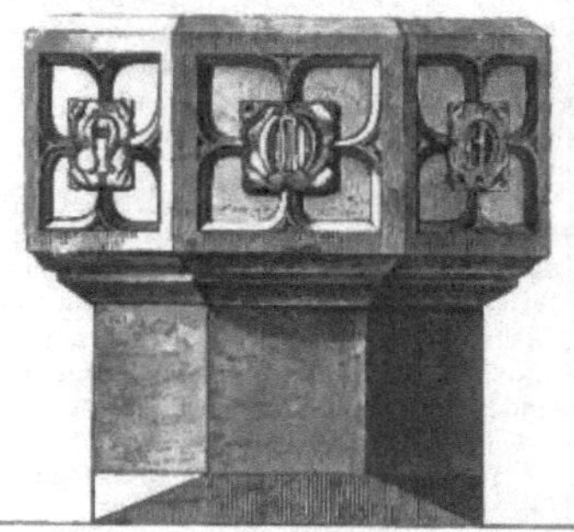

Fig. 177 (St. Leonhard im oberen Lavantthal.)

auf je einem fünfſeitigem Dienſt ohne Capitäl und Baſis und gehen ſämmtlich durch ein Kranzgeſims, das in Drittelhöhe über dem Boden ſich befindet. In den drei letzten Seiten des Abſchlußes je eine breite, 1 Fuß tiefe Mauerniſche mit an der Kante gekehltem Stichbogen. Das Weſtthor iſt rundbogig, mit geradem Sturz, mit zwei Wulſten und drei Kehlungen profilirt, von einem Steinbande rechteckig umrahmt, Südthor ſpitzbogig, einfach profilirt. Fenſter bis auf eines zweitheilig mit Maßwerk, in welchem Spuren von Glasmalereien. In der Weſtſeite ein leeres Kreisfenſter. Thurm auf der Südſeite des Chores vierſeitig mit einfachen ſpitz-

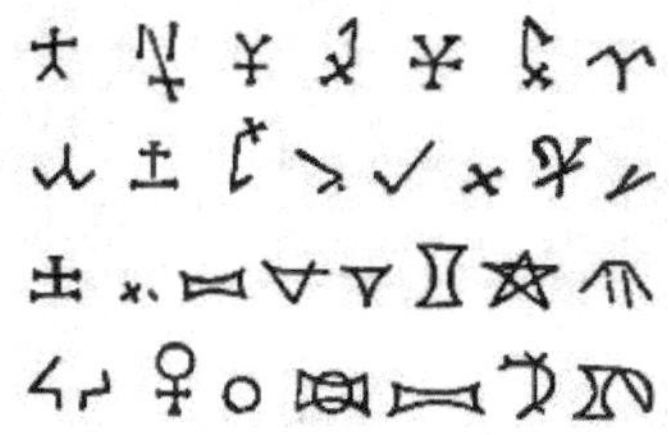

Fig. 178. (St. Leonhard im oberen Lavantthal.)

bogigen Schallfenſtern, nicht ausgebaut, und viereckigem ſtumpfen Helm. Ringsum einfach geſtufte ſtarke Streben. An der Nordſeite des Chores, die Breite der Jochwand füllend, gegenüber den Sacriſteithüren ein Chorſtuhl

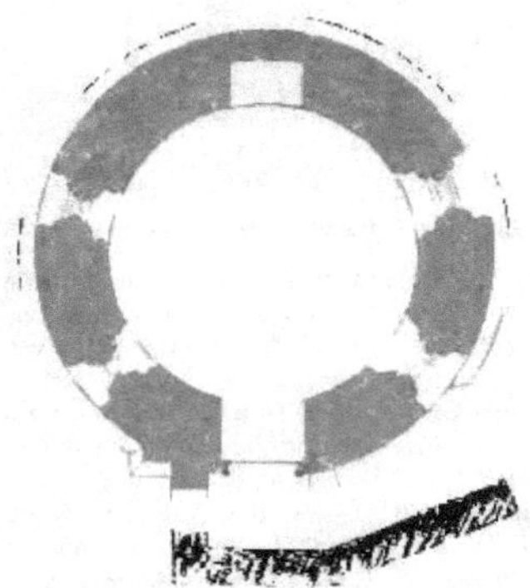

Fig. 179. (St. Leonhard im oberen Lavantthal.)

aus weichem Holze mit ſechs Sitzen reich geſchnitzt. Der Untergrund der Fläche vertieſt und das Relief nach Art der Flachmalerei durch Striche charakteriſirt. Auf Spruchbändern: Jeſus, — maria hilf uns, — andre ramper (rainper (?) — 1512 jar. Auch ein Wappen mit einer Adlerklaue

(Fig. 181). Der vordere Theil desfelben (das Pult) wurde vor einigen Jahren, da er keine Schnitzerei enthielt, als werthlos bei Seite geworfen.

Prachtvoller fehr gut erhaltener gothifcher Schnitz- und Flügel-Altar, der bis an die Gewölbedecke des Chores reicht. Die Predella befteht aus einem rechteckigen oblongen Schreine, welcher durch zwei Flügel verfchliefsbar ift. Der Schrein ift leer und durch einen Barock-Tabernakel, der jedoch ftets weggenommen werden kann, verftellt. Auſsen an den Flügeln je eine Frauenfigur in reicher Gewandung, fowie auch zu beiden Seiten des Schreines, ungemein lieblich und

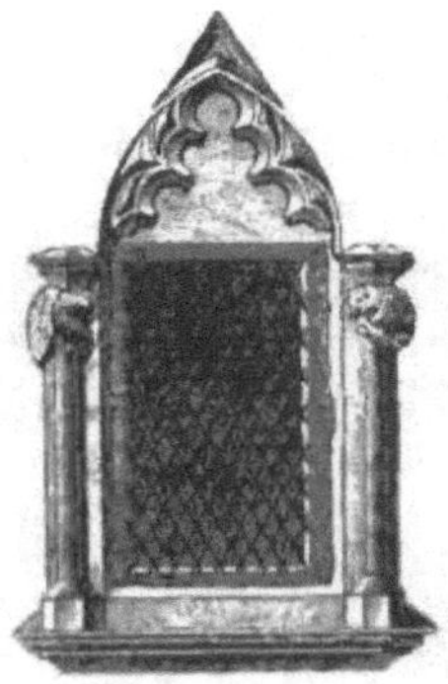

Fig. 180. (St. Leonhard im oberen Lavantthal.)

zart: St. Helena, St. Elifabeth. Auf der Innenfeite derfelben je eine bekleidete geflügelte Engelsfigur mit lockigem Haar, die eine mit Nägeln und Lanze, die andere mit der Dornenkrone in den Händen in Flach-Relief. Schrein über der Predella 6 Fuſs hoch und 4 Fuſs breit, worin drei Statuen von Aftwerk umrahmt: St. Leonhardus (Mitte), St. Rochus und St. Sebaftian, letzterer nur mit entblößtem Oberleib. Hinter ihnen an der Schreinwand geflügelte bekleidete Engelsfiguren gemalt. Auf der Innenfeite der Flügel in Flach-Relief rechts St. Rupertus, links St. Dionyfius. (Bemalung an der Auſsenfeite der Flügel und zu beiden Seiten des Schreines leider nicht zu fehen, da die Flügel befeftigt find.) An den Schmalfeiten des Altares zu beiden Seiten der Flügel je eine Rittergeftalt auf reich gefchnitzter Confole, in welcher von der Predella ausgehendes Aftwerk endet und unter prachtvollem Baldachin: St. Georg und St. Florian. Die Krönung, befonders reich aus Schnitzwerk, Wimpergen und Fialen, bildet drei auch nach rückwärts offene Nifchen, in deren mittlerer unter Baldachin mit Spitzhelm und nach vorn fich neigender Kreuzblume Ecce homo-Statue mit Dornenkrone, Seiten- und Nägelwunden, zur Linken Maria, zur Rechten Johannes auf hohen dünnen achtfeitigen Sockeln. Auf der Rückfeite des Altares Gemälde: In der Mitte St. Chriftoph, rechts St. Laurentius, links St. Johannes Ev. (?) Schnitzwerk und Malerei am ganzen Altare vorzügliche Arbeit. Hübfche Eifenbefchläge und Thürklopfer (M. I. 126; M. IX. 55; M. V. n. F. p. XXXIX).

St. Leonhard am Loibl, Paſs nach Krain. Die Ara BELESTI, um 270, gef. 1819, am Mauerkreuze nächft der Kirche (M. I. 575. Mo. 4773. M. XI. n. F. p. LXXVII).

Die Kirche ift neu, in derfelben einige Holzfiguren, ferner ein Kreuz mit der Jahreszahl 1580 aus der alten Kirche übertragen. Die alte Pfarrkirche ift Ruine. Wahrfcheinlich der Anfang zu einem groſsen Baue, brachte fie es nicht zur Einwölbung. Nur das Haupt-Portal zeigt reichen gothifchen Schmuck und feine Durchbildung. Es verdiente irgendwo verwendet zu werden. An demfelben finden fich wiederholt zwei Steinmetzzeichen.

St. Leonhard bei Siebenbrünn. Beim Steinbruch unter der krainecker Straſse wurde vor 1865 ein eifernes Pferdgebiſs und eine Bronze-Münze Nero gefunden (Jab. 169). Neben dem Hoch-Altar römifcher ara-ähnlicher Schriftftein, der nun als Opferftock verwendet wird. Die Kirche ein neuerer Bau, in der Sacriftei ein gothifcher Kelch.

St. Leonhard im Bad ob Himmelberg, 2 Stunden von Feldkirchen.

Kirche, maffiver Bau, einfchiffig, geoftet. 27·70 M. breit, 13 M. breit. Presbyterium aus dem Achteck mit Netzgewölbe auf Confolen, Schluſsfteine, zwei Spitzbogenfenfter ohne Maſswerk und zwei mit rundem Abfchluſse, Triumphbogen im Spitzbogen und ftark abgefchrägt. Das Schiff hat vier Joche, Tonnengewölbe mit dünnen Graten, Wandpfeiler im Achteck, die Gewölbefchilder im Spitzbogen conftruirt, links und rechts je zwei Fenfter mit Rundbogen, in einem (rechts) Fragmente von Glasmalerei, eine ganze und eine halbe Heilige darftellend (klein). Südlich und nördlich ift je ein Eingang mit einfachen Spitzbogen, abgewölbt ift felber in Kreuzform mit drei Feldern und gezogenen Graten. Chorbrüftung aus Holz. An der Außenfeite der Kirche Strebepfeiler in fehr roher Weife. Der

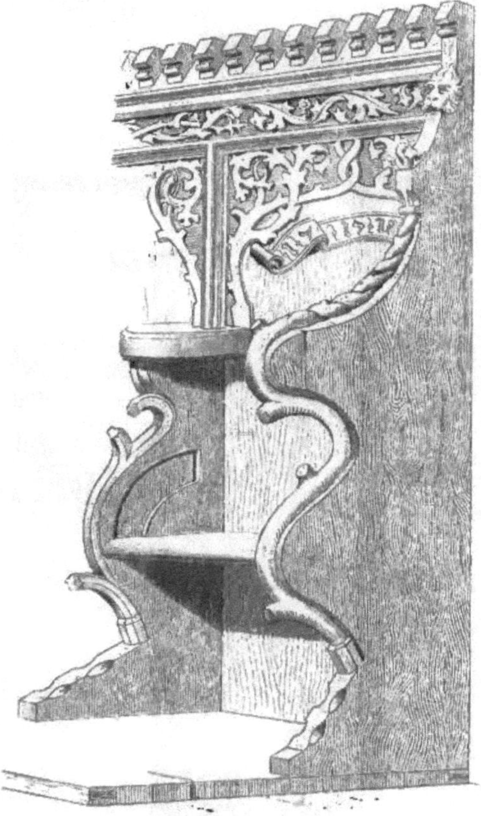

Fig. 181. (St. Leonhard im Drauthal.)

fchrägter Gewandung. Weftlich der eigentliche Haupteingang, jedoch unbenützbar. Der Mufik-Chor fteht auf zwei runden Steinfäulen, deren Capitale fchon die Renaiffance zeigen, mit Wappenfchildern, wo in einem Ornamente, im andern 15 . . zu lefen ift. Ein- Glockenthurm fteht nördlich am Presbyterium und Triumphbogen, hat vier Etagen, ift viereckig maffiv. Kleine fchmale Stiegenfenfter (Schlitze), viereckige Schalllöcher, niederes Pyramidendach. Zeit der Erbauung Anfang 1500.

Die Capelle iſt einige Schritte öſtlich von der Kirche, etwas erhöhter gelegen; 9·20 M. lang und 8 M. breit. Eingang rundbogig und abgeſchrägt, darüber die Jahrzahl 1528, in der Gewandung rechts an derſelben ein ſchönes Steinmetzzeichen , darunter ein ſteinerner Opferſtock mit einem leeren Wappenſchilde.

Die Capelle geht vom Viereck in ein halbes Achteck über, hat ſehr ſchönes Sterngewölbe mit ſchönen Rippen, welche auf Conſolen aufſitzen, die unten in eine Spitze auslaufen. Die Gewölbeſchilder ſind ſehr hoch im Spitzbogen conſtruirt; in der Apſis drei ſchmale Spitzbogenfenſter ohne Maßwerk, Laibung flach, Kaffgeſimſe unter der Fenſterſohlbank, im Gewölbe und

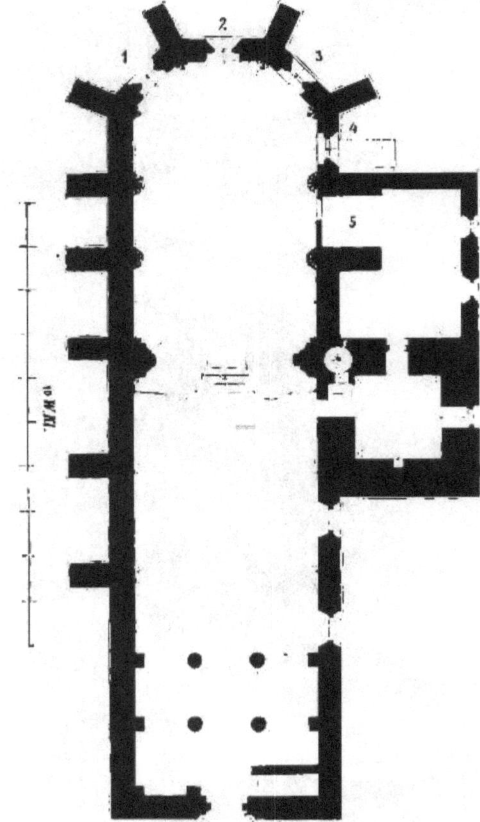

Fig. 182. (Lieding.)

in der Höhe der Fensterfohlbank bemalt mit Heiligen und Ornamenten, mit geschriebenen Jahreszahlen 1533 und 1335, welche ein Engel auf einer Rundschleife trägt (im Gewölbe ober dem Eingange). Die Malerei ist mehr roh und stark nachgedunkelt (besonders die Lichter auf derselben). Altar und sonstige Einrichtung aus dem 17. Jahrhundert. Hauptbild am Altar ist der heilige Leonhard geschnitzt.

St. Leonhard bei Villach. Kirche (Filialkirche der St. Nicolaus-Kirche in Villach). Eine halbe Stunde nördlich von Villach auf einer sanften Anhöhe liegt eine kleine einschiffige Kirche mit schmälerem rechtseitig gelegenen Presbyterium. Die Kirche hat drei Joche mit runden und an die Wand eckig anschließenden Diensten, Gewölbe ohne Rippen, nur Grate, rechts zwei, links ein Fenster ohne Maßwerk. Der Triumphbogen liegt mehr rechts gegen Süden ohne Abschrägung (spitzbogig). Portal im Spitzbogen sehr zart mit Rundstäben, Hohlkehlen und Platten profilirt. Das Presbyterium, im Achteck aufgelöst, hat drei Fenster, das mittlere ist zweitheilig mit Maßwerk (Kleeblatt), die andern zwei sind einfach schmal mit Dreipaß, rechts ein viertes bloß im Spitzbogen. Das Gewölbe dürfte späterer Zeit restaurirt worden sein, denn es hat keine Rippen, ist ein Tonnengewölbe mit einem runden scheibenartigen Schlußstein aus Mörtel. Die Gewölbeschilder sind rundbogig und aus einfachen Graten hergestellt.

Die Kirche ist außen stark restaurirt im Jahre 1883; vorn am Giebel ein aus Holz mit Spitzdach construirter Giebelreiter mit achteckigem Helm, der mit Zinkblech gedeckt ist. Die Schalllöcher im Spitzbogen. Am Presbyterium sind fünf einfache Strebepfeiler. Die Sacristei ist links vom Presbyterium gewölbt und dürfte auch die Anlage für einen Glockenthurm gewesen sein. Es befinden sich in der Kirche rechts vom Eingang ein Chorstuhl mit vier Sitzen aus dem Anfange des 16. oder Ende des 15. Jahrhunderts aus weichem Holz, ferner eine Predella mit gemaltem Schweißtuch und zwei Engeln, wahrscheinlich von einem gothischen Altare, darauf ein kleiner schlecht bemalter

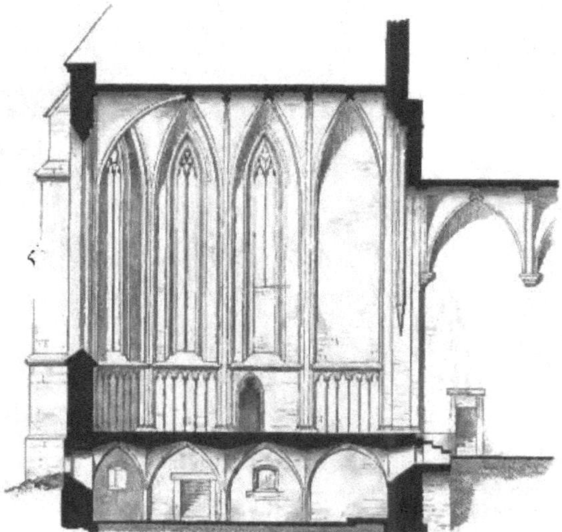

Fig. 183 (Lieding.)

Kaften, oben mit Zinnen, zwei Thürchen, auf jedem innen ein Heiliger, fchlecht reftaurirt, in der Mitte der heilige Leonhard mit gothifchem Bifchofsftab. Der Kaften oben mit einem gothifchen Ornament abgefchloffen. Ferner ftehen daneben in einer Ecke fieben kleine Holz-Statuen, 40—43 Ctm. hoch, aus dem 16. oder 17. Jahrhundert, bemalt, nicht fchlecht. Ferner zwei Seiten-Altäre aus dem Ende des 16. Jahrhunderts, am linken ein heiliger Georg in Rüftung, fchlecht bemalt. Der Haupt-Altar aus einer fchlechten Zeit. Die Sacriftei hat eine fchöne eiferne Thüre. In der Sacriftei befindet fich ein fchöner, 2·47 M. langer, 70 Ctm. breiter gothifcher Paramentenkaften, in der Mitte mit zwei Laden, links und rechts mit je einem fchmalen Thürchen aus weichem Holze, im Flach-Ornament geftochen, mit Farbe bemalt, gothifchen Befchlagen, fehr gut erhalten, ferner ein zweiter fchmaler Kaften mit zwei fchmalen Thürchen übereinander, oben mit Zinnen bekrönt; die Ornamente gothifch, aber nur mit Farbe fchwarz und roth bemalt. Ein Fragment eines gothifchen metallenen Rauchfaffes, zwei vergoldete Renaiffance-Kelche. Ferner ein kleines Renaiffance-Käftchen mit einem Thürchen. Dann eine aus Schmiedeeifen ungefähr 75—80 Ctm. hohe Figur, den heiligen Leonhard mit Stab und Kette darftellend, er hat fpitze Schuhe und dürfte romanifch oder gothifch fein, wurde aber von Vielen, fogar von Alterthumshändlern für römifch gehalten, weil er fehr roh ift und einen kurzen Lendner nur bis zu den Knieen hat, daher für einen römifchen Soldaten gehalten wurde; man glaubte, dafs er erft fpäter zu einem heiligen Leonhard umgeftaltet wurde und die Kette und Stab fpäterer Zeit wären, was aber kaum wahrfcheinlich ift.

Leonstein bei Pörtfchach, an der Heerftraße Virunum - Sianticum - Aquileia. Eine Silbermünze Aemilia vor 1850, Ti Claudius, Nero, vor December 1845, K. (K. Ztfch. 4, 108, 110, 111. AfK. 2, 187, vgl. Jab. S. 160. Car. 1845, 208; 1851, 79). Das Schloß erfcheint fchon 1198 als Leonftaine.

Leopoldskirchen. Der Kraj-Hügel eine natürliche Bildung. Obenüber Wohnftätte der weifen Frauen. Car. (1883.)

Die Kirche befteht aus einem dreijochigen Langhaufe und dem Presbyterium, das aus fchmälerem Joche und fünffeitigem Schluffe gebildet wird; erfteres mit Netzgewölben, letzteres mit Kreuzgewölben überdeckt und mit Strebepfeilern. An der Façade ein fehr zierliches Radfenfter. Einfache Sacraments-Nifche. Am Thurme gekuppelte rundbogige Schalllöcher. Das Gebäude dürfte in die erfte Hälfte des 15. Jahrhunderts gehören, doch find ältere Refte zu erkennen (Fig. 185).

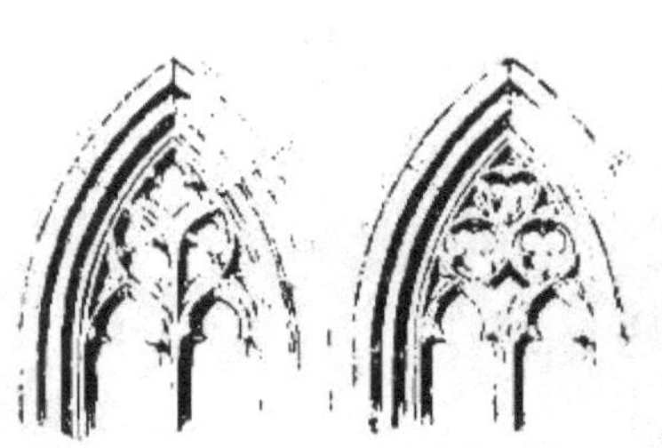

Fig. 184. (Lieding.)

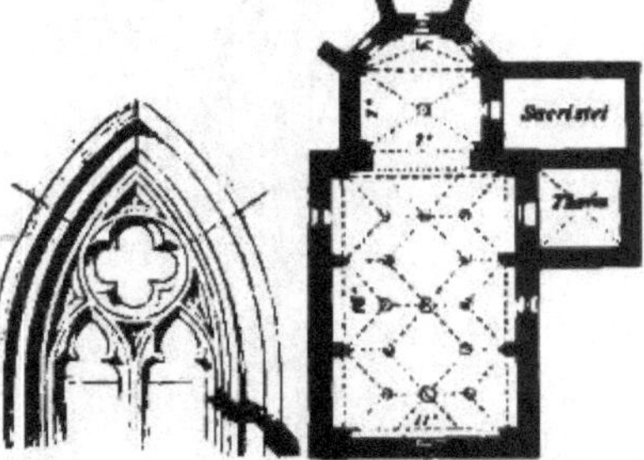

Fig. 185. (Leopoldskirchen.)

Lieding. Man vermuthet, dafs an diefer Stelle der Straßenzug von Treibach (Matucaium) herein gegen Predlitz, Tamsweg gezogen, dafs die Grundmauern im Friedhofe, der Thurmrunde, des Pfarrhofes, römifche fein könnten. Ob Bronze-Münzen, 19 im Jahre 1845 K., hierorts gefunden feien, ift nicht gewiß (M. anth. 1886, p. 67).

Der Grabftein ATALO*, aus der Zeit um 120, bekannt 1814, an der Kirchpforte (Car. 1845, 187; 1869, 209; 1880, 268. Jab. 263. Mo. 5029. Vgl. den WJb. 46, A. B. 41 Mithrasftein mit Schrift und Meilenftein von 1676, welche nicht nachweisbar find.) Der Ort als Lubtenga Lubendingen 975, 1043).

Die Kirche, auf einer Anhöhe gelegen, der h. Margareth geweiht, ist ein oblonger einschiffiger Bau, der noch so manchen romanischen Rest enthält, aus zwei Theilen besteht, dem Chor und dem davon durch den Triumphbogen getrennten Langschiffe, das nur um ein Drittel länger ist als ersterer (Fig. 182. Grundriss). Das Langschiff ist wahrscheinlich in seinen Umfangsmauern noch romanischen Ursprunges, aber stark modernisirt, schwach vortretende canellirte Lifenen mit korinthisirenden Capitälen bilden die Auflager der Rippen. Die Gewölbe sind spitzbogig, mit hoch ansteigenden Rippen und starken Gurten. Die Fenster rundbogig, mit Stucco-Ornamenten. Der Orgel-Chor ist ein später Einbau, reicht bis in das zweite Gewölbefeld und wird von vier Säulen und den entsprechenden Wandverstärkungen getragen; die Kreuzgewölbe haben scharfe Grate.

Der Triumphbogen ist reich gegliedert.

Der um fünf Stufen erhöhte Chor aus der Blüthezeit der Gothik besteht aus zwei oblongen Jochen und dem polygonen Chorschlusse, aus dem halben Achteck construirt (Fig. 183. Querprofil). Derselbe ist schlank angelegt, höher als das Langhaus und reich ausgestattet, die Gliederungen sind lebhafter und feiner, gehen in die Rippen ohne Capitälzwischenlage über, stützen sich aber auf schön profilirte Sockeln; die birnförmigen Rippen sind kräftig und tief eingekehlt. Die Spitzbögen an den Wänden haben eine lanzettförmige Gestaltung, denen sich die Fensterbögen anschließen. Die Fenstergewandung ist nach innen reich gegliedert. Fast in allen Fenstern findet sich reiches Maßwerk, mitunter erscheint das Fischblasenmuster (Fig. 184). Unter der Fensterhöhe umlauft das Innere des Chores ein breites Gesimse, darunter die Wand mit Blendmaßwerk geziert ist, das

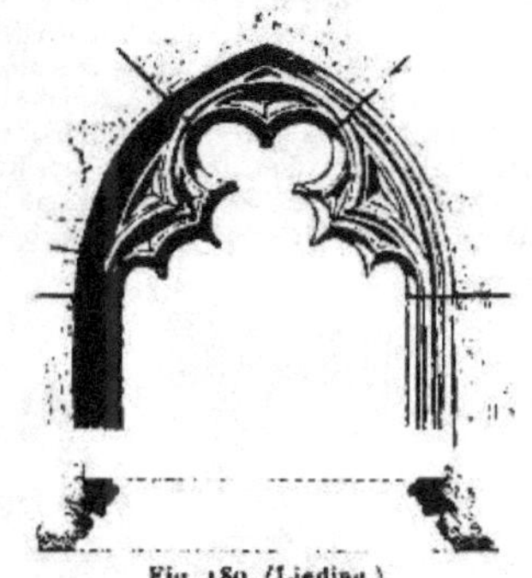

Fig. 180. (Lieding.)

theilweise baldachinartig heraustritt und Sedile bildet. Reiche Decoration findet sich an der spitzbogigen Sacristeithüre (Fig. 186. Sacristeithüre). Hochinteressant ist das Haupt-Portal, das noch vollständig romanisch ist mit einmaliger Abstufung und hineingestellter Säule und eine interessante Tympanon-Darstellung enthält (Fig. 187). Links eine Sacramentsnische mit schönem Gitter, im Bogenfelde ein Relief, Lamm mit der Siegesfahne, aus der Brust quillt das Blut in einen Kelch.

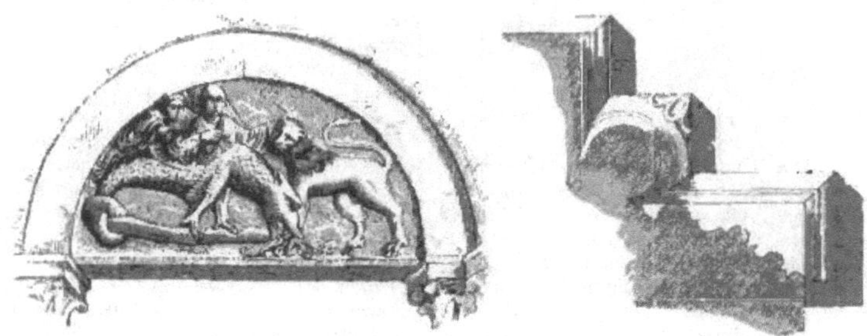

Fig. 187. (Lieding.)

Unter dem Presbyterium befindet sich die Krypta, ein dreischiffiger Raum mit drei Säulenpaaren und Gratgewölben (Fig. 188. Grundriß der Krypta). Den Zugang dahin vermitteln zwei Stiegen von je 15 und 13 Stufen, links und rechts vom Presbyterium. Anstieg unterm Triumphbogen mit portalartigen Anlagen; beide Stiegen vereinigen sich in der Tiefe zu einem gemeinschaftlichen zweiflußigen Austritt (Fig. 189. Querprofil der Kirche).

Der Altar in der Krypta zeigt in Holz geschnitzt Christus am Kreuze, Maria und Johannes; jünger sind die zwei anbetenden Engel. Besser ist die auf Leinwand an die östliche Schildwand gemalte Pietà, doch sehr defect.

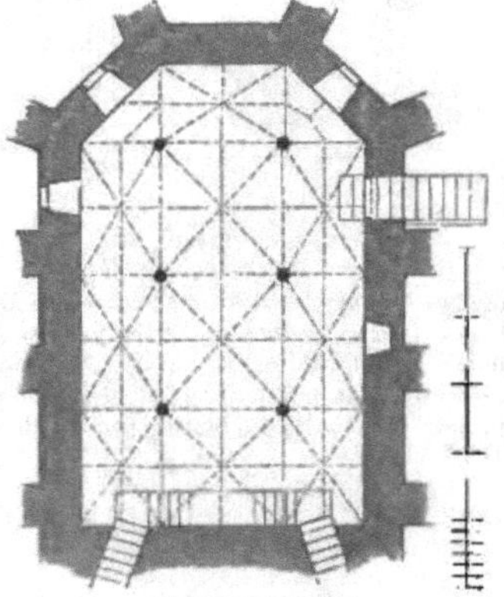

Fig. 188. (Lieding.)

Der Thurm steht neben dem Triumphbogen südlich, ein massiger Bau; im Thurmgeschoße ein altes Kreuzgewölbe mit Rosetten-Schlußstein und einer Mauernische mit prächtigem Blendmaßwerk, daran stößt die Sacristei, in welche die Strebepfeiler des Chores eingreifen; sie besteht aus zwei quadraten durch eine Gurte getrennten Räumen mit Kreuzgewölben.

Neun Strebepfeiler stützen den Chor, welcher aus Quadern von bräunlicher Farbe aufgeführt ist. Das Kirchenschiff ist aus Bruchsteinen erbaut und hat nur zwei Strebepfeiler an der Nordseite. Ober der Sacristeithüre ein schönes Schnitzwerk aus Holz, die h. Hema und deren Gemahl darstellend, welcher Heiligen die Gründung der Kirche zugeschrieben wird.

Die Eisenthür am West-Portal hat altes originelles Beschläge.

Außen an der Südseite liegt ein außergewöhnlich schönes dreifaches romanisches Blatt-Capitäl von einem gegliederten Wandpfeiler.

In der Kirche finden sich Reste von sehr werthvollen Glasgemälden aus dem 15. Jahrhundert (noch 30 alte Felder) und in neuester Zeit ergänzt. Interessant sind die Darstellungen aus der Legende der heil. Katharina und Margaretha.

Auch Spuren alter Wandbemalung (16. Jahrh.) finden sich, besonders an der Außenseite ein großes, leider sehr schadhaftes Gemälde: Maria mit dem Kinde auf der Mondsichel in der Mandorla, S. Katharina und Margaretha, herum Männer- und Frauengestalten. Bordure von stylisirten Ornamenten (ineinander geschlungenes Laubwerk.) Von Inschriften findet man die Jahreszahlen 1523, 1793, dann hic fuit Johannes Schober 14. April 1635 etc., im Thurme bei verbleichten Bildern: Rudolph. An der Südwand Spuren eines riesigen Christoph-Bildes.

Von den vier Glocken stammt die älteste aus dem Jahre 1713.

In der Sacristei ein silbervergoldeter Kelch aus dem Jahre 1631.

Am Friedhofe ein runder Karner mit steinernem Spitzdache, spitzbogigen Fenstern, darunter das Beinhaus.

Liemberg. Die St. Jacobskirche, ein kleiner einschiffiger Bau mit nicht umfangreichem Chore, der aus dem polygonen Schlusse und einem Joche besteht. Gratrippen ohne Auflagen. Die Fenster schmal, spitzbogig mit tiefen Laibungen. Im Chorschlußfenster Reste von Glasgemälden (Christus im Elend, St. Josef). Im dreijochigen Schiffe capitällose Dienste, Gratgewölbe mit sternförmiger Verschlingung. Schön geschnitzte Kanzel. Grabstein des Karl Fried. Griming Freiherrn zu Stahl auf Welzenegg † 1670. Außen Strebepfeiler. Der Thurm an der Nordseite mit gekuppelten rundbogigen Schallöchern und romanisirenden Theilungssäulchen.

Liescha. Diese Gegend glänzt durch Pflanzen der Tertiärzeit, Miocän-Gebilde der unteren Aquitaner-Stufe, wie Fächerpalmen, Farne, Süßwasser-Mollusken, ähnlich Prevali.

(Sitzgsb. d. Ak. d. W. nat. 1855. Car. 1856, 52; 1882, 72.) Man fand je eine Bronze-Münze um 1845, eine von Tiberius, Pius, Diocletian (diese um 1875?) K. (Car. 1845, 111; 1872; 1873, 99, 102; 1874, 143; 1879, 39, 67; 1881, 161, 196. Jbuch f. K. 13, 1. Geolog. R.-A. R. v. 73, 252; R. v. 78, 371 und BN. 21).

Daselbst befinden sich zwei unmittelbar nebeneinander gebaute Kirchen, die Schwester-Kirchen genannt, bei deren Erbauung man jedoch weniger auf den äußeren Eindruck Rücksicht nahm. Obwohl auf einer Anhöhe gelegen, machen beide Gebäude infolge ihrer hintereinander Gruppirung keinen Effect (Fig. 190).

Die größere (Tufstein-Rohbau) mit einfach gothischem Chore und flachgedecktem Schiffe ist dem St Wolfgang geweiht (Fig. 191). Der erstere besteht aus Joch und fünfseitigem Schluße, mit Birnstabrippen auf Dreiviertelsäulen-Diensten mit Ring-Capitälen und profilirten Sockeln und Consolen in den Ecken, auf deren nordöstlichem ein Schild mit dem Zeichen [Zeichen]. Am Chore dreifach gestufte sehr hohe und weit ausladende Strebepfeiler. Auffallend ist die große Stärke des profilirten Triumphbogens. Der nicht viel jüngere Langhaus-Bau ist ganz einfach durchgeführt. Eine Ueberwölbung mag ursprünglich in Absicht gelegen sein, da innen Wandpfeiler angelegt sind, die jedoch in Dreiviertelhöhe absetzen. Die Chor-Fenster sind sehr groß, wie die des Schiffes, zweitheilig mit spitzgothischem Maßwerk, worin Reste von Putzenscheiben-Verglasung. In die Sacristei auf der Nordseite des Chor-Joches mit Rippen-Kreuzgewölbe führt aus der Kirche eine schön profilirte spitzbogige Thüre. Süd- und West-Eingang ebenfalls spitzbogig mit schöner Profilirung. An der Epistel-Seite eine breite große Credenznische mit profilirtem Stichbogen. Von Wichtigkeit ist die Unterkirche unter dem Presbyterium mit dem Zugang auf zwei mitten der Stufen von Schiffe zum Chore angelegten Stiegen (Fig. 192). Die Krypta ist durch je drei Pfeiler nach zwei Reihen in drei Schiffe getheilt, besteht somit aus neun quadrirten Jochen und den Chorschlußfeldern, spitzbogige Kreuzgewölbe ohne markirte Rippen. Die Grate laufen an den achtseitigen Pfeiler-

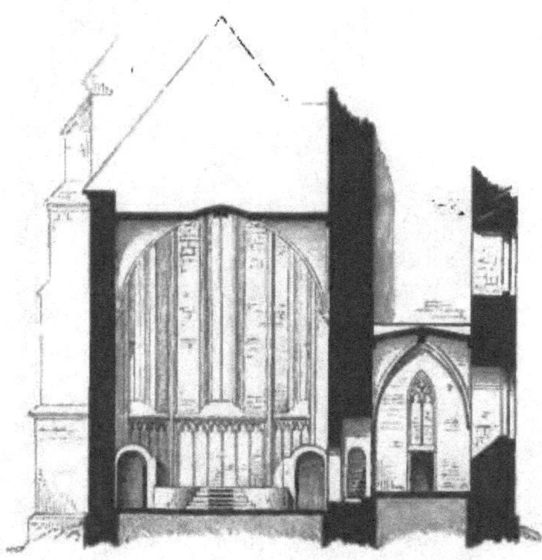

Fig. 189. (Lieding.)

12

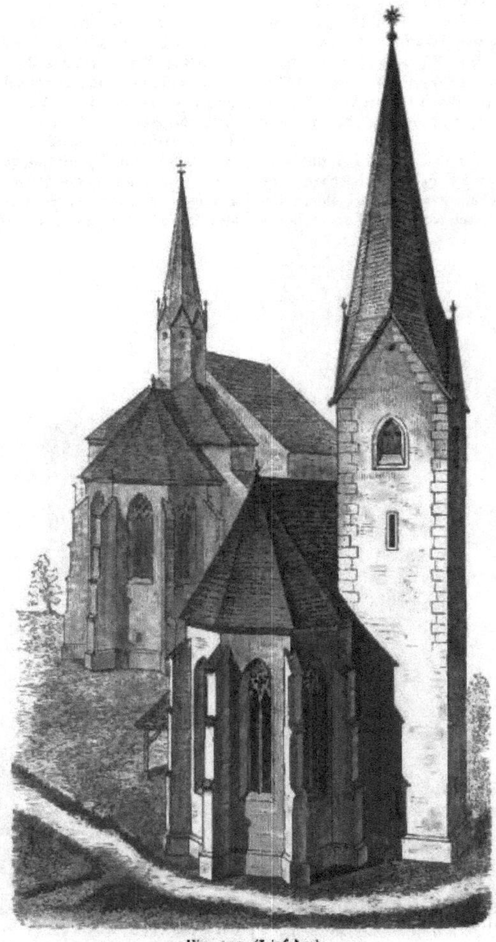

Fig. 190 (Liescha.)

schichten an, denen die Capitale fehlen. An den Wänden entsprechende Halbpfeiler. Nur im Schluße finden sich statt der Graten Rippen und Consolen als Rippenträger. Die Fenster klein mit breiten Laibungen. Am Altar eine schöne Sculptur (St. Valentin) aus neuerer Zeit, rother und weißer Marmor. An der nördlichen Stirnseite Inschrift:

AR.D.VAL.CAD.P.LCCI.

Infolge des abfchüffigen Terrains find die Krypta-Fenfter gegen das freie gerichtet. Achteckiger fchlanker Dachreiter aus Holz. Der Haupt-Altar der Oberkirche von 1680 (St. Wolfgang), links mit gleicher Jahrzahl J. Ifidor, rechts St. Barbara, neu. Refte eines Flügel-Altars. Im Schreine eine Holzfigur: St. Wolfgang, auf dem Kirchenmodell das der Heilige hält 1596. Auf den Flügeln (innen, Malerei): Chrifti Geburt, die drei Könige, Chriftus im Tempel und die Befchneidung. Die Jahreszahl 1596 und die Buchftaben H. G. kommen wiederholt vor. Ziemlich rohe Arbeit. Einige kleinere Votiv-Bilder aus dem 17. Jahrhundert.

Die Kirche ift infolge Blitzfchlages 1885 bis auf den Chor vollftändig ausgebrannt, früher befaß fie noch den Reft eines Flügel-Altars, der aber beim Brande zu Grunde gegangen fein foll.

Die zweite kleinere Kirche ift der heiligen Anna geweiht, fie ift zierlicher und edler gehalten als die frühere (Fig. 193). Der Chor befteht aus einem Joche und dem fünffeitigem Schluße mit der urfprünglichen fchlecht bemalten Ueberwölbung und fchön profilirten Triumphbogen. Die Chor-Rippen ruhen auf Confolen, fehr bedenklicher Bauzuftand. Das Schiff flachgedeckt, in quadratifchen Caffetten, welche mit zwei Arten von Rofetten in Gelb und Schwarz, auf weißem Grunde bemalt find. Auf der Mittelcaffette Namen Maria, dabei die Jahrzahl 1689. In den Chorfenftern ftrenges Maßwerk (Fig. 194). An der Nord- und Südwand des Schluffes eine viereckige und eine fpitzbogige (Fig. 195) Credenznifche; beide fchön profilirt, letztere mit freiem Kleeblatte. Der Hoch-Altar ftammt von 1644. In den Schiffsfenftern wenige Maßwerkrefte, dagegen Refte von Glasmalereien in den Chor-Fenftern. Weft- und Süd-Eingang einfach fpitzbogig. Thurm über der Sacriftei an der Nordfeite des Chores, vierfeitig mit einfachen fpitzbogigen Schalllöchern in den Giebeln und hohem fchlanken achtfeitigen Helm. Jedenfalls ift die Anna-Kirche ein älterer Bau, deren Chor in der erften Hälfte des 15. Jahrhunderts erfolgte.

Liesing im Leffachthale. Die St. Nicolaus-Kirche, in der Mitte eines kleinen Freithofes liegend, ift im fpätgothifchen Style erbaut. Die Kirche ift durch eine unglückliche Reftaurirung des vorigen Jahrhunderts im Innern gänzlich ruinirt und es find die alten Formen nicht mehr zu erkennen. Die Gewölberippen find alle abgefchlagen und das Gewölbe felbft zopfig bemalt.

In der Thurmhalle, welche als Sacriftei dient, ift das kleine fehr fchöne Netzgewölbe erhalten. Auf dem Hoch-Altare befinden fich hinter dem Altarbilde, das bei feftlichen Gelegenheiten entfernt wird, die drei freien Figuren des einftigen Flügel-Altares, circa 1·20 M. hoch. Diefelben ftellen vor: den heiligen Nicolaus, heiligen Petrus und die heilige Margaretha. Leider find diefe fchönen Figuren neu gefaßt und dick vergoldet. Die Reliefbilder der Altarflügel hiezu befinden

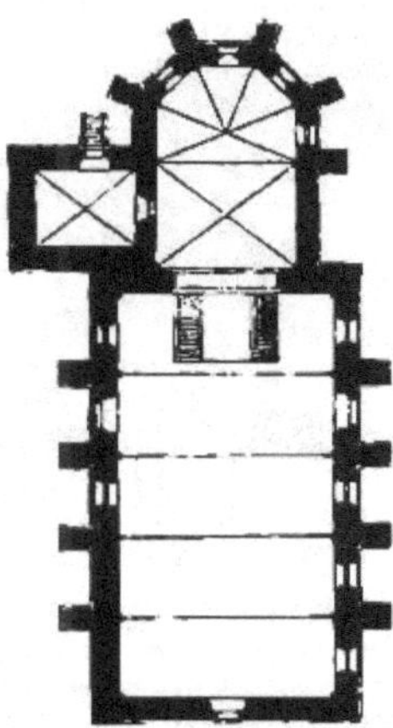

Fig. 191. (Liefcha.)

fich gegenwärtig im Pfarrhofe und find noch unreftaurirt und ziemlich gut erhalten. Diefelben zeigen uns Momente aus der Legende des heilgen Nicolaus. Die Bilder auf vier Holztafeln, je 0·95 — 0·75 M. groß, enthalten: 1. der Schiffbruch, 2. der Getreideverkauf, 3. die drei Jungfrauen und die goldenen Aepfel, 4. St. Nicolaus verhindert die Hinrichtung zweier Edelleute, Mann und Weib. Die Entftehung diefes Altares fällt in die Zeit von 1520—1550.

In der Vorhalle der Kirche befindet fich noch in verfallenem und gänzlich zerbrochenem Zuftande die alte Predella fammt dem glatten Altarkaften. Der Kaften ift ganz übermalt, das Ganze zu nichts mehr zu verwenden. Im Thurme befindet ſich eine Glocke mit der Jahrzahl 1604 und der Inſchrift: Adam Sterzer aus dem Pair-Land fecit.

Lieseregg. Die Kirche enthält ein aus der gothiſchen Zeit ſtammendes Langhaus (drei Joche) mit reichem Netzgewölbe; das Presbyterium iſt neu. Die Rippen ruhen auf Wandſäulen, nur im neuen Seitenſchiffe auf zwei ſtarken Pfeilern. Der Thurm iſt vierſeitig und hat in der Glockenſtube ſchöne Maßwerk-Ornamente in ſpitzbogigen Doppelfenſtern mit Fiſchblaſen-Muſtern. Der Thurm ſchließt im ſpitzen Giebel mit ſchönem ſchlanken Helm, die große Glocke von 1400 (Hans Reicher), die nächſte von 1500, ebenſo die dritte. Taufſtein und Weihwaſſer-Becken einfach, nach gothiſcher Stylweiſe.

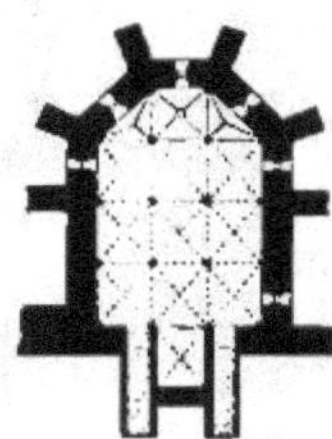

Fig. 192. (Lieſcha.)

Im Fußboden zwei große Grabſteine mit gothiſcher, meist Minuskel-Schrift ringsum. 1. Großes Kreuz in Contouren, darunter die Legende: Anno . dñi . 1541 . Obiit . Revē . dñs . Thomas . Straſſer . Cpls . S . må . måg . In Spytal . t' . aia . rqeſcat . in . pace. 2. Geiſtlicher in ganzer Figur im Meßgewande, den Kelch mit der Hoſtie vor der Bruſt haltend. Oberhalb des Kopfes zwei ſchief gegeneinander geſtellte Wappenſchilder, darüber der Namen Jeſu; zu beiden Seiten des Kopfes ma'ia o hilf. Ringsum folgende Legende: anno . dñi . m̊ . cccc . Lcc ñ . Obiit . dñs . andreas . wyelandt . von Cemlberg . plbus . rn . lyſerek . et . amicus . dñi . nicolai . Crungel . ● . C p t n d . d' . an . ??? .

Im Seitenſchiffe das Relief-Altarbild eines Flügel-Altars, vorſtellend die Sendung des heil. Geiſtes über Maria und die Apoſtel, der Rahmen durchbrochen und reich geſchnitzt, vergoldet, die Flügel beiderſeits bemalt (Tempera-Goldgrund), im oberen Theile iſt jedes Bild mit vergoldetem Rankenwerk geziert. Wir ſehen den Tod Mariens, den ungläubigen Thomas, Chriſtus und Petrus auf dem Meere, die Ausſendung der Apoſtel; dann (geſchloſſen) die vier Evangeliſten, vorzügliche Gemälde. In den Ecken des zweiten Bildes bei offenem Altar das Wappen des Georgsritter-Ordens (aufrechtes rothes Kreuz im weißen Felde) und des Großmeiſters Siebenhirter.

Lind im Glanthale, unter dem Ulrichsberge. Aus dem Vorkommen römiſcher Bauſpuren, namentlich von Mauerſteinen in der Richtung gegen Stegendorf (ſeit 1840 und 1844) könnte auf eine nennenswerthe Anſiedelung geſchloſſen werden. Ein mehr minder geſchloſſenes Gebäude wurde bis 1869 bloßgelegt und zeigte ſich in demſelben und um dasſelbe außer den in Zolfelde üblichen Wandverkleidungs-Stücken, K., mehreres von Metall, Stein, Thon.

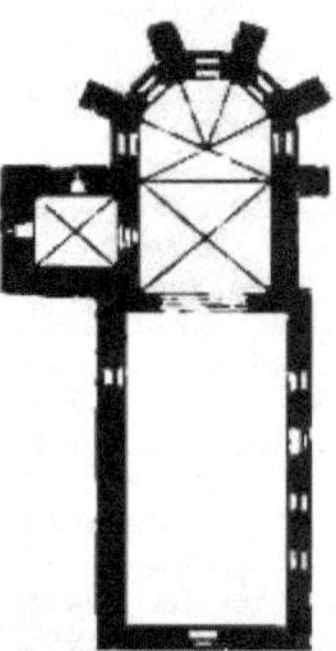

Fig. 193. (Lieſcha.)

Bronze: Eine Fibel, Gefäßrand 1872, Kelt K.; an Münzen: 1 Auguſtus, 1 Detto-Münzmeiſter, 1 Druſus, 1 Nerva?, 1 Trajan S., 1 Pius, 1 Elagabalus? (Conſervator) S., 1 Philippus S., 1 Gordian und 2 unkenntliche, meiſt K.

Eiſen: 1 Ring, Scheere lang 20·5 Ctm. (1869), Schlüſſel, klein, 1 Heft, 1 Zeugwebkamm (1869), K.

Das Relief: Mann, rechts Kanne, links Tuch, der Rahmen mit Arabesken, im Flatſchacher-Hauſe (Jab. 185).

Thon: Heizziegel, Gewicht-Kolben (1869), eine ſchwarzgraue Urne (1872), Scherben (1869) K.

Vielleicht kommen dieser Gegend die Orte St. Lambert bei Pörtschach um 983, Linth um 1143 zu (Car. 1870, 87; 1875, 143, 194).

Lind bei Sachsenburg. Von hier vielleicht vier Bronze-Münzen. K. (Car. 1847, 213).

Die Kirche (Fig. 196) umfasst im Langhause vier Joche mit interessantem Netzgewölbe und einfachen Rippen, mit einspringenden Strebepfeilern (theilweise sind die Rippen weggeschlagen). Das Presbyterium, das vom Schiffe durch einen kräftigen Triumphbogen getrennt wird, und aus Joch und dreiseitigem Schlusse besteht, hat einfache Kreuzgewölbe-Construction. Der Kirchenvorbau modern. Der Thurm theilweise noch ursprünglich, auf der einen Seite mit einem dreitheiligen Schallfenster versehen.

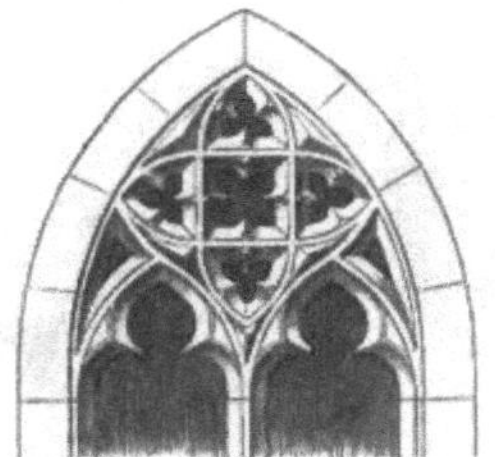

Fig. 194 (Liescha.)

Außen ein rothmarmornes Grabmal mit einer Ritterfigur, Schrift unleserlich (Nicolaus . . . . . .k 1514). Innen im Fußboden das schon sehr schadhafte Grabmal eines Priesters.

Lind bei Tainach. Auf einem Acker kam vor 1849 je eine Bronze-Münze von Hadrian, Constantin zum Vorscheine (AfK. 1, 65).

Lind oberhalb Velden. Im Walde des Lampel-Wirthes an der Drau zeigten sich um 1823 die Mauerzüge und Quadern einer Grabstätte, lang 4 Klafter, breit 3 Klafter, mit dem Grabsteine DMSILLVIA*, Zeit um 220; die Tafel zu Krumpendorf, Glashaus (Jab. 358. Mo. 4767, adS. 1046, Jabornegg-Christallnig 1, 2. K. Ztsch. 4, 115. Car. 1838, 152, Wagner Album S. 93).

An eine Stätte zwischen Sternberg und Villach, also dieses Lind oder Gottesthal, die Station dachte Reinhard, welcher Tasinemetum, die zweite von Virunum ab westwärts, 20 mp., hieher versetzte und Santicum für Tarvis, Beliandrum für Kranzelhofen oder Velden hielt K. (Ztsch. 4, 108, 110).

Die Pfarrkirche zu St. Martin ist ein neuer Bau, nur der Thurm mit seinem Erdgeschosse, das als westliche Vorhalle der Kirche dient, gehört in seinem unteren Theile der gothischen Styl-Periode als einfacher Bau an. Im Pfarrhofe befinden sich die Reste eines Flügel-Altars, der ehemals in der Filial-Kirche zu St. Peter und Paul in Lasach stand. Sie bestehen aus den zwei Flügeln des Schreines, welcher bisher als Thüre eines Paramentenkastens in Verwendung standen. Sie enthielten vorzügliche Gemälde; auf der Außenseite St. Andreas, St. Virgilius, St. Sebastianus und St. Leonhardus, auf der Innenseite vier Scenen aus dem Martyrium des heiligen Vitus mit drei bis sechs Figuren. Ein Flügel 160 Ctm. hoch, 48 Ctm. breit.

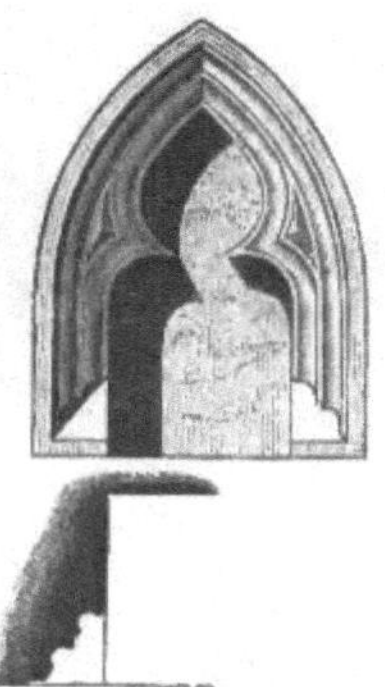

Fig. 195. (Liescha.)

Lindwurmgrube, oberhalb Station Zolfeld, 2000 Schritte, von der Reichsstraße östlich. Diese diluviale Schottergrube, lang an 200 Schritte, breit an 50, tief an 5 M., gilt wie jene bei Maria-Saal der Sage als Aufenthalt des Lindwurmes, so lang als die Grube war der Lindwurm; er fraß Pferd und Wagen und Kutscher von der Straße weg. Als bloße Straßengrube, deren hier vor Glandorf, bei Annabichl, vor Klagenfurt mehrere erscheinen, ist selbe nicht nur auf die

Zeiten der carolinifchen Loiblftraße (1725 bis 1728) zurückzuführen; denn fchon bei *Prunner* (1691) erfcheint fie öfter, S. 11, 21, 23, 24, genannt. Man pflegt nicht nur Schädel, Schulterblatt, Rippentheil aus der paläolithifchen oder Mammutzeit zu Klagenfurt (Rhinoceros tichorrhinus, wollhaariges Nashorn), fondern auch die Rippe der Sammlung Dr. Kumpf und das Schulterblatt der Sammlung Knaffl-Lenz zu Maria-Saal, lang 87 Ctm. (2¾ Fuß), fchwer 952 Kilogramm (17 Pfund), ergraben vor 1840?, auf diefe Fundftelle zurückzuführen. So erfcheint die Sage des Suidas und des Mittelalters von Ur, Eber, Drache, vom Fürften zu Karn-

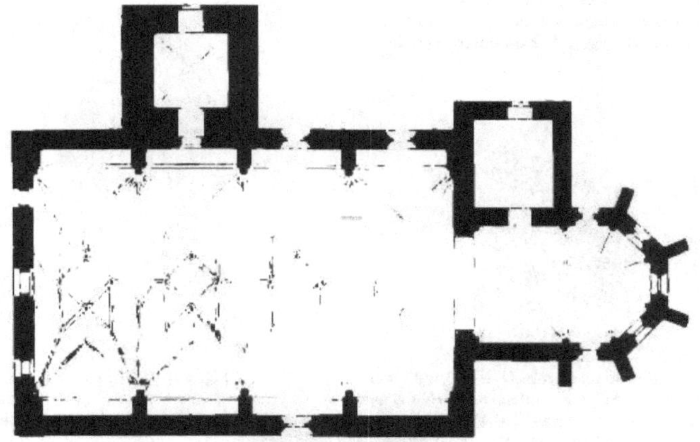

Fig. 196 (Lind bei Sachfenburg.)

burg, dem Thurme im Walde, dem Kampfe des (virunenfifchen und flavifchen) Hercules zufammengefaßt. Die Drachen-Reliefs aber bildete man zu Arndorf, Brandhof, Maria-Saal, Gurk, Projern, Lendorf. (Mo. S. 597. Hermann, Klagenfurt S. 6. Car. 1837, 3: 146, 130).

Die Drachenfagen felber reichen über das Seengebiet, das Mirnock-Gefenk, bis ins Möllthal zum Taxenplan-See.

Für die römifche Zeit möchte diefe Stelle anzunehmen fein als der nördliche, nordweftliche Stadtrand von Virunum, vom Sabiniak-Berge herüber. Hier kennt *Prunner* »die meifte Wohnungen, den tieffen Weeg mit fonndern Fleiß außgeworffen auffwerts nacher Meißlberg, zerfträhte Wohnungen biß an den Gratzen-Berg«. Aus den Baureften, namentlich 1837 im Ackergeftrüppe, bei 63 Ctm. (2 Fuß) Tiefe, und allen Fundarten in Bein, Glas, Stein, Thon hat man auf eine Gräberftraße bis zum Prunner-Kreuze gefchloffen. Es fällt nur auf, daß Bronzen, insbefondere Münzen, dafs Relief- und Schriftfteine hier faft fehlen follen; vermuthlich ift alfo vieles mit der allgemein-Bezeichnung Zolfeld hieher zu beziehen. Speciell genannt find:

Glas: Zwei dünne Schalen; mehrere Gefäße, Thränenfläfchchen.

Stein: Hieher gehört vielleicht der Sarkophag-Deckel, hoch 47 Ctm. (1 Fuß 6 Zoll), lang 126 Ctm. (4 Fuß), in dreien Abtheilungen darftellend zwei Schilde, ein Schlachtbeil, jetzt zu Töltfchach über dem Stallthore. Gefunden 1814 im nördlichen Zolfelde, in einem Krieger-Grabe mit zwei menfchlichen Skeletten und mehreren Thränenfläfchchen. Auch die Afchenurne, kleiner Sarkophag mit Deckel, hoch 31 Ctm. (1 Fuß), lang 347 Ctm. (11 Fuß), gef. vor 1850. K. (Jab. 118. Car. 1850, 347).

QVÁRTVS CRÓVTAE mit Accenten, um 100, gef. 1842 in einem Acker nächft der

Lindwurmgrube (Jab. 62. Mu. 4959. K. 14). Diefer Grabftein bezeichnete am ausdrücklichften die Grabftätte, gelegen am nördlichen Ende der Lindwurmgrube, nahe bei der Hauptftraße. Diefer felbft ward, die Schrift gegen den Boden gekehrt, gefunden Ende Mai 1842. Gegen Ende Juni zeigte fich nebenan der Grabbau, ein längliches Viereck in fünf Abtheilungen mit Steinplatten. Die Beigaben waren zum Gebeine: 4 Glasfchalen, 1 Bronze-Fibel, 2 Eifenfchaufeln und 1 Dreifuß, 1 Thongefäß, grau, feicht, auf dem Dreifchlitzfuße, 1 Töpfchen, 1 fchwarze Lampe, 1 fchwarze Schale, 1 Sigillata-Gefäß mit fünf Eindrücken, wohl fämmtlich K.

Auf demfelben Grunde:

Eines Standbildes linke Hand mit einem länglich-viereckigen Gegenftand wie ein Nil-Schlüffel K?

Eine Steinplatte, lang 47 Ctm (1 1/2 Fuß), breit 31 Ctm. (1 Fuß), in der Mitte eine Oeffnung, länglich, an der einen Ecke ein kleines Viereckloch, die andere Seite gegen die Oeffnung gehöhlt.

Zierftücke, Marmortafeln polirt, eine mit Streifen. Sämmtlich? K. Car. 1842, 142; vgl. 1850, 347.

Statue eines geflügelten Trauer-Genius (Ikarus), hoch 95 Ctm. (3 Fuß), die Rechte gegen die linke Schulter gelegt, die geftreckte Linke mit Draperie, Kopf und Füße fehlen; auf einer Steinplatte gelegen (1837) K. (Jab. S. 58, Taf. zu 111, Nr 3, vgl. den Ort Unterwuhr). Mehrere Köpfe neben dem Torfo (1837).

Thon: Schwarz, zwei Töpfchen; Urnen. (Pr. 23, 24. Jab.-Chriftallnig 1, 4. Taf. 6. Car. 1842, Nr. 35; 1873, 45; 1812, Nr. 27).

Linsenberg. Filialkirche zu St. Egid (zu Windifch-St. Michael im Decanate Tainach). Mittelgroße Anlage mit dreifeitig gefchloffenem Chore und aus fpäterer Zeit ftammendem Schiffe. Erfterer befteht nebft dem Schluße noch aus zwei fchmalen Jochen, fpät-gothifches Netzwerk, der Triumphbogen ift an den Wandungen profilirt, das Maßwerk in den Schlußfenftern verräth den fpät-gothifchen Geift. Immerhin hat die Reinheit des urfprünglichen Styles in diefer Kirche nicht fo gelitten, wie bei vielen anderen Bauten. So hat fich auch das als Wandnifche behandelte gothifche Sacraments-Häuschen fammt Verfchlußgitter ganz gut erhalten.

Die vorhandenen Altäre ftammen aus der Renaiffance-Zeit, wie eine am Retabulum des rechten Seiten-Altars angebrachte Jahreszahl (1597) deutlich bezeugt. Diefer Altar und der Haupt-Altar zeichnen fich insbefondere durch das Vorkommen guter gefchnitzter Figuren aus. In der Mittelnifche des Hoch-Altars die ftehende Figur des Kirchen-Patrons, des h. Aegidius mit feinen Attributen. Die Umrahmung der Altarnifche bilden freiftehende Säulen mit gewundenen Schäften und korinthifchen Capitälen, die achtfeitige hölzerne Kanzel aus 1632. Der Thurm an der Chor-Nordfeite dient in feinem unterem Raume als Sacriftei, fpitzbogige Schalllöcher, achtfeitiges Zeltdach.

An der Südfeite St. Chriftoph, gute Wandmalerei mit der Jahreszahl 1522.

Lisnaberg (Filiale von St. Peter am Wallersberg). Geoftet. Bau aus dem 18. Jahrhundert und Wallfahrtsort. Einige hübfche Schmiedeifenarbeiten, als Gitter und Glockengeftelle. Reftaurirt. Glocken von Pucher und Mayer in Klagenfurt. Intereffant find befonders 18 Stück Opferthiere aus Schmiedeeifen, roh gearbeitet, jedoch fo charakteriftifch, daß man felbe fofort als Schweine, Ochfen, Kühe, Pferde und Schafe erkennt. Der Thurm ift an der Weftfeite vorgelegt. Ob hier eine ältere Kirche beftanden, läßt fich nicht ficherftellen.

Litzelhof im Lurnfelde, an der Heerftraße von Teurnia nach Aquileia (über Mauten) und nach Aguontum (Lienz). Eine Bronze-Münze Pertinax K. (Car. 1879, 279. R.-Stud. 3, 41).

Loibl, f. St. Leonhard, an der Seitenftraße von Virunum nach Emona (Laibach). Alter Saumweg, merklich unter dem Paß nächft Kucher bei der fchwarzen Wand. Nächft dem Deutfchen Peter eine achtkantige Ara C. GAVILLIVS, hoch 6? Cm., 3 Seiten reliefiert [eine nackte Geftalt] (Klgf. Ztg. 1885, S. 1117. M. n. F. XI. p. LXXVI). Der Handelsweg vor 1239 noch begangen, 1570 Landtagsbegehr 4000 fl., 1578 Uebergang Khevenhillerifcher Söldner über den Leubl, Neuftraße 1728.

Loibach (Ober-). Gebäuderefte, mehrere Fuß unter Erde, Spuren einer Pflafterftraße gegen das Mieftthal, Gutenftein, in der Linie Weft-Oft. Allerlei Anticaglien (Car. 1856, 52; 1838, 144. Ank. 1, 567. Jab. S. 3, 132).

Das zu Bleiberg gehörige Filial-Kirchlein hat im Chore ein zuſammengeſetztes gothiſches Gewölbe, im Schiffe eine flache Decke; der viereckige Thurm an der Südſeite mit einem achtſeitigen Zeltdache.

Loibach (Unter-). Ebenſalls eine Filial-Kirche, ein einſchiffiger ſpät-gothiſcher Bau ſammt Thurm mit vierſeitigem Zeltdache an der Chor-Südſeite (M. VII. n. F. LV).

Lölling, im Gebiete des älteſten Eiſenbaues, als Lel, Lelin, auch Vors, Zezzin ſeit etwa 1074—1084 wieder bekannt. (Mu. G. Stmk. 1, 122).

Die einſchiffige Pfarrkirche iſt gothiſch. Im dreijochigen Schiffe iſt ein reiches Netzgewölbe mit 26 ſculpirten Schlußſteinen auf Dreiviertel-Wanddienſten, die in Mitte der Fenſterhöhe auf Conſolen aufſitzen. Ein Weſtjoch iſt neu. Der Chor beſteht aus einem Joche und der Schluß aus dem Achteck, ein Netzgewölbe mit acht Schlußſteinen, in einem Schlußſteine ein Schild, darauf: . Die Sacriſtei in dem Thurmgeſchoße hat ein Sterngewölbe auf vier Conſolen. Außen nur ein Sockel, keine Strebepfeiler. Thurm an der Nordſeite, ſpitzbogige Schallfenſter mit Maßwerk. An der Nordwand ein Votivbild, die heil. Familie vorſtellend, von 1705. Grabſtein des Balthaſar Latacher von Zoſſenegg, † 1631. Votivbilder von 1768 und 1702. Hoch-Altar von 1705. Seiten-Altäre von 1663. Gothiſche Taufſchüſſel mit Adam und Eva, unleſerliche Inſchrift.

Loncium, ſ. **Mauten**.

Lorberhof bei Zweikirchen, Ortsgemeinde Hardeck. Oberhalb des Dorfes vermuthete man die Heerſtraße Virunum-Santicum-Aquileia; alte Pfeiler im Sumpfe wurden auf die Anlage bezogen (K. Ztſch. 4, 108, 110).

Lorenzenberg, Pfarre Sörg (Sork 1135). Ortsgemeinde Ober-Mühlbach, iſt vielleicht eine alte Tempelſtätte (Vgl. *Valvaſor*, S. 4. *Megiſer*, S. 40).

Lorenzenberg bei Frieſach und Micheldorf. Nächſt der Meſſner-Keuſche, hier ergrub man im Jahre 1877, in Tiefe von 63 Ctm. (2 Fuß), zwei menſchliche Skelette und einen bronzenen Armring. K. Mehrere Reliefs an der Filial-Kirche, ſo über dem Thore der Kopf eines Meerthieres, halb Fiſch, halb Widder (Aep. 5, 223, 2). Der Weihſtein, den Junonibus CRACCIV (S*). um 210, geſ. vor 1847, an dem Kirchlein (Jab. 274. Mo. 5030. Aep. 5, 223. Vgl. Craccius zu Viktring. Jab. 400. Mo. 4973).

St. Lorenzen im Gitsch-Thale. Das Presbyterium urſprünglich eine einfache ſpätgothiſche Capelle, die zur Curatie erhoben wurde, 1867 kam das Schiff dazu. In den Chor-Fenſtern Vierpäſſe, Sacramentshäuschen mit Spitzgiebel. Der Thurm auf der Chor-Nordſeite mit vier Giebeln und achtſeitiger Spitze.

St. Lorenzen, ſ. Maria-Buch.

St. Lorenzen bei Sillebrücken (zu St. Thomas am Zeiſelberg, unweit Piſcheldorf). Der Grabſtein ....K AVC, Zeit um 240. geſ. vor 1870, an der Kirche (Jab. 384. Mo. 6512). Aus einem St. Lorenzen kam ein Römer-Relief von 1850 nach St. Johann am Brückl (Hohenauer KG. 283).

Die Kirche, eine kleine Anlage mit anſcheinlich ſehr altem gothiſchen Chore, der mit fünf Seiten aus dem Achtecke geſtaltet iſt, ſtarke in einem einzigen Schlußſteine zuſammenlaufende Rippen, an den Wänden keine Stützen; das mittlere Schlußfenſter hat Mittelſtock und im Bogenfelde hübſchen Vierpaß mit bunter alter Verglaſung. Langhaus neu.

Der Weſteingang mit Eſelsrücken geſchloſſen; der vor der Weſtſeite ſtehende ſtarke Thurm mit ſpitzbogigen Schallöchern, vier Giebeln und achtſeitigem Helm.

Zwei Schreine von älteren Flügel-Altären ohne Unterſatz und beſondere Bekrönung. In der Niſche des einen Schreines der heil. Lorenz mit dem Roſte; an den geöffneten Flügeln heil. Katharina und Barbara auf Goldgrund, an den Rückſeiten Mariä Verkündigung auf tiefblauem Grunde. Die feſten Hinterflügeln enthalten den heil. Alexius mit der Schlange und den heil. Florian mit der Fahne und brennendem Haus; beiderſeits dunkelblauer Grund. — Der zweite kleinere Flügel-Altar hat nur die Niſche und die zwei drehbaren Flügel, und dieſe ſind bloß an den geöffneten Seiten bemalt. Oben etwas Schnitzwerk, die Malereien erſcheinen bereits reſtaurirt, ſind beachtenswerth.

St. Lorenzen (Filiale von St. Peter am Wallersberg). Geoſteter Bau, von geringer Ausdehnung. Durch eine Vorhalle, mit Halbkreisöffnungen nach drei Seiten, gelangt man in das Schiff von 7·25 M. Länge, 4·67 M. Breite. Daſelbe iſt mit flacher Holz-

Friesach.

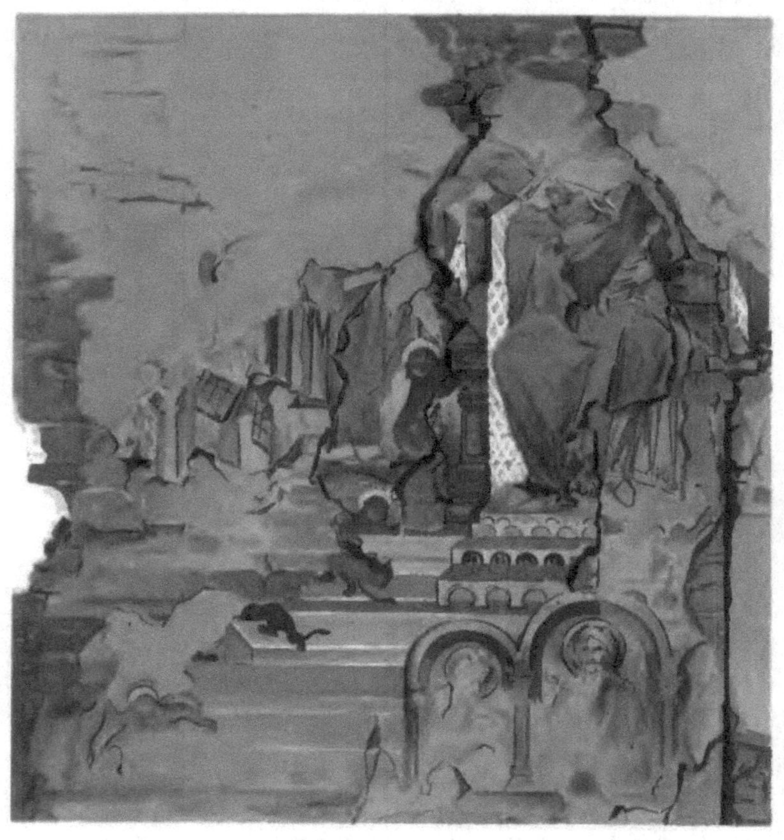

Lith u Druck v Reiffenstein & Uhl Wien

decke und mit geflochtenen (Zick-Zack) Streifen polychromirt. Der hölzerne Orgel-Chor ist auch bunt bemalt. Die Fenster haben alle geraden Sturz; deren sind an der Südseite zwei, an der Nordseite eines. Das Presbyterium ist quadratisch, der runde Triumphbogen, unmittelbar zwischen den Presbyterium - Wandflächen eingeschaltet, ohne Vorlage oder sonstige Gliederung, und nicht sehr hoch; um so höher ist das Kreuzgewölbe im Presbyterium (breit 3 M., tief 3·46 M.) daselbst runder Mörtel-Putzschlußstein mit verstärkten Graten. Die Fenster sind rundbogig. Am Orgelchor ist ein Mauerabsatz sichtbar und deutet darauf hin, daß die Decke niederer gelegen habe, sowie auch das Presbyterium ein anderes Gewölbe gehabt haben mag. Die Anlage des Kirchleins dürfte aus dem 12. oder 13. Jahrhundert datiren, die weitere Restauration jedoch aus dem Anfange des 16. Jahrhunderts stammen. Die Glocke hat folgende Legende: St. † Laurencius † ora † pro † nobis † anno † domni 1550. — ist von etwas längerer Form mit Streifen, die Legende in gothischen Minuskeln.

St. Lorenz im Lesach-Thale. Die Pfarrkirche, ein gut erhaltenes einfaches spät-gothisches kleines Bauwerk mit Strebepfeilern, Rippengewölben, polygon geschlossenem Presbyterium, einem massiven Glockenthurm, darauf die Jahreszahl 1474, einer Sanctuariums-Nische, drei geschnitzten Figuren gothischen Charakters am Hoch-Altare. Die Gewölbe bemalt mit dem Symbole der Evangelisten und den Bildern St. Sebastian, St. Florian und St. Laurentius am Chore, mit denselben Symbolen und den Bildern der Kirchenlehrer. Die Figuren vom alten Hoch-Altare (Sebastian, Florian, Laurenz) sind beachtenswerth, desgleichen eine in das 16. Jahrhundert zurückreichende Wandmalerei, das jüngste Gericht vorstellend an der Wand eines Travées im Schiffe. Im Presbyterium ein Fenster mit Maßwerk.

St. Lorenz in der Reichenau. Die Kirche soll vor dem Jahre 1663 abgebrannt sein. Ueber dem spitzbogigen Westeingang steht die Jahreszahl: MDCCLXXXVII., wahrscheinlich die Entstehungszeit des jetzigen Baubestandes. Im kleinen Chore, aus einem Vorderjoche und dem dreiseitigen Schluße bestehend, Gratgewölbe des Uebergangs-Styles, wobei die Grate spitz in die Mauer verlaufen, ohne Consolen. Im Schiffe gedrückt spitzbogige Tonne mit je fünf Stichkappen zu beiden Seiten. Zwölf Apostelbilder auf der Chorbrüstung aus dem Jahre 1796. Der viereckige Thurm steht nördlich des Chores, runde Schalllöcher und vierseitiger Spitzhelm. Plumpe Strebepfeiler an den Chorecken.

Ludmannsdorf. Die Pfarrkirche, ehemals nach Victring gehörig, stammt laut einiger am Gebäude erhaltenen Jahreszahlen wahrscheinlich aus der ersten Hälfte des 16. Jahrhunderts und ist ein einheitliches spät-gothisches Bauwerk. In den Gewölben

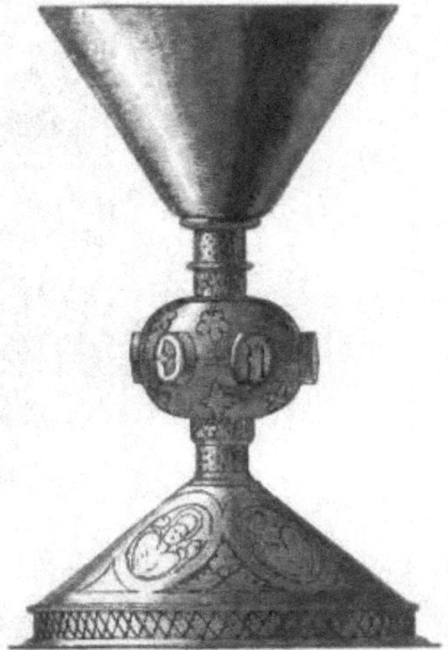

Fig. 196. (Ludmannsdorf.)

kommt noch der Spitzbogen vor. Der Chor ist sehr klein und schließt mit drei Seiten, die Rippen ruhen auf Consolen. Zwischen Chor und Langhaus das Thurm-Quadrat mit einem Kreuzgewölbe und spitzbogigen Oeffnungen beiderseits. Die Rippen liegen auf Consolen auf. Das mit dem Chor fast gleich breite Langhaus ist dreijochig angelegt, mit Netzgewölben überdeckt, die Rippen ruhen auf Dreiviertelsäulchen. Die Fenster sind modernisirt, das Sacraments-Häuschen seit neuester Zeit vermauert. Rechts vom westlichen Eingange ein steinerner Opfertisch, dabei eine geschweift-spitzbogige Nische als

Sammelbüchse für Opfergaben, daselbst die Jahreszahl 1520. Eine Glocke aus 1521. Der Taufstein, ein achtseitiges Becken auf schraubenartig gewundenem Fuße. Am rechten Strebepfeiler eine Inschrifttafel: »Allhier Meister Lampret Stainmetz ... das Paw gemacht mit sein gesellen ... O .. IIIIP und XV. jar«. Die Strebepfeiler hatten früher Spitzgiebel und Kreuzblume, sind alle sehr schadhaft. Der Thurm mit niederem achtseitigen Helme hat zweifache rundbogige Schallöffnungen mit schlankem runden Theilstab. In der Sacristei ein sehr werthvoller Kelch (Fig. 196) sammt Patena aus Silber, theilweise vergoldet. Am Nodus sechs Ansätze darauf † a.v.e.m a. Am Fuße in vier Feldern die

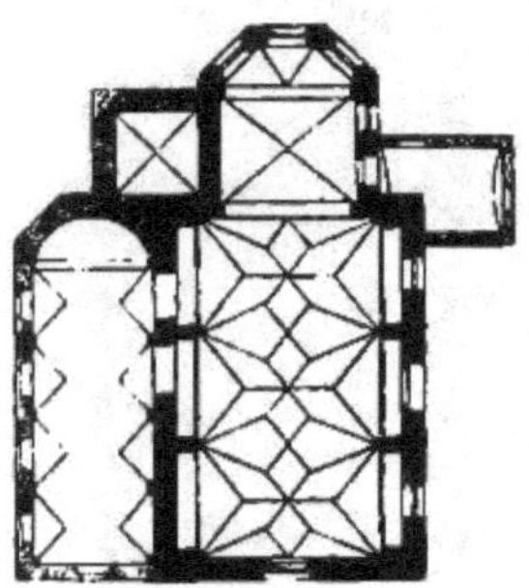

Fig. 197. (Malborghet.)

Evangelisten-Symbole gravirt. Unten ein durchbrochener Reif, dabei die Jahrzahl 1524.

In dem Giebelfelde des östlichsten Strebepfeilers an der Südseite des Schiffes, an welchem die Kreuzblume durch einen gut erhaltenen Knauf mit schnurbärtigen Gesichtsmasken vertreten ist, eine schwer leserliche Inchrift in zwei Zeilen, von welcher zuverläffig nur entziffert wurde .... „ein mass Wein ...."

Luggau (Klosterkirche Maria Schnee). Diese einschiffige große gothische Kirche wurde um 1515 gebaut, geweiht 1536 durch Daniel von Rubeis, Bischof von Aquileja. Die alte Architektur ist im Innern der Kirche gänzlich vernichtet, und sind die Wände und das der Rippen beraubte Gewölbe mit reichem Barok-Ornament überzogen. Die Fenster sind breit ausgebrochen. Der Thurm befindet sich an der Stirnseite der Kirche und bildet die offene Thurmhalle den Zugang zum Haupt-Eingang der Kirche. Links unter dem Orgel-Chore befindet sich noch der Fuß des alten gothischen Taufsteines; Altäre und die ganze Einrichtung der Kirche in reichem Zopfstyl. An den beiden Seiten-Altären links und rechts befinden sich zwei alte Reliefbilder eines Flügel-Altares (?). Eines derselben stellt den Tod Mariens dar, das andere Mariens Krönung. Das erstere ist gut und stammt aus dem Anfange des 16. Jahrhunderts. Das zweite Bild ist weniger werth und dürfte vielleicht sogar später nachgemalt worden sein, was unter der neuen sehr schlechten Fassung nicht mehr zu erkennen ist. Die beiden Bilder haben je eine Dimension von 0·80 zu 0·50 M. In der Sacristei findet sich ein Meßkelch aus dem Ende des 17. Jahrhunderts, mit schöner reicher Punzenarbeit.

Am Thurme befinden sich übereinander in den einzelnen Absätzen die Jahrzahlen 1520, 1535, 1544 und 1582 und im zweiten Absatze in gothischen Buchstaben der Name des Erbauers: Bartlmä Fürthaller, von welchem auch die Bauten in Laas und Kötschach stammen. Das Kloster selbst ist von großer Ausdehnung, aber als Bauwerk unbedeutend.

Lurnfeld. Altes Seebecken. Aehnlicher Stadtgebiets-Begriff wie Zolfeld, Leibnitzer, »Pettauer« Feld; reicht gegen Spital und Sachsenburg. Nächst der Magdalenen-Capelle gelten mehrere Erdbecken, die Blutmulden, als Walstatt eines Kampfes zwischen Bojoaren und Slaven, nach 613. Von den drei erhaltenen ist die nächst der Poststraße südlich gelegene eiförmige tief 380 Ctm. (2 Klafter), von 130 Schritten Umfang, die nächste an der Drau lang 95 M. (300 Fuß), breit 15 bis 20 Schritte.

Lussnitz. Die Gotthardt-Kirche, ein interessanter italienischer Renaissance-Bau, ein Octogon mit polygon geschlossener Altarvorlage gegen Osten bildend, dabei ein vierseitiger Glockenthurm, der oben ins Achteck übergeht, mit weit geöffneten Schalllöchern und steilem Spitzdache. Das Octogon ist innen flach gedeckt, im Altar-Raum ein Kuppelgewölbe, erbaut 1660. Schöner Renaissance-Altar aus dem 17. Jahrhundert.

M.

St. Magdalena an der Freßlitz, nächst Brückl, gothisch einschiffige Kirche.

Der Grabstein DM SEXTILIAE, Zeit um 340, einer der spätesten Römersteine des Landes, gef. vor 1829, in der Kirche (Jab. 293, Mo. 4981).

Magdalensberg, s. **Helenenberg.**

Maglern. Am Fuße des Straßfrieder Hügels mit Gletscherschliffen, auf welchem vielleicht ein Hercules-Tempelchen gestanden, führte die aquileier Straße von Larix nach Virunum. Wahrscheinlich ist der Südhang nächst der Leiten und Schießstätte (vom Allee-Wirth aufwärts nördlich) die Fundstelle für den bronzenen Kelt (lang 15 Cm.) und möglicherweise auch der Fibula, beide seit 1873 V (Bahnstrecke Villach-Tarvis). Viele Münzen, jedoch fast ganz unkenntliche, wurden 1855 und 1856 gefunden. Nebst drei (?) Sargdeckeln verschiedener Form (die Särge fehlten) erreichte man an der südwestlichen Seite des Schloßberges im J. 1872, die Grabbau-Platte LOC M, Zeit um 100, als Deckel einer aus mehreren Steinplatten zusammengesetzten Kiste (E. 2, 437, 944). Einige Steinplatten wurden verstreut, einige verschüttet; der Kisteninhalt unbekannt. Zwei Steinplatten aus der Zeit des Straßenbaues 1855 und 1856, unten flach, oben convex, breit 50 Cm. lang, 100 und 110 Cm., ohne Relief oder Schrift, liegen zu Arnoldstein beim Fleischer Lippold.

Der Weihstein HERCVLI.AVG, Zeit um 180, gef. 1855 beim Reichsstraßenbaue tief unter der Erde (schwerlich Standort) (K 12, Jab. 428, Mo. 4718. Kml. 95).

Thonscherben von Amphora nebst Knochenstücken, V seit 1878, und Sigillaten dürften alle auf dieselbe Fundstelle und Zeit, 1872, zurückzuführen sein (Car. 1873, 30. Mo. S. 589).

Malborghet. Alte Seitenstraße von Pontafel (Richtung ad Silanos?) nach Saifnitz (Larix) und Villach (Sianticum) (Jab. S. 3. M. 6, n. F. p. 39).

Die Kirche stammt zum Theile aus der spät-gothischen (das Langhaus), zum Theile aus der modernen Zeit (Fig. 197, Grundriß). Das dreijochige Langhaus charakterisirt sich durch einwärts gestellte Strebepfeiler und ein gothisches Sterngewölbe. Das Südportal rundbogig mit Halbsäulen und Tympanon, darin das Brustbild der Himmelskönigin mit dem Kinde. Der massige Thurm mit bauchigem Spitzhelme steht links des Presbyteriums, das aus Joch und kurzem polygonen Schluße besteht, zu beiden Seiten des Mittelfensters zwei Consolen mit römischen Blatt-Ornamenten, rechts die Sacristei. Eine große neue Capelle zieht sich der Länge nach neben dem Langhause hin und schließt halbrund ab. Geißler-Capelle zum heil. Michael. Der Taufstein, schöne Renaissance-Arbeit mit

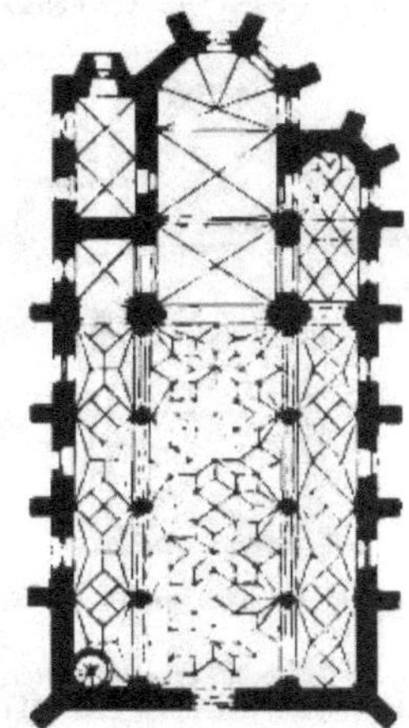

Fig. 199. (Marein bei Wolfsberg.)

dem Wappen der Grotta, die Marmor-Altäre aus der Barokzeit sind beachtenswerth. Grabsteine des Hans Pauli † 1564 und der Veronica † 1565 (dabei eine Hausmarke, die auch auf dem Thorstein eines Hauses vorkommt), des Wolfgang Pauli † 1649, des Anton della Grotta † 1594 (angefertigt 1600, weißer Marmor), des Hans Grotta v. Grottenegg † 1611 und der Walpurga † 1581, dann der Euphemia Grotta † 1612 und des Martin della Grotta † 1553.

An den Gebäuden des Ortes erscheint vielfach noch der Renaissance-Charakter, ein Loggienfenster, Sgraphito-Friese; am Ausgange des Ortes ein kleines Palazzo, dessen Portal eingerahmt mit diamantirter Rustica, zwei rundbogige Doppelfenster mit Theilungssäulchen in zwei Geschoßen. An einem Hause im Thorbogen das Zeichen [Zeichen].

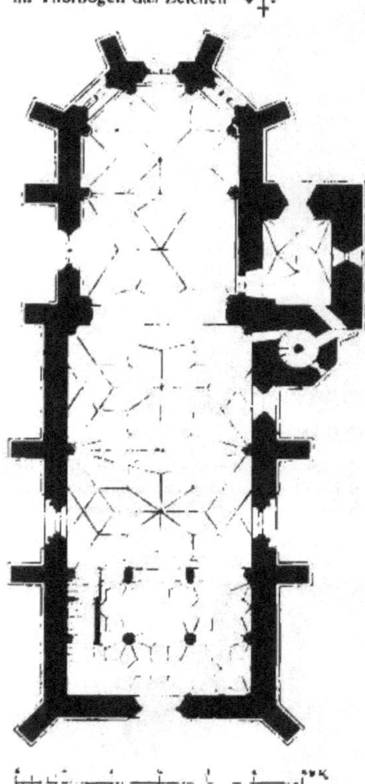

Fig. 199. (Maria Feicht.)

Die Filialkirche zur heil. Katharina in Malborghet hat einen kleinen Chor, der aus dem Ende der Gothik datiert, wo sich die Rippengewölbe in bloße Gratgewölbe umzuwandeln beginnen. Die netzförmige Zeichnung ist noch beibehalten, aber da die profilirten Rippen fehlen, tritt sie nicht genug markirt vor. Die Tragsteine sind nur schwach angedeutet, infolge dessen sich die Trennung zwischen den zwei Jochen und dem dreiseitigen Abschlusse als eine verschwommene gestaltet. An der Evangelien-Seite hat sich eine mit einer Eselsrücken-Bekrönung verzierte Sacramentshäuschen-Nische erhalten. Im Bogenfelde ein plumpes Relief: Christi Auferstehung. Das Schiff trägt eine cassetirte Holzdecke (1669). Diese Jahreszahl kommt an einem Trambalken nahe der Triumphbogen-Spitze und an der Untersicht des gleichfalls hölzernen Orgel-Chores vor. An den Chorecken einfache Strebepfeiler in zwei Absätzen. Der an der Südseite des Schiffes aufgehängte kleine Flügel-Altar ist ein Inventarstück von der älteren Kirchenanlage. Sein Mittelfeld und die Vorderseiten zweier beweglichen Flügel mit Heiligen-Figuren sind ziemlich schlecht auf schwärzlichem Grunde bemalt. In der Mitte Maria mit dem Kinde, in Wolken der heil. Geist und Gott Vater. An den Flügeln links oben St. Petrus, links unten St. Katharina, rechts oben St. Paulus, rechts unten St. Lucia. An der oberen Umrahmung des Mittelfeldes die Jahreszahl 1.5.8.4. Ornamentales Beiwerk fehlt. Von den übrigen Altaren wären nur die im edleren Renaissance-Style geformten Aufsätze bei den Seiten-Altären erwähnenswerth. Diese Altäre dürften aus dem Anfange des 17. Jahrhunderts stammen. Der viereckige Thurm steht über der Sacristei an der Südseite des Schiffes. Oben zeigen sich einfach spitzbogige Schalllöcher als Abschluß niedriges vierseitiges Pyramiden-Dach.

Vor dem Westeingange ein Grabstein, der an der unteren Ecke abgebrochen ist. Früher war an der Umrahmung der volle Name „Andreas Vorauer" zu lesen, Besitzer einer nahen Gewerkschaft † 1524.

Eine halbe Stunde gegen Ugowitz eine Straßenverengung, die der heldenmüthige Hauptmann Hensel 1809 gegen die Franzosen vertheidigte. Ein Monument erinnert an den Tod des tapferen Mannes und seiner Krieger, errichtet von Kaiser Ferdinand I. im Jahre 1830. Auf Marmorstufen liegt ein Löwe von einem Speer zu Tode getroffen in natürlicher Größe.

Malestig bei Finkenstein (M. v. n. F. XXXVII). An dem kleinen Kirchlein Fresken des 15. Jahrhunderts von sehr tiefem Colorit, ein großes Chriſtophbild, daneben die Kreuzigung und darüber eine heil. Nonne. In der Vorhalle links neben dem Kirchthurme ein kleinerer gothiſcher Flügel-Altar von ſehr ſchöner Arbeit, etwa 1·5 M. hoch und geöffnet circa 1 M. breit, ſehr defect, die Farben leider vollſtändig zerſtört.

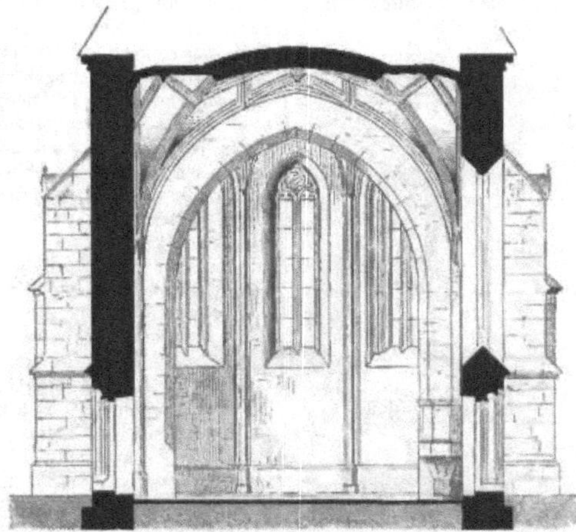

Fig. 200. (Maria Feicht.)

Mauerpfeilern mit drei terraſſenförmig anſteigenden Sitzreihen der Kirchthüre gegenüber. Das ſpitzbogige Weſtthor mit zwei tiefen und breiten Kehlungen profilirt. Rechts neben demſelben ein Wandgemälde, darſtellend drei ſtehende Heiligenfiguren in mittelalterlicher Kleidung, eine männliche mit offenem Buche

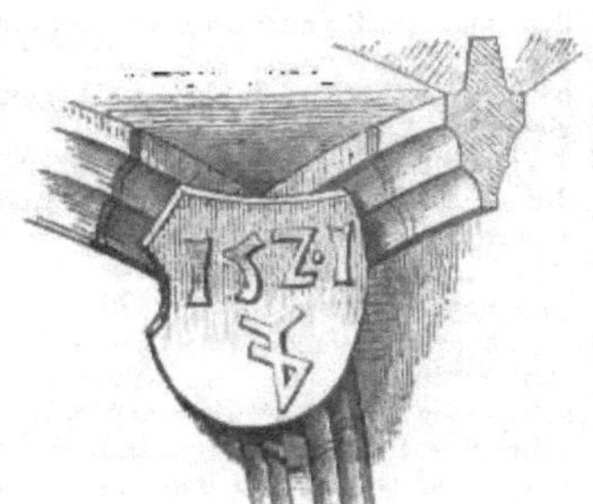

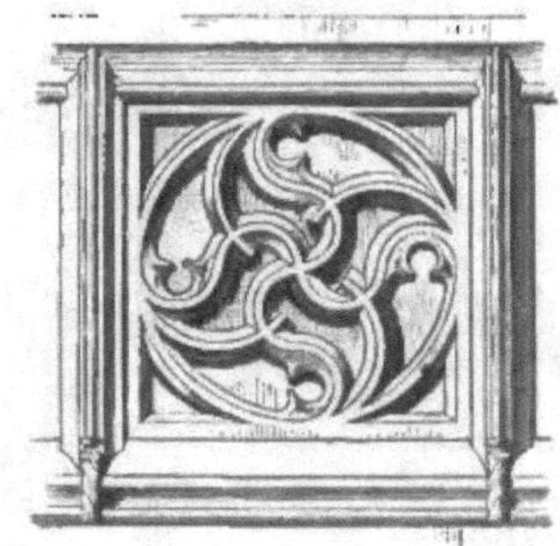

Fig. 201 und 202. (Maria Feicht.)

Bei Maleſtig auf ſteilem Felskegel mit ſehr ſchöner Ausſicht St. Cantian, Filiale von St. Stephan bei Finkenſtein. Vor der Weſtſeite der gothiſchen Kirche große viereckige in den Berg hineingebaute Vorlaube auf

und Barett, eine männliche und eine weibliche mit Märtyrer-Palme und reliſirtem Armband, darüber gemalte Krönung aus Aſtwerk. Kirche ziemlich breite einſchiffige Anlage von drei Jochen, welche ohne Triumphbogen in

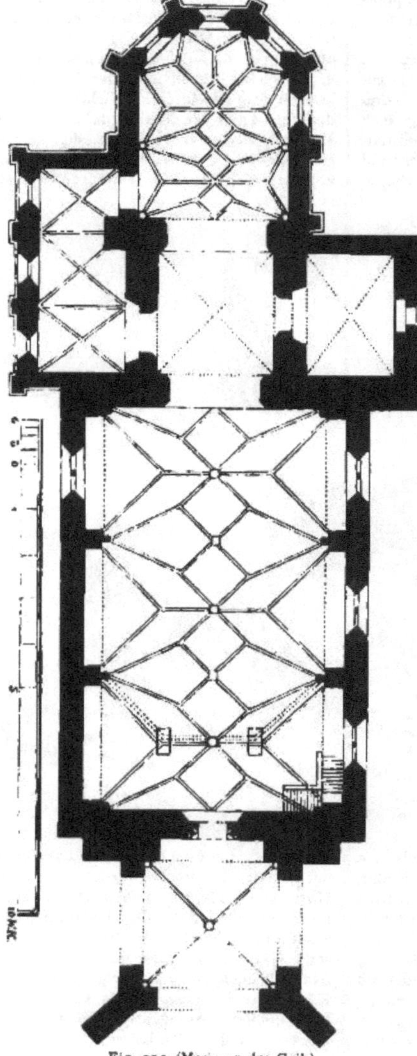
Fig. 203 (Maria an der Gail.)

gleicher Höhe und Breite dreiseitig abschließt. Die feinen Rippen laufen zu vier, drei und zwei unvermittelt auf ziemlich große halbrunde Dienste mit gleichem niederen Sockel. Im Netzgewölbe drei stark vertiefte große runde Schlußsteine, in welchen Spuren von Malerei: Adler, Christuskopf und Brustbild eines Heiligen. An der Süd-Seite der Kirche ein, im Abschluße drei spitzbogige zweitheilige Fenster mit Vierpaß und Kleebatt-Maßwerk. Außen acht Strebepfeiler aus behauenem Stein, wovon fünf über Eck gestellt, nur wenig ausladend, zwei kräftige viereckige der Südwest- und Nordwest-Kante vorgelegt sind. An diesem letzteren befinden sich je ein Römerstein, davon einer sehr verwittert ist, der andere eine sehr gut erhaltene kurz geschürzte männliche Figur aufweist mit Krug in der gesenkten linken Hand und Kästchen auf erhobenem rechten Arm. Thurm an der Süd-Wand des dritten Joches bestehend aus zwei Geschoßen. Untergeschoß zweiseitig mit kleinen viereckigen Fensterchen mit Steinlaibung und innerhalb an den Ecken kräftig hervortretenden Pfeilern mit runden Diensten, auf welche sich das Kreuzgewölbe stützt, es dient als Sacristei. Ueber demselben ein schön profilirter runder Steinkranz, aus welchem sich das zweite achtseitige Geschoß erhebt, an den Ecken von schwach hervortretenden bis zu ein Drittel der Höhe sich erhebenden Steinlisenen gestützt, zwischen welchen über dem Sockel ein Stein-Reliefhervortritt aus geschlungenen Rundstäben mit Eichelendungen. Ueber den spitzbogigen Schallöffnungen gebauchter Spitzhelm mit Laterne. An einer Seite des Obergeschoßes folgende Steininschrift: Turrim Jesu Christi ad sacra convocando late populo coeptam antiquitus tandem ecclesiae sumptibus compleri fecit Salomon Zeydler Lusatius praefectura vigesimali et secunda discessurus Anno MDXXCVI.

Die nördlichen Jochwände ſind mit Wandmalereien bedeckt, welche in drei Gruppen den Ritt der heil. drei Könige nach Bethlehem und die Anbetung derſelben darſtellen. 1. Ein König mit langem Bart- und Haupthaar auf einem Schimmel reitend, mit Federbaretten; außerdem noch eine Figur zu Fuß und zu Pferde. Im Hintergrunde Landſchaft mit einer Capelle, Jäger mit Spießen und Hunden, die auf einen Hirſch ſich ſtürzen. 3. Die Pferde ſtehen leer, die drei Könige bringen dem Kinde ihre Geſchenke. Einer derſelben kniet vor dem Kinde und hat das Käſtchen neben dasſelbe geſtellt, welches ganz nackt im Schoße Mariens ſitzend, von ungemein lieblichem Geſichtsausdrucke, mit

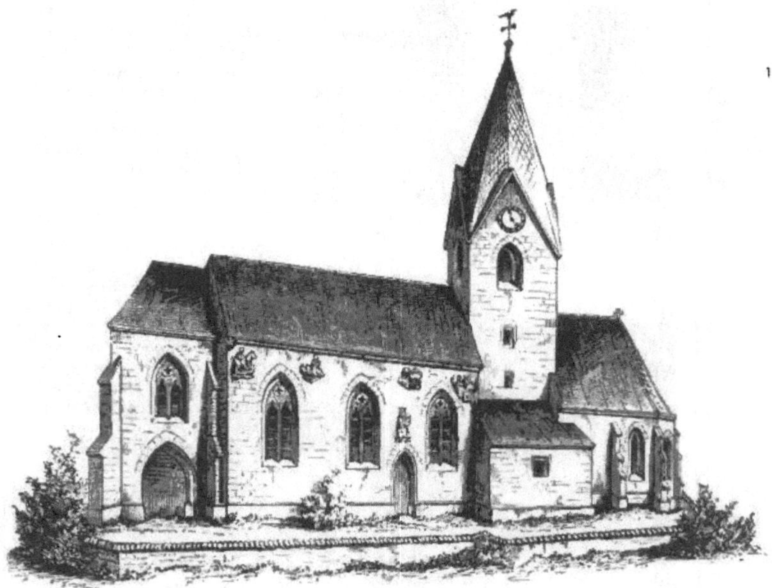

Fig. 204. (Maria an der Gail.)

begegnet einem anderen jugendlichen geradezu mädchenhaft ausſehenden Reiter, der von vier ebenſo jugendlichen Geſtalten zu Fuß in langen Gewändern begleitet iſt und reicht ihm die Hand; rückwärts Landſchaft und Architektur. 2. Die drei Könige, doch keiner als Mohr, reich gekleidet mit Hermelinmantel, Sammtbarett oder Krone und Goldketten, auf Falben reitend, begleitet von zwei Trompetern und zwei Landsknechten in gepufften und geſchlitzten Gewändern der linken Hand nach dem Käſtchen greift, mit rechter den Donator ſegnet. Joſeph und Hirte mit Dudelſack ſtehen abſeits hinter Holz-Architektur des Stalles. Im Hintergrunde Stadt, oberhalb bekleidete Engel mit Schriftrolle. Unter dieſem Bilde iſt zu leſen: Gott den Allmächtigen und den Heylligen drey Königen zu Schuldigen Ehrn vnd Devotion hat Balthaſer Schwinger diſe Figuren Renoviren . . . und Mallen laſſen in 1. 6. 65 Jar. 4. Ueber dem Süd-Thor der Kindermord zu

Bethlehem vor dem in langem Bart und Haar mit Zinkenkrone und Hermelinmantel thronenden Herodes. Die Farben find fchlecht, matt und verblaßt, doch Zeichnung und Compo-

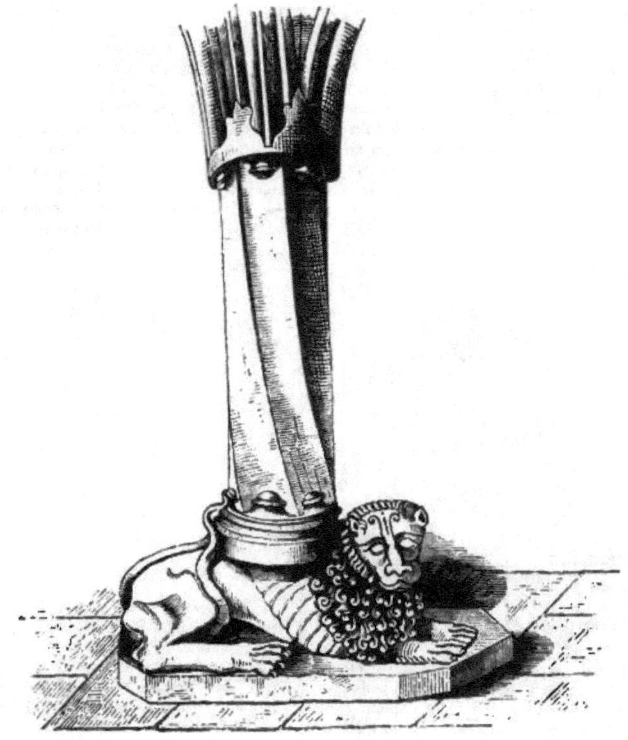

Fig. 205. (Maria an der Gail.)

fition durchaus fchön und correct, erinnert fehr an diefelben Darftellungen in der Kirche zu Maria Saal.

Altäre ohne Bedeutung; einer von 1738. Sehr intereffante Holzkanzel, fechsfeitig, auf vierfeitigem Fuße mit fchöner Intarfia. In vier halbrund abgefchloffenen, durch Quader-Imitation von einander getrennten Flächen zu einer Vafe fich zufammenfügend, aus welcher fich Guirlanden von verfchiedenfarbigen Blumen erheben. Im Gefims darüber die eingelegte Infchrift: Selig sint . die Gottes Wort . Hören . und bewaren; im Hauptgefims: Jacob Meisliger Kamerer Alda 1614. Leider fchon fchadhaft. Guter fechsarmiger Lufter von Schmiedeifen.

Mallthein (f. auch **Faschaunerthörl**). Dafelbft war bereits im Jahre 1126 eine Kirche, die vor 1209 auch als Pfarre urkundlich bezeichnet wird; die heutige Kirche wurde 1482 erbaut. Sie ift einfchiffig und mit dem üblichen Netzgewölbe überdeckt. Das Presbyterium durch ein hohes fchmiedeifernes Gitter, in feinem unteren Theile ohne Kunftwerth, vom Langhause getrennt, schließt mit fünf Seiten des Achteckes und besteht überdies noch aus einem Joche, zwischen welchem und deren Abschluße ein zierliches schmiedeisernes Speisegitter. Auf der Evangelien-Seite eine gothische Capelle, gegenüber eine jüngere (1661), welche beiderseits bis zum vierten Joche des Langhauses reichend, und mit demselben durch je zwei gedrückte Spitzbogen in Verbindung stehend, wie Seitenschiffe erscheinen. Das Schiff besteht aus vier Jochen und ist außen mit abgestuften Strebepfeilern versehen. Der Thurm an der linken Seite des Presbyteriums bildet unten die Sacristei, ist bis zum Haupt-Gesimse vier-

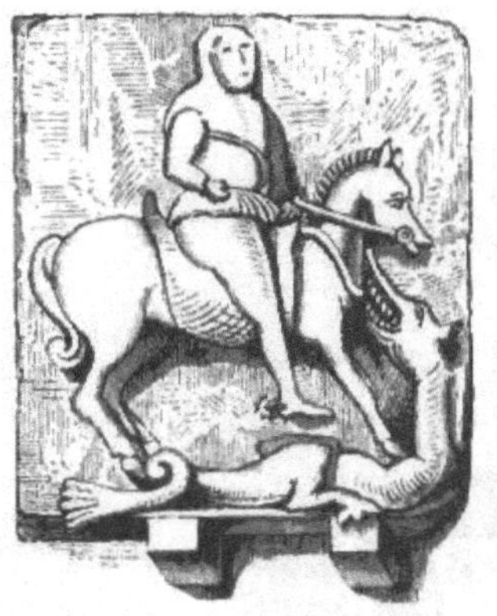

Fig. 206. (Maria an der Gail.)

eckig und trägt einen achteckigen Helm. Im Glockenhause rundbogige Doppelfenster mit rohen Doppelsäulen ohne Capitäl. Eine Glocke im Thurme dürfte noch in das 14. bis 15. Jahrhundert zurückreichen. Die Seiten-Altäre tragen die Jahreszahl 1671 und 1673, der Altar in der Capelle links 1622. An der Kirche finden sich zahlreiche Freskenspuren, so in der Vorhalle ein heiliger Oswald, gut erhalten, über dem Portale eine Kreuzigung, am ersten Strebepfeiler eine Frauengestalt mit offenen blonden Haaren und ein Bischof, daneben ein heiliger Christoph. Schöner Renaissance-Thürklopfer mit Rosette. Chorstühle mit Intarsia und zwei sehr gute schmiedeiserne Wandleuchter. Grabmal des Georg v. Mallentein † 1548, seiner Gemahlin Sibilla, geborenen Schulthausin † 1531 und ihrer vier Söhne.

Nächst der Kirche ein Karner von runder Gestaltung, in demselben zwei hübsche Holzfiguren des 15. Jahrhunderts. An der Südseite römischer Schriftstein:

HERENNIVS.
LIB·ET·LATVS.
SIBI·ET·VENERIÆ.
VXO·OPTIMÆ·V·F.

Im Schlußsteine des nahegelegenen Schlosses Kronegg die Jahreszahl 1590. Ueber dem Portale ein Doppelfenster im Rundbogen (Früh-Renaissance).

Gleichnamige Ruine, wenige Mauern, Reste eines viereckigen Thurmes.

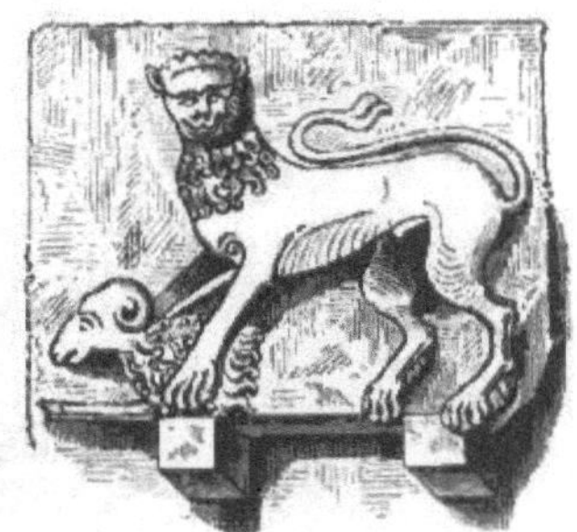

Fig. 207. (Maria an der Gail.)

Malnitz. Endmoränen der jüngeren Eiszeit. Bis zum Rabisch südlich herunter reichte wahrscheinlich das mittelzeitige Seebecken. Seitenweg der möllthaler Zweigstraße von Teurnia her, von Möllbrucken, Obervellach ins Malnitz-Thal, erst linkes, dann rechtes Bachufer, westlich von Stapitz-See zu den salzburger Goldminen (Car. 1871, 310; 1843, 69; 1858, 157. Jah. S. 6, M. 3. n. F. S. cx. Dorfbildungen *Jung* S. 160, *Meitzen* in Zeitsch. f. Ethnol. 4, 213, *Koch-Sternfeld*, Tauern 1820, S. 191, 103, 280, 293). Beim Stapitz-See ein Dupondius Commodus, Jahr 183 (Coh. III 177, 794 K).

Manndorf. Straßendamm bis Hermagor. Meyer Guring S. 95.

Marein bei Wolfsberg. Römersteine an der Außenseite der Kirche (M. 1884 p. xxvi).

Die Pfarrkirche, ein vollständig erhaltener gothischer Bau (Fig. 198. Grundriß), zeigt eine große dreischiffige Anlage mit Querschiff und ausgedehntem Presbyterium. Das vierjochige Langhaus ist mit reichem Netzgewölbe überdeckt, ebenso das rechte Joch im Querschiffe und der sich darüber hinaus verlängernde Seiten-Chor. Drei Paare einfacher im Langhause und ein Paar kräftiger Pfeiler im Querschiffe tragen die spitzbogige Wölbung der Decke, die in den beiden übrigen Jochen des Querschiffes, dann in dem aus Chor-Schluß und Chor-Quadrat bestehenden Presbyterium die gewöhnliche Kreuzrippen-Construction zeigt. Das Mittelschiff hatte früher in der Oberwand kleine Lichtfenster, die heute vermauert sind. Die Netzgewölbe sind jüngeren Ursprunges, früher dürfte die ganze Kirche mit Kreuzgewölben überdeckt gewesen sein. Im Chor und im Schiffe finden sich einige spitzbogige Fenster mit Maßwerk.

Sehr beachtenswerth ist die schöne steinerne Kanzel aus der Zeit der Spät-Gothik, die Brüstung der Stiege zeigt reiche Maßwerk-Durchbrechungen; schöner Taufstein.

Die Kirche hat eine eigenthümliche Thurm-Anlage, indem sich über den beiden Seitenjochen des Querschiffes je ein Thurm erhebt. Der Musikchor nimmt das ganze erste Joch der Schiffe ein, eine Schneckenstiege im Innern der Kirche führt hinan. Außen Strebe-Pfeiler theils mit drei, theils mit zwei Absätzen. Ein reich geziertes Haupt-Portal.

An der Außenseite der Kirche zahlreiche Grabmale. Von den älteren zwei ohne Inschrift, aber hochwichtig, einer davon aus romanischer Zeit, der andere mit sehr beachtenswerthem Wappen ohne Inschrift, auch noch in das 13. Jahrhundert gehörig, dann der Grabstein des Pfarrers Joh. Pamgartner (15..) mit Schild, Kelch und Meßbuch, der des Wolfg. Chrembler 1495 und seiner Frau Ursula mit Figuren, des Sigmund Wais von und zu Waissenau † 1652, des Blasius Sanger, Pfarrer 1587, u. s. w., innen: des Ulrich von Rosenberg und Margarethen seiner Frau.

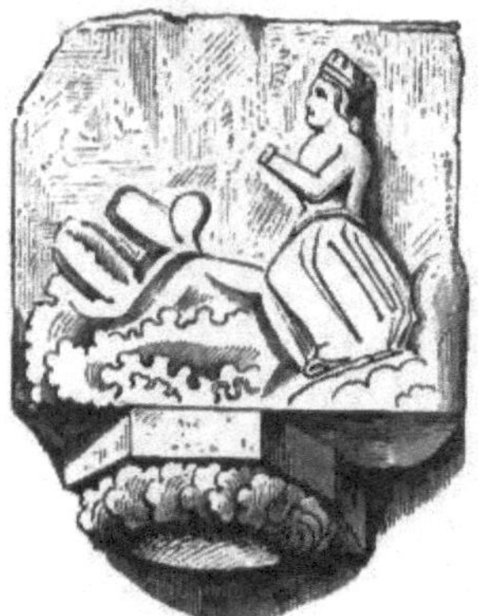

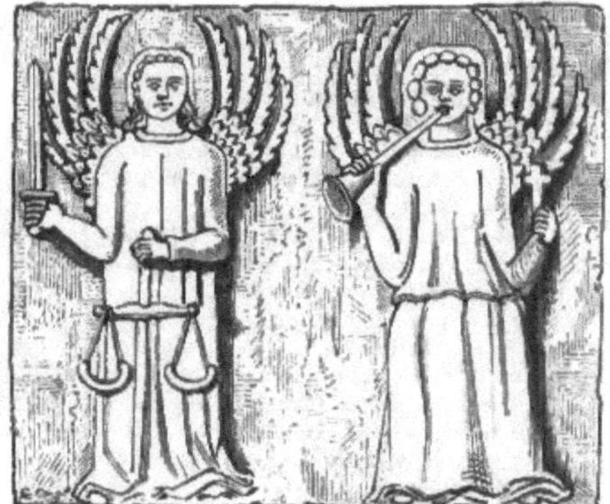

Fig. 208 und 209. (Maria an der Gail.)

Glocke mit der Jahreszahl 1483.

St. Margarethen zu Tschrietes, Filiale von Pölling. Der Grabstein VNATIO*, um 200, gef. um 1870 bis 1879, an der Außenseite des Kirchleins (Aep. 4, 211, 10). Kleiner Bau mit ehemals flacher nun halbkreisförmiger Holzdecke über kräftigen Consolen, spitzbogigen Fenstern, dreiseitig abschließendem Chore mit rundbogig umgestalteten Fenstern, massigem vierseitigen Thurme mit Pyramiden-Helm und doppelten spitzbogigen Schallöffnungen. Die Theile eines gothischen Flügelaltares von 1547 in der Kirche zerstreut; Flügel, gemalte Rückwand und Predella zu einem großem Holzbilde vereinigt an der Nordwand des Schiffes. Auf demselben zahlreiche Namen und Jahrzahlen eingekreitzelt als: Adamus Hamon 1556; Bartholomäus Teivriacher 1557; Georgius Puchler. Laus Dei in omnibus 1589; M. Sindenigg 1589; 1552 jar Hic fuit Marinus Nicolander. Hodie in festo S. Udalrici anno 1632 M. Ulrich. Mörth Valerius 1675 Lienz. Fr. Joannes Dirnperger Conventual S. P. et plebanus Pustritz. etc. Neben der Sacristeithüre ein stark verblichenes Pestbild von 1716. In der Sacristei ein Kelch mit schönem gothischen Fuße, in welchem gravirt: Augustinus Grilz 1589; Nodus und Cuppa, welche mit Steinen und Schmelz ausgestattet gewesen sein sollen, wurden von einem Gürtler in St. Andreä modernisirt.

St. Margarethen in der Reichenau. C CASSIVS MAXIMVS* Grabstein des Veteranen der Coh. VI. pr. Zeit c. 100, in der Kirche, hinter dem Hoch-Altar (M. 11. n. F. cxxxv).

Die Pfarrkirche führt am Triumphbogen die Jahreszahl 1492, welche der Bauzeit entsprechen dürfte, da der Chor vollständig das spät-gothische Baugepräge zeigt. Es besteht aus drei Jochen und dem dreiseitigen Chor-Schluße. Die Rippen der Sterngewölbe ruhen auf stark vorspringenden Dreiviertel - Säulchen. Schlußsteine. Die Fenster spitzbogig, eines noch mit Maßwerk. Spitzbogiger Triumphbogen. Das Schiff (1522) ebenfalls dreijochig, mit einspringenden Streben, Netzgewölbe aus Graten. Der Thurm an der Westseite. In der Vorhalle des Seiteneinganges Fresken: das jüngste Gericht, St. Margaretha, Katharina, Barbara, Christus am Kreuze, St. Gebhard und Blasius sind seit einigen Jahren übertüncht. An der Südseite die Todesangst (1513), St. Christoph (1504). Ein Fastentuch von 1481 wurde an einen Tyroler Antiquitätenhändler um 10 fl. verkauft. Ein Beichtstuhl vom Jahre 1634, eine gothische Sacraments-Nische; der hölzerne Orgel-Chor stammt aus 1518; er ruht auf sechs gewundenen Säulen, die Brüstung ist in 11 Felder getheilt und mit Maßwerk und Blend-Ornamenten geziert. Grabstein im Fußboden des Presbyteriums der Dorothee, Jacobs des Freibergers Witwe und Oswalden des Fresachers Tochter (1496), dabei drei Wappen, stark abgetreten.

St. Margarethen bei Wolfsberg. Der Grabstein . . . ENIONA*, Zeit um 180, gef. 1819, im Friedhofe (Jab. 322, Mo. 5088. Car. 1850. 69. Hf. S. 297, No. 18).

Die aus Quadern gebaute Kirche dürfte einer im Gewölbe-Schlußsteine des Presbyteriums stehenden Jahreszahl zufolge um 1530 erbaut worden sein. Der geräumige Bau besteht aus einem dreijochigen Langhause und einem zweijochigen Presbyterium, beides mit einem dichten Netzgewölbe

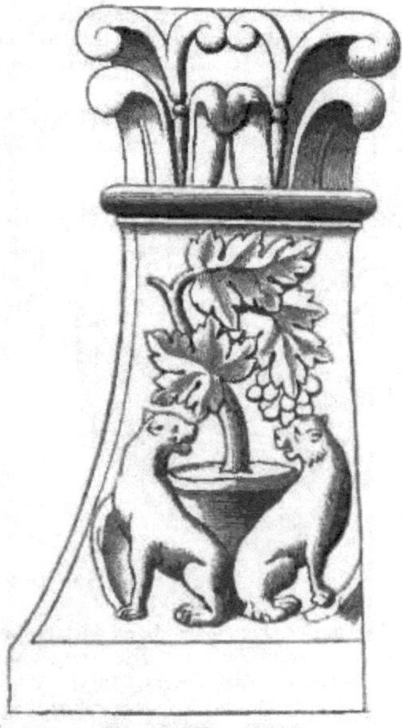

Fig. 210. (Maria-Rain.)

überdeckt. In den kleinen Gewölbekappen spätere Malereien, sie dürften aus der Zeit der letzten Renovirung (1753) stammen. Ein Altar stammt laut Inschrift von Sigmund Balthasar Weiss auf Schmelzofen (1641). An der Epistelseite des Chores steht ein Grabstein für Andreas Waiss auf Schmelzhoven und Waissenhaus † 1601 und für Anna Waissin, geb. Mosshaimh † 1610. Die Eingangshalle des Thurmes an der West-Seite hat ein kräftiges Rippengewölbe, die

Schallfenster zweitheilig mit Maſswerk. Strebepfeiler in drei Abſätzen, der mittlere Abſatz über Eck geſtellt.

Mariabichl bei St. Peter im Holz. Dieſe ſpät-gothiſche Kirche beſteht aus einem Hauptſchiffe, einem Presbyterium und einem kleinen Seitenſchiffe auf der Evangelienſeite. Das Gewölbe der Kirche ſowohl im Schiffe als auch im Presbyterium zeugt für einen tüchtigen Baumeiſter. Das Gewölbe des Seitenſchiffes iſt zum Theile neugebaut, welcher Umſtand wohl auf einen ſtattgehabten Brand zurückzuführen iſt. Die Kirche iſt vollſtändig reſtaurirt und getüncht. Von den Fenſtermaſswerken iſt ein ſehr ſchönes auf dem Orgelchore erhalten. Im Presbyterium befinden ſich neue Glasfenſter. Eine ſteinerne Treppe führt auf den alten eingebauten Orgelchor. Drei Spitzbögen tragen denſelben. Die Brüſtung iſt mit ſchönem Maſswerk durchbrochen. Das Gewölbe, auf dem die Orgelbühne ruht, iſt einfach. Die Portale der Kirche ſind gut profilirt. Das Haupt-Portal hat im Spitzbogen ein glattes Tympanon, das von zwei einfachen ſchön profilirten Conſolen getragen wird; die Altäre, Kanzel und übrigen Einrichtungsſtücke ſind zopfig. Im mittleren Travée des Schiffes befindet ſich ober dem Seiteneingange ein groſses Oelbild aus dem Jahre 1747, darſtellend die Auffindung des Gnadenbildes, doch ohne künſtleriſchen Werth. Der viereckige alte Thurm iſt mit einer Zwiebelkuppel bekrönt.

Maria-Buch, Groſs-Buch am Ponfeld. Auſser zweien Reliefs aus tentſchacher Marmor mit Laubwerk befindet ſich an der Kirche zum heil. Lorenz noch der Grabſtein C BOTTIO* des virunenſer Aediliciers, Zeit um 150, gef. 1820 (Jab. 257, Mo. 4864. Mu. R. N. 1, 186, 175).

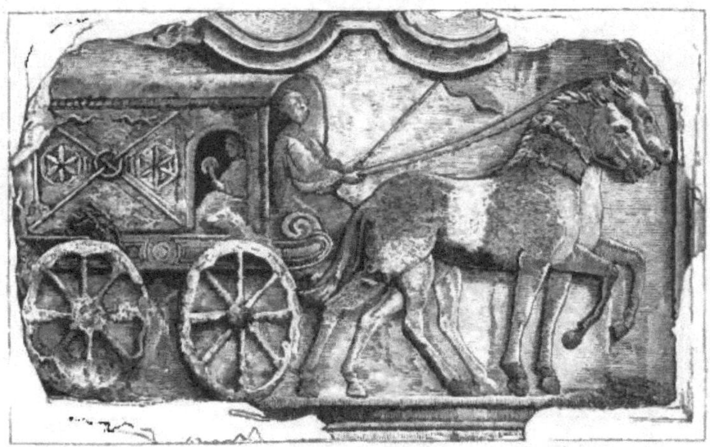

Fig. 211. (Maria-Saal.)

Maria im Elend. Die groſse Wallfahrtskirche ſtammt in ihrer heutigen Geſtaltung aus dem Ende des 17. Jahrhunderts. Der urſprüngliche Bau dürfte eine Hallenkirche geweſen ſein, davon noch das ſüdliche Seitenſchiff erhalten blieb, hier findet man ein Portal mit ſtumpfem Spitzbogen, groſse ſpitzbogige Fenſter mit Maſswerk, eines dreitheilig. Die Rippen ſind abgeſchlagen. In den übrigen Theilen erkennt man ebenſalls noch die Hallenanlage, die drei Schiffe ſind gleich hoch, haben zuſammen 15 Joche, acht freiſtehende Pfeiler mit ſpitzbogigen Arcaden dazwiſchen. Das Presbyterium, das nicht in der Hauptachſe liegt, ift klein, niedrig und mit einem Tonnengewölbe verfehen. An den Wänden noch Refte der Rippenanfätze. Der Haupt-Altar ift überaus groß, ftammt aus dem Ende des 17. Jahrhunderts. Ueber dem Triumph-Bogen ein Chronogramm, das 1731 gibt. Zwei Votiv-Bilder auf die Familie Rofenberg und das Stift Offiach bezüglich. An der Kuppel die Jahreszahl 1745. Der Thurm fteht an der Oftfeite, eine Glocke ftammt

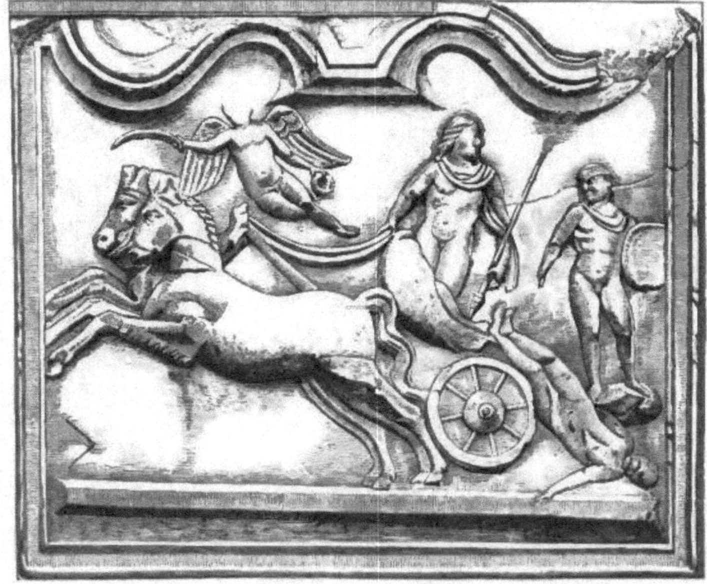

Fig. 212. (Maria Saal.)

aus 1697. An der Sacriftei ein dreifeitiges Chörlein. Die Strebe-Pfeiler zweitheilig, davon der untere Theil über Eck geftellt.

Die Zierde der Kirche bildet ein reicher den 14 Nothhelfern geweihter Flügel-Altar. Herr Pfarrer *Grefter* befchreibt denfelben folgendermaßen: Im Hauptfchrein (130 Cm. breit und 229 Cm. hoch) ift als Königin der Märtyrer Maria mit dem Kinde auf dem Halbmond (mit einem Geficht) ftehend, neben ihr Sebaftian und Rochus (in Holz gefchnitzte Statuen) dargeftellt, alle drei unter einer reichen Verzierung, die in Kleeblattform nach oben fchließt und in zwei auseinander weichenden Kreuzrofen endet, um als höchften Schluß den Gekreuzigten im Abfchluße der Bekrönung zwifchen Fialen zu zeigen. Die zwei Flügelthüren find außen mit Relief, innen wie die Altarwand mit Malereien bedeckt. Die Reliefs zeigen die übrigen 12 Nothhelfer zu je drei in vier Feldern, die alle mit zartem Schnitzwerk wie Diftelblätter verziert find. Gefchloffen bieten die Altar-Flügel dem Volke die Leidensgefchichte Jefu in vier Feldern oben links anfangend: Chriftus am Oelberg, dann Krönung, Geißelung, Kreuzigung. Die übrigen vier Felder am Altare enthalten die vier Evangeliften Matthäus, Marcus, Lucas und Johannes, ganze Figuren in mitteldeutfcher Tracht. An der Predella der heilige Achatius und feine Martyriumsgenoffen, eine figurenreiche Gruppe, rückwärts das Schweißtuch von zwei Engeln gehalten. Diefer Altar hat als Krönung verflochtenes Aft- und Stabwerk, zu oberft Chriftus am Kreuze, Johannes und Maria, darüber ein durchbrochener Helm mit Kreuzrofe. Diefer herrliche Altar mit feinen eigenthümlichen Geftalten, feinen naturaliftifch gehaltenen Malereien, mit feinen zarten ornamentalen Schnitzwerken gehört zu den beften Arbeiten, die Kärnten in diefer Art aufzuweifen vermag. An einer Seitenwand ein Votiv-Bild, vorftellend die Stadt Wien, und von diefer hieher geopfert.

Maria Feicht (M. XIII. 75; bei St. Gandolf). Eine einfchiffige gothifche Kirche; das Langhaus aus drei Jochen Joche bildend mit reichem Sterngewölbe, in den Kreuzungen Tartfchenfchilde, auf einem eine Marke und 1521 (Fig. 201 Schlußftein). Die Rippen find bemalt. Die Chorbrüftung ift in einem reichen Maßwerkmufter durchbrochen (Fig. 202), darin 1524. Die zierliche Chorftiege fteigt an der linken Innen-Wand empor, fie wird von einer Spitzbogenthür gefchloffen. Die ungleich hohen Fenfter im Langhaufe fpitzbogig und zweitheilig, mit Maßwerk von Fifchblasen und Dreipäffen. An der Weftfront ein Rofettenfenfter.

Außen kräftige Strebepfeiler mit Maßwerkblenden, im Aufbau theilweife über Eck geftellt, das füdliche Thor fpitzbogig

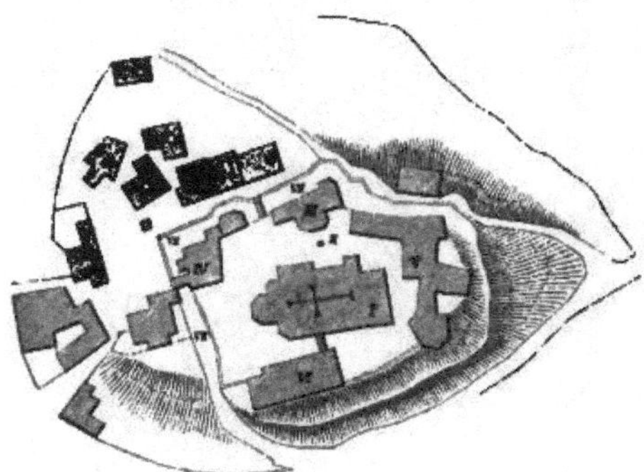

Fig. 213 (Maria Saal.)

gebildet, davon das erfte zum Mufikchor untertheilt, das fchmälere Presbyterium aus Joch und fünffeitigem Schluße beftehend, endlich der Thurm rechts am Presbyterium, in feinem Erdgefchoße als Sacriftei dienend (Fig. 199, Grundriß). Wiederholt erfcheinen die Steinmetzzeichen: [Steinmetzzeichen]. Das Tonnengewölbe im Chor mit eingebauten Schildflächen und profilirten Steinrippen. Die Dienfte einfach, mit Wiederholung des Rippenprofiles. Im Chorfchluße drei fpitzbogige Fenfter wovon das füdöftliche dreitheilig, mit Maßwerk im Fifchblafen-Mufter. Der Triumphbogen kräftig profilirt (Fig. 200 Querfchnitt). Der Orgel-Chor ift mit dem Baue gleichzeitig, er fteht auf vier Pfeilerchen und den correfpondierenden Wanddienften, fechs einfach. Das nördliche gefchweift fpitzbogig, das reiche Haupt-Portal mit geradem Sturz und Relief im Tympanon.

Der Thurm nahezu quadratifch, fchließt mit vier Giebeln und Spitzdach. Die Fenfter mit gewundenem Mittelpfoften. Die Thurmftiege bis zur Dachhöhe fteigt in einem befonderen aus dem Achtecke conftruirten und umfchloffenen Baue auf. Am Thurme find zwei Römerfteine eingemauert.

Die Kanzel, oben achteckig mit profilirtem Gefimfe auf gewundenem Schafte, am Fußgefimfe ein Schild. Sie ift aus weißem Marmor angefertigt, gleichzeitig mit der Kirche, aber mit Oelanftrich überzogen.

Maria an der Gail. Die Pfarrkirche gehört zu den wichtigeren Bauwerken Kärntens. Sie ift ein einfacher Bau ihrén inneren und äußeren Verhältnissen nach, der im kleinsten Theile romanisch, dann im gothischen Style erneuert und zur Zeit der spätesten Gothik restaurirt wurde (Fig. 203 zeigt den Grundriß, Fig. 204 die Außenseite der Kirche). Der Chor besteht aus einem oblongen Joche mit dreiseitigem Schluße, ein sternförmiges Gewölbe bildet die Decke. Die Rippen laufen auf Wanddiensten ohne Consolen an, denen außen dreimal abgeschrägte Strebepfeiler entsprechen. Der Unterbau des Thurmes ist dem Presbyterium als quadratische Halle vorgebaut, daran sich das Langhaus schließt, ein einschiffiger Raum mit zierlichem Sterngewölbe, drei Joche bildend und mit Wanddiensten als Rippenauflager. Chor 24′ 9″ lang, 21′ 9″ breit, 23′ hoch. Halle 14′ 3″ lang, 15′ 4″ breit, 20′ 6″

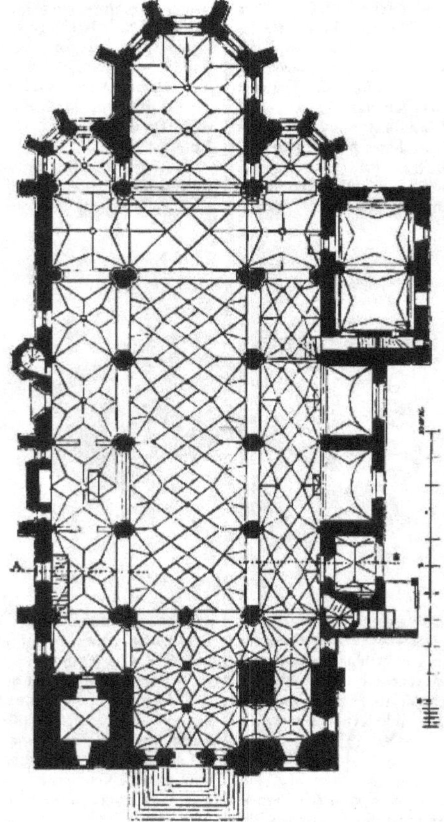

Fig. 214. (Maria-Saal.)

hoch, Schiff 56′ 9″ lang, 34′ 6″ breit und 28′ hoch. An der Nordseite ein Capellen-Anbau aus dem Ausgange der Gothik, gegenüber die aus drei Quadraten gebildete Sacristei. Vor dem westlichen Haupt-Portale eine Vorhalle, deren Verlängerung im ersten Stockwerke zum Musik-Chor dient. Ein einfaches Kreuzgewölbe überdeckt die Halle, im Schlußsteine das Lamm, vier Rippenauflagen mit Figuren als: ein Gnom, eine nackte Figur, ein Mönch und wieder eine nackte Figur. Der Musik-Chor tritt bis in die Hälfte des ersten seinen großen Spitzbogen-Schallfenstern und dem achtflächigen Spitzdache gehört, wie der ganze übrige Kirchenbau, der Gothik an (beiläufig Anfang des 15. Jahrhunderts). Einige Sculpturreste der romanischen Kirchen wurden in pietätvoller Weise an der Außenseite der Kirche eingemauert, vorstellend St. Georg mit dem Drachen, einen Löwen, eine Jungfrau, die einem Ungethüme geopfert werden soll, zwei Engel des Weltgerichtes, zwei Masken (Fig. 206 bis 209). Ueber dem Seiten-Portal

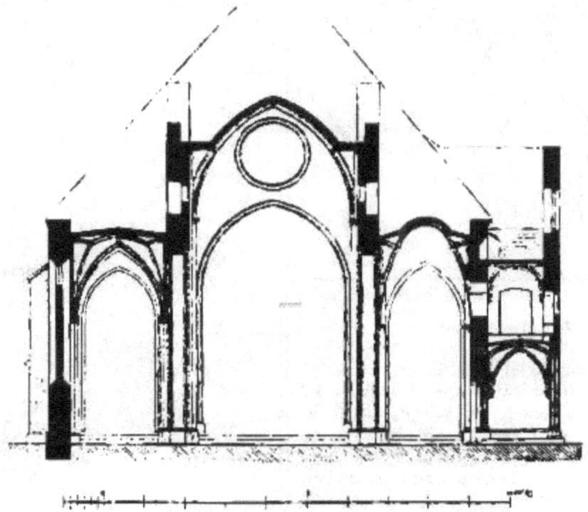

Fig. 215. (Maria Saal.)

Schiffjoches vor und ruhet dieser Vorbau auf zwei Säulen mit gewundener Canellirung, deren Unterlage je ein liegender Löwe bildet (Fig. 205). Die Löwen sind aus röthlichem marmorähnlichen Kalksteine angefertigt, deutlich ist das Aufsetzen der ursprünglich nicht dazu gehörigen Säule sichtbar. Die Löwen dürften von einem romanischen Portal stammen. Das Haupt- und das Seiten-Portal sind spitzbogig und schön profilirt. In den spitzbogigen Fenstern des Presbyteriums finden sich Reste guten Maßwerks. Die Thurmhalle dürfte noch der romanischen Stylperiode angehören. Der Aufbau des massigen Thurmes mit ein sehr schönes gothisches Relief: Maria mit dem Kinde.

Als besondere Zierde der Kirche ist zu erwähnen ein reich geschnitzter Flügel-Altar mit trefflich behandelter architektonischer Umrahmung. Auf der Predella die Familie Mariens in Relief. Im Schreine die Krönung Mariens, jetzt am Hoch-Altare (Vollfiguren). Auf den Flügeln innen: Geburt Christi und Pfingstfest, die drei Könige und Tod Mariens in Hoch-Relief. Ueber dem Schreine: Christus am Kreuze, Maria und Johannes. Auf der Außenseite der Flügel ist Anna und Maria und die Auferstehung des Heilands gemalt (Mitte des 15. Jahrhunderts); bemerkenswerth ift ein fchönes Figürchen: Maria Schutz. Am Mufik-Chore zwei Figuren aus Holz gefchnitzt, St. Florian und St. Georg, charakteriftifche Arbeiten des 16. Jahrhunderts. Die Chor-Brüftung ift mittelft einer niederen mit Maßwerk zierlich durchbrochenen Wand erhöht. Zu erwähnen ift noch der dem 17. Jahrhundert (?) angehörende Taufftein.

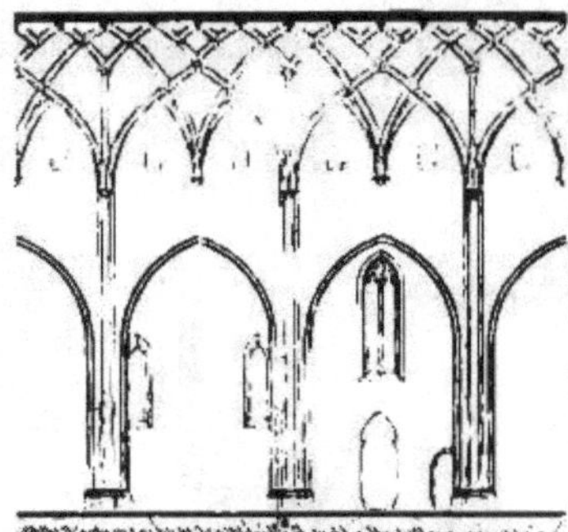

Fig. 216. (Maria-Saal.)

Für die Gefchichte diefer Kirche ift eine Infchrift wichtig, die fich links im Presbyterium befindet: „Im 1580 ift diefes Gottshaus fammt dem Thurm niedergangen und eingefallen, durch die Edlen und geftrengen Herrn Ludwig und Anthan von Grotta zu Grottenegg und Finkenftein und Gebrüder als Vogt und Lehensherrn Gott dem Herrn zu fchuldigen Ehr widerumb erhebt und gepaudt worden im 1606 Jar."

Diefe Familie hatte dort ein Begräbnis und werden auf einem Leichenfteine Ludwig I. b. v. Grotta 1637, Sigmund Gottfried 1630, Franz Gottfried 1628, Elife feine Frau 1612 genannt.

Am Friedhofe ein einfacher doppelgefchoßiger runder Karner gegenüber der Kirche gelegen.

Maria Hilf bei Guttaring, befuchte Wallfahrtskirche, ein hübfcher Rotundenbau der Spät-Renaiffance. Den mittleren Kern bildet die achteckige Vierung, an welche fich gegen Oft und Weft, Süd und Nord vier ungleiche halbrunde Ausbauten anfchließen. Die Vermittlung gegen die vier halbkreisförmigen Scheidbögen aus der achtfeitigen Kuppelform in den vierfeitigen Unterraum findet in üblicher Weife mittelft Pendentif's ftatt. Ihre unteren Anläufe ruhen auf dem durch die ganze Kirche herumgehenden oftmals verkröpften Kämpfergefimfe. Es wird von fchwach vortretenden modernen Pilaftern geftützt und von den fechs mittelgroßen viereckigen Fenftern unterbrochen.

In der Oft-, Süd- und Nord-Apfis treten je zwei vorgebaute Balcone vor, hinter welchen Oratoriumräume fituirt find. Die Weft-Apfis füllt der flach getragene Orgel-Chor, die übrigen drei Apfiden je ein barocker Altar aus, ohne befonderen Werth.

Ueber dem Schluffe des öftlichen Scheidebogens lieft man die Infchrift:

„Haec Ecclesia
Exftructa Eft ex
Oblationibus Fidelium, Et Consecrata
A. D. 1727.
M. S."
(Michael Steiger, Dechant.)

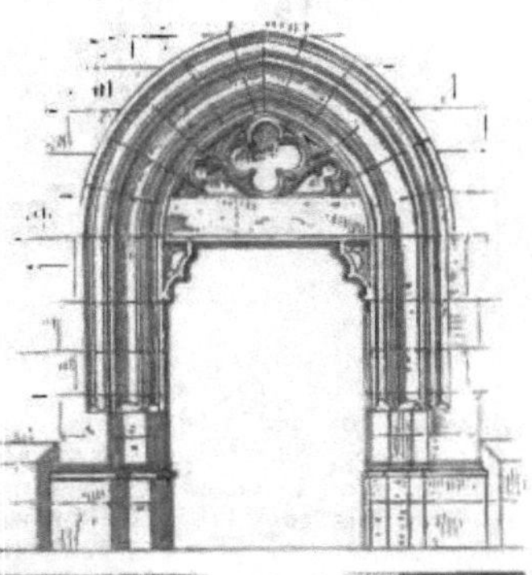

Fig. 217. (Maria Saal.)

Jede der Apfidenkuppeln ift durch rippenförmige Streifen aus Blätterprofilen in fünf Felder, und die Kuppel der Vierung durch acht Streifen in acht Felder eingetheilt. In diesen Feldern Frescogemälde, in den Dreieckzwickeln der Pendentifs die Evangelisten-Brustbilder. Oberhalb des Rotundenschlusses eine achtseitige offene Laterne, die oben auf der geraden Decke ein Gemälde: die heil. Dreifaltigkeit, zeigt. Von außen treten nur die Ost- und West-Apsis zum Theile aus dem Inneren heraus, die Süd- und Nord-Apsis gehen mit den Außenwänden der Oratorien fast gleich. Ueber den an der Westseite angebrachten Oratorien erheben sich zwei Thürme, mäßig hoch, mit niedrigen

Außer dieser pompös ausstaffirten Heiligenfigur kommen an den Seitenwänden mehrere Votivbilder aus dem 18. Jahrhundert vor (1730, 1754, 1765 u. a. m.), meistens Darstellungen, wie die Anrufung des wunderthätigen Marien-Bildes verschiedenartige Unglücksfälle verhütet hat.

Der Bau selbst ist hallenförmig, gerade abgeschlossen und dem Vorbilde gemäß mit einer einzigen runden Tonne überdeckt. Haupt-Altar unbedeutend. Zwei viereckige Seiteneingänge und bloß ein Fenster, so dass tagsüber im Inneren ein trübes Halbdunkel herrscht.

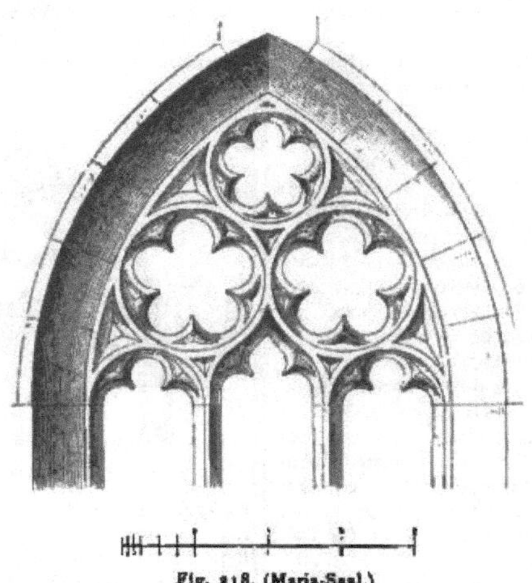

Fig. 218. (Maria-Saal.)

Zopfhelmen. Ueber dem viereckigen Westeingang die Jahreszahl: MDCCXXVI. Die Kirche ist in sehr gutem und gefälligen Zustande.

Maria Loretto am Wörther-See. Kleiner capellenförmiger Bau, einfach länglich viereckig, stammt aus der zweiten Hälfte des 17. Jahrhunderts; errichtet von Johann Andreas Orsini-Rosenberg. Eine diesbezügliche Inschrift auch am Holzgetäfel der Glaswand, hinter welcher die reich decorirte Statue der Himmelskönigin Maria aufbewahrt wird, lautet:

„16: Rosenbergiades tu pia virgo rege: 52"
„18: Renovirt: 27."

Die ursprünglichen zwei Thürme wurden im Jahre 1701 nach einem Brande abgebrochen. Gegenwärtig besteht nur ein kleines unansehnliches Holzthürmchen am Dachfirst.

Bemerkenswerth ist ein Brunnen mit schöner schmiedeiserner Ueberdachung.

Maria im Moos (Kirchberg, Decanat Krappfeld). Die Kirche besitzt ein gothisches Presbyterium mit spitzbogigen Fenstern sammt Maßwerk, ein Sacraments-Häuschen als Wandnische. Das Schiffsgewölbe stammt aus c. 1830.

Maria-Rain, unweit der hollenburger Rebenhügel, die Ara mit dem Relief: zwei Leoparden mit Trinkhorn, Gefäß mit Weinſtock, Delphin, geſ. 1840, (Fig. 210), in der Kirche (Jab. 355, Car. 1840, 111. M. 9, n. F. p. CXLVI). Der Ort als Schalachum 1144, 1148.

Die große Wallfahrtskirche enthält nur wenige ältere Reſte, obwohl die Anlage aus alter Zeit ſtammt. Die Thurmhalle trennt Schiff und Chor und hat noch die Rippenanlage, alles übrige wurde im 17. Jahrhundert umgeſtaltet. Jetzt zwei Thürme, je einer an jeder Seite des Langhauſes. Am Hoch-Altar ein Bild Fromüller's und in der Sacriſtei eine baumartige Monſtranze vom Jahre 1659 (Goldſchmied Auguſtin Stieff in Klagenfurt). Die große Glocke von 1718 gegoſſen von Marx Math. Zehenter in Klagenfurt.

Maria-Saal. Mag hierorts immerhin ein beſonderer vicus, an 15—20 Min. außerhalb der Stadt Virunum ſüdlich gelegen, ſich entwickelt haben, wie etwa ähnliches an den Höhenorten Roſendorf, Döchmannsdorf, Poſſau und Ottmanach, ſo ſind doch die hieſigen römiſchen Grundmauern, die Relief- und Schriftſteine (40) vorwiegend als aus dem Zolfelde herbeigebracht anzuſehen. Konnte doch dieſe älteſte Kirchengründung das Material einer Stadt herübernehmen, die nach gemeiner Meinung, weniges über 300 Jahre vorher unbewohnt lag und in dichter Buchen- und Fichtenwaldung von der Stelle des heutigen Arndorf bis gegen St. Michael ſich barg. Allerdings die Holzkirche des 8. Jahrhunderts mit ihren Wohnzubauten nahm davon wenig in Anſpruch; aber ſeit dem 12. Jahrhunderte mag die Ausbeutung der ſeit 700 Jahren „verſunkenen" Stadt für den romaniſchen Dom in großem Maßſtabe begonnen haben. Der behauenen Bauſteine in Sand- und Kalkſtein gab es in reichlicher Menge. Von den Relief- und Schriftſtücken mag das meiſte herrühren aus dem nächſtgelegenen Arndorf, aus Töltſchach und Ort Zolfeld, die nördlicheren Orte nicht ganz ausgeſchloſſen. Die Maſſe des Materials ließe immerhin annehmen (nach *Prunner*) »an den Spitz des Saller-Berges das Haydniſche Gſchloß, die Haydniſche Schantz, die Gräber vnd Schantz-Lineen an den Thurm-Berg«. Das Octogon gilt als Heidentempel. Eine Tempelſtätte, deren Beſuch eine Tradition aller Jahrhunderte blieb, mag am wahrſcheinlichſten der Epona gegolten haben, der ſchützenden Frau, welche hier zweimal auf Weihſchriften genannt wird. In chriſtlich-kirchlichem Sinne iſt St. Leonhard, der Ortsheilige von Arndorf, ihr rechter Nachfolger. Die jetzt übliche Volksbezeichnung „Saal", die Vocale dumpf ausgeſprochen, hat vor 270 und mehr Jahren den Anlaß gegeben, in der nahen Römerſtätte die Stadt Sala zu finden, welche vielmehr in Ungarn bei Gran, Szala-Lövö, liegt (Mo. S. 525). Ein nächſtes Salfeld, St. Franciscus am Salfeld, liegt bei Trixen, überdies kennen wir im Lande 2 Salchendorf, 3 Sallach, 1 Sallas oder Salles. Die älteſte mittelalterlich urkundliche Bezeichnung des Ortes ſcheint Zole zu ſein, um 1135, Zol 1161, aus welchem ſeit 1167 Solium geworden, während die mehr kirchliche Bezeichnung S. Maria ad Carantanum, Karantana ecclesia auf 861 oder 927 zurückgeht und ſich der biſchöflichen Gründungszeit um 760 nähert. Weder der biſchöfliche Thron, noch der marianiſche Gnadenthron, noch der nahe Herzogſtuhl, solium, noch der Abgabenzoll bei letzterem reichen für Namenſpiele in Betreff Maria-Saal, Zollfeld, Solfeld, Sonnenfeld aus.

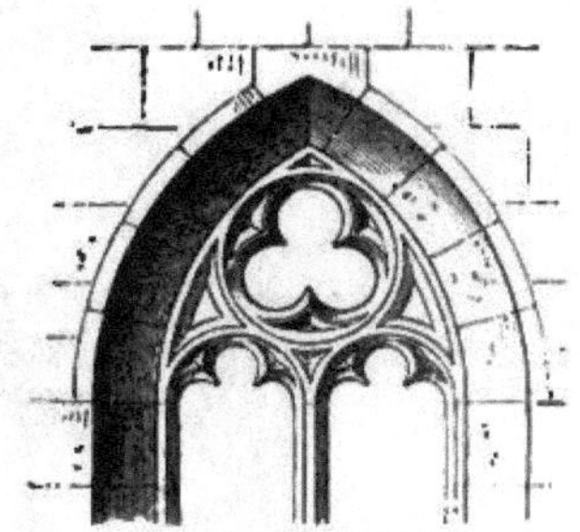

Fig. 219. (Maria-Saal.)

Viele Architekturſtücke ſind in den Kirchenmauern ſichtbar, gewiß ungleich mehrere noch verborgen. Die 21 Reliefſteine, nach *Prunner*, S. 42 »ſammentlich aus den Solfeld« ſind folgende:

Trauer-Genius, geflügelt, mit Fackel und Kranz (Jab. 140, Taf. 3).

Amorbüſte, geflügelt, das Haupt verhüllt. (Jab. 146, Taf. 4. Oeſtr. Gymnaſ. Zeitſch. 1870, 11, S. 868).

Männliche Geſtalt, vollſtändig bekleidet, rechts Lanze, links Käſtchen (Jab. 147).

(EPONE, BF.H u. dgl.)? (Jab. 124 bis 448, Mo. 4776).

HERCVLI ET EPON(AE)*, für das Heil des Kaisers A. Pius von wenigstens 42 Widmern um 160—180, gef. vor 1527, von der Kirche nach K 73. (Jab. 3. Mo. 4784. Valv. 128).

(H)ERC(VL)E(T)* und 21 Zeilen, mindestens 57 Widmer. Untertheil des Vorigen, Zeit um 160—180. Nachrichten fehlen (Mo. 4785. K 120).

dann Marien-Anstalt Nr. 43 (Jab. 129, Mo. 4854. Valv. 128, Kml. 105, 312, 313. Mu. R. N. 1, 181).

DM COVNERTI*, um 160, gef. um 1850, von der Gartenmauer der Ortseinfahrt verschwunden, in Meißlberg? (Jab. 131, Mo. 4901).

ELVISIO*, um 170, gef. vor 1752, im Unterorte, Schlosserhaus Nr. 36 am Wege nach Arndorf (Jab. 134, Mo. 4909. K 43).

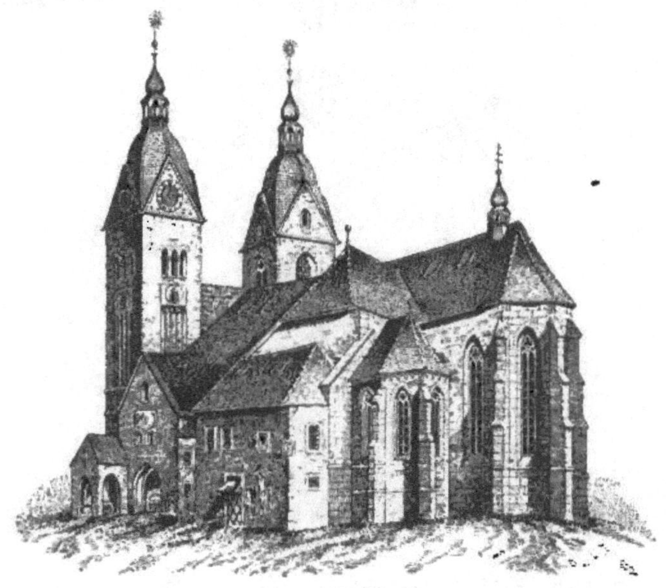

Fig. 220. (Maria-Saal.)

DIM VLPIVS, dem Mithras durch den speculator leg. Inoricorum, zweifelhafte Abschrift, um 240—300; der Stein aus der Kirchmauer mit neun anderen nach St. Veit, Rößlwirt (Jab. 202, Mo. 4803, vgl. 4655, 5756).

AI IICII SECVNDINA, Ara, um 150, gef. vor 1870 bei Neuwirt's Thorbank, fehlt (Jab. 138. Mo. 4823).

SEXTVS* mit Nennung des evocatus Romae, um 180, gef. vor 1551, Propstei,

FVSCIA, um 238, gef. vor 1752, Kirchmauer nächst dem Portal nördlich beim Erdboden (Jab. 125, Mo. 4917, Aep. 4, 215).

C GAVILLIVS*, um 130, gef. vor 1527, Propstei, dann Marien-Anstalt Nr. 43 (Jab. 130, Mo. 4920. Valv. 128, Aep. 4, 215).

IVSTO ITVL*, um 170—230, gef. vielleicht 1615, vom Kirchplatz No. 37 nach Krumpendorf ins Glashaus (Jab. 135, Mo. 4934).

MASCVLO*, um 250, gef. um 1615 (zu Rofendorf?), Haus No. 36 (fälfchlich? zu Töltfchach noch 1870), (Jab. 50, Mo. 4940. Aep. 4, 216, vgl. Krumpendorf).

.....(MESTR)IO, Reliefſpur, Sargbruchſtück, der Zeit um 220, gef. vor 1850, beim Modeſti-Stöckl an der Stallmauer (Jab. 133, Mo 4943).

MONTISSIVS*, um 140, aus der Propſtei um 1772—74 nach Stadt St. Andreä, Kloſter (Jab. 329, Mo. 4944).

Männliche Geſtalt, vollſtändig, den rechten Fuß auf ein Geſtell, cylindriſche

Zwei Büſten, Mann und Weib, in gemuſchelter Niſche (Jab. 153).

Vier Büſten, zwei männliche außen, zwei weibliche (Jab. 153).

Pferdelenker auf geſchloſſenem Zweigeſpann nach links, darin der leſende Reiſende; die Pferde mit Kummet und Halsring (Jab. 144, Taf. 5. Kml. 87, N. 3; Fig. 211).

Wagenlenker in Biga, mit Lanze, dahinter ein Schildträger, ein Geſchleifter, oben der fliegende Genius mit Palme und Kranz (Achill, Hektor?) (Jab. 143, Taf. 5. Kml. 96; Fig. 212).

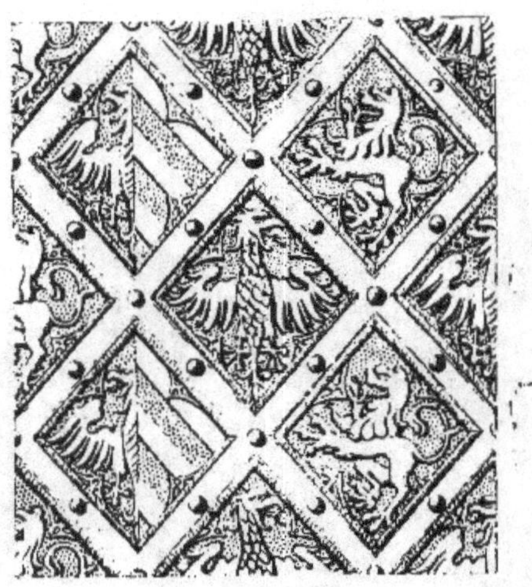

Fig. 221. (Maria Saal.)

Capſel, geſtellt, ſchreibend, lebhafter Faltenwurf. Propſtei, dann Marien-Anſtalt Nr. 43 (Jab. 153).

Krieger, rechts Helm, links Speer, unten Schild; Eckſtück-Nebentheil, links Genius auf Baſis, rechts Kranz (Jab. 145).

Männliche und weibliche Geſtalt, ſtehend im Langkleide, jene mit Kanne, dieſe mit geöffnetem Kaſtchen (Jab. 142).

Männliche und weibliche Geſtalt, bewegte Geſten. Wallmauer ſüdlich (Jab. 150).

Zwei menſchliche Geſtalten, links wol die Frau, Nebentheil lilienartige Arabeske (Jab. 153).

Bär, Wallmauer ſüdlich (Jab. 151).

Drachen, Delphine, Arabesken (Jab. 148. K 55?).

Zwiſchen Delphinen das Sonnengeſicht, ein Frontiſpiz. Wallmauer ſüdlich.

Zwei Leoparden, inzwiſchen Dreifuß. Wallmauer ſüdlich (Greif, linksſtehend gegen eine Art Käfig), (Jab. 152).

Zwei Leoparden mit Trinkhörnern, hockend, inzwiſchen Weinlaubgewinde (Blatt, Traube, Vogel) aus Vaſe mit Thier-Zierrat (Jab. 141, Taf. 4).

Wölfin, links gewendet in Felsgrotte, unten die Zwillinge. Südthor (Jab. 139, Taf. 4).

Wölfin, gutbehaart. Wallmauer füdlich.

Arabeske, Bautheil (K 55).

Gefäß mit Weinftock, große Platte, gequadert. Wallgraben an der Stiege (Jab. 149, M. 12. p. 23, 24. WJb. 46, 42).

Am weftlichen Thurmbau der ehemaligen Ringmauer ift bei einem kleinen Fenfter ebenerdig als Sturz ein Römerftein eingemauert und ftellt eine nackte Figur dar.

Von den 19 Schriftfteinen find 5 Weih-, 14 Grabfteine.

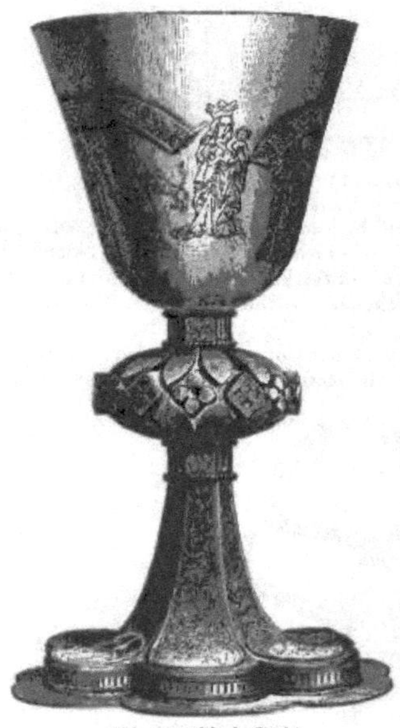

Fig. 222. (Maria-Saal.)

EPONAE Ara?, Zeit um 220—270, gef. vor 1783, fpäter nach Landskron gekommen, dort bis um 1870, dann verloren.

PRIMIANVS, um 240, gef. vor 1752; beim Canonicatshaus, Stiege (Jab. 128, Mo. 4950).

RVFIAE*, um 160, bis 1838 im Fleifchhauerhaus, dann Meiflberg (Jab. 137, Mo. 4965. K 39).

SAMVCO*, um 170, gef. um 1818, im Pfleghaus (Jab. 136, Mo. 4971).

AVI | TAE mit Reft (RIV)ISSE, um 210, gef. vor 1870, Kirchwand gegen den Boden (Jab. 126, Mo. 5013).

...FICI | ...OMAE mit einem ?vir iure dicundo, um 240—310, gef. vor 1870, Kirchwand öftlich. (Jab. 127, Mo. 6494. Aep. 4, 217. Vgl. im Allg. Pr. 40, 42. K. Ztfch. 4, 28. Car. 1821, No. 1 u. m. Ank. 1, 505; 2, 111, 570 u. v. a. AfK. 7, 36; 11, 79. M. 12, p. 11, 15. Sitzb. d. Ak. d. W. 17, 76 [norifche Bisthümer], Kml. 198, 231, 264).

Die Kirche (M. XII. f. von H. Petfchnig). Ein berühmter Wallfahrts-Ort auf einem mäßigen gegen Norden und Weften fteilen Hügel gelegen. Ein Wallgrabenreft zieht fich um die kleine Anfiedlung an jener Seite, wo die geringe Abdachung einen Angriff erleichtert. 1482 mußten die Vertheidigungswerke gegen die Scharen des Königs Mathias von Ungarn tüchtig Widerftand leiften und einen hartnäckigen Angriff glücklich abwehren. Den oberften Punkt und gleichfam die Mitte desfelben nimmt die freiftehende Kirche ein, nördlich davon das Probfteigebäude, weftlich der Pfarrhof, füdlich der Karner jetzt in Verbindung mit einem befeftigten Gebäude, öftlich ein ähnliches Gebäude mit einem fpitzbogigen Thor, daran die Merkmale einer Zugbrücke (Fig. 213 Grundriß der Anlage). Das herrliche landfchaftliche Bild ift durch einen im Vordergrund aufgeführten höchft nüchternen Bau im profanften Zinshausftyle arg gefchädigt.

Die Kirche, eine einheitliche Anlage ausgedehnter Dimenfion aus dem 15. Jahrhundert, ift ein dreifchiffiger Bau mit ftark vorgelegtem im halben Achteck gefchloffenen Haupt-Chor, in Verlängerung des Mittelfchiffes und mit zwei Seiten-Apfiden, entfprechend den Seitenfchiffen, fämmtlich aus dem Achteck conftruirt. An der Weftfeite zwei mächtige quadratifche Thürme in Verlängerung der Abfeiten. An der rechten Seite des Langhaufes die große Sacriftei mit einer aus der Kirche in den erften Stock führenden Stiege und zwei jüngere Capellen-Anbauten (Fig. 214 Grundriß). Der Innenraum mißt 24 Klafter Länge bei 20 Klafter Breite ohne die Capellen-Anbauten, das Mittelfchiff ift doppelt fo breit, wie jede Abfeite, bei 10 Klafter hoch, während jene nur 7 Klafter erreichen. Der Orgel-Chor umfafst den Raum zwifchen beiden Thürmen und reicht bis zum zweiten der je fünf Joche jedes Schiffes. Außerdem durchzieht den Bau ein wenig entwickeltes Querfchiff (Fig. 215, 216, Quer- und Langfchnitt). Zwei Treppen führen zum Orgel-Chor hinan, eine im linken Seitenfchiffe, auf einem Bogen-

Strebepfeiler einfach mit profilirten Abfätzen und fchräg zulaufenden Verdachungen. Kaff- und Sockel-Gefimfe umziehen das ganze Gebäude.

Die Profilirung der Pfeiler ift fehr verfchieden, in der Hauptfache haben fie einfach facettirte und gekehlte Gliederungen,

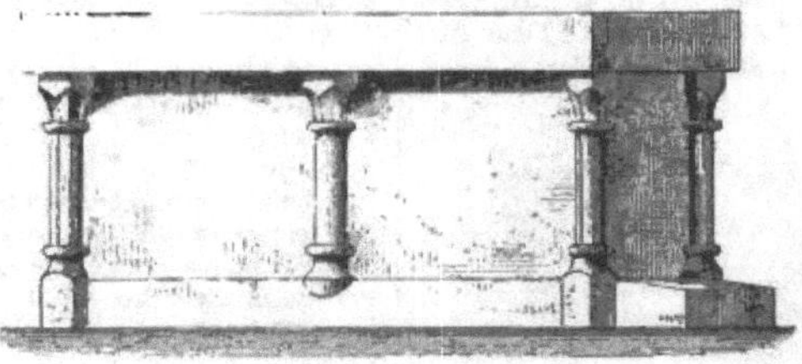

Fig 223. (Maria-Saal.)

ruhend, und eine außen als an der rechten Seite angebaute Schneckenftiege, die auch zu den Thürmen führt. Die Brüftung des Orgel-Chores ift maßwerkartig behandelt und durchbrochen. Das Haupt-Portal befindet fich an der Weftfeite, enthält ein Maßwerk-Relief im Tympanon (Fig. 217, Portal),

welche am Sockel beginnen und ohne Capitäl bis in die Scheidebogen hinanlaufen. Als Stützen der Rippen dienen runde vorftehende Dienfte mit meift einfachen Capitälen. Die Ueberwölbungen find verfchieden, häufig unregelmäßig, theils Netz- theils Stern-Gewölbe; infolge der Rippen-

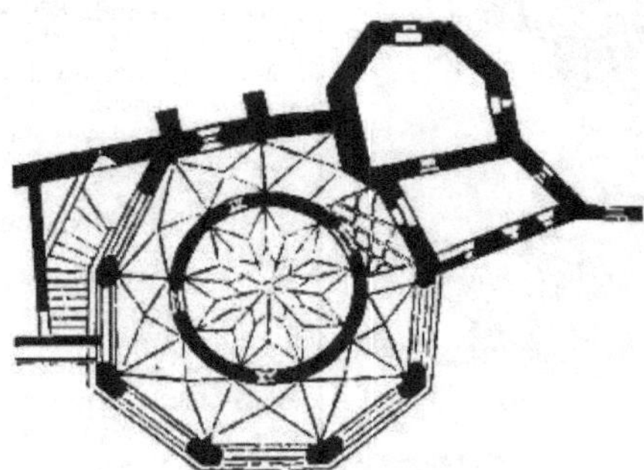

Fig. 224. (Maria-Saal.)

darüber ift ein großes Maßwerkfenfter angebracht. Am rechten Seitenfchiffe ein kleines Portal mit Vorbau und Empore darüber. Ein einfaches Portal an der linken Seite. Die Fenfter haben faft alle noch Maßwerk, theils von einfacher Conftruction, theils im Fünf- und Sechspaß, auch das Fifchblafenmufter ift zu bemerken (Fig. 218, 219, Fenfter).

verfchneidungen wurden überdieß Confolen am Bogenanfatz als deren Stützen nothwendig. Das Querfchiff in der Höhe des Mittelfchiffes ift ebenfo wie die Chöre in den Wölbungen viel einfacher behandelt. Die letzte Arbeit am Baue dürfte das Gewölbe unter dem Mufik-Chore gewefen fein mit feinem fpinnennetzähnlichen Scheinrippenbefatz. Im

Mittelſchiffe ſind in den Oberwänden kleine viereckige Fenſter angebracht, die heute in den Dachſtuhl münden, wahrſcheinlich ſeit der nach dem Brande 1669 erfolgten Auf-

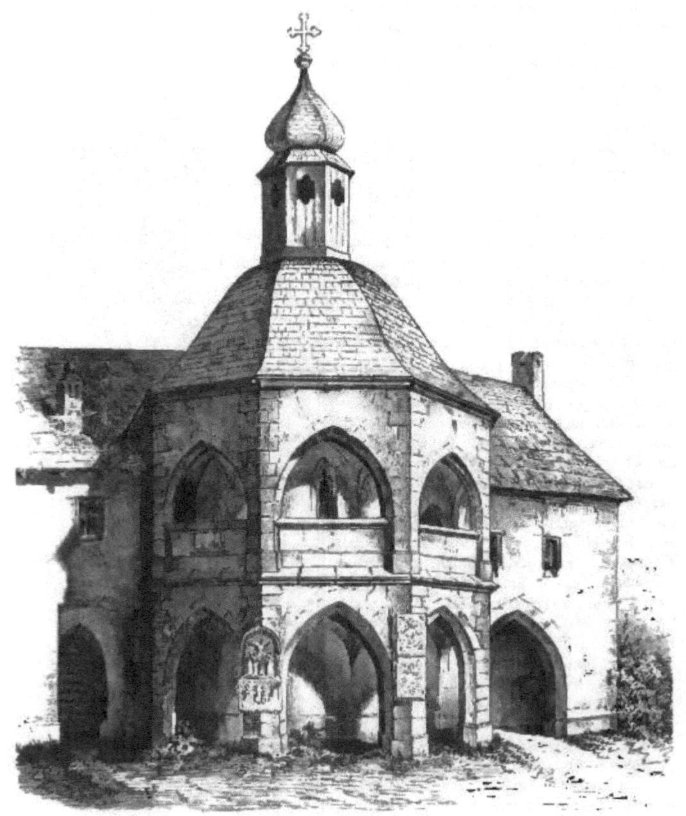

Fig. 225. (Maria-Saal.)

ſtellung eines für alle drei Schiffe gemeinſamen recht unſchönen coloſſalen Dachſtuhles.

Die Thürme, die in der unteren Partie einer älteren Zeit, vielleicht noch dem 13. Jahrhundert angehören dürften, ſteigen ohne Strebepfeiler, 21 Schuh im Gevierte, empor in gleicher Stärke bleibend mit mehr als Klafter dicken Mauern. Das Erdgeſchoß des ſüdlichen Thurmes iſt in das rechte Seitenſchiff einbezogen, das des linken bildet einen geſchloſſenen Raum. In ſelber Höhe iſt an den Wänden ein Blendmaſswerk-Ornament (Leiſten mit Spitzbogen geſchloſſen) ſpäter angebracht worden. Darüber je ein kleines Fenſter im geſchwungenen Spitzbogen geſchloſſen, dann ein dreitheiliges Fenſter mit kleinen Abtheilungsſäulen und rundbogigem Schluſſe. Am nördlichen Thurme iſt ſtatt des dreitheiligen ein groſſes Spitzbogenfenſter angebracht. Dann folgt das ſpät-gothiſche Schluſsgeſims mit Waſſerſpeiern an den Ecken, mit Giebeln, endlich eine Wulſthaube und der Laternenauſſatz (17. Jahrhundert; Fig. 220, Anſicht). Nachſtehende Steinmetzzeichen kommen am Gebäude vor:

am Friedhofthore: am Portal: .

In der Kirche finden ſich viele hochintereſſante Details: als das Waſſerbecken, ſpät-gothiſch mit gekreuzten Stäben und gewundenem Schafte; die Thüren am ſüdlichen Portale und an der Wendeltreppe mit Eiſenſchienen beſchlagen, dazwiſchen rhombenförmige verzinnte Blechplatten mit eingepreſsten Wappenfiguren (Fig. 221).

Sehr beachtenswerth iſt ein Kelch von der ungewöhnlichen Höhe von $9^1/_2$ Zoll aus Silber angefertigt und vergoldet. An den ſechs Flächen des Fuſſes Wappen, an den aufſteigenden Feldern gravirtes Ranken - Ornament. An der Auſſenſeite der $4^1/_2$ Zoll hohen Cuppa eingravirt: die heil. Jungfrau mit dem Kinde, umgeben von den Heiligen Joſeph, Barbara, Mathias, Katharina, Johannes, Ambros und Petrus, darüber auf einem Schriftbande: Maria . hilf . mir . jörgen . ungnaden . und . allen . mein . forfadern . und . nachkommen . amen . anno . n. c. 1466 (Fig. 222).

Das Grabmal des heil. Modeſtus, ein Sarkophag von oblonger Form mit ſechs vorſtehenden Säulchen, die am Sockel aufſitzen und die Platte tragen. Die Capitälformen deuten auf das 13. Jahrhundert, ein ſehr intereſſantes Werk (Fig. 223).

In neuerer Zeit wurden zwei Flügel-Altäre aus anderen Kirchen, nämlich Arndorf und St. Georg am Sandhofe dahin übertragen. Der erſtere, leider ſtark reſtaurirt, zeigt auf der Predella Anna, Jeſus und Maria, von vier heiligen Frauen umgeben, im Schreine oben die Krönung Mariens, unten vier Heilige, an den Seiten auf Conſolen St. Georg und St. Florian, die Flügel mit Gemälden der 14 Nothhelfer, heil. Urſula, der

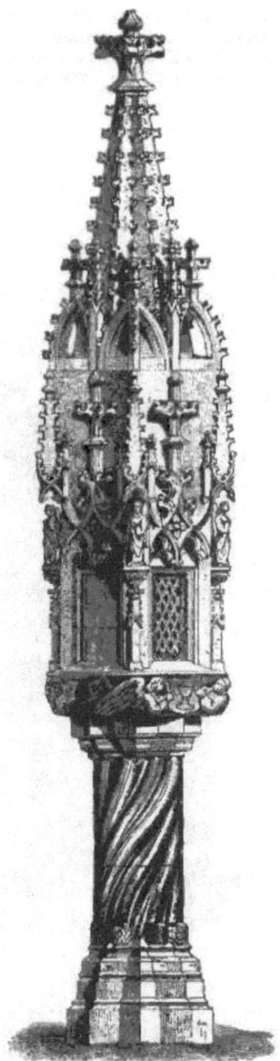

Fig. 226. (Maria-Saal.)

drei Könige und Geburt Chrifti. Der andere Altar (1526) enthält im Schreine, der geradlinig abgefchloffen ift und den Thürmchen und Streben zieren, ein bemaltes Relief, vorftellend St. Georg mit dem Drachen. Einer diefer Altäre ift auf der Modeftus-Tumba aufgeftellt.

In der Kirche entdeckte man fehr beachtenswerthe Wandmalereien, die recht pietätvoll reftaurirt wurden. Wir fehen in figurenreicher Darftellung an der linken Seite des Presbyteriums das Urtheil des Salomon und darunter die Huldigung des Chriftkindes durch die drei Könige. Wir erkennen dabei das Mordax'fche und Neuswert'fche Wappen. Eine Infchrift erzählt: hoc opus fieri Wilhelmus newswert a. d. mille quadringentesimo hoc completum est. Unterm Seiteneingange eine reftaurirte Freske, die heil. Maria mit dem Kinde und heil. Modeftus.

Zu erwähnen find noch 2 Kirchenftühle mit bemalter Flachfchnitzerei.

Die große Glocke ftammt von 1687, die zwei anderen aus 1670.

Zahlreiche Grabmale finden fich in und um die Kirche. Außen: Grabmale der Möderndorfer, im Schild eine Rübe, ein Hut und ein Palmbaum, am Helm ein Widder. Oben ein Relief: Chriftus, Maria Johannes (Kniestück), rother Marmor; die Infchrift lautet: hie ift die Begrabnifs der edl und veft von Mederndarf. — Das Grabmal der Keutfchacher, im Schilde und als Helmzier eine Rübe, eine getheilte Kugel und ein Palmzweig, oben Chriftus am Kreuze, Maria und Johannes, ganze Figuren im Relief, rother Marmor, Infchrift: das hat laffen machen der edl und veft blafly von Kaytfchach got dem allmächtigen zu lob und ehr und feinem lieben heiligen Sanct Lienhard 1511. — Das Grabmal des Peter Schweinhaupt, lebensgroße Figur eines Ritters auf einem Löwen ftehend, mit der Lebensfahne. Im erften Wappen der Schweinskopf, im zweiten Schindeln, am Helme Palmenbäume, Infchrift: Im 158 Jahr ift geftorben der Edel und veft Peter von Schweinshaupt der litz feines Nams . . . . (von Erde bedeckt). Des Pfingftags Exaude um x Abends dem Gott genad. — Endlich eine große vorzügliche Sculptur aus rothem Marmor, Grabplatte, vorftellend Krönung Mariens, unten zwei kniende Ritter mit Eichhörnchen und Rübe im Wappen mit gewechfelter Zimier, ohne Infchrift. Grabmal des Hans Mordax † 1567 und feines Sohnes Franz † 1561, klein, weißer Marmor. — Zu erwähnen ift auch ein Relief mit einem Doppelwappen; im erften Schilde: 1. zwei gekreuzte Aexte, Helm mit Flug und Kleinod; 2. ein wachfender Hund mit Halsband, am Helm dasfelbe Kleinod. An der Seite in der Ecke je ein kleines Schildchen, darin ein wachfendes

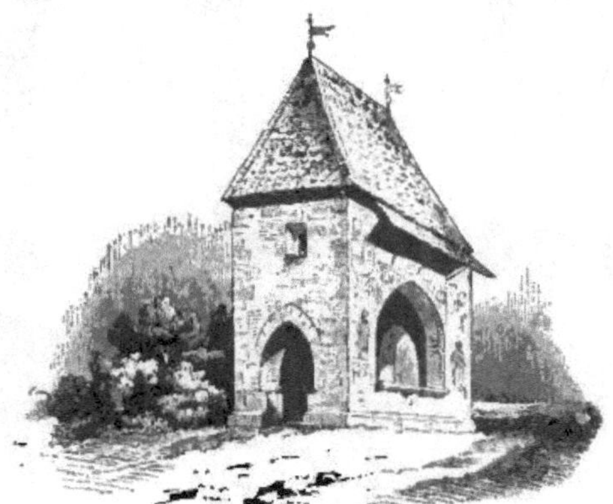

Fig. 227. (Maria-Saal.)

Pferd und ein Hafe. — Grabmal des Dechants Johann Roffegger † 1586, im Drache aus einer Krone wachfend), rother Marmor.

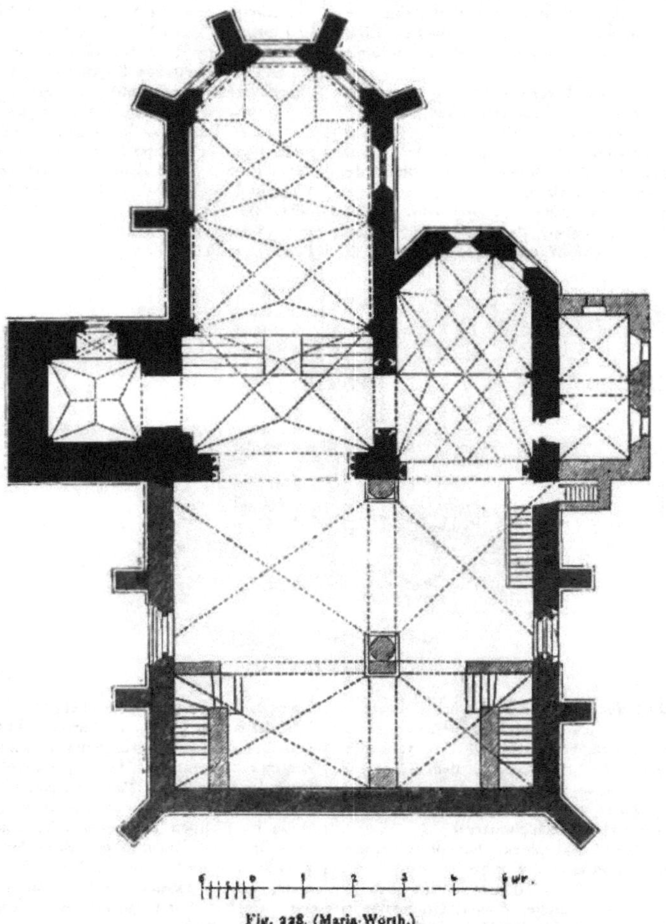

Fig. 228. (Maria-Worth.)

Relief die Begegnung Chrifti mit den Frauen. In der Kirche Grabmal der Pibriach, des Grafen von Scherenperg, auch Schermporg genannt, 1453 (im Wappen ein

An der Außenfeite auch Spuren eines größeren alten Frescogemäldes.

Die Kirche wird einer langfam fortfchreitenden Reftaurirung unterzogen und darf felbe in ihren Zielen und bisherigen Leiftungen als recht gelungen bezeichnet werden.

Der Karner oder das Octogon, im Volksmunde der Heidentempel genannt, ift rund, gehört der romanifchen Zeit an, und wird von einem offenen polygonen Hallenbau mit fpitzbogigen Arcaden aus dem 15. Jahrhundert umgeben. Er befteht aus Erdgefchoß und Stockwerk, der untere Raum ift kuppelförmig überwölbt, der obere Raum ift mit einem Sterngewölbe verfehen, doch zeigt die Seitenmauer über dem Gewölbe romanifche Gemälderefte (heil. Michael). Der Umgang hat unregelmäßige Kreuzgewölbe, theilweife mit profilirten Rippen, theilweife mit fcharfen Graten. Das Portal ift hübfch profilirt, im Tympanon Relief-Maßwerk (Fig. 224, 225, Grundriß und Anficht).

Am Karner ein Relief im weißen Marmor, die Kreuztragung Chrifti und Veronica.

An der Wand des Karners, alfo inner den Arcaden, befinden fich vier fchlecht reftaurirte Gemälde: Die Kreuzigung, die Abnahme, dabei ein Schild mit einem Stern, roth und gold, die Pieta und die Grablegung. Man konnte ehemals die Infchrift lefen: „hoc opus fieri fecit Schnelho canonicus soliensis. . . . in honorem redemtoris noftri Jefu Chrifti et Marie virginis genitricis“. .

Am Octogon: Grabmal der Möderndorfer, im Wappen zwei Halbmonde mit dem Rücken gegeneinander, auf dem Stechhelm ein wachfender Widder, — dann ein Stein mit Wappen, darin eine Palme.

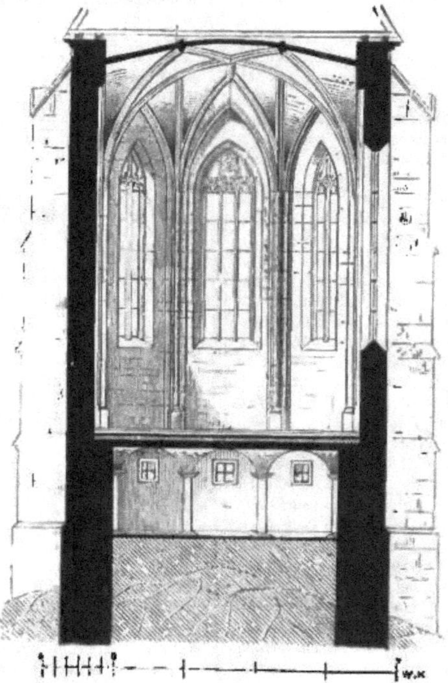

Fig. 229. (Maria Wörth.)

Neben diesem Gebäude steht ein befestigter Eckthurm mit Pechnasen und Schießscharten.

An der ehemaligen Zugbrücke das Steinmetzzeichen: ⚓.

Das 4 Klafter hohe Lichthäuschen aus dem Ende des 15. Jahrhundert steht rechts des Langhauses. Der Grundriß des Sockels bildet sich aus zwei über Eck gestellten Quadraten. Der Schaft ist aus dem Sechseck construirt und steigt gewunden empor, er trägt die den Sockel ähnlich angelegte Unterlage des reich verzierten vierseitigen Lichthäuschens, das mit hohem Helm schließt, der mit Krabben und Kreuzblumen reich geziert ist, die Spitze neu. Der ganze Bau ist in seinem Fundamente schadhaft. Am Unterbau des Lichthäuschens bemerkt man figurale Darstellungen, Engel in Brustbildern, an einer Stelle ein männliches Brustbild mit einem Spruchbande, darauf steht „Erasmus Khopaun", der Name des Stifters, Vicars von St. Veit, der laut Stiftbrief vom 21. October 1497 sein ganzes Vermögen zu einem ewigen Licht und Jahrtag in Marie Saal bestimmt hat: „daß nun füran die Zechleut der oftgedachten Kirchen zu ewigen Zeiten unnachläßlich ohne Abgang bei Tag und Nacht auf dem frey oder kirchhoff daselbst ein ewig brennendes Licht Inn ainem stainern gehäuß oder Thuermlein dazu aufgericht haben sollen, davon sollen sie jährlich und ewiglich einem jeden Meßner umb sein Muee das frue und spatt anzuzünden 4 Schilling Pfening geben...." (Fig. 226).

Am Fuße des Hügels gegen Osten als an der Gränze des Burgfriedens steht eine kleine Capelle, das Pestkreuz genannt, (16′ 1′ 10′) mit zwei spitzbogigen Seitenöffnungen und auf der vorderen ein großer offener Spitzbogen mit einer niederen Abschlußwand, wie eine Loggia, die als Fresco bemalt (1523) ist, die Kreuzigung darstellend. Am Gewölbe die Taube und die vier Evangelisten, an den Seitenwänden die Erschaffung Eva's, Moses, Abraham und Isaak, der Kampf Jacobs mit dem Engel, Moses mit der Schlange, die Opferung Isaak's, sehr interessant, aber schadhaft (Grazer Kirchenschmuck, Fig. 227).

Maria am See oder das Pfarrdorf von Prevali. Alterthümer, hierher gebracht, dann nach Klagenfurt, Rosthorn-Haus. Zweischiffige gothische Kirche mit drei Jochen und schönem Netzgewölbe. Die gleich hohen Schiffe sind durch zwei cylindrige Steinsäulen mit vierseitiger Basis, auf deren Ecken Krabben, und verschiedenartigen Capitälen, auf welche je acht Rippen zusammenlaufen, von einander getrennt. Gegenüber an den Wänden und in den Ecken stark nach innen ausladende halbrund abschließende Streben mit viereckiger Basis und canelirten Wulsten, auf welche je eine oder zwei Rippen anlaufen. Der um zwei Stufen erhöhte, gerade abschließende Chor wird vom Erdgeschoße des östlich vorgebauten Thurmes gebildet, in dessen Wände tiefe große Nischen ausgehöhlt sind, darin nördlich und südlich je ein großes rundbogiges Fenster. In dem-

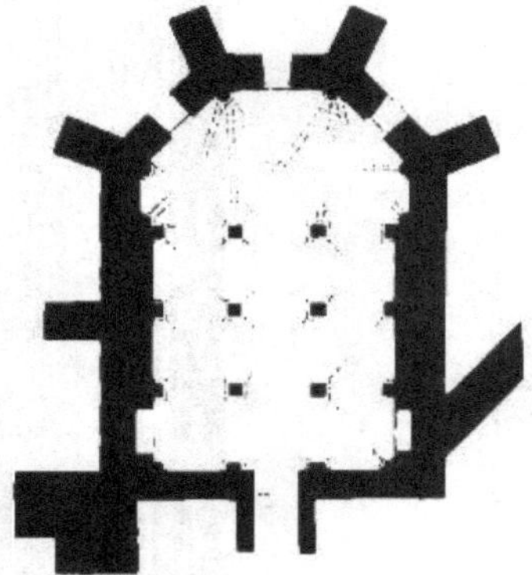

Fig. 230 (Maria-Worth.)

selben Kreuzgewölbe von starken profilirten Rippen, die von einem glatten runden Schlußsteine unvermittelt in die Wandecken verlaufen. Triumphbogen rundbogig auf Kämpfern. Fenster im Langhause wie die zwei Portale, anfänglich einfach spitzbogig, nun von ungleicher Größe und modernisirt. Dem dritten Joche nördlich und südlich je eine Capelle vorgebaut, so daß die Kirche Kreuzesform erhielt. Thurm massig viereckig, mit gekuppelten rundbogigen modernen Schallöffnungen und Kuppelhelm. Großer achtseitiger Taufstein mit gerippten Flächen und vier Schildern, auf einem das Lamm Gottes, mit kurzem fast würfelförmigen Fuße. Große gothische Monstranze von Silber, aus der Verfallzeit, doch gut gearbeitet. Zwei

Barock-Altäre mit prachtvollen Holz-Arabesken.

Der Ort ift als Michael de Jun 1173 (1106?) verzeichnet.

Maria Wörth (M. XIII. 69. *Kugler's* Gefchichte der Baukunft II. 522). Die Kirche auf einem Felfen nahe dem gleichnamigen See ftehend, befteht aus Hauptfchiff und rechtem Seitenfchiff, dem erfteren ift eine Art Querfchiff vorgebaut, daran fich das Presbyterium fchließt, das rechte Seitenfchiff endet mit einem Nebenchor und der Sacriftei, daran der Thurm links angebaut. Außen am Chor und dem zweifchiffigen Langhaufe Strebepfeiler, die dem Neben-Chore fehlen (Fig. 228, Grundriß). Die Chorpfeiler haben Giebeln, die anderen find viermal abgekragt. Der Sockel ftuft fich des abfallenden Terrains wegen wiederholt ab. Häufig erfcheint das Steinmetzzeichen: ꝥ.

Das Presbyterium (Fig. 229, Durchfchnitt) ift in hohen anftrebenden Verhältniffen aufgeführt, befteht aus einem oblongen Joche und fchließt im halben Achteck, wird durch vier hohe Spitzbogenfenfter erleuchtet, das mittlere mit zwei Pfoften, die drei übrigen einmal getheilt. Das Maßwerk zeigt fpät-gothifche Motive. Die runden Dienfte treten im Dreiviertel-Theil hervor, der Sockel viereckig angelegt mit einfachen Gliederungen, Capitäle fehlen. Die Rippen find fchwach profilirt und laufen fich an den Dienften tod. In den Schlußfteinen geometrifche Figuren, in einem ein gemalter Chriftuskopf.

Das Mittelfchiff fchließt fich dem Presbyterium an, nur tritt die linke Seitenwand etwas hinaus. Der erfte Raum ift eine Halle, das nämlich fchon erwähnte Querfchiff, das fich gegen das Langhaus mittelft eines fchön profilirten Triumphbogens öffnet.

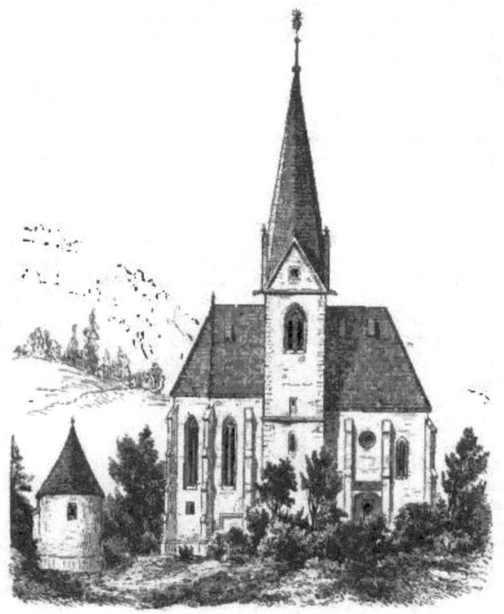

Fig. 231. (Maria Wörth.)

Dieses zerfällt in Haupt- und Nebenschiffe in je zwei ungleiche Felder, deren Scheidebögen auf einer runden schmucklosen Säule und gegen Osten und Westen auf einer Halbsäule ruhen. Die Kreuzgewölbe und Scheidebögen sind schmucklos und kahl, viereckige Schlußsteine mit Malerei.

Der gedrückte Orgel-Chor ruhet auf Pilastern. Die Fenster ober dem Orgel-Chor spitzbogig. Das nördliche Portal im Rundbogen hat gothische Profilirungen. Das Südportal romanisch mit vorspringenden Ecken und Viertelsäulchen. Die Capitäle in Würfelform, der Bogen im Halbkreis in der Profilirung der Gewandung. Der Neben-Chor in Verlängerung des Seitenschiffes ist im Achteck angelegt, hat ein spät-gothisches Netzgewölbe mit Diensten und gegliederten Capitälen als Rippenträgern, theils auf Consolen, kleine quadratische Schlußsteine. Gegen das Langschiff öffnet sich dieser Neben-Chor, wie auch gegen das Querschiff mit einem hübsch profilirten etwas gedrückten Bogen.

Der Chor dürfte in der zweiten Hälfte des 15. Jahrhunderts entstanden sein, bald darauf der Thurm, dann das Querschiff und der Nebenchor, endlich erst das Langhaus, wobei das romanische Portal eine Wiederverwendung fand.

Unter dem Presbyterium befindet sich eine Krypta, zu welcher der Zugang zwischen den fünf Stufen, um welche das Presbyterium höher liegt als die übrige Kirche mit neun Stufen abwärts führt. Sie ist wie der Chor polygon geschlossen, liegt jedoch nur sehr wenig unter der Erde, da an dieser Stelle das felsige Terrain wesentlich abwärts fällt. Die Krypta besteht aus einem je dreijochigen dreischiffigen Langhause und dem Chorschluße. Sechs Pfeiler nebst acht Wandpilastern stützen des Gewölbe. Die kurzen marmornen Pfeilerchen haben stark ausladende Capitäle und quadratischen Querschnitt. Die Ueberwölbung ist scharfkantig. Der polygone Abschluß hat drei unregelmäßige Kreuzgewölbe mit Rippen, die sich auf halbrunde Dienste stützen. Die Wände und Rippen sind polychromirt, man erkennt den englischen Gruß, zwei Engel, die heil. Barbara, Bischof Nicolaus mit Kindern, einen Pilger u. s. w. Der vordere Theil gehört der romanischen Zeit an, hingegen ist der Abschluß gleichzeitig mit der Kirche entstanden (Fig. 230, Grundriß der Krypta).

Das Erdgeschoß des Thurmes bildet eine Capelle, mit einem Sterngewölbe überdeckt, dessen Rippen auf den Eckdiensten ruhen. Das Fenster an der Ostwand hat eine beträchtliche Tiefe und ist mit einem zierlichen Netzgewölbe überspannt, dessen Rippen auf kleinen profilirten Consolen aufsitzen. Der Thurm steigt ohne Verjüngung empor, wird unter dem ersten Stockwerke durch ein Gesims getheilt, trägt aber einen Giebel und einen spitzen Helm. Spitzbogige Schallfenster mit Maßwerk (Fig. 231, Ansicht). Glocken: die kleinste mit gothischen Majuskeln; die große vom Jahre 1640.

Die schmiedeiserne Gitterthür zur Krypta und das Geländer sind beachtenswerthe Schlosserarbeiten (16. Jahrhundert). An der Sacristeithür ein romanischer Thürbeschlag.

Im Langschiffe liegt ein romanisches Capitäl und steht eine romanische Säule sammt Sockel und Capitäl, 3′ hoch, wahrscheinlich ersteres von einem Portal, letzteres von einem Doppelfenster stammend.

Taufstein unten achteckig, Aufsatz barock, Inschrift in sieben Sprüchen bei verschiedenen Symbolen: in umbra (der Schatten folgt dem Fliehenden) ad modicum (ein Kind) Vsque ad occasum (Sonnenuhr) cito sed bene (Todtenkopf) citius aresco (Rose) homo bulla (?) fragiles sumus (Gebrochenes Bein) und Sanduhr.

Schießscharten in der Mauer oben am Schiffe.

An der Ostseite der Kirche ein kleiner doppelgeschoßiger romanischer Karner von runder Form mit steilem Spitzdache und einer kleinen halbrunden Apsis an der Ostseite, die erkerähnlich vorspringt, mit einem kleinen Rundfenster. Drei Rundbogenfenster im Hauptraume sind vermauert, dafür zwei Fenster später ausgebrochen. Als Plafond eine Holzdecke, ein spät-gothischer Thürstock. Das Untergeschoß rundbogig überwölbt.

Außen: ein Oelberg-Gemälde.

Am Friedhofsthore eine Nische mit alter Malerei (1702) und Inschrift, eine zweite Nische mit der Jahreszahl MDXXIII.

Kleine alte Kirche mit geradem Chorschluß, hölzernem Dachreiter und einer Glasmalerei im kleinen Ost-Fenster (Madonna).

St. Martin in Feistritz, Decanat Friefach. Die Pfarrkirche diefes Ortes, eine der älteften kirchlichen Gründungen in Kärnten (c. 1131), befteht aus einem gothifchen Presbyterium und einfachem Langhaufe neuerer Zeit. Ober der Sacriftei-thüre die Jahreszahl 1524, zunächft dem Hoch-Altare 1537. Am fünffeitig gefchloffenen Presbyterium find die Strebepfeiler etwas nach innen gefchoben. In zwei Fenftern noch Maßwerk. An der Evangelienfeite eine Sanctuariums-Nifche; der Fuß des Taufffeines alt. Der Hoch-Altar ftammt aus 1757—1767, die Seitenaltäre aus 1675 und 1693. Der Plafond des Langhaufes mit Fresco-Malereien, vorftellend die Auf-

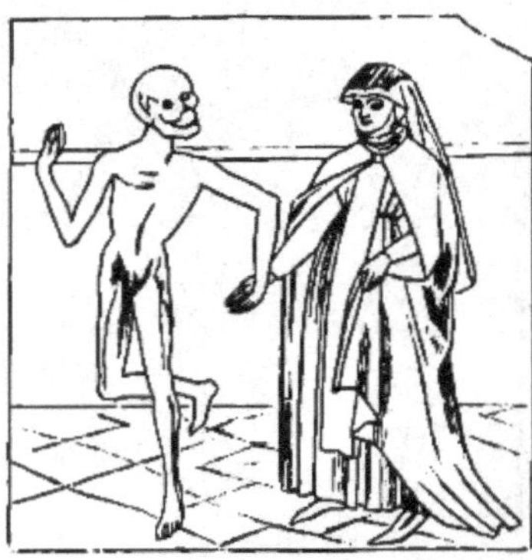

Fig. 232. (Metnitz.)

erftehung, die vier Kirchenlehrer und Johannes den Täufer. In der Sacriftei ein fpät-gothifcher Kelch, Refte einer gothifchen geftickten Cafula. In der Vorhalle das Epitaphium des Vicarius Bernhard David Pichler zum Andenken an ihn, feine Eltern und Gefchwifter aus dem Jahre 1685, vorftellend die Kreuzigung und Goliath's Tod.

Der Thurm fteht an der Nordfeite zunächft dem Presbyterium, ift unten vier-, oben achteckig. Drei Glocken aus dem 18. Jahrhundert, eine ohne Infchrift der Form nach weit älter.

Neben der Kirche der fechseckige gothifche Karner.

St. Martin ob Glanegg, ehemals eine felbftändige Pfarrkirche, das Presbyterium gothifch und polygon, außen Strebepfeiler, das Gewölbe im Schiffe plump und unregelmäßig. Sacramentsnifche.

St. Martin im Gränitz-Thale, mittelgroße einfchiffige, früher wahrfcheinlich gothifch überwölbte Kirche, worauf die Stichbögen hinweifen, das Schiff fünfjochig, im Chore zwei Joche nebft dem polygonen Schluße. In der Hauptfache ift die Kirche arg modernifirt. Außen Strebepfeiler. Ein alter Taufftein von achtfeitiger Grundform, auf einem Schilde 1529. Grabftein des letzten Freiherrn von Kolnitz (des Leonhard v. K. obriften Erbland-Jaegermeifter in Karente † 23. September 1587). In der rechten oberen Ecke ift der Name feiner Gattin: Elifabeth geborne Freiin von Tonhaufen genannt. Der Grabftein, grauer Sandftein, zeigt die gerüftete Figur des Verftorbenen mit der Fahne in der Rechten und mit dem Wappen, der Stein ift im Schiffe aufgeftellt an der nördlichen Wand. Am Orgel-Chor ein entfprechender vorzüglich gefchnitzter, bunt bemalter, von einem Kranz umgebener runder Todtenfchild. Ein zweiter Grabftein ift gewidmet dem Andenken der Barbara Elifabeth „des wolgebornen Herrn Herrn Wilhelm von Windifchgratz, Gemachel, die am 5. tag jully des 1·5·91· Jars felig entfchlafen ift“. Der Grabftein, weißer Marmor, 1 M. hoch. 57 Cm. breit, darauf die Frau in ganzer Figur, Kopf auf Polfter, im Prachtkleid mit Hochftickerei; Ränder nach außen abgefchrägt, darauf obige Schrift. (Diefe Frau ift nach *Hohenauer* die Schwefter, nach *Tangl* die jüngfte Tochter des letzten Kolnitzers.) Schöne Kirchenftühle mit vorzüglich gearbeiteten Seitentheilen. Drei Bilder mit prachtvollen Rahmen von Blattarabesken.

St. Martin bei Klein-St. Veit. Diefe Kirche ftammt aus der erften Hälfte des 16. Jahrhunderts. Der Chor ift niedrig, fehr befchränkt und finfter, da nur drei ganz kleine Fenfteröffnungen im dreifeitigen Oftfchluß vorkommen (fpitzbogig, ohne Maßwerk). Das Gewölbe hat noch einen ziemlich guten gothifchen Charakter mit kräftig ausgebildeten Rippen, welche unmittelbar auf dicke runde Wanddienfte übergehen, jedoch lediglich in den Ecken des Oftfchlußes. An den beiden Seitenwänden find nur konifch gefchärfte Confolen angebracht, beim Triumphbogen fehlen fogar diefe. Sacraments-häuschen-Wandniſche an der Nordſeite, von viereckiger Form, ohne beſonderen Abſchluſs, an den Gewänden einfach profilirt und mit gewöhnlichem Verſchluſsgitter.

Der Hoch-Altar ſtammt nach einer Aufſchrift an der Rückſeite aus dem Jahre 1684, iſt aber in neueſter Zeit friſch ſtaffirt worden. In der Mittelniſche St. Martin zu Pferde, freiſtehende Sculptur. Zu beiden Seiten Säulenſtellungen mit verkröpftem und ſtark vergoldetem Gebälk.

St. Martin am Krappfeld. Die erſte Stiftung der Pfarre ſoll um 1075 erfolgt ſein; in der Kirche an der Evangelienſeite ein ſteinernes Sacraments-Häuschen und zwei alterthümliche Chorſtühle mit Schnitzereien auf dunklem Grunde.

Im Presbyterium ſpitzbogige Fenſter und in den Rippenkreuzungen quadratiſche Schluſsſteine mit Sculpturen. Das Schiff flach gedeckt. Am Kranzgeſimſe 1518. Im Jahre 1535 wurde der Chor conſecrirt.

In der Sacriſtei eine ſilberne Verſehcapſel mit Löffelchen, ein ledernes Meſsgewand, gothiſches Reliquienkreuz (Kirchenſchmuck XI. 10. p. 120).

St. Martin am Silberberg, eine alte mit Mauern umgebene ſpät-gothiſche Kirche als Presbyterium die Halle des Quaderthurmes, in den zweitheiligen ſpitzbogigen Fenſtern Reſte von Glasmalerei, ſchönes Maſswerk, Sterngewölbe, gebündelte Wanddienſte, Strebepfeiler.

Im Schiffe ſind noch die abgeſchnittenen Köpfe der Trambäume von der ehemaligen Flachdecke erhalten. Triumphbogen im Halbkreiſe, jetzt ein Steingewölbe auf gemauerten Wandpfeilern, kurze Kappen ſchneiden über den halbkreisförmig geſchloſſenen Fenſtern in das Tonnengewölbe. Einfache Sacramentsniſche mit Blattbekrönung und ſchöner Eiſenthüre. Der Taufſtein achtſeitig mit der Jahreszahl 1529.

Am Chorſchluſse Steinmetzzeichen: . Eine Glocke mit Minuskel-Inſchrift, eine zweite von 1670. Kelch und Cyborium aus dem 17. Jahrhundert, letzteres mit reicher getriebener Arbeit (wurde vor einigen Monaten verkauft).

St. Martin bei Villach. Die gemuthmaſste alte Straſsenlinie von Federaun, Warmbad, Judendorf, Völkendorf herauf wieſe auf eine Ueberbrückung der Drau unterhalb dieſer Stelle, ſo daſs am linken Drau-Ufer ſich die Heerſtraſse von Slanticum (Villach) fortſetzte nach Teurnia (Holz) über Lind, Rennſtein, Gummern, Buch, Weiſſenſtein u. ſ. w. (R.-Stud. 3, 2, 23, 26, 37, 58).

Die Pfarrkirche mit polygonem Schluſse und Querſchiff enthält wenig gothiſche Reſte. An der Seite hübſches Spitzbogen-Portal. Am Seiten-Altar im linken Querſchiffe Bruchſtücke eines gothiſchen Schnitz-Altars, vorſtellend Maria Schutz, dabei unten Anna, Maria und Jeſus, übrigens ein zum obigen nicht zuſammengehöriges Schnitzwerk; auf einem anderen Seiten-Altare ein gutes Gemälde aus dem

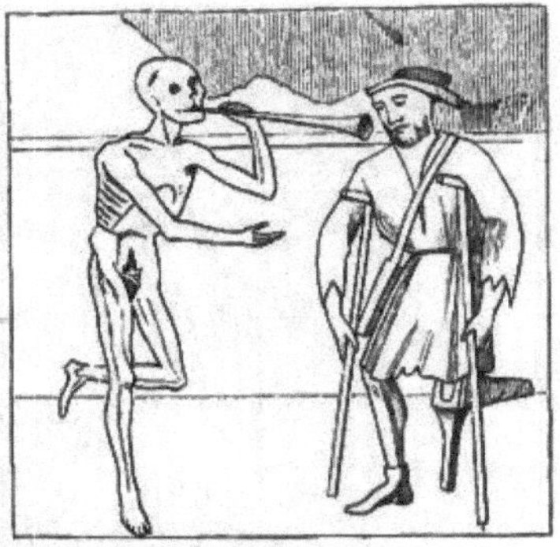

Fig. 233. (Metnitz.)

18. Jahrhundert, Maria Himmelfahrt vorſtellend. An dem rechts angebauten Thurme ein ſehr ſchadhaftes Gemälde.

Am Friedhofe rechts neben der Kirche ein dem heil. Michael geweihter Karner, beſtehend aus Quadrat und dreiſeitigem Schluſse, ohne Streben, einfaches Netzgewölbe, zweitheilige Fenſter mit hübſchem Maſswerke, ſpätgothiſcher Bau.

St. Marxen. (Eberndorf.) Kleine ſpät-gothiſche Kirche, das breite Langhaus mit drei Jochen, Netzgewölbe, auſsen Strebepfeiler, die Rippen in Dreiviertelhöhe auf Wandſäulchen. Bei den Rippendurchkreuzungen runde Schluſsſteine. Urſprünglich flach gedeckt, Spuren von Malerei über dem Gewölbe. Triumphbogen ſpitzbogig und profilirt. Der schmale Chor besteht aus einem Joche und dem polygonen Schluße, hat gedrücktes Sterngewölbe, die Rippen theils auf Eckpfeilern theils ruhend auf Diensten, die mit Consolen schließen, Kaffgesimse. Von den vier Fenstern das östliche zweitheilig mit schönem Maßwerk aus Vierpaß und Kleeblatt. Die übrigen, wie auch die des Schiffes einfach, schließen mit Kleeblatt. Am Chor Strebepfeiler, kleine Sacramentsnische. Im ersten Joche des Langhauses der Musikchor, dessen Unterwölbung spitzbogig, mit kleinen Rippen, drei Joche mit zwei Pfeilern bildend. Rechts daselbst das Stiegenhaus angebaut. Links neben dem Langhaus die Sacristei und darüber der

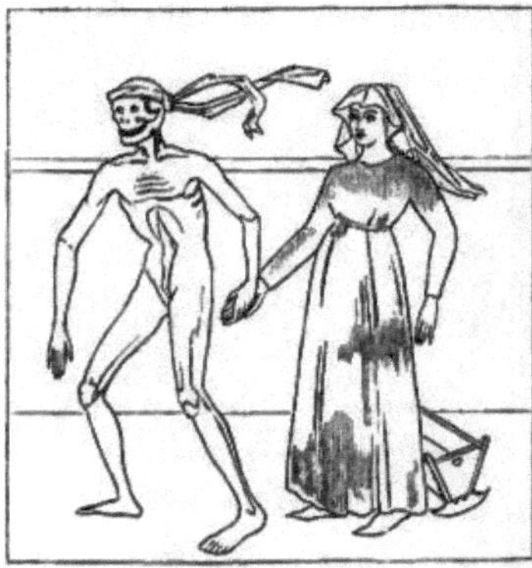

Fig. 234. (Metnitz.)

Thurm, spitzschlitzige Schalllöcher. Spitzbogiges Portal. Altes Beschläge, außen ein Christoph-Bild (16. Jahrhundert).

Unterm Presbyterium das Offarium.

St. Mauritzen, Capelle mit netzförmigem Gratgewölbe und rundem Schlußsteine. Am Seiten-Altar eine Inschrift zum Andenken an die Stifter Tobias Zonneg v. Scharfenstein und Juliana Helena seine Hausfrau, geb. Auerin.

Mauthen. Mauerreste, vielleicht Castell der Plöcken-Straße (M. 1886, S. 185, Klgf. Z. S. 1567. Jung 33). Vielleicht das alte Medaria.

Die Pfarrkirche ist ein spät-gothischer Bau, niedrige einschiffige Anlage, etwa aus dem Ende des 15. Jahrhunderts, und wurde 1514 restaurirt. Das Langhaus besteht noch in seiner ursprünglichen Form, drei Joche mit Rippen-Gewölben und mit Brustbildern von Heiligen (Katharina, Margaretha, König, Bischöfe, der Heiland mit dem Lamm) in den Schlußsteinen. Stebepfeiler einwärts gestellt, mit Diensten davor. Die spitzbogigen Fenster enthalten etliche Reste von Maßwerk. Der Thurm steht an der Ostseite, in der unteren Halle das spitzbogige Portal, er ist viereckig und trägt ein Spitzdach. Das Presbyterium ein Bau aus 1742. In der Kirche vier Grabmäler der Familien Frohmüller, Khrall 1615, v. Weidenburg und Staudach. Schmiedeeiserne Wandleuchter der Renaissance. An der Außenseite der Kirche die Jahreszahl 1514. Spuren älterer Malerei.

Meiselding (Decanat St. Veit). Die Kirche, spät-gothischer Bau mit romanischen Resten. Das Presbyterium besteht aus einem Quadrat, darüber der Thurm, und dem dreiseitigen Schluße, einfaches Rippengewölbe mit Consolen als Rippenlager. Zwei Fenster mit Maßwerk und Resten von Glasmalerei, in der Thurmhalle rundbogiges Gewölbe und solche Scheidebögen; das Schiff vierjochig, zusammengesetzte Kreuzgewölbe mit eingezogenen Strebepfeilern, scheibenförmige Schlußsteine. Am Thurme vermauerte romanische Fenster. Der Haupt-Altar von 1686. Außen Strebepfeiler, am Schiffe in zwei, am Chor in drei Absätzen.

Melweg. Die St. Gertraud - Kirche von mittelgroßer Anlage mit zusammengesetzten Rippengewölben im Chor und Schiff, die Rippen auf ausgezackten Consolen, die Chorfenster mit Mittelstab und spät-gothischem Maßwerk, sehr später Bau. Der Thurm an der südlichen Chorseite nächst der Sacristei mit achtseitigem Helme.

Metnitz (Decanat Friesach; f. M. XIV, p. LIV, M. 1, n. F. p. 57). Die dem h. Leonhard geweihte Kirche ist ein spät-gothischer Bau dreischiffiger Anlage. Im Presbyterium drei spitzbogige Fenster. Der Thurm neben der Kirche quadratisch. Die Pfeiler sind rund von ungleichen Durchmessern. In der Thurm-Capelle ein Schnitzaltar.

Weit wichtiger ist die zunächst stehende Todten-Capelle von achteckiger Grundform mit einem Beinhause im Untergeschoße. Der Altar-Raum des Karners in einer kleinen Abside. Der Innenraum im Spitzbogen durch ein achteckiges Gewölbe überdeckt. An der Außenseite, die nur durch zwei kleine halbrunde Fenster in ihrer Fläche unterbrochen ist, befindet sich eine Reihe sehr beachtenswerter Todtentanzgemälde, eine Handwerksarbeit aus dem Anfang des 16. Jahrhunderts, davon leider nur mehr die gegen Osten und Süden gerichtete so ziemlich intact erhalten sind. 28 Darstellungen, je 4 auf jeder der Achteckseiten, davon 22 theils gut, theils einigermaßen erhalten. Der Tod, ein halbverwesterLeichnam,erscheint in verschiedenen Stellungen neben den Repräsentanten der Stände, die einzelnen Paare gehen wie im Zuge ohne Trennung. Zu beiden Seiten der Thüre sind Predigtbilder angebracht, außerdem ist die Hölle dargestellt. Oberhalb der Thür das Schweißtuch.

Die Ordnung der Bilder ist folgende:

a) der erste Prediger;

b) der Höllenrachen;

1. Der Papst und der Tod, der zwei Trommeln umgehängt hat, 2. der Kaiser, den der Tod bei der Hand faßt, 3. die Kaiserin, 4. der König, 5. der Cardinal (sechs Figurenfelder sind zerstört), 6. der Ritter, 7. eine männliche Figur (undeutlich), 8. der Mönch (der Tod ebenfalls als Mönch und in ein Horn blasend), 9. der Edelmann, 10. der Arzt mit dem umgestürzten Uringlase, 11. ein Reisiger, 12. die Edelfrau, 13. der Kaufmann mit dem Geldsacke, 14. die Nonne (Fig. 232), 15. der Bettler (Fig. 233), 16. der Koch mit Bratspieß und Sieb, 17. der Bauer mit dem Dreschflegel, 18. das kleine Kind, 19. die Mutter an der Wiege, der Tod hat nach Weiberart ein Kopftuch (Fig. 234);

c) der letzte Prediger, unter den Zuhörern der Tod (Fig. 235).

Zum Schutze der Gemälde hat die Cent. Comm. ein Schutzdach anbringen lassen.

Auch im Inneren finden sich auch noch Spuren von Bemalung, ein jüngstes Gericht, Christus in der Mandorla, daneben Maria und Johannes (?) knieend, Engel in die Posaunen stoßend, ein zweites Bild: Erzengel Michael als Seelenwäger.

In der Filialkirche Maria Höfl gothische Reste, in zwei Fenstern Glasgemälde.

St. Michael ob Bleiburg. Die Pfarrkirche, ein großes Gebäude mit sehr hohem spät-gothischen Presbyterium mit schönem Sterngewölbe, dessen Rippen auf Dreiviertel-Säulen anlaufen, welche Pfeilervorsprüngen vorgelagert sind, und neuerem Langhause (sie brannte nämlich 1684 gänzlich ab, und blieben vom alten Baue nur die sehr hohen Umfassungsmauern des Chores stehen). An der Südseite des Chores MCD (?), in den zweitheiligen spitzbogigen Chorfenstern schönes Maßwerk, darin Reste von Glasmalereien, der Thurm an der Westfront in seinen unteren Partien alt. Das heutige Netzgewölbe ist im Style der Spät-Gothik ausgeführt, wobei die zu flachen Gewölbekappen in die Spitzbogenfelder der hohen Fenster eingreifen. In den Fenstern gutes Maßwerk, außen Strebepfeiler mit vier Absätzen, spät-gothischer Taufstein.

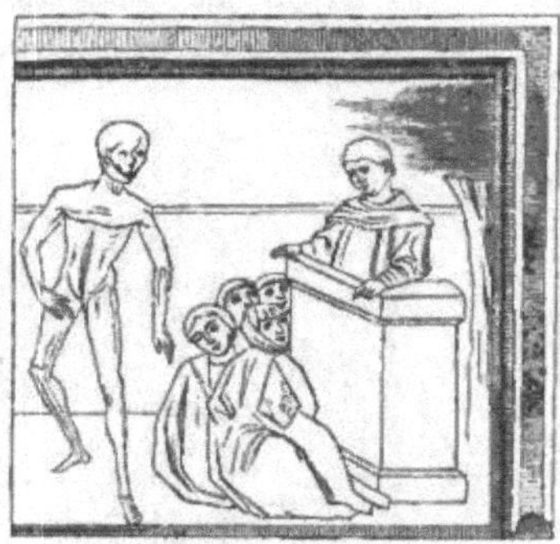

Fig. 235. (Metnitz.)

In der Sacristei hübscher Weihbrunnstein mit dem Zeichen ⤓. Im Chor geschnitzter Betstuhl mit Reliefs (M. VII. n. F. p. LVI).

St. Michael im Graben liegt hoch im Gebirge bei Diex, hat ein gothisches Presbyterium mit spät-gothischem Triumphbogen, der Chorschluß dreiseitig mit Netzrippen und entsprechenden Wandleisten, drei Fenster spitzbogig. Das Altarjoch ziert ein Schlußstein mit Wappen, die Sacristeithüre spitzbogig, ebenso gestaltet ist das Haupt-Portal. Ueber der Sacristei der Thurm, der sich in drei Stockwerke theilt, mit Giebel und Holzhelm.

St. Michael an der Gurk, auch Windisch-Michael genannt. Fundort mehrerer römischer Münzen (Car. 1838, 146).

St. Michael im Lavantthal (Decanat Wolfsberg). Der Grabftein IVLIVS

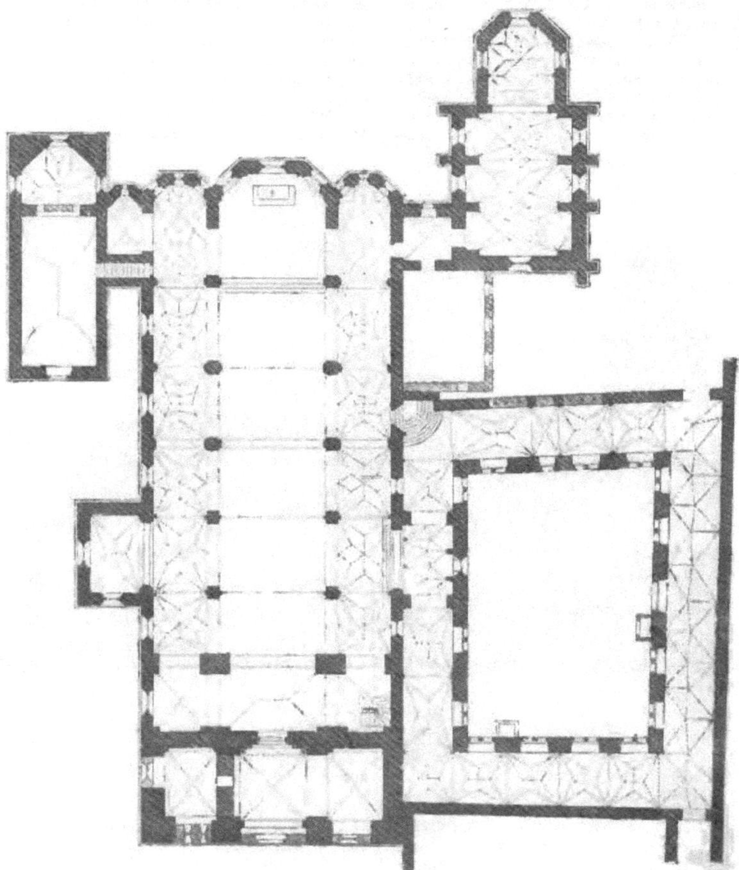

Fig. 236. (Milftatt.)

ANNAMVS*, um 180, gef. 1820, in der Kirche (Jab. 323, Mo. 5090. Mu. R. N. 1, 304).

Die Pfarrkirche ift im Presbyterium ein fpät-gothifches Bauwerk. Diefelbe befteht aus drei Jochen und dem polygonen Schluſse, hat faft flaches Netzgewölbe, die Rippen auf Dreiviertelfäulchen mit unentwickelten Capitälen. Runde Schlufsfteine. In einem Fenfter Fifchblafen-Maſswerk, die übrigen find nur fpitzbogig conftruirt. An der Auſsenfeite des Presbyteriums Spuren von Fresken.

St. Michael bei Zauchen und Landskron. BA · CA · CV · *. 8 Zeilen, um 100. Capelle, Weſtwand (Car. 1883, 154).

St. Michael am Zolfeld. Außerhalb der Nordgränze von Virunum gelegen. Die Kirche des um 1143 als Neuenhofen und Holzgraz bekannten Dorfes iſt theils auf antiken Grundmauern mit Bauſteinen der alten Stadt erbaut; rings Mauerſpuren. Außer Bronze-s. und i., Br.; Commodus, Br.; dann nächſt der Wernigghube 1844 ſieben Denare, nämlich 4 S. Severus, 1 Julia Auguſta, 1 Geta, 1 Caracalle, ſämmtlich K; 8 Münzen des 1. und 2. Jahrhunderts 1844 K, Ein Philippus P. mit 3 a. Br. Münzen K 1854.

Münzen überhaupt häufig (Pr. 24, 25. AſK. 3, 66; 6, 174; Car. 1846, 106; 1845,

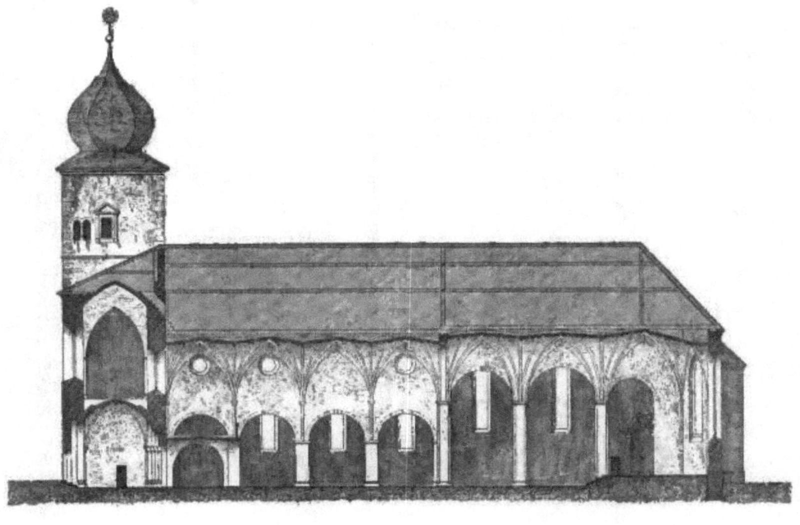

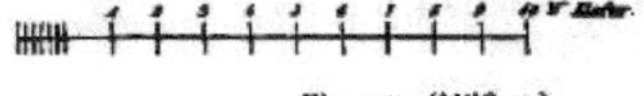

Fig. 237. (Milſtatt.)

Geräthen erwähnt hier *Prunner* »im flachen Boden nächſt den Grätzenberg in einen Acker (allwo ein haydniſcher Tempel). Opferzeichen von Eiſen« (Schwein, Rindvieh).

An Münzen kommen hieher zuzutheilen: Adna, S. 1855, K AſK. 3, 66; Auguſtus, Br. K 1881; Caligula, Br. K 1881; Claudius, Br. K. 1881; Domitian, Br.—Rep. 2; Domitian, S.; Hadrian, S.?; Pius, Br.; Fauſtina 70, 52; 1844, 145; 1846, 106; 1854, 168. Oſtr. Bl. 1846, 1051 (Jah. S. 52).

Die ſechs? Schriftſteine ſind:

X | (FO)RTV//NATVS · C und drei Zeilen, Widmer-Verzeichnis, Zeit um 210, Schrift klein, gef. vor 1839. Kirche, Oſtwand (Jah. 98, Mo. 4818).

TI CLAVD TERTIVS*, mit miles leg XXI. um 180—230, gef. im Acker vor 1691, jetzt am Prunnerkreuze (Jab. 29, Mo. 4840. Sitzh. d. Ak. d. W. 74, 473).

DM TIB IVL SENECIONI*, um 200—240, wie vor (Jab. 67, Mo. 4929), jetzt am Prunnerkreuze.

Ava (0·81 breit, 0·65 lang und 0·33 hoch) als Sitz vor dem Pfarrhofe.

Das Pfarr-Gedenkbuch erzählt, dafs die frühere Kirche 1739 durch Brand zerftört wurde, allein es ift kein Zweifel, dafs vom

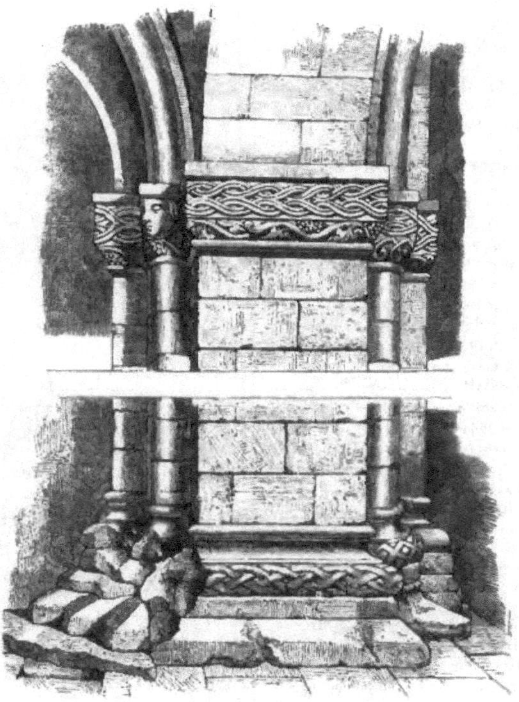

Fig. 238. (Milftatt.)

RESTVTA*, um 217—300, gef. 1818 im Zolfelde neben dem »Straffenkreuz in Poftjörgel-Garten« (Jab. 97, Mo. 4963. K 46).

SNON Grabftein 1 Hofes, Buchftaben hoch 12 Cm. Kirchen - Wefthor, Becken. Aep. 7, 152. ONI IN Zeit um 100. Kirche Oftwand (Aep. 7, 152[?]).

Thon. Neben mancherlei Scherben eine graue Lampe (1877), K. (Ank. 1, 504. Car. 1870, 310. M. W. Alt.-Ver. 11, 137)

gothifchen Baue doch noch fo manches erhalten blieb, wie z. B. das ganze Presbyterium, die Mauern des Langhaufes mit den Schufsfcharten u. f. w. Die Kirche ift ziemlich grofs, einfchiffig, mit überwölbtem Presbyterium und flachgedecktem Langhaufe. Das Presbyterium ift aus fünf Seiten des Achteckes conftruirt und mit einem fternförmigen Rippengewölbe überdeckt. Die Rippen laufen in derben Confolen an. Zwei

Fenster modernisirt, ein spitzbogiges im Schluße vermauert. Der Triumphbogen gedrückt und dreiseitig geschrägt. Haupt-Portal in einem doppelt geschweiften spät-gothischen Kielbogen construirt. Der viereckige Thurm steht an der südwestlichen Ecke des Schiffes in der Flucht der Westfront; er steigt schlank hoch empor, hat einfache spitzbogige Schallöffnungen, vier Spitzgiebel und achtseitigen Helm.

In der Sacristei ein Messekelch, am Fuße folgende Worte: Adam v. d. Gregorius Zwainziger Eccl. S. Mich. in Zollfeldo legavit 1678.

Micheldorf bei Friesach, liegt nach dem Itinerar ab von Virunum 20 m. p., von der unteren Halbstation bei Stammersdorf 10, von der oberen zu Neumarkt 15, von Monate oder Montana St. Georgen bei Unzmarkt oder Enzersdorf 30 m. p. Von Metallgegenständen ist nur eine eiserne Schaufel mit gedrehtem Stiel und Habring hier vor 1845, gefunden K?, dann eine Br.-Münze M. Aurel 1845 (*Jab.-Christallnigg* 2, 4, Taf. 14. Car. 1845, 186).

Der Grabstein DRIPPONIO*, Zeit um 240, mit Erwähnung des virunenser Decurio C. Maximius Junianus, Sohnes von Caius, 30jährig auf einer Sendreise zu Rom gestorben, gef. vor 1841, Herkunft unbekannt, noch in der Kirchhofmauer, ließe auf einen größeren Ansitz der fünf genannten Personen schließen (Jab. S. 13, dann 273, Mo. 5031. M. 6, n. F. p. CX).

Die Kirche scheint zuerst um 927 genannt, der Ort Michelndorf um 1074 bis 1084. Sie enthält einige romanische Reste einfachster Art, eine flache Holzdecke und die halbrunde Apsis, stark modernisirt. Der Thurm ist an der Westseite aufgeführt, unten viereckig, oben achteckig, er führt die Jahreszahl 1ՋՋΛ.

Miegers. Einschiffige gothische Kirche mit dreiseitigem Chorschluße. Sterngewölbe. An der Außenseite des Chores Strebepfeiler. Der Thurm an der Westseite. Portal im geschweiften Spitzbogen, spitzbogiger profilirter Scheidebogen. Die Jahreszahl 1540 dürfte die Bauzeit bezeichnen.

Miesthal. Das Thal ist durch die Römerstraße von Colatio (W.-Grätz) nach Juenna durchzogen und enthält in der Richtung von Mies nach Windischgrätz sowohl als nach Oberloipach Wallbauten, die zur Türkenzeit vielleicht nur erneuert wurden. Man fand die Grundmauern eines Rundbaues, halbrunde Säulenstücke eines Tempels, Platten mit Figuren, insbesondere von der Hochebene bei Sagradi herab, allerlei grobkrystallinische Kalksteine, dann einen

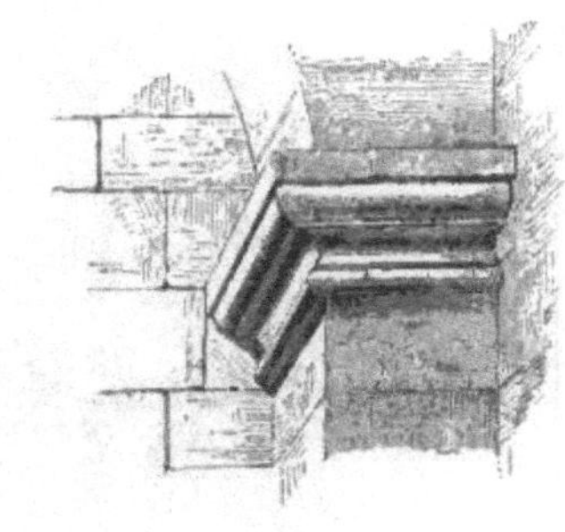

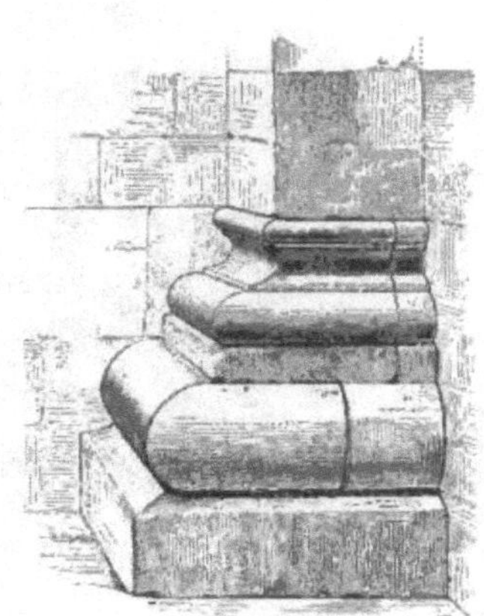

Fig. 239 (Millstatt.)

Sarg ohne Schriftdeckel, endlich ein als Thürstock zugerichtetes Stück mit VIVI (FECERVNT). Vgl. St. Barbara bei Prevali und Maria am See (Car. 1873, 102; 1881, 54; 1858, 122. Geolog RA. 1873 L. No. 2, S. 46 und R·V·74,46, Mies und Hom. Jab. S. 2, S. 3, vgl. S. 131. M. 7, n. F. p. LXXVIII).

Milstatt. Dafelbft der tieffte der kärntifchen Seen, in der Richtung des Drau-Gletfchers gelegen, gleich dem Weiflenfee, Wörtherfee, mit einer Fläche von 2700 Joch, Länge 6900, Breite 820, Tiefe 62°, bot bisher keine Spuren von Pfahlbauten, welche doch beim Ausfluße am Weftende, an den minder gähen Randabfällen bei Seeboden, bei Döbriach gegen den Oft-Einfluß, mit feinen

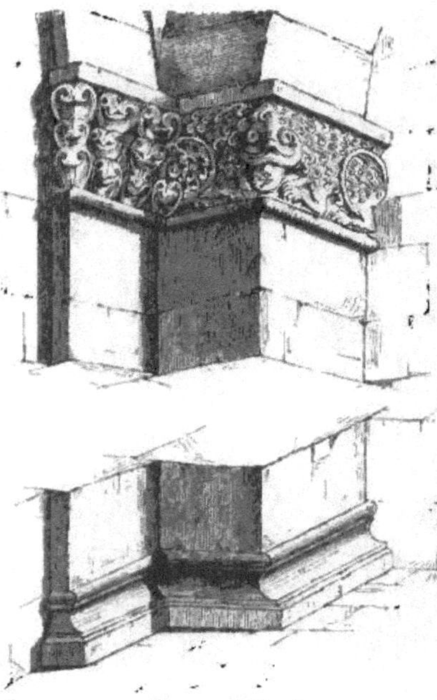

Fig. 240 (Milftatt.)

Torffchichten von 1 — 3 M. (3 — 10') Mächtigkeit möglich wären. Von Rhinoceros tichorhinus fand man hier im Seeftrande, wahrfcheinlich zu Stiftsbauzeiten, einen Rippenknochen, welcher, über einem der Stiftsthurmthore aufgehängt, in den Befitz des Bezirksarztes J. Humitfch (vor 1878) gelangt ift; eine Thier-Tibia ergab fich in Marchetti's Seebad (1878. Joanneum; Car. 1877, 199; 1869, 944; 1867, 164 [Heidenknochen], Sitzb. d. Ak. d. W. math. 51, 1, 274. AfköG. 38, 198).

Zwei Stein-Reliefs können aus hiefiger Gegend fein, wo Acker- und Weinbau fammt Straßenführung weit zurückreicht; der Ehrenftein ftammt aus dem zwei Wegftunden entfernten Lurnfelde, wohl mit vielen Bauftelnen. Das Relief, Vafe mit Weinftock (Blätter, Trauben, Vogel), zwifchen zweien Leoparden mit je einem Trinkhorn, gef. vor 1860—65 im Stifthofe, an 190 Cm. (1°) tief, befand fich zuvor in Wien im Kunftinduftrie-Mufeum, jetzt Millftadt, Villa Lufchan (Jab. 464).

Der Sarg, Reiter, Mann mit Tuch und Hund, Mann mit Tuch und Kanne, gef. bei Deffner vor 1865 (Jab. 465. K 101).

IMP CAES C VIBIO, Ehrenftein des ordo teurnensis für Kfr. Volufianus, Zeit 252—254, aufgeftellt auf dem Forum von Teurnia, ift nach 1151, wo Milstat zuerft genannt wird, ins Stift gekommen und 1527 zuerft bekannt worden. Schon im Jahre 829 hatte der Ort eine Kirche (Jab. 463, Mo. 4741, vgl. S. 593, Or. 5071. K 181, Ank. 1, 510, 512. Kml. 148. R. Stud. 3, 21).

IMP · CAES · S · M · OPPEL · VS 6 von 7 Zeilen, Meilenftein, Zeit 218, aus einem Bauernhaufe (Schmölzer?) Villa Mittelbach, Garten-Tifchfuß. Acp. 7, 194.

Der Markt liegt hart am nördlichen Ufer des gleichnamigen Sees. Das wichtigfte Gebäude des Ortes ift das alterthümliche Stiftsgebäude. Zuerft beftand dafelbft ein Benedictiner Klofter zum Salvator, das gegen Ende des 11. Jahrhunderts entftand. Das alte Münfter zerftörte ein Brand und ein Neubau trat um 1289 an deffen Stelle. Im Jahre 1469 kam an die Stelle der Benedictiner der Ritterorden des heil. Georg. Nun erhielt das Kloftergebäude Ringmauern, Vertheidigungs- und Schutzthürme, einen Ritterfaal, einen Zubau für die Refidenz des Hochmeifters. Auch die Wappenfchilde als Schlußfteine der Netzrippen am Kirchengewölbe erinnern, dafs die urfprünglich flach gedeckte Bafilica ihre neuen Gewölbe erhielt, als in Milftatt der Hochmeifter eines geiftlichen Ritterordens befahl. Etliche Jahre vor 1516 zerftörte ein neuerlicher Brand die Stiftskirche, was wahrfcheinlich die Veranlaffung zur Herftellung der erwähnten neuen Ueberwölbung war. Der Orden zählte nur drei Hochmeifter. Nach des dritten Tode folgte eine kurze

Adminiſtrationszeit, um Ordnung in die Stiſtung zu bringen, aber ohne Erfolg. 1598 übergab Erzherzog Ferdinand das Stift Milſtatt dem Jeſuiten-Collegium in Grätz, das im nächſten Jahre davon Beſitz nahm und darin bis zu ſeiner Auflöſung verblieb. Im 17. Jahrhundert entſtanden zwei Seiten-Capellen an der Kirche (Domitian- und Loretto-Capelle), nachdem ſchon früher die beiden erſten Hochmeiſter

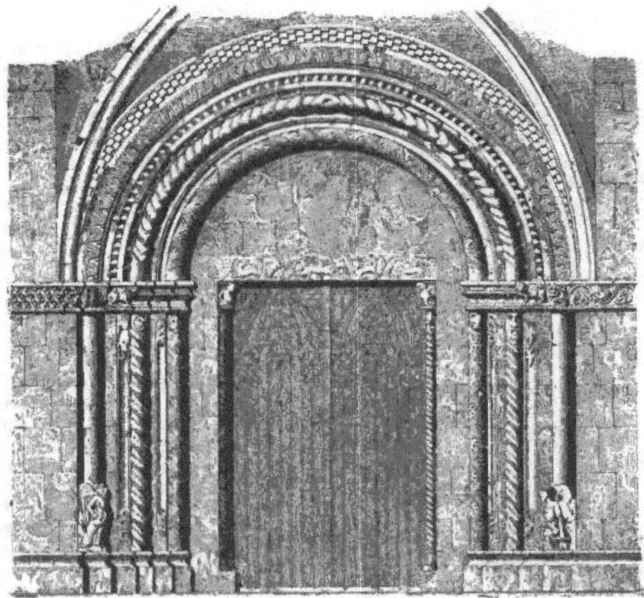

Fig. 241. (Milſtatt.)

für ihre Ruheſtätten Capellen-Anbauten geführt hatten. Mit dem Abzuge der Jeſuiten wurde die Kirche zur Pfarrkirche, dem ganzen Gebäude aber erſtanden recht herbe Zeiten, denn Milſtat wurde Studienfondsherrſchaft.

Das wichtigſte Gebäude iſt die Kirche. Sie ſtellt ſich im Grundriſſe (Fig. 236) als eine dreiſchiffige Pfeiler-Baſilika dar, mit vorgelegter Vorhalle, die ein Thurmpaar an der Façade flankirt; Länge 141 Fuß ohne Vorhalle, dieſe 28 Fuß lang, 26 Fuß Breite des Mittelſchiffes, je 26 Fuß der Seitenſchiffe. Der Länge nach theilt ſich die eigentliche Kirche in drei Abtheilungen, nämlich das Schiff, deſſen Fortſetzung an den Pfeilerverſtärkungen kennbar und durch ſtumpf-ſpitzbogige Scheidebogen geſondert, und das um drei Stufen erhöhte Presbyterium mit kleinen Abſchlüſſen für die Seitenſchiffe, alle drei aus dem Achtecke conſtruirt. Sechs Pfeilerpaare tragen die Zwiſchenwände der Schiffe, die rundbogige Arcaden enthalten; im erſten Langhausjoche iſt der Muſik-Chor eingebaut. Die Ueberwölbung der ganzen Kirche mit den Rippenzügen und Auflagerungen ſtammt aus der Zeit des zweiten Hochmeiſters.

Die kurzen und kräftigen Arcadenpfeiler und die Rundfenſter (Längenſchnitt, Fig. 237) darüber laſſen den alten Bau aus dem

11. Jahrhundert erkennen, die Presbyteriums-Anlage ohne Gewölbe ſtammt aus dem Vergrößerungsbau aus dem Ende des 13. Jahrhunderts, alles in größter Einfachheit ausgeführt. Das Presbyterium ſchließt mit drei Seiten aus dem Achtecke, eben die beiden Seiten-Chore beiderſeits als Abſchluß der Seitenſchiffe. Die Pfeiler haben einfach gegliederte Sockel und einfache Deckplatten, die in neueſter Zeit etwas geändert wurden. Die Fenſter ſind ſpitzbogig, doch erkennt

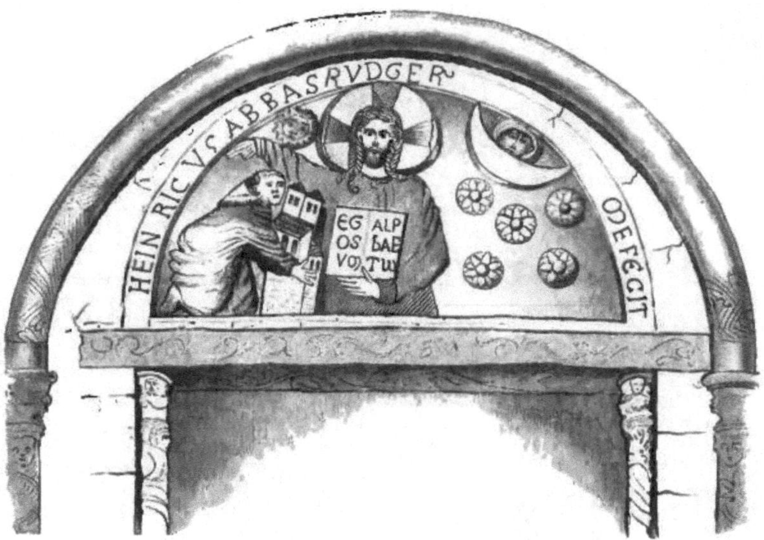

Fig. 242. (Millſtatt.)

man im älteren Theile der Seitenſchiffe noch deren rundbogigen Abſchluß. Häufig erſcheint das Steinmetzzeichen .

Dem ganzen Kirchengebäude iſt ein Façadenbau vorgelegt, der ſich in die Vorhalle, in Verlängerung des Mittelſchiffes und in die Thurmhallen als Verlängerung der Seitenſchiffe gliedert. Die ganze Vorhalle war gegen außen ehemals offen. Der dortige offene Thorbogen iſt noch theilweiſe zu erkennen (Fig. 238), indem der charakteriſtiſch romaniſche Pfeiler der Nordſeite vorhanden iſt. Die Eckpfeiler in den Thurmhallen haben ſich theilweiſe ebenſalls noch erhalten, ſo der nordweſtliche (Fig. 239) von großer Einfachheit, der ſüdöſtliche (Fig. 240) dagegen mit reicher Decoration.

Von großer Schönheit iſt das Hauptportal (Fig. 241), es verjüngt ſich in drei Abſtufungen mit rechtwinkeligen Pfeilerecken und trägt die volle Charakteriſtik eines reich decorirten romaniſchen Haupteinganges. Band-Ornamente, ornamentirte und gewundene Säulenſchäfte, myſtiſche Figuren an den Säulenbaſen, Menſchenlarven an den Capitälen, Zahnſchnittfries und Schuppen-Decoration an den Wulſten der rundbogigen Portalüberwölbung vereinen ſich, um dieſes ſchöne Werk auszuſtatten. Der Eingang ſelbſt hat flachen Sturz, der mit einem Relief, vielleicht eine Jagd vorſtellend, geziert iſt. Die Thürgewandung ziert beiderſeits eine gerundete Säule mit figuralem Sturzträgern. Die Portal-Thüre hat eine gothiſche Schnitzerei-Decoration und führt die Aufſchrift: menſch halt dich an got, der welt lon iſt nur ein ſpot: a.

d. 1368. Das Tympanon war noch vor zehn Jahren vermörtelt, durch Conservator *Stippberger* bloßgelegt, zeigt es die in Fig. 242 veranschaulichte Darstellung, dabei die In-

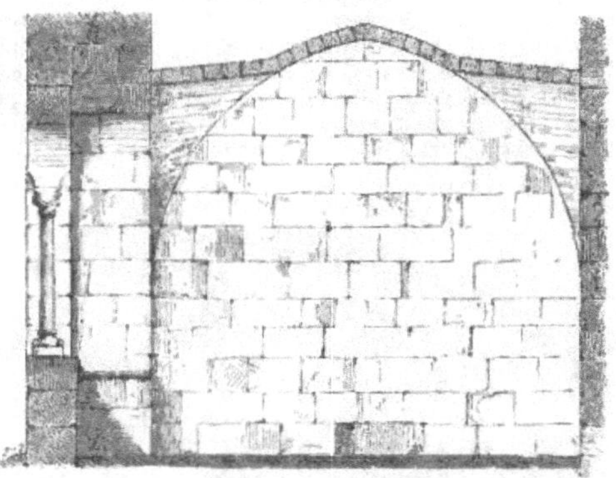

Fig. 243. (Milstatt.)

schrift: Heinricus abbas Rudger......me fecit (M. n. F. IV. p. CLX).

Die Thürme von viereckiger massiger Gestaltung haben nur mehr wenig charakteristisches aus ihrer romanischen Entstehungszeit wie z. B. Doppelfenster mit Theilungssäulchen. Die Halle über der Vorhalle ist dem Musik-Chore einverleibt.

Im Aeußeren erscheint die Kirche ganz anspruchslos, ein gemeinsames Dach über-

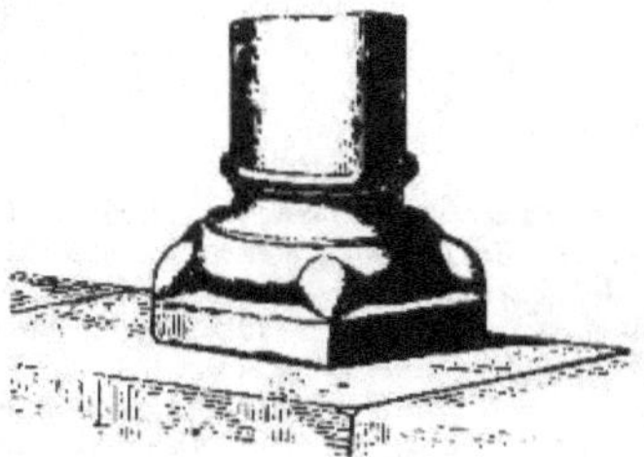

Fig. 244. (Milstatt.)

deckt das ganze Gebäude. Ehemals hatte das Hauptschiff ein Satteldach, jedes Seitenschiff ein Pultdach gegen die Hauptschiffswand.

An die Südseite der Kirche schließt sich der Kreuzgang an, er bildet ein verschobenes Viereck (Fig. 243 Querschnitt), umgibt den Klosterhof und erhält Licht und Luft durch viermal vier mittelst einer Mittelsäule in je zwei rundbogige Lichtöffnungen getheilte Fenster gegen den Hof. Zu beiden

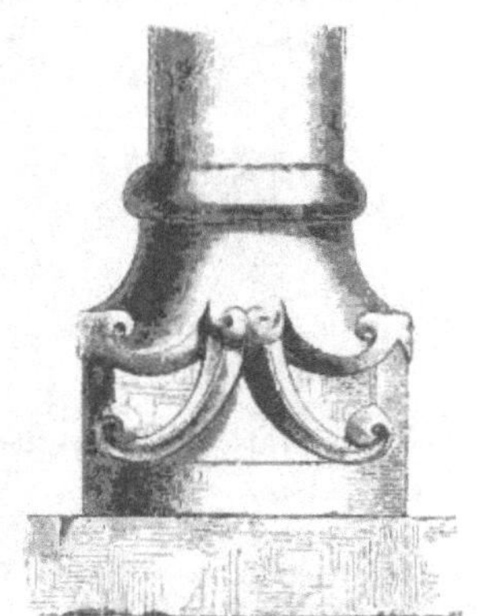

Fig. 245. (Milstatt.)

Seiten der Fenster finden sich steinerne Sitzbänke. Die Gewölbe stammen aus einer jüngeren Zeit und zeigen in den Gratanlagen gothischen Charakter, die Basen der

Fenſterſäulen haben attiſche Gliederung mit Eckblättern (Fig. 244—246, drei verſchiedene Baſen), die Capitäle ſind von Würfelform und auf den beiden Innenſeiten derſelben und der breiten darüber lagernden Kämpfer reich decorirt (Fig. 247—252, ſechs verſchiedene Capitäle). Beſondere Beachtung verdienen die Säulchen in den Fenſtergruppen zu beiden Seiten der rundbogigen Capitelpforte (Fig. 253). An dem nordöſtlichen Ende befindet ſich das Portal zur Kirche, dahin mehrere Stufen führen, dasſelbe zeichnet ſich durch ſeine früh-romaniſche Ornamentation aus (Fig. 254). Eine der Decorations-Figuren hält eine Tafel vor ſich, darauf ſteht mit jüngeren Schriftcharakteren: docto | cvntorv | s. v. pāv. | lo. s. c. | so. | pploro. Beſonders wichtig ſind die beiden flankirenden Säulen, die in Abbildung (Fig. 255, 256) hier beigegeben ſind.

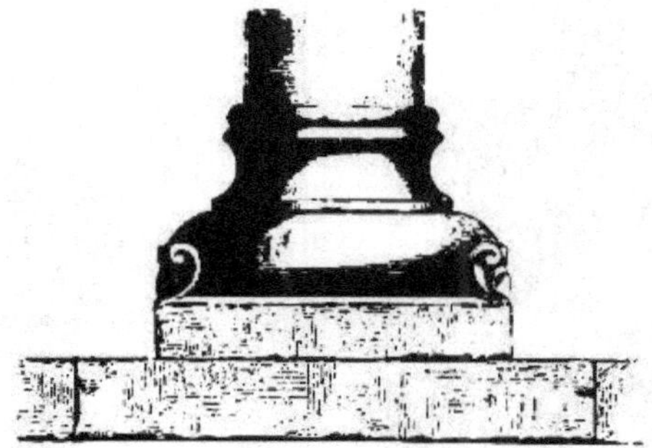

Fig. 246. (Milſtatt.)

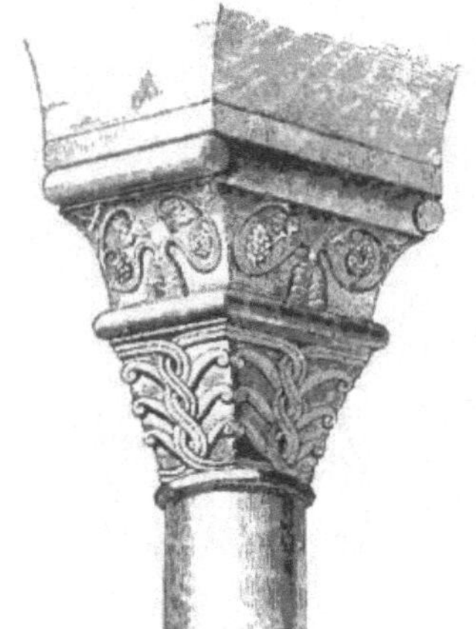

Fig 247. (Milſtatt.)

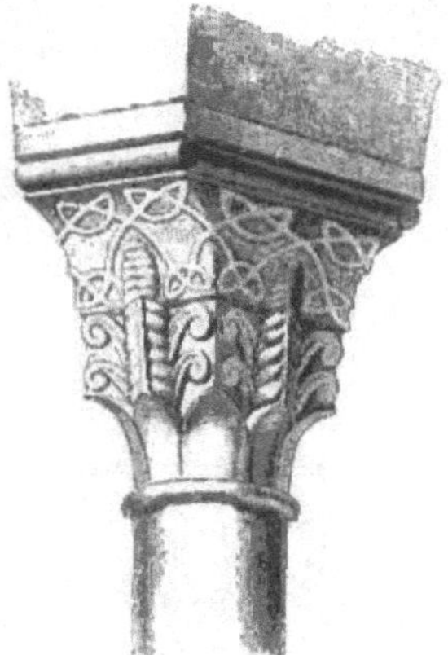

Fig. 248. (Milſtatt.)

An die Kirche ſchließen ſich eine Reihe von Capellen an. So an der linken Seite zunächſt des Presbyteriums eine ganz kleine absidial geschlossen, dann eine zweite große Capelle, ebenfalls mit dreiseitigem Schlusse, darin ein Sterngewölbe, rechts ein kleiner

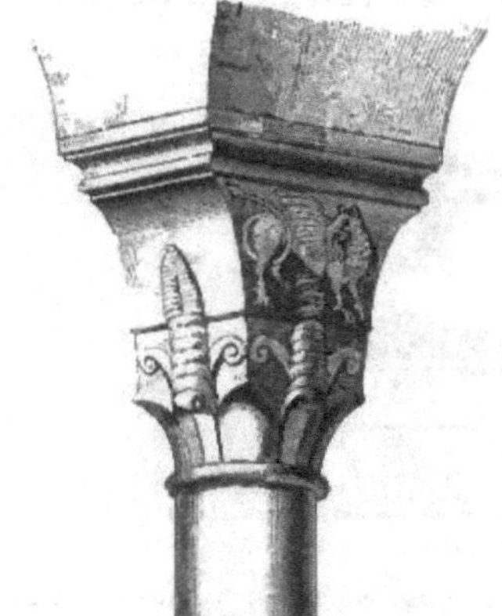

Fig. 249. (Milstatt.)

quadrater Raum und alsdann eine herrliche gothische Capelle mit drei Jochen und großem Chorschluß, alles mit reichen Netzgewölben überdeckt.

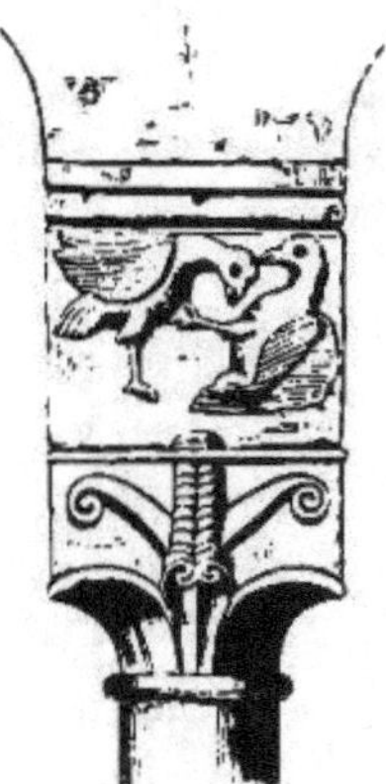

Fig. 250. (Milstatt.)

Der Kreuzgang bildet derzeit keinen vierseitigen vollständigen Umgang mehr, denn sowie sich der erste Hochmeister Siebenhirter auf der Nordseite der Kirche im einfachsten gothischen Style eine Grab-Capelle bauen ließ, ebenso baute sich Hochmeister Geymann

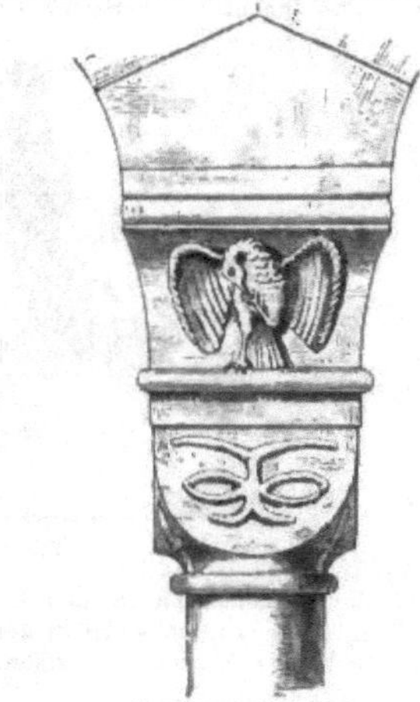

Fig. 251. (Milstatt.)

eine zierlichere ihr gegenüber, die jedoch in den Kreuzgang hinausgeschoben werden

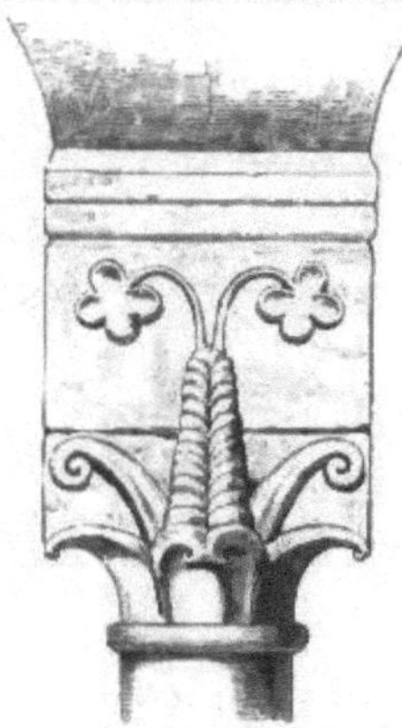

Fig. 252. (Milstatt.)

mußte, und nun denselben als Umgang zerstörte. Diese letztere Capelle enthält Gurtenträger mit Kämpfern (Fig. 257, 258), die entweder dem zerftörten Theile des Kreuzganges oder dem befeitigten Capitelhaufe entnommen wurden. Der Unterbau diefer Capelle wurde ebenfalls zur Capelle geftaltet und enthält eine Wandmalerei aus dem 16. Jahrhundert.

Die Kirche befitzt zwei hochwichtige Grabmale. Erftens das des Hochmeifters Hans Siebenhirter des Georgs-Ordens (M. XIII, 169). Rothmarmorner Grabftein, aufrecht ftehend, an der Außenmauer in der Seiten-Capelle links. Darauf die Figur Siebenhirter's im Anzuge des Ordens, auf einem Hunde ftehend, in der Rechten die Fahne, in der gefenkten Linken das Schwert. In einer Tartfche unten links das Wappen der Siebenhirter: ein männliches Bruftbild mit Caputze, links das Ordenswappen: ein rothes Kreuz in Silber. Die Umfchrift nennt Johann Siebenhirter hochmeifter sanct georgen ordens geftorben MCCCCVII. am X. tag des Herbftmonats. Siebenhirter ftarb als Mann von 88 Jahren, nachdem er nahezu 40 Jahre dem Orden vorgeftanden. Das andere Grabmal erinnert an den zweiten Hochmeifter Hans Geumann. In der rechtsseitigen Neben-Capelle, der früheren gegenüber, von weißem Marmor mit reicher Bemalung und Vergoldung. Der Hochmeifter in voller Rüftung, mit dem Ordenskreuze auf der Bruft, fteht bedeckten Hauptes auf einem Löwen, den Helm zwifchen den Füßen und neben dem linken Fuße das Wappen feiner Familie. In der Rechten hält er die roth-weiße Ordensfahne, unter welcher man eine Krone gewahrt, darunter der Ordensfchild und zwei Tartfchen. Die Umfchrift fagt, dafs „Johan Geüman der ander hochmaiste Sact jorgen ordens geftorben ift im 1512 Jar" (Fig. 259, 260)

Zu erwähnen ift der mit Bemalung und Vergoldung gezierte Reliefftein, bezeichnet als beatus domitianus dux noricorum fundator hujus ecclesiae laudabilis vir 1449, eine hoch intereffante Ritterfigur.

Ferner ift von Sculpturdecorationen noch zu erwähnen ein romanifches Relief, das fich in der Mauer zunächft dem Kreuzgang-Portale befindet (Fig. 261), eine weibliche Geftalt mit einem Greifen vorftellend. Ein weiteres Relief — ftark durch die Kalktünche verdeckt — befindet fich an der Façade der Kirche, es ftellt zwei weibliche Figuren dar, die durch ein vorhangähnliches Tuch theilweife verdeckt find (Fig. 262), dann ein Sculpturfragment an der Außenwand der Siebenhirten-Capelle (Fig. 263), endlich eines am Eingange von der Kirche zum Kreuzgang (Fig. 264).

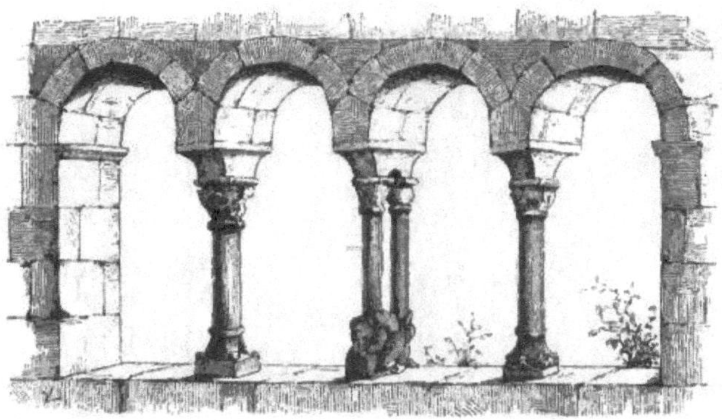

Fig. 253. (Milftatt.)

Großartig ift das Frescobild an der linken Langfeite der Kirche, die geiftreiche Compofition bedeckt eine Fläche von nahezu 6 Quadratklaftern, das jüngfte Gericht vorftellend (f. Tafel). Das Bild ift außerordentlich klar componirt. Die obere

Hälfte öffnet uns den Himmel, Chriſtus ſitzt auf dem Regenbogen zu Gericht, ſeine Füße ſtehen auf der Weltkugel, an den Ohren Lilie und Schwert, zu Seiten des Erlöſers Maria und Johannes knieend, im Hintergrunde die Apoſtel mit ihren Marterzeichen, rückwärts Engelsgruppen mit den Leidensabzeichen. Unter dieſen Gruppen Engel, die Poſaunen blaſend und zum jüngſten Gericht rufend, dann auf der einen Seite eine Gruppe von Engeln mit einem offenen Flammen emporſchlagen. Ein Teufel zieht eine Anzahl Verdammter mittelſt einer ſie umſchließenden Kette zum gekrönten Höllenfürſten; einen Papſt, einen Ritter, nackte Weiber ſieht man unter den Gerichteten, einem Geizhals werden glühende Münzen in den Mund gegoſſen; im Hintergrund die Burg des Teufels. Zwiſchen dieſen beiden Hauptgruppen der Seligen und Verdammten ziehet ſich eine breite Fläche mit flüchtig gezeichneten Scenen der Auferſtehung.

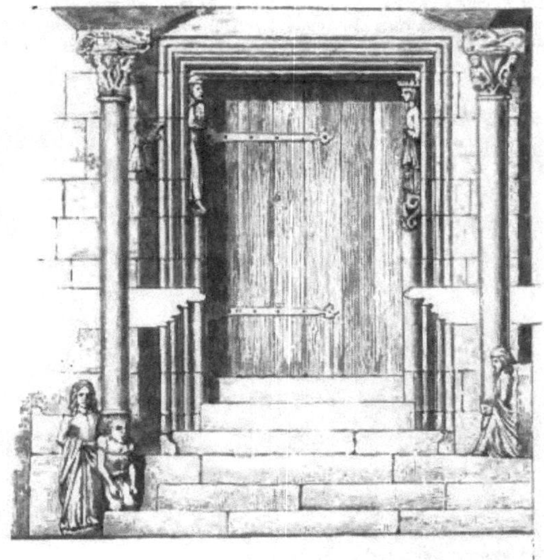

Fig. 254. (Milſtatt.)

Buche und entgegengeſetzt eine Gruppe von Teufeln eine geöffnete Rolle mit Siegeln vorweiſend. Die untere Hälfte enthält das Gericht. Auf der rechten Seite ſteht Petrus als Himmelspförtner; im feierlichen Zuge ſteigen die Seligen die Treppe hinan, darunter Kaiſer Maximilian, St. Morandus, alle mit Nimben. Auf der Galerie über der Pforte muſicirende Engel. Auf der entgegengeſetzten Seite ſehen wir den offenen Höllenrachen, einen Drachenkopf mit breitem Schlunde, aus welchem und über dem Haupte

Phantaſtiſch ſind die Geſtalten beim Höllenpfuhl, wundervoll in künſtleriſche Linien geſtaltet die zur Himmelsglorie emporſteigenden Fürſten und Biſchöfe, worunter die habsburgiſchen Profile auffallen. Sinnig und zart ſind die Köpfe der Seligen gehalten. Intereſſant iſt die minutiöſe Ausführung, die beinahe an Miniaturen erinnert. Die Deſſins an den reichen Gewändern ſind ebenſo ſorgfältig im Detail durchgeführt, wie die Köpfe, Hände und Füße. Ein Wappen, welches in einer Ecke angebracht (aber leider undeutlich) ift, hat die Form des 16. Jahrhunderts. Ganz befonders muß die Familie des Donators erwähnt werden, welche unter dem Zuge der Seligen in völlig

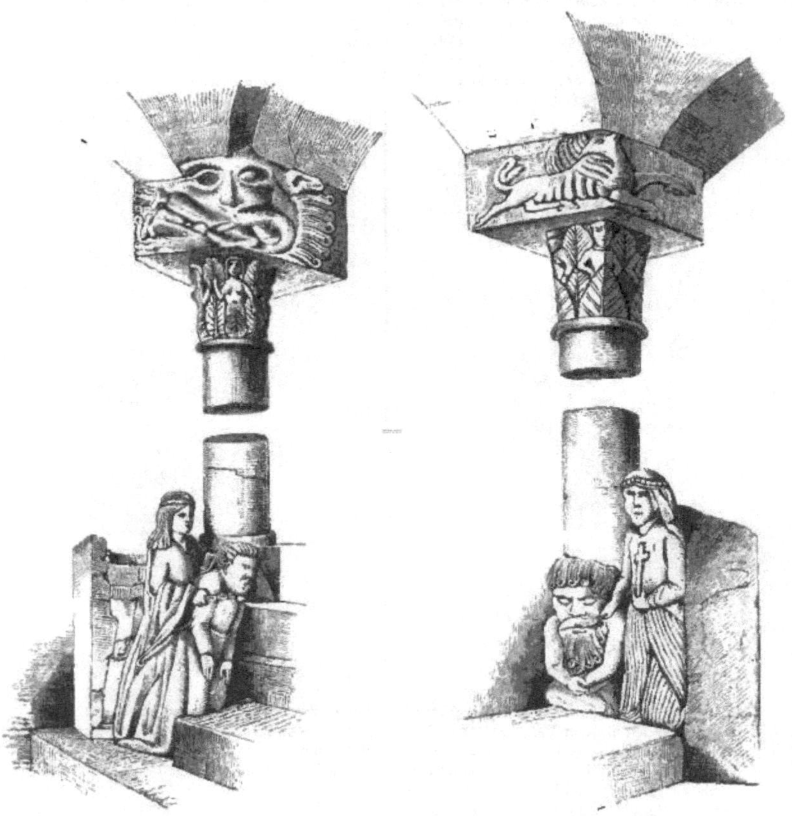

Fig. 255 und 256. (Milftatt.)

befcheidener Weife angebracht ift. Die ganze Familie ift knieend und betend dargeftellt. Die Gruppe befteht aus Mann, Frau und fechs Kindern in deutfcher Patricier-Kleidung. Unter der Gruppe des Engels mit dem Buche fieht man ein Spruchband, darauf: kombt her Ir - gebeneteytene - khunbt fur. — Auf einer Bandrolle beim Donator: . . . . . Auguftinus. . . fecit.

Ein malerifches Bild gewähren die profanen Baulichkeiten des ehemaligen Stiftes. Der Thorthurm hat ein Zeltdach, darauf einen kleinen Dachreiter, Schießfcharten, gothifche Fenfter, Wappenfchilder. Ueberraſchend iſt der große Hof, beſonders ſind es zwei Seiten desſelben. Auf der einen Seite umzieht das erſte Stockwerk ein offener Säulengang mit gedrückt ſpitzbogigen Arcaden. Die Säulen tragen den Charakter der romaniſchen Zeit, an den Sockeln Eckknollenbeſatz, dagegen an den Capitälen die mannigfaltigſte Abwechslung. Den anderen Theil ziert im Stiegenhauſe ein dahin verſetztes romaniſches Doppelfenſter. Statt der romaniſchen Säulen finden wir hier die in Italien beliebte Galerie-Anlage mit doriſchen Säulen. Minder pitoresk ſind die beiden anderen Flügelbauten in ihrer gegen die Hofſeite gerichteten Front, doch findet ſich auch hier einzelnes beachtenswerthes, einige gothiſche Fenſtergewänder, Thüreinfaſſungen, Erker, Stiegenausbauten. Ein hübſcher großer Saal im Kloſtergebäude iſt ebenfalls erwähnenswerth.

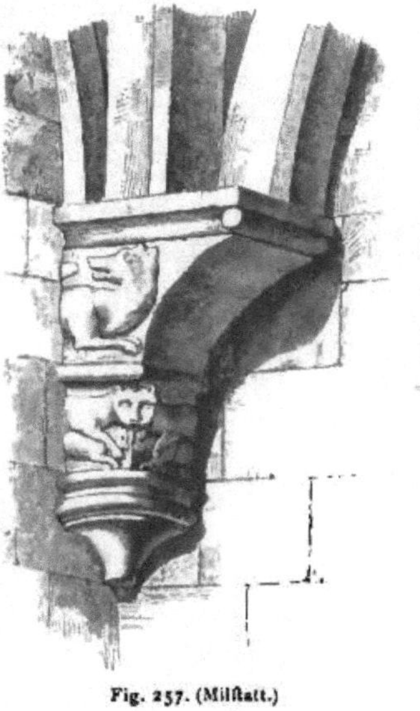

Fig. 257. (Milſtatt.)

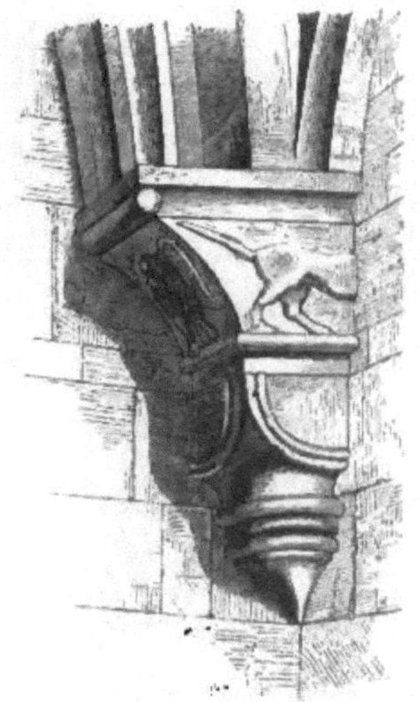

Fig. 258. (Milſtatt.)

In der Durchfahrtshalle ein oblonges Marmor-Relief, einen mit langem Kleide angethanen ſitzenden Mann vorſtellend, auf der Bruſt ein mit Eichenlaub gefülltes Körbchen haltend, am Kopfe ein Federbaret, um die Mitte ein Gürtel. Er ſtützt ſich rückwärts mit dem rechten Arm auf und weiſet mit dem linken gegen links, wo ein Vogel auf einem Hügel ſitzt, Sculptur aus dem 16. Jahrhundert.

Das Portal der Friedhofmauer, die zugleich die Kirche umgibt, iſt mit alten Malereien geſchmückt, die über dem Eingang beiderſeits angebracht ſind. Außen St. Georg, Domitian und Salvator (am Spruchbande: Salvator mundi adjuva nos (Fig. 265). Dabei drei Wappen. Innen das Veronika-Tuch, Peter und Paul (Salve sancta facies nostri redemtoris Dom. Deus nos.) Die Malereien (Ende 15., Anfang 16. Jahrhundert) ſind gut erhalten und wahrſcheinlich gleichzeitig mit der großen Freske in der Kirche.

Mirnig bei St. Walburgen. Die Kirche mit einfachem flachgedeckten Schiffe, ohne Strebepfeiler und mit einem Chor, der mit einem gedrückten Netzgewölbe überdeckt iſt, die Rippen ruhen theils auf Wanddienſten, theils auf Conſolen, außen Strebepfeiler, die Fenſter ohne Maßwerk. Das Gewölbe hat noch die alte Bemalung (gelb

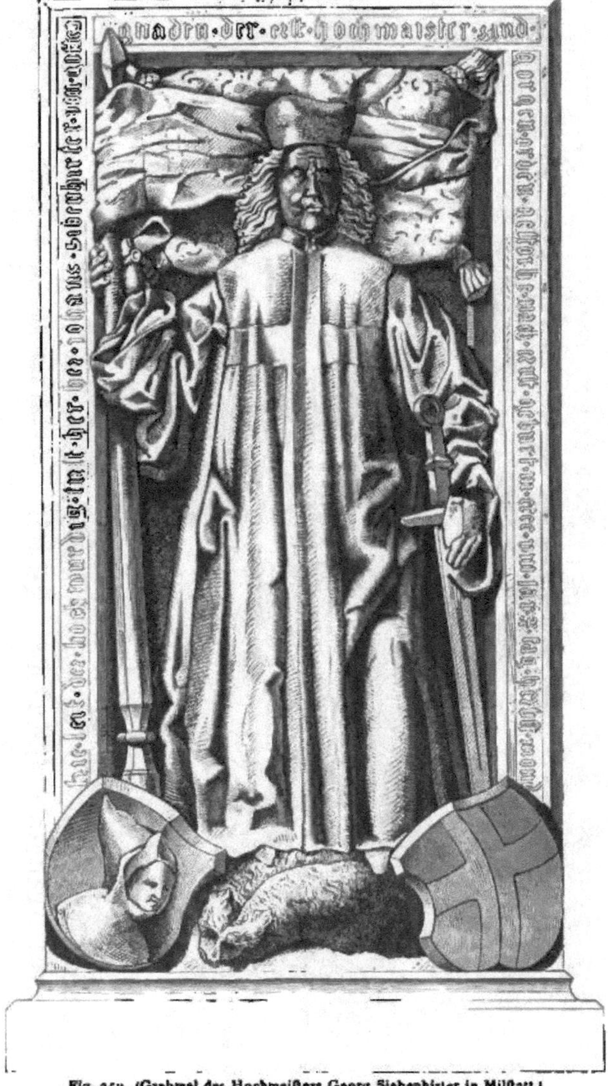

Fig. 259. (Grabmal des Hochmeisters Georg Siebenhirter in Milstatt.)

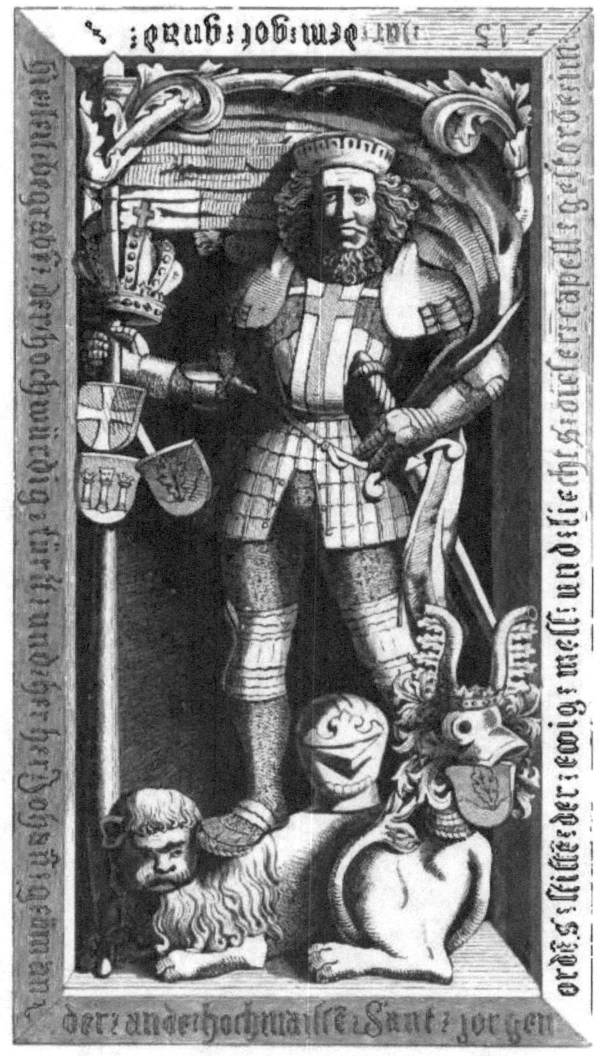

Fig. 260. (Grabmal des Hochmeisters Johann Geümann in Milstatt.)

16*

mit braunen Theilungsstrichen). Die Sacristei-Thüre geschweift spitzbogig mit durchkreuzenden Rundstäben. Der Scheidebogen profilirt.

Möchling. Bekannt durch den kunstvollen Holzschrein (ein gothisches heiliges Grab). Die Kirche ein einfacher schmuckloser Bau aus dem Ende des 15. Jahrhunderts

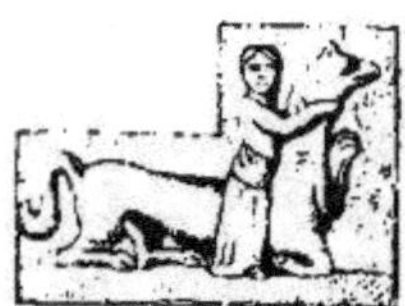

Fig 261. (Milstatt.)

mit neuerem Capellen-Anbaue und dem an der West-Seite angebauten Thurm mit hohem achtseitigen Spitzdache sammt Giebeln, dessen Erdgeschoß als Portal-Vorhalle dient; sie ist rundbogig mit Kreuzgewölben überdeckt, der Eingang in die Kirche nieder, rundbogig. Neben demselben ein rothmarmorner Weihwasserstein ein-

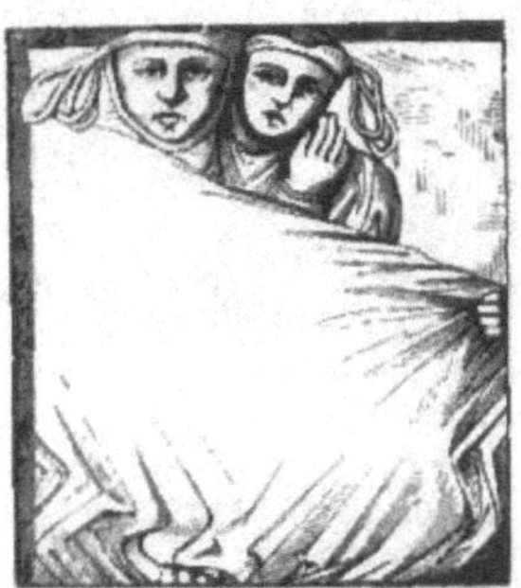

Fig. 262. (Milstatt.)

gemauert mit Schild, worauf das Zeichen ћ und darunter die Jahreszahl 1521. Im polygonen Chor und Schiff Netzgewölbe mit Schildern, die Rippen ruhen im Chore auf Wandsäulen, sonst auf Consolen, an welchen je zwei bemalte Schilde angebracht sind. Die beiden Fenster im Schiffe spitzbogig, in einem ein rundes Glasgemalde mit Brustbild und Schild und Jahreszahl 1507, ebenso die gepaarten Fenster am Thurme; der Taufstein dürfte aus derselben Zeit stammen wie der Weihwasserstein; runde Basis, achteckige Schale, vier Schilder: Auf dem 1. drei Blätter, auf dem 2. 8 (Schlüsselloch), das 3. leer, auf dem 4. folgende Zeichen

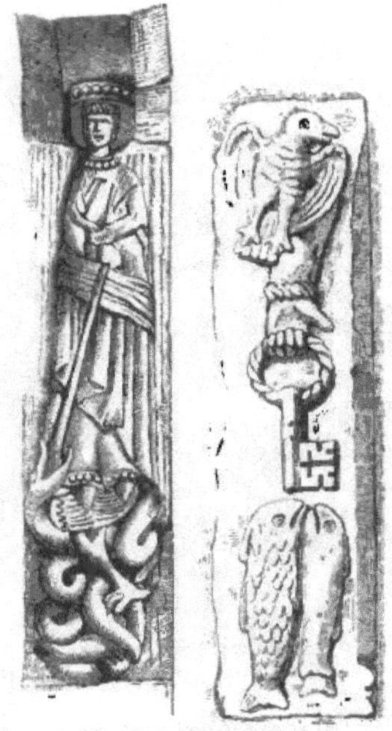

Fig. 263 und 264. (Milstatt.)

.W ⁊ .T. Zwei Glocken mit der Jahreszahl 1666: Laurenz Pez in Klagenfurt. An der Evangelien-Seite des Altars ein Sacraments-Häuschen ohne Bekrönung, doch auf einer Halbsäule ruhend. Ein Kelch von 1643. In der südlichen dem Schiffe vorgebauten Capelle befand sich über dem Grabe des Grafen Paul Alboin von Möchling. Gemahles der heil. Hildegard, das unter dem Namen Möchlinger Reliquienschrein hochberühmte Schnitzwerk, der Tradition nach die Arbeit eines Pfarrers von Möchling aus dem Stifte St. Paul, der Zeit nach schon dem Anfange des 15. oder Ende des 14. Jahrhunderts angehörend, welcher seit 1873 eine Zierde der Ambraser-Sammlung in Wien bildet.

Möderndorf. Die beiden Reliefs: Schreiber (K 196, vgl. Kading), Thiergestalt (K 197, Car. 1881, 23).

Die Kirche, Filiale von Pörtschach. Eine kleine einschiffige Kirche, dem heiligen Jakob geweiht, mit Gratgewölben im Schiff und dreiseitig geschlossenem Chor, gedrücktem Scheidebogen, der Altar aus 1620. Ein Relief aus 1524 mit dem bekannten Keutschacher Wappen, der Rübe. Grabstein des Franz And. von Jabornegg, Sohn des Maximilian Jabornegg von Gamsenegg und der Anna Elisabeth von Keutschach † 1654.

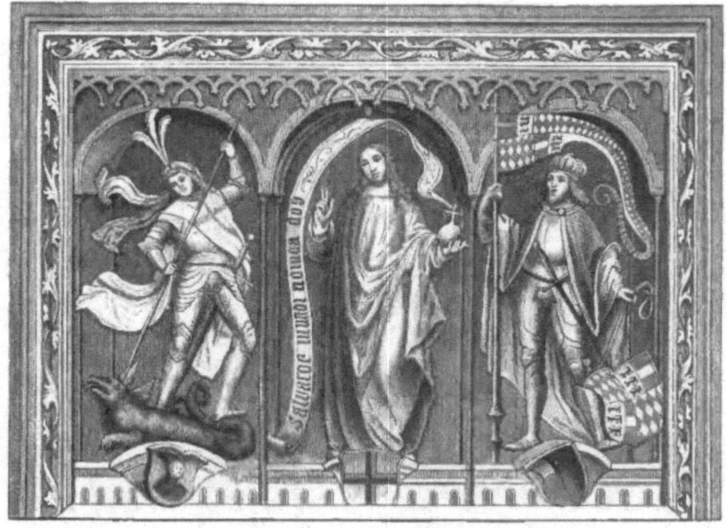

Fig. 205. (Milstatt.)

DM EVTYCHETI, mit Erwähnung des dispensator portorii regni norici, Zeit um 230—310, gef. vor 1786, in der Capelle (Jab. 179, Mo. 4828. Vgl. regnum noricum zu Possau Mo. 4798, Tanzenberg, Jab. 18, Mo. 4797).

DM cursiv NON GRAVIS, poetische Grabschrift, Distychon, Mädchenbüste der Zwölfjährigen mit Halsschnur, um 100, gef. 1796 am Wegkreuze (Jab. 178, Mo. 4910. Mu. R. N. 1, 405. Kml. 145. Unrömisch eine Schriftplatte Mo. 243). Urkundlich als Movderndorf 1299.

Im alten Schlosse auf einer hölzernen Wandverkleidung, über der Thür das Keutschacher Wappen und dabei: Leonhardus ex familia dominorum in Keitscah dei gratia Archiepiscopus Salisburgensis Sedis et Legat. apostolic. et princeps regnavit 1513.

Möderndorf bei Hermagor. Filialkirche mit kleinem dreiseitigen Chörlein, die Fenster spitzbogig, doch sehr klein. Darin ein stattlicher Flügel-Altar. Im Schreine St. Urban und St. Martin, volle Figuren. Auf Flügeln St. Florian und St. Sebastian auf

Goldgrund gemalt, rückwärts der englifche Gruft. An den Fenfter-Hinterflügeln St. Hubertus und ein heiliger Märtyrer. Auf der Predella die Evangeliften. Die Bilder übermalt, die Schreinbekrönung fehlt.

Mödring. Die Felferer - Hube am Mödring gilt im Volksmunde als das „alte Römerhaus", in deffen Keller ein ftundenweiter unterirdifcher Gang auslaufe.

Mokriach bei St. Veit im Jaunthale. Einfchiffiges Kirchlein mit niedrigem Chor ohne Rippen, drei fpitzbogigen Fenftern, rundem Scheidebogen, im Schiffe zwei fpitzbogige Fenfter. Die flache Decke der Kirche caffetirt, bemalt mit phantaftifchen Thierfiguren, Heiligengeftalten, Füllhörnern, Blatt- und Frucht-Ornamenten aus 1693. Bei der Reftaurirung vor ein paar Jahren wurden die Randcaffeten aus der Kirche entfernt und an der Decke der Vorhalle angebracht, aber leider auch theilweife übermalt.

Möllthal. Der Riefengletfcher diefes Gebietes mit der durchfchnittlichen Höhe von 2000′ hat die Endmoränen als die Refte der zweiten Glacialzeit hingeftellt; der Schub ging nach Oft und das Abfchmelzen erzeugte das Fluthdiluvium der Klagenfurt-Bleiburger Ebene. Die tauriskifch - römifchen Goldwerke bedingten eine Seitenftrafse von Teurnia und Aguontum her, vgl. die Fundorte Döllach, Fragant, Heiligenblut, Ifelsberg, Ober-Vellach, Pockhorn, Semslach. Strafsenrefte von Möllbrucken ab wären noch zu verfolgen (K. Ztfch. 2, 90; 8, 1 f. 35; Car. 1873, 32 f. Ank. 1, 629. M. 3, n. F. p. cm, xcvii. Kml. 148).

Molzbichl. An der Heerftrafse von Sianticum herauf über Baldersdorf, Zgurn, Kriefelsdorf, Edling, Spital, Oberdorf, Taxenwirt, Unter- und Ober-Windfchnurn nach Fresnitz.

Hier eine Meilenfäule neben dem Kirchthor, eine kleine Afchenkifte; ferner zwei Säulenftücke und ein gröfserer Block mit dem Relief, junger Mann nackt, Untertheil, zweiter Mann neben kleinem Pferde ftehend, im Rahmen beiderfeits die Arabeske (R.-Stud. I, 109). Der Ort als Mulzpuila 1050.

Die Pfarre hat im Jahre 1169 fchon als folche beftanden.

Die gegenwärtig beftehende Kirche ift ohne jede Architektur ein glatter viereckiger Raum mit einer halbkreisförmigen Apfis. Von der gothifchen Kirche find nur noch zwei einfach profilirte Portale vorhanden.

Es ift wahrfcheinlich, dafs die gegenwärtige Kirche auf den Grundmauern der romanifchen Kirche aufgebaut ift, was man aus der Anlage der Apfis fchliefsen kann. Im Kirchenpflafter beim rechten Seiten-Altare liegen drei grofse Trümmer, mit laufendem Flecht-Ornament gezierte Steinplatten, deren Styl dem 9., höchftens 10. Jahrhunderte entfpricht. Die einftige Beftimmung diefer Platten läfst fich heute nicht mehr erkennen; wahrfcheinlich aber entftammen diefe Refte der alten romanifchen Kirche; doch ift auch nicht ausgefchloffen, dafs man es hier mit Grabdeckeln zu thun hat.

Ein Römerftein ift in der Kirche als Weihwafferftein benützt.

Ein Ciborium ift bemerkenswerth. Der Fufs ift reich und fchön und bildet dem Style nach den Uebergang der Gothik zur Renaiffance, die Cuppa ift von jüngerer Zeit.

Moosburg. An der Heerftrafse Aquileia-Sianticum-Virunum, vom Wörtherfee, Töfchling, Windifchberg, Rennweg, Stollhofen vielleicht gegen Klöfterl, Tigring u. f. w. Man vermuthet die Richtung unter dem Schloffe durch den grofsen Teich.

Von den fünf Reliefs find vier an der Kirche; meift von tentfchacher Marmor. Nämlich: Mann mit Stab, links gefatteltes Pferd, gef. vor 1823 (Jab. 418, Taf. 12. K. vgl. 119 Car. 1869, 5 [Schloßhof] K. Ztfch. 4, 107).

Männliche und weibliche Geftalt am Gefels (Perfeus und Andromeda), Nebenbild Blumen-Arabesken, gef. vor 1823 (Jab. 419, Taf. 12. Gymnaf. Ztfch. 1870, 11, S. 868).

Mann und Weib in Rundnifche, gef. vor 1823 (Jab. 419).

Tänzer mit Tuch unter Blumen-Arabesken, gef. vor 1823 (Jab. 420, Taf. 12. Kml. 97).

Mann, ftehend, rechts Körbchen, links Täfelchen, gef. vor 1823 (Jab. 421, Taf. 12. W. Jb. 46, 41).

Der alte Pfalzbau nordweftlich vom Neufchloffe am Teiche geht vielleicht auf einen römifchen Anfitz zurück; Mosaburch 888, Moseburch um 1130 (Jab. S. 3, S. 4. Ank. 1, 558, 2, 205, 323, 326. K. Ztfch. 4, 51, 51, 103, 108, 110. AfK. 1, 33. Steierm. Ztfch. 1848, 9, 1; 3, alt 71. W. Jb. Bd. 127, 309. Kml. 243).

Die Kirche war urſprünglich ein dreiſchiffiger gothiſcher Bau, deſſen Anlage bei der Reſtaurirung umgedreht wurde, ſo daſs nun das neue Presbyterium gegen Weſten gerichtet und im alten der Eingang angebracht iſt. Es finden ſich viele Grabdenkmale, wie: Katharina von Ernau, geb. Bibriach 1581, Johanna von Ernau, geb. Stömlin 1590, Ulrich von Ernau 1607, Joſ. von Stubenberg 1556, Wolf Raimund Paradeiſer auf Neuhaus und Gradiſch 1662, Georg Andreas Graf von Kranegg † 1665, Regina Eliſabeth Gräfin von Chranegg † 1685.

Mösl-Ofen im Görtſchitzthale, Abhang der Saualpe. Alte Bergbauſtelle, weiſse Frauen, Schätze (K. Ztſch. 3, 125).

Mühlbach, Ober-. Die Erzbaſis NEM NIC, geformt als kleine Ara, hoch 5·3 Cm. (2"), Schriftart aus der Zeit des Auguſtus, eines der älteſten Römer-Denkmäler des Landes, ſtammt vielleicht aus dem Zolfelde und ſcheint vor 1848 gefunden (K. Jab. 36, Mo. 4805. Car. 1848, 173. AfköG. 3, 175. Kml. 77). Der Ort iſt Fundſtelle einer Bronze-Münze um 1848 (K. Car. 176) und der nachfolgenden Steindenkmäler.

OVARTO ET CITATE, um 240, gef vor 1850, im Pfarrhauſe ſeit 1872 (Mo. 4958 ad S. 1046, Aep. 4, 216).

Ein weiblicher Kopf, gef. um 1845 beim Thurnhof? (K. Car. 1845, 144).

Die Georg-Kirche, ein mittelgroſser einſchiffiger Bau, ehemals gothiſch, ſtark moderniſirt, im Chor Wand-Conſolen mit je einem Schilde, im vermauerten Schluſsfenſter noch Maſswerk. Der Sacriſtei-Eingang und der Triumphbogen profilirt. Auſsen Strebepfeiler. Die Gewölbe neu.

Der Thurm ſteht an der Weſtſeite mit einer nach drei Seiten offenen Vorhalle. Am Chor , am unteren Theile des Thurmes Steinmetzzeichen.

Mühlbach, Unter-. Die alte Aegydius-Kirche des um 1143 genannten Ortes Molbach, mit zolfelder Römerſteinen an Altar und Fuſsboden ausgeſtattet, wurde abgetragen nach 1796, vor 1854; Steine kamen in den Meierhof des Grazl.

DM BAEBIVS*, mit miles leg II italicae, Zeit um 250, bekannt 1752, aus Zolfeld? (Jab. 166, Mo. 4837. K 26).

P BARBIO*, um 180—238, bekannt 1752; in des Grazl Keller (Jab. 168, Mo. 4885. Aep. 4, 215).

C TITI(VS), um 120, bekannt 1752, jetzt vermiſst (Mo. 4990).

H.M.H.N.S, um 100, gef. vor 1870, beim Grazl (Jab. 167, Mo. 6508 vgl. Mo. 5007. K 56).

Mühldorf. Gegen Möllbrücken ſoll ſich um 1879 ein römiſcher Schriftſtein gezeigt haben. Die Sage bezeichnet den Ort als eine Vorſtadt von Teurnia und zog ſich wohl durch denſelben die Seitenſtraſse über Ober-Vellach, Winklern, Iſelsberg nach Aguontum (Lienz; K. Ztſch. 8, 82. R.-Stud. 1, 31).

Kirche zum heil. Veit. Ein einfaches kleines Kirchlein, deſſen Schiff zur Hälfte neu angebaut und deſſen andere Hälfte, wohl der ältere Theil, aber bis zur Unkennbarkeit renovirt iſt. Im Langhaus noch zwei nicht renovirte Spitzbogenfenſter ohne jegliches Maſswerk. Ein einfacher Triumphbogen trennt das Schiff, das eine flache angeworfene Decke hat, vom Presbyterium, das mit den drei Achteckſeiten abſchlieſst und an der Auſsenſeite mit ganz kleinen verkümmerten Strebepfeilern, an dieſen verwitterte und verputzte Steinreſchen. Der Steinſockel beſteht aus einer einfachen Schräge. Ueber das Ausſehen der Fenſter im Presbyterium läſst ſich gar nichts mehr ſagen, da ſie ſämmtlich ausgebrochen und verputzt ſind. Das Presbyterium hat ein neues Gewölbe ohne Rippen. Der alte Thurm reicht gegenwärtig noch bis in die Höhe des alten Hauptgeſimſes und trägt einen neuen Helm. Von den vier groſsen Spitzbogenfenſtern im Glockenhauſe haben drei noch die Maſswerke, einfache Fiſchblaſen-Muſter mit einem Pfoſten in der Mitte. Die Sacriſtei befindet ſich in der unteren Thurmhalle. Die noch vorhandenen alten Baureſte dürften aus dem Anfang des 16. Jahrhunderts ſtammen (M. v. n. F. 4).

N.

Nampolach. Filial-Kirche von Melweg, nur beachtenswerth das Presbyterium, wofelbft die Stichkappen des fcharfgratigen Rundgewölbes auf Dreiviertel-Säulchen ohne Capitälen aufliegen, hat dreifeitigen Schluß, im Norden der viereckige Thurm mit achtfeitigem Helme und gepaarten Schalllöchern. Ein Bild: Maria Himmelfahrt aus 1643 mit der Bezeichnung E. P. Die Thurmglocken tragen die Jahreszahlen 1632 und 1760. An der Südfeite das Bild des heil. Chriftoph und eine Infchrift ohne Jahreszahl.

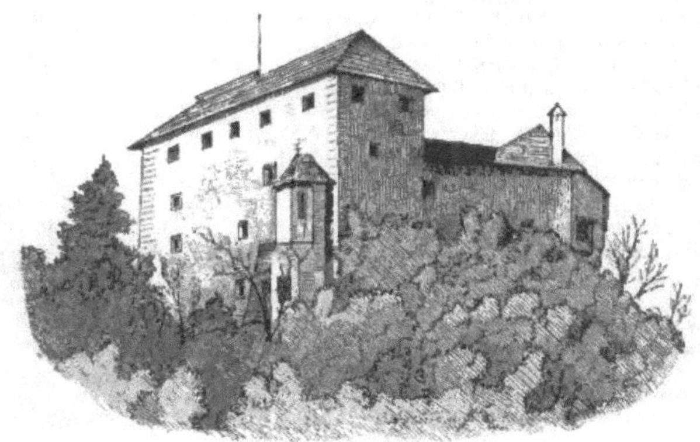

Fig. 200. (Neudenftein.)

Neudenstein, die St. Ulrichs-Kirche, ein langgeftreckter geofteter Bau, der feit feinem Entftehen ganz gewaltige Umgeftaltungen durchmachte und nur mit wenig Reften feiner erften Anlage (ein Fenfter an der Oftfeite) auf uns gekommen ift. Das Schiff ift mit einem Tonnengewölbe überdeckt, dafelbft einfpringende Pfeiler. Im Fußboden der Kirche ein fehr befchädigter Grabftein mit der Innfchrift: Joannes Cärolus L. B. Kemeter, . . . Quaeftor publicus aerarius . . . . . . obiit XII. Calend. Martii 1686. Die Thurmglocke hat folgende Legende: +a.+d.+177+cccc+lxxm+ ore + gloria + veni + cum + pace. In der Thurmmauer eine fehr befchädigte aber hoch intereffante polychromirte Figur des heil. Ulrich.

Auf einem Felfenhügel links der Drau liegt das Schloß Neudenftein, auch das fchwarze Schloß genannt. Diefe wohlerhaltene Burg ift von nicht geringer Dimenfion, fie bildet ein unregelmäßiges Polygon, ringsherum Befeftigungsbauten, ein Theil des Gebäudes dürfte aus dem 14. Jahrhundert ftammen. Das Wappen der Kemeter ift noch ober dem Thore erhalten. Ein freundliches Bild gewährt der Hof mit feinen Bogengängen in allen Stockwerken. Der füdliche und öftliche Tract dürfte zum älteften gehören, in letzterem befindet fich die Capelle, die mit ihrer Apfis aus der Außenwand hervortritt (Fig. 266). Der Triumphbogen ift fpitzbogig angelegt, das Schiff mit Wandnifchen verfehen, bildet eine Trapezform, da die Seitenmauern nicht parallel laufen, die Apfisfenfter fchmal und hoch; in der Capelle und Sacriftei beachtenswerthe Tifchlerarbeit der Barocke. Einige Wohnräume zeichnen fich durch Stuccoplafonds und fchöne Kamine aus.

Neuhaus bei Leifling. Nächft dem Schloßacker ftieß man im Jahre 1849 auf ein Serpentin-Beil mit Stielloch K. und im

Steinbruche am Preßingbache auf einen bronzenen Kelt (K. AfK. 1, 31, 58; 2, 150, 152, 153, vgl. Klgf. Muf. F. S. 18). Der Ort urkundlich wohl vor 1288.

Die Jacobs-Kirche dafelbft befteht aus einem Presbyterium, d. i. einem oblongen Joche und einem fünffeitigen Chorfchluß und aus dem Schiffe, d. i. einem großen quadraten Raume. In den erfteren Partien einfache Kreuzgewölbe, im Schiffe ein reiches Netzgewölbe. Am Presbyterium vier Strebepfeiler. Zwei Fenfter haben noch die Maßwerkfüllung, fie find zweitheilig. In einem der Fenfter haben fich die Glasgemälde zum Theile erhalten. Es find vorzügliche farbenprächtige Bilder, wir fehen: im Vierpaß Chriftus auferftanden, rechts und links ein Engel, die Geifelung, Chriftus am Kreuze, Chriftus im Tempel, Chriftus am Oelberg, St. Valentinus und ein Ritter mit Lanze, Apoftel Jacobus, eine knieende Frauengeftalt, ihr langes Haar mit einer grünen Mütze bedeckt, dabei ein Schild, darin eine filberne Spitze in Roth, ein Spruchband mit folgenden Worte: o. s. jacobe o. p. m. Im anderen Fenfter ift nur ein Bild erhalten: Maria mit dem Kinde. Der Thurm an der Nordfeite trägt ein Zeltdach und hat gekuppelte im Dreipaß gefchloffene Fenfter. Im Thurme eine Glocke aus 1473, eine zweite aus 1539, die dritte 1611. Hervorzuheben ift der einzige an der Thurmecke angebrachte Strebepfeiler.

In der Kirche befindet fich ein gut erhaltenes fehr bemerkenswerthes Tafelgemälde (6 M. lang, 2 M. hoch), vorftellend die Krönung Mariens und das himmlifche Jerufalem.

Neuhaus bei Arnoldftein. Eine fchöne große Bronze-Fibel (K Car. 1852, 86).

Nicolai, f. Portendorf.

Nicolsdorf bei Paternion. Von Teurnia herüber nach der windifchen Höhe zog vielleicht ins Gailthal eine römifche Seitenftraße (R.-Stud. I, 101, *Meyer* Straßenzug S. 112).

Ein kleines gothifches Kirchlein mit flachem Dache im Schiffe und polygonem Chörlein, Netzgewölbe, der quadrate Thurm über dem Schiffe, Refte eines Flügel-Altars in der Sacriftei; ferner zwei gothifche Holzfiguren. Außen ein verbleichtes Wandgewölbe, die heil. Anna mit zwei Kindern am Arme (lebensgroß), unten knieen die Donatoren, ein Mann und zwei Frauen (erfte Hälfte des 15. Jahrhunderts). Farbe, Haltung und Faltenwurf mufterhaft. Die Kanzel von 1687, Sacriftei-Thür fpitzbogig, der Thürflügel mit fchönem Befchlage. Als Hochaltar der früher in St. Jacob ob Ferndorf befindliche Renaiffance-Flügelaltar, leider fchlecht reftaurirt.

Niederdorf bei Tanzenberg. Hier ftand der Grabftein DRESIV*, um 170, gef. auf dem Helenenberge um 1860 (Jab. 173, Mo. 4908. Car. 1867, 506. K 63).

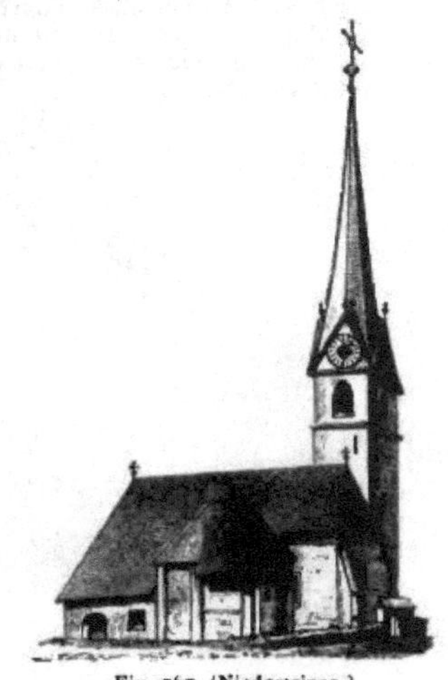

Fig. 267. (Niedertrixen.)

Niederdorf bei Treffen. Oberhalb des Dorfes große Sturzblöcke und Höhlen, genannt die Judenkirche. (R.-Stud. 3, 48, 47).

Niedertrixen. Die Kirche zum heil. Stephan, ein großer einfchiffiger Bau, der in feiner Hauptfache aus früh-gothifcher Bauperiode ftammt. Charakteriftifch ift nur das gerade gefchloffene Presbyterium mit Kreuzgewölben in Steinrippen, die in den Ecken auf Confolen ruhen. Das Schlußfenfter fpitzbogig zweitheilig, mit Vierpaß-Maßwerk. Der Thurm fteht links vom Presbyterium, hat große Spitzbogen-Fenfter im Glockenhaufe, eines dreitheilig, die übrigen mit Maßwerk zweitheilig. Der Helm fehr fchlank, in eine dünne Spitze ausgehend, umgeben von Giebeln, drei Vierpaß-Fenster (Fig. 267, Ansicht). Eine Glocke stammt aus 1603 (Georg Fierring), darauf Abdrücke kärnthnerischer Münzen. Neben der Kirche ein schlecht erhaltener Karner, dann außen sechs Strebepfeiler, eine verblichene Freske.

Die Filial-Kirche zum heil. Martin, ein romanischer, noch ziemlich gut erhaltener Bau von 7·85 M. Breite bei 14·25 M. Länge zwei Fenster. Die Fenster im Schiffe sind theils zugemauert, theils erweitert. Die heutige Decke liegt tiefer als die romanische, deren Lage durch einen farbigen Bandstreifen noch heute charakterisirt wird. An der Giebelwand der Kirche sind kleine romanische Säulchen aus rothem Marmor eingemauert Der Dachreiter hat spitzen Helm, alte Glocken; sechseckige Kanzel aus Stein, gothisches Rauchfaß aus Messing

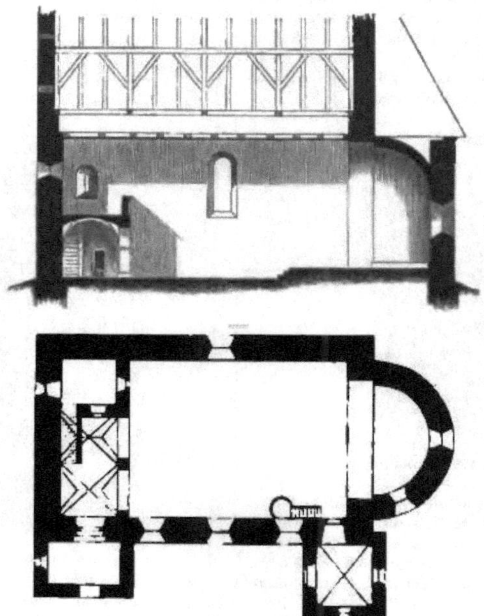

Fig. 268. (Niedertrixen.)

(Fig. 268). Man betritt die Kirche durch ein romanisches Portal (Fig. 269) innerhalb eines Vorbaues an der Südseite. Der Orgel-Chor ruht auf drei Bögen, die von zwei freistehenden und zwei Wandpfeilern getragen werden. Die Schiffdecke ist flach, caffetirt und stammt aus dem 16. Jahrhundert. Die Chor-Nische ist sehr klein, halb kuppelförmig überwölbt und mit bandartiger Anlage aus Stein versehen. In der Apsis (Fig. 270), zwei Meßgewänder aus dem 16. Jahrhundert. Außen ein riesiges Christoph-Gemälde (Fig. 271), eine wenig bedeutende Arbeit aus dem 16. Jahrhundert. Der Heilige steht mit den Füßen im Wasser, trägt das Christuskind auf der Achsel, in den Wellen Fische, Meerweibchen etc.

In der Nähe eine kleine Capelle mit zwei beachtenswerthen Figuren aus dem 15. Jahrhundert (St. Stephan und Laurenz).

Noreia vgl. **Einöd, Friesach.**

Nöring. Tief in den Bergen des Lieferthales liegt dieſes kleine Kirchlein, deſſen Alter die Jahreszahl über dem Süd-Portal — 151Λ — genau beſtimmt. Auch auf den Urſprung des Gebäudes kann man aus dem über dem Haupteingange angebrachten Wappen mit der Rübe der Keutſchacher ſchließen. Ueber dem Triumphbogen iſt folgende Inſchrift: „Decemwer 1690 Durchden Grosenerdpiwen Rannirt Worden 1693 Renefiert Worden. PO·HC·AM.“ Das Kirchlein iſt einſchiffig, das Presbyterium von dem Schiffe durch einen einfach profilirten Triumphbogen getrennt. Das Schiff ſowohl wie das Presbyterium war einſt gewölbt und dürften die Gewölbe in Folge des groſſen Erdbebens zuſammengeſtürzt ſein. Gegenwärtig reichen die Dienſte bis zur halben Höhe der Kirche.

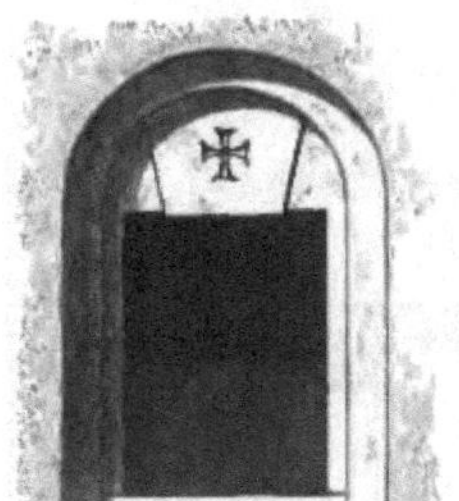

Fig. 269. (Niedertrixen.)

Auf der Evangelien-Seite der Kirche iſt in der einen Ecke des Schiffes noch der Anfang des alten Gewölbes in Form einiger Rippenſtücke ſichtbar. Gegenwärtig iſt die Kirche mit einer flachen Holzdecke geſchloſſen. Das Langſchiff hatte drei Travées. Das Presbyterium iſt mit den drei Seiten des regulären Achteckes geſchloſſen. Die Fenſter des Langhauſes ſind durch einen Pfoſten getheilt und mit Fiſchblaſen-Maſswerk als Couronnement, an den Fenſtern des Presbyteriums fehlt das Maſswerk. Auf der Nordſeite keine Fenſter. Auſsen am Schiff Strebepfeiler, auch auf der Südſeite des Presgyteriums einer. Die Ecken der Apſis haben keine Strebepfeiler. Der Orgel-Chor wird durch ein ſpät-gothiſches Netzgewölbe betragen, die Stirnwand desſelben iſt durch zwei Pfeiler geſtützt, in der Mitte ein Rundbogen, auf der Seite Spitzbögen. Rechts vom Presbyterium der viereckige Thurm, deſſen Erdgeſchoſs als Sacriſtei dient. Im Glockenhauſe vier weite Spitzbogen-Fenſter ohne Maſswerk. Zwiebelhelm. An der Süd-Auſsenwand des Chores Reſte eines Wandgemäldes, Marter-Scenen darſtellend, Geiſselung, Sieden im Keſſel, Enthauptung etc., darüber auch noch die Reſte eines Schutzdaches.

Am linken Seiten-Altar befindet ſich ein Gemälde auf Holz, die Kreuzigung Chriſti darſtellend, auf Goldgrund ohne

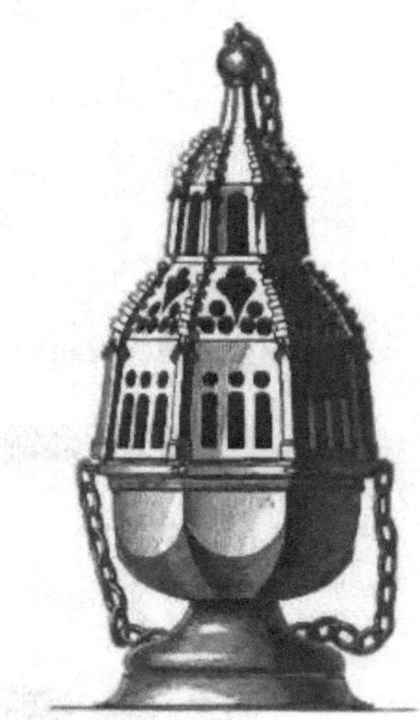

Fig. 270 (Niedertrixen.)

Rahmen, 1·19 M. breit, 1·27 M. hoch. Trotzdem die Kirche feucht iſt, iſt das Bild ziemlich gut erhalten, der Ausdruck der hinſinkenden Maria iſt ſehr gut. Der Leib des gekreuzigten Heilandes ſehr zart mit nahezu weiblichen Körperformen. Im Hintergrunde viele Köpfe von Kriegern und Volk. Im rechten Vordergrunde ein geharniſchter Ritter auf einem Schimmel. Rechts und links von Chriſtus die beiden Schächer. Das Bild dürfte aus dem Ende des 15. Jahrhunderts ſtammen. Es iſt möglich, daſs dieſes Bild von einem ehemaligen Flügel-Altar dieſer Kirche herſtammt, da ſich noch folgende Holzbilder aus derfelben Zeit in der Kirche vorfinden:

1. Ein Flügel, von einem Flügel-Altar ftammend, fammt Rahmen, 35 und 83 Cm. Größe. Das Bild auf Holz, auf dunklen Grund gemalt, ftellt eine weibliche Figur dar mit rothem Unterkleid (Barbara). Mit der rechten Hand hält die Figur einen Thurm, mit der linken hebt fie den Mantel. Ebenfalls ein Werk aus dem Ende des 15. Jahrhunderts. Auf der Rückfeite ein Bifchof mit drei Schilfknoten.

2. Ein vollftändiges Altar-Bild mit beiden Flügeln, Holzgemälde auf Goldgrund, das Mittelbild zeigt vier ftehende männliche Figuren: einen geharnifchten Ritter mit rothem Mantel und Herzogshut, in der Hand eine weiße Fahne mit rothem Kreuz (Domitian); ihm zur Rechten ein Mann mit einer Capfel fonderbarer Form, die er in der Hand hält, ohne Kopfbedeckung, barfuß. Noch weiter rechts der heil. Coloman, endlich ein Gekrönter mit einer Palme in der Hand. In der linken Ecke diefes Bildes die Infchrift f. **primus**.

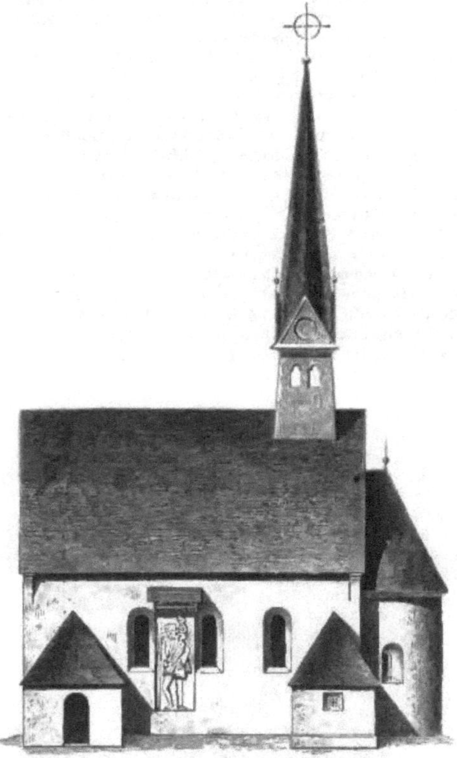

Fig 271. (Niedertrixen.)

Der Flügel auf der Epiftel-Seite ftellt einen Gekrönten dar, rechts ein Bifchof, in der Rechten das Paftorale, in der Linken drei Schilfköpfe haltend. Beide Figuren auf Goldgrund. Auf der Rückſeite der beiden Flügel befindet ſich die Darſtellung von Mariä Verkündigung, welche zu derſelben Zeit, jedoch von einem unbedeutenden Künſtler ausgeführt ſein dürfte. Auf einem Spruchbande: «Ave maria, gratia plena.» Jeder der Flügel miſst 82 : 31 Cm. ſammt Rahmen, das Mittelbild 82 : 65 Cm.

In der Sacriſtei ein ſilberner, ſtark vergoldeter Kelch mit der Inſchrift um den Stiel: „Maria hilf uns allen“, dann die Rückenfläche einer Caſula: ein altes ſeidengeſticktes Kreuz mit dem gekreuzigten Heiland auf grünem Baum, über demſelben Gott Vater mit der Weltkugel in der Hand, in gelbem Mantel und blauem Kleide. Unter ihm die Erde und der Regenbogen. Darunter: I N R I. Zu Füßen des Kreuzbaumes die heil. Maria, der heil. Johannes und die heil. Magdalena, welche das Kreuz umklammert. Das aus den Wunden des Heilands ſtrömende Blut fangen zwei fliegende Engel auf. Das Ganze iſt Flachſtickerei in Gold und Seide. Auf dem vorderen ſchmalen Streifen befindet ſich oben ein Biſchof, ebenfalls mit dem Krummſtab und drei Schilfköpfen in den Händen. Darunter, von einem Baldachin überdeckt, zweimal je ein Biſchof. Das Kreuz miſst 1 M. in der Länge und 55 Cm. in der Breite, der Streifen ſelbſt 13 Cm., der Bruſtſtreifen 7 Cm.

Nussberg. In der Ruine des (als Nuzperch 1136 genannten) Schloſſes die beiden Grabſteine:

(TER)TVLIAE*, um 140, geſ. 1867 (Jab. 230, Mo. 6510).

...NIII.SV.FIL mit Blumenzier, um 240, geſ. 1867 (Jab. 231, Mo. 6511).

Nussberg bei Moosburg und Freudenberg ALBINVS Grabſtein c. 150, Kirche, Weſtwand (Aep. 7, 195).

Nussberg. Die St. Oswald-Kirche, Filiale von Ober-Mühlbach, ein mittelgroßer einſchiffiger Bau aus neuerer Zeit. Beachtenswerth nur die Glocke, ſie dürfte die älteſte Glocke mit deutſcher Jahreszahl und deutſcher Inſchrift in Kärnthen ſein. Die Legende (Minuskeln) lautet: marthesus iohannes flih airam ons aus aller not MCCCCIXXX. (Verkehrt geſtellt: hilf maria 1431). Die kleinſte Glocke aus 1540.

O.

Ober-Drauburg, ſ. **Drauburg.**

Obergottesfeld, nahe bei Sachſenburg gelegen, ein kleines romaniſches Kirchlein, dem heil. Rupert geweiht, der Grundriſs (Fig. 272) veranſchaulicht deutlich die romaniſche Anlage mit der halbrunden Apſis und dem oblongen Schiffsraum, der mit einer Holzdecke verſehen iſt. In der Concha eine hoch intereſſante Freske: Chriſtus als Weltrichter auf dem Regenbogen in der eiförmigen Glorie. Der Grund herum mit reichen Pflanzen-Ornamenten bemalt, unten die Symbole der Evangeliſten in Medaillons (Fig. 273), wahrſcheinlich eine Malerei aus dem 15. Jahrhundert. Der in neuer Zeit leider arg herausgeputzte Flügel-Altar mit den Darſtellungen der Verkündigung, der Geburt Chriſti und des Todes Mariens verdient beſondere Beachtung.

Oberhof bei Metnitz. Zwiſchen den Dörfern dieſes Namens, deren das eine größere auf der Sonnſeite zur Gemeinde Metnitz, das andere auf der Schattſeite zu Grades gehört, ſoll die Römerſtraße gelaufen ſein; noch zeigt man ein »altes Römerhaus« (M. 6, n. F. p. CX).

Die Kirche iſt ein einfacher gothiſcher Bau mit fünfſeitigem Chor-Schluſſe, ſpitzbogigen Fenſtern ohne Maſswerk, doch mit Reſten von Glasgemälden; der hölzerne achteckige Thurm ſteht über dem Presbyterium; ein einfach gothiſcher coloſſaler Taufſtein; endlich im Presbyterium links eine einfache gothiſche Niſche.

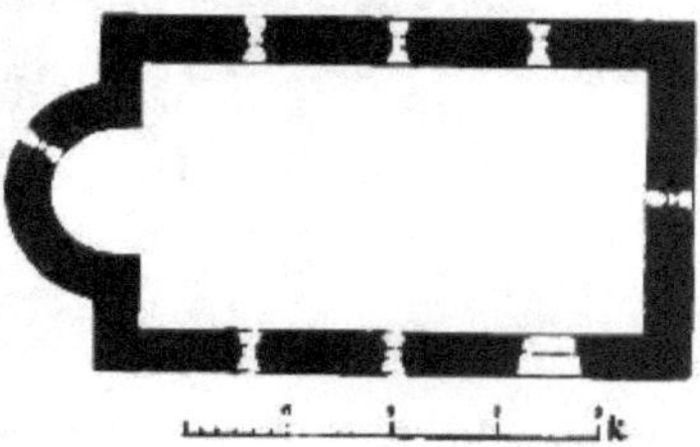

Fig. 272. (Obergottesfeld.)

Ober-Vellach, vielleicht mit urzeitlichem Goldgewinn aus Möll und Tauern, jedenfalls mit benachbarten Bauten auf reinstes Kupfer. An der Seitenstraße von Teurnia herauf, rechtes Möll-Ufer durchs Möllthal nach Aguontum; durch das Malnitzthal, linkes Bach-Ufer, über den Korntauern ins Salzachthal. Die Grabbauschrift LONGIVS, vor Valvasor S. 240 fälschlich hier gesucht, ist seit 1534 zu Torcello in Friaul bekannt. Römische Bronze- und Silber-Münzen in den »oberen Lackenfeldern« nördlich vom Orte um 1876 gef., kamen nach Klagenfurt, zuvor ein Vespasian?, M. Aurel Br., um 1853 und 1850 (Jb. 10, 28. Ank. 1, 579. Jab. S. 187, S. 196. Mu. R. N. 1, 314. M. 3, n. F. p. CX. Car. 1850, 304; 1853, 172, K. Ztschft. 8, 31, 33, 107).

Der alte Kirchbau, auf 1062, wenn nicht sogar um 890 zurückzuführen, möchte wohl auf römischen Resten stehen. Nach 1063 ist der Ort als Veluz bekannt.

Entsprechend der früheren Bedeutung dieses Ortes im Ober-Möllthal und beeinflußt von der Nähe der nun fast ganz aufgelassenen Gold- und Silberbergwerke ist hier eine Kirche zu finden, deren Größe ganz überraschend wirkt. Ganz besonders erhöht aber wird dieser Eindruck durch das mit dem Schiffe fast gleich breite und sehr lange Presbyterium. Das Schiff hat in drei Travées reiches Netzgewölbe, dessen Rippen auf an einem halben Achteckspfeiler anstehende Dienste auflaufen. Der Triumphbogen ist von einfachem Profil und mit Hohlkehlen geziert. Das Presbyterium nebst den fünf Seiten des regulären Achteckes, mit welchen es schließt, besteht noch aus drei Travées mit Netzgewölben, deren Rippen auf reich profilirte Dienste auflaufen (Fig. 274, Grundriß).

Schiff und Presbyterium haben Spitzbogenfenster und außen Strebepfeiler. Die Fenster des Presbyteriums, wie des Langhauses, sind durch einen Stab getheilt mit einfachen Fischblasen-Maßwerk als Couronnement geziert. In einem Fenster des Schiffes, über dem an der Südseite gelegenen Seiten-Portal, sind noch vier Felder mit alten Glasgemälden erhalten, in Renaissance-Umrahmung den heil. Martin und den heil. Christoph vorstellend. In den zwei unteren Feldern einige knieende Figuren, im Hintergrunde eine Arcaden-Architektur und Spruchbänder auf blauem Grunde, dabei die Jahreszahl 1515.

An der Nordseite des Presbyteriums ist der mächtige Thurm angebaut, der im Erd-

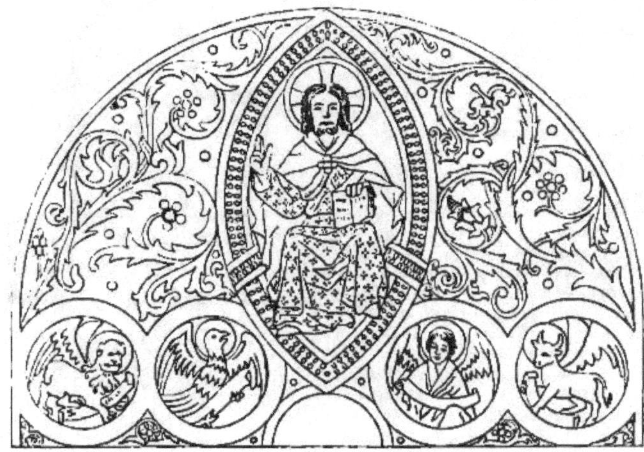

Fig. 273. (Obergottesfeld)

geschoß die Sacristei enthält. Damit in Verbindung ein zweiter auch als Sacristei dienender Raum. Den beiden Räumen entsprechend vom Presbyterium aus zwei Zugangsthüren.

In dem an das Presbyterium gränzenden Traveé des Schiffes ist an der Nordseite eine mit Netzgewölben überdeckte viereckige Capelle angebaut. In dieser auf einem Zopf-Altar ein dreitheiliges Altar-Bild von einem Flügel-Altar entnommen. An der Südseite gegenüber ist ein gleicher Raum geschaffen, jedoch neueren Datums.

Im ersten Travée des Schiffes und die Breite desselben ganz einnehmend ist der Orgel-Chor eingebaut, dessen Gewölbe in drei Felder getheilt sind, welche ihre Stützpunkte an Wandpfeilern und an zwei kleinen runden Säulen finden. Die Rippen des Gewölbes übergreifen einander, die Brüstung enthält ein sehr reiches in Stein gehauenes Fischblasen-Maßwerk in fortlaufenden quadratischen Feldern.

Das Haupt-Portal, in der Axe der Kirche gelegen, reich profilirt mit abwechselnden Rundstäben und Hohlkehlen, ist aus Serpentin schön gehauen und trägt oben die Jahreszahl 1509 (Fig. 275). Am Seiten-Portal, das eine ähnliche Profilirung zeigt (Fig. 276) wie das Haupt-Portal, befindet sich an der dem Kirchenraum zugekehrten Seite ein alter gothischer Thürring und ein Schloß von vorzüglicher Schmiedearbeit mit sehr reichem Ornament. In den Knopf des Ringes, in welchem sich das Charnier befindet, ist reiches Maßwerk eincifelirt. Der untere Theil des Ringes ist abgebrochen und neu angeschmiedet. Der Thürdrücker ist neu, das Schildchen und das Schloß alt. Der Schloßkasten ist ein Werk der Renaissance.

Unter einem Fenster des Presbyteriums (Südseite) liegt der Eingang zur Krypta, zu welcher man durch eine längere Stufenreihe gelangt. Diese Unterkirche hat ein einfaches Fächergewölbe ohne Rippen, das sich ohne Vermittlung eines Capitäls auf zwei kurze starke Pfeiler setzt, der eine davon ist kreisrund, der andere quadratisch.

Ein Grabstein im Innern der Kirche benennt Chunrat von Gruppenstein, gestorben im Jahre 1464 (vom nahegelegenen Schlosse Gruppenstein).

Eines alten Altars mit steinerner roher Mensa ist noch zu erwähnen. Die Predella besteht nur aus einem von zwei gedrehten Säulen getragenen Kasten. Auf diesem ruht der Aufbau, bestehend aus drei Baldachinen von Holz, deren mittlerer natürlich der reichste und höchste ist. Unter diesen drei Baldachinen befinden sich auf einfachen Holzsäulen: rechts und links die in Holz geschnitzten Figuren der heil. Dionysius und Coloman, in der Mitte des heil. Sebastian. Die Baldachine bestehen aus mehreren sich durchdringenden gebogenen Wimpergen, welche mit Kreuzblumen und Fialen gekrönt sind. Die Kehlungen sind abwechselnd roth und blau

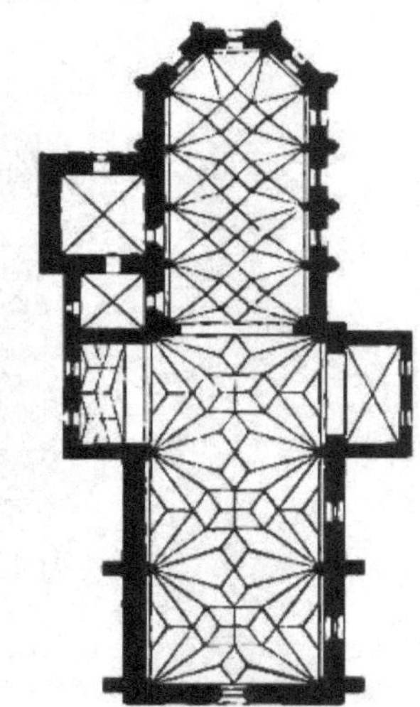

Fig. 274. (Ober-Vellach.)

gemalt. Die Knorren und Kreuzblumen sind schön ausgearbeitet und dürfte der ganze Altar ein Werk aus dem Anfange des 16. Jahrhunderts sein. Die Baldachine, sowohl der mittlere als die seitlichen, sind stark beschädigt. Einzelne Theile davon fehlen.

Weiters befindet sich auf dem Orgel-Chor an der Rückwand eine bedeutende Anzahl von alten gothischen Chorstuhlen. Dieselben sind wohl nur in Bruchstücken vorhanden und sehr stark beschädigt. Die Rücklehne derselben ist mit einfachem geschnizten Flach-Ornamentband in der kleineren Hälfte und zum Theil mit einer Infchrift gekrönt. Von den ausgefchnittenen Sitzen find noch circa zehn der rückwärtigen und fünf der vorderen Sitzreihe erhalten. Die Chorftühle waren nämlich doppelreihig. Von den übrigen Plätzen an der Wand fehlen die Sitze. Sie find fehr roh gearbeitet und ohne befondern künftlerifchen Werth, mehr Zimmermannsarbeit. Auf einer Rückwand fteht beifpielsweife: Tempora nuntiant homines. Die Zeit der Entftehung der Chorftühle dürfte mit dem Alter der Kirche übereinftimmen.

An der Außenfeite der Kirche befindet fich noch der Kaften mit dem Mittelbilde eines alten gothifchen Flügel-Altars, der vielleicht als Seiten-Altar gedient haben dürfte. Das Hauptbild ftellt den betenden Chriftus am Oelberge mit drei Jüngern und einem vom

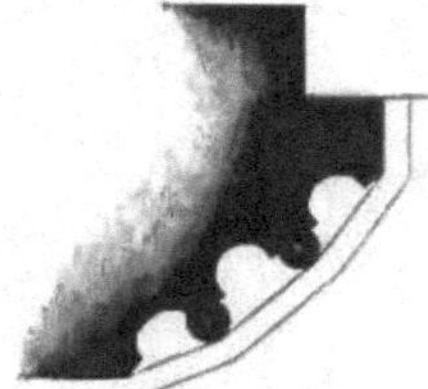

Fig. 275. (Ober-Vellach.)

Himmel herabfliegenden Engel dar, welcher Chriftum den Leidenskelch mit Kreuz und Marterwerkzeugen reicht. Das Relief füllt etwas mehr als die untere Hälfte des Kaftens aus. Ueber demfelben die ehemalige Rückwand, ein Tempera-Gemälde, darftellend wie Chriftus von Judas verrathen und gefangen genommen wird, zugleich wie Petrus dem Malchus das Ohr abhaut. Die Malerei ift von größerem künftlerifchen Werthe als die Relief-Arbeit. Der Altar ift gegenwärtig durch ein etwa 4 Schuh vorfpringendes Schindeldach vor den gröbften Witterungseinflüffen gefchützt. Es wäre fehr zu empfehlen, das Ganze in die Kirche zu übertragen.

Die Kirche zu Ober-Vellach ift im Befitze eines intereffanten Gemäldes, das am linken Seiten-Altar aufgeftellt in neuefter Zeit in Folge feiner großen Schadhaftigkeit einer eingehenden Reftaurirung unterzogen werden mußte, diefelbe ift unter der Künftlerhand des Vorftandes der Reftaurir-Schule im Belvedere Cuftos *Schellein* 1888 in überrafchender, völlig gelungener Weife zu Ende geführt worden und fteht das werthvolle Gemälde wieder zur Zierde der gedachten Kirche an feiner früheren Stelle. Leider beginnt es wieder fchadhaft zu werden. Das Bild ift ein Werk *Schoreel's* und trägt die Bezeichnung: Johannes Scoreel hollandin pictor fecit, auf der Rückfeite fteht anno dni. 1520, XV° vnd jn XX jar. Darunter zwei Wappen in Farben, davon das zur linken Seite der Familie Lang von Wellenberg gehörig (Mathäus Lang von Wellenberg, Bifchof von Gurk und feit 1519 Erzbifchof von Salzburg).

Es ift eine eigenthümliche, aber bei den älteren Künftlern nicht unbeliebte Darftellung, die uns der Künftler in diefem Gemälde vor-

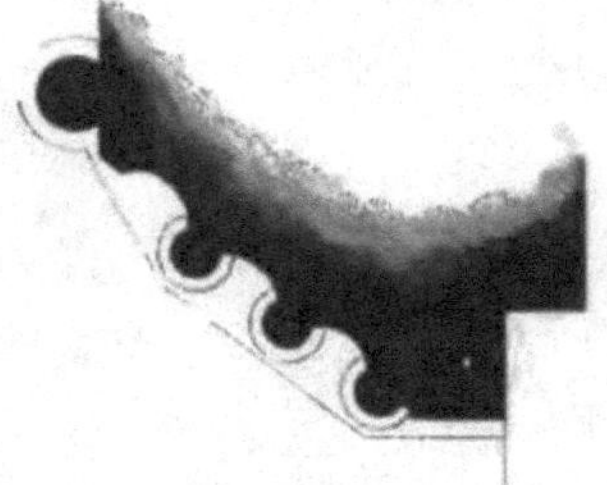

Fig. 276. (Ober-Vellach.)

führt. Wir fehen in der Mitte eine jüngere Frau ftehen, in der Tracht des beginnenden 16. Jahrhunderts, die ein nacktes in Linnen gehülltes Kindlein trägt, das durch den fein gearbeiteten Kreuznimbus als das Chriftkindlein bezeichnet wird. Dasfelbe wendet fich zu einer zunächft ftehenden älteren Frau, die ihm eine Traube reicht. Die Muttergottes umgeben viele Perfonen in lebhafter Gruppirung. Gegen rechts etwas rückwärts fteht der heil. Jofeph in italienifirender Tracht einen Lilienzweig haltend, darauf der heil. Geift, daneben noch zwei Männer, einer davon mit einem breitkämpigen Hute; neben der heil. Anna ein älterer Mann (Joachim) und ein jüngeres Ehepaar, davon die Frau ein bekleidetes Knäblein am Arme trägt; diefes letztere hält einen Kelch, den es fegnet (St. Johannes Ev.); ein größerer Knabe im Pilgerkleid mit Mufchel und Stab ihm zur Seite (St. Jacobus). Diefe Gruppe fchließt das Bild links. Rechts steht ein anderes Paar mit vier Kindern, zwei am Boden sitzend spielen mit Winkelmaß (St. Mathias) und Säge (St. Simon), ein drittes Kind steht dabei und hält einen keulenartigen Stock (St. Thadäus), das vierte Kind hat kein charakteristisches Merkmal, ist jedoch wesentlich anders gekleidet und trägt eine reich gezierte Schirmmütze. Sämmtliche Figuren sind nicht nimbirt, die Frauen reich gekleidet, die meisten Männer tragen mit Pelz verbrämte Kleider und Mützen. Die ungemein fein gearbeiteten Gesichter sind unzweifelhaft Porträts.

In einem Manne (Joachim) wollte die Volksmeinung ein Porträt Luther's erkennen, was nicht wenig zur Zerstörung des Bildes und zwar durch Muthwillen beitrug. Es ist möglich, dafs in den Porträts die Donatoren vertreten sind, übrigens aber dürften die Embleme des Kelches, des Pilgerstabes, der Säge u. s. w.

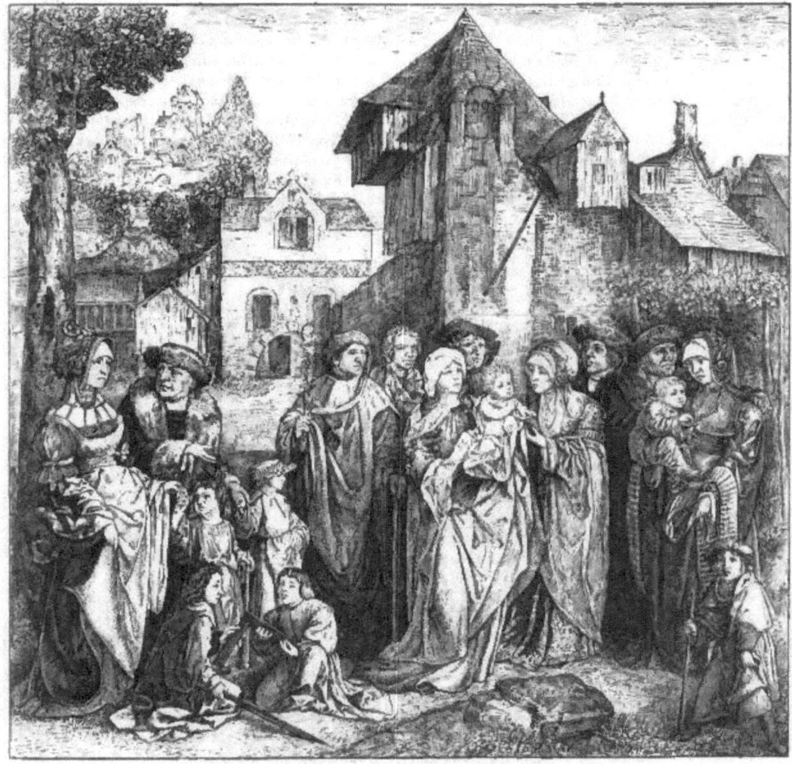

Fig. 277. (Ober-Vellach.)

vom Maler nicht unabsichtlich gewählt worden sein, so dass damit die Verwandtschaft einiger Apostel mit Christus: die Sippschaft Christi dargestellt werden sollte. Es dürften damit also beispielsweise die Apostel Johannes mit dem Kelche, Jacob der Aeltere als Pilger, Simon und Thaddäus mit Säge und Prügel, endlich Matthäus mit dem Winkelmaß gemeint sein.

Der Hintergrund des Bildes stellt ein Dorf vor, in der Mitte ein größeres Haus mit Fresken an der Außenseite und einem Wappen über dem Thore. Darüber ragt ein mächtiger Burgbau hervor.

Dieses prachtvolle Gemälde, durch seinen eigenthümlichen Farbenreiz besonders ansprechend, ist auf Holzunterlage in Temparafarben gemalt und darüber mit Harzfarben vollendet (Fig. 277).

Nicht dieselbe Meisterhand zeigen die beiden Flügelbilder, vorstellend den heil. Christoph, wie er das Jesukind durch das Wasser trägt und die heilige Apollonia mit Zange und Zahn (Fig. 278). Der obere Abschluß beider Bilder ist mit einem in Gold ausgeführten reizenden Ornamente geziert. St. Christoph und Apollonia dürften die Patrone der Donatoren gewesen sein. St. Christoph trägt das bekleidete Christkind, das die Erdkugel hält, durch das Wasser, sich dabei eines Baumstammes als Stockes bedienend, im Hintergrunde eine felsige Gegend, ein Einsiedler vor seiner Zelle. St. Apollonia schreitet in reicher Bürgerkleidung einher, hält in der einen Hand ein offenes Buch, darin lesend, in der anderen eine Zange. Die Rückseiten zeigen sehr roh componirte, wenn auch nicht so ausgeführte Bilder. Wir sehen die Geißelung Christi (Christus an eine Säule gebunden, von Blut triefend und bei den Haaren gezogen) und die Kreuztragung mit Simon Kyrene (dabei ein Domherr, vielleicht auch der Maler) und die heil. Veronica.

Als aus dieser Kirche stammend und derzeit in einem Raume des Pfarrhofes deponirt sind noch zwei Relief-Bilder zu erwähnen, und zwar:

Das Mittelbild eines Flügel-Altars von kleinen Dimensionen. In der Mitte die heil. Maria mit dem Jesuskinde auf dem Schoße (Hoch-Relief). Vor ihr die heil. Anna und herum vier weitere weibliche Figuren, zwei männliche und sieben Kinder. Unter dem Relief ein einfaches durchbrochenes Ornament. Auf der Rückseite dieses Kastens ein einfaches grünes Ornament auf Holz gemalt, mit der Jahreszahl 1512. Rechts und links sind noch Ansätze der alten Altar-Flügel sichtbar, welche letztere aber abhanden gekommen sind. Ebenfalls eine Darstellung der Familie Christi.

Ferner noch ein über eine Klafter hoher spitzbogiger geschlossener Kasten, das Mittelbild eines Flügel-Altars. Uebrigens könnten die zwei Flügel dieses Kastens auch die Thüren des eben besprochenen Altars sein. Durch ein (horizontales) breites Band ist jede Tafel in zwei Hälften getheilt. Ober den Bildern jedes der Felder war und ist noch zum Theil eine Verzierung mit gothischem Rankenwerk, durchbrochen gearbeitet, erhalten. Die Bilder stellen 12 Heilige von den 14 Nothhelfern dar. Die Figuren in Relief auf blauem Grunde.

In einer Rumpelkammer zwei holzgeschnitzte Heilige (St. Florian und St. Georg) in sehr bewegter Haltung, jedenfalls von einem Altar stammend, jede der Figuren 78 Ctm. hoch.

In der unter dem Thurm liegenden Sacristei fand sich auf einem der Kästen liegend ein altes sehr schön gearbeitetes Ostensorium aus dem 14. Jahrhundert aus unedlem Metall. Auf breiter Basis erhebt sich das Gestelle mit starkem Nodus, darauf zwischen Strebepfeiler-Architektur das cylindrische Gefäß, das zur Aufnahme des Kreuz-Partikels bestimmt war, darüber eine Bekrönung und wieder ein sechseckiger Aufsatz mit Zinnen. Die Pyramide, der letzte Aufsatz, fehlt. Die Höhe bis zum Zinnenkranz beträgt 47 Ctm. (leider verkauft).

Um die Kirche herum, den Kirchhof umzäunend, eine altersschwache Befestigungsmauer, welche an zwei Ecken (östlich) durch einen runden Thurm verstärkt wird. Die Mauer dient gegenwärtig zur Aufnahme von einzelnen Grabsteinen.

An der südlichen äußeren Seite der Kirche sind zwei Grabsteine in die Wand eingemauert. 1. Wappen: Ein Bergmann, in der Rechten einen Krystall, in der linken einen Hammer haltend, dieselbe Figur als Helmzier. Jahreszahl: 1540. Name: Junker Gallschlaminger.

2. Ein Grabstein, mit sehr schön gezeichnetem Wappen, leider in mehreren Lagen übertüncht und in Folge dessen die

Darstellung und die Schrift nicht zu entziffern. Ober dem Wappen ein Spruchband mit der Jahreszahl: 1462.

3. Ein Grabstein, eigentlich eine große viereckige Bronceplatte, an die Wand der erwähnten, später angebauten südlichen Capelle gestellt, nennt in der sehr langen Inschrift den Namen: Johann Adam Stampfferer von Walchenberg auf Trawuschgen und Meiselberg. Jahreszahl: 1695. Wappen: ein Adler auf einem Berge, darüber in der Ecke je ein Adlerflügel.

In der zur Pfarrkirche von Ober-Vellach gehörigen Wallfahrts-Capelle auf dem Calvarienberg befindet sich ein Ostensorium von ähnlicher Form, wie das eben erwähnte, aber etwas kleiner und ziemlich gut erhalten.

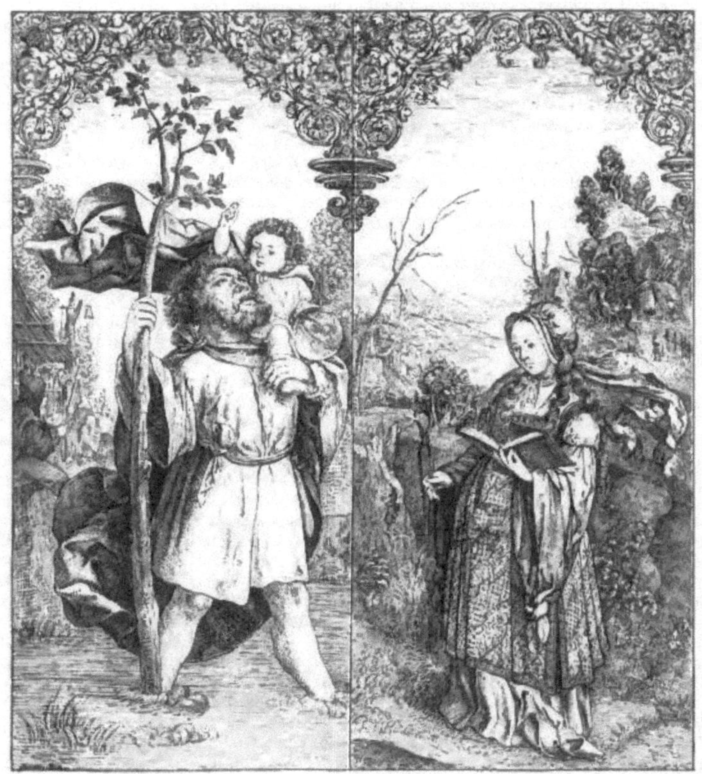

Fig 278. (Ober-Vellach.)

Auf dem Hauptplatze in Ober-Vellach steht ein Wohnhaus, dessen Portal im Schlußsteine ein Wappen mit der Jahreszahl 1521

17*

trägt. Im Wappen eine schrägrechte Theilung begleitet von je einem Sterne. Im Hause nebenan befindet sich ein einfacher gothischer Holz-Plafond. Im Orte sind noch mehrere Häuser aus dem 15. und 16. Jahrhundert, jedoch ohne jeden künstlerischen Werth. Im Pfarrhof ist ein Holz-Plafond aus dem Anfang des 16. Jahrhunderts mit romanisirenden Ornamenten erhalten. In reicher Abwechslung ist jeder Balken in seiner ganzen Länge geschnitzt, leider stark übertüncht.

Ober-Vellach bei Hermagor (Decanat Unteres Gailthal; M. IX, 114). In der kleinen Filial-Kirche zwei vollkommen erhaltene Flügel-Altäre, deren einer dem 15. Jahrhundert angehört, der zweite zeigt den Einfluß der Renaissance. Die Bemalung der Apsis gehört in das 17. Jahrhundert.

Obir. Der Bergbau wohl aus alter Zeit (Geol. R. A. V. 69, 112).

Olistain Charintie heißt im codex Redianus, der Fundort für den Grabstein DMI.TAPVRIO*, Zeit um 200, gef. vor 1474, entweder nach Arnoldstein, oder Hollenburg (mit dem nahen Stein oder Victring) zugehörig, jetzt fehlend (Jab. 390, Mo. 5702, ad S. 1049, S. 596).

Olsa bei Friesach. Ein Schriftstein AE bis NENS, sechs Zeilen, um 250 gef. vor 1880, als Werkhaus-Stufe (Aep. 4, 213, 20).

Olsach bei Molzbichl, eine schlichte Capelle ohne jeden Werth, dürfte in unserem Jahrhundert erbaut worden sein; der Thurm ist aus dem Jahre 1853. Auf dem rechten Durchgangsbogen neben dem Altare steht frei die Figur des heil. Leonhard, welche aus der Reliefstafel eines dem 16. Jahrhundert entstammenden Flügel-Altares herausgeschnitten ist. Die Figur ist nicht ohne Bedeutung.

Ortenburg, altes castellum des Eugippius, Sect. 25. (M. 3, n. F. p. XCVI. Jung 151). Die Ruine, als Ortenburch 1093, enthält eine Capelle mit Rippengewölbe, jedoch schon verfallen.

Ossiach. Der See, welcher durch einen Bergrücken, daran an mehreren Stellen durch polierte und geritzte Felsplatten die Richtung des Gletscherstromes von West nach Ost angedeutet wird, vom Wörthersee geschieden, gilt als der seichteste der drei kärntischen Haupt-Seen, weswegen er im allgemeinen für die Pfahlbau-Besiedelung die günstigste Eigenschaft böte. In dieser Hinsicht sind auch die Südränder als die sanfter abfallenden vorweg zu nennen, jedoch sind diese auch die schattseitigen.

Der See enthält vor dem Landungsplatze der Ueberfuhr, 35 M. außerhalb des See-Wirthshauses zu Ossiach außerhalb des Schilfes, bei ruhigem Wasser sichtbar eine Reihe von mindestens 20 starken innen ausgehölten Pfählen in einer Tiefe von 2 — 2·5 M. (8 — 10'), hoch über dem Seeboden 32 — 95 Ctm. (1 — 3'), dick 15 Ctm. (6'), deren etliche im Winter 1856 ausgezogen worden sind. Auch die charakteristischen alten Fischer-Steinhaufen in Form abgeflächter Kegel sind da angelegt; sie erscheinen am Südufer zwischen Ossiach und St. Andreas fort und fort, seltener an der Nord-Seite mit den theilweisen Steil-Ufern, doch immerhin auch bei St. Urban, dort knapp an der Gränze des Abfalles in einer Tiefe von 3 — 3·8 M. (10 — 12'); der Wasserstand darüber ist 1 — 2 M. (1 — 6'). Die Länge ist 4·7 — 6·3 M. (15 — 20'), die Höhe 190 Ctm. (6'), das Ansehen das eines Bachgerölles. Bei Heiligenstatt im unteren westlichen Seebecken, Südufer, wird eine Erd-Terrasse in der Tiefe von 380 Ctm. (2°) als die Stelle der versunkenen (heiligen) Stadt zeigt.

Ein Pfahldorf ist möglich beim Seeausflusse westlich unter dem Spitzokel oder Spitzjokl, so heißt die Stelle des Schilfichtes zwischen Schöffmannwald und der Ruderclub-Hütte.

Nirgend haben sich bisher aber Muschelhaufen, Scherben, Thierknochen oder gar metallische Geräthe gezeigt. Auch das Torfmoor am Ost-Ende (150 Joch), das Bleistatt-Moos, ist außer Buchscheiden ohne Funde. Ein ganzes Drittheil des Seebeckens einnehmend, ungleich mehr als am Westrande zu sehen, und noch nach der Diluvialzeit einen Theil des Sees selbst bildend, bietet es jetzt eine Schichte bis zu 7·58 M., die unterste Maße ist gelb, sehr locker, dann folgt schwarze dichte (der Speck), dann die breiteste braun oder schwärzlich, faserig, mit dem Inhalte Stöcke oder Aeste von Schwarzerle, vielleicht Fichte und angeblich Topfscherben, Hirschgeweih, Hufeisen von kleinen Pferden oder Maulthieren.

In römischen Zeiten leitete wohl am nördlichen Seerande, ähnlich wie am Wörtersee, eine Seitenstraße von Santicum nach Virunum, unter Landskron vorbei nach

Tiffen, und wird das Marmor-Material des Seebeckens, grob- bis feinkörnig, weiß, grau, graublau, theils braun durch Eisenhydroxyd und braun punktiert, bei Tiffen, Sonnberg, Pichl, Salloch, Alt-Offiach, Oftriach, Landskron, Steindorf, Sattendorf, Pölling, reichlich verführt worden sein. Oder sollten die Findlinge in der Vassoyen, im Stift Offiach mehr für eine Seitenstraße am Südrande sprechen? Das wäre die Linie Villach, Zauchen, St. Michael, Landskron, Vassoyen, Heiligenstatt, Offiach, Buchscheiden, Tiffen, Feldkirchen, unter St. Urban, St. Veit, Zolfeld.

Das Relief, Pferd, linksgehend, gezäumt und gesattelt, eine Marmorplatte mit renaissance-artiger Einfassung (vgl. M. 1874, S. 35. Fig. 2), steht außen am Boleslaus-Grabe seit 1839 und war vormals abseits davon an einem Strebepfeiler vorfindig. Die Randschrift Rex boleslavs poloniae etc. gehört dem 16. oder 15. Jahrhunderte an. Die angebliche Grabstätte des Polenkönigs Boleslaus kommt vielleicht auf ein Römergrab oder ein frühmittelalteriges hinaus; es enthielt einen Schädel (Skelett-Theile), einen eisernen Nagel (nach Anderer Mittheilung mehrere lange, einer 1840 bei Pfarrer Urban Jarnik zu Moosburg), eine Bronze-Fibel (metallene Schließnadel, beiderseits mit muschelartigen Knopf-Enden, 1840 bei Pfarrer Franz Karl), wie die Eröffnung 1839 21. Juni gezeigt hat. Das Grab mochte schon früher einmal ausgebeutet worden sein.

Ein Grabstein SOVLIVSLO*, um 140, gef. um 1766, scheint im Klosterhofe verwahrt gewesen zu sein (Mo. 5001).

Der See bei Alt-Offiach, dessen Kirche von Römersteinen vielleicht einiges verwendet hat, nach 878, erscheint in diesem Jahre als lacus schlechthin genannt; das Kloster erbaut nach 1010, vor 1026, als Offewach 1063?, Oscivvah 1149, Osciah 1151. Der Tauern gegen Sternberg ist wohl seit c. 860 wieder begangen (vgl. die Umgebung Oswaldiberg, Treffen, Vassoyen, Landskron, Niederndorf, Görlitzen. KZtschft. 7, 165. Car. 1840, 111, 187; 1813 Nr. 42; 1837, 63; 1861, 158; 1868, 325; 1869, 9, 44. AfköG. 38, 199. SitzbAkW math. 51, 271. Mi w. anth. 1, 321. *Hartmann* im Programme der Realschule Klagenfurt 1882. Jah. S. 6. *Hermann* Text S. 135. Grazer Tagespost 1879 Nr. 194. Kml. 147, 265. R.-Stud. 3, 21, 47).

Das ehemalige Benedictiner-Stift wurde 1784 aufgelöst. Das Stiftsgebäude diente alsdann zur Unterbringung eines Militär-Gestütes, das Conventgebäude wurde demolirt; heute alles ziemlich verödet.

Die Kirche ist von dreischiffiger Anlage, ohne präcise Scheidung zwischen Presbyterium und Langhaus, welch letzteres in jedem Schiffe vier Joche enthält. Die Kirche wurde zur Zeit der Renaissance innen neu ausgestattet und neu eingewölbt. Die Seitenschiffe sind wesentlich niedriger als das Mittelschiff und schließen analog demselben geradlinig ab. Die Gewölbe sind mit Fresken decorirt (Frohmiller). Wir sehen im Hauptschiffe: Maria Himmelfahrt; in den Seitenschiffen: die Darstellung Jesus im Tempel, die Taufe Christi, den Kindermord, die Beschneidung, das Rosenkranzfest und den Tod des heil. Sebastian.

An der Nordseite neben dem letzten Langhaus-Travée befindet sich eine doppeljochige dreiseitig abschließende Capelle im gothischen Style, die Rippen der Kreuzgewölbe ruhen auf Tragsteinen. Die beiden Schlußsteinscheiben wurden im 17. Jahrhundert mit Wappen bemalt. Zwei längliche Fenster an der Nordseite, und ein Radfenster an der Westseite sind mit gutem Maßwerke geziert.

In dieser Capelle ein schöner Flügel-Altar, im Schreine: Maria mit dem Kinde, Margaretha und Katharina, als oberer Abschluß reiches Spitzenwerk. In den Seitenflügeln innen in vertieften Nischen die Apostel in Relief auf blauem Grunde, Astwerk darüber. Außen schwache Bilder: Maria Verkündigung, Christi Himmelfahrt, Geburt und Aufopferung Christi. An der Predella ein neuerer Tabernakel, dabei zwei weibliche Halbfiguren. Oben drei Figuren: St. Sebastian, Florian und Anton. Auf der Rückseite das Veronica-Tuch von Engeln getragen, dabei die Jahreszahl 1604. Ein Inschrift-Rest erzählt: Jaco KAENI pict. In dieser Capelle steht der Taufstein mit achtseitiger Untersäule auf runder Stufe.

Hier finden sich auch zahlreiche Grabsteine, als die des Abtes Andreas Hafenperger mit ganzer Figur, rother Marmor † 1545, — des Abtes Caspar Rainer † 1515, ebenfalls mit Figur, — des Niclas Pfietner † 1497, — des Abtes Sigismund Frisch † 1556, — des Peter Gröblicher † 1587, — des Michael Nasenperg † 1532. Im Mittelschiffe: des

Abtes Hermann † 1753, jenes Abtes, der die Kirche restauriren ließ, wie eine Inschrift auf der Quergurte der Vierung erzählt, — des Abtes Christoph † 1682, — des Abtes Friedrich Hirschberger, der Gedenkstein an Ogyius, den Abteistister — errichtet 1615, — des Abtes Edmund Iblpacher † 1725.

In der Sacristei der Offiacher Kirche befindet sich ein transportables Sacraments-Häuschen mit würfelförmigem Unterfatz, nach allen Seiten vergittert, der

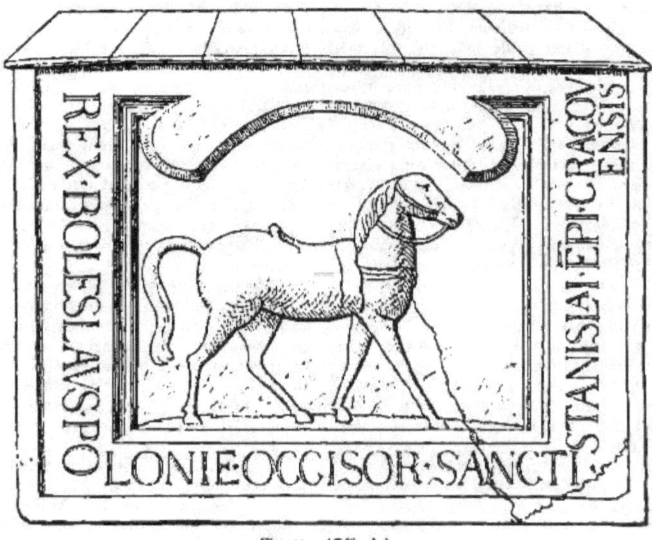

Fig. 279. (Offiach.)

einen ebenso vergitterten Kuppelauffatz trägt. Der Unterfatz durch eine Thür schließbar, um im Innern das Sanctiffimum aufzustellen. Am Gründonnerstag kommt dieses Gefäß als Symbol Christi im Gefängnis in Verwendung. An der vollen Hinterseite steht die Jahreszahl 1626 und oben die Anfangsbuchstaben G.W.D.G.A.O. — das Ganze mehr originell als von Kunstwerth.

Das Aeußere der Kirche ist unbedeutend. An der Seiten-Capelle finden sich Strebepfeiler. Der viereckige kräftige Thurm steht auf der Vierung, also von sehr alter Anlage, außen modernisirt.

Im Stiftsgebäude sind zwei große Localitäten zu nennen, der Benedictus-Saal mit einem Plafond-Gemälde, St. Benedictus in der Glorie, von Frohmiller, und der Kaiser- oder Rittersaal mit 14 Porträts von früheren kärntnischen Landesherren, ebenfalls von Frohmiller. Das Deckengemalde stellt die Huldigung der Stände von Kärnthen vor.

Ein wichtiges Denkmal ist noch zu erwähnen, das Grabmal des Polen-Königs Boleslaus II. Es befindet sich an der Nordseite der Kirche, nahe der Seiten-Capelle, so zwar, daß die Hauptmauer an dieser Stelle etwas zurücktritt und eine Nische bildet, darüber ein niederer Stichbogen gespannt ist. Die Stelle des Grabes ist mit einem rohen Steinplatten-Pflaster bedeckt. Der Grabstein ist der correspondirenden Stelle der Außenseite der Kirche angefügt, wie schon erwähnt, ein Römerstein aus weißem Marmor (Fig. 279), der im vertieften Felde die Darstellung eines gesattelten Pferdes und am Rande an drei Seiten folgende Umfchrift enthält:

REX·BOLESLAVS·POLONIE·OCCISOR·SANCTI·STANISLAI·EPI·CRACOVENSIS.

Ober diefem Steine ein Gemälde auf Holz, das in fieben theils ovale theils runde Felder und in der Mitte ein längliches eingetheilt ift. Wir fehen im Mittelbilde König Boleslaus in vergoldeter Rüftung, in den andern Feldern Scenen aus dem Leben des Königs, endlich die Ermordung des Bifchofs am Altare; das Bild ift die Copie eines alten weit befferen Gemäldes, das früher an diefer Stelle befeftigt war, fich jetzt bereits in fchlechtem Zuftande befindet und in der Seiten-Capelle aufbewahrt wird, darauf die Infchrift: rex boleslavs anno MLXXXIX.

Im Jahre 1839 wurde das Grab geöffnet und wieder verfchloffen, fodann mit einem Eifengitter umgeben, darauf die Worte ftehen: Sarmatis peregrinantibus salus.

Osterwitz, Hoch-. Sowohl die Bronze-Fibel, feit 1877 V, als der Grabftein BASSVS*, Zeit um 150, Cippus mit Delphin, gef. 1745, im Schloßhof eingeftellt, Jab. 169, Mo. 4887, dürften aus der Thaltiefe oder vom Helenenberge ftammen. Der Weinbau um das fchon 861 genannte Afterwicza (Aftarwizza), für Gofleling 980, für hier 1043, gewährleiftet, geht jedenfalls ins Zolfeld hinab und auf römifche Zeiten zurück?! Der Kalkblock von 270 M Höhe mag immerhin eine römifche Baute getragen haben (Kml. 266; f. auch **Hochosterwitz**).

Osterwitz, Neu-. An 70 bronzene Palftäbe, Beile, Kelte, in Schichte zu je drei, lang an 14 Cm., breit 3 bis 6 Cm., mit Gußnaht, je 275 bis 280 Gr., ergraben in Tiefe 1 M. beim Gemüfegartenzaun als Bergungsfchatz 1885, 16. April. 12 in K, 2 Joanneum (Klagf. Ztg. 1885, Mo. 101, S. 875. Car. 1885, S. 127. M. XI, 1886, p. LXII; f. auch Hochofterwitz).

St. Oswald ob Hornburg, altes Kirchlein, fchmale Fenfterfchlitzen erhellen den fchmucklofen gothifchen Chor, kleine Sacraments-Nifche. Die Kreuzrippen-Gewölbe in der Sacriftei unter dem maffigen Thurme, der einen kräftigen Außenfockel hat, find fpät-gothifch. Glocken aus dem 15. Jahrhundert. Minuskeln.

St. Oswald ob Klein-Kirchheim. Die Kirche dürfte in der erften Hälfte des 16. Jahrhunderts entftanden fein, hat einen fpät-gothifchen polygon gefchloffenen Chor, das Gewölbe zeigt Netzrippen-Anlage, die Rippen ruhen theils auf Confolen, theils auf runden Dienften, in den drei Fenftern Maßwerk mit Butzenfcheiben. Außen keine Strebepfeiler. An der Evangelien-Seite des Hoch-Altares eine mit einem Eifengitter gefchloffene Wandnifche. Der Taufftein alt, im Presbyterium ein gefchnitzter Kirchenftuhl mit der Jahreszahl 1530. Der Hoch-Altar trägt die Jahreszahl 1678, die zwei Seiten-Altäre find theilweife Werke der neueren Zeit, theilweife find an denfelben Refte alter Flügel-Altäre erhalten, nämlich der Mittelfchrein. Die Flügel außen bemalt, innen mit Reliefs geziert, find am Kirchenboden deponirt.

St. Oswald, Filial-Kirche von Suetfchach, mit fpät-gothifchem kleinen Chor mit dreitheiligem Schluße, drei kleine Spitzbogen-Fenfter mit Maßwerk und Butzenfcheiben, die Gewölberippen auf Confolen anfetzend. Auf einem Seiten-Altare Refte eines Flügel-Altars, auf der Predella die Auferftehung.

Oswaldiberg bei Villach. Die Sage kennt den Goldbrunnen, den alten Goldbau nächft der Reichmann-Hube, das Knappenloch, den Kerker bei Vaffach. Ein Steinaxt-Fragment, vielleicht in oder nächft der Felsgrotte (unter dem Kirchlein, fchmal, lang, an 4 Klafter = 7·5 M.) gefunden, V feit 1876. (Car. 1833, 71; 1857, 17 Vgl. M. 18, 23).

Möglich, dafs die Seitenftraße von Sianticum (bei Villach) nach Virunum über die fanften Höhen bei St. Leonhard zwifchen Oswaldi- und Kumitz-Berg hindurch nach St. Ruprecht, Niederdorf längs der Nordfeite des Offiacher Sees nach Feldkirchen u. f. w. gelaufen ift (R.-Stud. 3, 44, vgl. 21, 47).

Ottmanach am Süd-Fuße des Helenenberges, 2¼ Stunden Gehweges von Station Zolfeld entfernt, eine Stunde unter der Bergfpitze. Die Kirche (des zuerft 980 genannten Otmanica, c. 1200 Otmanah, Otemangah) enthält in Mauern und Boden manches römifche Marmorftück. So das Relief „Blumen-Arabesk" (Jab. 196), den Grabftein C IVLIO·C·F·VEL·BASSO, Zeit um 76 bis 120, mit Erwähnung der speculatores caesaris Augusti im Prätorium; vielleicht vom Helenenberge um 1819 herbeigebracht (Jab. 195, Mo. 4843. Kml. 75). Das ſtatuariſche Stück, männliche Büſte mit ſchlichtem Haare, grober Kalk, Arbeit etwa des dritten Jahrhunderts, ausgegraben 1881 auf dem Acker des Bronze-Greifes (ſ. Helenenberg), befindet ſich im Muſeum zu Klagenfurt (Car. 1881, 195).

Es iſt nicht anzunehmen, daſs Münzen hier fehlen ſollten. Der noch für 1137 und ſpäter für (das vor 1116 erbaute) Ottmanach geltende Weinbau erklärt den günſtig terraſſirten Helenenberg als eine vielbeſuchte

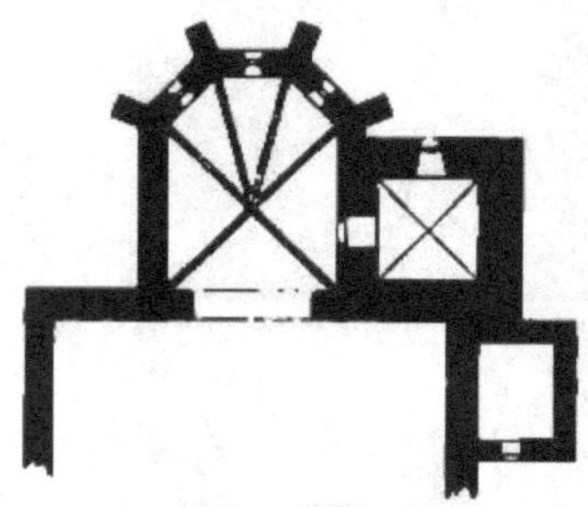

Fig. 280. (Oetting.)

Sommer- und Herbſtweile der Virunenſer; ein Fanum des Bacchus mochte mit Greifen geziert geweſen ſein.

Die Kirche iſt urſprünglich eine romaniſche Anlage, wofür der rundbogige Scheidebogen, das Chor-Quadrat, ſprechen; die gegenwärtige Erweiterung wurde erſt in der zweiten Hälfte des vorigen Jahrhunderts vorgenommen. Die Kirche war ehemals flach gedeckt. Das Hauptſchiff beſteht aus drei Jochen mit niedrigen runden Gratgewölben, die ſpäter zugebauten gleichhohen Abſeiten ſind mit Platzlwölbungen überdeckt. Durch die Einwölbung wurde das Mittelſchiff niedriger und erhielten alle drei Schiffe ein gemeinſames Dach. Der ſehr gedrückte Chor iſt rundbogig überwölbt. Fenſter ſämmtlich klein, ſtyllos, ohne Maſswerk. Zwiſchen Chor und Mittelſchiff eine Verbindungs-Halle, auf welcher der urſprüngliche Thurm ſtand. Derſelbe iſt noch mit ſeinen vermauerten romaniſchen Schallfenſtern erkennbar. Der jetzige erhebt ſich an der Südſeite über der alten Sacriſtei und trägt einen barocken Helm. In der Kirche befindet ſich nur ein Grabſtein, unter dem Orgel-Chore, lautend auf den Namen des „edlen Herrn Martin Alber zu Albenburg und auf Ottmanach 1666“.

An der Auſſenſeite des Thurmes eine Inſchrift: „Zur Zeit da Antonius Groschar dieſs Orts Seelſorger, Jacob Grimb zu Pirkh und Lienhart Vetter in Pach Zöchpropſt war — iſt dieſer erſam Thurm auſerbaut worden . 1 . 6 . 1“. Unweit davon, an der ſüdöſtlichen Thurmecke, ein Römerſtein.

Vor der kleineren Kirchenthür ein kleiner Grabſtein, blos mit einem einfachen Kreuz und dem Namen „Benedict Greblacher 1521“. Der Name eines zweiten Greblacher kommt auf einem in der Weſtvorhalle ſtehenden als Opſertiſch dienenden Grabſtein vor; dabei die Jahreszahl 1500. Gothiſches Weſt-Portal mit Eſelsrücken, Reſte eines gemalten Dachfrieſes. Runder becherförmiger Tauſſtein, daneben an der Wand: „Her Martin alber von Vnd Zv Albenburg auf Otmanach Seelig geſtorben den 24 Juni 1666.“ Intereſſante Thürbeſchläge, zwei Glocken aus dem 15. Jahrhundert, eine von 1724.

Oetting. Die Kirche daſelbſt iſt ein kleiner Bau, deſſen Presbyterium noch in die Zeit der Spät-Gothik zurückreicht. Das Schiff iſt flach gedeckt (Fig. 280). Wandniſche. Der Thurm ſteht rechts neben dem Presbyterium, enthält im Erdgeſchoſſe die Sacriſtei, einen Raum mit Kreuzgewölbe überdeckt, und endet in eine hohe Spitze. Auſſen an der Kirche das Grabmal des Chriſtoph vom Graben zum Stein † 1628 und innen neben dem nördlichen Seiten-Altar auf rundem Steinfuſſe eine alte ſehr tüchtig gearbeitete Georgs-Figur, der untere Theil des Tauſſteines iſt alt. An der Evangelien-Seite eine kleine Mauerniſche. In der Nähe liegen die Ruinen Fleſchberg und Stein.

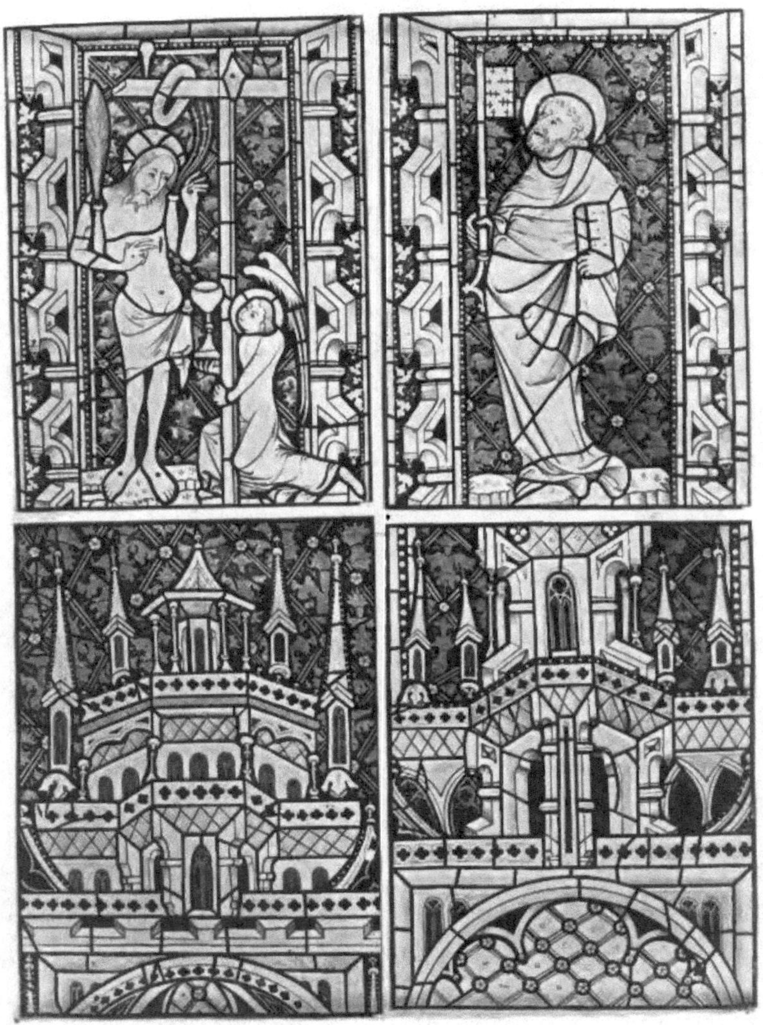

Lichtdruck von Jaffé & Albert, Wien.

Zu Seite 231

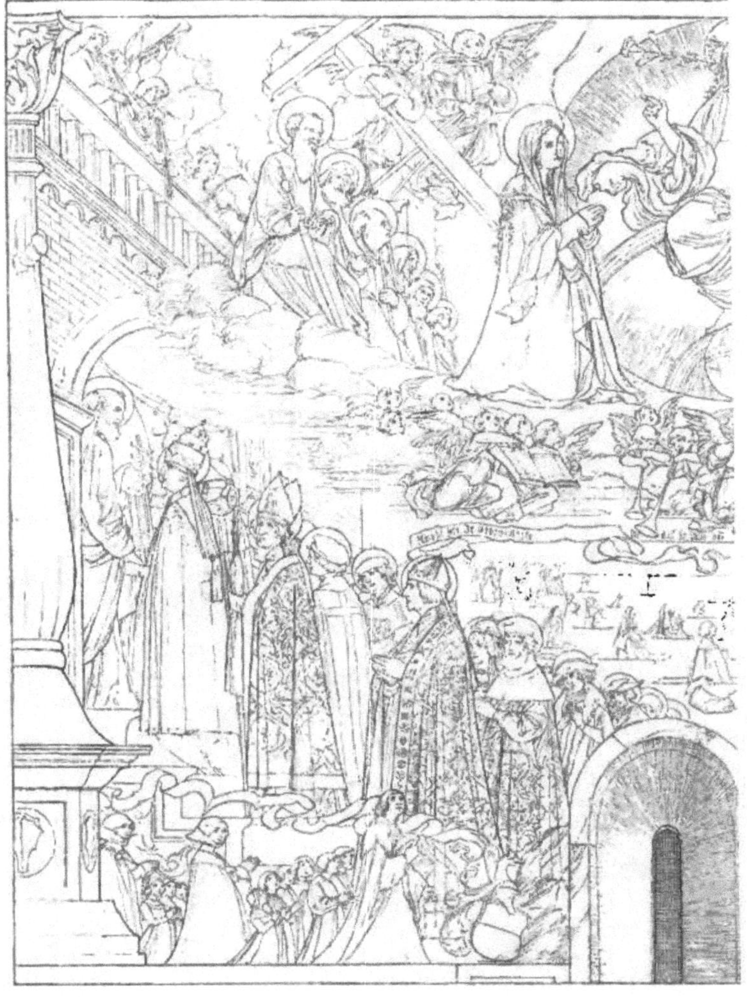

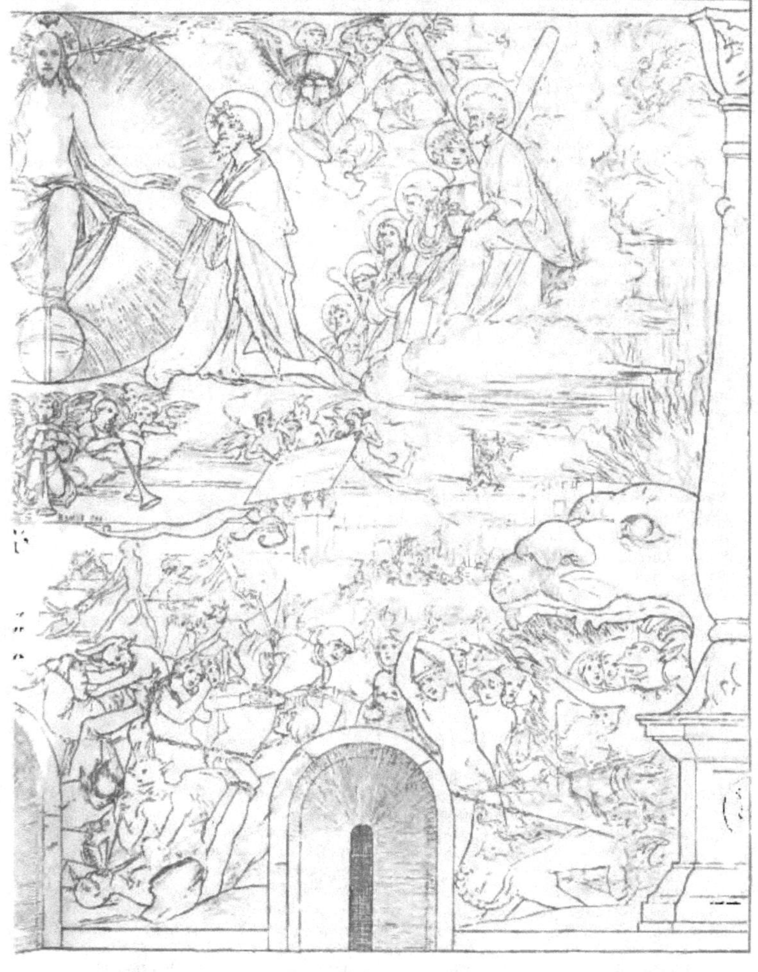

P.

Passering. Die dortige nach Kappel gehörige Filial-Kirche ist ein einfacher Bau mit flachgedecktem Schiffe. Der hölzerne Seiten-Altar rechts zeigt die Jahreszahl 1550 und dabei B. In der Predella die Auferstehung Christi (rohe Malerei), im Schrein Maria mit dem Kinde, Laurenz und Margaretha, bemalte Reliefs. Auf den Flügeln innen Katharina und Mathias, außen die Verkündigung. In der Krönung der Gekreuzigte. Der Fialenschmuck und die gothische Bekrönung im Charakter des verfallenden Styles. Der Altar links ein ähnlicher Schreinaufbau. Auf der Predella Maria, Ecce homo und Johannes, schwache Gemälde. Im Schreine: Maria mit dem Kinde, mit dem weit geöffneten Mantel Gruppen von Andächtigen umfangend. An den Flügeln innen Margaretha, Katharina, außen Christoph und Nicolaus. Seitwärts des Schreines Florian und Georg. In der Krönung Statue der Anna. In der Sacristei ein gothisches Rauchfaß (Fig. 281) aus Kupfer. Eine Glocke aus dem Jahre 1728 (M. x n. F., p. CCIX).

Paternion, im Gebiete erratischer Blöcke, an der Römerstraße von Santicum nach Teurnia, weiterhin Loncium, Aguontum, ist die Fundstätte je einer Bronze-Münze Drusus, Germanicus K, Hadrian K. (M. 3, neu p. XCIX Nr. 12. Jab. S. 6. Kml. 30).

Sechs Schriftsteine, deren erster ein Weihstein,

IOM PRO SALVT, Ara dem Jupiter, Zeit um 215, gef. 1862. Kirche (Jab. 460, Mo 4752).

TINCO*, um 200, gef. vor 1527. Kirche (Jab. 456, Mo. 4753 Valvasor Villach 244 Mu. RN. 1, 183).

Der Ambidrabus als eques auxiliarius, vgl. Ank. 1, 45.

OSV · P | TEVR, Kleinschrift um 200, mit dem Stadtnamen Teurnia, Celeia? und Pann(oniae) Civ(is), gef. 1862 in Haus Moro (Jab. 461, Mo. 4754).

DM CAIANTIAE, Sarg, um 240, gef. 1862; im Postkeller (Jab. 459, Mo. 4755. M. 3, neu p. XXXII No. 5. Aep. 2, 100).

SECCIONI*, um 250, gef. vor 1752; in Schlosse (Jab. 457, Mo. 4756 Mu. RN 1, 313, 304).

SATVRNINVS*, um 190, gef. vor 1551 (1534?), nach 1688 bei Valvasor 164 als Kirchen-Altarstein hier, fehlt; vgl. St. Anna bei Villach und Villach (Jab. 458. Mo. 4761). Unrömisch eine rohe Platte im Friedhofe, vor 1818 (Mo. 241).

Von der alten gothischen Kirche ist nur noch das Presbyterium vorhanden. Dasselbe

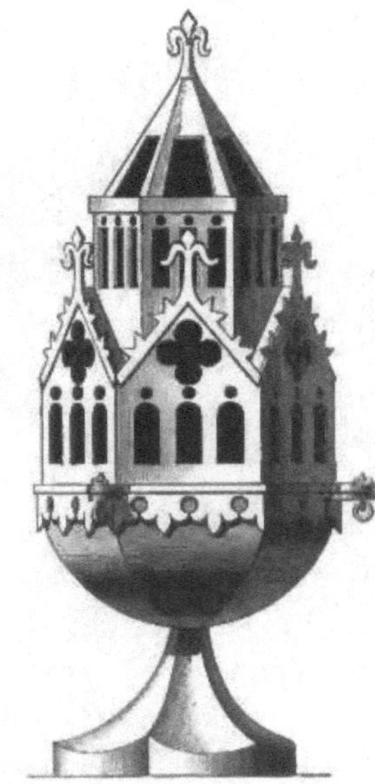

Fig. 281. (Passering.)

dient gegenwärtig als Seiten- und Speis-Capelle, da die neue Kirche bezüglich ihrer Längenachse gegen die alte um 90° gedreht erscheint. Dieser Theil der Kirche entstammt dem Anfange des 16. Jahrhunderts, ist ein schöner großer Raum in zopfiger Architektur mit mittelmäßigen Decken-Gemälden. Die Rippen ruhen auf Consolen und Dreiviertel-Säulchen, es finden sich Spitzbogenfenster und Strebepfeiler mit Sockel. Die Kirche wurde in der letzteren Zeit gut polychromirt.

Im Pfarrhofe befindet fich ein 1·50 M. hohes und 0·40 M. breites Altar-Bild auf

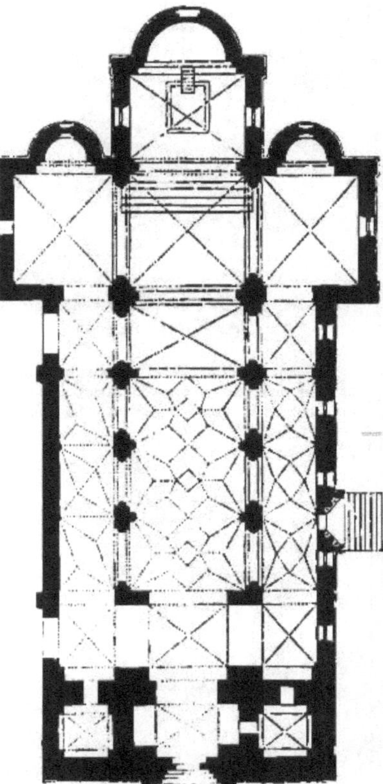

Fig. 282. (St. Paul im Lavantthale.)

Goldgrund gemalt, mit dem man fchreeklich umging. Die Hauptfigur wurde nämlich 1717 mit dem Bilde des heil. Auguftin übermalt. Der alte Goldgrund ift plaftifch gemuftert. Auf der Rückfeite das Wunder des heil. Altar-Sacramentes, im Jahre 1667 gemalt, wenig Kunftwerth (M. x. n. F. ccix).

Neben dem Hauptthor hinter einer Bank ein Grabftein mit folgender Infchrift: Vincentio Ottho Paiskoviensi Silaesitae Prefecto Paterniano Successor Salomon Zeidler Bayzenas. Lusatiae P. MDLXXVII. Obiit MDLXXI.

Auf einem alten bürgerlichen Haufe vulgo „beim Krierer" befindet fich folgende Steininfchrift: Agri Paterniani ex Servo semidoñs iditemque servus ex semidoīo reditus Salomon Zeydler Lusatius: fortunae ludibria hoc in tuguriolo hospes diogenice toleravit. Anno mirabili MDLXXXVIII.

In der Nähe die Jacobs-Capelle, eine kleine rohgebaute Anlage, mit einem zum Theile erhaltenen Flügel-Altar aus dem Jahre 1500. Die Predella ift ganz offen, fo dafs man durch den Altar durchfchauen kann. Die Hauptdarftellung ift St. Jacob in ganzer Figur. An den Flügeln innen auf Goldgrund St. Peter und St. Paul in Relief, auf der Aufsenfeite gemalt Mariae Verkündigung. In der Bekrönung Chriftus die Wunden zeigend (Knieftück), der Fialenfchmuck fehr naturaliftifch. Ferner links in der Capelle ein Renaiffance-Flügel-Altar mit gothifchen Reminifcenzen. Im Mittelbilde Chriftus am Kreuze, darunter Maria mit dem Kinde und fechs Apoftel. Im oberen Abfchlufle Maria, Anna und Jefus. In der Predella die Auferftehung, herum betendes Volk (1553; M. XI n. F., p. CLV).

Pattendorf. Linie der römifchen Seitenftraße von Teurnia ins Möllthal, über Rappersdorf, Mühldorf, Rothau, Ober-Vellach, Mallnitz (und Kerntauern) mit alten Pflafterfteinen, Oberkolbnitz (RStud. 1, 23, 80).

St. Paul an der Gail. Kleine gothifche Anlage mit zufammengefetztem Netzgewölbe, die Rippen im Chor auf einfachen Confolen, der gleich hoch ift mit dem flachgedeckten Schiffe, Chorfenfter und Triumphbogen fpitzbogig, in den Fenftern Maßwerk, Thurm an der Chor-Nordfeite, fpitzbogige Doppelfenfter dafelbft mit Maßwerkreften, zwei Glocken von 1648 (M. IX n. F., p. CXXXIV).

St. Paul im Lavantthale. Ob der Reliefftein vom Haupt-Altar: Mann auf Fels fitzend, darunter ein Widder, K. 193, antik, fei dahingeftellt. (Vgl. Bronze-Platte Orpheus und Eurydike, aus St. Blafien M. 1884, p. CXXXII; c.-h. Ausftlg. Katalog 895).

LATOBIO und L. CAESERNIVS, Weihftein dem topifchen Gotte Latob der

Latobiker, Zeit um 200, gef. vor 1566 wo? Schrift der Kehrfeite wie IAVBRAMA (Jab. 331, Mo. 5097. AfK. 12, 37).

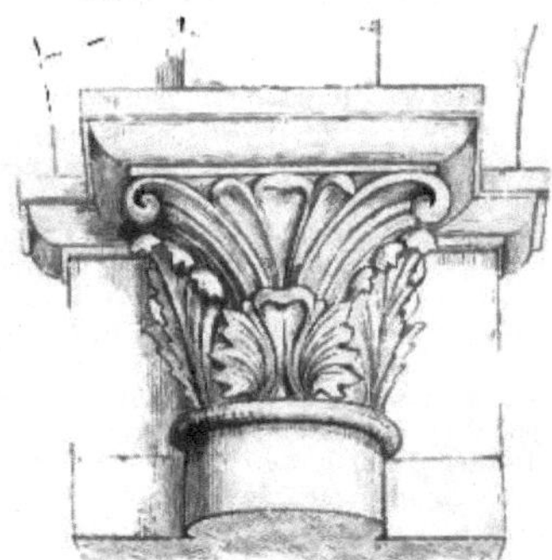

Fig. 283. (St. Paul im Lavanthale.)

LATOBIO* und NAM(MONIAE) SABINAE, Weihftein, Zeit um 220—300, gef. vor 1566 wo? (Jab. 330, Mo. 5098, AfK. 12, 37, vgl. über Latobicorum municipium

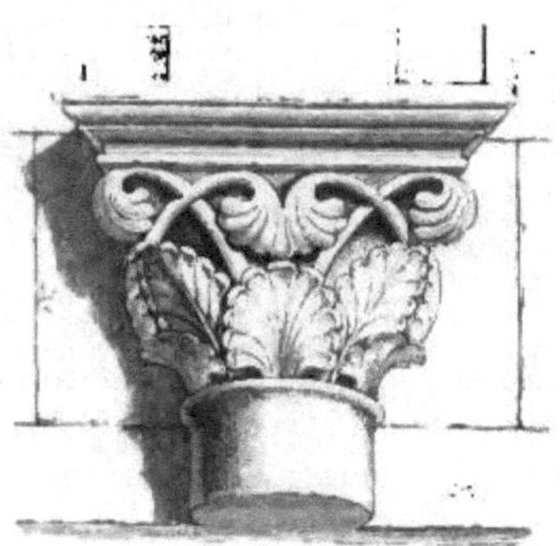

Fig. 284. (St. Paul im Lavanthale.)

bei Hafelbach-Treffen, Or-Henzen 5281, Kml. 303, 305, 309, 311).

Beide Weihfteine waren zu *Megifer*'s Zeit „auff dem Chor (Valvafor 167), follen jetzt im Archive fein (vgl. WSb. 46, 43 im Naturalien-Cabinete).

Q·AVRELIO. Zeit um 180, gef. mit zwei Statuen von 1619 wo? St. Aegiden-Capelle (Aep. 4, 211, 9).

Fig 285. (St. Paul im Lavanthale.)

Noch andere Schriftdenkmale und Statuen feien vor 1619 ans Licht gekommen; möglich, dass der Hügel des Latobius-

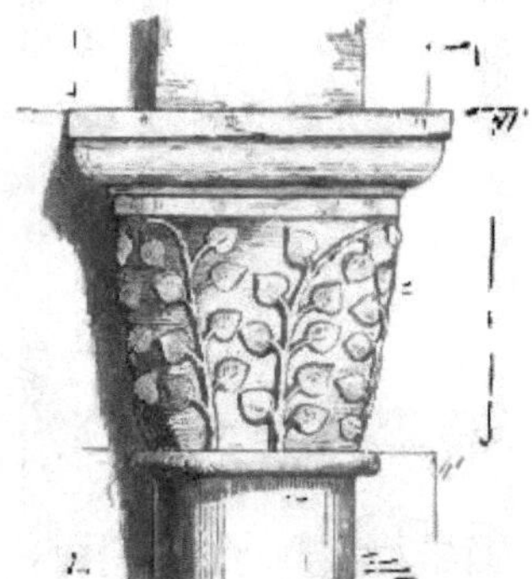

Fig. 286. (St. Paul im Lavanthale.)

Tempels, der Burgbaute, feit den Klofter-zurichtungen (nach 992) von 1060, 1091 her fo ergiebig war (*Megifer* 21, 142, Valvafor 167. Car. 1880, 272).

Das Stift, zuerft befetzt (1085) von Mönchen des Klofters Hirfchau, ift eine

Stiftung Engelbert's, des Sohnes Siegfried's von Sponheim und dessen Gattin Richardis, aus dem Geschlechte der Grafen des Lavantthales und steht auf der Stelle der Stammburg der Grafen von Lavant. An dieser Stelle begann bereits Siegfried den Bau einer Pauls-Kirche neben seiner Burg. Siegfried starb auf der Heimkehr vom Kreuzzuge des Jahres 1064 in Bulgarien, fand aber in der von seiner Gattin vollendeten Kirche seine Ruhestätte. Im Mai 1091 erfolgte die Uebergabe an die Benedictiner-Mönche und zwei Jahre später die Kirchenweihe durch Erzbischof Thiemo von Salzburg. In der Kirche wurde auch Frau Richardis beigesetzt. Die Stiftung hatte sich lange Zeit der Gunst der Stifterfamilie zu erfreuen

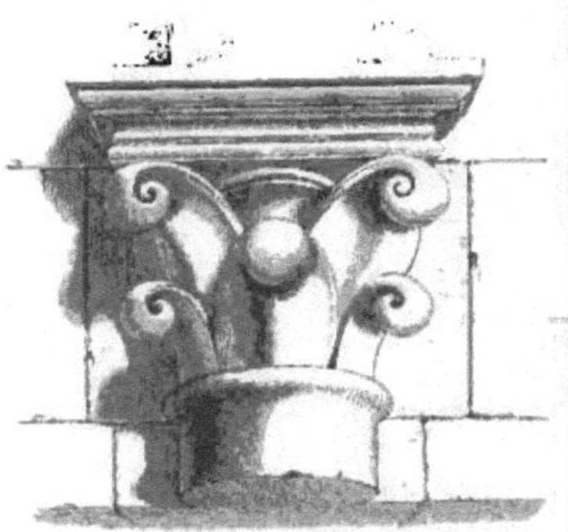

Fig. 287. (St. Paul im Lavantthale.)

und entwickelte ein segensreiches Walten im Lavantthale. 1783 aufgehoben, fanden daselbst durch die Gnade Kaisers Franz I. die heimatlos gewordenen Mönche von St. Blasien im Schwarzwald Asyl und eine neue Stätte ihres Wirkens.

Die heutige Stiftskirche stammt in ihrer Anlage aus dem 12. Jahrhundert (zweite Hälfte) bis Anfang des 13. Jahrhunderts (M. VII. 78). Die erste Kirchweihe erfolgte im December 1093. Ein großer Brand im Jahre 1367 zerstörte das Gebäude, das aber 1375 wieder hergestellt war, denn Abt Konrad hat den Bau „widerumben angehebt auszubawen" und einen gewölbten Chor errichtet. 1414 unter Abt Heinrich IV. erhielt die Kirche ein „gar schenes Gewolbe". Manche weitere Umgestaltung erlebte die Kirche unter Abt Hieronymus (1616—1637). Der Grundriß der Kirche (Fig. 282) zeigt eine einfache, aber einheitlich geordnete dreischiffige Basilica, ein Bau reinsten romanischen Styles in seiner ganzen Charakteristik mit innerer Vorhalle zwischen zwei West-Thürmen, stark ausladendem Kreuzschiffe, einem Chor-Quadrate und drei halbrunden Apsiden, davon die im Anschlusse an dieses die größere ist. Die beiden Seiten-Apsiden liegen in der Verlängerung der Seitenschiffe. Die Länge der Kirche beträgt 166′, die Breite des Langhauses $56^1/_2$′, des Querschiffes 76′. Das Langhaus wird durch fünf Paare breiter Pfeiler mit dazwischen eingesenkten halbrunden Scheidbögen von den

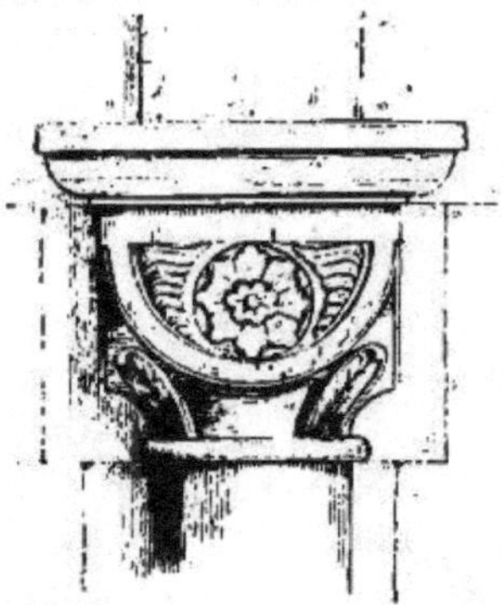

Fig. 288. (St. Paul im Lavantthale.)

Seitenschiffen getrennt. Die Bögengurten ruhen auf Halbsäulen, die sich durch ihre Sockel und durch verzierte Capitäle als sehr beachtenswerth darstellen; wir finden daselbst Capitäle von der Grundform des Würfels mit mannigfaltiger Ornamentirung, mitunter mit antiken Anklängen. Fig. 283—288 enthalten Beispiele der Capitäl-Gestaltungen. Die Schäfte dieser Halbsaulen-Vorlagen stehen auf attischen Basen mit Eckballen oder Eckblättern (Fig. 289—291). Das erste (westliche) Gewölbejoch ist durch den Einbau des Musik-Chores in der ganzen Breite untertheilt. Die Pfeiler sind hier kräftiger und entsteht dadurch eine Art zweiter Vorhalle. Das Mittelschiff ist bedeutend höher als die Seitenschiffe und erhält sein Tageslicht durch in den Schildmauern angebrachte kleine Fenster

(Fig. 292, Längenschnitt). Sie gehören der Anlage des 15. Jahrhunderts an, d. i. jener Zeit, in welcher die vier westlichen Joche des Langhauses statt der Flachdecke das noch bestehende Netzgewölbe erhielten, denn es haben sich noch die älteren Fenster daselbst erkennbar erhalten. Fast alle Arcaden-Pfeiler haben gegen das Mittelschiff eine Halbsäulen-Vorlage als Rippenträger. Die Rippen der Netzgewölbe in den Seitenschiffen ruhen theils auf Kämpfern, theils auf Consolen. (Fig. 293). Das letzte Joch des Langhauses, das

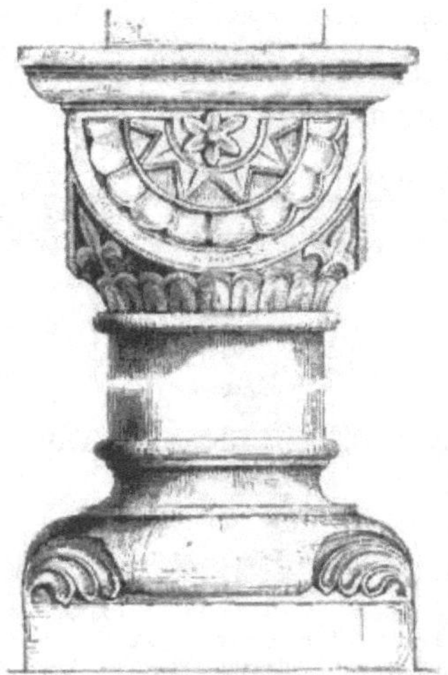

Fig. 289. (St. Paul im Lavanthale.)

in jedem Schiffe durch drei auf Wandpfeilern ruhende halbrunde Scheidebögen getrennt und dadurch als gewissermaßen zum Chor-Raum gehörig charakterisirt wird, das Querschiff und das Chor-Quadrat sind mit spitzbogigen Kreuzgewölben, darin decorirte Schlußsteine, die drei Apsiden dagegen mit Halbkuppeln überdeckt. Die Gurten der Kreuzgewölbe sitzen auf Consolen in den Ecken auf. Auch die Capitäle der Halbsäulen am Triumphbogen, in der Vierung und im Chore zeichnen sich als zierliche Arbeiten romanischen Styles aus. Die Fenster im Querschiffe und im Chore wurden in neuester Zeit wieder stylgerecht hergestellt. Unter der Tünche des Mittelschiffes und an anderen Stellen erkennt man allenthalben alte Wandmalereien (M. VIII n. F., p. XXXIX; X n. F., p. CXXVIII).

Die Stiftskirche steht mit Ausnahme der Nord-Seite frei; dort schließt sich das Convent-Gebäude mit dem Kreuzgange u. s. w. an. Man erkennt außen ganz deutlich die Anlage der dreischiffigen Basilica mit dem Kreuzschiffe und Presbyterium, sowie die drei heraus-

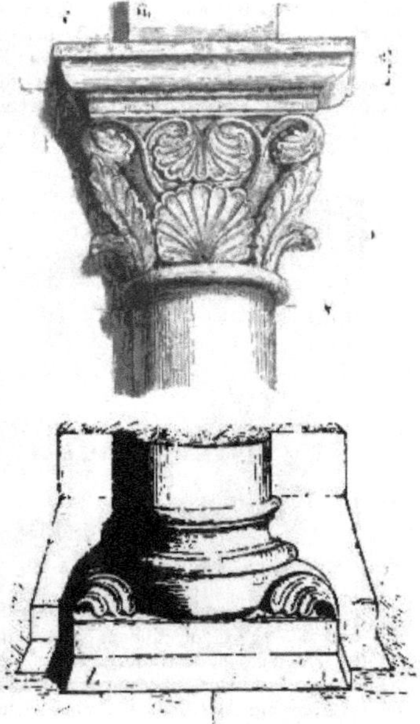

Fig. 290. (St. Paul im Lavanthale.)

tretenden Apsiden. An der West-Seite finden wir die beiden Thürme mit dem geradlinigen Zwischenbaue als Vorhalle und darüber als Empore den Priester-Chor. Das Haupt-Portal verjüngt sich in drei Abstufungen nach innen, ist durch eingesetzte achteckige Säulen mit stark ausladenden Blatt-Capitälen in den Pfeilerecken (Fig. 294, Portalpartie) und im gedrückten Spitzbogen über dem horizontalen Thürsturz mit einem Tympanon-Relief (der thronende Heiland zwischen Aposteln und Engeln; Fig. 295) geziert. Ein gemeinsamer Sockel vereint die Pfeiler des Vorsprunges und der Wandung der Portalhalle.

Die Thürme sind ziemlich einfach, sie ragen in viereckiger Gestalt massiv, ohne Stockwerk-Untertheilung empor, die Schallöffnungen bilden im vierten Stockwerke drei gekuppelte Spitzbogen-Fenster, desgleichen finden sich solche im dritten und zweiten Stockwerke, dagegen sind im ersten Stockwerke nur zwei rundbogige miteinander verbunden. Viele der Fenstertheilungs-Säulen stammen von einem älteren Baue her und wurden beim theilweisen Thurm-Neubaue verwendet; denn die oberen Geschoße der Thürme entstanden nach dem Brande 1367, auch ist das Gemäuer dort schwächer; jedenfalls ein schnell ausgeführter Ersatzbau, bei dem so manch altes Materiale verwendet wurde. Die Thürme schließen mit Spitzdächern ab.

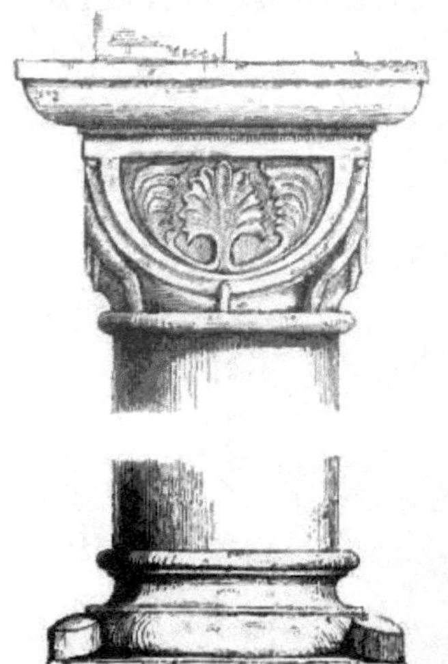

Fig. 291 (St. Paul im Lavantthale.)

An der freien Süd-Seite zeigt der Bau eine ziemlich einfache Front, unter dem Kranzgesimse zieht sich ein doppelter Fries bis zum Kreuzarm, der einen spitzen Dachgiebel mit aufsteigendem Rundbogen-Fries trägt, dessen oberster Bogenzwickel von einem Säulchen getragen wird, das von einem Kreise unterbrochen auf der Gesimsleiste mittelst einer Consol-Figur aufsteht (Fig. 296, Langansicht). An der Süd-Seite befindet sich ein kleines, aber besonders zierliches Portal, das ein wenig aus der Mauer heraustritt und zu dem 13 Stufen hinanführen. Das Portal verjüngt sich zweimal gegen innen, ist auf jeder Seite mit drei Säulen (darunter eine Säule beiderseits frei vorstehend) auf attischen Basen und mit stark ausladenden Knospen-Capitälen sammt mächtigen Kämpfern, die mit einem Schach-Ornament geziert sind, besetzt und mit einem halbkreisförmigen Portalbogen überdeckt. Der Thürsturz ist horizontal und ruht in den Ecken auf Halbfiguren statt der Consolen. Im Tympanon ein Relief: die heil. drei Könige vor dem Christkinde. Der Portal-Vorbau schließt mit einem gedrückten Giebel, die Fläche darunter ziert ein Rundbogen-Fries und ein im Halbkreise unmittelbar über dem Portal angebrachter Würfel-Fries, an beiden Ecken mit je einer kleinen Figur auf einer Console (Fig. 297).

Die Rückseite der Kirche mit den drei Apsiden ist durch charakteristisch romanische Wandsäulen reich gegliedert, wodurch die Neben-Apsiden in drei, die Haupt-Apsis in fünf Felder getheilt werden. Im Mittelfelde jeder Apsis ein reichumrahmtes Fenster. Jede Apsis hat ein an die Hauptwand angeschobenes Kegeldach mit einem Blumen-Ornament als Abschluß (Fig. 298); die Gesimse zieren ein Würfel-, ein Zickzack- und ein Bogen-Fries, deren Schenkel an den Seiten-Abschlüßen von phantastischen Menschenbildern getragen werden (Fig. 299). Die Hauptwand schließt im Giebel ab und hat ebenfalls den Rundbogen-Fries mit einem phantastisch gebildeten Träger des oberſten Bogenschenkels (Fig. 300).

Die Ausstattung der Kirche ist meist von untergeordnetem künstlerischen Werthe. Vor allem fallen ins Auge zwei Grabdenkmale: am nördlichen und südlichen Ende des Kreuzschiffes. Das erstere birgt die stattlichen Ueberreste der Stifter und ist ein geschmackloser Bau aus schwarzem weißgeäderten Marmor imitirenden Stucco in Form eines säulengeschmückten überdachten Riesensarkophages, 4 M. hoch, 3 M. lang und 1·6 M. breit, mit sechs Inschrift- und Todtenschildern aus dem Jahre 1703. Von der früheren Grabſtätte der Stifter unter dem Hoch-Altare befinden ſich unweit der Tumba noch zwei Steine, vier roh gearbeitete Reliefs enthaltend, hart über dem Fußboden eingemauert. Die Reliefs beſtehen aus Wappenſchild mit Schachbrett, darüber Helm mit Zinkenkronen; ſtehende Frauenfigur in Kleeblattbogen weiſt mit dem linken Arm auf eine romaniſche Kirche, auf deren Thurmſpitze ein Storch ſitzt; gegenüber der Kirche geharniſchter Ritter mit offenem Viſir in ſchreitender Stellung und beide Arme gegen die Kirche ausſtreckend. Das Grabdenkmal bus Lotharing . Habsburg . Austriacorum principum.

Sehr ſchöne Arbeiten aus grauem rothgeäderten Marmor ſind das Sacriſtei-Portale und der Grabſtein des Abtes Ulrich Pfinzing. Erſteres enthält über der Thüre unter dem Bogenfelde, welches den ſeine Wundmale zeigenden Heiland weiſt, ein ſehr ſchön gearbeitetes figurenreiches Stein-Relief von mehr als 1 M. Länge und 40 M. Höhe, die Kreuztragung darſtellend. Der Grabſtein des Abtes Ulrich Pfinzing von nahezu 4 M. Höhe und 1·4 M. Breite an der Südwand des

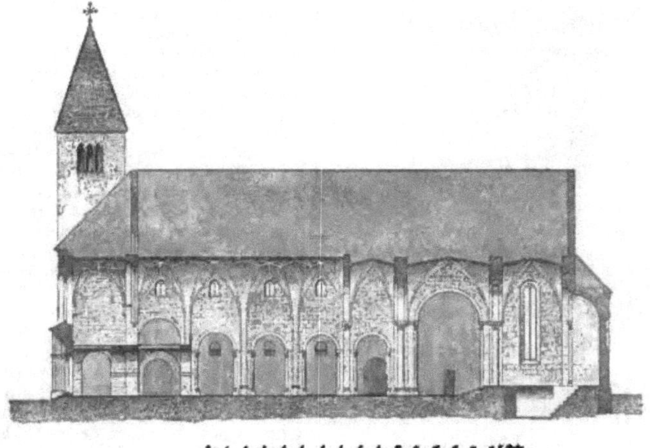

Fig. 292. (St. Paul im Lavantthale.)

auf der Süd-Seite des Querſchiffes, welches über der letzten Ruheſtätte von den erlauchten Mitgliedern des habsburgiſchen Kaiſerhauſes ſich erhebt, hat die Form einer gewaltigen Tumba von 3 M. Länge, 2 M. Höhe und 1·6 M. Breite aus rothem Marmor und Imitation, über welcher ſich eine pyramidenartige Wandverkleidung aus demſelben Stoffe erhebt. An derſelben, ſowie an der Stirnſeite des Monumentes ſind 13 Wappenſchilde aus weißem Marmor angebracht. Das Denkmal iſt im Jahre 1818 errichtet und trägt auf weißer Marmortafel die Inſchrift: Piis mani- Kreuzſchiffes weiſt das Bild des Abtes in Pontifical-Gewändern in ſchöner Umrahmung, unter welchem die Legende: Reverendus Ulricus patricia apud Norembergam Phinzigorum familia natus divi imperatoris Maximiliani consiliarius et thesaurarius ob spectatae fidei merita hinc sacro cenobio abbas constitutus post bene administratā prelaturam pie in XPO obdormiens hoc tumulo contegitur anno dm̄i millesimo quingentesimo. (Er ſetzte ſich den Stein bei ſeinen Lebzeiten, daher darauf das Todesjahr nicht angegeben iſt.) Außerdem noch ſechs Steine mit Infchriften und zwei ohne eine folche; meift Grabfteine von Aebten. 1. Großer (2 M.) weißgeädeter Stein mit Abtwappen und langer Legende: ... in quo Philippus S. Pauli Abbas pedo, mitra et vita exutus in domino quiescit post labores et sudores Herculeos, quos potius suis quam sibi XVII impendit annis...† 1677, 23. Julio. 2. Blaugrauer Stein (2 M.) mit zwei kleinen Wappenfchilden und Abtfigur: Anno a nato Christo 1558 in vigilia S. Magdalenae obiit rev. d. d. Jacobus dictus Pachler hujus loci abbas tricesim' quint' cujus effigies hoc..piã memoriam est exculpta. 3. Grabftein aus grauem Sandftein (2 M.) mit Abtfigur und Wappenfchilden in den Ecken; Umfchrift in gothifchen Minuskeln: Anno.dm.Md..festo. san. Magdale. obiit. vnr. dm.... Parenpuchler. abbas. ad. sn. pm. h'. loci. pie. mer. .... 4. Grauer Stein mit fehr tief ausgearbeitetem Wappenfchild und Helm mit Bufch in Kleeblattbogen (2 M.) mit Umfchrift in gothifchen Minuskeln: Hie. leit. hr. rudolf. und. hr. purkchart. von. rabenstain. und. ir. weib fraw... gut. von... und fraw. ursula. von. weyspriach. anno. dm. Mil. ccc°. l°. 5. Stein mit Schild und Marke in Umriffen (1·30 M.). Anno 1502 am Montag nach Kathrein ist gestorben hans parenpüchler, des hochwürdigen. hern. hern. iohãñ. abbt. z. s. p. vater. löblicher. gedachtnus. di. got. gnad. 6. Stein mit Wappen des Georgius Fried. Dominus ab et in Jormanstorff L. B. in Epperstorf supremus Confinium Quästor † 1691. Die Schrift eines weiteren äbtlichen Grabfteines durch Tünche unleferlich.

Erwähnenswerth find vier Altarbilder von R. v. Hempel, fowie vier große Gemälde von Hanfon aus Altona auf der Empore und im fogenannten Winterchore, Scenen aus dem Leben des heil. Apoftels Paulus und aus der Parabel vom verlorenen Sohne vorftellend. An Holzfculpturen find beachtenswerth eine Pietà und der auferftandene Heiland erfcheint der heil. Magdalena in den beiden Seiten-Capellen (polychromirt), fowie im Winterchore ein fchöner kleiner Flügel-Altar von Melnitzky mit Gemälden von Ludwig Mayer. Gute Arbeit ift auch am Abfchlußgitter der Auferftehungs-Capelle (17. Jahrhundert), fowie an einem Theile der Betftühle.

Der Kreuzgang ift als folcher verfchwunden, einzelne Theile, und zwar die an die Kirche anftoßenden, find als Capellen mit der Kirche verbunden.

Das Capitelhaus ift ein capellenartiger Bau mit dreifeitigem Schluße und Strebepfeilern außen. Nur ein Fenfter hat noch die urfprüngliche Zweitheilung und das Kleeblatt-Maßwerk. Das Capitelhaus ift ein gleichzeitig mit dem oberen Bau der Thürme, da fich an beiden die gleichen Steinmetzzeichen finden, in Hauffteinen ausgeführter Bau.

Im Gruftgewölbe ruhen 14 Särge der älteren Habsburger. Als nämlich die durch Napoleon I. aus St. Blafien im Schwarzwalde vertriebenen Benedictiner in dem feit 1782 verödeten St. Paul-Kloftergebäude durch Kaifer Franz I. ein neues Heim erhielten, brachten die Blafianer unter Führung ihres gelehrten Fürftabtes Berthold Kottler ihr größtes Heiligthum, wie es in einem ihre Ankunft feiernden zeitgenöffifchen Gedichte heißt, Habsburger-Ahnen-Afche, mit, die kurze Zeit vorher (1771) in pomphaftem Zuge von Bafel und Königsfelden nach St. Blafien übertragen worden war.

Gleich den übrigen Schätzen, die die Vertriebenen in ihre neue Heimat gerettet hatten, haben fie auch die Gebeine der Ahnen des öfterreichifchen Kaiferhaufes nur auf Umwegen durch die Schweiz in das Kärntnerland bringen können und alsbald in dem Gruftgewölbe unter dem Hoch-Altar geborgen.

Es ruhen hier:

1. Anna, die erfte Gemalin Rudolf's von Habsburg, † Wien 16. Februar 1201, begraben in Bafel 19. März 1281.

2. Karlmann, deren beider Sohn, geb. 1263 und † 1281.

3. Karl, deren beider Sohn, geb. 1276 und am 4. April desfelben Jahres geftorben.

4. Elifabeth, Tochter Meinhard's von Kärnten, Witwe König Albrecht I., Stifterin von Königsfelden, wo fie und die Nachgenannten begraben waren, † 1313 zu Wien.

5. Leopold der Glorreiche, Sohn Albrecht's und Elifabeth's, geb. 1292, † 1326 zu Straßburg.

6. Heinrich, Sohn der Obigen, † 1327 zu Grätz.

7. Gutta, Tochter derfelben, vermählt mit Ludwig von Oettingen, † 1329 zu Wien.

8. Katharina von Savoyen, Leopold's Gemahlin (f. 5.), † 1326.

9. Elifabeth, Heinrich's Gemalin (f. 6.), † 1393.

10. Katharina, Tochter Leopold's (f. 5. und 8.).

11. Elifabeth, Tochter Albrecht I., † 1352.

12. Agnes, Tochter Albrecht I., Königin von Ungarn, † 1364 zu Königsfelden.

13. Leopold III., Sohn Herzog Albrecht des Weifen, † 1386 bei Sempach.

14. Friedrich, Sohn Kaifer Friedrich's, † 1321/22?

Die Schatzkammer des Klofters enthält viele hochwichtige Gegenftände. So ift zu verzeichnen:

Meßkelch von Silber, vergoldet, 8″6‴ hoch, der Fuß eine fechsblätterige Rofe, 4″8‴ im Durchmeffer, mit durchbrochenem Fußrande und Blatt-Ornament in den Zwikkeln. Die fechs Fußflächen, durch wulftige Cordonirungen von einander gefchieden, zeigen auf abwechfelnd dunkelblauem oder dunkelgrauem Emailgrunde Relief-Darftellungen, umgeben von Laubwerk, als: Krönung Mariens, Katharina, Blafius, Nicolaus, Kaifer Heinrich II. und Kaiferin Kunigunde. Der Nodus im Sechseck mit über Eck geftellten Quadraten, darin Glasfchmelz und oben und unten mit je fechs Schildchen, darauf auf Emailgrund Weinlaub und Engelsköpfe. Die Cuppa fpitzt fich nach unten zu und ift in ihrer unteren Hälfte mit zwei Ornament-Bändern auf Email und mit einem durchbrochenen, mit Steinen und Perlen befetzten Lilienbande geziert. Der Kelch gehört in das Ende des 15. oder Anfang des 16. Jahrhunderts (Fig. 301).

Eine Monftranze, fie dürfte aus derfelben Zeit wie der Kelch ftammen, ift 19½″ hoch. Der Fuß in Geftalt eines achttheiligen ausgefchweiften oblongen Sternes mit durchbrochener Umfaffungs-Galerie. Von jeder Fußecke fteigt je eine feilähnliche Rippe gegen die Mitte hin empor und vereinigen fich diefe acht Rippen im Nodus, auf diefe Weife einen durchbrochenen Ständer bildend. In der Mitte der Fußfläche eine runde mit Glas verfchloffene Reliquien-Capfel. Der Nodus ift breitgedrückt und einem Knäuel ähnlich. Auf diefem Stiele ruht eine oblonge viereckige Platte als der eigentliche Träger des Hoftien-Häuschens, das fich in Geftalt einer vierfeitigen Capelle aufbaut. Der Behälter der Hoftie ift flach und kreisrund und an beiden Seiten mit Glas verfchloffen. Am Metallreifen Edelfteinbefatz; Strebepfeiler, Strebebogen und Fialen-Anfätze fchmücken die Capelle, die mit einem thurmartigen fchlanken Aufbau abfchließt (Fig. 302).

Ferner ein hochintereffanter Bucheinband. Der Vorderdeckel befteht aus einer in Metall gefaßten Elfenbeintafel mit reicher Schnitzerei, die in das 11.—12. Jahrhundert gehört. Die Umrahmung ift in vergoldetem Silber mit eingravirten Pflanzen-Arabesken ausgeführt und mit Medaillons-Befatz an den Ecken (die vier Evangeliften mit ihren Symbolen) in getriebener Arbeit geziert. Die Faffung entftammt dem 14. Jahrhunderte. Die Elfenbeintafel zeigt innerhalb einer

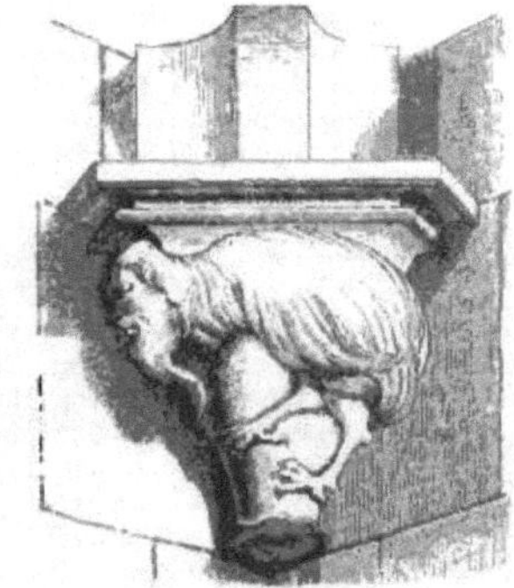

Fig. 293. (St. Paul im Lavantthale.)

kräftigen Akanthus-Umrahmung zwei Darftellungen, nämlich die Himmelfahrt Chrifti und Chriftus als Weltrichter. Im erfteren unteren Bilde fieht man, wie Chriftus gegen Himmel fchwebt und dort von zwei fich in Ehrfurcht beugenden Engeln empfangen wird, die Hand Gottes ftreckt fich ihm entgegen. Unten die Schaar der Apoftel mit Marien in der Mitte, alle in lebhafter Bewegung gegen Himmel blickend, befonders Maria, die zu dem fcheidenden Sohne mit aufgehobenen Händen emporfieht. Das zweite obere Bild, das beiläufig nur ein Drittheil des ganzen Reliefs einnimmt, ftellt Chriftus auf einem Thronftuhle fitzend dar, die Rechte zum Segen erhoben, in der Linken das Evangelium. Die Gruppe innerhalb eines Ovales mit nach innen gebauchter Fläche, das von zwei Engeln getragen wird. Oben in kleinen Medaillons Sonne und Mond. Die Köpfe sämmtlicher Figuren dieses streng romanischen Reliefs sind mit großer Sorgfalt behandelt und charakterisiren sich durch scharfen Ausdruck (M. VIII n. F., p. 135; Fig. 303).

Eine Reliquientafel, ein angeblich als Buchdeckel verwendetes Reliquiarium in Form einer viereckigen Tafel von 14″ 8‴ Höhe, 10″ 4‴ Breite, bestehend aus einer Holzplatte, die nur auf einer Seite reich verziert ist, während die andere kahl blieb. Die obere Tafelfläche ist mit vergoldeten Silber-

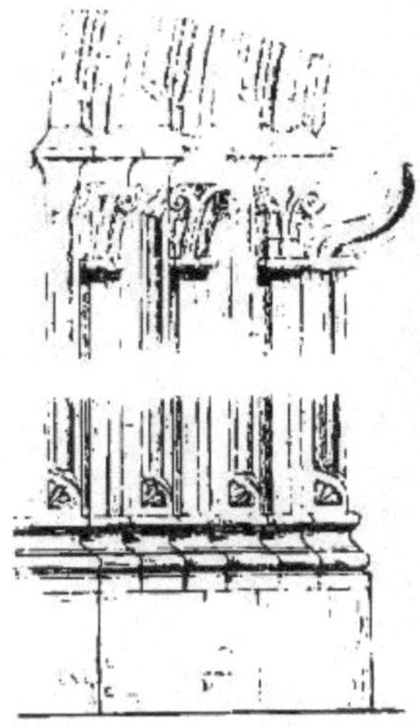

Fig. 294. (St. Paul im Lavanthale.)

Reliefs, theilweise mit blauem Email geziert und enthält zwei Darstellungen in gemeinsamer breiter Umrahmung von 20″ Breite. Am Rahmen freies Blatt-Ornament aus Ahornlaub, als besondere Verzierung in den vier Ecken dreipaßförmige emaillirte Plättchen mit je einer Evangelisten-Figur darauf. In der Mitte der thronende Erlöser auf einer gestreckten Vierpaß-Unterlage. Dem entsprechend unten ein halbkugelförmiger Rauchtopas. An den Langseiten des Rahmens je zwei ähnliche Vierpaß-Unterlagen, darauf die correspondirenden Figürchen des englischen Grußes, zwei sind leer. Zwischen diesen größeren Verzierungen des Rahmens sind zehn kleine rhombenförmige Emailplättchen vertheilt.

Im tiefer gelegenen 7″ breiten Mittelfelde entwickelt sich die Darstellung eines aus Erdgeschoß und Stockwerk bestehenden reichen gothischen Baues mit je drei Oeffnungen und von Rahmen geschieden durch eine schmale mit Edelsteinen und antiken Cameen besetzte Kehlung. In den giebelgekrönten Nischen des Erdgeschosses je eine Vollfigur, und zwar in der Mitte die stehende Mutter Gottes mit dem Kinde und daneben Abt Arnold von St. Blasien und B. Reimbertus. Das etwas niedrige Stockwerk enthält in der großen Mittelnische zwei sitzende Figuren, die Krönung Mariens vorstellend, Christus links und rechts Maria, der ein Engel die Krone auf das Haupt setzt, beiderseits je ein Bischof, beschädigte Figürchen. Ueber den

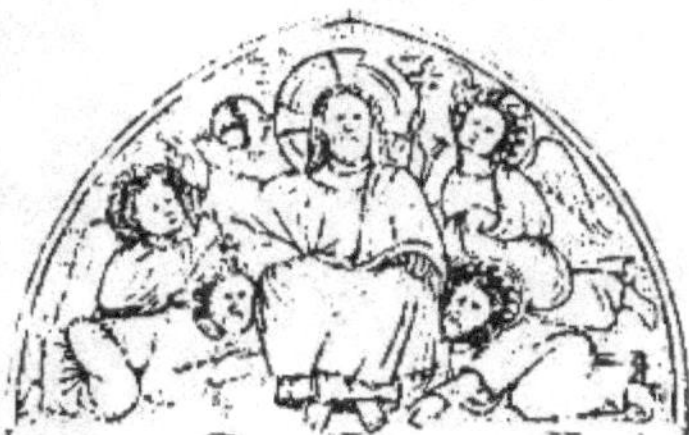

Fig. 295. (St. Paul im Lavanthale.)

Nischen Giebel und thurmartige polygone Bauten als Abschluß. Die Reliquientafel stammt aus St. Blasien und dürfte Abt Arnold 1240 bis 1247 der Donator, Reimbertus der Aurifaber gewesen sein (M. X. 1; Fig. 304).

Drei kirchliche Gewänder, aus St. Blasien stammend. Eine Casula alter Form, im Halbmesser 1 M. 67 Cm. ohne Ausschnitt für die Arme; die ganze Fläche ist durch ornamentale Streifen, die vertical und horizontal gezogen sind, in quadratische Felder getheilt und mit einer Bordure abgeschlossen. Der Stoff ist Straminleinen, darauf treffliche Seidenstickerei. Die Grundfarben sind gelb und blaßroth, vom Golde ist kein Gebrauch gemacht. In den Feldern theils neutestamentarische Begebenheiten und Prophetengestalten, theils typologische Bilder (Fig. 305, Josua und Judas) und Heilige. In der Bordure Heiligengestalten in 35 Medaillons (darunter auch Kaifer Otto), erfte Hälfte des 12. Jahrhundert (Fig. 306). Ein Pluviale von der gleichen Form wie die Cafula, nur vorn offen und über der Bruft mittelft eines Querftreifens zufammengehalten, rückwärts mit einer kleinen Capuze. Durch einen längs des Rückens herablaufenden Streifen wird der in feiner Ausbreitung einen Halbkreis bildende Mantel in zwei gleiche Theile gefchieden, davon jeder 19 ganze Kreife und 5 Segmente enthält, darin figurale Darftellungen mit erläuternder Umfchrift aus der Legende des heil. Blafius und Vincentius. In den Zwifchenräumen Blatt-Ornamente. Die Capuze ift auf der Ober- und Unterfeite ebenfalls geftickt (Fig. 307, Untertheil, Fig. 308, Vordertheil). Diefes kirchliche

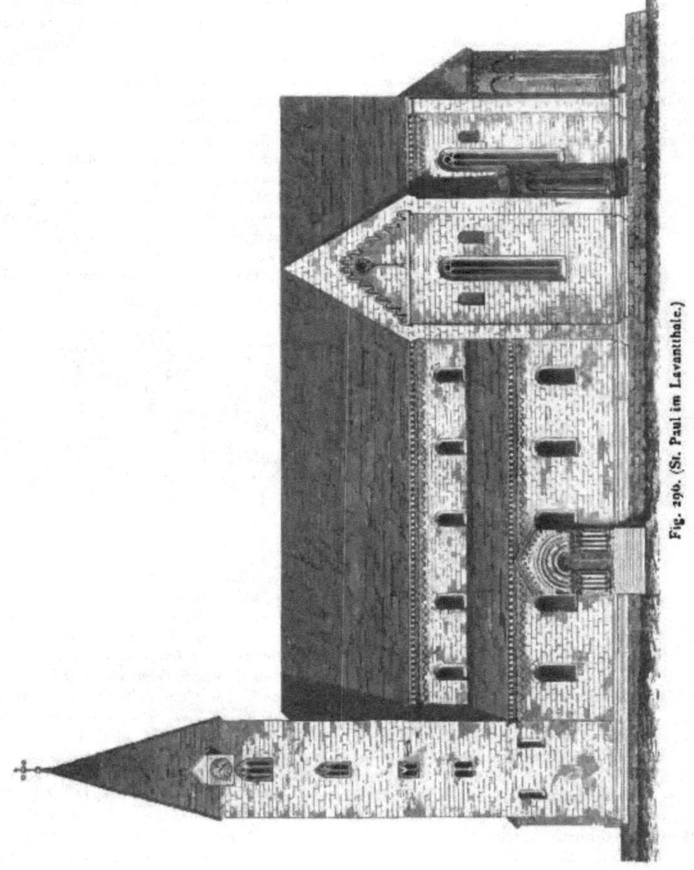

Fig. 296. (St. Paul im Lavantthale.)

Gewand gehört dem Beginne des 13. Jahrhunderts an, ift mit dem früheren gleich behandelt, doch finden fich auch Goldfäden in der Stickerei verwendet.

Eine zweite Cafula aus dem beginnenden 13. Jahrhundert, doch im 18. Jahrhundert ftark befchädigt durch Zufchnitt. Auch fie wird durch einen Längenftab in zwei Theile getheilt, davon jeder 18 Quadrate enthält, als Felder für figürliche Darftellungen. Bei den Bildern erläuternde Verfe. Die Bilder find theils dem Leben des heil. Nicolaus entnommen, theils dem alten Teftamente. In dem Stabe find neun Medaillons mit Bildern angebracht (Lamm Gottes, Evangeliften, große Propheten). In der Technik ift diefes Gewand mit dem früheren ganz gleich.

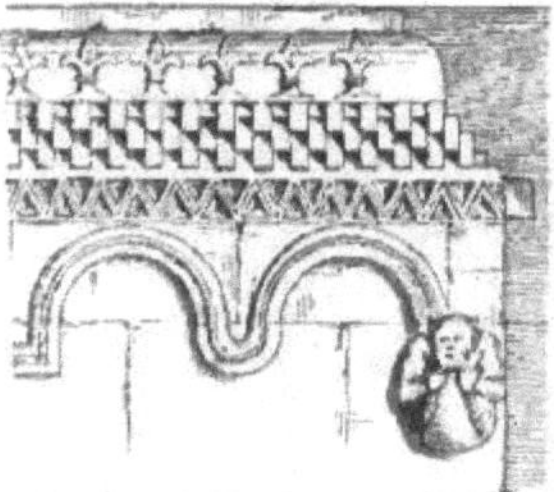

Fig. 297. (St. Paul im Lavantthale.)

Zwei Crucifixe, davon eines befonders gut erhalten. Das ältere, nur mehr die Chriftus-Figur, aus grün patinirter Bronze roh gearbeitet, an den Stellen der Augen Löcher, darin fich früher Edelfteine befanden, das Lendentuch reicht bis über die halben Waden; 10. bis 11. Jahrhundert (Fig. 309). Der zweite Crucifixus weit edler, aus vergoldeter Bronze angefertigt, das Schamtuch emaillirt mit buntem Saum, das Kreuz eine Kupferplatte mit Schmelzüberzug; 10. bis 11. Jahrhundert (Fig. 310).

Endlich ein koftbares Kreuz, Gefchenk der Kaiferin Adelheid an das Stift St. Blafien (1077). Es befteht innen aus hartem Holze und ift außen mit Metall bekleidet. Beide Seiten find ungleich decorirt. 83 Cm. hoch, 66 Cm. breit. Die Vorderfeite ift reich ausgeftattet. An den Enden des Querbalkens, dann oben und unten ift es mit einem Quadrate abgefchloffen. In der Mitte, die fich ebenfalls quadratifch geftaltet, unter einem Kryftallverfchluß in Geftalt eines Kreuzes ein Kreuz-Partikel. Auf diefer Seite finden fich 170 Steine, in den Zwifchenräumen zarte Filigran (Fig. 311).

Die Rückfeite ift durchwegs mit vergoldeten Silberplatten überzogen. In fünf Oeffnungen, die theilweife noch mit erhaltenem feinen Gitterwerk gefchloffen find, waren früher an 500 Reliquien eingelegt, deren Namen uns die Randfchrift, die in zwei Reihen das Kreuz einfaßt, nennt. Um diefe Oeffnungen gruppiren fich gravirte Heiligengeftalten und Engel. Die Infchrift am Fuße des Kreuzes lautet: Claudit hic digni crucis alme portio ligni de tunica aspersa sanguine Panonici regis dedit uxor Thac. Adelheidis

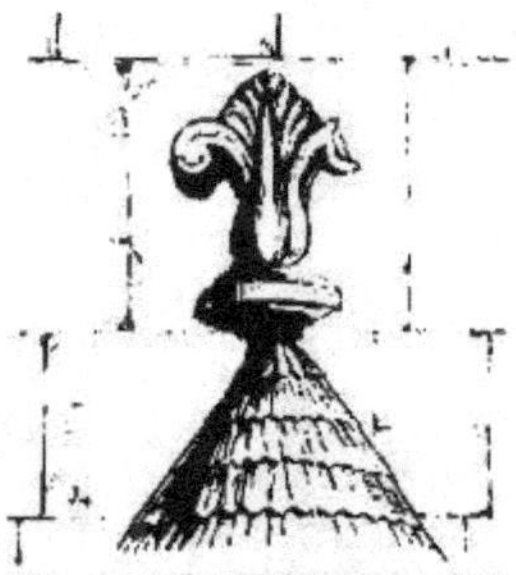

Fig. 298. (St. Paul im Lavantthale.)

dominus Guntherus Abbas patravit hanc crucem. Die gegenwärtige Faffung ftammt fomit von Abt Gunther (1141 — 1170). In den vier Eckfeldern find die einzelnen vier Evangeliften-Symbole in eingravirter Arbeit dargeftellt. In der Mitte des Kreuzes Chriftus als Weltrichter in einem Ovale, am Rande ebenfalls eine Infchrift. Leider find die Darftellungen der hochwichtigen Rückfeite ftark verletzt und fehlt ftellenweife der Metallüberzug, fo dafs das Holz blosliegt.

Eine Bronze-Relief-Platte, Orpheus und Euridice vorftellend, 0·15' hoch, 0·11' breit, ziemlich erhalten, aus St. Blafien ftammend. (Fig. 312).

Das Stiftsgebäude, auf einem Hügel von mäßiger Höhe und geringer Gipfelfläche gelegen, welcher feit 1631, wie die Steininfchrift neben dem Gartenfenfter St. Paulum patronum optimum Hoc cingulo ornavit Hieronymus abbas St. Pauli anno

1631 befagt, mit einer Mauer umgeben ift, befteht aus zwei Theilen, einem tiefer gelegenen Vorbaue, an welchen die Umfaffungsmauer anfchließt und durch welchen das mit vier Säulen, von denen je zwei durch ein Bogengefims verbunden find, gezierte Eingangsthor führt, und einem höher gelegenen, dem eigentlichen Stiftsgebäude mit der Kirche. Letzteres follte nach dem urfprünglichen Plane ein orientirtes Viereck bilden, doch unterblieb der Bau des füdöftlichen Theiles wahrfcheinlich wegen der außerordentlich fchwierigen und koftfpieligen Fundamentirung desfelben. Es find nur zwei

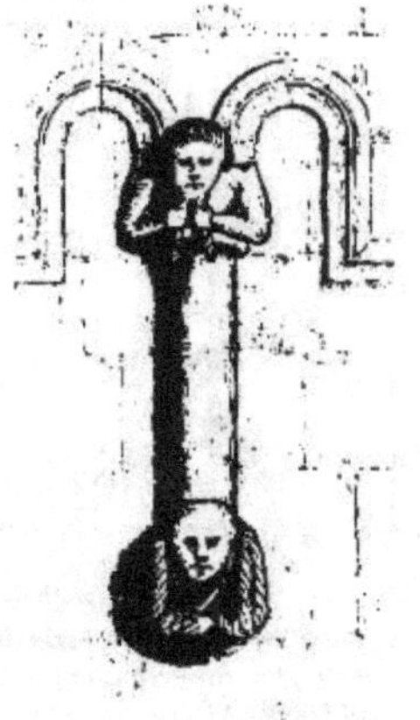

Fig. 299. (St. Paul im Lavantthale.)

Tracte vollftändig ausgebaut, der nördliche und weftliche, welche über gewaltigen Subftructionen aus einem Erdgefchoß und einem Stockwerke beftehend, durch einen noch drei Etagen über das Gebäude fich erhebenden fechsfeitigen und mit einem Spitzhelm abfchließenden Thurm verbunden find und 132 M. und 75 M. im Lichten meffen. An diefe fchließt fich ein kleines Stück des Südtractes und der in derfelben Bauweife auch nur zu 42 M. gediehene Oftract an. Den meift mit fteinernen Thür- und Fenfterfüllungen ausgeftatteten Räumlichkeiten liegen nach innen fowohl im Erd- als Obergefchoffe breite, luftige, von vierfeitigen Pfeilern geftützte Arcaden vor, mit welchen die Breite der Tracte etwa 14 M. beträgt. Der ganze Bau ift in einheitlichem Style, doch in etwas gedrückten Verhältniffen durchgeführt mit Ausnahme eines in den Vierziger-Jahren diefes Jahrhunderts gemachten Zubaues und ftammt ausfchließlich aus dem 17. Jahrhundert, wie mehrere Steininfchriften kundthun. So ift zu lefen im Wefttracte: *a)* über dem Eingange in das Archiv, wo früher das Refectorium war: Reficere ne gravabere. 1622; *b)* am Beginne desfelben auf einem Wappenfteine: PASP (Philippus Abbas S. Pauli) F F 1667; im erften Stockwerke des Nordtractes: *a)* über der Convent-

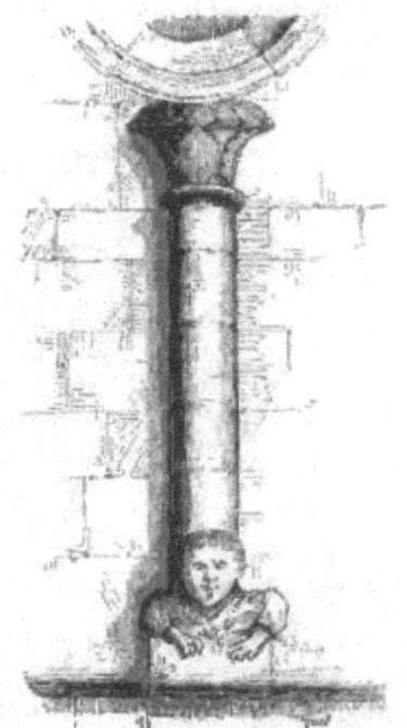

Fig. 300. (St. Paul im Lavantthale.)

thüre auf Wappenftein: P. A. S. P. (wie oben) F F 1661; *b)* in einem Gewölbefchlußfteine mit Wappen, an der Verbindung des Nordmit dem Oftracte: Has æ'conventuales suis caris confratribus e fundamento extruxit Paulus Meninger abbas S. Pauli 1642, und *c)* unterhalb desfelben im Gewölbefchlußftein des Erdgefchoffes: PMASP (Paulus Meninger Abbas S. Pauli) F F 1641. Dafs der Vorbau im 17. Jahrhundert errichtet worden ift, fagt wohl die Infchrift über dem großen Eingangsthore: Engelberto comiti de Spanheim et Lavant.... hanc portam haec moenia... Hieronymus abbas Sancti Pauli anno 1633 f. f. Das Sacriftei-Portal trägt die wenigen Worte: Hieronymus Abbas F. F. An. 1619, welcher Abt überhaupt zum Neubau des Stiftes den Grund gelegt hat. Die Räumlichkeiten selbst sind im Innern weiß, ohne irgend welchen Schmuck, nur einige gewölbte Räume im Erdgeschoß sind mit schönen Stucco-verzierungen ausgestattet, sowie im Obergeschosse des Westtractes mehrere Räumlichkeiten schöne cassetirte Holzdecken aufweisen, von denen besonders eine zu den schönsten und mustergiltigsten Arbeiten des 17. Jahrhunderts gehört. Sie ist 12 M. lang und 9 M. breit, aus Fichten-, Lärchen- und

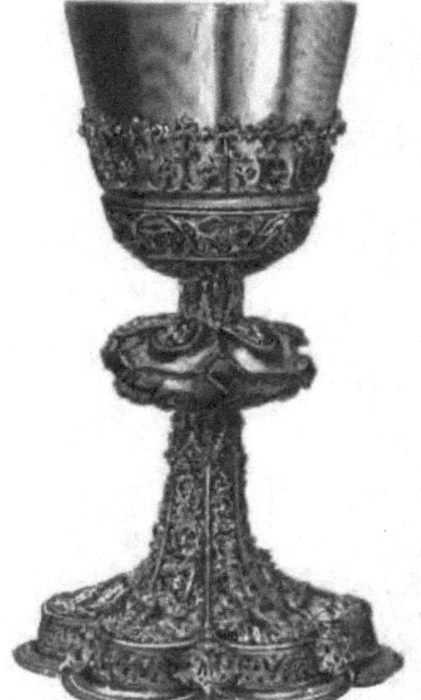

Fig. 301. (St. Paul im Lavantthale.)

Lindenholz gefertigt und hat in ihrer Architectur, sowie in ihren decorativen Details seine künstlerische Durchführung und nebstbei eine reichhaltige Abwechslung in verschiedenen Motiven. Sehr beachtenswerthe Schmiedearbeiten aus dem 17. Jahrhundert sind das Stiegengitter in demselben Tract und das Umfassungsgitter am Paulus-Brunnen.

Die St. Erhards- oder alte Pfarrkirche, eine einschiffige hohe Kirche, war einst eine schöne gothische Anlage. Dafür sprechen noch gegenwärtig der schöne fünfseitige Chor mit den hohen Fenstern, von welchen das mittlere in seiner ursprünglichen Form, zweitheilig mit

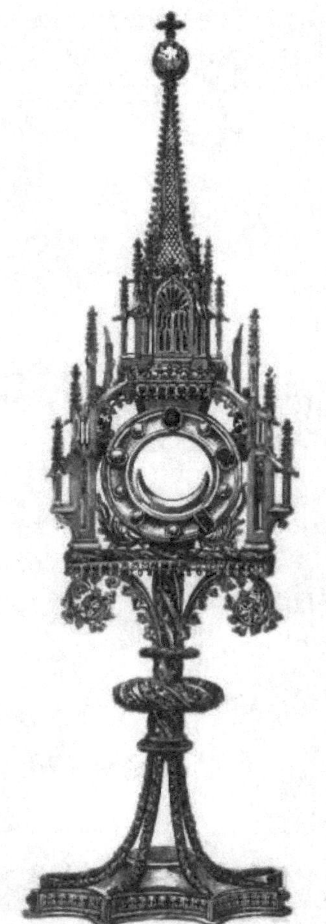

Fig. 302. (St. Paul im Lavantthale.)

Kleeblatt und Vierpaß, erhalten geblieben ist, sowie der obere Theil eines kleinen profilirten gothischen Portales mit Agnus Dei im

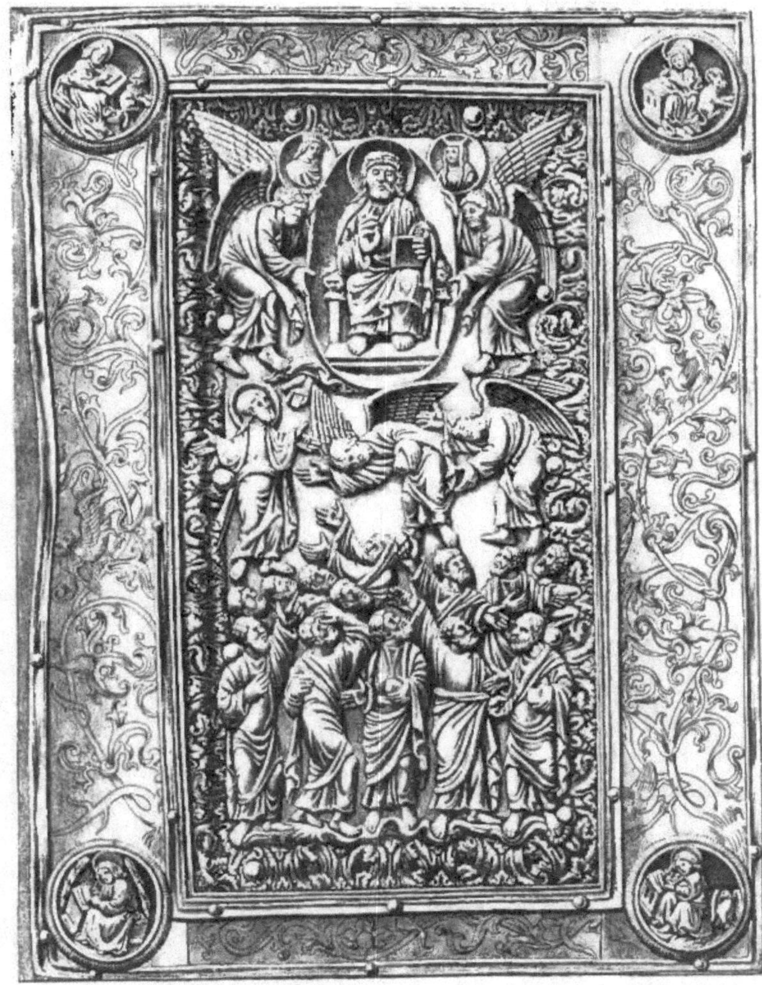

Fig. 303. (St. Paul im Lavantthale.)

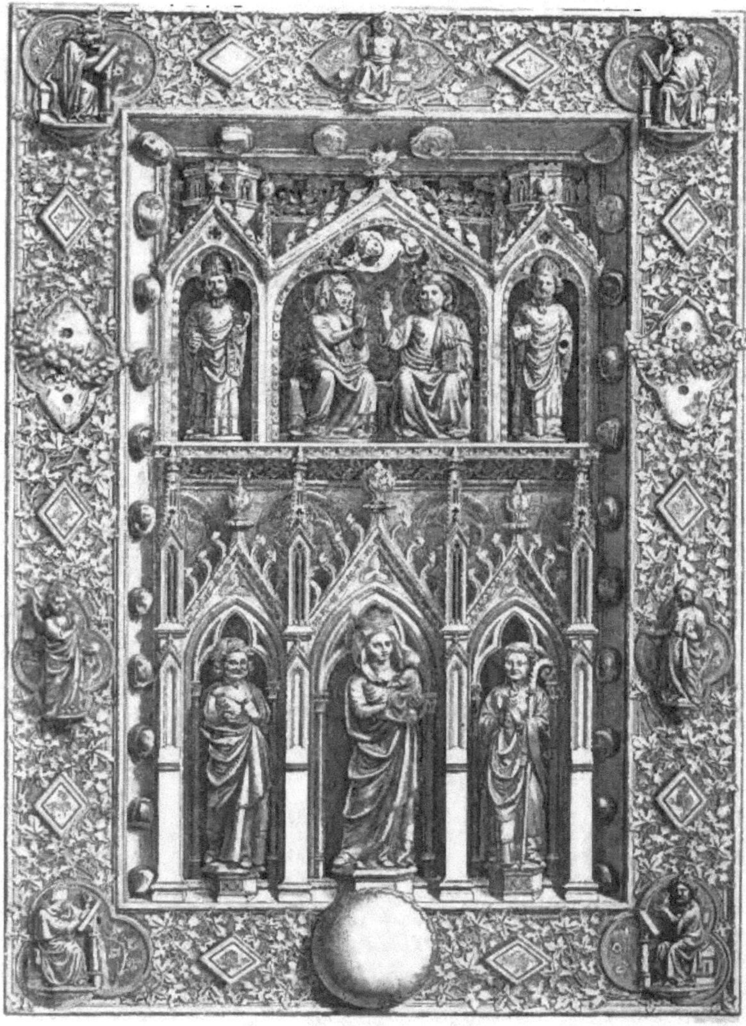

Fig. 304. (St. Paul im Lavantthale.)

Tympanon, welches in der Süd-Seite vermauert ift, fowie eine große Steinmaske als Ueberreft einer Confole. Die Kirche wurde in der erften Hälfte des 17. Jahrhunderts modernifirt, als auf Befehl der von Salzburg abgeordneten Vifitatoren auch an und in der Stiftskirche viele Veränderungen vorgenommen, z. B. die Fenfter erweitert, alte zugemauert, neue ausgebrochen, der Lettner entfernt und Altäre und Capellen befeitigt werden mußten etc. In der nördlich angebauten Peft-Capelle hübfcher Renaiffance-Altar in Schwarz und Gold, gewidmet vom Abte

Von Grabftätten, welche im Jahre 1848 unterfucht worden find, rühren nachfolgende Stücke:

2 Klumpen Bleies K.

Die beiden Grabfteine:

D M ROMANIVS, Zeit nach 350, Fundftelle an der Straßenlinie (Jab. 338, Mo. 5078. K 18).

D M TAMACVS*, um 250, ebendort? (Jab. 339, M. 5080. K 28).

Eine Thonlampe, roth, mit FORTIS, gef. 1848 (AfK. 2, 188, K. Jab. p. 3. Car. 1851, 79; 1850, 347).

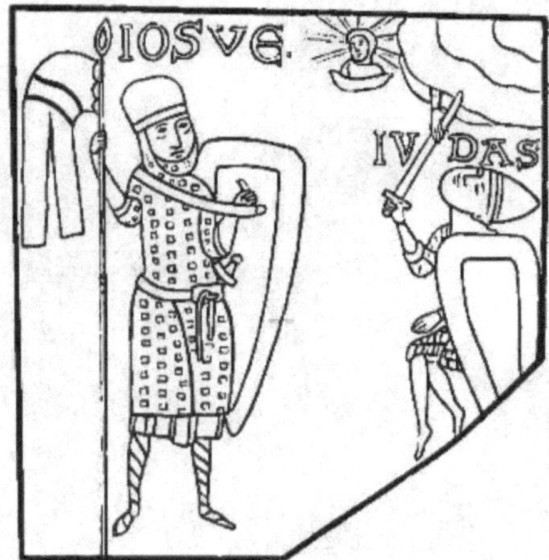

Fig. 305. (St. Paul im Lavantthale.)

und von dem Convente des Stiftes St. Paul. Auf dem Fußboden Refte einiger älterer Grabfteine, wie: Frau Zipora Krapflin, geborne Eixlin, † 1629. Maria Katharina des edl. vöst. Hans Wolfen Wanzl zu Rainhoven u. f. Frau Kunigund, ehliche Tochter, † 1602. Siste Viator et pia affunde suspiria ut nobilis Joannes Antonius Rainer requiescat in aeternum (Chronogramm 1697). Joannes Adamus Glabotschnig San Paulensis Aulae Judex, † 1730.

Penk bei Bleiburg. An der Heerftraße von Juenna (Jaunftein) nach Colatio (Windifchgrätz), Upellae (Weitenftein) Celeia.

St. Peter a. d. Drau bei Spital. Eine kleine fpäte Zopf-Capelle ohne allen Werth. An der Süd-Seite der Kirche ift ein kleiner Römerftein eingemauert, ein Stück Architrav und Fries eines römifchen Hausthores. Im Fries ift ein Löwe, eine Vafe haltend, dargeftellt.

St. Peter ob Gurk (Filiale der Stifts-Pfarrkirche Gurk). Der kleine quadratifche Altar-Raum trägt ein einfaches gothifches Kreuz-Gewölbe auf plumpen Tragfteinen. Im Schlußftein ein Schild. Das öftliche fpitzbogige Fenfter mit Butzenfcheiben und einem kreisrunden Medaillon, darin ein kleines Gemälde, vorstellend Joachym und Anna. Schiffsdecke flach von Holz; seitwärts drei kleine romanische Fenster. Haupt-Altar mit alten Statuen. In der Mittel-Nische die Figur des heil. Petrus mit dem Schlüssel, links und rechts heil. Rochus und eine weibliche Heilige. An der Süd-Seite des Schiffes ein Flügel-Altar, ziemlich groß, mit quadratischer Mittel-Nische und zwei beweglichen Flügeln, sehr gut erhalten. In der Mittel-Nische die Kreuzabnahme, Christus im Schoße Mariens, ferner zwei Jungfrauen und ein Jüngling, den Kopf Christi stützend, links noch zwei bärtige Männer. Im Hintergrunde das Kreuz mit der Leiter und dem Calvarien-Berg. Alles im Relief geschnitzt, die meisten Gewänder vergoldet, spät-gothische Arbeit. An den Flügeln je zwei Felder. I. Geöffnet rechts oben: Christus am Oelberg, rechts unten: Christus am Kreuze mit Maria, Magdalena und Johannes. Links oben: Christi letzter Gang mit dem Kreuze, unten: Auferstehung. Durchgehends geschnitzte Figuren auf Goldgrund. II. Geschlossen in den zwei oberen Feldern: Maria Verkündigung. Unten rechts: Christoph mit dem Kinde, links heil. Florian. Diese vier Felder bemalt. Auf der Predella Grablegung Christi.

Der zweite Flügel-Altar rechts vom Haupt-Altar klein, mit Mittelnische und zwei Flügeln. In der ersteren: Statue des heil. Johannes. An den geöffneten Flügeln undeutliche Darstellungen, an den geschlossenen: St. Petrus und Marcus. Oben Schnitzwerk. Unterm Orgel-Chor ein sehr beachtenswerthes Tafel-Gemälde, wahrscheinlich der Rest eines dritten abhanden gekommenen Flügel-Altars, vorstellend „sanněť Wilhelmus" als gepanzerten Ritter, mit langem lebhaft rothen Mantel, mit der Linken sich auf das Schwert stützend, mit der Rechten die alte Gurker Kirche tragend. Auf dem Kopfe mit langen blonden Haaren ein hübsches rothes Barett. Das Ganze auf schön ornamentirtem Goldgrunde, die Unterschrift der Figur steht auf der Deckplatte einer gemalten Consolе im Hintergrunde (M. x. n. F. ccx).

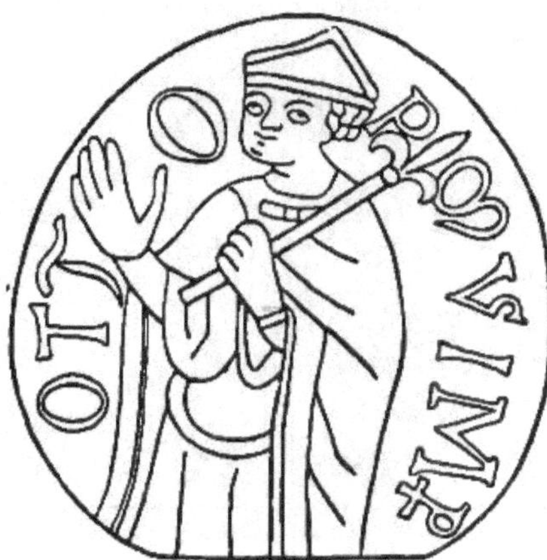

Fig. 306. (St. Paul im Lavantthale.)

St. Peter im Holz (Teurnia), siehe **Holz.**

St. Peter in Prentelhof, siehe **Brandlhof.**

St. Peter bei Reichenfels, eine kleine Anlage aus dem Ende des 15. Jahrhunderts auf romanischen Resten. Das Schiff mit drei Jochen im Sterngewölbe überdeckt, Rippen laufen auf zum Theile durch Schilde maskirte Confolen oder in der Wand todt, der polygone Chor etwas älter, mit einem Joche, das Gurten - Kreuzgewölbe überdeckt. Das Portal fpitzbogig, fchön profilirt mit zwei tiefen Buchtungen und zwei fich kreuzenden Rundftäben, Strebepfeiler, der Thurm an der Weft-Seite mit dem Langhaufe organifch als erftes Joch verbunden und wie durch einen kräftigen Scheidebogen markirt, der Aufftieg zum Thurm, refpective zum Mufik-Chor als dreifeitiger Ausbau an der Nordfeite mit über Eck geftellten rechteckigen kleinen Fenfterchen mit Steinlaibung. Kleiner Stein an der weftlichen Thurmwand weift eingemeifselt die Jahreszahl 1507. Eine kleine Sacraments-Nifche mit einen gothifchen Chor, beftehend aus zwei Jochen und dem dreifeitigen Schluße, das Netzgewölbe ruht mit feinen Rippen auf Wanddienften, runde Schlußfteine. Im Schiffe Bretterdecke. Die Chor-Fenfter fpitzbogig ohne Maßwerk, keine Strebepfeiler. An einem Seiten-Alter die Jahreszahl 1646. Der Hoch-Altar gute Renaiffance-Arbeit, am Anfatze feitwärts die 12 Apoftel in Nifchen zwifchen Säulen, flügelaltarartig behandelte, aber unbewegliche tief ausgefchnittene Bretter, polychromirt. Rückwärts das Schweifstuch (Relief), dabei fteht: Joannes Chriftoff Ackerl, Maller von Villach 1735. In der Predella des rechten Seiten-Altars die Grablegung Chrifti (Schnitzwerk). Intereffant ift die Vorhalle durch die

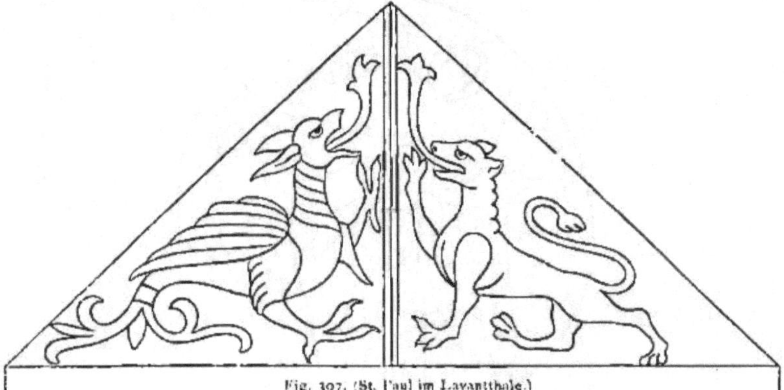

Fig. 307. (St. Paul im Lavantthale.)

Dreipaß im Blendbogen. Im Mittelfenfter des Chores noch Maßwerk. Am runden Triumphbogen eine Infchrift auf Spruchband, ftark verblafst, die auf den Bauentftand unter Pfarrer Rudpert deutet (147—). Taufftein aus 1488 (Fig. 313). Ein kleiner Flügel-Altar, ein Schrein ohne Auffatz; auf den Flügeln: St. Nicolaus, St. Paul, beide Bilder auf Goldgrund fehr gut erhalten, dann außen St. Peter und St. Wolfgang (fchadhaft). Die Figuren im Schreine aus neuerer Zeit (Kirchenfchmuck III, 101).

Neben der Kirche ein runder Karner mit Apfis, zweigefchoffig, kleines gothifches Fenfter (M. IX, n. F. XV).

St. Peter, Filial-Kirche von St. Jacob im Rofenthale, ein niedriges Kirchlein, hat polychromirte Holzdecke aus Laden, deren Fugen durch fchmale Latten überdeckt find, brauner Grund, darauf patronirte Mufter wie Hirfche, Monftranze etc. An der Kirchenwand die Infchrift: Erhard Lerch, Beamter der Herrfchaft Roffegg den 5. April 1816, hat das Kirchenvermögen aufgenommen (M. X, n. F. XXIV).

St. Peter und Paul am Reisberg, f. **Reisberg.**

Petschenitzen. Die dortige Curatie-Kirche zum heil. Martin befitzt nur im Chor ein altes Mauerwerk; derfelbe ift zweijochig, dreifeitig gefchloffen, hat fchwache Streben, einfache Dienfte, der Rippen-Uebergang ift unvermittelt, die Fenfter find modern. Zwei hübfche filberne gothifche Kelche mit getriebenem Nodus und Linien-Ornamenten (M. x, n. F. xxi).

Petzen, Berg bei Bleiburg. Vielleicht römifcher Bleibau; Bleifchlacken flecken in den Straßen nach Feiftritz und Schwarzenbach (Jbuch f. K. 6, 23).

Am Fuße des Berges wurden die Bronze-Münzen Fauftina f. und Commodus gefunden K (Car. 1855, 43).

Der Grabftein DM C LAMPRIDIVS um 150, gef. um 1490 oder 1507—20, in monte Petzen, in valle caput Rolandi, auch in Rotenmann (Pötfchen) vermuthet, fehlt hier; gehört vielleicht ins Lurnfeld (Jab. 345, Mo. 4730, vgl. Gmünd).

len markirt; die zufammengefetzteren Schiffsgewölbe, die nebft kurzen und geraden Strebe- und Scheitelrippen noch mit kühn gefchwungenen Afterrippen verfehen find, haben an der Widerlage Dreiviertel-Säulchen, deren Stellungen auch an den Außenwänden mit einzelnen Strebepfeilern markirt werden. Die Fenfter im Chore und der unprofilirte Triumphbogen find fpitzbogig, die Schifffenfter modernifirt; die erfteren ohne Maßwerk.

Mit größerem Kunftfinne wurde in neuerer Zeit in der weftlichen Richtung der Kirche eine geräumige Gruft-Capelle errichtet, die in der Art einer Doppel-Capelle einen zum Gottesdienfte beftimmten oberen

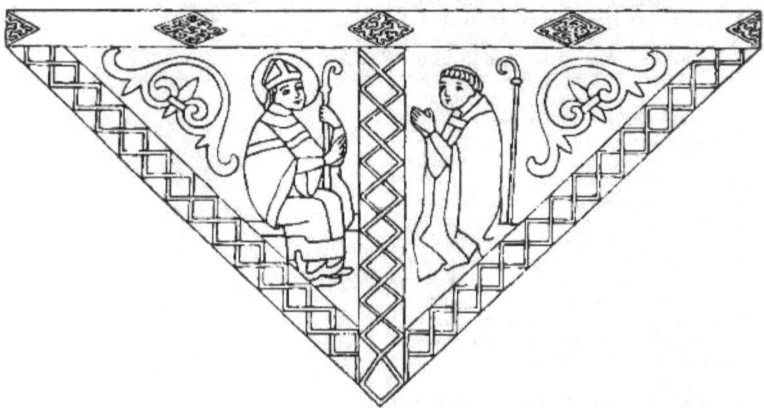

Fig. 308. (St. Paul im Lavantthale.)

Pfannsdorf, Orts-Gemeinde Eberndorf. Eine Bronze-Münze M. Aur. Verus K, vgl. Kriftendorf, 2 feit 1886 (Car. 1847 43; 1838 144; 1886 96, 101.

Die Philipps-Kirche, ein mittelgroßer einfchiffiger langgeftreckter Bau mit einem mehr kleinen aus einem Vorderjoch und dem aus dem Achtecke genommenen Altar-Joch beftehenden Chor und mit dem in fechs Joche getheilten fchmalen Langhaufe, an deffen Weftfront der mäßig ftarke als Vorhalle unterwölbte und pyramidenförmig bedachte Thurm fteht. Das einfachere gothifche Chor-Gewölbe ift an den Ausgangspunkten der Rippen mit gewöhnlichen Confo-

Raum, dann den darunter liegenden eigentlichen Gruftraum umfaßt. Sie ift im Jahre 1811 vom Fürften Franz Orfini-Rofenberg, Befitzer der Nachbarsherrfchaft Sonegg, aufgebaut und im Jahre 1819 confecrirt worden. Als Ruheftätten für die Mitglieder der Familie dienen 22 Nifchen, gemauerte längliche Höhlungen in zwei Gefchoßen an der Süd- und Nord-Seite, von welchen bereits fünf benützt und verfchloffen, fiebzehn noch leer find. Der obere im Erdgefchoße liegende und ebenfalls quadratifch angelegte Capellen-Raum hat einen unbedeutenden Altar, gerade Decke und fechs große rechteckige Fenfteröffnungen mit Glasmalereien, angefertigt von *G. Mohn*, dem

Wiedererwecker der Glasmalerei in Wien, 1820, von denen vier die Stammhalter und Ahnen des Rofenberg'fchen Haufes darftellen (M. vii, n. F. cxvii).

St. Philippen bei Reineck. Eine Bronze-Münze K (Cat. 1844 214).

Pichlern, die St. Philipp- und Jacobkirche (Filiale der Pfarre Himmelberg). Kleines einfchiffiges Kirchlein mit fpitzbogiger Tonne, feitlich mit drei Lünetten, dreifeitiger Schluß mit Butzenfcheiben-Fenftern. Die Kanzel aus Holz fehr hübfch gefchnitzt, achtfeitig mit runden Säulchen und Zahnfchnitt-Gefimfe. Ein fchöner Flügel-Altar mit je zwei beweglichen und zwei feftftehenden Flügeln. Links auf Goldgrund heil. Blafius mit einem Bündel von Lichtern, rechts heil. Rochus. In der Mittel-Nifche die heil. Dreifaltigkeit. Oben als Auffatz gothifches Schnitzwerk, dazwifchen die Chriftus-Figur. Am gefchweiften Unterfatze drei weibliche Heiligen-Figuren. Die Schiff-Decke ift caffetirt und unverziert. Zwei Meßbücher aus den Jahren 1605 und 1657. Alter gothifcher Kelch ohne Jahreszahl. Altes Meßgewand mit Seide auf weißer Leinwand geftickt, lebhaft farbige Arabesken. In der Mitte Maria fammt dem Kinde mit Krone und Scepter und in Wolkenftrahlen (M. x, n. F. p. ccx).

Pirk. Die heutige Kirche „zum heiligen Ulrich" ftammt einer Steininfchrift zufolge aus dem Jahre 1510, fie war urfprünglich ein einfchiffiger romanifcher Bau mit maffigem Thurm über dem Chor-Quadrat mit Zeltdach, doppelt getheilten Schallfenftern mit Zwifchenfäulchen. Die Ueberwölbung ftammt aus dem 16. Jahrhundert. Nördlich die Sacriftei mit einem Kreuzgewölbe, füdlich ein neuerer Zubau im Halbkreis und gegen Often eine halbkreisförmige Apfis mit lünettenförmigen Fenftern, neuere Anbauten.

Außen ein Grabftein mit dem Wappen der Heilecker aus dem 16. Jahrhundert. Grabftein der Eleonore von Keindlingen, geb. v. Stremitzberg, † 1789; der Weihbrunnkeffel 1673, der Taufftein maffiv achteckig glatt.

In der Kirche eine Schelle als Meffeglocke mit hübfch durchbrochenem Mantel. Von den drei Thurmglocken ift die kleinfte ihrer oblongen Form nach die ältefte, die nächfte ftammt von 1722 (Math. Zechenter, Glockengießer in Klagenfurt), die große von 1680: o herr erhöre difer glogen khlang vnt wend alles Ibl von vns hintang. Landtsmann goß mich in Klagenfurt (M. vii, n. F. lxxxvi).

Das flovenifche Volk Kärntens liebt weiße Kopftücher mit rothem Garn beftickt, auch für Kirchen werden folche Stickereien in Kreuzftich ausgeführt; auch in der Kirche zu Pirk find folche Linnentücher vorhanden mit rothem Garn in verfchiedenen Muftern geziert, gewöhnlich ein breiter Rand mit geometrifchen Figuren, Eckblumen und Mittelrofen.

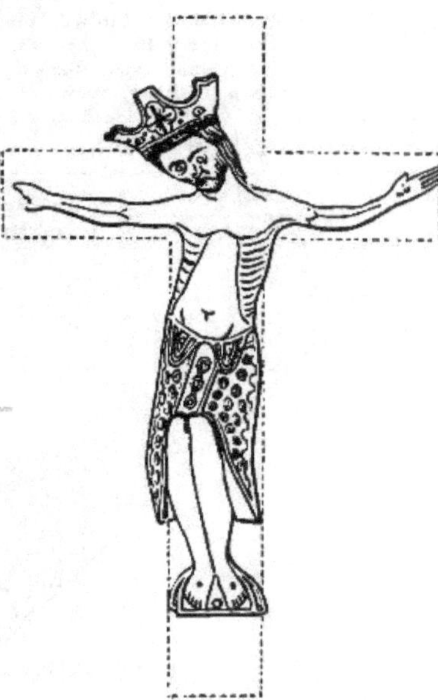

Fig. 309. (St. Paul im Lavantthale.)

Pissweg. Die Kirche eine alte kirchliche Station in Kärnten, ein einfacher romanifcher Bau mit flacher Holzdecke und kleinen romanifchen Rundbogenfenftern, an der Evangelien-Seite eine Nifche zur Aufbewahrung des heil. Sacraments. Römerftein D. M. RESCIANVS etc. (noch unpublicirt).

Auf dem Kirchhofe fteht füdlich der Kirche der fpät-romanifche, durch feine Deckenbemalung ausgezeichnete Karner. Ueber dem Eingange ein ftark verfchliffener römifcher Schriftftein.

Das Gebäude iſt von auſſen unſcheinbar mit einigen ungleich vertheilten Strebepfeilern decorirt, der Innenraum hat 2° 4′ im Durchmeſſer, vier kleine ſpitzbogige Fenſter, Kreuzgewölbe zwiſchen kräftigen Gurten; halbrunde Apſis nach auſſen als Erker conſtruirt, die ſpitze Capellen-Bedachung aus Stein. Zum Unterraume führt ein Eingang an der Südſeite mit vorgelegter Stiege. In Mitte dieſes Raumes ein Pfeiler. Die Bemalung der Decke der Capelle iſt von groſſem Intereſſe und gleichzeitig wie auch von gleichem Charakter mit den Gemälden in der Gurker Empore. Die vier den Gewölbezwickeln entſprechenden Gemälde zeigen das erſte Menſchenpaar vor dem Sündenfalle, den Sündenfall und die Vertreibung aus dem Paradieſe. Im vierten Zwickel zunächſt der Apſis die thronende Maria mit dem Kinde und zwei gekrönte heilige Frauen. Auf den Gewölbegurten die Jakobsleiter, im Schlußſteine das Lamm. An den Seitenwänden haben ſich nur mehr Spuren von Malereien erhalten; man erkennt die Verkündigung und Geburt Chriſti, die drei

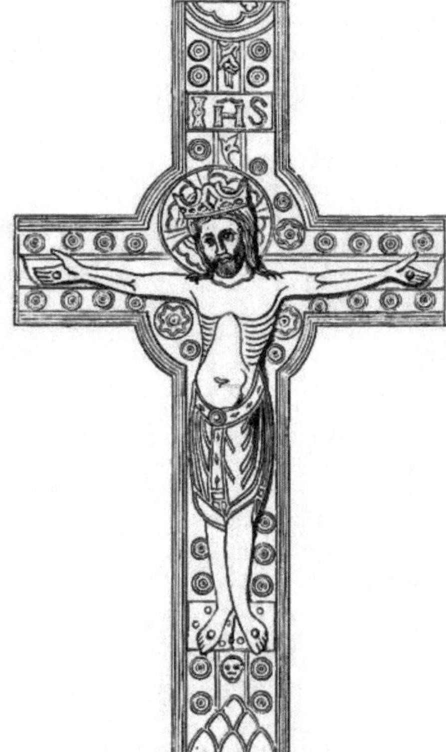

Fig. 310. (St. Paul im Lavantthale.)

Könige, die Aufopferung im Tempel, die Taufe und den Oelberg, dann den Erzengel Michael und mehrere Heiligenfiguren. Die Malereien dürften noch der 1. Hälfte des 13. Jahrhunderts angehören (M. xv. p. xvi; M. vi, n. F. cxi).

SS. Barbara, Katharina, Elifabeth und Magdalena mit ihren Emblemen. Das Kreuz ift 16 Mm. ftark, enthält Reliquien, wurde wahrfcheinlich als Pectorale angefertigt.

Platt. Der Thurm der Filial-Kirche zum heil. Leonhard mit feiner fpitzbogigen

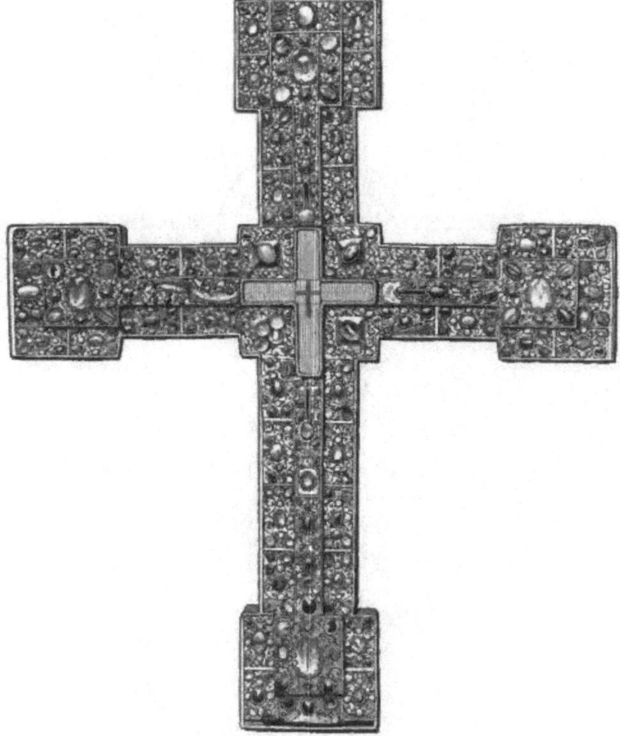

Fig. 311. (St. Paul im Lavantthale.)

Schönes filbernes Dreiblattkreuz 15 Cm. hoch, 12 Cm. breit mit Vierpäfsen in den Blattflächen, zwifchen welchen die Symbole der Evangeliften auf der Vorderfeite, zwifchen welchen Crucifixe auf mit Gravirungen verfehenem Kreuzesftamm. Auf der Rückfeite gravirt die gekrönte Maria mit dem Kinde und

Halle fteht vor der Weftfeite der Kirche, kleiner gothifcher Chor.

Plessnitz, mit einer nach Leoben gehörigen Filialkirche; diefelbe ift einfchiffig, hat ein kleines Presbyterium in unregelmäfsiger Achteckgrundform und profilirten Triumphbogen, fpitzbogige Fenfter ohne Mafswerk.

Im Schiffe eine gothifche, in Roth und Weiß bemalte Holzdecke (Fig. 314), ebenfo ift die Brüftung des Orgel-Chores decorirt, an deffen unterem Rande, roth in weiß, mit gothifchen Minuskeln die Infchrift: Maria hilf uns. O Maria hilf dem Michae teimerman, der hat dife arbet gtan; darauf die Buchftaben des Alphabetes, unter welchen aber das f und k fehlen, fowie die drei letzten Buchftaben desfelben. Der Altar gehört der Spät-Gothik an. Ein fogenannter Baldachin-Altar, 3 M. hoch und 2 M. breit, mit glatter Predella, enthaltend goldenes Kelchbild mit Hoftie, umgeben von goldenem Kranz und Sternen, über welcher fich nach der Mitte zu, ftufenförmig anfteigend, auf achtfeitigen dünnen Sockeln fieben Statuen erheben: in der Mitte St. Johannes Bapt., rechts und links in abfteigender Größe St. Paulus, St. (?), St. Florian, St. Johann Evang., St. Martin, St. Georg. Am beften gearbeitet find, als geharnifchte Ritter dargeftellt, St. Florian und St. Georg. Ueber jeder Statue prachtvoller Baldachin aus Fialen mit Krabben, über der mittleren reiche nach vorn überneigende Kreuzblume. In reicher Vergoldung und Blau, Roth und Grün polychromirt. Gut erhalten. Ueber dem Eingange ein Fresco-Bild aus dem 16. Jahrhundert (die Kreuzigung; M. VIII. n. F. CXXXI).

Plöcken. Paß in den julifchen Alpen. Die Heerftraße von Aguontum und Teurnia, auch die Seitenftraße von Santicum herauf fanden fich in Loncium (Mauten) zufammen. Auf den Felshöhen des Paffes (1363 M.) wird mehrmals das Wagengeleife künftlich eingefchnitten in Form von U in der Tiefe bis 10, Breite 9 Ctm., in Längenfpuren von 10 bis 65 Ctm. fichtbar und jenfeits der Höhe finden fich drei Felsfchriften (Mo. c. i. l. Bd. 5, 1, S. 177, No. 1864), welche die Sorgfalt für die Straße feit dem erften Jahrhunderte bis mindeftens 375 n. Chr. bekunden. Die 22 mp., welche das Itinerar anfetzt auf die Straßenftrecke zwifchen

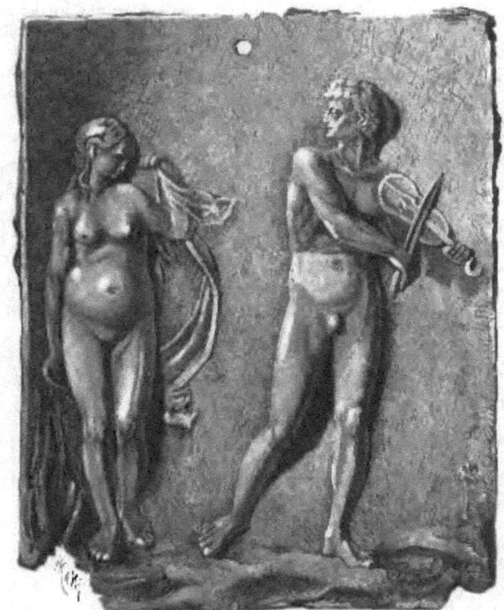

Fig. 312. (St. Paul im Lavantthale.)

Loncium (Mauten) und Julium Carnicum (Zuglio), entfallen zu gutem Theile auf die nord- und füdfeitigen Höhen des Plöcken. Diesfeits foll das ganze Fundwefen auf eine Fibel und Hafte von Bronze (1885) K, eine Schnalle aus Gold? und eine Silbermünze von S. Severus befchränkt fein (Eichhorn Bd. 2, 4. K. Ztfch. 8, 32; Car. 1883, 188; 1877, 195; 1844, 69, 74: 1858, 33. 66: 1812 Nr. 21. Meyer Gurina S. 32, Nr. 22; 96, 89, 91; Nr. 11 Lit. Muchar altcult. Nor. 1, 20, 24; R. N. 1, 250. Mo. S. 591. Ank. 1, 28, 68, 71 f. 82, 149, 205. 284, 331, 527, 551, 935, 61. Afk. 3, 66, 67. AfköG. II, 1849. 1, 2; VI 1881, 223. 29, 244. Jah. S. 6, S. 172. M. 6, neu 39. 54. 56, 60. Mo. c. i. l. Bd. 5, S. 169, 172. Kml. 67. Muf. Führer Klgft. 25. Stur Geol. 143 Wulfen flor. nor. vor S. 200, Nr. 378).

Die Elifabeth-Capelle, Filiale Mauten, ein romanifcher Bau, Refte von Fresken außen.

Podgoriach bei Gutenftein. Eine Reihe eigenartiger Erdwerke. Zunächft ein Wall mit Ringgraben, tief 4, breit 6 M., das Mittel-Plateau trägt die Kirche, Durchmeffer 57 M., das Ganze ift von der Straße angefchnitten. In der nahen Lehmgrube ift man in der Tiefe von 1 M. auf die Refte einer gepflafterten Straße und ein Hufeifen geftoßen, das Silberrefte zeigte, K. Nördlich hinauf an 400 Schritte weiter fteht ein ähnlicher Wall, der Brefchegupf, und andere zwei folgen; der Kegel mifst 8 M., 6·5 M., der Graben 12 M., der ganze Durchmeffer ift 44 M., 35·70 M., die Böfchung weift 45° bis 50°. Das höchfte Erdwerk ift ein Viereckbau, beftehend aus zweien Wällen, zweien Gräben, breit 17·30 M., lang 21 M., die Wälle jeder 3 M. breit, die Graben 10·70 und 9·50 M. breit, die längfte Ausdehnung beträgt 63·70 M. Zwei Auslaufgräben gehen der eine füdlich nach Schrattenegg, der andere gegen Guttenftein, breit bis 3 M. Nicht genug. Am Ende des Laufgrabens, nach einer Viertelftunde bietet fich beim Rofılan-Hofe ein Viereckwall dar, lang 42 M., alsdann fteht im Walde nach 10 Minuten Gehweges eine Laufgraben-Ecke ohne Wall: endlich erreicht man nach 300 Schritten die kreisrunde Schluß-Schanze, fteil geböfcht, des Durchmeffers 32 M. Der Laufgraben endet im Walde vor Gamfenegg. Die Verbindungen mögen in fpäten Türkenzeiten hergeftellt fein, die einzelnen Hochwerke vielleicht fchon neben der Römerftraße beftanden haben (Car. 1881, 51. M. 7, neu p. LXXVII und Kärtchen).

Poggersdorf. Der Schwedenhügel, als Sandgrube ausgenützt. Die Pfarrkirche St. Jacob (Decanat Tainach). Der Grundplan diefer anfpruchslofen Anlage vereinigt Thurm und Chor in einem Raume, welcher vom quadratifchen Ausmaß und mit einem gothifchen Sterngewölbe gedeckt erfcheint. In den vier Ecken Confolen mit Rundstäben und Hohlkehlen und in der geraden Oftfront ein breites Spitzbogen-Fenfter mit Mittelftock, zwei Dreipäffen und zwei Blafen im Bogenfelde. Gothifches Portal, darüber ein Kopf, an der Stirnwand eine kreuzförmige Oeffnung. Schiff neu, alter Taufftein aus rothem Marmor, conventionelle Form. Am

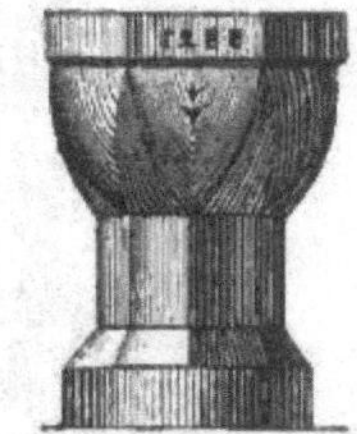

Fig. 313. (St. Peter bei Reichenfels.)

Deckel eines Ciboriums eine ältere gothifche Spitze. Bei einem Doppelwappen am fpitzbogigen Thore der Vorhalle: 1626 (M. CIX. n. F. CI).

Pokhorn bei Heiligenblut (Möllthal). Kirche, Presbyterium und Schiff mit fchönem Netzgewölbe, das noch vollftändig in grau und dunklem Ocker bemalt ift, die Rippen immer abwechfelnd den Steinfchichten entfprechend grau und gelb (Fig. 315).

Das Netzgewölbe im Presbyterium zieren zwei runde und zwei viereckige Schlußfteine, die noch die alte Malerei aufweifen. Man fieht Jefus mit der Geißel und ein fenkrecht getheiltes Wappen: ein gelbes Thier auf blauem Grunde, die andere Hälfte roth und weiß, einen Bifchof, einen Heiligen mit einer Feder und einem Buche, alles auf blauem Grunde.

Im Schiff endigen die Rippen als Wandpfeiler und im Presbyterium als Dienfte, beim Triumphbogen auf Confolen. Ein fpitzbogiges Portal nur mit Schräge als Profil führt in das unterſte überwölbte Thurmgeſchoß der Sacriſtei. Eine Stiege weiſet in das nächſte Geſchoß und weiter in den Thurm. Die Thüröffnung, wie auch die Rippen und die abwechſelnden Steinſchichten ſind bemalt. Im Presbyterium fünf Spitzbogenfenſter ohne Maßwerk, im Schiff drei ſolche mit Butzenſcheiben. Auch die Fenſterumrahmungen ſowie die Rippen bemalt.

Außen an der Kirche ein ſchöner ſtarker Steinſockel aus Serpentin. An den Ecken hat dieſer Sockel ſchöne Waſſerſchläge (Fig. 316).

Das Haupt-Portal von Serpentin iſt ſpitzbogig, die kleinen Rundſtäbe überkreuzen ſich; ober dem inneren Rundbogen ein Kreuz und die Jahreszahl 1527.

Die Sacriſtei hat ein viereckiges Fenſter mit einfachem Profil (zweimal die Schräge).

Der vierſeitige Thurm von ſehr ſchlankem Verhältniſſe hat in der Glockenſtube ſpitzbogige getheilte Fenſter mit Maßwerk-Couronnements im Vierpaß, dann vier Giebel, in deren Ecken mächtige ſteinerne Waſſerſpeier. Der runde Helm ſteigt in ſchlanker Spitze hoch empor (M. v, n. F. XL; VII, n. F. XCII).

Polein bei Prevali. Spuren der Römerſtraße. Auf dem Lamberg kennt man ſeit 1860 Wallbauten; ſo zeigen ſich beim Bauer Gradiſchnigg zwei hufeiſenförmige Erdwerke, die äußeren Vertiefungen in einen gemeinſamen Mittelgraben ausgehend; die größte Ausdehnung beinahe an 100 M. Das größere Plateau hat 30, das kleinere 17 M., die Vertiefung erreicht 9 M.

Der Grabſtein QVINCTO um 120, gef. 1881. Kirche (Aep. 5, 223, 3. Car. 1881, 53; 1882, 103).

Die Kirche, eine Filiale von Prevali, hat einen einfachen ſehr kleinen Chor und ein Thürmchen über dem Triumphbogen, mit flacher caſſettirter Holzdecke mit gemalten Roſetten, Sternen, Blumen und Rankenwerk in Schwarz, Roth, Weiß und Gelb. Chor fünfſeitig mit ſechs ſehr ſtark ausladenden Rippen, welche auf kleine rohe Conſolen auflaufen und in einem großen runden Schlußſtein ſich vereinigen. Lange ſchmale Kleeblatt-Fenſter mit Reſten von Butzenſcheiben. Zwei Wandleuchter von hübſcher Schmiedearbeit; Kanzel von ſchmiedeeiſernem Gitter umgeben.

Polinik bei Zweikirchen. Hochebene mit Baureſten, Geräthen. Vor 1864. S. Heidach.

Pöllan bei Feiſtritz (Paternion) an der Drau. St. Philipp- und Jacob-Kirche. Ein unſcheinbarer ſpät-gothiſcher Bau aus der Mitte des 16. Jahrhunderts. Das zweiſeittig abſchließende Presbyterium iſt auf fünf Rippen mit großem runden Schlußſteine roh eingewölbt. In den Schluß-Seiten je ein ſchmales einfaches ſpitzbogiges Fenſter mit Butzenſcheiben. Die Holzdecke des Schiffes flach und neu.

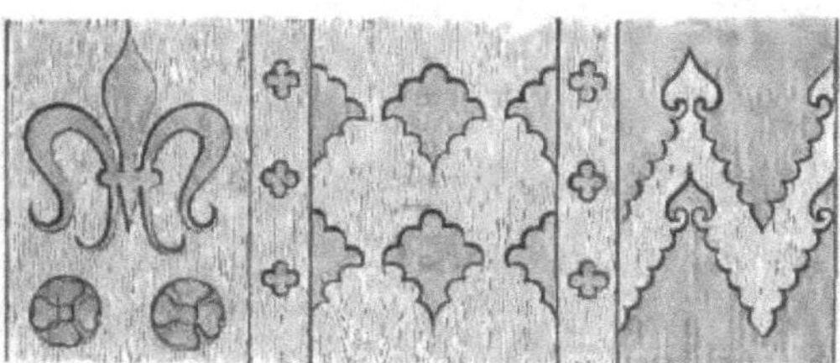

Fig. 314. (Plessnitz.)

Das Schloß, ein nie vollendet geweſenes ausgedehntes Gebäude der Grafen Khevenhüller, in einem Thale reizend ſchön gelegen. Der viereckige große Haupt-Tract iſt von vier ſechsſeitigen Eckthürmen flankirt. Die Architektur weiſt auf italieniſche Vorbilder hin, es ſind dieſelben ſchönen Formen wie an einfachen Bautheilen des Schloßes zu Spital zu erkennen. Zartere architektoniſche Details fehlen dagegen. Fenſter und Thüren ſind aus rothem und grauen Hauſtein; die übrige Bruchſteinmauerung iſt noch ohne Mörtelverputz. Inwendig iſt das Parterre ausgebaut, im erſten Stock iſt nur ein Zimmer ganz erhalten. Daſſelbe iſt mit Holzvertäfelung bis auf Zweidrittel-Höhe fchön ausgekleidet; die reichen Intarfien find leider fehr ftark ruinirt und fehlen zum großen Theile. Einfacher an Decke und Wänden getäfelt find zwei andere Zimmer zu ebener Erde. Die übrigen Gemächer, das Stiegenhaus, Vorhaus etc. blieben ganz unfertig. In der Mitte des Schloffes, ober dem Portale, ein hübfches Doppelfenfter mit Rundbogen wie zu Spital (M. x. n. F. ccx).

Pölling bei Launsdorf. Grabftein DM MAREVODIVS* mit Ref., wbl. Büfte, Obertheil fehlt, 920 (Klgft. Ztg. 1883, S. 1893. Aep. 7, 194). Dafelbft eine alte

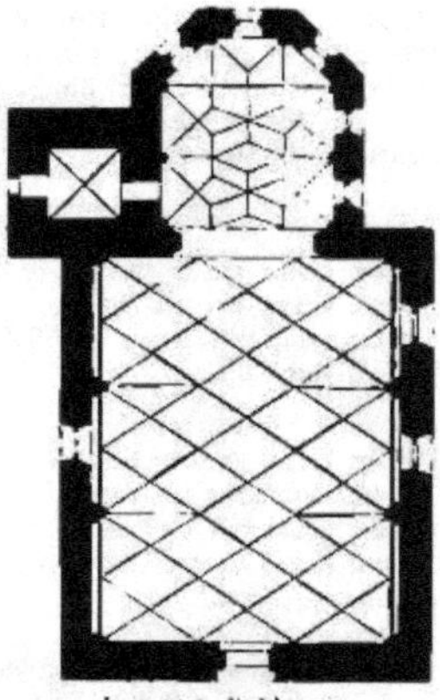

Fig. 315. (Pokhorn.)

profanirte Capelle mit gothifchem Chor-Schluffe, rundem Scheidebogen, römifche Gefims-Deckplatte.

Pölling bei Treffen. Oeftlich am Görlitzen-Abhange, beim Baumgartner, war eine Felswand von Kryftallinkalk erfichtlich, nifchenförmig, mit Streifen von Abmeißelung, ähnlich jenen an Koralpe (Spitzelofen), hoch 7·5 M. (4°), tief 3·8 M. (2°), breit 6·7 M. (über 3½°) und einer bankartigen Bafis, breit 63 Cm. (2'), genannt der Heidentempel (Jab. 451). Die Kirche befteht aus einem gothifchen Presbyterium mit polygonem Abfchluffe, das wahrfcheinlich anfangs eine Capelle war, die fpitzbogigen Fenfter ohne Maßwerk, kleine Sacraments-Nifche (M. x. n. F. cxxviii).

Ponfeld. Die Kirche zum heil. Martin ftammt in ihrer heutigen Geftalt laut der innerhalb eines Fenfters an der Schiff-Südfeite angebrachten Jahreszahl aus 1638. Es ift ein einfchiffiger Bau mit einem Chorraum in quadratifcher Form. Von den drei Fenftern find zwei modernifirt, das dritte in der Oft-Wand fehr fchmal und klein, zeigt noch den fpitzbogigen Abfchluß. Die Einwölbung bildet ein neuartiges rundes Kreuzgewölbe. Breiter fpitzbogig geformter Scheidebogen. Das Schiff bildet drei Joche ohne befondere Trennung, mit rundbogigem Kreuzgewölbe überdeckt. Vor dem fpitzbogigen ziemlich fchmalen Weft-Eingang die übliche Eingangshalle, welche zugleich den Zugang zum Orgel-Chor vermittelt.

Der viereckige Thurm wurde über dem Chorraum angelegt. Die Oeffnungen im Glockengefchoß find rund, an den Haupt-

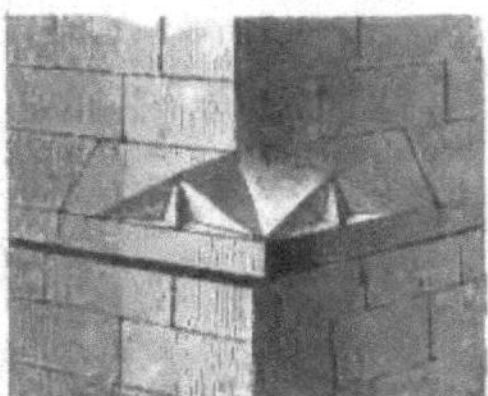

Fig. 316. (Pokhorn.)

gefimfen ruhen die üblichen Spitzgiebel und über dem Ganzen ein achtfeitiger Pyramidenhelm (f. auch **Maria Buch**).

Pontafel. Die Seiten-Straße von Aquileia her nach Sianticum (erhalten noch in den Jahren 311 und 375) traf hier in ihrer Richtung von Julium carnicum (Zuglio) nach Larix (Saifnitz?) wohl auf einen bewohnten Ort, vielleicht ad Silanos. Allerdings wäre dann der Abftand 35 mp. (anders 39 mp.) von Aquileia nach der Tabula zu gering! Die Bronze-Münze Domitian K ift gewifs nicht die einzige hier gefundene; fchon im Jahre 1846 gab es hier 1 Denar M. A. Verus, 6 Bronze-Münzen und 1 Thränenfläfchchen K (Car. 1883, 188; 1881, 328; 1846, 147; 1857, 179. Mo. S. 589. M. 6 neu 39, 54. Kml. 66).

An der Kirche fpärliche gothifche Refte. Grabmal der Anna Freiin v. Rechbach, † 1734.

Portendorf. Die Nicolai-Capelle, des Weinpatrons, aus Römersteinen erbaut, vor 1155, enthält zwei Stein-Denkmäler. Relief: Männliche Gestalt, stehend (Jab. 382).

C · CA(MERINVS?) Sargtheil, mit Nennung eines IIvir (IIDCLVIR?), um 200 (Jab. 382. Mo. 4865).

SABINIA Cippus, um 150, gef. vor 1691 am Prunner-Kreuze (Jab. 76, Mo. 4852).

Pörtschach unter dem Ulrichsberg. Der Reliefstein, Priester stehend mit Gefäß, hoch 58 Cm. (1' 10"), breit 34 Cm. (1' 1"), wohl vor 1821 in der Umgebung gefunden, hier an der Kirche (KZtsch. 3, 154).

In der Kirche je eine Glocke aus den Jahren 1691, 1530 und 1694.

Pörtschach, am Nordufer des Wörthersees. Von der Landspitze und der Schlangeninsel östlich stecken im Seegrunde Pfähle in der Tiefe bis 316 Cm. (10'); der Grund inzwischen ist mit den üblichen Steinhaufen bestellt (Sitzgb. d. Akad. d. W., math., 51, 264. Jbuch fK. 8, 53).

Man vermuthet hier die Station Saloca der Tabula, abstehend von Virunum westwärts 11 mp. (K. Ztsch. 4, 108, 110, 111).

An der Felswand wenige Schritte vom Schlosse wurde bei Weg- und Weingartarbeiten im Jahre 1846 vor April, ein bedeutender Münzenfund gemacht, welcher theils ins Landesmuseum, theils in die Sammlungen Rainer, Notar Vogel, Br. Walter und wohl auch in andere Hände kam. Es waren Silber- und Bronze-Stücke, theils consulare, theils kaiserliche, jene wahrscheinlich aus der Zeit 124 bis 31 v. Chr., diese bis etwa 68 v. Chr., also durch beiläufig 192 Jahre gehend. Eine vollständige Uebersicht dieses Fundes würde das deutlichste Bild des Münzencurses für den Anbeginn der claudischen Colonie Virunum geben; man hätte eben nur noch das norischkeltische Groß- und Kleinsilber sammt den gehöhlten Goldstücken dazu zu denken (vgl. Livius über den nordischen Geldcurs um 177 v. Chr. unter 41, 13, 7. Kml. 28). Die Silberdenare sind sämmtlich K, theils auch Rainer: Antonia leg II, leg III (2 Stück), leg VIII, leg XI, leg XIII (6 Stück?), leg XVII, Zeit 31 v. Chr. (Coh. 34, 39. Rep. 1, 195. C.).

Cordia Rufus (2 Stück), Zeit 50—49 v. Chr. (Coh. S. 100. Wetzl 8570).

Hostilia Siserna, 46—45 v. (Coh. S. 153. W. 8753).

Julius Caesar, um 50 (Coh. S. 156, Nr. 11 und 170).

Livineia Regulus, 46—45 (Coh. S. 187 und 189).

Marcia Pilipus, 124 v. (Coh. S. 202, 12, 205, pl. XXVI, 4, Reiter Philippus v. Macedoniae).

Memia L., 116 oder 99 (Coh. 211. Nr. ?1—4. 7?).

Porcia M. Cato, Victrix, 94 oder 46 (Coh. S. 270 Nr.? 5—9, S. 271).

Postumia C A, 72 (Coh. 272, Nr. 8, 273).

Tituria Sabini (2 Stück), 88 (Coh. S. 315, 316).

Augustus Quinar, dann Ti Claudius 2 Bronzen, Nero 1 Bronze (Jab. S. 160. Oest. Bl. f. Lit. 1847, 965; 1846, 1176. Car. 1846, 58, 106; 1847, 138, 213 [20 S. darunter 1 Caesar]; 1869, 5).

Ob eine eiserne Thierfigur, mehrere Fuß tief ausgegraben um 1869 K, hier einzureihen, bleibt zu entscheiden.

Der Ort scheint schon als Vuirzokah 965 wieder bewohnt gewesen zu sein (vgl. Leonstein. Kml. 145).

Possau, auf dem Bergrücken östlich von Zolfeld und Töltschach. Baureste in Gruppen von Zolfeld bis Helenenberg. Versumpfte Wasserleitungen in den Mulden.

Reliefs: Mann stehend mit Tafel; Frau mit Kästchen, Krieger zu Pferd, Adler auf Hase, Trauergenius mit Fackel und Kranz (2 Steine) an der Kirche (Jab. 120. Car. 1868, 31, 33, 34).

. . .INIO | DIADV(MENVS), Weihstein dem Mithras?, mit augusti dispensator, arcarius regni norici, Zeit nach 193, um 260—311, gef. vor 1873, um 1866 bei der Wendl-Keusche in Possau? (Mo. 4798, vgl. Tanzenberg. Jab. 18, Nr. 4797. Kml. 99, Nr. 5).

T ACCIVS, mit frumentarius legionis II italicae, um 180—230, vor 1691 an der Kirche, jetzt Prunnerkreuz (Jab. 26, Mo. 4830. Kml. 73).

TE DO VO VIVAE in 5 Zeilen, um 200, aus Zolfeld? vor 1870, im Kirchboden (Jab. 57, Mo. 5016. Mu. R. N. 1, 188).

(H · M · H ·)N · S, um 100, gef. vor 1873, am Kirchthor (Mo. 5018; vgl. Mi. w. Alts. V. 11, 137; wie Mo. 5007, K 56).

Der Ort als Plossowe? um 1170, Possowe 1169.

Die Kirche in Poſſau zu St. Primus und Felician, ein einfacher Bau mit gothiſchem Kreuzgewölbe und Schlußſtein-Scheibe im Chore, im Schiffe eine neuere flache Decke, ſpitzbogiger gedrückter Scheidebogen an den Thüren alte Beſchläge (an denſelben die oben angeführten Reliefs; M. x. n. F. CCXI.).

Prebl. Relief. Sonnengeſicht zwiſchen zweien Greifen, gef. 1832. Pfarrkirche (Jab. 306, vgl. MSaal).

ALBINO*, um 200—240, gef. 1867, Friedhofmauer (Jab. 305, Mo. 5085).

Die Kirche mit unbedeutenden Reſten gothiſchen Styles im Chore, ein Joch mit fünfſeitigem Schluße; gedrückt-ſpitzbogiges Gewölbe mit ſtarken Rippen, welche auf Conſolen laufen und mit ſtarkem runden Schlußſtein. Oeſtliche Fenſter zweitheilig mit Kleeblatt und Vierpaß, Seitenfenſter einfach mit Kleeblatt. Guter Renaiſſance-Altar; Barock-Kanzel mit ſchönen Fladern und Intarſien. Daſelbſt eine kleine Sacraments-Niſche mit Spitzgiebel und Blendmaßwerke. Eine Meßglocke mit gothiſchen Majuskeln.

Im ehemaligen Schloſſe eine kleine offene Vorhalle mit Säulen aus der Renaiſſance, dort die Jahreszahl 1551 (M. IX. n. F. LXV).

Prediel. Paß ſüdlich von Tarvis mit den drei Pret-Orten, Heerſtraße von Aquileia nach Tarvis, Villach (Santicum), Virunum; anderſeits weſtwärts nach Larix (Saifnitz), ad Silanos (Pontebba?). Wahrſcheinliche Zugrichtung des Conſuls Cn. Papirius Carbo gegen die Cimbern. Das Thal iſt das ſüdlichſt gelegene nach jenem der Kanker (Ank. 1, 52, 284, 331, 556, 559, 564. Jab. S. 3. Car. 1883, 188; 1868, 325. M. 6 n. 39, 54, dazu St. Lucia 1884, p. CXLIII, CXI.).

Preims oberhalb Wolfsberg. An dem unſcheinbaren Kirchlein, das vielfach umgeſtaltet erſcheint, folgende Römerſteine: Drei Reliefs, davon eines eine Zweihenkelvaſe mit Epheu, eines das Kopfuntertheil vorſtellt, dann ein Strahlenangeſicht, an der Kirche (Jab. 309, 310).

Architekturſtein mit zwei Schneckenwindungen an der Nordſeite; andere vermauert (Car. 1832, 56).

SVRVS·BRICIO*, mit miles cohortis V Breucorum, um 180—250, gef. 1852; an der Kirchenmauer (Jab. 308, Mo. 5086, ad S. 1048. Kml. 71).

In der Menſa des Altares eingemauert, ſo daſs die Schrift durch eine einen Schuh tiefe Niſche theilweiſe zu leſen im Schriftſtein: D V SPERATA R AN XII.

REBVRRVS*, mit ATOBITIS, anklingend an LATOBIVS, um 200, gef. 1832, beim Buchbauer am Leidenberg, über welchen von Wolfsberg her zu den Löllinger Bergwerken eine Seitenſtraße ging (Jab. 311, Mo. 5087. Car. 1832, 57, 60).

Prekova-Berg beim Gurk-Metnitz-Sattel. Angebliche Richtung der Heerſtraße von Virunum nach Juvavum, von Matucaium (als Zwiſchenwäſſern?) her, dann nach Beliandrum (als Straßburg?) nach Graviace (als Grades?). Ein alter Saumweg iſt zu verfolgen über den Salzerkopf und Modringberg nach Fladnitz (Ank. 1, 560. Car. 1860, 209; 1880, 290).

Presseggen, St. Rupertus in (Filiale von Förolach). Stattliche Capelle ſpät-gothiſcher Zeit, ſternförmig conſtruirte Wölbungen, entſprechend der Anzahl der Joche, zwei im Schiff und eine im dreiſeitig geſchloſſenen Chore. Im erſteren übergehen die Rippen auf ſchwach eingebaute und ſeitwärts geſchrägte Strebepfeiler mit vorgeſetzten runden Dienſten, im Chore ſitzen ſie auf fünfſeitigen und profilirten Conſolen in halber Höhe auf. Die Fenſter mit Mittelſtock und Dreipaß im Bogenfelde, der ſpitzbogige Triumphbogen reicht faſt an den Scheitel der Schiffsdecke, das Weſt-Portal in den Gewänden profilirt, zwei ſehr werthvolle Flügel-Altäre. Ein eigentlicher Thurm fehlt; ſtatt deſſen erhebt ſich vom Dachfirſte ein achtſeitiger hölzerner Dachreiter. Auch fehlen Strebepfeiler.

Bei dem größeren Altar iſt die Schreinniſche im Eſelsrücken geſchloſſen, darin Maria mit dem Kinde in Hoch-Relief geſchnitzt, je ein Engel zu jeder Seite in Wolken ſchwebend. An den offenen Flügeln rechts heil. Barbara, links eine Heilige ohne Attribute. Die Bemalung und Vergoldung anſcheinlich aufgefriſcht. Die Hinterſeiten dieſer Flügel ſind je in zwei Felder getheilt, darauf die Heiligen Martin, Nicolaus, Sebaſtian und Erasmus gemalt. In den vier Feldern der feſten Hinterflügel vier heil. Jungfrauen. Hintergrund dunkelblau.

Als Mittelfigur des Predella-Bildes die heil. Anna, ſitzend, auf ihrem Schoß rechts Maria, das Jeſu-Kind links je mit einer

Hand ſie haltend. Im Hintergrunde rechts zwei Männer, Spruchbänder haltend, darauf „Joachim“ und „Salome“. Links gleichfalls zwei Männer, „Cleophas“ und „Joſeph vir Mariae“ im Spruchband, ſomit alle zur engeren heiligen Familie gehörende Perſonen. Im Vordergrunde endlich knieende Männer und Frauen in zwei getheilten Gruppen. Hintergrund tiefblau; Farben prächtig erhalten und auch die Zeichnung nicht ohne Strenge. An einer Stelle eine Jahreszahl eingeritzt: 1.5.9.0. Die ornamentale Bekrönung beſteht aus ſechs hohen Fialen, zwiſchen welchen ſich das durchbrochene zarte Aſtwerk ſchlängelt.

Bei dem Mittelſtücke des kleineren Flügel-Altars iſt heute der Abſchluſs der Niſche flach. Eine auf Leinwand gemalte Madonna iſt offenbar nicht vom Urſprung her im Schreine und ſtört arg den Geſammteindruck. Von auſſerordentlicher Bedeutung ſind aber die Gemälde an den geöffneten Flügelſeiten. Rechts der ganzen Höhe nach Maria, das Kind haltend, in langem golddurchwirkten Gewande, mit aufgelöſten blonden Haaren, ſtrahlender Krone am Kopfe. Links unten der knieende Donator. Am linken Flügel der ganzen Höhe nach ein adeliger Jüngling in Hermelin und pelzverbrämtem dunkelblauen Sammtmantel, eine Lanze haltend. Rechts am Boden ein niedriger Keſſel, darauf ſehr ſchwer leſerlich: 1.5.7.5. Nicht ſo gelungen erſcheinen die Malereien auf dem geſchloſſenen Schreine und an den feſten Hinterflügeln (der heil. Petrus, ein Biſchof und zwei jugendliche Heilige auf tiefblauem Grunde). Auf dem Unterſatze fünf männliche Figuren in Knieſtück, darunter erkenntlich der heil. Lorenz mit dem Roſte, Johannes Evangeliſt mit Spruchband und der heil. Georg in voller Rüſtung. Auch dieſe Figuren verdienen alles Lob. Unſtreitig gehören dieſe zwei Flügel-Altäre zu den vorzüglichſten im Lande.

Prevali. Eine Bronze-Axt ergrub man im Jahre 1855 auf dem Acker beim Baue der Franzenshütte, Sammlung Roſthorn Nr. 087 (AfköG. 38, 210).

Die Pfarrkirche Maria am See (M. VII. n. F. LVI), nahezu die bedeutendſte Pfarre in Unter-Kärnten, iſt eine in räumlicher Beziehung ſehr wenig entſprechende Kirchenanlage. Zweiſchiffige Halle mit kleinem quadratiſchen Chore, darüber der Thurm, vielleicht urſprünglich romaniſche Anlage. Das Langhaus zerfällt in Folge von zwei runden Trennungsſäulen mit Kreuzcapitälen in je drei Joche jedes Schiffes, darauf wie auch an den Halbſäulen der Seitenwände die Rippen des einfachen Sterngewölbes durch ſchmuckloſe Capitäle vermittelt anlaufen. In den Ecken bloſs Conſolen; über dem Triumphbogen ſtoſſen die Rippen unvermittelt aneinander. Der Weſteingang gothiſch profilirt. Spät-gothiſcher Taufſtein. Die zweitgröſste Glocke iſt alt und hat folgende Inſchrift: in principio erat verbvm et verbvm ... Johannes... maria hilf aus aller not.

Die Monſtranze iſt eine ſchöne gothiſche Arbeit mit oblongem achtblättrigen Fuſse, das Thürmchen gedreht, die Krönung durchbrochen, die Säulen mit Krabben, drei Baldachine mit Statuen: Mutter Gottes, Katharina und Barbara. Leider wurde das Mittelgehäuſe moderniſirt. Am Fuſse Maſswerk-Gravirungen, am Nodus getriebenes Blattwerk. Die Gravirungen ſtellen vor: Chriſtus dem Grabe entſteigend und die vier Evangeliſten, dann Maria mit dem Kinde. An dem ſpäter angefügten Strahlenkranze ein Wappen und 1616.

Primus bei Tultsching, eine einſchiffige gothiſche Capelle mit ſpitzbogigem Scheidebogen und dreiſeitigem Chor-Schluſse, ſpitzbogige Fenſter mit dem Wappen der Hallegger. Zwei alte Glocken (1455 und 1454).

Projern. Baureſte vor 1844, ein Säulenſtück (Jab. S. 75). Reliefs: Geflügelte Geſtalt (Jab. 176). Flügelſtier mit Drachenſchweif, Nebentheil Jagdhund (Jab. 175). Trauergenius, Manns-Untertheil (Jab. S. 75). Mann mit Rolle unter Schriftcapſel, Nebentheil Schreibender (Jab. 174. Ank. I. 504). Der Ort als Proiire um 1000, Prewarn 1087.

Die St. Ruprechts-Kirche, eine ziemlich kleine einſchiffige, nur aus dem einſt zweijochigen Chore mit dreiſeitigem Schluſſe beſtehende einfach gothiſch gewölbte Anlage, anfänglich nur eine Capelle. Später wurde das Schiff mit vier Jochen angebaut, worin länglich gedrückte rundbogige Kreuz-Gewölbe vorkommen, welche durch breite Quer-Gurten getrennt ſind. Strebepfeiler nur an den Chor-Ecken in zwei Abſätzen, theilweiſe ſehr ſchadhaft. An der Weihwaſſer-

Schale beim füdlichen Eingang fteht die Jahreszahl 1.6.4.7. Außen fünf Römerfteine (M. x. n. F. ccxi).

Prossekstein im Gurkthal gegen Altenmarkt, bei Zweinitz. Ein heidnifcher Brunnen, eine Felsplatte als Sitz der heidnifchen Jungfrau und Schatzftelle (Car. 1867, 165; 1869, 63).

Puch bei Gummern. An der Heerftraße von Sianticum (Villach) nach Teurnia. Die Steinbrüche vielleicht altbenützt. Baurefte bei Weißenftein, vermuthlich mit Metall- und Thon-Geräthen Relief (Car. 1871, 150).

ANTONIAE, um 100, gef. 1880 als Schulhausftufe (Car. 1881, 328; 1882, 103. Aep. 5, 223. K 199).

Architectur-Steine aus Binders Felde, vor 1881. Vielleicht das Buoch vor 878, Puch 1116 (Kml. 265, 267. R.-St. 3, 26).

Pulst bei Feiftritz im Glanthal. Eine Gruppe behauener Steine, im Felde gegen Feiftritz 1819 gefunden, wurde zu Bauten im Dorfe Feiftritz verwendet (AfK. 2, 4). Drei Schriftfteine:

CHRYSANTHVS, oben NOR, Ara mit Standbildlücke, der Noreia durch den servi vicarius des Ti. Claudius Caefar, um 50, gef. im Santner Acker gegen Hohenftein 1848 (Jab. 235. Mo. 4808. AfK. 1, 95. 184. AfköG. 9, 138, 16, 273. K 106).

DM VIBIO, Knabe mit l. Taube, um 250, gef. vor 1817, Pfarrhof-Thor (Jab. 236. Mo. 4994).

CONVERTA*, um 150, gef. vor 1817, Friedhofmauer (Jab. 238. Mo. 4903. Mu. R. N. 1, 182). Relief, Mannsbüfte in Nifche. Pfarrhof (M. 1884, p. ccxi). Der Ort als Bulesise 961, Pulft 1111.

Die Maria Himmelfahrts-Kirche, eine große einfchiffige fpät-gothifche mit Netzgewölben überdeckte Anlage, im Chor zweijochig, dreifeitig gefchloffen, mit je fünf Rippen auf ftarken runden Halb-Säulchen ohne Capitäle. Fenfter mit einfachem gotifchen Maßwerk. Am Scheitel der Chor-Rippen fechs Schilder mit Wappenzeichen, abwechfelnd weißes Johanniter-Kreuz im rothen und weißes Kreuz im fchwarzen Felde. Das Schiff erfcheint niedriger, aber fehr breit, daher beinahe im Halbkreisbogen eingewölbt, fo dafs dem Rippenwerk der gothifche Schwung fehlt. Triumphbogen fehr breit, rundbogig. Die Schiffs-Decke zeigt keine Schlußfteine; als Wandftützen eingebaute Strebepfeiler mit vorgefetzten ftarken Halbfäulen ohne Capitäle. Orgel-Chor aus Stein in drei Jochen ebenfalls netzförmig unterwölbt auf zwei fchraubenförmig gewundenen Stütz-Säulen ruhend. Alle Altäre überladen zopfig. Haupt-Altar mit prächtigem zum Aufziehen hergerichteten Faftenbild von Knoller: Maria mit den Schutzengeln. An der Süd-Seite eine viereckige Capelle, ebenfalls mit fpät-gothifchem Netzgewölbe. Schiffs-Fenfter modern viereckig, Seiten-Eingang mit Efelsrücken profilirt. Von außen über den Spitzbogen-Schlüßen der Chor-Fenfter je ein roth gefärbtes Kreuz und unter dem Dache ein gothifches Bordure-Ornament. Strebepfeiler fehlen. Ein maffiver an der Weft-Seite ftehender Thurm als Vorhalle überwölbt, mit fpitzbogigen Schallöffnungen und achtfeitigem niedrigen Helm. Unterwölbung: gratförmiger gothifcher Stern aus Rippen. An der Abfaffung des Einganges: P. G. M. 1704.

Südwärts der Kirche ein freiftehender quadratifcher Karner mit kleinem öftlichen Erker-Ausbau als Altar-Raum (M. x. n. F. ccxi).

Pusarnitz, an einer fonnigen Anhöhe am Nordrande des Lurnfeldes. Baurefte? nächft der alten Straße (M. 3 neu xcvi. R.-St. 3, 41).

Pozsarniza nach 1063, Bosarnz sub hohenpurch um 1160. Der Kirchbau hängt wohl mit den Reften von Tiburnia feit 890 zufammen.

Eine einfchiffige gothifche Kirche mit einfachem Netzgewölbe. Das Travée des Orgel-Chores ift in Folge nothwendiger Vergrößerung des Faffungsraumes neu angebaut. Diefer Theil des Gewölbes befitzt keine Rippen. Im Presbyterium find die Fenfter viereckig ausgebrochen; auch den Fenftern des Schiffes fehlen die Maßwerke. Das Haupt-Portal ift fchön profilirt und mit einem Rundbogen abgefchloffen, über den fich noch ein Spitzbogen fpannt, wodurch ein kleines Tympanon entfteht, das die Jahreszahl 1519 und das beigegebene Steinmetzzeichen [Steinmetzzeichen] trägt. Süd-Portal rundbogig, mit fpitzbogiger Ueberhöhung, aus Wulft und zwei Hohlkehlen beftehend. Im Tympanon die Jahreszahl 1527. Die Einrichtung der Kirche zopfig und ohne Werth. Zwei Chorftühle mit beachtenswerther Intarfia.

Der viereckige Thurm mit einem Zwiebelhelme bekrönt. Eine Glocke von 1558, eine zweite von 1661.

Im Presbyterium der Kirche der Grabstein eines Herrn von Weispriach aus dem Jahre 14(93) (die zwei letzten Ziffern schwer

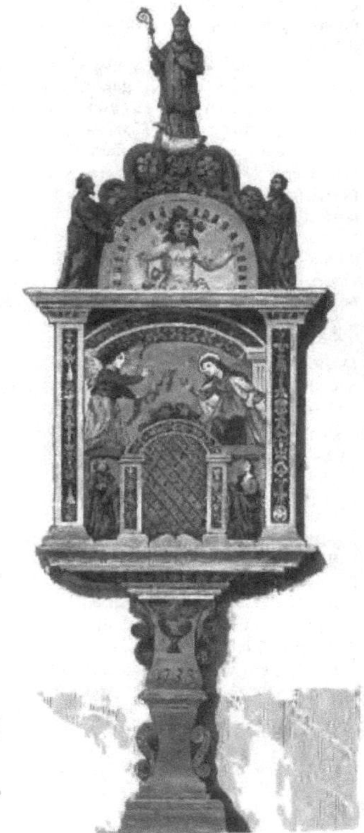

Fig. 317. (Pustritz.)

zu lesen). Am Steine zwei Wappen mit Helmzier, im einen ein Zackenfeld (?), im anderen ein Steinbock; beide sind, sowie die Inschrift sehr stark ruinirt. Ein zweiter Stein aus dem Jahre 1463 trägt als Wappen einen weißen Streifen im dunklen Felde. Dieser Streifen ist durch einen eingelegten weißen Stein dargestellt. Die Schrift ist gänzlich zerstört und nicht mehr leserlich. Auf dem Friedhofe schmiedeiserne Grabkreuze (M. x. n. F. ccxi).

Pustritz. Als Gebirgs-Pfarre, die von Bergen eingeschlossen, hat die Kirchen-Anlage ungewöhnlich große Dimensionen. Den zu Anfang hier gewesenen Bau stellt sie wohl nicht mehr dar, allein ein am nördlichen Schiffs-Pfeiler eingesetzter Schriftstein beweist, dass die jetzige Kirche doch noch aus der Zeit des gothischen Styles herrührt. Die Inschrift auf jenem Denksteine lautet: „Ano. dn. M°. CCCC°. XXX. ist. das. paw. an. gehebt. bare“ (gothische Minuskeln). Damit wäre der Beginn des Baues kundgegeben. Zur gänzlichen Vollendung scheint man aber lange Zeit gebraucht zu haben, denn das an der Evangelien-Seite angebrachte Sacraments-Häuschen, das einzige im Renaissance-Style in Kärnten, trägt schon die Jahreszahl 1523. Auch die gegenüberliegende Nische, deren Schluss im Eselsrücken und mit verworrenem Astwerk decorirt ist, weist dadurch schon auf die Verfalls-Periode der Gothik hin. Demnach dürften nur die Haupt-Dispositionen in die ersterwähnte Periode fallen, die Detail-Ausbildung blieb dagegen späteren Zeiten vorbehalten. Der Triumphbgen, welcher auf stark ausladenden Mauervorlagen mit Gesimsen ruht, schließt das modern gewölbte Schiff rechtwinkelig zur Längenachse desselben ab. Der um eine Stufe erhöhte Chor von gleicher Höhe, bestehend aus zwei Jochen und dem dreiseitigen Schluße, ist nicht in der Längenachse des Schiffes fortgeführt, sondern weicht etwas von derselben nach Süden ab und sind die beiden nördlichen Jochseiten zusammen um 1·5 M. länger als die südlichen.

Eine stylgemäße Trennung der zwei Joche und des dreiseitigen Schlußes durch Wand-Dienste oder Tragsteine fehlt gänzlich; man läßt die Rippen des dichten Netzgewölbes ineinander kreuzen und dann unvermittelt anstoßen. Die drei hohen Chor-Fenster im Schluße sind vermauert, das mittlere war dreifach, die anderen zweifach, Theilstäbe und Maßwerk sind herausgeschlagen, doch läßt die reiche Profilirung der Laibung auf die einstige Pracht der Fenster schließen. Rings um den Chor und die sechs dasselbe stützende Streben läuft in der Höhe der untersten Schräge ein schönes Steingesims, welches unter jedem Fenster etwa 1 M. absenkt, sowie ein nicht weniger schönes Gesimse die Chor-Mauern gegen das Dach abschließt und in einfacherer Form rings um das Schiff sich fortsetzt. Unten herum zweifach abgeschrägter Sockel. An der Süd-Seite des Schiffes drei hohe spitzbogige zweitheilige Fenster, wovon zwei mit Fischblasen-Maßwerk, eines mit Vierpaß-Construction; an der Nord-Seite der Empore kleineres ebenfalls zweitheiliges Fenster mit schön profilirter Laibung. Die Fenster theilweise mit Putzenscheiben verglast. Aeußerer Eingang an der West-Seite des Thurmes spitzbogig, reich gegliedert, innerer Eingang mit noch reicherer Profilirung und geradem Sturz, über welchem im Tympanon das Auge Gottes gemalt. Süd-Eingang im dritten Joche des Schiffes klein, mit einfach profilirtem Spitzbogen. Gedrückt spitzbogiger Eingang in die der Süd-Seite des Chores sich anschließende Sacristei, sehr reich mit zwei tiefen Hohlkehlen und im Bogen des Portales rechtwinkelig sich kreuzenden Rundstäben gegliedert.

An den Strebepfeilern des Chores folgende Steinmetzzeichen:

Außen sehr hohe Strebepfeiler, welche sich in vier Absätzen nach oben verschwächen. Daß das Schiff vor der Umgestaltung gothisch war, davon geben die unverändert gebliebenen Details, spitzbogige mit Maßwerk verzierte Fenster und die hohen Strebepfeiler, analog jenen am Chore, deutliches Zeugnis.

Im Thurme, der vor die West-Seite gestellt wurde, findet man wieder die ursprüngliche Einwölbung: ein gothisches Kreuzgewölbe auf mit Masken bedeckten Consolen, im Schlußstein das Lamm Gottes. Das Glocken-Geschoß ist mit drei charakteristischen Drilling-Fenstern versehen, über einem derselben, deren Theilfenster rundbogig abschließen und von ungleicher Höhe sind, ein gemeinschaftliches spitzbogiges Bogenfeld mit Fischblasen-Rosette.

Auch die an der Epistel-Seite des Chores stoßende Sacristei gehört zur alten Anlage; im Innern ein Netzgewölbe mit drei Schildern, aber ohne Consolen-Stützen. Sacristeithür mit interessantem Eisenbeschläge. Die Thürangeln verlaufen in Distelschäfte, welche nach beiden Seiten je zwei Distelästе aussenden, die wie die Schäfte in Distelköpfen endigend und untereinander mannigfaltig sich verschlingend einen ebenso originellen als festen Eisenbeschlag der Thür bilden. Ebenso beachtenswerth sind Thürzieher und Schlüsselblatt.

An der Evangelien-Seite neben dem Hoch-Altar in die Mauer eingefügt steinernes Sacraments-Häuschen, etwa 4 M. hoch, in Renaissance-Form, polychromirt und vergoldet (Fig. 317). Zu beiden Seiten des Tabernakels dargestellt: St. Andreas und St. Barbara, oberhalb der Verkündigungs-Engel und Maria vor dem Gebetpulte mit aufgeschlagenem Buche. Oben im Halbkreise das Brustbild des leidenden Heilandes, daneben St. Peter und Paul, zu oberst St. Martin. Der Hoch-Altar durch den Abt Hieronymus Marchstaller von St. Paul in der ersten Hälfte des 17. Jahrhunderts gewidmet, ist im Barock-Style ein Prachtstück in seiner Art. In der Seiten-Capelle die Auferweckung des Lazarus, figurenreiche Gemälde mit Architektur auf Leinwand, Epitaphium der Familie Grödl 1595.

R.

Rabenkogel unter dem Ulrichsberg, in einem Acker um 1861 ein nachrömisches Schwert (AfK. 7, 146).

Rabensdorf, Filiale zum heil. Bartholomaeus von Feldkirchen. Kleine romanische Kirche mit halbrunder Apsis, das Schiff flach gedeckt, zwei kleine romanische Fenster, kleiner Flügel-Altar, ganz erhalten, im Schreine: St. Georg und Bartholomaeus; auf den Flügeln auf Goldgrund gemalt: Martin, Katharina, Benedict, Margaretha. An der Predella die heil. Familie, interessantes bemaltes Relief, die Rückseite mit grünem Ornament auf schwarzem Grunde bemalt. Eine Glocke von 1523.

Rabenstein. In einer Hochebene oberhalb der Drau zeigte sich im Jahre 1853 mit ähnlichen Marmorsteinen die Gedenkplatte C PRIMINIO*, Adler zwischen zwei Delphinen, seitlich je eine Säule, Zeit um 190—240. Sammlung Rosthorn (Jab. 336. Mo. 5099).

Vielleicht ist hier die um 1100 bezeichnete Stelle Ramestein.

St. Radegund bei Eis. Die Kirche stammt aus dem 17. Jahrhundert, enthält jedoch Reste eines romanischen Baues. Der Thurm gehört dem 15. Jahrhundert an, eine Glocke führt die Jahreszahl 1441, eine zweite 1544. Ein kugelförmiges Rauchfass mit Thürmchen aus dem 16. Jahrhundert. An der Südseite folgende Inschrift: Hanc D: Radegundis Ecclesiam a fundamentis ampliando aedificavit Philippus Abbas S. Pauli anno 1668 (M. XII. n. F. p. 4 XXVIII).

St. Radegund (Filiale von St. Lorenz im Lesachthale). Kleine romanische Capelle mit zwei Jochen; spät-gothische Netzgewölbe. Reste von Maßwerk. Außen an der Südseite ein großes Wandgemälde, den heil. Christoph vorstellend.

St. Radegund am Hohenfeld, Pfarre, f. **Hohenfeld.**

Rädernwand bei Maltein, f. **Faschaunerthörl.**

Radnig bei Hermagor.. Die Filial-Kirche zu St. Katharina besteht aus einem quadraten flach gedeckten Raume mit einer halbkreisförmigen halbkuppelförmig überwölbten Apsis, die Fenster klein und halbrund überschlossen. Die früher in der Kirche befindliche cassettirte Decke mit Arabesken und Thierfiguren in der mannigfaltigsten Weise bemalt, ist seit der Restaurirung der Kirche 1862 in der Vorhalle angebracht. Am Hoch-Altar 1670, auf einem Seiten-Altar 1614, ein sechsseitiger hölzerner Dachreiter, zwei Glocken, eine von 1540. (M. IX. n. F. p. XXVII).

Radweg, die St. Radegunden-Pfarrkirche, kleine einschiffige unbedeutende Kirche, flach gedeckt im Schiffe, rund gewölbt im Chore, dreiseitig geschlossen, Thurm über dem ersten Chorjoch mit zopfigem Helm. Altäre renovirt einfach, Taufstein alt primitiv.

Radsberg, f. **St. Lambrecht** am Radsberg.

Raibl. Diluviale Endmoränen, die Schuttwälle der jüngeren Eiszeit, begränzen das Norduser des Sees, welcher bisher ohne Spuren von Pfahlbauten befunden worden ist. Eine früheste Umwohnung scheint allerdings bezeugt durch eine Steinaxt aus Porphyr, gef. vor 1866, Sammlung Rosthorn Nr. 873, und einen Bronze-Meißel, gef. vor 1880, Bleierz-Stollen mit Feuersetzung (Jbuch. f. K. 13, 82, 11, 212. Car. 1887, 89; 1886, 74; 1871, 148, 1872, 97, 101, 337; 1880, 242. Mi. w. anth. 8, 79, 14, 4. AfköG. 38, 210; Ank. 2, 24, Alboin).

Rakasal am rechten Glan-Ufer zwischen Tanzenberg und Brantlhof. Bausteine, Ziegel.

....LLI | ORNVS, Ara, dem Apollo? um 215, gef. 1818, beim Vosti fehlend (Jab. 59. Mo. 5011. Car. 1883, 151. Kml. 145).

..SLCVS (Masclus?)*, um 200, gef. um 1869 in einem Acker des Zolfeldes: beim Vosti (Jab. 497. Mo. 6509).

Rangersdorf. Stollenartige Berg-Höhlungen, dem „Beißwurm" zugeschrieben.

Die dortige Kirche ist den Kirchenbüchern nach um 1516 erbaut. Das alte Gewölbe im Presbyterium, sowie das alte Netzgewölbe im Schiff sind noch erhalten, bis auf das dritte Travée, vom Presbyterium an gerechnet, in welchem die Rippen fehlen. Die Fenster sind alle ausgebrochen. Der Thurm, in dessen Erdgeschoß sich die Sacristei befindet, mit Giebeln und spitzem Helm, daselbst ein Fenster mit schönem Maßwerke.

Im Presbyterium befindet sich an der Wand das Hauptbild eines Flügel-Altars sammt beiden Flügeln, Predella und Aufsatz fehlen. Die Bilder stellen vor: 1. Petrus aus dem Schiffe gesprungen eilt dem Herrn entgegen. 2. Der reiche Fischfang. 3. Der Engel befreit Petrus aus dem Kerker. 4. Der Engel führt Petrus bei den schlafenden Wächtern vorüber. 5. Petrus geht aus dem Kerker. 6. Hauptbild (sehr figurenreich). Abschied der beiden Apostel von einander vor ihrem Martyrium, Kreuzigung Petri und Enthauptung des heil. Paulus. 7. Petrus heilt durch seinen Schatten zwei Kranke. 8. Petrus mit einem seiner Schüler zu einem Tempel kommend, heilt den Lahmen, der vor demselben sitzt. 9. St. Paulus. 10. St. Petrus. Alle Bilder des Flügel-Altares im Innern auf Goldgrund, mit Ausnahme von 3 und 4 (M. VII. n. F. p. XC).

Auf der Außenseite der beiden Flügel, links Paulus, rechts Petrus, unter welchem eine knieende Gestalt im geistlichen Gewande, darunter, ſchwarz auf roth: Petrus dictus Reiwer plebanus hujus loci anno m° xxii.

Ein kleines Meſsglöckchen aus dem 15. Jahrhundert. Im Thurme eine alte Glocke, mit Buchſtaben verziert, die im Spiegelbilde geleſen, lautet: + VSXOSADA7 SBNSIAPOI + d. i. + Johannes - Lucas. Q X Z Y (a = 50. X = 10 mal = 500). Y Z = (32, d. i. 1532; M. ii. n. F. p. cxxxv. M. iii. n. F. p. xlvi. M. v. n. F. p. xi.).

Rappersdorf bei Mühldorf. Die kleine Kirche hat im Presbyterium ein einfaches, aber elegantes Netzgewölbe, deſſen Rippen ſich auf runde Dienſte und beim hohen in den Kanten gekehlten ſpitzbogigen Triumphbogen auf Conſolen ſetzen. Drei durch einen Maſswerkſtab getheilte Fenſter ſind gut erhalten, mit rohem Maſswerk beſtehend aus Kreis, Dreipaſs und Fiſchblaſen. Schwache über Eck geſtellte und bis nahe zur halben Höhe der Kirche gehende Strebepfeiler ohne Sockel (Fig. 318). Der Thurm rechts des Chores enthält im Erdgeſchoſs die Sacriſtei und führt vom Presbyterium eine einfach profilirte Thür dahin. Das Schiff der Kirche hat eine flache Decke, einfache Fenſter mit Steinlaibung und Kleeblatt; der Orgel-Chor daſelbſt iſt neu eingebaut.

In der Kirche befinden ſich zwei ſehr ſchöne und ziemlich gut erhaltene Flügel-Altäre, und zwar dort, wo der Triumphbogen anſetzt.

1. (Epiſtel-Seite) Kaſten 81 Cm. Breite, 1·14 Höhe. Predella 45 Cm. hoch, der innere Kaſten der Predella iſt 52 Cm. breit. Der obere Theil des Kaſtens iſt mit ſpätgothiſchem Rankenwerk ausgefüllt, das vergoldet iſt. Ein groſser Theil, die Hälfte des Aufſatzes, iſt durchbrochenes Ornament mit ſtyliſirten Weintrauben; dieſes ſowie der Theil eines Baldachins ſind noch vorhanden. Unter dieſem oben im Aufſatze die Figur des heil. Sebaſtian. Im Kaſten ſelbſt ſtehen die zwei vollkommen plaſtiſchen Figuren St. Florian und St. Georg, welche möglicherweiſe von einem anderen Altar herrühren dürften, da ſie den Raum in der Mitte nicht in entſprechender Weiſe ausfüllen. Die beiden Flügel rechts und links ſtellen im Basrelief auf Goldgrund und in Holz gearbeitet den heiligen Dionyſius und den heil. Nicolaus dar. Auf der Rückſeite dieſer Flügel befindet ſich eine weibliche Figur auf blauem Grunde, einen Pfeil in der Hand und auf dem anderen Flügel eine weibliche Figur mit einem Schwert quer durch den Hals geſtoſsen. Rückwärts die heil. Katharina und die heil. Barbara. Seitwärts vom Kaſten auf einer Seite unter einem einfachen kleinen Holz-Baldachin der heil. Rochus; der entſprechende Baldachin auf der rechten Seite ſammt Statue iſt weggebrochen, um den Altar beſſer an die Wand ſtellen zu können. Auf der Rückwand iſt der heil. Chriſtoph gemalt. Auf der Predella im Mittelbilde in Hoch-Relief die Huldigung der heil. drei Könige vor dem Jeſuskinde. Rechts die heil. Maria vor dem Betſtuhl knieend, auf blauem Grunde, auf dem gegenüberliegenden Flügel der Predella der verkündende Engel

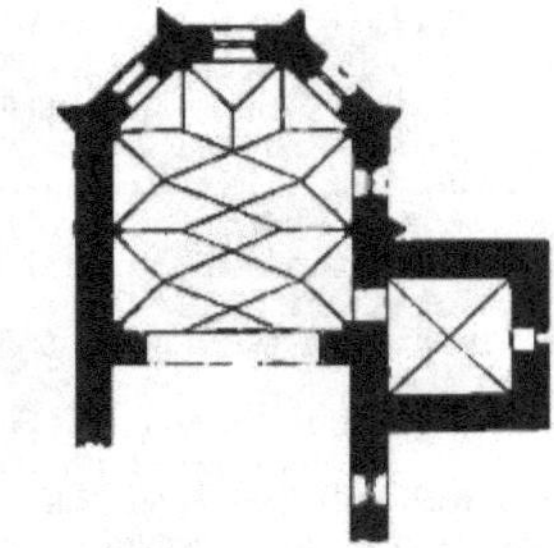

Fig. 318. (Rappersdorf bei Mühldorf.)

Gabriel mit einem Spruchbande. Auf der Rückſeite des erſterwähnten Flügels ein Mönch in weiſsem Gewande und grünem Ueberkleide. Rückſeite des anderen Flügels der heil. Laurentius. Die Menſa des Altars iſt roh gemauert.

2. Ein kleiner Seiten - Altar auf der Evangelien-Seite. In einem neuen einfachen Kaſten eingeſetzt befinden ſich zwei auf Holz gemalte Bilder, alte Altar-Flügel. Ein geharniſchter Ritter: St. Chriſanth. Das Bild iſt auf rothem Grund und dürfte etwas jüngerer Zeit, vielleicht dem 17. Jahrhundert angehören. Das andere Bild iſt auf Goldgrund gemalt und ſtellt die heil. Barbara mit einem Thurm in der Hand vor. Darunter iſt die alte Predella mit dem Schweiſstuch der heil. Veronica, zwei Engel halten dasſelbe.

Neben dem zopfigen Haupt-Altar zwei Altar-Flügel von einem nicht mehr vorhandenen Altar, beide zusammengehörig, jeder 31 Cm. breit, 1·22 hoch; der eine stellt den heil. Andreas, der andere den heil. Petrus dar, Figuren auf rothem Grund. Die Rückseite mit spät-gothischem Flach-Ornament, grün, schwarz und roth, mit schwarzer Einfassung. Auf dem Orgel-Chor ein stark ruinirtes vierseitiges gothisches Chorgestühl, ziemlich rohe Zimmermannsarbeit, doch des Erhaltens werth. Der obere Theil der Rücklehne durch einfach ge-

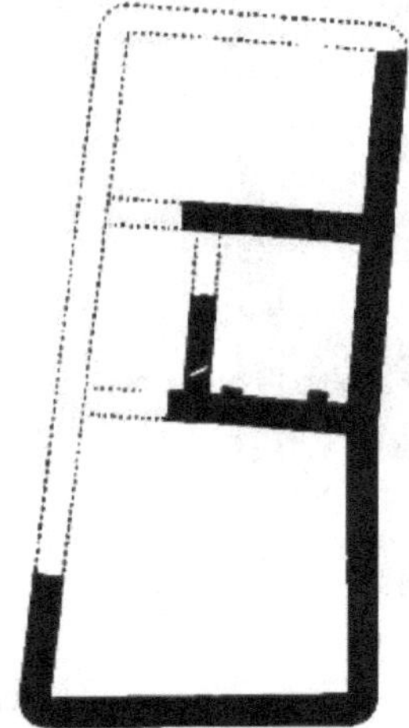

Fig. 319. (Rautenburg.)

schnitzte Stäbe in Felder getheilt. In der ganzen Breite misst der Chorstuhl 2·18 M.

Das Thürbeschläge der Sacristei-Thüre ist zu erwähnen, ein Zugring mit viereckiger Rosette und Schlossschild (M. vii. n. F. p. xc).

Raseck. Zwischen St. Jakob im Rosenthale und Schlaten. Angeblich alte Silbergänge. Die Burg Ras 1122.

Rattendorf, Curatie-Kirche zum heil. Andreas. Dem Ansehen nach gehört die ziemlich grosse Anlage dem spätgothischen Style an und zwar kommen bereits in den Netzgewölben des dreijochigen Chores gestreifte Rippen vor, während sie im vierjochigen Langhause fehlen. Als Wandstützen durchgehends Dreiviertel-Säulchen an schwachen Lisenen und ohne Capitäle, nur in den Ecken Tragsteine. Triumphbogen und Fenster spitzbogig, kein Masswerk, keine Strebepfeiler. Der massive Thurm an der Chor-Nordseite nächst der Sacristei mit achteckigem Helme (M. ix. n. F. p. cxxxiii).

Rauschele-See zwischen Victring und Keutschach. Mögen auch die Holzpfähle, in einer Wassertiefe von 284 Ctm. (9') vorfindig und mit der Eisenaxt bearbeitet, der Neuzeit nahe stehen, so scheinen doch der vorgeschichtlichen Periode anzugehören die am Nordufer, westliche Hälfte, ausgebaggerten Topfscherben, in einer Tiefe von 253 Ctm. (8') liegend, schwärzlich, reich an Quarzsand, schwach gebrannt, gleich jenen zu Heidach, sowie die gespaltenen Röhrenknochen eines Wiederkäuers. Ob das Torfmoor am Ost-Ende ergiebiger sei an Schwarzthon-Scherben und Knochen, wäre noch einmal untersuchenswerth (AfK. 9, 137. Sitzgsb. d. A. d. W. math. 51, 269. AfköG. 38, 198).

Raut, s. **Seidolach.**

Rautenburg, das alte Haimburg, liegt nordwestlich vom Orte auf dem Rücken des Gebirgszuges Wandelitzen in einer Höhe von 270 M. über der Haimburger Ebene. Die Ruine steht mit der Hauptfront gegen Süden, von wo man, da das Terrain im Süden und Westen sehr steil abfällt, unbehindert fast das ganze Imenthal überblickt.

Die Burgreste umfassen nur mehr einige Mauern, doch kann man sich nach den vorhandenen Fundamentmauern leicht den ganzen Grundriss vorstellen. Von den vorhandenen vier Räumen (Fig. 319, Grundriss) scheint der grosse Raum als Saal, zwei Räume scheinen für die eigentliche Wohnung und einer als Stiegenhaus gedient zu haben. Alle Mauern haben keinen Verputz mehr, sind bloss aus Stein aufgeführt und mit sehr festem steinartigen Mörtel verbunden, sehr solid hergestellt. Die Lagerung der Steinschaaren ist horizontal, dann rechts geneigt, dann wieder horizontal, sodann links geneigt, endlich wieder horizontal u. s. f. (Fig. 320, Mauer). Die westliche Mauer ist 17·73 M. lang, 1·55 M. stark, an den Enden abgerundet und gut erhalten.

Innerhalb derselben sind im unteren Theile je zwei untereinander gestellte Oeffnungen in der Mauer ausgespart (Fig. 321, Fenster), in welchen ein doppelter Tramboden eingespannt war. Gegen links hören die Oeffnungen auf und wird sich der Tramboden dem natürlichen felsigen Terrain angeschlossen haben. An einigen Stellen der Außenseite finden sich Buckelquadern. Am oberen Theile wird die Mauer dünner, Fenster-Oeffnungen sind keine mehr ersichtlich. Diese werden mehr an der West- und Süd-Seite gewesen sein. Der Zugang zur Burg dürfte an der Nord-Seite angelegt gewesen sein, da das Terrain an der andern Seite zu steil für einen Zugang ist. Oestlich ist ein späterer Zubau mit einem viereckigen schmalen Thurme, einer Capelle und mehreren

Am Friedhofe ein runder Karner mit halbrunder Ost-Vorlage, in welcher schmale Fensterchen mit Glasgemälden: geharnischter Ritter mit Fürstenhut, Schild und Fahne, auf welcher das Georgsritter-Kreuz.

Die Commende Rechberg im Jaun-Thale wurde vom edlen Kärntner Lad. Prager 1495 gestiftet. Es sollten daselbst so viele Ritter des Georgs-Ordens residiren, als mit Einschluß der Dienerschaft von der Stiftung erhalten werden könnten. Als Zeichen der Unterwürfigkeit war jährlich Käse (100 fl.) nach Millstatt zu liefern. K. Friedrich dürfte den Rittern Freibriefe zum Eisenbergbau gegeben haben, weil K. Max 22. Sept. 1515 den Rittern, falls sie auf das ihnen von seinem Vater Friedrich ferri gratia ertheilte

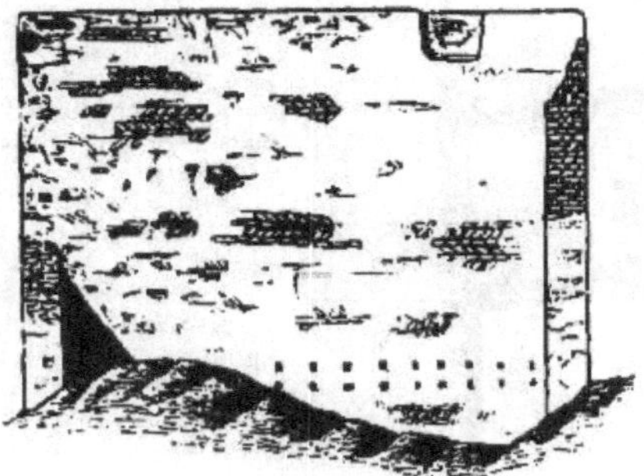

Fig. 320. (Rautenburg.)

Wohnräumen, worauf noch ein übrigens schon ganz schlechter Dachstuhl steht: der Zubau dürfte vom Anfange des 17. Jahrhunderts sein. Zugang von der Ost-Seite (hätte noch vor zehn Jahren erhalten werden können; M. XII. n. F. p. XXXI.).

Rechberg. Der Ort urkundlich 1236.

Pfarrkirche zum heil. Bartholomaeus, mit einfachem spät-gothischen Schiffe und mit streng gothischem Chor, einer südlichen doppeljochigen streng gothischen Capelle am Schiffe (Kreuzrippen und runde Schlußsteine mit Adler und Lamm darauf), gothisch überwölbtem Thurme zwischen dem Chor und dem Schiff als Verbindungs-Raum, mit im Norden anschließender Capelle und im Süden anstoßender Vorhalle aus neuerer Zeit. Am Presbyterium Strebepfeiler.

Privilegium verzichten würden, eine Pfarre in Krain, Kärnten oder Steiermark verspricht, welche 275 fl. Rh. trägt. Das Privilegium wurde zwar zurückgestellt, doch ohne Entgelt. 1513 vertauschte das Stift Eberndorf die Pfarren St. Bartholomae und St. Thomas in Glantschach an die Commende gegen St. Lorenzen zu Stein; 1600 wurde mit Millstatt auch Rechberg den Jesuiten einverleibt (M. I 44, IV. n. F. 37; VIII n. F. p. XXXV).

Reichenau, St. Margareth in der —, s. **St. Margareth.**

Reichenfels, die Pfarrkirche ist in ihren Haupttheilen ein Werk aus der romanischen Bauperiode, einschiffig mit einem breiten Thurm über dem Chorquadrate; Chorschluß und sämmtliche Gewölbe gehören der

Spät-Gothik an. In früheren Zeiten wurde durch unglückliche Restauration manch' schlimmes angerichtet. Von den Chorfenstern ist nur beim mittleren das gothische Bogenfeld stehen geblieben, von Schiffsenstern jenes über dem Orgelchor mit Fischblasenschluß; am ausgebildetsten erscheinen die gekuppelten Schallfenster des alten Thurmes, mit Mittelpfosten und Dreipafs im Schluß, alle übrigen Fensteröffnungen und Eingänge modernisirt. Die alten Gewölbe sind glücklicherweise intact geblieben; das Rippenwerk durchkreuzt sich ohne Schwung in netzförmigen Gebilden, die sich im Chore auf drei Joche und dreiseitigen Schluß und im Schiffe gleichfalls auf drei Joche vertheilen. Die Theilung markiren im ersteren Raume eckige Consolen, im letzteren kräftige Halbsäulen

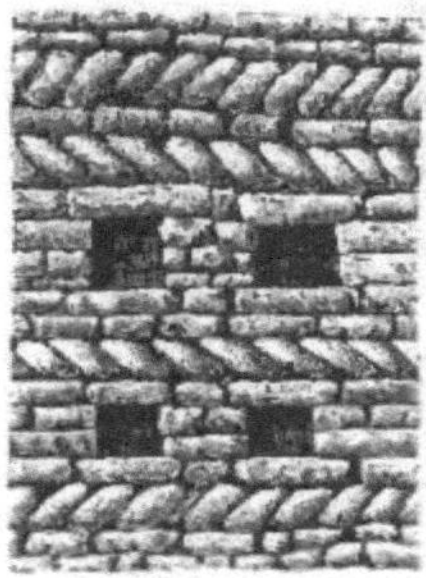

Fig. 321. (Rautenburg.)

mit polygonen Capitälen. Ungemein stark zeigt sich der unprofilirte Triumphbogen, was dadurch erklärt wird, weil auf demselben ein Theil der Schwere des stattlichen Thurmes lastet. Dieser steigt nämlich zwischen Chor und Schiff auf und erscheint von aussen gleichsam in zwei Geschoßen abgestuft. In etwa Vierfünftel der ganzen Höhe zeigt er zuerst eine länglich viereckige Gestalt, dann erst verschmälert er sich zur quadratischen Form. Die entstandenen zwei Absätze sind mit kleinen Pultdächern überdeckt. Beachtenswerth ist das als Wandnische behandelte Sacramentshäuschen mit Gitterverschluß und mit einem Dreipaß im bekrönenden Blendbogen. Ein Theil des tief eingebauten Orgelchors ist spitzbogig unterwölbt und gegen das Schiff mittelst dreier spitzbogigen Arcaden geöffnet, welche sich an capitällose achtseitige Pfeiler lehnen. In der Sacristei der Torso eines großen gothischen Kelches von Silber, nämlich Cuppa auf modernem runden Fuße von unedlem Metalle. Die Cuppa ruht fest in einer etwa 5·5 Cm. hohen Schale von Draht-Email, bestehend aus zahlreichen rundlichen durch Verschlingungen gedrehten Silberdrahtes entstandenen Feldern, welche mit gelbem rothen und blauen Email ausgefüllt sind (einziges in Kärnten vorkommendes Beispiel). Die Schale schließt nach oben mit einem Kranze massiven gegossenen Blattwerks (Kirchensch. III. 100).

An der südlichen Außenwand der Kirche ein Grabstein des Mathes Bienlein, Pflegsverwalter der Herrschaft Reichenfels u. s. w. († 6. o. 4.), lichtgelber Marmor mit der Reliefbüste des Genannten in charakteristischer Gewandung (M. IX n. F. p. LXIV).

Ein runder Karner steht in südöstlicher Richtung am Friedhof und bildet zwei Räume übereinander.

Reifniz-Thal, zwischen Wörther- und Keutschacher-See. Die Stelle ist sehr früh als Ribnitza um 850?, 978 bekannt (Car. 1855, 49).

Reifnitz, das Margarethen-Kirchlein, ein sehr schöner gothischer Bau von 18 M. Länge und 7·80 M. Breite bei 8 M. Höhe besteht aus drei Jochen mit dreiseitigem Abschluße. Die Rippen der Netzgewölbe ruhen auf halbrunden Diensten mit Sockel und Gesims. Spitzbogige Fenster. Drei Schlußsteine, in einem schildförmigen die Keutschacher Rübe, in einem anderen die h. Margaretha mit dem Drachen. Der Renaissance-Altar führt die Jahrzahl 1639. Unter dem Altarraume eine Höhle. In der Nähe sind die Ruinen der bedeutenden Burg Raifnitz.

Ober dem Thore des Hauses des Wornig in der Nähe der Ruine befindet sich folgende Inschrift: Alda hat Valtein Schieckh und Veronica ein geborne Wendlerin sein ehliche Hausfraw über 48 Jar lang gehaust. Als Im aber im Winter des 87 jars Ire Wonungn, weiln die von Holz gemacht gewest im grund abgeprunnen ist, dises Gepew durch Iren Son Marxen Schiekh E. E. L. in Kehardthen Pawzalmeister zu Clagenfurth. Rathaushilf wider von newen aufferpaut worden etc. 1587 Jar.

Reineck (Reinekke 1241). Im Burggefels Höhlen der heidnischen Frauen (Car. 1873, 252). Vgl. **St. Veit.**

Reisach. Die Pfarrkirche ift im Jahre 1849 erbaut worden, doch übertrug man dahin ein einfaches Sacraments-Häuschen mit Eifengitter aus der früheren Kirche. An der Außenfeite der Anaftafia-Capelle ein altes Fresco-Bild, den heil. Chriftoph vorftellend (M. VII n. F. p. XVIII).

Die Sage meldet: Unter dem goldreichen Reiskofel gegen Gurina liegt die „alte Stadt Riefa", durch den oben ausgebrochenen See verfchüttet. Ein eifernes Beil wurde neueftens unter einem Steinblocke gefunden (1882), von einigen Römerfteinen (in der Kirche verbaut?) fteckt im Wegkreuze:

DM AMANDO, fchönfte Schrift, um 230?, gef. vor 1817, angeblich aus Gurina (Jab. 432. Mo. 4720, vgl. Seben im Eifackthal bei Orelli 1876 Car. 1856, 22; 1873, 246; 1880, 142. Mu. R. N. 1, 309. AfköG. 6, 224. u. 1849, 1, 2; Iftria 1849, 21, 81. Ank. 1, 29, S. 45; 2, 71. M. 9, 122).

Zwifchen Reifach und Weideck ftieß man auf eine Fibel, mehrere Münzen, Mofaik-Steinchen, Thontopf-Stücke, vor 1845 K (Car. 1845, 26. Meyer-Gurina S. 89).

Reinegg, Pfarre bei St. Philippen, die Pfarrkirche nur noch im Chor-Raume alt, derfelbe ift einjochig, dreifeitig gefchloffen mit Grabgewölbe, das fich durch ein Gewirre von ganz fchwachen Rippenzügen bemerkbar macht.

Reinthal bei Winklern. Die dem heil. Rupertus geweihte Kirche hat im Schiffe ein Netzgewölbe, das auf ftarke Dienfte ohne Capitäle auffetzt. Das Gewölbe im Presbyterium ftützt fich auf Confolen. Nur am Chor-Schluße fchwach angedeutete Strebepfeiler (Fig. 322). Die Kirche ift weiß getüncht, nur die Schlußfteine und die beiden Vierpäffe im Presbyterium zeigen noch die alte Bemalung. In diefen ift der heil. Nicolaus und der heil. Rupertus, im runden Schlußftein der Salvatorkopf gemalt. In dem viereckigen Schlußfteine ein Wappen.

Der Orgel-Chor von Holz, neu. Auf dem Giebel ein hölzerner Dachreiter. In der Sacriftei ein gothifcher Kelch (Ende des 15. Jahrhunderts).

Endlich, in der Kirche aufgehängt, 12 auf Holz gemalte werthvolle Bilder, die Apoftel darftellend, Bruftbilder jedenfalls niederländifche Schule, die Köpfe sehr charakteriftifch. Die Bilder meffen jedes 25 Cm. mit mit 35 Cm. Höhe (M. VII n. F. p. XC).

Reisberg, St. Peter und Paul am Oft-Abhange der Saualpe, oberhalb Thürn (Pfarre Marein). An diefer Uebergangsftelle zwifchen zwei fruchtbaren Thälern, von

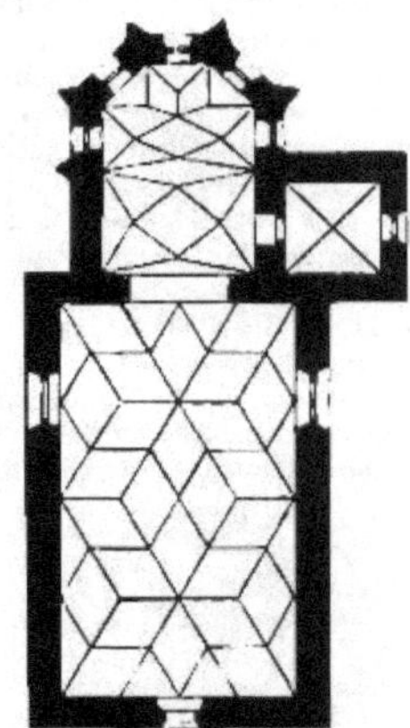

Fig. 322. (Reinthal bei Winklern.)

Wolfsberg gegen Klein-St. Paul, Eberftein, zeigen von Umwohnung eines kleinen Heiligenthumes manche Werkfteine, zwei Säulenköpfe (1832, Jab. 324), zwei Reliefs, nämlich Blumen-Arabeske, ein Vogel-Paar dazwifchen Blumenvafe 1832 (Jab. 326), dann Mann, ftehend, mit Rolle (Jab. 327), endlich zwei Schriftfteine:

IANO GEMINO Ara, um 120—180, gef. 1867 (Jab. 324. Mo. 5092a. K 103).

TERT(IVS) ATEVA(LI)*, Krieger mit Schwert und Speer, um 220, gef. 1832, jetzt am Kirchthurmgrunde (Jab. 325. Mo. 5092b).

Das Schloß urkundlich als Risperch 1194 (M. x n. F. p. LXXXV).

Reissberg, Ruine mit wenig Mauerreften, dabei eine kleine einfchiffige Capelle St. Kunigund, Pfarre Marein, ohne Bedeutung, im Thurme Römerfteine.

Rennweg. An der Heerftraße Virunum-Santicum-Aquileia. Geleisfpuren der Römerftraße von Windifchberg nach Stalhofen und Zolfeld (K. Ztfch. 4, 108, 110, Ank. 1, 558).

Rieding, St. Oswald in der —, bei Mannig im Lavantthale. Grabftein SEXTIL., c. 150 (Klgft. Ztg. 1884, S. 214).

Rinkenberg bei Bleiburg, Ortsgemeinde Mons. Ein Serpentin-Hammer, gefleckt, polirt, zugefchliffen, mit Stielloch, fchwer 76·2 Dg. (1 ℔ 15¾ Loth) ward hier um 1850 gefunden (AfK. 2. 153. 154. K?). Ueber dem Weft-Portale ein Römerftein (M. XIV n. F. 188).

Rinkenperge urkundlich um 1208.

Die Pfarrkirche (M. VII n. F. p. LVI) befteht aus einem zweijochigen fpät-gothifchen Langhaufe mit Sterngewölbe, außen Strebepfeilern und einem älteren Presbyterium, mit dem erfteren gleich breit, aber bedeutend niedriger. Die Rippen der Kreuzgewölbe im Chor find fehr kräftig und fitzen im unterften Höhen-Viertel der Wände auf Confolen auf. Im Schiffe vereinigen fich die Rippen in halbrunden Dienften an ftark vortretenden Lefenen. Der Spät-Gothik gehört auch der Orgel-Chor an mit feiner zur Hälfte vollen, zur Hälfte in Maßwerk-Figuren durchbrochenen Brüftung. In der Unterwölbung dichtes Netzwerk, Spindelftiege mit dreifeitiger Umfaffungsmauer. Der Thurm an der Chor-Nordfeite hat alterthümliches Ausfehen mit fpitzbogigen Schalllöchern. Die Glocken datiren von 1475 (im Jahre 1888 eingefchmolzen), 1669

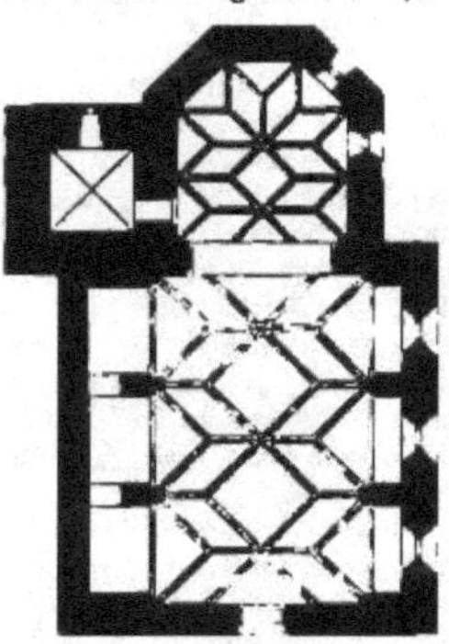

Fig. 323. (Rittersdorf.)

(Laurenz Pez), 1781 (Martin Puecher). Die Chor-Fenfter mit Maßwerk. An der äußeren Schiffwand Refte von übertünchten Malereien. Im Pfarrhofe ein gutes Kreuzigungsbild vom Jahre 1675, geftiftet vom Pfarrer Florian Staudegger (M. VII. n. F. p. LVI.)

Rinkolach, die Filialkirche von St. Michael bei Bleiberg, mit einfach gothifchem Chore und flach caffetirter Holzdecke im Schiffe (an der Außenfeite 1549). Der Thurm an der Chor-Südfeite mit achtfeitiger Spitze (M. III. 33).

Rittersdorf, die dortige Filial-Kirche nach Irfchen gehörig (Fig. 323), hat einfpringende Strebepfeiler, Netzgewölbe im Schiff mit drei Jochen und im Presbyterium, einen Thurm mit Giebeln und fpitzem Helme. Rundthor mit profilirter fpitzbogigen Ueberhöhung; im Tympanon Blendmaßwerk. Einfache Sacraments-Nifche. Die Thurmfenfter haben reiches Fifchblafen-Maßwerk und find einmal getheilt. An der Sacriftei-Thür ein hübfches Befchläge. An der Außenfeite ein riefiges Chriftoph-Gemälde theilweife mit Reliefs, eine Krönung Marien's und St. Florian; diefe Bilder erinnern lebhaft an jene der Michaels-Capelle zu Berg (M. VIII n. F. p. CI).

Roggau oder **„in der Schütt"**. Filial-Kirche der Pfarre St. Leonhard bei Siebenbrünn. Diefe Anlage fteht nahe an jenem Abhange der Villacher Alpe (Berg Dobratfch), wo im Jahre 1348 der verhängnisvolle Felfenabfturz ftattfand. Damals wurden, wie die Sage erzählt, fiebzehn ganze Ortfchaften durch den abgeriffenen Schutt vernichtet, und lediglich die „Schütter Kirche" war es, welche laut der Sage von der verheerenden Kataftrophe verfchont blieb. Die heutige Anlage ift jedoch nicht mehr die aus der obgenannten Zeit. Das Presbyterium hat zwar den Charakter der Gothik, jedoch fchon einer fpäten Periode. Im Schiffe flache Decke, die Fenfter modernifirt, ein neuer Thurm wurde ftatt des früheren oberhalb des Presbyteriums geftandenen Dachreiters erft im Jahre 1875 vor der Weftfeite errichtet. Von der Kircheneinrichtung ift nur eine Infchrifttafel im Chore zu erwähnen, welche die Befchreibung der fchon angeführten fchrecklichen Kataftrophe enthält. Im Thurme kleine Glocke von 1504.

Rojach, große einfchiffige Kirche mit einfachen Kreuzgewölben, im Ganzen ftark modernifirt, das Schiff vierjochig; das Presbyterium befteht aus Joch und Schluß, dafelbft Dreiviertel-Säulchen mit Capitälen (daran Köpfe) als Rippenträger, Schlußfteinfcheiben. Im Schiffe fitzen die Rippen theils auf Confolen theils auf einfachen Wandfäulen auf, fchildförmige Schlußfteine. Das Gewölbe des Orgel-Chores bilden drei kleine Joche mit Sterngewölben, fchöne gothifch durchbrochene

Chorbrüstung mit ausspringender Mitte. Vor der Westseite steht der Thurm mit einfachem Rippengewölbe. In der Erdgeschosshalle der Schrein eines grossen Flügel-Altares aus dem Ende des 15. Jahrhunderts: im Schreine Christi Geburt, an den Flügeln innen die Beschneidung, Darstellung im Tempel — Anbetung der Hirten, die drei Könige — aussen Christus vor Pilatus, die Geisselung, der Oelberg, die Dornenkrönung. Auf dem Fusse steht: alt renovirt 1529, neu renovirt 1869. Sacraments-Nische mit Gitter. Steinmetz-Zeichen . Aussen Strebepfeiler, eine Glocke von 1671, eine von 1725, 1740, 1777 u. s. w. (M. x n. F. p. xxviii).

Rossegg. Hierselbst eine Fibel, zwei Grabsteine:

T VALENTINVS*, um 217 — 311, gef. vor 1850 im Schlossgarten (Jab. 356. Mo. 4770).

MOCIANCVS*, um 220, gef. 1871 in der Thurmruine (Mo. 6491), unweit Frög.

Der Ort vielleicht das Rafa von 883 (vgl. M. 6, neu 38), Raz um 1143.

Die Pfarrkirche hat noch den ursprünglichen spät-gothischen Chor (ein Joch und den fünfseitigen Schluss mit Kreuzrippen). Zwei grosse Schlusssteine, in denselben die kreuznimbirte segnende Hand und eine Rosette. Zwischen beiden eine gedrückt-spitzbogige Gurte, schwache Wanddienste ohne Capitäl, welche in Eindrittel-Höhe über dem Boden mit Kegelconsolen und Masken endigen. Strebepfeiler. Das übrige ist Neubau aus 1819, da die Kirche durch die Franzosen 1809 fast ganz zerstört worden war; wohl aber dürften die Hauptmauern beim Wiederaufbau verwendet worden sein. Das Schiff bildet vier Joche mit je drei eingezogenen Wandpfeilern und vorgelegter Dreiviertel-Säule und kämpferartigen Capitälen. Der Thurm stammt aus 1867. Eine Gedenk-Inschrift an diesem Kirchenbau befindet sich an der Westseite des Kirchenschiffes. An der Südseite erzählt eine andere Inschrift, dass 1656 Niclas Graf Rosenberg sammt Frau Maria Sidonia geb. von Herberstein das Schloss kaufte; dabei das Wappen und die heil. Dreifaltigkeit. An der Kirche das Grabmal der Brüder Jörg, Wolfgang und Caspar von Perkham und Roseckh 1521. In der Kirche eine Gruft der Rosenberge, gestiftet von Franz Fürsten Rosenberg 1797. Ausserdem finden sich Grabmale des Abraham Höchenkircher Pflegers (1605), des Seifried Steyrer zu Teschldorf (1627), des J. Sigmund Praschnigg (1773) und des Pfarrers Joh. Hafner (1777). Ein Bild — die Kreuzigung mit vielen Figuren — und das Hochaltar-Bild sehr beachtenswerth (M. x n. F. p. xxiii).

Rosendorf nächst dem Zolfelde, östliche Hügelhöhen hinter Töltschach, theilweise östlicher Stadtrand Virunums, der Oberstadt, in der süd-nördlichen Linie zwischen Meislberg und Döchmannsdorf. Baureste mit Metall- und Thonsachen, Münzen Tiberius? Br., Domitian? Br., um Hadrian Br., Gordian S. K 1881. Diesen Stellen werden neun Schriftsteine zugeschrieben:

VICTORIAE AVG und drei Zeilen, Ara, durch den adlectus sacerdotis flamen, um 240—310, gef. 1752 (Mo. 4814, ad S. 1046 K 187).

Die Ara VICTORIAE AVG, achtzeilig (Jab. 17. Mo. 4813. K 81), wurde später, 1784, im Zolfelde gefunden.

BF COS LEG II ITAL, Jahr 238, ((A)NO ET PONTIANO COS VIII KAL IVLIA(S)), seit 1752 im Wagritsch-Hause, später übertüncht (Jab. 24. Mo. 4820).

Die legio II italica pia fidelis augusta, nach D. Cassius 1, 55, c. 24, in Noricum um 173 (bis 400) ist in 14 Steinschriften des virunenser Gebietes erwähnt (Mi. w. AlthV. 11, 61, vgl. Zolfeld).

(Q AVR)EL(IVS) MACER mit veteranus ex beneficiario, um 240, gef. 1752 fehlt? (Mo. 4833. Kml. 85).

DM M AVRELIVS*, 11 Zeilen mit miles legionis II italicae strator consularis, um 193—240, gef. vor 1691, von der Capelle (zu Töltschach? Rosendorf?) in des Schlosses Stallpfeiler (Jab. 33. Mo. 4836. Kml. 73. K 209).

CABALLO*, um 160, gef. vor 1691, von der Kirche verschwunden? (Jab. 74. Mo. 4890).

IVLIO APRILI (statt ELVDONI)*, mit beneficiarius tribuni cohortis I Asturum, um 160, gef. vor 1688 im Stangl-Grunde bei Meislberg, dann Karlsberg (Jab. 25. Mo. 4842. Aep. 2, 102, 4, 214. Kml. 71. K [seit 1878] 172), vgl. **Zolfeld**, Herzogstuhl ELVDONYVE. Valv. 137 bildet den Stein bei Möderndorf ab und schweigt im Texte.

GAMBVGIO*, um 170, gef. vor 1752, Kirche Possau (Jab. 58. Mo. 4919).

MASCVLO*, um 250, gef. 1615, fpäter nach Maria-Saal, Haus 36, dann Krumpendorf (I. MASCVLO), das Falfum zu Töltfchach, Gartenmauer noch 1870 (Jab. 50. Mo. 4940. Aep. 4, 216).

QVINTILIA(NO)*, um 200, gef. vor 1752 im Haufe Stangl (Jab. 60. Mo. 4962).

Der Ort als Rozzindorf 1203 und wohl zuvor.

Rothenthurm, Vielleicht eines der alten Caftella des Eugippius fect. 25. Stelle „heidnifcher Grabftätten" mit allerlei Gebein (AfK. 7, 5. M. 3, n. S. XCVII, Note 2).

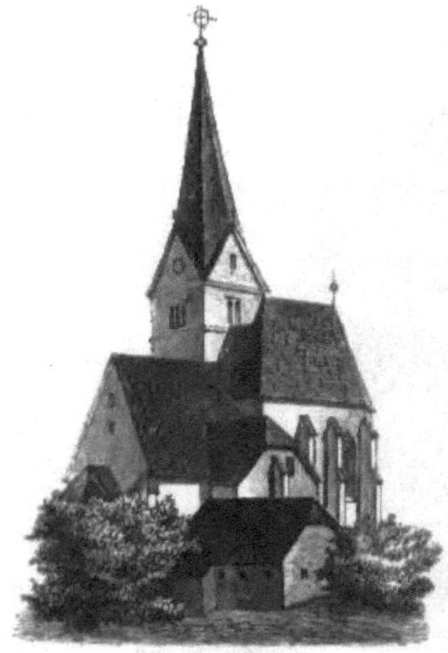

Fig. 324. (Ruden.)

Im Schloffe die kleine Schloß-Capelle „zur heil. Barbara", dem 17. Jahrhundert entftammend laut an der Decke befindlichen Infchriften, neu übermalt. Das Schloß felbft, ohne Kunftwerk, ohne jeden architektonifchen Schmuck, wird gegenwärtig reftaurirt.

Rottendorf, die Filial-Kirche „zur heil. Magdalena" von Feldkirchen, ftammt aus der Mitte des 14. Jahrhunderts, an der Weftfront drei Schießfcharten und Pechnafe; der Thurm fteht an der Südfeite und zeigt unzweifelhaft gothifchen Charakter; Das Altarbild ift mit 1633 datirt, mit Hieronymus Foregger bezeichnet. Die Glocken ftammen von 1644 und 1714. Großer einfchiffiger Bau in guten Verhältniffen. Der Chor mit fpät-gothifchem Netzgewölbe, Dreiviertel-Säulen als Wanddienfte mit polygon profilirten Capitälen als Rippenträgern. Im Chorfchluße drei leere Confolen. Spitzbogige zweitheilige Fenfter mit Maßwerk, zur Hälfte von unten vermauert. Außen kräftige dreimal abgefetzte Strebepfeiler. Schöner Renaiffance-Hoch-Altar. Das Schiff neu eingewölbt, vielleicht nur eine Holzdecke. Ein Fenfter fpitzbogig. Der Weft-Eingang romanifirend. Außen kleine Freske St. Wolfgang.

Rottenstein an Gurk- und Sattnitzberg (Dec. Teinach).

Der Grabftein LOCO*, um 130, gef. 1878. (K 175. E. 4, 164, 574. M. 5, n. S. XCIII).

Erfcheint als Ratenftein 1135, als Rotenftain 1140 bekannt.

Die dortige Pfarrkirche ift ein kleiner nach Often gerichteter Bau mit einem viereckigen Thurme an der Weftfeite, der mit einem von vier Giebeln umgebenen Spitzdache abfchließt. In der Vorhalle eine Art Opfertifch. Das Schiff der Kirche zerfällt in drei Joche, hat angebaute Streben und nur an der Südfeite Fenfter. Der Triumphbogen ift fpitzbogig. Das Presbyterium befteht aus einem Joche und dem fünffeitigen Chor-Schluße. Die einfachen Gewölberippen im Chore ftützen fich auf Confolen. Im Schiffe zufammengefetzte Netzrippen auf abgefchrägten Strebepfeilern ohne Capitäle, drei runde Schlußfteine mit Wappen bemalt. Die Sacriftei-Thür im Kleeblattbogen mit geradem Sturze. Die Anlage der Kirche ift übrigens eine romanifche mit urfprünglich flacher Decke. Das Netzgewölbe ift viel jünger. Unter dem Dache ift noch ein romanifches Fenfterchen erhalten. Das Thurm-Portal ift rundbogig romanifch, desgleichen das Fenfterpaar im Glockenhaufe. Zwei alte Glocken mit Minuskel Infchrift, eine v. 1455. Bemerkenswerth ift der alte fteinerne Kanzelfuß, der durch Abfchrägung vom Quadrat ins Achteck übergeht und dann mittelft Wafferfchlägen wieder zum Quadrat wird; ferner die Befchläge der alten Eichenthür, der Griff und das Schloßblech.

In der Nähe die Ruine Rottenftein. An einer fenkrechten hohen Felswand gegen die Drau find im Kalk-Conglomerat drei zimmerartige Höhlen in das Gestein eingemeißelt, zum Theile noch geweißt. In sechs Reihen übereinander bemerkt man die Balkenlöcher für die Trambäume des Gebäudes, dessen Außenwand nur an den Felsen angebaut, heute herabgestürzt einen vom Gebüsche verdeckten Schutthaufen bildet (Kirchenschmuck 1880 p. 125 vii, n. F. p. xcii).

Ruden, die große Pfarrkirche stammt theils aus dem 15. theils aus dem 16. Jahrhundert. Durch einen gemauerten Vorbau gelangt man ein modernisirtes Portal durchschreitend in das niedrige Schiff mit aufsteigendem Boden, drei Joche mit Sterngewölben bildend. Die Rippen gehen unmittelbar aus den Diensten hervor. Der Orgel-Chor ruhet auf drei stumpfen Spitzbogen, die auf zwei achtseitigen Pfeilern anlaufen. Die meisten Fenster modernisirt, eines mit Vierpaß zweitheilig. Spitzbogige Sacristei-Thür mit profilirtem Steingewände (Fig. 324).

Der Triumphbogen gedrückt spitzbogig. Zum Presbyterium führen zwei Stufen empor. An der Innenwand desselben gegen das Schiff erkennt man noch den älteren projectirten Triumphbogen. Das Presbyterium ist der ältere Bau; es besteht aus drei Jochen und dem Chorschluße, ein schöner Bau von guten Verhältnissen. Kreuzgewölbe mit einfach profilirten Rippen und runden Schlußsteinen. Die Dienste senken sich bis zur Fensterbankhöhe herab, wo sie sich mit einem Kaffgesimse verbinden, das jedoch nur mehr in den drei Schlußseiten vorhanden ist. Vier Fenster noch in ursprünglicher Form, zweitheilig mit Fischblasen - Maßwerk. Am Chor - Schluße stark abgetreppte Strebepfeiler mit profilirtem Wasserschlage. Am Schiffe sind die Strebepfeiler schwach und mangelhaft ausgeführt. Neben dem Dachstuhle sieht man Reste der Bemalung des Triumphbogens. Es dürfte schon einmal ein Theil des dazu gehörigen Schiffes bestanden haben, jedoch der Bau ins Stocken gekommen und schadhaft geworden sein. Der Thurm steht an der Nordseite, hat dreiseitige Giebel, gekuppelte spitzbogige Fenster und spitzen Helm. Die Sacristei bildet zwei quadratische Joche im Spitzbogen überwölbt. Sehr

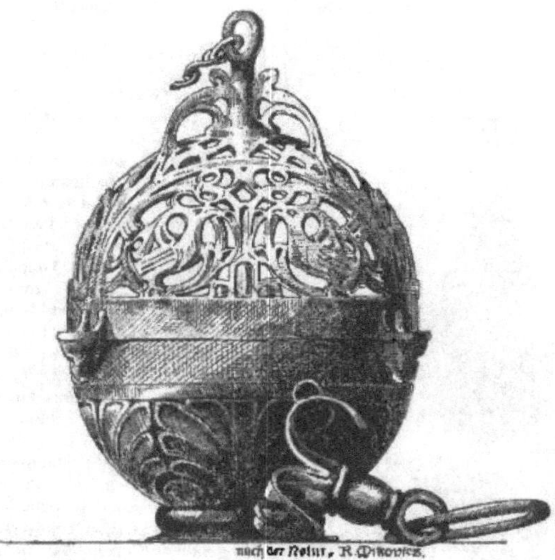

Fig. 325. Romanisches Rauchfaß, aus St. Daniel im Jaunthale stammend, jetzt im Privatbesitze zu Guttaring (Kirchenschm. 1884, f. 63).

schöner kostbarer Grabstein der Prisca Waschlin des edlen Eberharten Ertl von Hainstett, Baupflegers zu Waisneg Hausfrau † 29. VI. 1591 (Grauer Marmor). Ein Fragment eines anderen Grabsteines mit drei Wappen von 1572 in der Friedhofsmauer. Im neuen Mauertheil ist ein antiker Kopf eingemauert. Taufstein ein Octogon aus dem 16. Jahrhundert (M. XII n. F. p. LXXVIII).

St. Ruprecht in Projern, siehe **Projern.**

St. Ruprecht bei Villach. Die Kirche in ihren Umfangsmauern noch der romanischen Anlage zugehörig. Der Thurm bildet das Presbyterium, das geradlinig schließt, die halbrunde Apsis besteht nicht mehr. Das Langhaus besteht aus drei Jochen, davon zwei mit spät-gothischen Sterngewölben überdeckt sind, im dritten Joche befindet sich der Orgel-Chor. Die Wandpfeiler haben halbrunden Dienst, keine Capitäle. Der Triumphbogen spitzbogig. Kleine Sanctuarium-Nische mit Gitter. Der Thurm im unteren Theile noch romanisch. Doppelfenster.

St. Ruprecht bei Völkermarkt, s. **Völkermarkt.**

S.

Saalfeld, vgl. **Lamprechtskogel,** Lambertskogel (Car. 1887, 184).

Sachsenburg. Eine bronzene Frauenbüste auf kleinem Postamente ergab sich beim Bahnhofbaue 1863 K? Eines der alten Castelle des Eugippius mag hier wohl auf gut absperrender Höhe zum Schutze der Stadt Teurnia mitgewirkt haben. Die alte Heerstraße aus dem Vororte, welchem mehrfach Bausteine hierher entragen worden sind, leitete nach Sachsenburg über Litzlhof (südlich davon), Pusarnitz (unterhalb), St. Leonhard, Möllbrucken, alsdann Feistritz, Ober-Gottesfeld (Felsgeleise), Lessnigg, Kleblach, Blasnigg (alte Straße), Lengholz, Gerlamoos, Flattachhof, Steinfeld, Radlach, Greifenburg u. s. w. nach Aguontum (Lienz) (Ask. 5, 105, 6, 120, 7, 25. Ank. 2, 17, 18. Hn. 388. M. 3, neu p. XCVI. R.-St. 1, 66. M. w. anth. 1886, 61 f).

Der Ort Sachsenburg geht hinter die Burgzeit 1252 zurück. Alte Antimon-Baue (Hauer G. 188).

Die Pfarrkirche hat eine einschiffige dreijochige gothische Anlage mit in das Schiff einspringenden Pfeilern mit vorgelegten Dreiviertelsäulchen, die als Dienste für die Rippen des Netzgewölbes dienen. Einige dieser Auflagestellen sind mit einfachen Rippen geziert. Auch das aus zwei Jochen und drei Seiten des Sechseckes im Schlusse bestehende Presbyterium hat ein, wohl aber etwas einfacheres Netzgewölbe, die Rippen vereinigen sich hier mit den Diensten, indem sie in deren Capitäl einschneiden. Beim Triumphbogen laufen die Rippen auf Consolen auf. In den drei Schlußsteinen roth und weiß bemalte Wappen. Die Sacristei befindet sich im Erdgeschoße des Thurmes zunächst dem Presbyterium, (Spitzbogen-Fenster und Spitzhelm). Die schrägen Strebepfeiler des Presbyteriums gehen nur bis zur halben Höhe des Gebäudes. Das Haupt- und das Seiten-Portal einfach profilirt und mit beachtenswerthen schmiedeeisernen Beschlägen ausgestattet. Im Tympanon des West-Portales die Jahrzahl 1510 eingemeißelt. Die Fenster spitzbogig, modernisirt ohne Maßwerk. An der Außenseite Spuren alter Malerei. In der Sacristei ein spät-gothischer Kelch. In der Kirche das Grabmal des salzburgischen Pflegers Joh. Glikofler 1678 und der Rest eines Grabmales von 1440, auf dem Stein ein Kreuz, links ein unkenntliches Wappen (Fig. 826, Grundriß der Kirche; M. VIII n. F., p. LXIV).

Sagor (auch Saager). Die St. Anna-Kirche ist vom Friedhofe umgeben, hat geraden Ost-Schluß mit Tonnengewölbe und zwei einschneidenden Zwickeln, der Scheidebogen ist halbkreisförmig und niedrig. Das Schiff flach gedeckt, vier kleine romanische Fenster und zwei Eingänge im Spitzbogen. Das Schiff gehört der romanischen Bauzeit an. Der Thurm ist massig, steht neben dem Presbyterium an der Süd-Seite, der untere Raum dient als Sacristei und öffnet sich mit einem spitzbogigen Ausgang gegen den Chor. Den Thurm krönt eine Spitze, die Glockenhalle hat weite Schallöffnungen im stumpfen Spitzbogen (M. VII n. F., p. XCIII).

In dieser Kirche befindet sich als inwendige Thurmstufe beim West-Eingange eine graue Kalksteinplatte von 2·01 M.

Länge und 0·85 M. Breite. Im Bildfelde derselben ein Kreuz mit dreipassartig gothisch-durchbrochenem Fuße, auf dem Schafte mit einem gegen rechts gewendeten Schilde belegt, darin eine Ecke. Die Zeichnung ist auf der Platte blos in Conturen ausgeführt. Die Buchstaben der Umschrift sind kräftig. Sie lautet: hie leit bernhart rotnstain ta nach christ gepvrt veronnen warn dreyzehnhundert jar ✝ Es ist dies eine der ältesten deutschen Aufschriften an kärntnerischen Monumenten und

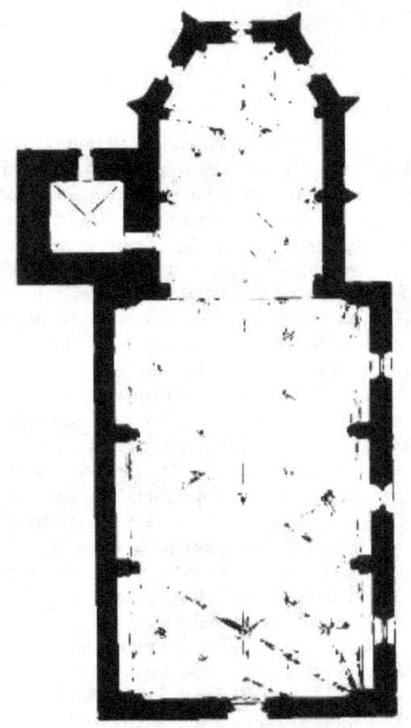

Fig. 320. (Sachsenbur.)

mag wohl einem Zeit- und Turnier-Genossen des Minnesängers Ulrich von Lichtenstein angehören und an dem zu Frauenburg in der nahen Steiermark befindlichen Grabsteine ihr Vorbild genommen haben (Fig. 327).

Unter den Glocken der Anna-Kirche ist die kleinste mit dem Spruche: „o maria hilf uns aus aller not amen“ geziert; sie dürfte aus der Mitte des 15. Jahrhunderts stammen; in der Sacristei ein Kelch aus dem 15. Jahrhundert, klein, der Fuß sechsblättrig, der Nodus aus getriebenen wulstigen Blättern mit eingravirten Blättern, der Schaft quadratisch (M. VII n. F., p. CXV).

Sagradi, s. **Miesthal** und **St. Barbara.**

Sagritz. Der alte Ort an dem Tauernwege mit einer Kirche 829, 914 scheint bisher ohne Funde geblieben (*Koch-Sternfeld* T. 1820, 192. K. Ztsch. 8, 153).

Von der alten Kirche steht nur mehr der Thurm, welcher an drei Seiten frei war. Es wird behauptet, er hätte ganz frei gestanden, was jedoch beim Fehlen der rückwärtigen Cordon-Gesimse unwahrscheinlich ist. Gegenwärtig ist der Thurm in die neue, dem heil. Georg geweihte Kirche einbezogen, welche im 18. Jahrhundert erbaut wurde. Der Thurm hat vier Giebel und steilen Helm. In der Thurmhalle ein einfaches Netzgewölbe mit Renaissance-Bemalung. Innen an der Seitenwand (Evangelien-Seite) befindet sich ein Grabstein des „Christoph von Hohenburg zu Kolenperg und Knettersdorf und seiner Frau Margarethe, einer geborenen von Schlandersperg, seines Sohnes Oswald und dessen Frau Katharina, einer geborenen Kubatsch. Heinrich von Hohenburg ließ den Stein machen 1584.“ Im mittleren Hauptwappen zwei Greifenkrallen und ein Greif als Helmzier, rund herum 16 kleine Wappenschilde, sämmtlich benannt und zwar: Thanhauser, Kienburg, Khevenhiller, Mosamb, Saurer, Stainpeck, Schlandsperg, Kubatsch, Siperg, Firmian, Rotnstein, Lueg, Komer, Kaming, Vilareith' Von Rost (s. M. XIII, p. XXXII).

An der Südwand großer weißgrauer Grabstein mit schönem Relief in der oberen Hälfte der heil. Sebastian und zwei Wappenschilder darstellend, die untere Hälfte mit Schrift: Sebastian von Leomüllern, gewester Bamb. Amtmann zu Villach, Amt- und Landrichter in Großkirchheim, so dem 9. Dec. 1629 erschossen und seine Frau Crescentia, Geborne Kullmerin ✝ 24. Sept. 1617 zu Villach, gesetzt von Frau Apolonia Seidtlinger geborne von Leomüllern aus Schwester- und Schwagerliebe.

Der Taufstein ist noch alt, einfach und roh gemacht.

Am Friedhofe befindet sich zunächst der Kirche eine alte Capelle aus dem Jahre 1522, welche Jahreszahl im mittleren eines als Dreipaß geformten Schlußsteines erscheint. Das von dem zwei Travées umfassenden Schiffe nur durch eine Stufe getrennte Presbyterium ist durch drei Seiten eines regulären Achteckes geschlossen, beide haben Stützgewölbe mit verschieden geformten Schlußsteinen und laufen die Rippen auf Consolen auf. Das Presbyterium hat ein noch

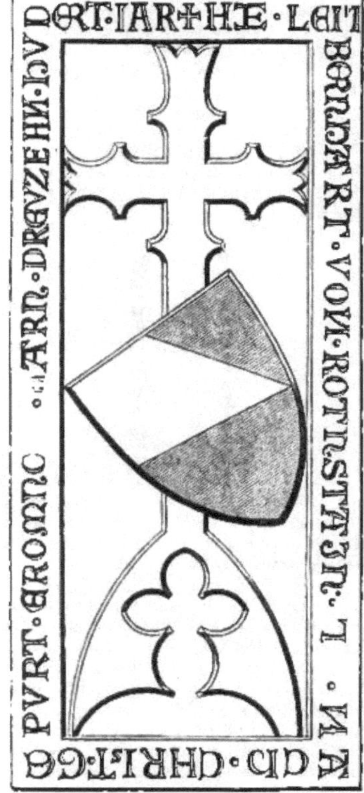

Fig. 327. (Sagor.)

erhaltenes Maßwerk-Fenster, das durch einen Stab getheilt ist. Die Capelle trägt ein einfaches steiles Dach und einen hölzernen Dachreiter (Fig. 328, Grundriß; M. VII n. F., p. XC).

Daselbst zwei Grabsteine: „Des Georg Joseph von Pacher, k. k. Bergrichter und Waldmeister zu Ob.-Kärnten, auch Kameral-Mauthner und Steuereinnehmer in Großkirchheim, † 26. Feb. 1757" und einer „Frau Maria Francisca Gurtner einer Geborenen von Lach . . . . (unleserlich)."

Saifnitz. Die Poststation Larix, Larice, Lacire, zugleich statio portorii illyrici, an der Straße von Aquileia nach Virunum gelegen, wird im Itinerar verzeichnet als 54 mp. abstehend von Aquileia, 24 vom näheren (Via) Belloio (angeblich Ospedaletto), anderseits 27 (24) mp. von Santicum (Villach), endlich 57 (54) mp. von Virunum. Die Richtung nach Peutinger und dem Antoninum hält *Mommsen* für identisch: nämlich Aquileia bis Bellonum oder Belvinum 30 mp., nach Ad Silanos (südlich außerhalb Kärntens) 35 mp., nach Larice (Tricesimo) vor Bellonum 28 mp., folgt Santicum nach 27 (oder 24) mp., schließlich Tasinemetum, Saloca, Virunum (Car. 1883, 155, 188, 189; 1887, 123. Jung R. und R. 23. Mus. 25. W. Altthms. Verein Mitth. XI, Karte und S. 130. Laz. resp. rom. 1548, S. 1028. M. w. anth. 1886, 61 f). Der Ort fehlt auf der Tabula. Der namengebende Lärchenstand ist gegenwärtig hier nicht stärker als anderswo; vielmehr kommt pinus larix bei Bleiberg-Greuth im Möllthale vor (ubivis prope Villacum, *Wulfen* Flor. nor 777, Nr. 1501). Der Ortsname erinnert an vicus Laris bei Luceria (Or. 6984), colonia Aelia Lares bei Lorbus (Or. 5327), Larinum (Or. 142, 5175). *Kenner* hält das nahe Flitschl für Larix; der Ort von 25 Häusern ist fundlos.

Die illyrische Zollstation, als solche eigentlich mehr in Hinsicht auf die predieler und raibler Bergrinnen zu erklären, verräth sich noch heute in den vielen römischen Grundbauten, besonders im Westtheile des Ortes, genannt Vila (gesprochen Fila), in den Wölbungsbauten der südseitigen Felder beim genannten Ortstheile. Da haben sich in Kellern und Brunnen gefunden: Stufen (Haus Moschitz), Fußgestelle, Säulen, Statuen der Götter (Laren, Genien), Metall-Geräthe, namentlich mehrerlei Werkzeug, viele römische Münzen in Gold, Silber, Bronze, deren Reihe durch die Nennung von Augustus (Bronze), Tiberius (Silber; Kruschitz-Acker, ostseitlich 1881), Traian (Bronze), Domitian (Bronze) vor 1864, Valerianus S. (um 1879,

Feld des Scheriau), K., Maximian, Constantin, Gratian (alle Bronze) wohl nicht abgeschlossen ist (5 in der Sammlung des Dechantes Fertschnigg). Die Münzenzeit ist mindestens 29 vor bis 383 nach Christus.

Ein goldener Ring mit geschnittenem Onyx, ovaler Intaglio, die Göttin stehend mit Füllhorn, ward auf dem Acker des Ogrea, Haus Nr. 25, rechts nordseitlich der Strasse nach Uggowitz, 1878 gefunden.

In Stein ferner: Ein Relief, Vase mit Weintraube; ein Statuentheil, Kopf mit Phryger-Mütze, gefunden um 1846—60, beide K. (*Muchar* G. 1, 121. Mo. III, 2, S. 589, Kml. 87. *Hermann* 147, 331, Jab. S. 3, 4, 167. Car. 1879, 124).

(D) EAE Weihstein, um 125, gefunden vor 1882 in der alten Messner-Keusche, Haus Nr. 97, noch vor derselben gleich den drei nachfolgenden im Jahre 1883, alsdann K. 223 (Car 1883, 158 f. Aep. 9, S. 258).

V(LP)I und zwei Zeilen, gefunden im Felde hinter dem Hausstadel zu Nr. 12, Anžet, im Jahre 1854, als Thürstufe im Hause Nr. 12 (etwa zu Mo. 4716, 4717. K. 221. Aep. 9, S. 257).

R · · A, das übrige der drei, vier Zeilen verschliffen, im Rinnensteine des Pfarrhofes, seit 1882.

N AN MI|FI, Ara-Untertheil, achtseitig, Zeit um 200, gefunden vor 1845?, auf der Hofmauer des herrschaftlichen Hauses Nr. 55, Gränze zwischen Dorf und Vila (K. 222. Car. 1883, 158).

·OS·EX PRAEP, Weihstein, um 120, gefunden 1838 (K. 190 Jab. 423. Mo. 4716). Nicht hier zugehörig die Schriftsteinstücke mit TE und CE (Car. 1883, 159).

·IIIP mit den Resten von (VE)TVST (ATE) und (REST)ITVER(VNT), Meilensäule aus der Zeit um 214—311, gefunden vor dem Hause Nr. 12, nächst dem Strassenkreuze nördlich am Wege zur Mühle in Vila, vor 1845; als Hausbank-Stütze verwendet gewesen, dann gestohlen (Jab. 424. Mo. 5703. Jab.-Christ. 2, 4, Taf. 16).

DM. IVL HERMES, grosser Cippus, um 180, gefunden mit anderen (vielleicht auch reliefirten) Steinen auf dem Platze, im Kaiser'schen Hausgrunde, alsdann im Keller des Hauses Nr. 22. Pernusch vulgo Oschle, gegenüber in Haus Nr. 121, Schluga, südseitlich, eingemauert, endlich zerschlagen und ein Theil abgeschliffen, jetzt als Grabstein auf dem Friedhofe ein Theil, im Fundhause der andere (Jab. 422. Mo. 4717, Aep. 4214).

A|SECVDIN, um 210, gefunden vor 1534? in Tarvis oder dorthin von hier vertragen, jetzt in der Filialkirche St. Dorothea als Stufe unter dem Taufsteine (Jab. 427, Mo. 4715. E. 4, 161, 560 und 133, Nr. 6. M. 1883, p. LXVI. Car. 1883, 158. Valv. 216).

Ein Meilenstein, anscheinbar nach dem Abstande von Aquileia 13 Meilen, 54.000 Schritte, Zeit etwa 213—214, gefunden vor 1845 (*Wagner's* Album von K., S. 10).

In Thon zwei Gefässe, gefunden 1838 K.?

M·PE (Mo. 6010, 281).

(GEMEL(IVS), Mo. 6010, 282).

Beim nahen Marode-Hause ein Kogel; beim alten Scheriau-Hause Steinplatten, Mauerwölbungen im Acker südlich von der Brücke.

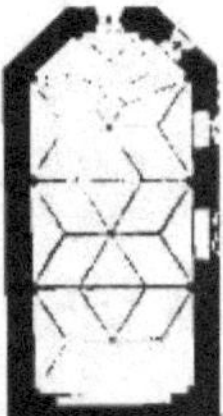

Fig. 328. (Sagritz.)

Die nächstsüdlichen Fundstellen scheinen Trigesimo und Cividale. Die romanische Bevölkerung mag zuvor ungleich ausgebreiteter gewesen sein (Bid. 76, Kml. 66).

Die Pfarrkirche (Fig. 329) ist nur im Presbyterium ein spät-gothischer Bau, ohne irgend eine hoch vorragende Bedeutung. Im Schiffe eine dreitheilige Anlage, flach gedeckt. Der Thurm hat Kuppelbedachung. Aussen Reste eines grossen Christoph-Bildes, dabei die Jahreszahl 1444. Sehr schöne Renaissance-Arbeiten in der Kirche, wie: der Tabernakel, die Kanzel und zwei Seiten-Altäre aus Marmor, sie stammen aus der Luschari-Kirche. In der Sacristei ein Paramenten-Schrein aus dem Jahre 1727 mit dem Wappen der Holl von Stahlberg.

Auch in der Thurmmauer finden sich eingesetzte Römerstein-Bruchstücke, sowie ein Inschriftstein, auf eine Restaurirung desselben im Jahre 1769 bezüglich.

Die Dorothea-Kirche ist im Chor-Raume mit gothischen Kreuzgewölben überdeckt, derselbe besteht aus einem Joche und dem fünfseitigen Schluße, hat schlankes spitzbogiges Portal, spitzbogige Fenster im Chor. An der Glocke Majuskel-Inschrift aus dem 18. Jahrhundert: + magister Nicolaus me fecit (M. IX n. F., p. LXVII; XIII n. F., p. CXIX).

Sala, s. **Maria-Saal, Virunum, Zolfeld** (*Megiser* S. 21, 138, 276, 282 u. A.).

Sack, s. St. Cantian.

Saloca, s. **Schaloch**.

Salvator (St.) (Decanat Friesach). Die Kirche ein mittelgroßer einschiffiger Bau der Spät-Gothik. Der Chor dreiseitig geschlossen, die Gewölbe-Netzrippen auf in der halben Wandhöhe angebrachten Consolen anlaufend. Leere Schlußstein-Scheiben, drei spitzbogige Fenster, zum Theil mit

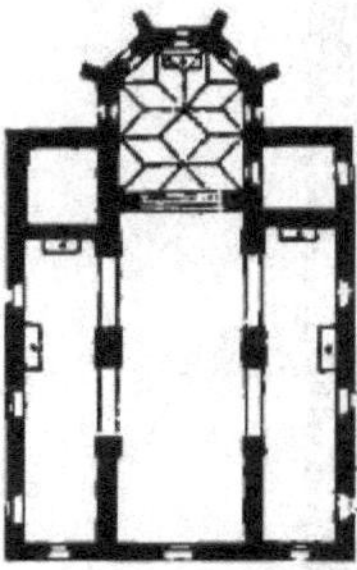

Fig. 329. (Saifnitz.)

Maßwerk, in einem an der Südseite Reste von Glasmalerei (zwei Scheiben, Heiligen-Figuren). Spitzbogiger Scheidebogen. Das Schiff besteht aus vier Jochen. Ebenfalls Netzgewölbe, aber dichter zusammengesetzt, eingebaute Strebepfeiler mit Diensten als Rippenträger. Fenster nur an der Südseite und zwar modernisirt. Der Orgel-Chor befindet sich im ersten Joche, dreijochig mit Spitzbögen, die zwei Pfeilerchen achtseitig ohne Capitäle. Der Orgel-Chor ist unschön vergrößert. Spitzbogiges Haupt-Portal mit profilirter Gewandung (an der Mauer die Jahreszahl 1517), Strebepfeiler am Chor, der Thurm an der Nordseite mit gothischem Charakter und paarweisen spitzbogigen Fenstern, dabei Maßwerk, vier Giebel und Spitzhelm.

Grabmal der Maria Anna, geb. und letzten Freiin von Schwarzenegg, Witwe des Grafen Ant. v. Gaisruck, dann des eben Genannten † 1751.

An der Nord-Seite ein Votiv-Altar, dabei die Inschrift: Dieß Bild unseres Erlösers und Seligmachers Jesu Christi in der Weiden alda gefunden wordn, auf das Gottshaus erbaut und die Pfarr S. Johannis alhero transferiert worden.

An der Filial-Kirche St. Johann Reste eines Christoph-Bildes.

In der Nähe die St. Laurenz-Capelle mit romanischen Resten.

Sandhof. Straßenspur (M. w. anth. 1886, 61 f.).

Santicum, Sianticum, s. **Villach**.

Sattelbogen. Straßenspur (M. w. anth. 1886, 61 f.).

Saualpe. Höhlen der wilden Männer. Die „Nix-Lucken" führt mit einem niedrigen mehrere Klafter langen Gange in eine zweite Höhle, hoch 15—19 M. (8—10°), dahinter folgt eine niedrigere Fortsetzung, angeblich bis ans Licht der jenseitigen Alpenhöhe. Auf dem Boden der Höhle findet sich in galertartigen Schichten Kalkmilch, welche von dem Volke „Nix" genannt und den Hausthieren gegen hitzige Krankheiten als Medicin im Trinkwasser gegeben wird — daher der Name. Die Westgehänge sind altberühmt als die reichsten Erzlager des Landes, welchen nachfolgen die Gänge um Friesach und Gmünd. Vgl. die Fundorte an den Bergstufen: Diex, St. Franciscus, Lambrechtsberg, Reisberg, Waitschach, Im Leiwalde, Unter-Lavantthal, ein Steinbruch körnigen Kalksteines (Car. 1857, 145; 1878, 36).

Schaloch, Salloch (Zadole) bei Krumpendorf und Pörtschach, angeblich die statio Saloca der Tabula, abstehend von Virunum 11 mp., vom süd-westlicheren Tasinemetum 9 mp.; ähnlich benannt wie Saladorum vicus in Helvetia; mittalterig S e a l a h (M. w. anth. 1886, 61 f.).

Außerdem giebt es in Kärnten ein Sallach bei Tiffen-Himmelberg, eines bei Luggau (auch Salch geheißen), ein Schalach bei Maria-Rain, ein Sallas bei Steierberg, ein abgekommenes Salchendorf bei Timenitz zu Unrest's Zeiten. Doch die Namens-Aehnlichkeit entscheidet ja nichts für den Standort von

Saloca (Ank. 1, 559. KZtfch. 4, 108, 110, 111. Mo. III, 2, 589. Obermüller K.Wbch. 1, 566. Monn. 11).

Scharnitzen. Oberhalb Paternion, Trobolt-Feld, nächft der Straße nach Stockenboi. Ein bronzener Kelt wurde hier 1858 ausgegraben. K. (Afk. 5, 179. AfköG. 29, 245. Car. 1887, 199).

Scheifling bei Längsee. Im Felde Primigs bei Schotter 1 Bronze-Fibel, 1 eiferne Schlange, 1 kleiner filberner Adler; 1 Bronze-Münze Ti claudius caesar aug. p. m. tr. pimp. cc., libertas augusta sc.; 1 Silber-Münze Imp. (gordianus?) s . . . . . . as, Mann lg., l. Kugel r. fchräger Stab, und an 30 andere feit Herbft 1882 (Klagftr. Ztg. 1884, 2617. Car. 1884, 176).

Schiefling. An der Pfarrkirche finden fich Ueberrefte einer fchönen gothifchen Wand-Decoration um das in diefem Style gehaltene hübfche Haupt-Portal, als den einzigen Reft eines älteren Baues (M. IX n. F., p. LXV).

Schiltendorf, die Kirche, eine Filiale von Bleiburg (M. VII n. F., p. LVI), die fogenannte heil. Grabkirche aus 1761 ftammend, hat einen halbkreisförmigen Altar-Raum und erweitert fich gegen das Langhaus durch Anbringung von halbkreisförmigen Capellen-Anbauten zu einer Art Querhaus. Die Vierung mit einer Pententif-Kuppel und fechsfeitiger Laterne. Die runden Ausbauten mit einer Viertel-Kuppelung. Das Kuppel-Gewölbe hat Malereien von Joh. Franz *Kleinberger*. Der weftliche Theil bildet in der erften Anlage drei Joche mit ungebrochener Tonne überwölbt, dann zwei flankirende barok-bedachte Weft-Thürme. Vor die ganze Weft-Front legt fich eine dreijochige Vorhalle mit drei rundbogigen Oeffnungen. Innenlänge 32·28 m, Breite 19·40.

Infchriften mit Wappen; links: „Comites de Thurn stirpe bellisque gloriosi" (1761); rechts: „Alta in ista sede magnifice conveniunt principes labacensis meritus ordinis" (1765).

Schlanitzen. Filiale von Tropolach; die Kirche zum heil. Leonhard reicht mit dem Presbyterium in die fpät-gothifche Zeit zurück. Diefes befteht aus zwei oblongen Jochen mit dem polygonen Chor-Schluffe, bedeckt mit Netzgewölben. An den Wänden Halbpfeiler mit vorgelegten Dreiviertel-Säulchen als Rippenauflager, Fenfter mit Maßwerk, Dachreiter über dem Triumphbogen. Das Schiff flach gedeckt mit älterer Malerei in 48 quadratifchen Feldern, darftellend Arabesken, ftylifirte Blumen und Blattranken, phantaftifche Thierfiguren, Heiligenfiguren und anderes in der mannigfaltigften Weife. — Das intereffantefte diefer Art in Kärnten. Eine Kirchenfahne aus 1675, fchöner Flügel-Altar mit der Figur des heil. Leonhard im Schreine,

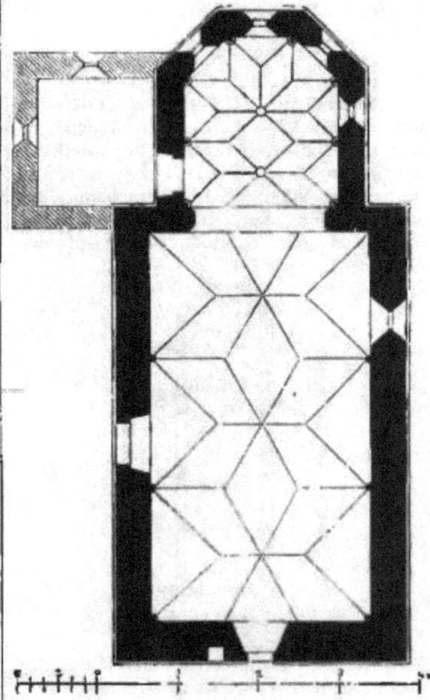

Fig. 329. (Selpritfch.)

auf den Flügeln gute Bilder, theils auf Goldgrund theils in Blau (St. Hermagoras, Fortunatus, Nicolaus, Urban, Euphemia, Thekla, Erasmus und Dorothea). An der Predella als Votivbild betende Frauen und Männer. Auf den Hinterflügeln: Paulus, Petrus, Sebaftian und Rochus. Als Bekrönung ornamentales Schnitzwerk, welche fich über der Figur S. Wolfgangi nach vorn neigt. In dem Goldgrund der Flügel und der Gewandung der Figuren find viele Namen mit Jahreszahlen und

Sinnsprüchen eingekritzelt darunter folgende: 1583 Memento Novissima non Peccabis In eternum. — 1585. Jar. Gott meine Hoffnung Gilg Aichlberg. — Adam Stainer 1636. — Sigismund Stainer 1637 Gott meine Hoffnung, Maria mein Trost. — 1619 5. Sept. Ulteriore peto Wilhelmus Ziegeldrum hujus Ecclesiae pastor. — 1532 Hanns d. Schmidt Balbierer und Ursula sein eheliche Hausfrau. — 1782 Placidus Krall S. Bened. in Arnoldstein, Professus parochus in Tropolach grassante Lutheranismo et Libertinismo. Auch ein hübscher Barock-Seiten-Altar von 1632. Außen ein Christoph-Bild (M. IX n. F., p. CXXXI).

Schlatten. Die St. Ursula-Kirche, eine Filiale von St. Jacob, ein Bau von einfacher Anlage, spitzbogig überwölbt, ohne Trennung des Schiffes vom Chore, Rippen-Anlauf auf Dreiviertel-Säulchen, dreiseitiger Chorschluß, drei Langhaus-Joche, im Schiffe ein Fenster mit Maßwerk. Ein Kelch von 1667, ein Chorstuhl von 1605, der rechte Seiten-Altar von 1640, die Kanzel von 1756 (M. X n. F., p. XXIV).

Schönfeld. An der Heerstraße von Aquileia nach Virunum, Linie Moosburg nach Karnburg, angeblich zwischen den Stationen Tasinemetum und Saloca. Eine Bronze-Münze Domitian K. steht gewiß nicht vereinzelt (Ank. 1, 558. Car. 1846, 129. Vgl. KZtsch. 4, 108, 110, 111).

Schönweg, die St. Oswald-Kirche, eine Filiale der Stadt-Pfarre St. Andrä, kleiner einschiffiger Bau, einfach gothisch im zweijochigen und dreiseitig geschlossenen Chore und modernisirt im Schiffe, an der West-Front ein Radfenster mit spät-gothischem Maßwerk. Vielleicht stammt die Modernisirung des Schiffes aus dem Jahre 1782, welche Jahreszahl an der Oberwand des runden Triumphbogens vorkommt. Die Diagonal-Rippen sitzen auf plumpen Consolen mit Menschen-Masken auf, das mittlere von drei spitzbogigen Fenstern besitzt noch Mittelpfosten und gutes Maßwerk im Bogenfeld. Die ringsum gestellten derben Strebepfeiler sind in zwei Absätze getheilt. Der viereckige Thurm an der Chor-Südseite mit dreifach geöffneten schmalen und spitzbogigen Schallfenstern trägt ein vierseitiges niedriges Pyramiden-Dach, unzweifelhaft gehört der Thurm mit zur ursprünglichen Anlage. An der südlichen Front ein altes Christoph-Gemälde (M. X n. F., p. CXXVII).

Schrattenegg. Eine halbe Stunde südlich davon erhebt sich ein Wall, kreisrund, innerhalb lauft ein Grabenring, im Centrum steht ein abgestumpfter Kegel (Vgl. *Podgoriach:* Die krainischen Ringwälle in Sitzgb. d. Ak. W. nat. Bd. 42; *Ranke* Alpenreisen S. 355. Car. 1881, 51).

Schwabeck. Alte Kupfergänge. Wahrscheinlich hier ausgegraben sind die Bronze-Münzen Ti. Claudius, M. Otacilia K. (Car. 1846, 212). Urkundlich Swabekke 1226.

Schwarzenbach. In diesem Gebiete von Petrefacten kann man von Unter-Petzen her gegen das Helena-Kirchlein bis zum „Petzenspitz" und in's Mießthal an 600—800 alte Spuren verfolgen, Bleischliche in Schachtöfen verschmolzen vor dem 14.? Jahrhunderte, vielleicht mit prähistorischen oder wenigstens römischen Vorgängern. Am Sattel gegen den Ursulaberg zeigen sich Wallbauten, wohl wieder benützt zu Türkenzeiten. Der Ort ist 1137 genannt (Geol. R.-A. 8, 179. Jbuch. f. K. 6, 23. Car. 1881, 54).

Die einzige christlich-jüdische Grabschrift in griechischer Sprache ΧΘΕΣ ΕΜΟΙ, zwei Zeilen, seit der Zeit der syrischen Soldaten wohl um 350, ward zuerst gelesen vor 1880; befindet sich aber wahrscheinlich seit länger als 200 Jahren in des Ortes ältester Keusche Tschernitz über dem Hausflur (Aep. 4, 213, 21: Zeichnung von *J. Gunzer* bei *H. Ohrfandl* zu Klagenfurt. Eine griechische Inschrift zu Pettau vgl. M. 4075).

Schwertenegg, die Schloß-Capelle ist im Chor spät-gothisch, im Schiffe nur mit einer spitzbogigen Tonne überwölbt, die bedeutend höher als die Chordecke anläuft. Die älteste Jahreszahl auf einer Glocke 1566, dagegen am Thor-Eingange des Schlosses 1609.

St. Sebastian. Unfern der Burg Hoch-Osterwitz liegt am Fuße des Berges die St. Sebastians-Pfarrkirche, vollendet um 1500 laut eines Ablaßbriefes, der im dortigen Pfarr-Archive aufbewahrt wird. Die Kirche hält noch die Charaktere spät-gothischer Zeit, spitzbogige Portale, schöne Beschläge, spitzbogige Fenster mit Maßwerk; in den Verhältnissen erinnert sie an die Kirche Maria Waitschach, ist auch sehr wahrscheinlich von demselben Meister ausgeführt. Der Chor ist dreiseitig geschlossen, demselben ist ein und ein halbes Joch vorgelegt, alles mit einem spät-gothischen Netzgewölbe überdeckt. Im

Oft-Schluße Dreiviertel-Eckfaulchen ohne Capitäl, im Vorderjoche auf halber Höhe Confolen-Abfchlüße, die Rippengewölbe des Langhaufes find befeitigt und durch eine Tonne erfetzt, Triumphbogen fpät-gothifch, gedrückt fpitzbogig. Sacriftei-Eingang im Efelsrücken. Der Orgelchor-Einbau fpätgothifch auf zwei Pfeilern ruhend. Der Hoch-Altar aus 1719, Maler Georg Purkher zu St. Veit hat denfelben gefaßt. Spätgothifche Kanzel aus Stein. In der neueren Seiten-Capelle ein Marienbild aus 1680, ferner eine hölzerne St. Sebaftians-Statue von 1648. In der Sacriftei eine reich geftickte Cafula aus 1680, mit dem Wappen von Kärnten, darüber eine Krone und ein lateinifcher Spruch mit der Jahreszahl 1680, in Seide geftickt.

Grabmal des Michael v. Purghelshaimb, Pfleger, 1688 und des Carl Freih. v. Gfchwindt und Ottenfels 1768.

Eine Votivkerze aus dem Jahre 1705 mit dem Bildniffe des heil. Sebaftian.

Thurm an der Weft-Seite mit einfachen fpitzbogigen Schallöffnungen, darin Maßwerk, Spitzgiebeln und fchlankem Helme (Jahreszahl 1500).

Seebach - Kranzelhofen vgl. **Tamtschach, Tasinemetum** (R.-Stud. 3, 19).

Seeland, an der Straße von Juenna gegen Emona. Wahrfcheinliche Stein- und Thonrefte. Die nächften krainifchen Fundftätten im Kankergraben, Höflein.

Seidolach am Matzenberg, Unter-Rofenthal. Die Hochebene Raut ift vielleicht eine alte Begräbnisftätte; man ftieß hier auf zwei Bronze-Geräthe, nämlich eine Haarnadel, lang 22 Cm. (8½") im Jahre 1863, einen Kelt (1866) und, um diefelbe? Zeit, auf thönerne Halsband-Theile, fämmtlich K. (Car. 1868, 260. Mu. R. N. 1, 248).

Selpritsch bei Rofeck. Thontöpfe mit Silbermünzen (M. 1884, p. LXVII).

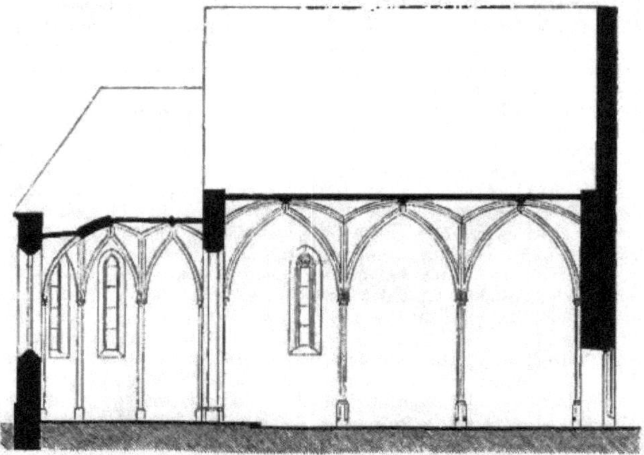

Fig. 331. (Selpritfch.)

Ein kleines gothifches Kirchlein in der Nähe des Wörther Sees auf einer Anhöhe ober Velden gelegen. Das Gebäude hat keine Strebepfeiler, daher eine verhältnismäßig ftarke Umfaffungsmauer und befteht aus einem Schiffe mit drei Jochen und einem aus dem Achtecke conftruirten fchmalen Chörlein, (5° lang, 3° breit, im Chor 2° breit). Als Baumateriale ift Bruchftein verwendet, nur an den Ecken gebrauchte man bearbeitete Steine (Fig. 330, Grundriß). Die vier fpitzbogigen Fenfter im Chore und das eine im Schiffe, dann das profilirte Thürgewände find in befferer Steinmetzarbeit ausgeführt. Die Rippen in den gedrückten fpitz-

21*

bogigen Stern-Gewölben des Schiffes und Presbyteriums, dann am Triumphbogen ſind profilirt, desgleichen die Dienſte; dieſelben ſind im Presbyterium rund mit achteckigem Capitäl, im Langhauſe aus dem Achteck conſtruirt (Fig. 331, Längenſchnitt). Schlußſtein im Chor mit Blumen-Ornament.(Fig. 332, Schlußſtein). In einem Schlußſteine des dreijochigen Schiffes die Jahreszahl 1482. Die Sacriſtei und das Thürmchen ſind neuere Bauten (M. xii, 79; Fig. 333, Anſicht).

Die Orgelchor-Brüſtung und der Boden daneben charakteriſtiſch polychromirt (Fig. 334, Bemalung), Jahreszahlen 1606 und 1609. An der Außenſeite der Kirche architektoniſche Bemalungen. Am Chor ein heil. Chriſtoph, das Chriſtkind hält ein Spruchband, darauf: ego sum lux mundi 1533. Aus den Fluthen ſteigen Fratzenbilder, See-

Fig. 332. (Selpritſch.)

ungeheuer, Teufel und ein Waſſermann mit Doppel-Fiſchſchwanz empor, gutes Bild (M. x n. F., p. xxi).

Am rechten Seiten-Altar das Altar-Bild, St. Urſula vorſtellend, von Victor Kazner, Pictor in Villach, 1623; am linken reich decorirten Seiten-Altar ſteht eine Leonhard-Statue und die Jahreszahl 1648, mit langer Inſchrift, die folgendermaßen lautet: In laudem dei et honorem S. Leonhardi abbatis patroni captivorum rev. d. Paulus Resman p. temp. pleb: ad S. Joannem in Krantzelhofen nec non nob. d. Paulus Scaricenz judex in Velden And. Grillacher et Clemenz Jariz victrici h. aram fieri depingi erigi fecerunt. Am Haupt-Altarbilde (St. Andreas) dieſelbe Jahreszahl.

Spät-gothiſche bemalte Figur aus Holz, St. Thomas (?) vorſtellend.

Eiſerne Wandleuchter, ſpät-gothiſcher Kelch mit gravirtem Fuße, darauf der gute Hirt.

Seltenhaim bei Tultſchnig. Kirche ſ. **St. Andrä** bei Seltenhaim.

Die Schloß-Capelle iſt vermöge der Aufſchrift über dem Capellen-Eingange von Johann Friedrich von Windiſchgrätz als Beſitzer der Herrſchaft Seltenhaim im Jahre 1667 erbaut worden. Dieſelbe befindet ſich in dem ſüdlichen Tract des Schloſſes. Sie iſt ſehr hoch, hat einen kleinen quadratiſch gerade abſchließenden Altar-Raum, einen mit einer runden Tonne überwölbten Schiffs-Raum. In die Gewölbe greifen von den Umfaſſungswänden kleinere Stichkappen ein.

Bloß zwei viereckige Fenſter im Altar-Raum. Der Haupt-Altar ſehr groß in Renaiſſance-Form, ſtark vergoldet, mit der Statue der heil. Dreifaltigkeit. Seiten-Altäre mit Bildern: Kreuzabnahme und heil. Sebaſtian. Orgel-Chor in drei Jochen rund unterwölbt. Unter der Kirche eine Gruft. Am Firſt des Schiffes hölzerner vierſeitiger Dachreiter mit achteckigem Spitzhelm. Eine Glocke aus dem Jahre 1482.

Seltschach. Filiale von Arnoldſtein. Zwei kleine Flügel-Altäre mit Reliefs, Schnitzereien und Bildern (1517), ſehr ſchadhaft. Beſonders ſchön iſt der eine Altar, der in ſeinem Mittelbilde Maria mit dem Kinde darſtellt, auf den Flügeln St. Agnes und Katharina im Relief; der Oberbau enthält die Darſtellung von Maria Heimſuchung. Auf den Vorder-Seiten der Flügel: St. Kunigunde und Urſula, auf der Rückwand St. Helena und Magdalena. Auf der Predella die Geburt Chriſti. Der Kaſten an den Leiſten und Bändern roth mit Silber, blauer Untergrund (M. vii, n. F. Z. lv).

Semlach bei Guttaring. Die hierortigen Baureſte ſind auf einen heidniſchen Tempel gedeutet worden. Höchſt wichtig für die Geſchichte des noriſchen Eiſenweſens iſt der Zug der Eiſenſchlacken-Halde, welcher wohl 18 Jahrhunderten entſprechen möchte; er iſt in die Länge erſtreckt 228 M. (an 120°), in die Breite 152 M. (80°) und zeigt eine durchſchnittliche Höhe von 253 Cm. (8'), das aufgeſchichtete Material iſt in der Fülle der Zeiten wahren Braunerzen ähnlich geworden (Car. 1819, Nr. 1; 1871, 294. WJb. 46, 37. M. w. anth. 1886, 61 f.).

GEMELIVS um 230, gefunden 1819, im Keller der Knappen-Keufche, woher? (Jab. 287. Mo. 5032).

ADIVTORINO*, um 250—300, gefunden 1871 im Stubner-Acker (Car. 1871. 293. Mo. 6515. E. 2, 439, 96. K. 138).

Die beiden Grabfteine fcheinen der Münzen-Begleitung zu entbehren.

Semslach. In einem eine Viertelftunde von Ober-Vellach entfernten Ackerfelde fand man beim Pflügen um das Jahr 1830 ein beiläufig zwei Ducaten fchweres Goldftück, Honorius wie Coh. VI. 478, 22, wohl ein zu Sirmium gefchlagener Solidus von 4·45 (nicht 7) Grammen, Zeit 395—420 (K. Ztfch. 8, 108. Correfpondenzblatt f. Anthrop. 1883).

Sianticum, Santicum, f. **Villach.**

Siebenbrünn. Filial - Kirche zur heil. Maria. Ziemlich grofse hart unter einem Waldesabhange ftehende intereffante fpätgothifche Kirche, von welcher der Name „bei Siebenbrünn" abgeleitet und auch der Pfarrkirche beigelegt wurde. Es entfpringen nämlich in dem oberhalb der Kirche liegenden Bergabhange mehrere Wafferquellen (dem Volksmunde nach gerade „fieben"), welche ihren Lauf unterhalb der Kirchen - Anlage nehmen und wenige Schritte nordfeitig von derfelben zu Tage treten.

Der Chor ift bedeutend niedriger als das Schiff und befteht aus einem breiteren Vorderjoch und dem dreifeitigen Schlufse, mit einfachen gothifchen Kreuzgewölben, deren Rippen unvermittelt auf Dreiviertel-Säulchen anlaufen, welche im erften Drittel der Raumhöhe abbrechen und von Confolen in Geftalt von kräftig ausgebildeten Menfchenköpfen mit dicken bufchigen Haaren getragen werden. Zwei bemalte Schlufsftein-Scheiben. Das ganze Gewölbe und die Wände mit Malereien im Zopfcharakter bedeckt. Die drei Fenfter im Oft-Schlufse find durch Mittelpfoften getheilt und zeigen ein fehr gut erhaltenes Mafswerk mit Fifchblafen-Motiven. Im mittleren Fenfter Refte von Glasmalereien: rothe Rofetten und die Spitzen von weifsen Baldachinen.

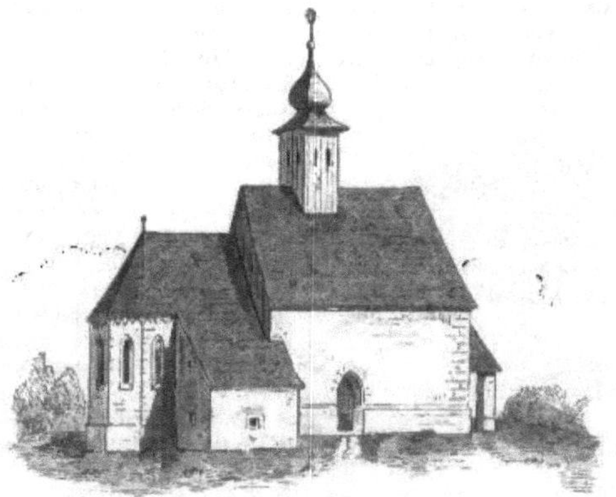

Fig. 333. (Selpritfch.)

Eine Infchrift im Schilde des Triumphbogens lautet:

„A: M: B: G
&
B: V: M: H
Succesive . Reftaurata. Et Pictu:
ris. Exornata. Anno D: MDCCLxxviii."

Links davon im Schild:

Joanne Ignatio Blafer
C: R: Praefecto

Rechts: Martino Reichmann
C: R: Parocho."

Unter den Deckengemälden kommt vor: Christi Himmelfahrt, Auferstehung, Maria Himmelfahrt, der heil. Geist mit den feurigen Zungen u. a. m. Von Wandmalereien sind zu nennen: Maria Heimsuchung, Christi Geburt, Darstellung im Tempel, Christus als Lehrer im Tempel. Alle diese Fresken sind ziemlich gross, im Halbkreise geschlossen und mit einer tiefgelben Bordure umgeben. Die Plafondgemälde sind in röthlich-braunem Ton gehalten, Hintergrund gelblich, Rippen grünlich mit umsäumendem gelben Perlstab; der Triumphbogen ist etwas stumpf spitzbogig, dreiseitig geschrägt, unten in viereckigen Fuss übergehend. Das Schiff bedeutend höher und breiter, in drei Joche abgetheilt. Zwischen denselben eingebaute Strebepfeiler mit vorgesetzten runden Diensten, auf welche die Rippen der gothischen Netzgewölbe direct anlaufen. In den Gewölbekappen die Brustbilder der Apostel mit den entsprechenden Attributen, tiefblauer Grund und braune Umrahmung. Auch diese Bilder scheinen bereits aus einer späteren Periode zu stammen. Oberhalb des Triumphbogens ein sehr grosses Wandgemälde: Maria Verkündigung (im Zopf-Charakter).

Die drei Schiffsfenster in gleicher Grösse der Chor-Fenster, spitzbogig, mit spät-gothischem Masswerk im Bogenfeld, Butzenscheiben und Spuren von Glasmalereien.

Der West- und Nord-Eingang sind im Spitzbogen gothisch profilirt, beim ersteren breitere Gewände. Profile nur einfach im Rundstab mit Hohlkehle. Ueber dem Bogenschluss des Nord-Einganges eine kolossale trefflich gezeichnete, aber schon stark beschädigte Christoph-Figur, dargestellt in einer rund geschlossenen Nische. Oben in den Dreieckzwickeln Maria Verkündigung. Am besten erhalten zeigt sich noch das auf der Schulter des Heiligen sitzende Jesu-Kindel, weil es durch das über dem Ganzen angebrachte Pultdach am meisten geschützt wird. Der Gesichtsausdruck sehr lieblich, in der aufgehobenen Linken die Erdkugel. Auch der Christoph-Kopf ist noch scharf markirt, nur am gelben Nimbus stark beschädigt. Dagegen ist das Gewand (gelbes Unter-, tiefrothes Obergewand) stark verwischt, dergleichen sind es die Füsse, das Wasser und die ganze untere Partie des Bildes. Links und rechts auf Consolen Heiligen-Gestalten unter Baldachinen im spät-gothischen Style. Eine Jahreszahl nicht vorhanden.

Am Schiffe und Chore Strebepfeiler in drei Abstufungen. An der mittleren Ost-Schlusswand über dem Fenster Ueberreste einer alten Fresco-Darstellung: die heil. Dreifaltigkeit. Gott-Vater mit mächtiger Zinkenkrone hält das Kreuz mit dem Gekreuzigten im Schosse, über welchem vor der Brust Gott-Vaters der heil. Geist als Taube schwebt. Links neben Gott-Vater Sonne mit jugendlichem bartlosen Strahlengesichte, rechts der Mond als bärtiges und griesgrämiges Antlitz. Als Kopf von Gott-Vaters ist eine in dem Gesimse angebrachte Steinmaske, wie sie hier und an anderen Kirchen wohl öfter vorkommen, benützt; Bart und Haare sind aus Mörtel gefertigt. Alles übrige gemalt, aber schon stark erbleicht. Styl und Ausführung gut.

Am Chor-First sitzt ein viereckiger hölzerner Dachreiter mit einem pyramidalen Thürmchen. Am linken Seitenaltare sehr schönes Holz-Reliefbild unter Glas, circa 65 Ctm. breit und 1 M. hoch, den Tod Mariens in Gegenwart der Apostel darstellend. Maria knieend gestützt von Johannes, Paulus reicht die Sterbkerze, Petrus hält das Aspergil etc. Oberhalb dieser Darstellung erscheint in kleineren Figuren Christus mit drei Engeln von Wolken umgeben, die Seele Mariens aufnehmend.

Siebending. Im Sandkegel eine Bronze-Fibel K. (Car. 1845, 208).

Sielach bei Sittersdorf. In Wölbank's Wiesenrain fand man im Jahre 1846 und nachmals im Herbste 1847 erst 2 (5?) Grabgewölbe, nachfolgends noch 2 mit grossen Steinplatten und darunter (2?) menschliche Gerippe, den Kopf gegen Ost gelegt, daneben je eine Bronze-Münze Faustina senior, M. Aurel, Verus; alsdann in Bronze 3 Fibeln (an der Brust), einen Schlüssel, lang 39 Mm. (1 1/2" zu Füssen, am Grabschlussteine), endlich Estrich, 1 Glasfläschchen, Gefässscherben von Glas, Theile einer grossen schwarzen Thonurne mit Beinstücken, Scherben einer kleineren rothen Urne. Sämmtlich? K. Die Funde bis auf diese Zeit hatten sich, wie es scheint, beschränkt auf je eine Münze Pius und MAVerus? (Car. 1848, 26; 1870, 306. AfköG. 3, 174. Mus. F. 26. Vgl. *Sonneck*, St. Stephan bei Feuerberg).

Siflitz. Alter Goldbau gleich Goldzeche, Tragin, Goldwafchen 1840 (Jbuch. d. geol. R.-A. Bd. 28. Car. 1888, 15).

Kirche hübfcher Renaiffance-Bau, darin ein Votivbild aus dem 17. Jahrhundert, vorftellend das heil. Abendmahl, Donator: Naus Chriftoph Färber zu Nechlkamp 1613 (M. x n. F., p. LXXXV).

Silanos, Ad. Nicht Arnoldftein, nicht Gailthal; erfcheint fammt Tafinemetum und Saloca nicht im antoninifchen Reifebuche auf jener anderen Strafle, welche von Virunum nach Aquileia geht auf dem Umwege über Santicum, Larice, Belloium; nicht Sillian, Sillein; näher bei Aquileia als bei Virunum, nämlich 35 mp. von beiläufig 145 mp. Nach *Förftemann* 1337 geht Sil auf Canal, Schleufe, Brunnen, Tränke bei Lucrez auf Springbrunnen, Sila ein bruttifcher Wald, eine adriatifche Stadt. Die Bezeichnung wiefe allerdings auf das ganze Canalthal, das canale del ferro oberhalb des Tagliamento gegen Pontebba (oberftes Fellathal, cinque rivi-Tunnel 21 bei Resiutta), aber auch auf Canale, 3 Stunden oberhalb Görz mit Ifonzo-Brücke, 35 mp. = 7 öfterr. Meilen vor Aquileia (Mo. III, 2, S. 589. Jab. S. 2, 3. Meyer Gur. S. 95, Note 1. Nach *Schönleben* Idria, *Linhart* GKr. 1, 330, 331).

Silberberg. Der Grabftein DM. VIBENNA, um 240, gefunden vor 1822, jetzt in Althofen nächft St. Martin am Silberberg, Strafle (M. w. anth. 1886, 61 f.).

Ueber die Kirche siehe **St. Martin.**

Silberegg. Zwei nicht weiter bekannte Meilenfäulen von Carus, Carinus, Numerianus, Zeit 282—284, wurden hier vor 1819 (um 1770?) ausgeackert. Vgl. Mo. 5728. Strafle (M. w. anth. 1886, 61 f.).

Eine Reihe von 40 Hufeifen, vielleicht um diefelbe Zeit ergraben (1817), hielt man für hunnifch oder magyarifch; vermuthlich waren fie kleinerer Art, jedenfalls nachrömifch (Car. 1817, Nr. 7).

Die St. Georgs - Pfarrkirche, ein kleiner einfchiffiger aus der Uebergangszeit der Gothik in die Renaiffance ftammender Bau, der Chor dreifeitig beendet, zufammen mit fünf Stichkappen, die in eine fpitzbogige Tonne eingreifen. An der Stelle der Rippen fchon fcharfe Grate, aber noch plumpe Confolen an den Wänden. Schiff zweijochig mit eingebauten Strebepfeilern, von welchen fchlecht fpitzbogige Kreuzgewölbe direct auslaufen. Spitzbogige Fenfter bereits ohne Maßwerk. Strebepfeiler nur an der Süd-Seite klein, plump.

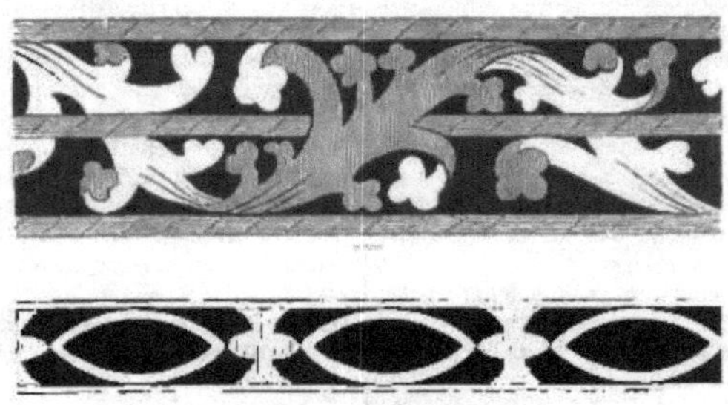

Fig. 334. (Seipritfch.)

Der fehr niedrige derbe Thurm an der Schiffs-Südfeite mit vierfeitigem Spitzhelm und einfachen fpitzigen Schallöffnungen.

An der Nord-Seite des Triumphbogens eine Infchrift mit Wappenfchild, lautend auf den „woledlen und geftrengen Herrn Georg Sigmund von und zu Altnhofen auf Silbereg und Grienburg u. f. w., † VIII. Feb. des 1649 Jars u. f. w. Unter dem Orgel-Chor großer Stein mit Infchrift und Wappen: „Hie ligt begraben der edl und geftreng Ritter Herr Hannß von Silberberg kom. zu Hungern und Behamb geftorben am 20. tag monats novembris 1.5.4.3.“ Im Wappenfelde zwei Schilde nebeneinander. Erfteres quadrirt: in 1. und 4. je ein Hund, in 2. und 3. je drei Blätter. Der zweite Schild mit einem Eber.

Eine Glocke mit gothischer Minuskel-Inschrift aus dem Jahre 1512.

An der West-Seite von außen rechts ein kleiner Grabstein des „Herrn Georg Friedrich Stotner von und zum Dornhoffen † 6. August 1661." Grabstein des „Dmnus D. Christophorus Andreas de Gaisrugg. Liber Baro ad Gradisch etc.", ohne Jahreszahl, im neueren Styl.

Schloss Silberegg, mit geradem Steinportal, quadraten Hof und vorspringenden Eckthürmchen; hohes Steindach.

Sillebrücken. Die Heerstraße Virunum-Juenna übersetzte den Gurk-Fluß in der Linie vom Südhange des Hammerberges her mit der Richtung zwischen St. Thomas und Timenitz. Bronze-Geräth und Münzen zeigten sich hier vor 1870 (Ank. 1, 569. Jab. S. 3).

Filial-Kirche zum heil. Lorenz, von Teinach. Kleine Anlage mit anscheinend sehr altem gothischen Chore, der mit fünf Seiten aus dem Achtecke gestaltet ist, starke in einem einzigen runden Schlußsteine mit Kreuz in Flach-Relief zusammenlaufende Rippen, an den Wänden keine Stützen; das mittlere Schlußfenster hat im Bogenfelde hübschen Vierpaß mit bunter alter Verglasung, der Mittelstock herausgeschlagen Langhaus neu.

Der profilirte West-Eingang mit Eselsrücken geschlossen; der vor der Westseite stehende starke Thurm mit spitzbogigen Schalllöchern, vier Giebeln und achtseitigem Helm. Die zwei Stufen vor dem Chore scheinen nur aus Römersteinen zu bestehen; an einem sind noch einige Buchstaben zu sehen, ein anderer trägt ein Ornament. Auch im Fußboden des Schiffes hart am Eingange ist ein Schriftstein, doch schon derart abgetreten, dass von der ersten Zeile nur mehr die Buchstaben TECCND in unmittelbarer Aufeinanderfolge und am Anfang der zweiten Zeile das Zeichen U zu sehen sind.

Zwei Schreine von älteren Flügel-Altären ohne Untersatz und besondere Bekrönung. In der Nische des einen Schreines der heil. Laurenz mit dem Roste ganz übermalt; an den geöffneten Flügeln heil. Katharina und Barbara auf gemustertem Goldgrund, an den Rückseiten Maria Verkündigung auf tiefblauem Grunde. Die festen Hinterflügel enthalten den heil. Alexius mit der Schlange und den heil. Florian mit der Fahne und brennendem Haus, beiderseits dunkelblauer Grund. Vom zweiten kleineren Flügel-Altar sind nur die Nische und die zwei drehbaren Flügel erhalten, sie sind bloß an den geöffneten Seiten bemalt. Rechts die heil. Barbara, links Katharina auf blauem Grunde, oben etwas Schnitzwerk; die Malereien erscheinen bereits restaurirt, sind aber beachtenswerth. In der Sacristei ein gothischer Kelch mit unvollendeten Gravierungen auf dem Fuße.

Simontitsch bei Firnitz. Der Grabstein IVNIVS SABINI*, Zeit um 230, gefunden 1856 im Hause Drasch Nr. 12 (Jab. 431. Mo. 6490, S. 1046).

Sirnitz. Soviel ist gewiss, dass die Kirche mit der Zeit zu klein befunden wurde, so dass im Jahre 1745—1747 dieselbe gegen Westen erweitert und auf der erweiterten Stelle der dermalige Thurm erbaut werden musste.

Die Kirche ist eine mittelgroße dreischiffige Anlage mit ziemlich kleinem schlecht getrennten Chore, der dreiseitig schließend, analog wie das in allen drei Schiffen gleich hohe Langhaus mit jüngerem rundbogigen Kreuzgewölben eingedeckt ist. Die drei schmalen und schlecht spitzbogigen Fenster des Ost-Schlusses und die an den Außenseiten angebrachten plumpen Strebepfeiler zeugen noch von der Uebergangs-Periode aus der Gothik in die Renaissance. Alle drei Schiffe sind gleich breit, niedrig und durch acht sehr plumpe, runde Trennugssäulen in 15 Joche eingetheilt, mit unmittelbarem Gewölbeanlaufe. An den Seitenschiffs-Wänden Halbsäulen mit Wulstringen. Plumpe zweiabsätzige Strebepfeiler an allen Seiten, neuerer Thurm mit zopfigem Zwiebelhelm an der West-Seite. Haupt-Altar mit drei Nischen, barock, dagegen Seiten-Altäre und Kanzel stark zopfig. In der Sacristei ein Schrein mit der Jahreszahl 1673. Ein Schrein hinterm Hoch-Altar mit 1656. Mehrere schön ciselirte Messingleuchter.

Am Friedhofe die achtseitige Heiligengrab-Capelle, aus zwei Theilen bestehend: dem Schiffsraume, dem sieben Seiten des Octogons angehören und dem östlichen Altar-Raume, der sich an die achte Seite anschließt. Ost-Schluß eckig, darin drei ganz schmale spitzbogige Fenster. Gewölbe: rippenlose im Spitzbogen geführte sternförmige Gratgewölbe ohne Tragsteine. Nur Reste von Seiten-Altären mit den Jahreszahlen

1633 und 1648 und Infchriften, den Namen der Stifter bezeichnend: „Herr Hanns Forregger zu Greiffenthurn Pfleger auf Albegg mit feiner Frau Catharina Sabia." Am zopfig gefchweiften achtfeitigen Dach ein zopfiger achtfeitiger Dachreiter.

Sittersdorf. Ein Relief, Mannsbüfte, rechte Hand gegen die linke Bruft, links Rolle, Aftragal-Rahmen, fteht in des linken Kirchenfchiffes Weft-Seite. Ein Schriftftein befand fich vor 1870 (und 1838) an der Friedhofmauer. (Jab. S. 138. Car. 1838, 144 M. 7. neu p. cxv). Der hiefige Weinbau fcheint aus Römerzeiten erhalten.

Die zum Decanate Eberndorf gehörige Pfarrkirche ift nach Art einer Bafilica angelegt, doch ift diefelbe neueren Urfprungs und nur im Presbyterium gothifchen Charakters. Das rundbogig gewölbte, fpeciell im Hauptfchiff tonnenförmig und mit einfchneidenden Stichkappen überdeckte Langhaus ift breiter als tief und an den Chor unharmonifch angefchloffen. Das Netzwerk des letzteren vereinigt fich auf Confolen. Die Fenfteröffnungen find theils mit geradem Sturze, theils im Spitzbogen ohne Maßwerk-Füllung gefchloffen. Spätgothifcher Taufftein (Fig. 335).

Die an der nördlichen Seite des zur Vorhalle gemachten ftarken Weft-Thurmes angebrachte Jahreszahl 1690 dürfte als maßgebend für das Alter der heutigen Kirche abgefehen vom Presbyterium gelten. (M. vii n. F., p. cxv).

Skarbin bei Möchling, Theil der Sattnitz-Berge mit Verfteinerungen. Grotte, genannt die fteinerne Melk; unterirdifche Gewölbe der Kaifer- und Melcherhube, Haufteine der angeblichen Burg Profniza, vielleicht diefe älter als um 980 (Car. 1814. Nr. 33; 1818. Nr. 23; 1851, 177. Hermann Text S. 188).

Söbriach im Möllthale. Die Kirche wie auf einem Caftellhügel oder Tumulus, angeblich ein Heidentempel. Lederne Kirchenfahne. (Vgl. Mi. w. anth. 2, 121, 129. K. Ztfchft. 8, 131).

Der Ort wohl vor 1271 in Urkunden.

Sommerau in Lavantthal. Schiff mit Tonnengewölbe; fünffeitigem Chor mit Sterngewölbe, deffen Rippen auf Confolen mit Schildern anlaufend; in demfelben zwei einfache fpitzbogige Fenfter mit Steinleibung. In der Kirche zerftreut Refte eines Flügel-Altares von 1605. An einem Seiten-Altare ein ledernes Antipendium mit der Darftellung der Himmelskönigin. Meßkleid mit Applications-Stickerei. Interessanter gothischer Kelch (Fig. 336). Eine Glocke von 1689.

Somereck bei Treffling, ein Bau, der Hauptfache nach aus dem 15. Jahrhundert. Man erkennt in der jetzigen Schloßruine fpitzbogige Fenfter und Thüren; erhalten ift ein kleiner, viereckiger Erker, dann ein rundbogiges, fpät-gothifches Portal gegenüber dem ifolirt ftehenden runden Bergfried (M. viii n. F., p. cxxxii).

Sonneck. Die hierortigen Hügelgrab-Refte vom Jahre 1847, denen wahr-

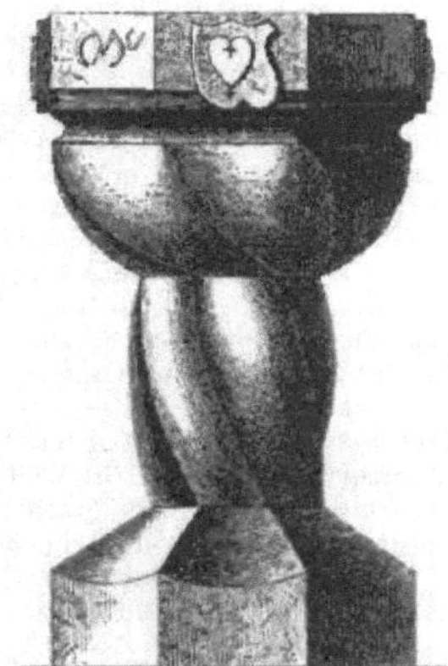

Fig. 335. (Sittersdorf.)

fcheinlich auch die Bronze-Münze Honorius angehört, fämmtlich K, find unter Sielach befchrieben. Jedoch fcheinen Hügelgrab, Beifetzung, Honorius nicht zufammenzuftimmen. Man nehme alfo gefonderte Fundftellen an. Münzenfunde reichen bis in die Kanker (Car. 1848, Nr. 6; 1838, 145; 1849, 358. Afk. 1, 139).

Der Name Suneck wohl vor 1183. Vgl. *Sielach*, St. Stephan bei Feuerberg.

Sörg. Die dem heil. Martin geweihte Pfarrkirche, eine kleine einfchiffige Anlage im fpät-gothifchen Verfallftyl. Der Chor mit fünf Seiten des Achteckes, wobei die fcharfen Gewölbegrate aus fünf Lanetten unvermittelt aufsteigen, wofelbft fie fich in einem imitirten Fifchblafenmaßwerk verlaufen. Das Schiff in vier Jochen mit ziemlich ftark vortretenden Halbfäulen ohne Capitäle an der füdlichen Wand und bloßen Tragfteinen an der Nordfeite. Von jeder Wandftütze laufen je drei fcharfgratige Rippen aus, welche fich an der Decke netzförmig und krummlinig

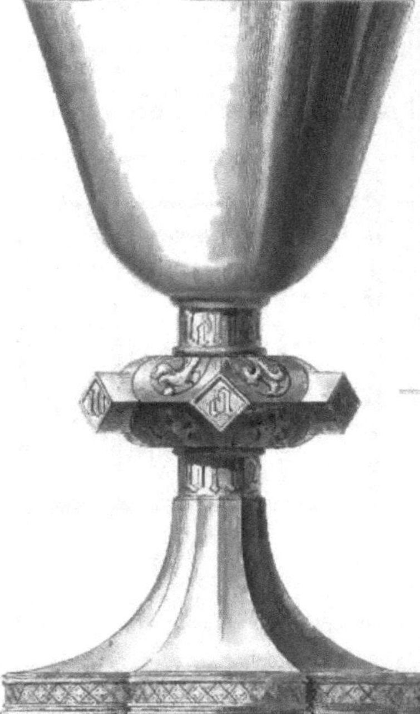

Fig. 336. (Sommerau.)

verfchlingen. Chorfenfter theils mit Segment-, theils mit Spitzbögen-Schlüßen, von Schiffsfenftern noch eins mit gothifchem Maßwerk. Der Orgel-Chor befteht aus einem gemauerten alten rückwärtigen Theile gleichfalls im Uebergangsftyl auf zwei achtfeitigen Stützfäulen, und dem hölzernen vorderen Theile, in neuerer Zeit angefügt.

Vor dem rundbogigen Weft-Eingange eine offene Vorhalle. Rechts des Einganges ein fpät-gothifches mit zwei umgekehrten Efelsrückenbögen geziertes Weihwafferbecken, links ein alter Renaiffance-Altar, worin im Mittelbilde Kaifer Heinrich mit Scepter und dem Modelle einer Kirche, links und rechts je ein Bifchof, gut erhalten.

Zwei gute Bilder an der Nordfeite der Kirche: „Die Ehebrecherin" und „Jefus unter den Falfchmünzern", älteren Datums.

Der eigentliche Glockenthurm fteht ifolirt nördlich der Kirche am Friedhofe, ift viereckig, unten als Heiligengrab-Capelle eingerichtet mit fpitzbogigen kleinen Fenftern. Am oberen Theile doppelte rundbogige Schalllöcher, vier Giebel und achtfeitiger Helm. Außerdem kommt am Schiffsfirft ein achtfeitiger gemauerter mit fpitzbogigen Schallöffnungen und achtfeitigem fchlanken Helm verfehener Dachreiter vor. Nur an der Chor-Oftfeite zwei plumpe Strebepfeiler.

Die Friedhofmauer war zur Vertheidigung hergerichtet (viele Schießfcharten).

Spital, ein Markt, der feinen Namen führt von einem Pilgrim-Spital mit Kirche, das 1197 Otto Graf von Ortenburg und fein Bruder der kärntnifche Erz-Diacon Hermann ftifteten und dafelbft für fich und ihre Familie ein Erbbegräbnis gründeten. Aus diefem Spitale wurde in der Folge ein mit Mauern umfchloffener wohl befeftigter Markt, der aber heute fein kriegerifches Ausfehen ganz verloren hat.

Im diluvialen Sandbecken an der Heerftraße von Sianticum nach Teurnia gelegen (zwifchen Paternion und St. Peter im Holz), weift der feit 1183 wieder urkundlich bekannte Ort römifche Steinrefte in Pfarrkirche, Pfarrhof und Schloß auf (M. 3 neu, p. XCV, CI. M. w. anth. 1886, 61 f.).

Ein Stein-Relief, ftehender Mann, im vorderen Schloßgarten (R.-Studien I, 60).

CAVTI, fechsfeitiger Cippus, um 210, gefunden zu St. Peter im Holz 1845; im Schloßgarten (Jab. 466, Mo. 4736).

DM ONOTNIVS, um 240, gefunden vor 1527 im Lurnfelde, wie auch *Valvafor* 204 weiß. Wo? (Jab. 462, Mo. 4748, Mu. R. N. 1, 186).

ANN XVIII, um 350—400?, gefunden vor 1752. Kirche. Eine der fpäteften Grabfchriften Kärntens, vielleicht mittelalterig (Mo. 4749). Tauern-Handel (Abh. d. bayr. AkW. VI., 3, S. 600). Der Ort ein gefchloffener gewiß lang vor 1150.

Die Pfarrkirche (M. XIX. 147. M. n. f. V. XXXVIII VI. 301) befteht aus einem dreifchiffigen Langhaufe und dem Presbyterium. Das Mittelfchiff ift höher als die Seitenfchiffe und befteht aus vier mit Kreuzgewölben bedeckten Jochen, auf deren erftem der Thurm fteht. Die Gewölberippen laufen auf Confolen an. Das rechte Seitenfchiff enthält drei Joche, das linke in feiner gegenwärtigen Breite, fowie der Anbau zum rechten ift ein Werk neuerer Zeit. Das Presbyterium bildet fich aus einem Quadrate und dem fünffeitigen Schluffe. Die Rippen ftützen fich auf Halb-Säulen, in denfelben fünf zweitheilige Fenfter mit neu hergeftelltem Maßwerk. Ein Schlußftein enthält die Jahreszahl 1307 (?). Schönes Renaiffance-Seitenportal, ähnlich einem an einem benachbarten Privathaufe.

Die Kirche enthält mehrere Grabmale, wie des Johann von Malenthein, Bifchof zu Segkau, † 1501 (Bruftbild des Bifchofs), aus rothem Marmor, an deffen nördlichen Schmalfeite acht benannte Wappen in ftarkem Hochrelief: Güetnftain, Rafegkh, Rogndorf, Gradnern, Stern, Monfminfter, Polwiller, Wirmlach, des Leonhard von Maltein, † 1519 (Sandftein), des Melchior Posch von Leibach, † 148?-I. X. S. (Sandftein), Andreas Niemantto Cappelanus altaris S. Rudberti, † 1548, des k. Hauptmannes der Graffchaft Ortenburg und Rathes Hans Manftarfer von Ober-Aich, † 1535, fo bey Zeiten Kaifers Friedrichs III. durch Kriegsvbung in diefe Lande gekommen (roth Marmor), Chriftoph Zot aus der Rautis 1514 (Renaiffance-Sculptur), Georg Zehner und Barbara, feine Hausfrau, † 1566, dabei eine fchöne Marmor-Sculptur, dann zwei Ortenburg'fche Wappen-Reliefs ohne Infchrift (M. v. n. F., p. XXXVIII).

Als befonders beachtenswerth müffen die beiden großen Reliefs bezeichnet werden (6' lang und 3½' breit) an der öftlichen und nördlichen Außenfeite der Kirche in die Mauer eingelaffen, leider fo nahe dem Erdboden, dafs das Ganze durch die Feuchte arg Schaden leidet. Maria mit dem fich nach vorne neigenden Kinde fitzt auf dem Throne, zwei Ritter knien vor ihr, hinter jedem deffen Schutzheiliger, dann folgen zwei Schildknappen, in der linken Hand je einen unförmlich großen Helm mit Ringnetz, in der rechten eine Fahne haltend, deren erfterer ein Stern als Kleinod trägt, dann St. Paul und St. Peter. Man legt diefes Bild, welches noch ziemlich gut erhalten ift, dahin aus, dafs es die Befitzergreifung der Graffchaft Ortenburg durch Hermann II. von Cilli, nach dem Tode des letzten Ortenburgers Friedrich II. 1418 vorftelle. Auf dem anderen Relief, welches ftark gelitten hat, find acht Figuren: Verkündigungs-Engel und Maria, zwifchen welchen ein Baum, dann eine Geftalt mit langem Barte, die Apoftel Paulus und Petrus, dann ftehende Bifchofsfigur, welche eine vor ihr knieende Bifchofsgeftalt durch Berührung derfelben an Schulter und Seite gleichfam als Schutzftehender Marien mit dem fich vorneigenden Kinde auf dem Throne empfiehlt.

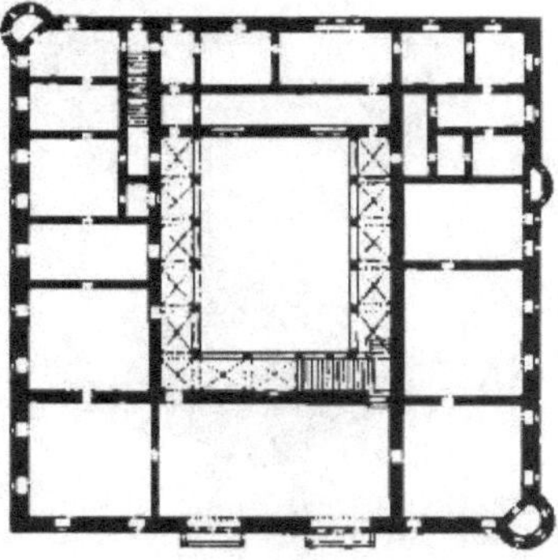

Fig. 337. (Spital.)

Beide Reliefs, die einen befferen Platz verdienen, dürften um 1418 entftanden fein.

Ein Bauwerk größter Bedeutung ift das Schloß entstanden um die Mitte des XVI. Jahrhunderts. Die Wappen der Familien Ortenburg Salamanca und Porcia zieren allenthalben die Eingänge diefes Prachtbaues im Style der edelften Früh-Renaiffance, unzweifelhaft von italienifchen Meiftern ausgeführt. Es bildet ein Viereck, davon zwei Theile gegen den umgebenden Garten gewendet, während die zwei anderen gegen die Straßen gerichtet sind (Fig. 337. Grundriß). Zwei der Ecken find durch halbthurmförmige Ausbauten verftärkt. Die Außenfeite befteht theils aus Stein theils aus Stuccoputz, diefe Seiten find übrigens weit einfacher geschmückt als die Wände gegen den Hof, der den reichsten Palasthöfen Italiens nicht nachsteht. An den Außenwänden finden sich nur Pilaster und reiche Einfassungen von Thüren und Fenstern, die aber auf der ausgedehnten Mauerfläche klein aussehen. Einige Fenster sind zu dreien gekuppelt und in geschmackvoller Weise mit kleinen Balconen versehen. Sowohl das Portal der Gartenseite wie jenes gegen die Straße sind in reichster Weise aber verschieden verziert und treten kräftigst hervor. Das letztere ist mit Ornamenten der italienischen Renaissance förmlich bedeckt,das andere umsäumen korinthische Pilaster, die an den Postamenten mit Flach-Reliefs verziert sind.

Der Hof gibt mit seinen Treppenbauten (Fig. 338) und offenen Bogengängen das Bild eines mit größter Eleganz ausgestatteten Palastes. Rundbogige Arcaden mit jonischen Säulen umgeben als Erdgeschoß den ganzen Raum. In die Arcaden der nordwestlichen Ecke ist die anfänglich doppelte Stiege eingebaut. Im oberen Stocke ruhen die Arcaden und die Bogen des dahin führenden Treppenhauses auf kurzstämmigen korinthisirenden Säulen. Reiches Steingeländer ziert Gänge und Stiegen. Die Postamente der Säulen, die Pilasterflächen, die Bogenzwickeln und Ansätze an der Mauer, die marmornen Thürgewände sind mit Ornamenten üppigster Fülle ausgestattet, Blumen mit Blattgewinden, Friese mit Laubwerk, Medaillons mit Brustbildern u. s. w. Die Innenräume lassen wohl die italienische Palastanlage erkennen, zeigen jedoch in ihrer heutigen Ausschmückung nichts mehr jener Zeit zugehöriges.

Der Bau des Schlosses fällt in die Zeit des Besitzes des Grafen *Ferdinand von Salamanca*, das ist bis höchstens 1542, wahrscheinlich um 1537.

Inschrift an dem links neben demSchloße befindlichen Eingangsthore des Gartens:

„Joannes Comes in Ortenburg liber baro in Freyenstein et Carlspach Dominus Ericroviae et Littae etc Serenissimi archiducis Austriae Caroli etc consiliarius camerarius aulae supremus marescalus et archiducatus Carintiae summus praefectus f. f. Munera multa dei cernis quae procreat hortos. Nam levis est Stipes qui doceat esse devm.

In der Pilasterfüllung unweit des Treppenaufganges im Hofe: N. C. S. was wohl auf den ausführenden Künstler Bezug haben dürfte.

In der Thorhalle ein Römerstein,mehrere der Art an der Gartenmauer vor der Hauptfaçade.

Im Palaste ein Bett, darin Karl V. 1552 geschlafen haben soll; ein schönes reich ornamentirtes Möbel, leider ganz vergoldet und in der Barockzeit einigermaßen geändert. Die Decke aus Seide ist in Roth und Gelb mit Granatäpfeln ornamentirt.

In der Schloßcapelle der Rest eines altdeutschen Tafelbildes auf Goldgrund in zwei Abtheilungen (15. Jahrhundert), vorstellend einen Bischof und einen Mann in Bürgertracht mit einem Hammer; auf der Schedula ist zu lesen: Daniel lapicida a monte absol. (M. 1874. s. 149 u. n. f. II. CVIII).

Das dem Palast gegenüberstehende Gebäude des Bezirksgerichtes schmückt ein prächtiges Marmorportal, das im Style mit den Sculpturen des Schlosses vollkommen übereinstimmt und die Jahreszahl 1537 trägt. Dieses Gebäude gehörte früher zum Schlosse (Fig. 339, Fenster).

Spittalberg bei Klagenfurt. Am sonnigen Hügel nächst dem Wasserlaufe und dem ehemals bewaldeten Erdwalle hatten sich schon vor dem Jahre 1691 allerlei Bautheile, insbesondere Quaderstücke, Fragmente von Gesimsen und Säulen, ein Schriftstein gezeigt, welchen in unserem Jahrhunderte bei der Priessenegger Hube mehrere neue Belege alter Bewohnung dieser Gelände nachfolgten. So am Hügelfuße im Brunnen die Quadern mit Spuren von Eisenklammern, die zwei Reliefs: Mann und Weib stehend, Arabeske; menschliche Gestalt stehend, beide ergraben in einer Tiefe von 252—284 Cm. (8—9') im Jahre 1835.

(G)EMELIVS (R)OMVLVS, exbeneficiario, Zeit um 250, gefunden bei den Kapellen-Resten an Ober-Goritschitzen nächst dem Hause Priessnegger Nr. 2 im Jahre 1818 (Jab. 372. Mo. 4964. Aep. 4, 216).

C SESTIVS, um 120, gefunden vor 1691, wie oben. Jetzt wo? (Jab. 373. Mo. 4980. Prunner S. 39. Afk. 7, 124. Car. 1844, 145).

Spitzlofen s. **Koralpe** (Car. 1887, 77, 198).

Srajach. Filiale von St. Jacob im Rosenthale. Kleines Kirchlein, der polygone Chor (zwei Joche und Schluß) gewölbt ohne

Fig. 338.

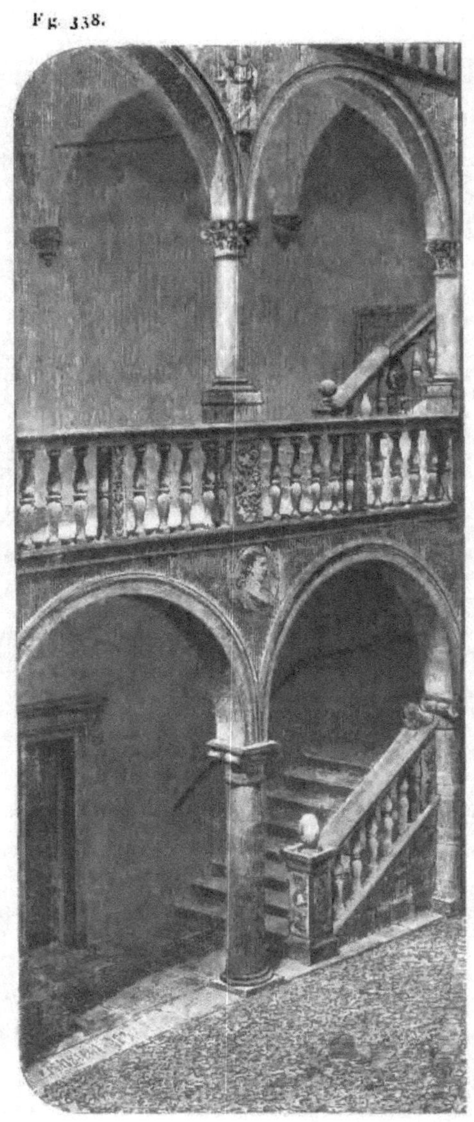

Rippen, Gratgewölbe auf eckigen Confolen. Rundbogiger Triumphbogen. Im Schiffe Holzdecke. Zwei Glocken 1626. David polsder aus Villach gose mich. S. Gerdraudis ora pro nobis. Am achtfeitig conftruirten aber nur fünffeitig aus der Mauer ragenden Weihwafferkeffel im Schilde ⅄.

Srejach, Filial - Kirche St. Pangraz nach St. Kanzian gehörig, kleine fehr fchlanke einfchiffige Anlage, gleich breit im Chor und Schiff, von ungewöhnlicher Höhe aus fpät-gothifcher Zeit mit nettem Dachreiter am Firft. Anfangs oder Mitte des 15. Jahrhunderts erbaut. Das Gewölbe mit einer reizenden Netzrippen-Conftruction. In den fpitzbogigen Fenftern geometrifches zweitheiliges Maßwerk. Die Gewölberippen im Presbyterium ruhen auf Wandfäulen ohne Capitäle, im Schiffe auf Confolen. Der Triumphbogen hat dreifeitige aus dem Achtecke abgefchrägte Leibungen. Außen am Chor fechs fehr einfach mit Kaffgefims geftufte aus Tufftein gefchnittene Strebepfeiler. Im Chor zwei intereffannte Chor-Geftühle, dreifitzig mit Klappfitzen, baldachinartiger Ueberhöhung und Zinnenkranz 2·08 M. lang 2·24 M. breit, die Felder der Vorder- und Rücklehnen mit gothifchem Rankenwerke in Flach-Relief auf fchwarzem Grunde geziert, und darauf die Jahreszahl 1525. Die Reliefs grün, roth, gelb und weiß gefärbt ohne Schatten. Ein Altar trägt das Datum 1644 und die Namen des Pfarrers Michael Mollzing von St. Canzian, dann der Zechleute Lienhart Farian und Georg Stuck. An der Nord-Wand des Chorjoches, die Fläche ganz einnehmend, eine fehr intereffante Darftellung des jüngften Gerichtes von 1609 Ch. In der unteren Hälfte der nordöftlichen Schlußwand die untere Hälfte derfelben bedeckend die Geißelung Christi in gothifcher Architektur, darüber im Giebelfelde Gott Vater in den Wolken, unterhalb desfelben Chriftus am Kreuze, zu beiden Seiten desfelben knieende Männer, Frauen und Kinder, darunter Schrift, aus welcher die Namen zu lefen: Mayer, Jorg, Furyan und Gafpar Pinkho, ... Außen ein coloffales Chriftoph-Bild von 1662 (M. n. F. VIII, p. XXXV).

Stadelhof bei St. Michael im Zolfelde. Baurefte, Schanzgraben, Feftungsmauern, Graben an der Gartenfeite des Schloffes (Ank. 1, 504. Pr. 27).

Stall fteht auf einem Alluviumskegel, vielleicht vor einem Jahrtaufende von der Steinwand abgerollt. Mittelzeitige Funde find erft nachzuweifen.

Die Kirche zu Stall hat drei Travées, Netzgewölbe mit Rippen, welche fich auf an Pfeiler gelehnte Dienfte fetzen. Die Sacriftei welche fich füdlich angebaut befindet, hat Sterngewölbe und über demfelben eine Flachnafe und Schießfcharten. Der Thurm ift auf dem erften Travée des Presbyteriums aufgebaut, das ein neues Gewölbe hat. An der Südseite fpät-gothifche zweitheilige Fenfter; die Maßwerkbildung dafelbft wird dadurch intereffant, dafs fich die Plättchen des Nonnwerks überkreuzen. Das Presbyterium mit Gewölbe aus ftarken Rippen auf Confolen mit fünf runden Schlußfteinen ift fechseckig abgefchloffen und hat alte, aber jetzt ftark verfchmierte Maßwerkfenfter. Presbyterium und Schiff haben Strebepfeiler zweitheilige mit kreisförmiger Oeffnung und Nafen über dem einfachen Spitzbogen.

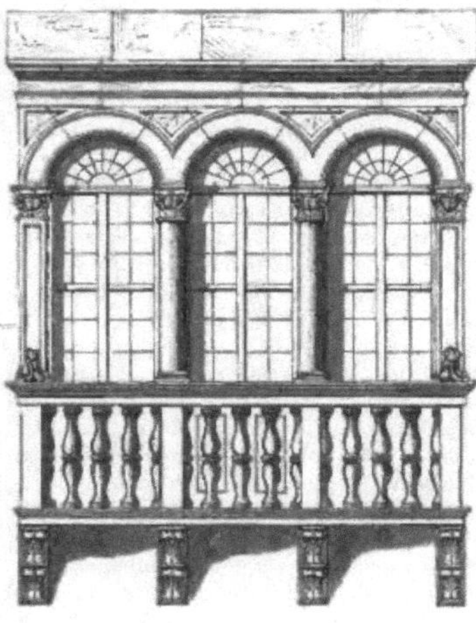

Fig. 339. (Spital.)

In der Sacriftei zwei gothifche Kelche aus dem 16. Jahrhundert, Silber und vergoldet, die Formen des Fußes und des Nodus find noch ftreng gothifch, die Schale ift fchon mehr abgerundet.

An der öftlichen Sacriftei-Wand, außen, findet fich ein Grabftein aus Gneiß, ziemlich rohe Arbeit. Auf der Längenleifte rechts 1ꝗꝗ1, auf der unteren Leifte 1ꝗꝗꝗ. Im Schilde und am Fluge ein geftürzter und ein aufrechter Sparren unter einander. Die Infchrift läfst vermuthen, dafs der Stein für eine Frau beftimmt ift (M. vii n. F., p. xc).

Stallhofen. An der Heerftraße Virunum-Sianticum-Aquileia, zwifchen Rennweg und Moosburg, vermuthet als Station Saloca, vgl. Schalloch. Baurefte? (KZtfch. 4, 108, 110. Ank. 1,558. *Linhart* GKr. 1, 330, 331).

Die Filial-Kirche hat ein Schiff mit vier Travées (Netzgewölbe), auf der Süd-seite Strebepfeiler, auf der Nord-Seite find die Pfeiler gegen innen verftärkt. Nur an der Südseite des Schiffes drei hohe zweitheilige Fenfter mit Maßwerk und Butzenfcheiben. In zwei derfelben befinden fich noch drei Stücke (circa 2' hoch und 1' breit) alte Glasgemälde, zwei rundbogig, eines viereckig, einzelne Figuren darftellend, welche jedoch fehr befchädigt und fchwer zu erkennen find; eigenthümlich ift, daß in denfelben weder Roth noch Blau fich vorfindet. Die vier Fenfter des Chores find einfach, ohne Maßwerk (Fig. 340, Grundriß). Der Orgel-Chor ift in das erfte Travée eingebaut. Von zwei dünnen fein profilirten Steinpfeilern werden drei reiche Netzgewölbe, Fifchblafen bildend, getragen, ein Werk von großer Zartheit und Eleganz. Die Brüftung des Orgel-Chors ruht auf dem fchön profilirten Rundbogen, von welchem der mittlere von einem gefchweiften Blendbogen überragt wird, und befteht aus reichem Fifchblafen-Maßwerk. Die ganzen Verhältniffe diefer Anlage find muftergiltig. Bogen, Confolen, die Bafen der Pfeilerchen fowie das fchön profilirte Haupt-Portal find aus Serpentin. Die Kirche ift weiß getüncht und mit modernen fchlechten Fresken geziert. Das Haupt-Portal trägt die Jahreszahl 1520. Die Wandfläche über dem mittleren Bogen unter dem Empore die Jahrzahl 1521 und das Zeichen [Zeichen]. An der Nord-Seite der Kirche ift am zweiten Travée eine Zopf-Capelle angebaut, zufolge der Legende „F. F. Fromiller pinxit 1717" mit Fresken von *Frohmüller*. Das Haupt- und Seiten-Portal hat Thüren aus weichem Holz (alt) mit fchönen gothifchen Schlöffern und Befchlägen. Sämmtliche Kirchenftühle von weichem Holze mit nicht unbeachtenswerthen Roccoco - Schnitzereien an den Kanten, Wangen und Stirnfeiten (M. vii n. F., fp. lxxxix).

Stammersdorf. Bei Stammersdorf an der Gurk nächft St. Georgen auf der Gröfel-Wiefe oftfeits des Flußes in einem Umfange von 1000 Quadratmetern Fläche ergrub man im Jahre 1882 die Refte römifcher Straßenpflafterung, Wohnhäufer mit dem Hypokauftum auf 1 M. Höhe und darüber, Marmorplatten mit vertieftem Zierrat, canellirt für Baderaum, Wandverkleidungen ausländifchen farbigen Marmors, Farbwandftücke, Thürfchwellen, Eftrich, Fenfterglas; in Bronze eine Fibel, Klammern, Geräthe; in Eifen Klammern, Nägel, Beilfchneide, Pfeilfpitze, Schlacken; aus Stein Handhabe, Mörfer, Säulfuß und -Schaft; aus Thon Falz-, Halbrohr-, Heiz- und Wölbziegel, Topffcherben, Webgewichte, Gypsgefimfe (Sitzgb. AkW. 71, 367; vgl. 80, 602. Car. 1882, 256; 1883, 105; 1884, 50. M. 1883, p. cxi; 1884, p. cxxvii, cf. Klagftr. Ztg. 1883, S. 1893; 1884, S. 51. Muf.-F. 26).

Stangalpe. Urweltpflanzen-Refte der Steinkohlenzeit, wie Fächerpalmen, Calamiten, Farren, Stigmaria ficoides, 53 Arten; ähnlich Eifenhut, Karlbad, Oswalderalm, Turrach. Auf dem Rofenik das Freimannsloch mit Gold und Edelftein (Stur, Geol. 147, 152, 154, 158, 162, 188, 190. Hauer 116, Fig. 138, 241, 270, 271, 246, Fig. 127. Heer Urwelt 3. Mu. R. N. 1,295. Jbuch f. K. 13, 82? Car. 1872, 97; 1868, 316; 1856, 120, 1828, 165; 1880, 268; 1887. Schaubach D. A. 5, 134. Vgl. Freimannsgrube in KZtfch. 6, 155).

St. Stephan bei Feuersberg im Jaunthale, zwifchen Globasnitz und Eberndorf. Wahrfcheinlich ftieß man hier an mehreren Stellen auf Grabftätten mit Skeletten. Vgl. Sielach, Sonneck. Ein Relief, Genius mit Fifch? im Friedhof (Jab. 341. Car. 1838. 141, 139).

Der Grabftein L. BARBIO VERCAIO*, dem Aedilicier, mit miles cohortis I praetoriae, Zeit um 140, gefunden 1820; an der Kirche (Jab. 341, Mu. RN. 1, 175. Mo. 5073. Car. 1838, 141. Kml. 86). Burgruine.

St. Stephan bei Finkenstein. Die Kirche ein einfacher gothifcher Bau aus 1477, erbaut durch Meifter Jörg den

Steinmetz aus Klagenfurt, in neuerer Zeit arg reſtaurirt. Grabſtein in der Vorhalle: Wolfgangen von Groſſhaim zu Landſchach .. ſäligen nachgelaſſen witib ain geborne von Erolzhaim † 1547. An der Friedhofmauer zwei intereſſante ſpät-gothiſche Hoch-Reliefs, vorſtellend das Martyrium des heil. Stephan in vier Bildern und daneben den engliſchen Gruß in zwei und heil. Michael in einem Bilde unter den letzteren, darüber ſchwerer Giebelaufſatz ſammt Fialen und Kreuzblumen. In einer kleinen Capelle ein Flügel-Altärchen. In der Sacriſtei kleiner einfacher gothiſcher Kelch (M. VII n. F., p. LIII).

St. Stephan bei Friesach, Orts-Gemeinde St. Salvator, 20 Häuſer, Standort für Beliandrum, von Virunum 14 + 13 mp. nach der Tabula (*Kenner*).

Der Grabſtein AVNONI*, Zeit um 160, gefunden vor 1847, wurde nach Frieſach, Propſtei-Garten gebracht (Jab. 272. Mo. 5027). Der Ort iſt 1151 genannt.

St. Stephan an der Gail (M. IX n. F., p. CXXXIII). Anſehnliche ſpät-gothiſche Hallen-Kirche mit drei gleichhohen Schiffen, der Chor aus drei Jochen mit dichtem Sterngewölbe und dem polygonen Schluſſe beſtehend. Die Rippen auf capitällofen Wanddiensten treffen am Scheitel in fünf Schlußſteinſcheiben zuſammen. Das Mittelſchiff des Langhauses liegt in der Axe des Chores und zählt vier Joche von der Breite des Chores, die Seitenſchiffe ſind um die Hälfte ſchmäler. Alles mit Netzgewölben überdeckt, deren Rippen auf capitällofen achtſeitigen Trennungspfeilern ſtumpf anſtoßen. Bloß an den Seiten-Schiffwänden gibt es mit fünf Seiten aus dem Achtecke gebildete Conſolen. Die zwei Seiten-Capellen, eine ſechsſeitige an der Südſeite und eine viereckige an der Nordſeite, paſſen nicht zum einheitlichen Ganzen, ſie ſtammen aus neuerer Zeit. Beide ſind um mehrere Stufen höher gelegt als die Schiffe. Am Hoch-Altar als Mittelſtück eine werthvolle aus dem Ende des 15. und Anfang des 16. Jahrhunderts ſtammende in Holz geſchnitzte Darſtellung der Steinigung St. Stephan's. Ueber derſelben eine ähnliche kleinere Darſtellung des Martyriums des heil. Laurentius.

Der Thurm ſteigt an der Chor-Nordſeite auf, hat einfache ſpitzbogige Schalllöcher, vier Giebel und achtſeitigen Spitzhelm; an der Nord-Oſtecke ein mächtiger Stutzpfeiler. Nur an den Chorecken ſchwache übereck geſtellte Pfeilerſtreifen.

Ein alter Grabſtein befindet ſich am Friedhofe rechts beim Eingang, aber ziemlich beſchädigt, der Inſchriftreſt lautet: »herr kriſtoff von aichelburg 1.5.4.0« in gothiſchen Majuskeln.

In der Capelle an der Straſſe gegen St. Cantian ein kleiner Flügel-Altar, der jedoch durch die Unbilden der Witterung ſtark gelitten hat (M. XIX. 38)

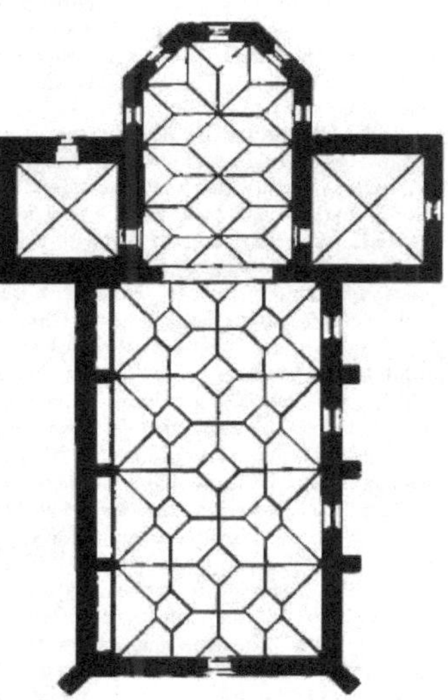

Fig. 340 (Stallhofen.)

St. Stephan bei Heunburg, am Beginne der Seitenſtraße, welche unterhalb des Kreuzerhofes von der Drauſtraſſe abzweigend, nordwärts hinaufleitet über Brückl, Eberſtein, Klein-St. Paul, Wieting, Semlach nach Hüttenberg, Silberberg, Margarethen bis Neumarkt (M. w. anth. 1886, 61 f).

LOTVCVS*, um 150—190, gefunden vor 1819, 1811?; nächſt der Kirche (Jab. 300, Mo. 4936, Mu. R. N. 1, 186. Aep. 4, 215.)

St. Stephan am Krappfelde, ſ. **Krappfeld.**

St. Stephan im Lurnfeld, Reliefmit Mannsbüſte, angeblich aus dem teurnenſer

Stadtgebiete (K.-St. 1, 3, 41). Kleine Kirche mit niedrigem flachgedeckten Schiffe, welches durch einen rundbogigen einfach geſchrägten Triumphbogen vom höhern Chor getrennt iſt, deſſen Wulſte bildende Gewölbegurten auf runden »Dienſten« mit Ringcapitälen und auf einer Conſole mit Schild anlaufen. Zwei Joche mit fünfſeitigem Abſchluſſe, die Fenſter moderniſirt. Ueber der rundbogigen mit Blendſpitzbogen überhöhten Sacriſteithüre die Zahl 1520. An der Südſeite des Chores ein figurenreiches Holzbild, die Kreuztragung darſtellend. Der viereckige Thurm an der Nordſeite des Chores hat durch Rundſtab getheilte Schallfenſter. Giebel und achtſeitiger Spitzhelm.

St. Stephan in Lind (Unter-Gailthal). Hier ſtand angeblich ein römiſcher Tempel, um 800 in eine chriſtliche Kirche verwandelt (Aſk. 7, 40. M. w. anth. 1886, 61 f).

St. Stephan bei Wolfsberg. Einſchiffige ſpät-gothiſche Kirche mit angebautem quadraten Thurm, gegen Norden außen Sockelgeſimſe, Strebepfeiler nur am Chor, in den Fenſtern zweitheiliges Maßwerk ſpätgothiſchen Charakters, im gleich hohen Schiffe und Chor Netzgewölbe, erſteres mit drei, letzterer mit zwei Jochen. Dreiviertelſäulchen als Rippen-Träger mit Capitäl, Rippen von rothem Thon. Schlußſteine mit hölzernen Scheiben, darauf Handwerkszeuge, einfach profilirtes Portal, darüber ein kleines Chorfenſter. Unter dem Dach findet ſich ein Römerſtein eingemauert (Quartinus etc., ſ. M. d. CC. XIV n. F.). Geſchnitzter Oelberg, Madonnenbild mit dem Kinde, Statue des heil. Stephan, ſpät-gothiſch und ein Votivbild der Gemeinde Jagling aus 1712. Steinmetzzeichen: , alte Thüren, ſehr ſchöner gothiſcher Kelch mit Gravirungen. Steinmetzzeichen: , in einem Schilde:

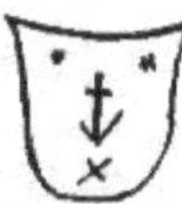

Steierberg bei Feldkirchen. Im Obereder Acker ſtieß man im Jahre 1840 auf Gemäuer, ein Drahtgeflecht, allerlei Thonſcherben und (Frühling 1847?) auf den Grabſtein LVCCONI*, Zeit um 160 (Jab. 259, Mo. 4937. Car. 1847, 183. AſköG. 3, 175 K. 41. Kml. 106. M. w. anth. 1886, 61 f).

Mittelgroße einſchiffige im Chor und Schiff ſpät-gothiſch mit Netzgewölben gedeckte Kirche. Zwiſchen dieſen beiden Räumen der ſtarke quadratiſche Thurm, welcher ehemals auch ein ſpitzbogiges Rippengewölbe beſaß, doch wurden ſpäter die Rippen abgeſchlagen und es blieben nur in den Ecken plumpe kugelige Tragſteine. Der dreijochige Chor im Oſten viereckig, die Rippen auf mehrſeitigen Conſolen anlaufend, zwei davon mit gepaarten Schildern. Das Schiff in drei Jochen mit Rippen auf eingeſetzten Strebepfeilern unvermittelt anlaufend. Am Scheitel quadratiſche Schlußſtein-Scheiben. Fenſter ſpitzbogig, ohne Maßwerk. Ueber dem Eſelsrücken-Weſteingange wulſtförmig eingefaſst die Jahreszahl 1. .9.0, vermuthlich Entſtehungszeit. Der Thurm hat oben einfache ſpitzbogige Schallfenſter und achtſeitigen ſehr ſchmalen Pyramidenhelm.

An der Epiſtel-Seite eine im Eſelsrücken umrahmte Sacramentshäuschen-Niſche. Ein Grabſtein aus dem Jahre 1521 beim linken Seiten-Altar, lautend auf „Cyrill Tupitz, Pfleger zu Steyerberg mit ſeiner Gemahlin“, beide knieend vor einem Crucifix in der Mitte.

Auf dem Friedhofe ſteinernes Lichthäuschen mit dem Steinmetzzeichen: .

Stein im Jaunthale. An der Bahnlinie nächſt der Brücke über die durch die Gurk verſtärkte Drau fand man ſeit 1862 folgende Bronzen, ſämmtlich K.:

Eine große Fibel 1862.

Eine Meſſerklinge mit Heftanſatz (Oeſe) 1863.

Ein Schwert, lang, 51 Cm., der Griff fehlt, 1865. Platten, Baureſte 1888 Mai (Jab. S. 138. Aſk. 9, 159. AſköG. 38, 224. M. 10, p. LVI. Muſ.-F. 21).

Der Ort als Stein, Petra, in Urkunden ſeit 973, 1155.

Die St. Lorenz-Kirche im Decanate Eberndorf (Fig. 341) ſoll ſchon im 11. Jahrhundert geſtiftet worden ſein. Die Bauart dieſer kleinen Kirche, die ſich auf einem gegen Süden und Oſten ſteil abfallenden Hügel erhebt, zeigt verſchiedene Bauzeiten für die einzelnen Theile. Der nach innen dreiſeitige nach außen halbrunde Chor-Schluß ſammt Krypta gehört noch der romaniſchen Zeit an. Das Schiff hat in einem Joche, sowie das Chor-Quadrat ein zusammengesetztes Kreuzgewölbe mit Rippen, welche sich in die Wand verlaufen. Drei runde Schlußsteine. Der Thurm stammt aus neuerer Zeit. Hinsichtlich der Krypta ist zu bemerken, dass sie sich unter dem Quadrate ausdehnt und hier durch vier ziemlich schwache runde Trennungs-Säulen untertheilt wird; rundbogige Kreuzgewölbe, kleine halbrunde Fenster in den überaus starken Wänden (im Schiffe 9', im Chore 6'); der romanische Bau aus Tuffstein. An der Süd-Seite ein nach innen achtseitiger, nach außen runder Karner aus behauenem Stein mit halbrunder Concha, spitzbogigem Gewölbe, mit zwei halbrunden Mauerschlitzen, spitzbogig geschrägter Thüre und kegelförmigem Dache über dem hübschen Gesimse. (M. VIII n. F., p. LXI).

Stein bei Viktring. Die St. Florian-Kirche, eine auf einem felsigen Hügel gelegene aus neuester Zeit herstammende große Bauanlage mit verhältnismäßig kleinem Chore mit zwei Traveen und dreiseitigem Schluss. Ueber dem Ganzen ein flaches Platzelgewölbe mit Lünetten-Einschnitten über viereckigen Fenstern. An der Süd-Seite die Sacristei, oberhalb derselben eine Empore und der Eingang zur Kanzel. An der Decke ein primitives Fresco. Haupt-Altar bis zur Wölbung reichend, stark zopfig und ganz neu ausstaffirt. Scheidebogen halbkreisförmig.

Das viel geräumigere Schiff hat vier Travées, über denen sich wieder ein flach rundes Tonnengewölbe spannt, welches an den Seiten durch Stichkappen unterbrochen ist. Das zweite Joch ist durch wenig tiefe Capellen-Ausbauten erweitert, worin zopfige kleine Altäre aufgestellt sind. Außer diesen noch zwei Altäre an den beiden Ost-Wänden des Hauptschiffes. Im letzten West-Joche stattlicher steinerner Orgel-Chor mit flacher Brüstungsmauer.

Viereckiger Thurm über der West-Vorhalle, unten an drei Seiten offen, oben mit zwiebelförmigem Kuppelhelm. Eine Glocke aus dem Jahre 1688, eine zweite von 1701. West-Eingang viereckig.

Steinberg, s. St. Georgen am.

Steinbüchel. Die Kirche hat im Presbyterium noch Reste gothischen Styles, an der Evangelien-Seite eine spitzbogige Wandnische. Eine Glocke aus 1557 (M. IX n. F., p. CLII).

Steindorf am Ossiacher-See. Kirche bis auf den Chor neuerer Bau. Chor quadratisch mit Kreuzgewölbe, deren Rippen auf gestutzte Kegelconsolen laufen. Großer runder Schlußstein. An der Nordwand Sacramentsnische mit Blendkleeblatt vom Eselsrücken überhöht mit der eingemeißelten Jahrzahl 1492. An der Süd-Seite kleines einfach profilirtes spitzbogiges Portale. Der massige viereckige Thurm der Nord-Seite des Chores vorgebaut mit vier Giebeln und hohem acht-

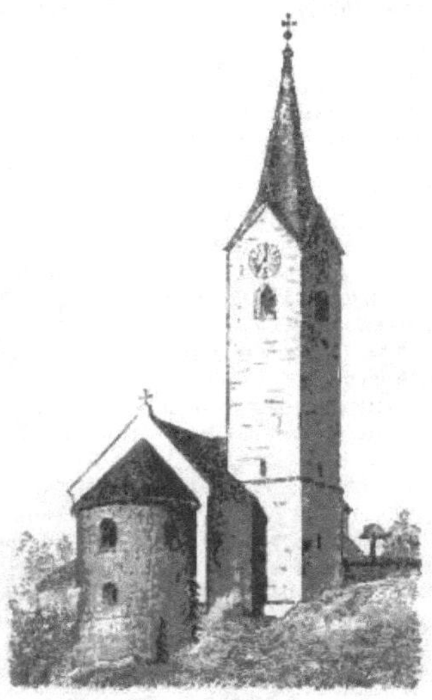

Fig. 341. (Stein.)

seitigen Helm, enthält eine große Glocke mit Inschrift in gothischen Minuskeln.

Sternberg, s. St. Georg am Sternberg (*Wagners* Album v. K. 93; M. v. Mitth. 1835, S. 17).

Stockenboy. Eine kleinere gothische Kirche sammt Pfarrgebäude auf einem hohen Bergvorsprung gelegen. Das dreiseitig geschlossene Presbyterium ist gothisch (15. Jahrhundert) mit gutem Rippennetzgewölbe, in der Construction sehr edel ausgeführt. Drei runde Schlußsteine; die Rippen laufen auf runde Dienste ohne Capitäl. Drei einfache Spitzbogen-Fenster im

Chorfchluß. Außen Strebepfeiler. Das Schiff ift neu gebaut. Die Einrichtung zopfig. In der Sacriftei ein einfacher gothifcher Kelch aus dem 16. Jahrhundert mit gothifcher Gravirung. Einige Paramente aus dem 17. Jahrhundert noch vorhanden. Darunter auch eine geftickte Figur des heil. Nicolaus auf eine neue Cafula aufgenäht. Alter Tabernakel mit hübfcher Intarfia.

Straganz. Die Dreifaltigkeits-Kirche (Filiale der Pfarre Meiffelding) klein einfchiffig, capellenförmig, mit fünffeitig gebildetem Altarraume und fcharfgratigem Gewölbe ohne Confolen-Anlauf. Schiff mit flacher ungeweißter Holzdecke. Kleine fehr fchmale, bereits rund gefchloffene Fenfter. Keine Strebepfeiler. Der Urfprung der Capelle wird am Chor-Gewölbe mit den Worten:

„Mathes Riaw
hat dits gotshavs
gemacht. 1.5.9.8" kundgegeben.

Bloß ein Altar, der am Retabulum die Jahreszahl 1.6.8.1 trägt.

Am Dach ein hölzerner fechsfeitiger Dachreiter.

Strassburg. Schwerlich von hier die 3 Bronze-Münzen K. (Car. 1846, 212; 1869, 209; 1868, 325). Im Blut-Acker die Münzen Hoftilian (*Mionnet* II. Suppl., S. 51, Nr. 54, Jahr 252), Marc Aurel. Die parthifche Bronze-Münze ift wahrfcheinlich in nach-auguftcifcher Zeit hereingekommen vom gleichzeitigen Phraates IV (Arfaces XV) oder vom Vologases V feit 227 n. Chr.; die auf den letzten Partherkrieg bezügliche Münze Petronia fand fich zu Villach (vgl. *Werthof* 238 f., *Meyer* Gurina S. 11, *Mionnet* 5, 649, Cohen 1, 247. Ank. 1, 560. Mu. G. Stmk. 1, 88. RN. 1, 280, Abh. Bayr. Ak. d. W. VI, 3; 1852, 377).

Die St. Nicolaus-Pfarrkirche. An der im Jahre 1869 renovirten Weft-Front lieft man im Friefe die Worte:

„Erbaut 1584", „Façade 1684"
„Renovirt 1869".

Der Styl der ganzen inneren Ausbildung ftimmt mit der erft angeführten Jahreszahl zufammen.

Die fehr geräumige einfchiffige Anlage hat im Chor und Schiff, welche gleich breit und hoch find, dichte fpät-gothifche Netzgewölbe. Der Chor zählt drei Joche und dreifeitigen Schluß, wo die Gewölberippen theils auf Dreiviertel-Pfeilern ohne Capitäle, theils auf polygonen derben Tragfteinen flieſſend anlaufen. An zwei Confolen noch leere dreieckige Schilder. Im Chore noch drei fehr hohe gothifche Fenfter, jedoch ohne Maßwerk, das mittlere wurde vermauert, ift aber noch erkennbar. Der Scheidebogen fpitzbogig.

Das Schiff theilt fich in vier Joche, an den Wänden durch fünffeitige Pfeiler ohne Capitäle markirt. Je vier Rippen laufen fächerartig an den vier Kanten der Pfeilerfchäfte an. Dem Schiff wurden in fpäterer Zeit, vielleicht im Jahre 1684, u. z. an der Süd-Seite vier, an der Nord-Seite drei quadratifche Capellen angefügt und mit rundbogigen Tonnen eingewölbt. Ueber denfelben errichtete man Emporen und gab nun der fo erweiterten Kirche ein einziges gemeinfames Dach. Es ist fehr wahrfcheinlich, dafs ehemals gothifche Seitenfchiffe mit Kreuzgewölben beftanden, wie noch ein Anfatz links von dem Scheidebogen hinter dem Rosenkranzaltar fichtbar wird. Der Mufik-Chor ruht auf einem von vier Pfeilern (darunter zwei Bündel - Pfeiler) getragenen Sterngewölbe.

An dem ftattlich aufgebauten, allerdings fchon zopfigen Hoch-Altar ein großes fehr hübfches Gemälde „heil. Nicolaus" im prächtigen Bifchofs - Ornat in Wolken fchwebend und von Engeln umgeben, die feine Attribute: Mitra, Stab und ein Buch mit drei Aepfeln emporhalten. Unten ein Meer im Sturm, worauf ein Schiff von den Wogen bedrängt wird. Vorn kämpfen drei Männer verzweifelt mit den braufenden Wellen, anfcheinend Ungläubige, da fie als charakteriftifche Symbole: eine Götzen-Figur, Schlangen und eine Pechfackel mitfchleppen. Sehr gut gruppirt, aber im Colorit fchon gefchwärzt. In einem Schilde:

D.O.M
et
S. Nicolao 1772"

An den Presbyteriums-Wänden beachtenswerthe Grabfteine:

I. An der Evangelien-Seite ein ftreng architektonifch fich aufbauendes Epitaphium mit Unterfatz, korinthifchen Pilaftern und gutem Gebälk. Im Mittelfelde große Infchrift-Tafel bekrönt von zwei gepaarten Wappenfchildern, wobei zwei Engel als Schildträger fungiren. Ausgeführt in drei Marmorforten:

Figuren weiß, Pilaster und Postamente roth, Hintergrund und Gesimse tiefschwarz. Im Inschrift-Felde liest man: „D.O.M et Joanni Cardinali de Goessen Episcopo et principi Gurgensi posuit gratus nepos et haeres Joannes Petrus Comes de Goessen trium Caesarum Consiliarius actualis intimus et Camerarius Capitaneus Carinthiae Anno 1715". Schöne Arbeit.

Unter diesem Grabmal ein zweiter sehr großer Gedenkstein aus rothem Marmor, worauf neben einander zwei Bischöfe in vollem Ornat eingemeißelt, flach relief, unter zwei gepaarten spät-gothischen Baldachinen und dreieckigen Wappenschildern mit charakteristischen Zeichen: drei Ringe, aufgerichteter Löwe und eine Gesichtsmaske mit Strahlen. Inschrift nur zum Theile leserlich:

„Reverendissim. dnus.......

Johannes Schalermann Anno dm. M.CCCC.LXV. dnūs. Udalricus M.CCCC.LXX. quarto kal january obierunt et sub sumo (undeutlich) s. altare hujus eccse consepulti"....

II. An der Epistel-Seite großer Inschriftstein in rothem Marmor:

„Reverend. Dnūs. D. Urban. Tertiū. Jam. Annū. Agens. Grassāte. Turcarū. Furore. Anno 1532. Inter. Medios. Armorū. Strepit. Parentibus. Orbats. Ipse. Ex. Divina. Clemētia. Conservats. Adulta. Tandem. Aetate. Aīī." u. s. w. Unten ein gevierteter Wappenschild, im 1. und 4. Felde je ein Löwe, im 2. und 3. je ein Adler, darüber Mitra und Stab.

Besonders beachtenswerth sind die Altäre in den Seiten-Capellen.

1. An der Süd-Seite:

Heil. Kreuz-Capelle mit einer längeren Inschrift am Altar-Retabulum, woraus zu entnehmen: „hat disen Altar sambt der Kapellen fassen und zieren lassen der wol Edl geborne Herr Herr Johann Ulrich von Baseyo zu Praunsperg. E: hochleb: Lantsch: des Erzherzogthumbs Khärnten fürstl. Gurgg. Rath u. s. w. Anno 1648". Altarbild: Christus am Kreuze, gewöhnliche Arbeit; zu beiden Seiten des Altars zwei altdeutsche gut erhaltene Mönchs-Figuren, kräftige gedrungene Gestalten mit fein geschnitzten Gesichtern. Altar-Aufbau im Renaissance-Styl, nicht überladen, schwarzgolden.

Ganz in analoger Bauart, doch mit dunkelrothem Anstrich, der Altar in der Georgi-Capelle. Im Mittelbild heil. Georg den Drachen tödtend, im Hintergrund eine Jungfrau mit einem Lamm und langem wallenden Mantel, den fliegende Genien tragen, andere schwingen Palmzweige und eine weiße Fahne mit rothem Kreuz. In den Hauptmassen gut vertheilt, weniger fein im Detail. Laut der Widmungsinschrift am Untersatze: „hat disen Altar fassen lassen, der woll Edl geborne Herr Herr Georg Seifridt Radhaubt zum Rosenperg Röm: Khays: Meye: G: O: Regiments-Rath, der Obrister Erblandt Küchelmaister zu Kärnthen u. s. w. .....den 11. tag. Jully. Anno. 1665".

In dieser Capelle und der nachfolgenden dritten sind späterer Zeit die halbkreisförmigen Fenster-Oeffnungen wegen des Anschlusses an das zur Kirche hinzugebaute Alumniats-Gebäudes vermauert worden, weshalb diese Räume ziemlich finster sind.

Die dritte Capelle, St. Michaelis-Capelle, wieder von ähnlicher Bauart. Im Mittelbilde heil. Michael, den Satan mit einer Lanze durchbohrend. Zu Seiten des Altars Statuen: ein Jüngling mit langem Stab und einem Fisch und eine Jungfrau mit einem Kind.

Die Inschrift am Retabulum lautet: „Piis (undeutlich) legatis Adm. R.R.D.D. Thomae Rungga. Gabrielis Leüttner, Joannis Seewarz Canonicorum huius Collegiatae Ecclae ss. Nicolai et Andrae u. s. w...... hoc Altare S. Michaelis de.....(undeutlich) 1688."

Die Capelle nächst der Sacristei (Marien-Capelle) ist im Grundriß verschoben und auch der Aufbau des Altars weicht von dem der vorhergehenden ab, den neueren Ursprung bekundend. Die architektonischen Stützen und Seiten-Statuen fehlen gänzlich. Statt dessen ist ein friesförmiges breites Band gezogen, worin in 15 kreisrunden Feldern Darstellungen aus dem Leben Christi. Unter der Mittelnische mit der Mutter Gottes ein Votivbild mit Maria, Joseph und Anna. Ueber dem Bilde die Jahreszahl 1648, sonst keine Inschrift.

Hinter dieser Capelle steht der viereckige noch gothisch unterwölbte Thurm mit direct anlaufenden Rippen und einem alten Fenster mit Mittelstock und Maßwerk.

II. Die Capellen an der Nord-Seite:

In der heil. Barbara-Capelle: im Mittelbilde heil. Barbara berührt mit der Hand ein kleines Kind, das eine Frau am Schoofse hält. Im Vordergrund fingende und in den Lüften fchwebende Engel. Vorzügliche Composition. Laut der Infchrift „hat difen Altar faffen laffen die woll Edl geborne Fraw Chriftine Schneeweißin, geborne Rottmayrin Wittib auf Waifenberg wegen Ires verftorben Herrn Ehegemahl des woll Edl und geftrengen Hn: Claudy Schneeweis von Arnohftein und Weifenberg gewefter fürftl. Gurggi: Rath und Haubtmann alhie zu Straspurg, fo in diefer Kapellen begraben ligt Anno 1643". Zwei Heiligen-Figuren, Jungfrauen mit reizenden Gefichtern, die eine mit einer Ruthe, die andere mit Schwert und Palmzweig an den Seiten.

In der Capelle fieht man im Bilde den heil. Sebaftianus am Baum gebunden, auf den eine Gruppe von rohen Kriegern Pfeile abfchießt, einige liegend, einige ftehend. Im Hintergrunde noch ein Schwarm Soldaten, in den Wolken ein Engel mit einem Palmzweig. Rechts und links des Altares wieder gefchnitzte Figuren des heil. Florian und Rochus.

Die letzte und neuefte Capelle im Süd-Weften enthält rundes Platzelgewölbe mit dichten weißen Stuck-Arabesken und einem Grabftein, lautend auf: „Jacobus Maximilianus episcopus et S: R: J. Princeps Guryensis ex comitibus de thun miserimus..... obijt die XXVI julii Anno Dñi MDCCXLI".

Links in diefer Capelle öffnet fich ein Zugang zum Orgel-Chor, welcher unten fechs Joche mit fehr dichten Netzgewölben zeigt. Diefe laufen an zwei achtfeitige und zwei Bündel-Pfeiler ohne jede Vermittlung an. An den Wänden kelchförmige Confolen.

In der nordfeitig des Chores gelegenen großen Sacriftei ein prächtiger alter Paramenten-Kaften, in 22 Felder mittelft korinthifcher Zwifchenfäulchen eingetheilt, welche Felder mit Apoftelgeftalten und anderen Heiligen bemalt find. Als Bekrönung gutes ornamentale Schnitzwerk, freilich fchon im Zopf-Styl. Dazwifchen ein geiftliches Wappen mit zwei Schildern und der Jahreszahl 1691. Die Wölbung der Sacriftei noch gothifch, die Rippen auf Confolen und Dienften. Ferner in der Weft-Wand eine Sacramentshäuschen-Nifche mit gothifchem Blendmaßwerk im Efelsrücken-Bogen. Aeltere Kelche und Mefsgewänder fehlen.

Von größerem Kunftwerth ift aber ein im erften Schiffsjoche herabhängender zehnarmiger meffingener Lufter. Die einzelnen Arme winden fich aus den Mäulern von phantaftifchen flach gegoffenen Gefichtsmasken fchwungvoll heraus und im vorfpringenden Ringe erfcheinen diefelben an einer maffiven Kugel eingehängt. Auf jenem Ringe ftehen niedliche Ritter-Figürchen, lange Schilder haltend und Schwerter fchwingend. Die kräftige Kugel, die Kern und Mittelglied des Lufters bildet, fetzt fich hinauf in einem gedrehten profilirten Säulchen fort, an welchem wieder in zwei vorfpringenden Reifen abwechfelnd delphinartige Figuren und menfchliche Geftalten angeheftet find. Das oberfte Glied des Säulchens ziert bekrönend ein doppelköpfiger Adler mit weit ausgebreiteten Flügeln, ebenfo wie die anderen Beftandtheile trefflich cifelirt. Im Nacken des Adlers fitzt der kräftige Ring, in welchem der tragende Haken der Metallfchnur eingreift. An der Unterfeite der Kugel ift eine Infchrift eingravirt mit den Worten: „Hans Georg Reiter. Kupferfchmid Alda. Zöchleit: Johannes Kögl. Und. Veit Hopfgartner. Renovatum 1739". Außerdem in weiterer Peripherie noch „Anton Ehrlich, Stadtpfarrer. Johann Steinchart, Spänglermeifter in Klagenfurt. Renovirt 1856". Die urfprüngliche Jahreszahl erfcheint aber nirgends bezeichnet (Anton Ehrlich war jener kunftfinnige Pfarrer, der auch im Jahre 1856 mehrere Grabdenkmale in geordneter Reihenfolge an der äußeren Nord-Seite einfetzen ließ).

Eigenthümlicher Weife kommen Strebepfeiler (viermal abgefetzt) nur an den Chor-Ecken vor. Dagegen ift die Weft-Façade ganz modernifirt. Ueber neu vorgefetzte Renaiffance-Pilafter wurde ein zopfig gefchweifter Giebel aufgefetzt. Nur der hier befindliche Eingang behielt den alten Spitzbogen und feitwärts profilirte Gewände.

Die an der Nord-Seite des Schiffes eingefetzten Grabfteine find:

1. Kleinerer Stein, wahrfcheinlich nur ein Bruchftück, Darftellung eines höheren Geiftlichen, mit Mitra und Stab. Ohne Infchrift und Jahreszahl.

2. Gleichfalls nur ein Bruchftück, noch mit zwei Wappenfchildern. Spät-Renaiffance, Infchrift fehlt.

3. Neben dem früheren lediglich ein Infchriftftein: „Hie ligt der ehrnveft Herr

Caspar Rungg a. gewester Statrichter alhie. der den 6. Dezembris anno 1648 gestorben. dessen seel gott genedig sein wolle".

4. Größerer Stein eines Geistlichen, mit Kelch und Buch. Inschrift unleserlich.

5. Ebenfalls Stein eines Geistlichen in voller Amtstracht, lautend auf den Namen des „Mathias Plank, Canonicus † M.C.C.C.C.XVIII", zwischen spät-gothischem Astwerk in grobem Sandstein.

6. Grabstein mit Crucifix und einem Kelch des „Egydius Wittouer, Kanonikus ... anno dm̃ M°. y°, Sexto obyt.." ebenfalls Sandstein.

7. Grabstein des „Johannes Schallermann † 1478", der in der Bildfläche zwischen mehreren anderen Geistlichen in Flach-Relief vorkommt.

8. Schräg gestellter dreieckiger Schild mit bereits undeutlicher Figur, wahrscheinlich der Linienumriß eines Kopfes. In der Umrahmungsinschrift ist noch zu lesen die Jahreszahl und der Name „Johannes Payer de Strafpurg MCCCLXXXXI. in die S. lamperti martiris und seine Frau † 1375". Die Schrift unter dem Schilde schon unleserlich.

9. Ein Stein viel besser erhalten mit gut gearbeiteten Wappen und Minuskelschrift. In schräg gestelltem Schild zwei verbundene Hämmer, die sich am Stechhelm wiederholen. Unter der Helmdecke im Dreipaß ein Druiden-Fuß mit zwei Sternen. Treffliche Arbeit. „Vincenz v. Straßburg † 1423 und Elisabeth s. Hausfrau † 1469" (Fig. 342; M. XII n. F., p. LXXX).

10. Sehr großer Grabstein mit Mittelfeld und Umrahmungsschrift: „Anno dm̃ M°cccc^mo lxxyii^mo Sexto ydus oktobris obyt venerabilis vir dus adam prugkdarfer plebanus......., (undeutlich) ten jus (undeutlich) anima requiescat in pace". Im Bildfelde oben ein Kelch, unten ein aufrecht stehender Schild mit zwei halben Speichenrädern, die sich wiederholen auf den beiden Adlerflügen des Stechhelmes. Gut erhaltene Arbeit in Sandstein.

11. Neuerer Stein der „Frau Catharina von Poellern gebohrne Krenmayer † IV. Dezember M.D.C.C.LXXXXII", unbedeutend.

12. Stein des „Hanns Radhaupt zu Rosenberg und Aichweilen † den 6. Mertey 1600", darüber in der Mitte Crucifix und die betende Familie knieend. Bereits im Renaissance-Styl.

13. Aelterer Stein, darauf ein Ritter in vollem Harnisch mit Fahne und Schwert. Auf der Fahne das Wappen, im Querbalken eine Schuppenfigur. Massive Arbeit in Haut-Relief, ohne Inschrift und Jahreszahl.

14. Grabstein der „Frau Veronika geborne Freyn zu Spaur und Valor † 1506

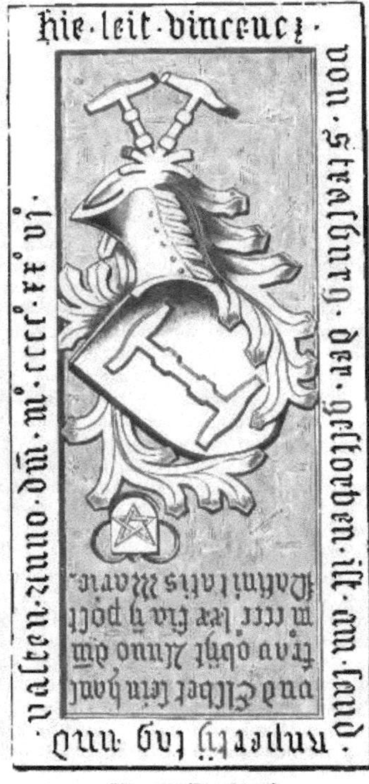

Fig. 342. (Straßburg.)

den 21. Oktober......" (unbedeutend) darüber der Schild mit zwei Helmen, im neueren Styl.

15. Stein des „Herrn Veit Weltzer von Eberstain... Landhauptmann im Erzherzogthum Kärnten ...... Hauptmann auf Schl. Strafpurg...... Anno dm̃. M.CCCC.IIIXL. jar". Darüber drei Schilde. Im ersten zwei

ſich haltende Hände, im zweiten ein Eck, im dritten einfach quadrirt und leer. Brauner Marmor.

Der ſchon erwähnte quadratiſche Thurm ſteigt an der Nordoſt-Seite (an die Sacriſtei anſtoſſend) des Schiffes auf. Er zeigt einfache ſpitzbogige Schallfenſter und zopfigen Zwiebelhelm.

Eine Aufſchriſt auf einem Pilaſter der Weſt-Front lautet:

„Andrae. Facinello. Trident.
Puero. Septenni. Bonae. Spei.
In Ludo. Comilitonum. Sb.
Saxo. Fraxili. Labente. Inexpe-
ctato. Fato. Perempto. Antonius.
Suffraganeus: Gurgensis.
Pietatis. Ergo Posuit.
Obiit. 7. Martii. 1584."

Die Maria Loretto-Capelle (Filiale der Pfarrkirche Straſsburg) iſt in Verbindung noch mit einer zweiten, der „Annen-Capelle". Beide aus neuerer Zeit. Im Fuſsboden ein Grabſtein: „Jos. Ant. L. B. DeSöll. Eccles. Colleg. Sti. Nicolai. Strassburgi. Can. Aetat. Ann. 58. Obyt. 19. May. 1741." Ferner über dem viereckigen Eingang eine Inſchriſttafel: „Franciscus ex Comitibus Lodroni Episcopus et princeps Gurgensiss Domum Lauretanam Hanc ex Voto F. F. Ao. D.M.D.C.L", darüber der Wappenſchild mit Mitra und Stab. Am barocken Altar eine kleine Monſtranze mit der Jahreszahl „die 13 Januarij 1782", im Zopf-Styl. Capelle ſelbſt einfach viereckig mit rundbogiger Tonne. An der Oſt-Seite zwei niedrige gemauerte Thürmchen mit Zopf-Bedachung. Unter dem Dachgeſims die Jahreszahl 1689, vermuthlich die Entſtehungszeit.

Die heil. Geiſt-Spitalscapelle (Filiale der Pfarre von Straſsburg). Intereſſanter Renaiſſance-Bau mit kreisrundem Schiffsraume, gedeckt durch eine halbkugelige Kuppel, die von einem ſchwächlichen Wandgeſimſe auslauſt. In einem der Kuppelfelder ein Schnitzwerk aufgehängt: „Gott Vater in den Wolken mit drei Engeln", ohne gröſsere Bedeutung. Der Altar-Raum ſchlieſst ſchlecht dreiſeitig ab und iſt mit runder Tonne eingewölbt. Fenſter modern. Nord- und ſüdöſtlich zwei kleinere Apſiden für Seiten-Altäre, welche geſchnitzte Ornamente an den Menſen tragen.

Vor dem Hoch-Altar kleine Tafel im Fuſsboden mit einem Kreuz und dem Namen „Otto" (nach dem Schematismus wahrſcheinlich der Biſchof Otto II. de la Browide 1697—1708). Es geht die Sage, daſs derſelbe der Stifter der Capelle iſt und in der hier befindlichen Gruft beſtattet wurde.

Das Schloſs. Ueber 317 Stufen im gedeckten Gange erhebt ſich auf einem 200′ hohen Hügel das biſchöfliche Schloſs. Gegen hinab ziehen ſich noch einige Stadtmauern, die das Schloſs mit dem Orte verbinden, hierbei die Stiege decken und wiederholt von Thoren durchbrochen ſind. Ein romaniſcher Löwe, die erhobene linke Tatze abgebrochen, dient als Wahrzeichen, darüber ein Römerſtein mit der mittelalterlichen Inſchriſt: Gebhard. episcop.

Roman I. 1160 lieſs Straſsburg befeſtigen, das von Otakar von Böhmen zerſtört, 1330 wieder hergeſtellt wurde. Im Jahre 1685 wurden die Werke verſtärkt.

Aus dem 12. Jahrhundert iſt noch der Thurm gegen Süden erhalten und eine Capelle mit runder Apſis und Kegeldach auf vortretendem Unterbau. Aus dem 14. Jahrhundert ſtammen einige Fenſter mit Stichbögen im nördlichen Thurm, in der Fenſterblende oben ein Kleeblattbogen in ſchwarzer Farbe geritzt.

In das 15. und 16. Jahrhundert gehört ein Saal mit einem Mittelpfeiler und Netzgewölben, ein anderer ohne Rippen mit runder Säule. Allen dieſen Bauwerken hat Biſchof Goes einen Pfeilergang mit runden Arcaden über ein noch gothiſches Geſimſe mit Hohlkehlen vorgebaut, um dem Mittelraum die beiläufige Geſtalt eines Rechteckes mit einigen Einbauten zu geben. Gegen 70 Arcaden mit toscaniſchen Säulen tragen die Gänge und Stiegen. Nur an der Oſt-Seite geht ein Gebäudeflügel durch zwei Stockwerke. Die anderen drei Flügel ſind nach dem Brande einſtöckig geblieben.

Schöne Portale mit Säulen und Archivolten aus dunkelgelbem Geſtein bilden die Eingänge. In die Capelle ſieht man von drei Stockwerken. Im mittleren ſind die Bruſtbilder von vielen Biſchöfen mit Inſchriften unter der Tünche ſichtbar geworden. Die Sacriſtei-Thür trägt die Inſchriſt 1584. In einzelnen Wandfeldern gute Fresken: Maria Heimſuchung, Verkündigung, Flucht nach Egypten, heil. Johannes (zweimal), Joachym mit Anna, Chriſti Geburt und Beſchneidung. Ueberreſte von einem Renaiſſance-Altare in flacher Oſt-Niſche. Sonſt iſt die Capelle ganz leer.

Heute ſteht das ſehr anſehnliche und prachtvoll gelegene Schloſſ verlaſſen und verödet da, zur Hälfte als Ruine, und dürfte in kurzer Zeit ganz verfallen, falls nicht eine gründliche Renovirung vorgenommen wird. Das Schloſſ iſt im Jahre 1856 total niedergebrannt, doch kam erſt im Jahre 1859 ein Dach darauf, ein hölzernes Nothdach, das ſeitdem ſchadhaft geworden iſt.

Durch das über Veranlaſſung des Conſervators Baron v. *Ankershofen* aufgeſetzte Dach wurde das Schloſſ mit Ausnahme eines geringen Theiles, der abgetragen werden muſste, von dem weiteren Verfalle gerettet und waren ſchon alle Anſtalten getroffen, dasſelbe nach und nach wieder vollkommen herzuſtellen, als es durch viele Jahre unter dem ſchützenden Dache von den Bewohnern Straſsburgs ſelbſt durch Herausbrechen aller Thür- und Fenſterſtöcke, der Böden und Decken, ſowie von Ziegel und Bauſteinen erſt recht zur Ruine gemacht wurde.

Vom Schloſſe Straſsburg ſtammt ein hochintereſſanter altdeutſcher Wandteppich, der ſich derzeit in der biſchöflichen Reſidenz zu Klagenfurt befindet. Der Gobelin hat 11 Fuſs 1½ Zoll Länge und eine Höhe von 2 Fuſs 1½ Zoll. An dem Rande iſt weder Rahmen noch Bordure, ſondern laufen die Ornamente und Darſtellungen frei aus. Der Grund iſt von tiefſchwarzer Farbe, über demſelben zieht ſich in dichter Anordnung ein Rankenmuſter mit Zweigen, zierlichen Laubblättern, ſtark ſtyliſirten Charakters und in Grün ausgeführt. Es iſt damit ein Wald angedeutet, bewohnt von wilden Thieren und Waldmännern. Wir ſehen vier Waldbewohner und vier Fabelthiere. Zwiſchen und meiſt über den Figuren ſchlingen ſich in willkürlich gebrochenem Fluge vier Spruchbänder. Alle Geſtalten ſtehen gerade nebeneinder in gleichem Niveau und faſt in gleichem Körpermaſſe.

Die erſte Figur zeigt einen jungen Mann in weiſſem wollflockigen engen Gewande, Hände und Füſſe nackt, um die Mitte und am Haupte ein Brombeerblatt-Kranz, in den beiden Händen je eine Geiſſel. Die Inſchrift am Spruchbande lautet: diſſe tierlin will ich triben vnd will on die welt beliben. Die Geiſſelſchläge ſind auf ein Thier gerichtet. Dasſelbe iſt von rother Farbe, ſchreitet vor dem Manne nach rechts, vierfüſſig mit Giraffenhals und wolliger Mähne, der Kopf jenem eines Pferdes und einer Gazelle gemiſcht ähnlich, Büffelſchwanz.

Der nächſte Jüngling gleicht dem früheren, trägt blaues Zottelgewand mit Blumengürtel ohne Kopfkranz, er führt an einem Stricke das zweite gräuliche Fabelthier, das bloſs aus Kameel-Kopf und -Hals beſteht, daran ſich zwei Beine fügen, langer Schweif, das Thier gegen links ſchreitend.

Der dritte Waldmann trägt ein rothes Zottelkleid, bekränzt mit grünen, Schoten tragenden Zweigen, er treibt mit Geiſſelhieben das dritte Thier vor ſich her; dasſelbe iſt von Greifen-Geſtalt in äuſſerſt ſtylvoller Zeichnung, blaue Grundfarbe, getigert mit Roſetten in Weiſs Blau und Roth.

Der vierte Jüngling in ähnlicher, aber weiſſer Zottelkleidung mit einem Kranze von glockenförmigen Blumen gegürtet, hat einen beſonders lieblichen Ausdruck, mit der linken Hand hält er das Ende des Schriftbandes. Das letzte Thier iſt das Einhorn, gegen den Jüngling gewendet.

Die Inſchrift auf den Spruchbändern lautet weiter: dafs . han . ich . wol . enpfunden, zu . diſen . dierlin . han . ich . mich . vbvden mit . diſen . dierlin . hon . mir . vns . began . die welt . git . böſſen . lon . die . welt . iſt . wntrwen. fol . mit . diſſen . dierlin . iſt . vns . wol. Noch iſt zu erwähnen, daſs an einzelnen Stellen ein aus zwei ineinander geſchobenen Leiern gebildetes Knoten-Ornament wiederholt in blauer Farbe und überdies noch acht in Roth gegebene Einzel-Buchſtaben verſtreut ſind.

Die Darſtellung dieſes Teppichs iſt der Gegenſatz zwiſchen Tugend und Laſter im Geiſte der mittelalterlichen Moral. Drei Thiere nebſt ebenſovielen Jünglingen repräſentiren nach Dr. *Ilg*'s genialer Deutung (M. d. CC. XVII, p. 40) die Laſter, das vierte Paar mit der ſo beliebten Darſtellung des Einhorns die Tugend.

Dieſer Gobelin, der aus dem Anfang des 15. Jahrhunderts ſtammen mag, war ſeiner Beſtimmung nach ein Rücklacken und es iſt wahrſcheinlich, daſs dazu noch drei ſolche Theile gehörten (M. 1872, p. 40; XVIII, p. 333, Dr. *Ilg*).

Streinberg bei Störzendorf; die Filial-Kirche (capella in Strewnberg Filia eccl. in

Prewarn) wurde um 1254 erbaut. Sie verräth noch den primitiven romanischen Bau mit halbrunder Apsis und flach gedecktem Schiffe, kleine halbkreisförmig geschlossene Fenster. Der Haupt-Altar aus dem Jahre 1722. Viereckiger steinerner Dachreiter. An der West- und an der Ost-Seite ist je ein Kopf eingemauert, auch findet sich außen an einer Stelle ein Relief-Ornament.

Strussnigg-See bei Klein-St. Veit und Tigring, Gradniche 1192. Am sumpfigen Südost-Ende des Moränen-Sees, genannt das kleine Moos, nächst dem Rader-Hoisel, fand man im Jahre 1855 einen Tannenstamm, trogartig ausgehöhlt, lang 569 Cm. (3°), beiderseits abgeschnitten. Er stak in einer Tiefe von 95 Cm. (3') (mit einem Pferdschädel?) und ward nach Schloß Tigring gebracht. (AfköG. 38, 199).

Stuben bei Weißenstein, die St. Gertrud-Capelle. Ein formloser kleiner Bau mit rundem Chor-Abschluß, das Portal im Spitzbogen, einfacher hölzerner Dachreiter.

An der Giebelseite der Kirche befindet sich ein kaum mehr zu erkennendes Fresco-Bild, darstellend in Lebensgröße: Maria mit dem Kinde und noch vier Heiligen. Um das ganze Gemälde rankt noch schlechtes gothisches Ornament. Unter dem kleineren Vorderdache links die heil. Dreifaltigkeit, rechts eine Figur mit Nimbus und Scepter und Apfel, dürfte jedoch jüngeren Datums sein. Von diesem Gemälde sind kaum mehr einige Spuren vorhanden. Im oberen Bilde befindet sich eingeritzt die Jahrzahl 1528 nebst einigen unleserlichen Worten.

Stuttern auf der Höhe gelegen über der Heerstraße von Virunum nach Juenna. In dem, 1134 wieder als bewohnt genannten Ort Stutaren ergrub man vor 1870 mehrere Baureste, ein Bronze-Zierstück oder Fibeltheil 1881, das Steinrelief Mann und Weib, (wo?), und allerlei Thonscherben (Jab. S. 3).

Suetschach. Die Pfarrkirche besteht aus einem dreijochigen Schiffe und einem dreiseitigen Chor-Schluße mit zwei Jochen. Hier plumpe Tragsteine, dort Dreiviertel-Säulchen. Der frühere Thurm ruhte auf einem Chor-Quadrat, das noch vorhanden ist und sich im Spitzbogen beiderseits öffnet. Schiff und Chor haben spät-gothisches Netzgewölbe. Der neue Thurm an der West-Seite stammt von 1811. Presbyterium und Schiff sind gleich breit (M. IX n. F., p. XXVI).

T.

Tabor, Berg bei Faak, Tabra oder Klausen, Türkenschanzen bei Kappel (vgl. Ranke Alpr. S. 456).

Taferner-Alm, richtig Leisnitz-Graben, gelegen an der Heerstraße von Teurnia nach Juvavum, Theil zwischen Gmünd und Mauterndorf (M. w. anth. 1886, 61 f). Auf der „geschnittenen Baumtratten" hinter St. Margarethen, Greinwald, fand sich vor dem Jahre 1766 neben zweien ähnlichen Säulen der Meilenstein:

IMP CAES L SEPT, Abstand von Teurnia IIXXX mp., Jahr 201, jetzt im Museum zu Salzburg (Jab. S. 494. 6, 187, 199. Mo. 5714. Mu. RN. 1, 219, 294. Car. 1819. Nr. 18. *Richter,* salzburger Fundstellen S. 4. R.-Stud. 1, 99; 2, 44, 71—83. *Ranke* Alpr. S. 456). Radschliffe erscheinen im Laisnitzgraben.

Die Gegend ist vielleicht das um 1139 genannte Tanfarn?

Taggenbrunn. Die Kirche zeigt romanische und gothische Reste, der Thurm mit rundbogigen Schalllöchern steht über dem polygon abgeschlossenen Presbyterium. Die Fenster im vierjochigen Langhause mit Maßwerkresten; daselbst Netzgewölbe, Wandpfeiler ohne Capitäle, in den Schlußsteinen Schilder mit symbolischen Figuren oder Steinmetzzeichen. Das letzte Joch stammt aus der Neuzeit. Portal im geschweiften Spitzbogen. Strebepfeiler an dem Chorraume. Ein gothisches Sacraments-Häuschen auf der Epistel-Seite. In der Sacristei ein gothisches Thuribulum aus vergoldetem Messing. Die Glocken weisen die Jahreszahl 1454. Achtseitiger Taufstein. Im Schiffe Spuren alter Malereien. Altes Thürbeschläge. Grabstein des Franz Mazigon am Rainhof, † 1645 und seiner Hausfrau Gertraut. Im Pfarrhofe befindet sich ein altes Holz-Relief, das letzte Abendmal vorstellend, stammt aus Tschirnitz.

Tainach. An der Heerſtraſse von Virunum nach Juenna; die Straſse ſcheint abzuzweigen bei Ladratſchen, wo ein kleiner Graben zur Drau führt, und längs des Schloſs-Maierhofes von Höchenbergen zum Kreuzerhofe zu leiten. Münzen, auſser jenen des nahen Lind, ſind hier nicht nachgewieſen.

Relief: Stier linksſtehend und weibliche Geſtalt dahinter (Jab. 387, Taf. 8. Hohenauer K.-G. 307, Mithrasſtein).

Im Kapelacher-Walde ſollen nur gleich zwei verſunkene Städte liegen (M. 7 n. p. c. Car. 1878, 285 (M. w. anth. 1886, 61 f.).

Der Ort iſt 1116 als Tinach bekannt (AſköG. 1850. M. w. anth. 1886, 61 f.).

Die Propſtei-Kirche Maria Himmelfahrt wurde nach dem verheerenden Brande im Jahre 1853 anfangs nur nothdürftig hergeſtellt. Daſs der frühere Bau aus der gothiſchen Periode ſtammte, darauf weiſen mehrere charakteriſtiſche Spuren. So ſind die Wanddienſte ſtehen geblieben; ſie bekamen nach dem Brande neue etwas plumpe an die romaniſchen Würfel-Capitäle erinnernde Capitäle. Von den alten Rippen-Gewölben hat ſich nichts erhalten, aber der hohe Triumphbogen erſcheint noch in der ſpitzbogigen Form mit flachen Laibungen. Unter den Wanddienſten des Chores, welche in Einviertel-Raumhöhe vom Fuſsboden aufhören, kommen noch die urſprünglichen Conſolen vor, an deren zweien man Zwergfiguren wahrnimmt. Auch die früheren Capitäle wurden hier noch ſtehen gelaſſen; ſie haben die kelchförmige blätterumrankte, mit Geſichts-Masken verzierte Form. Nach der Anzahl der Wandſtützen waren im Chore drei Joche nebſt dreiſeitigem Schluſse, im Schiffe fünf Joche vorhanden. An der Epiſtel-Seite des Chores der Grabſtein eines infulirten Propſtes mit Bruſtbild im vollen Ornat mit Mitra und Stab, in der rechten Oberecke das Tainacher Wappen. Das untere Inſchriftfeld gibt den Namen „Carolus Ludovicus Klier archidiaconus inferioris carinthiae..“ an, doch iſt die Jahreszahl undeutlich. An der Schiffs-Nordſeite im Hoch-Relief und in Lebensgröſse die Figur eines Geiſtlichen „Gregorius Latom collegiatae Ecclesiae B. Mariae Magdalenae in Velkermarckt praepositus 1695.“ Derſelbe erſcheint im gewöhnlichen Amtsgewand, ein Buch in der Linken, auf ein Wappenſchild mit der Rechten ſich ſtützend. Der an der Chor-Nordſeite zwiſchen der Sacriſtei und der Valentins-Capelle aufſteigende ſehr ſchlanke Thurm erhielt wahrſcheinlich nach dem Brande die vier hohen Giebel-Aufſätze und den zierlichen achtſeitigen Pyramiden-Helm. Dagegen ſcheinen die gekuppelten durch Blendbögen geſchloſſenen Schallfenſter im Glockenraume ihre frühere Form beibehalten zu haben. Vom alten Baue rühren ferner die an den Strebepfeilern des Chores ſichtbaren ſpitzigen Giebel-Abſchlüſſe her, darüber Fialen, meiſtens ſtark beſchädigt. Ganz moderniſirt die Weſt-Façade. Zum Weſteingang führt ein langer gedeckter Stiegengang, nur in Holz hergeſtellt, am letzten Bogen Abſchluſse ſteht: „G. MP. V. 1651“.

Eine kleine an der ſüdweſtlichen Ecke befindliche Platte enthält die Worte: „Ab epIsCopo Lavantinen beneDICtVs sVM“ (1718); ſchlieſslich meldet eine nicht ohne Humor verfaſste Grabſchrift im Oſten des Chores:

„Hier ruht Joſephus Meſſerer
Ein ſchwacher Tenoriſt
Und lacht, daſs er ein Beſſerer
Dort oben im Himmel iſt.
Geb. 23. Aug. 1693, † 19. Juny 1768“.

An der Nord-Seite der Kirche ein ſehr hoher Karner, rund im Grundriſſe ohne Apſis-Ausbau, unten das Beinhaus mit kegelförmigem ſchadhaften Holzdache (M. IX n. F., p. XCVIII).

Tamtschach bei Wernberg. An der Heerſtraſse von Virunum nach Sianticum und Aquileia. Angebliche statio Taſinemetum. Vgl. Kranzelhofen, Seebach (Ank. 1, 559. Vgl. Mo. S. 589).

Tanzenberg. Das Schloſs, mit ſeinen Bauten auf der Waldhöhe weſtlich von Station Zolfeld, zwei Stunden von Klagenfurt entfernt auf einem ſüdoſtabfallenden Bergrücken, eine Fläche von mehr als 50 Ar 35 Quadratmeter (1400 Quadratklafter) einnehmend, iſt als eine der impoſanteſten ländlichen Groſsbauten hauptſächlich durch den Reichthum an behauenen Steinen des Zolfeldes zu erklären. Was ſpeciell die Marmor-Denkmale betrifft (drei Reliefs 19 Schriftſteine), ſo iſt es nicht ausgeſchloſſen, einigen die Fundſtelle auf der thalbeherrſchenden Anhöhe mit ihren Uebergängen nach Projern und Hörzendorf ſelbſt anzuweiſen, zumal den Fragmenten eines Mithräums. Der gröſste Theil aber ſcheint vor 1550 in Brantlhof, auf der erſten Bergſtufe vor dem Schloſſe, gerade oberhalb der Glan, zuſammengetragen worden zu ſein; hier ſtand entweder ein altes Fanum oder manches iſt zum mittelalterigen Bau aus dem oben angedeuteten Gebiete herbeigebracht worden. Den reichen Keutſchachern war für ihren, ſeit 1247 urkundlich erwähnten Anſitz von 1460 her, beſonders dem Salzburger Erzbiſchofe Leonhard in der Zeit 1495 bis 1519, das weiteſte Ausgreifen möglich. Zu beklagen bleibt nur, daſs über den vagen Begriff Zolfeld gar keine unterſcheidenden Aufzeichnungen hinſichtlich der Fundſtücke überliefert worden ſind.

Die drei Mithras-Reliefs: Büſte, leicht bekleidet, mit Strahlenkrone, davor ein Rabe liegend, deſſen Kopf fehlt; 2 Seitentheile mit 11 Feldern, enthaltend einzelne Gruppen, an 30 Geſtalten, menſchlich und thieriſch, dazu Gefels, Gewäſſer etc., werden ſeit Prunner 37 dem Zolfelde zugeſchrieben (Ank. 1. 639. Jab. S. 56, 108, Taf. 1 und 2. K. 19. Krones Oeſt. G. 1, 198). Sollen dieſe Reliefs zugehörig ſein zum Weihſtein PRO SALVTE AVG des Hilarus und Epictetus (Jab. 12. Mo. 4800), ſo ſind ſie Theile des im Jahre 239 n. Chr. reſtaurirten Sonnentempels auf einem Hügelabfalle (knapp weſtlich?) bei Töltſchach.

Von den drei Weihſteinen gelten zwei dem Mithras, deſſen Cultus in Aquileia um 305—308 am meiſten blühte.

DIM DIADVMENVS. Dieſer Weihſtein des augusti dispensator arcarius regni norici, aus der Zeit um 260—311, ſcheint vor 1752 gebracht aus Brantlhof, oder Zolfeld oder Poſſau (vgl. Mo. 4798. Jab. 18. Mo. 4797. Mi. w. Althms.V. 11, 83. K. 11. *Ankar* altcelt. Nor. 2, 28. RN. 2, 9, 10, 27).

DIM TEMPLVM. Den ſeit mindeſtens Jahr 261 n. Chr. verfallenen Mithras-Tempel, erneuert im Jahre 311 n. Chr. Aurelius Hermodorus, vir perfectissimus praeses provinciae norici mediterranei, Bauleiter Quartinius Ursianus. Vor 1752 aus Brantlhof? Dorthin vor 1570 aus Zolfeld? (Jab. 13. Mo. 4796. K. 62. Vgl. Töltſchach Jab. 12. Mo. 4800, M. 1, neu 77. Kml. 10, S. 109, 111. Mu. RN. 2, 9).

GENIO NORICORVM, Zeit um 200, gefunden vor 1551, wo? im Zolfelde. Fehlt (Jab. 6. Mo. 4781. Valv. S. 214 kennt hier fünf Schriftſteine [alſo 14 ſeit 1688 herbeigebracht?]. Car. 1864, 322).

Grabſteine:

DML AVRELIO, dem augustorum libertus, Procurator vicesimae hereditatum und praefectus (cohortis quintae singularium), um 161—169, gefunden im Zolfelde? vor 1551. Fehlt (Jab. 31. Mo. 4827. Mu. RN. 1, 198).

MARIVS*, mit miles cohortis montanorum primae, Sterne, Halbmond, nach 80, aus Brantlhof?, gefunden im Zolfelde?, vor 1551 (Jab. 34. Mo. 4849. Valv. 214. K. 57. Mi. w. Althms.V. 11, 137. Mu. RN. 1, 188, vgl. 63, 43).

(CARILAI?) IN CANAPA, zwei interfecti a barbaris, Zeit um 240, gefunden vor 1740, aus Brantlhof oder Zolfeld (Jab. 80. Mo. 4850. Jung S. 75. K. 33. WJbücher 102, 12).

C TERTINIO*, dem Aedilicier; Schreiber, Gefäſs, Bänder, Ziermädchen; Zeit um 220, gefunden vor 1551 im Zolfelde? (Jab. 19. Mo. 4867. Valv. 214. K. 25. WJbücher 116, 65).

C PVBLICIVS, der Virunenſer Freigelaſſene, um 80, gefunden vor 1551 im Zolfelde? (Jab. 107, S. 12. Mo. 4870. K. 66. Valv. 214. Or 3017).

P AEL CANDIDO, Palme, um 220, gefunden vor 1740, aus Brantlhof? (Jab. 83. Mo. 4873. K. 65).

Q CERVIVS*, um 215, gefunden vor 1551, aus Brantlhof? (Jab. 82. Mo. 4892. K. 64).

M COCCEIVS, Gefäſs mit Weinlaubzweigen beiderſeits, Cippus der Zeit um 98—140, gefunden vor 1551, aus Brantlhof oder Zolfeld? (Jab. 81. Mo. 4899. Mu. RN. 1, 217. K. 105. Valv. 214. Kml. 85).

IN MEMORIAM, Hirt mit Widder, Zeit um 170—230, nicht chriſtlich, gefunden vor 1551, aus Brantlhof oder Zolfeld? (Jab. 88. Mo. 4921. Afk. 7, 37; 11, 78. AfköG. 29, 245. Mi. w. Althms.V. 11, 84. K. 37).

M IVLIVS, Schluſszeilen, um 100, gefunden vor 1551. Fehlt (Jab. 87. Mo. 4932).

PVSSINNAE, Cippus mit weiblicher Büſte, gefunden in einem der abgetragenen Schloſsthürme vor 1819. Fehlt (Jab. 84. Mo. 4957).

SABINIVS*, um 200, gefunden vor 1551, aus Brantlhof? Fehlt (Jab. 86. Mo. 4968).

DM SVADRA*, um 240, gefunden vor 1551. Fehlt (Jah. 85. Mo. 4984. Mu. RN. 1, 186).

ET VRSE NVRE*, um 240?, gefunden vor 1551. Fehlt (Jah. 100. Mo. 4986).

M VLPIVS, um 130, gefunden vor 1551, aus Brantlhof oder Zolfeld? (Jah. 89. Mo. 4997. K. 70).

VET | VS, um 200?, gefunden vor 1551. Fehlt (Jab. —. Mo. 5002).

Der Name — vgl. den Tanzenberg, den Tanzboden in Ober-Steier, *Obermüller* 2, 755 — taucht urkundlich zuerst im Jahre auf.

Das im großartigen Maßstabe massiv erbaute und zwei Stockwerke einnehmende Schloß besteht aus dem alten gegen Norden gelegenen fast ganz verfallenen Schloße, welches noch einen bewohnten Tract mit auf Kragsteinen überbautem ersten Stocke hat, sowie einen runden Thurm mit Kegeldach; die Eingänge haben Spitzbogen, und bei einem Thürgewände ist das Steinmetzzeichen: [Steinmetzzeichen] zu sehen, ferner eine verfallene Ringmauer mit einem halbrunden Thurme mit spitzbogigem Eingang, selber ist aber nur ein Ebenerdestockwerk noch hoch; auf einem rothen Steine 1+5+2+4. Das angebaute große Schloß aus dem 17. Jahrhundert ist ein langes Rechteck, 62 M. lang und 54·3 M. breit, mit Ring- und Gartenmauern umgeben.

Der Haupteingang befindet sich westlich in der Ringmauer, dann kommt man zum eigentlichen Schloßthor, welches aus Stein im Rundbogen in Rustik mit Lisenen und Gesimse, sowie einem Schlußstein mit einem Löwenkopfe ausgeführt ist, daneben ein kleines Pförtlein ebenfalls in Stein ausgeführt. Man kommt alsdann in die gewölbte Einfahrt, links die Stiege mit auf einer Säule ruhendem Gewölbe, daselbst an der linken Wand ist ein aus rothem Salzburger Marmor eingemauerter Stein, mit der Mitra oben, unten links das Wappen von Salzburg, rechts die Rübe, daneben links ein Kreuz und rechts der Bischofsstab, unter allen ein fliegend Blatt mit der Inschrift:

»Erzbischof Richard zu Salzburg hat lassen machen das Haus.« Anno d. m. 1 5 11

Dieser Stein soll aber von dem jetzigen Fürsten Karl Fugger Babenhausen vor mehreren Jahren aus Gmünd in Kärnten hieher gebracht und auf diesem Platze eingemauert worden sein.

Von dieser Einfahrt kommt man in einen großen Hof, welcher rundherum vierunddreißig rohgearbeitete steinerne Säulen zählt, auf denen der darüberliegende Gang mittelst Kreuzgewölben ruht; dieser Gang zählt im ersten Stock 68 jonische Säulen, ebenfalls als Stütze für Bögen und Kreuzgewölbe darüber, der Fußboden hat ein Estrichpflaster; das Geländer ist eine steinerne Doggenbalustrade. Im östlichen und Südtracte befinden sich mehrere tiefe Keller mit steinernen Stiegen und zwei Kerker. Im Ebenerde bestehen verschiedene massiv gewölbte Räume für Hausbedarf, im östlichen Tracte vom Hofe aus die Capelle; diese geht bis in den ersten Stock, hat einen dreiseitigen Chorabschluß von außen, von innen aber ist sie rund, hat einen flachen stukatorten Plafond mit einem mittelmäßigen Gemälde daselbst. Die Einrichtung, Altar und Kanzel sind aus dem 17. Jahrhundert, die Kanzel ist noch in reinem Naturholze ohne Malerei oder Vergoldung. Vom ersten Stocke der Eingang zum Oratorium. Im ersten Stocke sind eine Menge große und sehr hohe Zimmer, in einigen noch Oefen weiß und grün aus dem vorigen Jahrhundert; ferner bestehen noch zwei steinerne Stiegen in zwei Ecken des Schloßes. Gegen Südwest ist der große Rittersaal mit einer aus weißem Marmor gemeißelten Eingangsthür; diese schön profilirt, mit Ornamenten an den oberen Theilen geziert und zwar mit Früchtenfestons und zwei einköpfigen Adlern, über dem Sturze ein Gesimse; ferner befinden sich vier Thüren im Saale, deren Gewände ebenfalls aus weißem Marmor einfach angefertigt sind und die in Nebenräume führen; der Fußboden ist mit Estrich belegt, der Plafond mit Holz in Cassettenform getäfelt, theils bemalt und mit vergoldeten Rosetten geziert, der Fries ist mit Metopen und dazwischen mit Wappenschildern und Trophäen, welche bemalt sind, ausgestattet. Es finden sich noch mehrere Zimmer im ersten und zweiten Stockwerke mit einfachen Holzplafonds getäfelt. Der zweite Stock war für Vorräthe etc. bestimmt, da er größtentheils keine Plafonds hat, die Fußböden sind ebenfalls mit Estrich belegt. Das Dach ist theilweise mit den alten Steinplatten, dann mit Ziegel und Schindeln gedeckt. Das ganze

Schloß ist in keinem guten Zustande, es fehlen alle Fenster, sowie sehr viele Thüren, auch das Dach läßt viel zu wünschen übrig.

Tarvis. Letzte sicher rätische Namensform von Tyrol her gegen Ost, italienisch Tarvisio (*Obermüller* 2, 924). An der Heerstraße von Virunum nach Aquileia, einerseits über Larix (Saifnitz), ad Silanos (Pontafel), andererseits über den Predil; eine Seitenstraße nach Emona über Weißenfels, Ratschach, Kronau ist nicht unmöglich. gefunden 1565, stand 1819 im Hause unter dem Bezirkscommissariat, Retscher Nr. 23, nordseitig (Jab. 425. Mo. 4712. E. 4, 133, Nr. 6, vgl. Mo. 5, 706). Gegenwärtig Sitzbank. Früher war er in der Façade eingemauert. Beim Durchbrechen eines Fensters wurde er unvorsichtig herausgehoben und entzweigeschlagen.

DM IVL VENVSTAE. Mann mit Buch, Mädchen mit Spiegel, um 210, gefunden nach 1870 (Mo. 4713. E. 4, 161, 558).

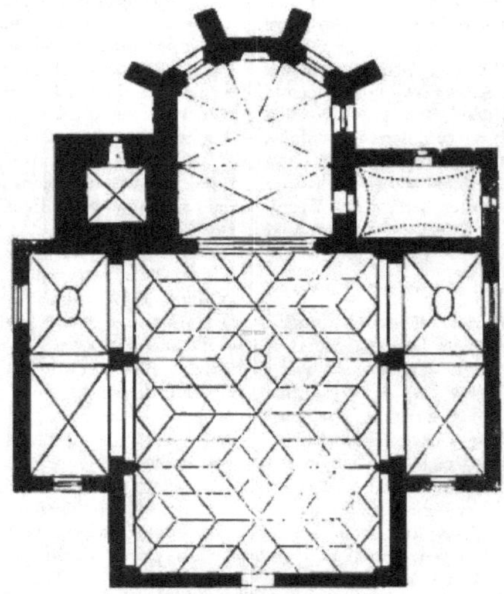

Fig. 343. (Tarvis.)

(Ank. 1, 284, 556, 564. Jab. S. 3. Mu. RN. 1, 248. Mo. S. 589. M. 6 neu, p. 39. Car. 1887, 124. M. w. anth. 1886, 61 f. *Koch-Sternfeld*, Tauern 1820, S. 111. Kml. 66).

Bronze-Münze Marc Aurel, liberalitas aug. imp. cos. III in Villach 1873. 2 Bronzen Diocletian 1874; ob daher?

In Ober-Tarvis:

Beim Bahnbau in Ponteba (wo? Maglern?) gewann man einen bronzenen Dolch und eine Fibel, beide V. seit 1878.

D M AQVILINI. Des kaiserlichen Gutsverwalters Grabstein aus der Zeit um 220,

In Unter-Tarvis:

D M Q MVTILIVS, Cippus, oben Büste, Satyr links stehend mit Thyrsus, Tänzerin mit Kugel, Zeit um 190, gefunden vor 1565 (bei Saifnitz, Valv. 216). Als Gewölbepfeiler an der Mühle in der Gasse (Jab. 426. Mo. 4714. E. 4, 161, 559. Aep. 4, 213. Mu. RN. 1, 417, vgl. Aufsatz ähnlich Leibnitz, Sch. d. hist. Vs. f. O. Oester. Tafel 25, Nr. 129, 29).

C SECVNDINVS, um 210, gefunden vor 1534?, jetzt in Saifnitz, St. Dorothea als A | SECVDIN (Jab. 427. Mo. 4715. Valv. 216 E. 4, 161, 560 und 133 Nr. 6).

Grabstein Vitalis und Hilarus, Sura, Luppon um 180, Haus Madins (M. 1885, p. CXXXV. Car. 1886, 100).

Statuarisch Geformtes vor Haus Nr. 10; 2 Bauplatten vor Nr. 40 (Car, 1883, 156).

Die Kirche von Ober-Tarvis liegt auf einem Hoch-Plateau, innerhalb einer alten aufgelassenen befestigten Anlage, die Mauern des Kirchen-Castells laufen im Gevierte um die Kirche, den Kirchhof umschliessend, sind mit grossen Schiessscharten versehen und an zwei Ecken mit alten Wehrthürmen verstärkt. Die Kirche besteht aus einem breiten gothischen Schiffe mit Netzgewölben auf einspringenden Streben. Der Chor besteht aus einem oblongen Kreuzgewölbe und dem fünfseitigen Schlusse. In neuerer Zeit wurde beiderseits ein Seitenschiff angebaut, die Presbyteriumfenster haben neue Masswerke erhalten. Die Bauzeit der Kirche wird durch folgende, an dem West-Portale angebrachte Inschrift klargelegt: sie lautet: Nach christi gepurd 1 ꝗꝗ V des mitags nach Sanct michelstag hat angehebt das pawmaister oswalt (Fig. 343, Grundriß, Fig. 344, Ansicht; M. IX n F., p. LXVII). Es findet sich folgendes Steinmetzzeichen: .

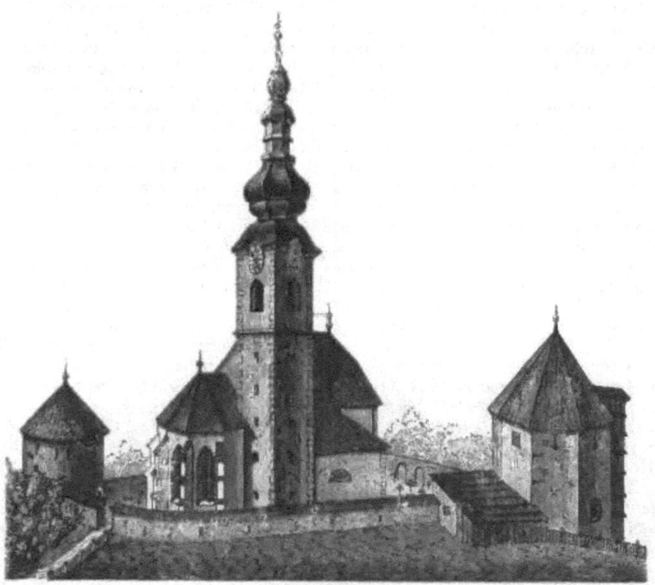

Fig. 344 (Tarvis.)

Das Langhaus-Gewölbe dürfte aber jünger sein. Im Presbyterium hübsche Spät-Renaissance-Chor-Gestühle aus dem 17. Jahrhundert mit guirlandverzierten Säulchen, ebenso die Orgelchor-Brüstung. Schöne Säulen aus Marmor in der Spät-Renaissance, desgleichen der Taufstein. An der Aussenseite der Grabstein des Erasmus Engelhart von Haslbach weyland r. k. m. Gegenschreiber hie 1562 (Wappen, rother Marmor).

Ferner die Grabsteine der Barbara Engelhartin, † 1514, der Johanna Schnuzin, † 1574, der Susanna Seenusin, † 1575, des Carolus v. Rechbach, † 1550, der Lucretia v. Rechbach, † 1658. Ein Votivbild auf Leinwand: Die Kreuzigung darstellend mit zwei Wappen und der Jahreszahl 1591.

In Unter-Tarvis an mehreren Häusern Inschriftsteine, so am Hause Nr. 93: Jörg Stainmer hat disen Egekstein legen lassen, Anno am 21. May 1543, dabei eine Hausmarke; bei Nr. 87 eine Hausmarke und 1539 auf dunklem Marmor, am Hause Nr. 41 eine Biene in Relief und 1531; am Hause Nr. 25 drei Wappen und Æ 1535; endlich am Hause Nr. 37 eine Hausmarke.

Die Maria Loretto-Capelle ist mit besonders schönen Deckengemälden geziert; ein hübscher Renaissance-Bau. Unter dem Orgel-Chor ein älteres Oelgemälde italienischen Ursprunges.

Tasinemetum. Diese Station der Tabula, aus der Zeit 222—235, liegt an der Heerstraße von Virunum nach Aquileia, also westlich vom Zolfelde, 20 mp. von Virunum entfernt; sie folgt der 11 mp. von Virunum abstehenden Station Saloca nach 9 mp. und hat westwärts in der Tabula eine Lücke bis ad Silanos. Zwischen Kranzelhofen und Seebach?

Das Itinerar vom Jahre 193—211 kennt diese Station noch nicht und zählt nur in einer Tour nach Santicum 30 mp. Ein Rostrum Nemaviae liegt in Vindelicien, Dorf Dillishausen, Nemetacum zu Tongres, Nemetum civitas in Bienwald bei Speier, Nemetes bei Altripp (*Obermüller* 2, 763, 369, vgl. Tamtschach. Mo. S. 589. *Linhart* G. Kr. 1, 330, 331).

Tauchendorf bei Friedlach. Zu dieser Ortsgemeinde gehört auch Haidach, f. d. MOGI(ANCVS)* um 140, mit decu(rio) cla (udiae Viruni), gefunden vor 1880. Kirchen-Vorbau (M. 6 neu S. c1.n. Aep. 4, 210, 7. Car. 1882, 173).

Der Ort als Tuchendorf, Tuchenstorf 1131, 1140.

Die Kirche (Filiale von Friedlach) mit Resten gothischer Bauweise, polygones Presbyterium mit Streben; in der Mauer ein Römerstein.

Techelsberg (St. Martin am Techelsberg). Stark restaurirter Bau, nur alt im Chor, ein Gewölbejoch mit Kreuzrippen, polygoner Schluß, Wanddienste aus Dreiviertel-Säulchen, die auf Consolen ruhen. Schlußsteine, einfach gothischer Taufstein. Einfache Sacraments-Nische. Strebepfeiler am Chor. Thurm zwischen Chor und Langhaus. Eine Glocke von 1535, leider kürzlich durch den Brand zerstört. Kelch aus 1500 mit sechsblättrigem Fuße und Gravirungen, getriebener Nodus.

Bei der Kirche ein romanischer Karner mit vortragender Apsis, einfach.

Teichl. In der 1758 erbauten Kirche befindet sich ein silberner vergoldeter spätgothischer Speisekelch (M. VII n. F., p. XCII).

Tentschach. Grabstein VF und C BOTTIO, um 130, gefunden um 1885, vermauert (Aep. 11, S. 81, Nr. 32). Beim Steinbruche des Heidacher, daraus die Reliefs von Maria-Buch und Umgebung stammen dürften, fand man im Jahre 1880 die Felsschrift M | CVNIAME, um 310 (Aep. 4, 212, 13, ähnlich wohl pec[unia] sua zu Pettau und Freudenthal. M. 4038, 3778).

Ebendort sind mehrere Meter tief seit August bis November 1880 Eisengeräthe ausgegraben worden: Brechstange, Meißel, Steinbrech-Werkzeug und thönerne Gefäßscherben, K (Car. 1880. Mus.-F. 22).

Der (gleichzeitige?) Fund von Silbermünzen, über 100 in einem Schwarzthon-Topfe (auch Gold?), theils K, 61 Stück, Baron Jabornegg, Reichsritter von Hempel zu Emersdorf, Joanneum, Genser in Grätz, reichte wahrscheinlich von 89 v. bis 254 n. Chr. Junia. Silani S. (Dolenz zu M.-Saal.) Nero 1 K. Vitellius 1 K. Vespasian 10 K, 2 Hempel (Coh. 14, 164. Jahr 72—75, Genser). Titus 1 K, 1 Hempel. Domitian 12 K (Coh. 27, Jahr 76, Genser). Nerva 4 K. Trajan 22 K, 5 Hempel (Coh. 76, Jahr 105, Genser). Hadrian 10 K (Coh. 298, Jahr 118, Genser). Faustina j. 1 Hempel. Caracalla, 1 Hempel. Philippus, 1 Hempel. Volusian, Jahr 254, 1 Hempel (Car. 1880, 295; 1881, 98; 1883, 154. Klagfr. Ztg. 1880, S. 1276). Krones Mithräum (Oest. Gesch, I, 198. M. 1883.

Der Ort als Tenzschach seit 1248.

Tessendorf, Pfarre St. Georgen a. S. kleines romanisches Kirchlein (12. Jahrhundert) mit halbkreisförmiger Apsis, darin zwei Fenster im stumpfen Spitzbogen mit starker Laibung. Gesimsreste am Scheidebogen. Das Schiff mit Stuccodecke und viereckigen Fenstern, hölzerner Dachreiter mit Steinplatten bedeckt, darin zwei oblonge Glocken, eine mit den verkehrt geschriebenen Namen der Evangelisten. In der Sacristei ein alter gothischer Kelch (M. XI n. F., p. CXXV).

Teurnia, s. **St. Peter im Holz, Lurnfeld** etc. (Alch. d. bayr. Ak. d. W. VI, 3: 1852, 376).

Theissenegg. Die St. Magdalena-Kirche liegt auf bedeutender Bergeshöhe. Das Kirchen-Gebäude diente anscheinlich einst zu Vertheidigungszwecken. Noch bemerkt man an fünf Chorseiten nahe dem Dachsaume hohe Schießscharten, welche wiederholt auch an einigen Stellen der alten sehr starken Friedhofsmauer vorkommen. Damals war die Kirche wahrscheinlich noch in ihrem ursprünglichen Zustande ein gothischer Bau, doch sind die Gewölberippen später heruntergeschlagen worden. Die Gewölbe selbst zeigen noch deutlich den spitzbogigen Charakter und sind nebstdem noch andere Anzeichen des gothischen Styles vorhanden, wie das profilirte West-Portal mit spitzbogigem Schluße und von Consolen gestütztem glatten Tympanon mit zu beiden Seiten aus der Façade heraustretenden Tragsteinen, einst zur Aufnahme von Heiligenstatuen bestimmt. Das Presbyterium höher als das vierjochige Langschiff, links ein neues Seitenschiff. Ueber dem West-Portal der massive ziemlich niedrige vielleicht noch romanische Thurm mit einfachen spitzbogigen Schallfenstern und vierseitigem Pyramidenhelm. Sehr schadhafte niedrige Strebepfeiler an den Widerlagern des Chores und an dessen Abschlußwänden auch Spuren der ursprünglichen ganz kleinen jetzt vermauerten Fenster mit spitzbogigen Schlüßen (die gegenwärtigen Fenster sind von der früheren Stelle verrückt, breiter und mehr stumpf spitzbogig). Ein alter Taufstein mit flach abgerundetem achtseitigen Becken, solchem Fuße und Sockel. Die acht Beckenseiten an der Oberhälfte schildförmig verstärkt, sonst unverziert. In der Sacristei ein gothischer Kelch von größeren Dimensionen, von welchem jedoch nur mehr die Cuppa und der besonders reich gearbeitete Nodus erhalten sind; an der Sacristeithüre schöne Eisenbeschläge.

Große Glocke: Flor. Stuckfaß zu graz goss mich 1600, andere Glocke: Martin Feld, hat mich gegossen in graz 1751, dritte Glocke: Math. Landsman in Klagenfurt, goss mich anno 1695.

St. Thomas. Filialkirche (nach St. Marein gehörig), ein kleines zierliches spätgothisches Kirchlein mit sternförmigem Spitzbogengewölbe im fünfseitigen Chore und mit dichtem Netzgewölbe im dreijochigen Langhause; im ersteren: Consolen an der halben Wandhöhe, in letzterem capitällose Dreiviertel-Wandsäulchen. Der Thurm steht links neben dem Triumphbogen, ist in die Kirche eingebaut und ruht dort auf einem achtseitigen Pfeiler (Fig. 345). Die Fenster spitzbogig mit vielen Resten von schönem Maßwerk. Bemerkenswerth sind zwei Barok-Gestühle und der Grabstein des Wolfsberger Stadtrichters Hans Harfchl und seiner dritten Hausfrau Rosina, † 1600. In einem Schilde auf einem Schlußsteine die Marke: [Marke]. Rechts die Sacristei ebenfalls mit Maßwerk-Fenstern. Sehr beachtenswerth ist das reiche gothische Portal mit geradem Sturz, Maßwerk im Tympanon, mit

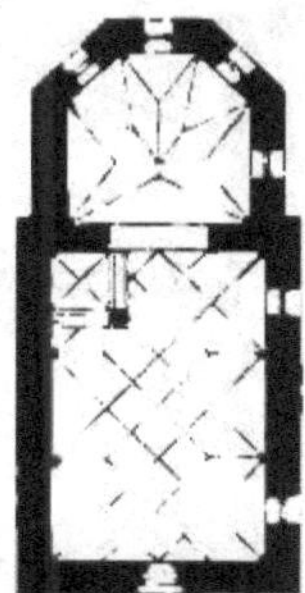

Fig. 345. (St. Thomas.)

Baldachinen über den Figuren des heil. Martin und Florian, mit Fialen und Kreuzblumenschluß. Ueber dem Portal ein kleines Rundfenster mit Maßwerk (M. X n F., p. LXXXV).

St. Thomas am Zeiselberg. An der Heerstraße Virunum — Juenna, Richtung gegen Timenitz.

D M AVR SECVNDIAN, Mannsbüste, Doppelsöldner der leg. II. italica, um 193—210, 238, gefunden 1819 (Jab. S. 3; 383. Mo. 4835. Knil. 73). An der Ostseite des Thurmes etwa in 10' Höhe sehr schöner runder Rosettenstein eingemauert.

Der Ort ist seit 1170 genannt; in der Nähe die alte Zeisellburg bei Portendorf.

Gothische einschiffige Kirche mit schmalem Presbyterium, das aus einem aus drei Seiten des Achteckes construirten Schluß und einem Quadrate besteht. Zahlreiche Strebepfeiler mit Sockel- und Wasserschlag und schräger Steinbedachung aus Quadern, darunter viele Römersteine, rings außen um den Bau. Gewölbe gurtig, netzartig ohne Rippen, imitirte Schlußsteine. Die vier Consolen, von denen im Schiffe das Gurtengewölbe ausgeht, zeigen in roher Weise Schilder, Blätter und Köpfe. Das West-Portal spitzbogig mit geradem Sturz, hübsch profilirt. Das Thurm-Portal stumpf, spitzbogig. Der Thurm steht links neben dem Presbyterium, hat einen achtseitigen Helm, stumpfspitzige Fenster. Die Fenster spitzbogig, doch theilweise erweitert. Die Verglasung besteht durch-

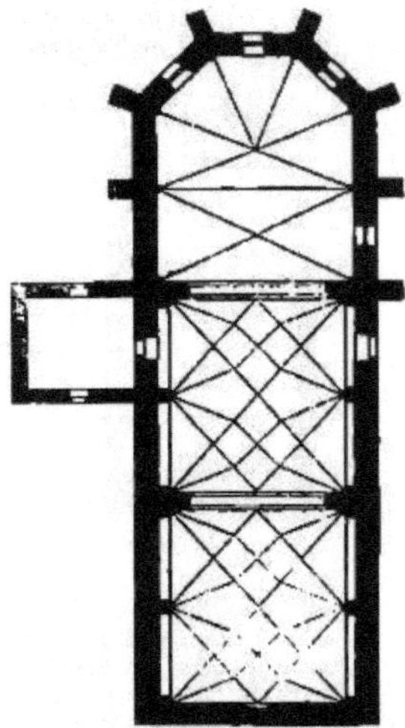

Fig. 346. (Thörl.)

aus aus Butzenscheiben. Der Chor liegt nicht in der Achse des Schiffes. Achtseitiger schlanker Taufstein. Auf der Epistel-Seite kleine länglich viereckige Nische ohne alle Verzierung mit Gitter. Kelch aus dem 16. Jahrhundert (?), Ciborium aus dem 17. Jahrhundert. Glocke: Math. Lantsmann hat mich gegossen in Klagenfurt 1690. Die zweite: 1585 Benedict Fiering zu Völkermarkt, hat mich gegossen etc. darauf Münzen- und Bildabdrücke. Außen ein Christusbild.

Thörl (M. 1888, 50; 1887 p. CCXLV). Die Andreas-Kirche, einschiffiger durchgehends gothischer Bau, vielleicht aus zwei Perioden stammend (Fig. 346, Grundriß). Der Chor zeigt nur die Diagonal-Rippen eines einfachen Spitzbogengewölbes, dagegen das Schiff die zahlreichen Rippen hübscher Sterngewölbe. Wegen der strengeren Construction wäre daher der Chor als der ältere Raum anzunehmen, etwa der zweiten Hälfte des 14. oder ersten Hälfte des 15. Jahrhunderts angehörend. Er ist aus einem breiteren Vorderjoch und dem mit fünf Seiten aus dem Achtecke genommenen Chorschluße gegen Osten gebildet. Daselbst übergehen die Kreuzrippen auf Dreiviertel-Säulchen ohne Capitäle. Diese ziehen sich an den Wänden herab bis in die Höhe der Fenster-sohl-Bänke, wo sie auf eigenthümlichen Consolen aufruhen (Fig. 347 und 348) Ihre Ober-

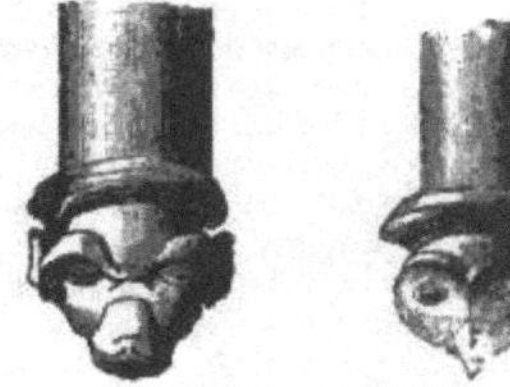

Fig. 347 und 348. (Thörl.)

flächen sind nämlich theils mit plumpen Thier-, theils mit fratzenhaften Menschenköpfen bedeckt. Im Westen des Vorderjoches schließt ein ziemlich schmaler dreiseitig geschrägter Triumphbogen mit spitzigem Scheitel an.

Das mit dem Chore gleich hohe Schiff theilt sich eigenthümlicherweise in zwei Unterabtheilungen, welche von einander durch eine spitzbogige dreiseitig geschrägte Quergurte gesondert sind. Als der eigentliche Schiffsraum ist aber mehr der zweijochige östliche Theil zu betrachten, wogegen der gleich große westliche Theil zur Thurmanlage gehört und so die Durchgangshalle bildet. Sowohl hier als dort laufen die Stern-Gewölberippen auf runden Diensten an, die mit den Hinterpfeilern verbunden sind, beide ohne Capitäl, letztere als Wandgurten fortgesetzt. Der in der ganzen Breite der beiden westlichen Joche sich erhebende massive Thurm hat ein im Spitzbogen profilirtes Portal, oben einfache gothifche Schalllöcher ohne Maßwerk, vier Spitzgiebel und achtfeitigen fchlanken Spitzhelm. Bei den Chor- und Schiffenftern von gothifcher Form hat fich kein Maßwerk erhalten. An der Evangelium-Seite des Chores als Wandnifche ein Sacraments-Häuschen, ziemlich rohe Arbeit. Eine Thurmglocke aus 1428. Die zweite Glocke aus 1524.

Infchriftfeldern entfprechende Sprüche aus dem Evangelium auf weißem Grunde. Im unterften größten Felde die Widmungs-Infchrift. Darnach war der Donator Joanes Pünlein, Abt des nahen damaligen Benedictinerftiftes Arnoldftein aus dem Jahre 1593 (M. IX n. F., p. LXVII).

Faft die ganze Kirche ift innen mit fehr wichtigen und werthvollen Wandmalereien

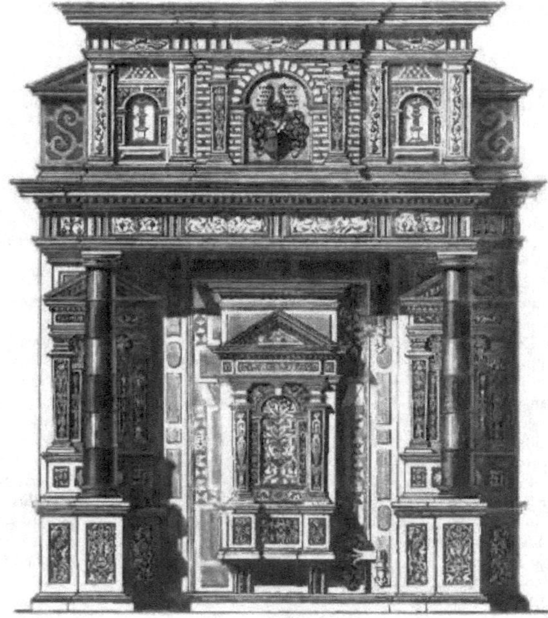

Fig. 349. (Thurn.)

Großes Votiv-Bild an der Epiftel-Seite des Chores, von Kunftwerth, 1·90 Breite zu 1·70 Höhe, auf Leinwand gemalt; eingetheilt in 14 Bildfelder, drei größere und zwölf kleinere Infchriftfelder und zwei kleine Wappenfelder. In den vierzehn Hauptfeldern Bruftbilder: Jefus und Maria, dann die Apoftel. Schöne ausdrucksvolle Köpfe theils en face, theils en profil, auf dunkelbraunem Grunde noch in lebhaften Farbentönen. In den beigesetzten fchmalen

ausgeziert, davon viele erft in neuefter Zeit aufgedeckt und pietätvoll reftaurirt wurden.

So fand man an zwei Wandfeldern links im Presbyterium ausgedehnte Malereien. Diefelben beginnen ungefähr 6 Fuß ober dem Fußboden, reichen bis zum Gewölbefchluße und mögen der erften Hälfte des 15. Jahrhunderts angehören.

An der erften Wand des Presbyteriums links, alfo neben dem Triumphbogen, findet fich eine aus mehreren einzelnen Bildern zufammengefetzte große Darftellung, u. zw. im Mittelbilde als großes Bild Chriftus am Kreuze. Vom rechten Balken des Kreuzes geht ein Arm heraus, deffen Hand eine weibliche Figur krönt, am Spruchbande dabei fteht: dextera coronat; die Figur trägt ein Kirchenmodell, das auf den Symbolen der Evangeliften ruht. Hinter diefer Figur fteht eine zweite, die einen Ring mit Edelftein emporhält, dabei die Worte „sibi desponsari". Aus dem Kreuz-Abfchluffe oben reicht eine Hand heraus, die mittelft eines Schlüffels die Pforten des himmlifchen Jerufalem öffnet: „prima coelos tangit". Die Hand aus dem linksfeitigen Kreuzbalken ftößt einem Manne die Krone vom Haupte und durchbohrt ihn mit dem Schwerte, daneben der Sündenfall. Ober dem Himmelsthor ein Engel mit Schwert und Wage, in der rechten Wagfchale ein Seelchen. Der oberfte Theil des Bildes im Spitzbogenfelde bringt die himmlifche Glorie zur Darftellung, und zwar im runden Medaillon: Gott Vater fitzend auf dem Thronftuhle, mit Scepter, Weltkugel und der Taube auf der Bruft. Unter dem Medaillon fieht man die neun Chöre der Engel mit ihren Benennungen. Alle diefe Bilder find fo dargeftellt, dafs die Figuren fich gegen das Hauptbild wenden. Die Dominationen haben Krone, Scepter und Weltkugel, die Principatus und unterften Reihen Mufik-Inftrumente. Die Engel leiten kleine Schiffchen mit Seelchen darin. In diefem Wandfelde haben fich die Bilder gut erhalten. Links und rechts an den Seiten in den kleinen Feldern, die durch plaftifche Stäbe von einander gefchieden find, die Auferftehung Chrifti, die Himmelfahrt, die Sendung des heil. Geiftes, Chriftus und Thomas u. f. w.

Um das erwähnte Sacraments-Häuschen an der zweiten Wand breitet fich eine vortreffliche Umrahmungsmalerei eines gothifchen entfprechenden Aufbaues aus.

Es ift ein reiches Sakramentshäuschen gothifchen Stiles dargeftellt, das bis zum Gewölbeabfchluß hinanreicht. Doch ift auch hier die ganze Wandfläche herum reich bemalt, fie ift weniger gut erhalten. Wir fehen als Seitenbilder in dem oberften Theile rechts den Erzengel Gabriel mit Spruchband, darauf noch leferlich: de patre, links die heil. Jungfrau fitzend im weißen Gewande mit blauem Ueberkleide, dabei ein verblichenes Spruchband. Ober der heil. Maria das Bruftbild Gott Vaters auf diefelbe herabgeneigt und in den Händen das Chriftuskind haltend, gleichfam es herabreichend. Das Kind ift in einem Eie mit dem Kreuze dargeftellt (Incarnatio verbi). In den kleineren Bildfeldern darunter ift dargeftellt Melchifedek, Abraham, die Typen der Eucharistie und das jüngfte Gericht.

Thurn bei Hermagor. Wallfahrts-Capelle zu Maria Heimfuchung, gehörte früher als Privat-Capelle zu dem ganz nahe gelegenen jetzt verfallenen Schloffe Thurnhof. Nur ein Flügel des Gebäudes fammt einem mächtigen Thurm haben fich noch erhalten. Auf der Chordecke in der Capelle ift das Wappen der Gröffing aufgemalt, dabei die Jahreszahl 1570. Das Schiff hat eine flache Decke (M. IX n. F., p. CXXXV).

Thürn, ein Schlößchen bei Marein mit Reften alter Malerei im runden Eckthurm, doch in Folge vieler Reftaurirungen von geringer Bedeutung.

Intereffant ift einiges Getäfel, das fich noch in einzelnen Gemächern erhalten hat. Befonders fchön ift eine Thürverkleidung. In der Bekrönung mit dem Wappen von Kärnten führt es die Infchrift Carolus archidux carinthiae regnans anno MDX (?); die auf der Thür befindliche Jahreszahl lautet 1589 (Fig. 349).

Tiffen. An der Seitenftraße von Santicum nach Virunum über Feldkirchen gelegen, am Nordrande des Offiacher-See's (M. w. anth. 1886, 61 f.; Corresp. f. Anth 1886, 55). Auf der Höhe des Pfarrdorfes vermuthet man einen Jupiter-Tempel. Die Kirche vielfach aus römifchen Baufteinen, Capitälen; die Stein-Fundftellen um diefelbe (Jab. S. 6).

Drei Reliefs:

Ein Hafe liegend, erjagt von zweien Windhunden. Kirche (Jab. 413).

Menfchliche Geftalt (Bacchantin) mit Stab und Kranz, menfchliche Geftalt mit Stab und Körbchen, unten Blumen-Arabeske. Kirche.

Blumen-Arabeske. Schulhaus (Jab. 414. Ank. 1, 513, Car. 1873, 31; 1887, 167. M. 1885, p. CXXXVII).

Von den fechs Schriftfteinen find drei Weihfteine.

IOM SACRVM, Ara, dem Jupiter durch den centurio leg. I adiutrix fr. um 220, gefunden vor 1850, jetzt im Schlößchen

Lang bei Feldkirchen, Freitreppe (Jab. 416, Mo. 4787).

IOM M TREBIVS, Ara, dem Jupiter durch Alfius, equo publico, praefectus iure dicundo, Aquileia, conductor ferrariarum noricarum, um 200, gefunden vor 1850, jetzt in Lang bei von Platzer (Jab. 415, Mo. 4788. S. 618. Kml. 91. Sitzgsb. Ak. W. 80, 558).

.... AV (CV) PVSCA, Ara der?, um 190, gefunden 1865. Fehlt (Jab. 412. Mo. 4822. Aep. 4. 214).

DM CONCONINVS* um 215, gefunden 1845. Kirchhofmauer (Jab. 409. Mo. 4900).

(F) L. APHOBO*, um 81—140, gefunden am Hügelfuße (zwifchen Maierei und Getreidekaften?) vor 1845 (Jab. 410. Mo. 4912. K. 34).

CO CORBI*, um 250, gefunden vor 1859, Kirchhofmauer außen (Jab. 411. Mo. 6497. Car. 1845, 144).

Der Ort erfcheint als bewohnt wieder um 1074—1084, namens Tiuina.

Die Kalkftein-Lager von Tiffen bis Vafloyen und Pölling haben hauptfächlich die Relief- und Schriftfteine der Glanthaler Anfiedelungen geliefert.

Die Kirche ist von zweifchiffiger Anlage mit einem jüngeren polygon gefchloffenen Chore, der Triumphbogen halbkreisförmig, das Langhaus befteht aus $3^{1}/_{2}$ Jochen mit Netzgewölben überdeckt. Drei achtfeitige Pfeiler tragen die Theilungswand, denen entsprechend an den Seitenwänden Dienfte als Rippenträger ohne Capitäle. In den Gewölbekappen fchlecht reftaurirte Fresken (Bruftbilder von Heiligen, dabei Spruchbänder). Hoch intereffant ift ein großes Oelgemälde an der Schiff-Nordfeite, die Auferftehung Chrifti vorftellend. Die darauf befindliche Legende lautet: Der edl und vefft Leonhart Meichfner . der . zeit . pfleger . zu . Tyfen . hat . des . gemal . und . tafel . Got . zu . lob . und . eere . Machen . laffen . Nach Chifti . gepurdt . 1530 Jar. Links kniet der Donator, rechts seine Gattin, jede Figur mit dem Wappen. In der Sacriftei ein Kelch von demfelben 1516 gefpendet. Grabfteine von Prieftern aus 1754 und 1766, der Hoch-Altar von 1754, zwei Chor-Stühle von 1781. Die große Glocke von 1490; als Weihwafferftein ein römifches Capitäl. Außen keine Strebepfeiler, das Seiten-Portal fpitzbogig im Efelsrücken. Schöne Thürbefchläge. Der Thurm fteht über dem erften Joche, ift befonders maffiv, hat rundbogige Schallfenfter und niedriges Zeltdach, jedenfalls gehört derfelbe einer früheren Bauzeit an, als die Kirche (M. XI n. F., p. CXXVI).

Tigring. An der oberen Heerftraße Virunum-Sianticum-Aquileia; Richtung Karnburg, Emersdorf, Lorberhof, Zmuln, Zweikirchen, weiterhin Moosburg, Stallhofen,

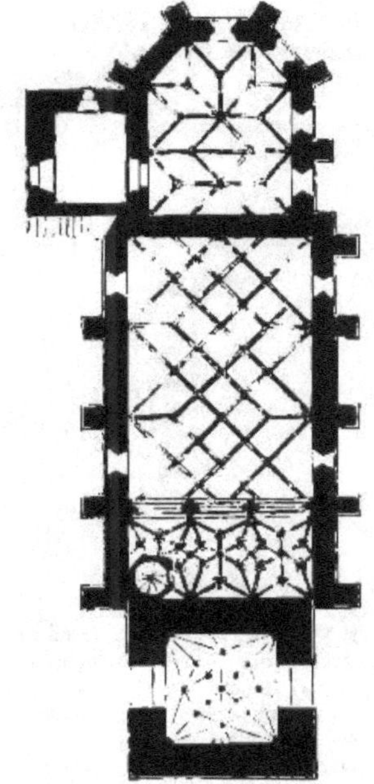

Fig. 350. (Tollerberg.)

Rennweg, Windifchberg, Leonftein, Töfchling u. f. w. Außer Baureften zeigten fich hier feit dem Jahre 1820 mehrere bronzene Klein-Geräthe, wozu etwa gehören dürfte Dr. Kumpf's Bronze-Pferd mit Reiter, gerüftet, „aus Tigring's altem Gemäuer", im Felde, hoch 15 Cm. (6″).

Ebendaher ein kleiner Marmorkopf, Vefpasian (Vitellius), K wie in Zolfeld (Muf.-F. 92).

Der Ort als Tygric, Tigring um 1135, 1163. (Jab.-Christ. 1, 2; Jab. S. 3, 4, 165. Car. 1820, Nr. 40; 1847, 99; 1887, 193. K. Zfchr. 4, 108, 110).

Timenitz. An der Heerftraße von Virunum nach Juenna, durch die Mulde unterhalb Stuttern herführend (M. w. anth. 1886, 61 f.). Der Felsbau der Kirche erinnert an ein Vorwerk (Jab. S. 3). Die Schwedenfchanze (vgl. Hauer G. 402, Ranke Alpr. 456).

Ein Relief, Vafe zwifchen zweien Greifen, im Schloße (Jab. 198).

HADRIAN // F, Randfchrift eines Sarges, lang 79 Cm. ($2^1/_2$'), ohne Deckel, um 158, gefunden vor 1850? K. 100. (Jab. 199, Mo. 6502, E. 2, 438, 951).

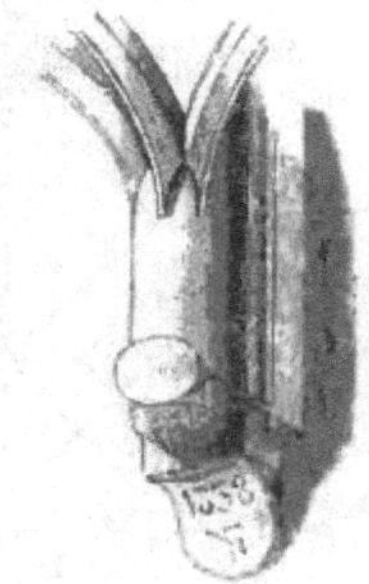

Fig. 351. (Tollerberg.)

D M C VIATO (RI), dem Duumvir iure dicundo (claudia Viruni), praefectus cohortis (Afturum), tribunus legionis vinace(donum), um 200, gefunden vor 1819, Kirche (Jab. 197. Mo. 4859).

Der Ort als Timnich 1072? Timenich 1167, vielleicht als ein Finfterbach-Ort, Kml. 171, Nr. 3.

Die auf einem fteilen Hügel liegende Kirche diefer fchon 1217 erfcheinenden Pfarre fteht auf den Ruinen einer Burg, deren Refte noch diefelbe umgeben.

Der Bau befteht aus einem neueren Schiffe mit Tonnengewölbe und dem Presbyterium (ein Joch mit Kreuzgewölbe und dem Chorfchluße aus dem Achtecke). Die kräftigen Rippen ruhen auf Confolen, davon eines mit einem Schild (darauf der Mond) geziert ift. Die Fenfter zweitheilig, fpitzbogig mit gutem Maßwerke, das Portal rundbogig mit reicher Gewandung, der Thor-Flügel mit altem Befchläge und Schloß. Unter dem rechts angebauten Thurm das Beinhaus, eine Halle mit einer Säule in der Mitte. Strebepfeiler am Chor.

Am Portal [Steinmetzzeichen], am Karner-Eingange [Steinmetzzeichen]. Sacraments-Nifche

Der Thurm mit rundbogigen Schallfenftern, vier Spitzgiebeln und achtfeitigem Spitze.

Gegen Norden, außer der Friedhofmauer die Amtskanzlei, ein Bau mit einem über Eck geftellten Erker (M. IX n. F., p. CIV).

Töllerberg. Die Kirche zu St. Margarethen ift eine bis ins 11. Jahrhundert zurückreichende Stiftung, die noch der heil. *Hemma* zugefchrieben wird.

Man betritt die Kirche durch die Halle des vorgebauten Thurmes, Fig. 350, die mit einem complicirten Netzgewölbe überdeckt ist, deffen Rippen in 13 runden Schlußfteinen fich vereinigend auf vier Eckconfolen ruhen, deren zwei Schilder tragend mit den Merkzeichen in Hoch-Relief [Steinmetzzeichen]. Das Portal hat profilirte Laibung, geraden Sturz und im Bogenfeld Blendmaßwerk. Das Schiff befteht aus vier Jochen und ift mit Netzgewölben überdeckt, die Rippen laufen ohne Vermittlung in die Wandfläche. Der Orgel-Chor ift in das letzte Joch eingebaut, wird von drei ftumpfen profilirten Spitzbogen getragen, die auf zwei merkwürdig profilirten Pfeilerchen mit gegliederter quadratifchen Bafis ruhen; die Gewölbe find netzförmig mit 16 runden Schlußfteinen conftruirt und laufen die Rippen theils auf die Pfeilerchen, theils auf runde Dienfte und Confolen mit Schilden an, davon eines mit dem Steinmetzzeichen: [Steinmetzzeichen] (Fig. 351). In der Ecke links ift das geräumige achtfeitige ganz aus Stein conftruirte Stiegenhaus mit rundbogigem profilirten Eingang. An der Weftfeite über der Empore finden fich Fenfter mit gedrücktem Kleeblatt, in dem mittleren Blatte eine Glas-Rofette. Der Triumphbogen ift dreifeitig profilirt und im Spitzbogen conftruirt. Das Presbyterium befteht aus einem Joche und dem fünffeitigen Chor-Schluße mit Netzgewölbe-Ueberdeckung, deren Rippen auf Dreiviertel-Dienſten mit rechtwinkeliger Unterlage ruhen. Etliche Dienſte ſind abgeſtutzt und andere mit einem Schilde verſehen. Die Gewölbe-Felder ſind mit Farben ornamentirt, alte Arbeit. Die Presbyterium-Fenſter ſind zweitheilig, einige mit Maſswerk.

Außen entſprechen der Schiff- und Presbyterium-Eintheilung einfache einmal abgetreppte Strebepfeiler. Was die Entſtehungszeit der Kirche betrifft, ſo ſtellen die wiederholt angebrachten Jahreszahlen die Bauzeit außer Zweifel, wenngleich es nicht unmöglich iſt, daſs Theile älteren Baues in den ſpät-gothiſchen Bau übernommen wurden. Wir finden nämlich die Jahreszahl 1538 zweimal angebracht, an einem Schilde des Chorgewölbes gemalt mit dem Zeichen darunter und mit dem Steinmetzzeichen am Dachſaume. An einem zweiten Schilde im Chorgewölbe über dem Presbyterium in der Sacriſtei findet ſich gemalt die Jahreszahl 1583 mit dem Worte pinxit. In der Kirche zwei Grabſteine: Herr Sebaldi Vizdomb von Pebelsreith Herr zum Tellerberg † 1. December 1652 und Felix Victor Rauber zu Rainegkh n. Obertrixen † 6. Auguſt 1590.

In der Halle vor dem Weſteingange Schrein eines gothiſchen Flügelaltares mit gekrönter Marienſtatue mit dem Kinde in der Niſche und den Bildnern von S. Margaretha und S. Agnes auf den Seitenflügeln; Malerei an den Außenſeiten verblaſst.

Der Thurm charakteriſirt ſich durch ſeine hohe gewundene Spitze, Seitengiebel und durch ſeine Höhe, da er in vier Etagen aufſteigt. In der Glockenſtube mächtige Fenſter im ſtumpfen Spitzbogen (Fig. 352).

Rechts neben dem Langhauſe ſteht ein einfacher runder Karner mit Gruft und Concha in ſehr herabgekommenem Zuſtande. Spuren von Bemalung, wie eine heil. Communion, das jüngſte Gericht, St. Michael, St. Oswald (M. XII n. F., p. XXXI).

Die Filial-Kirche zur heil. Katharina, nach *Ankershofen* von der heil. *Hemma* geſtiftet, iſt ein kleiner romaniſcher geoſteter Bau, deſſen flach gedecktes Schiff 12·81 M. lang und 17·20 M. breit iſt; der aus einem Halbkreis gebildete Chorſchluſs liegt nur zwei Stufen höher und iſt mit einer Halbkuppel gedeckt. Die Fenſter umgeſtaltet, doch ſchmal, das Portal mit geradem Sturze, im Schiffe zwei Spitzbogen-Fenſter; auch erkennt man einen vermauerten ſpitzbogigen Eingang, darüber eine Steinkugel eingemauert iſt. Ein Chriſtoph-Wandbild aus dem 17. Jahrhundert. Dachreiter.

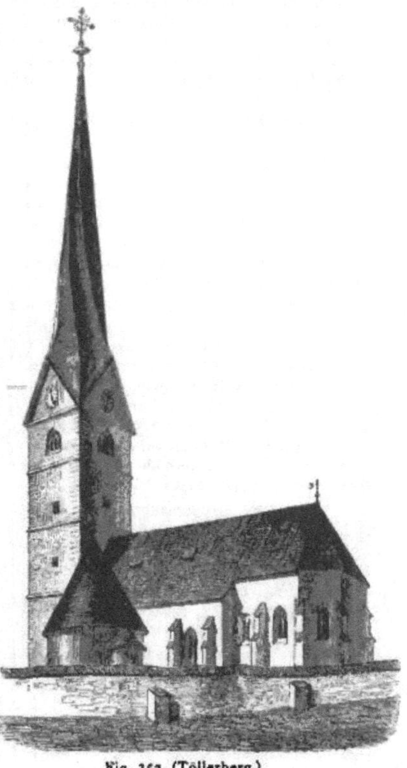

Fig. 352. (Töllerberg.)

Nahe dabei der ſogenannte Schatzkogel, woſelbſt Fundamente eines ringförmigen Baues von circa 6½ M. Durchmeſſer aus Bruchſtein-Mauerwerk erkennbar ſind, herum Spuren von Böſchungs-Mauerwerk. Oben am Kogel ebenfalls Mauerreſte unter der Erdoberfläche (M. XII n. F., p. LXXIX).

Töltschach. Die Gründe dieses Gutes, gelegen von der Bahnstation Zolfeld östlich, oberhalb des Kilometer-Steines 10 von Klagenfurt nördlich, gelten als Mittelpunkt der Stadt *Virunum*. Vor dem 17. Jahrhunderte erwähnt kein Alterthümler dieser Stelle; erst nach dem Besitze der Neuschwert, welche von 1446—1470 auch an Hattenberg, Blindendorf, Hart ansässig waren, der Himmelberg vor 1612, Leitgeb um 1809, Türk, der Hock, Baron Reinlein-Marienburg 1880, ist die antiquarische Wichtigkeit hervorgetreten. Ein Haus-Umbau geschah 1691 (Himmelberg), Zugebäude entstanden 1818—1820.

Der Ansitz, heute 2 Häuser, 30 Einwohner zählend, mit den nächst benachbarten Zolfeld und Rosendorf 19 Häuser, 122 Einwohner, erinnert mit seiner slavischen Bezeichnung Teleče an Dolina, den Thalsitz. Wir deuten die hiesigen Nachgrabungen nur kurz an nach der Jahrfolge:

1820. In der Ebene? Gebäude-Reste der Grabungen Dickmann (Ank. 1, 634. Jab. S. 57). 7 Römersteine (Car. 1820).

1838. Töltschacher Wald: Baureste, Wohnzimmer mit Heizziegeln, Farbwänden, Estrichboden, Steinplatten (Car. 1838, Nr. 23, 25, 26. Jab. S. 63, S. 18. AfköG. 16, 272).

1840. Der Brunnen mit den Eisengeräthen (im Acker unterhalb des Schlosses) scheint römisch (Jab. S. 61, Nr. 2).

1845. Die Grundmauern der Basilika (Jab. S. 17. Car. 1842, 205). Töltschacher-Berg, nördliche Fortsetzung vom Prunner-Kreuze aufwärts, West- und Südwest-Hang: zwei Mauern, dazwischen Goldkette (25 Ducaten), goldener Ring, silberner Ring. Kein Grab (Jab. S. 61, Nr. 1).

1852. Tempel-Acker: Drei Platten mit Randzier neben Farbwänden, Glas, Knochen, einem Eisenknopfe (AfköG. 16, 272).

1855—1857. Töltschacher-Berg, West-Hang vom Fahrwege zum Schloß links Gebäudereste (eines Bades?) mit ornamentalen Wandmalereien und verschiedenen Geräthschaften.

Um 1838—57? Hügelwald nördlich vom Schlosse, Hausrest mit Heizpfeilern sammt Schieferplatten, Heizröhren, Estrich (Car. 1838, Nr. 25. Afk. 1, 122).

1867. Rand des Wäldchens westlich vom Schlosse, Gebäude mit Farbwänden. Tempel-Acker, kleine(?) Gemächer, Mosaikboden, schwarz und weiß gemustert, mit Rahmen-Umfassung (AfköG. 9, 141. Jab. S. 61, Nr. 2, S. 62, Nr. 4).

Vor 1870. Vom Töltschacher-Berge (bei Kratzer-Weide) herab gegen Ort Zolfeld und hinan gegen Döchmannsdorf bis Töltschach und Arndorf, Häuserreste am West-Hang, Süd-Hang; in Ebene Quadern, Säulenstücke; am Süd-Hange kleinere Häuser; am West-Hange zwei freie Plätze, lang 100 Schritte, breit 50. Schutthügel in Wald und Feld, letztere geflächter; Canäle, Küchenreste allenthalben (Jab. S. 16).

1870? Fundstelle? Ein Grab mit Nische, Aschen-Urne, Sigillata. Wohl nur wahrscheinlich vom Wege nach Meiselberg östlich (Car. 1870, 328).

1876. Nächst dem Schlosse ein Mosaik-Boden (Car. 1877, 89; vgl. Afk. 3, 66. Allgemeines. Ank. 1, 502 f., 506, 629, 633, 636, 638; M. 2, neu 251).

Die Brunnenschale zu Stadt St. Veit auf dem oberen Platze stammt vom West-Hange des Töltschacher-Berges, wie es scheint, von der Stelle zwischen Sulzmühle, Teich und Brunnenhaus unter dem Gefels. Die Schale aus Krystallin-Marmor (von Emersdorf?), ein Monolith, hat einen Kreisdurchmesser von 273 Cm. (über 1°; 8' 9"), eine Höhe von 52 Cm. (1' 9"; 19"), Randdicke an 16 Cm. (6") und möchte vor 1566 dahingebracht worden sein. Man ist geneigt, sie in die Mitte der Stadt Virunum zu versetzen, wo sie von Kunst nichts repräsentirte, und sie mit dem Weihstein für Jupiter depulsor und die Nymphen (Jab. 5. Mo. 4786), in Bezug zu bringen (Car. 1820, Nr. 32. Jab. S. 21).

Von Schriftsteinen pflegt man 18 diesem Fundorte zuzuschreiben, davon gehört die größere Hälfte den Weihsteinen an. Die genannten Gottheiten sind Aeskulap mit Hygeia, Fortuna, Genius loci, Genius Mercurii, Hercules Jupiter depulsor, Dolichenus, Mercurius, Mithras, Nymphae, Victoria.

Die 14 Weihsteine für wenigstens 10 Gottheiten sind:

(AESCVLAPIO) ET HYG(IAE), um 200, gefunden um 1818, unter dem Schlosse im Felde(?), dann am Stallthore (Jab. 90, Mo. 4772).

FORTVNAE AVG*, Weihstein eines col(legium) ma(uliensium), von mindestens

26 Widmern, viele in Kleinschrift, um 200, gefunden am Töltschacher Berge 1819 (Jab. 8. Mo. 4778. Mu. RN. 2, 9. K. 126).

(GENIO HVI)VS LOC mit Ael. Maximus als procurator augg nn regni norici, Ara, um 161—169, gefunden 1880. Sulzmühle (Aep. 4, 208, 1).

(GENIO L)OCI CONSER Ara, um 161—169, gefunden 1818, unter dem Schlosse im Felde?, Stallthor (Jab. 91. Mo. 4780. K. 198).

GENIO MERCVRI, Ara des tabularius augustorum, um 161—169 um 210?, gefunden im Acker unterhalb des Schloßes mit Stücken von Säulenköpfen und einer kleinen, sehr verstümmelten Statue 1820, Sulzmühle. (Jab. 10. Mo. 4782. Mu. RN. 2, 9. Koch-Sternfeld, Tauern 1820, S. 154).

HERCVL, kleine Ara, um 230, gefunden 1882, 6. Mai, im Maierhofbau. K. 219 (Aep. 5, 95, 1. Car. 1882, 256).

IOVI DEPVLSORI, Ara? auch den Nymphen, um 180, gefunden vor 1691, um 1740 zu Tanzenberg; fehlt. In der Capelle? (Jab. 5, Mo. 4786).

(I)·O·M·(NR)MA(XI)MVS, Ara, Adler mit Donnerkeil, c. 200, gefunden 1882. K (Aep. 11, 80, Nr. 31).

I·O·M·D·SECVNDINIVS*, Ara, dem Jupiter durch den miles leg. II ital severianae, um 210, gefunden vor 1691 (Jab. 32. Mo. 4791, ad. S. 1046. E. 2, 437, 946. Sitzgsb. AkW. 12, 59. K. 98. Kml. 73).

MERCVRIO, Ara-Stückchen, um 180, gefunden um 1819; in der Scheune-Mauer, gestürzt (Jab. 9. Mo. 4794. Mu. RN. 2, 10).

D I M PRO, Ara dem Mithras, um 200, gefunden 1882, April. K. 210.

D I M IN HONOR, Ara dem Mithras zu Ehren des Kaiserhauses von Eppius Ariminensis filius; Mann zwischen Widderköpfen, um 210, gefunden 1817 im Acker unterhalb des Schlosses beim Fahrwege (westlich?); jetzt in des Maierhofes Vorderecke (Jab. 11. Mo. 4799. Mu. RN. 1, 178. Mi. w. Althms.V. 11, 83. WJbücher. Bd. 24, 7; vgl. 127, 299. Koch-Sternfeld, Tauern 1820, S. 144. Mu. RN. 2, 10. Car. 1883, 105, 126, zu Jab. 11, 12, 13).

PRO SALVTE AVG zu Ehren des Kaiserhauses dem Mithras gesetzt vor Hilarus augusti libertus tabularius patrimonii? regni norici und Epictetus arkarius augusti nostri im Jahre 239. Der Mithras-Tempel ist vermuthlich um 190 erbaut, 239 dieses erstemal erneuert und bemalt und durch den sacerdos pater sacrorum Licinius Marcellus eingeweiht, um 261 zerstört und 311 durch Aurelius Hermodorus das zweitemal erneuert worden, um endlich dem allgemeinen Cultverbote des Jahres 378 zu verfallen. Gefunden vor 1691 unterhalb des Schlosses, hat der Weih- und Baudenkstein wahrscheinlich den Standort gemein mit DIM TEMPLVM, Tanzenberg (Jab. 13, Mo. 4796, K. 624); auch mit den drei Mithras-Reliefs ebendort und befand sich zuletzt im Stallbaue zu Töltschach (Jab. 12. Mo. 4800. K 217. Linhart G. Kr. 1, 256. Mu. RN. 2, 9, 10; 1, 367. Vgl. das Mithräum-Vorbild zu Kroisbach. M. 12, S. 121, 129. Car. 1817, Nr. 25; 1882, 103 mit 4 Schriftsteinen. Kml. 112, 95).

VICTORIAE AVG und drei Zeilen, Ara, um 240—310, gefunden 1752, wird hier wieder aufgeführt, weil der Fundort vielleicht näher bei Töltschach als bei Rosendorf war; vgl. letzteres (Mo. 4814, ad S. 1046. K 187. Kml 83).

..OIVS!..P¦AVR und 12 Zeilen, Schluß EPPI VS, um 180 oder 200, gefunden wo? (Mo. 4819. K. Vgl. den Eppius Ariminensis Jab. 11. Mo. 4799).

Es folgen 4 Denk-Grabsteine, 1 Geräthstück:

..LEG II (ital), p. f. ant, um 220, gefunden 18.. (ob in östlicher Höhe nächst dem Wege nach Meiselberg linkerseits?); jetzt an des neuen Stalles Thore (Jab. 35. Mo. 4862. Kml. 73).

DMM·AVRELIVS*. Vgl. Rosendorf (Jab. 33. Mo. 4836. K. 209).

DAPHINO*, um 120, gefunden vor 1691 im Acker unterhalb des Schlosses mit chirurgischen Instrumenten, jetzt am Prunner-Kreuze (Jab. 70. Mo. 4908).

L MASCVLO*, um 250 gilt als das gefälschte Stück statt des echten zu Krumpendorf aus dem Zolfelde (Aep. 4, 216).

C POMPONIVS*, um 170, gefunden vor 1691, beim Schlosse (in östlicher Höhe?) am Wege nach Meiselberg-Rosendorf (vor der Spaltung und linkerseits?); jetzt im Prunner-Kreuze (Jab. 75. Mo. 4949).

VR erscheint auf einer rohen Brunnenschale im Schloßgarten und auf zweien Quadersteinen bei Sulzmühle und Schloß, alle gefunden im Felde unten; diese Markzeichen mit dem Stadtnamen mögen wohl neuzeitig sein, wenngleich älter als die hier sonst bekannten (Jab. S. 16, Mo. 5004, ad S. 1046; vgl. die ähnliche Ligatur bei Mo. 4125, 4656).

Statuarisches. An dieser Stelle kommen die Glanzstücke heimischer Ausgrabungen zu verzeichnen.

Hermaphrodit, hoch 136·9 Cm. (4' 4"), stehend, nackt, Kopf und Hände fehlen,

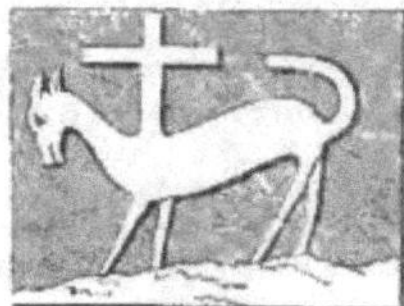

Fig. 353. (Ton.)

ersichtlich ist der Mantel in der Nische, links auf den Pilaster geworfen. Basis viereckig. Gefunden 1842, 5. November vom Wäldchen (östlich der Hauptstraße) an 100 Schritte östlich im Tempel-Acker (das ist Kirchen-Acker?) unter dem Schlosse, 2' tief beim Pflügen, aufrechtstehend nordseits neben (späteren) Gebeinen, zwei zerbrochenen Platten mit rundlichen Vertiefungen und einer dritten mit streifartiger Randverzierung. Dazu

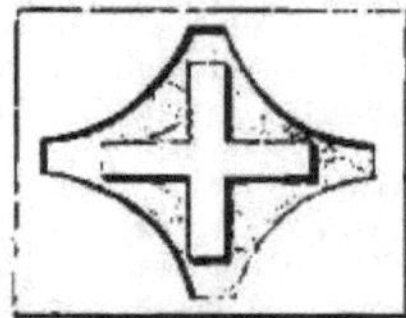

Fig. 354. (Ton.)

Glasscherben, Farbwand (roth, grün, weiß) und ein kleiner eiserner Kopf.

Männliche Gestalt, stehend, mit dem rechten Fuß an den Baumstrunk gelehnt: es fehlt der Kopf, rechter Unterarm, einige linke Finger (3?), linker Fußtheil vom Knöchel ab; ersichtlich ist der Mantel von der Brust her, von dem linken Armbuge her, die Mantelfalte hängt neben dem linken Beine hinab, Basis viereckig. Gefunden 1842, 9. November ebenda, in Tiefe 126 Cm. (4'), an einer Mauer K. Daneben Schale, Topfscherben, Schneckenhäuser, Thierbeine.

Aehnlich, Kopf und rechter Arm fehlt, auch die Parthie des linken Fußes vom Knie bis zum Knöchel; ersichtlich ist der Mantel auf der linken Achsel, von dem linken Armbuge her, die Mantelfalte hieng neben dem linken Beine herab, rechts ein Baumstrunk, Basis viereckig. Gefunden 1842, 11. November, ebenda; nähere Umstände nicht erhalten. K.

Aehnlich, Kopf und rechter Arm fehlt; ersichtlich ist der Mantel auf der linken Achsel, von dem linken Armbuge her, Mantelfalte und Baumstrunk wie oben. Basis eirund. Wie oben K.

Zwei längliche Piedestale mit Statuen-Füßen.

Ein Armstück.

Wohl auch diese beiden von selber Stelle, Acker (zwischen Wäldchen und Schloß), vom Wege (nach Töltschach zwischen Schloß und Sulzmühle) rechts südlich; (Jab. 109, S. 56. Oest. Bl. f. Lit. 1846, 145, 1176. AfköG. 16, 272. Car 1842, 205. Kml. 96).

Standbild, klein, hoch 80 Cm., sehr verstümmelt, gefunden mit Stücken von Säulen-Capitälen und dem Weihsteine GENIO MERCVRI (Jab. 10, Mo. 4782), im Jahre 1820 auf einem Acker unter dem Schlosse beim Pflügen. Jetzt an der Sulzmühle (Jab. S. 23, vgl. Car. 1820, Nr. 41, Deus Lunus bei Mu. RN. 2, 9 nach Car. 1820, 48).

Dass in Töltschacher Gründen, speciell im Berge, worunter sowohl das Wäldchen in der Fläche neben der Hauptstraße als der Westhang der Waldhöhen zwischen Prunnerkreuz und Meiselberger Hochstraße zu verstehen, genug Thonscherben sich vorfinden, ist seit *Prunner* (20, sammt Austerschalen) allbekannt. Setzen wir hinzu die Gefäße, Vasen, Lampen, (eine mit INDEMI) von 1837, Acker unter dem Schlosse, das Rotthon-Gewicht von 1855 K, die Urne von 1853 K, Amphora Obertheil von 1847 K, so möchte von den Deck-, Heiz-, Leit- und Mauerziegeln, den Sigillaten u. s. w. wohl das Mindeste angedeutet sein (Afk. 3, 66. Car. 1838, 24; 1847, 99; 1870, 328. Kml. 145).

Ton, auch Thon, bei Grafenstein. An der Heerstraße Virunum-Juenna, welche Linie allein die Tabula mit der Strecke von 23 mp.

angibt, an der Spaltung in der Richtung nach Klagenfurt-Völkermarkt.

Die füdöftliche Richtung der Linie, wie fie herläuft von St. Thomas, die Gurk überfchreitend, fetzt fich fort bis zum Brückenkopfe der Drau, unterhalb der Glanmündung in die Gurk.

ALBANV. Relief: Pferdepaar, lg., Haupttheil und Wagen fehlt. Gefims einfach (M. 1883, p. CCI, Fig. 7).

Achter Meilenftein von Virunum ab. (I)MP (C)AE(SAR) mit 8 mp., Zeit 161—169, gefunden 1820 bei einer Bauerntenne (Jab. 388, S. 8. Mo. 5711, praef. ad c. 2, S. 623. K 88. Car. 1838, 152; 1850, 347; 1851, 79. M. 3, n., p. L. R.-Stud. 3, 11, 14. M. w. anth. 1886, 61 f.).

wölbt, mit vier Giebeln und Spitzhelm Weft-Portal mit intereffanter Profilirung, theils im Efelsrücken, theils im Rundbogen im Efelsrücken überwölbt. Sacraments-Häuschen als Nifche mit Efelsrücken und Gitter. Das Schiff ein neuerer Bau, Tonnengewölbe, Wandlefenen.

In der Sacriftei finden fich zwei viereckige Nifchen, etwa 1′ tief und 1′ Seitenlänge, in einer eine früh-romanifche Darftellung des Lammes mit dem Kreuze ganz roh in Flach-Relief gearbeitet, in der zweiten ein Kreuz in einer rhombenförmigen Vertiefung (Fig. 353 und 354). An der Altar-Menfa links vorn ein Römer-Stein eingemauert, fichtbar ift noch die Darftellung zweier Pferde. Wagen und Schluß fehlen

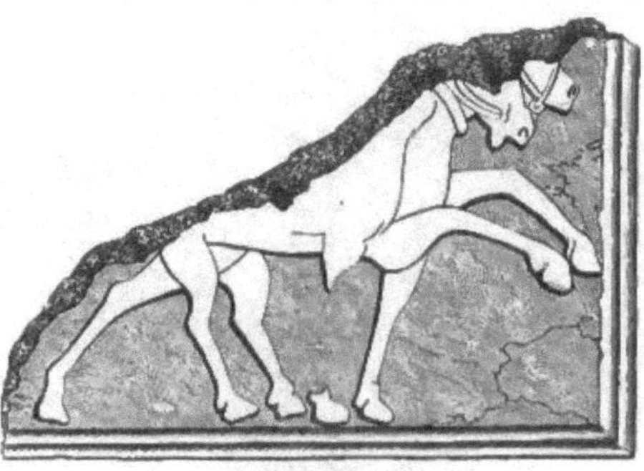

Fig. 355. (Ton.)

(Fig. 355), unten ein einfach profilirtes Gefimsftück. Außen ein Chriftophbild. (M. IX n. F., p. XCIX).

SVMARIO*, Medufenkopf, zwei Delphine, um 160, gefunden nächft der Kirche oder gegen M.-Saal? 1820 (Jab. 132, Mo. 4985. K 47).

Die Kirche ift eine Filiale von St. Peter bei Grafenftein. Der Chor fpät-gothifch aus drei Jochen und dem Chor-Schluße beftehend, die Rippen der Netzgewölbe ruhen auf Dreiviertel-Säulchen, die in der Höhe der Fenfter über dem Fußboden confolartig abfchließen, theils mit Schildern, theils mit Menfchengefichtern geziert find, Capitäle fehlen. Schlußfteine, vier rund und ein Schild, Strebepfeiler an den Chor-Ecken mit drei Abfätzen. Fenfter modernifirt. Der Thurm an der Evangelium-Seite gothifch mit ftarken fich kreuzenden Rippen auf vier Kegelconfolen mit rundem Schlußfteine unter-

Töschling. An der Straße Aquileia-Sianticum-Virunum; es ift dies die obere mehr nördlich ausgreifende Linie, die vom Wörtherfee ab nach der Waldfchlucht (Geleife-Spuren) über den Windifchberg, Rennweg, Stallhofen nach Moosburg, Klöfterl, Tigring, Zweikirchen, Zmuln, Lorberhof, Feiftritz u. f. w. ins Zolfeld geht. Die untere Linie zweigt vom Wörtherfee öftlicher bei Krumpendorf ab.

Römifche Silbermünzen in großer Zahl, gefunden im Jahre 1846, mehrere K; ein anderer Fund als jener von Leonftein, Pörtfchach? (Jab. S. 4, 6, 160. R.-Stud. 3, 11, 13. M. w. anth. 1886, 61 f.).

DOM (I)NVICTO, Ara dem Mithras, durch den beneficiarius? Urfulus, Zeit um 240, gefunden 1835 in Lenzbauers Steinbruch unter Hochgefels, tief 189 Ctm. (1°), aufrecht, mit einer eifernen Kohlenfchaufel (verloren); der Stein jetzt im Krumpendorfer Schlofsgarten (Glashaus) (Jab. 403. Mo. 4771. M. 3, n. p. CIX, CX. Aep. 4, 214).

Tragail bei Kamering. Eine kleine viereckige Capelle, der „heil. Magdalena" geweiht, mit viereckigem Presbyterium. Auf dem rechten Seiten-Altare eine fitzende Figur des „heil. Martin", ein Werk des 17. Jahrhunderts, wahrfcheinlich einem fpäten Flügel Altare entnommen. Hier befinden fich auch zwei Glocken, welche früher in Kamering waren. Die kleinere trägt die Umfchrift: S. Maria. Bit virr mich. Anno 1420.

Trebessing nächft Gmünd. Die jetzt als Stall verwendete Ruine eines gothifchen Presbyteriums, beftehend aus fünf Seiten mit Strebepfeilern, Spitzbogenfenfteröffnungen und einfacher Rippen-Conftruction. Der Renaiffance-Thurm noch eingedeckt (M. VIII n. F., p. CXXXI). An einer Stelle Spuren eines alten Fresko-Gemäldes: man erkennt einen Engel mit Pofaune und Spruchband (M. XII. n. F., p. CXXVIII).

Treffelsdorf bei Ober-Mühlbach. Einfchiffige Kirche mit romanifcher Apfis, Thurm an der Weft-Seite. Sacraments-Nifche. Am Hoch-Altar fteht: „Gott zu Lob ond Sonderbaren ehrn der H: Jungfrau und Martin und Margaretha hat diefen altar Machen laffen. Der Wohlgeacht Christan Dorflinger des Virftlichen Hoch fpital zu St. Veit Wohlbe, / ftellter amtman. Volent den 20. Juni Ano 651 Jars". Am rechten Seiten-Altar: „Der Aller-Heilligften Drey/Ainikheit, Wie auch der übergewenedeitiften Himmelskhönigin / Maria vnd der H: Jungfr vnd Märt. Margareta zu Lob und Ehr hat difes Altare aufrichten und faffen laffen der Ehr / bahr Vnd befcheiden adam petschgger der Zeit Zechbrobft zu obermühlbach vnd fein liebfte Ehewirthin Anna im 1693 Jar".

Holztafel des Jacob Dorflinger, Amtmanns des fürftlichen Hofpitals in St. Veit, geftorben 1625. Renaiffance-Einrahmung, braun und weifs, oben: „Selig seint die in den herrn entschlafen apol. XIII. c."

Bild auf Holz: Chriftus tritt auf die Erde über Todt und Teufel, unten drei Männer in Mäntel und Kragen" (M. VII. n. F., p. LIII).

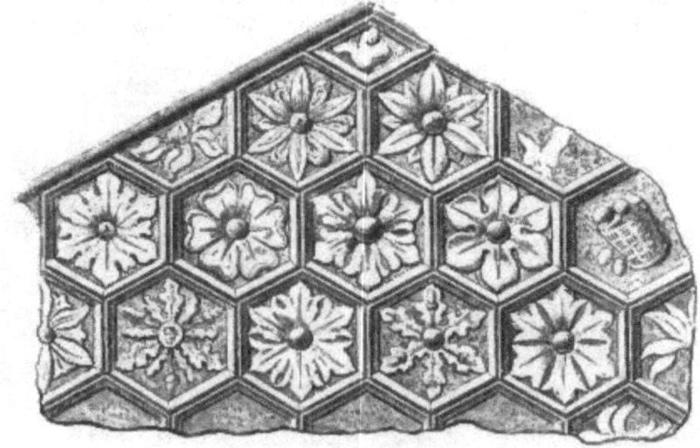

Fig. 356. (Treffen bei Landskron.)

Treffen bei Landskron. Thalort für einen Umkreis römifcher Steinbrüche von Pölling bis Krafthal. An der Weft-Seite der Schlofsruine zwei Felfengrotten, noch 1862 nifchenförmig fichtbar, oben offen, die gröfsere hoch über 380 Ctm. (2°), breit an 759 Ctm. (an 4°), für einen Dianen-Tempel gehalten; jetzt ausgebrochen. Oberhalb Treffen, vor Verditzen, gegen Krasthal beim Stanacher, ein Heidenloch (Jab. S. 178). Ob von hier der Denar Lucilla, Venus V. 1875, Nr. 189. (Jahrb. G. R. A., Bd. 28. Car. 1887, 163; 1888, 15. *Meyer*, Gur. 68, Mw. anth. 1868, 61 f.)

An der Kirche:

Eine caffetirte Platte, urfprüngliches Sechseck der füdlichen Kirchenmauer und theilweise mit Mörtel überworfen (Fig. 356; M. VII. 2. F., p. XLVI). Die Platte ift abgebrochen, das kleinere Stück fehlt, und dürfte das Ganze urfprünglich die Form eines regelmäßigen Sechseckes gehabt haben. Die einzelnen fechseckigen Caffetten find unter fich vollkommen gleich und findet fich darin ein fechstheiliges Ornament; nur in einem Felde ift ein Früchtenkorb dargeftellt. Die Platte ift theilweife mit einem glatten Rande verfehen, wahrfcheinlich die Auflageftelle derfelben. Man kann mit einiger Berechtigung annehmen, dafs damit ein fechseckiger Raum überdeckt gewefen.

Zunächft diefer Platte fand fich das Bruchftück eines Reliefs eingemauert, vorftellend eine nackte männliche Figur, ftehend, die beiden erhobenen Arme fehlen, gut erhalten und aus dem gleichen Steinmateriale (Fig. 357; Jah. 450. M. 7, n. p. XLVI; 6 n. p. XIII. R.-Stud. 3, 21, 42, 48. Car. 1887, 197).

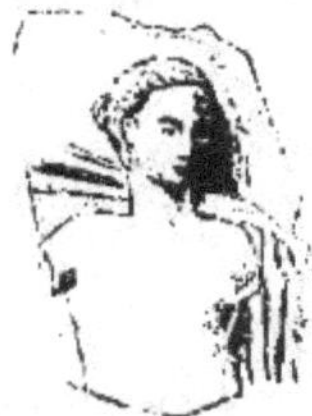

Fig. 357. (Treffen bei Landskron.)

Der Kirchenort Trebina 861, Treuena um 1066, vgl. *Obermüller* 402). Vor 850 möchten die kirchlichen Bauten, theils mit antiken Reften, wohl begonnen haben.

Treffen ift eine alte Anfiedlung, die Kirche wird fchon 878 genannt. Die heutige Kirche ift ein urfprünglich gothifcher Bau, hat aber durch das Erdbeben 1690 arg gelitten, die Reftaurirung wurde ohne Rückficht auf den gothifchen Styl planlos durchgeführt. Das Presbyterium hat eckigen Abfchluß und Strebepfeiler, der Thurm über dem Presbyterium rundbogige Doppelfenfter, das Portal rundbogig, doch fpät-gothifch profilirt, ein gothifches Seiten-Portal mit mit geradem Sturz. Die Kirche reich an Malereien. Am Hoch-Altar: Chrifti Himmelfahrt (in einem prachtvollen Renaiffance-Rahmen) von P. Caffeti. An der Epiftel-Seite Maria Verkündigung und Martertod des heil. Maximilian von demfelben Meifter. Auf der linken Seite ein Chriftus am Kreuze von Steiner. Das Kreuzabnahmebild am linken Seiten-Altar v. Bartl ftammt aus dem Klofter Viktring. Ober dem fpitz-bogigen Triumph-Bogen ein fchönes älteres Oelgemälde. Die Plafonds der Kirche bemalt von Chrift. Brandftätter dem jüngeren (1837). An den Wänden mehrere Bilder, darunter Magdalena wäfcht dem Herrn die Füße und Jefus der

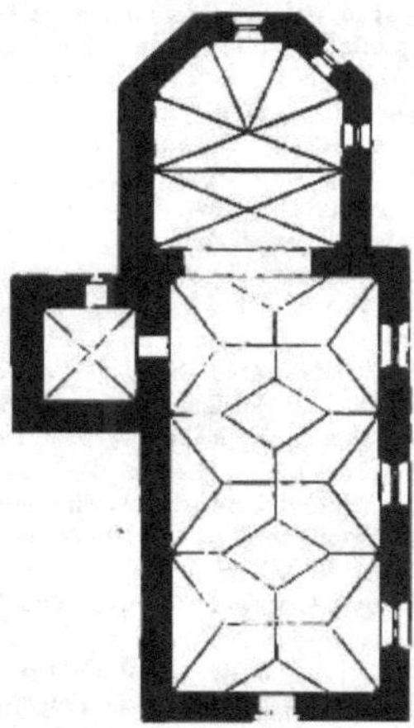

Fig. 358. (Treffling.)

Kinderfreund, endlich ift eine Kreuzabnahme bemerkenswerth.

Grabmale: das der Edelen Frau Dorothea Bädekerin mit Wappen 1496, des „Erneft Martin Säckhl von trefn, gewefter pflegsverwalter auf Bodenprunn" † 1573 und des Lienhart Säckl Verwalters zu Treffen 1496 (mit Wappen), des Edlen Georg Philipp Troi 1645 (mit Wappen), der Maria Conftantin Liesyaniggin (1735), endlich der große Marmorgrabftein der gräflichen Familie Grottenegg, als Rofina geb. Aichelburg, Maria Anna, Adam Seifried, Joh. Seifried von 1690, 1705, 1718, 1755. Zu erwähnen ift noch folgende Infchrift:

Anno a Christiano na
tali fesquimillefimo vigefi
mo fexto pridie Idus Maias
Deo Natureq cōceffit honāb
vir Joannes Rosner Acheba
chie Trevenfis eccle facerdos
primang I.......

Renaiffance - Umrahmung, Porträt mit Coftüme. In der kleinen Capelle des Schloffes Treffen, eines vornehm angelegten Baues aus dem Ende des 17. Jahrhunderts ift ein fchön gefchnitztes Crucifix aus Elfenbein und ein ziemlich fchöner gothifcher Kelch von Silber mit großem rundlichen gerippten Nodus, über und unter welchem in gothifchen Goldbuchftaben auf blauem Email die Legende Maria hilf; Sockelfteine von durchbrochenen Dreipäffen.

Treffling. Decanat Gmünd. Die Kirche zeigt im Grundrifs (Fig. 358) ein gegen das Presbyterium ftark verfchobenes Schiff, das jünger als diefes ift. Das Gewölbe des Presbyteriums ift neu. Das Portal fchön profilirt. Von den drei Fenftern des Schiffes das mittlere modernifirt, die übrigen zweitheilig mit Maßwerk, die drei Fenfter des Chores einfach; durchaus noch alte Butzenfcheiben-Verglasung im Maßwerk mit farbigen Zwikeln, am Triumphbogen die Jahreszahl 1518, in der Glockenhalle des Thurmes fpitzbogige Doppelfenfter. Im Fußboden der der Kirche Grabftein der Frau Anna Gundrich (1446). Ein zweiter Grabftein nächft des Einganges ift der des Andreas von Graben 1409. Das wichtigfte Kunftdenkmal befitzt die Kirche in dem Refte eines Flügel-Altars, der in der Vorhalle der Kirche aufgeftellt ift. Jeder der beiden Flügel ift in zwei Felder getheilt und mit Tempera-Bildern auf Goldgrund geziert. Wir fehen: Chriftus vor Pilatus, die Dornenkrönung, dabei ein Wappen, die Geißelung und die Keuzigung. Außen St. Nicolaus, St. Bartholomaeus, St. Stephan und St. Andreas, dabei wieder diefelben Wappen. Im Kaften jetzt eine Pietà aus der Zopfzeit, gothifche Monftranze mit kreisrundem Mittelraume und an den Statuetten Chriftus, Maria, Johannes; die Krönungsfpitze fehlt, der Nodus, Fuß und Strahlenfchein ift modern (M. VIII. n. F. p. CXXXII).

Treffling, Filiale von Meifelding, befitzt eine einfchiffige Capelle mit gothifchem Chorfchluß, runden Scheidebogen, flachgedecktem Schiffe; einen Dachreiter. Der Altarraum in der Kirche ift mit einem Gratengewölbe überdeckt, befteht aus einem Gewölbejoch und dem achtfeitigen Schluße; vier fchmale fpitzbogige Fenfter ohne Steinwerk, aber in alter Weife mit Butzenfcheiben und farbigen Zwickeln; im Oft-Fenfter ift im mittleren Felde noch eine Glasmalerei vorhanden, darftellend die heil. Barbara und Magdalena, fchon fpät-gothifch, verfchwommen und mit Weißglas ergänzt.

Der Chor-Schluß war einft in romanifcher Zeit gerade; kleine romanifche, vermauerte Fenfter laffen fich noch erkennen.

Links führt ein ftumpf - fpitzbogiges Portal in die Sacriftei. Die Thür ift mit alten fehr beachtenswerten Befchlägen geziert

Das Schiff hat einen zweiarmigen Mufik-Chor, eine flache Holzdecke mit bunt bemalten Latten über den Fugen. Ueber den einfachen runden Scheidebogen hängt ein Crucifix herab. Das Süd-Fenfter zweitheilig, mit fchönem Maßwerk im gelblichen Geftein zeigt noch oben Butzenfcheiben und in dem Gewände eine Malerei. Rothes Blattwerk mit grünen Enden, die fich überdrehen. Auch zwei fpäter gemalte Medaillons und oben ein Chriftuskopf mit Kreuz-Nimbus. Das linke Medaillon ftellt vor einen Bauer, der mit einer Doppelhacke (Beil) einen Jüngling im Hemde auf das Haupt fchlägt. Die Sage erzählt von Wafferftreitigkeiten zweier Nachbarn. Rechts ift S. Florian in einem Medaillon. An der Wand geht eine fchablonirte gothifche fchwarz-weiße Umfaffung herum.

In der Kirche hängen noch zwei kleine Tafelmalereien auf Goldgrund: Heil. Maria mit dem Kinde, rückwärts: Auferftehung Chrifti.

Eine Sacraments-Nifche im Altarraume ift mit Holz eingefaßt und mit gothifchem Eifengitter verfchloffen.

Der Weihwaffer-Keffel trägt die Jahreszahl 1735.

Außen ift an der Südwand ein heil. Chriftoph in architektonifcher Umrahmung.

Auffallend ift ein großer Bauftein, regelrecht behauen, ein dunkelgelb gewordener Kalkftein, 2·57 M. lang, 0·75 M. breit, 0·25 M. dick, an der Südoftecke der Kirche eingemauert. Er mag wohl von einem Römerbau in der Nähe, vielleicht von einem Brückenpfeiler bei der nahen Gurk herftammen.

Treibach Die Stelle Treibach-Althofen gilt als die Manfio Matucaium, mit der

Wegſpaltung nach Noreia (um Neumarkt), nördliche Richtung nach Juvavum, mit den Stationen Beliandrum, Graviacum, ferner Imurium u. ſ. w., nordweſtliche Richtung (Mo. S. 618, 622, 1047).

Die Peutinger-Tafel gibt für Matucaium in der Richtung Virunum-Noreia den Abſtand 20 mp. von Virunum, ebendieſelbe in der Richtung Virunum-Juvavum den Abſtand 14 mp. von Virunum, ſomit in der letzteren Richtung um 6 mp. weniger. Oberhalb Dürnfeld wurde der Gurk-Fluß überſetzt (Ank. 1, 566. Jab. S. 4, 5, 6, 11, 111. Sitzgsb. d. Ak. d. W. 80, 523 f. bef. 527, 590. M. 1884, p. civ, M. w. anth. 1886, 61 f.).

(IMP C)AES (C VIBIVS), Meilenſtein ohne 15 m. p., Zeit 251 — 253, gefunden vor 1819 (Jab. 277, S. 11. Mo. 5729. K. 94).

IMP CAESAR · M, Meilenſtein, die Abſtandszahl 15 mp., Zeit 218, gefunden mit dem vorigen vor 1819 an gleicher? Stelle (Jab. 278. Mo. 5728. K. 110); neues Renaiſſance-Schloß, Hochofen und Capelle.

Tröpelach. Pflanzenreſte im Thonſchiefer. Gletſcherſchliffe, eratiſche Blöcke. (*Stur* 141, vgl. *Hauer* 239, 240, 278).

Tschachitsch. Die Filial-Kirche zu St. Primus und Felician, ein alter Bau, die Apſis mit flachem Abſchluß. Gothiſcher Schrein-Altar, im Schreine die Figuren der beiden Patrone: Primus und Vellicianus. Auf den Flügeln Gemälde mit Heiligen. Auf einem Spruchbande: Oswald Wölfl. Die Haupt-Eingangsthür mit Beſchlägen in Hufeiſenform. Eine Glocke von 1540. Das Schiff flach gedeckt. An der Friedhofmauer die Jahreszahl 1231 (M. x. n. F., p. ccxi).

Tscherberg im Jaunthal. Auf der Weide nächſt der Bahnlinie weſtlich erſchloß man im Jahre 1874 (und 1876?) drei Hügelgräber, deren Steinſetzungen vielleicht nicht beachtet worden ſind, mit Knochen, dann Geräthen von Metall, Stein, Thon.

Der Inhalt war:

Bronze. Bleche, Gefäßtheile? Zwei Spiralhenkel, zwei Beile.

Keſſel mit zwei gedrehten Henkeln und dreien Nietblättern, hoch 16 Ctm.

Schwert mit bronzenem Griffe, lang 51 (62·5) Ctm. Gefälſcht (Mi. Anth. 1888, Sitzb. (16)).

Gold, Draht, 6 Gramm.

Stein. Große Perlen.

Thon. Aelteſte Art der Urnen-Scherben, ſchwarz, braun-roth, graphitirt, mit Linien-Abtheilungen, ohne Drehſcheibe gearbeitet. Topfſcherben von der Drehſcheibe, grauſchwarz; ein ſchwarzes vierſpeichiges Rad. Eine Schale aus Roth-Thon; alle Scherben außerhalb der Brandſchichte. Sämmtliches Genannte K (Afk. 13, 105, Car. 1886, 100, 1887, 128. Muſ. ſ. 21. Ztſchft. f. Ethnol. 1887, 553).

Die Pfarrkirche hat ein einfaches ſpätgothiſches Presbyterium. Dasſelbe liegt im

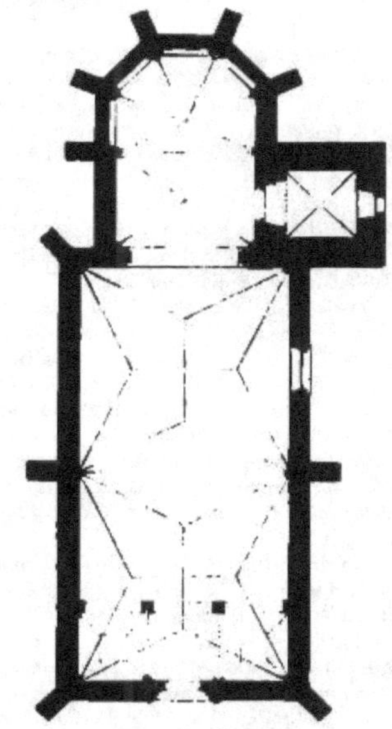

Fig. 359. (Tweng.)

Niveau des moderniſirten Schiffes und iſt mit niedrigen zweifach geſtuften Streben umgeben, welche in der Stirnſeite des oberſten Abſatzes durch einfache oder Doppel-Niſchen profilirt ſind und als runde Dienſte bis zum Dachgeſimſe hinauf ſich fortſetzen. Die Rippen, kräftig profilirt, laufen in zwei runde Schlußſteine mit Roſetten zuſammen und ruhen auf Conſolen mit rohen Masken und carikirten menſchlichen Geſtalten. In der Mittelwand des

Schlusses ein doppeltheiliges Fenster mit Maßwerk. Der viereckige Thurm vor dem Westeingange laut Inschrift: Turris temporibus jubilaei ex fundo exstructa wurde 1699 erbaut (M. IX. n. F. XXVII). In der Nähe des Ortes befindet sich ein auf kreisrunder Basis erhebender kegelförmiger Tumulus mit platter Oberfläche und Gräbern.

Tschirnig (Decanat St. Veit). Die Kirche, Filiale von Taggenbrunn, ein ansehnlicher gothischer Bau mit kräftigen Strebepfeilern, sehr schmalen hohen Spitzbogenfenstern, einem kleinen Sacraments-Häuschen (Nische).

Tultschnig. Die Erbauung der Pfarrkirche stammt in ihrer Anlage mindestens aus dem 15. Jahrhundert, ein mittelgroßer äußerst roher einschiffiger Bau mit kleinem aus fünf Seiten des Achteckes gebildetem Chore und einem bedeutend geräumigeren rundgewölbten Schiffe. Der Chor zeigt in seiner spitzbogigen Einwölbung scharfgratige Stichkappen, deren Spitzen sich am Scheitel verlaufen. Zwei Fenster rundbogig.

Zwischen Chor und Schiff steht der massive Thurm mit je einem breiten Rundbogen dahin geöffnet und mit einem rundbogigen Kreuzgewölbe unterwölbt. Auch gegen die Nordseite ist die Thurmhalle rundbogig durchbrochen, daselbst eine einjochige Capelle spitzbogig mit Gräten und einem Schlußsteine überwölbt. Das Schiff ist bedeutend höher als der Chor, mit Tonnenwölbung.

. An der Schiffsnordwand ein sehr großer Grabstein im Renaissance-Style. In der Oberhälfte der auferstandene Heiland mit der Kreuzesfahne in der linken Hand, die rechte Hand mit zwei ausgestreckten Fingern segnend erhoben, in der Unterhälfte zwei gegen einander gewendete knieende Personen mit gefalteten Händen, gewappneter Ritter ohne Helm und Frau mit kleinem runden spitzgupfigen Hütlein. Die Inschrift nennt „Conrad Herr von Liechtenstain Obrister Erbcamerer in Steyr und Erblandtmarschalck in Karnten vnnd einer Ersamen Landtschafft daselst verordneter vom Ausschuß etc. † 2. Martii 1594. Anna von Liechtenstain ain geborne von Khienberg zu Khienegkh, † 20. February 1589". Oben die Wappen. Das Ganze circa 3 Met. hoch, aus weißem Marmorstein in Hoch-Relief vorzüglich gearbeitet. Die gelbliche Färbung stammt nur von einer Tünche, mit welcher der Stein noch zum Theile überstrichen ist.

An dem zwischen Chor und Schiff stehenden kräftigen Thurme bemerkt man oben einfache rundbogige Schallöffnungen und einen zopfigen Zwiebelhelm. Vier Glocken, eine von Thadaeus Mayr anno 1758 und eine (mit Minuskelschrift) von 1507: Peter Peinfing, salve ✻ sancte ✻ dei ✻ genitrix ora pro nobis a. Deum. peter peinfing M. V. VII. hvnch. opvs. verit. Die dritte von Marx Math, Zechenter 1729. Steinmetzzeichen: [Steinmetzzeichen]

Auf der Grabplatte vor der Thür:
hier ist begraben der Edl und vest
Wolfgang von Seltenhain und Cler
von Halleg (?) sein Hausfrau. Er ist
gestorben am Freitag vor den heil. drei Khinig
tag M. V. XXI. jar.
den got genedig und barmherzig sei. Neben derselben liegen noch zwei große Grabsteine mit Wappen, deren Schrift vollständig verschliffen ist.

Siehe auch St. Primus (M. X. n. F., p. CCXII).

Turrach-Sattel. Der Gebirgskamm mit Pflanzen-Schiefer bildet den südlichsten Einbug der Nord-Gränzen Kärntens, nahe den Marken von Ober-Steier und Salzburg. Die Wege von Feldkirchen her über Gnesau und Reichenau, dann vom Gurkthale (Zweinitz, Glödnitz) mögen uralt sein.

Tweng. Die Kirche war ein gothischer Bau, doch gingen die Gewölbe zu Grunde und wurden durch flache Decken ersetzt. Ueberreste alter Kirchenstühle, Sacraments-Nischen, einfache gothische Thürbeschläge. In einem kleinen Häuschen am Friedhofe Reste eines Flügel-Altars. Auf der Predella Christus mit den Aposteln; auf den Flügeln innen St. Martin, außen St. Katharina: innen St. Nicolaus, außen St. Barbara. Ein noch erhaltener linker fester Flügel mit dem Bilde der heil. Ursula, Tempera-Gemälde, die inneren Bilder auf Goldgrund, das Mittelstück fehlt (M. VIII. n. F., p. CXXXII).

Die St. Leonhard-Kirche bei Tweng besprochen Seite 170. Fig. 359 bringt den Grundriß dieser Kirche.

Twimberg vielleicht das Zwingenberg von 1299. (M. 6, n. p. 48).

Zwischen St. Leonhard und Wolfsberg liegt nahe des Weges die Ruine dieses Namens, die in ihrem heutigen Verfall nichts wichtiges mehr zeigt.

U.

Uggowitz. Den Gold-Ring mit Onyx-Intaglio, gefunden 1878 auf einem Acker gegen Uggowitz (die Entfernung weit genug), fiehe bei Saifnitz.

Die kleine Philipp- und Jacobskirche ift von zweifchiffiger Anlage (Fig. 360), ein fpät-gothifches Hauptfchiff mit viel jüngerem Seitenfchiffe und gothifchem Thurme, deffen untere Halle als Presbyterium dient; dafelbft die Rippen des Kreuzgewölbes auf Confolen mit Fratzen. Das Schiff befteht aus zwei Jochen mit Netzgewölben, acht runde Schlufsfteine, einer mit dem Antlitz Chrifti. Die Verbindung mit dem Nebenfchiffe links gefchieht durch zwei rundbogige Arcaden. An der Chorwand ein Engel als Schildhalter. Fenfter fpitzbogig. Die Verbindung mit dem Nebenfchiffe mittelst zweier Oeffnungen, davon eine fpitzbogig. Grabftein des edlen Andre Trinckhs von Ugowitz † 2. tag Marty des LXXII. (i. e. 1672) und feiner Hausfrau Brigitta. Am fchwarzmarmornen Weihwafferftein 1641. Aufsen am Thurm Strebepfeiler. In der Glockenhalle doppelte rundbogige Schallfenfter mit Theilungsfäulchen. Der Thurm gehört noch in die romanifche Bauzeit (M. IX, n. F. LXVII). In der Sacriftei ein gothifches Rauchfafs.

St. Ulrich bei Feldkirchen. Die befcheidene „Katharinen-Filiale" hat ein kleines Presbyterium mit einem Vorderjoch und dreifeitigen Schlufse, trägt ein einfaches gothifches Kreuzgewölbe ohne Wandftützen. Rundbogige alte Fenfter mit Butzenfcheiben. Im Schiffe fpitzbogige Gratgewölbe, wahrfcheinlich fpäterer Zubau. Der viereckige Thurm mit runden Scheidbögen gegen Chor und Schiff geöffnet, hat unten ein rundes Tonnengewölbe, von aufsen oben rundbogige Schallfenfter und vierfeitiges Zeltdach. Mufikchorbrüftung und Decke unter demfelben mit fchönem fpätgothifchen bemalten Flachornament.

St. Ulrich eine Filiale von Maria Rein. Die Kirche ift nur im Chor-Bau alt und zeigt dafelbft die Formen der ftrengen Gothik mit reichem Netzgewölbe. Der fchlanke und geräumige Chor befteht aus zwei Jochen und dem dreifeitigen Schlufse. Die Rippen ruhen auf Dreiviertel-Säulchen; der Triumph-Bogen ift reich profilirt. Die Fenfter fpitzbogig mit Mafswerk. Schiff neu, Flachdecke, Hoch-Altar aus dem 17. Jahrhundert. Aufsen am Presbyterium beim Kranzgefimfe alte Sculpturen: ein Lamm mit dem Kreuze, ein Hirfch, dann ein Kopf und zwei Schilde. Steinmetzzeichen [Steinmetzzeichen] (M. IX. n. F., p. XXIV).

Ulrichsberg bei Klagenfurt. Auf diefem das Glanthal weithin beherrfchenden und auf die Gaffen von Virunum niederfchauenden Berggupfe, 1015·3 M. (3168'), lagern erratifche Blöcke von Central-Gneifs der Hochtauern auf Trias.

Von den zwei Höhlen liegt die eine an der Süd-Seite unterhalb der Kirche, die andere öftlich, fchiefer Eingang, tief an 38 M. (20°). Die Höhle, lothrecht in Abfätzen abfallend, die Karfunkel-Höhle, gilt für eine der Stätten der wilden Männer (Mithras?) ähnlich Diex, Floriani-Grabenbach, Greutfchach, Johannferberg, Krähwald, Ofterwitz.

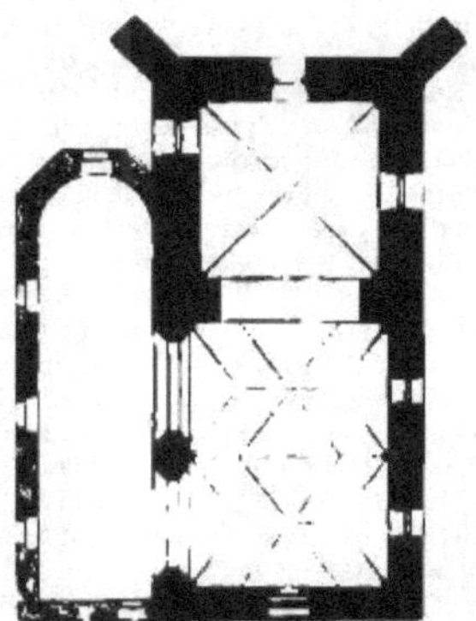

Fig. 360. (Uggowitz.)

Die Stelle zählt mit dem Helenen-, dem Lorenzer- und Veits-Berge zu jenen vier Wallfahrtspunkten innerhalb 15 Stunden Umkreifes, welche feit alten Zeiten am Dreinageltage vom Landvolke befucht werden.

Die Stelle *Prunner's*: ein Gewölbe, darin ein Menfchen-Skelett fitzend, mit Ringen an den Fingern, gefunden vor 1691, wäre auffuchenswerth. Von zweien Sarkophagen, aufgedeckt neben der Bergkirche (vor 1880?), ist der eine „in guter Verwahrung", der andere als Trog im Wirthshause am Nordhange.

Als Schlußstein des West-Portals der Kirche, aber verkehrt eingemauert ist eine Weihschrift aus rothem Sandsteine des ostseitlichen Bruches.

NOREIAE ISIDI, Zeit um 250, gefunden wohl vor? 1813, wie man vermuthen will, unten im Glanthale bei Hohenstein (Jab. 251. S. 99, Mo. 4810. Kml. 98. Car. 1813, Nr. 27; 1839, 177; 1845, 121; 1871, 148; 1873, 43; 1878, 36, 66, 182. Prunner S. 34. Megiser S. 40. Valv. 4. Ztsch. 7, 3, 6, 104; 3, 145. Ank. 1, 47, 36. W. Jbücher Bd. 8, 24. Heimat 1881, S. 651)

Wahrscheinlich bezieht sich auf den ganzen Berg, die mögliche Tempelstätte, die Bezeichnung mons carantanus 983.

Ruine einer einschiffigen kleinen Kirche mit achteckigem Chor-Schluße (Fig. 361), stark vorspringenden Scheidebogen. Im Schiffe Sterngewölbe in zwei Jochen, der Altarraum aus einem Joche und Schluß bestehend. Wanddienste mit Basen und Capitälen (Fig. 362). An der West-Seite ein Rundfenster und darüber eines nach Art der Schußscharten; geschweift-spitzbogiges gegliedertes Portal mit geradem Sturz, Träger mit dem Bindenschilde, im Tympanon ein römischer Inschriftstein aus rothem Sandstein (Norejae Iridi T. A. Trebonius) gestürzt eingesetzt. Schlußsteine theilweise mit Sculptur (Christus Sterne etc.) Zwölf dreimal abgestufte Strebepfeiler. Nördlich der Thurm angebaut. Zweitheilige Fenster ohne Maßwerk. Thür mit Kleeblattbogen in den Thurmraum, daselbst Kreuzgewölbe, einst Sacristei, jetzt Stall. Reste von Wandmalereien. Die Verwüstung begann 1786. In einem Marmorblocke, in der südwestlichen Thurmkante hat ein Steinmetz folgende Worte schlicht eingemeiselt: „im iahr nach christi gepurt 1786 ist pei diezen low wirdigen gotteshavs der gottesdienst samt umgang gehalten das letzte mal. Simon Koller". In demselben Jahre wurden durch Kaiser Joseph II. die Wallfahrten zu dieser Kirche verboten und dann die Curatialkirche zu Pörtschach am Berg mit Glocken und Paramenten derselben ausgestattet.

Unter-Drauburg, s. **Drauburg**.

Unter-Ferlach. Hier ergaben sich Bronzen, um 1853: nämlich ein Gefäßhenkel, pferdekopfförmig, K., eine Statuette, vergoldet, hoch 11 Ctm. (4''), männliche Gestalt (Apollo?) mit Lockenhaupt, Kranz, faltigem Gewande, Schuhen, K. (Jab. 139. Ank. 1, 570. Car. 1853, 192).

Die Filial-Kirche klein und niedrig, einfach, im Chor spitzbogig überwölbt und dreiseitig geschlossen, das Schiff aus neuerer Zeit. Am Chor capitällose Dienste, daselbst noch spitzbogige Fenster, Dachreiter, in der Sacristei ein Paramentenkasten von 1745 (M, x. n. F., p. XXI).

Unter-Loibach, einschiffige spätgothische Kirche, Thurm an der südlichen Chorseite mit vierseitigem spitzigen Zeltdache.

Unter-Loibl. An der Capelle: Ara mit Relief, zwei sitzende Thiere und Laubgewinde (Jab. S. 139; M. n. F. XI. p. LXXVII).

Unter-Tarvis, s. **Tarvis**.

Unter-Vellach. Filiale von Hermagor spät-gothische Kirche von geringer Dimension, zwei Chorjoche, dreiseitiger Schluß, Consolen und Säulchen in den Ecken der Rippenträger, Schiff mit drei kurzen Jochen, Dienste auf cannellirten Consolen in den Ecken, Chor und Schiff gleichbreit und hoch, Triumphbogen und Fenster spitzbogig. Eine Inschrift erzählt: „Im Jahre 1613 ist dieser Chor ausgemalt und erneuert worden. Dieser Zeit ist der ehrwürdige und geistliche auch wohlgeehrte Herr Johannes Knipffenberger Pfarrer gewest allhier". (M. XII, 127).

Unterwuhr bei Tanzenberg, auch Unterbug, gelegen in der Pfarre Pörtschach am Berg und Projern, zur Gemeinde Görzendorf. Der Neubauer Grund, ohne Zweifel eine römische Gräberstätte, ist die Fundstelle der Steinstatuette, Knabe in Mantel gehüllt, hoch 71 Ctm. (2' 3''), welche nachmals auf Schloß Karlsberg gekommen, K. Man fand den Kopf im Jahre 1820, den übrigen Körper im Juli 1821 (Klagf. Ztsch. 3, 154. Afk. 2, 187. Car. 1850, 347; 1851, 79. Jab. S. 58, Tafel zu 111, Nr. 3).

St. Urban bei Glanegg. Oberhalb der Seitenstraße von Zolfeld nach Santicum (Villach), wo sie auf kurz das rechte Glanufer beschreitet. Nordöstlich vom Gute Bach, nordwestlich vom Dorfe unter der Felskuppe, welche 95—127 M. (300 bis 400 Fuß) über der Thalsohle steht, an der Feldfläche gegen die Felsschlucht des Chlorit-Schieferbruches, zeigt die Brockenwand je eine Höhle nach Süd und Süd-

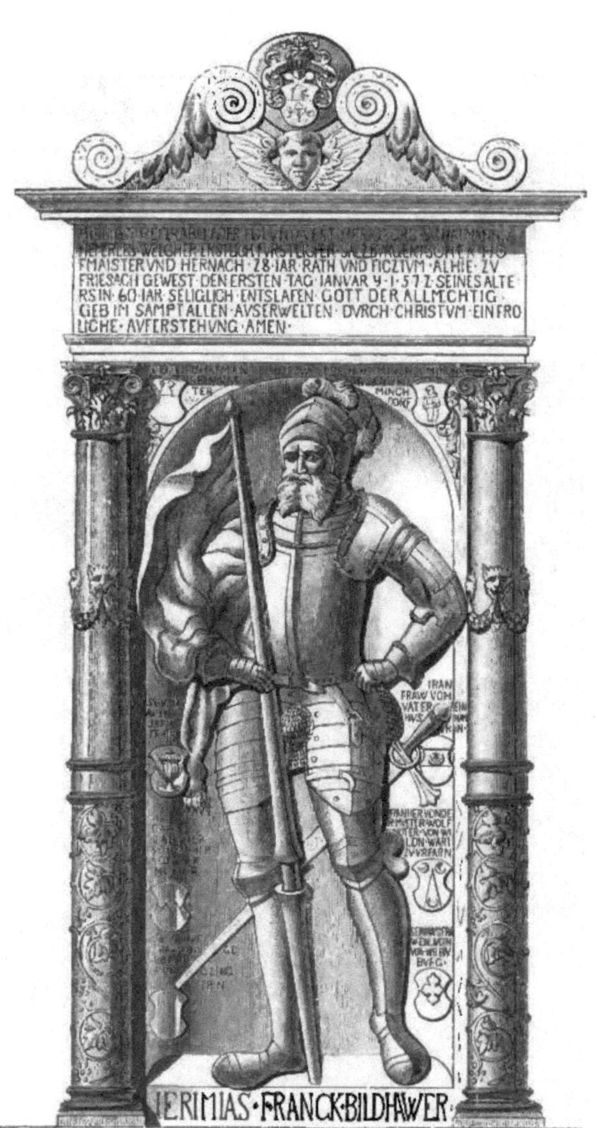

Friefach, Bartholomäus-Kirche. S. 48.

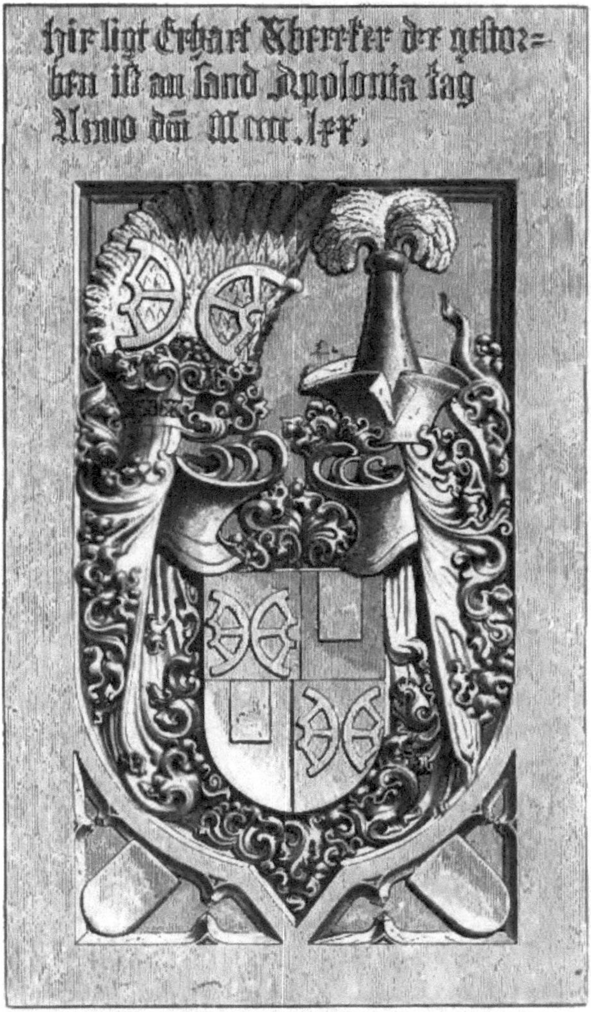

Friesach, Bartholomäus-Kirche. S. 49.

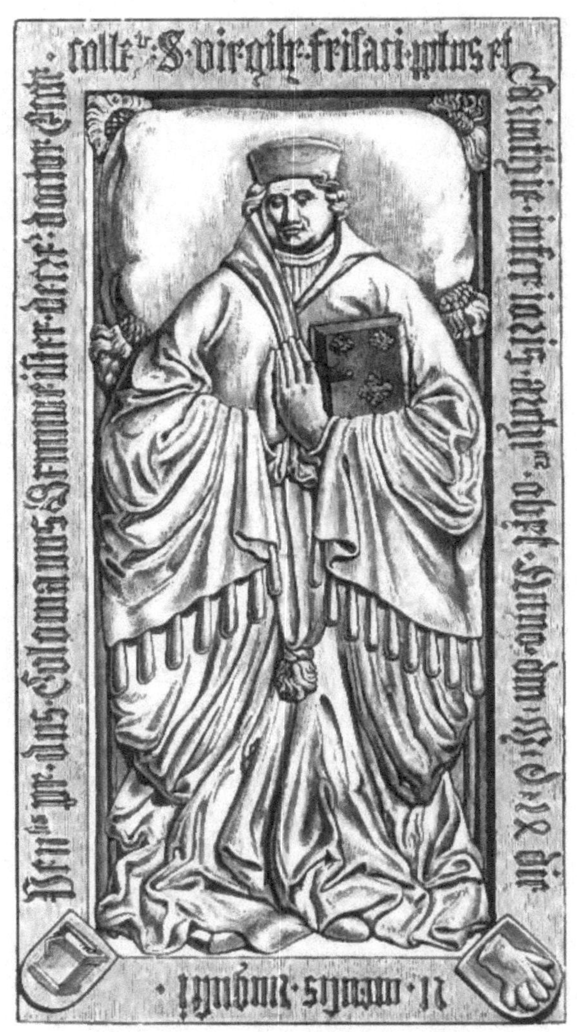

Friesach, Bartholomäus-Kirche. S. 49.

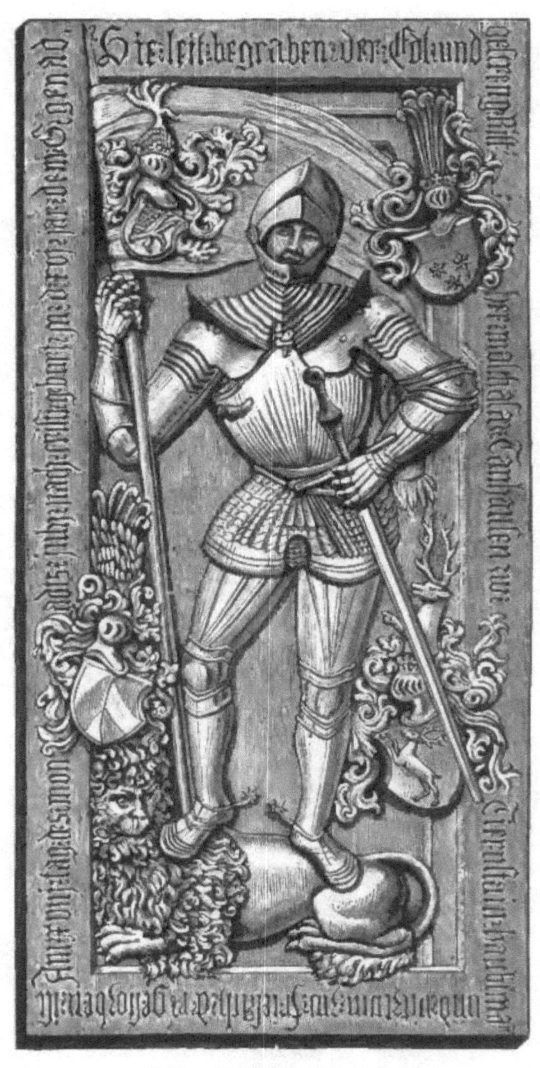

Friesach, Dominicaner-Kirche. S. 56.

Weſt, eine dritte vielleicht gegen Süd-Oſt, dazu ſeitliche Niſchen.

Unter einer Schichte von Erde und Steinen entdeckte man hier ſeit dem Jahre 1838 und April 1840, eine Deckplatte von Schiefer, eine Grabſtätte mit mehreren irdenen Töpfen (5).

Ein Schwarzthon-Topf, hoch 32 Ctm. (1), zeigt das Relief: Schlange oben, Reitende inmitten; zwei kleinere Töpfe haben das Relief von Reitenden allein.

Dazu eine Eiſenſchaufel mit langem Ring-Stiel (1840); es ſtak dies alles in einer Tiefe von 63 Ctm. (2).

Noch im Jahre 1880 war die Rauchſchwärzung der oberen Felstheile nachweisbar, im Boden Steinpflaſter, Eſtrich, Canal-

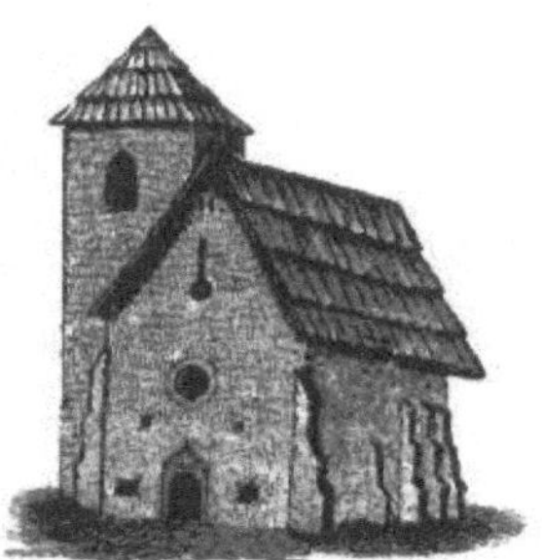

Fig. 361. (Ulrichsberg bei Klagenfurt.)

Theile, Holzkohlen, Zähne von Rindern, Kniegelenke, Thierknochen, Topfſcherben.

Den vielen Bronze-Münzen, davon 2 Crispus, 1 C. Gallus, 1 Constans, 2 Valentinian II, 2 Valens, ſämmtlich 1840 K, ähnliche in Sammlung Rainer zu St. Veit, Zeit 317—392, iſt im Jahre 1874 ein bronzener Kelt, K, nachgefolgt.

Zu allererſt aber hatte ſich im Jahre 1838 beim öſtlichen Eingange der Weihſtein gezeigt:

DEO INVICTO, dem Mithras, Zeit um 240, von des Brauhauſes Süd-Wand nach K 220 (Jab. 258. Mo. 4804, vgl. Aep. 3, 33. Kml. 99).

Die zwei ſteinernen Köpfe an der Kirche ſcheinen römiſch (Jab.-Chriſtallnigg 1, 4, Tafel 7. Oeſt. Bl. f. Lit. 1846, 145. Ank. 1, 49. AfköG. 38, 206. Jab. in 306, S. 121. Car. 1840, 103; 1867, 547; 1882, 103; 1883, 105, 126; 1887, 176, 195, 197. Klagf. Ztg. 1881, 229. M. 2, 302; 8, n. p. XXII. 1886, p. LXXVIII, Muſ. f. 20 M. w. anth. 1886, 61 f. Kml. 112.).

Der Ort iſt ſchon 1178 genannt. Die Kirche entſtand um 1477, zu welcher Zeit ſie urkundlich vorkommt.

Mittelgroſſe einſchiffige gothiſche Anlage mit kleinem fünfſeitig ſchlieſſenden Altarraume, deſſen ſüdöſtliche und öſtliche Schlußſeite bedeutend breiter ſind als die nordöſtliche, darin ziemlich flaches Kreuzgewölbe mit runden Schlußſteinen und unmittelbarem Rippenanlauf. Zwiſchen Chor und Schiff die

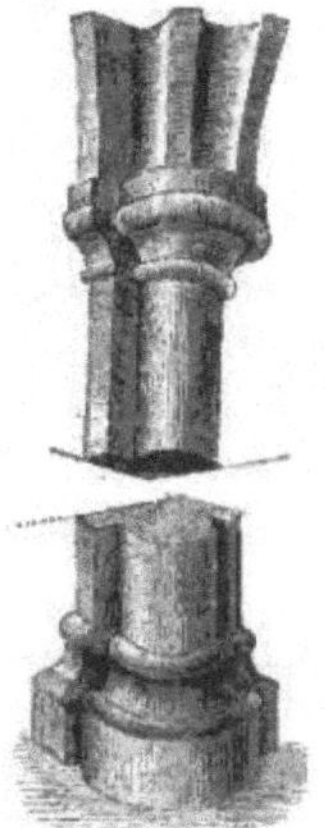

Fig. 362. (Ulrichsberg bei Klagenfurt.)

Thurmhalle mit zwei Scheidbögen geöffnet: dem ſpitzigen öſtlichen und dem halbrunden weſtlichen mit Kreuzgewölbe von ſtarken todtlaufenden Rippen und rundem Schlußſtein, auf welchem ein fünfſtrahliger Stern.

Das Schiff bedeutend höher und breiter, beſteht aus drei Travéen mit gutem Netzgewölbe überdeckt, das auf je zwei mittelſtarke Dienſte mit ſchwachen Liſenen übergeht. Keine Capitäle, keine Schlußſteine. Zwei Fenſter mit Mittelſtock, breiten Gewänden, einfachem Maßwerke in Drei- und Vierpäſſen und rundbogig abſchlieſſenden Theilfenſtern. Alle Altäre ohne Kunſtwerth (1670). Nordſeitig alte Sacriſtei, jetzt Capelle.

Weſt- und Südeingang im Rundbogen profilirt. Ueber dem Bogen ein Schild mit der Jahrzahl 1524 und dem Steinmetzzeichen: 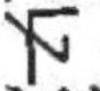 darunter. Andere Steinmetzzeichen: 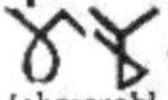 . Am ſüdlichen Eingange die Jahreszahl 1521. Zu beiden Seiten des Aufganges zum Süd-Portale iſt je ein Steinkopf eingemauert, offenbar von dem Grabſteine eines römiſchen Ehepaares herſtammend, der zwiſchen den Köpfen auseinander geſägt wurde. In der Sacriſtei ein cylindriſches Ciborium mit in Charnieren ſich bewegendem Deckel, gothiſchem Nodus und Fuß von Kupfer und ſilberne Taufmuſchel mit der Jahrzahl 1613 und der Legende Gorierier in lateiniſchen Uncialen. Vier Strebepfeiler nur an den Chorecken, dreimal abgeſetzt. An der Nord- und Südſeite aufgemalte gelbe Pilaſter und Fenſterumrahmungen. Der viereckige Thurm mit ſpitzbogigen Schallfenſtern, vier Spitzgiebeln und achtſeitigem Helm.

In der Kirche das Grabmal der Margaretha Gſchwind, † 1635 und der Maria von Seenuß, † 1645, geb. Ehgartnerin von Rauten (M. v. n. F., p. CLII).

Ueber die Mithrashöhle in der Brockenwand (ſ. M. n. F. VIII, p. XIII).

Unzdorf bei Althofen und Treibach oder das letztere gelten für Matucaium (*Kohn*). Die Gegend Unzdorf zählt jetzt nur vier Häuſer (Sitzgsb. d. A. d. W. 80, 523f., beſ. 527, 590).

Ursulaberg. Wallbauten unter den Vorlagen desſelben, ſ. Podgoriach, Schrottenegg (M. 7, n. p. LXXVII). Am Südhange im Jelen-Acker des Javoria-Grabens, Seehöhe 1000 M., das Bruchſtück eines Meißels aus Jadnit (Nephrit); Sommer 1883. Kar. 1884, 53, 68; 1886, 100. (M. w. anth. 1887 [78] Klagf. Ztg. 1884, Nr. 51.)

V.

Valentinthal bei Mauten. R.-Straße (M. w. anth. 1886, 61 f.).

Vassoijen, auch Vesojen, bei Landskron. Oberhalb des Steinbruches (am Süd-Ufer des Oſſiacher-Sees), welcher vom Kleinzig-Bade bis zu den Feldern von Heiligenſtatt reicht, klafft eine Höhle, hoch an 8 M., breit an 26 M., lang 56 M. (an 3°, 9 Schritte), genannt das heidniſche Loch. Im darunter liegenden Steinbruche fand man im Jahre 1864 in einer Höhe von 25—50 M. über Thal bronzene Geräthe, mindeſtens 4: Eine Speerſpitze mit Schaftröhre, lang 29 Ctm., K. öſtlich vom Heidenloch am ehemaligen Steigweg über die Felswand. Ein Glöckchen mit Dreieck-Henkel, innen die Spuren eines Eiſenringes, K. öſtlich vom Heidenloche, einen Büchſenſchuſs weiter als die Speerſpitze zwei Schwerter, lang 64 Ctm., 64·5 Ctm., ſeit 1873. V. Unten zwiſchen Berg und See gieng wohl eine Seitenſtraße von Sianticum (Villach) nach Virunum über Stadt St. Veit (Jab. zu 449. Afk. 10, 270. Car. 1864, 573; 1887, 197. AfköG. 38, 309. M. 10, p. LVI. Correſpbl. 1886, 58, 47; ſ. auch Velden: Steinbruch).

St. Veit. Die Stadt, am nördlichſten Ausbuge der Glan gelegen, in einem Bodengebiete mit erratiſchen Blöcken, das einen Steinbock-Schädel (ibex cebennarum) ergab, iſt dieſe Stätte ſeit etwa 500 Jahren nach Virunums Ende zum Landes-Vororte mit etwa 3000 Einwohnern erwachſen, bis nach Ablauf des 15. Jahrhunderts, um jetzt in 267 Häuſern 2322 Einwohner zu bergen. Indem wir dies zu einem vergleichenden Schluſſe auf die Größe des früheren Vorortes ſagen, berichten wir über die Funde auf dieſem an der Seitenſtraße von der Hauptlinie Virunum-Matucaium gelegenen Punkte (Tiburnia bei *Megiſer* 136, 312, 315).

Die Abzweigung geſchah zwiſchen Unter-Mühlbach und Streinberg, linkes Glan-Ufer, welche Seite in der Richtung gegen Sianticum eingehalten und nur unterhalb St. Urban mit einer Strecke am rechten Ufer gewechſelt wurde. Das Gebiet von der Stadt nordweſtlich, Gurkthal, Metnitzthal bis Lieſerthal iſt das fundärmſte in Kärnten.

Uebrigens mag auch der größere Theil der hierortigen Römer-Denkmäler aus dem Zolfelde herbeigebracht worden ſein, vielleicht ſelbſt vor 1534. Ob etwa älteſte hieſige Fundſtücke von Stein in die Kirche des Slaven-Patrones Vitus ſeit Jahr 901 oder in den Herzoghof ſeit 1130 oder ſonſt in Bauten des ſeither als forum genannten Ortes gewandert waren, ist nicht nachweisbar. Jedenfalls gehört St. Veit wie St. Michael gemeiniglich zu Gradisen und gilt gleich Wodan (*Ranke*, Alpr. 457, *Obermüller* 2, 819. M. w. anth. 1886, 61 f.).

Münzen älterer Fundzeit scheinen zu fehlen; eine bronzene Gewandhafte mit Spuren von Vergoldung, mit Steinen besetzt, gefunden vor 1866, gieng in die Sammlung Rosthorn über als Nr. 993 (Car. 1873, 45. Ank. 1, 576. Jab. S. 7. AfköG. 38, 202).

An der Bahnlinie fand man 1868: Bronze, ein Lampenzänglein, 4 Münzen von Hadrian, Faustina sen, Geta, unkenntlich; alsdann kleine Thon-Urne, graphitirt, solche aus feinem schwarzen Thon, K (Car. 1868, 329).

Stein. Wir verzeichnen an 30 Denkmale. Die Brunnenschale sammt Basis, aus dem Töltschacher-Berge, steht hier seit etwa 1566 (eingehauene Jahrzahl) (Ortelius Theatr. orb. terr. 1572, Zollfeldt. *Prunner* 19, 43, *Megiser* 283, *Meyer* 1785, S. 187. *Jordan* 132, *Merian* 97. Klagf. Ztfch. 5, 43. Car. 1820; 1856, 64. Nor. 32, 41. M. 5, n. p. XXXVII; 1884, p. CCXI; 1886 p. CLXXVIII f.).

Die vier bis sechs Reliefs sind:

Mann, Weib, Kind, außerhalb der Nische zwei menschliche Gestalten (Genien). Stadtplatz, Haus Rauscher, jetzt Francisca Reiner Nr 106 (Jab. 221. M. 5, n. p. XXXVII. K.Ztfch. 5, 44).

Mann und Weib, in Nische, Haus Franz Krall Nr. 41 (vormals Chirurg Dreer, seit 1560), im Gäßchen zum Ober-Mühlbacher Thore (Jab. 223. K. Ztfch. 5, 44).

Mann mit Täfelchen, Weib. Stadtplatz, altes Gerichtshaus, Nr. 12 (Jab. 222).

Männliche Büste, die linke Hand mit Kleidfalte (Basis wannenförmig, sogenannte Veitsbüste). Pfarrkirchen-Thor (Jab. 244. K.Ztfch. 5, 44. M. 5, n. p. XXXVII. Car. 1862, 151).

Köpfe und andere Fragmente in der Spital-Kirche (K.Ztfch. 5, 44).

Priester, rechts mit Opferkanne, im Friedhofe (K.Ztfch. 5, 44).

Von den 23 Schriftdenkmälern sind 5 Weihsteine. Die stattliche Anzahl von 13 ist gar nicht mehr nachweisbar, 15 sollen vor Lazius' und Gruter's Zeiten aus dem Zolfelde hieher gekommen sein.

D D O SAC, Ara, den diis deabus omnibus, Zeit um 220, gefunden vor 1534 nächst? der Stadt nordöstlich bei Statue und Kreuz (Jab. 203. Mo. 4775. E. 4, 133, Nr. 7. K. 93).

GENIO mit Erwähnung der gentiles manliensium und der Kosten 100 Sesterzen, Ara um 180, Relief Weib mit Waffen, Vogel auf Dreifuß, Weib opfernd, gefunden vor 1818 (Jab. 200. Mo. 4779. K 114).

IOM AVG, um 200, gefunden vor 1880; jetzt beim Mohrenwirth Nr. 64, Hausflur links (Aep. 4, 213, 19).

DIM PRO SALVTE, Ara um 220, gefunden vor 1740 im Zolfelde? (mit 8 anderen), aus Haus Kampl verschwunden (Jab. 220. Mo. 4795. Kml. 99. Mu. R.-N. 2, 11).

VICTORIAE AVG*, durch den trib. cohortis I flaviae britonum, Ara, um 240 bis 310, gefunden um 1527, im Hause Haller Nr. 6 (Jab. 204. Mo. 4811. Kml. 71). Neu Patezno et Arcesilae cos cos, Jahr (Aep 7, 151).

Die 18 Grabschriften sind:

TI IVLIVS*, mit miles cohortis montanorum Primae, um oder nach 80—120, gefunden vor 1527 im Zolfelde?; aus dem Friedhofe verschwunden (Jab. 205. Mo. 4846. Mu. RN. 1, 188. Valv. 234, vgl. Mi. w. Althm.V. 11, 137).

LVCIO PEREGRINI mit miles legionis XXII, um 180, vielleicht gefunden vor 1551, fehlt, wie der gleichlautende (mit Zugabe von Castrici nach Tertia) zu St. Donat auch mangelt (Jab. 219. Mo. 4848).

T VLPIO mit veteranus ex beneficiario consularis, um 200, gefunden vor 1527, vom Thore verschwunden (Jab. 201. Mo. 4860. Valv. 234. Kml. 85).

(C M)ESTRIVS aus Rom, Atilia aus Aquileia, um 190, gefunden 1752 am Platze als Pflaster vor Wratitsch-Haus Nr. 7 (Jab. 214. Mo. 4869).

DM VALERIVS mit miles legionis II italicae piae fidelis um 200, gefunden vor 1551, war laut Valv. 234 und Mayer 1785, S. 186, an der hiesigen Kirchhofmauer; vgl. St.-Donat (Jab. 154. Mo. 4856. Kml. 73. Mu. RN. 64).

ADIVTO, servus publicus, um 200, gefunden um 1818; zuletzt beim Mohrenwirth Nr. 64 (Jab. 217. Mo. 4872. K. 206, Car. 1882, 103).

M ANNIVS, um 180, gefunden vor 1740 im Zolfelde?, aus Kampels Hause verschwunden (Jab. 208. Mo. 4879).

24*

BANONA*, um 170, gefunden vor 1780, oberer Platz, Haus Wratitsch, Gangpflaster (Jab. 216. Mo. 4884).

CONVERTO*, um 160, gefunden vor 1740 im Zolfeld?, aus Kampels Hause verschwunden (Jab. 210. Mo. 4902. Vgl. Mo. 4901 aus Maria-Saal, Meißberg).

TI IVL HERMES* um 170, gefunden vor 1850 (und 1818?); zuletzt Mohrenwirth Nr. 64 (Jab. 218. Mo. 4925. K 205. Car. 1882, 103).

C MASCVLINIO* um 180, gefunden um 1527; aus der Capelle oberhalb des Friedhofes verschwunden (Jab. 211. Mo. 4939).

DM SENECIO um 170—230, gefunden um 1534, nach Valvasor noch an der Kirchenmauer, fehlt und wurde auch um Rotenmann vermuthet (Jab. 212. Mo. 5639. Valv. 234 zählt 6 Schriftsteine. Mu. RN. 1, 417).

OCTAVI, um 100, gefunden vor 1873, um 1866; zuletzt Mohrenwirth Nr. 64 (Mo. 4946. K 207. Car. 1882, 103, 111).

D M VEPONIVS* mit miles legionis II italicae piae (fidelis) und Schluß bello dacico desider(ato) IEDIRA, um 240, gefunden um 1527; mit der Johannis-Capelle verschwunden (Jab. 206. Mo. 4857. Valv. 234. Kml. 73).

TI IVLIVS TVTORIS mit miles cohortis XII urbanae, um 80—120, gefunden um 1527 im Zolfelde?, fehlt (Jab. 207. Mo. 4845. Valv. 234).

TI PVBLICIO* mit einem miles?, um 170, gefunden vor 1740, aus Brantlhof? Jetzt als Pflasterstein auf dem Platze vor Haus Wratitsch (Jab. 215. Mo. 4952).

SECVNDINVS um 200, gefunden um 1527; aus Friedhof oder Pfarr-Capelle verschwunden (Jab. 213. Mo. 4975).

SECVNDA*, um 160, gefunden um 1527, aus Kampls Hause verschwunden (Jab. 209. Mo. 4979. M. 6, n. p. CLII, vgl. K.Ztsch. 5. 39—44).

TAVTAE, um 300, unterer Platz 45 (Aep. 10, 234).

Münzstätte, Münzwesen, Rep. 2, 57. *Wiczl* I, 495, Nr. 9693—9739; 546, II, 148—50. *Barthélemy* 328. Num. d. moyenâge. Localmuseum. Trabantenzeug, angebl. Scepter und Schwert des Erzherzogs Cassius in Rom, Grabmal für den Numismatiker J. Rainer 1886).

Nach dem großen Brande am 10. Juni 1829 hat die alte Stadt St. Veit, einst die Hauptstadt Carantaniens, ihren eigenthümlichen Charakter verloren. Die hier gewesene alte Herzogsburg am Nordost-Ende der Stadt, heute nur mehr ein viereckiger massiver Thurm, ist ohne jeden architektonischen Schmuck. Seit 1619 war die Burg abwechselnd im Besitze des Bisthumes Gurk, der Grafen von Lamberg, Widmann und Goeß, bis sie Eigenthum des Kaufmanns Josef Kraus geworden ist. Es stoßen an den alten Thurm noch zwei unbedeutende Tracte an, welche in jüngster Zeit zu einer Cavallerie-Caserne adaptirt wurden. Von den übrigen Gebäuden St. Veit's, welche noch an die alte Hauptstadt erinnern, wären das ehemalige Rathhaus-Gebäude, noch gar manches Privathaus, wie Germann, und die Stadtpfarrkirche zu erwähnen.

Das erstere zeigt allerdings gegenwärtig modernisirte Formen, doch hat sich noch über dem Portal ein gothisches Relief in Bronzeguß und eine auf den Ursprung hinweisende Inschrift sammt Jahreszahl 1468 und profilirtem gothischen Vorbogen erhalten. Es trägt den Charakter eines hübschen Zopfbaues mit monströsen Dachrinnen in Drachengestalt. An einem Hause gegenüber an der Ecke eine früh-gothische bemalte Heiligenfigur mit Löwe und Palmzweigen.

Von kleineren Werken ist insbesondere der sogenannte „Schelhüssel-Brunnen" am stattlichen Marktplatze mit einem weißmarmornen Becken (und schmiedeisernem Gitter) beachtenswert, (das Gitter ist jetzt im dortigem Localmuseum) der Tradition nach, wie oben erwähnt, ein antiker Fund vom Zolfelde, bis auf die Bekrönung mit einer im Verhältniße zum Ganzen unansehnlichen Bronze-Statue, einen Bergmann des Mittelalters darstellend, welchem der Volksmund den Spottnamen „Bartele" beigelegt hat. Ein zweiter Brunnen befindet sich am Westende des Marktplatzes, von welchem das sehr schöne Gitter aus dem Anfange des 17. Jahrhunderts in das Localmuseum kam.

Die Stadtpfarrkirche ist unzweifelhaft eine sehr alte Anlage, wenngleich das heutige Kirchengebäude nur spärliche Reste des älteren Baues aufzuweisen vermag. Ein gothisches Gebäude, das sich in Folge der Brände und nothwendigen Erweiterungen in seiner Gestaltung bedeutend deformierte, ein ziemlich geräumiger Bau mit dreifchiffigem Langhaufe; das Mittelfchiff befitzt noch die alten einfach gothifchen Kreuzgewölbe in fünf Traveen, welche gegen die Seitenfchiffe von je drei gebündelten im Kern rechteckigen Trennungspfeilern begränzt find. Etwa in der Hälfte der Raumhöhe find die mittleren Dienfte unterbrochen und zu Nifchen vertieft, über welchen noch Refte von Baldachinen vorkommen. Die in den Nifchen früher geftandenen Figuren find bereits verfchwunden. Befonders ausgebildete Capitäle kommen es der nördlichen Abfeite, wo nur das öftlichfte in eine Capelle umgewandelte Joch den gothifchen Charakter einbüfste. In den Seiten-Schiffen fteigen auf den Wänden einfache Dreiviertel-Säulchen mit fimplen Ring-Capitälen auf.

An der Aufsenfeite ift die weftliche Front unzweifelhaft der ältefte Kirchentheil. Der hier angelegte Haupteingang ift fehr beachtenswert, er zeigt eine im romanifchen Style abgeftufte Umrahmung, deren Dienfte Knollen - Capitäle mit umgekehrten atti-

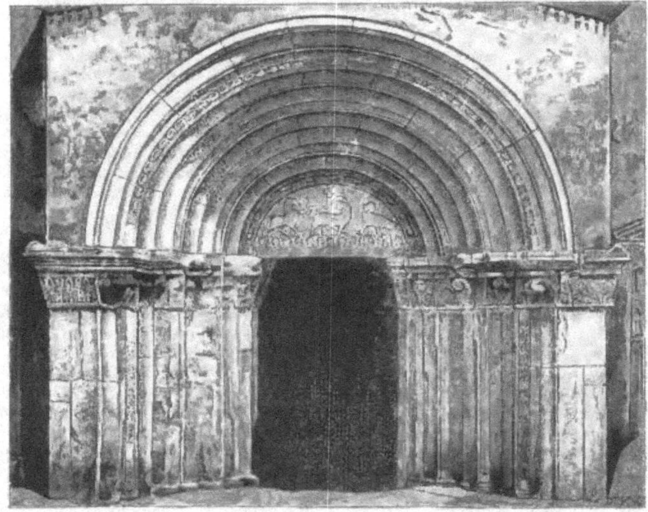

Fig. 363. (St. Veit.)

nicht vor, fondern nur einfache Ringe, welche bei zwei Pfeilern auch je eine Menfchenmaske tragen (M. v. n. F., p. CLI).

Die Trennungspfeiler, welche einft freiftehend hinaufragten, find in fpäterer Periode mit rundbogigen Arcaden verbunden, und die niedrigeren Seitenfchiffe um moderne Emporen erhöht worden. Damals wurden wahrfcheinlich auch die gothifchen Kreuz-Gewölbe aus einigen Jochen der Seitenfchiffe befeitigt. Im füdlichen Nebenfchiffe haben alle Joche bis auf die zwei rückwärtigen ihre alte Wölbungsform verloren. Beffer erging fchen Bafen tragen (Fig. 363). Ueber der Thür mit geradem Sturze im rundbogigen Tympanon romanifche Sculptur: Lamm Gottes, zu deffen Seiten Löwe und Adler. Ueber derfelben im Rundbogen folgende Infchrift in lateinifchen Uncialen: Sta ✠ rtro — siste . ped ✠ mīs — oblīrs in aedm̄ ✠ fraīrs — amicia — pandīr ist^a via. (Sta, retro siste pedem, manus oblaturus in aedem, fratris amicitia panditur ista via). Das Portal, welches in Folge wiederholter Brände durch Feuer und Waffer fehr gelitten hat und über welchem fpäter ein zopfig geschweifter Giebel-Auffatz angebracht worden ist, wird jetzt einer gründlichen Restaurirung unterzogen.

Das Presbyterium wurde vor drei Jahren vollständig restaurirt. Dasselbe hat beinahe die Länge des Langhauses, mit welchem es durch einen hohen, spitzbogigen Triumphbogen verbunden wurde, der an die Stelle des alten sehr niedrigen und rundbogigen getreten ist, und zerfällt in zwei Vorjoche und den fünfseitigen Schluß mit einfachen gothischen Kreuzgewölben. Die Rippen laufen auf einfache runde Dienste von sehr ungleichem Durchmesser an, enden in Eindrittel-Raumhöhe über dem Fußboden auf Consolen, mit Menschenmasken oder Blattwerk geziert, und vereinigen sich in runden Schlußsteinen, auf deren einem das Lamm Christi. Im Chore nun sechs zweitheilige sehr spitzbogige Fenster

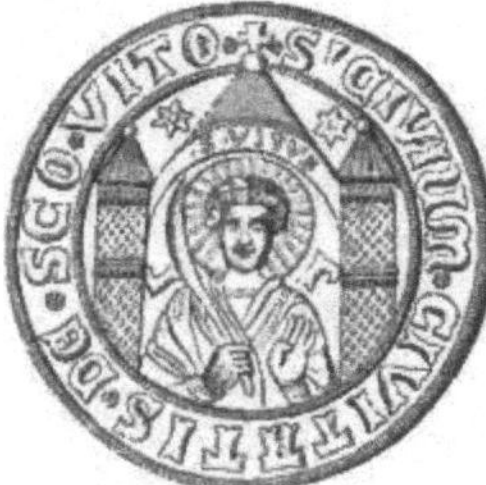

Fig. 364. (St. Veit.)

mit Maßwerk aus Cement und guten Glasgemalden (reiche figurale Malerei) der Anstalt Neuhauser in Innsbruck. Sacristeipforten auf der Süd-Seite des Chores schön profilirt, mit geradem Sturze, darüber drei Schilder. Die Fenster des Langhauses vollständig modernisirt, nur über dem West-Portale ein kleines romanisches Rundfenster. Gothischer Hoch-Altar von der Firma Wörl in Wien. Am östlichen Ende des nördlichen Seitenschiffes verdient einige Beachtung der reiche im Barockstyl gehaltene Marien-Altar. In der Kirche ein sehr kräftig aufgebauter Taufstein aus der Spät-Renaissance und ein runder Weihwasserstein, dessen vierseitiger Sockel mit Reliefs, wahrscheinlich römischen Ursprungs. Als Mensaverkleidung des Hochaltars ward ein schönes Relief eines Grabsteines verwendet.

An den übrigen Kirchenfronten sieht man noch die alten Strebepfeiler nach oben in moderne Lisenen übergehend, ein Beweis mehr für den späteren Aufbau der Emporen über den niedrigeren gothischen Seitenschiffen. Nur an den Presbyteriums-Seiten reicht die gothische Form bis zum Dachgesims, welche stylgerecht restaurirt wurde.

Der massive viereckige Thurm erhebt sich über dem ersten quadratischen Chor-Joche (zwischen Chor und Schiff) und hatte vor einigen Jahren seine gegenwärtige Gestalt erhalten, auf dem vierseitigen Unterbau mit abgekanteten Ecken erhebt sich ein achtseitiges Geschoß, auf welchem acht Spitzgiebel den massigen achtseitigen Helm umgeben. (Eine recht unglückliche Auflösung.) Die sechs Thurmglocken wurden im Jahre 1829 nach dem Brande neu angeschafft.

In den letzten Jahren durchlebte die Kirche überhaupt eine eingreifende Restauration am Thurm und Presbyterium, die aber in ihrer Gänze als nicht gelungen bezeichnet werden muß.

An der Außenseite der Kirche finden sich zahlreiche Grabsteine, deren mehrere kommen an der West-Seite der Kirche vor; die bedeutendsten davon sind:

1. Grabstein des Georg Christoph Christalnig von und zu Gillichstain, † 9. Marcz 1654. Wappenfeld klein, im modernen Style.

2. Grabstein des Johann Götz von Lendenrott, † 1713.

3. Grabstein der Frau „Maria Teutenhoffen, geborne Kirchpüechlerin, † 1575 jar“. Dieser Stein ist der größte, eine Platte von dunkelgelbem bereits stark geschwärztem Marmor.

4. Grabstein der Frau „Sibila Egkenpergerin, die des Ulrich Gadolt hausfraw und deren Sohn Andre, erstere † M°. cccc.xvi, letzterer † M°. cccccxxi“. Dieser Stein zeigt gothische Minuskeln und unten zwei einfache Wappenschilde, schöne beachtenswerthe Arbeit.

5. Grabstein des „Andre Megerl gewesten Ratsbürger † 1566 jar“.

6. Anno domini 1442 ist gestorben der erbare man Christan Schreml den nachsten mittich nach sand mertentag. den gott genad (155 Ctm. × 80 Ctm.), sehr beachtenswerth.

7. Anno 1492 an heil. 3nagltag die edl fraw Margret Windifchgrazerin die des Hans Zwitar Hausfraw gewefen ift.

8. Anno domini 1465 des phintztags vor dem palmtag ift geftorben margret des tobolt havsfraw. Zwei Schilder mit den Zeichen [Zeichen]. (140 Ctm. × 72 Ctm.)

Auf zwei anderen Grabfteinen von 1520 und 1412, davon auf letzterem ein groſses Kreuz und auf einem unterhalb demfelben befindlichen Schild zwei gegen einander gekehrte Sicheln oder Winzermeffer eingeriffen find, die Namen find nicht mehr leferlich.

Die übrigen Steine find theils aus neuerer Zeit, theils fo fehr befchädigt, dafs fie unlesbar find.

Auſserdem an der Süd-Seite:

7. Grabftein, den „Johann Georg Perro, Mintzmaifter in Kärnten, zu Ehren feiner dreien Ehefrawen Maria, Elifabeth und Sufanna fetzen lieſs im Jahre MDCXI jar“.

Einige Schritte füdlich der Kirche fteht ein alter Karner, achtfeitig, innen mit einem hübfchen gothifchen Sterngewölbe überdeckt. Die Rippen in halber Raumhöhe auf gewöhnlich profilirten Confolen. Fenfter neu, bis auf ein kleines fchmales bereits vermauertes. Von auſsen ift der Karner rund, ohne jeglichen Schmuck, oben mit kegelförmigem Dach. Innen ein Altar aus dem Jahre 1646, votirt von Herrn „Hannfs Joachim Hendl, fürnembr Handelsherr in Venedig“.

In der Sacriftei ein Rauchfaſs aus dem Jahre 1738 und ein Weihrauch-Schiffchen aus dem Jahre 1644, endlich ein altes Meſsbuch aus dem Jahre 1507.

Die ehemalige Franciscaner-Kirche zu Maria Empfängnis verdient eine Erwähnung. Im Jahre 1323 ftiftete dort Graf Friedrich v. Auffenftein ein Clariffer-Nonnen-Klofter. Später ift daraus ein Franciscaner-Klofter geworden, das unter Kaifer Jofeph 1775 faecularifirt wurde.

Die Kirche felbft ift ein einfacher einfchiffiger Raum, ohne befonderer Trennung des Chors vom Schiffe, zufammen in fieben Joche getheilt und zweifeitig abgefchloſsen. Einheitlich einfach fpät-gothifch, an den Wänden mit je drei ftumpf abbrechenden Rippen, ohne Confolen-Bildung. Im einfachen Kreuzgewölbe Schilder mit fymbolifchen Relief-Figuren: das Lamm Chrifti, die fegnende Hand, der Löwe, der Pelikan, Sonne und eine Rofe. Im erften Joche ift die Empore eingebaut, getragen von zwei gebündelten achtfeitigen Pfeilern ohne Bafis

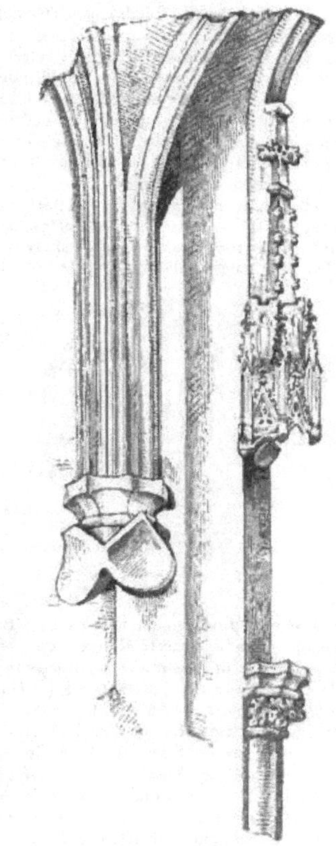

Fig. 365. (Viktring.)

und Capital, mit drei gedrückt fpitzbogigen profilirten Arcaden und einfachen Kreuzgewölben, darin zwei runde Schluſsfteine, worauf Rofetten. Unter denfelben achtfeitiges Weihwafferbecken auf vierfeitigem ftrunkartigen Sockel mit kleinem Wappenfchild. Neben dem Schluße an der Nord-Wand ein zweitheiliges Fenfter mit Vierpaß und Kleeblatt, jetzt vermauert. Gegenüber elliptifche Steine in der Wand, zwei mit dem Bild einer Eule, der dritte mit dem Lamm Gottes in Flach-Relief und Umfchriften in ohne Bedeutung. Zwei davon find Gruft-Capellen: die eine der Familie Werthenpreis mit einem Grabftein aus dem Jahre 1695, die andere der Familie Kellner von Kölnftein, mit einem Altar aus dem Jahre 1669. Der Haupt-Altar ift aus dem Jahre 1739. Von außen an den Wänden dreimal ab-

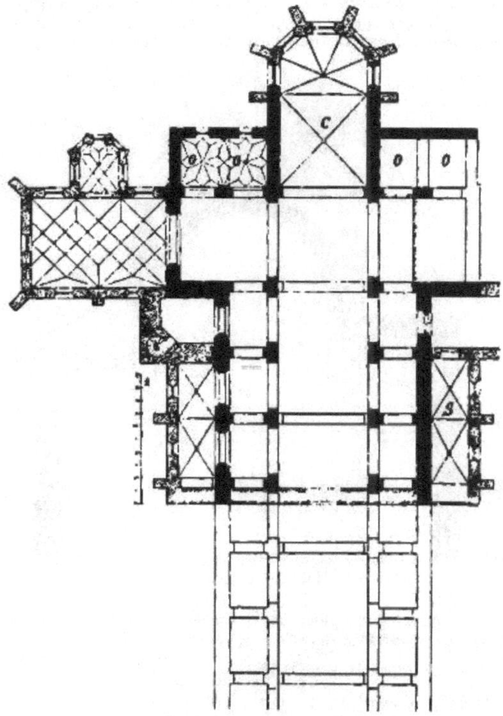

Fig. 366. (Viktring.)

gothifchen Majuskeln, welche befagen, dafs Conrad v. Auffenftein und feine Gattin Diemuth 1323 das Klofter geftiftet haben. An der Süd-Seite wurden in fpäterer Zeit drei quadratifche Capellen mit runden Gewölben angebaut, getrennt vom Hauptfchiffe durch Stichbögen. Darin je ein Altar geftufte Strebepfeiler. Der fehr fchlanke einem Dachreiter ähnliche viereckige Thurm, theilweife in die Weft-Seite eingebaut, oben noch mit fchmalen fpitzbogigen Schallöchern und mit niedrigem Zeltdach. Alle Grabfteine mit Eule im Wappen (Auffenftein).

Die **Bürgerſpitals-Kirche** beſteht aus zwei Theilen: dem kleineren Chore, einfach gothiſch mit Rippen, ohne Conſolen, das Gewölbe mit zwei runden Schlußſteinen, worauf Aſt und Roſette und dem neueren Schiffsraume, eingewölbt in Tonnen mit Stichkappen. Auf der Nord-Seite kleines romaniſches Portal (vermauert), von welchem acht Stufen in die Kirche hinunterführen, mit ſchlechtem Rundbogen, zwei tiefen Kehlungen, Roſetten in den Capitälen, geradem Sturz mit Eckeinlagen, auf deren einer eine Figur mit Schild, worauf in Hoch-Relief das Zeichen . Hohes Tympanon, worin ſehr kräftig hervortretendes Relief: S. Vitus im Keſſel, dabei ein Schild mit dem Zeichen : zu beiden Seiten knieende Figuren, links zwei, rechts eine und je eine Geſtalt in langem Gewande, wovon eine ein Spruchband trägt. Alles dick mit Tünche und Mörtel überzogen. Grabſtein der edl ehrndugentreichen Jungfrau Cæcilia Thereſia Maiirin † 10. Februar 1663 mit Wappen. Zuſehends war die Kirche urſprünglich größer, der rückwärtige Theil wird als Küche und Magazin verwendet. Von einiger Bedeutung iſt nur der groſſe Haupt-Altar mit derbem Unterbau und Aufſatz. Der urſprüngliche Thurm iſt im Jahre 1829 abgebrannt, heute beſitzt die Kirche keinen Thurm. Zwei ſchöne ſchmiedeeiſerne Wandleuchter.

Fig. 364 veranſchaulicht das alte Siegel der Stadt (15. Jahrhundert).

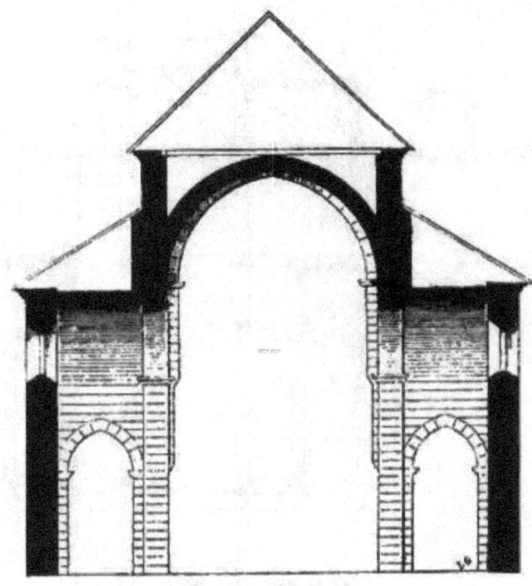

Fig. 367. (Viktring.)

St. Veit bei Reineck. Grabſtein AEL·SATVLLI*, um 50, gefunden? am Lambrechtskogel, im Seiten-Altar der Kirche. Buchſtaben 10 Cm. hoch (Acp. 1884, 90).

Veitsberg oder Göseberg im Glanthal, Pfarre Liemberg und St. Urban. Vermuthete Tempelſtelle. Mit dem Helenenberge, dem Lorenzer- und Ulrichsberge eine der vier Wallfahrts-Höhen (Car. 1839, 177. Megiſer S. 40. Valv. 4).

Velden. An der Heerſtraſſe Virunum-Aquileia, öſtlich von Siantium, Linie Töſchling-Lind.

Man fand hier nächſt der Bahn unter einer Erdſchichte von 95—126 Ctm. (3 bis 4') im Jahre 1863: Zwei Menſchen-Schädel mit Arm- und Schenkelknochen, 2 Draht-

Spiralen von Fibel, 3 Ohrgehänge mit einem Glastropfen, blau und gelb K. Die Grabstätte, Flachgrab oder Tumulus, scheint nicht weiter bekannt; die Silbermünze Alexander, K. 1876, stammt wohl nicht von gleicher Stelle. Ein Steinbeil, unförmig groß, gelocht, beim Bahnbaue (Ank. 1, 559. Afk. 9, 160. AfköG. 38, 209. Bild. M. 10, S. LVI; 3, n., p. CIX. Kml. 145. Car. 1886, 100. R.-Stud. 3, 19. Corresp.-Bl. 1886, 55. M. w. anth. 1886, 61 f.).

Beim Bahnbaue fand man auch 4' unter der Erdkrumme Reste von zwei Skeletten und drei Ringe von Glasperlen (Ohrringe).

Vellach. In dem an Paläozoën reichen Gebiete traf man zwei Bronze-Aexte, Sammlung Rosthorn, vor 1850? (G. R. A. 1874, 167. Car. 1874, 59; 1880, 242. Jab. nat. 15, 202). Fünf Tumuli, Steingrab, Fibeln, Schwert, Münzen (Meyer Straßzge. 111; s. Ober-Vellach).

Viktring. Inwiefern in den Gebieten zwischen Weidmannsdorfer-„Moos", Riauz-See, Keutschacher-See unweit vom Wörther See, eine frühzeitige Sonder-Ansiedelung zu suchen sei, früher genannt, denn die Hauptstadt, als Vitrino 890, Vitringe um 1145, mit einer Kirche versehen schon

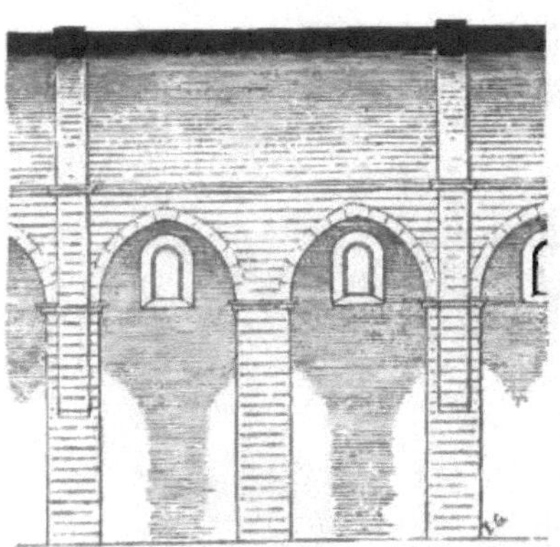

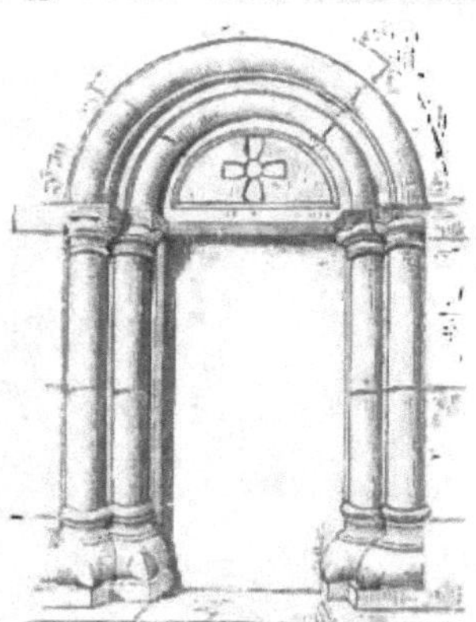

Fig. 368 und 369. (Viktring.)

um 850 bis 861, das bleibt noch dahingestellt. Jedenfalls ist der urromanische Stamm älter als die Fiction de Victoria, Siegelsdorf u. dgl. (Abh. bayr. Ak. d. W. 1852, VI, 3. S. 549). Für den Klosterbau in letztgenannter Zeit mögen Bausteine aus dem Zolfelde herbeigebracht worden sein; Entfernung 3 Stunden; ausgeschlossen scheint nicht, dass von den hiesigen 11 römischen Stein-Denkmälern einzelne aus nächster Nähe oder auch aus Klagenfurt stammen.

Cippus mit Relief: Schild, Schwert, Tuba (oder Stab), Nebenbild Helm und Kriegskleid (Jab. 401. Valv. 242. Aep. 5, 206, 11. K.).

. . . IANIVS, Ara? mit Erwähnung eines donatus equopublico, um 160, bekannt

In einem Steinbruche dortselbst (Vassoijen) eine antike Speer-Spitze und kleine Glocke aus Bronze (M. x, LVI).

Das alte Dietrichstein'sche Schloß Velden ist nur theilweise erhalten, nämlich dort, wo es zu Wohnzwecken adaptirt wurde. Interessant ist das Haupt-Portal im Renaissance-Style mit Rundbogen, darüber Attika, darin drei Wappen und im obersten Aufsatz als viertes das der Familie Khevenhüller, dabei die Jahreszahl 1603; zu beiden Seiten Obelisken. Der Haupt-Flügel, der einzige ganz erhaltene Theil, wird durch sechseckige Thürme flankirt; Schießscharten in einem gegen Norden stehenden Mauerreste (M. I. 123, II. 273, XVIII. 184. M. x. n. F., p. XXII; XIX. 114).

feit 1838. Kirche (Jab. 394. Mo. 4829. K. 165).

T AELIO SVTTIHO*, dem Veteranen, Mann mit Buch und Griffel, um 180, gefunden vor 1829. Kirche (Jab. 391. Mo. 4831).

(AL)FIAE P FIL um 150, vor 1829. Kirche (Jab. 392. Mo. 4877).

DM M ANN(I), Mann mit Krug, um 190, bekannt 1838. Kirche (Jab. 396. Mo. 4878. K. 112).

DM SATVLLVS* um 150, gefunden vor 1551. Fehlt (Jab. 400. Mo. 4973. Valv. 242).

VRBICO*, Cippus mit Zieraten, um 190, bekannt um 1848 (Jab. 398. Mo. 1998. K. 91).

Eine fchwache Stunde von Klagenfurt entfernt liegen die ausgedehnten Baulichkeiten des ehemaligen Ciftercienfer-Stiftes Viktring (M. VI. n. F. p. XXXVII). 1142 gegründet

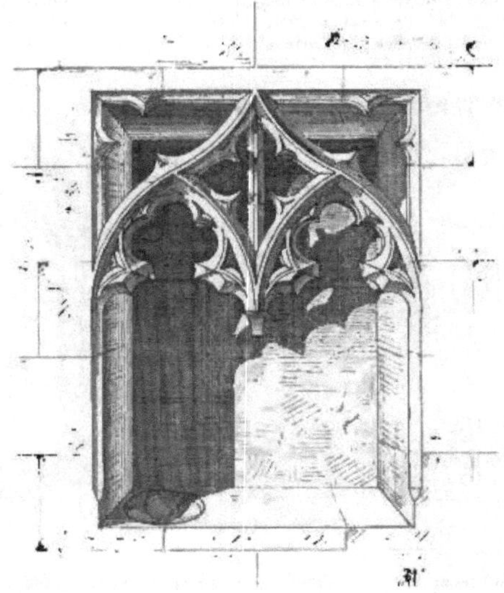

Fig. 370. (Viktring.)

CHARITONIS, des Caefars Freigelaffener, um 140, vor 1829 Kirche (Jab. 393. Mo. 4894).

CRESCEN, Cippus, Mädchen mit Käftchen, ähnlich zu Klagenfurt; Zeit um 200, bekannt feit 1838 (Jac. 399. Mo. 4904. K. 96, vgl. K. Ztfch. 3, 148).

IVLIAE TI FIL*, weibliche Büfte, um 115—130, gefunden 1818, Fabrikshaus, 2. Stock (Jab. 397. Mo. 4933).

D M C MASCVLINIVS, Weib, Mann, Krug, um 200, gefunden 1818 (Jab. 395. Mo. 4988. K. 113).

und 1786 aufgelöft, eines der bedeutendften Ciftercienfer-Stifte Oefterreichs, das feine erften Mönche aus dem Klofter Villers l'Abbaye in Frankreich (gegründet 1132) erhielt. Mit Ausnahme weniger fpät-gothifcher Refte in der ehemaligen Prälatur ftammt das Gebäude aus dem 18. Jahrhundert. Ein fchönes Bild gewährt der viereckige Hof mit den ihn umfchließenden Gebäude-Tracten, den ringsherum laufenden Gängen, welche ebenerdig wie in den beiden Stockwerken mit rundbogigen Arcaden fich dahin öffnen. Obwohl jetzt zu einer Tuchfabrik verwendet, hat das wohlerhaltene und gepflegte prächtige Gebäude doch den Charakter seiner früheren Bestimmung, an die es an jeder Stelle erinnert, dank ihren Besitzern noch nicht verloren. Im Hofe ein Brunnen mit schönem schmiedeeisernen Gitter aus dem 17. Jahrhundert.

Die Stifts-Kirche, jetzt Pfarrkirche, eine spät-romanische dreischiffige Pfeiler-Basilica, nach den Principien der Bauschule

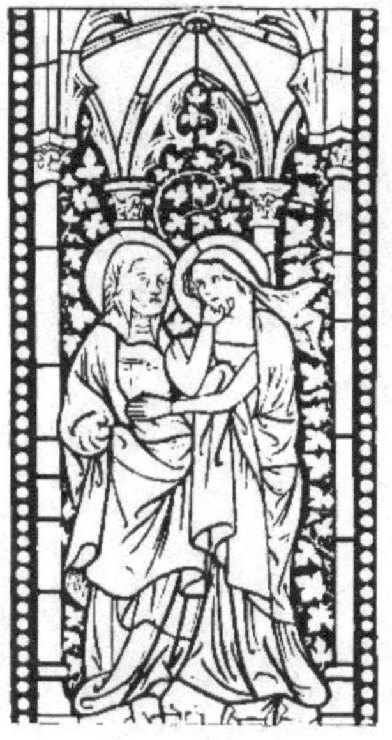

Fig. 371. (Viktring.)

von Fontenay, erbaut und zwischen 1200 bis 1202 geweiht und, da deren Langhaus seit dem Jahre 1847 um mehrere Joche, die baufällig waren und daher abgetragen wurden, in unharmonischer Weise verkürzt, zeigt heute keinen regelmäßigen Bau. Außerdem hat der Bau noch manche Umbauten erlitten, so ging auf der rechten Seite das Quadrat des breiten Querschiffes verloren, der romanische und möglicherweise, weil häufig bei Cistercienser - Kirchen vorkommende geradlinige Chor-Schluß verlängerte sich in der zweiten Hälfte des 13., oder zu Beginn des 14. Jahrhunderts in ein aus fünf Seiten des Achteckes gebildetes Polygon, wobei das Quadrat dieses alten Chores statt der originalen Tonne das jetzige Kreuzrippengewölbe erhielt.

Die Dienst-Capitäle mit der charakteristischen Kelchform und das eigenthümlich abgekantete Rippenprofil des erwähnten Chores sind entschieden früh-gothisch.

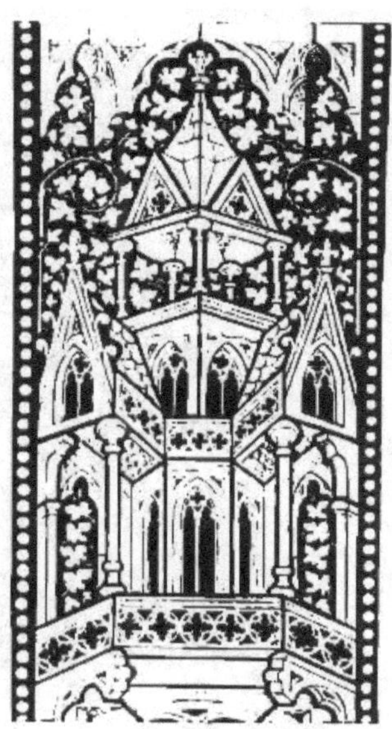

Fig 372. (Viktring.)

Im 15. Jahrhundert zog man zwei Capellen auf der Nord-Seite des Langhauses zusammen zu einem Capellenraume (das nördliche Paar der Ostcapellen am Kreuzschiff) unter Sternrippen-Gewölben, auf Consolen mit Engelmasken und Schildern, wobei die Scheidemauer der ursprünglichen viereckigen Capellen entfernt wurde. Auch schuf man in der gleichen Spät-Gothik einen freundlichen fast quadraten Capellenbau mit schmalem dreiseitig ausragenden Altarraum am nördlichen Querschiffarme. Dieselbe hat sehr einfache spitzbogige Fenster und Netzgewölbe mit Rippen auf Conſolen mit Schildern und Masken. Der Scheidebogen iſt ſchön profilirt und mit Conſolen von Eichenlaub geziert, über welchen Baldachine mit Fialen und Kreuzblumen. Neben denſelben an der Oſt-Seite des Außenſchiffes eine zweite Capelle mit Netzgewölben und zwei Engels-Bruſtbildern als Conſolen. Dieſe beiden Capellen ſind ſehr beachtenswerthe gothiſche Bauten, welche man gleichfalls am ſicherſten dem Jahrhunderte gothiſcher Nachblüthe beimeſſen kann (Fig. 366, Grundriß).

Das 17 Jahrhundert verewigte ſich hier durch die Gabe des wirklich netten thunlichſt luſtig componirten Hochaltar-Aufbaues im Sinne der Barocke mit dem polygonen Tabernakel, der auch als einer der früheſten in Oeſterreich durchgeſetzten Altar-Tabernakel

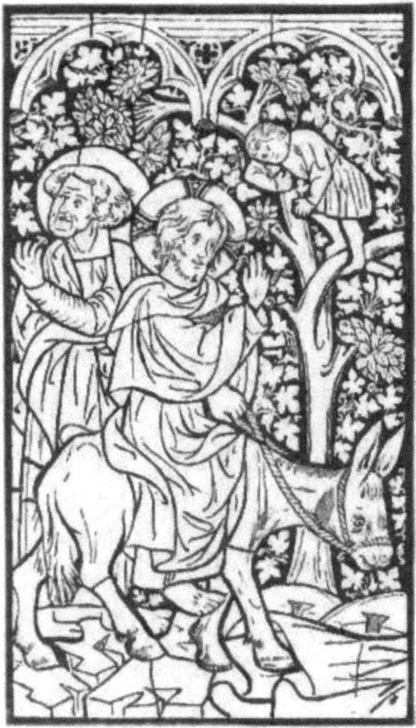

Fig. 373. (Viktring.)

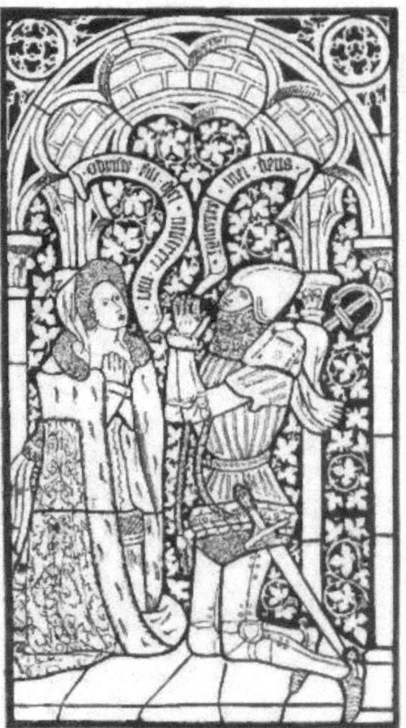

Fig. 374 (Viktring.)

Bauten aus dem 15. Jahrhundert. Das gerade abſchließende Querſchiff hat Netzgewölbe, deſſen Rippen in Eindrittel-Höhe über der Bodenfläche auf Conſolen mit Doppelſchildern ruhen (Fig. 365), dabei ſchöne gothiſche Baldachine. Die Capellen, welche man jetzt längs des nördlichen Seitenſchiffes ſieht, das Stück Kreuzgang, das noch übrig iſt und der ſüdlichen Abſeite entlang ſich erſtreckt, auch als Sacriſtei benützt wird, das alles ſind intereſſant iſt; denn vor dem 17. Jahrhundert hatte man nur die hergebrachten Wandtabernakel-Niſchen auf der Evangelienſeite.

Die Fenſteröffnungen ſind ſämmtlich, mit Ausnahme des Chor-Schluſſes rundbogig, die Seitenſchiff-Arcaden hingegen gedrückt-ſpitzbogig (Fig. 367, Querſchnitt, Fig. 368, Längenſchnitt). Das Haupt-Portal ging bei der Verkürzung des Langhauſes verloren, ein kleines ſehr zierliches romaniſches Portal, beſtehend aus zwei Halbſäulen mit Ring-Capitäl und griechiſchem Kreuz im Tympanon,

eine mit Krönungs-Maßwerk reich gezierte quadratiſche Credenz-Niſche (Fig. 370).

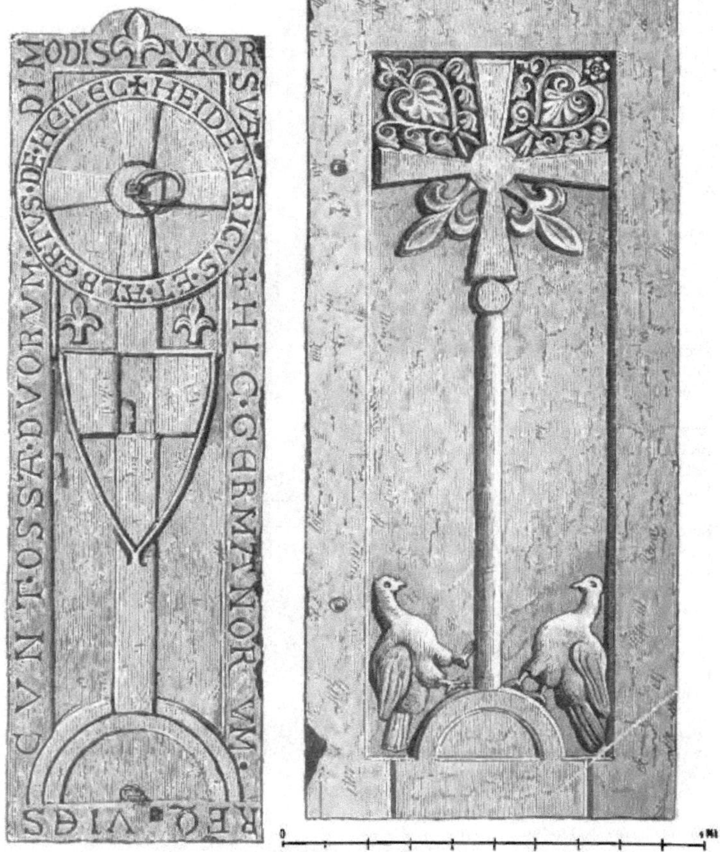

Fig. 375 und 376. (Viktring.)

führt aus dem Langhauſe rechts gegen den ehemaligen, aber in neuerer Zeit umgeſtalteten Kloſtergang (Fig. 369 Portal). An der rechten Seite des Presbyteriums (gothiſcher Theil)

Die Kirche beſitzt eine beſondere Zierde in den bunten Verglaſungen der drei Fenſter im Presbyteriums-Schluſſe, die ſich in ihrer Urſprünglichkeit erhalten haben.

Die feitlichen Fenfter find zweitheilig, das mittlere ift dreitheilig. Das Fenfter links zeigt die Verkündigung, Geburt und Opferung Chrifti im Tempel, die Heimfuchung (Fig. 371), die drei Könige und die Krönung Mariens, jedes Bild unter einem Baldachine (Fig. 372). Das rechtsfeitige Fenfter zeigt in fechs Doppelbildern übereinander die zwölf Apoftel, darunter zwei Wappenfchilder mit den Auffchriften: Der von Eroltzaim und Der von Rotenftain. Das Mittelfenfter zeigt in fechs Reihen von Bildern übereinander, deren jede aus deren drei befteht, folgende Darftellungen: 1. Der Einzug in Jerufalem (Fig. 373). 2. Abendmahl mit Fußwafchung Petri. 3. Chriftus auf dem Oelberge, die fchlafenden Jünger und der Verrath des Judas. 4. Verfpottung, Geißelung und Krönung. 5. Kreuztragung, Chriftus am Kreuze und Grablegung. 6. Auferftehung, Himmelfahrt und Sendung des heil. Geiftes. Darunter die Wappen derer von Stubenberg, Pettau, Hollenburg und ein Ehepaar, die Stifter diefer Glasgemälde; der Ritter trägt als Helmkleinod den Stubenberg'fchen Anker, die Frau den Hermelin-Mantel. Bei derfelben das Spruchband: O Chrifte fili dei miferere mei Miferere mei deus (Fig. 374). Die Gemälde find nicht gleichzeitig, die älteften find die im linken Fenfter, die jüngften die des Mittelfenfters, obwohl fie früheftens aus der Mitte des 15. Jahrhunderts ftammen durften (M. XVIII, 114).

Die Kirche enthält mehrere Monumente, davon jedoch vier eine eingehendere Würdigung verdienen. Zwei davon find gegenwärtig durch die Fürforge des Correfpondenten der C. C. Max R. v. Moro beiderfeits neben dem romanifchen Seiten-Portale eingemauert.

Der eine Stein (weißer Marmor) hat eine Höhe von 190 Cm. bei einer Breite von 58 Cm., ift alfo im Verhältnis zur Höhe fehr fchmal. Die Hauptdarftellung der Fläche bildet ein auf einem Halbkreife ruhendes Kreuz, deffen Balken mit einem ringförmigen Nimbus umgeben find, während der Fußbalken nahezu in feiner Mitte mit einem Schilde belegt ift (Fig. 375). Die Infchrift ift am Rande der Platte und, diefelbe umlaufend, innerhalb eines Rahmens angebracht, gegen innen gerichtet und lautet, an der linken Seite in der Mitte beginnend: † Hic . germanorvm . | reques- | cvnt . offa. dvorvm . dim | odis (Lilie, die etwas größer, daher der Stein an diefer Stelle halbrund ausgebogen) uxor . fua. Am Kreuz-Nimbus: „† heidenricvs . et . albertvs . de . heilec". Der zugefpitzte Schild ift zweimal gefpalten und einmal getheilt und find die fechs Felder theils erhaben, theils vertieft behandelt (oben zwei, unten eines erhaben). In dem

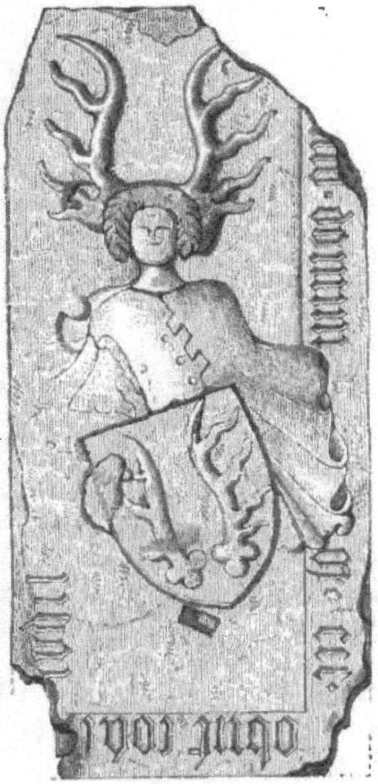

Fig. 377. (Viktring.)

Felde beiderfeits außerhalb des Schildes gegen das Kreuz je eine Lilie, alfo nicht zum Wappen gehörig, wahrfcheinlich als Ornament. Diefer in feiner Art reich fculptirte Grabftein gehört im Hinblick auf die darauf befindlichen Namen der Mitte des 13. Jahrhunderts an. Die Sculptur ift nur in ftark vertieften Linien ausgeführt.

Der zweite Grabſtein, der keine Inſchrift trägt (200 Cm. hoch und 90 Cm. breit), iſt ebenfalls mit einem Kreuze geziert, das in dem ſtark vertieften und von einem breiten Rahmen eingefaſsten Bildfelde angebracht iſt. Es ſteht ebenfalls auf einem rundbogigen Fuſse mit rundem Stabe; eine Kugel vermittelt den Uebergang zum Kreuze, deſſen Balken gleich lang ſind. Die Zwickel zwiſchen den Balken ſind reich verziert, und zwar findet ſich in den beiden oberen ein ſehr ſchönes Blatt-Ornament, das rechts mit einer kleinen Lilie, links mit einer Roſe endigend, in den unteren je eine concentriſch angebrachte Lilie zeigt. Am Kreuzes-Fuſse beiderſeits je eine Taube (Fig. 376). Dieſes ſehr ſchöne Monument dürfte dem Charakter ſeiner Ornamente nach, die eben das einzige Kriterium für deſſen beiläufige Zeitbeſtimmung bieten, in das Ende

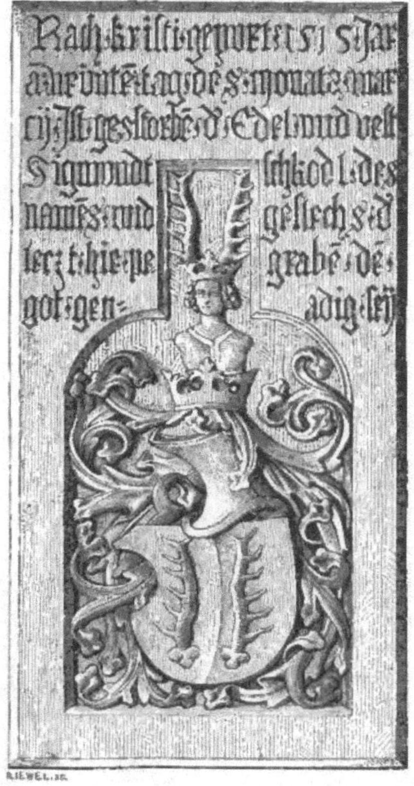

Fig. 378. (Viktring.)

des 12. oder (wahrscheinlicher) den Anfang des 13. Jahrhunderts gehören.

Stein davon befand sich bis vor kurzem im Pflaster eines Klosterganges eingesenkt und

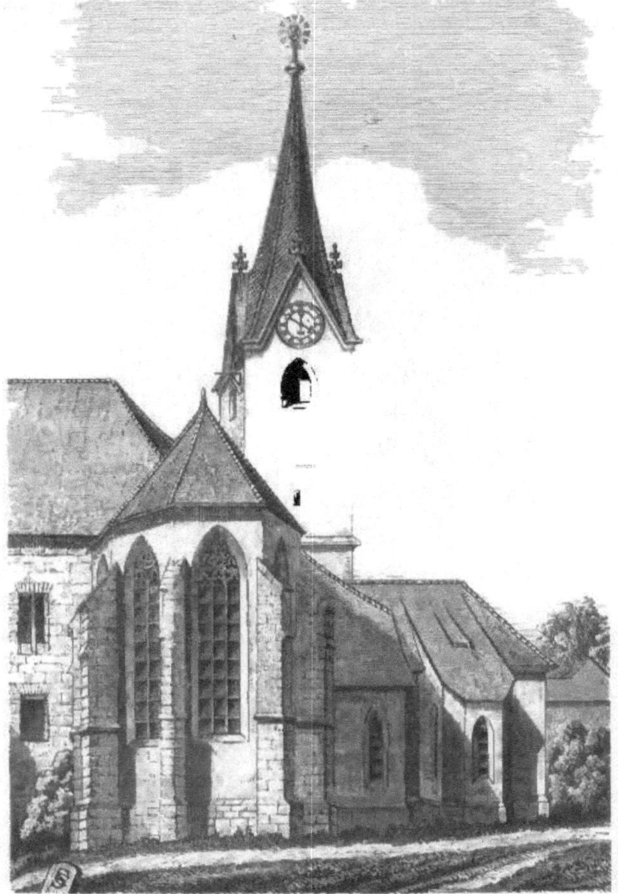

Fig. 379. (Viktring.)

Die beiden anderen Grabsteine beziehen sich auf die Familie Skoll; der eine ist jetzt ebenfalls aufgestellt, der eine nennt Johannes Scodel (c. 1400?), der zweite nennt Sigmund Schkodl, † 1515, als den letzten dieses Namens (M. IX. n. F., p. XCI) (Fig. 377 und 378).

Ein anderer Stein bezieht sich auf die Familie Reinekher (im Schilde ein Flügel), im Fußboden eingelassen.

Grabmale: links vom Haupt-Eingang Rother Marmor (4′ 4″ hoch, 3′ 4″ breit):

„Hic Requiescit Rmus. Perilustris Dñs. Dñs. Gerhardus XXXI Abbas Victoriensis canoniae Electus Aõ MCCCCXLV qui ter vidit civitatem Sanctam Jerusalem et Reliquias insignes Dñcae Passionis et Sanctormu reportavit, Regnavit an XX. mens IX dieb. X. Obiit XVII. cal. Martii an MCCCCLXVI.

1. Pater Adamus Prugger, qui huic monasterio utiliter prosuit † 1582.

2. Abbas Philippus Dominicus † 1598.

3. Dom. Georgius Rainprecht Abbas hujus monasterii † 22. Juli 1643.

4. Wilhelmus Maſſe 46. Abbas † 1691.

5. Margaretha Reinprechtin † 8. Mai 1620.

In der Bernhards-Capelle:

Rath M. 6′ 10″ — 3′ 4″, darauf in Relief ein Abt in Pontificalibus, der Kopf auf einem Polster, in der Linken ein Kreuz:

Umschrift: Anno domini millesimo 461 12 mensis augusti sarkophagus iste factus est procurante reverend in xpo pie et D. D. Gerhardo hujus monasterii e capelle abbati ac fundatore pro sua postrorumque successorum sepultura Deo gratias.

Zu den Neubauten des Klosters um die Mitte des 18. Jahrhunderts gehört auch das Convent-Gebäude. In der westlichen Front desselben zu ebener Erde ganz nahe dem Kreuzgang-Portale befand sich das Capitelhaus, ein längliches Viereck. Es hatte den Eingang auf der West-Seite, die Ost-Seite war um einen Stufen erhöht. Längs der beiden Seitenwände hölzerne Stühle. In der Mitte vor der Stufe im Boden ein Stein 4·4″/3·4″: Gerhardus XXXI abbas 1466. Im Jahre 1835 wurde dieses Locale zu einer Art Keller umgestaltet, wobei man den Boden um 6′ tiefer legte. Man fand unter dem Grabsteine eine zweite Platte 6·10″/3·9″, darauf ein Abt: 1461 Gerhardus, darunter die gemauerte Gruft. Der eine Grabstein, wie erwähnt, jetzt beim Eingang in die Kirche, der andere in der Bernhards-Capelle im Chörlein.

Die Sacristei ist ein dreijochiger großer Raum im südlich angebauten Stiftsgebäude. Im Gewölbe sind noch gothische Querrippen erhalten, die übrigen Rippen sind in scharfe Grate verwandelt worden.

An dem schon erwähnten Eingange, der neben der Sacristei in die Kirche führt, und den directen Zugang vom Stiftsgebäude vermittelt, zeigen sich Spuren des romanischen Styles. Ueber dem geraden Sturz ist ein romanischer Rundbogen mit doppelter wulstförmiger Einfassung, welche sich an den Gewänden in der Form von doppelten Dreiviertel-Säulchen fortsetzt. Der gemeinschaftliche Fuß zeigt die charakteristischen Eckknollenblätter, von den Ecken der Unterplatten auslaufend. Im rundbogigen Tympanon über dem Thürsturz ein Relief-Kreuz. Im Stiftsgange selbst haben sich nur an einer Stelle gothische Ueberreste von Querrippen mit Consolen erhalten.

Das Altar-Bild am Altar rechts (1710) ist bezeichnet: Steiner.

Der Thurm steht links an der Kirche, er ist ein spät-gothisches Werk (Fig. 379). Die große Glocke hat folgende Inschrift: „Sic resonans nascor regnante Abbate Joanne terrigenos hortans reddita justa deo, hujus ..... sub signo tuto fugabo grandine praegnantes armates fulgure nubes.“ Drei weitere Glocken aus 1560, 1521 und 1500.

Villach, Stadt, im urzeitlichen Gebiete des Drau- und Gail-Gletschers. Die Station Santicum erscheint im antoninischen Reisebuche auf der Heerstraße Virunum-Aquileia, und zwar im Abstande von 81 (78) mp. von Aquileia, 30 mp. (6 deutsche Meilen) von Virunum, 27 (24) mp. von Larix (Saifnitz) her; nicht im antoninischen Reisebuche der sogenannten predialen Linie aus Virunum mit Saloca, Tasinemetum ad Silanos, überhaupt nicht auf der Peutinger-Tafel. Die Richtung ging über die nördlichen Höhen bei Gottesthal nach Lind, unterhalb Sternberg zwischen Kranzelhofen-Velden nach Töschling u. s. w. Die Stadt liegt ferner an der Linie gegen Teurnia, Juvavum, Aguontum, nach den Punkten von Velden, Lind, Zauchen, Seebach, St. Leonhard her aufwärts gegen Wolanig, Gummern, Puch, Feistritz, Paternion, Spital, Fresnitz (Zweig Gmünd), St. Peter im Holz, Mühldorf, Sachsenburg u. s. w. Eine Seitenstraße von Federaun über

Warmbad, Judendorf, Völkendorf, St. Martin, im weſtlichen Rücken der Stadt zur Teurnenſer Linie, eine öſtlichere bei Zauchen gegen Landskron und Feldkirchen (am Süd-Ufer? des Offiacher Sees) ſind nicht ausgeſchloſſen.

Als Σιαντικόν oppidum nennt die Stadt Ptolemäus im Jahre 138—161, II 13, 3. Die neuzeitige Erfindung villa ad aquas, wie ein Ort im dako-romaniſchen Meeres-Lande, iſt ohne antiken Hintergrund (Laz. rep. rom. 1598, S. 1028. *Marian* 98. *Megiſer* als Julium carnicum S. 7, 9, 21, 22, 126, 214. Feldkirchen als Sianticum. Linhart 2, 254 als Belak, vgl. *Obermüller* 2, 909. E. 2, 207. Abh. bayr. Ak. d. W, 1852, VI, 3. S. 591, Not. c. K.Ztſch. 4,108, 110; 5, 42. Ank. 1, 558, 564, 576. Jab. S. 3, 4, 6. Mu. GStmk. 1, 121. RN. 1, 247. Mo. S. 589, 591, 597. M. 3, n. p. CIX. WAlthms.V. 11, 41, 130. Car. 1868, 325; 1887, 123. 195. Kml. 30, 66, 267. R.-Stud. 3, 4, 59. Muſ. f. 21. M. w. anth. 1886, 61 f. Correſp. Bl. 1886, 46, 59).

Die Bau-Verbreitung möchte ſich vielleicht mehr auf dem linken Drau-Ufer verſtehen, als auf dem rechten; der Ueberbrückungs-Punkt, ob an der ſeit 1000 Jahren benützten Stelle, ob unter den Felswänden bei St. Martin, iſt nicht bekannt. Der Thurm-Unterbau gilt für römiſch und das entſchied mit den Münzen aus den Gründen Kern und Wanggo mehr für die rechtſeitige Flußlage. Von metalliſchen Funden ſcheint gar keine Aufzeichnung über das Jahr 1844 zurückzugehen.

Eine keltiſche Münze aus Villach erſcheint in der Rainer'ſchen Sammlung zu St. Veit vor 1863. Keltiſche, römiſche, und zwar republicaniſche (Petronia, Turpilianus 1874 V., vgl. Coh. I, 244) und Kaiſermünzen bis über Tacitus hinaus, erwähnt das Afk. 2, 187, wo gefunden? Stellen wir hinzu 1 Auguſtus Bronze (1844) K., 2 Bronze Pius (187, 6, Süd-Bahnhof V), 1 Bronze (1847), 1 Marc Aurel-Bronze (1844) K., 1 bei Waſſerleitung 1873 V., 1 Commodus-Br. mit 2 anderen im Draubette, linkes Ufer, beim Wirth, ſeit 1877 V., 1 bei Villach 1880 V., 1 Claudius Gothicus (1871) K., mit (3?) anderen im Draubette, linkes Ufer, beim Wirth, V. ſeit 1877, die zwei römiſchen Münzen aus dem Hausgrunde des Färbers Wango, rechtes Drau-Ufer nächſt der Brücke (1856), endlich die 3 Bronze-Münzen aus dem Kern'ſchen

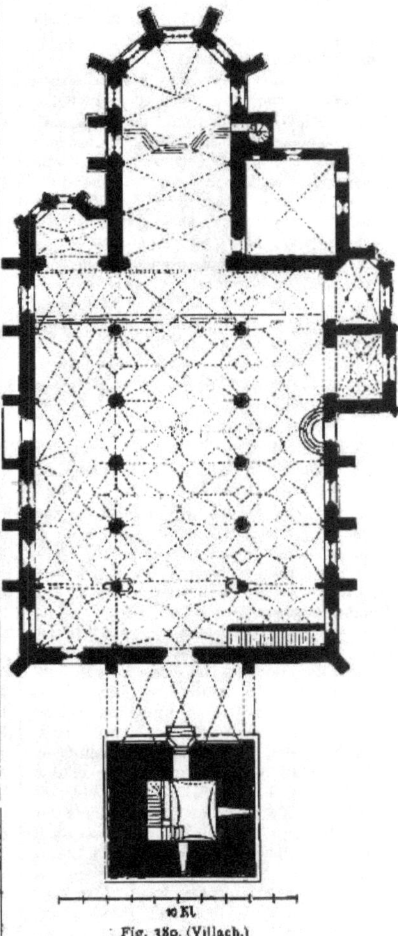

Fig. 380. (Villach.)

Canale, V. ſeit 1874, Conſtantinus II. mit fel. temp. reparatio, ſoll invicto comiti spes

reipublicae, sämmtlich V., so ist damit unsere Kenntnis der localen antiken Geldfunde vorderhand erschöpft. Wieviel von der Sammlung Reßmann (1 barbarisch, Silber, 29 Republik, Silber, 169 Kaiserzeit, Silber, 1 Tacitus, Gold, subärat, 444 Kaiserzeit, Bronze), K. laut Car. 1850, 347; 1851, 78 der Umgebung angehöre, oder Canalthal,

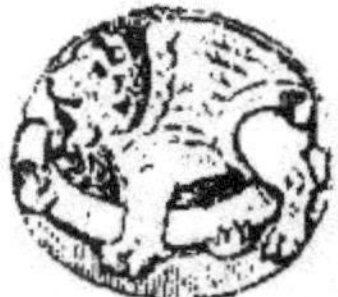

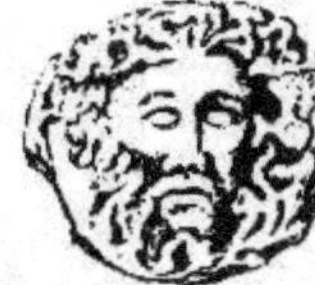

Fig. 381 und 382. (Villach.)

Helenenberg, zumeist Zolfeld, ist nicht nachgewiesen. Eine Bronze-Münze, Marc Aurel, ist im Lindenhofe bei Villach gefunden (K. Car. 1869, 5 [vgl. unter Silber]).

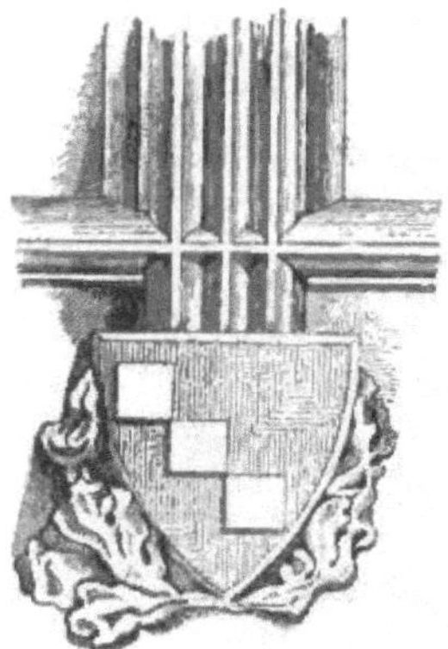

Fig. 383. (Villach.)

Die Zeiterstreckung der Münzen könnte auf 200 v. bis 361 n. Chr. angesetzt werden.

Sonst sind zu verzeichnen:

In Bronze: ein Hausgott, gefunden in dem Gail-Fluße unweit der Stadt, V. seit 1878.

Eisen. Eine Speerspitze mit Schaftrohr, Südbahnhof 1863 K. Ein Schlüssel (antik?) im Masenhügel beim Rudolphs-Bahnhof, 190 Ctm. (6') tief. V. seit 1874.

Silber. Eine Fibel, 183 Gr. ($10^1/_2$ Loth), mit den „zwei" römischen Münzen

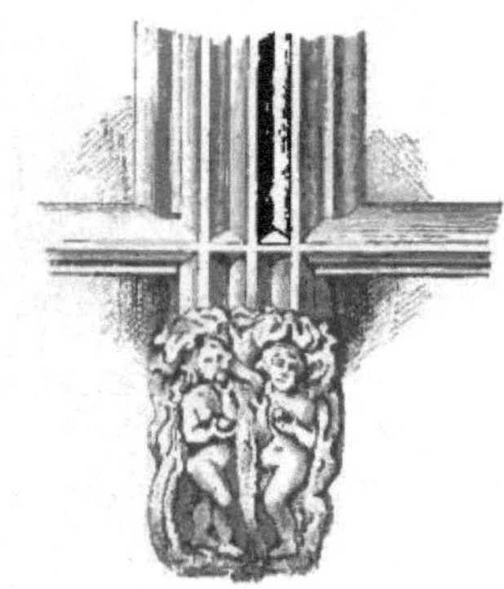

Fig. 384. (Villach.)

(3, Augustus, Marc Aurel, Crispina) im Hausgrunde des Färbers Wanggo, rechtes (linkes) Drau-Ufer nächst der Brücke, K. 1856

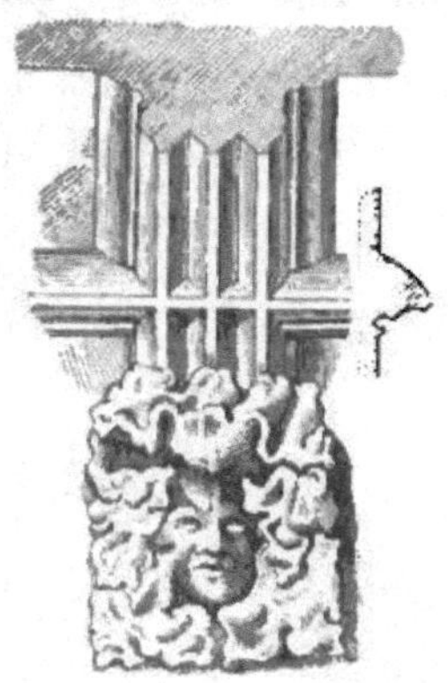

Fig. 385. (Villach.)

(Car. 1847, 98; 1854, 338. Afk. 9, 160; 12, 163. M. 9, 123, vgl. 5, n. p. CLXII).

Indem wir in Betreff des Thones nur eines Urnen-Deckels, schwarz, roh, weißkörnicht, ähnlich den Warmbader Gefchirren, zu erwähnen haben, gefunden im Hausgrunde Picco's, V. feit 1874, eines Stückes Thon, mit Stein, bei Canalgrabung 1883, 31. Mai (V. 235 b), gehen wir zu den Stein-Denkmalen über.

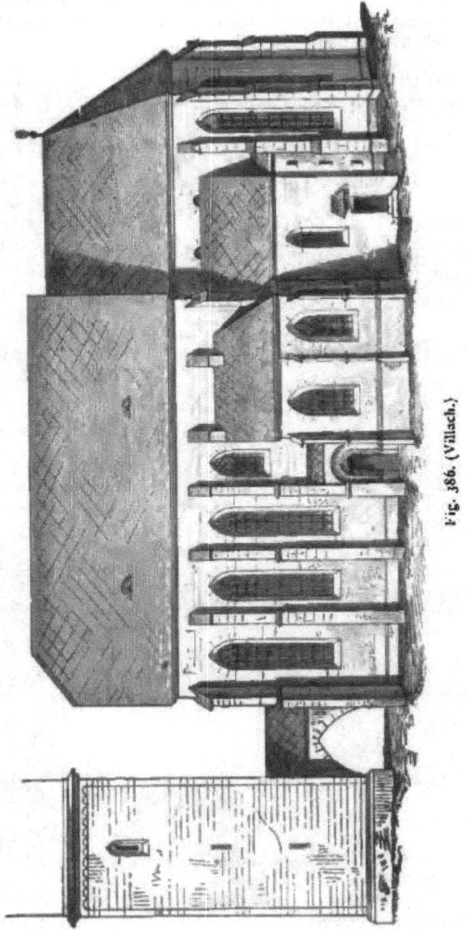

Fig. 386. (Villach.)

Deren find fechs, wovon fünf Grabmäler.

IOM D(EP), dem Jupiter depulsor, um 210, gefunden 1527 bei den Capuzinern um 1688, fehlt im Pfarrhofe (Jab. 440. Mo. 4760. Sitzb. d. Ak. d. W. 12,

67. Valv. 244. Mu. RN. 2, 10; 1, 309. Valv. 244).

SATVRNINVS*, um 190, gefunden um 1527 zu St. Anna oberhalb der Stadt, mit der Filial-Kirche 1813 verschwunden (Jab. 442. Mo. 4761).

D M VIBIANVS, um 240, gefunden beim Süd-Bahnhofe 1863 (Jab. 437. Mo. 4762. K. 42).

M MARIVS, um 150?, bekannt als bei Villach seit c. 1474. Fehlt (Jab. 438, vgl. cod. Redianus. Mo. 1, S. XXI).

L·AQVILIVS, um 150?, bekannt vor 1603 bei Villach. Fehlt (Jab. 439).

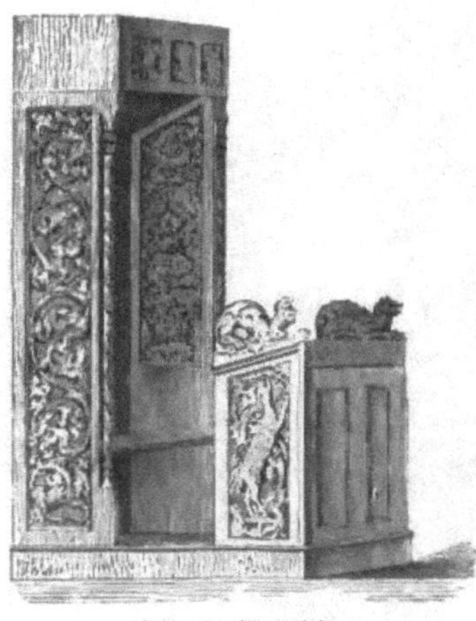

Fig. 387. (Villach.)

M DOMITIVS, um 120, bekannt vor 1603. Fehlt (Jab. 441. Mu. RN. 1, 418).

Der Ort ist schon 878, 979 als Fillac wieder genannt.

Münzwesen. *Barthelémy* 328. Rep. 2, 57. Bambergisch.

Die Stadtpfarr-Kirche (M. II 125, IX 110, XVIII 114, 282. XIX 142, n. F. p. V, XXXVII.) entstand an Stelle der früheren durch das Erdbeben 1348 zerstörten Kirche. Erst gegen Ende des 14. oder Anfang des 15. Jahrhunderts begann der Bau der jetzigen Kirche. Auch scheint der Bau nur langsam vor sich gegangen zu sein, da die dazu nöthigen Hilfsmittel immer nur von einzelnen vermöglicheren Wohlthätern (wie Leininger, Weisbriach etc.) herbeigeschafft werden mussten. Im Jahre 1462 baute und stiftete Gräfin Katharina Witwe des 1454 verstorbenen Heinrich IV. von Görz eine Capelle zu Ehren der Dreifaltigkeit in der Süd-Seite der Kirche (später Ditrichstein-Capelle benannt). 1484 starb Balthasar von Weisbriach, welcher die Empore stiftete, endlich 1517 Georg Leininger, der die Allerheiligen-Capelle links neben dem Chor erbaute. Man kann annehmen, dass der Bau um 1462 vollendet war. 1572 wurde die Kirche durch ein Erdbeben abermals beschädigt.

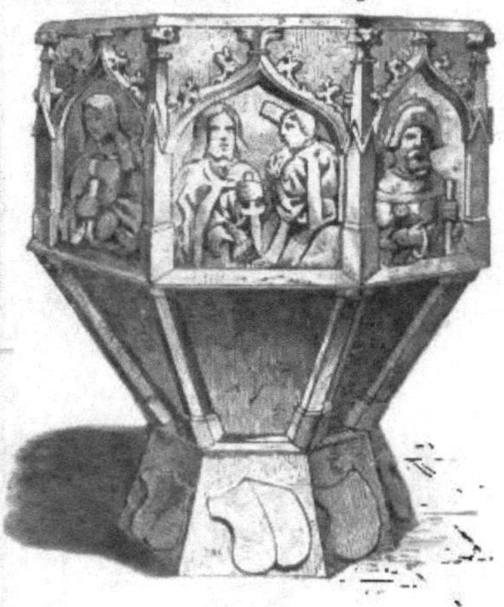

Fig. 388. (Villach.)

Die Kirche liegt auf der beinahe höchsten Stelle der Stadt, ist von Nordwest nach Südost gerichtet, eine durch zwei Reihen von je fünf Rundpfeilern in ein Haupt- (4° 5′ breit) und zwei Nebenschiffe (3° 2′ breit) getheilte Hallenkirche. Das letzte Joch der drei Schiffe, gegen den Chor hin, liegt um drei Stufen höher als die übrigen Joche. Das Presbyterium reihet sich in der Breite des Mittelschiffes an, hat eine Länge von 9° 2′ und schliesst mit fünf Seiten des Achtecks. In Verlängerung des linken Seitenschiffes schliesst sich die Leininger-Capelle, dem rechten die Sacristei an. An der Süd-Seite des Langhauses die Ditrichſtein- und Khevenhüller-Capelle (erſte Hälfte des 16. Jahrhunderts; Fig. 380). Der Orgel-Chor nimmt das letzte Joch in der ganzen Kirchenbreite ein, bildet drei gedrückt-ſpitzbogige Gewölbe mit reicher Rippen-Conſtruction und ſculptirten Schlußſteinen (Fig. 381 und 382).

Die Pfeiler haben hohen runden abgeſchrägten Sockel und oben einen Schaftring, darauf die Rippen des Netzgewölbes beider Schiffe anlaufen. An den Seitenwänden hindeuten. Die Langhaus-Fenſter ſind hoch, ſchmal und dreitheilig und haben Maßwerk-Schmuck, der an die Fiſchblaſen erinnert. Die Fenſter der Seiten-Capellen haben reicheres Maßwerk, im Presbyterium ſind ſie drei- und viertheilig. In einigen Fenſtern iſt noch farbiger Glasſchmuck als einzelne reſtliche Tafeln erhalten, ſo im nördlichen Schiffe: Maria Verkündigung und zwei Wappen, dann ein Crucifix, ein knieender Mann und Frau, je mit einem Wappenſchild, dabei 1551.

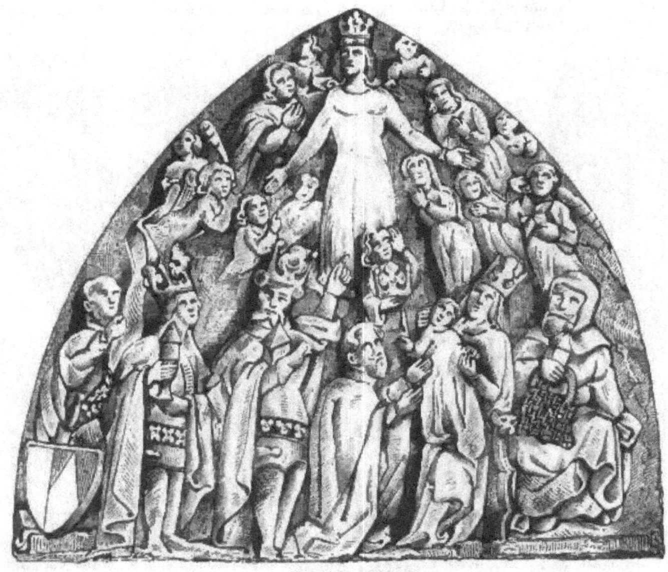

Fig. 389 (Villach.)

gehen die Rippen pilaſterartig bis an das Kaffgeſims, durchkreuzen dasſelbe und endigen auf Conſolen von mannigfaltiger Geſtaltung (Fig. 383, 384 und 385). Das Gewölbe des Presbyteriums ſtammt aus 1785.

Jedes der beiden Seitenſchiffe dürfte urſprünglich ſechs langgeſtreckte Fenſter beſeſſen haben, die jedoch durch die Capellen-Zubauten und Portal-Eröffnungen im 16. Jahrhundert weſentlich geändert wurden, worauf mehrere Inſchriften an der Kirche Im ſüdlichen Schiffe: ein Wappen, Prophet Jonas, das Abendmahl, dann die Inſchrift: „Andre Hans Alexander und Maximilian die Hernachbenannten zwen baider Römiſchen, Hungariſchen und Behamiſchen Kü. Mt x. Ertzherzogen Ferdinanden x. Hofdiener geprueder Weylend Anthonien von Egk gelassen Sone haben dieſes Kirchenfenſter bei Irer eltern Begrebnuſſ hiebei gott zu Lob und Ern machen laſſen Anno nach Chriſty unſer lieben Heren und Seligmacher gepurt 1553."

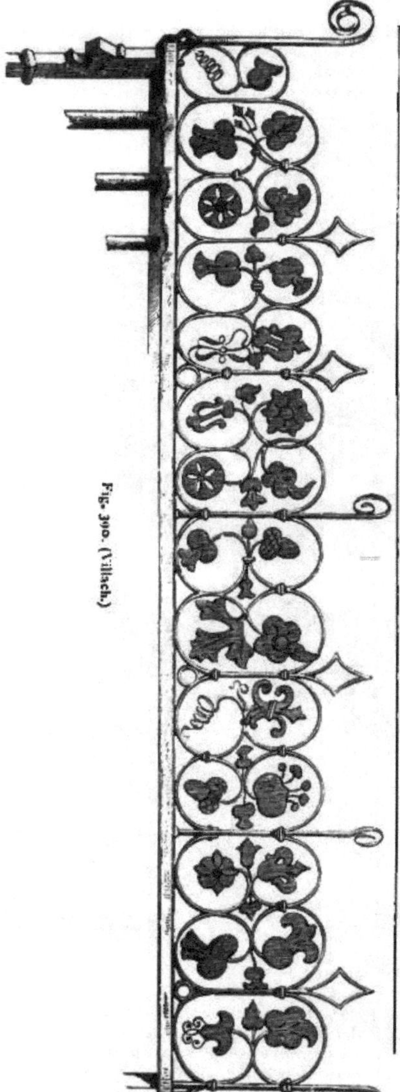

Fig. 390. (Villach.)

Die Strebepfeiler am Chor-Schluſſe ſchrägen dreimal ab und ſind kräftig conſtruirt, wie auch reich geziert.

In der breiten Weſt-Façade befindet ſich das unanſehnliche ſpitzbogige Haupt-Portal.

Der Weſt-Façade der Kirche gegenüber ſteht frei der Glockenthurm, nur durch eine ſpäter eingebaute Vorhalle mit der Kirche verbunden. Er erhebt ſich in mehreren Geſchoſſen, doch beanſprucht nur der Bau bis über das erſte Geſchoſſ hohes Alter, wahrſcheinlich der alte Schloſſthurm, kleine ſpitzbogige Fenſter und ein an den Enden rund-, in der Mitte ſpitzbogiger Fries der Uebergangszeit. 1759 wurde der obere Theil, 1845 der Thurmhelm aufgeſetzt (Fig. 386).

In der Sacriſtei eine ſchöne ſpätgothiſche Monſtranze von Silber, vergoldet, deren Details ſchon der Renaiſſance angehören, ferner ein gothiſcher Kelch mit kräftigem Ständer und freiem Blatt-Ornamente.

Inſchriften: An der äußeren Kirchenmauer neben der Ditrichſtein-Capelle: „diſe Capell hat gepawt und geſtifft die hochgeporn̄ furſtin Fraw Katherina phfalzgravin von Kerndn grävin zu Görz und zv Tirol Graven heinr. von Görz etc. gemahel anno 1462“; außen an der Leininger-Capelle: Leyninger MCCCCLXXXII, zwei Wappen.

Am ſüdlichen Portal: „der Erwürdige her Andree Haſenberger Abbt zu Oſſiach hat due dihir machen laſſe 1552“.

Ober dem linksſeitigen Thore: „ANNO 1551 JAR HAT CRISTOFF HASSENPERGER MACHEN LASEN DAS THAER.“

Ein Chorſtuhl hat die Jahreszahl 1464 mit vorzüglichen Schnitzereien: Samſon, der den Löwen tödtet, und ein Steinbock Trauben ſtehlend (Fig. 387). Ein zweiter Chorſtuhl in reicher Holzarbeit gehört der deutſchen Renaiſſance an.

Der Taufſtein gehört dem beginnenden 16. Jahrhundert an, hat ſpät-gothiſchen Charakter, iſt achtſeitig, doch ſcheint der eigentliche Fuß zu fehlen. Die Ecken mit Fialen, die Flächen des Keſſels mit Wimpergen, darunter Bruſtbilder von Heiligen, unten Tartſchenſchilder (Fig. 388).

Unter dem Muſik-Chor an der Wand ein großes etwas rohes Stein-Relief, urſprünglich für das Tympanon des Haupt-portales bestimmt, wohin es nach seinen Massen passt. In der oberen übrigens nicht streng geschiedenen Hälfte Maria Schutz. Unten die drei Könige vor dem Christkinde und Seiten-Capelle, die eiserne reiche Bekrönung eines anderen Abschlussgitters, theilweise bemalt (16. Jahrhundert) sind bemerkenswerthe Eisenarbeiten (Fig. 390).

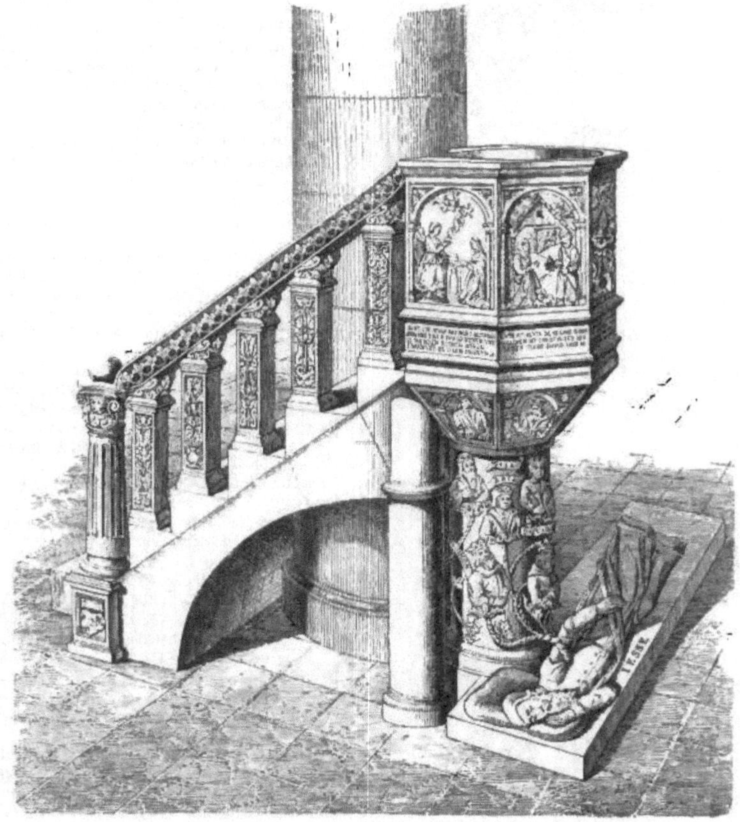

Fig. 391. (Villach.)

Maria, an den beiden Rändern je eine stark verstümmelte Figur (Donatoren; Fig. 389).

Das Schlossblech sammt Klopfer an der Sacristei-Thüre, das Abschlussgitter einer

Die Kanzel, ein sehr bedeutendes Werk der Renaissance, steht am dritten Pfeiler rechts, eine neunstufige Steintreppe führt hinan, doch der gleichzeitige Schalldeckel über der Bühne fehlt. Die Kanzel selbst baut sich nach Art eines Kelches auf; auf eine cylindrische Säule gestützt, entwickelt sich die Bühne aus dem Achteck, davon sechs Seiten die Einfassung bilden, die siebente verschwindet im Pfeiler, in die achte mündet die Stiege. Die ganze Aussenseite ist mit Inschriften, Bildern und Laubwerk geschmückt. Der Fuss zeigt den Stamm Jesse,

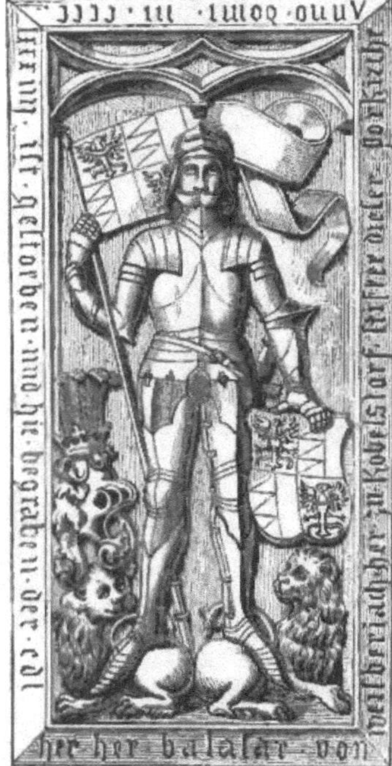

Fig. 392. (Villach.)

letzterer ist durch eine am Boden liegende Figur dargestellt, aus dessen Herzen der Stamm aufsteigt. Die Mitglieder des Geschlechtes sind als gekrönte Brustbilder aufgefasst, die auf der Säule und dem unteren Theile der Bühne vertheilt sind. Auf den Brüstungs-Feldern: der englische Gruss, Geburt Christi, Kreuzigung, Erlösung, Auferstehung und ein Wappen. Die Inschrift nennt Georg von Kynsperg als den, der diese Kanzel 1555 erbauen liess. An der Stiege: Gall. Seliger bildhaver Stain und Holz, X als Meisterzeichen und das Wappen der Stadt Villach (Fig. 391).

Zu erwähnen sind die Schallgefässe, die etwa an 25 Stellen über den Chorstühlen des Presbyteriums eingemauert sind. Die Höhlung ist nach dem Innern der Mauer gerichtet, die Böden der Thongefässe sind in gleicher Linie der Wandfläche angebracht und werden nur durch die federkielgrossen Durchlöcherungen verrathen.

Die grosse Kirche wurde in den letzten Jahren einer durchgreifenden und in der Hauptsache glücklichen Restaurirung unterzogen.

Die Kirche enthält zahlreiche und hoch interessante Grabmale:

An der rechten Seite zu Beginn des Presbyteriums (früher in der inneren Vorhalle links beim Eingang) aufgestellt eine rothe Marmorplatte mit lebensgroser Ritterfigur, auf zwei Löwen stehend, auf der Fahne und dem Schilde das Familien-Wappen. Die Inschrift nennt Baltasar von Weisberiach zu Kabelstorf, Stifter diser Porkirche † 1484. Herr Balthasar stiftete die Emporkirche zu Ehren der Heiligen Sebastian und Rochus, jetzt Musik-Chor (Fig. 392).

Diesem Monumente zunächst ein altarähnlicher Aufbau, rother Marmor mit der lebensgrossen Ritterfigur in einer Art Nische stehend. Die Umrahmung aus gewundenen Säulen und oben aufsteigendes polychromirtes Gebälk mit dem Familienwappen der Khevenhüller. Die Inschrift nennt Sigmund Kevenhüller zu Werenberg, k. k. Rath † 29. October 1561 (Fig. 393).

An der Nord-Wand beim Presbyteriums-Beginn links (stand früher in der Capelle) Roth-Marmorplatte mit folgender Umschrift: Anno dni MCCCCC und in dē XVII. jar an. d. XXXI tag des Jeners ist gestorben der edl ernvest Georg Leiniger von hardekh stifter diser capelle, de got genad. In der Mitte die lebensgrosse Figur eines Ritters auf einem Löwen stehend, am Kopfe eine Art Mütze. Auf dem Schilde das Wappen, links zu Häupten der Figur die Kette des Mässigkeits-Ordens, bestehend aus Kannen und mit der auf einem Halbmond stehenden Muttergottes, darunter ein geflügelter Greif (Fig. 394).

In der Leininger-Capelle ruhen noch zwei Mitglieder diefes Gefchlechts; eine Marmorplatte mit dem Wappen geziert erhält das Andenken an Wolfgang Leininger wohl dem Steine keine Infchrift beigegeben ift, läfst das Wappen der Dietrichfteine, dann das der Rottal (ein Kreuz) keinen Zweifel zu, dafs fich darauf die Infchrift an

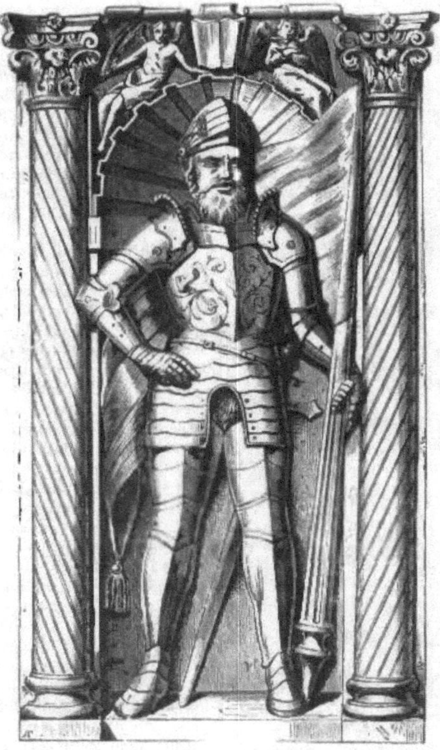

Fig. 393. (Villach.)

† 1409 und Jeronime Leyninger † 1487 (Fig 395).

In der erften der Seiten-Capellen am rechten Seitenfchiffe an der Wand ein mächtiges Monument nach Art eines Altars. Die Hauptpartie bildet eine rothmarmorne Platte, auf felber in Relief die Figur eines Ritters auf einem Löwen ftehend, zu Füßen das Ditrichftein'fche Wappen. Ob- der Seitenwand bezieht, demnach dies der Grabftein des Sigmund von Dietrichftein † 19. Mai 1533 ift (Fig. 396).

In der Josephs-Capelle der Gedenkftein des Criftoph v. Khevenhüller und feiner beiden Frauen Elifabeth v. Monsdorf und Anna Maria v. Welzer. Das Grabmal hat die Geftalt einer Menfa, darauf der Relief-Stein fteht, darüber die Infchrifttafel mit Wappen, das Ganze umrahmt von ornamentirten Pilaſtern. Auf dem Relief-Steine in vorzüglicher Ausführung die knieenden Figuren Chriſtoph's (als Ritter) und ſeiner Frauen, in der Mitte der Gekreuzigte. Zu Füſsen der Frauen die Wappen. der Zilhart dargeſtellt iſt. Chriſtoph ſtarb am 3. April 1557 (Fig. 397). Eine dieſem Monumente zunächſt im Fuſsboden eingelaſſene Platte bezeichnet deſſen Ruheſtätte. Der Khevenhuller'ſche Gruftſtein zeigt im Relief den Genius des Todes, die Inſchrift

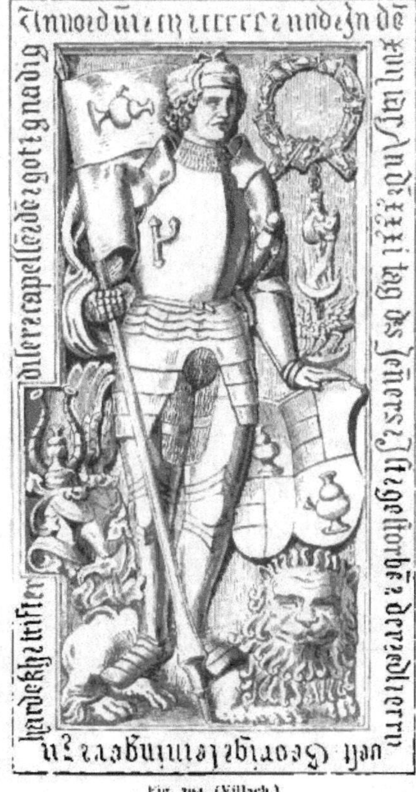

Fig. 394. (Villach.)

Dieſes Grabmal iſt darum intereſſant, weil der Stammbaum Chriſtoph's durch Ausführung der Wappen ſeiner Mutter Siguna v. Weispriach, ſeiner väterlichen Groſsmutter aus dem Hauſe Lindegk und ſeiner mütterlichen Groſsmutter aus dem Geſchlechte lautet: der herrn Khevenhüller Freiherrn etc. Begrebnuſs, Heut an Mir morgen an Dir, All hernach in Gottes Namen.

An der linken Seite zu Beginn des Presbyteriums das Monument eines Bruders des Vorigen, des Sigmund Khevenhüller,

k. k. Rath und Landrichter in Kärnten, † 1. September 1552. Auf der rothmarmornen Platte ift Sigmund als Ritter dargeftellt, rechts oben und unten die Wappen. (Fig. 394).

Von anderen Grabmalen an den Wänden feien genannt: des Georg Khevenhüller, gh. Rath, Ob.-Hofmeifter und Landeshauptmann in Kärnten † 1587 9. September und feiner Gattin Sibilla Weitmoferin † 6. XI. 1564;

der leyninger begrebnus
Anno 1529 ist gestorben
wolfgang leininger an
freitag vor margarethe

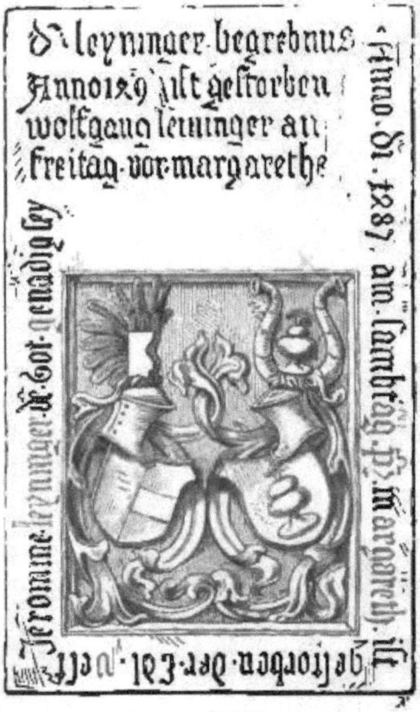

Fig. 395. (Villach.)

des Arztes Martin Sibenburger † 1570; des Andreas Seenuss zu Freydenberg 1587; des Jörg Senuss 1545 und deffen Gattin Barbara, einer geb. Ernaw v. Glanegck † 1528; der Amalia v. Trautmannsdorf, Gattin des Sigmund Schködl 1521, des Georg Pybriach † 1471, und des Balthafar Hailbrant † 1491.

In der Kirche befinden fich leider fehr viele Grabfteine als Bodenpflafter verwendet. So manche find noch lesbar und follten wohl an den Wänden aufgeftellt werden. An der Außenfeite und auch im Innern wäre hiefür noch hinreichend Platz.

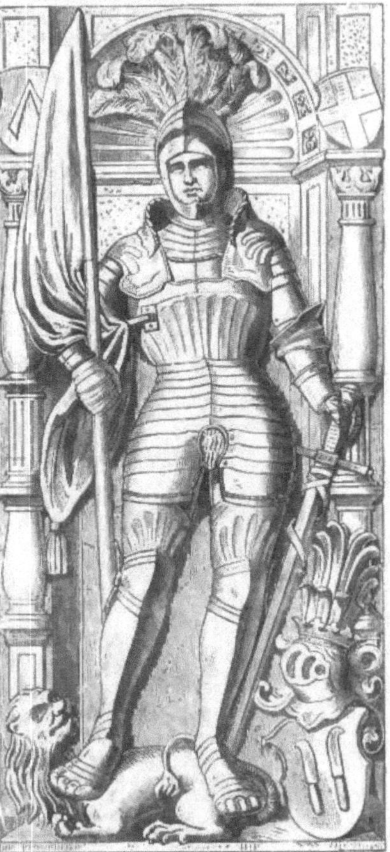

Fig. 394. (Villach.)

Von den Grabmalen der Außenfeite feien hier erwähnt ein rothmarmorner Stein des Rathsherrn Joachim Megerl † 1584, mit einer heraldifchen Lilie im Schilde und einer folchen als Kleinod zwifchen den offenen Flugeln. Weiters das des Wolf Khevenhüller, † 18. Juni 1536, das der Felicitas Hechftein mit einer fchönen Darftellung der Verkündigung Mariens 16. December 1626, der Sibila fulleri, ehelichen Hausfrau des Barth. Senufs, 1510, 9. September, dann: hie ligt begraben der erbar Hans Reyfchcko, des alten HansReyfchko

Die entweihte Minoriten-Kirche. Der Convent entftand um 1250 durch Bifchof Heinrich von Bamberg. 1498 Bruder Anfelm, von Bamberg, Koch, vergiftete den Ordensvorftand P. Quardian Erasmus am Donnerstag nach Pfingften, wurde über Ausfpruch des ganzen Ordens-Capitels zum Tode des lebendig Eingemauertwerdens verurtheilt.

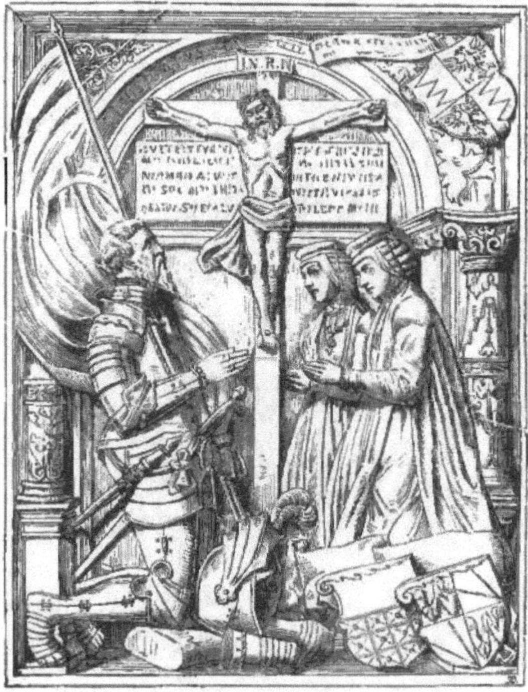

Fig. 397. (Villach.)

fun, den got gnad. Volfgang klozzt purger von salzpurg 1514. (M. VII, n. F. p. XLV). An der Nordfeite: Hir . ligt . pegraben | der . erber . hañs . reii | fchko . der . geftorbe . ift . a | m . mantag . vor . fand | jörge . tag . in 1497 jar. An der Außenfeite ift auch ein fehr fchönes gothifches Relief (Ecce-homo) angebracht (Fig. 399).

Man fand beim Abtragen einer Mauer ein ganzes Menfchen-Skelett und dort fanden auch fpielende Kinder ein Jahr fpäter einen lateinifchen Zettel mit dem Todesurtheil (dasfelbe foll fich im Joanneum zu Grätz befinden).

Johann Graf von Pfannenberg, Domherr in Bamberg, Vicedom in Wolfsberg, hat das

Kloster durch Schenkung erweitert. 1784 wurde es aufgehoben.

Es befindet sich links über der Brücke auf einem Hügel über der Drau, sein hoher gothischer Chor und ein achteckiger Thurm mit niedrigem Dache blickt weit ins Thal hinaus.

Der hohe Chor (hier kann man ihn wegen seiner bedeutenden Erhöhung über das Schiff wohl so nennen) hat hohe nun vermauerte gothische Fenster, weit vortretende mehrmals abgestufte Streben, um welche sich in bedeutender Höhe über dem Boden ein Kaffgesims herumzieht, oben ist ein schräger Schluß. Das Langhaus (Fig. 400, Grundriß) ist niedriger, zerfällt in drei gleich hohe Schiffe, durch sechs achtseitige Pfeiler (Fig. 401) getrennt; links am nördlichen

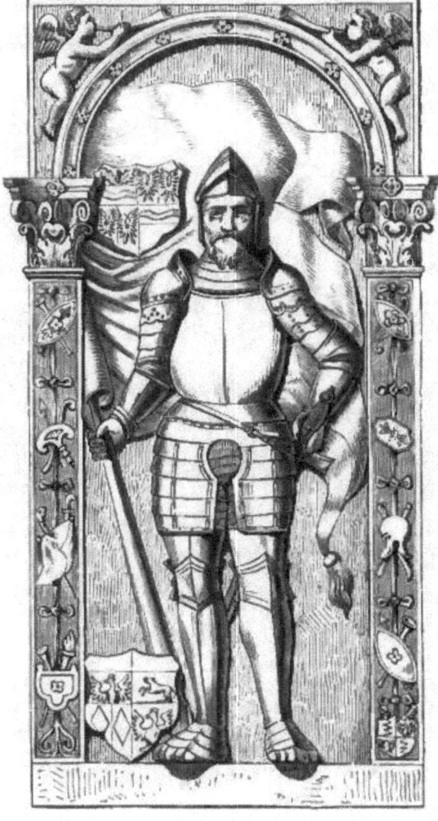

Fig. 398. (Villach.)

Schiff öffnet sich im ersten Gewölbjoch ein Rundbogen gegen einen reich mit Stucco gezierten Capellen-Zubau. Rechts ist die Kirche mit dem Kloster verbunden, das die Kirche gegen Süden und Osten einstöckig in einem unregelmäßigen Vieleck umgibt.

Das Presbyterium besteht aus drei Gewölbejochen und dem gewöhnlichen Schluß aus dem Achteck. Die Gewölbe sind wohl in der ganzen Kirche nicht mehr die ursprünglichen; hier setzen sie einige Fuß niedriger an als die alten und sind gratige Kreuzgewölbe; auch der Scheidebogen, jetzt ein Halbkreis, war einst höher einen ungemein malerischen Anblick gewährt.

Das herrliche Material, das an den Fenster-Gewänden, am Sockel, den Gesimsen und an den Stirnseiten der Pfeiler verwendet ist, wurde glücklicher Weise nicht überstrichen und prangt noch in der durch das Alter nur dunkler und schöner gewordenen Steinfarbe; beim Bau hat man auch die Fugen mit gelblichem Mörtel verputzt (Fig. 402).

Das Schiff hat ebensolche einfache gratige Kreuzgewölbe, wie das Presbyterium, ist jedoch bedeutend niedriger, die Pfeiler

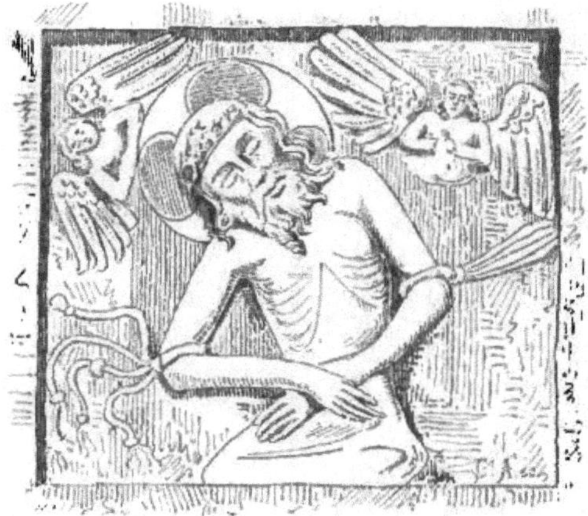

Fig. 399. (Villach.)

und spitzbogig. Die Wanddienste sind hier genau so wie in der Jakobs-Kirche gebildet; es sind flache viereckige Streifen mit vierseitigen Gesims-Capitälen.

Dem ersten Gewölbejoche legt sich im Norden ein unten quadratischer, oben achtseitiger Thurm an, dem wieder in der Ecke zwischen dem quadratischen Untergeschoß des Thurmes und dem östlichsten Strebepfeiler des nördlichen Seitenschiffes eine runde Wendeltreppe angefügt ist, so dass dieser Theil des Gebäudes durch die Mannigfaltigkeit seiner Gliederungen und den gelben warmen Ton seiner Tuff-Quadern haben einen polygonen Sockel und Abschrägung mit zwei Wulsten, als Capitäl-Gesims eine Kehlung mit einer Platte. Sie sind mit Halbkreis-Gurten verbunden.

Die an die Süd-Seite des Chores angebaute Sacristei hat noch schönes Kreuzrippen-Gewölbe in drei Jochen, mit runden Schlußsteinen, an deren östlichstem ein Engelskopf sculpirt ist.

Wie zur Ironie ist noch die Messen-Stiftung für alle Tage der Woche und für ewige Zeiten an der Wand angebracht, sie lautet:

Ex fundatione ill^mi D^ni D^ni | Martini VIDMANI et ill^mae D^nae SVSANNÆ | à

Grotta natae VIDMAN SORORIS COMITVM in ORTEN bvrgh tenetvr venerabilis conventus huius monasteryi ad | subsequentem missarum ordinem et numerum atque in primis die lunae martis mercurij | pro ill^{mi} D^{ni} comitis: jovis vero et veneris | die pro ill^{mae} D^{nae} comitissae a.

Dum sunt in vivis felici obitu
post illorum mortem reqviē |
eternāmissas dicent.
Tandem sabbatho pro anima ill^{mi}
D^{ni} D^{ni} Antonij á Grotta li. b^{is}
Defuncti per missae sacrificium
Deum deprecabuntur idque in perpetuum.
M.D.CLXVI (1666.)

Die angebaute viereckige Capelle hat reiche Stucco-Ornamente, in deren Feldern einſt Malereien ſich befanden.

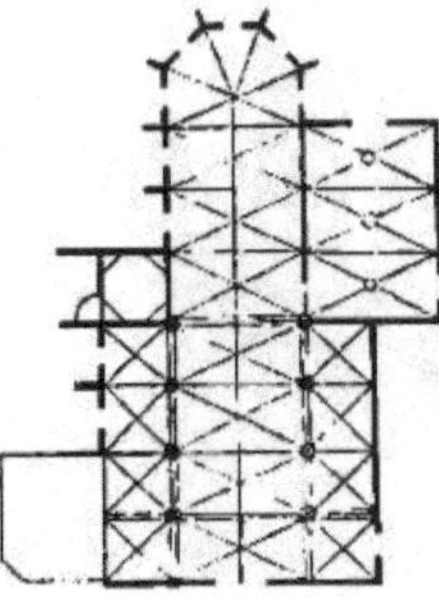

Fig. 400. (Villach.)

Ob dem Eingang ſteht in einer reichen Umrahmung auf viereckigem Felde die Inſchrift:

IN MONVMENTVM HONORIS DIVINI
ET S·ANTONII DE PADVA
ILLVSTRISS.D.D.MARTINVS VIDMAN
COMES IN ORTENBVRG LIBER BARO
AD S.
PATERNIANVM ET SOMMEREGG
VICEMARESCHALCVS CARINTHIAE
HOC SACELLVM A FUNDO EREXIT
FORMAVIT ET EXORNAVIT ANNO
MDCLXIV (1664).

Am Scheidebogen links iſt ein Grabſtein ſtehend eingemauert, ohne Inſchrift, nur mit zwei Wappen aus dem 16. Jahrhundert.

Am erſten Pfeiler rechts vom Eingange, woſelbſt der Verputz herabgefallen iſt, ſind die Buchſtaben F ✠ R, an der nächſten Seite ein ✠ zu ſehen.

Das Weſt-Portal hat eine breite Gewandung, iſt ſpitzbogig, mit vier Kehlungen und vier Stäben auf polygonen Sockeln gegliedert. An der breiten gedrückten Weſt-Front finden ſich ob dem Portale ein Rundfenſter, zu beiden Seiten etwas tiefer, zwei oblonge oben im Halbkreis geſchloſſene Fenſter; im Giebelfelde ſind noch ein kleines Rundfenſter und zwei kleine viereckige Oeffnungen, zwiſchen denen man Spuren der alten mit ſchwarzer Farbe aufgemalten und ein-

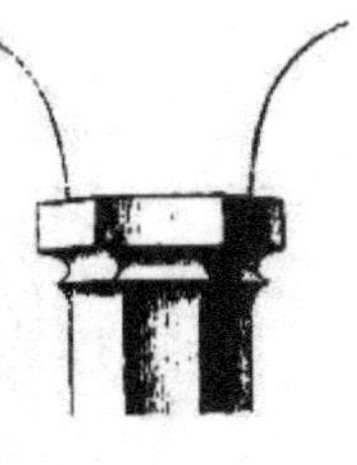

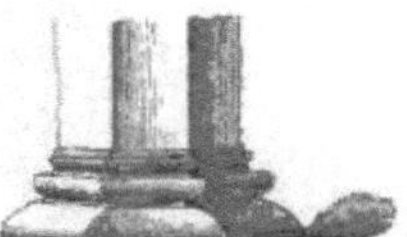

Fig. 401. (Villach.)

geritzten Latein-Inſchrift ſieht, die alſo ſoll gelautet haben:

FR.PR.BONAVENTVRA.JESVS
MARIA
DE N.ORD.FRATRVM.MINORVM
CONVENTVALIVM.BEATI.CON-
FRATRIS.
MEI.FRANCISCI.ASSISIENSIS.
PRO.TEMPORE INDIGNVS P. GENERALIS PROVINCIALQVODPOTUIVISITANDO.LOCO.COMORATVS.HANC.ECCLESIAM RENOVARE CVRAVI 1557.

Auſſen ſieht man an der Weſt-Front eingemauert eine hockende Mönchsgeſtalt, und am Garten-Zubau ragt ein runder, am Rande ſchräg unterſchnittener Stein von 40 Ctm. Durchmeſſer hervor, von dem die Sage geht, damals als die Kirche erbaut worden ſei ein Groſchenbrot von dieſer Größe geweſen.

Auch einige Werkzeichen ſind am Chor bemerkbar, ſowie eine Jahreszahl:

1437 (1437)

Die große zweithürmige Kirche St. Peter in der Vorſtadt Perau mit einer Kuppel, wurde 1726 zu bauen begonnen. And. Siegl, Villacher Stadtmaurermeiſter, führte den Bau und der Bamberg'ſche Bruckmeiſter Jacob Scherer war Zimmermeiſter dabei. 1738 war der Bau vollendet.

Die Häuſer der Stadt Villach haben noch hie und da den Charakter des Bürgerhauſes aus dem 16. und 17. Jahrhundert, Renaiſſance-Doppelfenſter, ältere Wappenſchilder und Aufſchriften, z. B. Hauptplatz Nr. 9, gothiſches Gewölbe in der Einfahrtshalle, im Hofe einen offenen Bogengang in zwei Stockwerken, Stucco-Ornamente mit Medaillons an den Wänden, außen zwiſchen zwei Pilaſtern den Doppel-Adler mit der Jahreszahl 1575 en relief und vier kleine Wappen, das Haus Nr. 12 Hauptplatz einen reich ſculptirten Thorſtein mit einer Hausmarke und der Jahreszahl 1612. Hauptplatz Nr. 6 ſchöne Arcaden im Hofe, Italienerſtraße Nr. 17 an der Ecke ein Relief mit drei Wappen und einer Inſchrift, welcher zufolge Propſt Balthaſar von Griffen das Haus im Jahre 1636 reſtauriren ließ, ein zweiter Stein über dem Thore im Hofe mit zwei Wappen, der Jahreszahl 1654 und J. P. G. F. F.

Das Gaſthaus zur Poſt, ein gelungener Bau aus der Renaiſſance-Zeit ſtammend, hat an Vorderſeite Erker mit Putten und Waffen-Trophäen. Hauptplatz Nr. 27 im erſten Stocke ſchönes gothiſches Sterngewölbe in einem ehemals als Capelle benützten Raum; Schulſtraße 5, jetzt Caſerne, im Hofe prächtige Arcaden mit Medaillons in den Brüſtungsfeldern, zahlreiche Wappen der Khevenhüller im erſten Stocke auf Conſolen, die ehemals als Gewölbſtützen gedient haben dürften; Schulſtraße 9 im erſten Stocke Gaſſenfront das Wappen der Leiniger mit der Jahreszahl 1526; Rathhausplatz Nr. 1, ſchönes Portal im Charakter der italieniſchen Renaiſſance und der Jahreszahl MDXXVII. im Eingange rechts das Wappen der Seenuss; Widmanngaſſe 12, ſehenswerthe Portale mit der Jahreszahl MDLXVI und ſchöne Arcaden im Hofe; Widmanngaſſe 6, Portale aus dem Jahre MDXXX; Hauptplatz 25, angeblich Laboratorium des Th. Paracelſus, am Stiegengeländer im erſten Stocke der Paracelſusknopf.

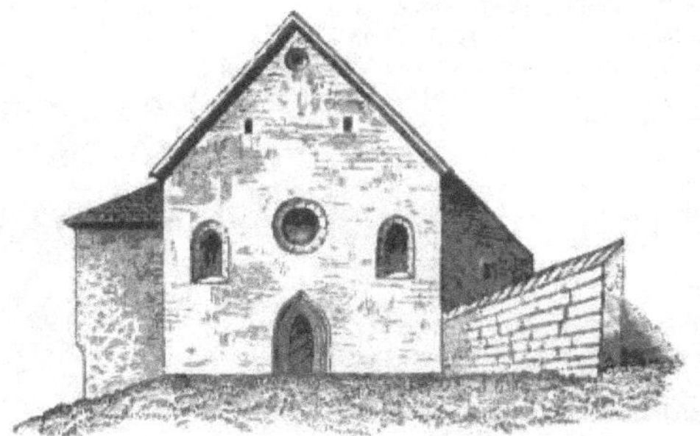

Fig. 402 (Villach.)

Das mit dem k. k. Staatsgymnaſium verbundene kleine, aber ziemlich reichhaltige archäologiſche Muſeum, wurde im Jahre 1873 vom Bauunternehmer Andreas Picco gegründet, und enthält prähiſtoriſche Geräthe aus Hirſchhorn und Bronze, baltiſche griechiſche römiſche und ägyptiſche Alterthümer, ferner eine Urkunden- und

Münzensammlung, Waffen, Geräthe etc. Hervorzuheben sind:

Casula aus blaßrothem Stoffe mit spätgothischer Stickerei (Kreuzigung und St. Laurenz), das Bamberger Wappen in Stein, Römersteine, ein Meßbuch aus dem 15. Jahrhundert, die Mitra eines Abtes von Arnoldstein, 17. Jahrhundert; ein Rathsherrnstab mit Elfenbeinbesatz, ein Originalsiegelstempel der Stadt Villach (Bronze) aus dem Ende des 13. Jahrhunderts. (Fig. 403.)

Am Wege gegen Seebach-Ossiach ein spät-gothisches Marter-Kreuz von vierseitigem Aufbau, mit Capelle sammt figuralen Darstellungen darin, Christus und die Apostel, und mit niedrigem Spitzdache, ex voto wegen des Rückzuges der Türken (Fig. 404).

Villach, Warmbad. Die Gletscherriffe theils im Triaskalke, theils unten im Diluvium, in Richtung Ost-Nord-Ost, dann die Spuren der Vergletscherung bis 1500 M. Seehöhe und die Höhlen und Löcher im Berg-Gesenke, die Hügelgräber der westlichen Hochebene, Napoleons-Höhe, sind von besonderer Wichtigkeit. Die Höhlen, etwa 40 an der Zahl, verschieden an Lage Größe Länge Zugänglichkeit Inhalt, sind seit 1870 untersucht worden, meist die größeren.

Das Buchenloch enthielt in unterster, dritter, diluvialer Schichte Knochen von zwei Menschen, einen menschlichen Humerus ansehnlicher Größe, alsdann Knochen von Pferdeart, Raubthieren, Wiederkäuern, über 200 Topfscherben in jüngerer Schichte, doch anscheinbar etwas älter als die Scherben des Napoleon-Gartens, roh dick graphitiert, theils feuergebrannt, auch gehenkelt, theils geziert, die Gefäßgröße weist auf 70 bis 80 Cm.; eine bronzene Fibel guter Form graviert, K. Eingeführt in dieses (südlich vom Heidenloche gelegene) scheinen: Kalkblöcke, Knochen von Lepus, Raubthieren, 5—6 Wiederkäuern, von größerem Vogel.

Das Eggerloch, bestehend aus fünf Abtheilungen, lang 240 M., angeblich hindurchreichend bis Bleiberg, enthielt bald vom Eingange her: Knochenstücke, Kohlen, 1 Bronze-Nadel, 1 Bronze-Münze Marc Aurel Antoninus (3 aus 1879 V., Nr. 514), Feuerstein- und Kryftall-Splitter, 2 weißkalkige Cylinder-Stücke, zahlreiche schwarze Scherben und solche von Graphit-Geschirren, V. 1879, dazu einen Schenkel-Cirkel, 1875 K.

Das Heidenloch mit einer Verschluß-Mauer, liegt 20—25 M. über dem Lanzenloch, so genannt von einer aufgedeckten mittelalterlichen Lanze, gelegen nördlich vom Walterloche.

Das Rauberloch, auch Geld- oder Goldloch, ergab nur Hundsknochen.

Das Taborloch, für den Brunnen eines Schlosses Tabor ausgegeben, soll Knochen und Geweihe enthalten; es liegt nordwestlich vom Buchenloche.

Das Walterloch, östlich vom Eggerloche, 10 M. höher, gegabelt, hat zwei Ausgänge am Plateau. Es enthält Gerippe von Säugethieren, vielleicht Hirsch (Car. 1875, 36; 1865. 450. Mi. w. anth. 1, 324; 2, 7, 5, 166; 10, 313).

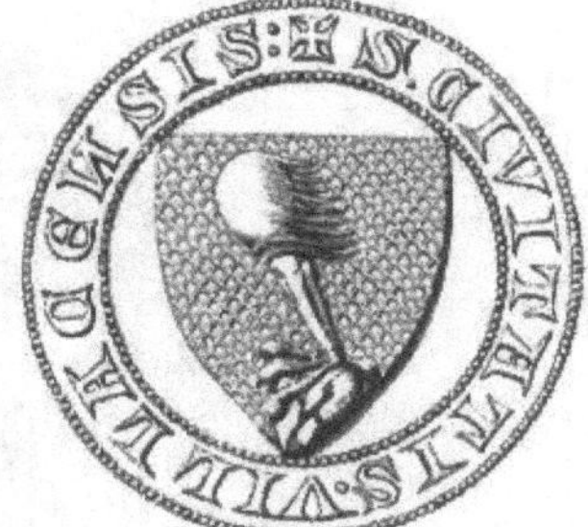

Fig. 403. (Villach.)

Die Hügelgräber reihen sich an nächst der nordöstlichen und südwestlichen Gränze des Plateaus, welches eine Fläche bis zu 863 Ar (15 Joch) bildet, mit etwas steilerem Abfalle gegen Ost und Süd. Die 74 bis 80 Erdhügel gruppiren sich in vier Reihen von je 10—15 Erhebungen, auch wohl ihrer sechs um einen größeren; sie zeigen im Durchschnitte eine Höhe von 94—570 Cm. (3—18'), eine Breite von 3·80—11·38 M. (12—36'), also einen Umfang von etwa 12—36 M. oder circa 17—52 Schritten. Der innere Ausbau zeigt die Umfassung aus Bruchsteinen, die einseitige Kammer aus Gneisplatten, gleicher Deckplatte; die Mauerfügung, wo dieselbe auftritt, reicht rundum, die Wölbung ist theils

26*

eingebrochen. Wahrfcheinlich gibt es aber auch abweichenden Aufbau. Manche Anfchüttung aus Schotter und Sand ganz leer. Die Refultate der franzöfifchen Grabungen zwifchen 1810 und 1813 wurden nicht bekannt.

October 1871); Fibel mit Draht-Spirale; zwei Fibeln (1871); eine beim Schrott-Thurme 1867, eine folche 1871; Haarnadel, Keffelhabe (1871); Kettchen mit 11 Doppelgliedern, Meffer, gebrochen (1871); Nadeln, theils cifelirt (1871), Wien; Pfeilfpitze (1871), Wien;

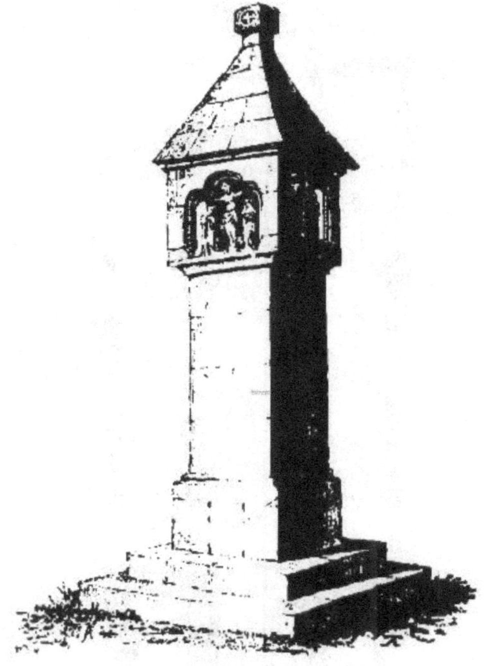

Fig 404 (Villach.)

Die Funde find im Allgemeinen:

Menfchliche Gerippe, 2 unter dem Taborfelfen nächft dem Schrott-Thurme (1867); verbrannte Knochen von Mann und Mädchen (1871).

In Bronze. Armring (1871), Armring-Theile (1871), Wien; Axt, gefunden vor 1866, Sammlung Rofthorn Nr. 986. Drahte (1871); Blech, halbmondförmig (1871); Fibel gravirt (1867) K.; Fibel (1869) K.: 2 ganze, 2 gebrochene Fibeln K. (vor Ring, Ringzier (1871); Schlieffe und Gefchmeide, Schnalle (1869); Stab, cylindrifch (1871); Schwert, gebrochen (1871, Meyer Gur. S. 53 mit Jahr 1872, als V in Bull. d. paletn. 1888, 31); Stift (1871); 7 Zierftücke (1871).

Eifen. Eine Lanzenfpitze mit Schaftloch (1871) K. Meffer. Ein Paalftab mit zweifeitigen Schaftlappen (1871). Ein kurzes Schwert mit zerfetzter Holzfcheide und bronzenem Scheiden-Befchläge (auf Leder? 1871).

Die begleitenden Bronze-Münzen Traian, Hadrian (1871) wurden für vielleicht unterlegt gehalten; ein Albinus (1867), S. Severus (Car. 1868, 260) K., ist nicht angezweifelt worden. Das wiese auf eine Zeit zwischen 98 und 211 n. Chr.

Thon. Nebst je einem Gewichte von Gelb-Thon, Roth-Thon, einem Halsschmuck Stücke mit VLI-V-[illegible] und an, deren Zeichen erscheinen 4 Urnen, roh gebrannt, mit Quarz- und Gneißkörnern, graphitirt innen und außen, Freihand-Arbeit (3 K.-

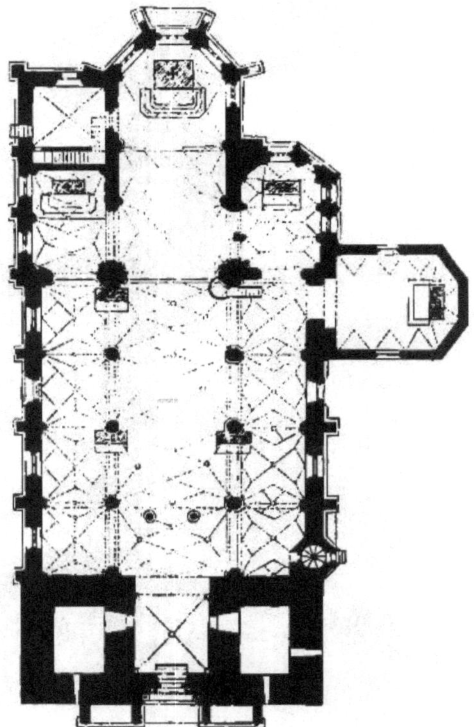

Fig. 405 (Volkermarkt.)

1 V.); auch Thongefäße, gefärbt dunkel und röthlich, auf der Drehscheibe geformt, sämmtlich 1871. Dazu allerhand Scherben.

In Stein ist außer den Resten von Steinkisten zu erwähnen das gelochte Serpentin-Beil vom Plateau-Theile nächst dem Schrott-Thurme (1867) K, das grünliche Steinbeil, auf der Napoleonswiese, nächst den Heidengräbern freiliegend, gefunden 1883 (V durch Studiosus Tanniti 1884, Nr. 417 b, Jber. S. 28 identisch[2]).

In Betreff des Graphites bemerken wir, daß Feldmassen dieses Materials nicht allzuweit von Villach, bei Feld auf dem Klamberg, belegen sind. Bernstein, Glas, Blei, Gold, Silber fehlt.

Die Geleisspuren im niedrigen Gefelfe hinter der Hochebene, Richtung gen Federaun, find wohl mittelalterlich; die Wegrichtungen gehen hinter Warmbad gegen Judendorf, Völkendorf, St. Martin fort (Car. 1857, 178; 1866, 65; 1871, 285, 289. Afk. 11, 183; 12, 164. AfköG. 38, 210. Jab. S. 4, 176. Mi. w. anth. 2, 7—18, 103, 313; 8, 89. M. 19, 207. R.-Stud, 3, 59, 66. *Meyer* Gur. 95. Klagf. Ztg. 1885, S. 1395, 1665, Nr. 159; 1883, 1211. Corresp. Bl. 1886, 57).

Virunum, f. **Zolfeld.**

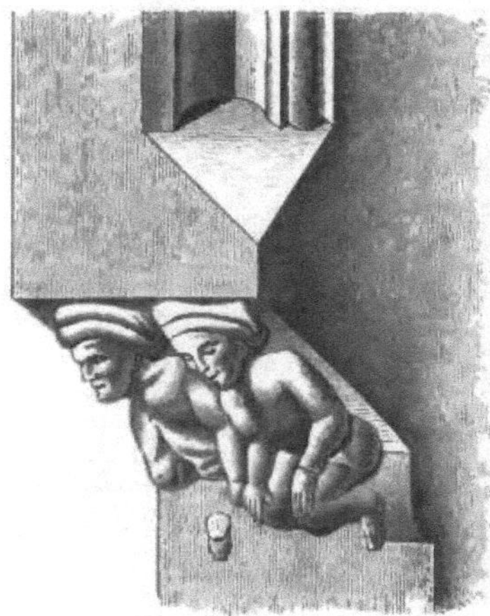

Fig. 400. (Volkermarkt.)

Völkendorf. Am Wege von Villach her ftieß man auf zahlreiche Brandrefte von Menfchenknochen, 3 Bronze-Schmucktheile und Topffcherben, V. feit 1877. Ein Säulenftück V., aus den Feldern gegen Judendorf? Die Straßenlinie Federaun, Warmbad, Judendorf bis St. Martin würde gewiffermaßen den alten Beftand Villachs eliminiren (R.-Stud. 3, 4, 59, 60. M. w. anth. 1886, 61 f.).

Völkermarkt. Diefe im Terraffen-Diluvium oberhalb der Drau (mit den Einfchlüffen von Haififchzahn, Perlmutterfchnecke) gelegene Stadt, fchon frühzeitig als Volchenmar(chet) um 1111, 1130 genannt, galt bisher als fundlos an römifchen Antiken. Die Heerftraße von Virunum nach Juenna führte allerdings weiter oberhalb vom Kreuzerhofe gegen Tainach vorbei; jedoch ift diefe Stätte immerhin umgeben von Fundftellen, wie St. Franciscus, St. Lambrecht, St. Stephan und anderen, auch vielfach für Virunum gehalten (*Haufitz* germ. faep. 2, 520; *Caefar* Annal 34, 54, u. A). Auch eine caffetirte Steinplatte, in Sechseckfeldern Rofen und Sterne zeigend, eingefügt im Hauptportal-Bogenfelde der Ruprechts-Kirche, mag aus der nächften Umgebung ftammen. Eine ähnliche Sculptur zu Treffen (Ank. 1, 566, 559, 569, 572. Car. 1845, 110. M. 8, n. p. LXII. M. w. anth. 1886, 61 f.).

Münzftätte. *Barthélemy* 328. Rep. 2, 57. *Welzl* 497, Nr. 9745—60.

Die Stadt-Pfarrkirche mit einem Collegiat-Capitel, das zuerft für St. Ruprecht geftiftet war, und an diefe 1248—1263 übertragen wurde (M. 1. 123, M. XI. 60, M. X. 144).

Die im Style des 15. Jahrhunderts gebaute Kirche hat drei Schiffe, davon das Mittelfchiff höher und breiter ift (Fig. 405, Grundriß). Die Nebenfchiffe haben die halbe Breite und find von erfterem durch Pfeiler-Arcaden gefchieden, die fich zwifchen je drei achtfeitigen Pfeilern beiderfeits eintheilen. Die Rippen des ziemlich flachen reichen Netzgewölbes ruhen in allen Schiffen auf fünffeitigen Dienften, welche im Hauptfchiffe etwa in einer Länge von 3 M., in den Seitenfchiffen von 70 Cm. an den Pfeilern herabgehen, dann confolenartig abfetzen, während fie an den Mauerwänden bis auf den Fußboden laufen, wo fie auf fünffeitigen Sockeln mit einem Wulfte endigen. Diefelben haben fünffeitige kelchförmige Capitäle, welche im Mittelfchiffe unmittelbar, in den Seitenfchiffen aber mittelbar durch denfelben aufgefetzte fiebenfeitige kleinere Capitäle die Rippen aufnehmen. Nur ein Dienft neben dem Triumphbogen hat fchönes Laub-Capitäl. Befonders fchön gefchmückt erfcheint der nordweftliche Pfeiler, deffen bis auf die Bodenfläche laufende Dienfte in Zweidrittelhöhe mit Eichenlaubconfolen abfetzen, über welchen Nifchen mit Säulchen von zierlichen Baldachinen, mit Wimpergen und Fialen gekrönt, in welche die Gewölbrippen verlaufen. Die Statuetten in denfelben find moderne Erzeugniffe aus Kunftmarmor. Das nördliche

Seitenſchiff endet in eine Capelle mit geradem Abſchluſs, worin Sterngewölbe auf ſehr kleinen fünfſeitigen Dienſten mit Capitälen von geflügelten Engelsköpfen und Masken, welche durch einen hohen breiten ſchön profilirten Spitzbogen mit dem Presbyterium in Verſäulchen mit mannigfaltig geformten Capitälen, welche gekehlten pilaſterartigen Wandverſtärkungen vorgelegt ſind, auflaufen. Die Capitäle zeigen folgende Darſtellungen: 1. Männliche Geſtalt auf den Knien zwiſchen zwei weiblichen Figuren, von welchen die

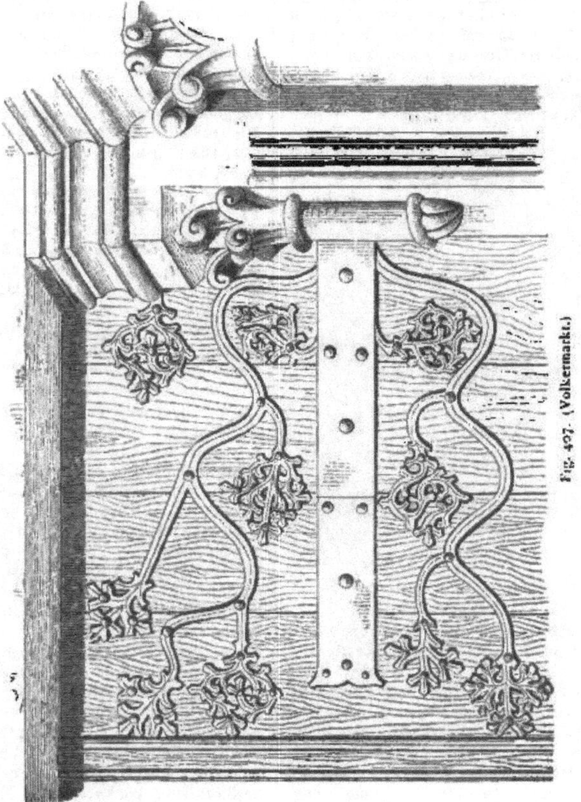

Fig. 427. (Volkermarkt.)

bindung ſteht. Beſondere Beachtung verdient die Capelle, mit welcher das ſüdliche Seitenſchiff abſchlieſst. Sie beſteht aus zwei Jochen mit fünfſeitigem Abſchluſse und reichem Sterngewölbe, deſſen kleine ſchön profilirte Rippen von 19 runden Schluſsſteinen auf Dreiviertel-

eine den Mann an beiden Händen an ſich zieht, die andere ihn mit der rechten Hand von ſich ſtöſst, während ſie ſich mit der linken Hand die Haare rauft 2. Zwei kriechende menſchliche Figuren, von denen eine die andere am Faſſe hält. 3. Zwei Figuren halten einen Schild. 4. Schild zwiſchen zwei Masken. Die übrigen Dienſte tragen Eichenlaub-Capitäle. Auch an den Verkreuzungen erſcheinen Figürchen. Im Schluſſe ſind einfache ſchlanke Fenſter mit Kleeblatt und ſchön profilirter Laibung, im zweiten Joche ein dreiſeitiges Fenſter mit reichem Fiſchblaſen-Maßwerk. Der Verbindungsbogen zum Presbyterium iſt ein Rundbogen mit ſchöner Leibung, deſſen Profil im öſtlichen Schenkel etwa 5 Fuß über der Bodenfläche mit zwei hockenden Figuren, deren Hände auf den Knien ruhen (Fig. 406), conſolenartig abbricht, während ſie auf der weſtlichen Seite bis auf den Boden auslauft, auf dem Scheitel desſelben eine Conſole mit großer

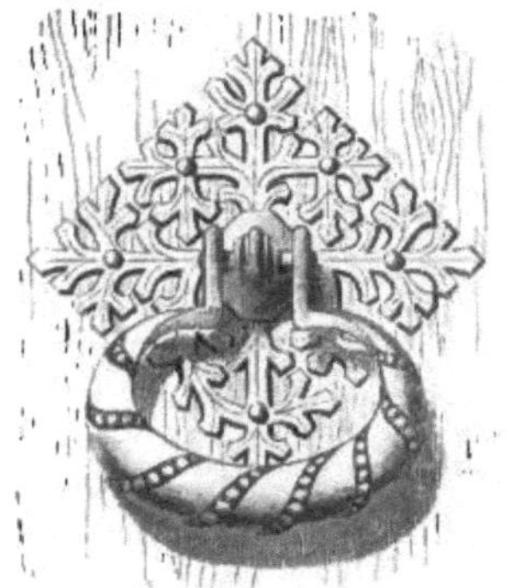

Fig. 408. (Volkermarkt.)

Maske. Von der Capelle aus erſcheint er durch einen ſchlanken reich gegliederten Pfeiler in zwei ſchöne ſpitzbogige Arcaden getheilt. Dem Hauptſchiffe entſpricht das Presbyterium, das ſich aus zwei oblongen Rechtecken und dem fünfſeitigen Chor-Schluße conſtruirt. Die Rippen des Netzgewölbes ruhen auf fünfſeitigen Wanddienſten mit Capitälen aus Blattwerk Schildern und Masken. Die Fenſter ſind ſämmtlich ſpitzbogig, und zwar im Chor dreitheilig, die übrigen zweitheilig, meiſtens mit Maßwerk geziert. Sacriſteithüre an der Nordſeite des Chores in gedrücktem Eſelsrücken mit Krabben und Kreuzblumen zwiſchen zwei Fialen auf Conſolen mit Drachenkopf und Schlangenknäuel über ſenkrechten Rundſtäben. Gegenüber derſelben an der Südwand des Presbyteriums beſonders ſchöne Doppelniſche mit zwei gedrückt geſchweiſten Spitzbogen, durch zierlichen Theilſtab getrennt, mit Krabben Kreuzblumen Stabwerk und Fialen und elegantem Rippengewölbe. Mit Ausnahme des Süd-Chores ſind am Gebäude dreimal abgeſchrägte dreiſeitige Strebepfeiler angebracht. Die Seiten-Portale der beiden Nebenſchiffe ſpitzbogig. Der Muſik-

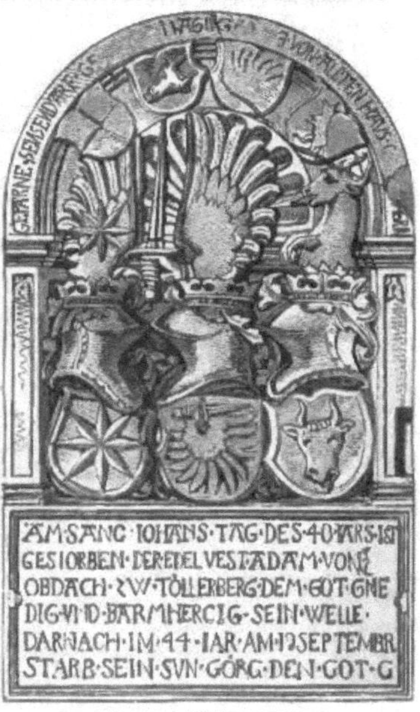

Fig. 409. (Volkermarkt.)

Chor ruht auf einem Kreuzgewölbe. Steinmetzzeichen .

An der Weſt-Seite die romaniſche Anlage der beiden Thürme und der Vorhalle dazwiſchen, die oben als Orgel-Chor dient und wozu in neuerer Zeit ein ſtylgerechter Muſikchor-Zubau gemacht wurde.

Das rundbogige Haupt-Portal vor der Vorhalle zieht ſich in drei Abſtufungen ein, hat in den Ecken Säulen, dann conſolartige

Tragsteine für den flachen Thürsturz. Die Verbindung zwischen den Thürmen wird durch eine geradlinige Mauer vermittelt; vom südlichen Thurme erübrigt nur mehr das unterste Geschoß, das übrige ist durch das Erdbeben 1690 zerstört worden, der andere Thurm ist modernisirt. Ueber dem oberhalb des Portales befindlichen Fenster ein kleiner Stein mit der Legende:

R. 1844.

Sehr schöne spät-gothische Thürbeschläge (Fig. 407), desgleichen ein Thürklopfer (Fig. 408).

Bei der im letzten Jahre vorgenommenen Renovirung der Stadt-Pfarrkirche wurden einige alte Fresken und Inschriften aufgedeckt und die alte Bemalung der Pfeiler bloßgelegt. Dieselben hatten eine dunkelgelbe Steinfarbe abwechselnd mit röthlichen Quadern, durch weiß-schwarze Theilstriche quer und senkrecht getrennt.

An einem Pfeiler rechts gegen das Seitenschiff wurde ein Christus am Kreuze zwischen Johannes und Maria gemalt gefunden; eine Jahreszahl datirt diese gute Arbeit auf 1516; weil man beim Bloßlegen des Steines eine Figur unten lädirte, wurde leider das Ganze übertüncht 1883.

Auch an der nördlichen Capelle an der West-Wand wurde ein Fresco-Bild bloßgelegt, darstellend die heil. Jungfrauen Barbara und Katharina und Maria mit dem Kinde, welche Figur größtentheils übertüncht ist; letzteres ist gehend dargestellt, einen Stab in der Rechten; links unten kniet ein Mönch mit weißem Mantel; eine Schriftrolle über ihm und rechts am Bilde erweisen ihn als den Donator. Die Inschrift lautet etwa:

1. Conradus hy* monast² (monasterii) ppott (praepositus) A. d. 14.60. (??)

2. Ave maria mater dei
miserere mei.

In der Nähe des Triumphbogens in den Fußboden eingelassen ein sehr interessanter Grabstein (Fig. 409). Er ist in seiner Gestaltung, obwohl noch in das 16. Jahrhundert gehörig, von dem typischen Vorbilde der viereckigen oblongen Platte abweichend, oben im Halbkreise geschlossen, sich einer jüngeren Gestaltung annähernd. Als Hauptdarstellung sehen wir drei Schilde angebracht und darüber noch vier helm-

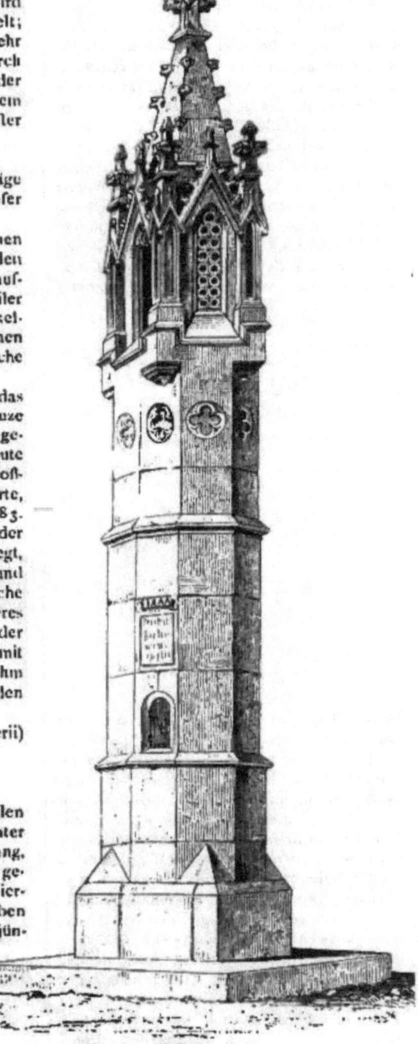

Fig. 410. (Volkermarkt.)

lofe Wappen mit der Infchrift: An. Sand. Johans. Tag. des. 40. Jars. ift. Geftorben. Der. edel. veft. Adam. von. Obdach. Zu. Töllerberg. dem. Gott. Darnach im 44. J. am 19. Sept. ftarb. fein. sun. Georg.

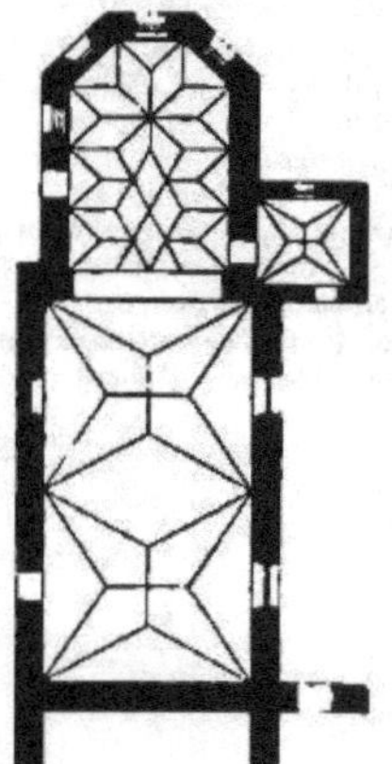

Fig. 411. (Völkermarkt.)

Außerdem noch folgende Grabfteine. Innerhalb der Kirche:

1. Der Erwirdge und Edl herr Ulrich phinzing ift aus willen des allmächtigen

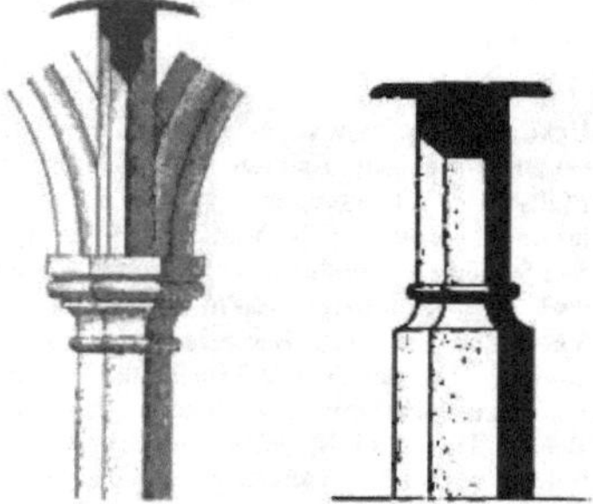

Fig. 412 und 413. (Völkermarkt.)

geftorben an Freitag nach dem heiligē Criftag im 1530. jar. Gott fei uns allen genedig ($1\frac{1}{2}' \times 2'$).

2. Ehrfam Frau barbara. weilent. mertts. nager. felige. gelaffene. witib. wellicher. gott. genadig. fei. Amen. Großer weißer Stein mit ganzer Figur im Witwengewande; Umfchrift in gothifchen Minuskeln. Schild mit drei Kleeblättern.

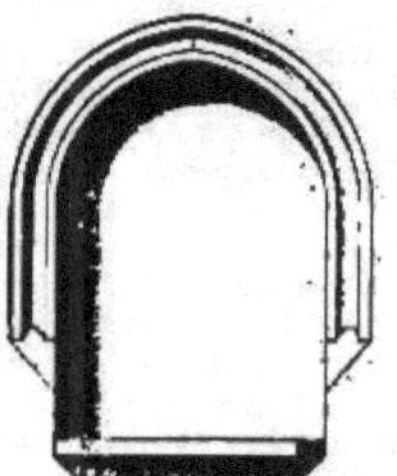

Fig. 414. (Völkermarkt.)

3. Walthafar Pader, Rechtsgewandter und Handelsherr, † 20. April 1681.

4. Joannes Bapt. Mayr, Capiteldechant, † 2. Jänner 1666.

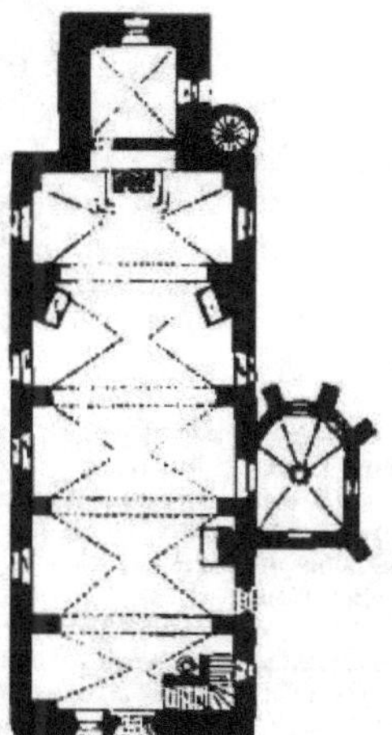

Fig. 415. (Völkermarkt.)

5. Lucas Starchmann von Starchenau, Canon.-Senior und Capitelfchaffer, † 18. September 1680.

6. Jofeph Ant. von Schludermann, kaiferl. Einnehmer, und feine Frau Eva Barbara, geborene Weitenhillerin, † 27. Februar 1742.

7. Georg Ludinger, f. Landfch. in Kärnten gewefter Medicus, † 12. Februar 1706.

8. ? Jar. ftarb. der. Erber. Mert. perner. dem. Got. genad (5' langer Stein mit fehr hoch querbreitem Wappen. Oben abgekantet, Legende in deutfchen Buchftaben).

Außerhalb an der Kirchenmauer:

1. Mertt Schanperger, Bürger zu Völkermarkt, † 25. Jänner 1552 und Frau Urfulla deffen Gemahlin und Thoman gorcers erbarn Bürger zu velkirchen ehliche Tochter, † 2. Mai 1559 (mit zwei Hausmarken).

2. Nach Chrifti unfers ewigen Erlöfers... 1559 am 21. Mai † Frau Martha Magerin, ein geborne Banim Wittib, welche ihrem ehelichen Hauswirth Herrn Wolfgangen Magger von Fuchsftatt...

Die Kirche erhielt in jüngfter Zeit reiche figurale Glasmalerei im Presbyterium; das Gewölbe des Mittelfchiffes ift ganz in alter Weife erneuert.

Vor der Stadt-Pfarrkirche fteht als Andenken an den ehemals dort beftandenen Friedhof ein fteinernes „Ewiges Licht". Ein achtfeitiger Cylinder, darauf die über Eck geftellte gothifche Laterne auf viereckigem Sockel mit Wafferfchlägen. Der Cylinder ift hohl, zum Aufziehen der Lampe gerichtet, die unten eingefetzt werden kann. Das reich gothifche Licht-Häuschen im Viereck mit vier fpitzbogigen Fenftern, mit Giebeln und Fialen, hoher Spitze und Kreuzblume zu oberft. Die Infchrift lautet: „die ftift des ewige licht ift d. prudfchaft d. fchueft unnd lederer" (Fig. 410).

Die Stadt hat noch theilweife den alten Charakter bewahrt, wie auch Fragmente der ehemaligen Befeftigung sich vorfinden, die Häufer find alle mehr in die Tiefe gebaut, mit Rundbogen-Thoren, deren Gewände ftark abgefafst und mit Wafferfchlägen verfehen sind. Hie und da ift ein verftäbtes Thürgewände in den Häufern zu finden. Die Einfahrten find tief, die Gewölbe mit verftärkten Graten. Hausmarken find in der Münzgaffe und an dem vis-à-vis der Dechantei gelegenen Capitel-Gebäude zu finden.

Das Rathhaus, jetzt Bezirksgericht, auf dem oblongen Hauptplatz an einer Ecke gelegen, hat an seinen zwei Fronten unten durchwegs Lauben auf achtfeitigen Pfeilern in Rundbogen übergehend. Dahinter befinden fich Verkaufsläden, mit quadratifchen Fenftern im Segment-Bogen und solchen Thüren nach Art der alten Verkaufsläden. Die Gewände find profilirt, zuweilen hat der in der Einziehung herumlaufende Rundftab gedrehte Sockel mit Bafen. Das Thor ift im Segment-Bogen mit reicher verftäbter Profilirung, auf gedrehten Sockeln mit Bafen construirt. An der abgeflachten Ecke des Eckpfeilers hinter einer Tafel 1 .. renovirt 1823. Die Renovirung gräflich.

Die Stadt-Caferne, ehemals angeblich zu der alten Herzogsburg gehörend. So viel ift erfichtlich, dafs die Süd-Wand, die dem

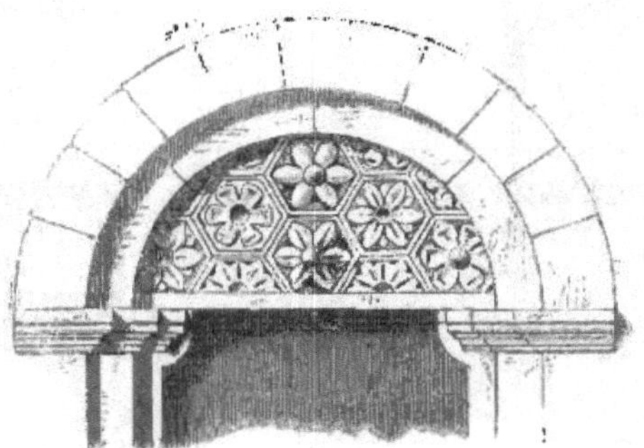

Fig. 416. (Völkermarkt.)

Markte zugekehrt ift, einer Capelle angehörte, über die man nichts weiß, obfchon die Capelle erft aus dem 15. Jahrhundert ftammt; wenigftens fagen das die erhaltenen Strebepfeiler, die zwei Abtheilungen und oben aus der geraden Fläche des Pfeilers prismatifch vorfpringende Nafen, mit dem herumgezogenen Profile des Wafferfchlägers haben. An der einen ift die Vertiefung für eine Lichtnifche fichtbar. Ebenfo ift noch der erfte Strebepfeiler vom Chor-Schluffe, da felber fchon fchief fteht, genau zu beftimmen. In der Einfahrt rechts, wo fich die Kanzlei des Aichamtes befindet,

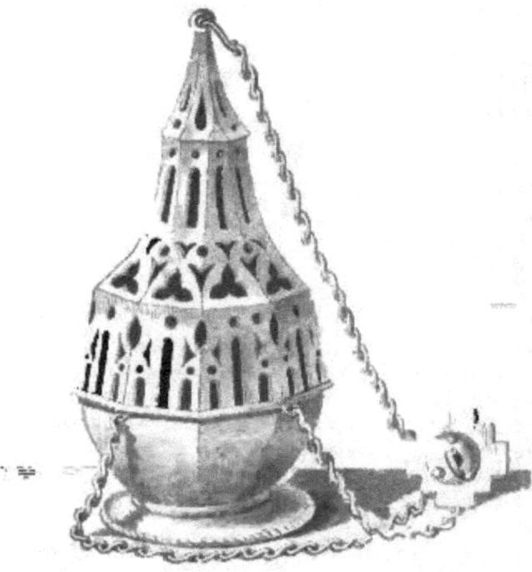

Fig. 417. (Völkermarkt.)

ein Grabftein, doch ift der untere Theil, worauf fich die Infchrift befinden mag, im Boden verfenkt und von einem im Boden eingelaffenen Bottig verdeckt. Darauf beinahe in Lebensgröße: ein aufrecht ftehender Mann in der Rüftung eines Ritters des 16. Jahrhunderts, mit Schwert und Feldbinde über der rechten Achfel, Halskraufe und fchönem lang herabwallenden Barte, kurzem beinahe gekrausten Haare. Die rechte erhobene Hand hält eine Fahnenftange, die linke ftützt fich auf eine Cartouche, in deren ovalem Felde fich ein Wappen befindet, zu Füßen liegt der befiederte Helm mit gefchloffenem fchnabelförmigen Vifir, darunter die Eifenhandfchuhe. Das Ganze von einem Eierftab umrahmt.

Durch die Einfahrt oder eigentlich durchs Thor gelangt man ins Freie auf den theilweife verfchütteten Stadtgraben. Zur rechten ein maffiger runder Thurm, gegen den Cafernenhof zu offen. Die Schußlöcher mit breiten Mündungen und rothem Sandftein eingefafst, ringsherum ein Ring aus rothem Sandftein, von dort erweitert fich die Mauer böfchungsartig zum Fundamente herab.

Kreutzberg-Capelle. Oeftlich auf einem vorfpringenden Hügel gelegen. 17. Jahrhundert. Der Chor dreifeitig gefchloffen, nach Süden zu. Ohne befondere Merkwürdigkeiten.

Die Spitals-Capelle ift ein kleiner einfchiffiger Bau (Fig. 411). Das Schiff heute untertheilt, befteht aus zwei Jochen mit Sterngewölben überdeckt. An den Wänden Pilafter als Rippenbögen, der Triumphbogen vermauert. Das Presbyterium besteht aus zwei Jochen und dem dreifeitigen Chorfchluße mit reichen Netzgewölben, ftark vorfpringenden Rippen an den Wänden, achtfeitige Dienfte (Fig. 412, 413). Neben dem Presbyterium die Sacriftei mit Sterngewölbe, die Fenfter im Chor reich profilirt, fpitzbogig, im Schiffe rechts eine fpitzbogige Nifche (Fig. 414), fpitzbogige Eingangsthür in das Schiff (M. XI, n. F. p. LXXII).

Unter den mittelalterlichen Baulichkeiten zu Völkermarkt muß noch der am Friedhofe ftehenden einfchiffigen Ruprechts-Kirche gedacht werden. Sie war bis Mitte des 15. Jahrhunderts die Pfarrkirche, der Sitz eines Collegiat-Capitels; auch reicht fie mit ihrer erften Anlage noch in die romanifche Styl-Periode zurück, urfprünglich ein Bafiliken-Bau mit flachgedecktem Schiffe, das in jüngerer Zeit tonnenförmig überwölbt wurde, wie überhaupt an dem ganzen Baue wiederholte Reftaurationen mitunter gewaltfam wirthfchafteten. Das Schiff befteht aus fünf Jochen, davon jedoch das letzte Joch jetzt als Presbyterium verwendet wird. Als Presbyterium diente urfprünglich die viereckige mit einem Sterngewölbe überdeckte Halle, darüber fich der Thurm erhebt, der übrigens in feinen mitteren Partien ein etwas jüngerer Bau fein dürfte. Durch die Ueberwölbung der Kirche wurden die urfprünglichen kleinen Fenfter in der oberen Wand des Schiffes gegenstandslos, da sie über die Wölbung kamen (Fig. 415).

Das Gewölbe der Thurmhalle, das mit Kleeblattbogen geschlossene dortige Abschluss-Fenster, die im geschweiften Spitzbogen angebrachte Nische mit reicher Bekrönung dürften mit dem Thurmbau entstanden sein, in so weit dieser sich vom oberen Geschoße erhebt; denn es findet sich noch daselbst ein romanischer Rundbogen-Fries, mit welchem der romanische Theil abschloß. Der Fries im zweiten Stockwerke enthält arcadenartig aneinander gereihte Mauerblenden. Bis zur Dachhöhe ist die Thurmstiege in einem cylindrischen Anbaue angebracht. Das Haupt-Portal mit geradem Sturz ist im Rundbogen construirt, in drei Stufen eingezogen mit einfach gegliederten Kämpfern, nun durch Mörtelanwurf geglättet und zweifärbig getüncht. Im Bogenfelde der Rest einer antiken Sculptur, wie man sie in Treffen findet, s. Fig. 356; in sechseckigen Feldern Rosen und Sterne (Fig. 416). Ueber dem Portale ein einfaches Rundfenster, jetzt mit radspeichenartigem braun getünchten Maßwerke aus sich durchkreuzenden Spitzbogen ausgefüllt, das Seiten-Portal im geschweiften Spitzbogen. An der rechten Seite ein spätgothischer Capellen-Bau mit drei spitzbogigen Fenstern, zwei einfachen mit Kleeblatt und einem zweitheiligen mit Kleeblatt und Vierpaß, die mittlere Seite doppelt so breit wie die vier anderen Seiten, doppelt gestufte Streben, Schlußstein und Wanddienst, Glasmalereien (Sacristei).

In der Thurmhalle fand sich im rundbogigen Ost-Fenster noch vor kurzem ein Glasgemälde mit den Brustbildern des heil. Nicolaus und Ruprecht auf reich ornamentirtem Grunde, Glasmalereien, die in das 14. Jahrhundert zurückreichen dürften, jetzt im Museum zu Klagenfurt.

Alter Marmor-Taufstein. Am Seiten-Altar ein altes großes Crucifix.

Im Presbyterium eine im Eselsrücken geschweifte Nische.

Zwei Grabsteine, einer beim Taufstein, fast unlesbar und abgetreten, der andere bei der Kirchenthür aus dem 14. Jahrhundert (abgetreten), man erkennt ein Kreuz, darauf Kübelhelm und Schild, darin ein Pferd (?).

Ein kupfernes Rauchfaß (Fig. 417).

Am Chor-Bogen eine Inschrift, auf die Geschichte der Kirche und des Collegiat-Capitels bezüglich.

An der Nord-Seite ein Karner (Fig. 418) mit Untergeschoß, freistehender Rundbau mit

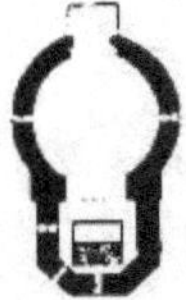

Fig. 418. (Völkermarkt.)

konischem Dache, rundbogiger Thüre und einem rundbogigen Fenster auf der Nord- und auf der Südseite. Statt der alten Apsis ist ein polygones Chörlein angebaut mit gedeckten Spitzbogen im Gewölbe und drei spitzbogigen Fenstern gleich Mauerschlitzen in verschiedener Höhe über dem Boden (M. I. 123. 141. V. 59. VIII. n. F., p. LXII).

Vordernberg. (Straßenzug: *Meyer* 109). Die Kirche mit einem spätgothischen Chörlein, die Rippen des Netzgewölbes auf derben Consolen, keine Strebepfeiler, der Thurm an der Chor-Südseite mit spitzbogigen Schallfenstern.

W.

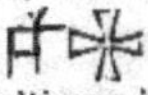

Wabelsdorf. Die Filial-Kirche zu St. Georg ist ein interessantes gothisches Bauwerk; im Chor, der dreiseitig geschlossen ist, mit drei schmalen Jochen, darin spät-gothische Netzgewölbe von feinem mittelstarken Schwung. Die Rippen übergehen in halber Raumhöhe auf Consolen, von denen die Mehrzahl an der Oberfläche decorirt ist. An zweien edel gebildete Jünglings-Köpfe, an anderen Zwerggestalten in hockender Stellung ein Spruchband haltend, wieder zwei andere mit solchen Figuren, die aber Schilder halten, auf welchen diese Steinmetz-Zeichen [Steinmetzzeichen] zu sehen sind. Am Scheitel treffen die Rippen in sechzehn runden Schlußfteinen zufammen, welche wieder fämmtlich verziert erfcheinen. Hervorragend find die drei an der oberften Scheitellinie angebrachten mit dem Lamm Chrifti und der Siegesfahne, mit dem Pelikan und mit dem Löwen, der fein todtes Junge durch feinen Hauch belebt. In den übrigen Schlußfteinen wiederholen fich theils die an den Confolen angebrachten Bilder, darunter die oben verzeichneten Steinmetz-Zeichen, theils kommen neue Symbole dazu, wie die fünfblätterige Rofe und ein fünfftrahliger Stern, beide je zweimal, fowie Strahlengeficht der Sonne und Mondfichel. Alles durch Kalkanftrich übertüncht. Fenfter theils einfach fpitzbogig, theils modernifirt, nur das mittlere im Schluße

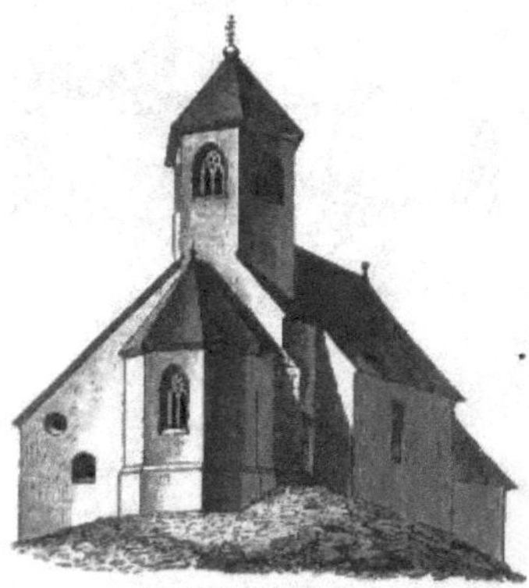

Fig. 419. (Wabelsdorf.)

mit Butzenfcheiben und farbigen Zwickeln, fowie ein Fenfter im Dachraume oberhalb der Sacriftei fchließen im Kleeblattbogen.

Das Schiff ist weniger beachtenswerth: es läuft hier nur eine primitive Bretterdecke mit länglichen Caffetten in einfachen zickzack laufenden Muftern, weiß roth und fchwarz bemalt, und die Wände find leer. Es wurde hieher von einem älteren Portal-Bogen ein großes Stück übertragen und unter den Orgel-Chor geftellt. Im kräftigen Schlußfteine die zwei Tainacher Wappenfchilder, darüber Mitra und Stab; links und rechts die Buchftaben: I.F.G.D.P.V: und weiter im Halbkreife der Spruch: »Malo Mori Quam Foedari« und die Jahreszahl 1.6.2.8.

Merkwürdig geftaltet ift aber der Eingang felbft. Die inneren Gewände find unter dem geraden Sturz confolenartig verftärkt, welche Confolen zwei Zwerg-Figuren decken, auf der Schräge des Sturzes im Bogenfelde zwei Menfchenköpfe als Confolen ohne Statuetten, ftark übertüncht. Vom Thürfturz fteigt das Bogenfeld auf und fchließt im Efelsrücken ab.

Am Zufammenftoße des Schiffes mit dem Chore erhebt fich ein fechsfeitiger gemauerter gothifcher Dachreiter, eine Seltenheit bei so ärmlichen Kirchen. Der urfprüngliche Helm ift vielleicht einft abgebrannt; die jetzige Bedachung ift nur aus Brettern zufammengefügt. Das befte find die großen Schallfenfter, leider fchon ziemlich befchädigt. Drei von ihnen haben Mittelftock und Dreipafs im Bogenfelde, drei andere find einfach und haben Kleeblatt-Bögen (Fig. 419). Ein heil. Chriftoph-Wandgemälde an der Süd-Seite, eine Arbeit älteren Datums. Neben dem Eingange rechts leerer Schrein eines roh bemalten Flügelaltars fammt Predella. 5′ hoch, 4′ breit (M. IX. n. F., p. XCIX).

Wachsenberg (Decanat Feldkirchen). Die St. Andreas-Kirche, einfchiffiger fpät-gothifcher Bau mit Netz-Gewölben, der Chor, der aus zweieinhalb Jochen und dem dreifeitigen Schluße befteht, mit Rippen, die auf Confolen ruhen. Im dreijochigen Langhaufe ruhen die Rippen auf den dreifeitig einwärts geftellten Strebepfeilern. Einige Fenfter mit Maßwerk. Beachtenswerthes Gemälde: Enthauptung Johannis (M. X. n. F., p. CCXIV).

Waggendorf. Die Filial-Kirche St. Martin (St. Michael ob Bleiburg) mit fpät-gothifchem Schiffe (Netzgewölbe mit 11 Schlußfteinen) und ftreng gothifchem Chor (Kreuzgewölbe) mittelgroß von fchlanken Verhältniffen in den hohen Gewölben. Der Chor befteht aus einem Joche und dem dreifeitigen Schluße, das gleichbreite Langhaus aus vier Jochen. Im Chor drei Wandnifchen. Die Chor-Fenfter mit ftrengem Maßwerk, die des Langhaufes mit charakteriftifch fpät-gothifchem. Die Gewölberippen im Chore ruhen auf Confolen, im Schiffe auf Dreiviertel-Säulchen mit ringförmigen Capitälen. Das Schiffgewölbe wurde erft in fpäterer Zeit eingefetzt, und damals entftanden auch die Strebepfeiler. An der Nord-Seite über der Sacriftei der viereckige mächtige Thurm mit achtseitigem modernisirten Spitzdache, romanischen Doppelfenstern, darin eine runde Mittelsäule. Eine Glocke mit Majuskel-Inschrift. Interessant ist die Einrichtung zur Vertheidigung der Kirche durch Schußscharten im Unterdachraume.

Waidenburg bei Mauten, an der alten Straßenlinie. Schloßruine (M. w. anth. 1886, 61 f.).

Waidisch, die Pfarrkirche zur heil. Margaretha in Unter-Rosenthal bewahrt nur wenige Reste aus älterer Bauzeit; dahin gehört die Halle des an der West-Seite angebauten Thurmes und der Thurmeingang, der mit einem geschweiften Spitzbogen überdeckt ist (M. IX. n. F., p. XXIII).

Waisach. Der Bergweg nach alter Anlage, Franz Josephs-Höhe, mit Römerstein, am Wiesen-Marktplatz der Heidentempel, 7 Münzen mit 2 Nero, Baureste; weiterhin Franzosenschanze, Bäckenmühl, Weispriach, Jadersdorf, Radnig u. s. w. (*Meyer*-Str. 111).

Die Kirche besteht aus drei Jochen mit Netzgewölben und runden Diensten als Schiff (außen ein einfacher Schrägsockel) und aus einem Joche und fünfseitigem Schluße als Presbyterium. Die reicher profilirten Rippen laufen auf Diensten mit Capitälen auf. Im Presbyterium ein zweitheiliges Fenster mit Maßwerk. Thurm und Sacristei beiderseits des Presbyteriums ursprünglich gothisch. Das Portal an der Façade reich profilirt (Fig. 420; M. VIII. n. F., p. CI).

Waisenberg bei St. Georgen am Weinberg, Schloßruine. Dieses schöne Schloß, das innerhalb kaum eines Jahrhunderts dem gräßlichsten Verfall preisgegeben, besteht außer den ringsum sich ausdehnenden Fortificationen mit schönem Thorthurme wo sich eine Wendeltreppe befindet, aus einem riesigen quadratischen Bau mit zwei Stockwerken. Die Wölbungen in dem Souterrain und riesig hohen Erdgeschoße bestehen zwar noch, sind jedoch in gänzlicher Vernachläßigung; die Einfahrt ist trotz ruinösem Zustande von imponirender Art und Ausdehnung hoch gewölbt. Die linksliegenden mächtigen Räume mit tiefen Fensternischen, in denen ehemals Wandkästen eingemauert waren, theilweise bemalt mit Renaissance-Ornamenten; in einer derselben sieht man von kundiger Hand einen Hirschen in Contouren eingeritzt; scheint eine Spielerei des betreffenden Malers gewesen zu sein.

Im nordwestlichen Thurme, im letzten Stockwerk, befand sich die ehemalige Schloß-Capelle, dem heil. Andreas geweiht, an der Wand sind die Apostelkreuze noch sichtbar.

Dieser kreisrunde Raum von 6·60 M. Durchmesser ist mit einer flachen Kuppel überwölbt, mit einer runden Oeffnung in der Mitte, durch welchen der Himmel hindurch blickt. Der Verputz ist bereits abgefallen.

An diesem Thurme sind einige besonders schöne Fenstergewände in Kalkstein, mit verstäbter Profilirung und gerauteten Sockelchen in den Basen, an den schrägen Wasser-

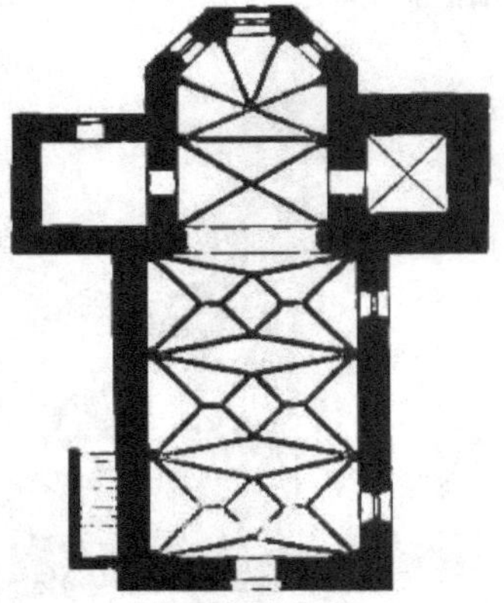

Fig. 420. (Waisach.)

schlag sich verschneidend. Die Boden sind in den Thurmgemächern sowie in den Souterrain-Localitäten mit hartem Cementmörtel (Gußmauerwerk) und Schlögelsand mit etwas Kalk vermengt ausgelegt. Die Stiege im ersten Stock ist noch erhalten. Der westliche Flügel beinahe eingestürzt. Der schöne quadratische Hof enthält eine Cisterne.

Es ist schade um diesen alten schönen Bau, der ehemals in seiner Vollendung einen ungemein prächtigen Anblick gewährt haben mag und trotz seiner Verwahrlosung noch immer bietet.

Rechts und links vom eigentlichen Schloßthore in Manneshöhe aufsteigende Schläuche in dem Mauerwerk, die in der

Halle in einer Nische münden und jedenfalls zu Vertheidigungszwecken gedient haben, d. h. zum Bestreichen des Thores mit einer Feuerwaffe gegen feindliche Angriffe.

Waitschach auf den Höhen des Eiszeit-Schotters (Decanat Krappfeld; M. XI.

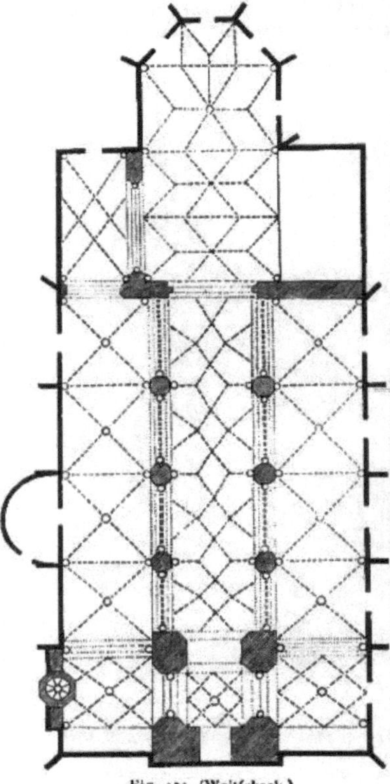

Fig. 421. (Waitschach.)

60. Jah. 12. 66). Das Relief: Weibliche Gestalt in langem Gewande und Gürtel, mit Spiegel, die linke Hand an die Brust, haftet außen an der Kirche (M. 6, n. p. CLIII).

Die Pfarrkirche ist ein sehr beachtenswerthes Bauwerk des 15. Jahrhunderts. Auf dem Sockel eines Pfeilers der Ost-Seite findet sich die Jahreszahl 1447 eingemeißelt. Eine dreischiffige Hallenkirche von größeren Dimensionen, außen mit kräftigen dreimal übersetzten Strebepfeilern. An den Ecken sind dieselben schräg gestellt. Vier Paar achtseitige Pfeiler tragen die Decke, deren in Sternform sich verschlingende Rippen auf den Pfeilern und einigen der correspondirenden Wandpfeilern (Dreiviertel-Säulen) mittelst Consolen aufliegen. Andere haben Blatt-Capitäle und stützen sich in der Fensterhöhe auf Consolen mit figuralem oder Blattschmuck. Die Seitenschiffe schließen geradlinig ab und sind mit Kreuzgewölben überdeckt. Die sich gegen das Hauptschiff aus den Seitenschiffen öffnenden Arcaden sind durch birnförmig profilirte Gurten verstärkt. An das linke Seitenschiff schließt sich eine kleine Capelle an. Die Fenster größtentheils noch mit Maßwerk.

Das Presbyterium hat einen fünfseitigen Chorschluß. Dortselbst ein prachtvolles Sacraments-Häuschen, das sich auf quadratem Fuße vier Stockwerke hoch aufbaut. Fischblasen und Eselsrücken charakterisiren dieses schöne Werk der Spät-Gothik. Rechts in der Wand eine Credenz-Nische. Die Sacristeiglocke mit zierlichem Gerüste aus Schmiedeeisen. Die Altäre enthalten nichts von Wichtigkeit, nur der sogenannte Landschafter-Altar (1626) macht sich durch seine alte Holz-Polychromirung bemerkenswerth. An den Seitenflügeln und im Relief Reminiscenzen an die gothischen Flügel-Altäre. Ein Votivbild aus Judenburg vom Jahre 1661, ein zweites aus 1537. Die Fenster mit Maßwerk (Fig. 421, Grundriß, Fig. 422, Ansicht).

Hoch interessant ist die West-Seite mit zierlichem Portal, dabei Malereireste: Maria auf dem Throne. Ueber dem Giebel der Façade erhebt sich der Thurm, der schon unter dem Kirchendach vom Viereck ins Achteck übergeht. Ueber der Glockenstube mit spitzbogigen Fenstern, darin auch Maßwerk, enden die acht Seiten in eben so viele Giebel mit Eselsrücken, zwischen denselben Fialen mit Kreuzblumen. Innerhalb der Krönung ein etwa 2 Fuß breiter Umgang um den eigentlichen Thurmkern, der mit niedrigem einfachen Helme etwas unfertig abschließt. An der Kirche finden sich zahlreiche Steinmetz-Zeichen (Fig. 423), so im Langhause (*a, b, c, d, e, f, g, h*), im Chor (*k, l, m, n, p, q, r, s, t, u, bb, cc, v, w, x, z*), am Weft-Portal (*i*), am Thurm (*nn o*), am Süd-Portal (*z, aa*). Die Strebepfeiler um die ganze Kirche find meift dreimal abgeftuft (M. v. n. F., p. CLIII).

Neben der Kirche links vom Presbyterium ein Karner-Octogon mit polygonem niedrigen Oft-Chor fammt Streben; fchmale fpitze Fenfter. Unten das Offarium mit befonderem Eingange an der Süd-Seite, darin ein fehr ftarker runder Mittelpfeiler und voller Gebeine. Spuren alter Malerei, in den Gewölbeflächen ftylifirte Blumen und Arabesken in gelb, braun und grün, an den Wandflächen die vier Evangeliften, im Chörlein türkifche Reiter mit einem Gefangenen hinter fich. Darunter Legenden, aus welchen zu entnehmen ift, dafs die wahrfcheinlich 1532 angefertigten Gemälde 1620 unter dem Vicarius Gregorius Rörer durch einen Radmeifter unterhalb Waitfchach, wahrfcheinlich in Hüttenberg, renovirt worden find.

Walburgen bei Eberstein.

Ein fandiger Rain der Harmeter-Hube enthielt vor dem Jahre 1858 die Eifengeräthe: Harnifch-Theile, verroftet, Helm-Theile, Kinn-Kettchen, wohl nur mittelalterig? Ob ein Claudius Albinus, Silber K. 1847, von hier, ift nicht erwiefen (Car. 1847, 213). In dem Walde zur Pribernig-Hube gab es um 1840 allerlei behauenes Geftein, daraus das Schrift-Denkmal:

VANNIANO?*, Zeit um 150, gefunden vor 1880. Im Fenfterftocke der Hube (Aep. 4, 211, 11).

LVCCO VERCILES*, um 140, gefunden 1851. Hube (Jab. 291. Mo. 5019. Aep. 4, 216; zu Afk. 1858, 5, 149. AfköG. 29, 243).

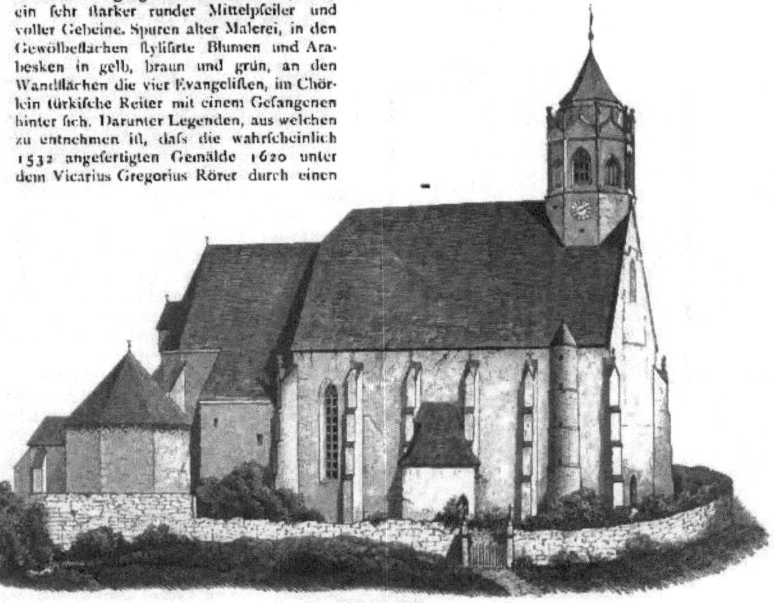

Fig. 422. (Waitfchach.)

Sehr hübfche und geräumige einfchiffige Kirche, vom Friedhof umgeben, in einheitlich fpät-gothifchem Style erbaut, befteht aus Chor und Schiff, welche beide Räume mit Netz-Gewölben gedeckt find (M. x. n. F., p. CCXII).

Der Chor, der laut Jahreszahl aus 1512 (oder 1522, fchwerlich 1572) ftammen durfte, liegt um 2 und 4 Stufen höher als das Langhaus, und umfaſst drei Joche und den dreiſeitigen Schluſs; die birnförmigen Rippen auf runden Dienſten mit Blatt-Capitälen anlaufend. Dieſe Dienſte ſtützen ſich in der Drittheil-Raumhöhe vom Fuſsboden an auf Conſolen. Sowohl die Capitäle als auch die Conſolen zeigen verſchiedene Decoration. Fünf von den Capitälen haben reichen Blätterſchmuck, werden jetzt reſtaurirt, drei mit je zwei ſitzenden Figuren, welche eine in der Mitte gehaltene Männermaske beim Barte packen, zwei in den Ecken des Triumphbogens mit je zwei leeren Schildern. Von den Conſolen trägt eine die Geſichts-Maske eines Jünglings mit langen

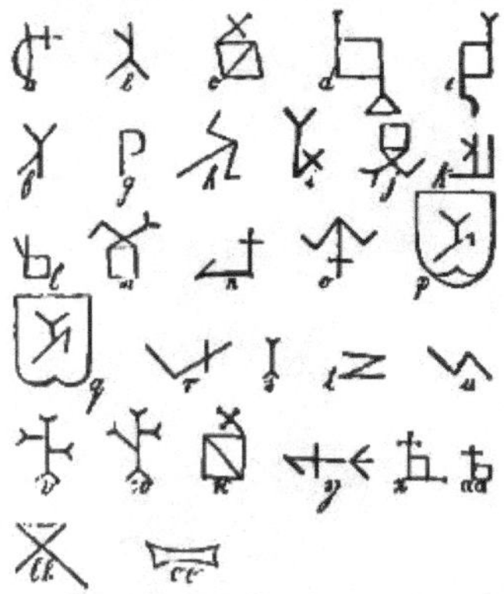

Fig. 423. (Waitſchach.)

Haaren, eine zweite einen Hundekopf, welcher einen Schild, worauf ein Wagenrad, im Maule trägt, die dritte und vierte zeigen Engels-Figuren, welche Spruchbänder halten, eine fünfte ein Hirſchgeweih im Schilde, zwei andere Köpfe, welche in den Haaren Blätter eingeflochten haben u. a. m. Desgleichen ſind die Schluſsſtein-Scheiben mit diverſen Symbolen geziert. In den vier größten Gott Vater, Sohn, Heil. Geiſt (dargeſtellt als drei im Kreiſe zuſammengewendete Köpfe), und das Wappen von Kärnten. An den ſeitlichen Schluſsſteinen: ein M, darüber eine Krone, ferner IHS und eine Krone, die ſegnende Hand, ein geflügelter Löwe, Ochs, Adler, zwei Fiſche, eine doppelſchwänzige Meerjungfrau, ein Hirſch, die Dornenkrone, ein längegetheilter Schild, und ein zweiter Schild mit einer Hacke und Zange, wurden ebenfalls reſtaurirt.

Außerdem an den Quer-Rippen in der Scheitel-Linie an fünf Stellen angeheftete Menſchenantlitze. Ein ſolcher Menſchenkopf auch an der Chor-Seite des Triumphbogens. Der Bogen iſt ziemlich hoch, dreiſeitig geſchrägt, wovon die eine geſchrägte Seite tief eingekehlt erſcheint. Die Chor-Fenſter groß, ſchön ſpitzbogig, zweitheilig mit trefflichem ſpät-gothiſchen Maſswerk (Fiſchblaſen) in den Bogenfeldern. Viermal abgeſtufte Strebepfeiler mit Spitzgiebel und Kreuzblumen.

Das Schiff vielleicht urſprünglich romaniſch, in vier gleichbreiten Jochen, ebenfalls mit Netzgewölben. Doch laufen hier je drei Rippen gebündelt und ohne Capitäle bis zur gemeinſchaftlichen Baſis herab, die mittlere der Rippen im Birnen-Profil, die zwei ſeitlichen im Rundſtab-Profil. Die unteren Baſen zeigen vier Seiten des Sechseckes und ſind zweimal abgeſetzt. Außen keine Strebepfeiler. An der Decke wieder zahlreiche Schluſsſteine mit mannigfaltigen Figuren. So bemerkt man: 1. Den Pelikan, 2. Auferſtehung Chriſti, 3. das Lamm, 4. den Bär, 5. und 6. je einen fünfſtrahligen Stern, 7. und 8. je einen Schild mit Steinmetz-Zeichen: 9. und 10. zwei ſchöne Roſetten, 11. und 12. je vier Roſetten, 13. und 14. Geſichts-Masken, 15. Kopf eines Rindes, 16. einen Schild, 17. Sonne, 18. den Mond. Im linken Schiffeck als Conſole ein Löwe mit Schriftband. Im letzten Weſt-Joche ein prächtig durchgebildeter gothiſcher Orgel-Chor. Zwei übereckgeſtellte vierſeitige Pfeiler mit Sockeln und an den Wänden Conſolen tragen drei ſpitzbogige reich profilirte Bögen. Die vordern Pfeiler-Bauten ſind als ſelbſtändige Säulchen behandelt, oben mit Blätter-Capitälen endigend, darauf leere dreieckige Schilder, die ſich unten auf Thierköpfe ſtützen. Die Deckplatten jener zwei Capitäle treten frei vor, gleichſam Conſolen, zur Aufnahme von Heiligen-Figuren bildend. Die Abdachungen der Scheidebögen tragen in jeder Hälfte ſieben hübſch entwickelte Krabben und an den Scheitelſtellen finden ſich Conſolen-Anſätze und darüber Kreuz-

Blumen. Ihre Ausbildung ist aber nicht durchgeführt, denn die Schäfte werden vom Fuß-Gesimse der Chor-Brüstung aufgefangen, wo eine einfache Verkröpfung vorkommt. Die Chor-Brüstung selbst besteht aus acht durchbrochenen Maßwerk-Feldern mit je einem streng-gothischen Vierpaß. Die Unterwölbung des Orgel-Chores bilden drei regelmäßige Sterngewölbe, wiederum am Scheitel symbolische Schlußstein-Zeichen tragend, so das Lamm, den Bären, die Taube, den Engel, einen Männerkopf, Rosetten und Sterne, Symbole der vier Evangelisten. In der Nordwest-Ecke die mit drei Seiten eingebaute Wendeltreppe und nahe der Westwand noch zwei freistehende Stützpfeiler zur Aufnahme der rückwärtigen Rippen. Die Errichtung des Orgel-Chores wird durch eine hier befindliche Jahreszahl 1572 und die Renovirung durch 1835 bezeichnet.

Der an der West-Seite vorgebaute eine geschlossene Vorhalle bildende Glockenthurm, auf mächtigem Sockel (ein Quaderbau), ist mit einer außerordentlichen Solidität ausgeführt, welcher der Thurm seinen schönen heutigen Bauzustand verdankt. Im Inneren des Erdgeschoßes ein gothisches Stern-Gewölbe; äußerer Eingang im einfachen Spitzbogen, gothisch profilirt, über dem Schluß ein Schild mit der Jahreszahl 151ʌ und dem Steinmetzzeichen [Steinmetzzeichen]. In der Thurmhalle gegen die Kirche ein schönes romanisches Portal in recktwinkeliger Gewandung, beiderseits je eine Säule mit Eckknollen-Basis und Capitäl, gerader Sturz. Die Säulen setzen sich im Bogen als Wulst fort. Interessante Beschläge. Eine zweite Jahreszahl an der Nordwest-Ecke unter dem ersten Gurtgesimse: 1518, weiter oben über dem zweiten und unter dem dritten Gurtgesimse in geschlungenen Bändern 1522 und 1523. Fünf Stockwerke durch Gesimse mit Wasserschlägen und gemalte rothgelbe Maßwerk-Friese getheilt, darauf erst vier Spitzgiebel und achtseitiger Pyramiden-Helm. Im Glockenhause ein breites Spitzbogenfenster mit gemaltem gothischen Bogen-Fries.

Das Süd-Portal, besonders hübsch spitzbogig, mit profilirten Gewänden und spätgothischem Blend-Maßwerk im Tympanon. Ueber der Spitze des Bogenschlusses ein gezinnter Fries, auf welchem seitwärts und in der Mitte drei Heiligen-Nischen aufsitzen, einstmals wahrscheinlich mit Malereien ausgefüllt. Das Nord-Portal ist einfacher, aber doch mit Kreuzblumen und zwei Fialen. Strebepfeiler mehr niedrig in drei Absätzen nur am Chore, mit Wasserschlägen und schadhaften Fialen. Achtseitiger gothischer Taufstein (Fig. 424) in der südlichen Seiten-Capelle.

Die Friedhofmauer hoch und fest, durch viele Schießscharten zur Vertheidigung eingerichtet.

Die drei Altäre von 1690, auf denselben noch gothische Halbfiguren, wie Frau mit Kelch und Krone, Frau mit Schwert und Krone, dann St. Anna mit Jesu und Maria etc.

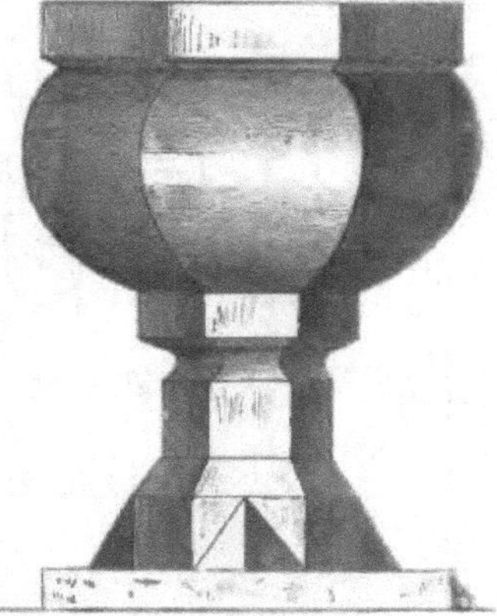

Fig. 424. (Walburgen.)

Bei St. Walpurgen ein Bildstöckel, viereckig, mit einem vorspringenden und spitzzulaufenden Schieferdache überdeckt und Fresken in den Nischen: Christus am Kreuz mit Maria und Johannes, Schweißtuch der Veronica (1525), Katharina und Petrus, Paulus und Barbara.

Waldenstein (Schloß), das lange Zeit im Besitze der Herren Ungnad-Weißenwolf war. Der Schloßbau selbst ist mehr durch seine herrliche Lage interessant, als durch seine architektonische Ausbildung. Der im südlichen Schloßflügel befindliche Haupteingang ohne Zier führt uns in einen kleinen unregelmäßigen Hofraum mit schmucklosen Fenstern. Gegenüber diesem Eingange gewahrt man den Aufgang in den Nord- und West-Tract; längs dem letzteren ist ein von jonischen Säulen und rundbogigen Kreuzgewölben gestützter Corridor angebracht, an den Hinterwänden mit correspondirenden flach vortretenden Consolen mit Engelsköpfchen geziert. Die Innenräume sind theils rundgewölbt, theils flach gedeckt, sonst ohne Bedeutung. Ein einziger mächtiger viereckiger Thurm erhebt sich an der Ecke des nördlichen und westlichen Flügels. Er ist vor Zeiten ausgebrannt und trägt jetzt ein niedriges Zeltdach. Ueber einem Seiteneingange des östlichen Tractes bemerkt man

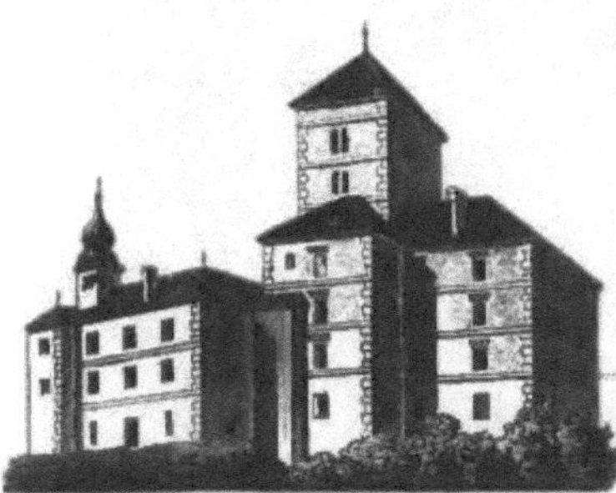

Fig. 425. (Waldenstein.)

eine längliche Gedenktafel aus grauem Marmor mit dem Spruche:

„Im . auffteen . und . nidergeen . fuech . und . zeig . dich . dank . par . gegen . deinem . got . und . oerlediget . volgt . alles . felligglich . nah."

Zu beiden Seiten je ein Wappenschild.

In der alten Capelle gibt es nichts besonders merkwürdiges, ein rechteckiger ziemlich hoher rund eingewölbter Raum mit gerader ausspringender Altar-Nische, worin ein einfacher Renaissance-Altar steht. Links unter der Decke eine große Oratorium-Oeffnung mit Renaissance-Umrahmung. Ueber dem Capellen-Raume der gemauerte Dachreiter (Fig. 425). Sacraments-Nische im geschweiften Spitzbogen, als Kanzelfuß dient eine romanische Säule.

Als der merkwürdigste Raum gilt in diesem Schloße eine kleine Kammer des alten Thurmes. Die Sage schildert sie als Gefängnis, Hungerstube, im Volksmunde die „Cornetkeuchen" genannt; an der Wand eine Schrift, mit einem Nagel in dieselbe geritzt:

„O Richter Richte Recht, Den du bist Herr Und ich bin knecht, wie du wirst Richten mich, so wirt Got einst Richten dich. Peter Eckhart von Beckern Cornet: 1669.

(M. IX. n. F., p. LXIV). Im Orte besteht eine Capelle aus dem vorigen Jahrhunderte.

Wallersberg, St. Peter am. Das Relief: Büste von Weib und Mann mit Rolle, Medaillon. Das besterhaltene Denkmal dieser Art in Kärnten.

ASCVLEPIO, Weihstein dem Aeskulap, um 350, gef. vor 1880 (Aep. 4, 209, 5. M. 8 neu p. CXIV, 6), beide außen an der südlichen Jochwand der Sacristei eingemauert.

DVMIAE*, um 160, gef. vor 1880 (Aep. 4, 209, 3).

SATVCIONI*, um 200, gef. vor 1880 (Aep. 4, 209, 4), beide jetzt innerhalb der Sacristei an der südlichen Jochwand eingemauert.

Ort Wallersperg urkundlich 1157.

Die Kirche war bis noch vor kurzer Zeit ein geosteter langgestreckter einschiffiger Bau. Durch ein spitzbogiges Portal mit profilirtem Gewände betrat man einen mit einer Tonne überdeckten Vorraum, der breiter war als das sich unmittelbar anschließende Kirchenschiff, welches vor zwei Jahren an Stelle des früheren demolirten sich als breiter hoher rechteckiger Raum ohne Chorabschluß mit hohen rundbogigen Fenstern darstellt.

An das Schiff schloß sich das Thurm-Quadrat an, in seinen Oeffnungen zwei enge Spitzbögen bildend. Dieser Raum, ebenfalls mit einem Sterngewölbe überdeckt, erhielt in neuester Zeit die Thurmstiege hineingebaut. Das ehemalige Presbyterium dient jetzt als Sacristei, es bildet ein Joch und den fünfseitigen Chor-Schluß mit modernisirten Fenstern. Die Rippen des Sterngewölbes mit 11 runden Schlußsteinen ruhen auf Diensten, welche in der Höhe der Fenstersohlbank mit kleinen achteckigen Consolen endigen, auf denen einer mit Schild (Fig. 426). Von den Capitälen der Dienste bestehen zwei aus Blattwerk, die anderen aus fünf Seiten des Achteckes. Die in den Ecken am Triumphbogen sich herabsenkenden Rippen ruhen unmittelbar auf Maskenconfolen. Außen am Chor Wanddienfte bis Dreiviertel-Höhe hinaufreichend und achteckig pyramidal abgedacht. Dem Innern des Langhaufes entfpricht ein Syftem von einfachen Strebepfeilern. Das gothifche Kirchengebäude ftammte aus zwei Bauzeiten, einer älteren und einer jüngeren, der das Presbyterium angehört. Der Thurm hat fpitzbogige Schalllöcher und ein Zwiebeldach. Der Taufftein ftammt noch aus der alten Kirche, ift von weißem Marmor aus dem 16. Jahrhundert.

Wallersperg, St. Michael am, Filiale von Markt Griffen. Kleines Kirchlein, geoftet, das Schiff romanifch mit flacher Decke, die jedoch in Folge Reftauration von 1516 höher gelegt wurde, was genau an der Orgelchor-Wand erfichtlich wird, und zwar um 80 Cm. Die Bretter der Decke find unmittelbar an den Bundträmen des Dachftuhls befeftigt; die Fugen mit längslaufenden Latten übernagelt und vollftändig polychromirt, der Grund im Zick-Zack-Bandeau: gelb, roth, lichtgrün und weiß. Darüber (quer, zwifchen den Latten) in fieben Varianten mittelft Patronen Fifchblafen-Mufter und anderes Ornament fchachbrettartig in den durch die Latten gebildeten Zwifchenräumen vertheilt. An der Wand, zunächft unter der Decke, als Bordure eine gemalte Arcatur-Blende aus fich verfchneidenden Halbkreifen mit Lilienendung. Der Sänger-Chor ift ebenfalls von Holz und fowie die hölzerne Stiege an den Stirnflächen in der Diagonale bemalt und mit fchwarzem Schachbrett-Mufter übermalt. Die füdlichen Fenfter haben Steingewände und find flach mit viereckiger Oeffnung, rundbogig und hoch, aus dem 16. Jahrhundert. In der nördlichen Schiffmauer find zwei fchmale Lichtfpalten fichtbar, fie dürften früher etwas breiter gewefen fein, und von romanifcher Provenienz. Der Triumphbogen im Spitzbogen, die Laibung dreifeitig mit Schräge. Das Presbyterium, 5·90 M. lang, in gleicher Breite mit dem Schiff, 2 M. kürzer als felbes, ift mit Sterngewölben überdeckt, bildet zwei Joche und den dreifeitigen Schluß, die Rippen mit fcharfkantigem Profil verfchneiden fich in Wand-Confolen im Dreiviertel-Profil mit zweimaligen Einziehungen in die Spitze zulaufend. Drei Schlußfteine, wovon der hinterfte mit einem Schilde, die anderen zwei glatt und rund.

Das Mittelfenfter und die zwei füdlichen Fenfter find im Spitzbogen mit Steingewände verkleidet, das erftere vollftändig, die anderen nur im Bogenfelde mit Butzenfcheiben. Nördlich ein Quadrat-Fenfter.

An der Süd-Seite außen großer Chriftoph, 18. Jahrhundert, gemauerte Vorhalle.

Zwei Glocken im Dachreiter.

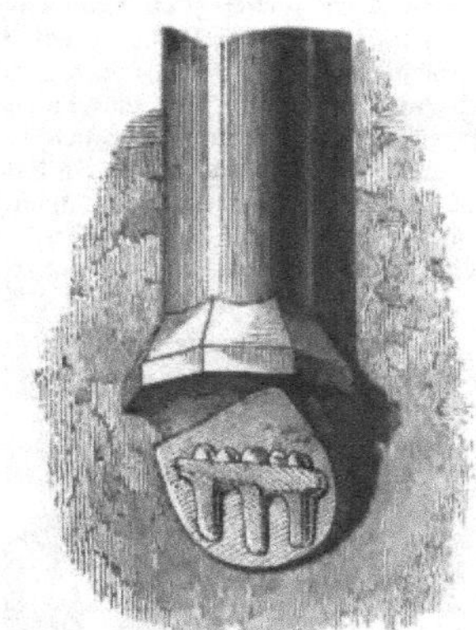

Fig. 426. (Wallersberg.)

I. Glocke: (Minuskel)

got † pehiet·dises·gotehaus·und·alle·die·gen·ein·und·aus
anno 1583·iar·durchs·Foier·geflossen·Benedict·Fiering·hat·mich·gossen.

Marke:

II. Glocke: (oben im Reif)

O rex·gloriae·veni·cum·pace·.

Darunter Spitzbogen-Blenden.

Wandelitzen. St. Michael's Kirchlein, Filiale von St. Stephan. Kleiner Bau aus dem 14. Jahrhundert. Das Schiff, 7·42 lang 4·18 breit, mit flacher caffetirter Decke. Die Süd-Wand bei fpäterer Reftauration etwas hinausgerückt, da die Triumphbogen-Wand bei 1·02 Breite plötzlich abbricht und unter 90° umbiegt, wodurch zwifchen felber und der Süd-Wand eine Vertiefung von 27 Cm. und 48 Cm. Breite in der ganzen Höhe bis zur Decke entfteht.

Aus der nordlichen Mauer springt der Triumphbogen um 69 Cm. hervor. Das Presbyterium, zu dem man durch den in stumpfem Spitz zulaufenden Triumphbogen mit dreiseitiger Laibung gelangt, ist dreiseitig geschloßen, mit einer Rundbogen-Tonne überwölbt, die zum Schluße in Kappen mit einspringenden Graten ausgeht. Unter den Anläufen des Gewölbes befinden sich an der Ost-Seite, in der Achse liegend, ein 22 Cm. breites gothisches Fensterchen mit breiter Laibung, an der Süd-Seite eines mit geradem Sturz.

Wasai (Decanat St. Veit). Die dortige kleine Kirche scheint noch eine romanische Anlage zu sein. Der Chor-Raum ist gerade abgeschloßen und im Halbkreisbogen überwölbt, die Gewölbe-Malerei stark verblichen, aber sehr alt, zwei schmale gedrückt-spitzbogige Fenster (M. x. n. F., p. ccxiv).

Wasserhofen bei Eberndorf, mit Sattnitz die Fundstelle für die Tuffsteine in den römischen Häusern des Gebietes von Virunum und Juenna.

Die St. Magdalena-Filial-Kirche (Filiale von St. Kanzian) (Fig. 427) klein, mit gerade geschlossenem und rundbogig gratig überwölbtem schmalen Chore, der ein kleines rundbogiges Fenster je gegen Süden und Norden und ein kleines Kreisfenster gegen Osten hat, und mit kreisrundem (8 M. im Durchmesser) flachgedeckten Schiffe, wahrscheinlich eine romanische Rund-Capelle, die als der ältere Theil erscheint. Zopfig ausgebauchter neuerer Dachreiter am Kegeldach des Schiffes. Der Rundbau ist aussen kahl, ohne jeden Schmuck, die Bretterdecke ist noch gothisch bemalt, zwei gedrückt-spitzbogige Fenster, eines mit Theilungspfosten, rundes schmuckloses Portal (Kirchenschmuck: xiii. 82. M. viii. n. F., p. xxxv).

Das alte Schloß Wasserhofen, eine ausgedehnte sehr verwahrloste Bauanlage aus der Renaissance-Zeit, im Rechteck geschlossen, umfaßt einen geräumigen Hof mit auf einer Seite angebrachten Arcaden-Gängen. Im nordöstlichen Theile ein Gemach, von dem Volke der Tempel genannt, weil zu Ende des 16. Jahrhunderts Hans Freiberger daselbst protestantischen Gottesdienst abgehalten haben soll, ganz mit Holz ausgetäfelt und einfach cassettirter Decke, in welcher an den Thürchen und Verkleidungen der Wandnischen, sowie an der Innenseite des Portales wahre Kleinode der Holz-Intarsie sich befanden. Unverstand und Sorglosigkeit veranlaßten jedoch, daß die kleineren Objecte enttragen wurden, die Thürverkleidung des Eingangs aber, welche die Aufschrift trägt: „Hans Freiberger Zu Wasserhofen 1584“ und welche, wenn nicht an Größe, so doch an Reichthum dem Portale im Schloße — Thürn — gleichkommt, bis zur theilweisen Demolirung beschädigt worden ist.

Wasserleonburg bei Sack als Sianticum bei Reichart (Brev. h. Car. 1675. Vgl. Corresp.-Bl. 1886, 79).

Das Schlößchen, noch in der ersten Hälfte des 18. Jahrhunderts der freiherrlichen Linie Sembler von Scharffenstein angehörend, enthält über der Hofeinfahrt im Schlußsteine folgende Aufschrift:

„Reaedificavit Illmus Dns Joas Andreas de Semler C. R. de Scharffenstein und Burgwalden Dms. in Wasserleonburg MDCCXLVII.“

Diese Inschrift bezieht sich auf den letzten Umbau, der sich als eine ganz einfache Anlage mit einigen Renaissance-Motiven darstellt. Der einzige beachtenswerthe Raum ist die im nördlichen Schloß-Flügel befindliche Capelle, in rechteckiger Form angelegt mit Pilaster-Theilung und schöner Decke. An zwei Gedenktafeln kommt wiederholt die Jahreszahl 1754 vor, wogegen an der Aussenfront des Schloßes MDCCLXII zu sehen ist. Die Anlage eines Thurmes fehlt. Der kleine Hof zeigt nur an der Süd-Seite den üblichen Arcadengang.

Watschig im Gailthal. Von einem heidnischen Thurm erzählt die Sage (Car. 1867, 166; Steinreste nach *Meyer* Gur. 112).

Watzmann, ehemals Filiale von Mauthen, aufgehobene Kirche mit Spuren alter Wandmalerei.

Weideck an der Straßenlinie aus Hermagor nach Tresdorf, Kirchbach. Raifach, Mosaik-Reste (*Meyer*-Str. 109. Car. 1845, 26).

Weidmannsdorfer Moor. Aus der Diluvial-Ebene des ehemaligen Wörthersee-Beckens tauchen die Sieben-Hügel auf, Urthonschiefer mit Quarz-Ausscheidungen, hoch 6—9·5 M. (20—30'). Nächst diesen Gebilden am östlichen Ufer des Sees kann man nach dem Muster des Laibacher-Moores eine Pfahlbau-Stätte vermuthen.

Bisher hat nur ein auf einem Acker südlich der Bahnlinie und etwa 100 Schritte östlich vom Orte Weidmannsdorf mit der Tiefe von circa 2 M. entdeckter Brunnen nebst verschiedenen anderen Gegenständen, wie Fibel, Goldring mit Stein, Schlacken, Holzbrand, 1 Pius (Bronze), 11 Denare geliefert von Philippus 3, Gordianus 3, Decius, Etruscilla, Severa, Tr. Gallus, Volusianus (K., Fund 1881. Car. 1882, 12; 1883, 105, 220. Mus. f. 26. M. w. anth. 1886, 61 f. *Obermüller* 2, 945). Zwei von obigem etwa 50 Schritte in nördlicher Richtung aufgefundene Brunnen von derselben Tiefe, aber ovalem Querschnitte, enthielten keine antiken Gegenstände. Zwei Meter Tiefgrabung dürften ältere Zeiten erschließen.

Weinberg, s. St. Georgen.

Weisbriach. Die Pfarrkirche zu St. Johann, eine einschiffige spät-gothische Kirche, mit drei Jochen im Langhause, das Presbyterium mit zwei Jochen und dreiseitigem Schluße, sämmtlich mit Rippengewölben überdeckt. Die Rippen theils auf fünfseitigen Tragsteinen in halber Wandhöhe, theils auf Wandsäulen. Das letzte Schiffsjoch ist aus neuerer Zeit, da hier die Rippen fehlen. Die Fenster schmal, mit Kleeblattschluß. Eine Sanctuarium-Nische mit profilirter Umrahmung. Der Thurm ist ein neuerer Bau und befindet sich an der Süd-Seite des Schiffes; das Hochaltar-Blatt, die Taufe Christi aus 1674, ebenso ein Bild am Seiten-Altare: Krönung Mariens (M. IX. n. F., p. XXVII).

Weissenegg bei Ruden, Schloßruine, auf einem vorgeschobenen Gebirgskegel, Kalksteinformation, mit dichten Waldungen gelegen. Das Schloß ist bei Valvasor abgebildet, besteht aus einem quadratischen Hauptbau und verschiedenen Nebenbauten, die den innersten Hof umgeben. Der Hauptbau erhebt sich bis zu drei Stockwerken und kennzeichnen sich daran mehrere Bauperioden. Das Mauerwerk ist sorgfältig aufgeführt. Vor dem inneren Hof, durch eine Scheidemauer mit Thor, worauf sich Mordgänge befunden haben mögen, befindet sich ein kleiner Zwinger, aus dem man auf die ehemalige Zugbrücke gelangt, die jetzt durch einen Steg ersetzt ist. Die Zugbrücke führt über den tiefen Einschnitt, der in den Berggrat gegraben wurde. Erwähnenswerth ist, dass sich im obersten Stockwerke mehrere Rundbogenfenster mit steinernen Gewänden erhalten haben.

Circa 200 Schritte nach Osten davon steht ein isolirter runder Thurm mit einem Zugange in der Höhe von beiläufig 5 bis 6. M. Derselbe ist aus gemischten rothen Sandsteinquadern und Kalksteinen in unregelmäßigen Polygon-Formen zusammengefügt, vortrefflich erhalten und dürfte einen äußeren Umfang von 34 M., 2 M. Mauerdicke, einen Durchmesser von 6 bis 7 M. haben bei einer noch vorhandenen Höhe von nahezu 20 M. An einzelnen Stellen Schießscharten. Im Volksmunde heißt er „Hungerthurm“.

Die Ruine ist in noch ziemlich gutem Zustande und bietet vieles interessante für

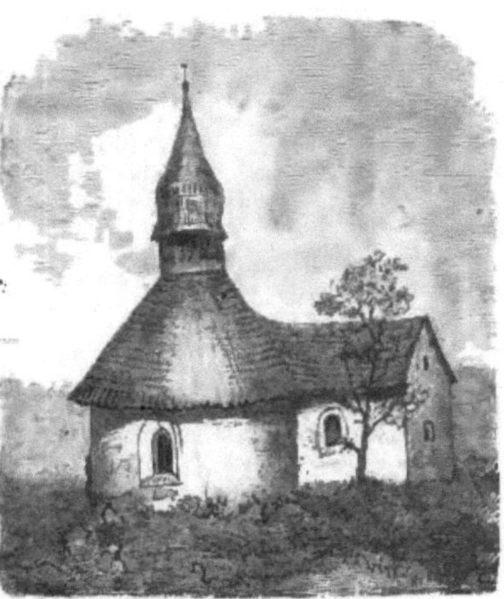

Fig. 427. (Wasserhofen.)

die alte Befestigungskunde. Im inneren Hofe eine Cisterne (Fig. 428, Grundriß; Fig. 429, Ansicht der Ruine).

Unten am Fuße des Berges sind ehemals auch Wohngebäude, zum Schloße gehörig, gewesen, davon nur ein kleiner Theil erhalten und bewohnt; dieselben datiren aus dem 16. Jahrhundert, enthalten gothische Reminiscenzen; waren auch zur Vertheidigung eingerichtet (M. XIV. n. F., p. CCXII).

Weissen-See. Der höchstgelegene der größeren Seen, 896 M., Fläche 1140 Joch (656·02 Hektar), lang 6200° (16.758 M.), breit 464° (880 M.), tief 52° (99 M.) Von

Pfahlbauten keine Spur. Von den 8000 Pfählen unterhalb der Brücke bis zum unteren Ende, unter der Wafferfläche 63—95 Cm. (2—3′), lang 63—316 Cm. (2—10′), dick 5—16 Cm. (2—4″), in Abftänden von

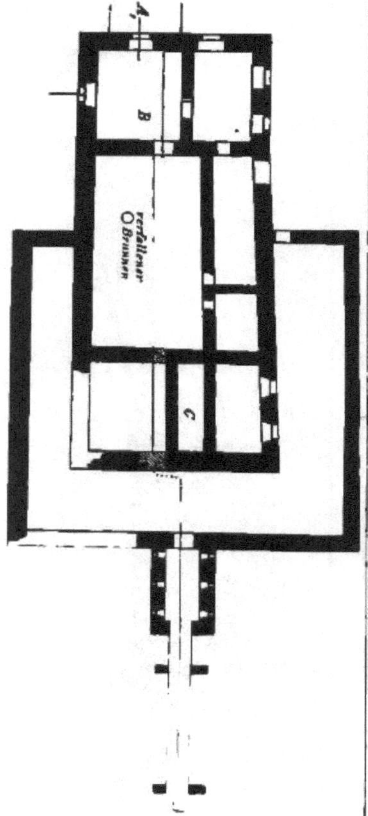

Fig. 428. (Weißenegg.)

190—253 Cm. (6—8′), ftammen die älteren, vermuthlich ebenfo wie die altartigen quadratifchen Steinplatten etwa aus dem 14. Jahrhunderte, die jüngeren aus dem 16. und 17. Jahrhunderte. Unterfuchung 1864. Das Bild eines Moränenfees mit Dammfperre ift deutlich ausgedrückt (Jbuch f. K. 4, 45. 55. Sitzgsb. AkW. math. 51, 274. AfköG. 38, 198. Car. 1861, 165; 1869, 4).

Weissenstein (Decanat Unter-Drauthal). Wehrbau an Straße (M. w. anth. 1886, 61 f.)

Die dem St. Leonhardus geweihte Pfarrkirche durfte um 1460 erbaut worden fein. Ein 14 M. langer und 9 M. breiter Raum, das Schiff der Kirche, ift mit einem muftergiltigen Rippengewölbe mit Schildern auf den Schlußfteinen überfpannt (Fig. 430). Die Rippen find fehr zart und mit großer Präcifion verfetzt; fie werden von kleinen achteckigen Mauervorfprüngen, welche zugleich als Verftärkung der Strebepfeiler dienen, aufgenommen. Die Fenfter des Schiffes find zweitheilig, im Schluße Maßwerk mit Fifchblafen, unter dem erften Fenfter ein Rundfenfter; fammtliche mit Butzenfcheiben. Das Presbyterium fehr roh eingewölbt, durch doppelt gekehlten fpitzbogigen Triumphbogen mit dem Schiffe verbunden. Die Rippen laufen auf Kegel- und Maskenconfolen an. Jedenfalls haben wir es mit einem Wiederaufbau nach einer frühererzeit erfolgten Zerftörung zu thun. Urkunden geben das Jahr 1480 als das der Reftaurirung an, was fich auf das Presbyterium beziehen dürfte. Der Thurm mit einfachen Schallöffnungen und hohem achteckigen Spitzhelm. In der Sacriftei mehrere alte Meßkelche. Ein gothifcher aus circa 1500, ein Renaiffance-Kelch aus circa 1600, einer aus circa 1650 und einer aus 1750. Von diefen Kelchen ift der erftgenannte der befte.

In dem Boden der Kirche ein Grabftein, ein fpringendes Pferd im Wappenfchilde mit der Legende: „Im. 1539 Jar. ano. erften. Oct. ift. geftorbn. d. erber. für nemb. Daniel. Neydung. än. d'. Stubl. der. zeit. peder. ambt. Weiffenftein. und. trefach. richter. dem. got. genadig. fey. amen.“ Am Triumphbogen: „Anno 1626 7. Idus Julii † Dom. Bernhardus Ennsfelder Anconorstatensis hujus loci parochus.“ Außerhalb der Kirche neben der Thüre: „Alhie ligt begraben Frau Urfula Bowin eine Geborne Grimmig aus Bäurn von Tachau † 1623 31. Jänner (M. x. n. F., p. ccxv).

Weitensfeld. Die urkundlich 1403 vorkommende Kirche, eine einfchiffige große

Anlage, die 1814 durch Feuer arg gelitten hat, bewahrt noch im Chore gothiſche Baureſte — derſelbe beſteht aus drei Jochen und dem dreiſeitigen Schluſſe, die Rippen auf runden Dienſten mit unentwickelten Capitälen und über dem Fußboden mit zugeſpitzten Abſchlüßen — daſelbſt an der Evangelien-Seite ein kleines Sacraments-Häuschen als Niſche mit Gitterverſchluß, an der Epiſtel-Seite eine Niſche mit doppeltem Spitzbogen als Prieſterſitz und in den ſpitzbogigen Fenſtern Maßwerke mit Butzenſcheiben verſehen, zum Theile zerſtört. Zwei Glasgemälde, darſtellend Mariä-Verkündigung. An der Süd-Seite eine frühzeitig geſchloſſene gothiſche Capelle mit unvermittelt anlaufenden Rippen und zwei Schlußſteinen. Das Schiff neueren Datums, doch mit gedrückt-ſpitzbogigen Fenſtern; vierſeitiger Thurm mit gekuppelten theilweiſe noch mit Maßwerk verſehenen Fenſtern. Die Strebepfeiler um die ganze Kirche am Chor dreimal, am Schiffe zweimal abgeſtuft (M. v. n. F., p. cx).

Am Friedhofe eine achtſeitige Capelle mit ſpitzbogigen Gratgewölben und kleinen ſchmalen Fenſtern, fünfſeitiger Apſis und Strebepfeilern.

In der Filialkirche Michelbach ein kleines Glasgemälde: M. Magdalena vorſtellend.

Wernberg, das Schloß gleichen Namens, erhielt ſeine heutige Geſtalt unter Georg von Khevenhüller, deſſen Bildnis in Sculptur ſammt Jahreszahl 1576 ſich am Haupt-Portal der Süd-Seite befindet; dabei das Wappen und die Büſten der beiden Frauen in Marmor prachtvoll ausgeführt. Im übrigen zeigt das Aeußere der länglich viereckigen Bau-Anlage außer den vier kräftigen Eckthürmen nichts hervorragendes in Bezug auf decorativen Schmuck. Der eingeſchloſſene Hof hat an drei Seiten und in zwei Stockwerken Arcaden-Gänge im Renaiſſance-Style, die vierte Seite bildet eine Terraſſe, die als Verbindungsgang dient. An der Hoffront die Relief-Büſten des Heilandes und der Apoſtel aus Marmor. Von den Gemächern iſt der ſogenannte „Prälaten-Saal" als der beachtenswertheſte Raum hervorzuheben. Seine Herrichtung datirt aus den Zeiten des Chriſtoph Caponigg, Abten zu Oſſiach, der das Schloß 1672 angekauft hatte und zur Sommer-Reſidenz für die Geiſtlichen beſtimmte. In der Mitte der Decke das charakteriſtiſche Stiftswappen (im Schrägbalken drei Fiſche). Beſonders ſinnreich erſcheinen die Darſtellungen in den Gewölbefeldern, vorſtellend die Prälaten in harmoniſchen Gruppen zuſammengeſtellt, ſich mit Wiſſen-

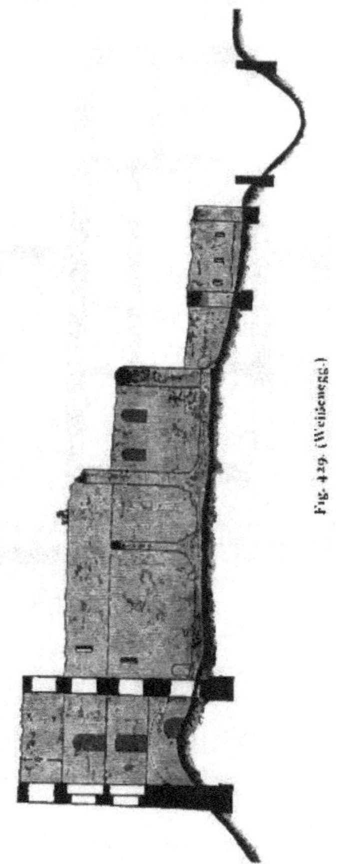

Fig. 429. (Weißenegg.)

ſchaften und Künſten befaſſend. Die Wände ſind durch Pilaſter in Felder eingetheilt und mit italieniſchen Landſchaften und Städtebildern ausgefüllt. Die bekrönende Attika iſt in 64 Ovalfelder geſchieden, darin

Portraits von fämmtlichen Prälaten bis zu Kaifer Joseph's Zeiten fammt Namen und Jahreszahlen. In der rechten Ecke ein werthvolles Bild von Fromiller, der heil. Auguftinus die Ketzer bekehrend; früher befand fich dasfelbe am Haupt-Altare der alten, jetzt aufgelaffenen Schloßkirche, diefe heute ein Wirthfchaftsraum (M. x. n. F., p. xxııı).

Werschling. In der Pfarrkirche zu Himmelberg befindet fich ein Antiphonarium, das aus diefer Kirche (1488) ftammt. Refte eines Flügel-Altars dafelbft find noch erhalten.

Wieting (Decanat Krappfeld). An der Seitenftraße, vielleicht von Juenna her

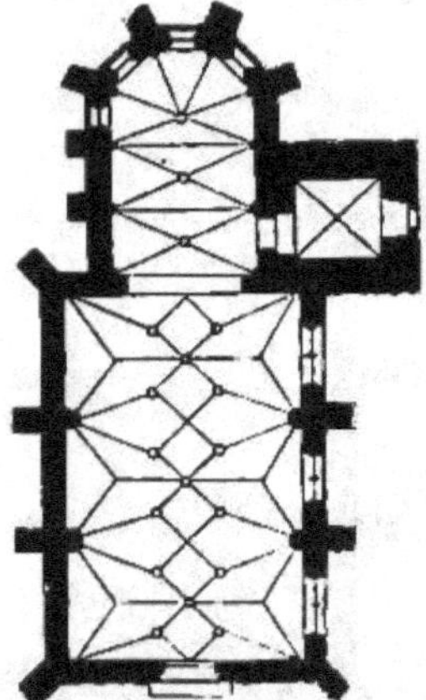

Fig. 430. (Weißenftein.)

(Linie Kreuzerhof-Brückl) und von Virunum (Linie oberhalb St. Donat-Ofterwitz und Brückl) gegen Hüttenberg (vermuthetes Candalicae) und Silberberg u. f. w. Reiht fich öftlich an die Fundgruppe Althofen, Krumfelden, Treibach.

Vier Schriftfteine:

(C)ASTIONIS, um 100, gef. 1885; an der Kellerftiege der Propftei (Aep. 11, 82, 34. M. 1886, p. CLXXXI, 136).

FDII, 5 Zeilen, um 150, gef. 1885: im Bodenpflafter der Sacriftei (M. 1886, p. CLXXXVI. Aep. 11, 82, 33).

MDMI, Ara matri deum, für das Wohl eines Antoninus auguftus durch zwei facerdotes. Zeit um 180—220, gefunden vor 1819. Propfteihof (fehlt Jab. 288. Mo. 5021. Mu. RN. 2, 17).

TERTIVS AD(SEDEONS?), um 150, gefunden vor 1850, vor 1819? Fehlt hier und Wolfsberg (Jab. 315. Mo. 5022, ad S. 1047; vgl. Jab. 314. Mo. 6520).

Ferner ift im Müllergraben an einem Stalle ein Schriftftein eingemauert: Sacrotunis...

Eine überlebensgroße Statue eines fitzenden Mannes, fehr vernutzt, der Kopf fehlt, fteht am Kirchplatz beim Presbyterium.

Am Kirchen-Südportal ift ein langer mit Leiften verfehener Stein als Stufe eingelaffen.

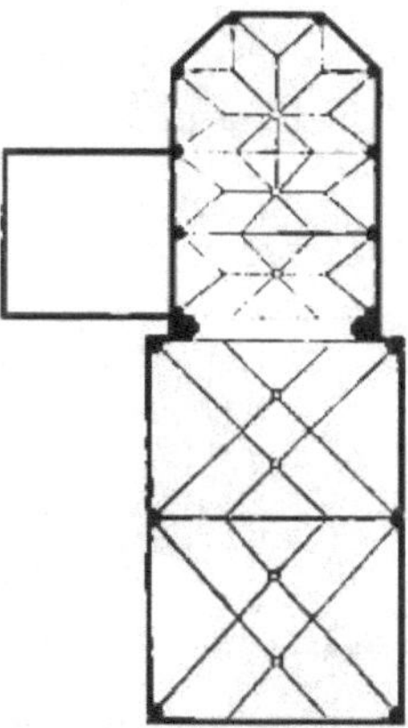

Fig. 431. (Windifch-St. Michael.)

Im Propftei-Garten ein oblonger viereckiger Steinpfeiler mit Blattumrahmung eines vertieften Feldes, an der breiteren Seite eine einem Sepulcrum ähnliche Vertiefung.

Der Ort fteht als Wietingen 1111, Unitingen um 1128 in Urkunden.

Die Pfarrkirche war ehemals Schloß-Capelle, wahrfcheinlich beftehend aus dem jetzigen Schiffe, mit flacher Decke, fchmalen hochgelegenen Rundbogenfenftern (eines ift neben der Thurmftiege noch zu fehen), von einem Dachreiter überragt, und einem geraden oder im Halbkreis gefchloffenen Altarraum. Ihre Pfarrrechte wurden fchon 1250 beftätiget. Im 15. Jahrhunderte wurde auf zwei durch Bögen mit den Schiffwänden verbundenen Pfeilern der hölzerne Dachreiter in einen quadraten mit gepaarten stumpfspitzbogigen Schallfenstern, Giebel und achtseitigem Helm gezierten Steinthurm verwandelt. Die Seitenräume neben ihm im Schiffe wurden mit Kreuzgewölben, das Mitteljoch mit einem Sterngewölbe versehen, so entstand eine Art Querschiff. Die seitlichen Gewölbe sind von Kreuzrippen getragen, die auf Wanddiensten oder frei unvermittelt beginnen und in einem runden Schlußsteine ein Wappen zeigen. Das Mittelfeld ist mit einem Sterngewölbe mit birnförmig gegliederten Rippen gedeckt, welche auf 31 Säulchen, mit Sockel und Capitälgesimsen aufruhen, und auf dem mittleren der fünf runden Schlußsteine ein Wappen zeigen. Die Thurmpfeiler sind mit einem kräftigen Sockel gegliedert. Zur selben Zeit entstand auch die südlich vom Chore in einem hohen tief gekehlten Bogen sich öffnende Sacristei, welche wie eine eigene Capelle einen dreiseitigen Schluß mit Maßwerkfenstern zeigt, und mit einem Sternengewölbe überdeckt ist. Dasselbe ruht auf gut profilirten Consolen; zwei davon zeigen Köpfe. Von den 11 runden Schlußsteinen tragt der mittlere in Sculptur das Antlitz Christi. Der Außeneingang ist spitzbogig profilirt. Das Presbyterium mit zwei Gewölbjochen und dem dreiseitigen Schluße stammt aus dem Anfange des 16. Jahrhunderts; sein Netzgewölbe hat kantige Rippen, die unvermittelt auf runden polygonen, oder in einer Maskenconsole endenden Wanddiensten aufruhen. Drei Ostfenster sind zweitheilig mit gutem Maßwerk. Die vier Schlußsteine zeigen polychromirt das Antlitz Christi, Lamm, zwei Schlüssel und ein Wappen.

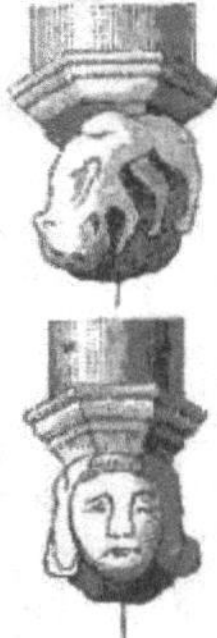

Fig. 432. (Windisch-St. Michael.)

Einrichtung der Kirche: Vier Glocken, eine davon aus dem Jahre 1500 (circa), die zweite von 1564, die dritte von 1708, die vierte ohne alle Inschrift.

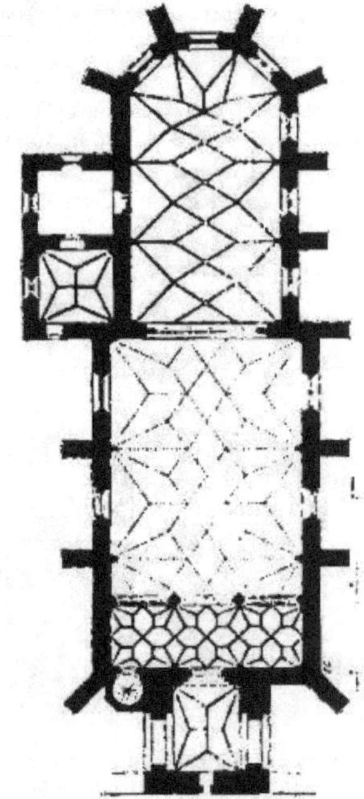

Fig. 433. (St. Wolfgang bei Grades.)

Die Monstranze aus dem 17. Jahrhundert, einfach.

Ein Kelch, reich, aus dem 18. Jahrhundert.

Ein Aquamanile aus dem 15. Jahrhundert.

Eine rothe Casula mit gesticktem Rückenkreuze, den Salvator zwischen Engeln

Margaretha und Petrus darſtellend, reſtaurirt, aus dem 16. Jahrhundert; auf einer anderen ſind zwei Wappen von 1594.

Oel-Bilder auf Goldgrund mit Wappen (1770. A. M.), darſtellend den Engel Gabriel und Maria. Eine kleine Holzſchnitzerei ſtellt Chriſtum vor im Schooſſe Mariens; fünf oblonge Bilder in Barockrahmen aus dem 18. Jahrhundert erzählen die Wunder in Maria Zell; ſie ſtammen aus der geweſenen Schutzengelkirche in Klagenfurt; ein Bild vom Jahre 1727 zeigt die Proceſſion der Scapulier-Bruderſchaft in Wieting.

Steinmetzzeichen in Wieting:

St. Willibald, Filiale der Pfarre St. Martin am Krappfeld. Chor aus dem Achteck conſtruirt. Drei ſpitzbogige gothiſche Fenſter mit Maſswerk und Butzenſcheiben und färbigen Zwickeln. Ein Joch mit Kreuzgewölbe, darin nur Grate auf primitiven Conſolen, an welchen zwei Köpfe, ein männlicher rechts, ein weiblicher links. Am Gewölbe Spuren von Polychromie. Wandniſche gleich wie die Fenſter gothiſch-ſpitzbogig, das Schiff mit romaniſchen Fenſtern, polychromer Holzdecke; ein Leder-Antipendium. Zwei Glocken von 1506 und 1775.

Windiſch-St. Martin. Die Ortsnamen mit Windiſch weiſen auf alte Sprachgränzen, ſo Windiſch-Matrei, Windiſch-Garſten, Windiſch-Grätz. In Kärnten: Windiſch bei Dürnfeld, 2 Windiſchbach bei Moosburg und Tigring, Windiſchberg bei Pörtſchach, Windiſch-Bleiberg bei Villach, Windiſch-Kappel bei Unter-Loibl, Windiſche Scharte bei Heiligenblut, Windiſch-Michael bei Piſcheldorf u. ſ. w. Es genüge hier hervorzuheben, daſs eine Einwanderung der Slaven um das Jahr 591 (nach den Oſtgothen 493, Franken und Baiern 549, Longobarden 570) vor ſich ging; eine nachhaltige Germaniſirung folgte ſeit 748 und 944.

Die Kirche, eine Filiale von St. Peter am Wallersberg, romaniſche Anlage, geoſtet, mit gemauerter Vorlaube, das Portal mit geradem Sturz. In der Kirche flache Decke. Die romaniſchen Fenſter von Auſſen vermauert, die innere Laibung nahe der Decke noch erkennbar. Die jetzigen Fenſter neu mit geradem Sturz. Der Triumphbogen halbrund, ohne Vorlage, gleich in die Apſis übergehend, welche einen quadratiſchen Grundriſs hat und mit einer Tonne überwölbt. An Seitenwänden je ein Fenſter mit Rundbogen. Die Sacriſtei iſt ſüdlich angebaut, datirt aus ſpäterer Zeit. Der Orgel-Chor von

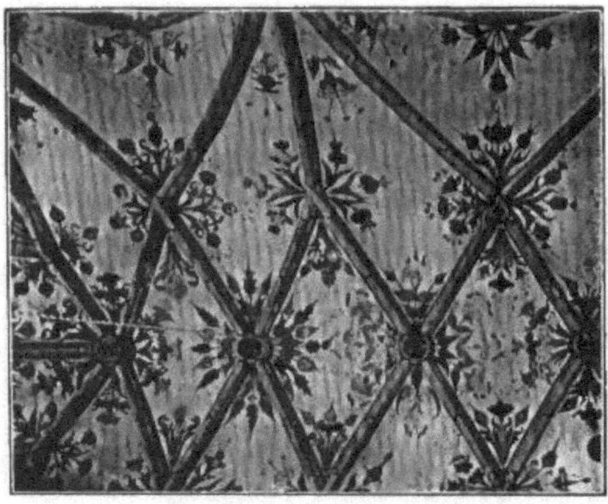

Fig. 434. (St. Wolfgang bei Grades.)

Holz. Dachreiter mit Zwiebel-Dach. Glocken: Theodor Mayer 1762 Klagenfurt. Pucher 1794 Klagenfurt.

Windisch-St. Michael. Die Pfarrkirche (im Decanate Teinach) gehört zu den älteren und besseren Bau-Denkmalen des endenden 15. oder zu Anfang des 16. Jahrhunderts. An einer der Thurmglocken die Jahreszahl „anno*domini*M*CCCCC*VIII", dabei die Namen der Evangelisten und ein biblischer Spruch. Der in Fig. 431 beigefügte Grundriß zeigt eine einschiffige Anlage, bestehend aus dem Schiffe mit zwei großen quadraten Jochen, dann jenseits des Triumphbogens dem Presbyterium.

Die Höhen beider Räume sind sehr bedeutend und in beiden gleich, der sie trennende schöne Triumphbogen ist an den Laibungen mehrfach profilirt. Im Chore sind die Capitäle mit fünf Seiten aus dem Achtecke kelchförmig eingezogen und mit dreigegliederter Deckplatte versehen; die Schäfte laufen durch das mittlere Drittel der Wandhöhe und enden unten in Consolen, welche theils Menschenköpfe oder Thiergestalten (Fig. 432) darstellen, theils mit gothischen Blättern umwunden sind. Netzgewölbe im Presbyterium, drei Schlußsteine, worin die segnende Hand mit dem Kreuz-Nimbus, ein Kreuz im Schilde, endlich die fünfblätterige doppelte Rose. Die Netzschlingen sind der schmalen Joche wegen im Chore ziemlich dicht, dagegen im Schiffe viel einfacher, da hier eben nur zwei breite Travées vorkommen. Die Dienste im Schiffe sind fünfseitig, haben niedrigere Capitäle, über welchen sich die Schäfte in runder Form weiter ziehen, bis sie den Rippen-Anlauf erreichen, einfache Schlußsteine; im Chor-Schluß ein Fenster mit Maßwerk. Wandnische an der Nord-Seite des Chores mit geblendetem Kleeblatt-Abschluß, unten zwei kleine Engelsköpfe, als Consolen. Der Orgel-Chor ist in späterer Zeit eingebaut worden.

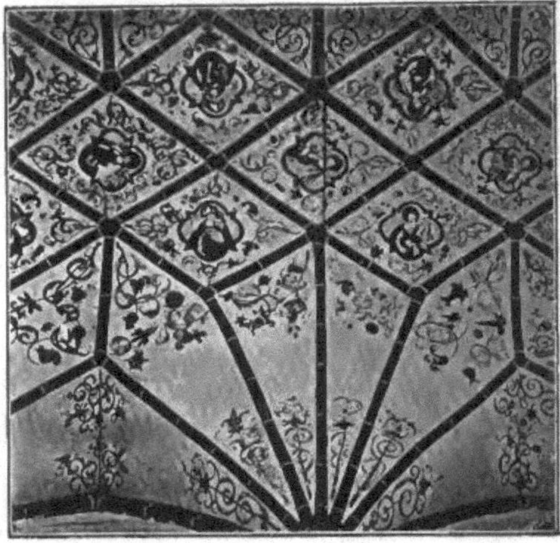

Fig. 435. (St. Wolfgang bei Grades.)

Der Taufstein mit acht Seiten am Becken und angehefteten Schildern. Die Altäre haben keine Bedeutung. Beachtenswerth ist das West-Portal; die Gewände sind reich profilirt, mit Krabbenbesatz.

Der mächtige Thurm steht an der Chor-Nordseite, hat einfache spitzbogige

Schallfenfter, vier Spitzgiebel und achtfeitiges fchlankes Zeltdach.

Einige Schritte von ihm ficht man eine alte Rund-Capelle, jetzt »Kornkammer«. Unter dem Chörlein ein Beinhaus.

Die Schwelle zum Pfarrhof zeigt die Jahreszahl 1.6.2.8 abgetreten. Dort befindet fich eine ältere Palla mit an der Vorderfeite eingeftickter Dornenkrone, dann IHS, rothes Herz, oben Kreuz, ringsum die Marterwerkzeuge. Am unteren Rande in gothifchen Lettern die Worte »a mor mor s«. — Auf der Rückfeite der Name »Adamus. Saxo«, darüber IHS, unterhalb »anno domini 1598«; die Mitte füllt eine lovenifche Infchrift aus.

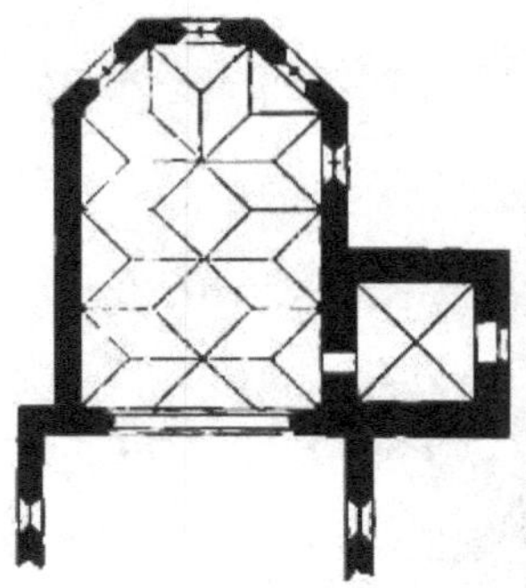

Fig. 430. (St. Wolfgang.)

Winklern am Iselsberg. Vielleicht an einer römifchen Seitenftraße, vor den Fundftätten Döllach, Ober-Vellach führend nach Lienz (Aguontum). Funde fcheinen zu fehlen (Ank. 1, 579).

Die Pfarrkirche St. Lorenz ift eine urfprünglich gothifche Anlage mit Netzgewölben, im Chore und im letzten Joche des Schiffes. Der übrige Theil des Schiffes ift entweder modernifirt oder neu gebaut. Der Chor befteht aus einem Joche und dem dreifeitigen Schluße. Derfelbe liegt fammt dem fpitzbogigen profilirten Triumphbogen nicht in der Achfe des Schiffes, fondern erfcheint weiter nach links zurück. Das fpitzbogige Süd-Portal mit Wulften und Hohlkehlen profilirt, ift aus Serpentin ausgeführt und trägt in dem oberften Rande die Jahrzahl 1515 eingemeißelt. Thurm auf der Süd-Seite des Chores über der Sacriftei vierfeitig mit einfachen fpitzbogigen Schallöffnungen. Giebeln am hohen achtfeitigen Spitzhelm. In der Sacriftei kleiner gothifcher Kelch, filbervergoldet, am Fuße ein eingravirtes Wappen. Auf zwei Kirchenfahnen Gemälde von Defregger. Außen Strebepfeiler über Eck geftellt. Unter dem Chore ein Beinhaus (M. x. n. F., p. XXII).

Winklern bei Pörtschach am Wörther-See. An der Heerftraße Virunum-Sianticum-Aquileja, Linie von Töfchling gegen Kranzelhofen-Velden (K. Ztfch. 4, 108, 110. M. w. anth. 1886, 61 f.).

Witsch. Die St. Leonhardus-Kirche (Unter-Drauburg) mittelgroß, mit rundbogig gewölbtem Schiff und Chor, beftehend aus einem Joche und dreifeitigem Schluße. Links in demfelben kleine Sacramentsnifche mit gefchweiftem Wimperg mit Krabbenbefatz und Kreuzblume, verfchloffen durch Gitterthürchen mit Rofetten. Gegen Nord und Süd neuere Capellen-Ausbauten und im Weften ein ftarker einer älteren Anlage angehörender viereckiger Thurm mit achtfeitigem Zelt-Dach. Durch denfelben der Haupteingang, fpitzbogig und profilirt. Thurmhalle mit Rippenkreuzgewölbe, einem runden Schlußftein und Kegelconfolen. Schallöffnungen theils einfach fpitzbogig, theils zwei- und dreitheilig. Aeltefte Jahreszahl 1670. Am Chor Strebepfeiler.

Wolanigberg, Pfarre Weißenftein. An der Heerftraße Sianticum-Teurnia.

Von dem Steinbruche grobkörnigen weißen blaugrauen lichtblauen Kalkes die Felsfchrift VIV, MO, R, V, um 200?, bekannt feit 1863 (Jab. 454. Mo. 4759. Car. 1871, 305. M. 6 neu p. 47).

St. Wolfgang bei Grades, f. Seite 75. Wir geben zur Erläuterung des Baues in Fig. 433 den Grundriß der Kirche bei und fügen unter Hinweifung auf den fchönen Orgelchor-Einbau im erften Schiffjoche Fig. 434 und 435 bei, welche Partien der intereffanten Gewölbebemalung veranfchaulichen.

St. Wolfgang, eine Filiale von Lieferegg. Dieses kleine dem heil. Wolfgang geweihte Kirchlein am Bergeshang hoch über dem Millftätter-See ift nur im fünffeitig gefchloffenen Presbyterium ein Bau fpätgothifcher Zeit (Fig. 436), aus welcher

Stylperiode auch der Thurm ſtammt. Die Netzgewölbe-Rippen ruhen auf halbrunden Dienſten, die Fenſter haben Maſswerk. In zwei Fenſtern je zwei farbige Wappen. In der Glockenhalle rundbogige Doppelfenſter mit einer plumpen Theilungsſäule; die Sacriſtei-Thür profilirt. Das Schiff neuer Zubau. Vor dem Haupt-Portal liegen vier Stücke eines romaniſchen Frieſes (12. Jahrhundert) aus weiſſem Marmor (Fig. 437), die lebhaft an die Fries-Decoration der Façade der Millſtätter-Kirche erinnern. Die Seiten-Altäre von 1632. Auſsen unter dem mittleren Fenſter des Schluſses ſpärliche Reſte eines Wandgemäldes (Biſchofkopf), welche auf eine ſehr gute Arbeit ſchlieſsen laſſen.

Grunde St. Peter, St. Paul, St. Andreas und St. Johannes wundervolle Gemälde (M. XI. 55; XIX. 147; VIII. n. F., p. CXXXIII).

Wölfnitz bei Halleck. Durch das kleine Thal verbreitete ſich jene Straſse, welche von Virunum über den Glan-Fluſs nördlich von Poppichl nach Lendorf und Krumpendorf am Wörther See zog.

DOMESTICVS um 220, gefunden vor 1865 am Wegkreuze (Jab. 377. Mo. 6400. R.-Stud. 3, 51).

Der Ort als Wolewice 1122, Wolewize 1136, Wolwizze 1162.

Wölfnitz auf der Saualpe. Die Pfarrkirche St. Michael iſt von hohen Ringmauern mit Schieſsſcharten umgeben, durch

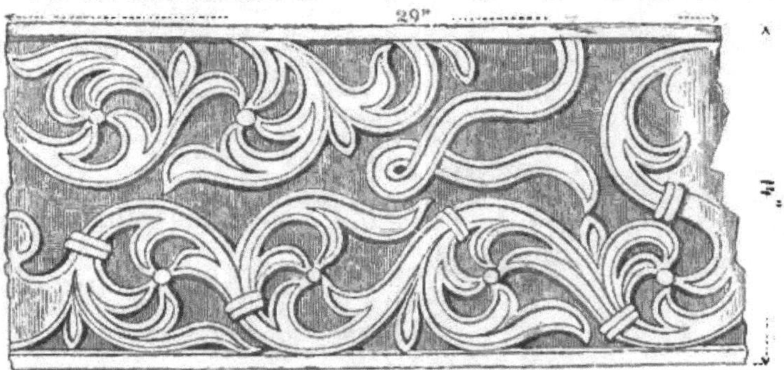

Fig. 437. (St. Wolfgang.)

In der Sacriſtei ein einfacher gothiſcher Kelch. Die Kirche beſitzt in dem Reſte eines Flügel-Altars ein koſtbares Kunſtdenkmal. Im Kaſten befindet ſich die vollrunde Holz-Figur des ſitzenden heil. Wolfgang. Den Kaſten bekrönt innen ein reicher Baldachin. Auf den Flügeln die Gemälde: St. Nicolaus, St. Katharina, ein Biſchof und St. Barbara, auſsen Scenen aus dem Leben des heil. Wolfgang auf Goldgrund. Iſt der Kaſten geſchloſſen, ſo werden noch vier weitere Seitenbilder ſichtbar: St. Ulrich, St. Margaretha, St. Leonhard und St. Auguſtinus. Die Gemälde dürften aus nicht gewöhnlicher Malerhand entſtanden ſein, die Zeichnung der Figuren, der Geſichter und der Faltenwürfe iſt geradezu vorzüglich. An der Predella auf ſchwarzem

welche zwei Thore führen und wurde in neuerer Zeit um zwei Joche verlängert. Der ältere Theil des Schiffes beſteht aus zwei Jochen mit Netzgewölben, deſſen Rippen ſich auf runden Dienſten todt laufen und in drei kleine runde Schluſsſteine zuſammenlaufen; zwei Rippen in den Ecken am Triumphbogen ruhen auf Conſolen. Flacher rundbogiger Triumphbogen zwiſchen dem Schiffe und dem aus einem Joche und fünfſeitigem Abſchluſse beſtehenden niedrigen Chore. Die ſtark ausladenden Rippen des Gewölbes mit zwei runden Schluſsſteinen, auf deren einem ein gleicharmiges Reliefkreuz, ruhen auf Masken und Kegelconſolen. Kleine viereckige Sacramentsniſche mit profilirter Naſe. Nur auf der Südſeite des Schiffes Fenſter. Im alten Theile desſelben zwei ſchmale ſpitzbogige mit Kleeblatt, in dem Chore zwei spitzbogige und ein rundbogiger Mauerschlitz mit Kleeblatt, aus dem breiteren und höheren Ost-Fenster ist das Maßwerk herausgeschlagen. An Chor und Schiff zweifach gestufte Strebepfeiler. An der Südseite einfach geschrägter spitzbogiger Eingang. Der Thurm an der Nordseite des Chores mit Mauern von 2 M. Dicke hat doppelte spitzboge Schallöffnungen und pyramidenformigen Helm. Im Untergeschoß die Sacristei.

Die Filiale von Wölfnitz zum heil. Leonhard an der Sau-Alpe (Windisch-St. Leonhard) zeigt sich laut des angeschlossenen Grundrisses (Fig. 438) als ein einfacher

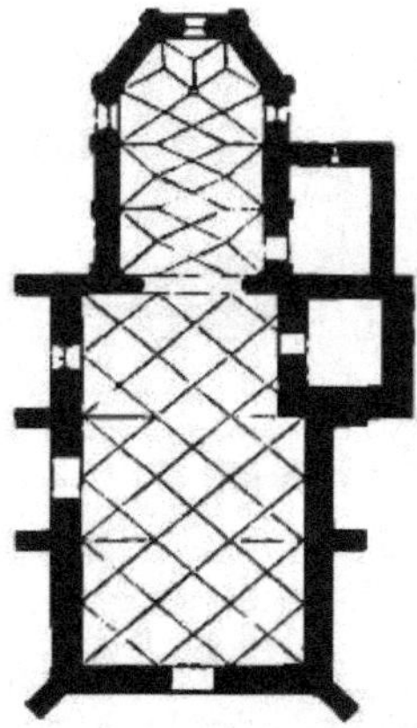

Fig. 438 (Wölfnitz.)

gothischer Bau, bestehend aus dem dreijochigen Langhause, dem Presbyterium mit zwei Jochen und dem fünfseitigen Chor-Schlusse, alles mit Netz-Gewölben überdeckt, der Thurm ragt rechts in das dritte Joch (Fig. 439, Querschnitt; Fig. 440, Ansicht) hinein. In der Sacristei befand sich ehemals ein schöner Paramenten-Doppelschrank mit folgender Inschrift im Spruchbande: anno dmi 1508 Jar der gulden Zitt 8 das di almar ist gemacht worden (jetzt im Museum des historischen Vereines zu Klagenfurt; M. x. n. F., p. CXXVIII).

Wolfsbach. Die Dreifaltigkeits-Kirche mit einem kleinen spät-gothischen Presbyterium, außen Strebepfeiler und ein heiliger Christoph aufgemalt. Der Hoch-Altar und der Seiten-Altar scheinen Spät-Renaissance-Arbeiten aus 1660. Donator Carl Rögani, Verweser in Klein-Flitsch, wird genannt; alter Weihwasserstein.

Wolfsberg. Gelegen an der Seitenstraße von Juenna herauf, Linie östlich von St. Barbara nach Rabenstein, St. Paul, St. Andreä, Wolfsberg, St. Leonhard u. s. w. gegen Judenburg (Jbuch. f. K. 13, 89. Ank. 1, 566. Jab. S. 7. M. w. anth. 1886, 61 f.).

Außer dem Relief Togatus, Kniestück, an der Kirche (Jab. 316), werden dem Orte, welcher um 1130 als Wolsperch genannt ist, vier Grabsteine zugeschrieben.

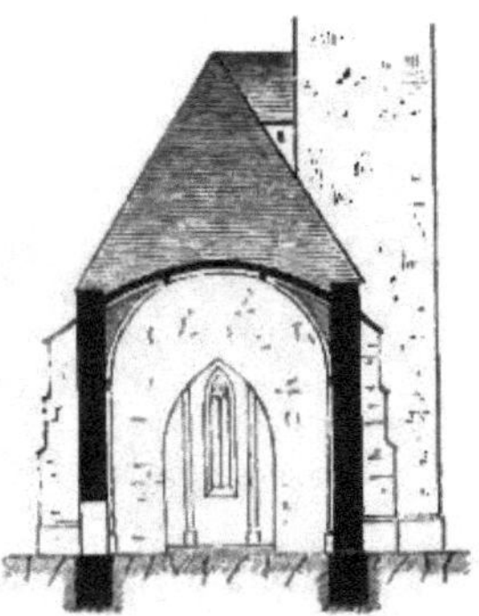

Fig. 439. (Wölfnitz.)

LOI·SECVNDO mit Erwähnung der ala celerum um 240, gefunden um 1772 bis 1774 bei oder in Haus Nr. 43 (141); nach 1823 in Klagenfurt, Haus Rosthorn (Jab. 312. Mo. 5091).

..V FECIT* um 250, gefunden um 1832 an Meßnerstiege; fehlt (Jab. 313. Mo. 6518).

....TERTIVS (AT)TVS, um 240, gefunden um 1832 gelegentlich der Stadtthor-Erweiterung. Vielleicht der Obertheil des vorigen, vielleicht aber identisch mit dem nachfolgenden und nach Wieting zuständig (Jab. 314. Mo. 6520).

...TERTIVS AD(SEDEONS?)*, um 150, gefunden vor 1850, etwa um 1832; vielleicht nach Wieting zuständig (Jab. 315. Mo. 5022).

Der hiefige Weinbau fcheint aus Römerzeiten erhalten zu fein; die nächften fteierifchen Fundorte liegen um Bärenthal, Sulz, St. Ulrich.

Die Pfarrkirche im gleichnamigen Decanate, urfprünglich eine fpät-romanifche dreifchiffige flachgedeckte Pfeiler-Bafilica mit der Anlage von zwei Thürmen, derben quadratifchen Pfeilern (4 Paare), jetzt mit Vorlagen zur Aufnahme der Rippen (Fig. 441), hat während der Zeit des gothifchen Styles und in Folge wiederholter Brände bedeutende Umgeftaltungen durchgemacht; die Kreuz-Gewölbe wurden damals eingefügt, der Chor-Schluß erneuert und mit reichen Maßwerk-Fenftern verfehen; doch blieb das romanifche Chor-Quadrat, das nun ein anderes Gewölbe erhielt; endlich kamen im 17. Jahrhundert noch Seiten-Capellen dazu. Von den Thürmen ift einer abgetragen, der andere (links) erneuert. Zunächft der Kanzel ein romanifches Relief, vorftellend einen Löwen in der charakteriftifch früh-romanifchen Darftellungsweife und hinter demfelben ein Kopf mit einer Art Krone (Fig. 442).

Romanifche Ueberrefte finden fich in der Kirche auch noch im Chor-Joche, nämlich die Träger der Rippen, kurze kräftige Säulchen mit Blatt-Capitälen.

Fig. 443 zeigt die fchildförmige Verzierung zweier Schlußfteine.

In der Kirche ein beachtenswerther Flügel-Altar. Die Altar-Bilder ftammen von Kremferfchmid, Mahlknecht, u. f. w. (M. x. n. F., p. LXXXVI). In der Sacriftei eine gothifche Monftranze von Silber (1511). Wie die Infchrift am Fuße erzählt, wurde diefelbe auf Koften der Wolfsberger Kirche angefertigt unter der Regierung des Bamberger Bifchofs Joh. Gottfried, als Joh. Georg v. Stadion deffen Vizthum und Johann Fries deffen Kanzler waren.

Die Haupt-Façade, gegen Weften gerichtet, zeigt noch den romanifchen Charakter, insbefondere das prächtige rundbogige Portal (Fig. 444) dreimal abgeftuft und mit Säulen geziert, mit attifchen Bafen und Knofpen-Capitälen. Am Bogenrande des Portals folgende Infchrift:

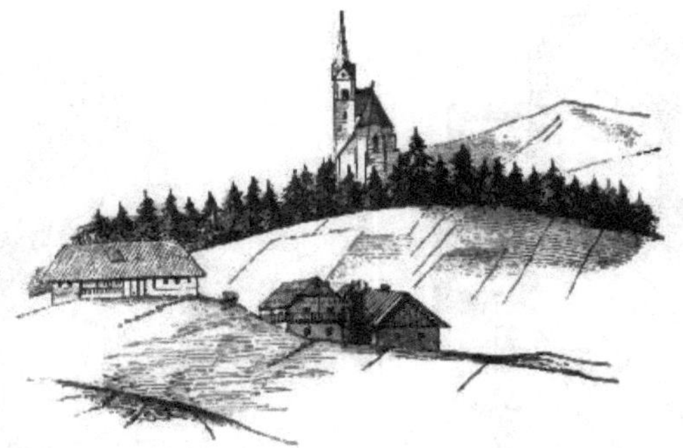

Fig. 440. (Wölfnitz.)

† 1474 (die Jahreszahl des gothifchen Umbaues) o judex vere hic defunctis mifeHere da requiem cunctis hic et ubique sepultis. An der Weft-Front zwei gekuppelte rundgefchloffene Fenfter in der Linie des Hauptfchiffes und je ein Rund-Fenfter in den Seitenfchiffen. Oben das Gemälde eines jüngften Gerichtes, leider theilweife übertüncht (1478).

Eine Seiten-Capelle ftammt ihres reichen Netzgewölbes zu Folge aus der Spät-Gothik. Eine andere Seiten-Capelle ftammt aus 1632 von Chriftoph Wurzner, darin eine Madonna von alt-italienifcher Arbeit.

Grabfteine: (innen) Georg Ulrich von Kindtsperg † 1563, Criftian von Schaumberg † 1414 (ftehende Ritter-Figur), Heinrich von Gutenbergk (1506) und Anna von

Bibra (1491) (Fig. 445). Anton Himmelberger von Himmelberg 1457 (Wappen und gothifches Ornament), Johann Andreas Saver Comes ab Ancherftein † 1681, Leonh. Scherer † 1652.

Das Minoriten-Klofter in Wolfsberg wurde von Heinrich von Schmiedefeld circa 1246 geftiftet und 1784 aufgelöft. Die Baulichkeiten gingen in Privat-Eigenthum über und wurden umgeftaltet; man etablirte darin ein Brauhaus und ein Wirthshaus (M. v. n. F., p. CLIII).

Die Stadt Wolfsberg enthält wenig mehr des Alten, fo einen Befeftigungsthurm, einen fchönen fchmiedeifernen Gafthaus-

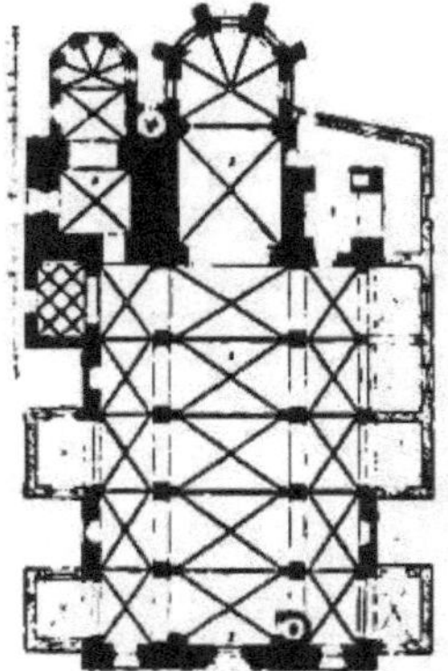

Fig. 441. (Wolfsberg)

fchild-Träger. Ein Bild aus dem Minoriten-Klofter, St. Kunigunde vorftellend (von J. B. de Rül), ift jetzt in der Pfarrkirche. Die Peftfäule (1718) zu Ehren Mariens hat geringen Kunftwerth.

In und um Wolfsberg finden fich zahlreiche Capellen, die Beachtung verdienen.

Die jünft abgetragene heil. Blut- oder Spitals-Capelle war ein oblonger Raum in drei Joche getheilt, mit fpät-gothifchem, fehr flachen Netz-Gewölbe, fpitzbogigem Portal. An den Wänden faft rechteckige Halbpfeiler mit vorgelegten runden Dienften, Wulft-Capitälen, Schlußfteinen, darauf Hausmarken ♀ und Gewerbe-Zeichen, drei fpitzbogige Fenfter, eines mit Maßwerk. Zwei unbedeutende Bilder erinnern an den Urfprung der Benennung diefer Capelle zum heil. Blut. Schöne fchmiedeeiferne Lufter und Leuchter (M. n. F. XI, p. LII).

Die Anna-Capelle (Fig. 446) ift ebenfalls ein oblonger Bau aus fpät-gothifcher Zeit, zwei Joche bildend. Die beiden gegen-

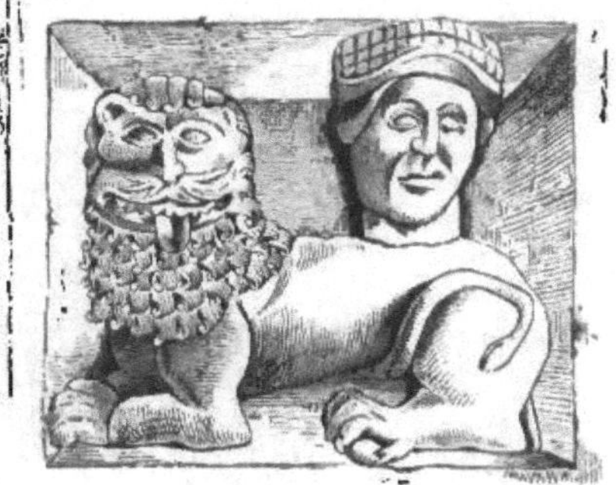

Fig. 442. (Wolfsberg.)

überftehenden Wandpfeiler find ungleich behandelt, der eine fehr einfach, der andere reich gegliedert (Fig. 447). Auch ift an der linken Seite der ganzen Länge nach die Wand nifchenartig gebildet. In Folge deffen fällt die Längenachfe der Capelle nicht genau in die des Gewölbes. In der Capelle ein herrlicher Flügel-Altar mit zwei beweglichen

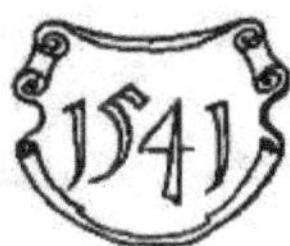

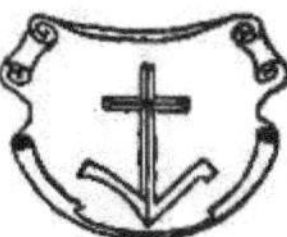

Fig. 443. (Wolfsberg.)

und zwei feftftehenden Flügeln und feftem Unterfatze. Im Schreine Maria mit dem Kinde: auf den beweglichen Flügeln St. Florian, Marcus, Georg und Wolfgang, die Bildfelder mit verfchlungenem Maßwerk bekrönt. Hintergrund theils vergoldet, theils blau, die Figuren im Relief. Außen: der englifche Gruß, die drei Könige, Chrifti Geburt und Tod

Mariens. Auf den feststehenden Flügeln: Katharina, Margaretha, Barbara, Rosalia. Auf der Predella Christus und die Apostel (Brustbilder). In den beiden Fenstern spätgothisches Maßwerk. Auf einem Grußsteine die Embleme der Bäcker: Kipfel und Bretze. Die Capelle soll von den Backern gestiftet und deren Begräbnisstätte gewesen sein.

Die St. Stephans-Kirche, s. S. 320, **St. Stephan bei Wolfsberg.**

Wöllan bei Arriach. Zwei Schriftsteine.

CALENDINVS*, um 180, gefunden vor 1863. Kirche, Altar (Jab. 453. Mo. 4764. M. 1885, p. XLV. M. w. anth. 1887 [78]).

PILETO*, um 200, gefunden vor 1863. Kirche (Jab. 452. Mo. 4765. Aep. 4, 214).

Die Kirche zu St. Peter und Paul, nun Filiale der Pfarrkirche zu Afritz, auf einer

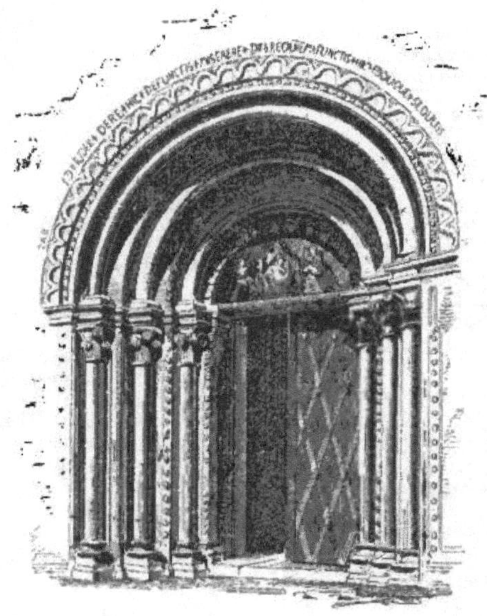

Fig. 444. (Wolfsberg.)

Die Dreifaltigkeits-Capelle, ein einfacher Bau der Renaissance-Zeit, in neuester Zeit etwas verkürzt.

Die Capuciner-Kirche enthält nichts Erwähnenswerthes.

Die St. Johannes-Kirche, s. **St. Johann bei Wolfsberg**, S. 133; die Sacramentsnische in Fig. 448 abgebildet.

Die Jacobs-Kirche, s. **St. Jacob bei Wolfsberg**, S. 129.

Anhöhe gelegen, weithin sichtbar; orientirte einschiffige Anlage mit einem aus dem Achteck construirten Presbyterium, gothischer Bau ohne Rippen, flachgedecktes Schiff. Die Fenster des Presbyteriums spitzbogig schmal ohne Maßwerk. Haupt-Portal spitzbogig, profilirtes Gewände, Seiten-Portal mit geradem Sturze. Am Triumphbogen die Jahreszahl 1530. Im rechten Seiten-Altar und an der südlichen Mauer unter dem

Dache ein Römerſtein eingemauert. Auf der Mauer des linken Seiten-Altares ſteht ein kleiner Flügel-Altar in noch ziemlich gutem Zuſtande. Außen als Gemälde die Verkündigung, innen die Geburt Chriſti, als Schnitzwerk. Der Thurm iſt an der Nord-Seite eingebaut, viereckig ſchlank mit vier Giebeln und achtſeitigem Helm. An der ſüdlichen Kirchenmauer ein verblaßtes Fresko-Gemälde. Man erkennt die Darſtellung des jüngſten Gerichtes, herum ſind gemalt Hammer, Ambos, Armbruſt, Schere, Stiefel, Zange, etc. Zwei ſchöne Werke der Tyroler Gothik: ein Sacriſteikaſten und das Geländer des Orgel-Chores wurden einem Händler verkauft (M. n. F. VII, p. 131 und n. F. XI, p. XXIII).

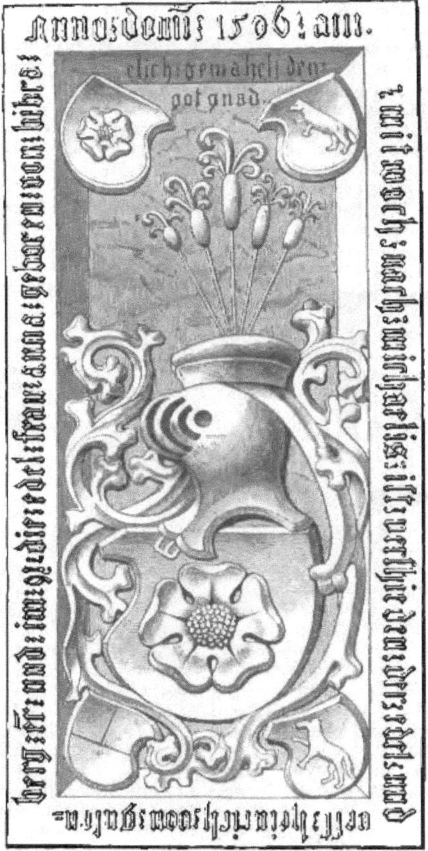

Fig. 445. (Wolfsberg.)

Wollanig (Filiale von St. Nicolaus in der Vorstadt Villach). Die kleine Kirche besitzt ein gothisches Presbyterium mit spitzbogigen Maßwerk-Fenstern, in der hölzernen gothischen Kanzel ein höchst beachtenswerthes Denkmal. In der Vorhalle und am Dachboden Reste eines Flügel-Altars (M. x. n. F., p. ccxiv).

Wörther-See. In der Richtung des Drau-Gletschers gelegen, welcher bei einer Länge von 1160 M. und einer Mächtigkeit von 120 M. bis über das Dobratsch-Gebiet um die heutige Kaserhütte hinausreichte, ist das Seebecken durch Gletscherspuren bei Köstenberg, Kranzelhofen, am Pirkkogel und zu Pritschitz nächst Pörtschach bezeichnet. Nach der Eiszeit entstanden, zur Zeit des Flut-Diluviums noch vergletschert, war der See im ersten Jahrtausende vor Christus mit

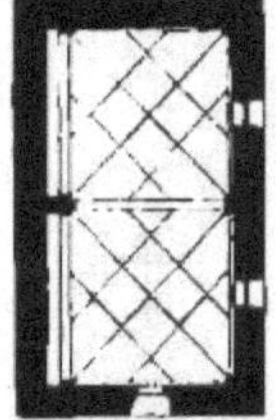

Fig. 446. (Wolfsberg.)

Pfahldörfern bestellt, auf welche die Sage von der versunkenen Stadt hinweist.

1. Am Ost-Ende beim Ausflusse, heutiges Torfmoor. In der Nähe Weidmannsdorf.

2. Am Nord-Ufer bei Krumpendorf, Leinsdorf, wo sich schwarze Thonscherben in der Tiefe vor 190 Cm. (6′) zeigten.

3. Bei Pörtschach an der Landspitze, wo sich ein unterseeischer Querrücken gegen Reifnitz hinüberzieht.

4. Am Süd-Ufer des westlichen Theiles bei Stoßiers Hube, eine Stunde östlich von Velden, unweit Auen in Pfarre Schiefling. Da steht in Tiefe von 95 Cm. (3′) ein ovaler Steinhügel, lang 443 Cm. (14′), breit 316 Cm. (10′), steht ein Rest von 8 Pfählen in Tiefe von 253 Cm. (8′).

5. Am Süd-Ufer des östlichen Theiles in der Bucht von Reifnitz bei Maria Wörth mit dem Steinhügel in der Tiefe von 3·16 bis 3·89 M. (10—12′).

Des Sees Höhenlage ist 417·2 M. (1320′), die Fläche 3581 Joch, die Länge 8750° (5 Stunden), Breite 875° (1600 M., ½ Stunde), Tiefe 44° (83·5 M.) oder 2069·74 Hektar, 16.595 M., 1660 M. (K. Ztsch. 7, 2; 6, 177. *Simony*'s Seebecken-Karte K. Car. 1831, 92, Ursprung-Sage; 1844, 81, 105, Wasserstand-Wechsel; 1850, 69, 114; 1869, 9, 40, 45; 1881, 286; 1886, 58; 1887, 159. Sitzgsb. AkW. math. 51, 1, 264. 265. AfköG. 38, 198. Ztsch. d. östr. Alp.-V. 1878, 9, 99. Mi. w. anth. 1, 322; 3, 104. 1884, 78, Vhdlgn. M. 10, p. XVII. Kml. 145, 265).

Den Wegspuren der keltischen Zeit folgte die römische Heerstraße aus Aquileia nach Virunum von Sianticum her in der Linie oberhalb Gottesthal, Lind, durchschnitt die höheren See-Ufer bei Velden, Kranzelhofen, Töschling-Zweig, die obere nördlichere Neben-

Fig. 447. (Wolfsberg.)

straße absendend über Moosburg, Tigring, Krumpendorf, und wendet sich vielleicht unterhalb Wölfnitz, nordöstlich gegen das Zolfeld, südöstlich eine Seitenstraße abzweigend gegen Spitalberg, Ziguln, Klagenfurt. Wegen Unvollständigkeit der Tabula sind die Straßeneinrichtungen derselben bestimmt nicht anzugeben. Die Süd-Gebiete hinter dem See bis zur Drau-Linie und Landgränze, nämlich von Rosek bis Hollenburg und Ferlach, Viktring scheinen mit römischen Resten völlig unbestellt (Ank. 1, 11, f. Jab. S. 3, 4, 6; Kml. 66).

Schon drei Jahrhunderte nach dem Slaven-Zuge tauchen urkundlich auf: Weride 883, 891 in summitate laci, Wertse 1151, Ribniza 978, Rivniz 1183, lacus schlechtweg 1168. Das Weerd im Rhein, Canton Thurgau, ist Pfahlbau-Nation, vgl. *Obermüller* 2, 959.

Wullross (Filiale von Zammelsberg), eine kleine Kirche mit etlichen gothischen Resten (z. B. Chor-Fenster).

Würmlach bei Kötschach. An dem Aufftiege einer uralten Saumftraße durch den Wildbach-Graben und Valentin-Graben gelegen, welche zum füdlichen Hintergrunde bis auf den Plöcken-Paß hinaufführt, hatte alle die Höhen des Döberle-Grabens, des Hoch - Lauchcck, Polinik - Wald, Polinik, Tfchidemund erreicht. Die Ueberfetzung des Wildbaches erfolgte vermuthlich erft in bedeutender Höhe; da verließ der Weg das rechte Ufer und gewann das linke, wo die neuzeitige Plöcken-Straße geht.

Hinter dem Pfarrhofe hinan, eine Stunde Waldweges gegen Weft, lag an etwas gelichteter Waldftelle ein Thonfchiefer-Block

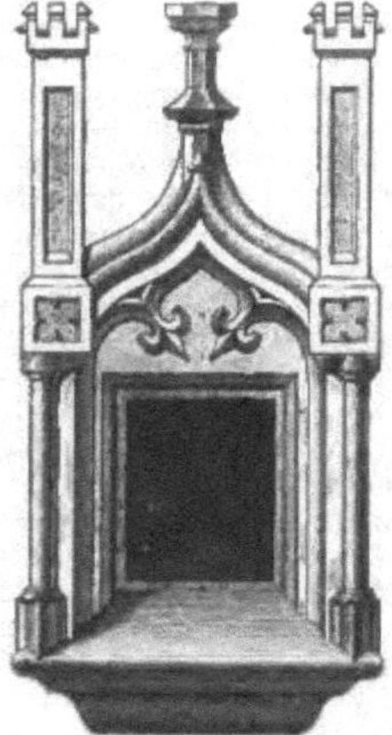

Fig. 448. (Wolfsberg.)

der Steinkohlen-Formation, hoch 31—35 Cm., breit 2 M., lang bis 5·5 M., deffen Fläche ein wenig geneigt gegen den Berg Jauken gerichtet war. Hunderte von Buchftaben und Zahlzeichen, alle von der oberen Waldfeite her lesbar, zum Theile ganz moderne, bedecken die leicht ritzbaren Flächen. Etwa zehn Gruppen, im ganzen beiläufig 140 Buchftaben, find etruskifcher Natur. Wahrfcheinlich haben wir es hier zu thun mit Eigennamen der Wanderer, Bezeichnung von deren Abkunft und Heimat, allenfalls mit einigen Zeit-Daten; weniger wahrfcheinlich find das Grabfchriften, wiewohl einige von einem hiefigen Keltengrabe wiffen wollen.

Vermuthlich wird es an Metall-Funden längs des Waldweges vor Würmlach bis zur Plöckener Straße nicht gefehlt haben. Die abfonderlichen Hufeifen, welche 1879 beim Wirth und Schmiede zu fehen waren, ftammen von der Pferdalm (AfK. 4. 24. Car. 1858, 140, 150; 1860, 26; 1871, 236; 1886, 100; 1888, 30. Heidenbüchl 1887, 197. *Hoof* in Jahresbericht der Ober-Realfchule Graz 1857, S. 33. *Krones* Hbuch, Etrusker 1, 204; 5, 6, 4. Kml. 27. M. 4, 110; 9, 123; 13, p. XV; 6 neu p. 54; 1883, 103; 1886, p. LXXXVI. *Meyer* Gur. 42, 91, 94 [Hinterrand], Str. 110. Pauli St. Etr. Alph. 1885, 112, 33, 47. Klagf. Ztg. 1885, Nr. 118, p. 1035, 1381, 2535. Ertefito 1881, p. 144. *Oberziner* J. Reti, Rom, 1883, p. 213. M. w. anth. 1886, 61 f. Deutfche Ztg. 1887, p. 5696. Corr透p. Bl. 1886, 37).

Die Pfarrkirche ift ein fpät-gothifcher Bau ohne Strebepfeiler, im Innern Wandpfeiler mit halbrunden Vorlagen und Laubwerk-Capitälen, nur mehr die Presbyteriums-Fenfter fpitzbogig. 1843 wurde die Kirche durch die Reftaurirung arg mitgenommen und dem Schiffe ein Joch zugebaut. Grabftein des Hans Weiland zu Weildegg, † 1582. In der Kirche ein Gemälde auf Holz, 14 Nothhelfer vorftellend, aus dem Ende des 17. Jahrhunderts (M. VII. n. F., p. XLIII).

Wutschein nächft der Sille-Brücke über die Gurk. An der Heerftraße von Virunum nach Juenna, Linie gegen den Kreuzerhof.

Eine koloffale Stein-Statue, fitzender Mann, die Linke an den Bruftfalten, der Kopf fehlt, roh, vielfach zerftört, hoch 158 Cm. (5'), ift in der Mitte des Dorfes zwifchen Bäumen zu fehen. Vgl. die angemeißelten Platten des nahen Hügels von St. Andreä bei Poggersdorf, die Münzen und Bronze-Geräthe an Sille-Brücke (Ank. 1, 635. Jab. 385, S. 3. M. w. anth. 1886, 61 f.).

Die Kirche zu St. Andrä, Filiale von Poggersdorf. Der fpät-gothifche Chor hat zwei Joche und dreifeitigen Schluß, das Schiff neu, Sterngewölbe mit 11 runden Schlußfteinen, deffen Rippen auf Confolen mit kleinen Schildern und im Oftfchluße auf Dreiviertel-Säulchen ohne Capitälen, drei Fenfter im Chor mit Mittelftock, Maßwerk und Butzenfcheiben, welche mit farbigen Zwickeln verbunden find. Der Thurm an der Schiffs-Nordfeite mit achtfeitigem Zeltdach (M. IX. n. F., p. CI).

Z.

Zauchen. Grotte unterhalb der Obir, Pfarre Rechberg bei Vellach; fie zählt zu den gröfsten kärntifchen, breit bis 11·39 M. (6°), lang 95 M. (50°), Kalkfinter. Ufova heifst eine Tropfftein-Grotte mit Schatz bei Eifenkappel. (Car. 1862, 203; 1869, 104.)

Zedlitzdorf. Grofse einfchiffige Kirche, urfprünglich ein Karmeliten-Klofter. Die frühere weiter oben beftandene Kirche ift im Jahre 1754 abgebrannt und die jetzige ein Jahr darauf wieder aufgebaut worden.

Das Presbyterium hat die Form einer grofsen halbrunden Apfis, die Halbkuppel über der Apfis ift mit modernen Fresken bedeckt: ein rothes Herz von einer Schaar von Engeln umgeben. Im Anlaufe der Kuppel an die Wände eine gemalte Balluftrade, von welcher zum Chriftenthum bekehrte heidnifche Häuptlinge mit ihren Frauen herabfchauen, alles perfpectivifch dargeftellt. Vom Triumphbogen übergeht das Schiff im Viertelkreis-Bogen in die Seitenwände, an welche fich je drei fehr fchwächliche Pilafter mit modernem Gebälk anlehnen. Zwifchen korbbogenförmigen Quergurten ruhen nur runde Platzelgewölbe. In den Wandfeldern breite Fenfter in Halbkreisform. An den Unterwänden mindere Wandmalereien, an mehreren Stellen befchädigt. An den Gewölben in ovalen Feldern Darftellungen aus dem Leben der einzelnen Heiligen des Karmeliten-Ordens. Altäre überladen zopfig, ebenfo die Kanzel und der pomphafte Orgel-Chor. Ein niedriger vierjochiger gemauerter Dachreiter über dem Oft-Schlufs des Presbyteriums.

Zeiselberg, f. **Lorenzen** bei St. Thomas und **St. Thomas.** Zisilo, Cyselberg begegnen in Urkunden feit 1200.

Zell, die Pfarrkirche befteht aus einem gothifchen Presbyterium mit Strebepfeilern, dem Thurm-Quadrate und dem Schiffe aus neuerer Zeit.

Zeltschach. Bronze-Münzen Conftantin, Conftans K. (AfK. 10, 268. Car. 1864, 433).

Graf Wilhelm, Gemahl der feeligen Hemma, hatte hier grofse Bergwerke (Carinthia 1821). Die Pfarrkirche St. Andreas, 24·65 M. lang, 6·63 M. breit, befteht aus einem vierjochigen hochgewölbten Schiffe, dem Chorquadrate und einem niedrigen polygonen Chorfchluffe. Hier find fchmale Fenfter ohne Mafswerk und einfache Streben. Im Chorquadrate ift ein Kreuzgewölbe und ein rundbogiges Fenfter im Süden. Das breitere und höhere Schiff erfcheint als ein mit reichen Mitteln hergeftellter Bau der Spät-Gothik. Das fchöne Netzgewölbe mit birnförmigen Rippenprofilen zeigt eine Fülle von fculpirten Schlufsfteinen: Pelikan, Dreigeficht, Januskopf, Lamm, Löwe, Engel, Rofette, Leidenswerkzeuge, Thierköpfe, Chriftuskopf, ein Meifterzeichen im Schilde. Die $^3/_4$-runden Wanddienfte haben polygone Sockel und figurale Kapitäle. Das Gewölbe ift um die Schlufsfteine mit Blumen und Früchten bemalt. Der ftreng gegliederte Mufikchor hat eine Mafswerkbrüftung und zwei Fialen. Eine fteinerne Rundtreppe führt zur Empore. Neben dem gothifchen Wefthore find faft unkenntliche Fresken fichtbar: Chriftus am Oelberg, S. Andreas, links ein fchöner Kopf mit Vollbart, ein Engel, der mit einem Kreuze niederfchwebt. Oben ein mafswerkgefülltes Rundfenfter. Das Süd-Portal hat Eckfäulchen ohne Capitäle, aber Krappenfchmuck und eine Thierfratze. Im Tympanon des Haupt-Portales find fculpirt: zwei Engel mit Band, zwei Confolen mit Engelfigur, als Füllung Rofetten mit Fifchblafen. An den kräftigen Schiffesftreben find weifse Quadern, Blendungen, Giebel und Kreuzblumen. Die Schiffesfenfter, zwei zweitheilige und ein rundes, zeigen gutes Fifchblafenmafswerk.

Hinter dem Hoch-Altare wird aufbewahrt: der Hut der feeligen Hemma und eine Grubenhaube des Grafen Wilhelm; diefelbe ift aus Leder, kegelförmig zufammengelegt und aufsen wie mit Pergament überzogen. Sehenswerth ift eine filberne gothifche Monftranze mit fechsblättrigem Fufse.

An der Friedhofmauer ift ein Grabftein mit einem aftförmigen Kreuze und mehreren

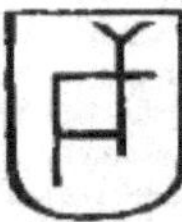

Paffions- und Bauwerkzeugen, aber ohne Infchrift und Jahreszahl. Die zwei Schilder mit einem Meifterzeichen und einem Ochfenkopfe (die von Hagen?) laffen hier auf ein Monument des Kirchenbaumeifters fchließen.

Eine Glocke ift vom Gießer Georg Fiering in Völkermarkt; die zweite von Lorenz Pez, 1653; eine dritte von Marc. Zechenter, 1777.

Werkzeichen am Portale:

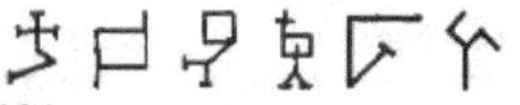

am Schiffe:

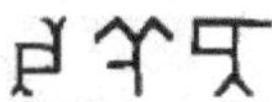

an der Chorftiege:

am Gewölbe:

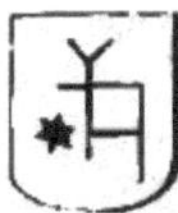

Zienitzen, kleine einfache einfchiffige Kirche, dem heil. Georg geweiht, mit wenig Reften eines älteren Baues; eine befondere Trennung zwifchen dem dreifeitig gefchloffenen Chor und Schiff befteht nicht. Das Schiff mit flacher einfach geweißter Decke in der Flucht der Chor-Gewölbe. Vier Fenfter, drei im Süden, eines im Norden. Von diefen ift nur ein einziges fpitzbogig entwickelt (mit Mittelftock und gutem Maßwerk). Die übrigen modernifirt, drei Fenfter im Chorfchluße, klein fchmal fpitzbogig, Refte von Glasgemälden (Maria und Apoftel, Jefus im Tempel).

Viereckiger Thurm an der Weftfeite über der Eingangs-Vorhalle mit rundem Kreuzgewölbe. Oben einfache fpitzbogige Schallfenfter, vier Spitzgiebel und achtfeitiges fchlankes Zeltdach.

An den Chor-Oftecken vier gewöhnliche Strebepfeiler, an den Schiffs-Seiten fehlen diefelben. Im Fundament des Chores das alte Beinhaus und zwifchen zwei Strebepfeilern die Köpfe von einem verwifchten Fresko noch fichtbar.

1498 wird urkundlich ein Pfarrer von Zienitzen genannt (M. XII n. F., p. LXXX).

Ziggulln. Auf den Anhöhen nächft der virunenfer Seitenftraße vom Wölfnitz, Spitalberg nach Klagenfurt.

BELINO, Weihftein, Cippus, Rf. Schale mit Früchten (Broden) und Krug, Zeit um 180—220, gefunden um 1772—74 (Jab. 371. Mo. 4774, 4. Ank. 1, 50. K. 109, Mu. RN. 2, 10, 24. Mu. GStmk. 1, 175).

Zmuln bei Tigring, Ortsgemeinde Hardeck (1158). An der oberen Heerftraße Virunum - Sianticum - Aquileia. Der Name erinnert an den Zuomoltsberg, Zumelsperg um 1344. KZtfch. 4, 108, 110.

Zolfeld heißt jener Theil des mittleren Glanthales, beiläufig 1 Myriameter nördlich von Klagenfurt gelegen, ein urzeitlicher Seeboden, welcher auf der Fläche von fechszehnthalb Quadrat-Kilometern nachfolgende Fundorte (fieh diefelben) enthält: Arndorf, Blintendorf, Brantlhof, Döchmannsdorf, St. Donat, Grazerkogel, Herzogftuhl, Kading, Karnburg, Lindwurmgrube, Maria-Saal, Meislberg, St. Michael, Möderndorf, Niederdorf mit Streinsberg, Poffau, Rakafal, Rofendorf, Stadelhof, Tanzenberg, Töltfchach, Unterwuhr, Wielersdorf, Zolfeld. Die Ortfchaft Zolfeld mit 12 Häufern liegt ungefähr in der Mitte; dazu gehört nördlich das Kramer-Gut (vormals Wernhammer) mit dem Zolfelder-Bauer und dem Prunner-Kreuze, füdlich das Stangl-Gut (Unterwirth oder Straßen-Hiefel.) Zwifchen diefen Stellen, Töltfchach und Arndorf, breitete fich die Stadt Virunum aus, über 300 Wohnhäufer mit mehr als 3000 Einwohnern zählend, wie wir annehmen dürfen, unter anderthalb Stunden im Umfange, vom Fluße in Weft begränzt, von caftelltauglichen Hügelhöhen in Oft, übrigens eine offene Stadt ohne Feftungslage, nicht Legions-Standplatz, nicht Refidenz eines Statthalters; Sitz des Procurators allerdings um das Jahr 69, vielleicht zeitweife des praeses provinciae Norici mediterranei (Aur. Hermodorus 311), aber nicht über das Jahr 450 hinaus. Die Gemeinde, unter Kaifer Tiberius eingerichtet, der Tribus Claudia zugefchrieben, coloniemäßig ausgeftattet wahrfcheinlich unter Claudius I (daher auch colonia Claudia Virunum genannt), gründete fich auf den Hauptkern der keltifchen Bevölkerung (Noriker, Taurisker), deren Landes-Vorfahren hinter 600 v. Chr. die Illyrer, die Etrusker gewefen. Von diefer keltifchen Bevölkerung find die Namen von etwa 315 Perfonen in 264 Formen infchriftlich erhalten geblieben, unter welch letzteren fich auch die Wurzel des Stadtnamens befindet, während jene für die Bezeichnung des Hauptſtammes, Landes, Vorortes (Norici, Noricum, Noreia) im Vorkeltiſchen zu liegen ſcheint.

Zwiſchen der erſten ſteininſchriftlichen Nennung der Stadt auf der Meilenſäule des Tiberius Claudius und der letzten auf der Meilenſäule des Licinius (Mo 5709—10), Jahre 41 bis 323, liegen die buchſchriftlichen des C. Plinius und des Cl. Ptolemäus, Jahre 77 bis 161, welchen zunächſt nachfolgen das antoniniſche Reiſebuch um 193 bis 211, die Tabula Peutinger um 222 bis 235, zuletzt Stephanus der Byzantiner und Suidas.

Während wir über die zwei oder mehr Jahrhunderte der vorrömiſchen Zeit, als die Stadt noch Noreia geheißen haben mag, das mindeſte von ſachlichen Gegenſtänden wiſſen (erſte Bauweiſe nach der See- und Land-Pfahlwohnung, Begrabung, Beſtattung, Denkmäler, Geräthe, Münzen), läſſt ſich für die fünfteinhalb bis ſieben Jahrhunderte des römer-zeitlichen Beſtandes manches ſichere und wahrſcheinliche aus Funden erweiſen und vermuthen.

In Stadt und Stadtnähe hatten ihre tempelartigen Bauten und Heiligthümer Mithras, Epona, Victoria, alsdann Jupiter Dolichenus, der Genius Auguſti, der Stadt- und Landes-Genius, der des Mercurius, auch ſonſt Jupiter, Hercules, Noreia (als Iſis), endlich in minderem Belange Aesculap, Hygieia, Beleſtis, Belinus, Diana, Fortuna, ſchließlich auch die Nymphen, Laren, Luna, Sol, Nemeſis und Serapis u. a.

Von ſolchen Bauten, welche theilweiſe auf alte Anlagen zurückgehen, war gewiß eine der größten der Mithras-Tempel aus den Jahren um 200 bis 311, auf dem Stadtplatze gelegen, in der Ebene unter dem Schloſſe Töltſchach. Von weltlichen Bauten wird nicht gefehlt haben das Haus der Decurionen, der II viri iure dicundo, der Aedilen, Quäſtoren, der Fiscale, der Beamten des patrimonium regni norici, des Erbſteuerweſens, der Staatseiſenwerke, um nicht von den Familien- und Lagerhäuſern der reichen Werksherren zu reden.

Die Reichspoſt hatte ihre Hallen muthmaßlich in der Umgebung des Oberwirthes; am Fluſſe und nächſt der Sulzmühle befanden ſich wol die Badanſtalten, zwiſchen dieſen etwa Theater und Circus. Etliche militäriſche Gebäude ſind nicht abzuweiſen für den Schutz gegen Kriegsgefahr auf den Hügelhöhen, für die erſte Abrichtung der Neugeworbenen und die Unterbringung der Durchmarſchirenden in den Gebreiten nächſt der Heerſtraße. Mindeſtens ſind in den hieſigen Grab- und Gedenkſchriften ziemlich viele Truppenkörper [1]) genannt; auch exiſtirte wohl ein Veteranen-Vereinshaus der 8. Legion mit den Schreibſtuben des Quäſtors. Die Gräberreihe ging von Herzogſtuhl, Unter- und Oberzolfeld weſtlich gegen Lindwurmgrube, auch wohl von Meislberg herab in die arndorfer Felder. Die Heerſtraßen liefen nach fünf Richtungen aus: 1. gen Aquileia über Saloca, Taſinemetum, Santicum, (Villach), Larix, 2. gen Emona wohl über den Loibl, 3. nach Celeia über Juenna (Globasnitz-Jaunſtein), 4. nach Ovilaba über die Halbſtation bei Stammersdorf, Matucaium (um Treibach-Altenmarkt), Noreia (bei Einöddorf), auf welcher Linie der Meilenſtein von St. Georgen bei Neumarkt die 32 m. p. Abſtand anzeigt, hier ſcheint eine früherzeitige Station Candalicae geweſen zu ſein (zwiſchen Caudritz und Micheldorf), endlich 5. gen Iuvarum über das gleiche Matucaium, ſodann aber über Beliandrum (nicht Frieſach), Graviacum (nördlich Grades) in's Murthal.

Der Untergang der Stadt iſt, trotz der Sagen über Attila's gewaltſame Vernichtung, als allmäliges Verkommen anzunehmen und zwar allerdings infolge der das Land durchflutenden Völkerwanderzüge, nach der Zeit der letzten feſten Beſatzungen in Noricum (454), lang nach Schluß der datirten Inſchriftſteine (323) und der zuſammenhängenden Münzenreihe (394), indem noch Gelder bis in die Jahre um 565 hier herein gekommen ſind. Die Slaven haben das Stadtweſen nicht weiter fortgeführt, um 750 war allda jedenfalls jegliches Bauwerk verſchüttet und 400 Jahre ſpäter der weite Plan als Saluelt ohne Anknüpfung an den alten Namen bekannt. Eine neue Stadt entſtand zunächſt im

[1]) So die alae I augusta, Thracum, Celerum; die cohortes Aelia flavia Britonum, I Asturum, Montanorum I, XI praetorianorum, XII urbana; die legiones I adiutrix, I Noricorum, II italica am zahlreichſten im allernächſten Bezirke, III italica, V macedonica, VIII augusta, endlich XXI und XXII, Zeit um 170 bis 370 n. Chr. Ueberdies haben hieſige Eingeborne aus den Familien Aelia, Aurelia, Cenſonia, Donnia, Cl . . . . ., Cottonia, Gamillia, Julia (3), Licinia, Ulpia und Valeria gedient in coh. I, III, XII praet., XII urb als Singularreiter (Serenus, Schwadron und Macedous), in leg IV maced, in leg IIII, XI, leg XIIII gem, leg XV apollinar, XXII primig., laut der Inſchriften zu Rom, Cöln, D. Altenburg, Steinamanger, Weißenau, Zahlbach, Lambaeſis in Africa.

nördlichen Glanthale, als Ort nach 902 (St. Veit), im südlichen, als Ort (Klagenfurt). Hier aber blieben seit alten Zeiten als öfter ergiebige Fundstellen etwa 20 in Beachtung. Den Nachgrabungen und Sammlungen haben am meisten Aufmerksamkeit geschenkt J. D. Prunner, vor 1692, Erzherzogin Marianne 1784—87, Fhr. Dikmann von Secherau um 1819—20, Ritter von Moro um 1825, Fürst Liechtenstein um 1838, 39, 1855, Graf Egger 1867, der kärntische Geschichtsverein 1845. Die Ausgrabungen von 1881 bis 1883 sind im Jahre 1888 durch Dr. Fritz Pichler publicirt worden.

Das für die Kunst-Topographie wichtigste Denkmal-Wesen der zeitweiligen römischen Provinzial-Hauptstadt wird im Nachstehenden angedeutet; die meisten Gegenstände befinden sich im Rudolphinum zu Klagenfurt.

I. Farbwandtheile.

Gyps-Kleinreliefs und Karniese.

II. Glas, 14 Sorten

Fensterscheiben, Flasche und Theile, Thränenfläschchen, Schale. Urne. Blau: Schale gerippt. Gelblich: Thränenfläschchen. Grün: Schale, Vase, Urne. — Schmucktheile, Mosaik, Mosaikstifte, Millefiori.

III. Metall.

A. Blei. Schäufelchen, Thurpfosten-Plättchen.

B. Bronze, 44 Sorten: Armring, Beschlag, Beschlägring, Blätter mit Eisennägeln, Büchse, Buckeln, Fibeln mindestens 10 Sorten, zumeist des 3. Jahrhundertes, Fingerringe, Gefäßtheil, Gewicht, Griffel, Gurtelschnalle, Gefäß mit ΑΡΧΙΑ, Haarnadel, Häkchen, Haftel, Handhabe, Haue, Kleingeräthe, Lederbeschlag, Metallschließe, Nadel, Nadel mit Löffelchen, mit Oehr, Nägel, mehrere Sorten, Ohrgehäng, Pfannenstiel, Plattenstück, Reif, Riemenknopf- und Beschläg, Ring, mit Spange, Schlacke, Schloßblatt (M. 4 n. F. p. LXXIV), Schlüssel, Schlüsselchen, Schmuckkugeln, Schwert, Seiher, Sieb, Stabschuh, Stänglein, Täfelchen mit VIR | IS, Thorbeschläg und -Klopfer, Thürschloßriegel, Wagbalken, -Schale, Zaumgebiß, Zierstück. Schrift-Cippus, mit NEMNIC statt Nem(esi) aug(ustae), Zeit um Augustus, Fund vor 1848 (Jah. 36, Mo. 4805).

Statuetten.

Aesculap, hoch 7·7 Cm., aus Sammlung S. M. Mayer.

Aphrodite, hoch 10 Cm. (4"), gefunden vor 1849.

Ceres (oder Fortuna), gefunden 1856, Nr. 893.

4 Götzenbilder, Prunner's S. 22, 89.

Hausgötzen, aus Sammlung Goeß 1846.

Hercules mit Affengesicht, roh, die Augen vertieft, gefunden um 1860. Sammlung Trau in Wien, darin vielleicht manches aus Sammlung Gaffer von kärntischer Herkunft (Aep. 2, 157; 4, 50).

Krieger, geharnischt, hoch 3·9 Cm. (1½"), gefunden vor 1849.

Panther-Weibchen, hockend, Hohlguß im Gewichte von 4·48 Kilogramm (8 ℔), hoch 28·5 Cm., gefunden um 1823, aus Sammlung Kumpf (Abbildung in AfK. 2, 96. Car. 1849, 358).

Priapus, ähnlich jenem nächst der Töltschacher Mühle, aus Sammlung Goeß (um 1846?); 1 ebendaher?, gefunden vor 1866, in Sammlung Rosthorn.

Reiter, barhaupt, auf ungesatteltem Pferde, hoch 14·5 Cm., aus Sammlung Kumpf.

Vier Statuetten, aus Sammlung Liechtenstein dem Rudolphinum (Car. 1884, 184. Klagft. Ztg. 1884, Nr. 210).

Ein linker Fuß.

Ein Thierfuß J. 1882 (AfK. 1, 139, 185, Oesterr. Bl. f. Lit. 1846, 1176. AfKöG. 38, 202. Jah. S. 61, 1. Car. 1844, 214. M. 4. n., p. LXXIV).

C. Eisen, 80 Sorten. Achsennagel, Angel, Bagger-, Bankeisen, Bildhauereisen, Brunnenkette, Dreifuß, Dreizack, Griffel, Gartenschaber, Geräththeil, Haarnadel, Haue, Haken, Handhabe, Handsäge, Hacken- und Bogenband, Hammer mit Schneide, Hohlmeißel, Kamm, Kastenbeschläg, Keil, Kesselhabe, Kelt doppellappig, mit Ringkette, mit Schleuder, Klammer, Klinke, Kloben, Krampe, Lanzenspitze, Mauerhaken, Mauerring, Meißel, Messer, Nagel, Opferschaufel, Pfannengriff, -Stiel, pfeilspitzförmig, Messer, Pferdegebiß, Platte, Plättchen, Radachsenring, Reibriegel, Reif, Reifmesser, Ring, Säge, Schaufel, Schiene, Schlagmeißel, Schloßhaken, Schloßblatt, -Riegel, -Kettenring, -Schieber, Plattenscheibe, Schlüssel (auch Bronzegriff als Löwenkopf), Schneiderzeug, Schüreisen,

Schwertklinge, Spange, Speerſpitze, Spindel, Statuetten, Schweinchen (neuzeitig?), Stange, Stänglein, Stemmeiſen, Stemmmeiſſel, Stockbeſchläg, -Schuh, Thiergeſtalt (Rind, neuzeitig?), Thorband, -Beſchläg, Thürangel,-Beſchläg, -Band, Vorlegriegel, Widerhaken, Zahnrückeneiſen, Zaum, Zierrat, Zwinge.

D. Gold. Außer Prunner's Geräthen, S. 22, den zwei Ketten-Gliedern, S. 65, kommt hier insbeſondere der Ring zu erwähnen, welcher vielmehr als ſpitz-elliptiſche Berloque zu bezeichnen, im ovalen Carneol einen liegenden Haſen an einer Rübe vorſtellt, ſchwer über 13·80 Gr. ($4^{11}/_{32}$ Dukaten), gefunden um 1862 K.? (AſKöG. 33. 49. M. 8, 23).

Das Schmuckſtück einer durchbrochen gearbeiteten Scheibe, des Durchmeſſers c. 45 Mm., fand ſich um 1870 nächſt dem Unterwirthe, in der Tiefe eines antiken Brunnens, Beſitz Frau L.G.Rath Dr. Steiner zu Klagenfurt.

Das Votiv-Plättchen mit I·O·D, auf Dolichenus weiſend, ſchwer an 3·45 Gr.?, gefunden vor 1691, iſt wohl verloren (Pr.63. Mo. 6015, 4. S. 762. Sitzgsb. d. Ak. d. W. 12 74).

E. Silber. Außer Prunner's Geräthen, der großen Nadel insbeſondere (S. 22, 65, Mu. RN. I, 413), ſcheint nur der Ohrring aus Sammlung Jabornegg, K. Nr. 5680, bekannt zu ſein.

Die Münzen in den drei Metallen ſind nach Tauſenden vertreten.

A. Griechiſche Reihe, wenigſtens neun Sorten: Gallia Nemauſus; Italia Campania, Nuceria; Sicilia Syracusae; ungenannt (Hercules mit Hylas); Moesia Viminacium; Macedonia Alexander; Aegyptus Ptolemaeus, Alexandria um Claudius; Mauretania Iuba.

B. Noriſche Kelten, 10 Sorten, als Regenbogenſchüſſelchen, Silber mit Adna, Adnamat, Atta, E(i)ccaio und Schriftlos, dann Kleinſilber mit Punkten und Strahlen.

C. Römiſch-republikaniſche, 17 Sorten der Zeit 134 bis 5 v. Chr., als: Antestia, Antonia, Calpurnia, Cassia, Claudia, Clodia, Cordia, Cornelia, Egnatuleia, Marcia, Petronia, Plaetoria, Publicia, Porcia, Sempronia (Servilia?), Silia.

D. Römiſch-kaiſerliche von 72 Kaiſernamen, Auguſtus bis Juſtinianus, Zeit 43 vor bis 565 nach Chr.

IV. Organiſches.

Kohle, Schnecken, Muſcheln, Menſchengerippe; Büchſe, Griffel, Meſſertheil, Nadel, Zierrat.

V. Stein.

A. Bau: Architrave, Geſimſe, Karnies, Zierrat, Moſaikſteine, Platten mit Drehloch, für Boden- und Wandbelag, mehrere Farben und Formen, Säulen-Capitäle, reichen, ſpäten Styles, -Schäfte doriſche, joniſche, Säulenfuß toscaniſirend, allerhand Marmorſtücke überhaupt.

B. Geräth und Schmuck. Hohlbehälter, Kiſte, Urne mit Deckel, Schleifſtein, Sarkophag, Alabaſter-Täfelchen mit Hausbild. Wenig Gemmen, wie

1. Lapis lazuli. Ovales Bas-Relief, weibliche Geſtalt mit Scepter, auf dem Löwen ſitzend, gefunden vor 1849 (Aſ. 1, 185. Jah. S. 61, Nr. 1. K.).

2. Onyx. Cameo. Hygieia und Aesculap, gefunden vor 1849 (Jah. 61, Nr. 1. K.)

3. Onyx, mit antiker Ringfaſſung in Gold, kleinem Intaglio, Haſe (Arch. Zeitg. 1860—62, 21, 12*). Aehnlich? Haſe, Hahn, erotiſch (Arch. Ztg. 18, 104*).

4. Herzförmig geſchliffener Saphir und andere geſchnittene Steine, erſterer um 1885 an Prinz E. Windiſchgrätz.

C. Groß-Reliefs. 14 Stück:

Mann mit Buch und Tuch (K. 80).

Mann, ſtehend, mit geſchultertem Tuche (K. 69).

Mann, ſtehend, mit Handhabe (K. 92).

Prieſter, ſtehend (K. 76).

Trauer-Genius, geflügelt, an einen Baumſtrunk gelehnt, der rechte Arm über die Bruſt, der linke geſenkt, mit Kranz, abgeſchlagene Theile vorhanden, gefunden 1837 auf dem Acker links vom Wege zwiſchen Prunner-Kreuz und Lindwurm-Grube (K. Car 1838, 23; 1870, 350).

Weibliche Geſtalt mit Schmuckkäſtchen (K. 20).

Weibliche Geſtalt, ziemlich unkenntlich (K. 54).

Mann und Weib (Büſten?) (K. 83.)

Reiter (K. 16).

Pferd, rohe Arbeit, Kopf, Hals, Vorderfüße erſichtlich (K. 27).

Drache, verſtümmelt, zweimal geringelt.

Frontiſpice-Ecke (K. 71).

Blumen-Vafe. Am Prunner-Kreuze (Jab. 122).

Waffen und Schutzwehren, die Schriftfeite abgemeißelt (aus Töltfchach? nach Victring gebracht. K. 90).

Zwei Rüben, eine Schüffel, Gefäße, vertieft gearbeitet. Am Prunner-Kreuze (Jab. 121).

D. Schriftfteine 42. Neun bis zwölf Weißfteine: Eponae (Jab. 16, Mo. 4777). Coll(egio) (Jab. 64, Mo. 4792). Invicto (Jab. 4, Mo. 4802). Genio avgg (Jab. 23, Mo. 4851). Geni(o) pro (M. 8 n. p. cxiv. 1). (G)enio mit decurio (Jab. 23, Mo 4851). Domini (Jab. 79, Mo 4898). Felix (Jab. 73, Mo. 4911). C. Flavius (Jab. 53, Mo. 4914). Gaia (Jab. 55, Mo. 4918). Ciulio (Jab. 68, Mo. 4923). Quietus (Jab. 52, Mo. 4961). Masveti des Herzogsftuhles (Jab. 25, Mo. 4842). Montissius* (Jab. 329, Mo. 4944). Avaro* (Jab. 328, Mo. 4966). Scipio (Jab. 104, Mo. 4974 a) Sextus* (Jab 37, Mo. 4982). Cosuti* (Jab. 56, Mo. 4983). Sisiae* (Jab. 103, Mo. 4983 a). D n vibenius (Jab. 96, Mo 4991). D m vibiae (Jab. 61, Mo. 4995). Ancill (Jab. 65, Mo. 5012), ...ollode (Mo. 6501), ..ial (Aep. 4, 212, 18), C | R etc., dann ROSA,

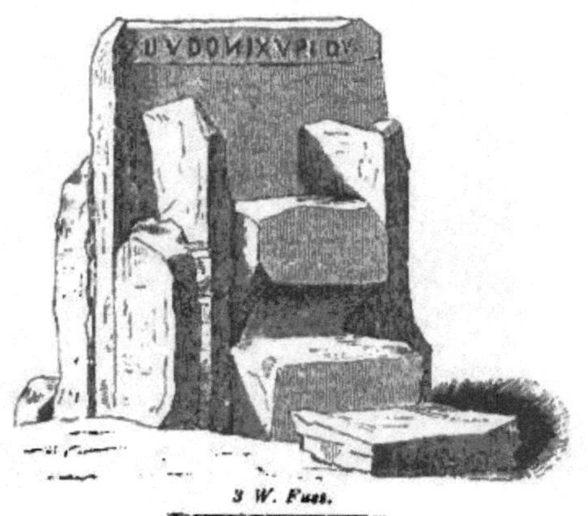

Fig. 449. (Zolfeld.)

Mo 4817). Victoriae (Jab. 17, Mo. 4813). VICTORIAE (Jab. 30, Mo. 4812), dann ...privatus (Jab. 66, Mo. 4824). DIO? und OV n. f. w. (M. 8 n. p. cxiv. 23). Ferner drei Baufchriftfteine, nämlich die zwei Straßenfäulen des Herzogftuhles Ti claudius und Imp. dn (Jab. 105, 106, Mo. 5709, 5710), das Capitäl P. Q. M. K. R Jab. 63, Mo. 5015). Die Ehrenfchrift (Imp c)aes (Mo. 4826). Die 27 Grab- und Gedenkfchriften der Zeit 98 bis 340, zumeift um 140 n. Chr. Dm aus* (Jab. 28, Mo. 4834). Dm m (Jab. 27, Mo. 4841) L. Tuccius (Jab. 389, Mo. 4868). Q. aterius. (Jab. 79, Mo. 4881). L. Celeri (Jab. 38, Mo. 4891). M. coccio* (Jab. 54, (IVND)A (M. 8 n. p. cxiv. 3, 4, 5 mit Aep. 9, S. 258—260).

E. Statuarifch. Männlichen Standbildes Togatheil und Fuß; Diana, Fußplatten und Ziegenklauen; Fortuna; weibliches Standbild; Standbild auf Steinplatte; Serapis Serapis-Büfte; Kopf eines Standbildes, eines Jupiter, Vitellius, Köpfe von Karyatiden, zwei andere; Oberarmtheil; 12 Platten mit Fuß, mit Löwenfuß.

VI. Thon.

Gelb. Gefäßdeckel, Krug, Lampe mit Relief, Schälchen, Urne, Urnedeckel; Verhüllter Frauenkopf, Thierfigur Gelbroth: Urne klein, groß, Hafendeckel, Afchenkrug.

Grau: Lampe mit Relief, Schale mit Dreifuſs, Topf, Töpfchen, Urne, Schmuckſtück, Wörtel. Grauſchwärzlich: Niedrige runde Schüſſel, Schale, Urne, Urnendeckel. Roth: Amphora, Krug, Lampe mit Eiſendraht-Gehänge. Roth fein: Lampe, Schale, mit Randreliefs, Urne; insbeſondere Segillaten von vielerlei Gefäſsformen mit mannigfaltigſten Reliefs. Schwarz: Töpfchen, Urne, Schale, Schüſſelchen. Endlich Brandziegel als Deck-, Heiz- Leit- und Mauerziegel verſchiedenſter Formen. Webſtuhl- und Netzgewichte und Feuerſtänder. Das Thon-Schriftweſen von etwa 22 Sorten hat bisher vier mit dem Helenenberge gemeine gezeigt. Die Abfolge iſt Atimeti, AV, Cerius, Cintusmim, Cresce, Cresces, egei, f. cet, fortis, fortunati, iani und nu, inari, i. secun, lichus, lupati, marcianus, octavi, pastor, primarius, qgc, satren, saxam strobili, vibian und vibiani, vindemie. Amphoraſtück mit geritzten Ziffern. Neueſtens hat man ungleich mehr gefunden. (Vgl. M. 1888 u. 1889, Jahrg. XIV u. XV n. F.).

Am Zolfelde ſteht der ſogenannte Herzogsſtuhl, die beigefügte Abbildung (Fig. 449) gibt deſſen Anſicht von Süd-Oſten, die andere (Fig. 450) von Nord-Weſten. Er bildet zwei Sitze, welche gemeinſame Rücklehne haben. Selbe wird aus einer Steinplatte gebildet. Wie die Abbildungen zeigen, iſt dieſer Stuhl aus verſchiedenen Steinſtücken zuſammengeſetzt, die an ſich ungleich, mitunter nur Bruchſtücke, ohne alle Sorgfalt, wie ſie der Zufall in dem bei der Hand liegenden Vorrathe eben gab, in ziemlich roher Weiſe aufgeſchichtet und gruppirt ſind. Stellenweiſe finden ſich an den Trümmern Inſchriftfragmente, wie ſchon erwähnt.

Max Ritter v. *Moro* beſpricht dieſes Denkmal ausführlich in den Mittheilungen der Cent. Comm., VII. 280, wohin wir mit dem Beifügen verweiſen, daſs als Zeitpunkt für deſſen Aufbau das zu Ende gehende ſiebente oder der Anfang des achten Jahrhunderts vermuthet werden kann.

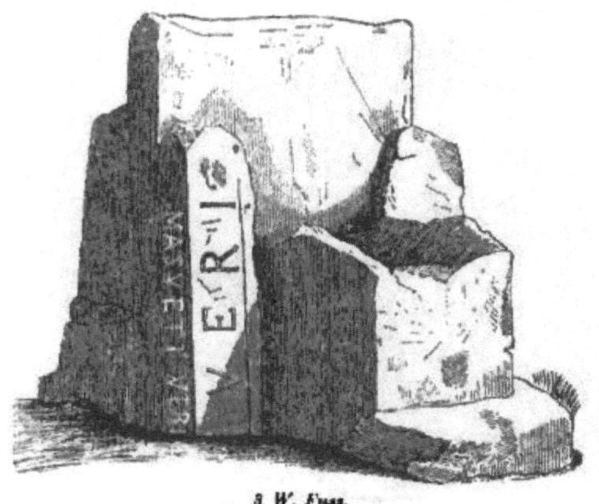

3 W. Fuss.

Fig. 450. (Zolfeld.)

Zossen bei Hüttenberg, die St. Michaels-Kirche, im 12. Jahrhundert Admonter Beſitz, zeigt heute noch Reſte der älteſten Bauanlage, ſo der Balkendecke, davon Spuren unter dem Dache ſichtbar ſind. An das breite romaniſche Schiff, 10·5 M. lang und 7 M. breit, wurde ein ſchmäleres gothiſches Presbyterium angebaut, deſſen Gewölbe gratig iſt und geſtützt von ſchwachen Streben. Im dreijochigen Schiffe ein ſpätgothiſches Netzgewölbe mit derben Wanddienſten, die theils verlaufen, theils auf Sockeln aufruhen. In den Fenſtern einiges

Maßwerk, das Portal gegliedert. Außen Strebepfeiler. Unter dem Chor eine kleine Krypta, der Thurm an der West-Seite aus neuerer Zeit.

In der Sacristei ein Ciborium nach Art eines gothischen Kelches mit gravirtem Maßwerk und der Madonnen-Figur am Fuße, ein sehr schönes gothisches Standkreuz mit Blattenden und gravirtem runden Fuße, zwei gestickte Meßkleider aus dem 17. Jahrhundert. Die Seiten-Altäre von 1677, ein Betstuhl aus weichem Holz mit der Jahreszahl 1555 und Schnitzerei, hübsches gothisches Beschläge.

Interessante Weg-Capelle mit Malerei.

Zweikirchen. Mann mit Lanze und Stab, gefunden vor 1821 (Jab. 253).

Brustbild, Mann, mit beiden Händen ein Schwert haltend?, gefunden vor 1821 (KZtsch. 3, 162).

Büsten: Mann, Weib, Kind, gefunden vor 1821 (Jab. 255).

Arabesken und Laubgewinde, gefunden vor 1821 (Jab. 254), dazu der geflügelte Genius, Genius mit Blumengefäß, Tänzerin, nackte Figur (KZtsch. 3, 162).

..CN·F·SABI(NVS), um 200, gefunden vor 1819, Stufe an der kleineren Kirche (Jab. 252. Mo. 4969. M. 6, p. CLX).

Stehende menschliche Gestalt, bekleidet, nur des Standbildes Untertheil erhalten als Opferstock (Jab. 257).

Der Ort als Zueinkirchen 1144. Die Pfarrkirche zum heil. Johann dürfte noch im 15. Jahrhundert entstanden sein, da bereits 1504 das „Gottshauß Sandt Johanns" daselbst, und dessen Vogt Veit Hannß Pacher und die beiden Zechleute in einer Urkunde des Pfarrers Christoph Selbaz erwähnt werden. Das Presbyterium zeigt gothischen Styl, doch fehlen die Strebepfeiler, der Chor-Schluß polygon, neueres Gewölbe, flachgedecktes Schiff. Thurm ober der Sacristei, oben achteckig (1584); Grabstein der Sidonia, von Wagenstorff-Hardegg, † 1640.

Die Stephans-Kirche ist ein in der Anlage älterer Bau, quadrater Altar-Raum mit rundbogigem Kreuzgewölbe, flachgedecktes Schiff.

Die Filial-Kirche St. Peter am Bichl (ad s. petrum in civitate carantana) f. **Bichl** (M. VI n. F., p. CLIII).

Zweinitz (Decanat Gurk). Diese auf einem Plateau gelegene Kirche wird von der Sage der heil. Hemma als Stifterin zugewiesen. Sie ist ein einfacher flachgedeckter romanischer Bau mit halbrundem Chor-Schluße, der halbkuppelförmig an das Presbyteriums-Joch sich anschließt, dieses ist mit einem Kreuzrippengewölbe überdeckt; die Fenster klein, im Halbkreise geschlossen, halbkreisförmiger Scheidebogen. Prächtiges romanisches Portal mit bänderartigen Capitälen, zwei büstenartige Köpfe an den Seiten, einen mit Zopf, den anderen mit Mönchshabit, gegen innen einmal abgestuft, Säulen-Einlagen. Im Tympanon ein Gemälde: das Schweißtuch von zwei Engeln gehalten, dabei zwei Donatoren, zwei Mönche, beide im weißen Habit, worüber einer einen schwarzen Überwurf trägt. Am Chor Reste von Fresken: S. Antonius, der gekreuzigte Heiland, Christoph (M. v n. F. p. CX).

An der Kirche das Grabmal des Andreas Hoffmann von Wald, † 1507. Links an der Kirche ein mächtiger Thurm mit vier Giebeln, rechts eine achtseitige Capelle mit dreiseitigem Chörlein. In diesem Reste von Glasmalereien (thronende Maria mit Krone und Cinglum, auf dem Schoße das Jesukindlein stehend). An der Nordwand ein Silberreliefbild, darstellend das Martyrium des heil. Laurentius.

Zwetendorf bei Glaneck. Mauerwerk 1874, Bretyn Lucilla, Sigillaten (Car. 1887, 176. M. 1886, p. CLXXIX).

Zwickenberg. Hoch über Oberdrauburg liegt die interessante Kirche dieses Ortes. Der Grundriß (Fig. 451) zeigt ein romanisches quadratisches Presbyterium mit einfachem Kreuzgewölbe und starken Rippen, welche in einem runden Schlußsteine, worauf Haupt Christi mit Kreuznimbus gemalt, zusammenlaufen und auf unförmlichen kämpferartigen Consolen aufsitzen. An den Ecken sind außen die Presbyteriums-Mauern verstärkt, nördlich schließt sich daran der schlanke mit Giebeln und einem hohen Achteckhelm versehene Thurm. Im Erdgeschoße des Thurmes findet sich die Sacristei, die Stiege in die Thurmstockwerke steigt hinter dem Hoch-Altare hinan. Im Glockenhause zweitheilige Spitzbogenfenster mit Fischblasen-Maßwerk. Im Schiffe drei Travées mit Netzgewölben, deren Rippen auf kräftigen runden Diensten aufsitzen, die drei Fuß tief einspringenden Streben vorgelegt sind. Im Netzgewölbe zahlreiche vierseitige, stark vertiefte

Schlußsteinplatten mit alten Malereien, als: die Symbole der vier Evangelisten mit Spruchbändern, heil. Dreifaltigkeit mit Band über den Kreuzesarmen, worauf die Legende: adoranda unitas, venerenda trinitas; S. Leonardus mit der Legende: Heilliger Leonhard pit got fir uns; auf einem vierseitigen Schlußsteine zwei Schilder, wovon eines den doppelköpfigen Adler, das andere den österreichischen Querbalken im Felde aufweist; in einem Schlußstein mit Vierpaß das Kniestück eines Muttergottes-Bildes mit Kindlein auf dem linken Arme, zwei Engel rechts und links halten den Saum des Gewandes. Schrift durchaus gothische Minuskeln. Der Orgel-Chor ein neuer Einbau.

Das Gewölbe des Chores ist vollständig, sowohl in den Feldern, wie in den Rippen bemalt. In jedem der vier Felder erscheint als Hauptfigur ein heil. Evangelist in langem Gewande in einem Betstuhle mit Kniebank, sitzend mit Symbol und Spruchband, auf welchem die Anfangsworte des betreffenden Evangeliums. In den unteren Ecken jedes Gewölbefeldes je ein Engel mit Musikinstrumenten und langen Spruchbändern, auf welchen beinahe das ganze Gloria geschrieben ist. Auf der südöstlichen und südwestlichen Console unterhalb dieses Gemäldes, hier in drei, dort in fünf Zeilen folgende Inschrift: „So Man zalt näch der | gepurd unsers herren Jhesus | Cristi Tausend vierhundert und | dar nach in dem acht un dreis | sigistn Jar An sat Lucas Abent-Des heiligen Evagelistn | Warr das gemeld ver | pracht". Hinter dem Altare an der Chorwand Gemälde: Mariä Verkündigung. Zu beiden Seiten des zopfigen Hoch-Altars zwei künstlerisch vollendete gothische Ritterstatuen des heil. Georg und des heil. Florian, wahrscheinlich von dem großen gothischen Flügel-Altare stammend, von dem noch der Schrein sammt den Flügeln an der Nordwand des Schiffes, mit geöffneten Flügeln zwei Klafter breit und sieben Schuh hoch, erhalten geblieben ist.

In der Mitte des Schreines befinden sich die sehr gut gearbeiteten reich vergoldeten und polychromirten etwa 4' hohen Statuen der Heiligen: Dionysius, Leonhardus und Laurentius auf Goldgrund unter prachtvoll geschnitzten Baldachinen aus vielfach durchschlungenen Ranken und Windungen mit Krappenbesatz, getragen von zwei ornamentirten Halbsäulen, das Ganze wieder von schönem Ast- und Rankenwerk umrahmt, in welchem acht Menschenfiguren (Brustbilder) aus Blumenkelchen hervorragen. Auf dem rechten Flügel sind auf Goldgrund die Reliefbilder von S. Lucia und S. Margaretha unter einem reichen Geflecht von Rosenranken und traubenbehangenen Reben; auf dem linken Flügel S. Katharina und S. Barbara unter einer Guirlande von phantastischen Blattarabesken. Figuren und Astwerke reich vergoldet. Unter den Flügeln, sowie unterhalb des Schreines schmale Streifen sehr schönen, leider stark

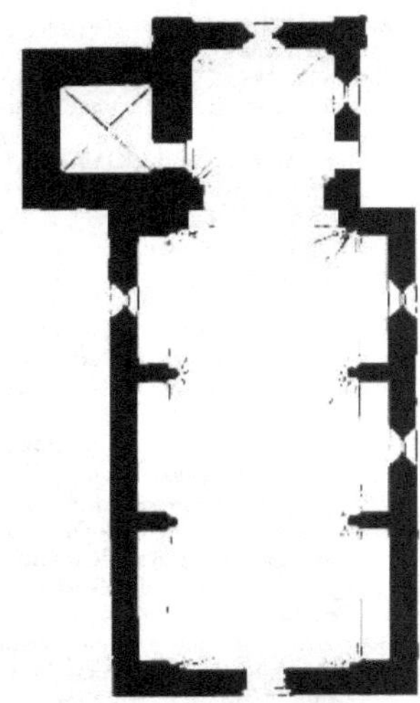

Fig. 451 (Zwickenberg.)

beschädigten durchbrochenen Astwerkes. Auf der Außenseite der Flügel sind vorzügliche Gemälde, und zwar auf dem linken Flügel der heil. Christoph in der gewöhnlichen Darstellung, jedoch ohne Halsketten, Gürtel und Tasche, im rechten Flügel der heil. Sebastian an einen Baum gebunden, von zahlreichen Bolzen durchbohrt.

An der Außenseite der südlichen Schiffswand zwei alte sehr gut erhaltene Gemälde. Links ein Cyclus von fünf Scenen aus dem Leben des heil. Leonhardus, rechts riesiges Christophbild, sehr gut gemalt und erhalten mit reicher Arabesken-Umrahmung. Am Brunnen das Spruchband: „noch mocht ich tragen alle Welt"; vom Kleide des Kindes flattert am Spruchbande eine Legende: „du tragst den, der himel und erde beschaffn hat". Gothische Minuskeln. Im unteren Theile der Umrahmung viele Jahreszahlen und Namen eingeritzt oder mit Röthel eingeschrieben, darunter 1507, 1542, 1554, MDXVI, daneben „Nithardus Oberfee Bonärum artium Magister etc." In einem Schlußsteine des Kreuzgewölbes der als Sacristei dienenden Thurmhalle die Steinmetzzeichen:

Zwischenwässern zunächst den Fundstätten Krumfelden, Treibach, Althofen.

Nächst der Bahnlinie fand man im Jahre 1867 hier ein bronzenes Lampen-Zängelchen, die Bronze-Münze Domitian (nach anderem Berichte 1 Hadrian, 1 Faustina, 1 Geta, 1 unbenannt), ein graphitirtes Töpfchen, 1 Grauthon-Töpfchen, fein, mit Einbauchungen, vermuthlich aus einer Flach-Grabstätte, sämmtlich K.

Den Meilenstein des Jahres 218, Abstand von Virunum 15 mp., welchen Mo. 5728 hier ansetzt, gaben wir unter Treibach.

Wir schließen mit dem Grabsteine D M APER, um 180—240, gefunden beim Schloße nächst der Bahnlinie 1867 (Jah. 279. Mo. 5026. K. 30. Car. 1868, 327, ad Nr. 6).

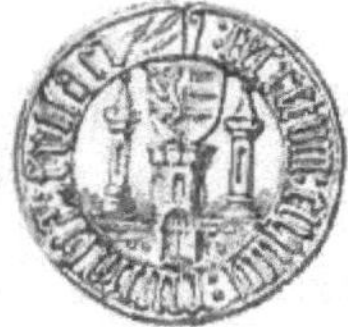

Siegel der Stadt Friesach.

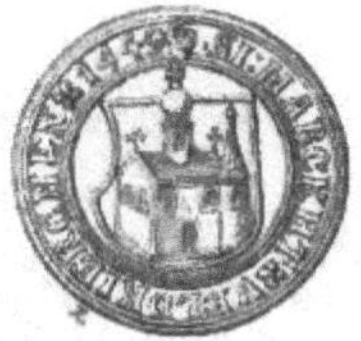

Noch erhaltener Siegelstempel von Feldkirchen.

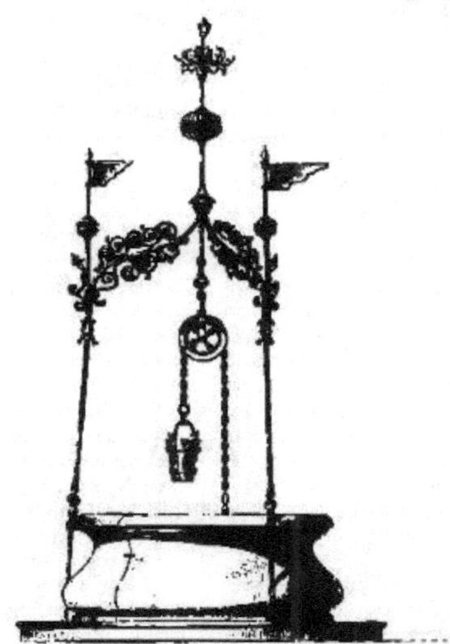

Brunnen im Loretto.

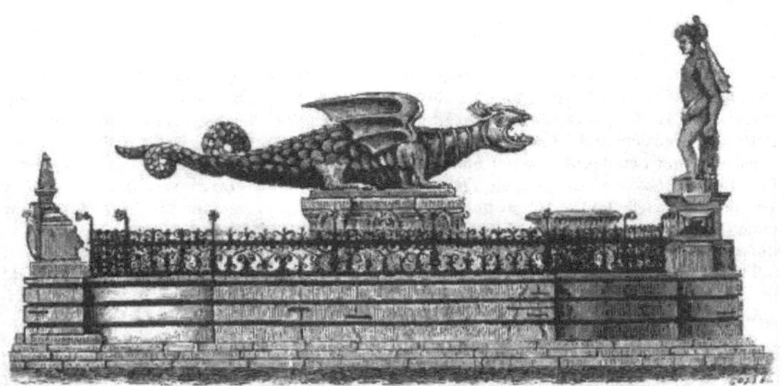

Fig. 462. (Lindwurmbrunnen.)

Die Landeshauptſtadt Klagenfurt.

Das Terraſſen-Diluvium, welches im allgemeinen die Schichtung hat: Schotter und Sand bis 20 M., alsdann feiner Sand mit Lehm, waſſerhältig bis 45 M., iſt etwa 1 Myriameter ſüdlich vom Standorte Virunums, 3600 M. (1 Stunde Gehweges) öſtlich vom Seerande an den Stellen zwiſchen Glan und Glanfurt mit vereinzelten römiſchen Villen ähnlich beſtellt worden, wie die benachbarten Anhöhen bei Zigguln, am Spitalberge, bei St. Georgen am Sandhof, die Gegend bei Lendorf, Halleck, Wölfnitz, Emersdorf u. ſ. w.

Das Löß-Lager, welches ſonſt, gleichzeitig dem Menſchen gebildet, ſchon in Pflugſchartieſe oder nach zwei Metern Mamutknochen und Reſte von Edelhirſch, Kohle, Aſche, Feuerſtein-Meſſern und -Splittern birgt und ſtets der polirten Steine und der Bronze entrāth, verbreitet ſich um Klagenfurt nördlich der Bahnlinie bis an die Gurk, nach Wutſchein, vor den Mariaſaaler Berg, an Goritſchitzen, St. Georgen, gegen Emersdorf (*Much*, Mamut 27 f.; Denkſchr. d. Ak. d. W. math. 39. Mi. w. anth. 3. 55. Geolog. R.-A. V. 71, 269).

Für die römiſche Zeit iſt es geſtattet, eine Seitenſtraße von Ton-Kreuzerhof her, die Gurk und Glan überſetzend, unter Portendorf, Spitalberg, hinter Zigguln, unter Wölfnitz nach Krumpendorf anzunehmen, dazu Auszweigungen nach Nord ins Zolfeld, nach Süd gegen Hollenburg und Loibl, Krainburg, nach Emona (Laibach). In römiſcher Zeit ging die Heerſtraße von Kreuzerhof über Wutſchein (Gurk-Ueberſetzung) zwiſchen Stuttern und Poſſau ins Zolfeld und von dieſem unter Karnburg zwiſchen Emersdorf und Lendorf gegen Wölfnitz und Krumpendorf.

Wieviel von römiſchen Fundſtücken im Stadtbereiche ſelbſt dem Boden als urſprünglichem Standorte entnommen, wieviel nur herbeigetragen iſt, namentlich ſeit der hauptſtädtiſchen Entwickelung und Einrichtung der Adelshäuſer, vornehmlich aus dem Gebiete des nahen Virunum, wird nicht leicht mehr nachzuweiſen ſein. Das älteſte erwähnte Denkmal iſt der Grabſtein des Blaeſantil 1534, alle anderen ſcheinen kaum viel vor 1750 allda geweſen zu ſein. Die Sage macht das Dietrichſtein-Haus am alten Platz (goldene Gans Nr. 1, neu 31) zum älteſten; die »unterirdiſchen Grundmäuer, zwey gedeckte Porticus gegen Seite der Herrengaſſe und rückwärts zwey runde Thürme, deren einer noch im inneren Theil des Gebäudes« ſind bis 1796 erhalten, Steine mit Aufſchriften im Hauſe angeblich verbaut worden. Von daher

29*

das Centaur-Relief und der Grabstein Ti iul blaesant (*Mayer*, 1796, S. 224).

Statuarisch: Mann im Kriegskleide, stehend, die hagere Linke straff auf den Schild, der linke Fuß war vorgestellt, die Füße vom Knie ab und rechter Arm fehlen, hoch 158 Ctm. (5 Fuß), auf einem Cippus mit vier Herculesthaten, gefunden um 1765—85 beim Stadtcanal-Einfluß im Baugrund (ähnliche Stelle wie Fuscae?). Aufgestellt in der St. Veiter-Vorstadt, Garten Ebner, Wodley, jetzt B. Lang Nr. 55 (Jab. 369, Taf. 5, Anh I 103, Bild 635 als Maximianus Herculeus, Zeit 286—310, angeführt, Eichhorn B. 1. 53, Car. 1819, Nr. 12. K. Ztsch. 6, 5. Mu. G. Stmk. 1, 288. R. Stud. 1, 309).

Weibliche Gestalt mit zwei Kindern, hoch 284 Ctm. (9 Fuß). Vgl. FVSCAE (*Herman*, Klagenfurt S. 6, K. Ztsch. 6, 6).

Da über Thonfunde keine beglaubigte Nachricht besteht, so haben wir drei hierortige (museale) Thonschriften unter Zolfeld eingereiht.

Schon 1194—1198 wird Klagenfurt urkundlich forum, also Markt genannt. Als solcher erscheint es auch noch in einer Urkunde vom Jahre 1268. Als Stadt tritt uns Klagenfurt das erstemal 1279, 19. Juli, entgegen. Es befand sich darin auch ein herzogliches Schloß, welches 1268 und 1279 genannt wird.

Das älteste Stadtsiegel, wie es M. n. F. 4, p. LXX abgebildet ist, sehen wir zuerst an einer Urkunde vom Jahre 1287 (Fig. 452). Dasselbe zeigt bereits den Lindwurm. Als jüngeres Siegel ist das im M. 16, p. CXXXV abgebildete anzusehen (Fig. 453).

Allein Klagenfurt, von dem uns Abt Johann von Viktring (*Böhmer*, Fontes rerum Germanicarum 1, 290) erzählt, dass Herzog Bernhard aus dem Sponheimer Hause (1201 bis 1256) den Ort zur Stadt erbaute, denselben befestigte, ferner durch einen Canal mit dem Wörther-See zu verbinden versuchte und mit besonderen Rechten ausstattete, spielte bis zum Jahre 1518, so lang St. Veit Landeshauptstadt war, eine wenig hervorragende Rolle. Den letzten Platz nimmt Klagenfurt ein, so oft es zusammen mit den zwei anderen landesfürstlichen Städten St. Veit und Völkermarkt genannt wird.

Anders sollte es werden, als 1515 die Hauptstadt St. Veit gelegentlich des Bauernaufstandes der landständischen Kriegsmannschaft den Einzug wehrte (*Herman*, Geschichte Kärntens 1, 247). Dies und der Umstand, dass Klagenfurt im Jahre 1514, 10. Juni, durch eine Feuersbrunst vollständig vernichtet wurde, bot den Landständen willkommenen Anlass, sich einerseits nach einem festen Sitz und Waffenplatze im Lande umzusehen und anderseits bei Kaiser Maximilian um die ziemlich im Mittelpunkte Kärntens gelegene verödete Stadt Klagenfurt zu diesem Zwecke zu bewerben. Maximilian, dem Wunsche willfahrend, schenkte die Stadt 1518, 24. April (kärnt. Landhandfeste 1610, S. 86) den Ständen, wodurch dieselbe unter Verlust aller ihrer althergebrachten landesfürstlichen Freiheiten und Privilegien Landeshauptstadt wurde. Die Hoffnungen der Bürger, durch eine abgeschickte Gesandtschaft den Entschluß des Kaisers rückgängig zu machen, wurde durch dessen 1519, 12. Januar, erfolgten Tod zunichte.

Der Kaiser hatte für den Neubau der zerstörten Häuser die besondere Vorschrift erlassen, dass kein Gebäude in der Stadt gebaut werden dürfe, „es sei denn von Gemäuer mit Zinnen und verborgenen Dächern oder aber mit niedern Dächern von Stein auf Innsbrukisch gegen das Feuer gemacht.“

Ein großer Brand zerstörte die Stadt neuerdings im Jahre 1535. Im Jahre 1543 begann der Neubau der Befestigungen um die beträchtlich erweiterte Stadt, welcher bis gegen Schluß des 16. Jahrhunderts währte. Die so entstandenen Stadtwälle sammt den vier Stadtthoren, mit Ausnahme des Völkermarkter Thores, welches erst moderner Neuerungssucht zum Opfer fiel, wurden 1809 von den Franzosen geschleift.

Auf diese Weise wird es begreiflich, warum Klagenfurt an Kunstdenkmälern — von der romanischen Periode ganz zu schweigen — aus der Zeit der Gothik und Früh-Renaissance sehr wenig, ja so gut wie nichts aufzuweisen hat.

Gehen wir nun an die Betrachtung der Kunstdenkmale selbst, der Kirchen, Gebäude und Denkmäler.

Abgesehen von einer Marien-Kirche (*Tangl*, Geschichte Kärntens S. 405—408), woselbst Herzog Meinhard von Kärnten 1283, 28. Juni, eine Urkunde ausstellt, ist die heutige Stadt- und Hauptpfarre St. Egid die älteste Kirche Klagenfurts. Die Lage der Marien-Kirche läßt sich nicht bestimmen, da auch in den Urkunden von ihr nichts mehr weiter verlautet. Auf die Egidi-Kirche dürfen wir jedoch jedenfalls den 1255, 16. October, urkundlich erwähnten Vikär Friedrich in Klagenfurt beziehen, indem diese Kirche bis zum Jahre 1603 (Archiv f. vaterl. Gesch. u. Top. XI, 96) als Filiale dem Mariasaaler Decanate unterstand und von einem vom Decane ernannten Vikär verwaltet wurde. 1353, 3. November, nennt uns eine Urkunde einen Konrad als Schaffer des Gotteshauses St. Gilgen. Aus einer Urkunde vom Jahre 1381, 25. November (Car. 1821, S. 6—8), erfahren wir, dass bis dahin das geistliche Personale zu St. Egid aus einem Vikär und zwei Gesellpriestern oder Caplänen bestand, wozu im genannten Jahre noch ein dritter Gesellpriester gestiftet wurde. Die Kirche wird weiter

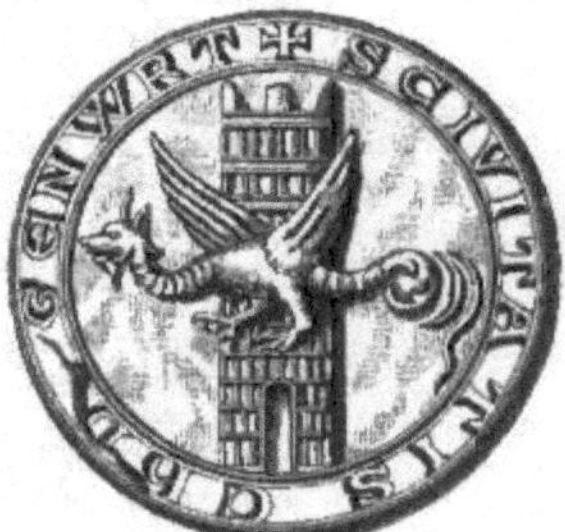

Fig. 452. (Stadtsiegel.)

erwähnt in den Jahren 1416, 1418, 1420, 1423 und 1432. Von einem Chorbau an der Kirche vernehmen wir aus einer Urkunde vom Jahre 1435, 8. September. Der Klagenfurter Bürger Vincenz Prödl stiftet im Jahre 1497 eine Seelenmesse am St. Johannes-Altar. Im selben Jahre gründet Hans Goder ein eigenes Beneficium in der von ihm errichteten Vierzehn Nothhelfer-Capelle (Car. 1821, S. 9). 1535 brannte die ganze Stadt ab, wobei auch der Pfarrhof den Urkunden gemäß zu Grund ging. 1540 wird in einer Urkunde der Nothdurft der Gebäude von St. Egid gedacht. Dass sich einst auch ein Karner bei der Pfarrkirche befand, zeigt uns eine Urkunde vom Jahre 1548, in welcher ein Caplan der Herrenbruderschaft am Karner genannt wird. Im Jahre 1603 tritt uns als erster selbständiger Stadtpfarrer Dr. Matthäus Scholastirus entgegen. Durch Erdbeben litt die Kirche in den Jahren 1571 und 1680 (Car. 1821, S. 44).

Schon 1688 musste der Gottesdienst wegen Baufälligkeit der Stadtpfarrkirche aus letzterer in die Heilige Geist-Kirche übertragen werden (Car. 1861, S. 196).

Endlich machte das Erdbeben von 1690 einen vollständigen Neubau der Stadtpfarrkirche nothwendig, wovon uns die am Seiten-Portale links in der Kirche angebrachte Marmorschrifttafel Folgendes meldet:

„Als die alte Pfarkirch S. Aegidy alda sambt 2 hochen thüren (Thürnen) durch den 1690 erschröklichen erdbiden sehr geschrickt u. baufählig worden, ist zu mehrer ehre gottes dises Gotteshaus des h. Aegidy in 1692 u. gefolgten vier Jahren von grundt auf völlig

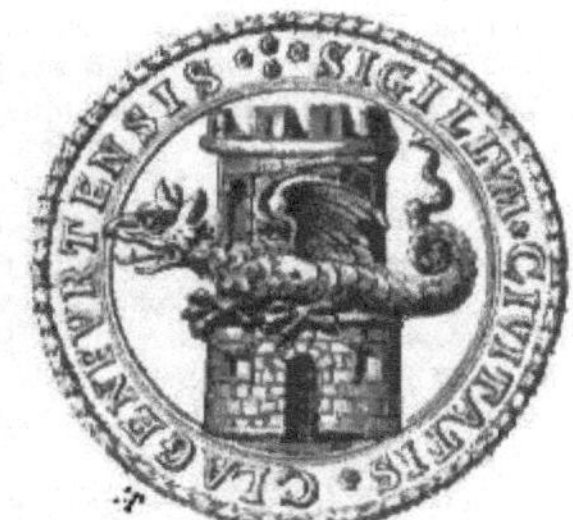

Fig. 453. (Stadtsiegel.)

derhöcht, der hohe neue thurn aber von 1692 mit end 1705 bis an die eingenkte (eingehängte) gloggen endtlich in jahr 1709 volkomenlich undter glorwürdigster regierung zweyer Römischer Kayser Leopold I. u. Joseph I. zur zeit hier vorstehenden zweyen hochgräfl. Excellenzien Georgy Nicolai u. Joannis Friderici reichsgraffen von Ursini u. Rosenberg der Rom. kay. maies. wirklichen geheimben räthen praesidenten und burgrafen vermittels sonderbaren fleis u. obsicht des woll ehrwürdigen herren Jacobi Rohrmeister SS. theol. baccalaurei hochfürst. Salzburg. rath u. statpfarrers alda erpavet worden.

Die zierlichen sechs seitenaltar sein aus andächtiger Freigäbigkeit des hochen adels u. der hohe altar von gemeldten herren statpfarrer aufgerichtet. Diese Pfarrkürche aber geweichet worden im jahr 1697."

Sehr ungenügende Vorstellungen der alten Stadtpfarrkirche, welche zwei Thürme hatte, geben uns die Ansichten Klagenfurts bei: *Baumgartner-Ariftion* Carinthiae Claudiforum 1605; *Merian*: Topographia provinciarum Austriacarum 1649; *Valvasor:* Beschreibung des erzherzogthums karnten 1688, letztere Abbildung wieder abgedruckt in *Wagner:* Album v. Kärnten 1845.

Das wichtigste der Baugeschichte der jetzigen Stadtpfarrkirche (Car. 1821, S. 44 ff., 49 ff.; Car. 1873, S. 321 ff.; Kirchenschmuck 1884, S. 45, woselbst auch der hier wiedergegebene Grundriß Fig. 454 und Querschnitt Fig. 455 abgebildet) ist uns durch die Inschrift gegeben. Zu erwähnen ist nur noch, dafs der Grundstein zur neuen Kirche am 8. Juli 1692 gelegt wurde, nachdem der Bauplatz durch Einlösung mehrerer Häuser erweitert worden war. 1663 erbaute man das Presbyterium, 1695 das Haupt-Portal. 1696 wurden die schön geschnitzten Kirchenstühle aufgestellt. Im Jahre 1697, 8. September, weihte Bischof Franz Kaspar v. Lavant die Kirche sammt den sechs Seiten-Altären ein. Der Hoch-Altar wurde 1700 vollendet, 1721 jedoch wieder ganz neu hergestellt. Der Thurmbau währte bis zum Jahre 1709. Der große Brand vom Jahre 1723 schädigte die Kirche in den Dachungen und im Innern, der Thurm brannte inwendig vollständig aus und auch seine Kuppel fiel den Flammen zum Opfer. Erst 1733 war der Stadtpfarrthurm wieder hergestellt. Nach dem Brande war es abermals nöthig, einen neuen Hoch-Altar zu errichten. 1761 wurde die Kirche einer gründlichen Restauration unterzogen, mit Fresken des Kammermalers *Joseph v. Mölk* geschmückt (1764) und wiederum mit einem neuen Hoch-Altar (Altarbild von *Cuffeti* aus Bassano) versehen. Das Annabild von *Jos. Zoller*. Zwei bronzene Engel von *H. Gaffer*.

Die Kirche, wie sie jetzt dasteht, hat die Hallenanlage mit Tonnengewölbe, darin Gewölbeschilder, mit sechs Seiten-Capellen, darüber Emporen und mit gerade vorspringendem Chorschluß. Der Musik-Chor ruht auf steinernen Säulen. Der Thurm steht westlich vor dem Haupt-Portale und bildet unten vor demselben eine offene gewölbte Halle, in deren Schlußstein eine Inschrift uns kurz die Baugeschichte des in sechs Stockwerken aufsteigenden Thurmes erzählt.

Im Inneren der Kirche ist außer den schon erwähnten, jetzt leider schadhaften Kirchenstühlen, noch die barocke Kanzel erwähnenswerth.

Die Kirchen-Paramente sind fast alle aus neuerer Zeit.

Von den Kelchen dürfte keiner hinter die Schwelle unseres Jahrhunderts zurückgehen. Von den Meßgewändern gehört wohl nur der sogenannte Rosenberg-Ornat ins 18. Jahrhundert.

Interessant sind die Grabsteine an der Außenseite und im Innern der Kirche, welche nach dem Neubau theilweise falsch zusammengestellt wurden (M. n. F. 2, p. XXXVI und 3, p. XI). Es sind, wenn wir außen an der Nord-Seite beginnen, folgende:

1. Wilhelm v. Ernaw zu Pregradt u. Mossburg, pfandinhaber der herrschaft Glanegg, landschaftl. Bau u. Zeugmeister, † 1582, 9. Januar.

2. am Boden, jetzt halb unleserlich: Georg Grinz, gewesener Bürgermeister zu Klagenfurt, † 1611, 24. Juli, gesetzt vom Bürgermeister Alexander Schurian.

3. Jetzt am Meßnerhause eingemauert: Andre Stocker des inneren Rathes z. Klagenfurt, geb. 1571, † 1618, 25. Januar.

4. Hans Ambtmann, Stadtrichter allhier, † 1584, 28. Nov., s. Frau Sabina Domenikin, † 1587, 3. Oct., und ihre Kinder: Christof, Andreas, Victor, Georg, Johannes, Maria, Katharina.

5. Tobias Steidler, Rathsbürger und Apotheker hier, hat dieß Epitaphium f. Mutter Maria Steidler, geborene Prunner, † 1605, 25. Apr., setzen lassen.

6. Martin Melchior, Stadtpfarrkaplan, † 1749, 23. Januar, und sein Vater Primus Melchior, landschaftl. Zimmermeister.

7. Katharina, Tochter des kunstreichen Martin Paco Bello, landschaftl. Bildhauers und Baupoliers, † 1610, 10. Januar (Rother Marmor mit dem Relief ein Kind darstellend, sehr interessant.)

8. Unleserlicher Grabstein vom Jahre 1644.

9. Andreas Ruthkay de Fadem sac. caes. et reg. maj. cons. secretarius, Ungar. aulicus, gesetzt von Georgius Szelepcheny, archiep. Colocensis episcopatus Nitriensis administrator., ohne Datum, 17. Jahrhundert.

10. Je zwei Wappen übereinander ohne Inschrift.

11. Stein-Relief: Christus am Oelberg, 18. Jahrhundert.

12. Fast unleserlich: Urban Stepnitzer, Bürger und Handelsmann zu Klagenfurt, † 1618, 24. Apr.

13. Am Meßner-Haus gegenüber der Kirche: Jacob Pallue, Rathsbürger und Handelsmann allhier, und seine Frau Ursula, geb. Unverdorbin, haben den Grabstein dem Gotteshause zu Ehren und ihren Kindern: Hans Jacob, Thobias †, Friedrich †, Ursula, Elisabeth †, Luzia †, Katharina †, Maria †, Salome †, errichten lassen 1626.

14. Ebenda Barbara Leitnerin, landschaftl. Hebamme, † 1588, 23. Juni, West-Seite der Kirche.

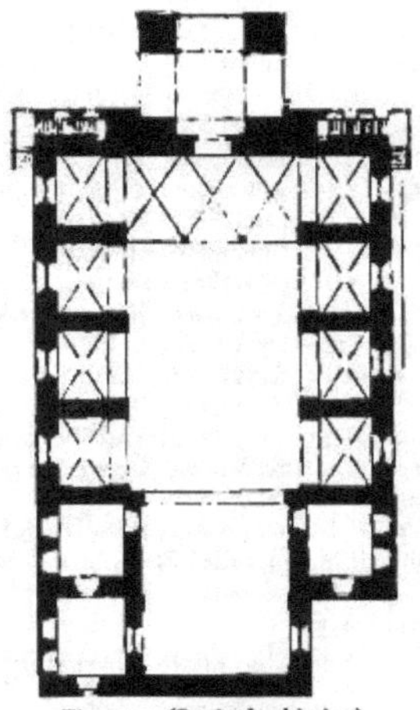

Fig. 454. (Stadtpfarrkirche.)

15. Vitus Balthaser, liber baro a Griming dominus in Welzneg, Liebenberg et Praunsberg urbis huius colonellus supremus, † 1664, 22. Mai, gesetzt von seiner Frau Juliana Susana, geb. v. Jöbstelsberg.

16. Hans v. Windischgratz auf Silberegg und Grienberg, Freih. zu Waldstein, Taal und Kaitsch. Erblandstalmaister in Steyr, † 1589, 31. Dec., zu Silberegg, sowie seine Frau Elspet, geb. von Ernaw (Sterbejahr nicht eingetragen) und seine Kinder Sigmund, Jacob, Paul, Bartlme, Katharina, Elisabeth, Regina.

17. Elisabeth Kiniglin, geb. Welzerin zu Frauenstein weilandt des Bernhardt Kinigl. Freyherrn z. Ernburg u. Wart u. s. w. eliche gemaehl, † 1583, 17. Mai.

18. Mit dem vorstehenden Stein irrthümlich zusammengesetzt: Ursula, geb. Neuschwertin des Lamprecht Schnätterl, Bürger u. des rats zu Clagenfurt haußfraw, † 1555 12. Sept., u. ihre tochter jungfrau Margareth, † 1557, 24. Juli.

19. Stein mit Relief, Christi Auferstehung darstellend; Inschrift unleserlich.

20. Udalricus Steidler Carnus medicinae ac phiae doctor archiducatus Carint. physicus, † 1563, 8. April.

21. Grabstein mit Bibelspruch und Wappen; Inschriftstein fehlt.

Süd-Seite:

22. Stein-Relief: Mann links vom Kreuz knieend, hinter ihm vier Knaben, rechts kniet eine Frau, vor ihr zwei Mädchen; das

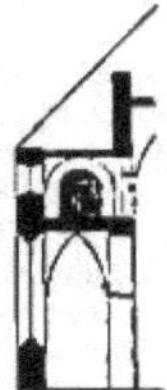

Fig. 455 (Stadtpfarrkirche.)

Relief gehört zu 25. Der obere Stein mit Wappen der Familie Welzer u. Khevenhüller gehört offenbar zu 24.

23. Hilliprandt v. Mornberg z. Jauffen, † 1591, 11. Mai.

24. Victor Welzer v. Eberstein, erzherz. rath (für das Sterbejahr ist eine Lücke gelassen) u. s. Weib Elsbeth Welzerin, geb. Khevenhüllerinn, † 1588, 9. December.

Die beiden Wappen oberhalb gehören nicht dazu, dafür die Wappen von 22.

25. Grabstein der Kinder des Balthasar Griming von Stall, Ferdinand II. Landrathes in Kär. landschaftl. Verordneten Generaleinnehmers u. s. Frau Euphrosina, geb. Jochnerin, sowie die Kinder: Franz Ludwig, Karl, Warbara Elisabeth, Georg Christoph, Hans Karl, Maria Hema 1622. Hiezu gehört das Stein-Relief von 22. Dagegen ist hier ein

Reliefstein, fünf Särge darstellend, unrichtig eingefügt.

26. Anna Christina v. Schurian, geb. Knorin von Rosenroth, † 1687, 10. Mai.

27. Stein mit Bibelspruch oben, unterhalb Relief: Geharnischter Mann links vor einem Kreuze knieend, hinter ihm zwei Knaben: Hans Ludwig, Adam; rechts vom Kreuze kniet eine Frau, vor ihr sechs Mädchen: Johanna, Elisabeth, Eva, Maria Attilia, Helena Cath. Inschrift und Wappen fehlen. 16. Jahrhundert.

28. Franz v. Herbert, † 1766.

29. Franciscus Lenhartus Mikhez, † 1663, 1. April. Ritter Bernhartus Justus Mikhez, † 1663, 8. Mai.

30. Kristoff Glandtschnich com. palatinus caesar. Landschrannenadvokat, † 1655, 28. September.

31. Paul Fertig, landschaftl. Sekretarius, † (15)83, 28. Jänner.

32. Mathest Prugger, landschaftl. Bauzahlmeister, † 1585, 6. April.

33. Ottmarus Weigandt, Bader u. Wundarzt in Klagenfurt, landschaftl. magister sanitatis, † 1681, 27. April.

34. Georg Kitzmägl v. Rißmannstorff, fürstl. Bamberg. Hofdiener und achtjährig gewester Gefangener des Türkischen Kaisers, † (15)93, 22. April.

35. Magdalena Rohrmeister, † 1695, 29. Januar, gesetzt von ihrem Sohne, dem Stadtpfarrer Jacob Rohrmeister.

36. Anna Maria v. Ernaw, geb. Freiin z. Fölst, † 1570, 23. Juni.

37. Niclaus Dobernigg Phliae und Medicinae Doctor, landschaftl. bestellter Physicus, † 1687, 12. April.

38. Joseph Wilhelm Woller des inneren Rathes und Handelsmann zu Klagenfurt, † 1693, 17. November.

39. Johann Tschernuter, des äußeren Rathes Verwandter und Handelsherr allhier, † 1743, 19. August, u. s. Frau Maria Ursula, geb. Stickhlberger, † 1742, 9. August.

40. Johann Bapt. Stickhlberger, des inneren Rathes Verwandter und Handelsmann in Klagenfurt, † 1741, 23. August.

Im Innern der Kirche, Süd-Seite, von West nach Ost:

41. Stein am Boden abgetreten, vom Jahre 1704.

42. Bruchstück.

43. Franciscus Claudius Schneeweis Freyherr v. Arnoldstein herr auf Wasenberch u. Ehrnhausen, landschaftl. Generaleinnehmer und Verordneter des grossen Ausschusses, † 21. November (das Jahr ist nicht genannt), gesetzt von seiner Frau Maria Elisabeth, geb. Stampfer v. Walchenberg, Freiin, † 1727, 7. Juni.

44. Altar beim Seiten-Portal; unter dem Weihwasserbecken ein Grabstein von 1554. Inschrift verdeckt.

45. In der sogenannten Goder-Capelle an der rechten Wand rechteckiger Stein mit zwei Wappen, Goder und Silberberg; die alte Inschrift auf einer Schmalseite abgemeißelt und durch eine jüngere ersetzt. Der Rest der alten Inschrift lautet:

Fraw Margaret von Silberberg sein hausfr. am ertag nach unser Frawen schidung 1497 (1 ꝗ 9 ∧). Die jüngere Inschrift besagt: Herr Hans Goder ist im jahr 1500, dessen aber ehegemachel Margaret geborne von Silberberg a° 1497 gestorben, weliche beyde die caplanei und capelen hh. 14 nothelfer alda gestiftet a 1497. Dies der älteste Grabstein der Stadtpfarrkirche.

46. Julius Neidthardt Freyherr von Staudach, Herr zu Freyenthurn, Ehren- und Räzenegg landschaftl. Verordneter des großen Ausschusses, † 1675, 20. August. Barbara Elisabeth v. Staudach, geb. Freiin von Cronegg, † 1647, 2. Mai.

Innere Nord-Seite von Ost nach West:

47. Anton Bewal, gewesener Stadrichter und Bürgermeister allhier, † 1656, 22. Sept.

48. Frau Anna Ungnadin des Hans Christof von Thonhausen Witwe, geb. Neumann z. Wasserneuburg, hat ihrem Herrn und Gemahl diesen Grabstein hieher legen und machen lassen. Darunter das Ungnadische Wappen. Hierauf: Ludwig v. Ungnad Freih. v. Sonnegg, k. Rath, Kämmerer, Viztum z. Cilli, † 1585, September. Jetzt nur Weniges mehr lesbar (vgl. *Beckh-Widmanstetter:* Studien an den Grabstätten alter Geschlechter S. 112).

49. Paulus episcop. Tripolitanus episcopatus Argentinensis suffraganeus sac. caes. maj. et ill^{mi} ac rever^{mi} archi. Salisb. consil. ac imperialis exercitus vicarius generalis Gentiforensis et Teinac. praep. ac. per Carinthiam archidiaconus comes ab Aldringen, † 1644, 28. März. Bischof in Lebensgröße, Relief.

50. Georg Nicolaus comes ab Urfinis et Rofenberg u.f.w., † 1695, 28. April; f. Gattin Maria Sidonia a prasapia comitum de Herberftein u. f. w., † 1701, 29. April. Gefetzt vom Sohne Joannes Fridricus comes ab Urfinis et Rofenberg u. f. w., † 1723, 18. November.

51. Paull Freiherr v. Thanhaufen, Erbjägermeifter in Steyer, Erbtruchfeß des Erzftiftes Salzburg, Erzherzog Karl's Rath und Landesverwefer in Kärnten, † 1593, 8. Juli, u. f. Frau Amalie, geb. v. Tachsperg, † 1608, 5. October (vgl. M. n. F. VI, S. 28).

52. Hans Jochamb Weinzieher z. Laydtfchach, der Letzte feines Namens und Stammes, Erzherzog Karl's gewefener Generaleinnehmer, † 1612, 9. November.

53. Maximilianus Antonius liber baro a Waidmannsdorff u. f. w., † 1729, 30. Juni.

Sonft find in und außer der Kirche noch eine Anzahl von Steinen zu fehen, welche jedenfalls einft eine Infchrift trugen, jetzt theils verbaut, theils faft gänzlich abgetreten find.

Die zweitältefte Kirche der Stadt ift die Heiligengeift-Kirche. An derfelben befand fich einft das Bürgerfpital. Diefelbe wird urkundlich das erftemal 1355, 2. Juli, erwähnt. Das zweitemal im Jahre 1463 mit dem Spitale. Sie war eine Filiale der Stadtpfarre St. Egid. 1381 verpflichtet fich der Decan v. M. Saal einen dritten Caplan zur Beforgung des Gottesdienftes an der Spitalskirche zu halten, welche Verpflichtung 1502 erneuert wurde. 1563 fchon ward diefelbe für den proteftantifchen Gottesdienft beftimmt. Die Stände wollten 1594 die alte Kirche niederreißen, doch kam es nicht dazu (Klagenfurter Gymnafialprogramm XVII, S. 2 und 14). Umgebaut wurde diefelbe wahrfcheinlich 1623; wenigftens fteht diefe Jahreszahl am Weihwafferbecken. 1670 wanderten die Urfulinerinen in Klagenfurt (Car. 1861, S. 195, 196) ein und wurde ihnen als Bauplatz für ihr Klofter die Umgebung der Heil. Geift-Kirche angewiefen. Das Floftergebäude, deffen Bau von 1672 bis 1678 währte, umfchließt die Kirche derartig, daß nur die Südfeite frei und das dortige Seiten-Portal nun Haupt-Portal ift. Der Umbau am Anfang des 17. Jahrhundert hat nicht vermocht, die Spuren der einftigen gothifchen Kirchenanlage zu verwifchen. Es ift eine einfchiffige Kirche mit fünfeckigem Chorfchluß. Der Chor ift noch gothifch eingewölbt mit Schlußfteinen und Gewölbsgraten, welche auf bis zum Fußboden reihenden Dienften mit einfachen Capitälen ruhen. Der Triumphbogen ift rund. Das Hauptfchiff befteht aus 4 Jochen, die Decke bildet ein Tonnengewölbe mit gothifchen Gewölbfchildern, welche auf Lifenen ruhen. Das Schiff hat auf jeder Seite 4 lange Fenfter mit runden Bögen, wovon die nördlich gelegenen größtentheils verbaut find. Der Thurm fteht öftlich vor dem ehemaligen jetzt ganz verbauten Haupt Portal (f. Fig. 456, S. 433).

Die drittältefte Kirche der Stadt ift die Domkirche.

1578 begannen die proteftantifchen Stände im Vereine mit der Bürgerfchaft den Bau einer neuen Kirche fammt Spital. Als Baumeifter des Spitales wird Chriftoph Windifch genannt, als der der Kirche ein Italiener (Echte Urkunden z. Erbauung d. Hauptftadt Klgft. 1790, S. 74. Klagenfurter Gymnafialprogramm 17, S. 14. *Herman*, Gefchichte Kärntens 2, S. 180. *Herman*, Klagenfurt S. 113. Kirchenfchmuck 1884, S. 47, dafelbft Grundriß S. 46, Querfchnitt S. 47).

Die Kirche fammt Friedhof wurde 1591, 28. April, von Paftor Bernhardin Steiner zu Ehren der heil. Dreifaltigkeit eingeweiht.

Als die Jefuiten 1604 nach Klagenfurt kamen, überließ man ihnen die Kirche und als Klofter das angränzende Spital. Die Kirche, bis dahin proteftantifch, ward 1604, 30. November, zu Ehren der Apoftelfürften Peter und Paul vom Gurker Weihbifchofe und Dompropft Karl von Grimming neugeweiht (Klagenfurter Gymnafialprogramm I, S. 3).

Ein verheerender Brand vernichtete die Kirche im Jahre 1723 (die moderne Infchrift fagt irrthümlich die Jahre 1624 bis 1627), ihre Wiederherftellung im Gefchmacke ihrer Zeit dauerte bis zum Jahre 1727. Der ziemlich weiträumige Bau entfpricht den vielen Bedürfniffen einer Klofter- oder Dompfarrkirche in fchöner und bequemer Weife (Innen-Länge 46·5 Met., Höhe 17·9, Breite 10·7). Seit Ueberfiedlung der Bifchöfe von Gurk vom Schloffe Straßburg nach Klagenfurt im Jahre 1787 ift fie Domkirche.

Diefelbe ift vom Spitale, fpäter Jefuitenklofter, heute Caferne, derart umfchloffen, daß fie nur gegen Norden frei blieb. Der

Haupteingang ift mit der Straffe jetzt durch einen Säulengang verbunden. Das Haupt-Portal liegt gegen den Cafernenhof zu. Die Kirche ift eine Hallenkirche mit Tonnengewölben und einfchneidenden Zwickeln. Diefelbe hat je vier Seiten-Capellen beiderfeits und über diefen noch Emporen, welche die Kirche in Form von Arcaden auf drei Seiten umfchließen (f. Grundriß, Fig. 457 und Fig. 458, Querfchnitt). Im Weften dienen diefe Arcaden zu Zwecken des Mufikchores. Der Thurm fteht ebenfo wie in der Stadtpfarrkirche vor dem Haupt-Portale, unten ziehen, finden fich oben ftumpffpitzbogig gefchloffene Fenfter mit Abfchrägung nach innen und außen. Ueber den Emporen find noch Oberlichter angebracht, die zwar nicht unmittelbar aus dem Freien, fondern durch Fachräume Licht zuführen, aber dennoch wirkfam den freundlichen Eindruck erhöhen. Vom jetzigen Caferngebäude und vom Innern führt je eine Stiege auf den Orgel-Chor, welcher geräumig in zwei Stockwerken über einem Kreuzgewölbe fich ausdehnt und durch drei Spitzbögen in den Kirchenraum fich öffnet. Die Pfeiler, welche diefe Bögen

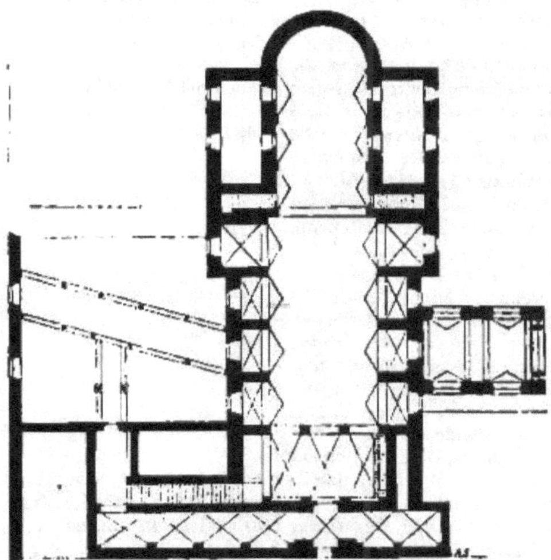

Fig. 457. (Domkirche.)

eine offene Halle bildend, an welche fich links und rechts der Breite des Längsfchiffes nach Arcaden anfchließen, welche gegen den Cafernenhof zu jetzt vermauert find. Gegen Often ift ein gleich hoher etwas fchmälerer Altarraum vorgebaut, welcher nahezu im Halbkreife abfchließt und von zwei Sacrifteien und darüber gebauten Oratorien flankirt wird. Die Beleuchtung vermitteln in den Capellen rundbogig abgefchloffene Fenfter mit jonifchen Capitälgefimfen in der Einfaffung; in den Emporen, welche auf drei Seiten den Mittelraum umtragen, find ziemlich roh gegliedert: über einem quadraten Sockel mit doppelter Abfchrägung erhebt fich der an den Ecken abgefaßte Pfeilerkern, oben mit einem überftarken halbrunden Wulft gekrönt. Von den zwei öftlichen nach Art eines Querfchiffes mehr aus der Flucht vortretenden Emporen führen Eingangsthüren zu den Seiten-Oratorien und Stiegen hinab in den Chor und in die Sacriftei. Unter einer Grabplatte im Chor führen lange Stufen hinab in eine Gruft, die etwa 50 Loculi, d. h. Sargftellen in vier Etagen übereinander enthält, nach außen nur durch zwei Luftlöcher geöffnet; erbaut vom Rector P. Joseph Zanchi 1714. Der Thurm an der West-Seite erhebt sich über dem ehemaligen Haupteingang, welcher vom Spitalhofe durch den Gang in die Kirche führte. Interessant sind jedenfalls die Reminiscenzen an die Gothik bei den genannten und den Schallfenstern des Thurmes und bei der ziemlich häufigen Verwendung des Spitzbogens in den Emporen. Die Kirche ist mit barocken Stuck-Ornamenten und durch reich eingefasste Gemälde freigebig geschmückt. Im Chore ist das Gewölbe mit dem Gemälde der Verklärung Christi am Tabor (von Professor Lexer), die Wände mit Scenen aus dem Martyrium der Apostelfürsten geschmückt. Im Schiffgewölbe sieht man die Kirchenväter, Maria-Himmelfahrt, die Briefe der Apostel durch ovale Bilder gelb in Gelb symbolisirt und in den Capellen verschiedene andere Heilige dargestellt. Der imposante leider nur in Holz ausgeführte Hoch-Altar ist mit einem Colossalbilde, die Begegnung der Apostelfürsten vor ihrem Tode darstellend, von Daniel le Gran 1752, geschmückt (*Herman*, Klagenfurt, S. 258). Die Seiten-Altäre sind mehr oder weniger schön in verschiedenen Marmorgattungen ausgeführt; der neben der Kanzel enthält ein Bild von *Paul Troger*, den heil. Ignatius vor dem Heilande darstellend. Die Mehrzahl der Fastenbilder sind Werke des Malers *Steiner*. Der Kanzel gegenüber haben die Stände Kärntens 1727 dem Mitpatron des Landes, dem heil. Johann von Nepomuk, ein Denkmal gesetzt, das in einer allegorischen Gruppe, aus Holz geschnitzt und reich vergoldet, den Schutz des Heiligen über das Kärntnerland versinnbildet. Südlich gegenüber dem Eingangs-Portal schließt sich an das Kirchenschiff eine mit Stuckarbeiten geschmückte viereckige Capelle, die laut Inschrift 1660 von dem darin begrabenen Grafen Wolfgang Andre v. Rosenberg Ursini und dessen Gattin Eva Regina geb. Baronin v. Welz gestiftet wurde. Die Capelle enthält weiter die Grab- oder Gedächtnissteine folgender Mitglieder der Rosenberg'schen Familie: Johanna Elisabeth, Tochter des Stifters † 1670; Graf Franz Andre † 1698 u. s. Frau Theresia Amalia, geb. Gräfin v. Löwenstein-Wertheim † 1701; deren Sohn Karl Josef † 1718; Graf Vincenz Fererius † 1794; Graf Philipp † 1765 und dessen Frau Maria Dominica, geb. Gräfin Kaunitz † 1756, gesetzt von s. Sohn Vincenz † 1794.

Im Arcadengange vor dem Haupt-Portale der Kirche an der Südseite ist der Grabstein des Leonhard Welzer zu Eberstein u. s. w. † 1691 24. December und seiner Frau Susanna geb. v. Obdach, der letzten ihres Namens (Sterbedatum nicht eingetragen) eingemauert.

Von Paramenten ist der sogenannte Hemma-Ornat des Domcapitels mit reichen Stickereien aus dem 16. bis 17. Jahrhundert erwähnenswerth. Eine Monstranze mit 327 Edelsteinen und der Inschrift: F. A. G. V. V. 1755. Die Glocken von 1727 (Zehenter). Die geschnitzten Stühle sind der Erwähnung werth, so auch der prächtige Messingluster von Emil Mehlhofer.

Die viertälteste Kirche der Stadt ist die ehemalige Franciscanerkirche, seit 1809

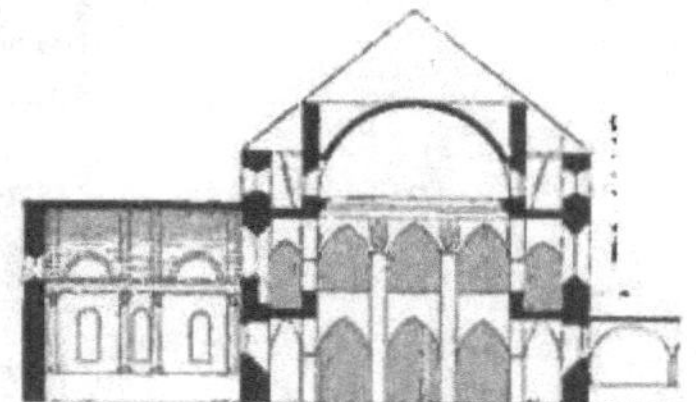

Fig. 457. (Domkirche.)

im Besitze der Benedictiner von St. Paul. Schon 1611 ertheilte Erzh. Ferdinand die Erlaubnis, in Klagenfurt ein Franciscanerkloster zu erbauen. 1613, 17. September wurde dazu der Grundstein gelegt und 1624 das Kloster vollendet (Car. 1858, S. 202; 1861, S. 74. *Herman*, Klagenfurt S. 198). Am 24. Juni dieses Jahres wurde der Haupt-Altar, 1635 die beiden Seiten-Altäre eingeweiht. Ein dritter Seiten-Altar unter dem Triumphbogen wurde 1706 eingeweiht. Die gegen Norden an den Chor sich anschließende Capelle wurde auf Kosten des Grafen Johann Andre v. Ursini Rosenberg erbaut und 1651 consecrirt. Dem Brande, welcher 1636 die Stadt verwüstete, fiel auch das Kloster sammt der Kirche zum Opfer. Bald jedoch war beides wieder aufgebaut. Das Bild des Haupt-Altares, den heil. Franciscus mit Engeln darstellend, welches auf Kosten des Grafen Ludwig

v. Ortenburg in Venedig gemacht worden sein soll, ist jetzt durch ein modernes Gemälde von *Stolz* ersetzt. Der linke Seiten-Altar wurde 1738, der rechte 1739 und im selben Jahre auch der Thurm neu hergestellt. An einem Seiten-Altare in Schnitzrahmen eine altdeutsche (übermalte) Madonna als Altarbild. Die große Feuersbunst v. J. 1723 schädigte glücklicherweise nur den Thurm.

Die Kirche ist eine Hallenkirche und besteht aus hohen tonnenförmig überwölbten Schiffen mit Lünetten und sich durchschneidenden Ziergraten, hohen breiten rundbogigen Fenstern und mit von runden Steinsäulen getragener Empore, langem gerade abschließenden Chore mit Kreuzgewölbe in Stucco-Decoration, daselbst im Anschluße an das Schiff der achtseitige Thurm mit Kuppel und Laterne und dann nördlich demselben die Rosenberg'sche Capelle. Der Triumphbogen ist so gestaltet, daß über zwei Rundbögen ein Gewölbe gespannt ist, auf welchem der achteckige Thurm aufsitzt. Die Rosenberg'sche Capelle hat einen runden Chorschluß.

An Paramenten sind erwähnenswerth: ein von den Franciscanern stammender Kelch aus Silber vergoldet, Fuß und Cuppa mit in Edelsteinen gefaßten Emailbildern geschmückt, am Fuße eingravirt: Anno 1734 sub patre Reginaldo Hansiz quardiano fecit Ad. Val. Pabuenz; ferner zwei aus St. Blasien im Schwarzwalde stammende Meßkelche, beide aus Silber vergoldet, der eine hat Fuß und Cuppa mit in Edelsteinen gefaßten Emailbildern geschmückt, der andere trägt die Inschrift: „Franz Joseph Anthoni Freiherr Ross z. Bernau scholasticus summus custos u. senior etc. ecclesia Frisingensis 1715" und das Wappen des Stifters.

An Grabsteinen finden sich, wenn wir im Hauptschiff rechts beginnen, folgende: 1. Joh. Josephus nobilis de Linsee JUDr. eques, caroli VI. consiliarius, archiducatus et statuum primarius secretarius, Carinthiae decor et aevi nostri exemplar † 1749. 2. Mathias Franz de Pasberg Carinthiae capitaneatus secretarius † 1732. 3. Joh. Mich. Angelo Andrioli philiae et medice Dr., landschaftl. Physicus ein geborener Venetianer † 1712. 4. Jacob Nevs v. Nevssenfels k. rath u. Bürgermeister z. Klagenfurt † 1699. 5. Tobias Steidler v. Bernhausen kais. Hofdiener, Bürgermeister und Apotheker allhier † 1629. 6. Paul Linse † 1649. 7. Dr. Johann Edler von Pürkhenau † 1755. 8. Andre Ludwig v. Windischgratz u. s. w. † 1660 und seine Frau Anna Siguna geb. v. Welz, † 1645. 9. Catharina Ursenpekin Freiin Landeshauptmannin geb. v. Neuhaus, † 1626. 10. Maria Felicitas Gschwindin de Pöckstein, † 1688. 11 Salome v. Grotta Freiin weil. des Ludwig v. Grotta z. Grottenegg Freiherr u. s. w. Frau eine geb. Seenussin v. Freydenberg. † 1634. 12. Petrus Dominicus Lazarini v. Waldtendorf † 1663 13. in der Rosenberg-Capelle Theotrudis geb. Baronin v. Saurau des Sigm. Friedr. Freiherrn v. Herberstein, des Honorius Grafen v. Saurau und des Joh. Andreas Grafen von Rosenberg Witwe, † 28. Decem. 17. Jhdt. gesetzt von Georg Nicolaus Graf v. Rosenberg (Gener et filius).

Die gegenwärtige Spitalskirche (*Herman*, Klagenfurt, S. 208—209) St. Sebastian sammt Bürgerspital wurde 1616 von den Jesuiten erbaut, nachdem dieselben 1604 das alte Bürgerspital besetzt hatten. Sehr gehoben wurde das neue Bürgerspital durch eine fromme Stiftung des Stadtpfarrers Grunzinger 1629 für dasselbe. Die kleine nur gegen Norden freie Kirche mit Tonnengewölbe und rundem Chorschluß bietet sonst gar nichts besonderes. Viele Grabsteine im Fußboden.

Das Capuciner-Kloster, zu dem 1646 der Grundstein gelegt wurde, ward sammt der Kirche 1649 vollendet (*Herman*, Klagenfurt, S. 198. Car. 1861, S. 74). Die Kirche, eine Hallenkirche mit Tonnengewölbe und geradem Chorschluß und zwei Seiten-Capellen an der Südseite, bietet außer zwei Grabsteinen nichts erwähnenswerthes. Es sind dieß folgende: 1. Adam Seyfried v. Grotta zu Grottenegg Freiherr u. s. w., † 1652. 2. Clemens Ferdinand Graf v. Kaiserstein, † 18. Jahrhundert.

Die Kirche von St. Lorenzen wurde, wie die Inschrift ober dem Portale anzeigt, 1730 vollendet. Dieselbe ist ein imposanter Centralbau. Sie steht im Range einer Vorstadtkirche und dient auch den gottesdienstlichen Zwecken der 1710 eingeführten Elisabethinerinen, deren Kloster und Spital mit der Kirche zusammenhängen.

Die Capelle in der Ständischen Burg wurde vom Burggrafen Wolfgang Sigismund Graf v. Ursini u. Rosenberg 1734 zu

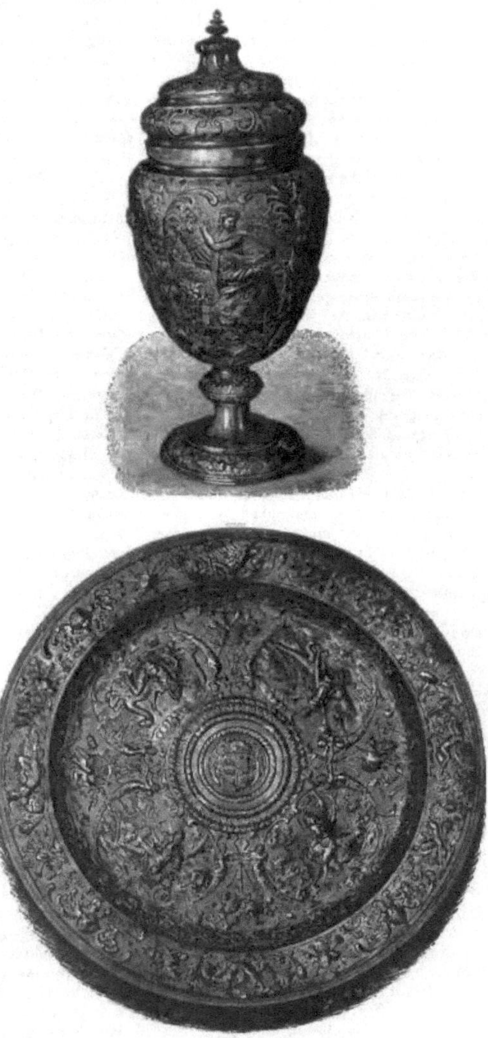

Fig. 459, 460. Landschaftliche Wahlurne sammt Tasse.

Ehren des heil. Domitianus u. zum Andenken an die kärntnifchen Burggrafen zu Klagenfurt geftiftet, mit deren Wappen auch der Mufik-Chor gefchmückt ift. Es ift eine Hallenkirche mit Tonnengewölbe. Die Wand hinter dem Altare ift mit einem Frescogemälde »der heil. Domitian über Milstat fchwebend« gefchmückt, darunter die Infchrift über die Stiftung der Capelle.

Von den außerhalb der Stadt gelegenen und zu derfelben gewiffermaßen gehörigen Kirchen find zu befprechen:

St. Ruprecht bei Klagenfurt. Die Kirche gehört zu jenen, über welche feit jeher der Probft von Maria Saal das Patronatsrecht ausübte. Der Ort kommt 1213 das erfte Mal als Flafchach vor. Von der Exiftenz einer Pfarrkirche erfahren wir 1283, wo uns ein Pfarrer Amelreich von Fletfchach genannt wird. Von der alten Kirche ift nichts mehr übrig. Diefelbe wurde abgetragen und an ihrer Stelle 1847 laut Infchrift ein Neubau vollendet. Alt ift nur das Taufbecken in derfelben, auf deffen Rande zu lefen ift: Mathias Niger parochus iwidem Hans de Lalio 1629. Letzterer ift uns als Steinmetz- und Maurermeifter aus der Klagenfurter Steinmetz- und Maurerordnung vom Jahre 1628 bekannt (vgl. Dr. *J. Neuwirth:* Die Satzungen des Regensburger Steinmetzentages. Wien 1888, S. 47). Vielleicht wurde unter Pfarrer Niger durch Lalio ein Um- oder Neubau der Kirche durchgeführt.

St. Peter bei Klagenfurt. Die kleine Kirche ift eine Filiale der Vorftadtpfarre St. Lorenz. St. Peter wird zuerft 1348 erwähnt. Von der alten gothifchen Anlage erübrigt nur noch der Chor, welcher dreifeitigen Abfchluß und Kreuzgewölbe ohne Rippen mit kleinem Schlußftein zeigt, und der vor dem Portale ftehende Thurm, welcher auf zwei Pfeilern ruht und unten eine offene Halle bildet. Die Fenfter find alle oben gerundet. Schiff und Capellen bieten nichts Beachtenswerthes. Glocke von 1557.

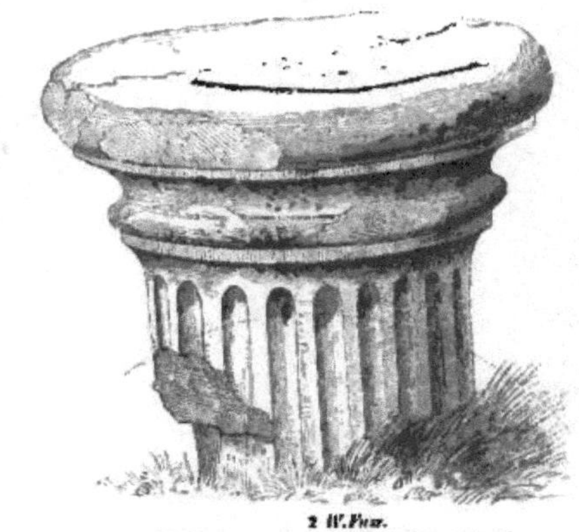

Fig. 461. (Fürftenftein.)

Die Calvarienberg-Kirche bei Klagenfurt. 1696 fchenkte Abt Benedict v. Viktring der Gottesleichnambruderfchaft zu Klagenfurt ein Grundftück am Steinbruchberg bei der Stadt, allwo der Gränzzahlmeifter zu Karlftadt Chriftoph Anton von Leyersperg 1692 ein großes Crucifix aufgeftellt hatte, zur Erbauung eines Calvarienberges. Da fich ein Proceß zwifchen Viktring und der Probftei Maria Saal um die Vogtei über die neue Stiftung entfpann, fo verzögerte fich die Sache bis zum Jahre 1737, wo durch den Bifchof Jofeph Oswald v. Lavant endlich eine Einigung herbeigeführt und zugleich die Gründung einer Capelle mit Beneficiathaus und Calvarienberg bestätigt wurde. Die Pfarre St. Ruprecht wurde mit Geld entschädigt, das Beneficium in Hinsicht auf die Präsentation der Bruderschaft und in Hinsicht auf die Confirmation der Klagenfurter Stadthauptpfarre untergestellt. Der erste Beneficiat ist Joh. Bapt. Hörmann † 1750 (Archiv des kärntn. Geschichtsvereines, Abth. Viktring C. N. 938—54).

Der Calvarienberg mit seinen Stations-Capellen, in deren Mitte eine kleine Grab-Capelle steht, liegt östlich von der Stadt an einem Abhang. Zu oberst steht die Kirche. Dieselbe von Ost nach West gerichtet, hat nur ein Hauptschiff (1735). Hinter dem Portale, zu dessen beiden Seiten sich je ein Thurm mit runder Blechkuppel erhebt, ist eine kleine Vorhalle, darüber sich der Musik-Chor wölbt. Das Schiff hat 2 Joche mit Kappengewölben und Gewölbschildern. Die Joche sind durch Lisenen mit verkröpften Gebälken geschieden. Der Triumphbogen wird durch zwei mächtige Pfeiler gebildet, welche ähnlich den Lisenen angelegt sind, darüber sich ein decorativer Bogen spannt. Das Chor schließt in fünf Seiten und ist ebenso wie das Schiff construirt. Das Gewölbe ist durch Stucco in weiß, gelb, grau geschmückt.

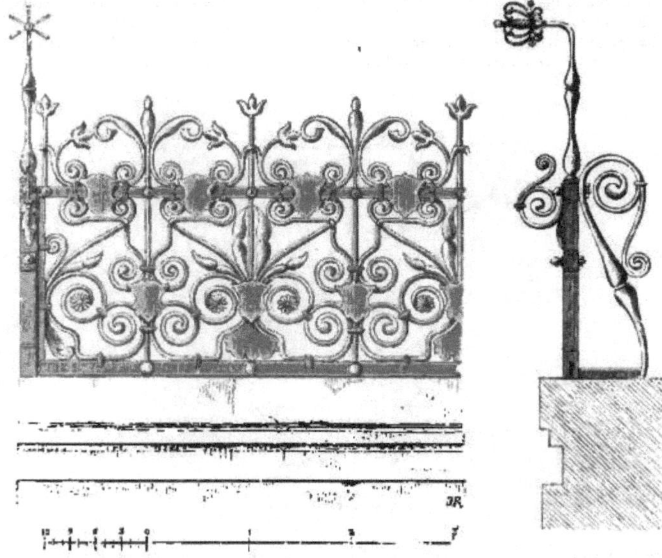

Fig. 463. (Lindwurmbrunnen.)

Die Priesterhaus-Capelle in Klagenfurt. Das Priesterhaus kam 1759 durch die Bemühungen des Erzbischofes von Salzburg Sigmund Christoph Graf v. Schrattenbach zu Stande. Die Capelle wurde 1767 gebaut und laut dem Chronogramm im Innern der Kirche rechts vom Eingang: „ab epIsCopo LaVantIno beneDICtVs sVM V. non maias (d. i. den 3. Mai 1768) eingeweiht. Die Capelle ist geostet und besteht aus einem quadratisch angelegten Schiffe, über welches sich ein auf vier Pfeilern ruhendes Platzgewölbe spannt. Gegen Osten schließt sich daran eine runde Apsis, worin der Altar steht. Der westliche Raum vor dem Schiffe ist durch eine auf Pfeilern ruhende Gurte in zwei Abtheilungen getheilt, beide find mit Platzeln überwölbt. Ueber der erften hinter dem Portale erhebt fich der niedrige Thurm und befindet fich in demfelben auch der Mufikchor über einer Kreuzwölbung. Im Schiffe find zu beiden Seiten Emporen mit Galerien angebracht.

Die beachtenswerthen Fresken ftammen von dem Klagenfurter Maler *Gabriel*. Die

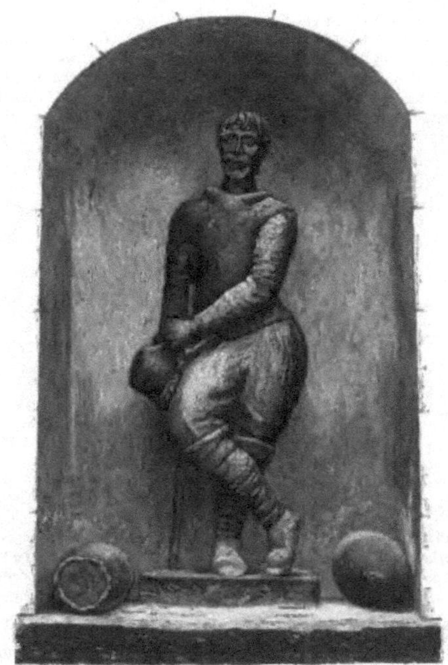

Fig. 464. (Fifch- und Krebfenhändler.)

Kreuzabnahme, eine plaftifche Gruppe am Haupt-Altare, vom Bildhauer *Joh. Probft* aus Sterzing (geb. 1760) und die Bilder an den beiden Seiten-Altären, die Marter der heiligen Apoftel Petrus und Andreas darftellend, vom Maler *Joh. Scheffer von Leonhardshof* (1795 bis 1822) find treffliche Werke (*Herman*, Klagenfurt, S. 259). Ueber dem Portale das Wappen des Erzbifchofes mit der Infchrift: Sigismund obenefactore 1767.

Die Häufer der Stadt:

Das Landhaus (Car. 1861, S. 43. *Herman*, Klagenfurt 255—256. *Baumgartner*, Arifteion Carinthie: Curia provincialis).

Ueber die Baugefchichte diefes Haufes wiffen wir nur, dafs es 1591 in feiner heutigen Geftalt vollendet und die Huldigung Ferdinand II. 1597 bereits dortfelbft gefeiert wurde. *Baumgartner* in feiner 1605 erfchienenen poetifchen Befchreibung Klagenfurt's fchildert uns das Landhaus bereits fo, wie es heute ift. Es war fchon damals innen bemalt.

Das Landhaus ift ein hufeifenförmig angelegter Bau in italienifcher Renaiffance einfachfter Art, deffen Haupttract gegen

Westen (50 M. lang), und die zwei Seitenflügel gegen Süden und Norden gerichtet sind. Die Façade des ganzen Gebäudes ist gegen die Straßen zu vollständig schmucklos und ungegliedert. Dagegen ist die Innenseite, den dreiseitig umschlossenen quadraten Landhaushof bildend, folgendermaßen beschaffen:

Der Haupttract zeigt gegen Osten zu ebener Erde einen auf Steinsäulen eingewölbten Gang, darüber im I. Stock offene Arcaden ebenfalls auf Steinsäulen mit Kreuzgewölben eingewölbt. Rechts und links führt an den Seitentracten je eine offene Arcadenstiege zu den Arcaden des Haupttractes. Die letzteren und die zwei Arcadenstiegen sind mit steinernem Doggengeländer eingefaßt. Die Seitentracte sind je durch einen unten offenen sechs Stock hohen Thurm (47 M. hoch) abgeschlossen. Der südliche Thurm hat eine offene Galerie und eine Uhr. Nur der gegen Süden gelegene Tract ist durch einen Zubau gegen Osten erheblich verlangert (74 M. lang).

Den ganzen Haupttract nimmt durch zwei Stockwerke der große Wappensaal (23 M. lang, 13 M. breit und 9·8 M. hoch) ein. Das Portale aus grauem und rothem Marmor, die vier Portale im Saale, die Kaminverkleidung daselbst sind künstlerisch ausgeführte Stuccolustro, am Kamine mit Einsatz aus röthlichem Marmor. Beachtenswerth ist das Decken-Frescogemälde (1724) von dem kärnt. Maler *Joseph Ferdinand Frohmüller* († 1760), darstellend die Huldigung der Kärntner vor Kaiser Karl VI. in diesem Saale 1728. Die Südwand ziert desselben Meisters Frescogemälde, darstellend die Ueberreichung des Schenkungsbriefes über die Stadt Klagenfurt an die Stände (1518). An der Nordwand ist die Einsetzung des Herzogs am Fürstensteine von Frohmüller al Fresco gemalt. Die Ausschmückung des Saales mit den Wappen der Kärntner immatriculirten Familien ist auf eine Sitzung des ständischen großen Ausschußes vom 10. Jänner 1739 (Arnoldsteiner Archiv) zurückzuführen, worin beschlossen wurde, die Wappen des Fürsten-, Herren- und Ritterstandes sollen ohne Unterschied nach der Zeitfolge ihrer Immatriculirung als Landstände gemalt werden; die Wappen aber jener Familien, von denen der Zeitpunkt unbekannt, wann sie als Landleute aufgenommen wurden, sind in alphabetischer Ordnung anzubringen. Die Wappen der gewesenen und künftigen Burggrafen, Verordneten und Generaleinnehmer sollen jedoch die Wände der ständischen Rathsstube schmücken. Letztere besteht noch in dieser Form im ersten Stockwerke des südlichen Tractes des Landhauses. Die Decke ziert ein Frescogemälde, betitelt: Veritas temporum filia. An der Wand der Rathsstube hängt ein Oelgemälde: Augustin Paradeiser z. Neuhaus und Gradisch, k. Maximilians Verweser und erster Burgraf in Kärnten, zu dessen Zeit, wie die Inschrift sagt, die Stadt Klagenfurt an die Landschaft ge-

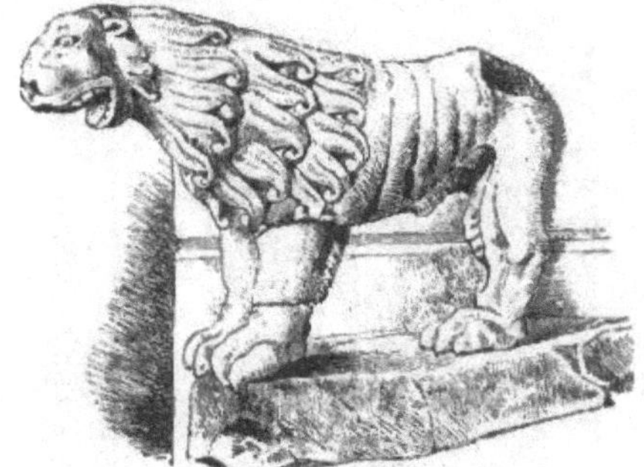

Fig. 465. (Heuplatz 18.)

geben, dieselbe fortificirt, darin das Landhaus erbaut und der Weg über den Loibl gemacht worden 1518. Diese Inschrift wurde erst im 17. Jahrhundert auf das Bild gesetzt. Letzteres ist alt, aber übermalt.

Erwähnenswerth ist im Landhause die landschaftliche Wahlurne mit Untertasse aus Silber getrieben, ciselirt und vergoldet, Nürnberger Arbeit aus dem Ende des 16. Jahrhunderts. Sie ist 24 Cm. hoch, 14 Cm. breit, bildet ein hohes Oval, zwischen Halb-Engelsleibern die Jahreszeiten im aufrechten Ovale allegorisch. Im abschraubbaren Fußgestelle unten das Landeswappen mit Herzogshut. Deckel mit gedrücktem Knaufe, 12 Cm. hoch, mit Engelsköpfen. Tasse

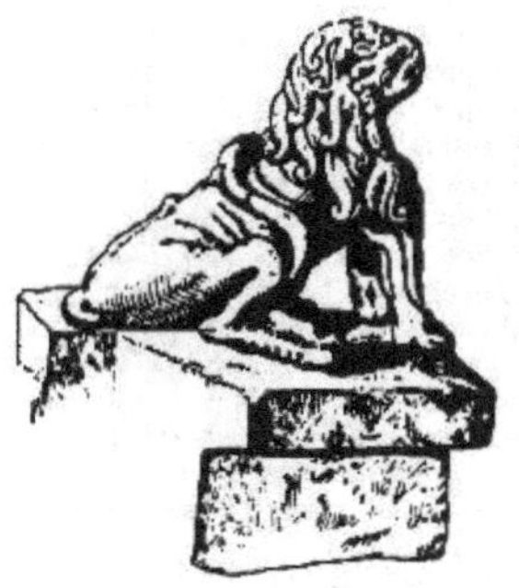

Fig. 466. (Stauderplatz 3.)

(eigentlich Schüssel), Durchmesser 63 Cm., hoch 5·6 Cm., enthält in der Mitte erhöht, dort, wo der Fuß der Urne zu stehen kommt, ebenfalls zwischen mehrfacher Umrandung das Landeswappen mit dem Herzogshute. Die Tiefe wird ausgefüllt durch cartoucheförmige von Engeln getragene Ovale mit allegorischen Darstellungen der Europa, Asia, Africa und America, dazwischen befinden sich wechselnd je vier Kriegs-Embleme und Früchtenbilder. Im erhobenen Rande sind die vier Elemente allegorisirt, zwischen welchen Bildern vier geflügelte Engelsköpfe und wieder je vier Kriegs-Embleme und Fruchtbilder eingeschaltet sind. Diese vorzügliche Arbeit ist prachtvoll erhalten (Fig. 458 u. 459).

In der Landeskanzlei eine Kunstpendeluhr von *Christoph Prünner* (1736) mit schönem eingelegten Kasten aus gleicher Zeit, im Archive drei ständische Wappenbücher in Großfolio, mit den Wappen der kärnt. landständischen Familien, neues Pergament mit schönem Titelbilde aus der Mitte des 17. Jahrhunderts, zwei mit dem Jahre 1747 beginnend. Eines dieser letzteren enthält ein Aquarell von *J. Frohmiller* (1747), und zwar die gleiche Vorstellung wie das Deckengemälde im großen Wappensaale.

Gegenwärtig ist im Landhause an dessen nördlicher Wand auf einem aus drei Marmorstufen bestehenden 72 Cm. hohen Postament der sogenannte Fürstenstein aufgestellt. Die Aufstellung ist eine des Steines vollständig unwürdige. Derselbe ist durch ein Musikpodium gänzlich überdeckt und unzugänglich. Derselbe stand einst in Karnburg und

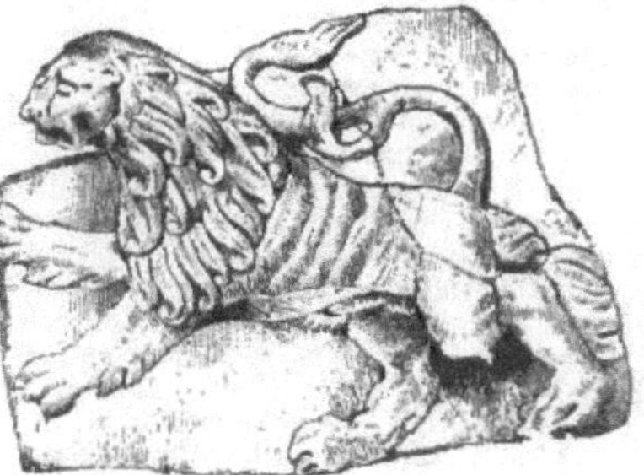

Fig. 467. (Getreidegasse 2.)

spielte sich darauf unter ganz eigenthümlichen Ceremonien die Einsetzung der Kärntnerischen Herzöge ab (M. CC, VII, S. 274 ff. (Moro); *Wackernagel:* Der Schwabenspiegel (1276) 1840, S. 339—340; *Pez:* Scriptores rerum Austriacarum III, S. 183 (Steier. Reimchronik); *Böhmer:* Fontes rerum Germanicarum I, S. 318—320 (Abt Johann v. Viktring); *Hahn:* Collectio monumentorum I, S. 483 (Jacob Unrest); *Megiser:* Annales Carinthiae S. 482.)

Die Einsetzungsfeierlichkeit, bei welcher man sich der slavischen Sprache bediente, geht jedenfalls auf die Periode der slavischen Herzöge in Kärnten zurück.

Der letzte Landesfürst, welcher sich allen herkömmlichen Ceremonien am Fürstensteine unterzog, war Herzog Ernst der Eiserne (1414 März 18).

Der Stein, welchen *Megiser* l. c. S. 482 zuerst abbildet, ist nicht, wie man bisher immer geschrieben, das Oberende einer Säule mit einem Capitäl, sondern vielmehr das untere Stück eines kannellirten Säulenschaftes mit einer attischen Basis. Das ganze Säulen-Fragment ist 62 Cm. hoch. Der Durchmesser des Säulenschaftes beträgt c. 60 Cm., der der Basis, welche dem Bauer als Sitz und dem Herzoge als Standplatz diente, c. 88 Cm. Auf der Oberfläche der Basis ist das kärntnerische Landeswappen in jener Form eingemeißelt, wie es Ulrich, der Sohn Herzog Bernhard's, bei Lebzeiten seines Vaters († 1256) auf seinen Siegeln führte: ein längsgespaltenes Schild, im linken Felde drei von links nach rechts schreitende Löwen übereinander, das rechte Feld quer getheilt (Fig. 460).

Der Stein wurde anfangs der Sechziger-Jahre ins Landhaus gebracht. Derselbe stand bis dahin etwa 150 Schritte nordwestlich von der Kirche an einem Wiesenrain zwischen den Feldern, der Schaft etwas in die Erde eingelassen. Die Leute in Karnburg weisen noch jetzt einen Platz, welcher gerade nördlich vom Schulhause liegt, als den Standpunkt des Steines.

Zwei Nachrichten sagen uns aber, dass der Stein im 18. Jahrhundert anderswo aufgestellt war.

Jabornegg Altenfels erzählt in der Carinthia 1837 S. 211, dass an der von einem jähen Abhange begränzten Ostseite des Karnburger Hügels, woselbst der auch an der Nordseite bemerkbare Wall mit der Mauer am südlichen Felsrande durch eine Quermauer verbunden ist, deren Spuren durch einen Acker verfolgt werden können, an der Fundstelle eines Römersteines (Jab. CLXXX Mo. 4988), jetzt noch durch Trümmer alter Ziegel, Mörtelreste und Schiefersteine kenntlich, vor 50—60 Jahren, also 1777—1787, der Fürstenstein stand.

Simon Martin Mayr verlegt den früheren Standort des Steines (Kärntn. Zeitschrift 3, S. 156) ebenfalls östlich vom Platze am Wiesenrain, gibt jedoch als Entfernung von letzterem irrthümlich tausend Schritte an, womit wir bis in die Ebene gegen Maria Saal kämen. Vielleicht wollte er hundert schreiben.

Das zweite öffentliche Gebäude, welches in den Rahmen der Kunst-Topographie hineingehört, ist das Rathhaus. Dasselbe war bis zum Jahre 1739 im Besitze der Grafen von Welz und kam erst im letzteren Jahre in den Besitz der Stadt, um als Rathhaus adaptirt zu werden (Stadtarchiv Klagenfurt). Schon die große breite Hausflur zeigt gothische Gewölbe. Im rückwärtigen Hoftract zu ebener Erde (jetzt Spritzenmagazin) ist eine große gothische Halle, deren Gewölbe auf vier großen runden Pfeilern ruhen. Besonders beachtenswerth ist jedoch die im I. Stocke über der Hausflur liegende große gothisch eingewölbte Halle, jetzt durch eine Wand in zwei Abtheilungen getheilt. In der ersten sind die spät-gothischen Grate noch deutlich sichtbar, in der zweiten jedoch durch zopfige Stuck-Ornamente ersetzt. Links neben dieser Halle befinden sich zwei Locale, welche ebenfalls einstmals einen einzigen gothisch gewölbten Raum bildeten.

Endlich ist noch das Landeszahlamt (Landhaushof Nr. 3) hier anzuführen, dessen große breite Hausflur gothische Gewölbe mit Graten aus Mörtel zeigt. Der Hof hat auf drei Seiten Arcaden in zwei Stockwerken, Kreuzgewölbe auf runden Säulen.

Wenden wir uns zu den Privathäusern der Stadt. Badgasse Nr. 4: Hausflur gothisches Laubengewölbe mit aus Mörtel hergestellten Gewölberippen. Am Aeußern bemerkt man gothische Fenster-Profile und ein italienisches gekuppeltes Renaissance-Fenster.

Alter Platz 7: Hausflur gothische Vorlaube mit Graten, theilweise verbaut. Im Hofe I. Stock, Renaissance-Arcaden.

Alter Platz 20: Gothisches Hausthor mit Wappenschild im Schlussstein.

Wiener Gasse 7: Die Hausflur aus der Uebergangszeit von der Gothik in die Renaissance, Gewölbe mit Schlusssteinen, darauf Hausmarken, z. B. Osterlamm und Doppeladler; an der Stiege rechts eine Säule als Gewölbeträger. Dieselbe hat ein Capitäl, darauf vorn eine Hand, rückwärts ein Wappenschild mit einem Biber oder Bär eingemeißelt ist. In der Spitzkappe darüber ein Wappenschild, darinnen ein Steinbock. In der Flur bemerkt man eine gothische Thür mit geradem Sturz.

Alter Platz 31: Der Tradition nach das älteste Haus der Stadt, ehemals Dietrichstein'sches Palais. Dasselbe ist jedoch aus der Zeit der Renaissance. Portal mit Marmorfäulen, im Hofe offene Arcaden in zwei Stockwerken auf Marmorfäulen. Der Hoftract ift an einen runden hohen Thurm angebaut, welcher eben ein kleines viereckiges gothifch profilirtes Fenfter zeigt.

Herrengaffe Nr. 10: In der Hausflur als Gewölbeträger eine achteckige gothifch profilirte Säule mit gothifchem Gewölbe.

Alter Platz 28: Oberhalb des zweiten Stockes läuft um das ganze Haus ein auf Kragfteinen ruhendes Gefimfe. In der Hausflur rechts eine gothifch profilirte Thür. Der Hoftract hat an drei Seiten in zwei Stockwerken offene Arcaden mit niederen vielleicht gothifchen Säulen.

Alter Platz 20: Gräfl. Goëß'fches Palais im Barockftyl aufgeführt. Portal aus Stein gehauen mit reicher Ornamentik, darüber ein Balcon mit fchönem fchmiedeifernen Gitter. Inwendig ift im zweiten Stock ein fteinernes Stiegengeländer, in deffen Brüftung die Jahreszahl 1738 groftornamental durchbrochen eingemeißelt ift. Die Decke des Stiegenhaufes ift mit einem in Oel gemalten allegorifchen Gemälde gefchmückt, welches das Goëß'fche Wappen zeigt, und mit einem Stuccaturrahmen umfchloffen ift.

Die fürftbifchöfliche Refidenz, einft Palais der Erzherzogin Maria Anna. In der Haus-Capelle eine Sculptur von Propft.

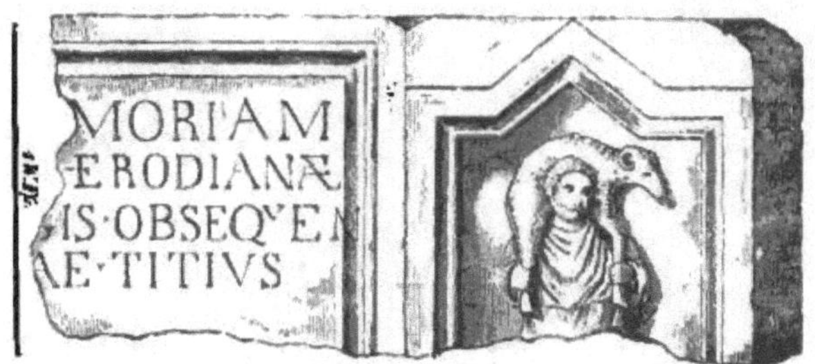

Fig. 468. (Römerftein vom Zolfelde.)

Alter Platz 35: Renaiffance-Thor mit der Jahreszahl 1665, fonft das ganze Haus umgebaut.

Kaferngaffe 14: Ueber dem Portal ein Reliefbild: Mann vor einem Kreuze knieend, und die Infchrift: 1668 Seminarium St. Ignatii societatis Jefu fundatoris.

Burggaffe 1: Renaiffance-Thor mit Wappen »Straufs« und d. Jahreszahl 1679.

Neuer Platz 1: Fürftl. Rofenberg'fches Palais mit imponierender Stiegenanlage. Grundftein 1684 gelegt (Car. 1861 S. 196).

Alter Platz 4: Ober dem Hausthor fteht: Renovirt 1711, letztere Zahl verbeffert in 1743.

Jefuiten-Caferne in der Kaferngaffe, 1578 erbaut als Bürgerfpital, feit 1604 Jefuitenklofter, nach Aufhebung desfelben Kaferne. Ober dem Portal das Stadtwappen und eine Infchrift, der zufolge das Gebäude 1723 renovirt wurde.

Vefperbild nach *Donner*, die Gewölbemalerei von *Jof. v. Pichler* (1798). Ein Kunftwerk erften Ranges darin ift der berühmte, zuerft von *Ankershofen* erkannte Straßburger Teppich, der bei Schloß Straßburg bereits befprochen wurde (S. 327; M. v., B. S. 272 und XVII, S. 40).

Unter den öffentlichen Denkmälern fei vor allem des Lindwurmbrunnens (M. I, S. 65) gedacht, f. Figur 462, S. 435.

Derfelbe geht auf die Sage zurück, dafs an der Stelle des heutigen Klagenfurt zur Zeit der flavifchen Herzöge einft ein gefährlicher Lindwurm gehauft, welcher endlich durch einen diefer Herrfcher getödtet und unfchädlich gemacht wurde. Der Lindwurm tritt uns, wie wir oben gefehen, bereits im Stadtfiegel des 13. Jahrhunderts entgegen. Die Volksfage geht vermuthlich auf die antidiluvianifchen Thierrefte zurück, welche in der Stadt und um dieselbe gefunden wurden. Vor allem ist es der schon erwähnte wohlerhaltene Schädel eines Rhinoceros tichorinus (vgl. C. 1841, S. 34), früher im Rathhause, jetzt im naturhistorischen Landesmuseum aufbewahrt. Wir dürften nicht fehl gehen, wenn wir annehmen, dass derselbe dem Bildhauer bei Verfertigung des Lindwurmkopfes als Vorbild diente.

Der Brunnen ist ein Beckenbrunnen mit Gitteraufsatz. Derselbe hat äußerlich die Form eines Rechteckes, dessen östliche und westliche Schmalseite je in einen Halbkreis sich ausweitet. An der äußersten Peripherie des letzteren steht östlich ein Postament, darauf ein nackter Hercules von übermenschlicher Gestalt vorschreitend dargestellt ist, der rechte Arm hoch erhoben, holt eben zum Schlage mit der Keule aus. Westlich,

Kunsthistorisch interessant ist eigentlich nur das Gitter (M. IX, S. 111; XV, S. 68), welches den Brunnen umschließt und im Renaissancestyl mit italienischem Einfluße gehalten ist. Dasselbe, aus Rundeisen verfertigt, umfaßt den ein Rechteck mit Halbkreisen an den Schmalseiten bildenden Brunnen derart, dass es durch die früher erwähnten östlich u. westlich stehenden Postamente in zwei vollständig gleichartige Hälften, eine südliche und eine nördliche, getheilt wird.

Jede Langseite des Rechteckes zerfällt in drei Felder, welche von vier Stützen begränzt sind. Jede Stütze, ungefähr doppelt so hoch als das Gitter, überragt dasselbe und läuft in eine wagrecht nach außen umgebogene zierliche Rosette mit spiralförmigem Mittelstücke aus. Jedes der drei Felder ist wieder durch fünf Stäbe in sechs Abtheilun-

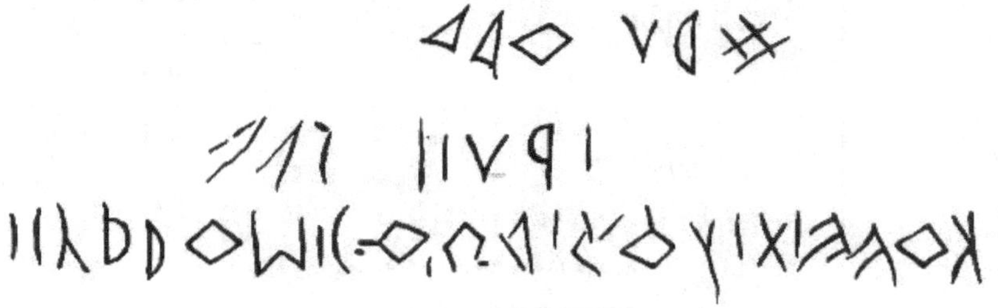

Fig. 470. (Würmlacher Felsinschrift.)

ebenfalls an der äußersten Peripherie des Halbkreises, befindet sich ähnlich ein Postament mit einer niedrigen Pyramide, daran das kärntnerische Wappen in Stein gehauen hängt. In der Mitte des Beckens ruht auf mächtigem Untersatz der gewaltige 28′ lange Körper des Lindwurmes mit geöffnetem Rachen als Wasserspeier und geringeltem Schwanze, wie zum Sprunge ausholend. Um den Untersatz sind die Wappen der sieben kärntnerischen Verordneten des großen Ausschusses in Stein gehauen, angebracht:

1. Georg Andre v. Croneck. 2. Georg Seyfried Neidhart v. Rosenberg. 3. Maurus Abt v. Offiach. 4. Gotfried v. Schrattenbach, Burggraf. 5. Ludwig v. Grotta, Herr zu Grottenegg. 6. Christoph Sigmund v. Schrattenbach. 7. Joh. Andre v. Ursini-Rosenberg, Generaleinnehmer.

gen derart getheilt, dass sich nach links und rechts an die Stützen ein sechster und siebenter Stab anschließt. Diese sieben Stäbe sind durch eine Querschiene verbunden und enden, dieselbe etwas überragend, wechselnd in Lilien- und Blatt-Ornamenten. Zwischen je zwei Stäben ist an der Schiene ein flacher Wappenschild (insgesammt also fünf) angebracht. Dem entsprechend ist auch jeder der fünf Stäbe gegen das untere Ende hin mit einem Wappenschilde so geziert, daß der erste, dritte und fünfte denen an der Schiene völlig gleicht, der zweite und vierte aber nach unten zu einen blattartigen Fortsatz hat (Fig. 463).

An der Schmalseite hat die kleine Fläche vor dem Uebergang in den Halbkreis ein Feld mit einem Stab in der Mitte, mit Wappen ohne Fortsatz und an der

Schiene zu beiden Seiten je ein folches Wappen.

Jeder Viertelkreis zu Seiten der zwei Poftamente hat zwei Felder mit je drei in Rofetten auslaufenden Stützen. Jedes Feld hat ähnlich wie die Längenfeite außer zwei Seitenftäben drei wappengefchmückte Stäbe und vier Wappen dazwifchen an der Schiene.

Die einzelnen Stäbe des Gitters find durch fymmetrifch geformte Ornamentftücke, welche durch Bänder zufammengehalten werden, verbunden.

Der Block, aus welchem der Lindwurm geformt, wurde im Jahre 1590 aus dem

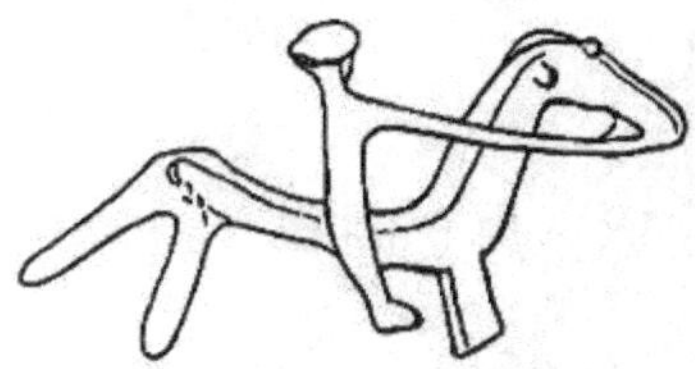

Fig. 471. (Frögg.)

Steinbruche am Kreuzbergl mit vieler Mühe gebrochen. Erft nach drei Jahren gelang es, denfelben zum Zwecke der Bearbeitung in eine Steinmetzhütte in der Villacher Vorftadt zu bringen. Erft im Jahre 1636 gelangte das Denkmal zu feiner jetzigen Aufftellung.

Am neuen Platz war bereits 1663 bei Ausbruch des Türkenkrieges eine Marien-Statue (*Herman*, Klagenfurt, S. 260) errichtet worden. Diefe ward fpäter nach Maria Saal übertragen und an Stelle derfelben wurde 1686 zur Erinnerung an die Befreiung Wiens von den Türken die jetzige auf einer hohen Säule ftehende Marienftatue errichtet, deren Sockel die Infchrift trägt:

Ob liberatam fugatis Turcis 12 Septembris obsidione Viennam DeIparae VIrgInI ChrIstIanorVM aVXILIo (1683).

Die Dreifaltigkeits-Säule (*Mayr*, Gefchichte der Kärntner S. 162. *Herman*, Klagenfurt S. 260) am Heil. Geift-Platz, oben gekrönt mit der Weltkugel, darüber der Halbmond mit einem Kreuz mit zwei wagrechten Balken, wurde 1680 von den Ständen und Bürgern zum Danke für abgewendete Peftgefahr errichtet. Die Bafis trägt auf vier Seiten-Infchriften, von denen jede ein Chronogramm, die Jahreszahl 1680 ergebend, enthält.

1. In DIVIsae trIaDI patrI non genIto, fILIO VnIgenIto spIrItVI ab hIs proCeDentI.

2. ob VrbIs hVIVs Lares a Veneno pestIs MIserICorDIter serVatos.

3. In genVa hVmILIter prostratI proVInclae proCeres et CIVes aCCeptI beneficII.

4. hoC gratItVDInIs sIgnVm erIgI VoLVerVnt.

Am alten Platz vor dem Rathhaufe war 1737 auf Koften des Burggrafen Wolf Sigmund Grafen v. Rofenberg eine Statue des

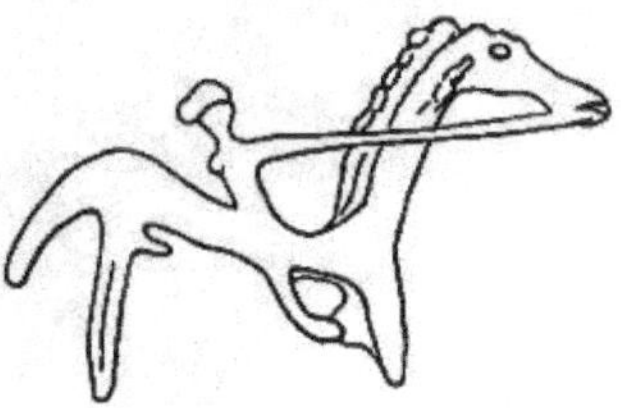

Fig. 472 (Frögg.)

heil. Johannes v. Nepomuk (*Herman*, Klagenfurt S. 260) mit fechs anderen aus Marmor errichtet worden. In neuerer Zeit wurde das Denkmal demolirt. Vier Statuen

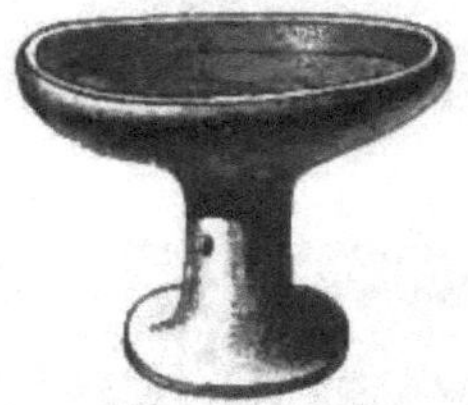

Fig. 478. (Frögg.)

davon find noch erhalten und haben jetzt in dem die Straße mit dem Dome verbindenden Gange Platz gefunden, und zwar zu Seiten des Domportales: Jacobus maior und die Hauptfigur Johann v. Nepomuk, innen zu Seiten des Straßenportales: Figur mit einem Blitz in der linken Hand und der heil. Sebaftian (vgl. *Mayer*, Gefchichte der Kärntner S. 163).

Ein intereffantes Stein-Relief ift in der Hausflur des ehemals Fürft Porzia'fchen

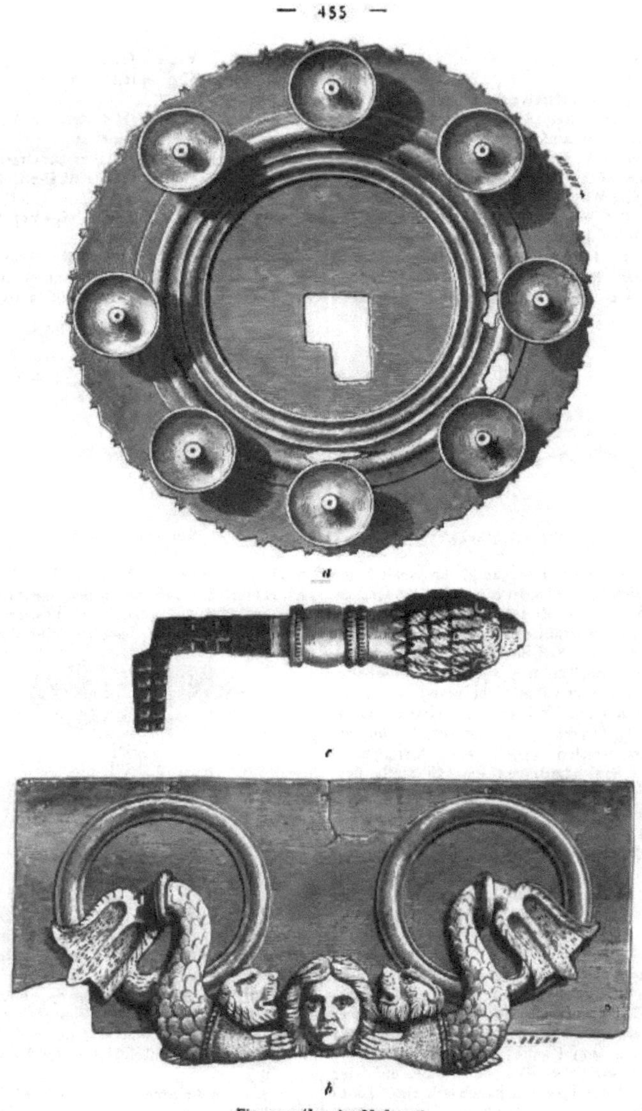

Fig. 474. (Landes-Mufeum.)

Haufes (Neuer Platz 13) zu linker Hand zu fehen: Das lebensgroße Bruftbild Karl V. in Rüftung, mit dem goldenen Vliefe um den Hals und einem Lorbeerkranz auf dem Haupte, nach (heraldifch) rechts fchauend, in der linken Hand ein Schwert, in der rechten den Reichsapfel haltend. Die Infchrift zu beiden Seiten des Kopfes lautet:

15	66
Karolus	quintus
Gratia	dei
impera	tor

Unter dem Bilde eine rechteckige Tafel mit den Worten: Joannes Baptista Ripa de Lvgano opus sua.

die Infchrift: So lang will ich da bleiben stahn, pis mier meine Fifch und Krebs abgahn (Fig. 464).

Diefe Statue war das Wahrzeichen des dort einft beftandenen Fifchmarktes. Eine fanitätspolizeiliche Vorfchrift dürfte den ftrengen Verbot enthalten haben, an einem Markttage unverkauft gebliebene Fifche und Krebfe etwa am nächften Markttage wieder feilzubieten. Sohin mußten die Verkäufer folang am Marktplatze barhäuptig ftehen, bis fie ihre Waare entweder an den Mann gebracht oder fich anderweitig derfelben entäußert.

An diefer Stelle fei auch des Infchriftfteines gedacht, welcher am Haufe St.

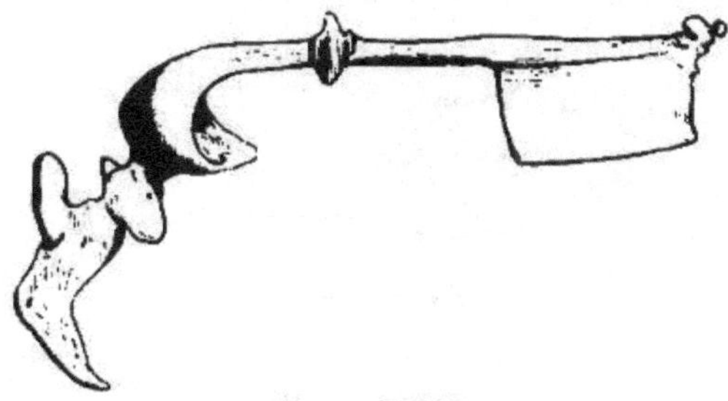

Fig. 475. (Zolfeld.)

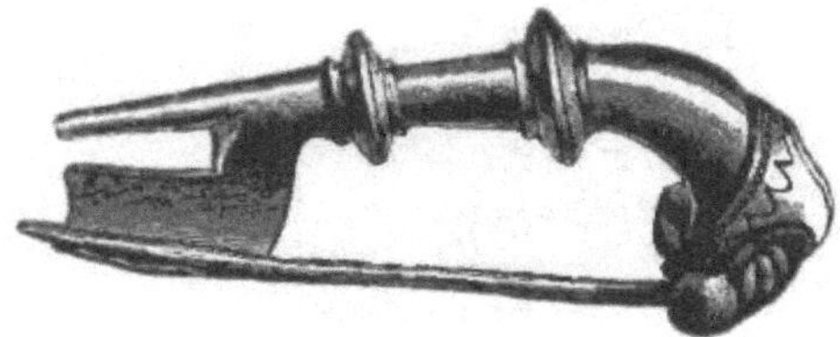

Fig. 476. (Zolfeld.)

Am Heil.-Geiftplatz Nr. 36 fteht in einer Nifche die lebensgroße Statue eines fteinernen Fifchers mit der Jahreszahl 1606 in der üblichen Landtracht, der rechte Fuß über den linken gekreuzt, barhäuptig, den Hut in der linken Hand. Rechts und links liegt je ein Fifchbehälter. Der Kopf ift modern ergänzt. Darunter befindet fich

Veiter Straße Nr. 2 eingemauert ift. Die Infchrift lautet: In suburbanorum pium commodum urbi huic tutelare praesidium d. Angelo custodi inclyti status pp. 2. may anno MDCLXXIII. Es ift der Grundftein der 1809 von den Franzofen zerftörten Schutzengelkirche, welche vor dem alten St. Veiter Thore ftand.

Schließlich haben wir noch die ſteinernen Löwen in der Stadt zu betrachten. Bereits bekannt ſind die drei in der Nähe der Stadtthore aufgeſtellten:

1. Vor dem Hauſe Heuplatz 18 (ehemals St. Veiter Thor): Löwe, volle Figur mit offenem Maule, den Schwanz geſenkt (Fig. 465).

2. Stauderplatz 3 (ehemals Villacher Thor): Löwe, volle Figur auf den Hinterpfoten ſitzend, Schwanz aufgebogen (Fig. 466).

3. Getreidegaſſe 2 (ehemals Völkermarkter Thor): Löwe, Bas-relief, ſpringend von rechts nach links, Doppelſchwanz aufgebogen (Fig. 467).

Alle drei Löwen ſind in gleichem Material, nämlich Chloritſchiefer, angefertigt. Die Structur der Mähnen, das ſtarke Hervortreten der Rippen, kurz die ganze äußere Form derſelben zeigt uns, daſs dieſelben aus einer und derſelben Zeit ſtammen. Daſs die Löwen von den alten Stadtthoren herrühren, welche im 16. Jahrhundert gelegentlich der Stadterweiterung den neuen weichen mußten, dürfte gewiß ſein. Schon *Baumgartner* in ſeinem Gedichte über Klagenfurt (1605) gedenkt ihrer. Ob dieſelben, wie (M. IX, S. 108) behauptet wird, wirklich aus der Uebergangszeit von der romaniſchen in die gothiſche Periode ſtammen, wird ſich ſchwerlich mit Sicherheit erweiſen laſſen.

Entſchieden älter als die vorher genannten, iſt ein vierter Löwe, welcher in der Völkermarkter Vorſtadt beim Umbau des Hauſes Nr. 8 ausgegraben wurde und nun vor demſelben aufgeſtellt iſt. Derſelbe iſt gewiſs romaniſch, an einen Waſſerſpeier erinnernd, doch nicht hohl. Das Thier iſt liegend dargeſtellt, der Schädel ruht auf den Vordertatzen. Bei dieſer Gelegenheit kam auch ein viel jüngerer Löwe mit einem Wappenſchilde zum Vorſchein.

Auch einige Römerſteine haben ſich in Häuſern erhalten wie die Statue in der St. Veiter-Vorſtadt, Wudlei'ſcher, jetzt Lang'ſcher Garten; in der Paulitſchgaſſe Nr. 8

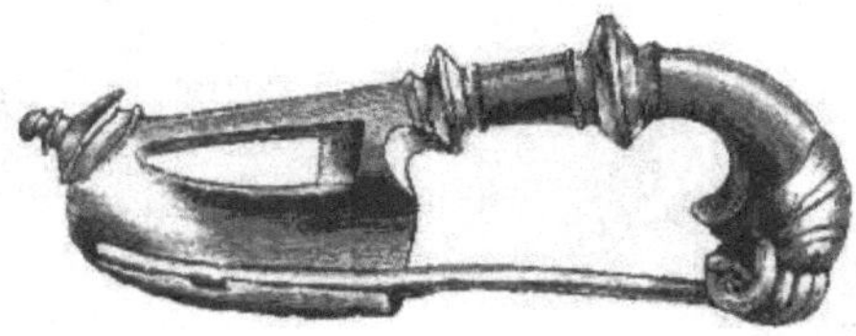

Fig. 477. (Zolfeld.)

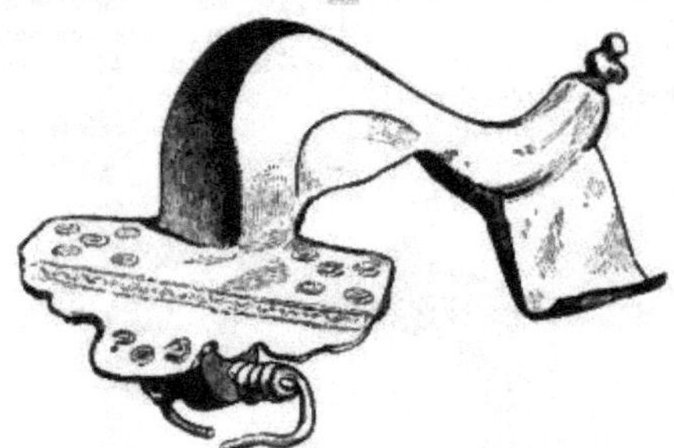

Fig. 478. (Zolfeld.)

am Thore außen rechts eingemauert der Stein LATINO & (Mo. 6504, Jab. 368). Im Hofe des Hauses „zur Gans" am alten Platze ein Reliefstein, einen Centaur darstellend, welcher eine weibliche Gestalt umfaßt (Jab. 370.) Andere in Klagenfurt gefundene Römersteine sind: eine neun Fuß hohe weibliche Gestalt, an deren Basis die Inschrift FVSCAE, jetzt nicht mehr vorhanden (Mo. 4916. Jab. 359. s. auch S. 434), der Stein (T)ERTO · PINCIO (Mo. 4989. Jab. 360 k.

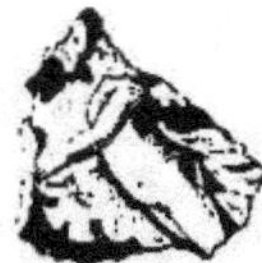

Fig. 479. (Vom Zolfelde.)

75), der Stein CVPITVS & (Mo. 4906. Jab. 361. k. 9), der Stein L. ALBIO & (Mo. 4876, Jab. 361 k. 21), der Stein VIBENIAE & mit dem Relief eines weiblichen Brustbildes (Mo. 4992 Jab. 363 k. 122), der Stein C·ACISONIO & (Mo. 4871. Jab 364 k. 78), der Stein C·FIRMES & (Mo. 4896 Jab. 365 k. 24), der Stein ARIOMANV & (Mo. 4880 Jab. 396 k. 29), der Stein TI·IVL·BLAE SANTH. & (Mo. 4926 Jab. 375 k. 174),

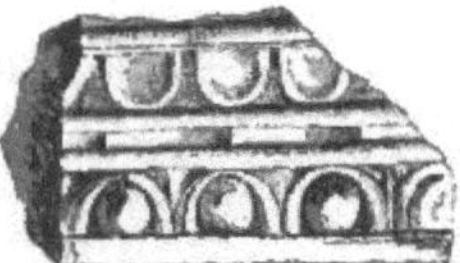

Fig. 480. (Vom Zolfelde.)

das Relief eines gallischen Mädchens mit Spiegel und Körbchen (Jab. 370 k. 200.)

Außerdem wurden nach Klagenfurt übertragen die gegenwärtig im Rosthornschen Hause in der Ruprechtgasse Nr. 8 im Hofe aufgestellten drei Steine: ein Reliefstein, darstellend eine geflügelte Figur und eine andere bedeckt mit phrygischer Mütze (Jab. 357.) Ein Inschriftstein C·CRISPINO & (Mo. 5074 Jab. 340.) Der Stein C·PRIMINIO & mit einem Adler oberhalb der Schrift (Mo. 5099 Jab. 336.)

Zum Schluße unseres Berichtes über die kunsttopographische Bedeutung der Landeshauptstadt von Kärnten sei eine kurze Besprechung dem historischen Museum des Rudolphinum gewidmet.

Die Sammlungen dieses Museums verdanken ihre Entstehung der Gründung des historischen Vereines für Inneröfterreich durch Seine k. Hoheit *Erzherzog Johann* im Jahre 1843. Der historische Verein für Kärnten bildete damals einen Theilverein desselben. Im Jahre 1846 löste sich der historische Verein für Inner-Oesterreich auf und constituirte sich der kärntnische Geschichtsverein als selbstständiger Verein unter der Leitung seines ersten Directors *Gottlieb Freiherrn v. Ankershofen*. Es strömten demselben aus allen Theilen des Landes mitunter sehr werthvolle Geschenke zu, welche durch das organisatorische Talent seines Directors

Fig. 481. (Vom Zolfelde.)

schon damals in ihren Grundzügen jene systematische Gruppirung erhielten, auf deren Grundlage fortentwickelt, diese Sammlungen heutzutage für ein so kleines Land, wie Kärnten, ein selten reichhaltiges sehenswerthes und lehrreiches Museum bilden.

Die Sammlungen desselben befinden sich in der Monumentenhalle zu ebener Erde und im zweiten Stockwerke in drei Gängen und sieben Sälen des Rudolphinum und im Hofe des Landhauses, und zwar:

In ersterer sind zu bemerken:

An der Rückwand der Halle, die durchwegs in Kärnten gefundenen Römersteine:

Nr 51. (Mo. 4847.) Am Magdalenenberge ausgegraben. Tiberius Julius Adsedifilius, u. s. f.

Nr. 19. Drei Reliefsteine von besonders schöner Arbeit, mit Darstellungen des orientalischen Mithras-Cultus, für welchen in der römischen Stadt Virunum am Zolfelde zwei Tempel beftanden, früher im Schloffe Tanzenberg.

Nr. 122. (Mo. 4992.) Grabftein früher in der Burg zu Klagenfurt: Vibeniae Ursae obiae annorum xxııı. u. f. f.

Nr. 196. Darftellung eines Schreibers, im Schloffe Möderndorf nächft dem Zolfelde gefunden.

Nr. 132. Stein des Jupiter Dolichenus, auf dem St. Lamprechtskogel in der Nähe der Trixner Schlöffer gefunden.

Nr. 25. (Mo. 4867.) Infchrift, früher im Schloffe Tanzenberg eingemauert: Cajo Tertinio Statuto aedilicio. u. f. f.

Nr. 226. (Archäologifch-epigr. Mittheilung J. ıv. p. 212, Nr. 12.) Grabftein, am Abhange des Diexerberges unweit der Trixner Schlöffer gefunden.

Nr. 37. (Mo. 4921.) Rechts von der Infchrift befindet fich ein Mann mit einem Lamme über den Schultern und die Füße desfelben haltend, wie der „gute Hirte" in der chriftlichen Kirche abgebildet wird, weßhalb diefer im Zolfelde gefundene Stein für das ältefte chriftliche Denkmal Kärntens gehalten wird. Die Infchrift ift nach Jab.-Alt. fo zu lefen: „(In piam) memoriam .... Herodianae ... (conju) gis obsequentissimae Titius." (Fig. 468; M. d. C. C. vı, 25).

Nr. 53. (Mo. 4832.) Ober der Infchrift ift ein Mann zu Pferde zu fehen, wahrfcheinlich der von den Soldaten in einer Meuterei getödtete Aggaeus, dem feine Witwe Monna den Stein fetzen ließ. Derfelbe ftammt aus dem Zolfelde. (Lefung nach Jab.-Alt.): „Aggaeo Hexarcho alae celerum viro sagitandi pertissimo, vi militum interemto Monna marito amantissimo."

Nr. 52. (Mo. 4858.) Auf dem Magdalenenberge ausgegraben: C. Vettius Q. F. Pollia, eques legionis vııı Augustae, annorum xlıx Stipendiorum xxvııı idem quaestor veteranorum, et Q. Vettius Q. F. Pollia frater, eques legionis vııı Augustae annorum xl, stipendiorum xx, hic situs est. M. Metilius eques legionis vııı Augustae et P. Arrius heredes C. Vetti testamento posuerunt." Unter der Infchrift Arm-, Hals- und Panzertheile.

Nr. 200. Ein Mädchen mit einem Spiegel. Diefer wegen der Tracht der zur Römerzeit in Kärnten einheimifchen Bevölkerung merkwürdige Stein war im Tigerwirthshaufe zu Klagenfurt eingemauert, f. S. 458.

Nr. 57. (Mo. 4894.) Aus dem Schloffe Tanzenberg: Marius Ructicni filius miles cohortis Montanorum primae u. f. f.

Das hiftorifche Mufeum verwahrt einen anfehnlichen, insbefondere in den letzten Jahren bereicherten Schatz urgefchichtlicher Alterthümer des Landes. Von deffen größeren einheitlichen Beftänden find vor allem anzuführen die der Hallftatt-Periode und theilweife der La Tène-Zeit angehörigen Funde aus dem Grabhügelfelde von Frögg bei Velden, hervorragend durch einen Wagen (f. Kopfleifte auf S. 472, Fig. 469) und zahlreiche Reiter- und Pferdefiguren

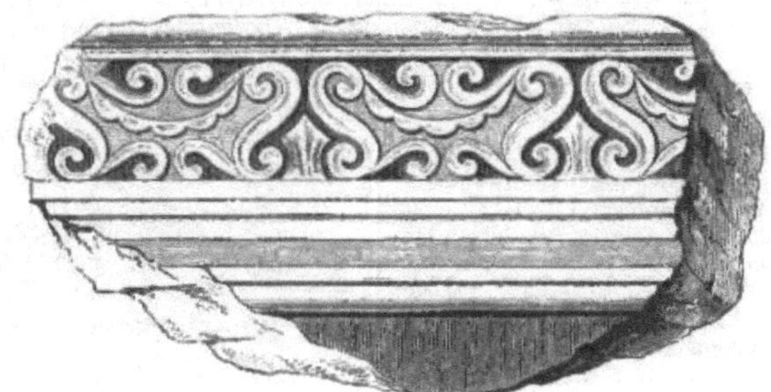

Fig. 482. (Vom Zolfelde.)

aus reinem Blei und aus mit diesem belegten Thongefäßen, dann die Funde aus den Gräberfeldern von Tscherberg (Hallstatt-Periode) und Villach, aus dem Pfahlbau im Keutschach-See, aus der Gegend von Roßegg (Armbrustfibula gefunden 1885; Fig. II *k*), aus dem Freudenberger Torfmoore, aus der, der La Tène- und der Römerzeit angehörigen Ansiedlung von Gurina, endlich zahlreiche verstreute aus allen Theilen des Landes stammende Funde der verschiedenen Culturperioden von der Zeit der polirten Steinzusammengesetzt (Fig. I *c*), Schale mit Fuß (Fig. I *d*), bleierne Reiterfigur mit zehn anderen gefunden 1886 (Fig. I *e*), zwei bleierne menschliche Figuren (s. Fig. 51, S. 61), Palstab aus Bronze, 29 Cm. lang, 5 Cm. breit, ausgezeichnete Arbeit (Fig. II *f*), eiserne Speerspitze mit beiderseits erhobener Mittelrippe, 31 Cm. lang, 2·6 Cm. breit (Fig. II *g*), gut erhaltene Bronzefibula, 9 Cm. lang (Fig. II *h*), bleierne Reiterfigur, davon vier im Jahre 1886 in einem Grabe gefunden wurden (Fig. I *i*), große Urne, gefunden 1884,

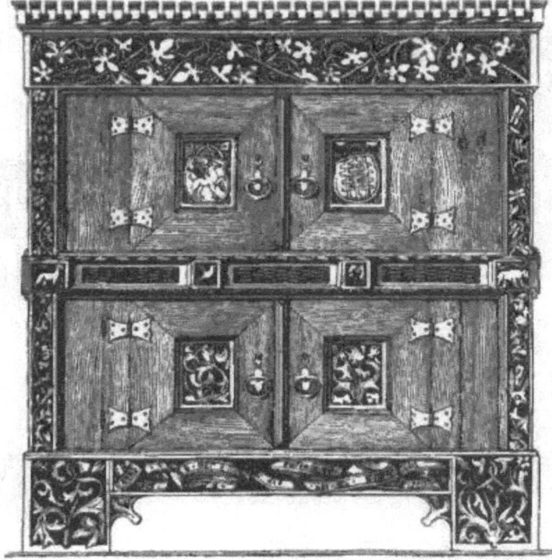

Fig. 483. (Aus Wölfnitz.)

geräthe bis in die Slavenzeit Kärntens im 7. und 8. Jahrhunderte. Besondere Erwähnung verdienen noch zahlreiche Barbaren-Münzen und die berühmte Würmlacher Felsinschrift (Fig. 470), welche in dem Museum eine bleibende Ruhestätte gefunden hat.

Von den prähistorischen in Frögg gefundenen und hier gesammelten Gegenständen seien besonders erwähnt: Kahnfibel (Fig. II *a*), Bronzescheibe (Fig. I *b*), wahrscheinlich auf einem durchzogenen Draht angereiht, Thongefäß im Jahre 1886 in Scherben zerfallen ausgegraben und wieder bemerkenswerth durch die von innen herausgetriebenen Ausbauchungen (Fig. I *l*), bleiernes Ornamentstück, circa 30 Stück 1887 gefunden und theilweise auf der Rückseite mit Pech überzogen, wahrscheinlich zum Aufkleben auf größere Gegenstände bestimmt (Fig. II *m*), bronzener Kelt (Fig. III *n*), stark vom Roste geschädigte Lanzenspitze (Fig. III *o*), bleierne Reiterfiguren (Fig. III *p*, 471, 472), Bruchstück eines bronzenen Henkels (Fig. III *r*), Knopf (Fig. I *s*), wahrscheinlich eine Riemzeugschnalle, davon noch Spuren daran erhalten sind, Messerklinge (Fig. III *t*),

L.

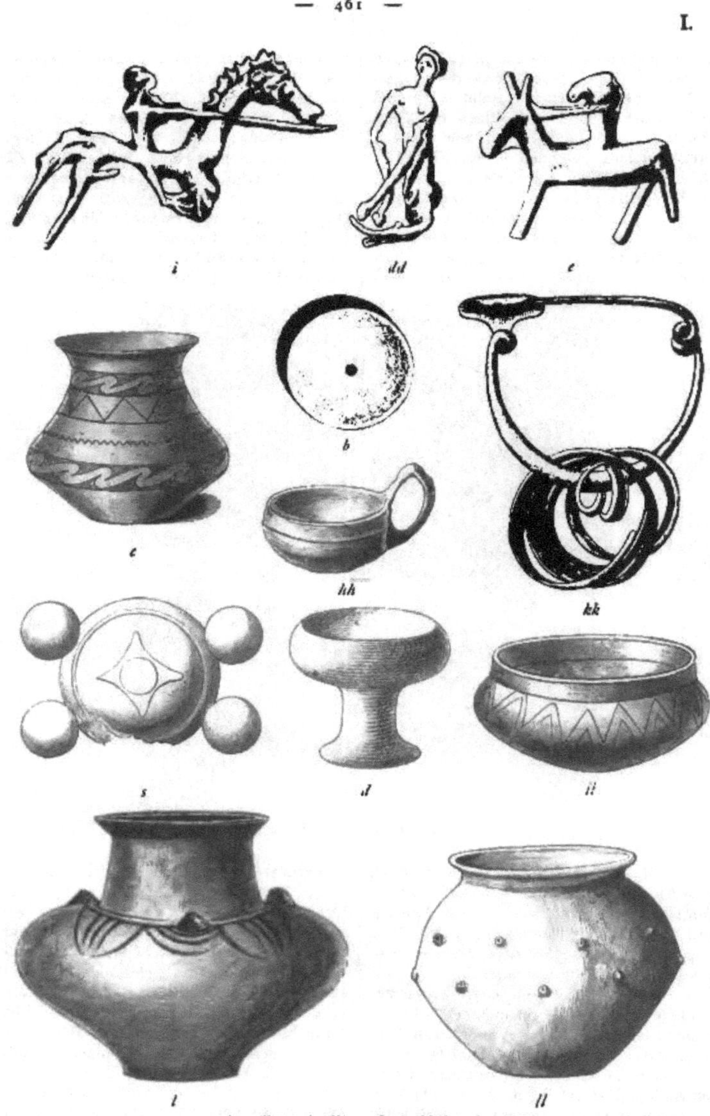

(Aus Frögg im Klagenfurter Mufeum.)

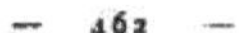

II.

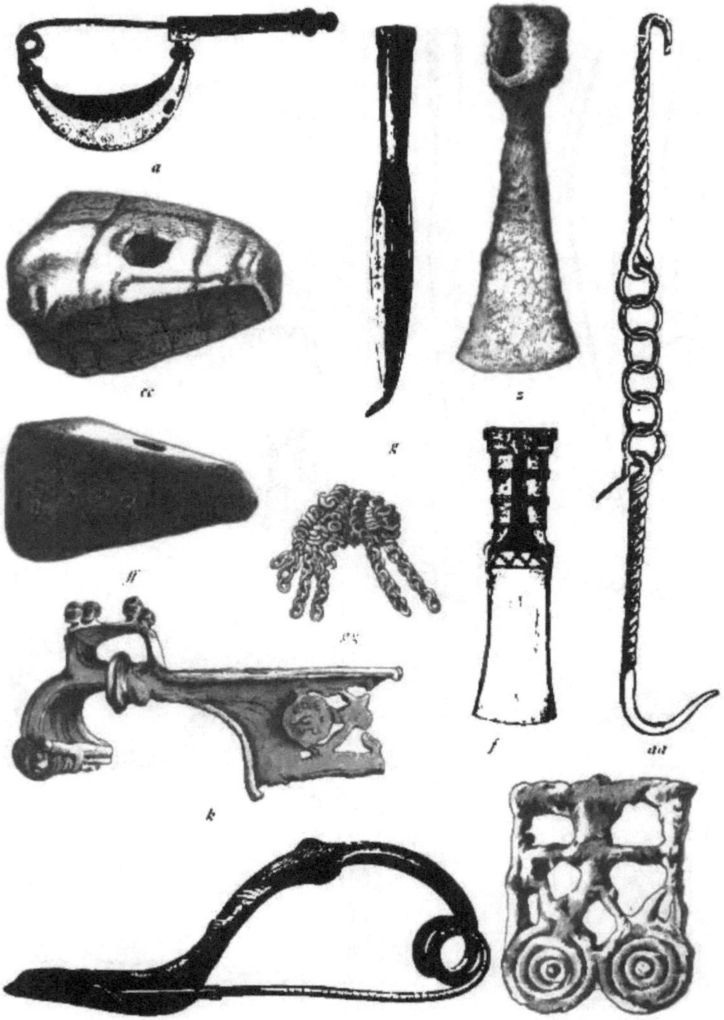

a

ee

g

z

ff

gg

f

dd

k

h

m

(Aus Frögg im Klagenfurter Mufeum.)

III.

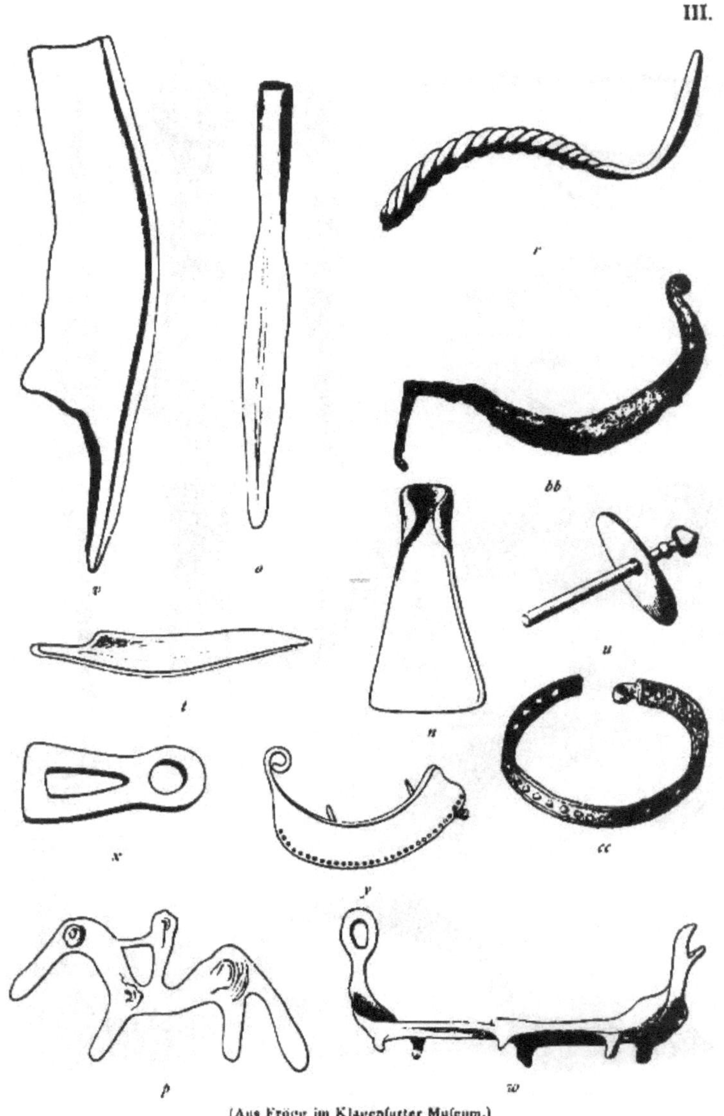

(Aus Frögg im Klagenfurter Museum.)

Bronzeblättchen mit Stift (Fig. III *u*), Fundstücke aus Eisen (Fig. III *v*, *w*), Bronzestück, einem Schloßbeschläge ähnlich (Fig. III *x*), bronzenes Schmuckstück (Fig. III *y*), Armring aus Bronze (s. S. 63, Fig. 57), eisernes, stark verrostetes Beil (Fig. II *z*), Kesselanhängkette (Fig. II *aa*), eiserne Anhängangel (Fig. III *bb*), Bronzefibula (s. Fig. 52, S. 61), große schwarze Urne aus Thon (s. Fig. 55, S. 62), Bronzekessel mit Handhabe aus gedrehtem Bronzedrahte (s. Fig. 52, S. 61), bronzenes Oberarmband (Fig. III *cc*), Bleifigur (Fig. I *dd*), Kessel (28 Cm. hoch) aus Bronze (s. Fig. 54, S. 61), Thongewichte (Fig. II *ee*, *ff*), Klumpen durch Rost zusammengebundener Bronzekettchen mit Reihen gelber Glasperlen (Fig. II *gg*), Bronzestäbchen, am Knopfe mit glasiger Masse decorirt (s. S. 63, Fig. 57), thönerne Fußschale (Fig. 473), thönerne Schale (Fig. I *hh*), rothe bemalte Schale (Fig. I *ii*), große rothe Urne von besonderer Gestaltung (s. S. 64, Fig. 58), Bronzefibel mit eingehängten sechs Bronzeringen, gefunden 1888 (Fig. I *kk*) und große bauchige Urne mit stark eingebogenem Rande der Mundöffnung und mit zwei Reihen vorspringender Warzen an der Außenseite der Ausbauchung, 27 Cm. hoch, 35 Cm. Durchmesser der Ausbauchung, 1887 in Scherben gefunden und seither zusammengesetzt (Fig. I *ll*).

Von den kleinen antiken Fund-Gegenständen, die sich in den Räumen des Museums vertheilt zur Schau gestellt finden, erscheinen als besonders hervorzuheben:

(Saal III.) Aus Seifnitz im Kanalthale: ein goldener Ring mit geschnittenem Onyx; von Magdalenen- (auch Helenen-) Berge zahlreiche Fundstücke, insbesonders ein eiserner Schildbuckel, vier durch Rost zusammengebackene Reste eines eisernen Panzerhemdes, ein Bruchstück einer bronzenen Schwertscheide, zwei römische Schwerter und ein solches Gurtschwert, Arm- und Fingerringe, Anhängringe aus Bronze und Eisen. Unter den eisernen Ringen findet sich einer, welcher an Stelle des Steines mit einem Schlüsselbart geziert ist. Zahlreiche Gewandhefter theils aus Bronze theils aus Eisen, Gürtelschnallen, Haarschmucknadeln aus Bronze und Bein, eine von Silber mit einem glockenartigen Knopfe, blaue Glasperlen, Perlen, Ringsteine beinerne Würfel, Glasring, Camee, runde Spiel- oder Gewichtsmarken aus Stein und Bein, Täfelchen mit eingravirten Namen, wie

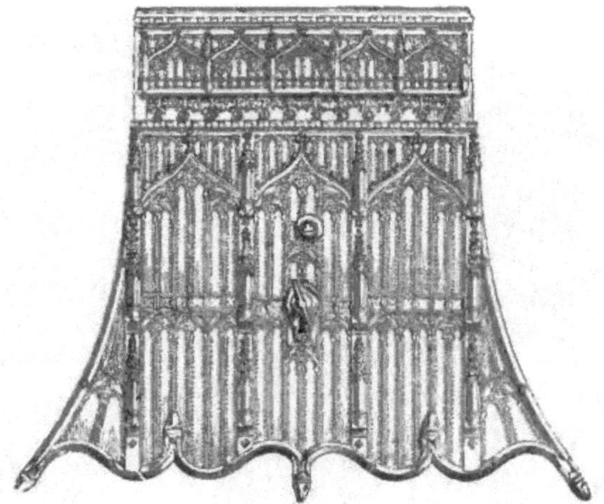

Fig. 481. (Aus Maria Saal.)

Museum Klagenfurt, vom Zolfelde. Zur Seite 465.

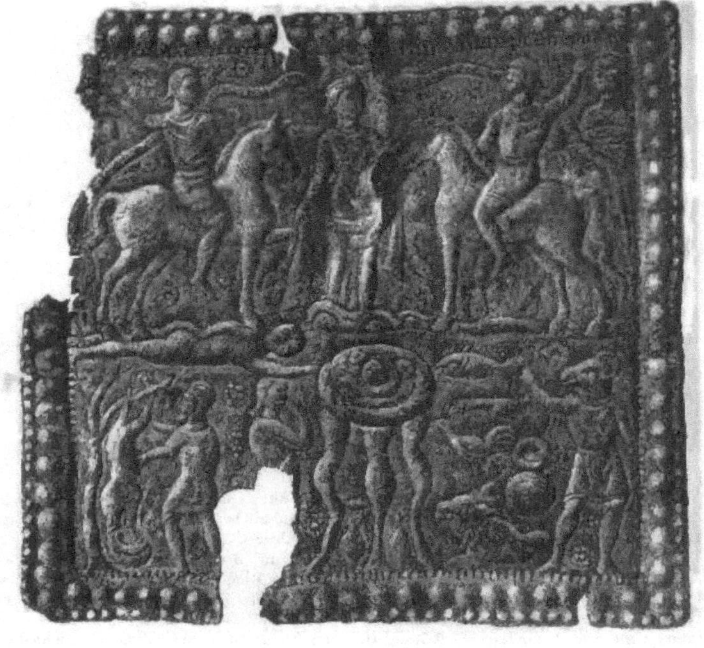

„Bonopompe, Mandatus, Acaſtus“, eines noch unbenützt. Metallſpiegel, Bronze-Rahmen für ſolche, zwei Lampen aus Bronze mit Geſtellen, Ringe und Kettchen von Lampen, Leder- und Gürtelbeſchläge aus Bronze, Meſſer, Meſſerhefte, Klingen, Handwerksinſtrumente und Hausgeräthe.

Zahlreich ſind die aus Virunum hieher gebrachten Fundgegenſtände. Wir finden gröbere Gegenſtände aus Eiſen, darunter ein und verſchiedene Schmuckſtücke, wie eine weibliche Geſtalt auf einem Löwen ſitzend aus lapis lazuli, ein Camee, eine Alabaſterplatte mit einer architektoniſchen Zeichnung wahrſcheinlich von Gebäuden der Stadt Virunum, eine kleine viereckige Bronzetafel von 11 Quadratcentimeter, getriebene Arbeit, gefunden von *Dr. Fritz Pichler* 1883. Die Darſtellung ſcheint ſich auf den religiöſen Cult zu beziehen (ſ. die Tafel).

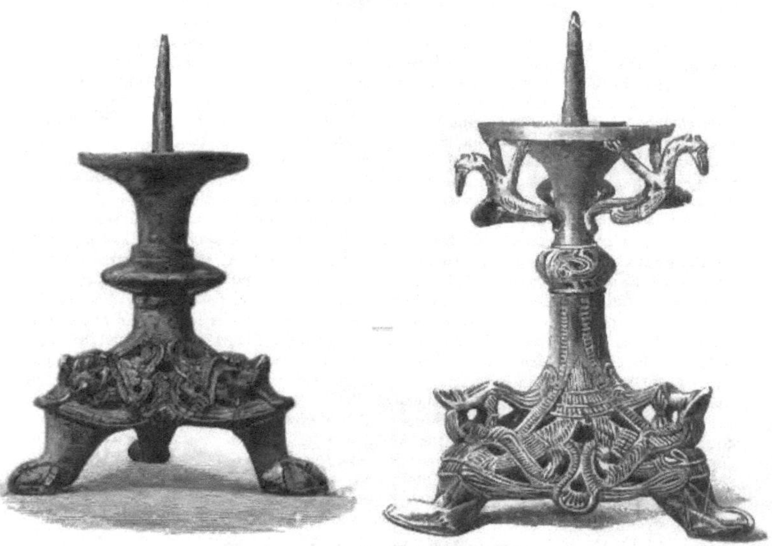

Fig. 485 und 486. (St. Michael am Zolfelde.)

ſchweres Eiſenſtück mit runder Vertiefung, eine Pfanne, worin ſich ein ſchwerer Thorkegel bewegte, eine römiſche Mauerkelle. Ausgeſtellt ſind allerlei Arten von Meſſern, Schlöſſer, Schloßbeſtandtheile und Schlüſſel, darunter ein großes bronzenes Thorſchloß ſammt ſchön gearbeitetem Klopfer und Schlüſſel (Fig. 474 *a, b, c*), das bleierne Modell eines erſt in Eiſen zu gießenden Schlüſſels; Bronze-Objecte darunter Gefäße, Wagen, eine kleine Ara mit Inſchrift: NEMNIC L · BAR · L · L PILOCL · D · D · (*Mommſen*, 4805), ferner goldene Halsketten

Dieſe ſpätrömiſche Arbeit enthält als Hauptfigur die Schutzgöttin Epona. Die vielfachen anderen Beigaben, die Bruſtbilder in den Ecken oben, die Schlangen, der überrittene Mann, die Vorbereitung zum Opfer deuten auf eine Vermengung der orientaliſchen und abendländiſchen Culten, eine des Mithras, Jupiter Dolichenus mit dem der Epona hinzudeuten, wobei die Beziehung auf den Kriegszweck des Soldatenlebens das entſcheidende Motiv war.

Hier finden ſich auch jene Bronze-Fibeln, welche bei den intereſſanten Grabungen des

Prof. *Fritz Pichler* auf dem Zolfelde (1881 bis 1883) gefunden wurden. Fig. 475 erfcheint als ein nicht ganz fertig gearbeitetes Stück, ein Beleg, dafs diefe Gegenftände nicht importirt, fondern im Lande felbft erzeugt wurden. Fig. 476 und 477 fruhrömifche Provincialfibeln, Fig. 478 aus der mittleren Kaiferzeit.

Wir fehen hier zahlreiche Gläfer zum Theil vom Helenenberge, zum Theil vom Zolfelde, darunter reizende Krügelchen aus grauem Glafe mit weißen Spirallinien und eine grüne gerippte Schale. Eine andere Gruppe enthält Gegenftände römifcher Induftrie aus beiden Fundgegenden. So ein irdenes Gefäß, darin Refte brauner Farbe, wahrfcheinlich beftimmt zum Bemalen der Wände von Wohnräumen. Es finden fich auch Schmelztiegel, theils ungebraucht, theils mit Spuren von Verwendung. Manche laffen vermuthen, dafs fie einer großen Hitze ausgefetzt waren. Einer derfelben mit am Rande rechts grünlich überzogenen Schlacken wahrfcheinlich verwendet zum Schmelzen und Gießen von Bronze. Ein großes Stück Bimsftein, vom Polieren abgebraucht. Auch find Farben in Schächtelchen aufgeftellt (Magdalenenberg), ebenfalls zu Wanddecorationen beftimmt. Die chemifche Analyfe der Farben ergab drei Gattungen Eifenocker. Bläuliche Kugeln mit braunem Ueberzuge, beftehend aus Kiefelfäure, Kupferoxyd, Kalk, Bittererde, Thonerde, Eifenoxyd und Manganoxydul; ein Farbenreibftein. Gebrauchte Schleifsteine zum Schärfen von Inftrumenten, Wetzfteine, Polierfteinkugeln u. f. w.

Unter den Thongefäßen find eine Urne mit Schriftfternchen, eine rothe Frauenmaske von roher Arbeit mit einem Kopfputze, der an die ägyptifche Isis mahnt (nächft dem Schloffe Hohenftein im Glanthale mit drei Altären der Isis noreja gefunden, vgl. S. 470), zwei Trinkbecher, erfterer mit dem fchönen Trinkfpruche: Acastus Aco . ite . . Accensust . dum . lucet . Bibamus . Sodales . Vita . brevis . Spes . fragilis, der andere mit C · ACO · C · L · Eros zu nennen.

Sehr beachtenswerth ift die Collection der Küchenabfälle, denn fie erzählen uns, was die Römer zu Lande in Kärnten verfpeiften. Ein halbdurchgebranntes Cafferole enthält vegetabilifch verkohlten Hirfebrei, wovon in der Nähe eines aufgedeckten römifchen Wohngebäudes ein großes Lager gefunden wurde, Reh- und Hirfchgeweihe, Steinbockhörner, Eberzähne, Knochen von Vögeln, Hühnern und anderem kleinen Geflügel, Seefchnecken, Mufcheln, wahrfcheinlich aus Italien hieher fpediert, auch Auftemfchalen.

Große Beachtung verdienen die verfchiedenen Mufterftücke von Wandmalereien, meift aus dem Zolfelde ftammend und in der Gegend von Töltfchach gewonnen (M. d. C. C. 1858); theils Ornamentmalerei, theils Malerei von Figuren (Fig. 479). Bemerkenswerth find darunter vier Stücke, in denen die Plaftik mit der Malerei durch eingefügte Reliefffiguren mit Gypsmaffe verfchmolzen ift (Fig. 480, 481, 482).

Endlich verdienen erwähnt zu werden kleine Mufterftücke von Marmor, welche in den römifchen Zimmern als meterhohe Brüftung verwendet waren (theilweife in Stammersdorf gefunden).

Im Saale I findet fich eine reiche Collection von Kärntner Münzen und Medaillen (geordnet von Freiherrn *Marcus* v. *Jabornegg*) mit den Münzen der Sponheimfchen Herzoge beginnend (1130) und bis zu K. Karl VI. reichend. Es finden fich Gepräge der Städte Friefach und St. Veit und zahlreicher kärntnifcher Adelsfamilien.

Sehr beachtenswerth find die älteren Waffen im Saale II, meiftens aus dem Schloße Straßburg ftammend, auch unter den jüngeren Waffen und hier aufgeftellten Kriegswerkzeugen u. f. w. findet fich fo manches werthvolle Stück.

Von befonderer Reichhaltigkeit ift die Sammlung mittelalterlicher Gegenftände. Wir finden folche im IV. Saale aufgeftellt, und feien davon hervorgehoben:

Der gothifche Sacrifteikaften aus der St. Leonhardskirche in Wölfnitz, aus Föhrenholz aufgebaut, mit fchönen geftochenen Arabesken in Flach-Relief geziert. Am Sockel in einem Spruchbande: Anno domini 1508 Jahr der gulden Zahl 8, das die Almar ift gemacht worden (Fig. 483).

Schön bemaltes Fenfter aus dem in Trümmern liegendem Schloffe Landskron, gemalt vom Glasmaler Mercurius Müller und für die gräfliche Familie Khevenhüller (1570) beftimmt.

Eine große gefchnitzte Bettftatt, ebenfalls aus Landskron, theilweife neu ergänzt, ein fchöner Archivkaften, Eigenthum der

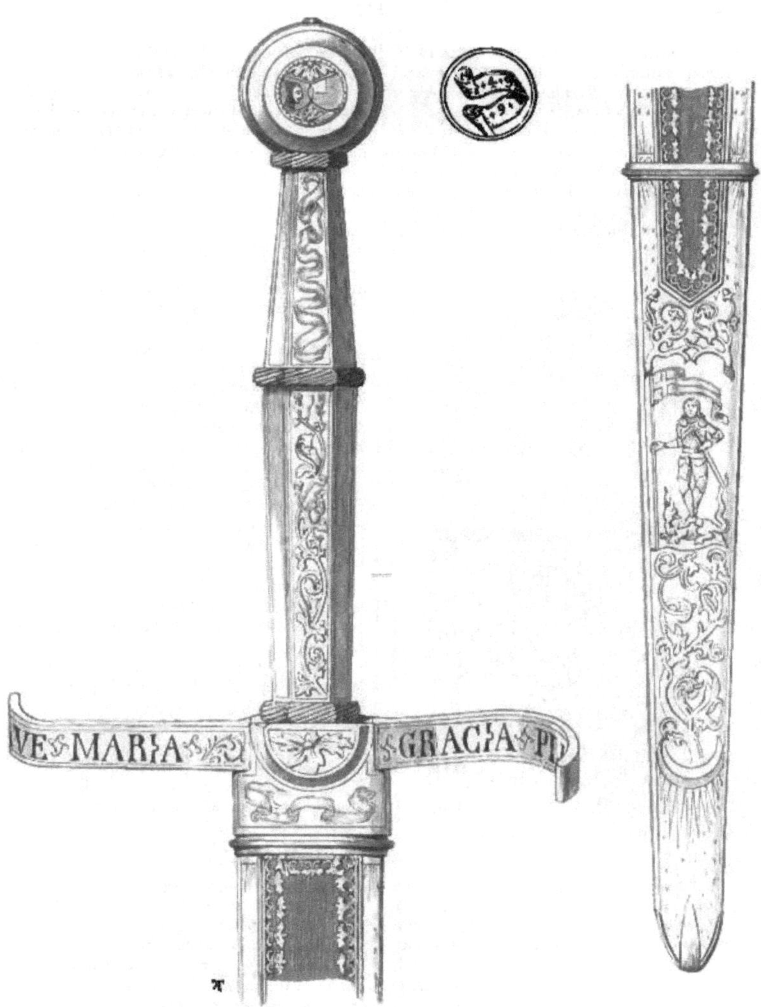

Fig. 487. (Prunkſchwert aus Millſtatt.)

Stadt Gmünd, einige fein ausgeführte Holzstühle, darunter einer mit der Jahreszahl 1633 aus dem Nachlasse des Salzburger Erzbischofs Wolf Dietrich stammend.

Viele kleinere Eisenarbeiten, wie Schlüssel und Schlösser, Waffeleisen, Votivgaben in Thiergestalten, Ofenfüsse und das herrliche große Truhenschloss aus Maria-Saal (Fig. 484), viele sehr beachtenswerthe Gegenstände aus Messing oder Bronze, eine Glühpfanne, Astrolabium, astronomische

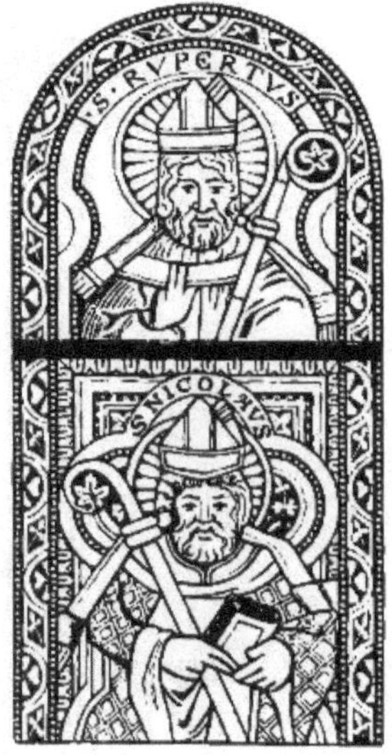

Fig. 488. (Aus Völkermarkt.)

Instrumente, zwei romanische Bronzeleuchter gefunden bei St. Michael am Zolfelde (Fig. 485, 486).

Richterstab aus der Stadt Straßburg (1561) mit interessanter deutscher Inschrift, ein solcher aus Grades (1552), lateinische Legende.

Eines der schönsten Stücke der Sammlung ist das Prunkschwert des ersten Hochmeisters des St. Georg-Ritterordens zu Millstatt, des Johann Siebenhirter, Griff und Scheidebeschläge aus vergoldetem Silber, auf der geschwungenen Parirstange steht: Ave Maria gratia plena (Fig. 487).

Die reiche Sammlung von alten Musikinstrumenten darf nicht unbeachtet bleiben, wie auch sich unter zahlreichen Gemälden so manche interessante und gute Arbeit findet.

Im V. Saale verdienen besondere Beachtung die zwei aus Millstatt stammenden großen spitzbogenförmigen figurenreichen Bilder, davon eines den zweiten Hochmeister des St. Georg-Ritterordens Johann Geimann (1510) darstellt, während wir auf dem anderen die Benediction des ersten Hochmeisters Siebenhirter durch Papst Paul II (1468) erkennen; auch sieht man in Nebengruppen auf demselben Gemälde die Einkleidung, den Ritterschlag und die Beeidigung des Hochmeisters dargestellt.

Von älteren Bildern nennen wir mehrere Darstellungen aus dem Leben des heil. Vitus, entstammend der ehemaligen Spitalskirche in St. Veit; ein schönes Gemälde auf Holz, den Tod der heil. Jungfrau vorstellend und aus Ossiach stammend. Interessant ist ein beiderseits bemalter, aber sehr schadhafter Altarflügel aus der Feste Hainburg.

Schließlich dürfen wir nicht unerwähnt lassen, dass sich im Museum eine ganz hervorragend zahlreiche Porträtsammlung befindet.

Viele alte Holzschnitzereien, die im Museum Schutz für ihre alten Tage finden, sind geschmackvoll gruppirt. Sie stammen aus den Kirchen zu Maria-Wörth (St. Corbinian), St. Martin bei Villach (Kirchenvater), Ober-Vellach (6 Heilige), St. Peter im Holz (geschnitzte sitzende Figur St. Peters), St. Peter im Tweng (Verkündigung und Geburt Christi), St. Veit (geschnitzte Statue der heil. Elisabeth), aus Maria-Saal u. s. w.

Als ganz vorzügliche Arbeiten müssen bezeichnet werden zwei geschnitzte größere Flügel-Altäre, davon der eine aus einer Capelle zu Tiffen, der andere aus einer solchen im Glanthale stammt. Dieser enthält im Mittelstücke die heil. Maria mit dem Kinde, daneben die beiden Johannes, auf dem Flügel Scenen aus dem Leben des Heilands (außen) und der beiden Johannes (innen); jener enthält im Schreine das Bild des heil. Jacobus maj., heil. Christoph und Florian, deren Legende auf den Flügelbildern veranſchaulicht wird. Reſte eines geſchnitzten Flügel-Altars aus Frieſach.

Noch ſind als in dieſem Saale befindlich zu erwähnen einige alte Glasgemälde, wie eines aus der Ruprechtskirche in Völkermarkt, mit den Darſtellungen des heil. Rupertus und Nicolaus (Fig. 488), andere mit denen der thörichten und klugen Jungfrauen aus Frieſach (Stadtpfarrkirche) ſtammend.

Der VI. Saal (Maria-Thereſien-Saal) enthält zahlreiche Gemälde kärntniſcher Künſtler und Dilettanten, darunter eines von *Frohmiller* († 1760), Kleidungsſtücke von älteren kärntniſchen Volkstrachten, Kunſt-

hört zu den älteſten bekannten Geſchützen, wahrſcheinlich noch im 15. Jahrhundert angefertigt. Der Lauf beſteht aus Schienen von Schmiedeeiſen und iſt mit Eiſenreifen umfaſst. Die hölzerne Lafette iſt neu, jedoch nach dem von Moder zerſtörten Originale genau nachgebildet (Fig. 489 und 490).

Von der Steinſammlung des Geſchichtsvereines befindet ſich ein groſser Theil, wie erwähnt, im Landhaushofe an der Nord-Seite unter einem Blechdache aufgeſtellt. Sie iſt in drei Abtheilungen geordnet, die mittlere gröſsere Abtheilung iſt faſt ausſchlieſslich den Römerſteinen gewidmet; zu beiden Seiten

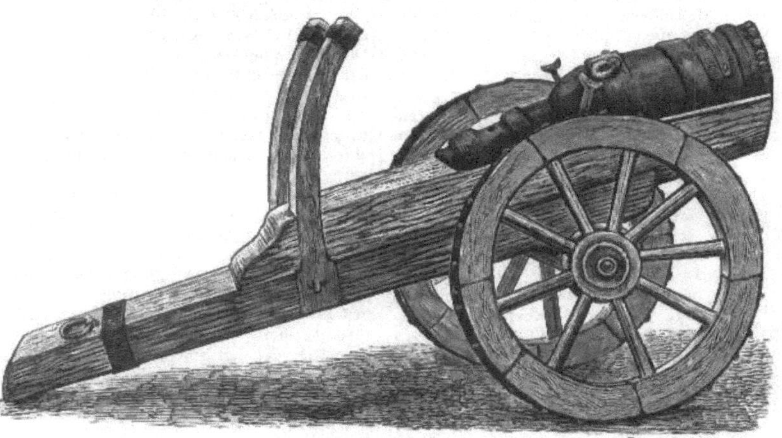

Fig. 489. (Vom Petersberg in Frieſach.)

gegenſtände (darunter zwei Ditrichſtein'ſche Wappen-Reliefs in ſchwarzem Marmor 1611 aus Cronegg) und Curioſitäten.

Im Saale VII finden wir das künſtleriſche Wirken *Hans Gaſſer*'s († 1868) in Gypsabgüſſen oder Modellen verewigt.

Als einen wichtigen Beſtandtheil der Muſealſammlung muſs das intereſſante alte Geſchütz ſammt klotziger Lafette beſonders bemerkt werden, das wegen Gröſse und Gewicht nicht in den Muſeumslocalitäten untergebracht werden konnte, ſondern im Landhaushofe im Lapidarium aufgeſtellt iſt. Es ſtammt vom Petersberge in Frieſach und ge-

hievon ſind kleinere vergitterte Abtheilungen mit mittelalterlichen Steinen, theils Wappen, theils Grabſchriften, theils Ornamenten aufgeſtellt. Unter den Grabſchriften links findet ſich auch eine hebräiſche von St. Stephan bei Niedertrixen. In der rechtsſeitigen Seitenabtheilung fällt das groſse Stadtwappen in die Augen, welches eines der abgetragenen Thore Klagenfurts zierte, ſowie auch zwei ſteinerne Löwen von dem monumentalen Brunnen, welcher auf dem Alten Platz ſtand.

Was die in der mittleren Abtheilung untergebrachten Römerſteine betrifft, ſo leidet die Ueberſichtlichkeit dieſer Sammlung unter der Ueberfüllung des Raumes, indem mehr als 200 Nummern hier zusammengedrängt sind. Im Jahre 1868 enthielt sie 118 Nummern, seither ist die Zahl der Römersteine weit über das doppelte dieser Zahl angewachsen, wovon jedoch einige 40 Stücke, nämlich solche, welche besonders sehenswerth schienen, in das Vestibule des Rudolfinums übertragen wurden, wie denn auch in dem historischen Museum des Rudolfinums mehrere Römersteine, wie schon erwähnt, aufgestellt sind.

Vorzüglich reich und werthvoll ist die Sammlung an Inschriftsteinen.

Von besonderem Werthe sind die 10 Meilensteine. Am zahlreichsten sind die Grabschriften (Cippus) vertreten, mit schöner eingemeißelter Lapidarschrift, deshalb werthvoll, weil sie die wohlhabendste Bevölkerung des Landes zur Römerzeit kennzeichnen. Sie enthalten vorwiegend unrömische Namen. Allein auch die römischen Namen, als Cupitus, Successus, Maximus, Quintus, Publius, Marcellus, Marius u. a. m. sind Namen freigelassener Sclaven von unbestimmter Nationalität. Sehr vereinzelt finden sich Inschriften mit Namen von Leuten unzweifelhaft italischer Abkunft, wie ein mächtiger Quaderstein an der linken Ecke der Rückwand, welchen ein aus Campanien gebürtiger Haruspex namens Lucius Tuccius aus Dankbarkeit der Stadt Virunum setzen ließ. Es ist dieser Denkstein im Zolfelde gefunden worden, kam von dort nach Victring zum Baue der Klosterkirche, wurde dann ausgehöhlt und beim Brunnen im ersten Hofe verwendet und dann anher geschenkt. Mehrere Grabschriften nennen Soldaten der Legio II. Italica pia fidelis, einen der Legio IV. und der I. Cohorte der Asturier.

An der Mitte der Rückwand ist ein Stein wegen seines mit gothischer Randschrift versehenen Rahmens bemerkenswerth. Es ist eine große zerbrochene Platte von der Kirche zu Gmünd stammend. Dieselbe wurde zu Anfang des 16. Jahrhunderts als christlicher Leichenstein benützt. Die ergänzte Inschrift lautet: „Diesen Stain hat Ruedolf der Weinzieher, derzeit Pfleger zu Gmünd daher legen lassen zu Gedaechtnuß seiner Kind Jacob, Sofia, Margreth, denen Got gnedig sey. anno domini 15 (17?)“.

Fünf Grabsteine vom Magdalenenberge enthalten die Namen von Familienmitgliedern der Barbier, welche auch auf der Inschrift der am Fuße dieses Berges aufgefundenen Bronzestatue eines Mercurs genannt sind. Bedeutungsvoll sind die Weihesteine, welche den Gottheiten gelegentlich der Errichtung oder Restaurirung eines Tempels, oder zur Lösung eines Gelübdes, oder für das Wohl des Augustus oder eines theueren Angehörigen gesetzt wurden, wie dem höchsten Gotte Jupiter geweiht von Diadumenus, Arcarius des norischen Königreiches; dem Jupiter Dolichenus gelegentlich der Herstellung des Tricliniums gesetzt; dem Hercules; der Göttin Epona für das Wohl des Augustus geweiht.

Interessant sind die Mithrassteine, dem orientalischen Sonnengotte Mithras geweiht. Die ersteren beiden sind aus dem Zolfelde, der letztere von St. Urban bei Glanegg, wo eine Höhle ist, welche man für den Platz des geheimnisvollen Gottesdienstes hält. Ersterer berichtet von der Wiederherstellung eines Mithrastempels anno 311 n. Chr. und dürfte mit den schönen Reliefsteinen in Verbindung gestanden haben, welche im Zolfelde gefunden worden sind und jetzt im Vestibule des Rudolfinums stehen. Der zweite, ebenfalls auf dem Zolfelde, spricht von der Restaurirung eines Mithrastempels im Jahre 239 n. Chr., am 24. Juni, und Nr. 222 aus St. Urban spricht von der Errichtung eines Tempels.

Drei der Isis Noreja geweihte Steine wurden bei der Ruine Hohenstein nächst Feistritz-Pulst im Glanthale gefunden, wo vermuthlich ein Tempel dieser Göttin gestanden. Besonders wichtig ist der zweite dieser Steine, weil auf demselben die Namen von vier Beamten der norischen Eisenwerke vorkommen.

Zwei Inschrift-Bruchstücke sind erwähnenswerth, weil darauf die Namen zweier Procuratoren, das ist römischen Statthaltern der Provinz, genannt sind, nämlich auf dem ersteren des Aelius Maximus, Procurator Regni Norici, auf dem letzteren des Urbicus Procurator Augusti.

Unter den hier befindlichen Sarcophagen oder Aschenkisten sind vier hervorzuheben.

Nebst den Inschriftsteinen sind auch viele Bildsteine hier aufgestellt. Den hervorragendsten Platz unter denselben nimmt ein großer Stein ein, beiläufig in der Mitte des

Raumes, es find darauf zwei bemalte Bruftbilder, Mann und Frau dargeftellt. Der Stein ift aus der Ruine Arnoldftein, und die Volksfage hielt die beiden Büften für Porträts der Erbauer des Schloffes (f. S. 3).

Auch ein zweiter Stein ftammt aus der Ruine Arnoldftein, ein fäulenartiger Stein, worauf ein krokodilähnliches Thier abgebildet ift.

Schließlich fei ein Reliefftein mit einer fitzenden Figur erwähnt, welcher gelegentlich einer Reftaurationsarbeit am Hoch-Altar zu St. Paul im Lavantthale gefunden worden ift.

Und fo wäre denn unfer Rundgang durch Klagenfurt zu Ende und damit auch die Kunft-Topographie von Kärnten zum Abfchluß gebracht.

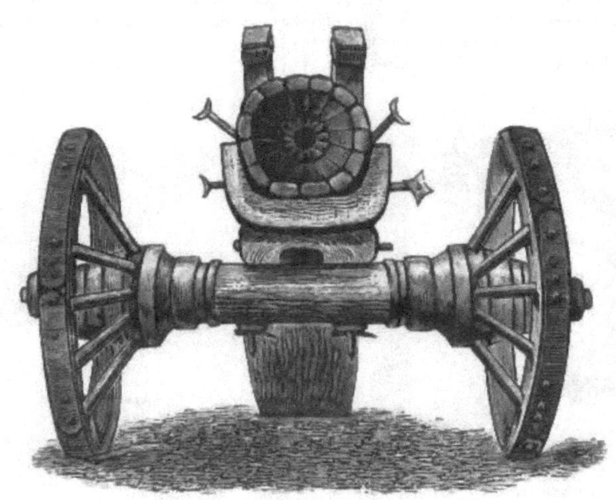

(Fig. 490.)

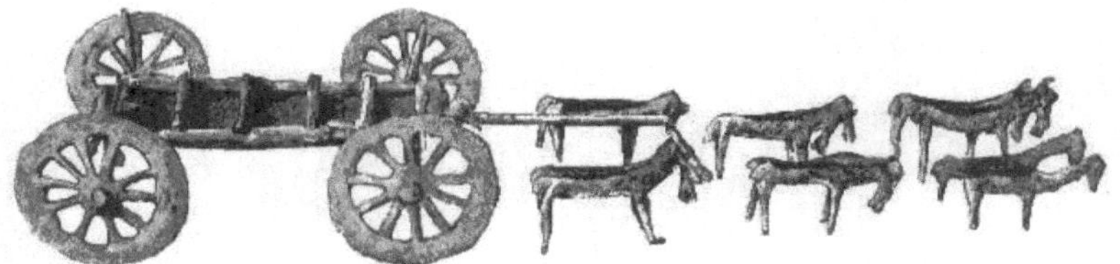

Fig. 469 (Aus Frögg. Mufeum Klagenfurt.)

Nachträge.

St. Andrae. Eine Kirche dafelbft wird fchon 861 genannt, bis 1212 beftand eine einfache Pfarrkirche. Damals baute man eine dreifchiffige niedrige Pfeiler-Bafilica vielleicht mit Beibehaltung älterer Bautheile, wie der noch etwas rechts von der Mittellinie der Kirche abftehende romanifche Wefthurm andeutet. Im 15. Jahrhundert erhielt die Bafilica einen polygonen Chorfchluß, die feines Maßwerk und auch fonft fehlte es nicht an fchönem Steinfchmucke, wie figuralen Confolen, decorirten Dienften u. dgl. Erzbifchof Leonhard, deffen Name mit den meiften fpät-gothifchen Bauten in Kärnten in Verbindung gebracht werden mufs, hat das zerftörte St. Andrae wieder aufgebaut

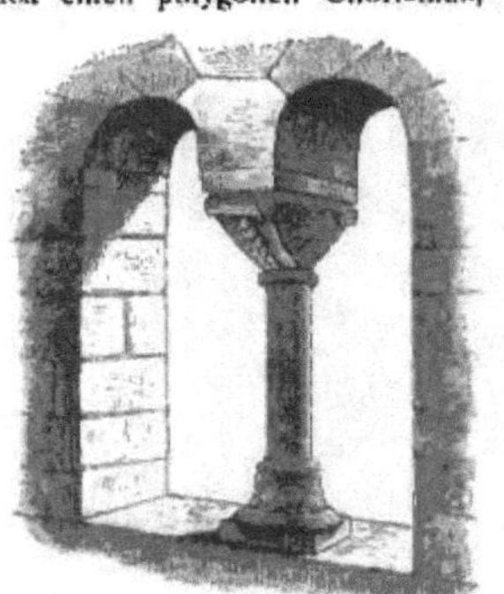

Fig. 491. (St. Andrae.)

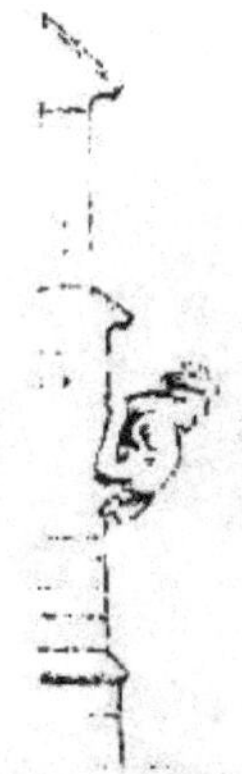

Fig. 492. (St. Andrae.)

Seitenfchiffmauern wurden erhöht, ftellenweife mit fchwachen Strebepfeilern aus Quadern verftärkt und über fämmtlichen Räumen Kreuzgewölbe mit kräftigen Rippen und runden Schlußfteinen eingefpannt. Die Verhältniffe find 7·1 m. Br. und 13·43 m. H. im Mittelfchiffe, die Wände waren mit Malereien gefchmückt, wovon noch bedeutende Spuren beftehen. Die Fenfter hatten und wahrfcheinlich den Nordthurm entftehen laffen. Der damalige Bau aber erlitt arge Umgeftaltung zu feinem Schaden, das edle Werk wurde für immer entftellt. Die drei Pfeilerpaare des Schiffes wurden in kühner Weife auf Ein Paar reducirt, von welchem man breite rundbogige Längsgurten fowohl gegen den Scheidebogen als gegen den Weft-

Chor führte. Die Gewölbe in den Seitenſchiffen wurden als zu niedrig abgeriſſen und höher eingeſpannt. Auch die Abſchlüſſe der Seitenſchiffe erhielten ihre heutige Geſtaltung. Die Fenſter wurden bis auf die im Chore moderniſirt, der weſtliche Glockenthurm gegen das Schiff hin durchbrochen und ein neuer Kircheneingang eröffnet; dann kam die überflüſſige Vorhalle. Ein gemeinſames Dach deckt alle Schiffe, ſo daſs der alte Thurm zu verſchwinden drohte, man muſste ihn daher um ein Stockwerk erhöhen. Bei den neueſten, übrigens ſehr beſcheidenen Reſtaurirungen fand man an der Weſtſeite der Hofmauern die Reſte eines rundbogigen Thores und links ein Stück polygonen Wandpfeilers mit dem Steinmetzzeichen: . In Fig. 491 geben wir die Abbildung eines Thurmfenſters

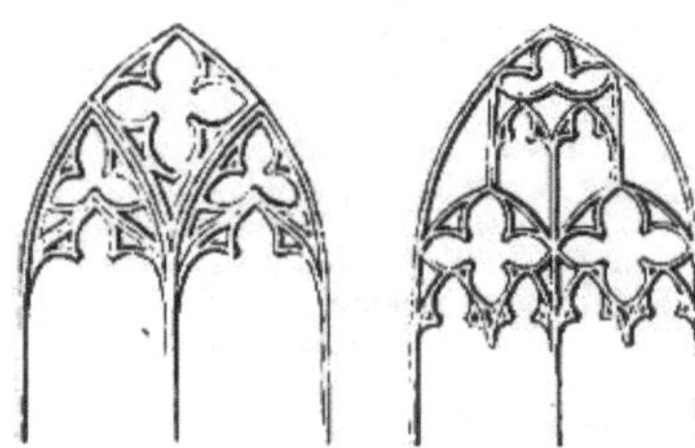

Fig. 493 und 494. (St. Andrae.)

vom nördlichen Thurm (erſte Hälfte des 12. Jahrhunderts), eines Strebepfeilers im ſüdlichen Seitenſchiffe (Fig. 492). Die Chorfenſter haben noch zartes Maſswerk (Fig. 493. 494). Steinmetzzeichen an verſchiedenen Stellen: . Auf einem Schluſsſteine erkennt man das Wappen der Schenken von Oſterwitz (Fig. 495).

Das Hoch-Altarblatt, die Himmelfahrt Mariens darſtellend, malte der Venetianer *Zanuri*.

Ausser-Fragant. Die auf S. 42 beſprochene Kirche iſt kein reſtaurirter gothiſcher Bau, ſondern im Jahre 1863 nach dem Plane des Architekten *R. v. Lippert* neu ausgeführt. Früher ſtand an dieſer Stelle eine ganz ſchlichte einfache Land-Capelle.

Bayerberg (St. Georgen am). Daſelbſt befindet ſich ein Flügelaltar aus dem 16. Jahrhundert. In der Mitte die heil. Sippe (Relief), an den Flügeln je zwei Felder, darin: Opfer des Joachim und Zuſammenkunft Mariens mit Anna, dann Joachim als Hirte und die Geburt Mariens (durchwegs gute Arbeit).

Bleiburg. Silbergetriebene Monſtranze von *Math. Walbaum* in Augsburg.

Egg. Der S. 32 erwähnte ſchmiedeiſerne Thürklopfer, der ſich im Pfarrhofe befindet, und über welchen die M. xv, S. 54 nähere Nachrichten bringen, erſcheint hier in Fig. 496 abgebildet.

Feldkirchen. S. 38. Die Gemeinde iſt noch im Beſitze der beiden Siegeltipare aus dem Jahre 1449, davon das eine Siegelbild auf S. 432 abgebildet iſt.

Flaschberg. Steinbruch 1886. Reihengräber, 1/2—8 Fuſs, mit 8—12 dolichokephalen Menſchenſkeletten mit Eiſen (kleine Meſſer), Glasperlen, Meſſinggeſchmeide mit

Fig. 495. (St. Andrae.)

Email (Klgf. Z. 1887, Nr. 251, Car. 1887, 88, 76, M. n. a. 1886, 1).

Frauenstein. Relief zwei Büſten, rechts Frau, links Mann, feinſte Ausführung, beſter Faltenwurf. An Treppe ein Drachen-Relief; im Hofraum Statuen-Kopf, wohl mittelalterig.

Gerl am Moos. Kleine Kirche mit altem wahrſcheinlich gleichzeitigen Gemäldeſchmuck, wie zu Thörl. Man erkennt Darſtellungen aus dem Leiden Chriſti und das Martyrium eines Ritters

Goggau. Felſen beim Schlitza-Graben. Münzfund unter Steinplatten, 195 S. (Fünfzehner, Siebzehner Leop. I., Erzherzog Sigmund, Ludwig von Tyrol, Karl VI., Franz II., Mth., Max Gandolph von Salzburg, Karl Fürſt Liechtenſtein, Wolf Graf Schrattenbach, B. von Olmüz etc. 1660—1762, vergraben bald nach 1762. (1. November 1887?)

Gottesthal. An der Kirche (Weſtwand außen) ein lebensgroſſer weiblicher Kopf von Niſchenbüſte; eine faltig bekleidete männliche Geſtalt ſtehend en face mit Handgabel, fchmal, hoch an 80 Ctm. follen den Draufland bezeichnen.

Griffen. Von dem auf S. 82 befprochenen Dreikönigs-Relief hat fich noch ein zweites Bruchftück erhalten. Selbes ftellt die heil. Maria mit dem Kinde und einen daneben ftehenden Heiligen vor. Das Relief-Bruchftück ift noch ziemlich gut erhalten und befindet fich beim Eingang zur Küche des Gafthaufes in Stift Griffen, wo es auf einem Sockel aufgeftellt ift.

Gurk. Die Befchreibung der Vorhalle des Domes bedarf in Betreff der beiden gefchnitzten Thorflügel und der Bemalung von Wand und Gewölbe der Vorhalle einiger Ergänzung. Die beiden Flügel find ganz mit Schnitzereien bedeckt und repräfentiren

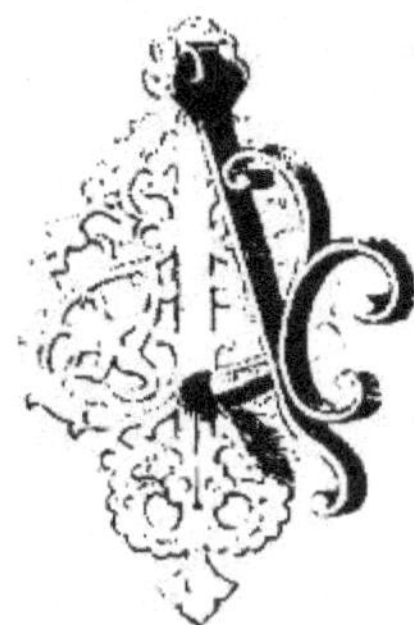

Fig. 496. (Egg.)

durch ihre Kunft, fowie durch die typologifche und fymbolifche Darftellung ein hoch intereffantes Werk der einheimifchen Kunft des zu Ende gehenden 13. oder beginnenden 14. Jahrhunderts. Die Bilder ftehen untereinander in einer gewiffen Beziehung, find medaillonartig behandelt, die Umrahmung bildet Aftwerk und dazwifchen find Blatt-Ornamente eingeftreut. Die beigegebene Abbildung (Fig. 497) eines Theiles der Schnitzereien veranfchaulichen zum befferen Verftändnis diefes herrliche Denkmal. Die Darftellungen find ziemlich fchwierig zu deuten, und wird dies um fo fchwieriger, als fo manche Bilder ganz fehlen und andere wieder bereits fehr fchadhaft find; doch erkennt man das Pfingftfeft, die Himmelfahrt Chrifti und Elias, die Auferftehung des Heilands, daneben Jonas und Simfon, Chriftus am Kreuze, Abrahams Opfer und die Schlange in der Wüfte, Chrifti Einzug und das Aufmalen des Tau, Chriftus als Weltenrichter, umgeben von Apofteln und Engeln in acht Medaillons u. f. w. (Stammbaum Chrifti, Biblia pauperum.)

In den Fenftern der Außenwand (Fig. 96) find Refte hochbedeutender Glasmalereien früh-gothifcher Zeit eingefügt. Wir fehen dargeftellt: Mond, Sonne, die vier Apoftel, Maria mit dem Kinde und Chriftus als Ecce homo (Mittelfenfter), im Südfenfter: St. Oswald, Urfula, Auguftinus, Katharina, Briccius, Wappen; im Nordfenfter (jüngere Arbeit): St. Andreas, Cäcilia, Gregor, Redegund, Elifabeth, Wappen mit 1521.

Ein bis nun nicht genügender altehrwürdiger Schmuck der Vorhalle befteht in deren Bemalung. Man könnte fagen, die Gemälde an der Wand und Decke fchließen fich mit ihren Vorftellungen den Bildern an, die die Schnitzereien der Thürflügel des Haupt-Portales uns vorführen, Stammbaum Chrifti und die Biblia pauperum.

Wir müffen mit großer Befriedigung hervorheben, dafs über diefe Bilder ein günftiger Stern gewaltet hat, denn fie find relativ gut erhalten auf uns gekommen und die fo gefährliche Hand der Kirchenbilder-Reftaurateure ift bis nun von denfelben fern gehalten worden. Die Bilder decken theilweife die Innenwand des Außeneinganges und beide Seitenwände der Vorhalle. Malereifchmuck ziert auch die gewölbte Decke und die wenigen Wandflächen der Oftfeite mit dem prachtvollen romanifchen Portale. Vom 17. Jahrhundert an war ein großer Theil der Bilder durch fechs gewaltige bemalte Holz-Relieftafeln, die je drei auf den beiden Wänden aufgehangen waren, verdeckt. Vielleicht ift diefem Umftande die Erhaltung der Wandmalereien zu danken.

Diefe fechs Bilder mit Vorftellungen aus dem Leben der heil. Hemma mögen, wie *Dr. Schnerich* mit vieler Berechtigung annimmt, vom alten Hoch-Altar herftammen und find jetzt wieder an den Wänden des Presbyteriums angebracht.

Anfangs diefes Jahrhunderts fügte man übrigens in die Südwand der Vorhalle auch einen Grabftein ein und überftrich die unteren Wandtheile bis zu den Reliefs mit farbiger Tünche.

Die Bilder gruppiren sich an der Nordwand in je vier Bildreihen zu vier Bildfeldern und an der Südwand in je vier Bilderreihen übereinander zu sechs Bildfeldern und schließt sich an der Façadenmauer beiderseitig noch eine Bildfläche mit drei, beziehungsweise zwei Bildern untereinander an. Die Bilder veranschaulichen auf der Nordseite Scenen aus dem alten Testamente, auf der andern Seite aus dem neuen und öfters sind in einem Bilde mehrere Ereignisse vereint dargestellt. Unter denen des neuen Testaments finden sich nur drei combinirte Darstellungen. Der Grund der Bilder ist blaufärbig, die Nimben erscheinen als Relief. Als besonders merkwürdig kann man bezeichnen: das erste Menschenpaar, die Vertreibung aus dem Paradiese, Isaak's Opferung, das Thau-Aufmalen, Gedeon, Saul und David, die Taufe Christi, die Heilung des Mondsüchtigen, die Fußwaschung, die Todesangst, die Gefangennahme Christi, das Pfingstfest u. s. w. Das Gewölbe ist mit einem Ornament-Bande umsäumt, die Scheitellinien markiren zwei parallel laufende Streifen mit Kränzen, im Mittelfelde ein über Eck gestelltes Viereck mit über Eck gestellten Ausläufern, darin das Lamm Gottes (Stucco). Der Untergrund blau mit Sternen. *Dr. Schnerich*, dessen Berichte wir in unseren Nachrichten folgen, bestimmt auf Grund eingehender Studien diese Malereien als in der Mitte des 14. Jahrhunderts, und zwar bald nach Abmauerung der Vorhalle entstanden. Auf der östlichen (d. i. Innen-Portal-Seite) sind ebenfalls Wandmalereien angebracht, Medaillons, darin Köpfe: Christus und die Apostel, gemalte Nimben; diese Malerei ist aber etwas älter als die oben besprochenen, vielleicht noch aus romanischer Zeit.

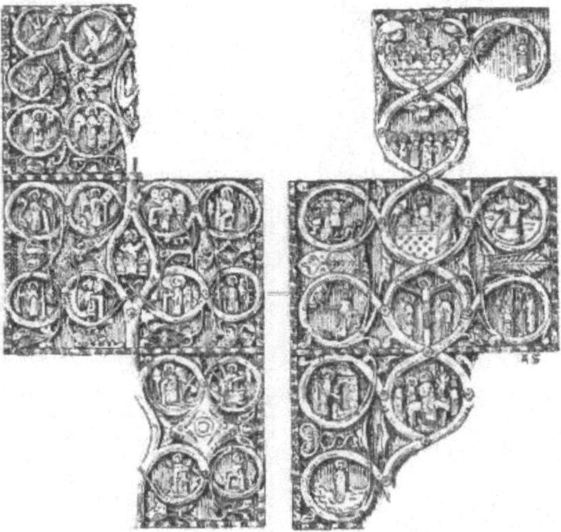

Fig. 497. (Gurk, nach Dr. Schnerich's Zeichnung.)

In Fig. 498 veranschaulichen wir das Grabmal des Wahlbischofs Ditrich, † 1278, in der Stiftskirche zu Sekkau, das im Interesse seiner Erhaltung aus dem Boden erhoben und an der Wand aufgestellt werden sollte.

Ueber das Fastentuch oder Hungertuch (S. 95, Sp. 1) enthalten die M. XIII, n. F., S. 41 nähere Nachrichten, denen zur Information unserer Leser wir nur entnehmen, dafs dasfelbe aus zehn der Länge nach zufammengenähten Leinwandftreifen befteht, jeder Streifen 0·85 Ctm. breit und zehnmal fo lang ift. Die ganze Fläche ift bemalt und

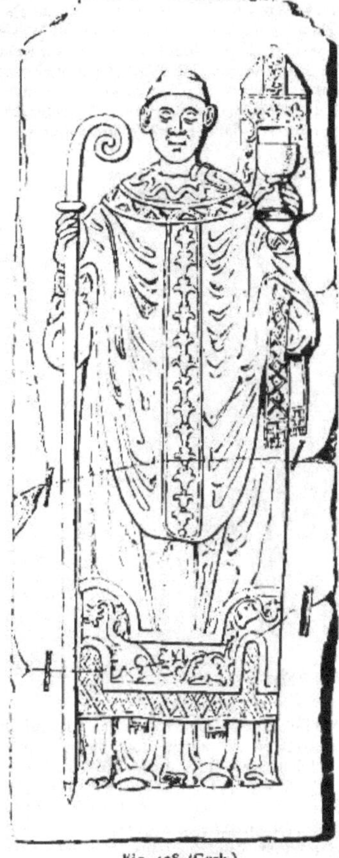

Fig. 498. (Gurk.)

enthält 100 Bilder in Quadratform. In jedem Bilde findet fich eine, bisweilen auch eine aus zwei und drei Ereigniffen combinirte Darftellung aus der Gefchichte des Heilands mit den Bezügen aus dem alten Teftamente, und zwar find die Darftellungen fo geordnet, dafs die aus dem alten Teftamente links, die aus dem neuen rechts gruppirt find; fie reihen fich chronologifch aneinander und find meift mit Infchriften in deutfcher Sprache verfehen. Die Bruchftücke der noch erhaltenen Infchrift datiren die Vollendung diefes Velum mit dem 4. April 1458, gemalt von Meifter Conrad, Bürger von Friefach.

Ein hochwichtiger Gegenftand des Gurker Domes ift die alte fpät-romanifche Hoch-Altar-Menfa (Fig. 499), meift verdeckt durch ein reich ornamentirtes Antipendium aus der Barockzeit. Das Material ift polirter weifser Marmor feinfter Sorte, die Platte befteht aus dunklem graulichen Steine. Feines Glas-Mofaik ziert alle Theile der Vorderfeite. Dieselbe ift in drei quadratifche Flächen getheilt. Die einzelnen Glieder der Umrahmung und die Felder felbft find mit Glaspaften in geometrifchen Muftern ausgeziert. Reicher ornamentirt ift die linke Fläche, hier findet fich ein Kreuz aus quadratifchen Goldblechen zufammengefetzt. Die Mitte desfelben nimmt ein über Eck geftelltes Fließ ein. Im rechtfeitigen Felde findet fich nur ein Ornament aus auf die Spitze geftellten quadratifchen Fließen gebildet. Ein Werk des 13. Jahrhunderts, das jedoch im Laufe der Zeiten einigermaßen verändert wurde, namentlich in der Decoration des Mittelfeldes, wahrfcheinlich bei Errichtung des neuen Hoch-Altars (1631), wobei glücklicherweife die alte Menfa belaffen blieb. *Dr. Schnerich* hat in neuefter Zeit diefen Gegenftand befprochen.

Guttaring. S. 98. Im Pfarrhofe eine Sammlung von Petrefacten und Kunftgegenftänden. Die Gemeinde ift im Befitze eines filbervergoldeten getriebenen Bechers mit Deckel aus dem 17. Jahrhundert.

Helenenberg. Im Jahre 1888 vor 27. Mai bei Gradifchnigg zwei Grabfchriften:

Postumiae	Post(umi)a
p.l. bovni	adg(ele)ia?
c. sempronivs	postvmivs. clo.?
c.l. receptvs	donatvs
fibi et svis. v. f	fibi et fvis v. f.

Hollenburg. Das Schloß auf einem Felfen, der gegen die Draufeite fchroff abfällt, gebaut. Der jetzige Burgbau aus dem 16. Jahrhundert, übrigens eine fehr alte Anlage.

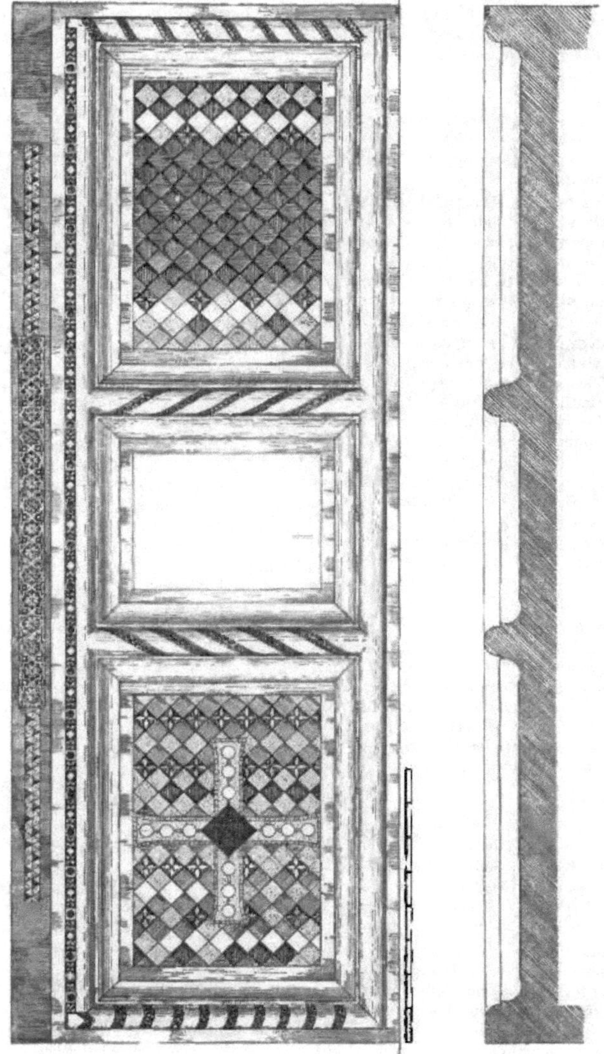

Fig. 499. (Gurk.)

Hüttenberg, s. S. 127. Im Markte steht das alte Schloß Sussenstein mit Thorthurm, Erker und Jahreszahl 1544 am spitzbogigen Portale.

Am Gemeindehause ist das Salzburger Wappen gemalt; die Bergknappen bewahren zwei alte Gefäße, silbervergoldet: Deckelkrug und Becher (1604 und 1762) und eine Fahne als Innungszeichen.

Kappel am Krappfelde, s. S. 135. Am runden Karner finden sich zwei römische Sculpturşteine eingemauert, der eine zeigt ein Ornament, der andere stellt einen lebhaft bewegten Ringer dar. Der Grabstein: Sabin. (C. 120) in der Laube des Pfarrhofes (Acp. VII. 152).

Lamm, St. Georg am-, auf der Saualpe. Curatial-Kirche von hoher Mauer mit Schießscharten umgeben. Schiff mit flacher Decke und drei sehr schmalen (1/2'), sehr gedrückt spitzbogigen Fensterrahmen unter denselben, unter welchen drei große rundbogige Fenster auf der Südseite; Triumphbogen hoch, rundbogig. Chor fünfseitig abgeschlossen mit Doppelfenster und Vierpaß in der Ostfläche, die anderen Fenster modernisirt und spitzbogig. Gratengewölbe. Vierseitiger Thurm, an der Südseite des Chores mit einfachen spitzbogigen Schallöffnungen, Giebeln und Spitzhelm.

In der Sacristei zwei silberne Kelche, der eine gothisch (17 Ctm.) mit Blattverzierungen auf dem Fuße, der andere aus dem 18. Jahrhundert. Außerhalb an der Südwand der Kirche, nahe der Westseite, ist in Manneshöhe eine Steinplatte (grobkörniger Kalkstein) eingemauert, auf welcher in zwei nischenförmigen Vertiefungen von 30 und 25 Ctm. Höhe und 20 Ctm. Breite je ein bartloses Gesicht mit eng anschließender Haube, deren Nase und Mund stark verstümmelt ist, in schwachem Relief eingemeißelt erscheinen. Jede Inschrift fehlt. Bei dem Volke ist der Glaube verbreitet, diese Gesichter senkten sich von Jahr zu Jahr und würden endlich in der Erde verschwinden.

Launsdorf. Wegkreuz auf einem Straßenhügel. An der Nordseite ein Krystallin-Marmor-Reliefstück einer Frau, umgearbeitet zu einem Christus mit Dornenkrone; vier Fresken um 1580, Crucifix, Maria-Himmelskönigin, Evangelisten, Schrift an der Nordseite sehr verwaschen.

Loretto. Außerhalb der Stadt St. Andrä ein zweithürmiger Bau (1687—1700) von bedeutenden Dimensionen. Darin das Denkmal des Erbauers Bischof Caspar von Stadion. Altarbilder von *Deschwanden*. An der Monstranze die Inschrift: „Sigismundus pro gloria Christi incarnati (1767).“

Mannsberg. Auf einem waldigen Bergrücken bei Pölling steht das Schloß, zum Theile auf einen Felsen aufgebaut, dessen Süd-Seite in schwindelnder Höhe jäh abstürzt. Einen großen Thurm durchschreitend erreicht man von Osten her über eine Zugbrücke den in Felsen gehauenen Eingang zum schmalen Schloßhof, woselbst sich der alte Brunnen befindet. Das Schloß trägt das Gepräge verschiedener Jahrhunderte. Der Mitteltheil ist der ältere, der kleinere Flügel gegen rechts ist jünger und mag dem 16. Jahrhundert angehören. Das Schloß ist wohl erhalten und bewohnbar. Im sogenannten Rittersaale hat sich eine Holzdecke bewahrt und sind die Räume mit interessanten Gegenständen ausgestattet, werthvolle Möbel, Bilder, Waffen, darunter besonders hervorzuheben ist ein Bild auf Holz gemalt, darstellend den zwölfjährigen Heiland im Tempel (v. *Dörtschacher* 1508). Nahe beim Schloß steht eine mächtige Thurmruine ohne Ringmauer und Graben, vielleicht eine bis ins 10. Jahrhundert zurückreichende Burgenanlage. Bemerkenswerth sind an denselben die romanischen Fenster, die sich trichterförmig nach außen erweitern und in einer Gruppe zu dreien, das mittlere etwas höher und größer, in einer vertieften mit einem Rundbogen überwölbten Füllwand angebracht sind (Fig. 500).

St. Martin am Krappfelde. Eine Glocke von 1526, eine zweite von 1566 (O. d. martine infunde nobis gratiam tuo supplicata, o rex gloriae veni cum pace; s. martine ora pro nobis, o mater dei memento mei).

Nikolai bei Kremsbrucken. Portaltisch graugrüner Sandstein. In der Kirche beim Hoch-Altar im Boden drei Grabsteine adeliger Verweser? Wohl des 17. Jahrhunderts mit Wappen:

Hie ligt begrab(en) des eedlen vnd (ve)
sten Herrn Jacoben Geilsperg eehlen-
licher sun erusr(ul) geisperg welcher.
(gestorben ist) d(en) 4 tag* etc.

Unten Wappen: Horn, Jahrzahl 1600.

Innenwandſchrift:

Eraſmus Harter ſupremi caeſ. crems-pontani telonii in XX anum praeſul
Kaiſer Ferdinand III. 1640.
Denkſtein bei Sacriſteithür?
Ferdinand III. RISAEXTR VXIT A MDCXL.

Ossiach. Meſſeglocke mit Inſchrift: „sancte petre + ora + pro nobis + ano domini + M. CCCCC— im sexten jar."

St. Oswald in der Rieding. Seit etlichen Jahren wurden zwei römiſche Inſchriften in der Kirche eingemauert bloſsgelegt (ſ. Aep. VIII, 247).

Paindorf (Lichtengraben) bei St. Leonhard im L. Th. Das alte Schloſs in Ruinen, Waſſerburganlage aus dem 14. Jahrhundert. Im Hofe des neuen Schloſſes (16. Jahrhundert) etliche Steinſculpturen.

St. Paul. Als koſtbare Gegenſtände der Schatzkammer ſind der Aufzählung von S. 265 bis 268 noch anzuſchlieſsen: Elfenbeinfigur aus dem 14. Jahrhundert, vorſtellend die Muttergottes; Elfenbein-Crucifix aus dem 17. Jahrhundert; ſechs Elfenbeinplatten mit Schnitzereien in der Manier Chr. Angermayer's, 17. Jahrhundert; Gemälde, vorſtellend Chriſti Geburt, zugeſchrieben Hans Holbein dem älteren, 1511; Gemälde auf Holz, vorſtellend Madonna, umgeben von Heiligen, byzantiniſch, mit altſlaviſcher Umſchrift; zwei Tafelgemälde: Kreuzabnahme und Lazarus und der Praſſer, Ende des 15. Jahrhunderts; zwei Bilder auf Holz mit Goldgrund gemalt, 16. Jahrhundert, vorſtellend Barbara und Johannes, Margaretha und Blaſius.

Poggersdorf. Eine Glocke von 1761, Thaddaeus Meyr in Klagenfurt (Ecce crucem domini fugite partes adversas vicit leo de tribu Iuda, radix David alleluja).

Pölling bei Launsdorf. An der Auſsenſeite der Papierfabrik iſt ein römiſcher Inſchriftſtein eingemauert, der bei einem Brande, durch welchen das Fabriksgebäude vor wenigen Jahren heimgeſucht wurde, zu Tage trat. Er diente damals als Balkenauflage. Ober der Schrift iſt der Reſt einer Sculptur — ein Frauenbruſtbild, die in der Rechten eine Kugel hält — erhalten. Die Inſchrift findet ſich Aep. VII, 104.

Pölling. St. Johann Bapt. auf der Saualpe. Schiff der Pfarrkirche moderniſirt, der hohe Triumphbogen ſpitzbogig, ſehr reich profilirt, Chor mit reichem Netzgewölbe von ſchön profilirten Rippen, welche auf runde ſchwache Streben mit Hohlkehlen vorgelegte Dienſte mit Knäufen und Kegelconſolen auflaufen, hat fünfſeitigen Abſchluſs, in welchem drei zweitheilige Fenſter mit ſpätgothiſchem Maſswerk, ähnlich dem in der Kirche Windiſch-St. Leonhard, ſich befinden. An den Knäufen der Dienſte zu beiden Seiten des Oſtfenſters je ein kleiner Schild mit dem Zeichen L in Hoch-Relief. An der Nordſeite des Chores ein prachtvolles zweiſeitiges gothiſches Sacramentshäuschen, das viertgröſste in Kärnten, mit reichem Schmuck an Wimpergen, Niſchen-Statuetten, Fialen,

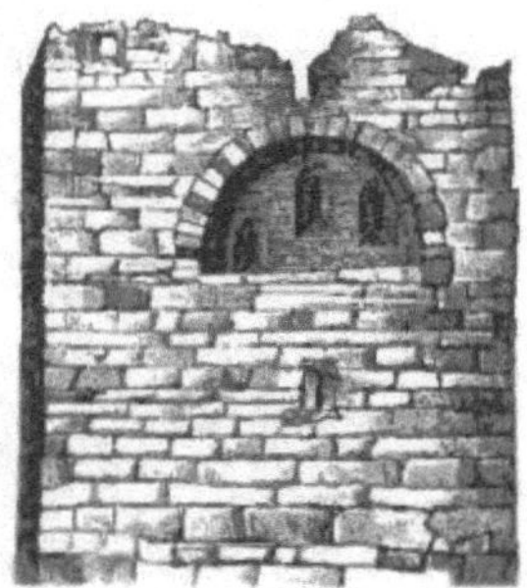

Fig. 500. Maunsberg

Krabben und Kreuzblumen zu einer Höhe von über 4 M. ſich aufbauend. Der Thurm an der Südſeite maſſig vierſeitig mit Kanten aus behauenem Stein, welche im Glockengeſchoſſe zu kräftigen Rundſtäben mit Kehlungen ſich geſtalten, und geschweiſten Spitzhelm, eine Schallöffnung zweitheilig mit Maſswerk, über und unter dem Glockengeſchoſſe Kaffgeſimſe; rings um Kirche und Chor Steinſockel.

Radsberg, St. Lambrecht am. Zwei Glocken aus dem Jahre 1720, M. Zehentner in Klagenfurt, eine aus 1714 (Marx Math bei Maria Regina Comartſchin Witib in Klagenfurt hat viele gegoſſen).

Schrittes, St. Margareth, Filiale von Pölling im Lavantthale. Kleines gothiſches Kirchlein mit ehemals flacher Decke, dreiſeitigem Chorabſchluſs, nun moderniſirt mit ringsum ziehendem Doppelgefims. Thurm an der Nordfeite viereckig mit doppelten fpitzbogigen Schallöffnungen und viereckigem Spitzhelm. Neben dem Eingange an der Südfeite kleiner ftark befchädigter römifcher Schriftftein verkehrt eingemauert, worauf nur einige Worte noch lesbar. In der Kirche Refte eines Flügel-Altares von 1547, worauf die Namen vieler Befucher aus dem 16. und 17. Jahrhundert eingeritzt: Adamus Hamon 1556. — Aus Imb In Imb und durch Imb feund alle Ding T § B Bartholomäus Teivriacher 1557. — Adam Wart-Brickh año

Urtl bei Guttaring. Dafelbft Ruine des Floßofens (um 1580). Am Verwefer-haufe außen Refte von Sgraffito-Decorationen, 1588 ließ die Stadt St. Veit ihren Befitz mit Wappen, Kinderfiguren, Masken, Mufikinftrumenten u. f. w. verzieren.

Waidschach. Der Karner bildet ein Polygon mit ausfpringenden fünffeitigen Chörlein, daran Strebepfeiler, mit fchmalen fich nach außen erweiternden Fenftern, im oberen Gewölbe keine Rippen (Fig. 501) Unterm Gefimfe ein gemaltes Ornament. Eine Infchrift erzählt:

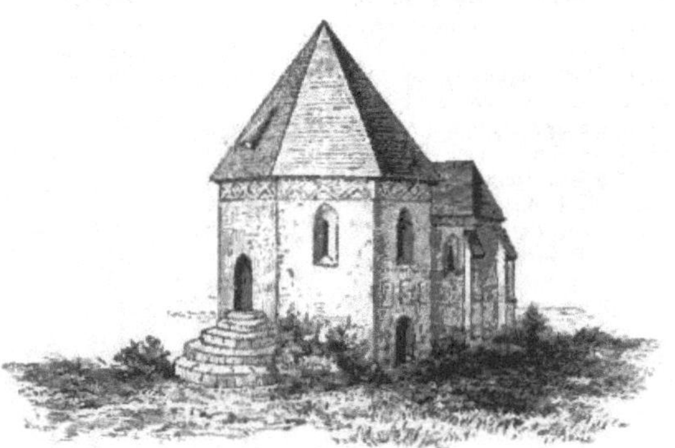

Fig. 501. Waidfchach.

1604. — M. Sindenigg 1589. — Georgius Puchler Laus Deo in omnibus 1589. — 1552 jar Hic fuit Marinus Nicolander etc. etc. In der Sacriftei Kelch mit gothifchem Fuß, worin die Jahrzahl 1589; Nodus und Cuppa, welche nach der Tradition reich gearbeitet und mit Steinen befetzt waren, wurden vor einigen Jahrzehenten modernifirt. Neben der Sacrifteithür Bruftbild von 1716.

Schwabeck. Glocke von 1610.

Töschelsdorf bei Althofen. Im Schloffe ein Saal mit mythologifchen Bildern von *Fromiller*. Schöne Sammlung von Geweihen und Waffen. Die freiftehende Capelle hat eine flache Decke, auf einem Gebälke über Wandpfeilern ruhend, ein Altarraum mit gedrückter Halbkuppel, fpitzbogige Fenfter; fchöner einfacher Kreuzaltar.

„An. dom. 1535 Befreiung ..... von den Türken.

Zue Lob u. Ehr Gott dem allmächtigen und der heil. hochgelobt und preiswürdig Jungfrau der Mutter Gottes Maria auch der heil. Beichtiger Leonhard haben diefe Capellen laffen machen u. mahlen der Ehrw. geiftl. Herr Gregor Rörer Vicarius bei difem ehrwürdig Gottshaus zu Waitfchach und der chr..... Sebaftian ... unter Weitfchach Radmeifter zu D...... auch....“

Wolfsberg. In mehreren Privathaufern gothifche und Frührenaifance-Refte (Säulen, Deckengewölbe), wie Haus Nr. 41, 42 und 59.

Richtigſtellungen.

S. 19, beim Artikel: St. Cosmas iſt für „1730" zu leſen: „1715".

S. 41, beim Artikel: Flitſchl iſt für „in St. Primus" zu leſen: „in Guttaring".

S. 48, beim Artikel Frieſach: Bartholomäus-Kirche iſt einzuſchalten: „in das 12. oder 13. Jahrhundert".

S. 55, (Frieſach), auf dem beigegebenen Grundriſſe ſollen die Abſeiten nach außen in einem Kreisſegmente enden.

S. 64, Zeile 3, lies ſtatt: „Bayesberg": „Bayerberg", und es wäre dazu zu ſetzen: „ein romaniſches Kirchlein mit einem ſpätgothiſchen Flügelaltare".

S. 80, bei der Figur 78 ſoll ſtehen: „St. Peter bei Grafenſtein".

S. 90, letzte Zeile links, iſt der Paſſus: „des erſten Schiffsjoches" auszulaſſen.

S. 91, Zeile 10, iſt einzuſchalten nach dem Worte Außenſeite: „zum Theile".

S. 93, viervorletzte Zeile links, ſoll es heißen: „gegen das Mittelſchiff öffnet ſich die Empore in vier Rundbogenfenſter mit gekuppelten Doppelſäulchen". Der Grundriß Fig. 105 iſt demnach ungenau.

S. 98, Zeile 4 rechts, ſoll citirt werden: „(Car. 1884...)".

Zeile 6 rechts, ſoll es heißen: „geringer" ſtatt: „möglichſter".

Zeile 7, von unten rechts: „Nordſeite" ſtatt: „Südſeite".

S. 99, Zeile 1 links: „roſette" ſtatt: „conſole".

Zeile 12 rechts: „Pfarrkirche" ſtatt: „Kirche".

S. 148, 2. Spalte, 2. Zeile ſoll heißen: „1885" ſtatt: „1888".

S. 152, ſoll heißen: „Maurus" ſtatt: „Marus".

S. 201, vorletzte Zeile rechts, ſoll es heißen: „Drei der Apſidenkuppeln ſind ...."

S. 213, Fig. 230, an die zwei öſtlichen Gruftpfeiler ſind halbrunde Vorlagen anzuzeichnen.

S. 317, bei Stall ſoll heißen: „drei" nicht „zwei" Kelche aus dem 16. Jahrhundert.

S. 355, bei Thaißenegg ſoll heißen: „Glocke 1699", nicht „1600".

Verzeichniss

der in diesem Buche besprochenen Orte Kärntens.

Biographische Skizzen

denkwürdiger

Steiermärker.

Von

Johann Krainz,

Lehrer, Mitglied und Bezirkscorrespondent des historischen Vereines für Steiermark.

1878.

Im Selbstverlage.

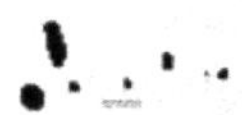

Einleitung.

Eine der heiligsten Pflichten aller gebildeten Völker und Nationen ist es, das Andenken aller jener Männer zu erhalten, welche durch ihr thatkräftiges patriotisches Handeln und Wirken sich den Dank des Vaterlandes und den Anspruch auf ihr Fortleben in der Nachwelt erworben, sie mögen nun eine ausgezeichnete hervorragende Rolle im großen Drama der Zeit gespielt, oder sich nur durch stilles Wirken gerechte Ansprüche auf ehrende Anerkennung errungen haben. Dieser Pflicht suchen nun auch die Völker und Nationen nachzukommen durch Biographien oder Lebensschilderungen und durch Errichtung von Monumenten. In ersteren werden sowohl die äußere Geschichte, wie auch die innere intellectuelle und sittliche Entwicklung solcher durch ihre Schicksale, Stellung und Thätigkeit, oder durch moralische oder psychologische Lebensmomente ganz besonders ausgezeichneter, geschichtlich wichtiger Persönlichkeiten geschildert; durch letztere aber werden diese selbst oder auch ihre hervorragendsten Thaten bildlich oder allegorisch dargestellt.

Die Biographien oder Lebensbeschreibungen aber haben nicht allein den Zweck, anerkannte Verdienste freundlich oder pflichtschuldigst zu würdigen und dieselben der Nachwelt aufzubewahren, sondern sie gelten auch zugleich als edle Aufmunterung, den Thaten und Charakteren der in denselben gepriesenen Vorfahren in löblicher und uneigennütziger Weise nachzuahmen.

Von diesem, insbesonders dem letzteren Standpunkte aus haben nun auch die „Biographien berühmter Männer“ Aufnahme gefunden in den Lehrplänen unseres neuen, sowohl den praktischen Bedürfnissen, wie auch hohen, schönen und sittlichen Idealen Rechnung tragenden Schulgesetzes Groß ist in unserem gemeinsamen Vaterlande Oesterreich die Zahl jener edlen Männer, die da säeten und pflanzten mit Liebe und Aufopferung auf dem hehren Gebiete der Religion oder des übrigen erziehlichen Unterrichtes, die sich die Siegespalme auf den blutigen Gefilden des Kampfes oder nieverwelkende Lorbeern auf dem Felde der Künste und Wissenschaften erwarben, die treu und umsichtig das Ruder des Staates entweder selbst lenkten oder es ehrlich und aufopfernd mit führen halfen, die ernst und heilig die Interessen der Gemeinde und des Bezirkes, des Landes und Reiches wahrten, und endlich jener, deren stilles, bescheidenes und doch segensreiches Walten aus dem kleinen Kreise der Familie hell in die Welt hinaus leuchtete.

Die Kenntniß des Lebens und Wirkens derartiger Männer durch entsprechende Lebensbilder der Jugend zu vermitteln und diese zur löblichen Nachahmung anzueifern, ist nun eine der schönsten Aufgaben der neuen Schule. Die Lehrer haben in erster Linie in ihrem Unterrichte Biographien solcher Männer vorzuführen, welche für das Allgemeine und für das ganze Reich von Wichtigkeit sind, dann aber nebstbei auch solche, die speciell für jedes einzelne Kronland, dem der betreffende Schulort angehört, hervorragende Bedeutung haben. Erstere wären nicht schwer zu erlangen; es finden sich deren in vielen Lese- und Lehrbüchern in trefflicher Auswahl zusammengetragen. Schwieriger verhält es sich mit der Erlangung von gründlichen Lebensschilderungen denkwürdiger Männer, welche sich um ihr Heimatland hochverdient gemacht, oder welche, als demselben angehörig, ihm durch ihre rastlose Thätigkeit, ihre Aufopferung oder durch ihr Genie Ehre machten.

Unsere schöne grüne Steiermark ist nur ein kleines Stück von dem großen ganzen Oesterreich; aber wenn es sich darum handeln würde, ihren dahingeschiedenen großen und verdienstvollen Söhnen eine Ruhmeshalle zu errichten, so könnten wir aus allen Ständen und Jahrhunderten eine sehr große Zahl derselben anführen, als: Priester, Krieger, Staatsmänner, Dichter, Gelehrte, Künstler, Beamte, Lehrer, Gewerken, Oekonomen, Patrioten u. s. w. Wohl finden sich von diesen zahlreiche Lebensbeschreibungen vor, aber leider meist in unzähligen Werken zerstreut. Eine zusammenhängende Arbeit lieferten – soviel mir bekannt – nur Wenige. So der fleißige und gediegene Forscher und Biograph Joh. B. Edler v. Winklern in der steiermärkischen Zeitschrift, Jahrg. VI., Heft 1 u. 2, und Jahrg. VII., Heft 1; doch sind diese darin enthaltenen „Biographien denkwürdiger Steiermärker“ nicht immer vollständig und ausführlich. Ferner der greise Nestor des historischen Vereines für Steiermark, der fleißige Schriftsteller J. C. Hofrichter (Windischgraz) in seinen „Lebensbildern aus der Vergangenheit“ u. m. a.

Auf mehrfache Anregung hin habe ich es nun übernommen, aus den zahlreichen, zerstreut liegenden Biographien (Nekrologien ꝛc.) einzelne und zwar solche, die mir als die wichtigsten und zugleich für eine entsprechende Verwendung zu Unterrichtszwecken passend erscheinen, herauszuheben, ihre Authenticität zu prüfen, eventuell aus neueren geschichtlichen Quellenwerken zu ergänzen, und in einer entsprechenden Fassung an folgender Stelle wiederzugeben. Damit glaube ich einem, collegialerseits vielfach ausgesprochenen Wunsche entgegenzukommen, hoffe aber dabei auf gütige Nachsicht, wenn ich hie und da vielleicht den mit vollkommener Berechtigung gestellten Anforderungen nicht ganz entspreche. Es ist eben das mir vorliegende Material ein, ich könnte fast sagen massenhaftes, und je mehr und zerstreut liegender Stoff, desto schwieriger und heikler die Auswahl; dann sind auch einzelne wichtige Daten in demselben trotz aller Weitläufigkeit mit Rücksicht auf die wesentlichsten Hauptmomente oft sehr mangelhaft oder unvollständig. Dessenungeachtet hoffe ich, daß meine „Biographische Skizzen“, welche blos für die Hand des Lehrers, der sich daraus den Stoff schöpfen und ihn für seinen Unterricht zurechtlegen kann, berechnet sind, im Allgemeinen der gestellten Aufgabe entsprechen dürften, wenigstens für insolange, bis nicht eine competentere Feder etwas Besseres und Vollständigeres leistet.

Und somit empfehle ich diese jüngste Frucht meiner Forschung einer freundlichen Aufnahme und Beurtheilung seitens der geehrten Herren Fachgenossen und Collegen, sowie einer zweckentsprechenden Verwendung im Dienste der Schule.

Knittelfeld im Jänner 1877.

I.

Ulrich von Lichtenstein.

Der mittelalterliche Sangesfürst unserer Heimat, Ulrich von Lichtenstein, deutscher Dichter und berühmter Kampfheld zugleich, war ein Sohn Dietmars III. von Lichtenstein und dessen Gemahlin Gertrud. Er wurde um das Jahr 1200 auf seinem Stammschlosse Lichtenstein bei Judenburg geboren, kam in seinem 12. Jahre als Page in den Dienst einer edlen Frau, Beatrix, der Gemahlin Otto I. von Meran, bei der er fünf Jahre blieb, und zog dann an den Hof des Herzogs Heinrich von Mödling (Bruder Leopold VI.), welcher ein Freund der Dichter und stets von ritterlichen Sängern umgeben war. Im Jahre 1222 wurde Ulrich gelegentlich der Vermählung der Tochter des Herzogs Leopold VI. des Glorreichen in Wien feierlich zum Ritter geschlagen und nun begann sein Minne-, Ritter- und Sängerleben.

Nach damaliger Rittersitte war es Ulrichs von Lichtenstein hohes und vorzüglichstes Streben, sich die Gunst und Huld, Zuneigung und Liebe edler Frauen zu erringen, und ihnen widmete er die Thaten seiner Ritterschaft. Diesem Streben blieb er auch treu, als er sich mit Bertha, der Tochter des kärntnerischen Edlen Alram von Weizzenstein, vermählt hatte und dieser Ehe vier Kinder, zwei Knaben und zwei Mädchen, entsprossen waren. Im Jahre 1224 finden wir den ritterlichen Ulrich von Lichtenstein und seinen Bruder Dietmar IV. in der altberühmten Stadt Friesach in Kärnten, wo Herzog Leopold VI. den Herzog Bernhard von Kärnten mit dem Markgrafen Heinrich von Istrien aussöhnte. Bei dem aus diesem Anlasse hier stattgefundenen Turniere, welches von einer großen Anzahl prächtig gekleideter Ritter abgehalten wurde, zeichneten sich die beiden Lichtensteiner besonders aus. Ulrich verstach allein über hundert Speere. Um das Jahr 1227 begab er sich nach Venedig, und hier kam ihm der Gedanke, als Königin Venus abenteuernd durch die Lande zu ziehen. Er sandte briefliche Aufforderungen an alle Ritter von den Küsten des adriatischen Meeres bis an die Südgrenzen Böhmens, mit ihm zu stechen. Gekleidet in ein weibliches Prachtgewand, das er über seine Rüstung geworfen, und mit prunkvoll ausgestattetem Gefolge, erhob er sich von Venedig und zog über Tarvis nach Villach, Scheifling, Judenburg, Knittelfeld und Leoben, durch das Mürzthal vor Kapfenberg und Mürzzuschlag, über den Semmering gegen Gloggnitz und Neustadt nach Wien, wo er feierlichen Einzug hielt, und dann weiter bis an die Grenze Böhmens. Er setzte ein Heer von Rittern in Bewegung, turnirte aller Orten, wo ihn edle Ritter bestechen wollten und beschenkte jeden, der ihn männlich bestand, mit einem Goldringe. Ulrich verstach auf dieser romantischen Fahrt 307 Speere und vertheilte an die wackere Ritterschaft 271 Goldringe. In seiner Verehrung für das Frauengeschlecht nahm Ulrich von Lichtenstein keinen Anstand, sich sogar zu einer Pilgerfahrt über's Meer in das heilige Land herbeizulassen, und empfing freudig Pilgerkleid, Hut und Stab aus Frauenhand. Zwölf Jahre nach seiner Venusfahrt (1240) unternahm er eine zweite romantische Ritterfahrt als König Arthur von der Tafelrunde. Dieser Zug ging vom Mur- durch das Mürzthal nach Wien, und sollte dann noch bis Krumau in Böhmen fortgesetzt werden. Ganz im Geiste des sagenhaften Königs Artus, Fürsten

1*

der Siluren, wählte er eine Gesellschaft von Rittern der Tafelrunde aus solchen tapferen Degen, welche ihn im Stechen wacker bestanden hatten.

Seine Verehrung für das zarte Geschlecht ging so weit, daß er seines häßlichen, ungestalteten Mundes wegen, welcher aussah, als hätte Ulrich drei Lippen, nach Graz ritt und sich hier einer schmerzhaften Operation unterwarf. Als einst Ulrich bei einem, seiner Dame zu Ehren abgehaltenen Stechen an einem Finger hart verwundet wurde, ließ er, als jene es nicht glauben wollte, sich den schadhaften Finger gänzlich abschneiden und sendete ihn, in Sammt und Goldstickerei gewunden, derselben zum Beweise der Wahrheit und seiner Resignation.

Ulrich von Lichtenstein reichte seinem Heimatlande, der Steiermark, Krone und Preis des Minne- und Meistergesanges seiner Tage. Zu seiner Charakteristik diene, daß er weder lesen noch schreiben konnte und daher seine Lieder und Briefe dictiren mußte; er beschwerte sich bitter, daß er einst einen Brief, von Frauenhand geschrieben, mehrere Tage habe mit sich herumtragen müssen, weil er niemand zur Hand gehabt, der ihm denselben vorgelesen hätte. Wir haben von ihm zwei große herrliche Gedichte; das eine, „der Frauendienst“, umfaßt 18.882 Verse, und das andere, das „Frauen Puech“ oder „Zwitz“, besteht aus 2132 Versen. Sein Frauendienst, den der geniale Ludwig Tieck in München als Manuscript aufgefunden und (Tübingen 1815) herausgegeben hat, ist ein farbenglühendes Sittengemälde, eine reiche Fundgrube geschichtlicher Kenntnisse und Entdeckungen; desgleichen auch das Frauenbuch. Beide führen uns Ulrich's Leben vom Jahre 1211 bis 1255 vor Augen und schildern getreulich die Zustände der damaligen Zeit.

Ulrich von Lichtenstein turnirte nicht nur zum Zeitvertreib, er focht auch manchen blutigen Kampf mit und sah seinen Freund und Gönner, Friedrich den Streitbaren, in der Schlacht an der Leitha (1246) fallen. Nach dessen Tode brach großes Elend über die österreichischen Länder herein; das Faustrecht streckte seine blutigen Krallen über Steiermark und ihre Bewohner aus und auch Ulrich mußte das eiserne Geschick jener Zeit bitter empfinden. Am 26. August 1248 wurde Ulrich auf der Frauenburg durch zwei falsche Freunde: Pilgrim von Kars und einem gewissen Weinold, unter dem Vorwande eines ritterlichen Besuches, als er gerade nach einem Bade sich gütlich that, überfallen, mit Messerstichen verwundet, gebunden und in den Kerker geworfen, seine Gemahlin ihres Schmuckes und aller Kleidervorräthe beraubt, ein Sohn zurückbehalten, sie selbst mit allen andern Kindern aus dem Schlosse gejagt und die Frauenburg in Besitz genommen. Als seine Freunde mit ihren Reisigen vor Frauenburg erschienen, das Schloß stürmen und Ulrich befreien wollten, drohte Pilgrim, denselben an einem Strick um den Hals über die Thurmaltane den Pfeilschüssen der Angreifenden entgegen hinauszuhängen. Ein Jahr und drei Wochen mußte Ulrich in schweren Fesseln und Kerkernacht schmachten, bis er endlich durch den Grafen Meinhard von Görz, kaiserl. Statthalter in der Steiermark, im Jahre 1249, nicht ohne Lösegeld und Geiselschaft seiner beiden Söhne, wieder in Freiheit gesetzt wurde.

Ulrich von Lichtenstein, den der Reimchronist Ottokar als „weise an Worten und Werken“ und „witzig und männlich“ schildert, war eine merkwürdige Erscheinung, mit dessen reichem Gemüthe sich würdevolle Kraft verband. Er suchte seine Lebensaufgabe nicht nur im minniglichen Frauendienste und in ritterlichen Spielereien, sondern spielte auch im staatlichen Leben eine große Rolle und hatte Gelegenheit, in seinen mehrfachen Eigenschaften als Stellvertreter des Herzogs 1245 (Landeshauptmann?), später als oberster Landrichter der Steiermark, dann als siegreicher Feldherr im Kriege gegen den Aquilejer Patriarchen Philipp (1270), ebenso als einer der ersten Vordermänner des einheimischen Adels während der bewegtesten politischen Verhältnisse, welche die Steiermark damals durchlebte, vielfach seine Klugheit und die Befähigung, dem öffentlichen Wohle zu dienen, zu erproben.

Ulrich von Lichtenstein gehörte zu den Führern jener Partei, welche, um die Trennung der Steiermark von Oesterreich zu verhindern, den Böhmenkönig Ottokar II. zur Regierung verhalf. Im Jahre 1268 wurde Ulrich von Lichtenstein nebst Wulfing von Stubenberg von Friedrich von Pettau beim König Ottokar VI. der Mitwisser- und Theilnehmerschaft einer Adelsverschwörung wider die böhmische Herrschaft, deren Urheber Graf Bernhard von Pfannberg und Hartnid von Wildon waren, bezichtiget. Trotz ihrer Vertheidigung nahm Ottokar alle in Haft und ließ sie als Gefangene auf feste Burgen schaffen. Ulrich und sein Leidensgefährte, der Stubenberger, wurden auf die Veste Klingberg geführt, wo sie 26 Wochen lang gefangen gehalten wurden. Ersterer mußte seine Burgen Lichtenstein, Frauenburg und Murau dem Könige Ottokar ausliefern, der sie abbrechen ließ. Ende des Jahres 1270 finden wir Ulrich von Lichtenstein als Marschall des Steirerlandes. Als Ottokar durch seine Herrschsucht sich die Herzen der Steirer entfremdet hatte und Rudolf von Habsburg zum deutschen Kaiser gewählt worden, war der greise Minnesänger in den ersten Reihen jener Landesedlen, welche sich wider Ottokar wendeten und die Herrschaft der noch gegenwärtig regierenden Dynastie Habsburg anbahnten. Die weitere Entwicklung der Dinge, in welchen Ulrich's Sohn Otto eine Hauptrolle spielte, erlebte unser Dichter nicht mehr; er verschied Ende (26. oder 28.) Jänner 1275.

Ulrich's von Lichtenstein Grabmal — aufgefunden im Jahre 1871 durch den dortigen Pfarrprovisor J. Rigler — befindet sich in der Kirche St. Jakob am Frauenberge nächst Frauenburg, seinem Lieblingswohnsitze, und ist vielleicht nicht allein das älteste deutsche der Steiermark, sondern des gesammten Deutschlands. Es besteht aus gelblichem Kalkstein in Form eines Rechteckes, zeigt in der Mitte ein großes Kreuz, darunter das Wappenschild der Lichtensteiner, und am Kopfende die achtzeilige gothische Inschrift: „Hie . leit . Vlrich . disco . hovscs . rehtter . erbe."

II.

Herrand von Wildon.

Ein Zeitgenosse Ulrich's von Lichtenstein, „des Ritterthums Spiegel und Blume", war der steiermärkische Ritter und Minnesänger Herrand aus dem altberühmten heimischen Geschlechte der Wildonier.*) Ueber die Jugendgeschichte wie über den Bildungsgang dieses hervorragenden steirischen Edlen finden sich nur wenige Aufklärungen, wir vermögen daher nur Einiges von seinen Geschicken im öffentlichen Leben zu bezeichnen.

Herrand von Wildon war ein Freund Ulrichs von Lichtenstein, und erscheint auch zumeist nur in Gesellschaft desselben. Seine Minnelieder gehören zu den besseren mittelhochdeutschen Dichtungen dieser Art, desgleichen auch seine kleinen Erzählungen. Von den letzteren wurden durch den gelehrten Custos des Ambraser-Cabinets, Josef

*) Eine Reihe steirischer Urkunden vom Jahre 1150—1298 enthält vier Edelherren von Wildon mit dem Namen Herrand. Herrand I. erscheint ungefähr vom Jahre 1150—1200. Von Herrand II. wird in Urkunden von dem Jahre 1200 gesagt, daß sein Vater Herrand, der Großvater aber Ulrich geheißen. Diesem Herrand II. werden als Söhne zugeschrieben: Hartnid, Ulrich und Liutold. Von Ulrich stammte wieder ein Sohn, Herrand III. (1245—1248, filius ejus Herrandus). Herrand II. und Herrand III. erscheinen demnach als Söhne vom Wildoner Edelherren mit Namen Ulrich, und wird insgemein Herrand II. als Dichter bezeichnet. (A. v. Muchar: Geschichte des Herzogthumes Steiermark. IV. Band. Pag. 117 und 118.)

Bergmann, vier poetische Erzählungen bekannt gemacht, welche von dem Verstande und der weichen Gemüthlichkeit dieses Minnesängers sprechendes Zeugniß geben. Die erste Erzählung: „Die getreue Gemahlin — Diu getriuwe cone" — behandelt die Geschichte eines Ritters, welcher eine schöne treue Frau hatte, die ihren Mann, obgleich er klein war und alt aussah, dennoch zärtlich liebte. Als dieser einst im Kriege ein Auge verlor, beschloß er im Schmerze über diese erlittene Entstellung seines Antlitzes, nimmermehr zu seiner schönen Frau zurückzukehren. Als dies die ihm treu ergebene Gemahlin erfahren, stach sie sich selbst mit einer Schere ein Auge aus, um sich ihrem geliebten Manne gleich zu machen, der auf die Kunde dieser beispiellosen Anhänglichkeit allsogleich in ihre Arme zurückeilte. Die zweite Erzählung: „Der verkehrte Wirth", eine aus Italien, wahrscheinlich über die südlichen Alpen heraufgebrachte Mähre erzählte Ulrich von Lichtenstein seinem Dichterfreunde Herrand von Wildon, der sie sodann in Reime brachte. Die dritte Erzählung: „Von dem blozen Keiser", enthält die bekannte Mähre von dem „Könige im Bade", in alten reimlosen deutschen Chroniken. Die vierte Erzählung ist eine Fabel: „Von der Katzen." „Ein Kater verachtet voll Stolz und Dünkel die Katze, seine Frau, verläßt sie und wirbt um eine andere, die ihm an Macht und Vortrefflichkeit gleich käme oder überlegen wäre. Er geht zur Sonne; diese verweist ihn aber an den Nebel, der ihr Licht verdunkelt; der Nebel an den Wind, der ihn vertreibe; der Wind an die alte windfeste Mauer; die Mauer an die zernagende kleine Maus; und die verweist ihn zitternd an die Frau Katze. Beschämt kehrt er heim, bittet sie um Verzeihung und gelobt fortan eheliche Treue. Die einfache Lehre dieser Fabel dürfte sein: „Jeder soll mit dem, was ihm von der Natur angewiesen ist, zufrieden sein!" und scheint ihr Herrand von Wildon folgende gesuchte politische Deutung gegeben zu haben: „Es soll jeder mit seinem Herrn zufrieden sein; denn geht er zu einem Fremden, mag er auch höher sein, als der erste, so muß er sich erst dessen Huld erwerben; und je mächtiger der Herr ist, desto verachteter der Diener!"

Herrand von Wildon war gleich seinem Freunde, Ulrich von Lichtenstein, nicht nur Dichter allein, sondern auch ein kriegerischer Held, und erscheint vielfach in den kriegerischen Wirren seiner an Kämpfen reichen Zeit als hervorragender Theilnehmer. Im verheerenden Kriege zwischen den Salzburger Metropoliten Ulrich und Philipp leistete Herrand von Wildon dem ersteren thätigen Zuzug; ihn selbst zwang — wie Ottokar der Reimchronist versichert — eine unvermuthete Krankheit, vom Heerzuge wegzubleiben.

Als der verunglückte Kriegszug des Böhmenkönigs Ottokar nach Preußen eine große Unzufriedenheit unter den ihn begleitenden steirischen Edlen erregt hatte, die es überdrüssig wurden, an dem königlichen Prunke des Hofstaates, an den unaufhörlichen, zum Theile zwecklosen und ihrem Interesse ganz gleichgiltigen Heerzügen des Herzogs auf eigene Kosten an Geld und Leuten Antheil zu nehmen, und sich daher einen andern Landesfürsten wünschten, verrieth Friedrich von Pettau in Breslau auf der Rückkehr vom Kreuzzuge diese Gesinnungen seiner Genossen unter der Form einer ausdrücklichen Verschwörung an Ottokar. Entrüstet über diese schmähliche Anklage wiesen die Ritter, darunter auch Herrand von Wildon, dieselbe zurück und forderten Friedrich von Pettau zum Zweikampfe als Gottesgericht im Angesichte des Königs heraus. Aber der mißtrauische König ließ sie sammt dem Verräther sogleich ergreifen und in festem Gewahrsam halten. Herrand von Wildon mußte mit anderen steirischen Edelherren das Los bitterer Kerkerhaft auf der festen Burg Aichhorn an der Schwarzawa in Mähren theilen und sich endlich mit Opferung seiner Vesten Eppenstein, Primarsburg und Gleichenberg, welche zum Theile zerstört wurden, die Freiheit und das Wiedersehen der geliebten Heimat erkaufen.

Bei der Vertreibung der böhmischen Burgvögte aus dem Lande im Jahre 1276 bewies sich Herrand von Wildon mit seinem Bruder Hartnid ungemein thätig und mannhaft. Nachdem im Mai d. J. die Ottokar II. auf dem Reichstage zu Augsburg zugestandene mehrjährige Frist verstrichen, und ihm in seiner Residenz zu Prag durch Reichsherolde die Vollziehung der Acht angekündigt worden, war die Zeit herangekommen, wo durch Waffengewalt das Joch des verhaßten Böhmenkönigs abgeschüttelt werden sollte. Herrand von Wildon eilte, während Rudolf von Habsburg mit Heeresmacht durch Baiern gegen Wien, Graf Meinhard von Görz und Tirol durch Krain und Kärnten zog, aus dem kaiserlichen Hoflager nach Steiermark, und rief einen allgemeinen Aufstand gegen Ottokar's Herrschaft hervor. Am 19. September 1276 versammelten sich die Landstände, Ministerialen und Edelherren von Steiermark und Kärnten zu einem Bündnisse gegen Ottokar. Den hier gefaßten Beschlüssen folgte auf raschem Fuße die That. Die mit böhmischen Besatzungen versehenen Plätze wurden berannt; Herrand von Wildon stürmte und eroberte die Veste Eppenstein.

An der Entscheidungsschlacht gegen König Ottokar auf dem Marchfelde, 26. August 1278 hatte Herrand von Wildon neben seinem Bruder, dem Landesmarschall Hartnid, keinen Antheil mehr, wie auch bei allen späteren Begebnissen in der Steiermark nur Hartnid von Wildon thätig erscheint. Man verlegt daher den Tod des Minnesängers Herrand von Wildon in das Jahr 1278.

III.

Ottokar der Reimchronist.

Einer der berühmtesten Männer seiner Zeit in Steiermark war der Geschichtsschreiber und Minnesänger Ottokar der Reimchronist oder, wie er auch genannt wird (ob mit Recht?), Ottokar von Horneck. Er wurde um das Jahr 1250 geboren und war Ministerialis (Dienstmann) Otto's von Lichtenstein, — des Sohnes Ulrich's, — des nachmaligen Landeshauptmannes in Steiermark, den er auf seinen Feldzügen begleitete und der ihn vorzüglich schätzte. In Ottokar erhielt Steiermark einen Mann, welcher die Geschichte als Denkbuch in Reimen schrieb und ein treues Bild seines Zeitalters gab.

Seine erste Bildung in der Dichtkunst erlangte Ottokar durch Meister „Kunrad von Rottenberg", der an dem Hofe König Manfred's von Sicilien in vorzüglichem Ansehen stand. Die großen Ereignisse seiner Zeit hat er mit der tiefen Erregung eines kräftigen Gemüthes miterlebt und durchempfunden. Seine vortreffliche Reimchronik „Chronicon Austriacum Rythmicum" aus mehr als 83 000 Versen bestehend, schildert die Begebenheiten von der Mitte des 13. Jahrhunderts an bis zum Jahre 1309, und ist insbesonders für die Geschichte Rudolf's von Habsburg, Ottokar's von Böhmen, Adolf's von Nassau und Albrechts I. von Oesterreich vorzüglich wichtig. Der Historiograph Lazius fand sie in der Karthause zu Gaming im Manuscript und lieferte sie in die kaiserliche Hofbibliothek zu Wien, und der gelehrte Benedictiner von Mölk, Hieronymus Petz, gab diese Chronik 1745 als dritten Band seiner Scriptores rerum Austriacorum heraus. Ein anderes Werk Ottokar's des Reimchronisten ist: „Ueber die Weltreiche und deren Regenten", welches mit dem Tode Kaiser Friedrichs II. schließt; es wurde ebenfalls der kaiserlichen Bibliothek einverleibt.

Aus Ottokar's Schriften leuchtet der Haß hervor, welcher in den Herzen der Steirer gegen den Böhmenkönig Ottokar II. glühte. Der Gegenstand seiner wärmsten

Zuneigung ist Rudolf von Habsburg, weil er die Wahrheit in allem Sagen und Thun, den Kranz aller Tugenden besaß. Aus den Anspielungen auf frühere deutsche Dichtungen ersehen wir nicht blos, wie bewandert Ottokar in der poetischen Literatur seiner Zeit, sondern auch, wie bekannt diese in Steiermark war.

Das Todesjahr dieses hervorragenden Dichters ist nicht zuverlässig bekannt; wahrscheinlich starb er um das Jahr 1318.

IV.

Johann Georg Fellinger.

Unter den Dichtern, welche eine ehrende Stelle in der deutschen poetischen Literatur der Steiermark einnehmen, ragt besonders Johann Georg Fellinger, der steirische Körner, hervor. Er erblickte am 3. Jänner 1781 im ehemaligen Amtshause zu Peggau das Licht der Welt. Seine Jugend verfloß unter den süßen Träumen einer reichen und reinen Phantasie, gehegt und gepflegt von seinem biedern Vater, welcher späterhin Bürgermeister zu Frohnleiten war und den Keim wahrer Vaterlandsliebe in die Brust seines viel versprechenden Sohnes gelegt hatte. Frühe schon zeigte sich Fellinger's Neigung, sowie ein unverkennbares Talent zur Dichtkunst, das er mit vieler Liebe pflegte. Fellinger studirte in Graz die Rechtskunde und gehörte mit zu jenem Kreise junger Männer, auf welche der damalige Professor der Weltgeschichte, Julius Schneller, eine begeisternde Wirkung ausübte. Schneller war ein Mann, der ein Herz voll Begeisterung für alles Große und Schöne und die Macht des Wortes in hohem Grade besaß, und mit sanfter Gewalt den Funken höheren Gefühls in der Jugend hervorlockte. Nachdem Fellinger in seinen Studien die glänzendsten Fortschritte gemacht, lebte er als Beamter und Erzieher in der Familie des wackern Johann Edlen von Gabolla zu Reifenstein bei Cilli.

Aus diesem bescheidenen Wirken riß ihn das denkwürdige Jahr 1808, und die Pflicht, für's Vaterland zu kämpfen, rief ihn auf's Schlachtfeld. Oesterreich wollte noch einmal mit dem großen Feldherrn und gewaltigen Völkerbeherrscher, mit Napoleon I., den Riesenkampf wagen. Ein neuer, noch ungekannter Geist durchzog die Gauen unseres Vaterlandes; auch das Volk sollte sich begeistern können; es wurde entfesselt und aufgerufen zum Kampfe gegen den Feind Oesterreich's und Deutschland's und der Freiheit. Freude und Jubel, Begeisterung, Hingebung und die größte Opferwilligkeit zeigten sich allenthalben im Volke; es folgte dem Rufe und gab Gut und Blut hin, um das theure Vaterland zu befreien und zu schirmen gegen fremde Zwingherrschaft. Auch unseren Fellinger, den am Busen der freien Natur aufgewachsenen, von der heiligen Glut der Dichtung tiefdurchdrungenen Jüngling ergriff die Begeisterung, die jeder Steirer für seinen Kaiser und Herrn, wie für das theure Vaterland theilte, und freudenvoll vertauschte er das friedliche Geschäft der Themis mit dem vielbewegten Leben eines Kriegers.

Fellinger trat mit zwei Brüdern und seinem greisen, ebenfalls von heißer Vaterlandsliebe begeisterten Vater in die Reihen der Kämpfer und schwur den Kriegseid zu den Fahnen des eben (1808) errichteten steiermärkischen Landwehrbataillon's. Seine melodienreichen Lieder sind jetzt von Kampflust geschwellt. In der Zeit der tiefsten Schmach Deutschland's verliert er den Glauben nicht an die große Zukunft der Nation:

Und ewig, ewig wirst du Sprache bleiben,
Dein Volk so wie dein Wesen sind sich treu.
In deinen Zeichen wird die Wahrheit schreiben,
Dein Waffenruf macht die Geschlechter frei;

Und wenn Jahrtausende vorüber wallen,
Wirst du wie Geisterton der Helden hallen,
Und schläft die Kraft im weichen Enkel ein,
Wirst du der Wecker seines Geistes sein.

Bald wurde Fellinger zum Offizier befördert und 1809 erhielt er eine Anstellung unter den Linientruppen. In dem unglücklichen Treffen an der Piave wurde er durch einen feindlichen Kolbenschlag, welcher den Verlust seines rechten Auges zur Folge hatte, niedergeworfen und gerieth in französische Kriegsgefangenschaft, welche er trotz aller ihrer Härte und Unannehmlichkeiten geduldig ertrug; er wurde erst nach Marseille und dann nach Macon sur Saone geführt, wo er bis zur Auswechslung blieb. Nach dem Wiener Frieden kehrte Fellinger in seine Heimat zurück, trat als Lieutenant in das Inf.-Regim. Nr. 26. und kam im Jahre 1810 nach Klagenfurt, wo er zum Oberlieutenant avancirte, in Garnison. Hier brachte er nach seiner eigenen Versicherung die schönste und genußreichste Epoche seines Lebens zu, indem er einen Kreis von Freunden sich erwarb, die seinen Werth als Mensch und Dichter vollkommen schätzten, mit warmer Liebe an ihm hingen und den Frohsinn, den sein reicher Geist stets zu verbreiten wußte, mit zarter Achtung und inniger Theilnahme vergalten. Den Ausbruch und Wiederbeginn des Kampfes im Jahre 1813 begrüßte der Dichter mit seinen schönsten Liedern: „Husarenmarsch“, „Kampf des Rechtes“, „Schlachtgesang“ u. s. w. Den feurigsten Wunsch seines Lebens, noch einmal in den heiligen Kampf für Freiheit und Recht ziehen zu können, um die frühere Schmach seines Vaterlandes rächen zu helfen, konnten seine Obern nicht erfüllen, da sie unbefangener als er das Hinderniß seiner geschwächten Sehkraft würdigten; er wurde Brigade-Adjutant und supplirender Auditor. Da war es, daß das feurige Gedicht „Kampflust“ entstand, in dem es heißt:

„Mein gutes Schwert klirrt an der Wand,
Es zuckt die kampfgewohnte Hand,
Die Pulse stürmen heftig;
Was soll ich hier im Friedensschooß?“

„Soll ich verschlummern Kampf und Sieg,
Den Tag, wo unser Adler stieg,
Soll rasten meine Wehre?“

„Ein Körner fiel für's Vaterland,
Mit Schwert und Leier in der Hand.“

„Ein Blitz aus dunkler Mitternacht
Lenkt Blücher dort die Riesenschlacht
Und wirft sich in die Massen.“

„O wär' ich dort! o zähmte nicht
Den starken Arm die harte Pflicht,
Wär' ich in jenen Reihen!
Wie wunderherrlich blinkte dann
Mein gutes Schwert dem Zug voran,
Um es in Blut zu weihen.“

Weil es ihm nicht vergönnt war, auf dem Schlachtfelde für des Vaterlandes Befreiung zu kämpfen, so wendete er seine ganze Sorgfalt den Kranken und Verwundeten zu, wobei er aber sich selbst im Anfange des Jahres 1814 eine schwere Krankheit zuzog. Zwar genas er von dieser wieder, doch die Kraft seines Lebens war untergraben. Im Herbste desselben Jahres kam er als Conscriptions Revisor nach Judenburg, und im Herbste des darauffolgenden Jahres in derselben Eigenschaft nach Adelsberg in Krain. Hier in den unwirthbaren Felsengegenden fühlte er bald, daß auch sein linkes Auge immer schwächer und dunkler wurde. Seine vergebliche Sehnsucht, an dem im Jahre 1815 wieder ausgebrochenen Kampfe Theil zu nehmen, deren Gluth Fellinger wieder nur in Liedern ausdrücken konnte, sowie seine angeblichen Bemühungen, wenigstens eine Anstellung im Civile zu erhalten, wo er die Thätigkeit seines rastlosen Geistes zweckmäßiger entfalten konnte, legten den Grund zu seiner Schwermuth. Die tiefste Melancholie bemächtigte sich des kriegerischen Sängers und zerstörte, während sein Körper in vollster Kraft zu blühen schien, die feinsten Fäden seines Daseins. Ein nervöses Fieber erfaßte ihn, dem er am 27. November 1816 in seinem 35. Lebensjahre erlag. Sein Wunsch, auf dem Siegesfelde zu fallen, und daß der letzte Bruder seine Asche liebend in die Heimat trage und bei Mutter und Geschwistern einsenke, ging nicht in Erfüllung; seine Hoffnung:

„Wenn dann einst dem früh ergrauten Blinden
Dort herüber Licht und Klarheit strahlt,
Soll sein Schwanensang der Nachwelt künden,
Daß er fröhlich seine Schuld gezahlt;"

daß sein Bild sich dann erneue und mancher stille Denker ihm auch ein Blümchen streue, scheint vereitelt, denn leider wird nur selten seiner gedacht.

Die Freunde des Hingeschiedenen und seiner zarten Muse errichteten seinem Andenken in dessen Geburtsorte Peggau ein Denkmal ihrer Liebe. Dasselbe, aus steirischem Eisen gegossen und von üppigen Thränenweiden überhangen, befindet sich dicht an der Straße. Als Motto wählten die Errichter desselben das schöne Wort aus dem zweiten Briefe des Horaz (Ep. 2, 1): „Extinctus amabitur idem" — „Erst nach seinem Tode wird man ihn lieben". Unten liest man aus Fellinger's lieblichem Gedichte: „Der einsame Schiffer" eine Strophe, die ganz des Dichters tiefe Schwermuth ausspricht:

„O Morgen! süßer Wiederschein von Oben,
Du Blick des Hohen, den wir jubelnd loben,
Du stiller Engel, der an Gräbern wacht;
Ich sehne mich voll Wehmuth dir entgegen
Und will mich heiter einst zur Ruhe legen,
Ich bin ja dein gewiß nach kurzer Nacht!"

Johann Georg Fellinger's Bedeutung als Dichter liegt darin, daß er sich über die alltäglichen lyrischen Phrasen erhob und daß seine Poesien wahre Zeitgedichte sind, welchen der Stempel der Begeisterung für Fürst und Vaterland im Kampfe gegen Deutschlands Erbfeind lebendig aufgeprägt ist. Fellinger's Gesänge flossen aus dem Borne eines edlen Gemüthes. Zarter und reiner Liebe Klage und Sehnsucht, inniger, starkmüthiger Freundschaft Hochgefühl, der stillen Heimat, des heißgeliebten Vaterlandes blühendes Bild, hoher Waffenruhm spiegeln sich in seiner für das Gute und Schöne höchst empfänglichen Brust und waren die vorzüglichsten Gegenstände seiner Muse. In der letzten Epoche seines Lebens war sein Gemüth von dem schwarzen Schatten der Melancholie dicht umlagert, was seine poetischen Schöpfungen aus dieser Zeit beweisen, welche fast sämmtlich ein düsteres Gepräge tragen.

Seine poetischen Schriften, herausgegeben von Dr. J. G. Kumpf, erschienen zu Klagenfurt im Jahre 1819—1821 in zwei Bänden. Zu bemerken sind noch: Abgerissene Scenen aus der Geschichte der Menschheit. Graz 1808. — Foydolf, der Graf von Flandern; heroische Oper. — Der Kaiserhut, ein Gelegenheitsstück, das Schauspiel „Die Grafen von Sella" und das Trauerspiel „Inguo". Von einer Geschichte des Krieges fand sich die erste Abtheilung, bis zur glorreichen Schlacht von Aspern reichend, unter seinen hinterlassenen Papieren. Sehr zu bedauern ist auch, daß das dramatische, von ihm entworfene Fragment „Die Christmette", worin er den Judenmord zu Judenburg in der Christnacht des Jahres 1312 bearbeiten wollte, sowie manches Andere unvollendet geblieben.

Zum Schlusse mögen hier noch die zarten und sinnigen Verse einen Platz finden, mit welchen der k. k. Gubernialrath und Protomedicus v. Best seine Freundschaft und Achtung für Fellinger ausgesprochen hat:

„Fellinger! Deutscher voll Kraft, der du Speer und Harfe geführet,
Kämpfer und Sänger und Mensch! Friede umwehe dein Grab!
Tiefen Gemüth's und voll Sinn erschollen deine Gesänge,
Und dem Würdigen nur hast du die Saiten geliehen:

Gott, dem Vaterland, Unsterblichkeit, Treue und Freundschaft;
Liebesklage hat nie zarter als deine getönt.
Hat sich dein Auge, verletzt durch die Wunde der Feldschlacht, verfinstert
Sahst du auch Ossian gleich klarer die innere Welt.
Deine Harfe verklang, doch die Sprache bewahrt uns die Lieder:
Rostend ruht nun dein Schwert, aber der Deutsche ist frei —
Eichenlaub und das Schwert gebührt dir, die Harfe, der Lorbeer!
Was der Lebende trug, schmückt den Verblichenen auch."

V.

Johann Nep. Ritter von Kalchberg.

„Dir geweihet, Vaterland!
War sein Dichten, war sein Leben
Und — schon an des Todes Hand
Noch dein Heil sein höchstes Streben.
Mancher deiner besten Söhne
Denkt in später Zeit noch sein
Mit des Dankes stiller Thräne."

Diese inhaltsvollen Verse liest man auf einem Grabsteine, der an der Südseite der altehrwürdigen Leechkirche eingemauert sich befindet und die Stätte andeutet, wo einer der Besten unseres Landes sanft dem jüngsten Tage entgegenschlummert. Hier an dem ältesten Denkmale echter Gothik in der steirischen Metropole ruht Joh. Nep. Ritter v. Kalchberg, der vaterländische Dichter, ein Mann, der seiner Zeit Ruhm und Ansehen genossen wie wenige Poeten der Steiermark, dessen Werke Hoch und Nieder mit Entzücken gelesen, der zu den besten Schriftstellern Deutschlands gezählt hat und den in- und ausländische Blätter mit den glänzenden Sternen verglichen, welche gleichzeitig am deutschen Literaturhimmel aufgegangen waren. Johann Ritter v. Kalchberg war einer jener echten und rechten Dichter, wie sie nicht jedes Jahrzehent, ja nur selten jedes Jahrhundert hervorbringt; er war ein poetisches Talent, das, zu mindestens innerhalb der Grenzen des Staates, in dem es lebte, nicht seines Gleichen hatte und welches für die ganze literarische Bewegung Oesterreichs zu Ende des vorigen Jahrhunderts von größter Bedeutung war. Kalchberg's Erzählungen, voll tiefen Gemüthes, waren weit verbreitet, seine freundlichen, wohllautenden Verse sprachen die Herzen an und ergriffen, von der Bühne herab gesprochen, mächtig das Gemüth der Zuhörer, und seine patriotischen Lieder wurden von Steiermarks Kriegern im Felde. bei ihrer Vorrückung in den Städten Italiens gesungen. Aber nicht die Dichtkunst allein zierte ihn mit dem Lorbeerkranze, sondern auch seine sonstigen Verdienste um unser Heimat- und Vaterland sind es, welche uns die Pflicht auferlegen, seiner ehrend zu gedenken.

Johann Ritter von Kalchberg wurde am 15. März 1765 auf dem väterlichen Schlosse Pichl im Mürzthale geboren. Er war ein Sohn des Josef Jakob Erhard Kalchegger, der laut kaiserl. Diploms vom 30. December 1760 in den Adelsstand mit dem Prädicate „von Kalchberg" erhoben wurde, und dessen vierten Gattin Anna Katharina Wampl, Edle von Summerstorff. Anfangs schwächlich und von mancherlei Krankheiten heimgesucht, entfaltete sich später Körper und Geist des Knaben schön und

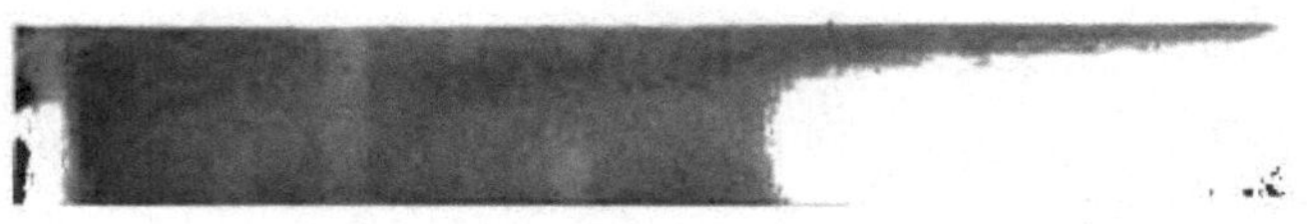

kräftig. Früh von der Mutter einem geliebten jüngeren Bruder nachgesetzt und von dem vielbeschäftigten Vater wenig beachtet, blieb der feurige Knabe mit allen in ihm schlummernden Kräften und Anlagen fast ohne Führer und Freund, sich selbst und der Natur überlassen, an die er sich aber auch mit desto innigerer Liebe anschloß. Die anmuthige Lage des Schlosses Pichl, eines echten alten Herrschaftssitzes mit alterthümlichen Thürmen und einer die Schloßmauern überragenden Linde im Hofe, wie auch das Innere des Schlosses und dessen herrliche Umgebung übten auf die poetischen Anlagen des jungen Kalchberg einen nachhaltigen Einfluß aus. Die alterthümliche Kapelle, die getäfelten Gemächer mit ihren kleinen Fenstern, die vielen uralten Gemälde, sehenswerthen Waffen und Rüstzeuge, ehrwürdigen Reliquien, aus den entschwundenen Zeiten des Mittelalters stammend, mahnten den Knaben an die prachtliebenden Zeiten des ritterlichen Heldenthums und weckten und regten dessen Phantasie mächtig an.

Den ersten mangelhaften Unterricht im Lesen und Schreiben erhielt Kalchberg von einer alten im Schlosse lebenden Tante, deren Kenntnisse und Fertigkeiten selbst nur wenig über die enge Grenze des Elementarwissens hinausreichten. Kaum hatte er das elfte Lebensjahr erreicht, als ihn schwere Schicksalsschläge trafen, indem ihm der Tod seinen Vater entriß. Der Knabe wurde nun einem benachbarten Pfarrer in Hohenwang übergeben, der ihm die Anfangsgründe der lateinischen Sprache beibrachte; das Schulbuch zu seinem Unterrichte kaufte dieser in Wien in einer Trödelbude, weil er die neueren Schulbücher verwarf. Der geistliche Herr war wegen seiner äußerst heftigen Gemüthsart ein übler Lehrmeister und anstatt seinem Zöglinge mit Liebe und Vertrauen entgegen zu kommen, kannte er nur Schläge und Mißhandlungen als Hilfsmittel der Erziehung. In Folge dessen erhielt der arme Knabe einen Abscheu vor allen Wissenschaften und es wurde dadurch schon in seiner zarten, jugendlichen Seele der Grund zur Melancholie und Schwermuth gelegt, die ihn bis an das Grab begleiteten.

Drei peinvolle Jahre — Kalchberg nennt sie die unglücklichsten seines Lebens — brachte er bei diesem Manne zu, hierauf kam er zu seiner höheren wissenschaftlichen Ausbildung in das k. k. Seminarium nach Graz, dem damals der für die Jugendbildung jener Zeit so einflußreiche Gelehrte, Kaspar Royko, ein würdiger Priester und trefflicher Pädagoge, vorstand. Da Kalchberg wie ein Novize erzogen war, so lebte er hier düster und förmlich menschenscheu. Während seine Kameraden sich in munteren, lauten Spielen ergötzten, blieb der „Landjunker“ in irgend einer Ecke sitzen und ertrug ruhig die Spöttereien seiner Gefährten. Selbst die Welt des Geistes schien ihm hier anfangs verschlossen zu sein, und als einst einer seiner Kameraden Kalchberg freundlich anrieth, sich die Zeit mit Lesen zu vertreiben, versicherte dieser, er habe schon an den Büchern in seinen Lehrstunden genug. Aber bald lernte er seinen Irrthum einsehen, und bald wurde er mit den großartigen Schöpfungen unserer classischen Dichter, in deren herrlichen Zeit Kalchberg eben lebte, bekannt, und Klopstock, Lessing, Wieland, Uz, Schiller und Goethe u. s. w. wurden bald seine vertrauten Freunde; besonders waren es die letztern zwei, die er wie Götter verehrte. Sein kleines Monatsgeld verwendete er fast ausschließlich auf den Ankauf von Büchern; der Durst seines Geistes war fast immer stärker als der Hunger seines Magens. Dieser Hang zum Lesen erregte bald die Aufmerksamkeit seiner Lehrer, und da es nach der Seminarordnung den Zöglingen strenge verboten war, sich mit Lektüre zu befassen, die nicht der genauesten Prüfung der Leiter einzelner Abtheilungen unterzogen worden, so untersuchte man seine Bücher, nahm sie ihm weg und untersagte ihm das Lesen bei Androhung von Strafen. Der jugendliche Kalchberg wurde nun vorsichtiger und verbarg seine Bücher bei einem Freunde. Manche Nacht saß er im hellen Mondschein an seinem Fenster und vertiefte sich in die herrlichen Schöpfungen der großen Geister des Jahrhunderts, wodurch er sein Augenlicht schwächte. So trug er unter anderen die vier

Theile der ersten Auflage von Goethe's Werken einige Wochen hindurch immer in seinen Rocksäcken verborgen mit sich herum.

Dieses Ringen des jugendlichen Geistes fiel dem trefflichen Seminar-Director Rotzko auf; er erkannte in dem Jüngl'nge das erwachende Genie und wandte ihm nun besondere Aufmerksamkeit zu; er zog ihn in seinen nähern Umgang, machte ihn sogar zu seinem Tischgenossen und gestattete ihm den unbeschränkten Gebrauch seiner ausgezeichneten Bibliothek, die besonders an Dichtungen der neuesten Literatur reich war. Seinem würdigen Lehrer nachzufolgen, war des jungen angehenden Dichters eifrigstes Bestreben, und so wurden in seiner Brust die Triebe jener edlen Ehrbegierde geweckt, die, ein mächtiger Sporn, ihn auf der Bahn des Wissens und Wirkens rastlos vorwärts trieb bis zu seinem Lebensende. Das Fachstudium, dem sich Kalchberg eigentlich gewidmet hatte, war die Rechte; daneben betrieb er mit großer Vorliebe historische Studien und versuchte sich auch bald in eigener Production. Nachdem Kalchberg seine Studien vollendet hatte, trat er (im Jahre 1785) in k. k. Bankaldienste. Da die trockenen Berufspflichten desselben mit der Strebsamkeit seines feurigen Geistes nicht harmonirten, so verließ er bald dieses Amt, und verbrachte eine Zeit auf dem heimatlichen Schlosse Pichl, wo ihm ein bis in's Alter treuer Freund, der Dichter Franz Schram, Gesellschaft leistete.

Im Jahre 1791 wählten die steirischen Stände Kalchberg zu ihrem Ausschußrathe, welche Stelle er aber 1792 wieder zurücklegte, worauf er sich auf das Gut Wildbach in Untersteier, das er nach dem Verkaufe von Pichl an sich gebracht hatte, zurückzog. Im Jahre 1796 wurde er von den Ständen abermals zum Ausschußrathe gewählt und in Folge seiner außerordentlichen Leistungsfähigkeit 1810 zu ihrem zweiten, und 1817 zu ihrem ersten Verordneten gewählt, in welcher Eigenschaft er 1823 nochmals als solcher bestätigt wurde. Zur Zeit der französischen Invasion (1809) war er als Mitglied der Landesadministration in hervorragender und patriotischer Weise thätig, und verleugnete selbst bei Anwesenheit der Franzosen seinen deutschen Sinn, seine Vaterlandsliebe und seine unerschütterliche Anhänglichkeit an das erlauchte Herrscherhaus niemals. Seine Vorliebe für das theure Heimatland und dessen Geschichte veranlaßte Johann Ritter v. Kalchberg unter anderem auch in Verbindung mit dem hochverdienten Archivar Wartinger ein Kapital zu hinterlegen, von dessen Interessen jährlich eine passende Medaille angeschafft und dem in der steiermärkischen Geschichte kenntnißreichsten Gymnasialschüler übergeben würde. Ein besonderes Verdienst hatte sich Kalchberg durch die eifrige Theilnahme an der Gründung jener vortrefflichen gelehrten Anstalt in Graz erworben, die vom erlauchten Sprößlinge des österreichischen Herrscherhauses, dem unvergeßlichen Erzherzog Johann, 1811 in's Leben gerufen, unter dem Namen des „Joanneums" heute noch so glänzend dasteht. Ueber Kalchberg's segensreiche Thätigkeit als Curator am Joanneum, als ständischer Verordneter, als Referent bei dem (1820 eingetretenen) Grundsteuer-Provisorium, Mitglied vieler Vereine ꝛc. herrschte nur eine Stimme im Lande. Der Gewinn seines zeitweiligen Landlebens war eine genaue Kenntniß der Landesverfassung, welche zum Nutzen des Landes zu verwerthen, er sich sehr angelegen sein ließ. Zahlreiche gelehrte und für Verbreitung des Schönen und Nützlichen gestiftete Vereine, sowohl des In- als auch des Auslandes, hatten den Dichter durch Verleihung von ehrenhaften Mitgliederdiplomen ausgezeichnet. So ernannte unter anderen die herzoglich deutsche Gesellschaft zu Jena im Jahre 1798 Kalchberg, „dessen Liebe zu den schönen Wissenschaften, dessen Eifer für die Ehre unseres Vaterlandes den würdigsten Beifall der Kenner und den Ruhm eines edelmüthigen und geschickten Beförderers der deutschen Literatur ihm schon längst erworben", zu ihrem „vornehmen" Mitgliede.

Johann Ritter von Kalchberg erlitt schwere Schicksalsschläge. Seine erste Gemahlin, Hedwig von Gamilscheg, mit der er sich im Jahre 1788 vermählt hatte, wurde ihm schon nach drei Jahren durch den Tod entrissen; später vermählte er sich zum zweiten Male. Eine schwere Krankheit brachte ihn 1812 fast bis an den Rand des Grabes. Kurz zuvor hatte unser Dichter durch den Verkauf von Gütern und die nachher eingetretene unglückliche Finanzoperation des Jahres 1811 enorme Vermögensverluste erlitten; der Gedanke, die materielle Existenz seiner Familie nicht gesichert zu sehen, mag wohl nicht wenig zum Ausbruche seiner langwierigen Krankheit beigetragen haben. Ebenso wirkten auch mehrere Todesfälle nachtheilig auf das ohnehin schon zerrüttete Gemüth des zartfühlenden Mannes. Weniges und Trauriges ist es, was uns über die letzten zehn Lebensjahre des Dichters bekannt ist. Eine unglückliche Industrieunternehmung, durch die er seine und seiner Familie materielle Lage zu verbessern gedachte, schlug ebenfalls fehl und der gebeugte Mann ward 1824 noch einmal an den Rand des Grabes gebracht. Zum letzten Male erholte er sich noch, aber ein altes Brustleiden wollte ihn nun nimmer verlassen Vielleicht war auch seine trotz des Körperleidens nicht zu unterdrückende geistige Regsamkeit Ursache des schnelleren Todes. Am 3. Februar 1827 starb Kalchberg, und mit seinem Tode hatte das Herz eines braven Mannes zu schlagen aufgehört, von dem man mit Recht sagen konnte: „Non sibi, sed patriae vixit.“

Wie die Geschichte seines engern und weitern Vaterlandes dem Dichter bei Lebzeiten schon eine treue Freundin war, so wollte er auch im Tode einem der interessantesten historischen Denkmäler der Stadt, der durch ihr Alter ausgezeichneten Kirche der deutschen Ordenscommende am Leech, nahe bleiben. „Ich wünsche, an der Leechkirche begraben zu werden“, schrieb Johann Ritter v. Kalchberg in einem schon im Jahre 1812 verfaßten Testamente, „und da ich einer der Ersten war, die in der Steiermark die Liebe zu den Wissenschaften wieder belebten, dem Staate fünf, den Ständen vierzehn Jahre unentgeldlich diente, so könnte man diesen Wunsch wohl erfüllen.“

Johann Nep. Ritter v. Kalchberg's literarische Arbeiten erschienen gesammelt in den Jahren 1816 und 1817 bei Gerold in Wien, und umfaßte diese Ausgabe neun Bände. In neuester Zeit hat das Andenken an diesen Dichter der tiefeingehende Forscher und Verfasser des Werkes: „Innerösterreichisches Stadtleben vor 100 Jahren“, Dr. Ant. Schlossar, in seinem Aufsatze: „Von einem vergessenen Dichter“ (P. Rosegger's Heimgarten, 5. u. 6. Heft, erster Jahrg. 1877) wieder aufgefrischt.

Ueber Kalchberg's Bedeutung als Dichter habe ich schon im Eingange gesprochen, und es erübrigt mir nur noch, sein literarisches Wirken kurz und im Allgemeinen zu beleuchten. Seine dramatische Erstlingsarbeit: „Agnes, Gräfin von Habsburg“ später unter dem Titel „Wülfing von Stubenberg“ umgearbeitet, erschien schon im Jahre 1786 in Graz im Druck. Damit hatte er das bisher von österreichischen und steirischen Schriftstellern noch in sehr geringem Maße gewürdigte Gebiet des historisch-vaterländischen Schauspieles betreten; den Stoff hatte der Dichter der Heimatgeschichte entlehnt, ihn auf dem Wege des mühsamen Forschens aus Familien-Urkunden zusammengetragen und dann erst dramatisch bearbeitet. Im Jahre 1788 erschien das Drama „Die Tempelherren“, welches er schon in seinem 19. Lebensjahre entworfen hatte, und das, zu seinen besten Leistungen zählend, ihm bald einen bedeutenden Ruf im In- und Auslande verschaffte. Im Jahre 1789 gab Kalchberg die für die dichterischen Verhältnisse der Steiermark so interessante und bedeutsame Sammlung: „Früchte vaterländischer Musen“, heraus, den ersten Musenalmanach, der im Lande erschien. Im Jahre 1790 folgten: „Die Grafen von Cilli“, zwei zusammenhängende Schauspiele, deren Stoff ebenfalls der heimischen und vaterländischen Geschichte entnommen ist, und die sich durch prägnante Charakteristik und eine glänzende Diction auszeichnen. 1792 erschien „Die Ritterempörung“, welches Drama er in der Folge in Verse umarbeitete und „Andreas Baumkircher“ betitelte. Während die meisten andern dramatischen Arbeiten mehr oder weniger einer unverdienten Vergessenheit anheimgefallen

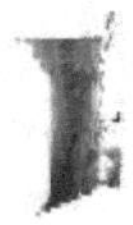

sind, hat sich dieses Stück am längsten auf unserem Bühnenrepertoir erhalten. Das Bild Baumkirchers, nach und nach vom Schleier der Sage umwoben, wurde zum Heros des steirischen Volkes; das verhängnißvolle Ende desselben erregte ein gemeinschaftliches Mitgefühl; das tiefe Dunkel, das den unmittelbaren Anlaß und die nähern Umstände der Katastrophe umhüllt, gemengt mit dem Lichte einzelner historisch verbürgter Thatsachen, erzeugte eine Art romantischer Dämmerung, aus der die Gestalt des verunglückten Ritters, den Kranz des Helden, die Krone des Märtyrerthums auf dem Haupte, glanzvoll und Sympathien erregend emporsteigt. Kalchberg's „Baumkircher" sammt der historischen Einleitung, welche diesem Drama vorausgeht, ist zwar nicht ohne Verdienst, entbehrt aber einer genaueren Prüfung des diesbezüglichen älteren urkundlichen Materiales — wenn überhaupt ein solches Kalchberg zur Verfügung gestanden — und mag wohl zumeist den maßgebenden Anstoß gegeben haben zu jener patriotischen Auffassung der Baumkircherfehde und der Hinrichtung ihres Helden, welche als die im Volksglauben herrschende genannt werden muß.

In der Folge erschienen aus Kalchberg's Feder 1793 „Maria Theresia", 1796 „Die deutschen Ritter in Accon", eine vorzügliche dichterische Leistung, anläßlich welcher die Kritik bemerkte, Kalchberg verdiene durch sie „unter den deutschen Schriftstellern wirklich einen classischen Rang", und 1806 „Attila, König der Hunnen", das letzte Drama Kalchberg's.

Was Kalchberg's Gedichte anbelangt, so entstanden diese Geistesproducte zumeist in jener früheren Epoche seines Lebens, „wo noch der Jugend erwärmende Frühlingsstrahlen Phantasie und Herz mit rosigem Dämmerlichte erfüllten." Welch ein edles Herz dem Dichter im Busen schlug, zeigt jede Seite der Gedichte; man lese die „Phantasie eines Weltbürgers", das Gedicht „Auf den Tod Leopold's, Herzogs von Braunschweig", die prächtige, melancholisch-ernste „Elegie", und man wird nicht nur den gemüthvollen Dichter, sondern auch den für die höchsten Ideale der Menschheit begeisterten Menschen kennen lernen. Auch Lieder des Frohsinns und der Lust, der Liebe und der Freundschaft finden wir unter Kalchberg's Gedichten. Desgleichen waren auch Humor und Scherz dem Dichter nicht fremd; Proben davon sind: „Der Weiberfeind" oder „Die zweifache Schminke", „Siegeslied eines Weiberhelden", „Mädchenlaunen" u. A. Bemerkenswerth sind auch Kalchberg's Balladen, so „Hans von Stein", „Andreas Eberhard von Rauber", „Heinz von Plaßmann" u. s. w., deren Inhalt ebenfalls der heimischen Geschichte entnommen ist. Kalchberg war der erste, der sich in Oesterreich der Balladendichtung wieder zuwendete und seine Balladen dürften wohl zu den ersten gerechnet werden können, die überhaupt in Steiermark, ja im ganzen Staate diese Gattung der Dichtkunst belebten.

Wie sehr der Dichter seiner Heimat zugethan war, zeigt sich in dem Gedichte „An die Steiermark", von dem ich einige Strophen hier anführe:

O du, in dessen waldigem Schoß mein Aug'
Den ersten Strahl der wärmenden Sonne trank,
Du, dess' forellenreiche Ströme
Einst um die Wiege des Dichters sausten,

Dir, holdes, theures Vaterland, tönt mein Lied,
Dir, das ich liebeglühend und innig, wie
Der gute Sohn den Vater, wie die
Zärtliche Tochter die Mutter liebet!

Schön bist du, unter Oesterreich's Töchtern, schön,
Es gab Natur der Reize so viele dir;
Auch ihres Segens ganze Fülle,
Reichlich zu nähren die guten Kinder.

Nach „Attila" hat Kalchberg kein Drama mehr geschrieben. Er wandte sich den ernsten Forschungen auf dem Gebiete der Landesgeschichte und der Specialgeschichte Inneröſterreichs zu. Zwei im Jahre 1800 gedruckte Bände: „Historische Skizzen",

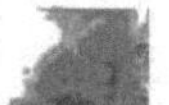

zeugen von seinen Arbeiten auf diesem Gebiete. Eine gediegene Arbeit ist auch die Abhandlung: „Ursprung und Verfassung der Stände Steiermarks", welche in klarer, lichtvoller Darstellung an der Hand von vielen bis dahin nicht bekannt gewordenen Quellen eine treffliche geschichtliche Uebersicht des steiermärkischen Ständewesens gibt. Manchen interessanten Beitrag aus Kalchberg's Feder brachte auch das vortreffliche, von 1811 in Graz unter der Redaction des wackern Kollmann erschienene Blatt „Der Aufmerksame". Auch fand sich ein Band neuerer, 1825 gesammelter Werke handschriftlich in Kalchberg's Nachlaß vor, welcher der Bücherrevisionsbehörde vorgelegen ist und, vielfach durch die Striche des Censors reducirt, hätte gedruckt erscheinen sollen, aber aus unbekannter Ursache nicht in Druck gelegt wurde. Er enthält Gedichte, Schilderungen und Erzählungen und interessante Beiträge zur Geschichte Innerösterreichs. Besonders bemerkenswerth ist darunter auch eine längere Abhandlung „Ueber Ursprung und Beschaffenheit der Urbarialabgaben in Innerösterreich" (1818), die des trefflichen historischen Materiales eine Fülle enthält.

Zum Schlusse, um das Gemüth und das Herz des Dichters zu beleuchten, möge hier folgendes Gedicht einen Platz finden, welches Kalchberg als Inschrift auf seinem Grabsteine wünschte:

„Wand'rer, ich war nur ein Mensch, ein Freund der Natur und der Musen,
Viele verstanden mich nicht, Wenige kannten mein Herz.
Hast Du Sinn und Gefühl, so schenk' ein Thränchen dem Menschen,
Weih' ein Blümchen dem Grab, wo hier der Dichter verstummt."

VI.

Rüdiger Graf v. Starhemberg.

Aus der großen Zahl aller jener denkwürdigen Männer, welche durch ihre Geburt unserer Steiermark angehörten, leuchtet der Name Rüdiger Graf v. Starhemberg in hellen Flammenzügen weit in alle Welt hinaus. Denn dadurch, daß dieser Held dem Türkenandrange Schranken gesetzt, hat er bleibend auf den Gang der Weltereignisse gewirkt und ist demzufolge eine stets merkwürdige, weltgeschichtlich berühmte Persönlichkeit, ein leuchtendes Vorbild für die Nachwelt geworden.

Unser Held Rüdiger wurde 1635 zu Graz geboren und war der Sohn des Conrad Balthasar Grafen v. Starhemberg und dessen Gemahlin Anna Elisabeth Freiin v. Zinzendorf. Er trat sehr jung in kaiserliche Kriegsdienste, wohnte den beiden letzten Feldzügen des dreißigjährigen Krieges, hierauf unter dem berühmten kaiserl. Feldherrn Montecuccoli den meisten Unternehmungen desselben wider die Schweden, Kuruzzen, Türken und Franzosen bei, und stieg durch eigenes Verdienst, durch hohen Muth und Tapferkeit wie durch Ausdauer und persönliche Klugheit bis zum Feldzeugmeister. Um eben diese Zeit drohte dem Reiche wie der ganzen Christenheit neuerdings große Gefahr durch die Türken. Diese waren, von König Ludwig XIV. von Frankreich und dem Haupte der ungarischen Mißvergnügten, Emerich Tököly, aufgefordert, aufgebrochen und rückten über 200.000 Mann stark unaufhaltsam gegen Wien vor. Ihr Befehlshaber, der Großvezier Kara Mustafa, welcher sein zahlreiches Heer überdies noch durch Streitmassen Tököly's und Apaffy's verstärkt hatte, glaubte durch die Eroberung Wiens die ganze Christenheit zu unterjochen.

Am 7. Juli 1683 verließ der Kaiser mit seiner Familie die Residenz und zog nach Linz; nach ihm verließen bei 60.000 Menschen das bedrohte Wien. Zwei Tage nach des Kaisers Abreise traf Graf Rüdiger v. Starhemberg, von dem Kaiser zum Commandanten der belagerten Hauptstadt ernannt, von deren Rettung jene Deutschlands abhing, daselbst ein. Hier ergab sich für Starhemberg die Gelegenheit, seine kriegerischen Kenntnisse, seinen Muth und seine Standhaftigkeit auf eine Art zu zeigen, welche noch heutzutage die Bewunderung der Welt erregt Bei der Abreise des kais. Hofes waren die Befestigungswerke Wiens in sehr vernachlässigtem Zustande; sie mußten bei der drohenden Gefahr rasch ausgebessert und in Vertheidigungsstand gesetzt werden. Was nun Starhemberg binnen fünf Tagen durch seine unausgesetzte Thätigkeit gethan, dem äußerst vernachlässigten Wehrstande der Stadt nachzuhelfen, grenzt fast an's Unglaubliche. Am 14. Juli schloß Kara Mustafa mit seinem Heere Wien ein. Wie Starhemberg während der 60tägigen Belagerung die Stadt gegen den Erbfeind der Christenheit schützte, ist allgemein bekannt; ich übergehe daher diese Stelle, da es hier nicht meine Aufgabe ist, eine Beschreibung der Belagerung Wiens zu liefern.

Am 12. September 1683 wurde die Residenzstadt Wien, welche sich bisher durch den unerschütterlichen Muth und die Bewunderung erregende Standhaftigkeit ihres Commandanten Starhemberg noch immer dem Feinde gegenüber gehalten, durch die heldenmüthige Tapferkeit des Feldherrn Johann Sobieski, Königs von Polen, und des Herzogs Karl von Lothringen entsetzt und von dem Feinde der Christenheit befreit.

Graf Rüdiger v. Starhemberg hatte durch seine heldenmüthige Tapferkeit und Ausdauer nicht nur Wien, sondern die ganze Christenheit gerettet. Wäre Wien gefallen, die Türkenherrschaft hätte sicherlich darin sich festgewurzelt. Wien, eine in jener Zeit bedeutende Festung, würde ihr Stützpunkt und Bindungsmittel geworden sein zum Freizuge nach Ungarn und gegen Norden und Westen. Ueberdies hätte eine solche Eroberung das kriegerische Ungestüm der Sieger noch mehr entflammt, und den bei Kriegsvölkern, insbesondere bei barbarischen, so oft entscheidenden Wahn ihrer Ueberlegenheit und Unbesiegbarkeit unberechenbar erhöht. Starhemberg hatte sich demnach nicht nur um die Residenzstadt Wien und das Reich, sondern um das ganze westliche Europa, ja um die gesammte Christenheit verdient gemacht. Daher beeilte sich Kaiser Leopold, nach Recht und Pflicht den Helden auf eine entsprechende Weise zu belohnen. Starhemberg erhielt nebst einem kostbaren Ringe ein ansehnliches Geldgeschenk, 100.000 Reichsthaler, den Feldmarschallsstab und die Würde eines kaiserl. geheimen Staats- und Conferenzministers; auch verlieh ihm Kaiser Leopold zum ewigen Andenken und Zeichen seines Ruhmes als neue Wappenfigur den Stefansthurm, die Stadtmauer und den goldenen Buchstaben L (Leopold). Gleich dankbar bezeigten sich die Landstände durch ansehnliche Geschenke, und durch die Bürgerschaft Wiens ward das große Starhemberg'sche Haus auf der Wieden von allen Abgaben frei (Freihaus). Vom Papste Innocenz XI. erhielt der Held ein dankbares Breve, und von dem Könige von Spanien den Orden des goldenen Vließes.

Nach der Befreiung Wiens zog Graf Rüdiger von Starhemberg mit der Armee des Königs von Polen nach Ungarn, ward aber 1686 vor Ofen gefährlich verwundet, und mußte sich nach Wien bringen lassen. Hier war er als Hofkriegsraths-Präsident eifrig bemüht, das Kriegswesen zu verbessern und einen stehenden Fuß in der kaiserlichen Armee herzustellen. Er starb am 4. Jänner 1701 zu Wesendorf im 66. Jahre seines ruhmvollen Alters und wurde in der Schottenkirche in Wien begraben. Heller Verstand, militärische Strenge und unbeugsame Standhaftigkeit in Gefahren waren seine hervorleuchtenden Eigenschaften. Er hatte von zwei Gemahlinnen, Helena Dorothea Gräfin Starhemberg, und Maria Josefa Gräfin von Jörger zu Telleth, sieben Kinder, darunter zwei Söhne, welche in den Kriegen gegen die Türken im Jahre 1688 und 1691 blieben. Sein Wappen kam durch seine Tochter Maria Antonia, vermählt mit Franz Ant. v. Starhemberg, dem Sohne seines Bruders Gundaker Thomas, an den Familienstamm zu Eschelberg.

VII.

Quido Graf v. Starhemberg.

k. k. geheimer Rath, Feldmarschall, Inhaber eines Infanterie-Regiments, Gouverneur von Slavonien, des hohen deutschen Ritterordens Land-Commenthur der Ballei Oesterreich u. s. w.

Quido Graf v. Starhemberg, geboren zu Graz am 11. November 1657, war der Sohn des k. k. Oberstfalkenmeisters Grafen Bartholomäus v. Starhemberg und der Freiin Esther v. Windischgräz. Er war ein Neffe des Helden Rüdiger Grafen v. Starhemberg und während der Belagerung von Wien durch die Türken Generaladjutant desselben, nachdem er als Gemeiner in dessen Regimente zu dienen angefangen hatte. Hier zeichnete er sich durch besondere Tapferkeit, sowie durch Geistesgegenwart und Unerschrockenheit aus. Bekanntlich ertheilte der Befehlshaber Wiens, anstatt das Aufforderungsschreiben Kara Mustafa's, die Stadt zu übergeben, zu beantworten, den Befehl, die Vorstädte, aus welchen die Einwohner Tags vorher ihre beste Habe gerettet, in Brand zu stecken. Alle Vorstädte diesseits der Donau gingen in Rauch auf. Den darauf folgenden Tag, am 15. Juli 1683, wäre die Stadt bald durch unvorhergesehenen Brand eingeäschert worden, wie Tags vorher die Vorstädte durch geflissentlichen. Das im Schottenhofe entstandene Feuer verzehrte den Traun'schen, Auersperg'chen und Palffy'schen Palast, bedrohte das Arsenal und den Pulvervorrath am neuen Thor und rothen Thurme; da wandte der 26jährige Quido von Stahremberg durch seine Geistesgegenwart die furchtbar drohende Gefahr von der Stadt ab, indem er das nur vierzig Schritte mehr von tausendachthundert Pulvertonnen entfernte Feuer durch schnelles Einreißen des brennenden Ganges und Begießen der Pulverfässer mit Wasser glücklich abhielt.

In der Folge zeichnete sich unser Held bei dem Sturme auf Ofen i. J. 1686, wo er schwer verwundet wurde, ferner im Treffen bei Mohacz 1687, im Sturme auf Belgrad 1688, bei der Vertheidigung von Essegg, in der Schlacht bei Slankamen 1691 und in der bei Zenta an der Theiß 1697 durch heroische Tapferkeit rühmlichst aus. Im Jahre 1703 hatte er an Eugen's Stelle den Oberbefehl in Italien. Ungeachtet des geschmolzenen, an Allem Mangel leidenden Heeres hielt er den französischen Feldherrn Vendome von dem Eindringen in Tirol ab und vereitelte so dessen Plan, sich mit dem Kurfürsten von Baiern, welcher in Tirol eingefallen war, Kufstein erstürmt hatte und über Innsbruck dem Brenner zugezogen war, zu vereinigen. Hierbei wurde er von den wackern Tirolern unterstützt, die, erfüllt von treuer Anhänglichkeit und Hingebung für Oesterreich, wie von angestammtem Nachbarhaß gegen Baiern, von den wohlbekannten Berghöhen und aus den unzugänglichen Thalschluchten die Feinde mit ihren Büchsen angriffen und durch einen wohlgeführten Schaarenkrieg die Feinde am Vordringen mit hindern halfen. Am 13. Jänner 1704 bewirkte Quido von Starhemberg die Vereinigung des österreichischen Heeres mit dem des Herzogs von Savoyen.

Nachdem Graf Quido v. Starhemberg hierauf die ungarischen Rebellen glücklich bezähmt hatte, wurde er nach Spanien gesandt. Hier, ohne Geld und genügende Truppen, war er auf bloße Vertheidigung beschränkt; er führte einen zwar kleinen, aber überaus lebhaften Krieg mit überraschenden Märschen, schlauen Ueberfällen, wie zu Tortosa am 1. December 1708, und mit der Zerstörung der feindlichen Magazine. Als König Ludwig XIV. vernommen, daß Starhemberg mit zum Befehlshaber in Spanien ernannt worden, sagte er zu seinen Vertrauten: „Nun haben die Oesterreicher doch noch eine Armee nach Spanien gebracht." — Als alles sich hierüber ungläubig verwunderte, fuhr Ludwig fort: „Ja, ja, denn der Kaiser hat ja den Starhemberg hingeschickt." — Wie von seinem Zeitalter der große Gonsalvo von Cordova, wurde Graf Quido v. Starhemberg „el gran capitan" genannt. Nach den großen Siegen, die er über das Heer Philipp's von Anjou bei Almenara am 27. Juli 1710 und bei

Saragossa den 26. August desselben Jahres erfochten hatte, eroberte er Madrid, und ließ daselbst den Erzherzog Karl als König ausrufen. Allein Mangel an Vorrath nöthigte ihn, sich über Saragossa nach Barcelona, wo seine Magazine waren, zurückzuziehen. Vergebens suchten ihn Vendome und Philipp bei Villaviciosa und Saragossa abzuschneiden. Als Erzherzog Karl nach dem Tode seines Bruders Josef I. in die deutschen Erblande zurückgekehrt war, blieb Starhemberg als Vicekönig in Barcelona. Allein ohne Streitmittel und von den Alliirten verlassen, konnte er nicht Großes ausführen, und mußte in Folge des Neutralitäts-Vertrages vom 14. Mai 1713 Barcelona räumen und sich mit seinen wenigen Truppen auf englischen Schiffen nach Genua übersetzen lassen.

Seither lebte Graf Guido v. Starhemberg in Wien und vertrat in Prinz Eugen's Abwesenheit dessen Stelle als Hofkriegsraths-Präsident. Er starb am 7. März 1737, über 80 Jahre alt. Seine letztwillige Anordnung zeigte, mit welcher Liebe er für die Armee, für sein Regiment und für den ritterlichen deutschen Orden, dem er sechzig Jahre lang angehörte, erfüllt war. Ernst und streng, von unbeugsamem Muthe, leuchtete er in seinem Heere, das er mit strenger Kriegszucht lenkte, auch durch die Tugend, durch Mäßigkeit wie durch die Kraft zu entsagen, als Beispiel voran.

VIII.

Abt Heinrich II. von Admont.

Unter den Klöstern des österreichischen Kaiserstaates, welche stets wahre Pflegestätten der Religion und Tugend, der Wissenschaften und Bildung gewesen, nimmt das Benedictinerstift Admont einen hervorragenden Rang ein. Dieses Stift hatte sich zu allen Zeiten als ein Institut bewährt, welches der Achtung der Zeitgenossen, des hohen Vertrauens und Schutzes sowohl seiner geistlichen Obern, als auch der allerhöchsten Landesherren würdig gewesen. Große Männer gingen aus seinen stillen Zellen hervor, welche mächtig auf Zeit und Volk einzuwirken vermochten: Eifrige Verkündiger des Christenthums, trefflichste kirchliche Oberhirten, kluge Staatsmänner, wackere Lehrer, denkende Forscher und ausgezeichnete Gelehrte gehörten der ehrwürdigen achthundertjährigen Abtei an den Ufern der steirischen Enns an und gereichten sowohl dieser als auch dem ganzen Lande zur Ehre und Zierde.

Aus der Reihe dieser Männer entlehne ich nun hier einen Namen, Abt Heinrich II., der sich nicht allein um das Stift Admont große Verdienste erwarb, sondern auch vorherrschenden Antheil und durchgreifenden Einfluß bei allen Begebenheiten nahm, welche zu seiner Zeit in Steiermark stattfanden.

Er war von armen aber unbescholtenen Eltern zu Walpurg in der Pfarre St. Michael bei Leoben geboren, in Admont auferzogen und daselbst eingekleidet worden. Frühe schon entdeckten seine Oberen die großen Geistesanlagen dieses Mönches, und obwohl derselbe noch gar jung war, betraute ihn doch der damalige Abt Adalbert mit den wichtigsten Aemtern. Heinrich's rastlos wirkende Thätigkeit, schnelle Auffassungsgabe, umfassender Ueberblick und kluge Vorsicht krönten seine Ziele mit dem besten Erfolge. Als im Jahre 1275 Abt Adalbert, gedrückt durch Krankheit und Altersschwäche, seine Würde niederlegte, erkannten die Klosterbrüder in dem jungen Stiftspriester Heinrich den geeigneten Mann, der das Kloster vor drohendem Verfalle zu retten und es wieder auf die frühere Stufe des Glanzes und Ansehens zu erheben im Stande war. Der dem Stifte Admont gehörige ausgedehnte Besitz an Land und Leuten auf den steirischen Marken, in Unter- und Oberösterreich, in Baiern, im Salzburger Gebiete, in Kärnten und selbst in Friaul hatte nämlich in der unheilvollen Epoche des Zwischenreiches seit dem Tode Friedrichs des Streitbaren das Stift Admont

2*

mehr als jedes andere vaterländische Stift den Uebergriffen der Gesetzlosigkeit und den Räubereien der Edelherren preisgegeben. Die vielen zerstörungsvollen Fehden Philipp's von Kärnten, die drückenden Heerzüge König Ottokar's II. von Böhmen, die Last der von diesem von Jahr zu Jahr gesteigerten und durch alle Mittel der Tyrannei behobenen Abgaben, endlich auch Zwietracht und Gewaltthätigkeiten im Innern, hatten das Stift beinahe einer gänzlichen Auflösung zugeführt. Freudevoll und in muthiger Zuversicht erhoben nun die Klosterbrüder den Retter Admont's, Heinrich, zur ersten Würde des Hauses, der des Abtes.

Sein erstes Augenmerk richtete derselbe nach Erlangung der Abtenwürde auf die Wiederherstellung seines ganz baufälligen und dem Einsturze nahen Klosters, zu welchem Zwecke er eine allgemeine Sammlung im Lande vorzunehmen ermächtiget wurde. Deswegen und wegen der aus vielen seiner Handlungen für das Kloster erwachsenen Vortheile wird er auch der zweite Stifter genannt. Kaiser Rudolf I., welcher persönlich mit sechs Bischöfen nach Admont gekommen war, ertheilte ihm im Jahre 1276 einen großen Gnadenbrief, gewährte ihm besondere Befugnisse und beschenkte ihn zu mehreren Malen mit großen Geldsummen, welche Heinrich zum Nutzen des Stiftes verwendete, indem er Güter und Besitzungen ankaufte, so unter anderen den noch gegenwärtig dem Stifte gehörigen Ratzerhof bei Marburg. Mit kaiserlicher Erlaubniß erbaute er die Veste Gallenstein als Zufluchtsort in Kriegsnoth oder bei sonstigen Unglücksfällen (mit freier Gerichtsbarkeit), welcher Bau 1283 vollendet wurde. An Stelle des im Jahre 1152 abgebrannten und nur zur Noth hergestellten St. Blasienmünsters errichtete Heinrich II. eine neue stattliche Kirche im gothischen Stile, deren Weihe im Jahre 1286 durch Erzbischof Rudolf von Salzburg erfolgte. Auch die Kirche zu Traboch im Liesingthale wurde von diesem Abte errichtet.

Aber nicht allein um die Hebung seines Stiftes erwarb sich Heinrich II. große Verdienste, sondern er hatte auch Antheil an den damaligen Geschicken des Landes. Kaiser Rudolf zog den gelehrten Staatsmann in seine Nähe, hörte dessen Rathschläge und erprobte dessen treue Ergebenheit auf mannigfache Weise; mit noch größerem Vertrauen beehrte ihn aber des Kaisers Sohn Albrecht, dessen Vertrauter und Minister er wurde. Heinrich wurde zum Landschreiber und später sogar zum Landeshauptmann von Steiermark ernannt, welche letztere Würde er zweimal bekleidete. Als solcher hatte er, staatsklug, energisch und mit ungemein kräftigem Verstande begabt, nicht nur zu seinem durchgreifenden Einflusse in die wichtigsten Zeitbegebnisse und zu eigenem hohen Ruhme, sondern eben dadurch auch, wie es unter solchen Umständen nicht wohl anders sein konnte, zu wildem Hasse und blutiger Feindschaft mit den Edlen des In- und Auslandes den Grund gelegt.

Nachdem nämlich Kaiser Rudolf den Landfrieden allgemein geboten, wollte er Recht und Gerechtigkeit kräftigst gehandhabt wissen. Er erblickte dazu in dem geist- und kraftvollen Admonter Abte Heinrich ganz seinen Mann, und ernannte ihn daher zum Landschreiber der Steiermark, welches Amt ein sehr ansehnliches war und einen erfahrenen und rechtskundigen Mann erforderte. Der Landschreiber war im Besitze aller schriftlichen Urkunden, Belege und Documente, die man in Rechtssachen höher schätzte als Zeugen; auch konnte er in Verhinderung des Landrichters Recht sprechen und Urtheil fällen. Es waren schwere Zeiten damals, Zeiten der zügellos waltenden Anarchie; der fehdesüchtige Adel konnte nur schwer im allgemeinen Landfrieden niedergehalten werden und oft stellte ungebandene Gewalt in den rohesten Ausbrüchen jede Ordnung und Sicherheit in Frage. Heinrich II., in seinem strengen Diensteifer und im lebhaften Gefühle für Ordnung und Recht, mußte daher gar oft die volle Strenge des Gesetzes gegen Edelherren wie gegen Arme erheben. Dadurch wurde er die Zielscheibe vorschneller, leidenschaftlicher und falscher Beurtheilung der Verleumdung, und des Hasses; seine Handlungen wurden nur als Folgen seines persönlichen Hochmuths und persönlicher Feindschaft ihm mit solcher Erbitterung zugeschrieben, daß sowohl seine Person als das gesammte Stiftseigenthum in hohe Gefahr gerieth, und sich Herzog Albrecht bald ernstlich des Abtes und seines Klosters annehmen mußte.

Durch thatkräftige Ausübung des Landschreiberamtes hatte sich Heinrich bei seinem Landesherrn Albrecht in hohe Gunst gesetzt und dieselbe durch Vermehrung der Kammergefälle noch mehr befestiget, indem er den Silberbergbau in den uralten Minen bei Zeiring bedeutend erweiterte. Im Jahre 1285 übertrug ihm nun Herzog Albrecht, jedoch nicht ohne große Mißgunst und heftigen Neid der Edelherren, die Landeshauptmannschaft von Steier. In dieser Stellung bewährte Heinrich seine Thatkraft nicht nur auf religiösem und politischem Gebiete, sondern er hatte auch Gelegenheit, selbe im Kriegswesen zu erproben. Im Auftrage des Herzogs mußte er die feste Burg Bärneck im Murthale belagern. Lange lag der Abt mit seinen Schaaren vor der wohlverwahrten Veste, während indessen auf den nahe gelegenen Gütern der Herren von Bärneck nach damaliger Kriegsweise übel gehaust wurde, bis es endlich dem tapferen und klugen Abte gelang, die Veste zu erstürmen und die vom Herzoge anbefohlene Züchtigung an den Edelherren zu vollziehen. Diese waren darob und insbesonders über Heinrich und dessen Mannen äußerst ergrimmt und drohten schreckliche Rache, so daß jener bei Albrecht eilige Hilfe suchen mußte. Dieser lud die Rachesüchtigen, Otto von Bärneck und During von Steier, nach Friesach und zwang sie daselbst (am 6. October 1284) Urfehde gegen den Abt als landesfürstlichen Beamten und gegen dessen Stift zu schwören.

In Ungarn herrschte damals unter dem verweichlichten Könige Ladislaus eine gräuliche Anarchie. Die ungarischen Großen trieben in gesetzlosem Wüthen Fehden, Raub, Mord und Brand, nicht nur im Lande selbst, sondern auch in den angrenzenden Provinzen. Insbesonders wagte der gewaltige Ivan von Gussingen (Güns), einst Ottokar's eifriger Anhänger, verheerende Raubzüge in die an seine Besitzungen angrenzenden Landstriche von Oesterreich und Steiermark. Als nach getroffener Uebereinkunft dennoch diese Raubzüge treulos wiederholt wurden, war Herzog Albrecht ernstlich bedacht, die Landesgrenze vor diesem Räuber zu schützen und dessen Frevel zu bestrafen. Er erließ daher an den Landeshauptmann Heinrich von Admont den Befehl, die Grenzen der Steiermark mit Kraft des Landesheerbannes zu vertheidigen und das Land vor Ivan's Uebermuthe zu wahren. Voll Muthes und in mehreren Kämpfen schon erprobt, zugleich nach Kriegsehre gierig, freute sich Abt Heinrich II. der günstigen Gelegenheit, wider den offenen Feind seines Herzogs und Landes durch Tapferkeit und Heldenmuth sich neue Lorbeeren zu erringen. Er eilte mit hundert schwer gerüsteten Reitern nach Radkersburg, von wo aus er mehrere glückliche Streifzüge nach Ungarn machte, bis alle andern, größtentheils aus den Bauern des Ennsthales aufgebotenen Krieger sich in seinem Lager eingefunden hatten. Graf Ivan war aber bereits herangerückt, lockte das Heer der Steirer in einen Hinterhalt und jagte dasselbe durch Uebermacht und durch die größere Gewandtheit seiner Reiter und Krieger gegen die kriegsungewandte und schwerfällige Bauernschaar bald auseinander. Abt Heinrich mußte die Flucht ergreifen und überließ es hierauf Aloth von Feistritz, der mit der Kriegesart der Ungarn vertrauter war, die Steiermark zu decken. Im Sommer des folgenden Jahres (1287) erschien der unermüdete Abt abermals mit einem reisigen Heere an den Grenzen der unteren Mark, wo er sich jedoch vorsichtiger benahm. Später wurde die Stadt Güns mit noch vielen andern Besitzungen der Grafen von Gussingen genommen und diese so für ihren Frevel bestraft.

Auch in die schwere Fehde Herzogs Albrecht mit dem Erzbischofe von Salzburg wurde Heinrich II. verwickelt, wobei er eigentlich die Hauptrolle spielte. Als Landschreiber und auch als Landeshauptmann war nämlich der Abt in mehrfache und unangenehme Berührung mit dem Hochstifte und vorzüglich mit dessen steirischen Ministerialen gekommen, indem er treu seinem Landesherrn und gleich strenge gegen Hohe und Niedere in seiner Pflicht auch gegen widerspenstige hochstiftische Ministerialen gar

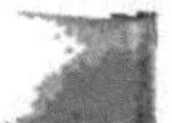

oft den Zwang des Gesetzes üben und die Waffen des weltlichen Rechtes gebrauchen mußte. Aber dieses strenge Walten sagte dem stolzen und herrschsüchtigen Metropoliten von Salzburg, dem Heinrich II. als Abt des jenem in geistlicher Jurisdiction unterstehenden Stiftes unterworfen war, wenig zu; er suchte diesen daher in seinen Streit mit dem Herzoge hineinzuziehen. Aus angeborner Herrschsucht und wegen eines Krieges mit Herzog Heinrich von Baiern hatte Erzbischof Rudolf von Salzburg unerschwingliche Steuern und Abgaben auf seine Landesinsassen gelegt; dazu kam noch frevelnder Uebermuth, den seine zahlreichen schwäbischen Verwandten im Lande allenthalben verübten. Auch das Stift Admont, welches innerhalb der Salzburger Grenzen große Besitzungen hatte, mußte auf mannigfache Weise die schwere Bedrückung des Erzbischofs fühlen, wodurch altherkömmliche Rechte und Privilegien vielfach und arg verletzt wurden. Abt Heinrich wendete sich daher mit Bitten und Klagen an seinen Oberherrn Herzog Albrecht, der ebenfalls gerechte Ansprüche auf Salzburg hatte und selbe ernstlich gegen den hartnäckigen Erzbischof zu verfechten begonnen. Zwar versuchte der Erzbischof eine Aussöhnung zu bewirken, aber Herzog Albrecht bestand auf seinen Forderungen, und als die erzbischöflichen Gesandten ihrer Instruction gemäß in bittere Klagen gegen Abt Heinrich ausbrachen, entbrannte der Herzog, der diesen seinen Günstling hoch in Ehren hielt, so sehr darüber, daß er auf der Stelle dem Erzbischof den Krieg erklärte. Der bedrängte Metropolit wandte sich nun nach Rom und schrieb dann eine Provinzialsynode auf den 5. November 1288 in Salzburg aus, welche er listig zur Erfüllung weltlicher Privatsachen mißbrauchte. Vornehmlich richtete er den Hauptschlag gegen Abt Heinrich II., indem er den Satz aufstellte: „Kein Geistlicher soll bei Vermeidung des Kirchenbannes ein weltliches Amt bekleiden.“ Dadurch glaubte er den Abt von der Stelle eines Landeshauptmannes und vom Hofe zu entfernen, was zur Beilegung des Streites mit dem Herzoge ihm unumgänglich nothwendig schien. Aber er täuschte sich darin, und als er sich ohnmächtig fühlte, der Waffengewalt des Herzogs noch ferner zu widerstehen, schritt der Erzbischof zu kirchlichen Strafen; er that den Herzog in den Bann und belegte dessen Länder mit dem Interdicte. Doch auch dies fruchtete nichts, die Bischöfe von Passau und Seckau verweigerten dem Erzbischofe in seinem Interdictsgebote den Gehorsam. Der Streit wurde nun dem Kaiser vorgelegt, aber noch bevor dieser eine Entscheidung getroffen, starb der Erzbischof von Salzburg (1290) und diese blutige, verheerungsvolle, für das Hochstift Salzburg nachtheilige Fehde war dadurch beendet.

Im Jahre 1291 hatte Abt Heinrich II. die Ehre, seinen Landesherrn Herzog Albrecht in seinem Stifte zu beherbergen, wo dieser sich an der Hofjagd belustigte. Als im folgenden Jahre ein feindliches Bündniß von vielen steirischen Edlen, dem Erzbischofe Konrad von Salzburg und dem Herzoge Otto von Baiern wider Albrecht geschlossen wurde, weil dieser sich weigerte, die Landesprivilegien anzuerkennen, wurde auch Heinrich II. als Albrecht's Vertrauter und Freund befehdet, und verschanzte sich zu seiner Sicherheit im Admontthale. Nachdem aber die von Heinrich mit Besatzung versehene Stadt Rottenmann bereits von den conföderirten Gegnern genommen war und der Abt nach hartem vergeblichen Kampfe sich an den Klausen im Admontthale gegen die Uebermacht der Feinde nicht mehr zu halten vermochte, mußte er mit seinen Mönchen und Schätzen im Felsenschlosse Gallenstein seine Zuflucht suchen und sein Stift wilder Plünderung heimgeben. Bald aber brachte Herzog Albrecht Hilfe mit einem wohlgerüsteten Heere. Als die Verbündeten davon Kunde erhielten, ergriffen sie die Flucht. Der tapfere Landenberg verfolgte jedoch die fliehenden Anführer und traf bei Kraubat auf einen derselben, auf Friedrich von Stubenberg, welcher nach hitzigem Kampfe gefangen genommen wurde. Albrecht begnadigte die Empörer, und die Steiermärker suchten sich nun mit ihm auszusöhnen. Albrecht gewährte jetzt freiwillig, was die Landstände zuvor weder durch Bitten noch durch Trotz erlangen konnten, nämlich die Aufrechthaltung ihrer Privilegien. Ja er enthob sogar seinen Liebling

Abt Heinrich II von Admont, ungeachtet dieser ihm gerade in diesem Kampfe so treu angehangen, auf Wunsch der Landesedlen, des Amtes als Landeshauptmann von Steiermark. Nichtsdestoweniger blieb Heinrich in Albrecht's Gunst und spielte bei der prunkvollen Feierlichkeit, welche im Herbste des Jahres 1295 zu Graz mit königlicher Pracht bei der Vermälung Hermann's von Brandenburg mit Anna, der Tochter des Herzogs Albrecht begangen wurde, unter den vielen Fürsten und unzähligen Hochedlen des In- und Auslandes des geistlichen und weltlichen Standes, eine hervorragende Rolle.

Das Stift Admont hatte sich nach oberwähnter Plünderung durch Heinrich's unermüdete Thätigkeit bald wieder erholt. Die klösterlichen Verrichtungen und auswärtigen Geschäfte waren alsbald in Ordnung gebracht und neue Besitzungen angekauft. Doch bald neigte sich das glänzende Gestirn des thatenreichen Abtes blutgefärbt zum Untergange. Am 25. Mai 1297 ritt Abt Heinrich den dunklen Waldweg über den Lichtmeßberg hinan; dort lauerte auf ihn ein naher Verwandter, Namens Grießer, mit mehreren Gesellen. Durch einen Pfeilschuß ward der sorglose Abt auf der Höhe des Berges, in der Gegend der heutigen Kaiserau, vom Pferde gestreckt und von den hervorstürzenden Bösewichtern grausam ermordet.

Ich schließe die Skizze dieses hervorragenden Mannes mit den Worten, welche Professor Edmund Rieber in seinem vortrefflichen, 1856 verfaßten, jedoch nicht in Druck gegebenen historisch-dramatischen Charakterbilde: „Der Abt von den Alpen" den nachfolgenden Abt Engelbert am Sarge des unglücklichen Heinrich II. sprechen läßt:

„Wohl hast du oft geirrt – für manchen Wahn
Gar viel geopfert, der als Irrlicht später
Dich falsch verließ und oft zu Thränen zwang;
Doch hast du auch gebüßt, und mit dem Leben
Zuletzt gezahlt die traurige Verblendung.

Doch warst du groß, du warst ein Stern im Rath
Dem Fürsten, voll des glühendsten Rechtsgefühles,
Und wie du streng zuvor Gehorsam übtest,
So warst du auch gewohnt zu fordern ihn;
Daher du Feinde dir in Heeren schufest.

Auch unser Haus dankt dir die zweite Schöpfung;
Auf hunderte von Jahren steht es jetzt,
Da es zuvor nur um sein Dasein rang.

Wie unsere Berge festgegründet stehen,
So tief sei uns der Dank in's Herz gesenkt,
Und pflanze fort sich auf die spät'sten Enkel,
Bis einst der letzte Ordensmann des Hauses
In seine Gruft auch deinen Namen trägt.

So ruhe sanft! – nichts störe deinen Schlummer,
Und folgen wir dir einst nach in's Grab,
So wollen freundlich wir uns um dich schaaren;
Wir sind die deinen dort, wie hier wir's waren –
Gott hat verziehen, wo der Mensch vergab!"

IX.

Andreas Baumkircher.

Jede Zeit hat ihre Helden, jedes Land seine geschichtlichen Lieblingsgestalten. Aber nicht immer ist deren Bild, wie es dem Volke innewohnt, ein richtiges, ein historisch getreues, sondern vielmehr erscheinen derartige – insbesonders volksthümliche – Heroengestalten durch Vorwalten des Gefühls auf Kosten der nüchternen Erkenntniß in der Regel in etwas mehr als verdientem glanzvollen Lichte. Denn je unbestimmter und lückenhafter die historisch verbürgten Umrisse und Züge derselben, je nebelhafter die Ferne, in welche sie gerückt erscheinen, desto eifriger bemüht war die Tradition späterer Zeiten, jene Unbestimmtheiten eigenmächtig zu klären und die Lücken zu ergänzen, eine künstliche Helle zu schaffen, wo es nur Dunkel oder Zwielicht gibt, und das zerbröckelte Skelett der Thatsachen zusammenzufügen, auszustatten mit Fleisch und Blut, bis ein Gebilde vor uns steht, das zum größten Theile nichts anderes ist, als ein Geschöpf volksthümlicher Phantasie. Durch dieses willkürliche Ausmalen geschichtlicher Persönlichkeiten werden aber nicht selten die thatsächlichen Grundzüge des ursprünglichen Bildes verdeckt, und es entsteht eine Verzerrung desselben.

Ein solches Bild, allmälig traditionell entwickelt und zu Anfang unseres Jahrhunderts großgezogen, ist das Andreas Baumkircher's, der, vom Schleier der Sage umwoben, als vaterländischer Held und Märtyrer, als ein Opfer des Undankes und der Arglist erscheint, und gleichsam der Heros des steirischen Volkes geworden.

Andreas Baumkircher — vom zeitgenössischen Chronisten Unrest „eines schlechten (schlichten) einfachen Edelmannes Sohn" genannt — wurde ungefähr in den Jahren 1420—1425 zu Wippach in Krain geboren, wo sein Vater, Wilhelm Baumkircher, bei der niedern Veste lehensweise als landesfürstlicher Pfleger einen Thurm, nachmals „Baumkircherthurm" (Hültzeneck, Höltzeneck) benannt, besaß. Seine Familie zählte nicht zu dem landsässigen Adel der Steiermark, daher sie auch nicht in dem Aufgebote Kaiser Friedrichs III. gegen die Ungarn vom Jahre 1446 angeführt erscheint. Die Ortschaft Baumkirchen bei Weißkirchen im obern Murboden, wo das Geschlecht der Baumkircher Stiftslehen trug, wird als die Wiege desselben angesehen. Der Name des Ortes, die alte — für Architekten interessante — Andreaskirche, die wir in dem Wappen der Familie wiederfinden, die große Ulme, die nahe an der Kirche stand, das hohe Alter dieses Riesenbaumes, auf dessen Stumpf, als er im Jahre 1789 umgehauen ward, zwölf Paare bei einem Kirchweihfeste einen obersteirischen Tanz aufführten; — der Glaube der dortigen Bewohner, daß von der Erde bedeckt Ruinen eines Gebäudes sich vorfänden, die einstens der Wohnsitz der Familie des großen Kriegsmannes Baumkircher gewesen; — eine alte Stola, die man bis zu unserer Zeit aufbewahrte. weil, der Volkssage nach, Andreas Baumkircher damit getauft wurde — ein Flaschenkeller, dessen er sich nach eben dieser Sage bediente; — die allgemeine, in der Umgegend verbreitete Tradition, es habe hier eine Tochter des Andreas Baumkircher abgelebt; — endlich die Grundstücke und ansehnlichen Waldungen, deren Besitz den Bürgern des Marktes Weißkirchen so wohlthätig ist und auf denen die dankbare Erinnerung ruht, sie seien ihren Altvordern von jener großmüthigen Baumkircherin geschenkt worden; alles dies spricht dafür, daß dieser Ort des Geschlechtes Ursitz war. Es ist dies zwar möglich, doch nicht historisch nachgewiesen, und man darf die Baumkircher ebensogut zum krainerischen als steiermärkischen Dienst- und Lehensadel, ohne das Vorrecht der Landstandschaft, rechnen. Zu ihren Lehensherren zählten, neben den Habsburgern, namentlich die Grafen von Cilli.

Die Zeit vom Knabenalter an bis zur männlichen Reife verlebte Andreas Baumkircher am Hofe Kaiser Friedrichs III. und brachte es durch Eifer und Tüchtigkeit im Waffendienste am höchsten unter seinen Genossen. Hier schloß er auch ewige Freundschaft mit dem schwäbischen Ritter Ulrich Grafenecker, nachmals einer der bedeutendsten Krieger und Söldnerhäuptlinge. Beide Freunde werden von einem Zeitgenossen als „ausgezeichnete Waffenführer, beide kräftigen und tapferen Armes", der erstere zugleich auch „gewaltiger an Körper", der andere aber „weit voraus an Geist und volksthümlicher Beredtsamkeit" bezeichnet.

Die erste geschichtliche Heldenthat vollbrachte Baumkircher gelegentlich der Belagerung Friedrichs III. in Wiener-Neustadt (im Jahre 1452). Kaiser Friedrich hatte sich nach Italien begeben, um in Rom die Kaiserkrone und in Siena die sechzehnjährige Eleonora von Portugal als Braut zu empfangen. Während er sich aber so in Rom mit neuen Kronen schmückte, wankte daheim in Oesterreich seine Herrschaft. Oesterreicher, Böhmen und Ungarn hatten sich vereinigt, ihn bei seiner Rückkunft zu zwingen, den jungen König Ladislaus Posthumus, seinen Mündel, herauszugeben. Der Kaiser, hiervon unterrichtet, verlangte Hilfe von seinen getreuen Inner-Oesterreichern, die ihm auch zu Theil ward; doch versäumte er die Zeit und günstige Gelegenheit, die Verschworenen zu vernichten oder durch Trennung ohnmächtig zu machen, indem er seine zehntausend Mann zählende Streitmacht zu sehr zersplitterte und viele Ortschaften mit kleinen Kriegshaufen besetzte. Er behielt nur 800 Reiter und ebenso viele Fußgänger, mit denen er sich in die Veste Wiener-Neustadt warf. Die Verschworenen aber hatten ein Heer von 24.000 Mann aufgebracht, mit welchem der aufrührerische Ritter Ulrich Eizinger am 28. August 1452 den Kaiser in Neustadt einschloß und auf's Aeußerste bedrängte. Man begann die Stadt zu bestürmen; an der Vorstadt wurden die kaiserlichen Vorposten zurückgeworfen und die Feinde waren schon daran, mit den Fliehenden zugleich zum Thore hineinzudringen und den Kaiser gefangen zu nehmen. Da, im rechten Augenblicke, erschien Baumkircher mit 3000 Steiermärkern vor Neustadt, warf sich in diese, vertheilte seine Leute auf die bestürmten Mauern und sprengte selbst vor das Thor, wo er, ohne der zahlreichen empfangenen Wunden zu achten, kämpfte, bis hinter ihm die Brücke abgeworfen, das Schutzgitter, das er durch einen kühnen Sprung seines Streitrosses noch erreicht, herabgelassen war, und die Feinde, von dem unerhörten Schauspiel überrascht, zurückwichen. Dreizehn Wunden bedeckten des Helden Leib.

Diese That erwarb dem Baumkircher den Beinamen „des steirischen Cocles". Des Kaisers Geheimschreiber, der geist- und geschmackvolle Geschichtsschreiber Aeneas Sylvius (nachmaliger Papst Pius II.) beschreibt als Augenzeuge der Belagerung diese Heldenthat mit wenigen aber schwungvollen Zeilen und bewahrte sie dem Andenken der Nachwelt, während andere Chronisten, welche der Wiener-Neustädter Katastrophe ferne gestanden, darüber stillschweigend hinweggingen; ein Beweis, daß für sie Baumkirchers That von keiner hohen Bedeutung war, und daß man seinen Heroismus in weitern Kreisen nicht so hoch anschlug. Auch der geniale Meister Stark hat diese Baumkircher-That verewigt in seinem großen 5·7 Meter langen und 3·8 Meter hohen Gemälde (mit 23 Figuren in Lebensgröße), das sich in der landschaftlichen Bildergalerie befindet.

Kaiser Friedrich selbst schlug Baumkircher's Tapferkeit sehr hoch an. Er zierte den Helm auf dem Wappen seines Retters mit der deutschen Kaiserkrone; auch verlieh er ihm die Obergespannschaft von Preßburg, davon Baumkircher im Volksmunde den Namen Pasemeyer Spang (Preßburger Gespann) geführt haben soll. Diese politisch unkluge Ernennung und Uebersetzung hatte auf Baumkircher's spätere Schicksale mächtigen Einfluß; denn hierdurch ward der Grund zu seiner Erwerbung von Gütern in Ungarn gelegt. Baumkircher war nun dadurch nicht mehr allein Unterthan des Habsburgers, sondern er wurde auch Vasall der ungarischen Krone, Lehensmann des Grafen Ulrich II. von Cilli, des allmächtigen Regenten, den der Kaiser unversöhnlich haßte. Ueberdies sagte die friedliche Natur des Kaisers Baumkirchern wenig zu, und bald veränderte er in den darauffolgenden Jahren (1454—56) die Rolle, was uns in einer Zeit widersprechender Dienstverhältnisse und Dienstpflichten, in einer Zeit, wo das Faustrecht und die Fehdelust blühten, wo Recht und Vortheil an der Spitze des Schwertes hingen und der Kriegsmann, der Söldnerführer nicht für Principien, sondern für den Nutzen des Augenblickes, für die Gunst der Umstände die Waffe schwang, nicht Wunder nehmen darf. Baumkircher erscheint jetzt in den Reihen derjenigen, die den Kaiser, im Dienste des Königs Ladislaus Posthumus und des Grafen von Cilli, befehden. In Gesellschaft des Grafen von Poesing, des Lichtensteiners auf Nikolsburg, seines Waffengenossen Grafenecker, des Steiermärkers Ulrich von Stubenberg u. m. a. überfiel er die Besitzungen des Kaisers in Oesterreich und Steiermark; insbesonders wurde letzteres Gebiet hart hergenommen.

Die folgenden Ereignisse brachten eine Veränderung Baumkircher's in seinem Verhalten gegen den Kaiser mit sich. Am 9. November 1456 erfüllte sich in Belgrad's Mauern das Verhängniß des letzten und mächtigsten aus dem Hause der Cillier, des Grafen Ulrich II., Baumkircher's Lehensherrn. Ein Jahr später schied der letzte Albrechtiner aus dem Leben. Von der reichen Cillier Erbschaft schlug sich Baumkircher die schöne kroatische Herrschaft Samabor heraus, indem ihm diese die Witwe des Grafen Ulrich um seiner Verdienste halber, die er ihr erwiesen, schenkte; er hatte es nämlich gegen den kriegsberühmten Feldhauptmann der Cillier, Jan Witowec von Hreben, dessen Eigennutz und Fehdelust die Cillier Erbschaftsfrage möglichst auszubeuten verstand, gehalten. Außerdem erwarb sich Baumkircher aus des letzten Cilliers Erbe auch noch die nach des Grafen Ulrichs II. Tode an König Ladislaus heimgefallene Herrschaft Kaisersberg (Császávár) an der kroatisch-steiermärkischen Grenze (in der Grafschaft Sagor), die früher den Tempelherren gehört hatte, indem ihm selbe von König Ladislaus (1457) versetzt wurde.

Allgemach vollzog sich nun auch der neue Anschluss Baumkircher's an seinen ursprünglichen und nunmehr alleinigen Dienstherrn Kaiser Friedrich III. und erblicken wir ihn als dessen eifrigen Parteigänger und Söldnerführer. Nach des jungen Königs Ladislaus Posthumus Hintritt (1457) nahm Baumkircher an des Kaisers Wahl zum Gegenkönige des Corvinen Mathias (1459) regen Antheil und half mit, den kurzen, aber erfolglosen Kampf um die Krone Ungarns auszufechten. Zu diesem Kampfe hatte er dem Kaiser zudem auch noch die bedeutende Summe von 17.000 Goldgulden vorgestreckt. Kaiser Friedrich belohnte ihn hierfür, indem er ihm das — übrigens auch anderen seiner Gläubiger verliehene — Recht, nach kaiserlichem Schrot und Korn zu münzen, einräumte. Aus der diesbezüglichen Verleihungsurkunde, in der es ausdrücklich heißt: „auf so lange, als er Unser Dienst, und sich Unser haltet", geht jedoch hervor, daß sich in Friedrich der erste Keim des Mißtrauens regte, und in ihm die Besorgniß aufstieg, Baumkircher könnte als Obergespann und Grundherr in Ungarn zu Mathias Corvinus hingezogen werden. Baumkircher hatte nämlich in dieser Zeit zu seinen ungarischen Besitzungen auch noch die Herrschaft Schlaning im Eisenburger Comitate, nahe an der steirischen Grenze, käuflich an sich gebracht, und bald darauf (1462) sehen wir in seinem Pfandbesitze auch das wichtige Korneuburg, dessen Bürger jedoch mit ihm als ihren Zwingherrn nicht sehr zufrieden waren, da er sich eine eigene Burg inmitten der Stadt erbaute. Hatte ja auch schon König Ladislaus Posthumus (1455) den Baumkircher zur Schonung der Stadtgemeinde Preßburg mahnen müssen. Kriegerwamms und Bürgerrock taugten eben niemals zu einander. Als Pfandherr wollte Baumkircher eben möglichst viel aus der Pfandschaft schlagen und den gestrengen Machthaber fühlen lassen. Auch über heillose Verschlechterung der Münze durch die Pfandinhaber, deren einer ebenfalls Baumkircher war, wurde sehr geklagt.

Doch abgesehen davon hatte sich Baumkircher noch mehrmals um Kaiser Friedrich verdient gemacht. Graf Johann von Görz, lüstern nach dem reichen — vermeintlich ihm zustehenden — Erbe des Cilliers, und kühn gemacht durch die kritische Lage, in der sich Kaiser Friedrich befand, benützte die allgemeine Verwirrung, um einen letzten Versuch zur Eroberung der Grafschaft Cilli zu unternehmen. Er drang mit seinen Scharen in dieselbe ein und eroberte einige Orte. Da eilte Baumkircher mit steirischen Truppen herbei, um des Kaisers Rechte zu wahren, schlug den Grafen von Görz und zwang ihn zum Frieden, wie auch zur Verzichtleistung auf sein angebliches Erbe und zur Anerkennung der Grafschaft Görz als österreichisches Lehen Dadurch gelangte Oesterreich im Jahre 1503 nach dem Aussterben des Geschlechtes von Görz in den Besitz dieser Grafschaft.

In dem unseligen, besonders für die Provinz Oesterreich so verderblichen Bruderzwiste Kaiser Friedrich's und Erzherzogs Albert war Baumkircher ebenfalls ein warmer Anhänger des ersteren. Als im Jahre 1461 die Wiener vom Kaiser abfielen und dem Erzherzoge, der selbst gerne die Krone seines Bruders getragen hätte, die Stadtthore öffneten, bewachte Baumkircher mit seinen Steiermärkern die Burg Er machte einen Ausfall, schlug Erzherzog Albert's Schaaren zurück und kämpfte drei volle Stunden den heftigsten Kampf an der Burgbrücke. König Podiebrad von Böhmen brachte zwischen den feindlichen Brüdern einen Vergleich zu Stande, in den auch Baumkircher

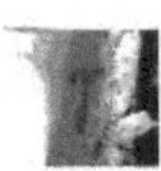

eingeschlossen erscheint; denn die Ungarn kämpften an des Erzherzogs Seite und Baumkircher war als Obergespan und Herrschaftsbesitzer in Ungarn auch Unterthan des Königs Mathias Corvinus. Leider war der Vergleich nur von kurzer Dauer, die Flamme des Aufruhrs war nicht erstickt, vielmehr nährte sie Erzherzog Albert; er hielt Landtage in St. Pölten und Tulln ab, und der unbändige Adel stand noch immer in Waffen bereit, neuerdings gegen Kaiser Friedrich loszubrechen. Endlich wurde (1462) eine allgemeine Ständeversammlung zur Beruhigung des Landes nach Wien ausgeschrieben, bei der Baumkircher als Abgeordneter des Kaisers erschien. Des Erzherzogs Kundschafter schlichen sich in die Hauptstadt und verführten den Pöbel zum Aufruhr. Kaum hatte der aus dem Mürzthale mit steirischen und kärntnerischen Reisigen herbeigeeilte Kaiser die Ruhe scheinbar hergestellt und den Baumkircher mit seinen Steiermärkern nach Hause geschickt, als die Wiener, von des nimmer ruhenden Albert Agenten aufgestachelt, sich neuerdings empörten. Der Kaiser wurde nun sammt seiner Familie in seiner Burg belagert; alle Drangsale einer Belagerung mußte er ausstehen, so daß die Hungersnoth leidende kaiserliche Familie nur durch die Kühnheit eines Studenten für ihre letzten vier Gulden einiges Wildpret bekam. In dieser kritischen Lage entwickelte Kaiser Friedrich eine große Seelenstärke. Mit seinem kleinen Häuflein, darunter mehrere steirische Edle, schlug er die Stürme ab, verwarf die ihn entehrenden Beschlüsse der während des Kampfes gepflogenen Unterhandlungen, und trotzte überall, als der Erste voran, den Gefahren.

Da erschien Andreas Baumkircher wieder mit seinen tapferen Steiermärkern vor Wien. In einem Gewaltritte brachte er die Werbung des bedrängten Kaisers an den Böhmenkönig um schleunigen Entsatz nach Prag (29. Oct. 1462). König Podiebrad eilte Kaiser Friedrich zu Hilfe und sandte seinen Sohn Victorin mit 6000 Mann voraus. Bis zu dessen Ankunft hinderte Baumkircher die Wiener an der Belagerung der Burg, indem er sie Tag und Nacht beunruhigte. Als der böhmische Vortrab herangezogen kam, stürmte er mit Witowec die Vorstädte Wiens. Ulrich Holzer, dieser ebenso berühmte als unglückliche Bürgermeister Wiens, konnte nur durch Uebermacht und kluge Anstalten die Stadt selbst vor der Erstürmung bewahren. Baumkircher's getreuer Leibknappe, Mathias Rakowitz, schlich sich durch die Belagerer, sprang in den Burggraben, erkletterte glücklich die Burg und brachte dem Kaiser die tröstende Nachricht vom baldigen Entsatze durch den Böhmenkönig. Als Podiebrad mit seinen Schaaren herangezogen kam, und sich nun die Aufmerksamkeit der Feinde theilte, bahnte sich Baumkircher mit seinen tapfern Steiermärkern einen Weg zum Kaiser und befreite ihn sammt den Seinigen.

Am 2. December 1462 brachte König Podiebrad zu Korneuburg abermals einen Vergleich zu Stande, dem aber, sobald Podiebrad nach Prag zurückgekehrt war, wieder die Fortsetzung des Bruderzwistes folgte. Baumkircher hielt noch fest an Kaiser Friedrich, eroberte ihm im Jahre 1463 Schloß und Stadt Korneuburg, setzte von dort den Kampf gegen Albert's Anhänger fort, unterhandelte mit Ulrich Holzer, der die Stadt Wien dem Kaiser wieder übergeben wollte und dafür später auf des Erzherzogs Befehl geviertheilt wurde, führte dem Kaiser mehrere der mächtigsten und tapfersten Anhänger Albert's zu, die ihm in der Folge wichtige Dienste leisteten, und als König Mathias von Ungarn die dem Kaiser versetzte Krone seines Reiches zurücklöste, war es Baumkircher, den Friedrich nach Oedenburg schickte, sich zu überzeugen, ob die Abgesandten Ungarns das Lösegeld wohl wirklich mit sich führten. Vorzüglich seiner Unterhandlung hatte der Kaiser den Empfang dieses Geldes, hatten die Ungarn es zu danken, daß sie ihre heilige Krone wieder erhielten. Kaiser Friedrich konnte naturgemäß so wichtige Dienste, zu welchen Andreas Baumkircher seinen Arm und Säckel lieh, nicht unvergolten lassen, umsomehr als dieser noch von früheren Gelegenheiten her des Kaisers Gläubiger war und mit dem, was die Pfandschaften abwarfen, sich nicht sonders zufrieden stellte. Er verlieh ihm Korneuburg, das er ihm bereits am 17. Jänner 1462

für 6000 Gulden verpfändet hatte, abermals im Wege erneuerter Vergabung als Pfandschaft. Auch die Ungarn schenkten dem Baumkircher ihr Wohlwollen, weil er ihnen zum Wiederbesitze ihrer Krone verholfen. König Mathias überließ ihm als Belohnung hierfür im Jahre 1463 die ihm bereits versetzte Herrschaft Kaisersberg in Croatien in nunmehriges volles Eigenthum und versetzte ihm kurze Zeit darauf die Herrschaft Dobronia. Baumkircher's glänzende Thaten bestimmten den Hunjaden, den Helden an sich zu ketten und zu fesseln, was ihm leider auch gelang.

Andreas Baumkircher, seit dem Jahre 1452 an Rang, Güterbesitz und kriegerischem Ruf einer der bedeutendsten Parteikämpen und Söldnerführer seiner Zeit, ein Sohn jener eisernen, fehdelustigen Zeit, stand jetzt (1463) im Höhenpunkte seines Lebens, war aber auch zugleich an dem bedeutsamen Wendepunkte seines Lebens angelangt. Er, der rauhe Sohn des Lagerlebens, der, wie andere seines Schlages, dem Kaiser so gut wie dessen Gegnern einst gedient hatte, betrachtete fortan das Schwert als die mächtige Wünschelruthe, als das entscheidende Beweismittel. In einem doppelten und widerspruchsvollen Dienstverhältnisse zum Kaiser Friedrich III. und dessen Gegner, dem König Mathias von Ungarn, als Beider Vasall, fühlte er sich gewissermaßen gedrängt, zwischen beiden Herrschern zu wählen. Kaiser Friedrich's Bedächtigkeit und mehr zum Frieden geneigte Gesinnung, dessen ewiger Geldmangel und zaudernde Kargheit sagten ihm wenig zu; hingegen des Corvinen rastlose Unternehmungslust, sein unerschöpflicher Reichthum und die offene Königshand, die vor allem dem Kriegsmanne lohnte, zogen ihn an und so vollzog sich bald ein inniger Anschluß des Baumkircher, der, wohl ein tapferer Haudegen, aber ohne groß angelegte Entwürfe und feste Principien, mehr dem Vortheile und der persönlichen Neigung, als dem Eide und der Pflicht folgte, an den König von Ungarn.

Baumkircher's bedeutendste Güter und Pfandschaften, die er selbst erworben, lagen auf ungarischem Reichsboden; als Preßburger Obergespan und Freiherr von Schlaning – wozu ihn König Mathias ernannt – zählte er zu dem Magnatenstande Ungarns. In der Eigenschaft eines Vasallen der ungarischen Krone wurde Baumkircher vom Könige Mathias aufgeboten (um das Jahr 1465), gemeinsam mit einem andern Ritter (Ellerbacher) die Feindseligkeiten des Ritters Potendorfer gegen Ungarn durch die Verheerung seiner österreichischen Güter zu entgelten, und er war so gezwungen, eine Fehde des Ungarnkönigs, zum Schaden des Kaisers, auf des Letzteren Grund und Boden auszufechten.

Der Kaiser schuldete Baumkircher große Soldrückstände, die für jene Zeit sehr hohe Summe von 32.000 Gulden, an ihn selbst, und andere große Summen für seine Freunde, denen Baumkircher sich verbürgt hatte. Die Pfandschaften, womit dieser sich bezahlt machen sollte, genügten ihm nicht, und dies führte endlich zum vollen Bruche zwischen Baumkircher und Friedrich III., der verhängnißvoll wurde für beide Theile, am meisten aber für Baumkircher. Denn dieser machte sich nun der Verletzung der allgemeinen Unterthans- und insbesondere der lehensmäßigen Dienstpflicht, also des Aufruhrs und der Felonie, schuldig, brach den Landfrieden und ward durch seine Befehdung des Kaisers auch ein arger Feind des Landes, der sich nicht scheute, den Jammer eines Bürgerkrieges in die schwergeprüfte, ohnedies von der Türkengefahr hart bedrohte Heimat zu schleudern; dafür ereilte ihn aber später auch das rächende Verhängniß.

Dem Kaiser grollend ob der nicht bezahlten Forderungen, forderte Baumkircher mit bewaffneter Hand von Friedrich die Tilgung der Schuld. Er warb Gesinnungsgenossen, die sich bald fanden, und 1467—68 kam es zu einem Bündniß steiermärkischer Adeligen, zu einem Aufstande; an der Spitze der Bewegung, die nicht nur aus persönlichen Beweggründen, sondern auch aus dem politischen Mißvergnügen der steirischen Edlen entsprang, stand Baumkircher. Zwar wurde der Aufstand, zum Theile durch Gewalt, zum Theile friedlich beigelegt, aber das nicht ganz gelöschte Feuer glimmte im Stillen eine Weile noch fort, und im Februar 1469 brach die eigentliche Baumkircherfehde los und dauerte bis in den Sommer des Jahres 1470.

Kaiser Friedrich III. hatte, in Folge eines Gelöbnisses, seine zweite Romreise angetreten, während es daheim, in Steiermark, unter den Adeligen des Landes bedenklich gährte. Andreas Baumkircher und seine Gesinnungsgenossen, die Ritter von Stubenberg, Narring, Peßnitz u. m. a. sandten dem im Namen des Kaisers während dessen Abwesenheit gebietenden Landeshauptmanne einen Absagebrief und eröffneten die Fehde. Im Mürzthale hausten Baumkircher's böhmische Söldnerrotten, unter Safran's Führung, mit roher Feindeswuth und rangen mit dem obersteirischen Aufgebote um den Besitz des wichtigen Mürzzuschlag; auch der obere Murboden wurde hart mitgenommen. Am meisten aber litt das mittlere und das untere Land, von Hartberg und Fürstenfeld bis vor Graz und in die Thäler der Sulm und Kainach, wo Baumkircher selbst seine Schaaren anführte und die Fehde leitete. Der Kaiser wurde in Folge dieses Ereignisses, davon das Gerücht weithin gedrungen, durch Eilboten seiner Gattin aus Italien heimberufen, und versuchte bereits im Monate März 1469 die Bekämpfung des Aufstandes; er erließ Truppenaufgebote, und diese, wie Geldanlehen nahmen die Steiermark hat mit. Der Böhme Holub (Holus) wurde zum Befehlshaber des kaiserlichen Söldnerheeres ernannt. Bei Fürstenfeld kam es (21. Juli 1469) zur Schlacht, in welcher Baumkircher nur durch Uebermacht und frische Nachschübe den Sieg errang. Allenthalben spielten Baumkircher's Söldnerhaufen dem Lande schlimm mit; dazu kam noch der Türkeneinfall in die südliche Steiermark.

Daher wurde (im August-September) in Graz mit dem Sendboten des Ungarnkönigs, mit dem päpstlichen Legaten und den Gesandten Venedigs über die Sachlage in der Steiermark, mit besonderer Rücksicht auf die Türkengefahr und die Baumkircherfehde getagt. Darauf überließ Friedrich III., während er sich in der zweiten Hälfte d. J. von Graz nach Wiener-Neustadt begab, den steirischen Ständen den Austrag des schlimmen Handels, überwachte aber deren Thun mit großem Mißtrauen.

König Mathias von Ungarn begünstigte den Aufstand in Steiermark und nahm die Aufwiegler in seinen Schutz. Kaiser Friedrich suchte daher, um die Sachlage zu ändern, sich mit jenem auszusöhnen, und lud ihn nach Wien ein. König Mathias erschien beim Wiener Congresse (Februar 1470), brachte aber den Baumkircher mit sich und stellte maßlose Forderungen an Friedrich III., so unter anderem, der Kaiser solle die dem Baumkircher entrissenen Burgen zurückstellen und ihm 40.000 Goldgulden als Schadenersatz darauszahlen. Kaiser Friedrich's friedliche Versuche scheiterten demnach in Folge des Corvinen Ansprüche, und beide schieden im Grolle voneinander. Der Ungarnkönig und mit ihm zugleich auch Baumkircher verließ Wien, und die Adelsfehde trat in ihr zweites Stadium. Da beeilte sich der Kaiser, angesichts der wachsenden Gefahren, dem Drängen und Bitten der Landstände nachzugeben. Er schrieb einen Landtag nach Völkermarkt (30. Juni bis 2. Juli 1470) aus, auf dem ein Ausgleich zwischen Baumkircher sammt Genossen und dem Kaiser stattfand (30. Juni d. J.). Dieser gipfelte vornehmlich in den Punkten: „Gegenseitige Uebereinantwortung der eingenommenen Burgen, Städte u. s. w., Freilassung der Gefangenen, Aufhören der Feindseligkeiten und gegenseitigen persönlichen Feindschaft, Nichtigkeitserklärung der Ansprüche und Forderungen Baumkircher's an den Kaiser.“ Am 2. Juli d. J. erließ dann Kaiser Friedrich eine Amnestieurkunde für Baumkircher und dessen Verbündete. Die Stände der Länder Steiermark, Kärnten und Krain übernahmen die schwierige Zahlung der Geldforderungen Baumkircher's, die jedoch nur theilweise geleistet wurde, indem die Hauptsumme erst im Jänner 1471 durch ständische Zwangsumlagen zu tilgen versucht ward. Durch dieses letztere opferwillige Einschreiten der Stände wurde auch vornehmlich die neuerdings losgebrochene Fehde Baumkircher's, der über die nicht vollständige Begleichung seiner Forderungen unwillig war und seine Söldner übel in den von ihnen wieder besetzten Orten hausen ließ, zur Noth gestillt.

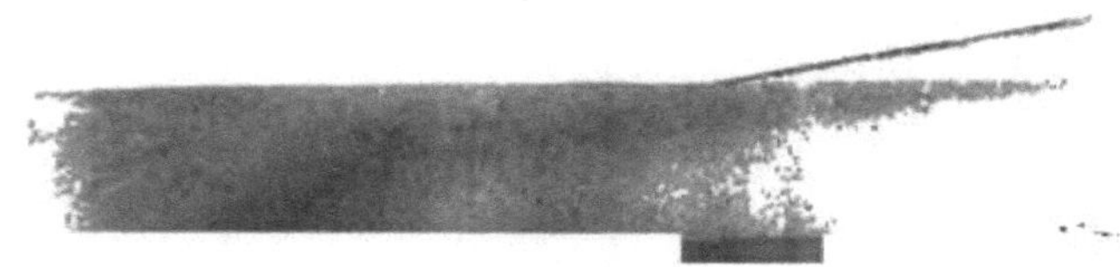

Bald darauf, am 23. April 1471, erfüllte sich in den Mauern der steirischen Hauptstadt das düstere Verhängniß des Baumkircher's, des Kaisers zweifachen Lebensretters, aber auch des Führers des Aufstandes und Urhebers so vieler über die Steiermark hereingebrochenen schweren Drangsale, den die Geschichte, trotz seiner früheren Verdienste, als schonungslosen Landesfeind brandmarkt. Die Völkermarkter Amnestie vom Sommer 1470 war durch die Verhältnisse dem Kaiser abgerungen worden. Dieser haßte in Baumkircher den Rebellenführer und ergebenen Helfershelfer des ungarischen Königs, und hielt ihn nach seiner Ueberzeugung des Schlimmsten fähig; daher in Friedrich der Entschluß reifte, den Landfriedensbrecher und Rebellen unschädlich zu machen. Baumkircher kam mit einigen seiner Freunde, darunter Andreas Greißenecker, mit Geleitsbriefen versehen, nach Graz, um sich vor Kaiser Friedrich, der hier seit den letzten Monaten des abgewichenen Jahres bis über die Mitte des Monates Mai 1471 verweilte, zu rechtfertigen und sich ihm zu unterwerfen. Es wurden Verhandlungen gepflogen, die aber keinen Ausgleich herbeiführten. Da der Kaiser von Baumkircher, den er nun in Händen hatte, weitere Ausschreitungen befürchten mußte, so entschloß er sich kurz, seinen Widersacher und „Helfer“ seines gefährlichen Nachbarn und mächtigen Todfeindes, des Corvinen, unschädlich zu machen für immer. Er befahl, Baumkircher sammt seinen Anhängern gefangen zu nehmen, und Ersteren nebst dem Greißenecker — über dessen Letzteren Schuld undurchdringliches Dunkel waltet, das aufzuhellen noch der Geschichtsforschung überlassen ist — noch am selbigen Tage ohne jedes vorhergegangene ordnungsmäßige Gerichtsverfahren zu enthaupten.

Insoweit ist die Katastrophe, Baumkircher's und Greißenecker's blutiges Ende historisch erwiesen. Alle weiteren Zusätze sind nichts anderes als willkürliche Ausschmückungen und daher in's Bereich der Tradition zu verweisen. Zur Vervollständigung der biographischen Skizze Baumkircher's jedoch mag die traditionelle Schilderung von dessen Hinrichtung auch noch einen Platz finden: „Baumkircher und sein Gefährte, der Greißenecker, wurden behufs Abschluß eines neuen Vergleiches nach Graz gelockt. Dieselben stellten sich wirklich ein, vertrauend dem versprochenen sicheren Geleite, welches ihnen für die Zeit von der Frühe bis zur Vesperglocke um 7 Uhr Abends des Georgitages (23. April) zugesichert war. Durch täuschende Unterhandlungen wurden sie bis zum Abend aufgehalten. Die Beiden, Schlimmes ahnend, eilten aus der Burg, fanden aber ihre Pferde und Knappen nicht und eilten daher zu Fuß, die Hof- und Sporgasse hinab, dem Murthore zu. Da wurde früher, als es Zeit war, die Vesperglocke geläutet; man ergriff die zwei Opfer zwischen den beiden Murthoren, schloß die beiden Bogen, und Priester und Scharfrichter zeigten sich. Vergebens bot Baumkircher für sein Leben alle seine Güter und eine Summe von 60.000 Gulden. Man vergönnte den Getäuschten nur wenige Minuten zur Beichte und schlug ihnen dann die Köpfe ab“

Die beiden Hingerichteten wurden in der Minoriten-, jetzigen Franziskanerkirche und zwar in einem Grabe bestattet; später soll der Leichnam Baumkircher's nach Schlaning, im Eisenburger Comitate Ungarns, überführt worden sein, wo noch das Denkmal, das er sich bei Lebzeiten als Andreas Paumkircher von Zalanak errichtet hatte, zu sehen ist. Baumkircher war vermählt mit Anna Kanizsai, der Tochter einer angesehenen Magnatenfamilie, und besaß zwei Söhne, Wilhelm und Georg, und zwei Töchter, Martha und Katharina. Kaiser Friedrich III. nahm später (1472) die Hinterlassenen des Baumkircher wieder in Gnaden auf.

[illegible]

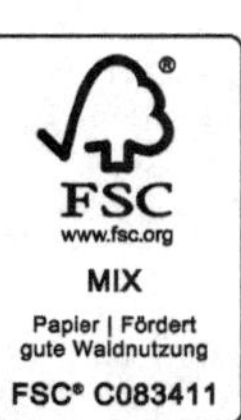

Zeitfracht Medien GmbH
Ferdinand-Jühlke-Straße 7
99095 Erfurt, Deutschland
produktsicherheit@kolibri360.de